Ulrich Becker/Markus Roth (Hrsg.)

Recht der Älteren

De Gruyter Handbuch

Ulrich Becker / Markus Roth (Hrsg.)

Recht der Älteren

DE GRUYTER

Professor Dr. *Ulrich Becker*, LL.M. (EHI), Max-Planck-Institut für Sozialrecht und Sozialpolitik, München;
Professor Dr. *Markus Roth*, Fachbereich Rechtswissenschaften, Universität Marburg.

ISBN 978-3-11-024830-2
e-ISBN 978-3-11-024831-9

Bibliografische Information der Deutschen Nationalbibliothek
Die Deutsche Nationalbibliothek verzeichnet diese Publikation in der Deutschen Nationalbibliografie; detaillierte bibliografische Daten sind im Internet über http://dnb.d-nb.de abrufbar.

Einbandabbildung: Christopher Robbins/Digital Vision/Thinkstock
Satz: jürgen ullrich typosatz, Nördlingen
Druck: Hubert & Co. GmbH & Co. KG, Göttingen
♾ Gedruckt auf säurefreiem Papier
Printed in Germany

www.degruyter.com

Recht der Älteren

Das hier vorgestellte Recht der Älteren vereint zwei Zugänge zur Erfassung der Rolle des Rechts in einer älter werdenden (und zugleich kleiner werdenden) Gesellschaft. Es verbindet die theoretisch fundierte Herausarbeitung altersrelevanter Rechtsgrundsätze mit einer verlässlichen und weiterführenden Aufarbeitung altersbezogener Rechtsgebiete. Damit verbindet es auch das rechtswissenschaftliche Interesse an einer Ordnung des Rechts mit dem Ziel, dessen Inhalte für die Rechtsanwendung aufzubereiten. Es schließt eine rechtswissenschaftliche Lücke mit dem der Rechtsdogmatik eigenen Anspruch, Erklärungen und Handreichungen für die Rechtspraxis zu liefern.

Das Projekt geht zurück auf einen wissenschaftlichen Austausch im Rahmen eines von der Max-Planck-Gesellschaft eingerichteten Netzwerks, dem *Max Planck Research Network on Aging*. Dieses Netzwerk, das 2004 von Paul Baltes ins Leben gerufen worden war, hat sich über mehrere Jahre in interdisziplinärer und internationaler Zusammensetzung mit vielen Fragen des Alterns beschäftigt. Wir haben diesem Netzwerk angehört und davon in verschiedenster Weise profitiert.

Dank schulden wir in erster Linie den Autoren: für deren Interesse an dem Projekt, für deren Einsatz bei dessen Realisierung und nicht zuletzt für deren Geduld. Ebenfalls zu Dank verpflichtet sind wir dem De Gruyter-Verlag. Dieser hat das Projekt tatkräftig gefördert und die Herausgeber in vorbildlicher Weise unterstützt. Schließlich danken wir unseren Mitarbeiterinnen und Mitarbeitern für deren Hilfe, insbesondere Manuel Benz vom Lehrstuhl für Bürgerliches Recht, Arbeitsrecht, Deutsches und Europäisches Wirtschaftsrecht am Fachbereich Rechtswissenschaften der Universität Marburg für die Aufbereitung der Manuskripte und Olga Chesalina vom Max-Planck-Institut für Sozialrecht und Sozialpolitik für die Erstellung des Stichwortverzeichnisses.

Marburg und München, im Oktober 2012

Ulrich Becker
Markus Roth

Inhaltsübersicht

Autorenverzeichnis

Prof. Dr. *Ulrich Becker*, LL.M. (EHI), Direktor am Max-Planck-Institut für Sozialrecht und Sozialpolitik, München

Dr. *Kathrin Brunozzi*, Richterin am Landgericht Kassel, vormals Max-Planck-Institut für europäische Rechtsgeschichte, Frankfurt a.M.

Prof. Dr. *Tobias Helms*, Lehrstuhl für Bürgerliches Recht, Internationales Privatrecht und Rechtsvergleichung an der Philipps-Universität Marburg

Prof. Dr. *Wolfram Höfling*, M.A., Lehrstuhl für Staats- und Verwaltungsrecht, Finanzrecht sowie Gesundheitsrecht an der Universität zu Köln

Prof. Dr. *Gerhard Igl*, Lehrstuhl für Öffentliches Recht und Sozialrecht an der Christian-Albrechts-Universität zu Kiel

Prof. Dr. *Gerrit Manssen*, Lehrstuhl für Öffentliches Recht, insbesondere deutsches und europäisches Verwaltungsrecht an der Universität Regensburg

Prof. Dr. *Michael Pawlik*, LL.M. (Canterb.), Lehrstuhl für Strafrecht, Strafprozessrecht und Rechtsphilosophie an der Universität Regensburg

Prof. Dr. *Ulrich Preis*, Institut für Deutsches und Europäisches Arbeits- und Sozialrecht an der Universität zu Köln

Prof. Dr. *Christian Rolfs*, Institut für Versicherungsrecht an der Universität zu Köln

Prof. Dr. *Markus Roth*, Lehrstuhl für Bürgerliches Recht, Arbeitsrecht, Deutsches und Europäisches Handels- und Wirtschaftsrecht an der Philipps-Universität Marburg

PD Dr. *Stefan Ruppert*, Leiter der Forschungsgruppe "Lebensalter und Recht" am Max-Planck-Institut für europäische Rechtsgeschichte, Frankfurt a.M, Mitglied des Deutschen Bundestages

Prof. Dr. *Andreas Spickhoff*, Lehrstuhl für Bürgerliches Recht, Medizinrecht, Internationales Privatrecht und Rechtsvergleichung an der Georg-August-Universität Göttingen

Prof. Dr. *Frauke Wedemann*, Lehrstuhl für Bürgerliches Recht, Deutsches, Europäisches sowie Internationales Handels- und Gesellschaftsrecht an der Westfälischen Wilhelms-Universität Münster

Prof. Dr. *Felix Welti*, Institut für Sozialwesen, Fachgebiet Sozialrecht der Rehabilitation und Recht der behinderten Menschen an der Universität Kassel

Golo Wiemer, Wissenschaftlicher Mitarbeiter am Institut für Versicherungsrecht an der Universität zu Köln

Erster Teil: **Grundlagen**

§ 1 Einführung

Literatur: *Akademiengruppe Altern in Deutschland,* Altern in Deutschland, Bd. 1–9, 2009; *Baltes, Paul/Mittelstraß, Jürgen (Hrsg.),* Zukunft des Alterns und gesellschaftliche Entwicklung, 1992; *Barta, Heinz/Ganner, Michael (Hrsg.),* Alter, Recht und Gesellschaft, Rechtliche Rahmenbedingungen der Alten- und Pflegebetreuung, 1998; *Becker, Ulrich,* Die alternde Gesellschaft – Recht im Wandel, JZ 2004, S. 929ff.; *Bednarz, Hendrik,* Demographischer Wandel und kommunale Selbstverwaltung, 2010; *Birg, Herwig,* Die demographische Zeitenwende, Der Bevölkerungsrückgang in Deutschland und Europa, 4. Aufl. 2005; *Flick, Cornelia (Hrsg.),* Das demographische Problem als Gefahr für Rechtskultur und Wirtschaft, 2010; *Gruss, Peter (Hrsg.),* Die Zukunft des Alterns, 2007; *Heilemann, Ullrich (Hrsg.),* Demografischer Wandel in Deutschland, Befunde und Reaktionen, 2010; *Herring, Jonathan,* Older People in Law and Society, 2009; *v. Hoff, Konrad,* Das Verbot der Altersdiskriminierung aus Sicht der Rechtsvergleichung und der ökonomischen Analyse des Rechts, 2009; *Igl, Gerhard/Klie, Thomas (Hrsg.),* Das Recht der älteren Menschen, 2007; *Kaufmann, Franz-Xaver,* Schrumpfende Gesellschaft. Vom Bevölkerungsrückgang und seinen Folgen, 2005; *Kersten, Jens,* Daseinsvorsorge und demographischer Wandel – Wie ändert sich das Raum- und Staatsverständnis, in: Raumforschung und Raumordnung (RuR) 2006, S. 245ff.; *ders.,* Demographie als Verwaltungsaufgabe, in: Die Verwaltung 40 (2007), S. 309ff.; *ders./Neu, Claudia/Vogel, Berthold,* Demografie und Demokratie, 2012; *Lipp, Volker,* Die alternde Gesellschaft und das Grundgesetz, in: Vortragsreihe 60 Jahre Grundgesetz des Instituts für Wirtschaftsrecht der Universität Kassel, abrufbar unter: http://www.uni-kassel.de/upress/online/frei/978-3-86219-002-7.volltext.frei.pdf; *Pitschas, Rainer,* Zur rechtlichen Verfassung der Lebenslage „Alter“, in: Festschrift für Krasney, 1997, S. 355ff.; *Seel, Barbara (Hrsg.),* Sicherungssysteme in einer alternden Gesellschaft, 1998; *Studiengesellschaft für Wirtschaft und Recht (Hrsg.),* Alter und Recht, 2012 (angek. f. 9/2012); *Richter, Ronald/Doering-Striening, Gudrin/Schröder, Anne/Schmidt, Bettina,* Seniorenrecht in der anwaltlichen und notariellen Praxis, 2. Aufl. 2011; *Trebeck, Joachim,* Die verfassungsrechtliche Zulässigkeit von Altersgrenzen – unter besonderer Berücksichtigung der Wesentlichkeitstheorie, 2008.

Inhaltsübersicht

Ulrich Becker

I. Einleitung

1 1. Die Deutschen werden älter. Das ist alles andere als eine neue Erkenntnis. Schon zu Beginn der 1960er Jahren wurden die Alterung der Bevölkerung und die damit verbundenen Folgen in der Wissenschaft thematisiert.[1] Aber in Zeiten des Wirtschaftswunders konnten demographisch begründete und weit in die Zukunft reichende Besorgnisse nicht irritieren. Sie ließen sich aber auch nicht aus der Welt schaffen, indem man sie verschwieg. Der Deutsche Juristentag beschäftigte sich im Jahr 1984 auch mit den Folgen der demographischen Entwicklungen auf das Sozialrecht.[2] Weitergehende Kreise zog das zunächst noch nicht, vielleicht auch deshalb, weil in Deutschland die Wiedervereinigung zu der vorrangig zu bewältigenden Aufgabe wurde. Immerhin beauftragte im Jahr 1989 das damalige Bundesministerium für Jugend, Familie, Frauen und Gesundheit, noch bevor die „Senioren" zu seinem Namensbestandteil wurden,[3] eine Sachverständigenkommission mit der Erstellung eines Gesamtberichts zur Lage der älteren Generation in der Bundesrepublik Deutschland.[4] Diese legte 1993 ihren Bericht vor, der dann als erster Altenbericht bekannt wurde.[5]

2 Spätestens seit der Jahrtausendwende werden die mit einer alternden Bevölkerung verbundenen Folgen auch in der breiteren Öffentlichkeit wahrgenommen.[6] Was für den Einzelnen eine zumeist positive Perspektive verheißt,[7] nämlich die Steigerung der individuellen Lebenserwartung, löst, als gesellschaftliches Phänomen betrachtet, Sorgen aus. Nicht selten standen und stehen immer noch Bedrohungsszenarien im Mittelpunkt der Berichterstattung: Wenn etwa nicht mehr von

---

1 Vgl. *Kaufmann,* Die Überalterung. Ursachen, Verlauf, wirtschaftliche und soziale Auswirkungen des demographischen Alterungsprozesses, 1960.

2 *Stolleis,* Möglichkeiten der Fortentwicklung des Rechts der Sozialen Sicherheit zwischen Anpassungszwang und Bestandsschutz, DJT 1984, N, S. 9ff.

3 Das Ministerium wurde 1991 geteilt und trägt seitdem wie auch nach der 1994 wieder erfolgten Zusammenlegung das Wort „Senioren" in seiner Bezeichnung (vgl. http://www.bmfsfj.de/BMFSFJ/Ministerium/geschichte.html).

4 BT-Drs. 12/5897.

5 Und auf den fünf weitere Altenberichte folgten (vgl. http://www.dza.de/politikberatung/geschaeftsstelle-altenbericht/die-bisherigen-altenberichte.html); der 7. Altenbericht ist in Vorbereitung.

6 Als besonders einflussreich erwies sich – wohl nicht zuletzt wegen vieler sprachlicher Zuspitzungen und der daran anknüpfenden Kritik – *Schirrmachers* Buch „Das Methusalem-Komplott", das 2004 erschienen ist.

7 Wenn auch nicht ohne Bangen, von *Baltes* deshalb als „Hoffnung mit Trauerflor" bezeichnet, vgl. *P. Baltes,* Über die Zukunft des Alterns, in: M. Baltes/Montada (Hrsg.), Produktives Leben im Alter, 1996, S. 29ff. Wie unterschiedlich das eigene Altern erfahren und bewertet werden kann, belegen schon einige wenige, weithin bekannte Quellen: *Cicero,* Cato Maior – de senectute, S. 15ff.; *Bobbio,* Vom Alter – De senectute, 1997, S. 31ff.; ausf. zu Altersbildern und Altersdiskursen *Göckenjan,* Das Alter würdigen, 2000, S. 36ff.

einer Alterung, sondern von Überalterung gesprochen wird, die Rede von einer kollektiven „Vergreisung“[8] in einer „Altenrepublik“[9] ist, vor demographischen Fallen oder tickenden Alterungsbomben gewarnt wird.[10] Diese negativen Bilder sind einseitig. Hilfreich können sie immerhin sein, wenn sie nicht der Verängstigung dienen, sondern erst verstören und dann aufrütteln. Denn dass die demographischen Entwicklungen große Herausforderungen an Gesellschaft und Gemeinschaft stellen, dass sie insbesondere zu politischen Reaktionen führen müssen, unterliegt keinem Zweifel. Eine umfassende wissenschaftliche Bestandsaufnahme hat dies für die verschiedensten Lebens- und Politikbereiche aus der Perspektive vieler Fachdisziplinen belegt.[11] Der Handlungsbedarf ist mittlerweile auch in der Politik anerkannt. Die Bundesregierung hat unter dem Schlagwort „Jedes Alter zählt“ nach eigenem Bekunden eine „Demografiestrategie“ vorgestellt,[12] wenn auch diese so genannte Strategie bisher vor allem eine Zusammenstellung einzelner Aufgabenfelder und weniger ein in sich geschlossenes Handlungsprogramm darstellt. Ein entsprechendes Programm zu entwickeln bleibt aber deshalb erforderlich, weil mit vereinzelten und kurzfristig angelegten Maßnahmen die Folgen der demographischen Alterung nicht bewältigt werden können – denn diese Alterung wird unsere Gesellschaft ebenso dauerhaft wie in sehr vielfältiger Weise prägen. Das zu betonen ist auch im schon wieder auslaufenden „Europäischen Jahr für aktives Altern und Solidarität zwischen den Generationen“[13] nicht völlig überflüssig.

2. Recht dient dazu, Verhalten zu steuern und diesem eine verlässliche Grund- 3
lage zu geben. Es nimmt auf soziale Verhältnisse Bezug und wirkt auf diese ein. Deshalb sind die angesprochenen demographischen Veränderungen auch für das Recht von Bedeutung, ist die Alterung der Bevölkerung auch ein Thema für Juristen. Dieser Zusammenhang ist zunächst aus Sicht der Anwendungspraxis in den USA rechtlich aufgearbeitet worden.[14] Er wurde mittlerweile auch in Deutschland zum Gegenstand verschiedener Veröffentlichungen, monographische Abhandlungen eingeschlossen.[15]

Das vorliegende Buch nimmt die Themenstellung in grundsätzlicher und um- 4
fassender Form auf. Es verbindet rechtswissenschaftliche, auf eine systemische Er-

---

8 Vgl. FAZ v. 7.8.2003, S. 13; vgl. auch Schriftl. Erklärung der EP-Abg. Claeys, Dillen, Gollnisch u. Borghezio für die Organisation einer europäischen multidisziplinären Konferenz über Demographie, Vergreisung und die europäische Identität, PE 342.102.

9 Titel einer Fachtagung am 5.6.2002 in der Akademie der Diözese Rottenburg-Stuttgart; vgl. aber auch die Erzählung von *Strecker,* Die Altenrepublik, 1988.

10 Nachweise dazu bei *Druyen,* Olymp des Lebens, 2003, S. 27ff.

11 Vgl. Akademiengruppe Altern in Deutschland, Altern in Deutschland, Bd. 1–9.

12 BT-Drs. 17/9529.

13 http://europa.eu/ey2012/ey2012main.jsp?catId=971&langId=de.

14 Vgl. dazu *Roth,* § 3 Rn. 3ff.

15 *Igl/Klie,* Das Recht der älteren Menschen; *Richter/Doering-Striening/Schröder/Schmidt,* Seniorenrecht in der anwaltlichen und notariellen Praxis.

fassung der mit der demographischen Alterung verbundenen rechtlichen Fragen gerichtete Ansätze mit einer Darstellung einzelner Regelungsbereiche. Dabei erhebt es nicht den Anspruch, vollständig zu sein. Es will aber wesentliche rechtliche Prinzipien für die künftige Gestaltung der auch durch Alterung geprägten Gesellschaft ebenso herausarbeiten wie einen verlässlichen und handbuchartigen Überblick über die wichtigsten Rechtsmaterien geben, die für das Leben der Älteren von besonderer Bedeutung sind. Bevor das näher erläutert wird (vgl. unten, III.), soll zunächst kurz auf die bis jetzt nur angedeuteten demographischen Veränderungen und deren Zusammenhang zum Recht eingegangen werden (unten, II.).

II. Demographische Entwicklungen und das Recht

1. Längeres Leben in einer kleineren Gesellschaft

5 Die Alterung der Bevölkerung beruht vor allem auf zwei demographischen Prozessen: zum einen auf der Steigerung der Lebenserwartung, zum anderen auf der über lange Zeit gesunkenen und immer noch niedrigen Geburtenrate. Beide zusammen führen dazu, dass die Bevölkerung in Deutschland zumindest über die nächsten Jahrzehnte abnehmen und der Anteil der Älteren an ihr zunehmen wird.[16] Über die genauen Berechnungen lässt sich, da sie zwangsläufig auf einer Reihe von Annahmen beruhen,[17] streiten; über die Entwicklungstrends und den Umstand, dass die Alterung der Bevölkerung zu erheblichen Veränderungen führen wird, hingegen nicht. Daran kann auch der dritte Faktor für die demographische Entwicklung, die Migration, nur wenig ändern.[18]

6 a) Die durchschnittliche Lebenserwartung der neu geborenen Deutschen betrug im Jahr 2010 77,5 bzw. 82,6 Jahre.[19] Je nach Annahme wird damit gerechnet, dass die 2060 geborenen Jungen ein Alter von 85 bis 87,7 Jahren, die Mädchen eines von 89,2

---

16 Einen Überblick gibt der vom BMI herausgegebene Demografiebericht der Bundesregierung aus dem Jahr 2001, S. 11ff. (abrufbar unter: http://www.bmi.bund.de/SharedDocs/Downloads/DE/Broschueren/2011/demografiebericht.pdf?__blob=publicationFile).

17 Dazu *Birg*, Die demographische Zeitenwende, S. 88ff.

18 Vgl. zu den Möglichkeiten und Grenzen eines Ausgleichs durch Migration („replacement migration") nur den 2000 veröffentlichten Bericht der VN (Population Division of the Department of Economic and Social Affairs, abrufbar unter: http://www.un.org/esa/population/publications/migration/migration.htm). Zur deutschen Ausländer-, Migrations- und Integrationspolitik *v. Loeffelholz*, Demografischer Wandel und Migration, in: Heilemann, Demografischer Wandel in Deutschland, S. 93ff.

19 Statistisches Bundesamt, Sterbetafeln Für Deutschland v. 22.9.2011. (https://www.destatis.de/DE/ZahlenFakten/GesellschaftStaat/Bevoelkerung/Sterbefaelle/Tabellen/SterbetafelDeutschland.html).

bis 91,2 Jahren erreichen werden.[20] Ob die Verlängerung der durchschnittlichen Lebensdauer aus biologischen Gründen ein Ende haben wird, ist nicht absehbar. Darüber ist schon früh nachgedacht worden.[21] Ein vergleichender Rückblick zeigt bis heute einen nicht zum Stillstand gekommenen Anstieg.[22] Wie weit er gehen kann und wird, entzieht sich einer Festlegung. Für Deutschland geht das Statistische Bundesamt aber in seinen Vorausberechnungen von einem verlangsamten Anstieg aus.[23]

Wichtiger als die Frage nach dem Endpunkt ist die nach der Bedeutung des 7
Lebensalters für die Fähigkeiten der alternden Menschen. Die Altersforschung unterscheidet insofern zwei Phasen: Das „junge" oder das „dritte" Alter, das bei 60 oder eher 65 Jahren beginnt, sowie das „alte", „hohe" oder „vierte" Alter, ab etwa 80 oder 85 Jahren.[24] Während für die jungen Alten gilt, dass sich ihre Lebensbedingungen gegenüber früheren Kohorten gleichen Alters verbessert haben, sieht die Lage der alten Alten weniger günstig aus.[25] Im vierten Alter steigen die Fälle von Demenzerkrankungen und Pflegebedürftigkeit in signifikanter Weise an.[26] Allerdings gilt für beide Phasen des Alters, dass die verbleibenden individuellen Fähigkeiten je nach Gesundheitszustand unterschiedlich sind, dieser wahrscheinlich nicht zuletzt vom Stand der Bildung sowie fortgeführten geistigen und körperlichen Anstrengungen und anderen Lebensumständen abhängt, wofür wiederum soziale Faktoren sehr viel wichtiger zu sein scheinen als genetische. Zudem besteht auch im Alter eine Plastizität, eine Möglichkeit für Veränderungen, obwohl in biologisch wie institutionell bedingten Grenzen.

b) Die zusammengefasste Geburtenziffer in Deutschland ist seit Jahren sehr 8
niedrig. Sie hat zwar den Tiefpunkt von 1,243 im Jahr 1994 überschritten, bleibt aber

---

20 Statistisches Bundesamt, 12. koordinierte Bevölkerungsvorausberechnung, 2009, S. 30 (abrufbar unter: https://www.destatis.de/DE/ZahlenFakten/GesellschaftStaat/Bevoelkerung/Bevoelkerungsvorausberechnung/Bevoelkerungsvorausberechnung.html).

21 Vgl. den Aufklärer *Condorcet* (Esquisse d'un tableau historique des progrès de l'esprit humain, 1793–1794, neu editiert 1970, p. 237): „Sans doute l'homme ne deviendra pas immortel; mais la distance entre le moment où il commence à vivre et l'époque commune où naturellement, sans maladie, sans accident, il éprouve la difficulté d'être, ne peut-elle s'accroître sans cesse?" (zitiert nach http://socserv.mcmaster.ca/econ/ugcm/3ll3/condorcet/esquis10.htm).

22 Wenn auch in der Gesamtbetrachtung verschiedene Länder zu verschiedenen Zeiten an der Spitze der Entwicklung standen, vgl. *Oeppen/Vaupel,* Broken limits of life expectancy, Science 296 (2002), S. 1029ff.

23 12. koordinierte Bevölkerungsvorausberechnung (Fn. 20), S. 29.

24 *P. Baltes,* Alter und Altern als unvollendete Architektur der Humanontogenese, in: Altern und Lebenszeit, Nova Acta Leopoldina Bd. 81 Nr. 314, 1999, S. 379, 395f. (mit noch niedrigeren Zahlen).

25 Vgl. dazu den 4. Altenbericht, Risiken, Lebensqualität und Versorgung Hochaltriger – unter besonderer Berücksichtigung demenzieller Erkrankungen, 2002 (http://www.bmfsfj.de/BMFSFJ/Service/Publikationen/publikationsliste,did=5362.html).

26 *P. Baltes,* in: Nova Acta Leopoldina Bd. 81 Nr. 314 (Fn. 24), S. 396f.; *ders./Smith,* New frontiers in the future of aging: From successful aging of the young old to the dilemmas of the fourth age, Gerontology 2003, S. 123ff.

unter 1,4, wenn sie auch im Jahr 2010 mit 1,393 den zuletzt höchsten Stand erreicht hat.[27]

9 Folge dieser weit unter der Erhaltung der Bevölkerungszahl liegenden Fertilität[28] ist, dass die Bevölkerung in Deutschland schrumpft. Je nach Annahme wird sie bis zum Jahr 2060 zwischen 65 und 70 Millionen betragen.[29] Zugleich verschiebt sich der Altersaufbau der Bevölkerung. Bestand diese im Jahr 2009 zu 19% aus Kindern und jungen Menschen unter 20 Jahren, zu 61% aus Menschen zwischen 20 und 65 Jahren und zu 20% aus über 65 Jahre alten Menschen, so gehen die Prognosen des Statistischen Bundesamtes von einem Anstieg der zuletzt genannten Gruppe Älterer auf 34% bis 2060 aus.[30] Insbesondere die Menschen im hohen oder vierten Alter ab 80 Jahren werden mehr: von heute gut 4 Millionen bis auf voraussichtlich 10 Millionen im Jahr 2050.[31]

2. Reaktionen des Rechts

10 Für die Beantwortung der Frage, wie Recht nicht nur auf die angerissenen demographischen Prozesse reagiert, sondern auch reagieren soll, empfiehlt es sich, zwei Aspekte auseinander zu halten: zum einen die instrumentale Bedeutung des Rechts als Steuerungsinstrument, d.h. die Rolle des Rechts zur Umsetzung der – mehr oder weniger bereichsbezogenen – politischen Entscheidungen, die zur möglichst gelungenen Bewältigung der zu erwartenden gesellschaftlichen Veränderungen getroffen werden (a), zum anderen die leitende Bedeutung des Rechts im Sinne normativer Vorgaben für die Lenkung der politischen Entscheidungen selbst (b). Beide Aspekte verbinden sich vor allem dort, wo der Staat selbst als gewährender oder gewährleistender, als Sozialstaat in einem umfassenderen Sinn, tätig werden muss. Dabei werden künftig in einem besonderen Maße Überlegungen zur territorialen Differenzierung dieser staatlichen Aufgabenwahrnehmung innerhalb Deutschlands eine Rolle spielen (c).

a) Instrumentale Bedeutung des Rechts

11 Es fehlt nicht an Vorschlägen, wie auf den erwarteten Anstieg des Anteils Älterer an der Bevölkerung reagiert werden sollte. Diese beziehen sich auf praktisch alle Umstände, die das Leben von der Geburt bis zum Tod hin prägen. Sie scheinen aber

27 Wobei die Zahlen in den neuen Ländern wieder leicht über denen in den alten liegen, vgl. Statistisches Bundesamt, Zusammengefasste Geburtenziffern nach Kalenderjahren, https://www.destatis.de/DE/ZahlenFakten/GesellschaftStaat/Bevoelkerung/Geburten/Tabellen/GeburtenZiffer.html.

28 Die bei 2,1 liegt, dazu und zu der Entwicklung BMI, Demografiebericht (Fn. 16), S. 14ff.

29 Statistisches Bundesamt, 12. koordinierte Bevölkerungsvorausberechnung (Fn. 20), S. 12.

30 12. koordinierte Bevölkerungsvorausberechnung (Fn. 20), S. 14.

31 Statistisches Bundesamt (Fn. 20), S. 16.

keineswegs ausschließlich oder in besonderem Maße altersspezifisch zu sein. Die Bedeutung eines auch altersmäßig gemischten Wohnumfelds etwa mag immer der gesellschaftlichen Integration dienen,[32] wird aber schwerer herstellbar sein, wenn schon die Gesamtgesellschaft eine weniger ausgewogene Bevölkerungsstruktur aufweist. Oder um ein grundsätzlicheres Beispiel zu nennen: Die Verbesserung des Gesundheitszustands und von Bildungschancen kann, nach allem was man darüber weiß und ohne deren Wechselbezüglichkeit im Einzelnen zu belegen, maßgeblich zu einem gelungenen Altern beitragen. Das ist von individueller wie gesellschaftlicher Bedeutung – dass entsprechende Forderungen aber auch völlig unabhängig von ihrem Zusammenhang zum Altern erhoben werden, liegt auf der Hand. Eben weil die demographischen Veränderungen umfassend wirken, geraten auch sehr grundlegende Verbesserungsvorschläge in den Blick. Für diese lässt sich nur dann ein spezifischer Bezug zur demographischen Alterung herstellen, wenn daraus deren besondere Dringlichkeit abgeleitet wird.

Der Themenbezug ist also manchmal unscharf. Ungeachtet dessen sind doch 12
einige allgemeine Folgerungen weitgehend anerkannt. Volkswirtschaftlich betrachtet stellt die Alterung die Aufrechterhaltung der gesellschaftlichen Produktivität vor besondere Herausforderungen.[33] Daraus ergeben sich Erwartungen an die Erwerbsbeteiligung von Frauen und damit Konsequenzen für die innerfamiliäre Rollenverteilung, was zugleich von gleichstellungspolitischer Bedeutung ist.[34] Weitere Überlegungen beziehen sich auf die (Wieder-)Eingliederung von Erwerbsfähigen in den Arbeitsmarkt, die bereits Ziel einer aktivierenden Sozialpolitik[35] ist. Ebenfalls nicht zu übersehen ist die Bedeutung altersgerechter Arbeitsplätze innerhalb von Unternehmen[36] und die Nutzung betrieblicher Gesundheitsförderung[37] – denn auch die Belegschaft dieser Unternehmen wird älter werden.[38] Ein zweites, nicht minder wichtiges und grundsätzliches Themenfeld betrifft die schon angesprochenen Vor-

32 Vgl. etwa *Beetz/Müller/Beckmann/Hüttl*, Altern in Gemeinde und Region, in: Altern in Deutschland Bd. 5: Alter in Gemeinde und Region, S. 147f.

33 Näher *Börsch-Supan/Erlinghagen/Jürges/Hank/Wagner*, Produktivität, Wettbewerbsfähigkeit und Humanvermögen in alternden Gesellschaften, in: Altern in Deutschland Bd. 4: Produktivität in alternden Gesellschaften, S. 9ff. Oft wird nur die unselbständige Erwerbstätigkeit berücksichtigt, was allerdings zu eng ist, vgl. etwa *Gottschalk/Theuer*, Die Auswirkungen des demografischen Wandels auf das Gründungsgeschehen in Deutschland, ZEW Discussion Paper 08–032.

34 Vgl. nur *BMFSFJ/MPI für Sozialrecht (Hrsg.)*, Rollenleitbilder und -realitäten in Europa: Rechtliche, ökonomische und kulturelle Dimensionen, 2009.

35 Dazu nur *Kingreen*, Rechtliche Gehalte sozialpolitischer Schlüsselbegriffe – Vom daseinsvorsorgenden zum aktivierenden Sozialstaat, SDSRV 52 (2004), S. 7ff.

36 Dazu etwa *Backes-Gellner*, Ergebnisse und Schlußfolgerungen, in: Altern in Deutschland Bd. 3: Altern Arbeit und Betrieb, S. 145ff.

37 § 20a SGB V.

38 Statistisches Bundesamt, https://www.destatis.de/DE/Publikationen/Thematisch/Bevoelkerung/VorausberechnungBevoelkerung/BevoelkerungDeutschland2060Presse5124204099004.pdf?__blob=publicationFile.

aussetzungen für ein gelingendes Altern. Daraus folgt die besondere Bedeutung nicht nur der frühen Befähigung durch Betreuungseinrichtungen und Schule, sondern auch einer lebenslangen Bildung,[39] ebenso wie die Forderung, die Gesundheitspolitik stärker als bisher präventiv auszurichten. Beide Punkte stehen in einem engen Verhältnis zu Arbeitsmarkt und Produktivität[40] wie zur sozialen Sicherung,[41] womit die Komplexität der Zusammenhänge angedeutet ist.

13 Welche Veränderungen angestrebt werden, bedarf schon angesichts der auch damit verbundenen Kosten und Bewertungen der politischen Entscheidung. Das Recht ist hier vor allem gefragt als Instrument der Umsetzung. In diesem Zusammenhang stellen sich aber auch der Rechtswissenschaft eigene Aufgaben.

14 (1) Die Frage nach der Wirksamkeit einzelner Maßnahmen gehört zunächst nicht dazu. Sie wird aber spätestens dann rechtlich relevant, wenn mit den Maßnahmen besondere Belastungen verbunden sind, die der Rechtfertigung bedürfen. Umgekehrt kann das Recht über sein unmittelbares Regelungsziel hinausgehende Wirkungen entfalten: So ist mit der Anhebung des Rentenalters nicht nur eine – allerdings umsetzungsabhängige – Verminderung des Anstiegs der durchschnittlichen Rentenbezugsdauer verbunden, sondern auch eine neue Definition der Lebensphase der Erwerbstätigkeit. Zur Bevölkerung im Erwerbsalter zählen heute die Menschen bis zu einem Lebensalter von 65, künftig aber von 67 Jahren.[42] Insofern wirkt das Recht auf die Bilder der Lebensphasen und des Alters zurück.[43]

15 (2) Zu beachten sind zweitens Wirkungsbedingungen des Rechts selbst. Neue Vorschriften bedürfen der Einbettung in die bestehende Systematik, um eine reibungslose und vor allem den Gesetzeszwecken entsprechende Anwendung zu gewährleisten.

16 (3) Schließlich bleibt zu überlegen, ob und in welcher Hinsicht der Gesetzgeber nicht auch verfassungsrechtlich verpflichtet ist, auf die demographische Alterung zu reagieren. Einen Ansatzpunkt dafür bietet die Forderung nach angemessener Berücksichtigung für die Erhaltung der Lebensgrundlage künftiger Generationen,[44]

---

39 Vgl. *Staudinger/Heidemeier*, Eckpunkte für Handlungsansätze, in: Altern in Deutschland Bd. 2: Altern, Bildung und lebenslanges Lernen, S. 269ff.

40 Vgl. die Beiträge zu dem Kapitel über Gesundes Altern im Kontext, in: Kochsiek (Hrsg.), Altern in Deutschland Bd. 7: Altern und Gesundheit, S. 77ff.

41 Nicht nur auf Leistungsseite, sondern auch auf Versicherungsseite, soweit eine Unterbrechung der Erwerbstätigkeit eine Rolle spielt.

42 Statistisches Bundesamt, 12. koordinierte Bevölkerungsvorausberechnung (Fn. 20), S. 17f.

43 Es „formt das Alter", so *Stolleis*, Geschichtlichkeit und soziale Relativität des Alters, in: Gruss (Hrsg.), Die Zukunft des Alterns, S. 258, 275, zugleich mit Hinweisen auf die Beeinflussbarkeit von Verhaltensweisen.

44 Vgl., bezogen auf die grundrechtlichen Schutzpflichten, *Isensee*, Das Grundrecht als Abwehrrecht und als staatliche Schutzpflicht, in: HStR IX, 3. Aufl. 2011, § 191 Rn. 191, wonach in den Schutz durch die Grundrechte die „Zukunftsperspektive der Verantwortung für die kommenden Generationen" eingeschlossen ist.

auch wenn die deutsche Verfassung das ausdrücklich[45] nur im Zusammenhang mit dem Umweltschutz erwähnt.[46] Dass der Gesetzgeber späteren Generationen Perspektiven erhalten muss,[47] hindert ihn zwar nicht daran, für die Gestaltung der Zukunft absehbar für richtig gehaltene Entscheidungen zu treffen, er hat aber die damit verbundenen Belastungen zu berücksichtigen. Insofern sind die noch nicht Geborenen (und noch nicht Wahlberechtigten oder Anspruchsberechtigten) in den Schutz der Verfassung einbezogen.[48] Allerdings lassen sich daraus schon im Hinblick auf die Unsicherheiten künftiger Entwicklungen und die angedeutete Komplexität möglicher Maßnahmen für eine bestimmte Reaktion auf die Alterung der Bevölkerung kaum konkrete Verpflichtungen ableiten.[49] Nicht anders steht es mit einem allgemeinen Interesse an der Erhaltung der Gesellschaft und ihrer Institutionen selbst, um den historisch belasteten Begriff der Bevölkerungspolitik[50] zu vermeiden.

b) Leitfunktion des Rechts

Die Alterung der Bevölkerung ist kein revolutionärer Prozess, der die bestehende 17
verfassungsrechtliche Rahmenordnung mit ihren Vorgaben für die Ausübung hoheit-

45 In der knappgefassten Präambel des GG wird das nicht ausdrücklich erwähnt; vgl. aber auch die Präambel der Charta der Grundrechte der EU, 6. Abs.: „Die Ausübung dieser Rechte ist mit Verantwortlichkeiten und Pflichten sowohl gegenüber den Mitmenschen als auch gegenüber der menschlichen Gemeinschaft und den künftigen Generationen verbunden".

46 Vgl. allgemein *Sommermann*, Staatsziele und Staatsbestimmungen, 1997, S. 190ff. Zu Art. 20a GG („Der Staat schützt auch in Verantwortung für die künftigen Generationen die natürlichen Lebensgrundlagen ...") *Schulze-Fielitz*, in: Dreier (Hrsg.), Grundgesetz, Bd. 2, 2. Aufl. 2006, Art. 20a Rn. 38: „Allgemein geht es um eine ‚intergenerationelle' Gerechtigkeit, die Verteilungskonflikte i.S. einer ‚Fairneß' gegenüber künftigen Generationen nicht zu Lasten der noch Ungeborenen entscheidet. Das natürliche und kulturelle Erbe ist durch Erhaltung von Artenvielfalt und Ressourcen künftigen Generationen so zu übergeben, dass diesen eine Vielfalt von Möglichkeiten der Lebens- und Sozialgestaltung bleibt."

47 Vgl. zum „Pioniertext der verfassungsstaatlichen Entwicklung, der das Generationenproblem beim Namen nennt und die künftigen Generationen freistellt", Art. 28 der französischen Verfassung von 1793 („Un peuple a toujours le droit de revoir, de réformer et de changer sa Constitution. Une génération ne peut pas assujettir à ses lois les générations futures"), *Häberle*, Ein Verfassungsrecht für künftige Generationen – Die „andere" Form des Gesellschaftsvertrages: der Generationenvertrag, in: FS für Zacher, 1998, S. 215, 221.

48 Dazu *Hofmann*, Nachweltschutz als Verfassungsfrage, ZRP 1986, S. 87, 88: „Gleichviel ob eine gegenwärtig praktizierte Technik Leben und Gesundheit von Menschen heute, in 100 oder erst in 1000 Jahren bedroht, verpflichtet Art. 2 II 1 GG hier und jetzt zu Gegenmaßnahmen ... Dies bedeutet, dass der Staat späteren Generationen auch einer fernen Zukunft das nicht antun darf, was ihm gegenüber den Lebenden verboten ist."

49 Anders hingegen im Hinblick auf die Förderung der Erwerbstätigkeit von Frauen *Brosius-Gersdorf*, Demografischer Wandel und Familienförderung, 2011, S. 405ff.

50 Dazu *Kaufmann*, Schrumpfende Gesellschaft, S. 162ff.; vgl. zu älteren Wurzeln *Fuhrmann*, Volksvermehrung als Staatsaufgabe?, 2002.

licher Tätigkeiten und den internationalen, europäischen und deutschen Menschen- und Grundrechten als solche in Frage stellen würde. Die mit ihr verbundenen gesellschaftlichen Veränderungen sind vielmehr auf der Basis der vorhandenen Verfassungsordnung zu bewältigen – im Sinne eines normativen Anspruchs wie auch im Sinne einer tatsächlichen Möglichkeit. Herausforderungen für die Rechtsordnung stellen sich aber in verschiedener Hinsicht, und zwar über die vorstehend angesprochenen Fragen hinaus, weil sie auch die Einhaltung grundlegender Prinzipien betreffen.

18 (1) Das bezieht sich zunächst auf den Schutz der Menschenwürde und die Möglichkeit zur Freiheitsbetätigung. Nicht umsonst wird die Verbesserung der Chancen, bis in das hohe Alter das „Leben selbständig und eigenverantwortlich zu gestalten", als eine zentrale Zukunftsaufgabe angesehen.[51] Natürlich ist das – zusammen mit der ebenfalls grundlegenden Forderung nach der Ermöglichung gesellschaftlicher Partizipation– ein sehr allgemeines Ziel. Durch die Zunahme der älteren Bevölkerung rücken die potentiellen Gefährdungen für die Erreichung dieses Ziels aber besonders in den Blickpunkt.[52]

19 Ein weniger offensichtlicher, aber im Zusammenhang mit vielen denkbaren Reformmaßnahmen stehender Gesichtspunkt betrifft das Freiheitsverständnis selbst. Die sich um die künftige Funktionsfähigkeit der Gesellschaft sorgende Politik tendiert dazu, Handlungsanleitungen zu geben, „gutes" Verhalten zu fördern, wenn nicht gar „schlechtes" zu verbieten.[53] Dagegen ist, soweit es um die Voraussetzungen der Gewährung von staatlichen Leistungen geht, wenig einzuwenden.[54] Auch kann ein vorausblickender Staat nicht auf Anreize zur Verhaltenssteuerung, etwa im Hinblick auf die Erhaltung der Gesundheit oder die Verbesserung der Bildung, verzichten.[55] Er darf aber nicht nur nicht Unmögliches verlangen, sondern muss sich auch vor Bevormundung und Stigmatisierung von abweichendem Verhalten hüten, will er nicht ein freiheitsfeindliches Klima schaffen.

20 (2) Wie die Gewährung von Freiheit wird auch die der Gleichheit durch die demographische Alterung berührt. Recht bezieht sich nicht selten auf das Lebens-

---

51 Gewonnene Jahre, Empfehlungen der *Akademiengruppe Altern in Deutschland*, Altern in Deutschland Bd. 9, S. 16 (Hervorheb. i. Orig.).

52 Vgl. dazu auch *Lipp*, in: Vortragsreihe 60 Jahre Grundgesetz, S. 192ff.

53 Vgl. – „weiche" Anreize verteidigend – *Thaler/Sunstein*, Nudge: Improving Decisions About Health, Wealth, and Happiness, 2008.

54 Vgl. dazu *Becker*, Sozialmodell und Menschenbild in der „Hartz-IV" Gesetzgebung, in: Behrends/Schumann (Hrsg.), Gesetzgebung, Menschenbild und Sozialmodell im Familien- und Sozialrecht, Abhandlungen der Akademie der Wissenschaften zu Göttingen, 2008, S. 39, 56ff. Ganz umgekehrt aber zum aktivierenden Sozialstaat vor dem Hintergrund einer Abkehr von paternalistischem Fürsorgedenken *Heinig*, Paternalismus im Sozialstaat, in: Anderheiden/Bürkli/Heinig/Kirste/Seelmann (Hrsg.), Paternalismus und Recht, 2006, S. 157, 173ff. m.w.N.

55 Vgl. zu einem „weichen Paternalismus" auch *Pawlik*, § 7 Rn. 29ff., und zu den Unterscheidungen *Eidenmüller*, Liberaler Paternalismus, JZ 2011, S. 814ff.

alter von Menschen: indem es etwa mit der Erreichung eines bestimmten Alters Volljährigkeit eintreten lässt[56] und damit die volle Geschäftsfähigkeit verbindet,[57] indem es für die Ausübung von Ämtern altersbezogene Voraussetzungen aufstellt[58] oder mit der Regelaltersgrenze in der gesetzlichen Rentenversicherung den Beginn eines Lebensalters markiert, ab dem eine Erwerbstätigkeit nicht mehr erwartet wird.[59] Auch innerhalb einzelner Lebensphasen knüpft Recht herkömmlicherweise in verschiedener Form und verschiedener Hinsicht an die Erreichung eines bestimmten Alters positive oder negative Folgen.

Diese Differenzierungen geraten unter Rechtfertigungsdruck, weil mit der **21**
RL 2000/78[60] und der Umsetzung durch das AGG[61] Benachteiligungen wegen des Alters grundsätzlich verboten sind, was nun durch die Grundrechtecharta der Europäischen Union bekräftigt wird.[62] Allerdings stellt das Alter ein besonderes Diskriminierungskriterium dar. Denn es ist zwar nicht disponibel, aber doch nicht unveränderlich, sondern über den Lebenslauf von jedem Menschen zu erreichen.[63] Nicht umsonst war das Alter in den als Vorbild dienenden US-amerikanischen Antidiskriminierungsvorschriften zunächst ausgeklammert und erst relativ spät, durch den Age Discrimination in Employment Act 1967[64], in den Katalog der unzulässigen Differenzierungskriterien aufgenommen worden.[65] Die EU-Richtlinie und das AGG sehen deshalb ausdrücklich vor, dass selbst unmittelbare Ungleichbehandlungen wegen des Alters zulässig sein können, nämlich wenn sie objektiv und angemessen sind.[66] An dem Erfordernis, unmittelbare und mittelbare[67] Ungleichbehandlungen aufgrund des Alters in jedem Einzelfall zu rechtfertigen, ändert das allerdings nichts. Insbesondere wird dafür die Einhaltung der Verhältnismäßigkeit vorausgesetzt.[68]

---

56 Wie in § 2 BGB Geschäftsfähigkeit.

57 Vgl. §§ 104 Nr. 1, 106 BGB.

58 Vgl. nur Art. 54 Abs. 1 S. 2 für die Wählbarkeit des Bundespräsidenten und § 3 Abs. 1 BVerfGG für die Qualifikation von Richtern des BVerfG.

59 Dazu und den Veränderungen *Becker*, § 13 Rn. 2.

60 RL 2000/78/EG zur Festlegung eines allgemeinen Rahmens für die Verwirklichung der Gleichbehandlung in Beschäftigung und Beruf (ABl. L 303/2000, S. 16).

61 Allgemeines Gleichbehandlungsgesetz v. 14.8.2006 (BGBl. I S. 1897).

62 Art. 21 Abs. 1 EU-GRC.

63 Vgl. auch *Herring*, Older People in Law and Society, S. 31f.

64 29 USC § 621; Text unter http://www.eeoc.gov/policy/adea.html; dazu *Fenske*, Das Verbot der Altersdiskriminierung im US-amerikanischen Arbeitsrecht, 1998; *Wiedemann*, Die Gleichbehandlungsgebote im Arbeitsrecht, 2001, S. 69f.

65 Vgl. auch den Age Discrimination Act von 1975, 29 USC § 6101, Text unter http://www.dol.gov/oasam/regs/statutes/age_act.htm.

66 Art. 6 RL 2000/78; § 10 AGG; dazu *v. Hoff*, Das Verbot der Altersdiskriminierung, S. 192ff.

67 Dazu EuGH v. 7.6.2012, Rs. C-132/11 (Tyrolean Airways), n.v., Rn. 29.

68 Dazu zuletzt nur EuGH v. 5.7.2012, Rs. C-141/11 (Hörnfeldt), n.v., Rn. 30ff.

22 Dementsprechend müssen auch alle Altersgrenzen geeignet, erforderlich und angemessen sein.[69] Für deren Rechtfertigung können zudem die Erkenntnisse der Alternsforschung nicht unberücksichtigt bleiben. Wenn es richtig ist, dass die Fähigkeiten der sog. jüngeren älteren Menschen im Schnitt über die Zeit wachsen und insofern Kohorteneffekte belegbar sind,[70] andererseits aber mit dem Alter im Vergleich zwischen den Mitgliedern desselben Lebensalters einer Kohorte die Varianz zwischen den Fähigkeiten ebenfalls zunimmt, so spricht das gegen die Verwendung von altersbezogenen Typisierungen im Recht. Das Recht muss nicht nur flexiblere Übergänge zwischen einzelnen Lebensphasen ermöglichen, zum Teil auch die Zuordnung bestimmter Tätigkeiten zu diesen Phasen aufgeben; es muss auch stärker auf die individuelle Leistungsfähigkeit älterer Menschen eingehen.

23 Allerdings wird es nicht bei dem Abbau von Handlungsbarrieren bleiben können. So wie der Staat nicht nur die Freiheit schützen, sondern auch für die Bedingungen deren tatsächlicher Wahrnehmung sorgen muss,[71] wird er sich möglicherweise verstärkt um die Vermeidung sozialer Ungleichheiten zu kümmern haben. In einem längeren Leben werden nachteilige Ausgangspositionen, insbesondere was die Gesundheit und Bildung betrifft, gravierendere Folgen haben, und diese stehen, ohne Kausalitäten vorschnell behaupten zu wollen, in einem Zusammenhang zur sozialen Herkunft.[72] Die Eröffnung von tatsächlich nutzbaren Teilnahmemöglichkeiten an Bildungseinrichtungen ist deshalb von großer Wichtigkeit. Dass die Verfolgung dieses Ziels nicht nur durchaus differenzierende Regelungen voraussetzt, sondern auch den angesprochenen Konflikt zwischen Paternalismus und Freiheitsbewahrung berührt, ist allerdings nicht zu übersehen.

24 (3) Eine besondere Ausprägung der Gleichbehandlung erfährt durch die demographische Alterung Aufmerksamkeit, nämlich die Gleichbehandlung in der Zeit. Kurz und prägnant wird von Generationengerechtigkeit gesprochen. Bei ihr geht es um die Betrachtung der jeweiligen Behandlung von Kohorten in einem Längsschnittvergleich. Allerdings bedarf diese Vergleichbarkeit einer besonderen Begründung, die Zusammenfassung von aufeinander folgenden Generationen über Gleichheitsanforderungen der rechtlichen „Verklammerung“:[73] Denn grundsätzlich

---

69 Dazu *Trebeck*, Die verfassungsrechtliche Zulässigkeit von Altersgrenzen, S. 85ff.

70 Vgl. oben, II.2.b).

71 In diesem Sinne schon *Lorenz von Stein*, Geschichte der sozialen Bewegung in Frankreich von 1789 bis auf unsere Tage, Bd. 3, Das Königtum, die Republik und die Souveränität der französischen Gesellschaft seit der Februarrevolution 1848, 3. Aufl. 1921, S. 104.

72 Bis hin zur Dauer eines Rentenbezugs, vgl. dazu nur *Becker*, Verfassungsrechtliche Vorgaben für Sozialversicherungsreformen, ZVersWiss. Bd. 99 (2010), S. 585, 604f.

73 Unmittelbar an einem Gegenseitigkeitsverhältnis ansetzend aber *Haverkate*, Verfassungslehre, 1992, S. 251.

kann und muss Recht geändert werden.[74] Die Verfassung kann vor notwendigen Anpassungen nicht schützen. Das ist der Grund, warum der Gleichheitssatz (Art. 3 Abs. 1 GG), der formale Bindungen begründet, zwar seinerseits unbeschränkt zeitlich gilt und auch den Vergleich nacheinander ablaufender Sachverhalte ermöglicht, aber Bezugspunkte grundsätzlich nur innerhalb der Geltungsdauer des Gesetzesrechts zulässt, das die Gleich- oder Ungleichbehandlungen erst verursacht.

Die Generationengerechtigkeit kann dennoch eine auch rechtlich und nicht nur 25
politisch[75] fassbare Rolle spielen, die über die schon angesprochene allgemeine verfassungsrechtliche Forderung nach Berücksichtigung der Lebensbedingungen künftiger Generationen hinausgeht.[76] Das gilt dann, wenn der Gesetzgeber Einrichtungen so ausgestaltet hat, dass die Belange und insbesondere die späteren Belastungen nachfolgender Generationen notwendiger Teil der Anlage sind, wenn also Systementscheidungen notwendigerweise diese nachfolgenden Generationen berühren. Das ist insbesondere der Fall, wenn umlagefinanzierte Sicherungssysteme eine Ansparfunktion besitzen – wobei allerdings das am besten greifbare Beispiel der gesetzlichen Rentenversicherung zeigt, wie komplex die Vergleichbarkeit ausfällt, wenn alle die Sicherungsfunktion mitbestimmenden Faktoren einberechnet werden sollen.[77] Der Gerechtigkeit ist auch in zeitlicher Dimension durch Generationenbilanzen kaum überzeugend näher zu kommen, sie lässt sich nicht durch Rechentechniken einfangen, sondern nur konsensual konkretisieren.

c) Zur territorialen Differenzierung der staatlichen Aufgabenwahrnehmung

Gleichheit spielt eine besondere Rolle, wenn durch den Bund, die Länder oder 26
Kommunen Leistungen zur Verfügung zu stellen sind. Sie bezieht sich auf den Zugang, aber auch auf die Gleichbehandlung bei der Leistungsgewährung. Dabei kommt es nicht darauf an, ob Hoheitsträger selbst oder dritte Personen die Leistungen erbringen. Zu Recht wird zwar darauf hingewiesen, nicht zuletzt angesichts der demographischen Veränderungen gewinne der Gewährleistungsstaat an Bedeutung.[78] Jedoch ist die Einschaltung Privater in die Leistungserbringung sowohl in der Daseinsvorsorge (Wasser, Energie, Telekommunikation und Internet, Verkehr) als auch bei sozialen Diensten (ärztliche Versorgung, Krankenhäuser, Pflege-,

---

74 Vgl. aber auch *Roelleke*, Stabilisierung des Rechts in Zeiten des Umbruchs, in: Gröschner/Morlok (Hrsg.), Rechtsphilosophie und Rechtsdogmatik in Zeiten des Umbruchs, ARSP Beih. 71 (1997), S. 68, 71.

75 Dazu *Streeck*, Politik in einer alternden Gesellschaft: Vom Generationenvertrag zum Generationenkonflikt?, in: Gruss (Hrsg.), Die Zukunft des Alterns, S. 279ff.

76 Vorstehend, II.2.a).

77 Dazu näher *Becker*, § 13, Rn. 69ff.

78 Vgl. *Kersten*, Die Verwaltung 40 (2007), S. 309, 344f.; zu Recht das notwendige Nebeneinander verschiedener Erbringungsmodalitäten betonend *ders./Neu/Vogel*, Demografie und Demokratie, 2012, S. 86ff.

Rehabilitations- und Erziehungseinrichtungen, Arbeitsvermittlung und -förderung) ohnehin heute schon die Regel.

27 Die Vorhaltung aller genannten Dienste sowie von Bildungseinrichtungen in der Fläche wird künftig vermehrt Probleme aufwerfen, wenn auch differenziert nach der Ortsgebundenheit einzelner Einrichtungen.[79] Wie viel Uniformität insofern auf dem gesamten Territorium gefordert ist, legt das Grundgesetz nicht fest. Hinweise ergeben sich aus den Vorschriften über die Gesetzgebungskompetenzen des Bundes. Zunächst regeln diese, unter welchen Voraussetzungen der Bund Gesetze erlassen darf. Dafür hat schon die Verfassungsreform von 1994 den Bezugspunkt geändert: Es geht seitdem nicht mehr um die Herstellung „einheitlicher", sondern „gleichwertiger Lebensverhältnisse",[80] nicht mehr um Uniformität, sondern um eine wertende Akzeptanz von Unterschiedlichem. Dass diese Umformulierung mehr betrifft als die Abgrenzung von Kompetenzen, erhellt der Kontext der Reform: Obwohl Bundesgesetze zurückgedrängt werden sollten, nahm man eine Absenkung der für ihren Erlass geltenden Anforderungen in Kauf. Das ist nur sinnvoll, wenn ein übergeordnetes Ziel angestrebt wird: Nämlich in der Verfassung anzudeuten, wie viel Gleichheit in den Lebensverhältnissen in der Bundesrepublik herrschen muss. Das BVerfG hat das zum Anlass für eine Änderung seiner Rechtsprechung genommen und mittlerweile in mehreren Entscheidungen zur Konkretisierung ausgeführt: „Zur Herstellung gleichwertiger Lebensverhältnisse ist eine bundesgesetzliche Regelung erst dann erforderlich, wenn sich die Lebensverhältnisse in den Ländern der Bundesrepublik in erheblicher, das bundesstaatliche Sozialgefüge beeinträchtigender Weise auseinander entwickelt haben oder sich eine derartige Entwicklung konkret abzeichnet."[81] Auch innerhalb der Länder ergeben sich territoriale Verteilungsschwierigkeiten, für die zusätzlich Vorgaben der Landesverfassungen zu beachten sind. So soll in Bayern, dem größten Land der Bundesrepublik, eine „möglichst gleichmäßige Befriedigung der wirtschaftlichen Bedürfnisse aller Bewohner" angestrebt werden (Art. 155 S. 1 BV).[82]

28 Die Zielbestimmungen sind im Zusammenhang mit den unions-[83] und grundrechtlichen Verbürgungen für eine Eröffnung gleicher Entfaltungs- und Teilhabe-

---

79 Dazu *Kersten*, a.a.O., S. 338ff. Vgl. zu den Auswirkungen auf die kommunale Aufgabenwahrnehmung *Bednarz*, Demographischer Wandel und kommunale Selbstverwaltung, S. 103ff.

80 Art. 72 Abs. 2 GG.

81 BVerfGE 106, 62, 144 (Altenpflege); E 111, 226, 253 [v. 27.7.2004, 2 BvF 2/02, Rn. 98] (Juniorprofessur); E 112, 226, 244 [v. 26.1.2005, 2 BvF 1/03, Rn. 67] (Studiengebühren).

82 Vgl. in diesem Zusammenhang den durchaus umstrittenen Bericht des Zukunftsrats der Bayerischen Staatsregierung, abrufbar unter: http://www.bayern.de/Zukunftsrat-.2623.10337985/index.htm.

83 Vgl. die Betonung des Zugang für die soziale Sicherheit und Unterstützung, für Gesundheitseinrichtungen sowie zu Dienstleistungen von allgemeinem wirtschaftlichen Interesse in Art. 34, 35 und 36 EU GRC.

möglichkeiten zu sehen, auch wenn diese Rechte keine unmittelbaren Ansprüche auf Leistungen begründen. Tatsächliche Gleichheit im Hinblick auf alle Dienste wird allerdings kaum aufrecht zu erhalten sein. Differenzierungen dürften unumgänglich werden, deren Folgen durch den Einsatz neuer Techniken möglicherweise zum Teil aufgefangen werden können,[84] die aber einer stärker als bisher integriert angelegten Planung und der Mitwirkung der Bürger bedürfen.[85]

3. Das Recht der Älteren

Dass die vorstehend angedeuteten Reaktionen des Rechts auf die demographische Alterung hier unter dem Titel „Recht der Älteren" zusammengefasst werden, bedarf einer Erläuterung. Denn dieser Titel ist zwar prägnant, aber durchaus mit der Gefahr verbunden, missverstanden zu werden. Der in der englischen Sprache mögliche Ausweg, das genau Gemeinte offen zu lassen („Elder Law"[86] kann sich sowohl auf das Recht als auch die vom Recht adressierten Personen beziehen), steht im Deutschen nicht zur Verfügung. Alternativen sind ebenfalls mit Schwierigkeiten behaftet: Durch das bei Anwälten aus verständlichen Gründen beliebte „Seniorenrecht" werden sie auf keinen Fall geringer, und „Recht in der alternden Gesellschaft" scheint, unabhängig von der genauen Wortwahl,[87] nahezulegen, dass sich das Recht insgesamt durch die demographische Alterung verändert, was zumindest in dieser allgemeinen Form den oben wiedergegebenen Ausgangsüberlegungen nicht entsprochen hätte. 29

Klargestellt wird durch den Titel zunächst, dass sich das vorliegende Buch auf einen demographischen Prozess konzentriert, nämlich die steigende Lebenserwartung. Es beschäftigt sich hingegen nicht mit dem Geburtenrückgang, auch wenn dieser, wie eingangs beschrieben, zur demographischen Alterung beiträgt. Auch lässt es einen wesentlichen Aspekt insofern außer Betracht, als die Bewältigung des Alterns gerade Änderungen für die Jüngeren erfordert. Angesichts der ohnehin sehr vielfältigen Anfragen, die schon ein längeres Leben an das Recht stellt (vgl. II.2.a), schien eine Eingrenzung aber unvermeidlich. Zudem geht es uns nicht um die Herausarbeitung politischer Notwendigkeiten. Die Konsequenz dessen ist, dass die frühkindliche und schulische Bildung in den folgenden Beiträgen ausgespart wird, ebenso die für die Kindererziehung vorgesehenen Sozialleistungen, obwohl 30

84 Vgl. die Beiträge in Lindenberger/Nehmer u.a. (Hrsg.), Altern und Technik, Altern in Deutschland Bd. 6, S. 113ff.

85 Vgl. zu der Bedeutung partizipatorischer Elemente gerade auf kommunaler Ebene *Kersten*, RuR 2006, S. 245, 254.

86 So *Frolik/Kaplan*, Elder Law in a Nutshell, 5. Aufl. 2010.

87 Zu der häufig negativen Konnotation Gewonnene Jahre, Empfehlungen der *Akademiengruppe Altern in Deutschland*, Altern in Deutschland Bd. 9, S. 14.

die grundlegende Umstellung durch die Einführung des Elterngeldes[88] ganz unübersehbar nicht nur auf die Steigerung der Geburtenrate,[89] sondern auch auf die Veränderung der Erwerbsbeteiligung von Müttern abzielt.[90]

31 Zugegebenermaßen ist zweitens der Begriff der Älteren offen. Zumeist wird mit dem „Ältersein" ein Lebensabschnitt gemeint sein, in dem gesellschaftlich nicht mehr, jedenfalls nicht mehr als Regel, die Bestreitung des eigenen Lebensunterhalts durch Erwerbstätigkeit erwartet wird – also bis vor wenigen Jahren im internationalen Vergleich ab einem Lebensalter von 65 Jahren.[91] Im Arbeitsleben selbst gelten aber schon Arbeitnehmer über 45 oder 50 Jahre als „älter". Diese Unsicherheiten und vor allem die Kontextabhängigkeit des Begriffs der Älteren sind unvermeidbar. Ihnen sind auch Vorschriften wie Art. 25 der Grundrechtecharte der Europäischen Union ausgesetzt, die den Schutz „älterer Menschen" bezwecken.[92] Entscheidend bleibt deshalb aus der ohnehin nicht allein maßgeblichen individuellen Sicht, dass aufgrund eines höheren Lebensalters ein besonderer Schutzbedarf entstehen kann, wenn damit auch je nach Gefährdung unterschiedliche Personengruppen eingeschlossen sind. Zudem wären an einem bestimmten Lebensalter orientierte Grenzziehungen auch deshalb wenig sinnvoll, weil das mit dieser Grenzziehung Gemeinte selbst, wie die schon erwähnte Veränderung des Renteneintrittsalters zeigt, variabel sein kann. Wer in einer Gesellschaft als alt oder älter angesehen wird, unterliegt dem Wandel.[93]

32 Offen ist aber nicht nur der Begriff des älteren Menschen. Offen ist auch die Frage, ob das „Recht der Älteren" Züge eines eigenständigen Rechtsgebietes trägt. Das würde die Feststellung von Gemeinsamkeiten, prägenden Grundsätzen, voraussetzen, die dieses Gebiet von anderen abzugrenzen in der Lage wären. Stattdessen weist der hier gewählte Titel nur auf eine gemeinsame Besonderheit hin, nämlich den spezifischen Bezug des Rechts zu der Lebenssituation Älterer. Er bietet eine

88 Bundeselterngeld- und Elternzeitgesetz (BEEG) v. 5.12.2006 (BGBl. I S. 2748).

89 Der Erfolg ist – wie der Misserfolg – durch einen schnellen Blick auf die Entwicklung der Geburtenziffern nicht zu belegen, und selbst der Vergleich von monatlichen Zahlen sowie die Einbeziehung der zeitlichen Verschiebung von Geburten im Lebensverlauf der Mütter erhellen das Bild nur schwach; vgl. auch *Neyer,* Elterngeld nur ein Teil in einem großen Puzzle – Sozialpolitik und ihr Effekt auf die Geburtenentwicklung in den nordischen Ländern, Demografische Forschung 2006, Nr. 2, S. 3 (http://www.demografische-forschung.org/archiv/defo0602.pdf).

90 Dazu nur *Becker,* Das neue Elterngeld, in: FS für Buchner, 2009, S. 67, 68.

91 Dazu, dass die Heraufsetzung der Regelaltersgrenzen für den Bezug von Altersrenten im internationalen Trend liegt, nur *Becker,* Alterssicherung im internationalen Vergleich, in: FS für Ruland, Alterssicherung in Deutschland, 2007, S. 575, 589ff.

92 Vgl. etwa für einen offenen Begriff bei Art. 25 EU-GRC: *Ross,* in: Schwarze u.a. (Hrsg.), EU-Kommentar, 3. Aufl. 2012, Art. 25 GRC Rn. 4; *Marauhn,* in: Heselhaus/Nowak (Hrsg.), Handbuch der europäischen Grundrechte, 2006, § 42 Rn. 20; für eine Abgrenzung vom „mittleren Alter" *Mann,* in: Tettinger/Stern (Hrsg.), Europäische Grundrechtecharta, 2006, Art. 25 Rn. 11.

93 Dazu, und vor allem auch zu den damit verbundenen Zuschreibungen, die Beiträge in: Ehmer/Höffe (Hrsg.), Bilder des Alterns im Wandel, Altern in Deutschland, Bd. 1.

Grundlage, um die einschlägigen rechtlichen Vorschriften zusammenzustellen und sichten zu können sowie ihre Bedeutung für den Gesamtprozess der demographischen Alterung herauszuarbeiten. Diese bewusste Offenhaltung hängt zum einen damit zusammen, dass der Versuch einer systematischen Erfassung bisher in umfassender Weise nicht unternommen worden ist. Er bringt zum anderen aber auch eine Zurückhaltung zum Ausdruck. Sie liegt in dem Umstand begründet, dass die rechtliche Bewältigung der demographischen Alterung eine im Rahmen der bestehenden Rechtsordnung zu bewältigende Aufgabe darstellt, ein Sonderrecht für einen Teil der Bevölkerung zumindest nicht im Sinne spezieller normativer Vorgaben oder rechtsdogmatischer Eigenheiten bestehen kann.[94]

III. Konzeption und Inhalte des Buchs

1. Grundlagen

Vor dem Hintergrund der beschriebenen Ausgangspunkte verfolgt das Buch ein doppeltes Ziel: Es stellt erstens die Rechtsgebiete, die für die Älteren von besonderer Bedeutung sind, handbuchartig dar. Dabei werden die Bezüge zur demographischen Alterung herausgestellt. Die Anlage der einzelnen Beiträge ist in diesem Rahmen durchaus unterschiedlich. Wo es erforderlich erschien, wurden einzelne Materien möglichst vollständig behandelt. Wo es sinnvoll erschien, wurden Schwerpunkte auf spezifische und aktuelle Einzelfragen gelegt. Zweitens ist es Ziel des Buchs, die für das Recht der Älteren grundlegenden Aspekte hervorzuheben. Gemeint sind damit die das Recht prägenden, also aus höherrangigen Vorgaben ableitbaren und im positiven Recht auffindbaren Prinzipien sowie die spezifisch auf das Alter bezogenen Regelungsinstrumente. In dieser Hinsicht wird keine Vollständigkeit angestrebt. Auch sind die in den einzelnen Beiträgen verfolgten Zugänge und die ihnen vorausliegenden Vorstellungen über die Rolle des Rechts durchaus unterschiedlich. Das eröffnet verschiedene Perspektiven und deutet zu der zentralen Frage der Selbstbestimmung älterer Menschen das Spektrum möglicher und durchaus unterschiedlicher Einordnungen und Bewertungen an. 33

Das Buch konzentriert sich in bewusstem Verzicht auf mögliche und sicher weiterführende interdisziplinäre Ansätze auf das Recht. In seinem ersten Kapitel, 34

94 Einen spezifischen Altersbezug mag man wenigstens dann für eine ausreichende, ein Rechtsgebiet prägende Besonderheit halten, wenn damit eine bestimmte Entwicklungsphase des Menschen mit einem darauf bezogenen Regelungsbedarf erfasst wird, in diesem Sinn *Ramm*, Jugendrecht, 1990, S. 6f. (in einer Abgrenzung und mit Erklärung eines „doppelten Spannungsverhältnisses“ zum – im Original in Anführungsstriche gesetzten – „Erwachsenenrecht“).

dem Grundlagenteil, eröffnet es geschichtliche und internationale Perspektiven. Es beleuchtet zunächst den historischen Hintergrund eines Rechts der Älteren. Dabei geht es zum einen um eine Geschichte dieses Rechts (Stefan Ruppert). Der Beitrag belegt nicht nur, dass auch die Beschäftigung des Rechts mit dem Alter und dem Altern nicht neu ist, sondern erklärt die Entwicklung der einschlägigen Rechtsvorschriften. In ihm wird, der besonderen Bedeutung der hier ebenfalls betonten verfassungsrechtlichen Vorgaben entsprechend, ein besonderes Gewicht auf die Rolle der Grundrechte und der Vorkehrungen zum Schutz vor Altersdiskriminierung gelegt. Zum anderen wird die Entstehung altersspezifischer Rechtsgebiete dargestellt (Kathrin Brunozzi). Im Mittelpunkt stehen dabei das Sozial-, das Heim- und das Betreuungsrecht. Deren Anfänge und wesentlichen Entwicklungsschritte werden nachvollzogen, und zwar materienspezifisch vom Beginn bis zu den bis heute prägenden Reformen, woraus sich unterschiedliche Zeithorizonte ergeben, die bei den jüngeren Rechtsgebieten bis in die Gegenwart hineinreichen. Einen Blick über die deutsche Rechtsordnung hinaus eröffnet der letzte Beitrag des Grundlagenteils über die internationale Entwicklung des Rechts der Älteren (Markus Roth). In ihm wird dargelegt, dass „Elder Law" in den USA bereits als eigenes Rechtsgebiet behandelt und gelehrt wird, es werden dessen Inhalt und Entwicklung vorgestellt sowie dessen internationale Verbreitung nachverfolgt. Zudem wird darauf hingewiesen, dass die Europäische Union auch das Recht der Älteren zunehmend mitgestaltet.

2. Rechtliche Prinzipien und Instrumente

35 Der zweite, quer liegenden Grundsatzfragen gewidmete Teil des Buchs beschäftigt sich näher mit der Selbstbestimmung des Menschen. Im Alter ist sie besonderen Gefährdungen ausgesetzt. Sie wird deshalb aus den Blickwinkeln des Verfassungs-, des Zivil- und des Strafrechts thematisiert. Am Beginn steht die verfassungsrechtliche Perspektive (Wolfram Höfling). Sie wird genutzt zur Herausarbeitung der Frage, was im Sinne der Verfassung unter Selbstbestimmung zu verstehen ist, welche Dimensionen rechtlichen Schutz genießen und inwiefern dieser Schutz „altenspezifisch" ist, mit dem Hinweis auf eine mögliche Unterscheidung vom voraussetzungsvolleren Begriff der Autonomie. Am Ende werden diese allgemeinen und grundlegenden Ausführungen fruchtbar gemacht zur Lösung besonderer, als Referenzbereiche eingestufter Problemkonstellationen. Der folgende Beitrag über Selbstbestimmungsfähigkeiten (Andreas Spickhoff) geht ebenfalls von den verfassungsrechtlichen Vorgaben aus, widmet sich dann aber der zivilrechtlichen Ausgestaltung der Selbstbestimmung. In ihm werden die verschiedenen Formen und Stufen positiv-rechtlich gefasster Handlungsmöglichkeiten im Einzelnen beschrieben und näher gewürdigt. Dabei wird insbesondere die Figur der relativen Geschäftsfähigkeit, die eine Differenzierung nach dem Schwierigkeitsgrad von Rechtsgeschäf-

ten erlaubt, als angemessene rechtliche Reaktion auf eine nachlassende Fähigkeit zur freien Willensbestimmung empfohlen. Aus strafrechtlicher Sicht schließlich steht die Bedeutung und Reichweite des Grundsatzes der Patientenautonomie im Mittelpunkt (Michael Pawlik). Ausgangspunkt ist die Feststellung, dass sich am Lebensende und damit oftmals in hohem Alter Fragen nach den Voraussetzungen und den Grenzen der Selbstbestimmung in besonderer Dringlichkeit stellen, nämlich wenn es um verschiedene Formen der Sterbehilfe geht: durch Behandlungsabbruch, Beendigung des Leidens oder Hilfe bei der Selbsttötung. Das wirft Folgefragen nach der Auslegung und Rechtfertigung des Verbots einer Strafbarkeit der Tötung auf Verlangen (§ 216 StGB) auf. Der Beitrag entfaltet die Konfliktlinien im Einzelnen, analysiert das hinter den Lösungsvorschlägen stehende Freiheitsverständnis, arbeitet wirtschaftliche Aspekte heraus und wendet sich auch einer möglichen objektiven Behandlungspflicht zu. Er verdeutlicht, dass ein weites Autonomieverständnis nicht ohne die Gefahr dessen Fehlgebrauchs zu realisieren ist.

Recht nimmt auf das Lebensalter vor allem Bezug, um Altersgrenzen zu errich- 36
ten.[95] Diese Grenzen stellen deshalb das wohl wichtigste rechtliche Instrument im Zusammenhang mit dem Alter dar, weshalb ihnen als altersspezifischem Regelungsinstrument ein eigenes Kapitel gewidmet ist (Gerhard Igl). Darin geht es zunächst um die Systematisierung der weit verstreuten und unterschiedlichen Zielen dienenden Altersgrenzen im Recht, und dann um die Frage, ob und unter welchen Voraussetzungen die mit ihnen naturgemäß verbundenen Ungleichbehandlungen gerechtfertigt werden können. Auch hier sind pauschale Lösungen kaum weiterführend. Der Beitrag plädiert für einen Handlungsspielraum des Gesetzgebers auf der Grundlage des geltenden Rechts, zugleich aber auch für eine stärkere Berücksichtigung des Individualisierungsgrundsatzes.

Zu dem prinzipiengeleiteten Ansatz hätte die Aufnahme eines eigenständigen 37
Beitrags zur Altersdiskriminierung gepasst, zumal so die freiheitsrechtlich fundamentierte Selbstbestimmung eine gleichheitsrechtliche Entsprechung gefunden hätte. Jedoch wären damit weitgehende Überschneidungen verbunden gewesen. Die Entwicklung des Verbots der Altersdiskriminierung wird im ersten historischen Beitrag eingehend gewürdigt. Die gesondert abgehandelten Altersgrenzen liefern den wichtigsten allgemeinen Anwendungsfall. Und in der Praxis spielt die Altersdiskriminierung vor allem im Arbeitsverhältnis eine Rolle. Diese rechtlichen Fragen werden entsprechend ihrer Bedeutung ebenfalls eigenständig in dem auf die Arbeit bezogenen Kapitel des dritten Teils behandelt.

95 Vgl. schon *Zacher*, Sozialrecht, in: Baltes/Mittelstraß (Hrsg.), Zukunft des Alterns und gesellschaftliche Entwicklung, S. 305, 306f.

3. Besondere Rechtsgebiete

a) Familienbeziehungen und Betreuung

38 Ausgangspunkt für die Beiträge zu besonderen Rechtsgebieten ist die Familie. Sie ist Unterhaltsverband,[96] wenn auch in der bürgerlichen Gesellschaft nicht mehr von „umfassender Wirksamkeit“.[97] Wo gesellschaftliche Institutionen für den notwendigen Schutz sorgen können, ist staatliche Unterstützung subsidiär. Auf den durch die Familie gewährten Schutz kann sich allerdings der Wohlfahrtsstaat nicht mehr verlassen. Er interveniert in verschiedenen Formen bis hin zur pädagogischen Hilfestellung, und er fördert die Zuwendung zum Kind,[98] nicht zuletzt um auch in Reaktion auf gesellschaftliche Veränderungen[99] seine eigene Existenz zu sichern.[100] Dabei muss er dem Wandel familiärer Strukturen und Rollen Rechnung tragen, unter Umständen neue, auf ein gegenseitiges Füreinander-Einstehen gerichtete Formen des Zusammenlebens einbeziehen.[101] Zugleich sind die staatlichen Regelungen vielfältig und wechselbezüglich, was insbesondere für das Verhältnis von Unterhaltsrecht, Sozial- und Steuerrecht gilt.[102] Unabhängig davon prägt das Zivilrecht immer noch die Beziehungen zwischen den Generationen, die, wie die zwei der Familie gewidmeten Beiträge in diesem Band zeigen, in verschiedener Hinsicht in einer alternden Bevölkerung Relevanz entfalten.

39 Unter dem Titel „Großelternschaft im Familienrecht und alternde Bevölkerung als Gestaltungsaufgabe für das Erbrecht“ (Tobias Helms) wird zunächst darauf hingewiesen, dass die Konzentration des Familienrechts auf die Beziehungen innerhalb der Kernfamilie zu Verkürzungen führt, weil sie das insbesondere für die Erbringung von Betreuungsleistungen zunehmend wichtige Verhältnis zwischen Großeltern und Enkeln ausblendet. Dem Erbrecht kommt nicht nur die Aufgabe zu, einfachgesetzlich vor Gefährdungen der Testierfreiheit zu schützen. Es kann auch dazu eingesetzt werden, Pflegeleistungen zu sichern: indem diese bei einer Erbauseinandersetzung berück-

96 Vgl. *Zacher*, Ehe und Familie in der Sozialrechtsordnung, in: v. Maydell/Eichenhofer (Hrsg.), Abhandlungen zum Sozialrecht, 1993, S. 555, 577ff.

97 *Hegel*, Grundlinien der Philosophie des Rechts, 1821, § 238.

98 Dazu schon *Ruland*, Familiärer Unterhalt und Leistungen der sozialen Sicherheit, 1973.

99 Zum Teil wird angenommen, er habe diese insbesondere durch den Ausbau der Rentenversicherung selbst mitverursacht, vgl. *Sinn*, Ist Deutschland noch zu retten?, 2003, S. 423; vgl. zu den beachtlichen Gegenargumenten *Fasshauer*, Besteht ein Zusammenhang zwischen Alterssicherungssystemen und Geburtenrate?, DRV 2006, S. 305, 321.

100 Vgl. schon *Wingen*, Bevölkerungsbewußte Familienpolitik, Grundlagen, Möglichkeiten und Grenzen, 2003.

101 Dazu das Lebenspartnerschaftsgesetz v. 16.2.2001 (BGBl. I S. 266). Dass davon auch das Verfassungsrecht eingeholt wird, zeigt die Entwicklung der Rechtsprechung des BVerfG: vgl. BVerfGE 105, 313; 124, 199; zuletzt BVerfG v. 19.6.2012, 2 BvR 1397/09, und BVerfG, NJW 2012, S. 2719.

102 *Kahn-Freund*, Comparative Law as an Academic Subject, 1965, S. 22; vgl. auch *Scheiwe*, Was ist ein funktionales Äquivalent in der Rechtsvergleichung? Eine Diskussion an Hand von Beispielen aus dem Familien- und Sozialrecht, KritV 2000, S. 30, 31, 37ff.

sichtigt werden und eine Erbeinsetzung an eine Pflegeverpflichtung gekoppelt werden kann. Ebenfalls an einem möglichen Pflegebedarf knüpft der folgende Beitrag „Ansprüche Älterer gegen ihre Kinder“ (Frauke Wiedemann) an, betrachtet die damit verbundenen finanziellen Folgen aber in ihrer Bedeutung für mögliche Leistungsverpflichtungen der Kinder. Dabei geht es zunächst um den Elternunterhalt und die Bedeutung, die ihm als Indikator für die Reichweite familialer Solidarität nach der Entwicklung der Rechtsprechung zukommt. Die Abgrenzung zwischen dem Regressinteresse der Allgemeinheit und dem Schutzinteresse der Kinder wird berührt von der Frage nach den Voraussetzungen einer Rückforderung wegen Verarmung des Schenkers, wobei im Verhältnis zum Elternunterhalt statt einer Gleichbehandlung eine Neujustierung empfohlen wird. Schließlich wird auf Vorbehaltsrechte und Gegenleistungen bei lebzeitigen Vermögensübertragungen eingegangen, die im Fall einer Heimunterbringung überleitungsfähige Zahlungsansprüche auslösen können.

Mit dem Beitrag „Grundstrukturen und Grundzüge des Betreuungsrechts (einschließlich Patientenverfügung)“ (Andreas Spickhoff) wird die Familie verlassen, **40**
wenn auch Betreuer oft Familienangehörige sind. Jedoch ist es Ziel des Betreuungsrechts, dem Betreuten in allen Rechtsbeziehungen möglichst viel Selbstbestimmung zu erhalten, ihm aber auch die notwendige Unterstützung durch einen Betreuer in möglichst schonendem Umfang zukommen zu lassen. Angesichts der besonderen praktischen Bedeutung dieser Materie wird sowohl auf die Voraussetzungen einer Betreuung als auch das Betreuungsverhältnis näher eingegangen, wobei ein Schwerpunkt auf die Bedeutung der Betreuung bei medizinischen Maßnahmen gelegt und zugleich das Verhältnis zu Vorsorgevollmachten und Patientenverfügungen geklärt wird. Die Beendigung der Betreuung und verfahrensrechtliche Fragen stehen am Schluss des Beitrags.

b) Arbeit und Renten

Arbeit wird auch in einer älter werdenden Bevölkerung ihre zentrale Rolle für die **41**
Lebensgestaltung und Unterhaltssicherung des Einzelnen wie als Produktionsfaktor für die Volkswirtschaft nicht verlieren – nicht obwohl, sondern gerade weil Arbeitskräfte in einer schrumpfenden Gesellschaft knapper werden. Dieser Umstand und auch das bereits genannten Erfordernis, alter(n)sgerechte Arbeitsplätze zu schaffen,[103] berühren die rechtliche Ausgestaltung des Arbeitsverhältnisses in verschiedenster Weise. Sie sprechen etwa für die Ermöglichung größerer Flexibilität bei der Verteilung der Arbeitszeit.[104] In diesem Band wird mit der „Altersdiskriminierung im

103 Vgl. oben, II.2.a).
104 Vgl. dazu *Schilling*, Alternsgerechte Arbeitszeitgestaltung, in: Lorenz/Schneider (Hrsg.), Alternsgerechtes Arbeiten, 2008, S. 89ff.; *Loichinger*, Der fehlende Faktor: Zur Bedeutung altersspezifischer Arbeitszeit für das Erwerbspotenzial, in: Salzmann/Skirbekk/Weiberg (Hrsg.), Wirtschaftspolitische Herausforderungen des demografischen Wandels, 2010, S. 35ff.; *Spitznagel*,

Arbeitsrecht" (Ulrich Preis) der für die Arbeitsbeziehungen wichtigste und am umfassendsten angelegte rechtliche Schutz älterer Menschen näher beleuchtet. Auf der Grundlage einer kritischen Bestandsaufnahme der rechtlichen Vorgaben werden die Auswirkungen des Diskriminierungsverbots analysiert – von der Anbahnung über die Durchführung bis zur Beendigung des Arbeitsverhältnisses. Dabei wird einerseits betont, dass die Altersdiskriminierung zu weiteren Korrekturen der bisherigen arbeitsrechtlichen Praxis führen wird, andererseits aber punktuell wirken wird und kaum allein zu einer umfassenden Umgestaltung der Arbeitsverhältnisse hin zu einer umfassenden Förderung der Erwerbsbeteiligung Älterer führen kann.

42 Für die Unterhaltssicherung nach der Erwerbstätigkeit sollen Systeme der Alterssicherung sorgen. In einer alternden Bevölkerung gerät nicht nur deren Finanzierung unter Druck, sondern wird auch die Abgrenzung zwischen Lebensphasen mit und ohne Erwartung an eigene Erwerbstätigkeit in Frage gestellt.[105] In Deutschland wurden zu Beginn des Jahrtausends Reformen vorgenommen, deren Ziel es ist, auf die demographischen Herausforderungen zu reagieren. Dazu gehört die stärkere Verteilung der Alterssicherung auf mehrere Sicherungsschichten, auch wenn dieser Ansatz bis heute nicht unumstritten ist. Ein Kernbestandteil der veränderten Gesamtarchitektur bleibt die staatliche Alterssicherung (Ulrich Becker), die mit ihren verschiedenen Leistungssystemen in diesem Band vorgestellt wird. Ihr wichtigster Pfeiler ist die gesetzliche Rentenversicherung, deren Anlage und Durchführung dementsprechend im Fokus der Darstellung steht, nicht ohne die sozialpolitischen und rechtlichen Fragen ihrer Zukunft zu erörtern. Eigenständig abgehandelt wird daneben die private, d.h. betriebliche und individuelle, Altersvorsorge (Markus Roth). In dem Beitrag geht es zunächst um den Begriff, die Bedeutung und Verbreitung sowie die steuerliche Behandlung privater Altersvorsorge. Im Anschluss werden zunächst die betriebliche und dann die individuelle Vorsorge in ihren vielfältigen Erscheinungsformen erläutert. Auf dieser Grundlage lassen sich die gemeinsamen Grundsätze und die Leistungen beschreiben. Am Ende des Beitrags steht ein Überblick über die Kriterien für die Auswahl von Altersvorsorgeverträgen.

c) Gesundheit, Pflege, Infrastruktur

43 Dass nicht nur die Alterssicherung, sondern auch andere Sozialleistungssysteme durch die demographische Alterung berührt werden, liegt auf der Hand.[106] Insbe-

---

Ist die Demografie unser Schicksal? Expansive Arbeitszeitpolitik – eine übersehene Option, in: Heilemann (Hrsg.), Demografischer Wandel in Deutschland, 2010, S. 55, 65ff.

105 In dieser Hinsicht sind arbeitsrechtliche, nämlich tarifvertragliche Lösungen denkbar, die branchenspezifisch flexible Übergänge in den Ruhestand ermöglichen; vgl. etwa *Mostert*, Demografie und Altersübergang – Tarifpolitische Lösungsansätze in der chemischen Industrie, SozSich 2012, S. 97ff.

106 Vgl. schon *Breyer*, Individuelle und kollektive Sicherungsversprechen im demographischen Wandel, in: Seel (Hrsg.), Sicherungssysteme in einer alternden Gesellschaft, S. 48, 54ff.

sondere bei der Versorgung mit Gesundheits- und Pflegeleistungen steht aber nicht nur die Finanzierungsbasis der darauf ausgerichteten Sicherungssysteme in Frage, zumal deren Entwicklung von einer Reihe unterschiedlicher Annahmen abhängig ist.[107] Von zentraler Bedeutung ist in ihrem Rahmen die künftige Sicherstellung der sozialen Dienste in einem weiten Sinn. Das betrifft angesichts der knapper werdenden Arbeitskräfte die Ausbildung und Bezahlung von professionellen Pflegekräften[108] wie die Einbindung nicht beruflicher Kräfte,[109] also die Beteiligung der Zivilgesellschaft. Ebenso betroffen ist die Bereitstellung dieser Dienste und von Leistungen der Daseinsvorsorge im Raum, die angesichts der zunehmend ungleichen Verteilung der Bevölkerung absehbar besonderer Planung bedarf.[110] Die für das Recht der Älteren wichtigsten Aspekte werden in einer Reihe von Beiträgen behandelt.

An ihrem Beginn steht die Gesundheitsversorgung (Christian Rolfs und Golo 44
Wiemer). In diesem Rahmen wird auf die wesentlichen Facetten der gesetzlichen Krankenversicherung eingegangen, die Begründung und der Umfang des Versicherungsschutzes, die Leistungen und die Finanzierung. Angesichts des derzeit in Deutschland bestehenden Nebeneinanders von gesetzlicher und privater Krankenversicherung[111] sind die Besonderheiten der privaten Absicherung von großer praktischer Bedeutung, zumal durch die Altersrückstellung dort eine Kapitalbildung erfolgt. Neben den Leistungen und der Finanzierung wird in diesem Zusammenhang insbesondere der Zugang zur PKV abgehandelt. Der Beitrag über „Altenhilfe, Pflege und altersgerechte Infrastruktur" (Felix Welti) beginnt mit den Zusammenhängen zwischen Alter, Pflegebedürftigkeit und Behinderung und bietet einen Überblick über die breit gestreuten Regelungen, die sich mit den entsprechenden Bedarfslagen beschäftigen. Das betrifft zum einen das Sozialrecht, das Hilfe- und Förderleistungen wie auch mit der Pflegeversicherung einen eigenen Sozialversicherungszweig umfasst und für die rehabilitativen Leistungen bereichsübergreifende Ansätze enthält. Zum anderen werden Infrastrukturregelungen zusammengefasst, die weit verstreut sind: vom Sozialrecht über spezielle Pflege-, Gleichstellungs- und Heimgesetze bis zum Baurecht und zum Kommunalrecht. Daran schließt sich ein Beitrag

---

107 Vgl. dazu etwa *Jacobs/Drähter*, Demographischer Wandel und gesetzliche Krankenversicherung, in: Kerschbaumer/Schroeder (Hrsg.), Sozialstaat und demographischer Wandel, 2005, S. 97ff.; *Felder*, Gesundheitsausgaben und demografischer Wandel, BGesBl. 2012, S. 614ff.

108 Vgl. zum Recht der Gesundheitsberufe in diesem Zusammenhang auch *Kluth*, Verlangt der demografische Wandel eine neue Zuroednung der ärztlichen und sonstigen Gesundheitsdienstleistungen?, MedR 2010, S. 372, 373ff.

109 Vgl. etwa *Becker/Lauerer*, Zur Unterstützung von Pflegepersonen – Reformnotwendigkeiten und -optionen, in: BMFSFJ (Hrsg.), Zeit für Verantwortung im Lebensverlauf – politische und rechtliche Handlungsstrategien, 2011, S. 121ff.

110 Dazu oben, II.2.c).

111 Vgl. dazu auch die Beratungen des 69. DJT, Abteilung Sozialrecht, 2012.

über die „private Pflege" (Markus Roth) an. Dieser beginnt mit den leistungserbringungsrechtlichen Zusammenhängen zwischen Sozial- und Privatrecht und wendet sich dann der privatrechtlichen Gestaltung ambulanter und stationärer Pflege zu, die für die Praxis eine große Rolle spielt, aber noch der eingehenderen rechtswissenschaftlichen Aufarbeitung bedarf. Ein erster Ansatz wird dafür vorgelegt, nicht ohne am Ende auf die rechtliche Stellung der Träger von Wohn- und Pflegeeinrichtungen einzugehen. Schließlich wird, wieder im Sinne einer Querschnittsbetrachtung, das „Recht der Älteren im Planungs- und Baurecht" (Gerrit Manssen) behandelt. Dieser Beitrag belegt noch einmal die umfassende Bedeutung der demographischen Alterung und geht zwei Fragen nach, nämlich wie sich angesichts dieser Alterung die Anforderungen an das Wohnen und an die Bereitstellung von Einrichtungen der Daseinsvorsorge ändern und welcher rechtliche Anpassungsbedarf dadurch jeweils ausgelöst wird.

Ulrich Becker

§ 2 Die Geschichte des Rechts der Älteren

Literatur: *Adomeit, Klaus,* Auf Biegen und Brechen, in FAZ vom 3. Juli 2006; *Allmendinger, Jutta,* Lebensverlauf und Sozialpolitik. Die Ungleichheit von Mann und Frau und ihr öffentlicher Ertrag, 1994; *Baltes, Paul B./Smith, Jacqui,* New frontiers in the future of aging: From successful aging of the young old to the dilemmas of the fourth age, Gerontology Bd. 49 (2003), S. 123ff.; *Becker, Arnold/ Laureys, Marc/Neuhausen, Karl August/Rudinger, Georg (Hrsg.),* Theodosius Schoepffers „Gerontologia seu Tractatus de jure senum“. Kulturwissenschaftliche Studien zu einem vergessenen Traktat über das Altenrecht, 2011; *Behl Christian/Mossmann, Bernd,* Molekulare Mechanismen des Alterns. Über das Altern der Zellen und den Einfluss von oxidativem Stress auf den Alternsprozess, in: Staudinger, Ursula M./Häfner, Heinz (Hrsg.), Was ist Alter(n)? Neue Antworten auf eine scheinbar einfache Frage, 2008, S. 9ff.; *Börsch-Supan, Axel,* Unsere gewonnenen Jahre, in: FAZ vom 25.2.2011, S. 11; *Borscheid, Peter,* Geschichte des Alters. Vom Spätmittelalter bis zum 18. Jahrhundert, Münster 1987; *Bouchouaf, Ssoufian,* Altersdiskriminierung durch rechtliche Altersgrenzen aus verfassungsrechtlicher Perspektive, in: Ruppert, Stefan (Hrsg.), Lebensalter und Recht. Zur Segmentierung des menschlichen Lebenslaufs durch rechtliche Regelungen seit 1750 im gleichnamigen Tagungsband, 2010, S. 241ff.; *Brandt, Hartwin,* Wird auch silbern mein Haar. Eine Geschichte des Alters in der Antike, 2002; *Conrad, Christoph/v. Kondratowitz, Hans-Joachim (Hrsg.),* Gerontologie und Sozialgeschichte, 1983; *Conrad, Christoph,* Vom Greis zum Rentner. Der Strukturwandel des Alters in Deutschland zwischen 1830 und 1930, 1994; *Dichgans Johannes,* Jugend ist Stärke und Alter ist Schwäche der Reparaturmechanismen, in: Staudinger, Ursula M./Häfner, Heinz (Hrsg.), Was ist Alter(n)? Neue Antworten auf eine scheinbar einfache Frage, 2008, S. 57ff.; *Duve, Thomas,* Generationengerechtigkeit und Altersversorgung in der juristischen Literatur zur Rechtsstellung alter Menschen des 17. und frühen 18. Jahrhunderts, in: Brakensiek, Stefan/Wunder, Heide/Stolleis, Michael (Hrsg.), Generationengerechtigkeit? Normen und Praxis im Ehe und Ehegüterrecht 1500–1850, 2006, S. 45ff.; *Duve, Thomas,* Die Bedeutung des Lebensalters im frühneuzeitlichen Recht, in: Brendecke Arndt/ FuchsRalf-Peter/Koller, Edith (Hrsg.), Die Autorität der Zeit in der Frühen Neuzeit, 2007, S. 93ff.; *Duve, Thomas,* Sonderrecht in der Frühen Neuzeit – Studien zum ius singular und den privilegia miserabilium personarum, senum und indorum in Alter und Neuer Welt, 2008, S. 205; *Ehmer, Josef,* Sozialgeschichte des Alters, 1990; *Ehmer, Josef,* Bevölkerungsgeschichte und historische Demographie, 2004; *Ehmer, Josef,* Das Alter in Geschichte und Geschichtswissenschaft, in: Staudinger, Ursula M. (Hrsg.), Was ist Alter(n). Neue Antworten auf eine scheinbar einfache Frage, 2008; *Elm, Dorothee/Fitzon, Thorsten/Liess, Kathrin/Linden, Sandra,* Alterstopoi. Das Wissen von den Lebensaltern in Literatur, Kunst und Theologie, 2009; *Frolik, Lawrence A.,* The Developing Field of Elder Law: A historical Perspective, The Elder Law journal, 1993, Vol 1, number 1, S. 1ff.; *Frolik, Lawrence A.,* The Developing Field of Elder Law Redux: Ten Years After, The Elder Law Journal 2002, Vol 10, number 1, S. 1ff.; *Ganner, Michael,* Neue Entwicklungen im Altenrecht, in: Barta, Heinz/ Ganner, Michael/Lichtmannegger, Helmuth (Hrsg.), Rechtstatsachenforschung- heute, 2008, S. 111ff.; *Göckenjan, Gerd,* Altersbilder und Altersgrenzen. Ihre Bedeutung in der Frühgeschichte der Sozialpolitik, in: Dressel, Werner (Hrsg.), Lebenslauf, Arbeitsmarkt und Sozialpolitik, 1990, S. 221ff.; *Göckenjan, Gerd,* Das Alter würdigen. Altersbilder und Bedeutungswandel des Alters, 2000; *v. Greyerz, Kaspar,* Passagen und Stationen. Lebensstufen zwischen Mittelalter und Moderne, 2010; *Groß, Daniela,* Die Rechtfertigung einer Altersdiskriminierung auf der Grundlage der Richtlinie 2000/78/ EG, 2010; *Häberle, Peter,* Altern und Alter des Menschen als Verfassungsproblem, in: Badura, Peter/ Scholz, Rupert (Hrsg.), Wege und Verfahren des Verfassungslebens. Festschrift für Peter Lerche zum 65. Geburtstag, 1993, S. 189ff.; *Karl Hagemann/Heinrich Webler,* Jahrbuchs des Jugendrechts Nachfolgepublikation und Archiv für Jugendrecht; *Hardach, Gerd,* Der Generationenvertrag. Lebenslauf und Lebenseinkommen in Deutschland in zwei Jahrhunderten, 2006; *Hardach, Gerd,* Die Ökonomie der Lebensalter, in: Ruppert, Stefan (Hrsg.), Lebensalter und Recht. Zur Segmentierung des menschlichen Lebenslaufs durch rechtliche Regelungen seit 1750 im gleichnamigen Tagungsband, 2010, S. 323ff.; *Hartmann von Schlotheim, Hans,* Recht im Alter. Kleine Handreichung für die Altenarbeit, 1978; *Haerendel, Ulrike,* Die Frauenaltersgrenze in der gesetzlichen Rentenversicherung: Geschichte, Funktion, Vergleiche mit dem Ausland, in: Ruppert, Stefan (Hrsg.), Lebensalter und Recht. Zur Segmentierung des menschlichen Lebenslaufs durch rechtliche Regelungen seit 1750, 2010, S. 127ff.; *Ho, Anthony D./Wagner, Wolfgang/Eckstein, Volker,* Was ist Alter? Ein Mensch ist so alt wie seine Stammzellen, in: Staudinger, Ursula M./Häfner, Heinz (Hrsg.), Was ist Alter(n)? Neue Antworten auf eine scheinbar einfache Frage, 2008, S. 33ff.; *v. Hoff, Konrad,* Das Verbot der Altersdiskriminierung aus Sicht der Rechtsvergleichung und der ökonomischen Analyse des Rechts, 2009; *Hoffmann, Conrad Philipp,* Tractatio juridica de matrimonio sexagenarii cum quinquagenaria, senis cum juvencula et vetulae cum juvene sive: Vom Heyrathen alter Persohnen, Regimonti 1722; *Igl, Gerhard,* Das „Recht der älteren Menschen" – Ist es wünschenswert, für die älteren Menschen besondere rechtliche Vorkehrungen zu treffen?, Zeitschrift für Gerontologie 1990, S. 62ff.; *Igl, Gerhard/Klie, Thomas (Hrsg.),* Das Recht der älteren Menschen, 2007; *Imhof, Arthur E.,* Einführung in die Historische Demographie, 1977; *Imhof, Arthur E.,* Die Zunahme unserer Lebensspanne seit 300 Jahren und ihre Folgen, 1996; *Jacobs, Klaus/Kohli, Martin/Rein, Martin,* Germany: The diversity of pathways, in: Kohli, Martin/Rein, Martin/Guillemard, Anne-Marie/van Gunsteren, Herman, Time for Retirement. Comparative Studies of early Exit from the Labour Force, Cambrige 1991, S. 181ff.; *Joerißen, Peter/ Will, Cornelia (Hrsg.),* Die Lebensaltertreppe. Bilder der menschlichen Lebensalter. Eine Ausstellung des Landesverbandes Rheinland, 1983; *Kempermann, Gerd,* Altern ist auch adulte Neurogenese. Neue Nervenzellen für alternde Gehirne, in: Staudinger, Ursula M./Häfner, Heinz (Hrsg.), Was ist Alter(n)? Neue Antworten auf eine scheinbar einfache Frage, 2008, S. 47ff.; *Kohli, Martin,* Die Institutionalisierung des Lebenslaufs. Historische Befunde und theoretische Argumente, in: Kölner Zeitschrift für Soziologie und Sozialpsychologie 1985, S. 1ff.; *Kohli, Martin,* Der institutionalisierte Lebenslauf: ein Blick zurück und nach vorn, in: Allmendinger, Jutta (Hrsg.), Entstaatlichung und Soziale Sicherheit. Verhandlungen des 31. Kongresses der Deutschen Gesellschaft für Soziologie in Leipzig 2002 Bd. 1, 2003, S. 525ff.; *Kruse, Andreas/Schmitt,* Eric, Potenziale des Alters im Kontext individueller und gesellschaftlicher Entwicklung, in: Kruse, Andreas (Hrsg.), Potenziale im Altern. Chancen und Aufgaben für Individuum und Gesellschaft, 2010, S. 3ff.; *Macnicol, John,* Age Discrimination. An Historical and Contemporary Analysis, Cambridge University Press, Cambridge 2006; *Mayer, Karl Ulrich/Schoepflin,* Urs, New Trends in Life Course Research, in: Annual Review of Sociology Bd. 35 (2009), S. 493ff.; *Mayer, Karl Ulrich/Schoepflin,* The state and the life course, in: Annual Review of Sociology 1989, S. 187ff.; *Mitterauer, Michael,* Problemfelder einer Sozialgeschichte des Alters, in: Konrad, Helmut (Hrsg.), Der alte Mensch in der Geschichte, Wien 1982, S. 9ff.; *de Montaigne, Michel,* in: Erste moderne Gesamtübersetzung von *Stilett, Hans,* 1998 57. Essay „Über das Alter", S. 163f.; *Cotter, Anne-Marie Mooney,* Just a Number. An International Legal Analysis on Age Discrimination, Aldershot 2008; *Naegele, Gerhard/Gerling, Vera,* Sozialpolitik für ältere Menschen in Deutschland – Grundlagen, Strukturen, Entwicklungstrends und neue fachliche Herausforderungen, in: Igl, Gerhard/Klie, Thomas (Hrsg.), Das Recht der älteren Menschen, 2007, S. 49ff.; *Neuhausen, Karl August,* Einführung in Theodosius Schoepffers Leben und Werk, in: Becker, Arnold/Laureys, Marc/Neuhausen, Karl August/Rudinger, Georg (Hrsg.), Theodosius Schoepffers „Gerontologia seu Tractatus de jure senum". Kulturwissenschaftliche Studien zu einem vergessenen Traktat über das Altenrecht, 2011, S. 103ff.; *Noll, Dorothea,* „... ohne Hoffnung im Alter jemals auch nur einen Pfennig Rente zu erhalten...". Die Geschichte der weiblichen Erwerbsbiographie in der gesetzlichen Rentenversicherung, 2010; *Peil, Johann,* De privilegiis senum, quibus illi apud Deum et homines gaudent, Wesel 1643; *Pfister, Christian,* Bevölkerungsgeschichte und historische Demographie 1500–1800, 1994; *Pieroth, Bodo/Schlink,* Bernhard, Grundrechte. Staatsrecht II, 25. Auflage 2009; *Polloczek, Tobias,* Altersdiskriminierung im Licht des Europarechts, 2008; *Ramm, Thilo,* Jugendrecht. Ein Lehrbuch, 1990; *Richter, Ronald/Conradis, Wolfgang (Hrsg.),* Seniorenrecht in der anwaltlichen Praxis, 2006; *Roth, Markus,* Die Rechtsgeschäftslehre im demographischen Wandel. Stärkung der Autonomie sowie Schutzkonzepte bei Älteren und Minderjährigen, AcP 2008, S. 451ff.; *Ruppert, Stefan,* Alter im Recht, Rechtsgeschichte Bd. 9 (2006), S. 138ff.; *Ruppert, Stefan,* Die Segmentierung des menschlichen Lebenslaufs am Beispiel der Rechtsprechung des Bundesverfassungsgerichts zu Altersgrenzen, in: Rust, Ursula/Lange, Joachim/Pfannkuche, Henning (Hrsg.), Altersdiskriminierung und Beschäftigung (Loccumer Protokolle 04/06), 2006, S. 17ff.; *Ruppert, Stefan,* Neues „Jugendrecht" und Fabrikschutzgesetzgebung im Vormärz. Zur Bedeutung von Normativität für die Entstehung der Lebensphase Jugend, in: Jahrbuch für Wirtschaftsgeschichte, Bd. 1, 2008, S. 55ff.; *Ruppert, Stefan (Hrsg.),* Lebensalter und Recht. Zur Segmentierung des menschlichen Lebenslaufs durch rechtliche Regelungen seit 1750, 2010; *Ruppert, Stefan,* Lebensalter und Recht. Zur Segmentierung des menschlichen Lebenslaufs durch rechtliche Regelungen seit 1750, in: Ruppert, Stefan (Hrsg.) Lebensalter und Recht, 2010, S. VIIff.; *Ruppert, Stefan/Lovric-Pernak, Kristina,* in: Max Planck Encyclopedia of Public International Law, im Erscheinen; *Scherbov, Sergei/Sanderson, Warren,* Negative Folgen der Alterung bislang überbewertet. Neue Maßzahlen für aktuelle Bevölkerungsentwicklung, in: Demografische Forschung aus erster Hand, Heft 4/2010, S. 1f.; *Scherger, Simone,* Lebenslaufmuster im Wandel – Das Beispiel des Auszugs aus dem Elternhaus, in: Ruppert, Stefan (Hrsg.), Lebensalter und Recht. Zur Segmentierung des menschlichen Lebenslaufs durch rechtliche Regelungen seit 1750, 2010, S. 263ff.; *Schmeiser, Martin,* Von der „äußeren" zur „inneren" Institutionalisierung des Lebenslaufs. Eine Strukturgeschichte, Bios, Bd. 19 (2006), S. 51ff.; *Schmitz, Winfried,* Theodosius Schoepffers Gerontologia im Spiegel der antiken Tradition, in: Becker, Arnold/Laureys, Marc/Neuhausen Karl, August/Rudinger, Georg (Hrsg.), Theodosius Schoepffers „Gerontologia seu Tractatus de jure senum". Kulturwissenschaftliche Studien zu einem vergessenen Traktat über das Altenrecht, 2011, S. 129ff.; *Schmoeckel, Mathias,* Die Aussagen alter Menschen vor Gericht und ihre Beweiskraft in der Entwicklung der Lehre vom Zeugenbeweis. Aspekte einer Rechtsgeschichte des Alters, in: Becker, Arnold/Laureys, Marc/Neuhausen Karl, August/Rudinger, Georg (Hrsg.), Theodosius Schoepffers „Gerontologia seu Tractatus de jure senum". Kulturwissenschaftliche Studien zu einem vergessenen Traktat über das Altenrecht, 2011, S. 205ff.; *Schoepffer,* Theodosius, Gerontologia seu Tractatus de jure senum, Quedlinburg 1705, S. 4; *Staudinger, Ursula M./Häfner, Heinz (Hrsg.),* Was ist Alter(n)? Neue Antworten auf eine scheinbar einfache Frage, 2008; *Dolzer, Rudolf/Großhof, Karin u.a. (Hrsg.),* Bonner Kommentar zum Grundgesetz, 94. Lieferung 2000; *Struve, Georg Adam/Wildt, Gottfried,* Jura ac privilegia senectutis, Jena 1664; *Thane, Pat (Hrsg.),* Das Alter. Eine Kulturgeschichte, 2005; *Timmer, Jan,* Altersgrenzen politischer Partizipation in antiken Gesellschaften, 2008; *Udsching, Peter,* in Die Entwicklung des Sozialrechts für ältere Menschen am Beispiel der Pflegeversicherung, in: Igl, Gerhard/Klie, Thomas (Hrsg.), Das Recht der älteren Menschen, 2007, S. 75ff.

Inhaltsübersicht

Stefan Ruppert

I. Einleitung

1 Das Recht der Älteren ist jung. Alte Menschen hingegen gab es schon immer, wenn auch in geringerer Zahl. Es lohnt sich diesem Befund aus rechtshistorischer Perspektive etwas nachzugehen. Bereits vor der Zeit gestiegener Lebenserwartung und des demographischen Wandels im 20. Jahrhundert wurden Menschen sehr alt.[1] Ihre Zahl war geringer, sie erreichten aber im Einzelfall durchaus wie heute ein sehr hohes Alter. Diese Banalität muss deshalb einmal explizit ausgesprochen werden, weil noch nie so viel über Alter geschrieben worden ist wie in den letzten 25 Jahren. Der Altersdiskurs hat also ungeahnte Konjunktur, ohne allerdings seinerseits neu zu sein. Die Debatten über das Alter, über Weisheit und Kompetenz auf der einen und Gebrechlichkeit und Todesnähe auf der anderen Seite sind alt.[2] Ebenso alt sind die Aufforderungen, das Alter zu ehren oder sich altersgerecht zu verhalten.[3] Mal dominierte das Alterslob, mal wurden alte Menschen eher kritisch beäugt.[4] Dies blieb nicht ohne Konsequenz für ihre rechtliche Stellung, wie man etwa an den juristischen Debatten über die Glaubwürdigkeit älterer Zeugen sehen kann.[5]

2 Heute hat sich die Qualität dieser Debatten grundlegend verändert und dieser Wandel wird auch von Juristen rezipiert. Unter dem Stichwort des demographischen Wandels erscheint die Vielzahl alter Menschen allzu oft als ein Bedrohungsszenario.[6] Die alternde Gesellschaft ist ein Problem, das Ökonomen, Politiker und eben auch Juristen zu lösen haben. Seltener werden Chancen und Gestaltungsmöglichkeiten dieser Entwicklung gewürdigt. In der Tat müssen praktische juristische Prob-

---

1 Vgl. zur historischen Demographie *Imhof*, Einführung in die Historische Demographie; *ders.*, Die Zunahme unserer Lebensspanne; einen Überblick über Forschungsstand und Gegenstand geben *Ehmer*, Bevölkerungsgeschichte und historische Demographie; analog zur älteren Zeit *Pfister*, Bevölkerungsgeschichte und historische Demographie jeweils m.w.N.

2 Vgl. aus kulturgeschichtlicher Sicht *Borscheid*, Geschichte des Alters; vgl. für die Antike *Brandt*, Wird auch silbern mein Haar.

3 Vgl. zur Geschichte dieser Altersdiskurse *Göckenjan*, Das Alter würdigen.

4 Zur Geschichte des Alters vgl. aus der Masse der Veröffentlichungen seit etwa 1980 *Mitterauer*, in: Konrad (Hrsg.), Der alte Mensch in der Geschichte, S. 9ff.; *Conrad/v. Kondratowitz (Hrsg.)*, Gerontologie und Sozialgeschichte; speziell zur Altersversorgung *Conrad*, Vom Greis zum Rentner; aus diskurstheoretischer Sicht *Göckenjan*, Das Alter würdigen; kultur- und sozialgeschichtlich besonders wichtig sind die Arbeiten von *Ehmer*, Sozialgeschichte des Alters; *ders.*, in: Staudinger (Hrsg.), Was ist Alter(n), S. 149ff. m.w.N.; *Borscheid*, Geschichte des Alters; *Pat Thane (Hrsg.)*, Das Alter. Eine Kulturgeschichte.

5 Vgl. dazu *Schmoeckel*, in: Becker/Laureys/Neuhausen/Rudinger (Hrsg.), Theodosius Schoepffers „Gerontologia seu Tractatus de jure senum", S. 205ff.

6 Dieser allgemeinen Einschätzung wird auch immer wieder entgegengetreten, vgl. dazu jüngst *Börsch-Supan*, Unsere gewonnenen Jahre, in: FAZ vom 25.2.2011, S. 11; interessant auch die Relativierung aus demographischer Perspektive vgl. hierzu etwa die sachliche Einordnung von *Scherbov/ Sanderson*, Negative Folgen der Alterung bislang überbewertet. Neue Maßzahlen für aktuelle Bevölkerungsentwicklung, in: Demografische Forschung aus erster Hand, Heft 4/2010, S. 1f.

leme gelöst werden. Entsprechend nimmt die Frequenz altersrechtlicher Veröffentlichungen eindeutig zu und die Debatte wird auch unter neuen Vorzeichen geführt. Neu ist zudem eine allgemeine Tendenz zur Verrechtlichung aller Lebensphasen von Anbeginn an durch die Präimplantationsdiagnostik bis zur Juridifizierung des Sterbens. Für Juristen liegt es nahe, diese Entwicklung systematisch zu ordnen. Es erscheint deshalb zumindest unter analytischen Gesichtspunkten sinnvoll, die vielen Ansätze in tradierten und vielen neuen altersspezifischen Normen zu einem „Recht der Älteren" zu verdichten.[7]

Solche Versuche sind keineswegs neu. Die wohl erste systematischen Darstel- 3
lung des Rechts älterer Menschen stammt von Theodosius Schoepffer, der im Jahr 1705 seine „Gerontologia seu Tractatus de jure senum" publizierte.[8] Der Autor wiederum knüpft seinerseits an bestehende Rechtstraditionen in der mittelalterlichen juristischen Literatur an. Dort wurden alte Menschen als Sonderfall der Rechtsfigur der „persona miserabilis" thematisiert.[9] Aus dieser Rechtsposition resultierten einerseits verschiedene rechtliche Privilegien. Andererseits rückten die juristischen Werke alte Menschen zumeist in die Nähe von Kranken und Gebrechlichen. Es wird deutlich, dass ein Defizitmodell des Alters die Diskussion beherrscht. Neben Übersichten über die Rechte alter Menschen wurden auch Spezialfragen wie etwa die rechtliche Einordnung der Heirat (alters-)ungleicher Paare behandelt.[10]

Wer ist eigentlich alt in diesen juristischen Abhandlungen? Hier fällt ein erheb- 4
licher Unterschied zur Rechtssetzung im 19. und 20. Jahrhundert auf. Wer im jeweiligen Kontext als alt zu gelten hat wird in diesen Schriften nicht mittels Altersgrenzen, sondern eher durch die Bestimmung eines Altersstatus definiert.[11] Neben dem eigentlichen Lebensalter sind es die sozialen Bedingungen, die den Menschen zu unterschiedlichen Zeitpunkten alt machen.[12] Entsprechend hatte der diese „Altersrechte" anwendende Richter im Einzelfall zu entscheiden, ob der Adressat der jeweiligen Norm bereits als alter Mensch zu klassifizieren sei.[13] Dieses Rechtsverständnis mag dem heutigen Juristen fremd erscheinen, weil die Gesetze zu einer Art Arsenal werden, aus dem man sich je nach vorliegendem Fall unterschiedlich bedienen kann, um aus der Sicht des Rechtsanwenders zu „gerechten" Ergebnissen zu

7 Vgl. etwa aus neuerer Zeit *Igl/ Klie (Hrsg.),* Das Recht der älteren Menschen.

8 *Schoepffer,* Gerontologia seu Tractatus de jure senum, S. 4. Der Autor beruft sich dabei auf eine längere und juristisch anerkannte Tradition.

9 Nachweise finden sich umfassend bei *Duve,* Sonderrecht in der Frühen Neuzeit, S. 205.

10 *Hoffmann,* Tractatio juridica de matrimonio sexagenarii cum quinquagenaria, senis cum juvencula et vetulae cum juvene sive: Vom Heyrathen alter Persohnen.

11 *Duve,* in: Arndt Brendecke/Ralf-Peter Fuchs/Edith Koller (Hrsg.), Die Autorität der Zeit in der Frühen Neuzeit, S. 93ff., insbesondere S. 110f.

12 Vgl. hierzu *Duve,* in: Stefan Brakensiek/Heide Wunder/Michael Stolleis (Hrsg.), Generationengerechtigkeit?, S. 45ff.

13 *Duve,* Sonderrecht in der Frühen Neuzeit, S. 219.

kommen. In gewisser Weise knüpft aber das moderne Recht der Älteren wieder an diese Rechtstradition an, wenn es etwa im Heimrecht gerade keine spezifische Altersgruppe, sondern einen häufig mit der Alterung einhergehenden gesundheitlichen Zustand oder eben den Status des Heimbewohners im Blick hat, an den sich dann bestimmte Rechtsfolgen knüpfen.

5 Das Werk Schoepffers aus dem Jahr 1705 ist in jeder Hinsicht bemerkenswert, liefert es doch einen ausführlichen Überblick der Rechtsstellung älterer Menschen und ordnet diese nach der Systematik des römischen Rechts.[14] Dieser umfassende Ansatz dekliniert somit in vielfältigen Rechtsbereichen die jeweiligen Rechte alter Menschen durch. Eher mittelbar scheint in der Darstellung die Vielfalt antiker Altersbilder von der Weisheit, der Lebenserfahrung und Besonnenheit, aber auch der sozialen Ausgrenzung und der Gebrechlichkeit durch.[15] Der wissenschaftlich gebildete Anwalt Schoepffer und nicht etwa ein Mediziner prägte mit seinem Werk den Begriff der „Gerontologie“. Auch wenn er die erste ausführliche und systematische Darstellung des „Rechts der Älteren“ verfasste, so stand Schoepffer doch auch in einer juristischen Tradition. Bereits seit dem 16. Jahrhundert hatten Juristen in zumeist kurzen Dissertationen einzelne Aspekte des „Rechts der Älteren“ bearbeitet. 92Vielfach wurden die rechtlichen Privilegien alter Menschen thematisiert.[16] Auch nach Schoepffers Buch erschienen im 18. Jahrhundert weitere Titel zum Altenrecht.[17] Allerdings blieben entsprechende Darstellungen immer Einzelfälle und wurden schon bald wieder vergessen. Wissenschaftsgeschichtlich lassen sie sich in die juristische Literatur zu Sonderrechten einordnen.[18] Ein „Recht der Älteren“ in einem modernen Sinne schufen sie, wenn überhaupt, dann nur in Ansätzen. Im 19. Jahrhundert wurden die entsprechenden Werke nicht wieder aufgelegt, fanden auch keine Nachahmer und gerieten in Vergessenheit.

6 Das „Recht der Älteren“ kann also auf eine lange Tradition von Alterstopoi seit der Antike zurückgreifen. Allerdings brechen das 19. und die erste Hälfte des 20. Jahrhunderts mit dieser Tradition. Die älteren Topoi stecken aber bis heute fast

---

14 Sehr lesenswert ist die wissenschaftsgeschichtliche Einordnung des Werks durch *Becker/Laureys/Neuhausen/Rudinger (Hrsg.),* Theodosius Schoepffers „Gerontologia seu Tractatus de jure senum“.

15 Vgl. hierzu *Schmitz,* Theodosius Schoepffers Gerontologia im Spiegel der antiken Tradition, in: Becker/Laureys/Neuhausen/Rudinger (Hrsg.), Theodosius Schoepffers „Gerontologia seu Tractatus de jure senum“, S. 129ff.

16 Vgl. dazu etwa *Peil,* De privilegiis senum, quibus illi apud Deum et homines gaudent; *Struve/Wildt,* Jura ac privilegia senectutis, zu weiteren Beispielen und ihrer Einordnung vgl. *Neuhausen,* in: Becker/Laureys/Neuhausen/Rudinger (Hrsg.), Theodosius Schoepffers „Gerontologia seu Tractatus de jure senum“, S. 103ff., insbesondere S. 109–113.

17 Nachweise bei *Neuhausen,* in: Becker/Laureys/August Neuhausen/Georg Rudinger (Hrsg.), Theodosius Schoepffers „Gerontologia seu Tractatus de jure senum“, S. 103ff., insbesondere S. 111.

18 Vgl. dazu *Duve,* Sonderrecht in der Frühen Neuzeit, S. 204–244.

abschließend den Referenzrahmen der juristischen Diskussionen ab. Seit den juristischen Ansätzen in der Frühen Neuzeit wird immer wieder auf den gebrechlichen, den weisen und den von seiner angestammten Position nicht weichenden Alten zurückgegriffen. Ein Kompetenzmodell des weisen und ehrwürdigen Alten konkurriert und existiert neben dem Modell vom defizitären Alter.

Zu einer systematischen Erschließung der Rechte älterer Menschen unter den 7
Bedingungen moderner Verfassungsstaaten ist es nicht gekommen. Das Rechtsgebiet steckt bis heute in den Anfängen. Seit wenigen Jahrzehnten mehren sich jedoch eindeutig wieder die juristischen Veröffentlichungen zum rechtlichen Status älterer Menschen. Die Entwicklung begann in den Achtzigerjahren des 20. Jahrhunderts in den Vereinigten Staaten unter dem Stichwort „elder law“.[19] In Deutschland gab es seit langem vereinzelte meist praxisorientierte Ratgeberliteratur.[20] In der Rechtswissenschaft finden sich zu Beginn der Neunzigerjahre erste umfassendere Bestandsaufnahmen. Zu nennen sind hier insbesondere die Arbeiten von Gerhard Igl[21] und Peter Häberle.[22] Als Fach tut sich das „Recht der Älteren“ mit seinem übergreifenden juristischen Ansatz im verfestigten Fächerkanon Deutschlands besonders schwer. Eine einheitliche Begrifflichkeit hat sich noch nicht durchgesetzt. Neben dem „Altenrecht“[23] findet sich das „Recht der Älteren“[24] und auch das „Seniorenrecht“.[25] Auch weiterhin dominieren auf den jeweiligen Kontext bezogene Titel etwa zum Recht gegen Altersdiskriminierung.[26] Unzweifelhaft häuft sich allerdings die Zahl der Veröffentlichungen in der Rechtswissenschaft.[27] An juristischen Fakultäten finden erste Seminare zum „Altenrecht“ statt[28] und es bilden sich erste Rechtsanwaltskanzleien mit dem Tätigkeitsschwerpunkt Seniorenrecht.[29] Sie spezialisieren sich auf „rechtliche Probleme, die sich typischerweise im fortgeschrittenen Alter stellen“ mit dem Ziele, „eine möglichst selbstbestimmte Lebensplanung im Alter zu

19 *Frolik*, The Elder Law journal 1993, Vol 1, number 1, S. 1ff.; *ders.*, The Elder Law Journal 2002, Vol 10, number 1, S. 1ff.
20 Ein frühes Beispiel ist etwa *von Schlotheim*, Recht im Alter, 1978.
21 *Igl*, Zeitschrift für Gerontologie 1990, S. 62ff.
22 *Häberle*, in: FS für Lerche, S. 189ff.
23 Vgl. hierzu etwa *Ganner*, in: Barta/Ganner/Lichtmannegger (Hrsg.), Rechtstatsachenforschung – heute, S. 111ff.
24 Vgl. hierzu *Igl/Klie (Hrsg.)*, Das Recht der älteren Menschen.
25 *Richter/Conradis (Hrsg.)*, Seniorenrecht in der anwaltlichen Praxis.
26 Vgl. alleine aus jüngerer Zeit *Groß*, Die Rechtfertigung einer Altersdiskriminierung; *v. Hoff*, Das Verbot der Altersdiskriminierung, jeweils mit zahlreichen weiteren Nachweisen.
27 Besonders lesenswert aus jüngerer Zeit *M. Roth*, AcP 208 (2008), S. 451ff.
28 So etwa an der Universität Innsbruck vgl. hierzu die Darstellung im Internet unter http://www.uibk.ac.at/zivilrecht/mitarbeiter/ganner/altenrecht.html.
29 So etwa die Rechtsanwaltskanzlei Georg Zenker in Berlin vgl. hierzu http://www.kanzlei-seniorenrecht.de/; ebenso die Kanzlei Dr. Lang und Kollegen in München, vgl. hierzu http://www.anwaltskanzlei-muenchen.de/seniorenrecht/.

ermöglichen".[30] Die Rechtsentwicklungen und ihre Rezeption scheint gerade eine neue Qualität zu gewinnen.

8 Wenn das Recht der Älteren also jung ist, wozu braucht es dann eine rechtshistorische Einleitung? Wie soll die Geschichte eines sich erst etablierenden Fachs geschrieben werden? Auf diese Frage gibt es zwei mögliche Antworten. Zum einen sind rechtliche Normen für alte Menschen durchaus sehr alt.[31] Schon immer gab es einzelne Altersgrenzen für Ältere und schon seit den Zeiten des antiken Rechts gibt es altersspezifische Normierungen.[32] Folgt man dieser Antwort, dann bietet sich eine handbuchartige historische Zusammenstellung all dieser Altersgrenzen an. Eine solche Vorgehensweise verlöre aber den in unterschiedlichen Zeiten höchst unterschiedlichen sozialen Kontext der jeweils gesetzten Norm aus dem Blick. Eine solche Darstellung enthielte zwar sicherlich gewisse immer wiederkehrende Regelungsbereiche. Auch eine gewisse Kontinuität, gerade bei den gewählten Altersgrenzen etwa von 60 oder 65 Jahren, ließe sich zeigen. Das disparate Bild lieferte aber gerade keinen Beweis dafür, dass sich in den letzten Jahrzehnten so etwas wie ein eigenes, zumindest in Ansätzen durchaus konturiertes und abgeschlossenes Rechtsgebiet des „Rechts der Älteren" zu bilden beginnt. Zu analysieren bleibt, warum sich gerade im 20. Jahrhundert verstärkt rechtliche Regelungen mit älteren Menschen befassen. Deshalb erscheint eine zweite Antwort auf die Frage nach der adäquaten Darstellung der Geschichte des „Rechts der Älteren" sinnvoller. Sie geht der Frage nach, welche zum Teil tradierten und zum Teil neuen Rechtsgebiete in ihrer Gesamtschau zum neuen „Recht der Älteren" in den letzten Jahrzehnten beitragen. Dabei ist zu unterscheiden zwischen Normen, die entweder alte Menschen ausschließlich oder zumindest vorrangig adressieren, wie etwa das Recht gegen Altersdiskriminierung oder das Heimrecht auf der einen Seite. Auf der anderen Seite stehen eher allgemeine Disziplinen wie etwa das Strafrecht, die aber zunehmend neue altersspezifische Normen, Urteile und Einzelfallentscheidungen zur richtigen rechtlichen Behandlung alter Menschen aufweisen. Der vorliegende Beitrag will sich vorrangig mit der recht kurzen Geschichte des neuen Rechts der Älteren und seinen ebenfalls neuen Rechtsgebieten befassen. Es wird davon ausgegangen, dass wir uns zurzeit in einer historischen Durchgangsphase mit offenem Ausgang bei der Etablierung eines Rechtsgebiets befinden. Denkbar ist zum einen, dass in Zukunft die altersspezifische Adressierung einzelner Lebensphasen in allen Teildisziplinen des Rechts eine größere Rolle spielen wird, ohne dass sich ein eigenes Rechtsgebiet mit Fachpublikationen, Zeitschriften, Lehrstühlen und interdisziplinärer Forschung

30 So nach eigener Aussage die Kanzlei „Menschen und Rechte", vgl. hierzu http://www.menschenundrechte.de/rechtsgebiete,5,seniorenrecht.php

31 Darauf verweist schon in der zweiten Hälfte des 16. Jahrhunderts *de Montaigne* in seinen Essais: Erste moderne Gesamtübersetzung von *Stilett*. Es handelt sich um das 57. und letzte Essay des ersten Bandes „Über das Alter", S. 163f.

32 Vgl. hierzu etwa *Timmer*, Altersgrenzen politischer Partizipation.

herausbildet. Denkbar erscheint zum anderen, dass die enorme praktische Relevanz des Themas gerade zu dieser Entwicklung führt. Schaute man alleine auf den älteren Versuch ein „Jugendrecht" zu etablieren,[33] dann lässt sich heute für das „Recht der Älteren" noch keine blendende Zukunft prognostizieren. Trotz mehrerer Anläufe und der Herausgabe eines „Jahrbuchs des Jugendrechts"[34] bereits in den Zwanzigerjahren des 20. Jahrhunderts hat sich ein entsprechendes Fach bisher allenfalls in Ansätzen etabliert. Allerdings dürfte die große Zahl alter Menschen mit ihren spezifischen auch juristischen Problemen in jedem Fall die Zahl altersspezifischer Normen steigern und zu einer verstärkten Konjunktur des Themas in der Rechtswissenschaft führen.

Der vorliegende Beitrag will das „Recht der Älteren" rechtshistorisch einordnen. 9
Dabei wird die These vertreten, dass nicht nur das Alter, sondern jede Lebensphase in den letzten 200 Jahren Gegenstand einer Verrechtlichung geworden ist. Das bedeutet, dass es nicht nur ein Recht der Älteren, sondern auch ein „Jugendrecht" und in Ansätzen auch ein Recht der Erwerbstätigen gibt, wobei Letztere gleichsam den Normalfall des Rechtssystems darstellen. Es wird hier davon ausgegangen, dass seit dem ausgehenden 18. Jahrhundert ein maßgeblich durch rechtliche Regelungen determiniertes dreigeteiltes Lebenslaufmodell aus Jugend, Erwerbsbiographie und einem durch den Ruhestand geprägten Alter entstanden ist.[35] Insofern orientiert sich der Beitrag am Modell des dreigeteilten institutionalisierten Lebenslaufs wie ihn in der Lebenslaufsoziologie etwa Martin Kohli[36] und Karl Ulrich Mayer[37] entwickelten. Die in der Soziologie und Demographie meist empirische Untersuchung der klassischen Zäsuren in zahlreichen Lebensläufen wird hier um eine normative Betrachtung ergänzt. Aus dieser Perspektive erscheint das „Recht der Älteren" als Konsequenz eines demographischen und vor allem ökonomischen Wandels. Allein die juristische Bewirtschaftung einzelner Lebensphasen beschreibt den Wandel aber nur ungenügend. Während die oben genannte Lebenslaufstruktur entstand, wandelten sich auch individuelle Rechtspositionen aller Alterskohorten. Unter den Bedingungen des modernen Verfassungsstaats mit seinen einklagbaren Grundrechten verbesserte sich insbesondere die Rechtsposition junger und alter Menschen. An die Stelle des Greises, der Rechte allenfalls aus moralischer Verpflichtung oder sozialem Status ableiten konnte, trat der alte Mensch als Inhaber von Grundrechten. Diese

33 Der vorerst letzte Versuch dieses übergreifend darzustellen stammt von *Ramm*, Jugendrecht.
34 Das Jahrbuch wurde seit 1922 und bis 1943 zunächst von *Hagemann* und später von *Webler* herausgegeben. Nach dem 2. Weltkrieg erschien als Nachfolgepublikation noch das Archiv für Jugendrecht seit 1952, dieses wurde aber 1958 ebenfalls eingestellt.
35 Vgl. hierzu bereits *Ruppert*, Lebensalter und Recht, S. VII–XXIII; davor bereits *ders.*, Alter im Recht, Rechtsgeschichte Bd. 9 (2006), S. 138ff.
36 Vgl. hierzu *Kohli*, Kölner Zeitschrift für Soziologie und Sozialpsychologie 1985, S. 1ff.; *ders.*, in: Allmendinger (Hrsg.), Entstaatlichung und Soziale Sicherheit, S. 525ff.
37 Vgl. *Mayer/Schoepflin*, Annual Review of Sociology 1989, S. 187ff.; aus neuerer Zeit vgl. *ders.*, Annual Review of Sociology Bd. 35 (2009), S. 493ff. m.w.N.

konnte er zunehmend nicht nur sich aktiv verteidigend gegen den intervenierenden Staat geltend machen, sondern der Schutz seiner Würde und Autonomie wurde immer mehr zur staatlichen Aufgabe.

10 Thesenhaft kann man sagen, dass das „Recht der Älteren“ seine gestiegene Bedeutung auf der normativen Ebene zwei Ursachen verdankt:

1. Der Verrechtlichung aller Lebensphasen und der Entstehung eines normativ geprägten Lebenslaufmodells ganz allgemein
2. Der gestärkten Grundrechtsposition älterer Menschen und der daraus resultierenden Verrechtlichung.

11 In einem ersten Schritt soll der angedeutete allgemeine Verrechtlichungsprozess kurz skizziert und auf seine Ursachen hin untersucht werden. In einem zweiten Schritt soll auf die Bedeutung des gewandelten Grundrechtsverständnisses für die Entstehung des „Rechts der Älteren“ eingegangen werden. Neuere Grundrechtskonzeptionen finden etwa im Recht gegen Altendiskriminierung ihren Ausdruck, wie nun gezeigt werden soll. Ein kurzer Ausblick steht am Schluss des Beitrags.

II. Das Recht der Älteren und die Entstehung des institutionalisierten Lebenslaufs

12 Was ist es eigentlich das uns alt macht oder altern lässt? Die Frage ist nur scheinbar banal. Bereits die naturwissenschaftlichen Antworten der Alterungstheorien fallen keineswegs eindeutig aus[38] und ein ganzes Max-Planck-Institut in Köln forscht ausschließlich in diesem Bereich.[39] Naturwissenschaftliche Antworten, so wichtig und interessant sie sind, fallen ohne eine geisteswissenschaftliche Ergänzung aber ausgesprochen eindimensional aus. Schließlich ist Alter natürlich das Resultat einer sozialen Definition[40] und an dieser Definition haben rechtliche Regelungen in Form von Altersgrenzen und altersspezifischen Vorschriften einen erheblichen Anteil. Die Rentenaltersgrenze etwa versetzt uns von einem auf den anderen Tag in einen an-

---

38 Verschiedene Erklärungsansätze liefern die Überblicksdarstellungen in: Staudinger/Häfner (Hrsg.), Was ist Alter(n)?: *Behl/Mossmann*, Molekulare Mechanismen des Alterns. Über das Altern der Zellen und den Einfluss von oxidativem Stress auf den Alternsprozess, S. 9ff.; *Ho/Wagner/Eckstein*, Was ist Alter? Ein Mensch ist so alt wie seine Stammzellen, S. 33ff.; *Kempermann*, Altern ist auch adulte Neurogenese. Neue Nervenzellen für alternde Gehirne, S. 47ff.; *Dichgans*, Jugend ist Stärke und Alter ist Schwäche der Reparaturmechanismen, S. 57ff.

39 Es handelt sich um das Max-Planck-Institut für die Biologie des Alters, das im Wesentlichen durch Forschungen an der Fruchtfliege Drosophila, dem Fadenwurm und bestimmter Mäuse Rückschlüsse für das menschliche Altern ziehen will. Vgl. zum Forschungsprofil http://www.age.mpg.de.

40 Vgl. zu meinen früheren Überlegungen diesbezüglich *Ruppert*, Lebensalter und Recht, S. VII–XXIII; davor bereits *ders.*, Alter im Recht, Rechtsgeschichte Bd. 9 (2006), S. 138ff.

deren Status. Das wirkt sich natürlich allenfalls sehr mittelbar auf das biologische Alter aus und doch verändert sich die Selbst- und Fremdwahrnehmung des Betreffenden eindeutig. So lässt sich etwas plakativ sagen: Recht macht alt. Man kann auch sagen: Recht macht jung. Rechtliche Regelungen in Form von Altersgrenzen und altersspezifischen Normen weisen uns in jeder Lebenssituation einen rechtlichen Altersstatus zu. Dies reicht von einem Zeitpunkt vor der eigentlichen Geburt bis zum Tod, ja sogar einige Rechte nach dem Ableben werden normiert.[41] Wir bleiben bis zu unserem 18. Geburtstag in mancher Hinsicht jung, weil wir nicht wahlberechtigt oder voll geschäftsfähig sind und am gesellschaftlichen Leben nur eingeschränkt teilhaben können. Das Erreichen des 65. oder in Zukunft des 67. Geburtstags wiederum lässt uns bisweilen vor oder nach der Zeit rechtlich altern, weil der Ruhestand nicht zum gewünschten Zeitpunkt, sondern eben zu früh oder zu spät eintritt.[42]

Zahllose Normen definieren also zu jedem Zeitpunkt unseres Lebens einen komplexen Altersstatus. Man kann diesen Status isoliert betrachten und sieht dann, welche Rechte und Pflichten dem Individuum in einem bestimmten Alter zukommen. Im Verlauf eines Lebens setzen wirkmächtige Altersgrenzen bedeutsame Zäsuren. Bei Erreichen der nächsten einschlägigen Altersgrenze verändert sich der Altersstatus. Neben der Definition des jeweils aktuellen rechtlichen Jugend- oder Altersstatus bilden diese vielfältigen Normen in ihrer Gesamtheit also auf einer normativen Ebene in gewisser Weise ein Standardlebenslaufmodell. Fast alle Menschen durchlaufen diese rechtlichen Lebenslaufstationen mit ihren Statuswechseln und sie orientieren sich in ihrer subjektiven Lebenslaufplanung bewusst oder unbewusst an ihnen.[43] Wenn man es mit der Definition von Lebenslaufsoziologen wie Martin Kohli[44] sagen will, so ist Recht eine der Institutionen, die an der Institutionalisierung des Alters als eigener Lebensphase beteiligt ist. Es sind nämlich vor allem rechtliche Regelungen in Form von Altersgrenzen, altersspezifischen Regeln und Anwartschaften, die zu der Abgrenzung der Lebensphasen beigetragen haben und weiter beitragen. Der seit dem ausgehenden 18. Jahrhundert entstandene Standardlebenslauf löste die zuvor eher standes-, geschlechts- und berufsbezogenen älteren Lebenslaufmodelle ab. In der Frühen Neuzeit zeigen die sehr populären Darstellungen der Lebenstreppe, dass es eine kollektive Vorstellung vom Lebensverlauf durch- 13

41 So erlischt zum Beispiel das Urheberrecht gem. § 64 UrhG siebzig Jahre nach dem Tod des Urhebers. Allerdings ist das genau genommen natürlich keine Regelung eines Altersstatus.
42 Neben den Rentenregelungen bedingt der 65. Geburtstag den regelmäßigen Eintritt des Beamten in den Ruhestand gem. § 41 Abs. 1 BBG und man kann das Amt des ehrenamtlichen Richters an Sozial- und Arbeitsgerichten ablehnen, §§ 18 Abs. 1 Nr. 1, 35 Abs. 1, 47 SGG und §§ 24 Abs. 1 Nr. 1, 37 Abs. 2, 43 Abs. 3 ArbGG.
43 Vgl. hierzu *Schmeiser*, Von der „äußeren" zur „inneren" Institutionalisierung des Lebenslaufs. Eine Strukturgeschichte, in: Bios, Bd. 19 (2006), S. 51ff.
44 Vgl. hierzu *Kohli*, Kölner Zeitschrift für Soziologie und Sozialpsychologie 1985, S. 1ff.; *ders.*, in: Allmendinger (Hrsg.), Entstaatlichung und Soziale Sicherheit, S. 525ff.

aus gab.[45] Allerdings erreichten nur sehr wenige Menschen tatsächlich das auf den letzten Stufen dargestellte Lebensalter von neunzig oder hundert Jahren.[46] Auch waren die Übergänge von einer Lebensphase in die nächste weniger von rechtlichen Bestimmungen als vielmehr von „rites de passage" bestimmt.[47] Diese sind keinesfalls völlig verschwunden oder tauchen in neuer Form wieder auf. Noch immer ist das Studium eine Übergangsphase zwischen Jugend und Erwerbsbiographie, und die Altersteilzeit führt zu einem gleitenden Übergang in den Ruhestand. Heute ist der Lebenslauf aber viel stärker normativ reguliert.

14 Der Befund, es bestehe ein auch juristisch definiertes Lebenslaufmodell, das nahezu alle Angehörigen einer Kohorte durchlaufen, steht auf den ersten Blick in deutlichem Widerspruch zum ebenfalls rechtlich garantierten Modell der allgemeinen Handlungsfreiheit, das gerade höchst unterschiedliche Lebensentwürfe zur Folge haben sollte. Deshalb ist es wichtig zu betonen, dass das dreigeteilte Lebenslaufmodell ausgesprochen offen ist für eine Vielzahl höchst unterschiedlicher Lebensläufe.[48] Weder gibt es den einen dreigeteilten Lebenslauf aus Jugend, Erwerbsbiographie und Ruhestand, noch setzen die Zäsuren und Übergänge immer an der gleichen Stelle ein. Menschen beenden ihre Jugend endgültig, indem sie wirtschaftlich selbständig werden und eine Berufstätigkeit aufnehmen. Das geschieht zu sehr unterschiedlichen Zeitpunkten. Auch der Eintritt in den Ruhestand erfolgt meist irgendwo zwischen dem sechsten und achten Lebensjahrzehnt. Die Selbstbestimmtheit der individuellen Lebenslaufplanung, die heute eben auch verfassungsrechtlich abgesichert ist, steht zum rechtlich strukturierten Lebenslaufmodell in einem komplementären Verhältnis. Die dreigeteilte Lebenslaufstruktur dient im Rahmen der eigenen Biographieplanung als Orientierung und Leitplanke. Gerade weil es dem Einzelnen erhebliche Kompetenzen abverlangt, sein eigenes Leben über einen gewissen zeitlichen Horizont zu planen, gibt die Strukturierung durch Altersgrenzen oder rechtlich strukturierte Abschnitte, wie etwa eine feste Ruhestandsgrenze, erhebliche Sicherheit. Individuell differieren diese Zäsuren aber sehr wohl. Abweichungen, etwa im Lebensverlauf von nicht berufstätigen Menschen oder Selbständigen, sind ebenso zu finden wie Unterschiede nach Geschlecht, sozialer Herkunft oder Bildungsstand. Die moderne Lebenslaufstruktur orientiert sich nach wie vor am männlichen Ernährermodell[49] und erst langsam und sehr zaghaft setzten

---

45 Eine Sammlung dieser Bilder und deren Einordnung findet sich bei *Joerißen/Will (Hrsg.),* Die Lebensaltertreppe.

46 Vgl. zu Lebenserwartung und demographischer Struktur in der Frühen Neuzeit *Pfister,* Bevölkerungsgeschichte und historische Demographie.

47 Vgl. zu der Lebenslaufstruktur in der Frühen Neuzeit und diesen „rites de passage" vgl. *von Greyerz,* Passagen und Stationen, S. 233ff.

48 Vgl. deshalb zum Verhältnis von äußerer Struktur und individueller Planung *Schmeiser,* Von der „äußeren" zur „inneren" Institutionalisierung des Lebenslaufs. Eine Strukturgeschichte, Bios, Bd. 19 (2006), S. 51ff.

49 Vgl. hierzu aus allgemeiner Perspektive *Allmendinger,* Lebensverlauf und Sozialpolitik.

sich Modifikationen zugunsten weiblicher Lebenslaufkonzepte etwa in der Rentenversicherung durch.[50]

Eine weitere Präzisierung des Modells der Dreiteilung aus juristischer Sicht ist zwingend. Jede der drei Lebensphasen wird ihrerseits durch ein engmaschiges Netz weiterer Altersgrenzen und altersspezifischer Regelungen unterlegt. Sie verleihen den drei Lebensphasen eine Binnenstruktur. Am deutlichsten wird dies am Beispiel der Jugend. Das liegt auch an der historisch eindeutig späteren Entstehung des „Rechts der Älteren". Die Jugend wurde bereits seit Beginn des 19. Jahrhunderts rechtlich konturiert. Dies geschah durch so unterschiedliche Rechtsgebiete wie das Schulrecht, mit dem Schulpflicht und Jahrgangsklassensystem durchgesetzt wurde, das Wehrrecht, das mit der durchgesetzten Wehrpflicht die männliche Jugend beendete.[51] Auch das Jugendstrafrecht oder der Jugendschutz und die Arbeitsverbote für Jugendliche sind älter als jede Schutzgesetzgebung für ältere Menschen. Die Jugend ist heute bis zum Erreichen des 18. Lebensjahrs und teilweise darüber hinaus ihrerseits unterteilt in Rechte in der pränatalen Phase, frühkindliche Rechte, die spätestens mit Erreichen der Schulpflicht noch um Pflichten ergänzt werden sowie eine Schul und Ausbildungszeit. Die Aufzählung von Straf- und Religionsmündigkeit, Geschäftsfähigkeit und Jugendschutz steht nur exemplarisch für eine Vielzahl von solchen Binnenstrukturierungen der Jugend. Bei der Entscheidung für eine religiöse Überzeugung ist man bereits mit 14 Jahren nicht mehr jung,[52] die Zahlung von Kindergeld an die Eltern beendet die Jugend erst im Alter von 25 Jahren.[53] 15

Weniger deutlich wird die Binnenstrukturierung in der Phase der Erwerbsbiographie. Hier sind es vor allem die Anwartschaften der sozialen Sicherungssysteme mit den Gefahren lückenhafter Rentenbiographien, die Struktur gebend wirken. Aber auch rechtlich abgegrenzte Räume wie der Mutterschutz, das ALG I, das Sabbatjahr des Gymnasiallehrers oder Altersteilzeitmodelle sind Beispiele für eine normative Segmentierung. Die einmal erworbenen Rentenansprüche überwölben die Erwerbsbiographie und den Ruhestand. 16

Für das eigentliche Alter stellt sich der Befund etwas anders dar. Im Gegensatz zur Jugend wird bei der Strukturierung durch das Recht der Älteren weniger an das kalendarische Alter angeknüpft. Lediglich der Beginn ist wesentlich durch das Erreichen der Renten- oder Pensionsgrenze bestimmt. Die immer wieder vorgenommene Unterscheidung von einem von Aktivität und Leistungsfähigkeit bestimmten Dritten Alter von einem von körperlichem Verfall und Schutzbedürftigkeit gekennzeichneten Vierten Alter orientiert sich nur teilweise am kalendarischen Alter. So 17

50 Vgl. hierzu aus rechtshistorischer Sicht bezogen auf die Rentenversicherung vgl. *Noll*, „... ohne Hoffnung ...".

51 Vgl. hierzu den Überblick von *Ruppert*, in: Jahrbuch für Wirtschaftsgeschichte, Bd. 1, Berlin 2008, S. 55ff. Sowie *Ruppert*, Recht hält jung, erscheint 2013.

52 Geregelt in § 5 des Gesetzes über die religiöse Kindererziehung vom 15. Juli 1921.

53 So § 1 Abs. 2 a. E. des Bundeskindergeldgesetzes.

unterscheiden sich bereits die demographischen und medizinisch biologischen Definitionen von Hochaltrigkeit.[54] Juristisch ist der Übergang aber gerade nicht von einer strikten Altersgrenze gekennzeichnet. Vielmehr bestimmen tradierte und nicht selten zu hinterfragende Vorstellungen vom hohen Alter und seinen Begleiterscheinungen die Sichtweise des Gesetzgebers. Vorläufig lässt sich festhalten, dass eher das soziale und das biologische Alter auch in juristischer Hinsicht für eine Strukturierung der gesamten Lebensphase sorgen. Darauf wird bei der Darstellung der einzelnen Rechtsgebiete weiter einzugehen sein. Schon hier bleibt festzuhalten, dass die große Bandbreite der Lebenssituationen älterer Menschen höchst unterschiedliche rechtliche Adressierungen verlangen. Der demente und pflegebedürftige Alte hat ein gesteigertes Schutzbedürfnis, der leistungsfähige ältere Mensch wiederum darf nicht alleine wegen seines Alters gegenüber Jüngeren diskriminiert werden. Vorläufig lässt sich der Befund festhalten, dass das eigentliche Alter nicht so stark binnenstrukturiert ist wie etwa die Jugend oder die Erwerbsbiographie. Lebensalter ganz allgemein ist in den letzten 200 Jahren verstärkt zum Anknüpfungspunkt rechtlicher Regelungen geworden.[55] Während das Recht der Jugend also bereits seit dem frühen 19. Jahrhundert entstand, setzt das Recht der Älteren im Wesentlichen erst mit der Bismarckschen Rentenversicherung ein[56] und entwickelt sich dann im 20. Jahrhundert. Auch wenn man aus der Vergangenheit keine Prognosen für zukünftige Entwicklungen ableiten kann, so ist doch zu erwarten, dass sich das Recht der Älteren ähnlich dem Jugendrecht weiter ausdifferenzieren wird.

18 Gerade weil das Recht der Älteren zuvor eigenständige, aber meist ebenfalls junge Rechtsgebiete wie etwa das Recht gegen Altersdiskriminierung,[57] Teile des Familien- und vor allem des Sozialrechts unter einem neuen Oberbegriff zusammenfasst, muss der Frage nach der Entstehung dieser altersspezifischen Verrechtlichung im Einzelfall nachgegangen werden.

III. Das Recht der Älteren aus grundrechtlicher Perspektive

19 Im modernen Verfassungsstaat mit seiner weitreichenden Funktion von Grundrechten verändert sich auch der Normzweck vieler „Rechte der Älteren". Neben die traditionelle Armenfürsorge, die eben auch und gerade alte Menschen betraf, trat die

54 Vgl. zu der Unterscheidung *Baltes/Smith*, Gerontology Bd. 49 (2003), S. 123ff.

55 Eine rechtshistorische Übersicht über diese Verrechtlichung aller Lebensphasen seit dem ausgehenden 18. Jahrhundert findet sich in Ruppert (Hrsg.), Lebensalter und Recht.

56 Vgl. dazu *Göckenjan*, in: Dressel (Hrsg.), Lebenslauf, Arbeitsmarkt und Sozialpolitik, S. 221ff.; in Bezug auf den weiblichen Lebenslauf vgl. *Haerendel*, in: Ruppert (Hrsg.), Lebensalter und Recht, S. 127ff.

57 Vgl. dazu aus völkerrechtlicher Perspektive *Ruppert/Lovric-Pernak*, in: Max Planck Encyclopedia of Public International Law, im Erscheinen; zu seiner Entstehung vgl. *Macnicol*, Age Discrimination.

klassische Altenfürsorge und in der Bundesrepublik zunehmend der Gedanke einer Altenhilfe. Mit dem Inkrafttreten des Bundessozialhilfegesetzes 1962 wurde ein Rechtsanspruch auf Sozialhilfe eingeführt. Neben die materielle Absicherung tritt zunehmend auch die Intention, gesellschaftliche Teilhabe und Selbstbestimmung zu perpetuieren oder neu zu ermöglichen.[58]

An dieser Stelle kann keine wissenschaftlich gestützte Prognose über die Zukunft **20**
des dreigeteilten institutionalisierten Lebenslaufs gegeben werden. Im geltenden Recht ist er bezogen auf Ausbildung, Erwerbsbiographie und Ruhestand eindeutig noch vorherrschend und dies gilt trotz aller zarten Anzeichen für eine Destandardisierung von Lebensläufen.[59] Betrachtet man den Menschen als Inhaber von Grundrechten, dann werden andere Lebenslaufmodelle sichtbar. Viele Grundrechte gelten „lebenslang". Altersgrenzen finden sich im Bereich der Grundrechte lediglich in Art. 12a GG für den Bereich der Dienstpflichten und in Art. 38 GG zum Wahlrecht, in denen jeweils auf das 18. Lebensjahr und die Volljährigkeit Bezug genommen wird. Das Eintreten der Grundrechtsmündigkeit wird vielfach durch einfachrechtliche Altersgrenzen konkretisiert.[60] Andere Grundrechte wie das Petitionsrecht kommen dem Individuum im Verlauf von Kindheit und Jugend sukzessive zu. Abgestellt wird hier nicht auf feste Altersgrenzen wie für das Wahlrecht oder die Religionsmündigkeit, sondern auf die Fähigkeit des Petenten, sein Anliegen zu verstehen und vorzutragen.[61] Dem Hineinwachsen junger Menschen in die Rechtsposition der mit allen Rechten und Pflichten ausgestatteten Rechtspersönlichkeit steht am Ende des Lebens gerade kein rechtliches Abschmelzen dieser Rechte und Pflichten auf verfassungsrechtlicher Ebene gegenüber. Der Grundrechtslebenslauf jedes Individuums ist somit allenfalls zweigeteilt, auch wenn die faktische Beeinträchtigung von Grundrechten im Alter nicht zu übersehen ist. Im normativen Anspruch die Ausübung der Grundrechte sogar aktiv zu garantieren ist unbedingt eine Errungenschaft moderner Verfassungen zu sehen. Über ihre Grundrechtsgarantien verbürgen sie einen besseren Rechtsschutz älterer Menschen und steuern dem faktischen Verlust von Autonomie und Rechten im Alter mittlerweile aktiv entgegen. Das wird am deutlich veränderten Konzept des Betreuungsrechts aus dem Jahr 1992 ebenso sichtbar wie an der Stärkung von Autonomie im Heimrecht oder auch im Recht der Pflegeversicherung.[62] Der faktischen Steuerungswirkung des Rechts sind Grenzen gesetzt und doch wirkt das neue „Recht der Älteren" Grundrechtsverletzungen im Alter entgegen.

58 Vgl. zu den Veränderungen in der Bundesrepublik mit entsprechenden Periodisierungen *Naegele/Gerling*, in: Igl/Klie (Hrsg.), Das Recht der älteren Menschen, S. 49ff., zu den Periodisierungen insbesondere S. 52–55.

59 Vgl. zum Verhältnis dieser Anzeichen zum Standardlebensauf etwa für den Auszug aus dem Elternhaus *Scherger*, in: Ruppert (Hrsg.), Lebensalter und Recht, S. 263ff.

60 Vgl. hierzu den kurzen Überblick bei *Pieroth/Schlink*, Grundrechte, S. 37–39.

61 Vgl. hierzu *Stettner*, in: Bonner Kommentar, GG, Art 17 Rn. 63.

62 Vgl. zur Entwicklung des Rechts der Pflegeversicherung *Udsching*, in: Igl/Klie (Hrsg.), Das Recht der älteren Menschen, S. 75ff.

21 Mit dem Einzug der Grundrechte und ihrer verstärkten aktiven Durchsetzung in der Gesetzgebung der Bundesrepublik Deutschland verändert sich die Struktur des normativen Standardlebenslaufs, und dies bleibt für das Recht der Älteren nicht ohne Konsequenz. Die standes- und geschlechtsabhängigen Lebenslaufmodelle der frühen Neuzeit überdauerten zwar teilweise das 19. Jahrhundert und werden erst im 20. Jahrhundert durch eine altersadäquate rechtliche Adressierung verdrängt. Zunehmend entstehen aber seit den Sechzigerjahren des 20. Jahrhunderts Gesetze, die alte Menschen in ihrer spezifischen Lebenssituation adressieren. Zum Spezifikum der Moderne wird gerade die Verrechtlichung der Übergänge zwischen den einzelnen Lebensphasen. Normen treten, so kann man es etwas verkürzend sagen, an die Stelle eher kulturell, religiös und familiär geprägte „rites de passage" wie sie Kaspar von Greyerz für die Frühe Neuzeit beschrieben hat.[63]

22 Die Ausstattung des Einzelnen mit subjektiven Rechten und Grundrechten verlangt eine altersadäquate Behandlung. Viele in den letzten 200 Jahren entstandene Altersgrenzen wurden gerade deshalb normiert. Etwas vereinfachend kann man sagen, dass allgemeingültige Altersgrenzen im 19. Jahrhundert vielfach standesspezifische Regeln verdrängten und so zur Entstehung des normativen Standardlebenslaufs beitrugen. Im 20. Jahrhundert werden diese Altersgrenzen zunehmend hinterfragt. Ihre Generalisierungen führen zu Ungerechtigkeit im Einzelfall. Angesichts der Bandbreite von Leistungsfähigkeiten von Menschen an der Schwelle zum Rentenalter erscheint dies plausibel. Noch augenscheinlicher wird es wenn man berücksichtigt, dass deren Leistungsfähigkeit sich fundamental von derjenigen ihrer Altersgenossen um 1900 unterscheidet.[64] Aus dieser Perspektive erstaunt es, dass viele Altersgrenzen im gleichen Zeitraum nicht oder nur wenig verändert wurden. Die Rechtsprechung des Bundesverfassungsgerichts hat darin bislang kein Problem gesehen und die jeweils angegriffenen Altersgrenzen stets verteidigt.[65] Dies dürfte aber keineswegs noch lange so bleiben. Schon jetzt mehren sich Entscheidungen, die pauschale Altersgrenzen für unwirksam erklären. Jüngstes Beispiel ist die zu Fall gebrachte Rentengrenze von 60 Jahren bei den Piloten der Lufthansa.[66]

23 Aus verfassungsrechtlicher Sicht ist der Lebenslauf also nicht drei- sondern allenfalls zweigeteilt. Der Altersgrenze von 18, mit der das Individuum in einen vollwertigen Rechtszustand hineinwächst, steht aus guten verfassungsrechtlichen Gründen keine rechtliche Altersgrenze im Alter gegenüber, bei deren Erreichen diese Rechte wieder genommen werden. Im Gegenteil versuchen das immer bedeutsamer werdende Recht gegen Altersdiskriminierung, aber auch das Betreuungs- und Heim-

63 *V. Greyerz*, Passagen und Stationen.

64 Vgl. zur Bedeutung gesellschaftlicher Rahmenbedingungen etwa *Kruse/Schmitt*, in: Kruse (Hrsg.), Potenziale im Altern, S. 3ff.

65 Vgl. hierzu *Ruppert*, in: Rust/Lange/Pfannkuche (Hrsg.), Altersdiskriminierung und Beschäftigung, S. 17ff.

66 EuGH Urteil v. 13.9.2011, Rs C-447/09.

recht einem faktischen Verlust an Rechten entgegen zu treten. Es wendet sich dabei zumindest in den Vereinigten Staaten von Amerika sogar gegen die Pensions- und Ruhestandsgrenzen. Auch wenn das Pensions- oder Ruhestandsalter die Bedeutung des dreigeteilten Lebenslaufs nach wie vor zementiert, muss doch auf die verfassungsrechtliche Konzeption eines allenfalls zweigeteilten Lebenslaufs hingewiesen werden. Mit einer verbesserten Durchsetzung von Kinderrechten und der Einräumung vieler Grundrechte auch für sehr junge Menschen rüttelt insbesondere die Rechtsprechung sogar an der Zweiteilung.

Das Recht der Älteren ist, so kann vorläufig festgehalten werden, nicht wirklich neu. Es stützt sich auf eine Vielfalt von Alterstopoi seit der Antike, und auch Juristen der Frühen Neuzeit diskutierten die Sonderrechte älterer Menschen bereits intensiv. Allerdings brach diese Tradition im 19. Jahrhundert weitgehend ab. Unter den Vorzeichen des demographischen Wandels lebt nun einerseits eine ältere Rechtstradition wieder auf. Dies vollzieht sich andererseits unter deutlich gewandelten Vorzeichen. Zum einen ist das neue Recht der Älteren Teil einer Verrechtlichung des gesamten Lebenslaufs und ist stärker als in der Frühen Neuzeit auf die Erwerbsbiographie bezogen. Die intensive Verwendung von Altersgrenzen und insbesondere die gestiegene Bedeutung der Rentengrenze haben die Lebenssituation älterer Menschen nachhaltig verändert. Der eigentliche Ruhestand wird seinerseits zum anderen weiter verrechtlicht. Mittlerweile wird dies durch eine jüngere Entwicklung ergänzt und verstärkt. Die aktive Durchsetzung von Grundrechten und die Bemühungen um gesellschaftliche Teilhabe älterer Menschen stellen ihrerseits tradierte Altersgrenzen in Frage. An die Stelle der Generalisierung durch Annahmen, die an die Verwendung im Einzelfall geknüpft werden, treten konkretere Betrachtungen der Lebenssituationen jedes einzelnen älteren Menschen. Sichtbar wird dies bei der eingehenderen Betrachtung der Rechtsgebiete, die zur Konstituierung des Rechts der Älteren maßgeblich beigetragen haben. 24

IV. Das Recht gegen Altersdiskriminierung

Das Recht gegen Altersdiskriminierung gehört eher zu den jüngeren Schichten des „Rechts der Älteren“.[67] Gerade die Ungleichbehandlung von Menschen unterschiedlichen Alters tritt wegen des demographischen Wandels in vielen Industriegesellschaften in den Fokus von Gesetzgebern und Juristen.[68] Allerdings ist hervorzuhe- 25

67 Eine umfassende Darstellung der Geschichte des Rechts gegen Altersdiskriminierung allerdings mit dem Schwerpunkt auf der angloamerikanischen Rechtstradition findet sich bei *Macnicol*, Age Discrimination.

68 Vgl. dazu alleine aus jüngerer Zeit *Groß*, Die Rechtfertigung einer Altersdiskriminierung, *v. Hoff*, Das Verbot der Altersdiskriminierung; *Polloczek*, Altersdiskriminierung im Licht des Europarechts, jeweils mit zahlreichen weiteren Nachweisen.

ben, dass es gerade nicht die wirklich alten Menschen waren, die zunächst rechtlich vor Diskriminierung geschützt werden sollten. Den diversen Gesetzgebern ging es um den Schutz älterer Arbeitnehmer gegen vorzeitige Entlassung oder Benachteiligung bei Einstellung und Bezahlung. Dieses seit den Sechzigerjahren in den Vereinigten Staaten entwickelte Schutzkonzept reicht nur bis zum Erreichen der Rentengrenze und grenzte sich so vom eigentlichen Alter explizit ab. Kritisch könnte man anmerken, dass es so die Dreiteilung des Lebenslaufs zunächst gerade zementierte und durch den Ausschluss älterer Menschen vom Arbeitsmarkt zumindest die an der Fortsetzung ihrer Berufstätigkeit interessierten Menschen diskriminiert.[69]

26 Bei der Entstehung dieses Rechtsgebiets lässt sich eine zeitliche Differenz zwischen den Vereinigten Staaten von Amerika und dem kontinentaleuropäischen Recht feststellen. Während die ersten Gesetzgebungsakte in den USA bereits in den Sechzigerjahren erfolgen, entwickelt sich das Recht gegen Altersdiskriminierung auf gesetzlicher Ebene in der Europäischen Union erst etwa seit den Neunzigerjahren. In Deutschland wiederum stießen die von der europäischen Union ausgehenden rechtlichen Initiativen gegen Altersdiskriminierung auf besondere Vorbehalte.[70]

27 Obwohl das Recht gegen Altersdiskriminierung in Deutschland gerade erst dabei ist, zur Formierung eines „Rechts der Älteren" beizutragen, so ist es gleichwohl darauf ausgerichtet besonders historisch verwurzelte, alte und weit verbreitete Stereotypen zum Alter[71] in ihrer diskriminierenden Dimension zu bekämpfen. Immer wieder wird bei generalisierenden Beurteilungen ganzer Altersgruppen die Unterschiedlichkeit der Eigenschaften innerhalb dieser Gruppe falsch eingeschätzt. Maßstäbe für die Beurteilung der Rechtmäßigkeit dieser unterschiedlichen Behandlung zu finden, ist das Anliegen des internationalen wie des nationalen Rechts gegen die Altersdiskriminierung. Es steht in der Tradition des rechtlichen Vorgehens gegen die Diskriminierung aufgrund des Geschlechts, körperlicher Behinderungen, der Rasse oder religiöser Überzeugungen und ist Teil des Rechts der universalen Menschenrechte. Es unterscheidet sich von anderen Rechtsgebieten der Antidiskriminierung, weil das Differenzierungsmerkmal Alter zum einen nicht statisch ist und zum anderen zahlreiche auf ihm beruhende Unterscheidungen als gerechtfertigt erscheinen.[72]

28 Das Ansehen, das eine Gesellschaft älteren Menschen entgegenbringt, ist Konjunkturen unterworfen.[73] Diese sind abhängig von einer Vielzahl von historischen

---

69 So beschränkte sich der Age Discrimination in Employment Act vom 15. Dezember 1967 zunächst explizit auf die Personengruppe der 45–65 Jährigen, vgl. dazu *Macnicol,* Age Discrimination, S. 235.

70 Vgl. etwas besonders deutlich *Adomeit,* Auf Biegen und Brechen, in FAZ vom 3. Juli 2006.

71 Vgl. aus kulturgeschichtlicher Sicht dazu *Borscheid,* Geschichte des Alters; vgl. für die Antike *Brandt,* Wird auch silbern mein Haar.

72 Vgl. zur Problematik der Gleichbehandlung unterschiedlicher Berufsgruppen *Bouchouaf,* in: Ruppert (Hrsg.), Lebensalter und Recht, S. 241ff.

73 Vgl. dazu *Göckenjan,* Das Alter würdigen.

Bedingungen. Im Zentrum der Debatten um Altersdiskriminierungen standen lange Zeit moralische und religiöse Forderungen, das Alter zu würdigen.[74] Hier ist nicht der Ort für eine tiefer gehende Untersuchung der häufig außerhalb des rechtlichen Bereichs liegenden Gründe für dieses Phänomen. Es seien deshalb nur zwei Aspekte genannt. Besondere Bedeutung für die Form der Adressierung älterer Menschen hat die demographische Struktur einer Gesellschaft. Die Relation zwischen jüngeren und älteren Menschen hat weitreichende Folgen für das Ansehen gerade älterer Menschen, aber auch für den Zugang zu Ressourcen. Die Metapher vom Generationenvertrag hat nicht zuletzt deshalb in den letzten Jahren zunehmende Verwendung gefunden.[75]

Zum zweiten ist, wie bereits angedeutet, der institutionalisierte Lebenslauf, der 29
sich seit dem 19. Jahrhundert durchgesetzt hat, maßgeblich für die gesellschaftliche und rechtliche Stellung älterer Menschen. Er ist geprägt durch eine Dreiteilung in Jugend, Erwerbsbiographie und Rente. Zunehmend wurden Jugend und Rente als arbeitsfreie Lebensphasen rechtlich konfiguriert. Während die arbeitsfreie Jugend zumeist dem Erfordernis längerer Ausbildungen in arbeitsteiligen Gesellschaften geschuldet ist, ist das Ausscheiden aus der Arbeitswelt beileibe nicht immer Resultat eines freien Entschlusses. Vielmehr sank der Anteil der arbeitenden Bevölkerung über 65 Jahre gerade seit Gründung der Bundesrepublik stetig.[76] Bereits zuvor kamen Forderungen auf, ältere Arbeiter wegen ihrer nachlassenden Leistungsfähigkeit nicht frühzeitig zu entlassen.[77] Vielfach führten neu eingeführte oder grundlegend reformierte soziale Sicherungssysteme im Umfeld der Weltwirtschaftskrise der Zwanziger- und Dreißigerjahre zu einer Kopplung des Empfangs sozialer Leistungen an ein Ausscheiden aus dem Arbeitsmarkt, um jüngeren Menschen einen Arbeitsplatz frei zu machen. Als in den Sechzigerjahren des vergangenen Jahrhunderts zunehmend spürbar wurde, dass sich die ökonomische Stellung älterer Menschen vergleichsweise schlechter entwickelte, verdichteten sich Forderungen nach einer speziellen Antidiskriminierungsgesetzgebung zugunsten älterer Menschen. Diese typische Entwicklung westlicher Gesellschaften verlief nicht immer gleichzeitig. In Ländern mit einer höheren sozialen Sicherheit für ältere Menschen wie der Bundesrepublik Deutschland vollzog sich dieser Prozess langsamer als etwa in den USA. Gerade in weniger industrialisierten Gesellschaften wird das Problem der Altersdiskriminierung bis heute als eher nachgeordnet empfunden.

Das in den Sechzigerjahren in den USA entstandene Recht gegen Altersdiskri- 30
minierung ist das Vorbild aller weiteren Gesetzgebung. Grundlegend war zunächst

74 Ein interdisziplinärer Einblick in Alterstopoi findet sich in *Elm/Fitzon/Liess/Linden*, Alterstopoi.

75 Vgl. dazu *Hardach*, Der Generationenvertrag; *ders.*, in: Ruppert (Hrsg.), Lebensalter und Recht, S. 323ff.

76 Vgl. dazu etwa *Jacobs/Kohli/Rein*, in: Kohli/Rein/Guillemard/van Gunsteren, Time for Retirement, S. 181ff.

77 Vgl. dazu *Macnicol*, Age Discrimination, S. 133–150.

der 1963 erlassene Equal Pay Act.[78] Er verbot die ungleiche Bezahlung etwa aufgrund des Geschlechts. Anders als ursprünglich intendiert wurde das Diskriminierungsmerkmal Alter nicht darin aufgenommen, man einigte sich aber auf den späteren Erlass des 1967 in Kraft getretenen Age Discrimination in Employment Act (ADEA).[79] Die im Vorfeld seiner Entstehung seitens des Arbeitsministeriums durchgeführten empirischen Untersuchungen zur tatsächlichen Situation älterer Arbeitnehmer haben das Problem der Altersdiskriminierung überhaupt bewusst werden lassen.[80] Ursprünglich galt der ADEA ausschließlich für Beschäftigte in der freien Wirtschaft. Erst 1974 wurde er auch auf die Beschäftigten des öffentlichen Sektors übertragen.[81] In einem zentralen Bereich unterscheidet sich die amerikanische Gesetzgebung gegen Altersdiskriminierung von ihren Nachfolgern auf der Ebene der Europäischen Union: Seit 1986 wurde die allgemeine, verpflichtende Rentenaltersgrenze bis auf einige wenige Ausnahmen schlicht abgeschafft.[82]

31 Anders als andere Normen wendet sich der ADEA ausschließlich gegen die Diskriminierung älterer Arbeitnehmer. Geregelt wird neben dem Tatbestand der Diskriminierung und den entsprechenden Rechtsfolgen auch ein Verfahren zur Geltendmachung des entsprechenden Anspruchs.[83] Die genannten Diskriminierungstatbestände des § 623 umfassen Schlechterstellungen älterer Arbeitnehmer in Stellenanzeigen, bei der Einstellung, Entlassung, Bezahlung, Ausgestaltung des Arbeitsverhältnisses, Beförderung, den Lohnnebenleistungen oder der Zwangspensionierung.[84] Dieser Katalog stellt bis heute eine Art Kernbereich der Altersdiskriminierungstatbestände in eigentlich allen folgenden Normierungen dar. Normadressaten sind neben den Arbeitgebern auch Arbeitnehmerorganisationen und Stellenvermittler. Geschützt werden gem. § 631 (a) alle Arbeitnehmer ab dem 40. Lebensjahr und Personen, die sich für die Rechte der Arbeitnehmer eingesetzt haben.

32 In zahlreichen Gesetzen, Urteilen und zum Teil auch zu anderen Bereichen des Antidiskriminierungsrechts wurden im Laufe der Zeit zwei Arten der Diskriminierung unterschieden.[85] Im ersten Fall liegt eine Diskriminierung vor, wenn eine Person aufgrund ihres fortgeschrittenen Alters diskriminiert wird, im zweiten Fall, wenn bei Entscheidungen Kriterien herangezogen werden, die als solche keinen Bezug zum Alter haben, sich aber ungünstig für ältere Arbeitnehmer auswirken. Zudem ist eine

78 29 U.S.C. § 206(d) und dann vor allem Title VII des Civil Rights Act von 1964 (42 U.S.C. §§ 2000eff.).

79 ADEA, 29 U.S.C. §§ 621–634.

80 The Older American Worker. Age Discrimination in Employment. Report of the Secretary of Labour to the Congress under Section 715 of the Civil Rights Act of 1964, Washington 1965.

81 Vgl. dazu *Macnicol*, Age Discrimination, S. 237.

82 Vgl. dazu *Macnicol*, Age Discrimination, S. 237.

83 Vgl. dazu *Macnicol*, Age Discrimination, S. 237–244.

84 Vgl. dazu *Macnicol*, Age Discrimination, S. 236.

85 Vgl. zu der Differentierung etwa *Cotter*, Just a Number, S. 175.

Diskriminierung auch dann untersagt, wenn die besser behandelte Person ebenfalls ein älterer Mensch ist.[86] Auch diese Systematik zieht sich in leichten Abwandlungen durch die weitere Entwicklung des Rechts gegen Altersdiskriminierung.

Bei einer Verletzung des ADEA gewährt § 626 (b) jegliche erforderliche Art von Wiedergutmachung. Das kann neben dem Ersatz des entstandenen materiellen Schadens – im Einzelfall in doppelter Höhe – auch etwa die Wieder- oder Ersteinstellung zur Folge haben. Da der ADEA in seiner ursprünglichen Fassung vor allem ältere Arbeitnehmer zwischen 40 und 65 Jahren schützen wollte, wurde die Altersgrenze für das mandatory retirement von 65 Jahren zunächst beibehalten und erst 1978 auf 70 Jahre angehoben, um schließlich 1986 gänzlich abgeschafft zu werden. Weitere Änderungen aus den Jahren 1987 und 1990 erweiterten insbesondere den Kreis der Normadressaten. 33

Ein großer Teil der Rechtsfälle in der Praxis betrifft den Bereich Einstellung und Beförderung und den Zeitpunkt des Ausscheidens aus dem Berufsleben („mandatory retirement“), mitunter auch im Kontext der voluntary early retirement incentive plans. Altersdiskriminierung kommt bereits den Fallzahlen nach eine weniger wichtige Bedeutung zu als anderen Diskriminierungsbereichen, unter anderem weil diese oft im gleichen Sachverhalt vorrangig geltend gemacht werden oder ältere Menschen sich weniger rechtlich wehren.[87] 34

Besondere Bedeutung kommt heute der Gesetzgebung gegen Altersdiskriminierung auf europäischer Ebene zu. Seit dem Vertrag von Amsterdam aus dem Jahr 1997, der am 1. Mai 1999 in Kraft trat, besitzt die Europäische Union Kompetenzen zur Bekämpfung der Altersdiskriminierung.[88] Seither erweist sich die Union als Motor der weiteren Gesetzgebung, wobei nicht zu verkennen ist, dass es gerade in Deutschland immer wieder Zurückhaltung bei der Umsetzung europäischen Rechts gibt. Die Verabschiedung der Europäischen Richtlinie 2000/78/EG im November 2000 dient vor allem der Stärkung Älterer im Berufsleben.[89] 35

In Deutschland wurde vor allem die Beweislastumkehr in Verdachtsfällen kontrovers diskutiert, und diese Debatte führte zu einer verspäteten Umsetzung der Richtlinie durch das Allgemeine Gleichbehandlungsgesetz (AGG) erst im Jahre 2006.[90] Hier kann auf die umfassende Rechtsprechung, die seither versucht die Rechte älterer Arbeitnehmer zu stärken, nicht eingegangen werden. Bedeutsam ist im hier zu behandelnden Kontext, dass es dem Recht gegen Altersdiskriminierung nicht im eigentlichen Sinne um alte oder sehr alte Menschen im Ruhestand geht. 36

86 Miller v. Lyng, 660 F. Supp. 1375 D.D.C. 1987.

87 Vgl. die empirischen Auswertungen dazu bei *Macnicol*, Age Discrimination, S. 249–262.

88 *Cotter*, Just a Number, S. 292–294.

89 Vgl. dazu alleine aus jüngerer Zeit *Groß*, Die Rechtfertigung einer Altersdiskriminierung, *v. Hoff*, Das Verbot der Altersdiskriminierung, jeweils mit zahlreichen weiteren Nachweisen.

90 Vgl. dazu aus der Masse der entsprechenden Literatur etwa *Polloczek*, Altersdiskriminierung im Licht des Europarechts.

Wichtiger als diese Stärkung noch Berufstätiger erscheint deshalb eine Schwächung durch eine Ausnahme in der Richtlinie, die über § 10 des Allgemeinen Gleichbehandlungsgesetzes (AGG) auch Eingang ins nationale Recht fand. Die sozialen Sicherungssysteme und ihre Altersgrenzen sind danach explizit vom Anwendungsbereich ausgenommen. So erlaubt der Gesetzestext ausdrücklich „die Festsetzung von Altersgrenzen bei den betrieblichen Systemen der sozialen Sicherheit als Voraussetzung für die Mitgliedschaft oder den Bezug von Altersrente oder von Leistungen bei Invalidität einschließlich der Festsetzung unterschiedlicher Altersgrenzen im Rahmen dieser Systeme für bestimmte Beschäftigte oder Gruppen von Beschäftigten und die Verwendung von Alterskriterien im Rahmen dieser Systeme für versicherungsmathematische Berechnungen." Diese Herausnahme gerade der wirkmächtigsten Altersgrenzen von 65 bzw. zukünftig 67 Jahren hat praktisch weitreichende Konsequenzen. Das Recht gegen Altersdiskriminierung ist zumindest in arbeitsrechtlicher Hinsicht für Rentnerinnen und Rentner ohne Konsequenz. Je nach der politischen Beurteilung der Rentenaltersgrenze mag dies positiv oder negativ empfunden werden. Jedenfalls stärkt diese Gesetzessystematik eher die Dreiteilung des bestehenden Lebenslaufmodells.

V. Schluss

37 Das Recht der Älteren ist ein Rechtsgebiet in Entstehung. Entsprechend ist vieles im Fluss, bestehendes Recht wird sukzessive hinterfragt und neues Recht entsteht. Trotz aller Neuentwicklungen sind das Modell des dreigeteilten institutionalisierten Lebenslaufs und damit die Abgrenzung der aktiven Erwerbsbiographie vom eigentlichen Alter nach wie vor recht stabil. Das ist ein Glück für die Menschen, die ihren wohlverdienten Ruhestand im Alter genießen können und wollen. In gewisser Weise steht dieser abrupte Übergang aber auch für stark pauschalisierte und standardisierte Lebenslaufkonzepte. Was für die einen der langersehnte Ruhestand ist für andere der vorzeitige Ausschluss aus dem Erwerbsleben. Letzterer enthält zudem den Keim zu einem eher negativen Altersbild. Dieses Dilemma, soviel rechtspolitische Positionierung sei dem Rechtshistoriker gestattet, sollte behutsam zugunsten individuellerer juristischer Alternskonzepte aufgelöst werden. Einen Beitrag könnte der Gesetzgeber, aber auch die Verfassungsrechtsprechung bei Altersgrenzen leisten. Die etwas seltener werdende, aber nach wie vor dominierende Beurteilung behauptet etwa bei den Rentenaltersgrenzen einen plötzlichen Leistungsverlust alter Menschen. Das wird der unterschiedlichen Lebenssituation der Betroffenen nicht gerecht und sollte zugunsten flexiblerer Lösungen aufgegeben werden. Dies ist möglich, ohne die Balance der Generationengerechtigkeit zu gefährden. Auch die Schutzkonzepte für ein Alter in Würde und Mündigkeit sollten weiterentwickelt werden, ohne jedoch Selbstbestimmung und ein vertrauensvolles Verhältnis von alten Menschen, Familien, Ärzten und Institutionen zu stark zu juridifizieren.

Stefan Ruppert

§ 3 Herausbildung einzelner Rechtsgebiete

Literatur: *Alber, Jens,* Der Sozialstaat in der Bundesrepublik 1950–1983, 1989; *Baumgartl, Birgit,* Altersbilder und Altenhilfe. Zum Wandel der Leitbilder von Altenhilfe seit 1950, 1997; *Beck, Gerda,* Menschen im Altersheim. Eine empirische Untersuchung, Dissertation Hamburg 1956; *Borscheid, Peter,* Verdienst, Einkommen und Vermögen älterer städtischer Arbeiter während der Industrialisierung, in: Hans-Jürgen Teuteberg (Hrsg.), Stadtwachstum, Industrialisierung, sozialer Wandel. Beiträge zur Erforschung der Urbanisierung im 19. und 20. Jahrhundert, 1986, S. 255ff.; *Borscheid, Peter,* Vom Spital zum Altersheim. Der Wandel der stationären Altenhilfe im Kaiserreich, in: Jürgen Reulecke (Hrsg.), „Die Stadt als Dienstleistungszentrum". Beiträge zur Geschichte der „Sozialstadt" in Deutschland im 19. und frühen 20. Jahrhundert, 1995; *Brög, Werner/Häberle, Günther-Fritz/Mettler-Meibom, Barbara/Schellhaas Ute,* Anzahl und Situation zu Hause lebender Pflegebedürftiger, 1980; *Bruder, Jens,* Empfiehlt es sich, das Entmündigungsrecht, das Recht der Vormundschaft und der Pflegschaft über Erwachsene sowie das Unterbringungsrecht neu zu ordnen? Gutachten C, in: Deutscher Juristentag (Hrsg.), Verhandlungen des siebenundfünfzigsten Juristentages (57. DJT), 1988, C 1ff.; *Bundesminister der Justiz (Hrsg.),* Diskussions-Teilentwurf eines Gesetzes über die Betreuung Volljähriger, 1987; *Burmeister, Julian/Dinter, Katharina,* Die Heimgesetzgebung der Bundesländer – ein Rechtsvergleich, NVwZ 2009, S. 628ff.; *Conrad, Christoph,* Vom Greis zum Rentner, 1994; *Conrad, Christoph,* Die Entstehung des modernen Ruhestands, Geschichte und Gesellschaft 1988, S. 417ff.; *Dahlem, Otto,* Über das Problem der Pflegebedürftigkeit älterer Menschen und über Vorschläge zur Sicherung der Pflegekosten, NDV 1978, S. 53; *Dahlem, Otto,* Erstes Gesetz zur Änderung des Heimgesetzes, Altenheim 1989, S. 245ff.; *Degenhardt, Christoph,* Die Neuordnung der Gesetzgebungskompetenzen durch die Föderalismusreform, NVwZ 2006, S. 1209ff.; *Deutscher Fürsorgetag,* Die Fürsorge in der gewandelten Welt von Heute: Neue Aufgaben – Neue Wege. Gesamtbericht über den 61. Deutschen Fürsorgetag 1959 in Berlin, 1960; *Krause, Peter,* Empfiehlt es sich, soziale Pflege- und Betreuungsverhältnisse neu zu regeln, Gutachten E, in: Deutscher Juristentag (Hrsg.), Verhandlungen des zweiundfünfzigsten Deutschen Juristentages (52. DJT), 1978, Bd. 1 – Gutachten, E 1ff.; *Drasdo, Michael,* Der Heimvertrag nach der Föderalismusreform, NVwZ 2008, S. 639ff.; *Dünner, Josef (Hrsg.),* Handwörterbuch der Wohlfahrtspflege, 2. Aufl. (s.u. 3. Aufl. 1966) 1929; *Ehmer, Josef,* Sozialgeschichte des Alters, 1990; *Föcking, Friederike,* Fürsorge im Wirtschaftsboom. Die Entstehung des Bundessozialhilfegesetzes von 1961, 2007; *Galperin, Peter,* Empfiehlt es sich, in das System der sozialen Sicherung eine „soziale Heimversicherung" einzuführen?, NDV 1973, S. 145ff.; *Gernhuber, Joachim,* Der Senior und sein Zwangsvermögenspfleger, FamRZ 1976, S. 189ff.; *Göckenjan, Gerd/Hansen, Eckhard,* Der lange Weg zum Ruhestand. Zur Sozialpolitik für das Alter zwischen 1889 und 1945, ZFS 1993, 725ff.; *Göckenjan, Gerd,* Altersbilder und die Regulierung der Generationenbeziehungen. Einige systematische Überlegungen, in: Ehmer, Josef/Gutschner, Peter (Hrsg.), Das Alter im Spiel der Generationen, 2000, S. 93ff.; *Goldmann, Franz,* Siechenhäuser und Altersheime, in: Gottstein A./Schlossmann A./Teleky L. (Hrsg.), Handbuch der sozialen Hygiene und Gesundheitsfürsorge, 1927, S. 96ff.; *Gotthard, Heinrich,* Die Mitverantwortung der Fürsorge im Bereich der Altershilfe, NDV 1952, S. 395ff.; *Gottschick, Hermann,* Das Bundessozialhilfegesetz, 3. Aufl. 1966; *Grönert, Jochem,* Der Bericht der Bund-Länder-Arbeitsgruppe „Aufbau und Finanzierung ambulanter und stationärer Pflegedienste", NDV 1981, S. 30ff.; *Groth, Sepp,* Die Familie und die Alten, NDV 1954, S. 26ff.; *Grube, Christian/Wahrendorf, Volker,* SGB XII Sozialhilfe, 3. Aufl. 2010; *Haerendel, Ulrike,* Die Anfänge der gesetzlichen Rentenversicherung in Deutschland. Die Invaliditäts- und Altersversicherung von 1889 im Spannungsfeld von Reichsverwaltung, Bundesrat und Parlament, 2001; *Hockerts, Hans-Günther,* Sozialpolitische Entscheidungen im Nachkriegsdeutschland. Alliierte und deutsche Sozialversicherungspolitik 1945–1957, 1980; *Hoffmann, Peter Michael/Schumacher, Bettina,* Vorsorgevollmachten und Betreuungsverfügungen. Handhabung in der Praxis,

Betreuungsrechtliche Praxis 2000, S. 191ff.; *Igl, Gerhard,* Leistungen bei Pflegebedürftigkeit, 1992; *Irmak, Kenan H.,* Der Sieche. Alte Menschen und die stationäre Altenhilfe in Deutschland 1924-1961, 2002; *Krüger,* Gefahrenpunkte bei der Anwendung des Hessischen Freiheitsentziehungsgesetzes, NDV 1954, S. 141; *Kulenkampff, Caspar,* Erkenntnisinteresse und Pragmatismus. Erinnerungen an die Zeit von 1945 bis 1970, in: Hoffmann-Richter, Ulrike u.a. (Hrsg.), Sozialpsychiatrie vor der Enquete, 1997, S. 84ff. (zuerst erschienen 1984); *Macnicol, John,* The Politics of Retirement in Britain 1878–1948, 1998; *Mayer-List, Irene,* Vor uns die schrecklichen Jahre, Die Zeit vom 14.12.1984, Nr. 51; *Müller, W.,* Pflegschaften für alte Menschen, Blätter der Wohlfahrtspflege 1958, S. 395f.; *Muthesius, Hans,* Die Hilfe in besonderen Lebenslagen im Entwurf eines Bundessozialhilfegesetzes, NDV 1960, S. 177ff.; *Noll, Dorothea,* „... ohne Hoffnung im Alter jemals auch nur einen Pfennig Rente zu erhalten...". Die Geschichte der weiblichen Erwerbsbiographie in der gesetzlichen Rentenversicherung, 2010; *Ohls, Otto,* Die Altenhilfe in der Arbeit des Deutschen Vereins, NDV 1962, S. 97ff.; *Orthband, Eberhard,* Der Deutsche Verein in der Geschichte der deutschen Fürsorge 1880–1980, 1980; *Reulecke, Jürgen,* Zur Entdeckung des Alters als eines sozialen Problems in der ersten Hälfte des 19. Jahrhunderts, in: Conrad (Hrsg.), Gerontologie und Sozialgeschichte. Wege zu einer historischen Betrachtung des Alters, 2. Aufl. 1985; *Richter, Ronald u.a. (Hrsg),* Seniorenrecht in der anwaltlichen Praxis, 2006; *Röhl, Hellmut,* Prozessfähigkeit Geisteskranker, JZ 1956, S. 309ff.; *Schellhorn, Walter u.a. (Hrsg.),* Das Bundessozialhilfegesetz. Ein Kommentar für Ausbildung, Praxis und Wissenschaft, 6. Aufl. 1970; *Stolleis, Michael,* Geschichte des Sozialrechts in Deutschland, 2003; *Süß, Winfried,* Sozialpolitische Denk- und Handlungsfelder in der Reformära, in: BMin für Arbeit und Sozialordnung und Bundesarchiv (Hrsg.), Geschichte der Sozialpolitik in Deutschland seit 1945, Bd. 5 (1966–1974), Baden-Baden (2006), S. 159ff., 205ff.; *Vincenti, Aurelio/Behringer, Angelika/Igl, Gerhard,* Gesundheitswesen und Sicherung bei Krankheit und im Pflegefall, in: BMin für Arbeit und Sozialordnung und Bundesarchiv (Hrsg.), Geschichte der Sozialpolitik in Deutschland seit 1945, Bd. 5 (1966–1974), 2006, S. 483ff.; *Kaufmann, Franz-Xaver,* Gemeinsame Fragen der Organisation und des Rechts der sozialen Leistungen, in: BMin für Arbeit und Sozialordnung und Bundesarchiv (Hrsg.), Geschichte der Sozialpolitik in Deutschland seit 1945, Bd. 4 (1957–1966), S. 287ff.; *Vincenti, Aurelio/Igl Gerhard,* Gesundheitswesen und Sicherung bei Krankheit und im Pflegefall, in: BMin für Arbeit und Sozialordnung und Bundesarchiv (Hrsg.), Geschichte der Sozialpolitik in Deutschland seit 1945, Bd. 6 (1974–1982), 2008, S. 515ff.; *Wagener, M.,* Zur Situation der alten Menschen (I), Sozialer Fortschritt 1962, S. 160ff.; *Wasem, Jürgen/Greß, Stefan/Vincenti, Aurelio/Behringer, Angelika/Igl, Gerhard,* Gesundheitswesen und Sicherung im Pflegefall, in: BMin für Arbeit und Sozialordnung und Bundesarchiv (Hrsg.), Geschichte der Sozialpolitik in Deutschland seit 1945, Bd. 7 (1982–1989), 2005, S. 389ff.

Inhaltsübersicht

I. Einleitung

1 Der vorangegangene Beitrag arbeitete heraus, dass ein einheitliches Rechtsgebiet des „Elder Law" sich bisher noch in seinen Anfängen befindet. Es umfasst verschiedenste Regelungsbereiche, die kaum abschließend aufzuzählen sind. Die Entstehung alters-

spezifischer Regelungen in einzelnen von ihnen ist im vorliegenden Beitrag nachzuzeichnen. Zwei Eigentümlichkeiten müssen dabei berücksichtigt werden. Zum einen gehen die rechtlichen Regelungen aus verschiedenen Bereichen mit dem Alter unterschiedlich um: Während es in der Rentenversicherung im Mittelpunkt steht, wird es zum Beispiel im Betreuungsrecht bis heute nicht erwähnt. Zum anderen sind die Zeiträume, in denen das Alter Eingang in rechtliche Entwicklungen gefunden und sich altersspezifisches Recht herausgebildet hat, sehr unterschiedlich: Renten- und Heimrecht entstehen erst aufgrund altersspezifischer Probleme, Sozialhilferecht thematisiert Alter früh, im juristischen Kontext des Betreuungsrechts erscheint Alter erst spät auf der Reformagenda. Dem „Recht der Älteren" liegt aber insgesamt eine altersspezifische Verrechtlichung zugrunde, die sich jeweils in renten-, sozialhilfe-, heim-, betreuungs- und pflegerechtlichen Entwicklungen widerspiegelt.

II. Rentenversicherung

Altersgrenzen, Altersteilzeit, Altersrente – das sind die Kernbegriffe, die ein aktueller Leitfaden zum „Seniorenrecht in der anwaltlichen Praxis" im Kapitel des Übergangs vom Erwerbsleben zum Ruhestand diskutiert.[1] Mit ihnen wird dort eine Vielzahl von kalendarischen Altersangaben verbunden: so etwa das 55. Lebensjahr als Mindestalter für den Beginn eines Altersteilzeitmodells, das 60. Lebensjahr als Alter, in dem man sich freistellen lassen kann, wenn die Altersteilzeit auf zwei Phasen ausgedehnt wird oder das 65. Lebensjahr als „Regelaltersgrenze" des SGB VI.[2] Die in dem Leitfaden gesetzte Priorität verdeutlicht so, wie intensiv rentenversicherungsrechtliche Fragen derzeit mit dem Erreichen eines bestimmten kalendarischen Alters identifiziert werden. In diesem Aspekt hat sich das heutige Verständnis der Rentenversicherung damit von der im 19. Jahrhundert eingeführten Invaliditäts- und Altersversicherung weitgehend gelöst. 2

Der „Entwurf eines Gesetzes betreffend die Alters- und Invaliditätsversicherung" wurde am 22. November 1888 in den Reichstag eingebracht, dort sieben Monate bearbeitet und am 22. Juni 1889 im Reichsgesetzblatt veröffentlicht.[3] Hier ist nicht der Ort, um Entstehung und Veränderungen des Gesetzes nachzuzeichnen.[4] Es soll im Folgenden vielmehr deutlich werden, dass das Alter im Rentenversicherungsrecht zunächst eher mittelbar von Bedeutung war. 3

Grundsätzlich lässt sich feststellen, dass Alter in der Form des Schicksals alternder Arbeiter im 19. Jahrhundert einen Teil der „sozialen Frage" darstell- 4

1 Richter u.a. (Hrsg.), Seniorenrecht, S. 193ff.

2 Richter u.a. (Hrsg.), Seniorenrecht, S. 208.

3 *Haerendel*, Gesetzlichen Rentenversicherung, S. 91, S. 126.

4 Siehe dazu *Haerendel*, Gesetzlichen Rentenversicherung. Zu den politischen Hintergründen *Stolleis*, Geschichte des Sozialrechts, S. 52ff.

te.[5] Josef Ehmer liefert eine Reihe von Beispielen dafür, dass die mit zunehmendem Alter und abnehmender Arbeitskraft einhergehende Armut von Arbeitern als problematisch wahrgenommen wurde: Der „Centralverein für das Wohl der arbeitenden Klassen" beschäftigte sich ebenso mit dem Auskommen im Alter wie etwa die Londoner Zeitung „Morning Chronicle".[6] Dies führte jedoch nicht dazu, dass Altern isoliert betrachtet worden wäre.[7] Wurde das Alter der Arbeiter diskutiert, kreisten die Diskussionen vielmehr um „Invalidität als ‚Problem'".[8] Anders stellte sich das Verhältnis von Alter und Arbeitsfähigkeit bei den Pensionssystemen des öffentlichen Dienstes dar. Dort wurden Altersversorgung und Erwerbsfähigkeit bereits ab Ende des 19. Jahrhunderts voneinander unabhängiger: Dadurch, dass der Übergang zu einer Lebensphase ohne Erwerbsarbeit an ein bestimmtes Pensionsalter geknüpft wurde, sei er von der tatsächlichen Arbeitsfähigkeit des Einzelnen getrennt worden.[9] Bei dem Versuch, alternde Arbeiter abzusichern, stand dagegen die Konzentration auf die Erwerbsfähigkeit im Vorder-, das eigentliche Alter im Hintergrund.[10] Die im Bundesrat und Reichstag im Verlauf der Gesetzesberatungen entwickelten Rentenleistungen „sollten vor allem im Fall einer Minderung der Erwerbsfähigkeit greifen, das Alter konnte dafür zwar auslösend sein, war aber als Versorgungsfall sekundär."[11] Dies zeigte sich etwa darin, dass die Rente aufgrund von Invalidität höher war als die Altersrente und Letztere aufgehoben wurde, wenn der Empfänger eine Invalidenrente erhielt.[12]

5 Die im Gesetz genannte Altersgrenze von 70 Jahren, ab der ein Versicherter eine Altersrente erhalten konnte,[13] erreichte ohnehin nur eine Minderheit. Im Jahr 1871 gehörten nur 4,6% der Bevölkerung des Deutschen Reichs zu den über 65-Jährigen, ihr Anteil in den Industriestädten war noch geringer.[14] Daher verwundert es nicht,

5 Hierzu *Reulecke*, in: Conrad (Hrsg.), Gerontologie und Sozialgeschichte. Wege zu einer historischen Betrachtung des Alters, S. 413–424.

6 *Ehmer*, Sozialgeschichte des Alters, S. 64f. Zur Situation alternder Arbeiter am Ende des 19. Jh. auch *Macnicol*, The Politics of Retirement in Britain 1878–1948, S. 18ff.

7 *Borscheid*, in: Teuteberg (Hrsg.), Stadtwachstum, Industrialisierung, sozialer Wandel, S. 255–276, S. 256.

8 *Conrad*, Vom Greis zum Rentner, S. 259.

9 *Ehmer*, Sozialgeschichte des Alters, S. 80.

10 *Conrad* hebt in: Geschichte und Gesellschaft 1988, S. 417, 419 hervor, dass nicht „der Wohlfahrtsstaat den Ruhestand der abhängig Beschäftigten geschaffen [hat], sondern es haben verschiedene sozio-professionelle Gruppen (Beamte, besondere Arbeitergruppen, Angestellte usw.) divergierende Zugangspfade zur kollektiv gesicherten Altersphase begangen."

11 *Haerendel*, Gesetzliche Rentenversicherung, S. 130. Der Erhalt einer Rente alleine aufgrund des Erreichens einer Altersgrenze war in den Gesetzgebungsdiskussionen hoch umstritten, vgl. *Noll*, „... ohne Hoffnung", S. 60ff.

12 *Haerendel*, Gesetzliche Rentenversicherung, S. 105.

13 Eine Gegenüberstellung von Entwurf und Gesetz vom 22.6.1889 findet sich bei *Haerendel*, Gesetzliche Rentenversicherung, S. 147ff.

14 *Borscheid*, in: Teuteberg (Hrsg.), S. 255.

wenn Christoph Conrad zu dem Schluss kommt, dass das „Gewicht der Invalidenrenten [...] über den gesamten Zeitraum [bewirkte], daß das reale Rentenzugangsalter weit unter der jeweiligen gesetzlichen Altersgrenze lag.“[15] Der Großteil der Rentenempfänger erhielt eine Rente wegen Invalidität, und erst allmählich veränderte sich das Verhältnis zwischen denen, die eine Invaliden- und denen die eine Altersrente bezogen. Zu den Faktoren, die diese Entwicklung mitbestimmten, gehörte im ersten Schritt die Senkung der Altersgrenze von 70 auf 65 Jahre, wie sie für die Arbeiterversicherung im Jahr 1916 vorgenommen wurde.[16] Entscheidender war der Einfluss des Gesetzes vom 10. November 1922, mit dem der Unterschied zwischen Alters- und Invalidenrente nivelliert wurde.[17] Geringere Chancen im modernen Arbeitsmarkt als alter Mensch noch erwerbstätig zu sein sowie die Not der Klein- und Sozialrentner waren weitere Aspekte, die die Entwicklung einer öffentlich organisierten Unterstützung im Alter vorantrieben und damit dazu beitrugen, dass eine distinkte Lebensphase Alter entstehen konnte.[18] Nach dem Zweiten Weltkrieg stellte vor allem die unzureichende Höhe der Renten eine Antriebskraft zur Reform der Sozialversicherung dar. Die Renten hielten mit den steigenden Löhnen und dem beginnenden Wirtschaftswunder nicht Schritt:[19] „[B]etrüblich“ sei es, „wenn die Rente nicht zum Leben ausreicht, Hilfe von Angehörigen nicht zu erwarten ist und der für viele Menschen bittere Weg zum Wohlfahrtsamt angetreten werden muss“, heißt es so 1952 in einem Aufsatz zur „Mitverantwortung der Fürsorge im Bereich der Altershilfe“,[20] und 1954 führten die Städte in ihrer Fürsorgestatistik eine eigene Kategorie für über 65-jährige ein.[21] Vor diesem Hintergrund konzentrierte sich die für die zweite Legislaturperiode angekündigte Sozialreform daher schnell auf die Rentenversicherung.[22] Mit dieser Reform wurden die Renten erhöht, am vorherigen Verdienst bemessen und „dynamisiert“ sowie der Versichertenkreis erweitert.[23] Die Grundlage für einen Ruhestand, bei dem auf ein Arbeitseinkommen verzichtet werden konnte und sollte, war damit gelegt.

Zusammenfassend lässt sich sagen, dass die Sozialversicherung lange Zeit 6
erstrangig das Risiko der Invalidität oder Arbeitsunfähigkeit versicherte und Alter als Grund für einen Hilfebedarf nachrangig behandelte.[24] Erst allmählich, insbe-

15 *Conrad*, Vom Greis zum Rentner, S. 337.
16 Vgl. zur Altersgrenze *Noll*, „... ohne Hoffnung“, S. 188ff.
17 *Conrad*, Vom Greis zum Rentner, S. 327ff., insb. S. 339; *Noll*, „... ohne Hoffnung“, S. 188.
18 Diese Unterstützung erfolgte jedoch nicht im Rahmen der „Sozialversicherung“, vgl. dazu insgesamt *Göckenjan/Hansen*, ZFS 1993, S. 725ff.
19 *Stolleis*, Geschichte des Sozialrechts, S. 274.
20 *Gotthard*, NDV 1952, S. 395, S. 396. Zu diesem Thema insb. *Hockerts*, Sozialpolitische Entscheidungen.
21 *Irmak*, Der Sieche, S. 92.
22 *Stolleis*, Geschichte des Sozialrechts, S. 276.
23 *Ehmer*, Sozialgeschichte des Alters, S. 122ff., 123; außerdem dazu *Alber*, Der Sozialstaat, S. 60ff.
24 *Göckenjan*, in: Ehmer/Gutschner (Hrsg.), Das Alter im Spiel der Generationen, S. 93, 98.

sondere mit der Rentenreform von 1957, wurde der Bezug einer Rente systematisch damit verbunden, dass die Erwerbstätigkeit vollkommen aufgegeben wurde.[25] Die Rente erhielt die Funktion des Lohnersatzes, und der Ruhestand konnte sich so als arbeitsfreie Lebensphase etablieren.[26] Hervorzuheben ist dabei, dass neben „die 65" mit Modellen zur Altersteilzeit inzwischen weitere Altersgrenzen getreten sind, der Beginn des Ruhestandes individueller gestaltet werden kann.[27] Der Übergang wird damit nicht rein „kalendarisch" bestimmt, vielmehr spielt das biologische Alter weiterhin eine Rolle. Sowohl die herkömmliche Altersrente als auch der Ausstieg aus dem Erwerbsleben auf Raten werden jedoch maßgeblich mit dem Älterwerden identifiziert, so dass sich das ursprünglich an die Invalidität anknüpfende Recht der Sozialversicherung zu einem Recht der Älteren gewandelt hat.

III. Sozialhilfe

7 Nachdem die auf Grundlage des Rentenversicherungsgesetzes Ende des 19. und Anfang des 20. Jahrhunderts ausgezahlten Renten nur als Zuschuss zum Lebensunterhalt dienen sollten, waren alte Menschen weiterhin auf eine „Restarbeitsfähigkeit", Ersparnisse oder Unterstützung durch Familienangehörige angewiesen.[28] Daneben blieben sie Teil einer Klientel, die die herkömmliche Armenfürsorge versorgte, ohne dass ihnen besondere Aufmerksamkeit zuteil geworden wäre.[29] Dies änderte sich kaum, als 1924 mit der Reichsverordnung über die Fürsorgepflicht vom 13. Februar 1924 der Kernbereich der Fürsorge erstmals reichseinheitlich geregelt wurde.[30] Entsprechend heißt es im Handwörterbuch der Wohlfahrtspflege aus dem Jahr 1929 unter dem Stichwort Altersfürsorge: „Die A. hat ihre gesetzliche Grundlage in der Fürsorgepflichtverordnung (...), den Reichsgrundsätzen (...) und den dazu erlassenen Ausführungsgesetzen der Länder. Diese enthalten einige wenige Sondervergünstigungen für bedürftige Alte (...). Im übrigen kommen vor allem die Bestimmungen über die Kleinrentner, Sozialrentner und die diesen Gleichstehenden für die A. in Betracht."[31] Fürsorgerecht, das „altersspezifisch" gewirkt, mithin alte Menschen und ihre Lebenslage gesondert adressiert hätte, gab es zunächst demnach kaum.

---

25 *Göckenjan*, in: Ehmer/Gutschner (Hrsg.), Das Alter im Spiel der Generationen, S. 96.

26 1962 war in der Bundesrepublik noch jeder 5. Mann und jede 14. Frau über die Altersgrenze hinaus beruflich tätig. Die meisten arbeiteten dabei in Landwirtschaft oder Handel. Vgl. *Wagener*, Sozialer Fortschritt 1962, S. 161.

27 Vgl. § 1 Abs. 2 ATG, § 237 SGB IX.

28 *Göckenjan/Hansen*, ZFS 1993, S. 725ff., S. 729ff.

29 *Irmak*, Der Sieche, S. 66.

30 Dazu *Stolleis*, Geschichte des Sozialrechts, S. 127ff., S. 132.

31 *Dünner (Hrsg.)*, Handwörterbuch der Wohlfahrtspflege, S. 8.

Bereits Anfang der Fünfzigerjahre wandte sich der Deutsche Verein für öffentliche und private Fürsorge[32] den Belangen älterer Menschen zu, indem unter der Leitung von Otto Ohl der Fachausschuss für Fragen der Altenpflege und -fürsorge ins Leben gerufen wurde.[33] Blättert man durch die folgenden Jahrgänge der Vereinszeitschrift, so wird deutlich, dass sich Fachausschuss, Fürsorgetage und Autoren einzelner Beiträge mit einem breiten Spektrum von Fragen bezüglich des Alterns auseinandersetzten. Trotz der bis zur Rentenreform und teilweise darüber hinaus prekären wirtschaftlichen Situation alter Menschen, beschränkten sich die Erörterungen keinesfalls auf die Anpassung der Renten oder die Veränderungen der Sozialversicherung. Im Gegenteil finden sich Artikel zu alterspsychologischen Fragen ebenso wie zum alten Menschen in der Familie oder seinen Belangen in Hinblick auf ein „Bundesfürsorgegesetz".[34] Im Rahmen der gesetzlichen Neuordnung des Fürsorgerechts, die in den Fünfzigerjahren begann, erhielten alte Menschen schließlich auch rechtlich einen eigenen Stellenwert im entstehenden Sozialrecht. 8

Friederike Föcking weist darauf hin, dass die ersten Gesetzeskonzepte eines neuen Fürsorgerechts bezüglich alter Menschen „nicht über die bisherigen Mehrbedarfs-Regelungen" hinausgingen.[35] Im November 1956 sei aber schließlich eine „Besondere Hilfe für Alte" in die Individualhilfen aufgenommen worden.[36] Der vom Bundestag ins Leben gerufene *Beirat für die Neuordnung der sozialen Leistungen* erarbeitete in seinem Arbeitsausschuss für Fragen der Fürsorge ähnliches: Charakteristische Hilfen für alte Menschen sollten in einem eigenen Abschnitt zusammengefasst werden.[37] Sozialhilfe hatte für die Ausschussmitglieder die Aufgabe, die Integration des alten Menschen in seine Familie zu fördern, eine altersgemäße Lebens- und selbständige Haushaltsführung zu unterstützen und die Teilnahme an „kulturellen und geselligen Veranstaltungen" zu ermöglichen.[38] In dem Gesetzentwurf, der im April 1960 an den Bundestag weitergeleitet wurde, bildete die Altenhilfe tatsächlich einen eigenen Unterabschnitt der Hilfen „in besonderen Lebenslagen".[39] In § 71 des Entwurfs, dem späteren § 75 BSHG, sollten Bedürfnisse berück- 9

32 Der Deutsche Verein stellt die Institution dar, in der sich öffentliche und freie Träger sozialer Arbeit zusammengeschlossen haben. Er wurde 1880 gegründet. Für einen Überblick über die Vereinsgeschichte siehe *Orthband*, Der Deutsche Verein.

33 *Fachausschuss für Fragen der Altenpflege und -fürsorge*, NDV 1952, S. 57.

34 Siehe z.B. Psychologische Beiträge zum Verständnis alter Menschen, NDV 1955, S. 181ff.; *Groth*, NDV 1954, S. 26ff.; *Deutscher Fürsorgetag 1957*, NDV 1957, S. 305ff.

35 *Föcking*, Fürsorge im Wirtschaftsboom, S. 334.

36 *Föcking*, Fürsorge im Wirtschaftsboom, S. 334.

37 Beschlüsse, NDV 1958, S. 310.

38 Beschlüsse, NDV 1958, S. 310.

39 § 71 des Entwurfs, später § 75 BSHG, legte fest, alten Menschen möglichst Hilfe zu gewähren, die dazu beitragen sollte, „Schwierigkeiten, die durch das Alter entstehen, zu überwinden und Vereinsamung im Alter zu verhüten." (BT-Drs. 3/1799).

sichtigt werden, die ausweislich der Gesetzesbegründung „nur bei alten Menschen eine Rolle spielen."[40] Ein Rechtsanspruch des Betroffenen sollte nicht bestehen – darin schienen sich alle Beteiligten einig zu sein.[41] Der Katalog der Vorschrift bot nach Ermessen Hilfe zu einer Tätigkeit, bezahlte Arbeit oder „Liebhabertätigkeit",[42] zur Beschaffung von Wohnungen, zum Besuch von Veranstaltungen oder zur Verbindung mit nahe stehenden Personen an. „Neu" war an der mit dem Inkrafttreten des Bundessozialhilfegesetzes 1962[43] geschaffenen Regelung zweierlei. Sie führte erstens ein neues Leitbild der Altenhilfe ein, das offene Hilfe vorrangig fördert und das die Diskussionen bis heute bestimmt.[44] Der Gesetzgeber setzte damit um, was auf dem Gebiet der Altenhilfe insbesondere seitens der Wohlfahrtsverbände bereits geplant worden war[45] und inspirierte dabei weitere Hilfsmaßnahmen.[46] Zweitens erweiterte sich der Blick auf die „Alten", denen Unterstützung angedeihen sollte: Bildeten in den Fünfzigerjahren vor allem die „schutzbedürftigen, einsamen" alten Menschen die Zielgruppe der Altenhilfe, so wurde diese nun auf die „normalen" Alten ausgedehnt.[47] Alt-sein war die wichtigste Tatbestandsvoraussetzung der neuen Norm. Mit § 75 Bundessozialhilfegesetz wurde demnach eine Vorschrift geschaffen, die – wohl als erste – ausschließlich „Recht der Älteren" darstellte: Andere Altersgruppen wurden von § 75 BSHG nicht angesprochen.

10 Wer sollte im Sinne des Bundessozialhilfegesetzes „alt" sein? Diese Frage ließ das Gesetz bereits in seiner ersten Fassung unbeantwortet. In den Gesetzgebungsdiskussionen schien sie nicht gestellt worden zu sein. Es ist auch nicht ersichtlich, dass die Mitglieder des Deutschen Vereins sich damit beschäftigten. Die Kommentarliteratur löste dieses Problem zunächst pragmatisch: „Es dürften jedoch keine Bedenken bestehen, in Anlehnung an die Regelungen im übrigen Sozialleistungsrecht über die Altersgrenze jemand dann grundsätzlich als ‚alten Menschen' anzusehen, wenn er das 65. Lebensjahr vollendet hat", heißt es 1970 in einem der BSHG Kommentare.[48] Das zeigt, wie wirkmächtig die mit der Rentenversicherung etablier-

---

40 BT-Drs. 3/1799. Daneben standen den alten Menschen auch die übrigen Hilfen des Gesetzes offen.

41 Siehe den Kommentar von *Muthesius*, NDV 1960, S. 177ff., S. 192. Offensichtlich kritisierten die Vereinsmitglieder jedoch, dass es im Ermessen der Behörden stand, ob bei Gewährung einer Hilfe Einkommen oder Vermögen eines alten Menschen zu berücksichtigen war, *Föcking*, Fürsorge im Wirtschaftsboom, S. 335.

42 *Gottschick*, Das Bundessozialhilfegesetz, S. 281.

43 BGBl. I 1961, S. 815ff.

44 *Baumgartl*, Altersbilder, S. 115.

45 Das wird deutlich im Beitrag *Ohls*, NDV 1962, S. 97ff.

46 Ob die Hilfen die Belange tatsächlich abdeckten, soll hier offen bleiben. Zweifel etwa in der Ausgabe des Spiegels vom 22.12.1969, der den Titel trägt „Die Alten in der Bundesrepublik". Dort heißt es auf S. 59: „Das Wunschbild vom erfüllten Lebensabend, das sich auch in speziellen Bestimmungen des Bundessozialhilfegesetzes widerspiegelt (...) hängt eben schief."

47 *Baumgartl*, Altersbilder, S. 114.

48 *Schellhorn u.a. (Hrsg.)*, Bundessozialhilfegesetz, S. 189.

te Altersgrenze von 65 Jahren geworden war. Heute[49] wird die Altersgrenze weniger streng gezogen: Es erschiene „gekünstelt", eine starre Altersgrenze anzunehmen, da altersbedingte Schwierigkeiten auch in einem früheren Alter als dem 65. Lebensjahr einsetzen könnten, wird die Vorschrift nunmehr kommentiert.[50] Diese Auslegung spiegelt zum einen wider, dass Altenhilfe nicht mehr nur die Hilfe im Alter umfasst. Bereits das BSHG Änderungsgesetz von 1974 hatte nämlich die Vorbereitung auf das Alter zu einer weiteren Aufgabe der Altenhilfe erhoben. Zum „Recht der Älteren" gehört es seitdem auch, sich mit dem Altern in einem Zeitpunkt auseinanderzusetzen, in dem es sozial, kalendarisch oder biologisch betrachtet noch nicht begonnen hat.[51] Zum anderen entspricht diese Auslegung des Begriffs der eingangs aufgestellten These, dass Altern auch rechtlich individueller wahrgenommen wird.

IV. Heimrecht

Während in der „Altenhilfe" des Bundessozialhilfegesetzes und in der amerikanischen Antidiskriminierungsgesetzgebung die angesprochene Lebensphase bereits im Begriff enthalten war, präsentieren sich die Regelungen, die unter dem Namen „Heimrecht"[52] zusammengefasst werden, zunächst in einem „altersneutralen" Gewand. Tatsächlich stellte „Heimrecht" in der Perspektive seiner jeweiligen Schöpfer allerdings immer ein „Recht der Älteren" dar. 11

Stifte, Armen- und Siechenhäuser boten alten Menschen bereits lange vor Entstehung des Altenheimes die Möglichkeit, den Lebensabend außerhalb der eigenen Familie zu verbringen. Die meisten Anstalten dieser Art beherbergten jedoch ein gemischtes Publikum, und erst im 19. Jahrhundert lässt sich eine zunehmende Trennung von Alten, Armen, Kranken und anderer „Anstaltsklientel" beobachten.[53] Einrichtungen mit dem Charakter von Altenheimen entstanden zum einen dadurch, 12

49 Die wohl umfassendste Änderung erfuhr § 75 BSHG im Rahmen des 3. Änderungsgesetzes zum BSHG vom 25. März 1974 (BGBl. I 1974, S. 777). § 75 BSHG wurde vollkommen neu gefasst, die Aufgabenstellung der Altenhilfe erweitert und der Katalog der Hilfen ausgedehnt auf die Hilfe „in allen Fragen der Aufnahme in einer Einrichtung" sowie „in allen Fragen der Inanspruchnahme altersgerechter Dienste". Die Vorschrift wurde weitgehend unverändert als § 71 Altenhilfe in das SGB XII übernommen.

50 *Grube/Wahrendorf*, SGB XII, § 71 Rn. 5.

51 Ähnliches lässt sich für das Betreuungsrecht feststellen: Das Gros der Vorsorgevollmachten wird im „Dritten Alter" formuliert, in dem die Grenze zur Pflegebedürftigkeit, mit der das Vierte Alter regelmäßig identifiziert wird, noch nicht erreicht ist, vgl. *Hoffmann/Schumacher*, Betreuungsrechtliche Praxis 2000, S. 191ff.

52 Das Heimrecht wurde im Rahmen der Föderalismusreform 2006 in die Gesetzgebungszuständigkeit der Länder gegeben.

53 *Borscheid*, in: Reulecke (Hrsg.), „Die Stadt als Dienstleistungszentrum"; dazu insb. *Irmak*, Der Sieche, S. 194ff., S. 197.

dass für bestimmte Gruppen von Anstaltsbewohnern spezialisierte Heime geschaffen wurden. Zum anderen wurden eigene Einrichtungen für alte Menschen gefordert, so etwa von Medizinern, die im frühen 20. Jahrhundert wiederholt dafür plädierten, pflegebedürftige, alte Menschen nicht in Krankenhausbetten zu pflegen.[54] Interesse an einem rechtlichen Rahmen oder an einer Kontrolle von Alteneinrichtungen schienen mit ihrer Entstehung jedoch nur im Ausnahmefall einherzugehen.[55] Dies änderte sich erst in der zweiten Hälfte des 20. Jahrhunderts, nachdem die Ausdifferenzierung der Anstalten längst abgeschlossen war.

13 Motor einer ersten Einführung von Rechtsnormen für den Heimbereich war möglicherweise eine zunehmende Konkurrenz zwischen unterschiedlichen Einrichtungsträgern. Größtenteils wurden Alteneinrichtungen von Wohlfahrtsverbänden oder Kommunen eingerichtet und bewirtschaftet. Die erste Gründung eines gewerblichen Altenheimverbands 1960 in Berlin deutet aber darauf hin, dass die gewerblichen Altenheime „auf dem Markt" präsenter wurden.[56] Ihrer gemeinwohlorientierten Konkurrenz boten sie Anlass, sich mit der Rechtslage der Heime, ihren Betreibern sowie ihren alternden Bewohnern genauer zu befassen: Ab 1959 diskutierten Vertreter von Kommunen und Wohlfahrtsverbänden auf Veranstaltungen des Deutschen Vereins[57] sowie schließlich in einem eigenen Vereinsausschuss[58] Missstände in der gewerblichen Altenhilfe. Eine gewerberechtliche Regelung sollte Ausbeutung alter Menschen und Verwahrlosung beikommen. Defizite eigener Einrichtungen blieben weitgehend unerwähnt. Die von den Bundesländern ausgehende Gesetzesinitiative aus dem Jahr 1966 wurde in der Zeitschrift des Deutschen Vereins damit gewürdigt, dass sie „auf unseren Ergebnissen fußt".[59] Sie implementierte eine ordnungsrechtliche Vorschrift in die Gewerbeordnung,[60] die zwar keine Ermächtigungsgrundlage für einen Erlaubnisvorbehalt enthielt, den Ländern aber

---

54 *Irmak*, Der Sieche, S. 220; *Goldmann*, in: Gottstein/Schlossmann/Teleky (Hrsg.), Handbuch der sozialen Hygiene und Gesundheitsfürsorge, S. 196.

55 Vor dem Hintergrund der sich während des Zweiten Weltkriegs ergebenden Wohnungsnot, erwog etwa die Stadt Hamburg, alten Menschen dadurch einen Anreiz zur Aufgabe der eigenen Wohnung zu geben, dass Altenheime nur noch mit Konzessionen und damit einer gewissen Kontrolle betrieben werden sollten, vgl. zum Beispiel den Artikel dazu von *Quast*, Brandenburgisches Nachrichtenblatt für Wohlfahrtspflege, November 1940, BAB R 36/1898f. 8.

56 Der Zeitraum lässt sich nur schwer eingrenzen: *Beck*, Menschen im Altersheim, sah es als unnötig, „private Heime" in ihre Untersuchung einzubeziehen, da die Zahl der Plätze so gering sei. 1961 wurde in der Zeitschrift Soziale Arbeit jedoch bereits von der Gründung eines ersten Verbands gewerblicher Altenheime berichtete, *Gewerbliche Altersheime/Bln.*, Soziale Arbeit 1961, S. 280.

57 Auf dem Fürsorgetag und der Hauptausschusstagung, siehe Die Fürsorge in der gewandelten Welt von Heute: Neue Aufgaben – Neue Wege, S. 109f.; Aussprache zur Hauptausschusstagung am 26. und 27. April 1962, NDV 1962, S. 201.

58 Unterausschuss für Fragen der gewerblichen Altenheime, gegründet 1963, *Neff*, Fachausschuß III Altenhilfe (Bericht der Sitzung am 19.4.1963), NDV 1963, S. 328.

59 Zur Frage der Überwachung gewerblicher Altenheime, NDV 1966, S. 309.

60 Erster Entwurf BR-Drs. 593/63; BT-Drs. 5/1007; Endfassung BGBl. I 1967, S. 933.

trotzdem die Kontrolle von Heimen für Volljährige jeden Alters ermöglichen sollte. Hervorzuheben ist dabei, dass die Vorschrift ihrem Wortlaut nach nicht ausdrücklich Alten- oder Altenpflegeheimbetreiber adressierte. Die Begriffswahl der Gesetzesvorlage rechtfertigte daher nicht die Ausrichtung der Debatten auf das Alter, die sich in Bundesrats- und Bundestagsberatungen abzeichnete.[61] Ebenso wenig kann davon ausgegangen werden, dass in den Sechzigerjahren ausschließlich alte Menschen in Heimen versorgt wurden. Trotzdem lassen sich Verweise auf andere Einrichtungsbewohner als ältere Menschen in den Gesetzesdiskussionen und in der folgenden Debatte um die Wirkung der Verordnung kaum finden.

„Altenrecht" wurde in Gestalt der gewerberechtlichen Vorschrift zunächst nur **14**
für einen Bruchteil alter Heimbewohner geschaffen.[62] Den Löwenanteil der Altenwohn-, Alten- und Altenpflegeheime unterwarf der Gesetzgeber erst mit dem 1974 in Kraft getretenen Heimgesetz[63] einer Aufsicht und Kontrolle. Dies geschah in einem maßgeblich vom Bundesfamilienministerium geförderten Gesetzentwurf,[64] gegen dessen Regelungsgehalt sich die sechs großen Wohlfahrtsverbände vehement sträubten.[65] Das erste Heimgesetz lag nur noch insoweit auf der Linie seiner gewerberechtlichen Vorgängervorschrift als sich die Debatte trotz altersneutralem Gesetzestext auf alte Menschen als Klientel der Heime beschränkte. Bis in die Bundesratsberatung wurde der „alte Mensch" dabei hauptsächlich als hilfs- und daher schutzbedürftig gesehen. Im Bundestag setzte demgegenüber eine Diskussion über Eigenständigkeit und Autonomie im Heim ein, die dazu führte, dass die Bewohnermitwirkung an alltäglichen Fragen Eingang in das Gesetz fand.[66] Einerseits „hinkten" die Bundestagsmitglieder damit Feldversuchen der praktischen Altenarbeit hinterher: Ein Teil der Altenheimleiter hatte bereits seit den frühen Siebzigerjahren verschiedene Formen der Bewohnermitverwaltung initiiert.[67] Andererseits waren es gerade einzelne Abgeordnete, die im Rahmen der Debatte erstmals auf die Individu-

---

61 So zum Beispiel bei der Anhörung vor dem zuständigen Bundestagsausschuss, Prot. der Sitzung des ASp am 2.12.1966 (Anhörung), PA V/133 Dok. 12, 3.

62 Ein von BMI und BWM erstellter Bericht zu den Länderverordnungen ergab 1968, dass sich nur 9% der Einrichtungen in gewerblicher Trägerschaft befanden, Bericht der Bundesregierung, BT-Drs. 5/4122 vom 21.4.1969, S. 2.

63 BGBl. I 1974, S. 1873.

64 Siehe etwa Vermerke vom 20.9.1971 sowie vom 28.9.1971, auf denen Familienministerin Käthe Strobel notierte, dass die Initiative zu einem neuen Gesetz vom Bundesministerium ausgegangen sei, Referat S 8 an Frau Minister vom 20.9.1971 B 189/11417; Abteilungsleiter S Vermerk vom 28.9.1971, B 189/11418.

65 Deutlich im Memorandum zum Entwurf eines Heimgesetzes, PA VII/176 B 1 Dok. 26, S. 1.

66 § 5 Abs. 1 sah eine Mitwirkung in „Angelegenheiten des Heimbetriebs wie Unterbringung, Aufenthaltsbedingungen, Heimordnung, Verpflegung und Freizeitgestaltung" vor, Abs. 2 enthielt eine Ermächtigungsgrundlage zum Erlass einer Rechtsverordnung zur Wahl des Heimbeirats sowie Art, Umfang und Form der Mitwirkung, BGBl. I 1974, S. 1874.

67 Besonders deutlich tritt dies in der Anhörung von Heimleitern durch den zuständigen Bundestagsausschuss am 23.1.1974 hervor, PA VII/176 A 2, Dok. 41.

alität des Alterns zu sprechen kamen. Erfahrungswerte, inwiefern pflegebedürftige und bettlägerige Bewohner den Heimalltag effektiv mitgestalten konnten, gab es kaum. Dennoch – oder gerade deswegen – entschieden sich die Bundestagsmitglieder, die Mitwirkung zunächst auf alle alternden Bewohner zu erstrecken und Abstufungen außen vor zu lassen.[68]

15 Mit dem Heimgesetz entstand damit nicht nur faktisch ein „Recht der Älteren", bzw. ein Recht der meist älteren Heimbewohner. Es stellte vielmehr auch ein Gesetz dar, hinter dem die Wahrnehmung stand, dass Alternsverläufe und Lebensläufe im Alter höchst unterschiedlich vonstattengehen konnten. Die Möglichkeit, den Alltag zu gestalten, sollte jedoch allen Heimbewohnern offen stehen. Die Mitwirkung war dabei nicht nur aus Anlass eines Skandals in den Vordergrund gerückt, bei dem eine Vielzahl älterer Menschen ihre Ersparnisse verloren hatte.[69] Die Idee der Teilhabe passt zu Plänen der sozialliberalen Koalition, durch Demokratisierung und Aktivierung eine aktive Form der Sozialpolitik praktizieren zu wollen.[70]

16 Bis es zur ersten Änderung des Heimgesetzes 1990 kam, hatte sich ein Teil des mit dem Mitwirkungsgedanken verbundenen Optimismus wieder verflüchtigt. Mitte der Achtzigerjahre verstärkt sich – altenpolitisch – die Aufmerksamkeit für Hochaltrigkeit, Pflegebedürftigkeit und deren Finanzierungsschwierigkeiten. Es rückten so Themen auf die Tagesordnung, die abseits eines überschwänglich positiven Altersbildes anzusiedeln sind.[71] Obwohl das Heimgesetz Ordnungsrecht bleiben und mit finanziellen Aspekten des Alterns wenig zu tun haben sollte, spiegelt sich dieser Schwerpunkt auch im Heimrecht wider. Die Debatten der Reformgesetzgebung kreisten ab Ende der Achtzigerjahre vor allem um das hohe Alter und damit einhergehende Einschränkungen. Hochbetagten, bettlägerigen Heimbewohnern galt es Schutz zu bieten und trotzdem Selbständigkeit zu erhalten sowie Bevormundung zu verhindern.[72]

17 Seitdem wurde das Heimgesetz noch mehrmals geändert und wird inzwischen in Folge der Förderalismusreform größtenteils durch Ländergesetze ersetzt. Die Betrachtung seiner Wurzeln zeigt aber unabhängig von neueren Entwicklungen, dass das Heimgesetz von Beginn an auf das Leben älterer und hochbetagter Menschen ausgerichtet war. Zunächst wurde das Altern in gewerblichen Altenheimen

68 Vgl. die Schlussdebatten im Bundestag, BT-Plenarprotokolle, 106. Sitzung, 7. Wp. (1972) 11.7.1974, S. 7217ff.; zu den mangelnden Erfahrungswerten insbesondere der Redebeitrag des Abgeordneten Christ (FDP), S. 7226ff.

69 Zum so genannten „Wettersteinskandal" siehe z.B.: Hu-Hu-GmbH, Der Spiegel v. 20.8.1973, S. 50; *Bößenedier*, Baupleite. Zuflucht zur Tränendrüse, Die Zeit v. 24.8.1973, S. 19.

70 Dazu *Süß*, in: BM in pp (Hrsg.) vgl. S. 51 z.B. Fn. 99 Geschichte der Sozialpolitik in Deutschland seit 1945, Bd. 5 (1966–1974), S. 159, 172, 205ff.

71 *Baumgartl*, Altersbilder, S. 181f., 189.

72 So MdB Link (CDU/CSU) bei der zweiten Beratung des Heimänderungsgesetzes, BT-Plenarprotokolle, 202. Sitzung, 11. Wp. (1987) 15.3.1990, S. 15636 (B); kritisch zum Gesetzeszweck insb. *Dahlem*, Altenheim 1989, S. 245ff.

einer Kontrolle unterworfen. Anschließend schloss der Gesetzgeber weitere Einrichtungen und damit einen größeren Anteil an Alternsverläufen in seine Regelungen ein. Nicht mehr nur der Rentner, der möglicherweise von einem Gewerbetreibenden ausgebeutet werden konnte, wurde ab Mitte der Siebzigerjahre gesetzlich geschützt. Vielmehr ermöglichte das Heimgesetz eine Beteiligung aller Bewohner in allen Einrichtungen und richtete sich damit ebenso an den Heimträger, der ein Altenwohnheim betrieb, wie an den Leiter eine Einrichtung, die mehrheitlich Pflegebedürftige aufnahm. Die Debatten um das erste Heimänderungsgesetz konzentrierten sich schließlich besonders auf die spezifischen Probleme hochbetagter Pflegebedürftiger. Es setzt damit einerseits die Tradition eines Gesetzes fort, das alte Menschen betrifft, ohne Altersgrenzen zu beinhalten, und steht andererseits dafür, dass die Probleme Hochbetagter seitens des Gesetzgebers endgültig als anerkannt angesehen werden können. Mit der Föderalismusreform 2006 erhielten die Länder zusätzliche Gesetzgebungskompetenzen, unter anderem für den ordnungsrechtlichen Teil des Heimrechts.[73] Die bisher auf Landesebene entstandenen Gesetze setzten verschiedene Schwerpunkte und gehen mit dem Alter unterschiedlich um: In einen Teil der Gesetze werden die „älteren" Menschen als Heimbewohner mittlerweile ausdrücklich einbezogen.[74] Faktisch bleibt es bereits dadurch „Altenrecht" als ein Gros der stationär gepflegten Menschen auch heute Hochbetagte sind.[75]

V. Betreuungsrecht

Heimrecht regelte die außerfamiliär institutionalisierte Altenbetreuung. Der von den 18
Regelungen einbezogene Personenkreis war auf Heimbewohner beschränkt und wurde im Entstehungsprozess des Gesetzes weiter auf *alte* Heimbewohner reduziert. Vormundschafts- und Pflegschaftsrecht knüpften dagegen an die geistige oder körperliche Gesundheit an und bezogen so einen größeren Personenkreis ein. Alte Menschen gehörten zwar auch zu den Betroffenen, blieben aber längste Zeit weitgehend unbeachtet.

---

73 Heimvertragsrecht blieb Bundeskompetenz, *Drasdo*, NVwZ 2008, S. 639ff.; *Degenhardt*, NVwZ S. 1209, 1213.

74 So in Berlin (GVBl. Berlin 2010, S. 286) und Hamburg (HmbGVBl. 2009, S. 495). Ein Überblick über die Gesetze und ihre Schwerpunkte befindet sich auf http://heimgesetze.de/ (26.10.2011). Einen ersten Vergleich zwischen drei Heimgesetzen nehmen *Burmeister/Dinter*, NVwZ 2009, S. 628ff. vor.

75 Siehe Erster Bericht des Bundesministeriums für Familie, Senioren, Frauen und Jugend über die Situation der Heime und die Betreuung der Bewohnerinnen und Bewohner vom 15.8.2006, Anlage 8d), http://www.bmfsfj.de/Publikationen/heimbericht/Anlagen/Anlage-8-tabellen-zu-heimbewohnerinnen-und-heimbewohnern-kapitel-4-1-/d-ergaenzende-tabellen-zu-tabelle-4-1-4-alter-von-pflegebeduerftigen-.html (11.10.2011).

19 Diese fehlende Relevanz des höheren oder hohen Alters im Zivilrecht zeigt sich deutlich an den zum Vormundschafts- und Pflegschaftsrecht veröffentlichten Gerichtsentscheidungen. Selten wird dort das Alter des jeweils Betroffenen erwähnt. Das gilt ebenso für die Beschlüsse des Reichsgerichts wie für die Entscheidungen, die in der jungen Bundesrepublik ergingen und die an die reichsgerichtliche Auslegung der im Jahr 1900 eingeführten Vorschriften anknüpften. Die Rechtsprechung im Vormundschafts- und Pflegschaftsrecht war ausgehend von einem Bundesverfassungsgerichtsbeschluss vom Februar 1960[76] im Wesentlichen damit beschäftigt, die Gebrechlichkeitspflegschaft einem zunehmend strengeren Verfahren zu unterwerfen.[77] Schrittweise näherte sich so das Pflegschaftsverfahren den hohen zivilprozessualen Maßstäben eines Entmündigungsverfahrens an. Die Vorschriften selbst wurden dabei kaum geändert.[78] Allein die höhergerichtliche Rechtsprechung bestimmte – immer wieder –, dass der Betroffene vor einer Pflegschaftsanordnung anzuhören, ein Gutachten einzuholen und dem für geschäftsunfähig gehaltenen Pflegebefohlenen ein Beschwerderecht zuzugestehen war. Das Alter der Betroffenen wurde im Rahmen dieser Rechtsentwicklung selten thematisiert. Bis in die Siebzigerjahre finden sich nur vereinzelte Beiträge, in denen darauf hingewiesen wird, dass vor allem so genannte Gebrechlichkeitspflegschaften am häufigsten bei alten Menschen angeordnet wurden.[79] Aus den meisten Entscheidungen lässt sich dies ebenfalls allenfalls mittelbar ersehen.

20 In Bewegung gerieten Vormundschafts- und Pflegschaftsrecht erst mit der „Psychiatrie-Reform"[80] in den Siebzigerjahren. Obwohl keinesfalls von Juristen initiiert, stieß die Enquete die bisher weitreichendste Reform des Vormundschafts- und Pflegschaftsrechts für Erwachsene seit dem Inkrafttreten des Bürgerlichen Gesetzbuchs im Jahr 1900 an. Die Psychiatriereformer stellten erstmals grundsätzliche

---

76 Beschluss des BVerfG vom 10.2.1960, NJW 1960, 811ff.; BVerfGE 10, 320. Leitsatz: „Eine richterliche Entscheidung nach Art. 104 Abs. 2 Satz 1 und 2 GG ist auch dann erforderlich, wenn der Vormund in Ausübung seines Aufenthaltsbestimmungsrechts den volljährigen Entmündigten in einer geschlossenen Anstalt unterbringt." Der Vormund und als Konsequenz daraus auch der Gebrechlichkeitspfleger wurden damit einer richterlichen Kontrolle unterworfen, die insbesondere im Pflegschaftsrecht nicht vorgesehen war.

77 Etwa durch Entscheidungen zum Beschwerderecht gegen den Unterbringungsbeschluss (Beschluss des BayObLG vom 17.8.1960, BayObLGZ 10, 357, 359) sowie gegen den Beschluss, mit dem die Pflegschaft angeordnet wurde (Beschluss des KG vom 22.9.1960, FamRZ 1960, S. 504). Zur BGH Rechtsprechung davor siehe etwa *Röhl*, JZ 1956, S. 309ff.

78 Eine Ausnahme stellte die Änderung des § 1800 BGB dar, mit der die Vorschriften des Vormundschafts- und Pflegschaftsrechts für Minder- und Volljährige den Anforderungen des Bundesverfassungsgerichts angepasst wurde, BGBl. I, 1961, S. 1221ff.

79 *Krüger*, NDV 1954, S. 141; *Müller*, Blätter der Wohlfahrtspflege 1958, S. 395f.; Im „*Palandt*" werden zu den Gebrechen des § 1910 BGB auch Altersleiden gerechnet, *Palandt*, Bürgerliches Gesetzbuch, 17. Aufl. 1958, § 1910, S. 1384.

80 Zur „Vorgeschichte" der Psychiatrie-Reformen, *Kulenkampff*, in: Hoffmann-Richter u.a. (Hrsg.), Sozialpsychiatrie vor der Enquete, 1997.

Forderungen dazu auf, was sich rechtlich ändern sollte. Ein abgestuftes System von Betreuungsmaßnahmen anstelle und in Ergänzung von Vormundschaft und Pflegschaft sowie ein Ersatz der Entmündigung durch die Feststellung einer „Betreuungsbedürftigkeit" formulierten die Reformer als erstrebenswerte Ziele.[81] Interessant ist an der Arbeit der Psychiatrie-Enquete, dass zum einen gerontopsychiatrischen Problemen alter Menschen ein eigener Raum gegeben wurde.[82] Zum anderen wurden Vormundschafts- und Pflegschaftsrecht ausführlich erörtert. Zivilrechtliche Fragen und Alter führte die Kommission jedoch nicht zusammen. Lediglich im strafrechtlichen Bereich diskutierten die Kommissionsmitglieder, ob und inwiefern ein hohes Alter berücksichtigungsfähig sein sollte.[83]

Zwischen dem Abschlussbericht der Enquete 1975 und seiner Erörterung im Bundestag 1979 erweiterte sich das Spektrum der Diskussion: Im Bundestag und in der Rechtswissenschaft wurden die zu reformierenden Vorschriften des Vormundschafts- und Pflegschaftsrechts für Erwachsene zunehmend im Zusammenhang mit dem Alter diskutiert.[84] Ein Referentenentwurf des Betreuungsgesetzes, mit dem der gesamte Abschnitt des Vormundschafts- und Pflegschaftsrechts für Erwachsene ersetzt werden sollte, wurde erst 1987 öffentlich vorgestellt.[85] Die darin artikulierten Reformüberlegungen blieben in weiten Teilen durch das 1990 abgeschlossene Verfahren hindurch erhalten. Als Ziel artikulierte der Gesetzgeber, es den Betroffenen ermöglichen zu wollen, mithilfe eines Beistands weiterhin am Rechtsverkehr teilzunehmen. Selbstbestimmung sollte im Rahmen dieser Beziehung insofern erhalten bleiben, als der Wunsch des Betreuten vom Betreuer nach dem Gesetzeszweck ausdrücklich zu berücksichtigen war. Hochbetagte Menschen hatten sich als Zielgruppe der Vorschriften – neben psychisch Kranken oder Behinderten – in den Diskussionen fest etabliert.[86] Kaum ein Beitrag in Bundesrat und Bundestag kam ohne den Hinweis aus, dass das Betreuungsrecht allein aufgrund der demographischen Veränderungen einen immer höheren Stellenwert erhielte.[87] Zwar blieb die Gesundheit der Anknüpfungspunkt der Vorschriften – das kalendarische Alter spielte daher eigentlich nur eine marginale Rolle. Über die „seelische Behinderung" als Anwendungsbereich einer Betreuung beabsichtigte der Gesetzgeber jedoch gerade alterns- 21

81 Bericht Psychiatrie-Enquete, Zusammenfassung, BT-Drs. 7/4200, S. 34.

82 Es gab eine eigene AG „Geronto-Psychiatrie", Zwischenbericht vom 19.10.1973, BT-Drs. 7/1124.

83 Bericht der Psychiatrie-Enquete, BT-Drs. 7/4200, S. 422.

84 Einer der ersten Beiträge aus (familien-)rechtswissenschaftlicher Sicht dazu ist der Beitrag von *Gernhuber*, FamRZ 1976, S. 189ff.

85 *Bundesminister der Justiz (Hrsg.)*, Diskussions-Teilentwurf eines Gesetzes über die Betreuung Volljähriger, Köln 1987.

86 Das wird vor allem deutlich auf dem Deutschen Juristentag 1988, auf dem den Problemen älterer Menschen im Vormundschafts- und Pflegschaftsrecht viel Platz eingeräumt wurde, *Bruder*, 57. DJT.

87 Siehe z.B. BR-Protokoll 598. Sitzung, 10.3.1989, Anlage 10, S. 117; BT-Plenarprotokoll, 153. Sitzung, 11. Wp. (1987) 23.6.1989, S. 11610 (D).

spezifische Gesundheitsprobleme zu erfassen.[88] Die einzelne Vorschriften begleitende Diskussion richtete sich sogar faktisch fast ausschließlich an der Situation älterer Menschen aus: Das galt sowohl für die Betreuungs- und Vorsorgevollmacht als auch für die ausführlich diskutierte Frage der richterlichen Genehmigung „unterbringungsähnlicher Maßnahmen" wie etwa Fixierungen.[89] Letztere stellte sich nicht nur in psychiatrischen Einrichtungen, sondern immer häufiger eben auch in der Altenpflege.

22 Vormundschafts- und Pflegschaftsrecht waren fast acht Jahrzehnte mehr oder minder „altersblind". Damit unterscheiden sie sich maßgeblich vom Sozialrecht, das Alter in Gestalt der Altenhilfe in das Bundessozialhilfegesetz einbezog, sowie vom Heimrecht, das von Anfang an auf ältere Bewohner ausgerichtet wurde. Anstatt sich mit rechtlichen Aspekten des Alterns zu befassen, widmete sich die Rechtswissenschaft dogmatischen Fragen und konzentrierte sich die Rechtspraxis auf eine grundgesetzkonforme Auslegung der bürgerlichrechtlichen Vorschriften. Erst nachdem diese Aufgabe Ende der Sechzigerjahre in der Rechtsprechung oberer Gerichte abgeschlossen war, erweiterte sich der Blick auf den Zusammenhang zwischen Alter und Zivilrecht. Resultat dieser Entwicklung war das Betreuungsgesetz, dessen Begründung und begleitende Diskussionen alte Menschen als eine der wichtigen Zielgruppen anerkannte.

VI. Pflegeversicherung

23 „Hilfe zur Pflege" – wie es im Bundessozialhilfegesetz 1962 hieß – stellte eine erste selbständige Hilfeart für Personen dar, die infolge Krankheit oder Behinderung „hilflos" waren.[90] Im Sozialhilferecht wurde die Pflege damit frühzeitig verankert und in den das Gesetzgebungsverfahren begleitenden Diskussionen auch bereits mit dem Altern in Verbindung gebracht.[91] Trotz vorhandener sozialhilferechtlicher Regelungen reichen die Diskussionen um die Pflege älterer Menschen und den „Pflegenotstand" jedoch weit zurück. Die 1964 in Leben gerufene Sozialenquete thematisierte die Sicherung bei „langfristigen Leiden und Gebrechen" zwar noch nicht hinsichtlich der altersspezifischen Aspekte des Problems.[92] Mit dem Heimgesetz Anfang der Siebzigerjahre stand aber bereits im Raum, dass es eines „Heimfinanzierungsgesetzes" bedürfen könnte. Schon 1973 stellte *Peter Galperin* so im

88 BT-Drs. 11/4528, S. 116.

89 Vgl. für die unterbringungsähnlichen Maßnahmen Stenographisches Protokoll der 61. Sitzung des Rechtsausschusses, 15.11.1989, S. 10, 11.

90 *Gottschick*, Das Bundessozialhilfegesetz, 2. Aufl., S. 219.

91 Etwa in Beschlüsse, NDV 1958, S. 310.

92 Zur Enquete *Kaufmann*, Gemeinsame Fragen der Organisation und des Rechts der sozialen Leistungen, in: Geschichte der Sozialpolitik in Deutschland seit 1945, S. 295.

Nachrichtendienst des Deutschen Vereins die Frage, ob es sich empfehle, „in das System der sozialen Sicherung eine ‚soziale Heimversicherung' einzuführen".[93] Nicht nur richtete sich sein Artikel dabei ausschließlich auf die Finanzierung der Versorgung älterer Menschen. Er arbeitete außerdem heraus, dass es nicht die älteren Menschen in den eigenen Haushalten waren, die bei sinkendem Realeinkommen sozialhilfebedürftig wurden. Diese Situation war stattdessen gerade und vor allem bei Heimbewohnern zu beobachten, die steigende Pflegesätze nicht durch Verzicht ausgleichen konnten.[94]

Für Gerhard Igl beginnt entsprechend in der Mitte der Siebzigerjahre die erste Phase der Diskussionen um die Reform der sozialen Sicherung bei Pflegebedürftigkeit. Er bezeichnete die „soziale Situation von älteren pflegebedürftigen Menschen im Heim" als „Ausgangspunkt von Überlegungen, einen Schutz dieses Personenkreises durch Einführung einer Sozialversicherung herzustellen."[95] Im weiteren Verlauf der Siebzigerjahre griffen zahlreiche in der Altenhilfe tätige Organisationen,[96] Bund und Länder[97] und sogar die bisher auf dem Gebiet der Pflege- und Betreuungsverhältnisse eher zurückhaltenden Juristen[98] das Problem, Pflegebedürftigkeit zu finanzieren, auf. Die Lösungsmodelle waren höchst unterschiedlich: Private Absicherung, Versicherungslösungen sowie Steuerfinanzierung wurden in Betracht gezogen.[99] 24

Die umfangreiche, über etwa 20 Jahre geführte Debatte um die Absicherung drehte sich vor allem darum, wie eine solche finanziert werden könnte und sollte. Die Frage, ob und inwiefern mit dem sich schließlich auf diesem Weg herausbildenden Pflegeversicherungsgesetz ein „Elder Law" geschaffen werden würde, stand nicht im Vordergrund. Die Bund-Länder-Arbeitsgruppe hielt in ihrem 1980 erstatteten Bericht eine umfassende Sicherung für sinnvoll, die sich gerade nicht auf ältere, pflegebedürftige Menschen oder auf die Pflege in Einrichtungen beschränken soll- 25

93 *Galperin*, NDV 1973, S. 145.

94 *Galperin*, NDV 1973, S. 146.

95 *Igl*, Leistungen bei Pflegebedürftigkeit, S. 1, 2.

96 Beispiele dafür: Überlegungen der Arbeiterwohlfahrt zur Neuordnung der Finanzierung der Pflegekosten in der stationären, teilstationären und ambulanten Versorgung Pflegebedürftiger, Theorie und Praxis der sozialen Arbeit 1976, S. 156ff.; ein Bericht *Dahlems* über den Hauptausschuss des Deutschen Vereins am 2.11.1977, NDV 1978, S. 53.

97 Es bildete sich eine Bund-Länder-Arbeitgruppe „Aufbau und Finanzierung ambulanter und stationärer Pflegedienste", zu ihrer Arbeit siehe *Grönert*, NDV 1981, S. 30f.

98 So zum Beispiel auf dem 52. Deutschen Juristentag in Wiesbaden 1978, auf dem sich die sozialrechtliche Abteilung mit dem Thema beschäftigte „Empfiehlt es sich, soziale Pflege- und Betreuungsverhältnisse gesetzlich neu zu regeln?" in: Verhandlungen des 52. Deutsche Juristentages 1978, Bd. 1, Gutachten von *Krause*, S. E 1ff.

99 Die Einteilung in fünf Phasen erfolgte durch *Igl*, Leistungen bei Pflegebedürftigkeit, München 1992. Einen detaillierten Überblick zu den Anfängen in den Siebzigerjahren geben *Vincenti/Behringer/Igl*, in: BMin für Arbeit und Sozialordnung und Bundesarchiv (Hrsg.), Geschichte der Sozialpolitik in Deutschland seit 1945, Bd. 5 (1966–1974), S. 524ff.

te.[100] Gleichzeitig kam jedoch kaum ein Beitrag, der sich mit der „Pflegebedürftigkeit als Lebensrisiko" und den mit ambulanter und stationärer Hilfe einhergehenden finanziellen Schwierigkeiten befasste, aus, ohne die Betroffenheit der älteren Menschen zu thematisieren.[101] Eine Studie des Instituts für empirische Sozialforschung,[102] die im Zusammenhang mit dem Bericht der Bund-Länder-Arbeitsgruppe in Auftrag gegeben worden war,[103] um statistische Daten zu der Gruppe der zu Hause lebenden Pflegebedürftigen zu erheben, verdeutlichte im Jahr 1980, dass Pflege bezogen auf alte Menschen zu betrachten war: Sie zeigte auf, dass innerhalb der Gruppe der Hilfsbedürftigen ein Anteil von 8% zwischen 65 und 79 und ein Anteil von fast einem Drittel 80 Jahre und älter war sowie, dass sich diese Altersgruppen durch den höchsten Grad an Hilfsbedürftigkeit auszeichneten.[104] Um einen wirtschaftlich durchführbaren Weg für das Gesetzesvorhaben zu finden, wurde durchaus in dem einen oder anderen Beitrag die geplante Unterstützung auf ältere Menschen beschränkt.[105] So formulierte ein „Gemeinsamer Vorschlag" der kommunalen Spitzenverbände, der Freien Wohlfahrtsträger, des Deutschen Vereins und des Kuratoriums Deutscher Altershilfe aus dem Jahr 1983 noch die Vorstellung, dass zunächst die „Pflegebedürftigkeit alter Menschen" zu versichern sei.[106] Zwar verwies der Vorschlag sowohl auf die gestiegene Anzahl von Menschen über 65 Jahren als auch auf die Verdopplung der über 80-jährigen im Zeitraum von zwei Jahrzehnten. Ob eine Altersgrenze gezogen werden sollte oder welche Kriterien einen „alten Menschen" ausmachten, geht aus dem Vorschlag nicht hervor. Deutlicher werden diesbezüglich zwei Gesetzesvorhaben, die in der „Dritten Phase" der Entwicklung der Pflegeabsicherung in den Bundesrat bzw. Bundestag eingebracht wurden. Ein seitens des Landes Rheinland-Pfalz entwickelter Entwurf sah vor, nach § 68 BSHG Pflegebedürftige ab einem Alter von 60 Jahren in eine gesetzliche Regelung einzubeziehen.[107] In Bayern wurde ein Gesetz entworfen, das die Absicherung von Pflege

---

100 *Vincenti/Igl*, in: BMin für Arbeit und Sozialordnung und Bundesarchiv (Hrsg.), Geschichte der Sozialpolitik in Deutschland seit 1945, Bd. 6 (1974–1982), S. 559.

101 Siehe etwa Die Zeit-Artikel Der neue Generationenvertrag, in: Die Zeit vom 3.4.1987, Nr. 15; *Mayer-List*, in: Die Zeit vom 14.12.1984, Nr. 51.

102 *Brög/Häberle/Mettler-Meibom/Schellhaas*, Anzahl und Situation zu Hause lebender Pflegebedürftiger.

103 *Grönert*, NDV 1981, S. 30.

104 *Brög/Häberle/Mettler-Meibom/Schellhaas*, Anzahl und Situation zu Hause lebender Pflegebedürftiger, S. 43, 44.

105 *Vincenti/Igl*, in: BMin für Arbeit und Sozialordnung und Bundesarchiv (Hrsg.), Geschichte der Sozialpolitik in Deutschland seit 1945, Bd. 6 (1974–1982), S. 559.

106 Absicherung des Risikos der Pflegebedürftigkeit. Gemeinsamer Vorschlag des Bundesvereinigung der kommunalen Spitzenverbände, der Bundesarbeitsgemeinschaften der überörtlichen Träger der Sozialhilfe und der Freien Wohlfahrtspflege, des Deutschen Vereins sowie des Kuratoriums Deutsche Altershilfe, NDV 1983, S. 70f. Dieses Modell wurde auch als „Einstiegslösung" bezeichnet, *Igl*, Leistungen bei Pflegebedürftigkeit, S. 1.

107 Landtag Rheinland-Pfalz, Drs. 10/2056 (BR-Drs. 178/87) vom 26.6.1986.

als Versicherungsfall der gesetzlichen Krankenversicherung für schwer- und schwerstpflegebedürftige Versicherte ab 65 Jahren einführen sollte.[108] Sowohl in dem einen wie auch in dem anderen Entwurf erschöpft sich eine Begründung für die jeweils gezogene Altersgrenze im Verweis auf die Finanzierbarkeit.

Im weiteren Verlauf des Gesetzgebungsverfahrens fiel die Beschränkung auf eine bestimmte Altersgruppe schließlich weg:[109] Anfang 1991 setzte die neu gewählte schwarzgelbe Bundesregierung die Pflegeversicherung auf ihr Regierungsprogramm. Die SPD brachte 1991 einen Gesetzentwurf ein, 1993 stellten die Fraktionen von CDU/CSU und FDP einen Gesetzentwurf vor.[110] Vorgesehen war eine versicherungsrechtliche Lösung, die „Pflegebedürftige" in einem weiteren Zweig der Sozialversicherung absicherte, dessen endgültige Fassung erst in langwierigen Verhandlungen gefunden werden konnte. Eine Altersgrenze ähnlich der in vorangegangenen Entwürfen war im Fraktionsvorschlag nicht mehr zu finden, und auch in dem im Jahr 1994 verabschiedeten Pflegeversicherungsgesetz[111] nicht enthalten. Tatsächlich stimmt jedoch die im bayerischen Entwurf skizzierte Altersgrenze mit den als besonders häufig pflegebedürftig identifizierten Altersgruppen in einem Aspekt überein: Nach der bereits genannten Studie war ein erster signifikanter Anstieg von Pflegebedürftigkeit ab dem 65. Lebensjahr zu bemerken.[112] Der größte Sprung ergab sich allerdings erst bei den über 80-jährigen, von denen jeder fünfte als pflegebedürftig im Sinne der sozialrechtlichen Definition bezeichnet wurde.[113] Faktisch wirkt sich das Pflegeversicherungsgesetz damit nicht nur auf „ältere" Menschen aus, sondern insbesondere auf Hochbetagte. In den Vorschriften lässt sich dies jedoch nicht ablesen. 26

VII. Schluss

Die „Entdeckung" des Alters verlief in den untersuchten Rechtsgebieten weder gleichzeitig noch gleichartig. Sie wurde von einer veränderten Wahrnehmung alter Menschen als Individuen getragen. Gleichzeitig führten die gesteigerte Aufmerk- 27

108 Landtag Rheinland-Pfalz, Drs. 10/2056 (BR-Drs. 178/87) vom 26.6.1986; BT-Drs. 10/6135; zu den Entwürfen *Wasem/Greß/Vincenti/Behringer/Igl*, in: BMin für Arbeit und Sozialordnung und Bundesarchiv (Hrsg.), Geschichte der Sozialpolitik in Deutschland seit 1945, Bd. 7 (1982–1989), S. 429f., S. 431.

109 In § 1 Abs. 2 des geschaffenen SGB XI hieß es: „In den Schutz der sozialen Pflegeversicherung sind kraft Gesetzes alle einbezogen, die in der gesetzlichen Krankenversicherung versichert sind.", BGBl. I 1994, S. 1014, 1017.

110 BT-Drs. 12/5262.

111 Gesetz zur sozialen Absicherung des Risikos der Pflegebedürftigkeit 26.5.1994, BGBl. I S. 101.

112 Zahlen bei *Brög/Häberle/Mettler-Meibom/Schellhaas*, Anzahl und Situation zu Hause lebender Pflegebedürftiger, S. 43, 44.

113 So auch im allgemeinen Teil der Begründung des bayerischen Entwurfs, BT-Drs. 10/6135, S. 7.

samkeit für die Lebensphase und die Beschäftigung mit den ihr eigenen Problemen dazu, dass das „junge“ und „alte“ Alter von Normen adressiert und ausgestaltet wurde. Die betrachteten Disziplinen behandeln Alter unterschiedlich und tragen damit auf verschiedenste Weise zu einem „Recht der Älteren“ bei. In der Gegenwart gibt es mit dem Arbeitsrecht, der Gesundheits- oder Altersvorsorge, dem Familienrecht oder dem Strafrecht weitere Rechtsgebiete, deren Altersbezug es zu untersuchen gilt.

Kathrin Brunozzi

§ 4 Die internationale Entwicklung des Rechts der Älteren*

Literatur: *ABA (American Bar Association Commission on Law and Aging),* Then & Now (1979–2009): Elder Law, 30/6 Bifocal 88 (July 2009); *Bonnie, Richard J./Wallace Robert B. (eds),* Elder Mistreatment: Abuse, Neglect and Exploitation in an Aging America, National Academies Press, 2003); *Bonnie, Richard/Karlawish, Jason/Appelbaum, Paul S./Larlan, Pamela/McConnell, Stephen,* Policy Statement on Voting by Individuals with Dementia Residing in Long-Term Care Facilities, Alzheimer's and Dementia 2 (2006), S. 243ff.; *Breidenbach, Stephan,* Mediation – Struktur, Chancen und Vermittlung im Konflikt, 1995; *Bundesministerium der Justiz (Hrsg.),* Recht und Würde im Alter, Richterwoche Saalfelden 9. bis 13. Mai 2005, Graz 2006; *Clark, Robert C.* The Four Stages of Capitalism: Reflections on Investment Management Treatises, Harvard Law Review 94 (1981), S. 561ff.; *Doron, Israel,* A Multi-Dimensional Model of Elder Law, in: Doron, Israel (Hrsg.), Theories on Law and Ageing, 2008, S. 59ff.; *Doron, Israel/Spanier, Benny,* International Elder Law: The Future of Elder Law, in: Doron, Israel/Soden Ann M. (eds.), Beyond Elder Law : New Directions in Law and Aging, 2012, S. 125ff.; *Doron, Israel/Meenan Helen,* Time for Geriatric Jurisprudence Gerontology 58 (2012), S. 193ff.; *Drucker, Peter F.* The Unseen Revolution – How Pension Fund Socialism Came to America, 1976; *Evrard, Alber/Lacour, Clémens,* A European Approach to Developing the Field of Law and Ageing, in: Doron, Israel/Soden Ann M. (eds.), Beyond Elder Law : New Directions in Law and Aging, 2012, p. 149ff.; *Friedman, Lawrence M.*, Symposium: „Living Longer: a Legal Response to Aging in America", Stanford Law & Policy Review 9/2 (1998), S. 232ff.; *Friedman, Lawrence M./Grossman, Joanna L./Guthrie, Chris,* Guardians: A Research Note, American Journal of Legal History 40 (1996), S. 146; *Friedman, Lawrence M./Savage, Mark,* Taking Care, the Law of Conservatorship in California, Southern California Law Review 61 (1988), S. 273ff.; *Frolik, Lawrence A.*, The Developing Field of Elder Law: A Historical Perspective, Elder Law Journal 1 (1993), S. 1ff.; *Frolik, Lawrence A.*, The Developing Field of Elder Law Redux: Ten Years After, Elder Law 10 (2002), S. 1ff.; *Frolik, Lawrence A./Kaplan, Richard L.*, Elder Law in a Nutshell, 5th edition 2010; *Garoupa, Nuno/Ulen, Thomas S.*, The Market for Legal Innovation: Law and Economics in Europe and the United States, Alabama Law Review 59.5 (2008), S. 1555ff.; *Goubeaux, Gilles/Voirin, Pierre,* Droit Civil, Tome I, 32ième ed. 2009; *Herring, Jonathan,* Older People in Law and Society, Oxford University Press 2009; *Hopt, Klaus J./Steffek, Felix (Hrsg.),* Mediation – Rechtsvergleich, Regelungsmodelle, Grundsatzprobleme, Gutachten im Auftrag des BMJ, 2008; *Igl, Gerhard/Klie, Thomas (Hrsg.),* Das Recht der älteren Menschen, Baden-Baden 2007; *Igl, Gerhard/Klie, Thomas,* Das Recht der älteren Menschen, in: Igl, Gerhard/Klie, Thomas (Hrsg.) Das Recht der älteren Menschen, Baden-Baden 2007, S. 17ff.; *Karlawish, Jason/Bonnie, Richard,* Voting by Elderly Persons with Cognitive Impairment: Lessons from Other Democratic Nations, McGeorge Law Review 38 (2007), S. 880ff.; *Kohn, Nina A.*, Outliving Civil Rights, Washington University Law Review 86 (2009), S. 1053ff.; *Kohn, Nina A./Spurgeon, Edward D.*, Elder Law Teaching and Scholarship: An Empirical Analysis of an Evolving Field, Journal of Legal Education 59 (2010), S. 414ff.; *Lewis, Rodney,* Elder Law in Australia, 2004; *Martin, Nathalie,* Consumer Scams and the Elderly: Preserving Independence Through Shifting Default Rules, Elder Law Journal 17 (2009), S. 1ff.; *Posner, Richard A.*, Aging and Old Age, 1995; *Richter, Ronald/Doering-Striening, Gudrun/Schröder, Anne/Schmidt, Bettina,* Seniorenrecht in der anwaltlichen und notariellen Praxis, 2. Auflage 2011; *Roth,*

* Dazu mit anderem Fokus („Elder Law und Elder Law Attorney als Vorbild für das deutsche Recht"), auch die Vorabveröffentlichung in AnwBl 2011, 671–675.

Markus Roth

Markus, Die Rechtsgeschäftslehre im demographischen Wandel : Stärkung der Autonomie sowie Schutzkonzepte bei Älteren und Minderjährigen, AcP 208 (2008), S. 451ff.; *Roth, Markus*, Employee Participation, Corporate Governance and the Firm: A transatlantic view focused on Occupational Pensions and Co-determination, European Business Organization Law Review (EBOR) 11 (2010), S. 51ff.; *Roth, Markus*, Elder Law and Elder Law Attorney als Vorbild für das deutsche Recht?, AnwBl 2011, S. 671ff.; *Roth, Markus*, Private Altersvorsorge als Aspekt der Corporate Governance, ZGR 2011, S. 516ff.; *Roth, Markus/Gherdane, David*, Mediation in Österreich – Zivilrechts-Mediationsgesetz: Rechtlicher Rahmen und praktischer Erfahrungen, in: Hopt, Klaus J./Steffek, Felix (Hrsg.), Mediation – Rechtsvergleich, Regelungsmodelle, Grundsatzprobleme, Gutachten im Auftrag des BMJ, 2008, S. 129ff.; *Schauer, Martin*, Schwerpunkte des Sachwalterrechts-Änderungsgesetzes (SWRÄG 2006), Teil 1 ÖJZ 2007, S.173ff., Teil 2, ÖJZ 2007, S. 217ff.; *Thaler, Richard H./Sunstein, Cass R.*, Nudge: Improving Decisions about Health, Wealth and Happiness (international edition London, Penguin Books 2009); *Wedemann, Frauke*, Die Rechtsfolgen der Geschäftsunfähigkeit, AcP 209 (2009), S. 668ff.

Internetseiten: *Administration of Aging Part of Administration for Community Living (ACL)*, http://www.aoa.gov/; *American Association of Retired Persons*, www.aarp.org; *American Bar Association*, http://new.abanet.org/; *American Board Association*, Commission on Law and Aging, http://www.americanbar.org/groups/law_aging.html; *British Columbia Law Institute*, http://www.bcli.org/; *Bundesarbeitsgemeinschaft der Senioren-Organisationen*, www.bagso.de; *Canadian Journal for Elder Law*, http://www.bcli.org/cjel; *Central Intelligence Agency*, https://www.cia.gov/; *Europrat (Council of Europe)*, http://coe.int/; *Law Commission*, http://www.lawcom.gov.uk; *Marquette University Law School*, http://law.marquette.edu; *National Academy of Elder Law Attorneys Inc.*, www.naela.org; *National Elder Law Foundation*, http://nelf.org; *National Institut of Aging, Part of National Institute of Health*, http://www.nia.nih.gov/; *Oxford Univerity Press*, http://www.oup.com/; *Stetson University College of Law*, http://www.law.stetson.edu; *United Nations*, http://www.un.org

Inhaltsübersicht

I. Einleitung

1 Die Entwicklung des Rechts der Älteren als eigenständiges Rechtsgebiet ging bereits Ende des 20. Jahrhunderts von den USA aus, wo es als *Elder Law* auch aktuell in Wissenschaft und vor allem in der Praxis am stärksten verbreitet sein dürfte. Nach Zahlen der American Bar Association boten im Jahre 2009 in den USA mehr als 100

law schools Kurse zum Elder Law an,[1] etwa 25.000 Anwälte zählten das Elder Law zu ihren Haupttätigkeitsgebieten.[2] Das Elder Law ist Gegenstand mehrerer einschlägiger Zeitschriften (Elder Law Journal, Elder Advisor's Law Journal, Journal of International Aging, Law & Society) und wird von Oxford University Press in den USA als eigenes Rechtsgebiet geführt.[3]

Für die Entwicklung des Elder Law als eigenständiges Rechtsgebiet konstitutiv 2
waren der Older Americans Act von 1965,[4] der neben Medicaire auch Medicaid etablierte und im Department of Health and Human Resources die Administration on Aging schuf, die unter anderem die Forschung über das Altern fördert[5] sowie der Age Discrimination in Employment Act 1967.[6] Parallel zur Kodifikation des Betriebsrentenrechts im Employee Retirement Income Security Act (ERISA)[7] wurde in den USA sodann im Jahre 1974 das National Institute on Aging gegründet,[8] seit den 1970er Jahren werden legal services für Ältere gefördert.[9] Für legal assistance können die Staaten keine Kostenbeteiligung der Älteren verlangen.[10] In den USA leisten etwa 1.000 service provider jährlich knapp eine Million Stunden rechtlicher Hilfe.[11] Als maßgebliche Rechtsakte auf bundesstaatlicher Ebene zu nennen sind weiter der Older Worker Benefits Act 1990, der einen Verzicht auf die Rechte des Age Discrimination in Employment Act regelt. Der Older Americans Act Amendments of 2006 enthält Regeln über die Verbraucherinformation zur Planung der Pflegeversicherung. Der den Social Security Act ergänzende Elder Justice Act 2009[12] wurde zusammen mit der Gesundheitsreform in den USA verabschiedet.[13]

1 *Kohn/Spurgeon*, Journal of Legal Education 59 (2010), S. 414, 418 (112 von 198 US law schools).

2 Zu Kursen und Haupttätigkeitsgebiet auch ABA Bifocal: Courses or clinics, July 2009, S. 88, so etwa an der Columbia Law School, in Duke und an der University of Wisconsin, unter http://tinyurl.com/yk42aau sind für November 2009 90 Kurse gelistet.

3 http://www.oup.com/us/catalog/general/subject/Law/ElderLaw/?view=usa.

4 42 U.S. Code 3001.

5 http://www.aoa.gov/AoARoot/AoA_Programs/OAA/resources/History.aspx.

6 29 U.S. Code 621.

7 29 U.S. Code 1001.

8 http://www.nia.nih.gov/.

9 Section 420 Older Americans Act.

10 Section 315 (a) (2) (B) Older Americans Act.

11 http://www.aoa.gov/AoARoot/AoA_Programs/Elder_Rights/Legal/title_providers.aspx#funding.

12 111th Congress 1st session S. 795.

13 Patient Protection and Affordable Care Act, Public Law 111-148, Mar. 23 2010, H.R. 3550.

II. Die „Entdeckung“ des Elder Law in den USA

1. Das Elder Law Journal als Gründung der Praxis

3 Die Auswirkungen des demographischen Wandels wurden in den USA bereits in den 1970er Jahren interdisziplinär diskutiert. Der Begründer der modernen Management-Lehrer, Peter F. Drucker, sprach mit Blick auf das Vorherrschen betrieblicher Vorsorge und der Kapitaldeckung der Altersvorsorge durch öffentliche Arbeitgeber in den USA vom pension fund socialism.[14] Der Rechtswissenschaftler *Clark* sagte in der Harvard Law Review vier Phasen des Kapitalismus voraus.[15] In der von ihm so definierten ersten Phase haben die Unternehmen die Geschäfte der Gesellschaften noch selbst geführt, in der zweiten Phase sodann durch angestellte Manager, in der zum damaligen Zeitpunkt angenommenen dritten Phase würden Vermögensverwalter vorherrschen, die Vermögen von Dritten verwalten, die Unternehmen würden dann wiederum von angestellten Managern geführt. Die von Clark vorhergesagte vierte Stufe des Kapitalismus sollte dann darin bestehen, dass den Anlegern nur noch gesagt werden würde, wie viel Geld sie für die Altersvorsorge zur Verfügung stellen müssten.

4 Die Etablierung des Elder Law als neues Rechtsgebiet in den USA wird zutreffend als juristische Innovation angesehen.[16] Als Referenzpunkt für die Verankerung des Elder Law als Rechtsgebiet dient die Gründung des Elder Law Journal im Jahre 1993.[17] Im Eröffnungsaufsatz weist *Frolik* sozioökonomisch auf die Zunahme der Anzahl der Älteren sowie auf das zunehmende Vermögen Älterer hin, insbesondere aber rechtlich auf das Zusammentreffen des Wunsches von Anwälten in einem Rechtsgebiet zu praktizieren, das sie Elder Law nennen sowie auf das zunehmende akademische Interesse an diesem Gebiet hin.[18] Nach zehn Jahren resümierte *Frolik* im Elder Law Journal insbesondere die Praxis von Elder Law Attorneys, also von Anwälten, die sich speziell mit dem Elder Law beschäftigen.[19] Als weitere Fachzeitschriften zu nennen sind das Elder Advisor's Law Journal der University of Marquette[20] sowie das Journal of International Aging, Law & Society der Stetson University, Florida.[21]

5 Diese das Recht der Älteren beleuchtenden Zeitschriften sind, für die USA eher unüblich, fachspezifisch auf ein bestimmtes Rechtsgebiet beschränkt. Sie richten sich, anders als die Zeitschriften der law schools, auch an das praktisch interessierte

14 *Drucker*, The Unseen Revolution.
15 *Clark*, Harvard Law Review 94 (1981), S. 561ff.
16 *Garoupa/Ulen*, Alabama Law Review 59.5 (2008), S. 1555ff. und Hinweis auf die Rolle von *Kaplan*.
17 So auch *Igl*, in: Ig/Klie (Hrsg.) Das Recht der älteren Menschen, S. 17, 18, 42.
18 *Frolik*, Elder Law Journal 1 (1993), S. 1ff.
19 *Frolik*, Elder Law Journal 10 (2002), S. 1ff.
20 http://law.marquette.edu/cgi-bin/site.pl?2130&pageID=1405.
21 http://www.law.stetson.edu/tmpl/academics/internal-1.aspx?id=57.

Publikum, also auch an Anwälte. Bereits 1979 gründete die American Bar Association die Commission on Legal Problems of the Elderly, nunmehr als Commission on Law and Aging firmierend.[22] Im Jahre 1973 ermöglichte der Older Americans Act die finanzielle Unterstützung Älterer in Rechtsstreitigkeiten.[23] Die Herausbildung des Elder Law und die Werbung mit einer speziellen Expertise für die Rechtsprobleme Älterer ermöglichen den Anwälten neue praktische Möglichkeiten.[24] Die National Academy of Elder Law Attorneys (NEALA) wurde 1987 gegründet und hat mehr als 4.200 Mitglieder.[25] Sie bietet den Anwälten insbesondere die Möglichkeit, sich in der Werbung zu unterscheiden.[26] Weiter weist etwa der Ratgeber „best lawyers" das Elder Law als eines von achtzig Rechtsgebieten aus[27] und besteht die Möglichkeit Certified Elder Law Attorney (CELA) zu werden[28] und damit praktisch Fachanwalt für das Recht der Älteren.[29] Ähnlichkeiten zur dieser Entwicklung des Elder Law zeigen sich bei der Entwicklung der Mediation (allgemeiner: Alternative Dispute Resolution), die ebenso wie das Elder Law aus den USA heraus ihren Siegeszug im modernen Recht angetreten hat.[30]

2. Historisches Umfeld und erfasste Rechtsgebiete

Die Entwicklung des Elder Law in den USA ist vor dem Hintergrund der US- 6
amerikanischen Gesellschaft zu sehen, die deutlich stärker und früher als in Europa durch Individualisierung und das Zusammenleben verschiedener Bevölkerungsgruppen geprägt ist. Mit der Gründung des Elder Law Journal sollten reale Probleme, nicht spekulative Phantasien adressiert werden.[31] Das in den USA spätestens in den 1990er Jahren erwachte wissenschaftliche Interesse zeigt sich nicht zuletzt an der ökonomischen Analyse des Rechts der Älteren durch *Richard Posner* in der Monographie „Aging and Old Age".[32] In den USA besteht traditionell der Rechtgrund-

---

22 http://new.abanet.org/aging/Pages/default.aspx

23 ABA Bifocal, July 2009, S. 88.

24 *Frolik*, Elder Law Journal 1 (1993), S. 1, 2.

25 www.naela.org.

26 *Frolik*, Elder Law Journal 1 (1993), S. 1, 6.

27 www.bestlawyers.com.

28 http://nelf.org.

29 Zur Übertragbarkeit auf Deutschland *M. Roth*, AnwBl 2011, S. 671, aktualisierte englische Fassung unter dem Titel Elder Law and Elder Law Attorney as a Model for Germany? bei SSRN, erhältlich unter http://ssrn.com/abstract=2135710.

30 Aus deutscher Sicht zur Rechtsentwicklung früh *Breidenbach* Mediation : Vermittlung im Konflikt, 1995 und nunmehr *Hopt/Steffek*, Mediation, Gutachten im Auftrag des BMJ, 2008, zum österreichischen Recht, das in Europa auch insoweit zur Avantgarde gehört, der Länderbericht von *M. Roth/Gherdane*.

31 *Frolik*, Elder Law Journal 1 (1993), S. 1, 2.

32 *Posner*, Aging and Old Age.

satz, dass von Geschäftsunfähigen abgeschlossene Rechtsgeschäfte nicht per se wirkungslos sind.[33] Darunter wurden bereits seit langem auch Pflegeverträge gefasst.[34]

7 Vor diesem Hintergrund nicht verwunderlich ist, dass die American Bar Association den Regeln zur Betreuung besondere Aufmerksamkeit widmet[35] und dass gerade die Ethik bei Zweifeln an der Geschäftsfähigkeit Gegenstand eines Symposiums an der Stanford Law School war,[36] das vom Rechtshistoriker *Lawrence M. Friedman* geleitet wurde.[37] Ebenfalls vor einem interdisziplinären Hintergrund hat sich der Rechtspsychologe *Richard Bonnie* in den USA mit dem Recht der Älteren beschäftigt.[38] Zur Einordnung der wissenschaftlichen Bedeutung der den das Elder Law den Namen gebenden Zeitschriften wichtig ist der Hinweis, dass Posner, Friedman und Bonnie nicht dort veröffentlicht haben, dies gilt auch für *Sunstein/Thaler*, die in „Nudge“ insbesondere verhaltensökonomischen Ansätzen zur Verbesserung der betrieblichen Altersvorsorge breiten Raum geben.[39]

8 Unter das Elder Law gefasst werden alle Rechtsgebiete, die für Ältere eine besondere Bedeutung haben, wie die gesetzliche Rentenversicherung, die Betriebsrenten (occupational pensions) sowie die individuelle Vorsorge (individual oder personal pensions). Der genaue Umfang der Rechtsgebiete variiert nach den persönlichen Interessen. *Posner* nennt normativ Euthanasie, Soziale Sicherung und Gesundheit, das Rentenrecht, Demenz und Geschäftsfähigkeit, ältere deliktische sowie strafrechtliche Täter und Opfer, die Altersdiskriminierung bei Beschäftigungsverhältnissen sowie den zwingenden Renteneintritt.[40] Das mittlerweile in der fünften Auflage erschienene „Elder Law in a Nutshell“ behandelt vor allem die Beratung Älterer, Fragen der Geschäftsfähigkeit, Gesundheitsuntersuchungen und -maßnahmen und Vermögensfragen.[41]

---

33 *M. Roth,* AcP 208 (2008), S. 451, 464f., allgemein auf rechtsvergleichender Basis zu den Rechtsfolgen fehlender Geschäftsfähigkeit *Wedemann,* AcP 209 (2009), S. 668ff.

34 *M. Roth,* AcP 208 (2008), S. 451, 465.

35 Vergleichende Tabelle zu den Regelungen zum guardianship in den einzelnen Bundesstaaten unter http://new.abanet.org/aging/Pages/StateLawCharts.aspx.

36 „Living Longer: A Legal Response to Aging in Amercia", Stanford Law and Policy Review Volume 9 Issue 2 (1998), S. 232ff.

37 Vgl auch *Friedman/Grossman/Guthrie,* American Journal of Legal History 40 (1996), S. 146ff. sowie *Friedman/Savage,* Southern California Law Review 61 (1988), S. 273ff.

38 Elder Mistreatment: Abuse, Neglect and Exploitation in an Aging America (ed. with *Robert B Wallace*) (National Academies Press, 2002); Voting by Elderly Persons with Cognitive Impairment: Lessons from Other Democratic Nations," (with J. Karlawish), McGeorge L. Rev. 38 (2007), S. 879ff.; Policy Statement on Voting by Individuals with Dementia Residing in Long-Term Care Facilities," (with *J. Karlawish, P. Appelbaum, and S. McConnell*), Alzheimer's and Dementia 2 (2006), S. 243ff.

39 *Thaler/Sunstein,* Nudge: Improving Decisions about Health, Wealth and Happiness.

40 *Posner,* Aging and Old Age.

41 *Frolik/Kaplan,* Elder Law in a Nutshell.

Die Commission on Law and Aging der American Bar Association (ABA) beschäftigt sich insbesondere mit dem Zugang Älterer zu rechtlichen Dienstleistungen, dem Missbrauch Älterer, der Betreuung, der Dispute Resolution und Mediation, mit das Berufsrecht betreffenden ethischen Fragen, Wohnmöglichkeiten und -bedarfen, Gesundheit und Pflege sowie dem Sozialrecht. Nach der National Elder Law Foundation (NELF) ist Elder Law die Beratung Älterer über die rechtlichen Aspekte von Gesundheit und Pflege sowie deren Planung, staatliche Leistungen, Vertretung und Geschäftsfähigkeit, Veräußerung und Verwaltung des Vermögens sowie die Umsetzung von Entscheidungen Älterer in diesen Fragen, dies unter Berücksichtigung der steuerlichen Konsequenzen, ferner die Repräsentation Älterer. Ein Certified Elder Law Attorney muss ferner in der Lage sein, Fragen des Mißbrauchs Älterer, von Versicherungen, des Wohnens, der Pflege, der Arbeit und des Ruhestandes zu erkennen. Die bereits erwähnte National Academy of Elder Law Attorneys (NEALA) hat ein Curriculum für Law Schools entwickelt.[42] 9

III. Die Entwicklung des Elder Law in den USA

In der anwaltlichen Praxis besteht ein Spannungsfeld: Ältere erwarten von den Anwälten eine Rundumbetreuung bezüglich aller rechtlichen Probleme Älterer, der Elder Law Attorney wird aber regelmäßig nur in einigen Teilgebieten vertiefte Kenntnisse haben (können).[43] Die US-amerikanischen Veröffentlichungen zum Elder Law vermitteln nicht den Eindruck eines kohärenten Systems, was am großen Einfluss von Praktikern und praktisch tätigen Wissenschaftlern, aber auch an der generellen Zurückhaltung der US-amerikanischen Rechtswissenschaft bezüglich dogmatischer Fragestellungen[44] liegen mag. Zu konstatieren ist eine pfadabhängige Entwicklung des Elder Law. Zu beobachten ist eine Stärkung der Individualisierung insbesondere über die hierzulande noch am Beginn der Entwicklung stehenden 10

42 On May 2, 2007, the NAELA Board of Directors approved the following suggested curriculum for studies in Elder Law. The following courses constitute the core Elder Law curriculum and are strongly recommended: Any Elder Law specific course, including substantive courses, seminars, clinics and internships; Trusts and Estates (survey course); Estate Planning; Estate and Gift Tax; Bioethics or Death and Dying; Wills and Trusts Drafting; Interviewing, Counseling, Negotiations; Administrative Law; Public Benefits or Poverty Law; Any writing requirement should be satisfied by writing on an Elder Law topic.

The following courses are also relevant to an Elder Law practice: Trial Advocacy; Health Law; Housing & the law; Family Law; Consumer Law; Alternative Dispute Resolution; Disabilities law; Pension Law or Employee Benefits; Law Practice Management; Financial planning course; Accounting and the Law; Insurance Law.

This curriculum assumed a certain number of required law school courses, such as Professional Responsibility, Civil Procedure, Contracts, Property, Torts, Evidence, etc.

43 Dazu *Frolik*, Elder Law 10 (2002), S. 1ff.

44 Dazu etwa *M. Roth*, EBOR 11 (2010), S. 59ff.

Altersdiskriminierung.[45] Individuelle Regelungen könnten auch mit Bezug auf die Kontrolle der Fahrtüchtigkeit praktisch werden.

11 Viele unter das Elder Law fallende Teilrechtsgebiete haben in den vergangenen drei Jahrzehnten bereits einen grundlegenden Wandel erfahren. Seit der Gründung des Elder Law Journal wurde das US-amerikanische Betreuungsrecht grundlegend neu gestaltet[46] und auch der Uniform Guardianship and Protective Proceedings Act neu gefasst.[47] Wie in Deutschland erfolgte eine Reform des Vormundschaftsrechts mit dem Ziel, die Autonomie Älterer zu stärken. Altersgrenzen wurden im Rahmen der allgemeinen Diskussion über die Diskriminierung einbezogen. In der Alterssicherung und -vorsorge erfolgte eine Lockerung des allgemeinen Renteneintrittsalters, Altersgrenzen werden meist kritisch betrachtet. Im Jahre 1988 wurde auf Grundlage des Older Americans Act das National Centre on Elder Abuse geschaffen.

12 Als geschäftsunfähig (incapitated person) definiert der Uniform Guardianship and Protective Proceedings Act seit 1997 eine natürliche Person (individual), die aus anderen Gründen als der Minderjährigkeit auch bei Gebrauch technischer Hilfsmittel in einem Maße nicht in der Lage ist, Informationen aufzunehmen und zu verarbeiten beziehungsweise Entscheidungen zu treffen oder zu kommunizieren, dass sie nicht fähig ist, die Mindestvoraussetzungen zum Erhalt ihrer körperlichen Gesundheit, Sicherheit und Eigenverantwortlichkeit zu erfüllen.[48] Die American Bar Association gibt Arbeitshilfen vor allem zu Vorsorgevollmachten, zum Betreuungsrecht sowie der Befugnis Älterer, wählen zu gehen bzw. der Notwendigkeit von Kontrollen, damit nicht etwa Pflegeheime in einem bestimmten Sinne abstimmen „lassen".[49] Nach einem neueren Vorschlag sollen Ältere nicht ungefragt kontaktiert werden dürfen, geschieht dies doch, sollen die Forderungen nicht eintreibbar sein.[50] Weiter wird die Achtung der verfassungsmäßigen Rechte beim Schutz Älterer angemahnt.[51]

---

45 Hierzu der Beitrag von *Preis*, in diesem Band, unten § 12.

46 Dazu das Symposium „Living Longer: A Legal Response to Aging in Amercia" Stanford Law and Policy Review Volume 9 Issue 2 (1998), S. 232ff.

47 Der sowohl Ältere als auch Minderjährige betreffende Uniform Guardianship and Protective Proceedings Act 1997 wird ergänzt durch den Uniform Adult Guardianship and Protective Proceedings Jurisdiction Act 2007, der die Zuständigkeit für die Verfahren in den einzelnen Bundestaaten regelt.

48 Section 102 (6) Uniform Guardianship and Protective Proceedings Act (1997).

49 Überblick über die Regeln in den einzelnen Bundesstaaten unter http://new.abanet.org/aging/Pages/StateLawCharts.aspx.

50 *Martin*, Elder Law Journal 17 (2009), S. 1ff.

51 *Kohn*, University Washington Law Review 86 (2009), S. 1053ff.

IV. Die internationale Verbreitung des Elder Law

1. Vereinte Nationen

Die internationalen Bemühungen der UNO zum Schutz und zur Verbesserung der Lebensverhältnisse Älterer nahmen bereits im Jahre 1982 mit dem Vienna International Plan of Action on Ageing ihren Anfang,[52] haben bislang aber politischen Charakter. Zwanzig Jahre später fand dann die Second World Assembly on Ageing in Madrid statt, hier wurde der Madrid International Plan on Ageing verabschiedet.[53] Rechtliche Qualität haben diese Bemühungen bislang noch nicht, es haben die Vereinten Nationen nunmehr aber eine Working Group zur Verstärkung des Schutzes der Menschenrechte Älterer eingesetzt.[54] Nach Art. 25 Abs. 1 der UNO-Menschenrechtskonvention besteht bereits ein Recht auf Sicherheit im Alter. Relevant ist ferner die UNO-Konvention zu den Rechten behinderter Menschen,[55] die für behinderte Menschen die Teilnahme am Rechtsverkehr vorsieht.[56] Eine Konvention über die Rechte Älterer wird empfohlen.[57] 13

2. Das Elder Law in weiteren Rechtsordnungen des common law

In Kanada wurde vom British Columbia Law Institute das Canadian Centre for Elder Law Studies gegründet. Projekte zum Recht der Älteren betrafen die Pflege durch Familienangehörige[58] sowie die Elder and Guardianship Mediation.[59] Im Dezember 2008 erschien die erste Ausgabe des Canadian Journal for Elder Law.[60] In dieser ersten Ausgabe wurde insbesondere auf die US-amerikanische Diskussion Bezug genommen. Als vom kanadischen Elder Law umfasste Rechtsgebiete werden Erbrecht, 14

52 Dazu auch die General Assembly Resolution 37/51 vom 3.12.1982.

53 Political Declaration and Madrid International Plan of Action on Ageing, http://social.un.org/index/Portals/0/ageing/documents/Fulltext-E.pdf.

54 General Assembly Resolution 65/182 vom 21.12.2010 (Punkt 28).

55 Vertragsgesetz vom 21.12.2008, BGBl. II, 1419, dazu auch BT-Drs 16/10808.

56 Diesbezüglich auf die Notwendigkeit der Geschäftsfähigkeit verweisend die Denkschrift zu dem Übereinkommen vom 13. Dezember 2006 über die Rechte von Menschen mit Behinderungen, BT-Drs. 16/10808, S. 51f.

57 http://www.un.org/esa/socdev/ageing/documents/egm/bonn09/report.pdf.

58 Law Reform to Support Family Caregiving to Balance Paid Work and Unpaid Caregiving, A Study Paper, http://www.bcli.org/sites/default/files/FamilyCaregivingReport.pdf.

59 Elder and Guardianship Mediation, A Report prepared by The Canadian Centre for Elder Law, http://www.bcli.org/sites/default/files/EGM_Report_Jan_30_2012_0.pdf.

60 http://www.bcli.org/cjel.

Vermögensrecht, Trusts, Renten, Gesundheitsrecht, Familienrecht, Pflege, Betreuung und internationales Recht genannt.[61]

15 In Australien erscheint seit 2002 die Elder Law Review, die mit dem Jahrgang 2006 allerdings wohl wieder eingestellt wurde. Damit ist indes kein Abbruch der Entwicklung eines Elder Law „down under" verbunden. Zu nennen sind die Monographie zum Elder Law in Australien von Rodney Lewis,[62] insbesondere aber auch der Bericht des Standing Committee on Legal and Constitutional Affairs „Older people and the law" vom September 2007.[63] Näher behandelt werden dort der Betrug sowie der finanzielle Missbrauch Älterer,[64] Möglichkeiten des Ersetzens von Entscheidungen,[65] familiäre Vereinbarungen,[66] Hindernisse für ältere Australier bei der Inanspruchnahme von rechtlichen Dienstleistungen,[67] Diskriminierung[68] und Retirement Villages.[69]

16 In England ist das Elder Law vereinzelt Gegenstand der juristischen Ausbildung, insbesondere als Teil des Familienrechts. Auch geht die US-amerikanische Regelung, nach der Geschäftsunfähige am Rechtsverkehr teilnehmen können, auf englisches Recht zurück. Als hervorstechende Publikation ist die Monographie von *Keith Herring* „Older People and the Law" aus dem Jahre 2009 zu nennen.[70] *Herring* beleuchtet dort die Altersbilder, die Altersdiskriminierung, Geschäftsfähigkeit, Geschäftsunfähigkeit und hohes Alter, den Missbrauch Älterer, die Ältere betreffenden finanziellen Frage, Großelternschaft, Gesundheit sowie das Erbrecht, aber auch so praktische Bedürfnisse wie die Notwendigkeit öffentlicher Toiletten für Ältere.[71] Weiter hat die Law Commission über einen Vorschlag für Adult Social Care Statute unterbreitet[72] und die Regierung erklärt, auf dieser Grundlage eine Adult Social Care Bill zu veröffentlichen.[73]

61 So die Angabe auf der Webseite des Canadian Journal for Elder Law, http://www.bcli.org/cjel.

62 *Lewis,* Elder Law in Australia.

63 The Parliament of the Commonwealth of Australia, House of Representatives, Standing Committee on Legal and Constitutional Affairs, Older people and the law, September 2007.

64 Fraud and Finacial Abuse, Chapter 2.

65 Substitute decision making, Chapter 3: Power of attorney, Advance health care planning, Guardianship and Administration.

66 Family Arrangements, Chapter 4.

67 Barriers to older Australians accessing legal services, Chapter 5.

68 Discrimination, Chapter 6.

69 Retirement villages, Chapter 7.

70 Oxford University Press, 2009.

71 Zu den Toiletten *Herring,* Older People and the Law, S. 7.

72 http://lawcommission.justice.gov.uk/docs/lc326_adult_social_care.pdf.

73 Reforming the law for adult care and support: the Government's response to Law Commission report on adult social care. Presented to Parliament by the Secretary of State for Health by Command of Her Majesty, July 2012.

Als Mischsystem zwischen common und civil law sowie hebräischem Recht ist das israelische Recht anzusehen.[74] Israel sticht dabei auch insofern hervor, als dort Israel Doron den Versuch einer Theorie des Elder Law unternommen hat, „Theories on Law and Aging".[75] Als rechtliche Prinzipien im „Elder-Law Multi-Dimensional Model" nennt er die vorsorgende Dimension, die schützende Dimension, die ermöglichende Dimension sowie die unterstützende Dimension,[76] die er im Spannungsfeld von Autonomie und Paternalismus sowie von Individualität und Gemeinschaft einordnet. Die Entwicklung und Ausarbeitung des Modells erfolgt insbesondere mit Bezug auf die US-amerikanische Diskussion, aber auch mit Rücksicht auf das israelische Recht. In einer neuen Monographie „Beyond Elder Law : New Directions in Law and Aging" wird insbesondere auf die internationale Dimension des Rechts der Älteren verwiesen.[77] 17

3. Civil law: Kontinentaleuropa

(Kontinental-)Europa kennt bislang kein Elder Law bzw. Recht der Älteren im Sinne 18 eines eigenständigen Rechtsgebietes. Hervorzuheben ist die österreichischee Regierungskommission Recht und Würde im Alter.[78] Einfluss auf die kontinentaleuropäische Rechtsentwicklung hatte insbesondere das österreichische Sachwalterrecht, eine der ersten Änderungen des Betreuungsrechts, bereits in den 1980er Jahren.[79] In Österreich können nun nahe Verwandter, auch ohne gerichtliche Entscheidung oder eine besondere Vorsorgevollmacht in gewissem Umfang für einen Älteren rechtsgeschäftlich tätig werden.[80] In Frankreich behandeln die Lehrbücher zum allgemeinen Zivilrecht auch Ältere,[81] in Deutschland sind erste Monographien erschienen[82] und widmet sich die anwaltliche Praxis zunehmend dem Thema.[83]

---

74 https://www.cia.gov/library/publications/the-world-factbook/geos/is.html (zum legal system, unter government).

75 Doron (ed), Theories on Law and Ageing, The Jurisprudence of Elder Law.

76 *Doron*, in: Doron (ed), Theories on Law and Ageing, 2008, S. 59ff.

77 *Doron/Spanier*, in: Doron/Spanier (eds), Beyond Elder Law, S. 125ff.

78 *Bundesministerium der Justiz (Hrsg.)*, Recht und Würde im Alter.

79 *M. Roth*, AcP 208 (2008), S. 451, 462.

80 Dazu *Schauer*, ÖJZ 2007, S. 173, 217, 226ff., der die fehlende gerichtliche Kontrolle kritisiert.

81 Etwa *Goubeaux/Voirin*, Droit Civil, Tome I, S. 237.

82 Igl/Klie (Hrsg.), Das Recht der älteren Menschen; *Richter/Doering-Striening/Schröder/Schmidt*. Seniorenrecht, 2. Auflage 2011.

83 Insbesondere die von der *Arbeitsgruppe Sozialrecht des Deutschen Anwaltvereins* organisierten Seniorenrechtstage, zuletzt der 3. Seniorenrechtstag 2012 in Berlin, auch die Monographie von *Richter/Doering-Striening/Schröder/Schmidt*, Seniorenrecht, 2. Auflage 2011.

V. Europäische Union

1. Geltendes Recht

19 Auf der Ebene des supranationalen europäischen Rechts ist auf die Sozialcharta des Europarates sowie auf bislang vereinzelte Regelungen der Europäischen Union hinzuweisen.[84] Die Sozialcharta des Europarates enthält seit 1988 das Recht älterer Menschen auf sozialen Schutz.[85] Nach dem nunmehrigen Art. 23 der revidierten Sozialcharta verpflichten sich die Vertragsparteien, unmittelbar oder in Zusammenarbeit mit öffentlichen oder privaten Organisationen geeignete Maßnahmen zu ergreifen oder zu fördern, die insbesondere älteren Menschen die Möglichkeit geben sollen, so lange wie möglich vollwertige Mitglieder der Gesellschaft zu bleiben, die älteren Menschen die Möglichkeit geben sollen, ihre Lebensweise frei zu wählen und in ihrer gewohnten Umgebung, solange sie dies wollen und können, ein eigenständiges Leben zu führen sowie älteren Menschen, die in Anstalten leben, angemessene Unterstützung unter Achtung ihres Privatlebens sowie die Beteiligung an der Festlegung der Lebensbedingungen in der Anstalt gewährleisten.[86]

20 Die Charta der Grundrechte in der Europäischen Union[87] nennt in Art. 21 Abs. 1 auch die Nichtdiskriminierung wegen Alters, ferner in Art. 34 Abs. 1 das Recht auf Zugang zu den Leistungen der sozialen Sicherheit und zu den sozialen Diensten nach Maßgabe der nationalen Gepflogenheiten. Die Rechtsprechung des EuGH entnimmt darüber hinaus dem EU-Vertrag ein allgemeines Verbot der Altersdiskriminierung. Die in Deutschland häufig emotional geführte Diskussion über die vom EuGH kürzlich bestätigte Mangold-Entscheidung[88] ist jedenfalls mit Blick auf die zur Ausfüllung ergangene Richtlinie zur Diskriminierung zu relativieren.[89] Rechtliche Regelungen auf EU-Ebene mit speziellem Bezug auf Ältere bestehen weiter für die private Altersvorsorge (Betriebsrenten) mit der Pensionsfonds-Richtlinie.[90]

---

84 Vgl. auch *Evrard/Lacour*, in: Doron/Soden (eds), Beyond Elder Law, S. 149ff.

85 Europarat, SV Nr 128, Art. 4 des Zusatzprotokolls zur Sozialcharta, Straßburg, 5.5.1988.

86 Europarat, SV Nr 168, Europäische Sozialcharta (revidiert), Straßburg, 3.5.1996.

87 ABlEG 2000, C 364/1.

88 EuGH, 22.11.2005 C-144/04, die primärrechtliche Natur der Altersdiskriminierung bestätigend EuGH, 19.1.2010 C-555/07.

89 Zum Arbeitsrecht *Preis*, in diesem Band § 12.

90 Richtlinie 2003/41/EG des Europäischen Parlaments und des Rates vom 3. Juni 2003 über die Tätigkeiten und die Beaufsichtigung von Einrichtungen der betrieblichen Altersversorgung, ABlEU Nr. L 235/10 vom 23.9.2003.

2. Europa 2020

Mit einer größeren Bedeutung des Europäischen Rechts für das Elder Law in Zukunft ist zu rechnen. Der Entwurf für die Nachfolgeregelung der Lissabon-Strategie, Europe 2020, a European strategy for a smart, sustainable and inclusive growth,[91] sieht fünf Kernpunkte vor, von denen die überwiegende Anzahl Berührungspunkte zum demographischen Wanden aufweisen. Auswirkungen für das Recht der Älteren sind bei der Ausbildung (lebenslanges Lernen), der Beteiligung am Erwerbsleben (Erhöhung des Anteils der Älteren Beschäftigten) sowie bei der Verringerung der Armut (Sicherstellung eines ausreichenden Rentenniveaus) zu erwarten. Auch die beiden anderen Kernpunkte, die Erhöhung der Investitionen in Forschung und Entwicklung sowie der energy and climate change weisen Berührungspunkte zum Elder Law auf, kann doch insbesondere durch die Investitionen von Pensionsfonds Einfluss auf den Umfang von Forschung und Entwicklung sowie auf die verstärkte Nutzung nicht fossiler Energieträger genommen werden.[92] Pension funds gehören zu den maßgeblichen Kapitalgebern für venture capital und haben sich verpflichtet, bei ihren Investitionen Rücksicht auf die CO-2-Bilanz zu nehmen. 21

Besondere Bedeutung kommt mit Blick auf den demographischen Wandel dem lebenslangen Lernen und der Erhöhung der Beschäftigungsquote zu. Neben einer verstärkten Einbindung Älterer in den Arbeitsmarkt wird eine Erhöhung der Beschäftigungsquote von Frauen angestrebt, um das Ziel einer Beschäftigungsquote von 75 Prozent der bis zu 65-jährigen zu erreichen.[93] 22

VI. Entwicklungstendenzen im Rechtsvergleich

Institutionell bilden sich in zunehmendem Maße Seniorenvertreter heraus, in Deutschland die Bundesarbeitsgemeinschaft der Senioren-Organisationen (BAG-SO).[94] Die US-amerikanische Seniorenvereinigung AARP (American Association of Retired Persons)[95] vertritt die Rechte über fünfzigjähriger und gibt ihre Mitgliederzahl mit 40 Millionen an. 23

Die Entwicklung des Elder Law bzw. des Rechts der Älteren verlief zunächst pfadabhängig. Hierfür zu nennen ist die Regelung der Altersdiskriminierung in den 24

91 Europäische Kommission, Brüssel 3.3.2010, KOM(2010) 2020 endgültig, Mitteilung der Kommission, Europa 2020, Eine Strategie für intelligentes, nachhaltiges und integratives Wachstum.

92 Näher *M. Roth,* ZGR 2011, S. 516, 548f.

93 Europäische Kommission, Brüssel 3.3.2010, KOM (2010) 2020 endgültig, Mitteilung der Kommission, Europa 2020, Eine Strategie für intelligentes, nachhaltiges und integratives Wachstum, S. 5, 13.

94 www.bagso.de.

95 www.aarp.org.

USA als Absicherung der Freiheit (Freiheit vor Diskriminierung) sowie die in Kontinentaleuropa verbreitete Zurückhaltung gegenüber Antidiskriminierungsvorschriften. Pfadabhängig erscheint auch die Entwicklung der Pflegeversicherung in Deutschland als Fortsetzung der gesetzlichen Kranken- und Rentenversicherung, die auf das ausgehende 19. Jahrhundert zurückgeht und ursprünglich als Invaliden- und Altersversicherung konzipiert war.[96]

25 Grenzen der pfadabhängigen Entwicklung zeigen allgemein sich durchsetzende Rechtsgrundsätze auf.[97] So wurde in den USA mit Medicaid ein gesetzlicher Krankenversicherungsschutz für alle älteren Amerikaner eingeführt. Umgekehrt wird in Deutschland das hierzulande entwickelte Dogma der Unwirksamkeit aller Willenserklärungen von Geschäftsunfähigen gelockert. Zu nennen sind die in § 105a BGB geregelten Alltagsgeschäfte sowie das Wohn- und Betreuungsvertragsgesetz als Nachfolger des Heimgesetzes: Verträge gelten als wirksam, wenn Leistung und Gegenleistung erbracht wurden.[98] Auch in Deutschland sind Pflegeverträge, die von Geschäftsunfähigen abgeschlossen worden sind, begrenzt wirksam, dies auch mit einer Preiskontrolle wie nach traditionellem common law.

96 Gesetz, betreffend die Invaliden- und Altersversicherung, vom 22. Juni 1889, RGBl 97: § 29 Abs 2 S. 1: Die Altersrente beginnt frühestens mit dem ersten Tage des 71. Lebensjahres.

97 Darüber hinausgehend eine enge Zusammenarbeit von Rechtswissenschaftslern und Gerontologen fordernd („Time for Geriatric Jurisprudence") *Doron/Meenan*, Gerontology 58 (2012), S. 193.

98 Gesetz zur Regelung von Verträgen über Wohnraum mit Pflege- und Betreuungsleistungen (Wohn- und Betreuungsvertragsgesetz – WBVG) als Art. 1 des Gesetzes zur Neuregelung der zivilrechtlichen Vorschriften des Heimgesetzes nach der Föderalismusreform vom 29.7.2009, BGBl I 2319, dazu noch unten der Beitrag von *M. Roth*, § 17.

Zweiter Teil: **Prinzipien und Instrumente**

§ 5 Selbstbestimmung im Alter aus verfassungsrechtlicher Perspektive

Literatur: *Britz, Gabriele,* Freie Entfaltung durch Selbstdarstellung, 2007; *Canaris, Claus-Wilhelm,* Verstöße gegen das verfassungsrechtliche Übermaßverbot im Recht der Geschäftsfähigkeit und im Schadensersatzrecht, JZ 1987, S. 993ff.; *Deutscher Ethikrat,* Demenz – Ende der Selbstbestimmung?, Bericht einer öffentlichen Tagung, Deutscher Ethikrat Infobrief 03/2010, S. 4ff.; *Foster, Charles,* Choosing Life, Choosing Death. The Tyranny of Autonomy in Medical Ethics and Law, 2009; *Ganner, Michael,* Selbstbestimmung im Alter. Privatautonomie für alte und pflegebedürftige Menschen in Österreich und Deutschland, 2005; *Gärditz, Klaus Ferdinand,* Verfassungsrechtliche Grundfragen des Schutzes Dementer, ZFL 2010, 38ff.; *Görgen, Thomas/Greve, Werner,* Gewalt gegen alte Menschen – Stand der Forschung, in: Landespräventionsrat NRW (Hrsg.), Alter – ein Risiko?, 2005, S. 53ff.; *Hammerschick, Walter/Pilgram, Arno,* Die Sachwalterschaft – vom Schutz zum inflationären Eingriff in die Autonomie alter Menschen?, in: Hoffmann, Peter Michael/Pilgram, Arno (Hrsg.), Autonomie im Alter, 2004, S. 19ff.; *Hirsch, Rolf Dieter,* Alte Menschen in Pflegeeinrichtungen – Qualitätsmerkmale der Pflege, in: Landespräventionsrat NRW (Hrsg.), Alter – ein Risiko?, 2005, S. 73ff.; *Höfling, Wolfram/Lang, Heinrich,* Das Selbstbestimmungsrecht. Normativer Bezugspunkt im Arzt-Patienten-Verhältnis, in: Feuerstein, Günter/Kuhlmann, Ellen (Hrsg.), Neopaternalistische Medizin, 1999, S. 17ff.; *Höfling, Wolfram,* Altersgrenzen aus der Sicht der Rechtswissenschaft, in: Schumpelick, Volker/Vogel, Bernhard (Hrsg.), Alter als Last und Chance, 2005, S. 522ff.; *Höfling, Wolfram,* Staatliche „Altenpolitik" – der grundrechtsgeprägte Sozialstaat auf dem Rückzug?, in: Landespräventionsrat NRW (Hrsg.), Alter – ein Risiko?, 2005, S. 43ff.; *Höfling, Wolfram,* Der autonome Patient – Realität und Illusion, in: Schumpelick, Volker/Vogel, Bernhard (Hrsg.), Arzt und Patient, 2006, S. 390ff.; *Igl, Gerhard,* Altersprozesse in multidisziplinärer Sicht: Rechtliche Fragen, in: Kruse, Andreas (Hrsg.), Enzyklopädie der Gerontologie, 2004, S. 593ff.; *Klie, Thomas,* Gewalt gegen alte Menschen, in: Landespräventionsrat NRW (Hrsg.), Alter – ein Risiko?, 2005, S. 127ff.; *Kruse, Andreas (Hrsg.),* Enzyklopädie der Gerontologie, 2004; *Lipp, Volker,* Freiheit und Fürsorge, 2000; *Mann, Thomas,* Gesetzliche Höchstaltersgrenzen und Verfassungsrecht, in: Festschrift für Christian Starck zum siebzigsten Geburtstag, 2007, S. 319ff.; *Nußberger, Angelika,* Altersgrenzen als Problem des Verfassungsrechts, JZ 2002, S. 524ff.; *Ott, Brian R.* A survey of voter participation by cognitively impaired elderly patients, Neurology 60 (2003), S. 1546ff.; *Rentsch, Thomas/Birkenstock, Eva,* Ethische Herausforderungen des Alters, in: Kruse, Andreas/Mike, Martin (Hrsg.), Enzyklopädie der Gerontologie, 2004, S. 613ff.; *Roth, Markus,* Die Rechtsgeschäftslehre im demografischen Wandel, AcP 208 (2008), S. 451ff.; *Röthel, Anne,* Form und Freiheit der Patientenautonomie, AcP 211 (2011), S. 196ff.; *Schmoeckel, Matthias,* Demenzerkrankungen als gesellschaftliche Herausforderung und Aufgabe für Juristen, in: Schmoeckel, Matthias (Hrsg.), Demenz und Recht, 2010, S. 13ff.; *Spickhoff, Andreas,* Autonomie und Heteronomie im Alter, AcP 208 (2008), S. 345ff.; *Zaczyk, Rainer,* Kriterien der Selbstbestimmung bei Errichtung eines Testaments – Ein Beitrag aus rechtsphilosophischer Sicht, in: Schmoeckel, Matthias (Hrsg.), Demenz und Recht, 2010, S. 89ff.

Inhaltsübersicht

Wolfram Höfling

I. Problemaufriss

1 Der Blick auf das Alter und alte Menschen unterlag und unterliegt vielfach Perspektivenwechseln, der Diskurs darüber folgt bestimmten Aufmerksamkeitszyklen. Derzeit prägt – wenn der Eindruck nicht täuscht – eine eher pessimistische, zum Teil auch alarmistische Tonlage die Diskussion:[1]

- Nicht die altersweise Persönlichkeit, sondern der multimoribunde und demente Greis[2] als finanzieller Risikofaktor für die sozialen Sicherungssysteme;
- nicht die reiche Lebenserfahrung alter Menschen, sondern der Alterungsprozess als demografisches Damoklesschwert über der vitalen Gesellschaft.
- Anti-Aging-Leitbilder als omnipräsente Medieninszenierungen statt „age mainstreaming“.

2 Das (deutsche) Recht steht diesen Entwicklungen und Verunsicherungen im wesentlichen passiv-resignativ gegenüber.[3] Es denkt und strukturiert nach ei-

---

1 Zu den negativen und positiven Paradigmata des Alters siehe etwa *Rentsch/Birkenstock*, Ethische Herausforderungen des Alters, S. 613ff.

2 Mit der Horrorvorstellung, dass *George W. Bush* die Wahl gegen *Al Gore* mit 537 Stimmen aus Florida gewann, dem Sunshine-State mit besonders vielen Rentnern, unter denen 300.000 Demenzpatienten vermutet wurden; siehe dazu *Ott*, Neurology 60 (2003), 1546ff.; darauf verweist *Schmoeckel*, in Schmoeckel (Hrsg.), Demenz und Recht, S. 13ff.

3 Vgl. auch *Igl*, in: Kruse (Hrsg.), Enzyklopädie der Gerontologie, S. 594f.: „Das Recht reagiert in der Regel nicht spezifisch ...“.

nem unterkomplexen binären Muster:[4] Entweder ist ein (alter) Mensch ein (weiterhin) autonomes Subjekt oder er ist ein Betreuter,[5] und Alter ist in diesem Kontext ein wachsender Risikofaktor.[6] Dem *Autonomie-Topos* kommt in den Auseinandersetzungen und Diskursen eine zentrale Bedeutung zu.[7] Indes sind die mit dem Begriff verknüpften Vorstellungen durch eine erhebliche Varianz gekennzeichnet. Vor diesem Hintergrund erscheint es deshalb angezeigt, die Thematik aus einer verfassungsrechtlichen Perspektive in den Blick zu nehmen, um so die für die nationale Rechtsordnung maßstabsetzenden und verbindlichen Direktiven zu skizzieren.

II. Selbstbestimmung als verfassungsrechtsdogmatische Kategorie

1. Elementare und fundamentale Maßstabsgröße freiheitlicher Verfassungsstaatlichkeit

Freiheitliche Verfassungsstaatlichkeit findet ihren Grund und ihr Ziel in der Subjektqualität des Menschen. Für die grundgesetzliche Ordnung wird dies durch Art. 1 Abs. 1 GG explizit hervorgehoben. Das Grundgesetz erweist sich als die Verfassung des Menschen.[8] Vor diesem Hintergrund bedeutet Grundrechtsschutz Schutz der Selbstbestimmung.[9] Selbstbestimmung ist dabei von ihrem Gegenstand her umfassend zu verstehen; sie umgreift das gesamte Handeln und Nichthandeln, die ganze Existenz(führung).[10] Wenn im folgenden ohne nähere Spezifizierung von Selbstbestimmung bzw. Selbstbestimmungsrecht die Rede ist, verweist der Terminus auf diesen umfassenden Bedeutungsgehalt. 3

2. Selbstbestimmungsrecht – Selbstbestimmungsrechte

Der herausragenden Bedeutung zum Trotz findet sich im Text des Grundgesetzes 4
keine explizite Erwähnung der Selbstbestimmung bzw. des Selbstbestimmungs-

4 Dazu noch unten.

5 Dazu aus einer allgemeinen medizinrechtlichen Perspektive schon kritisch *Höfling*, in: Schumpelick/Vogel (Hrsg.), Arzt und Patient, S. 390.

6 So für Österreich *Hammerschick/ Pilgram*, in: Hoffmann/Pilgram, Autonomie im Alter, S. 23.

7 Kritisch *Foster*, Choosing Life, Choosing Death.

8 Siehe etwa *Baruzzi*, Europäisches „Menschenbild" und das Grundgesetz für die Bundesrepublik Deutschland, 1979, S. 100ff.; *Höfling*, Offene Grundrechtsinterpretation, Dissertation Universität Köln, 1987, S. 116ff.

9 Siehe *Enders*, Die Menschenwürde in der Verfassungsordnung, 1997, S. 491.

10 Siehe *Morlok*, Selbstverständnis als Rechtskriterium, 1993, S. 380.

rechts. Als grundrechtlicher Schutzgegenstand ist Selbstbestimmung vielmehr Gewährleistungselement letztlich aller Grundrechtsbestimmungen.

5 (1) Selbstbestimmung des Individuums ist zunächst einmal der „Kern der Menschenwürde“.[11] Art. 1 Abs. 1 GG lässt sich geradezu als Gewährleistung eines Rechts auf autonome Selbstdarstellung konzeptualisieren.[12]

6 (2) Auch Art. 2 Abs. 2 S. 1 GG mit seinen Gewährleistungen des Lebens und der körperlichen Unversehrtheit nimmt die Selbstbestimmungsfreiheit in den Blick. Der Grundrechtstatbestand formuliert nicht nur eine statische Integritätsgarantie für die genannten Schutzgüter; er entfaltet sich auch als dynamischer Freiheitsschutz:[13] Das Bundesverfassungsgericht hat insoweit zu Recht betont, Art. 2 Abs. 2 S. 1 GG gewährleiste „zuvörderst Freiheitsschutz im Bereich der leiblich-seelischen Integrität des Menschen“. Das Grundrecht beschränke sich insoweit aber nicht „auf den speziellen Gesundheitsschutz“. Vielmehr habe auch der Kranke und Versehrte „das volle Selbstbestimmungsrecht über seine leiblich-seelische Integrität“.[14] Auch der natürliche Wille einer einsichtsunfähigen Person ist – in einem weit verstandenen Sinne – Element der Selbstbestimmung.[15]

7 (3) Die durch Art. 2 Abs. 2 S. 2 GG garantierte Freiheit der Person ist die „Basis der Entfaltungsmöglichkeit des Bürgers“.[16]

8 (4) Selbstbestimmung als Persönlichkeitsentfaltung nimmt Art. 2 Abs. 1 (i.V.m. Art. 1 Abs. 1 GG)[17] in den Blick und vervollständigt dies durch die Auffangposition der allgemeinen Handlungsfreiheit.[18]

9 (5) Schließlich thematisieren die (übrigen) besonderen Grundrechtsgewährleistungen auch spezifische Elemente menschlicher Selbstbestimmung, die gegen Fremdbestimmung zu sichern ist.

---

11 So *Stern*, Staatsrecht der BRD, Bd. IV/1, 2006, S. 94.

12 Dazu *Höfling*, (Fn. 8), S. 116ff.; dem zustimmend *Morlok*, Selbstverständnis, S. 76.

13 Siehe dazu etwa *Höfling/Lang*, in: Feuerstein/Kuhlmann (Hrsg.), Neopaternalistische Medizin, S. 18ff.

14 So BVerfGE 52, 171, 174 – abweichende Auffassung der Richter *Hirsch*, *Niebler* und *Steinberger*; BVerfGE 89, 120, 130; aus jüngster Zeit siehe BVerfG, NJW 2011, 2113, 2114.

15 Siehe BVerfG EuGRZ 2011, 321, 326; siehe noch unten sub IV. 1.

16 BVerfGE 19, 342, 349; 53, 152, 158; BVerfG (K) NJW 2012, 513.

17 So die herrschende Deutung des allgemeinen Persönlichkeitsrechts als Kombinationsgrundrecht; dazu (kritisch) *Höfling*, in: Sachs (Hrsg.), Grundgesetz, 6. Aufl. 2011, Art. 1 Rn. 66.

18 Siehe dazu für den vorliegenden Zusammenhang insbesondere *Cornils*, Allgemeine Handlungsfreiheit, in: Isensee/Kirchhof (Hrsg.), Handbuch des Staatsrechts, Bd. VII, 3. Aufl. 2009, § 168 Rn. 8ff.; instruktiv *Britz*, Freie Entfaltung durch Selbstdarstellung.

3. „Selbstbestimmung“ oder „Autonomie“

Das Konzept von Selbstbestimmung, wie es der grundgesetzlichen Ordnung 10
zugrundeliegt, ist ein formales und offenes und korrespondiert mit einem entsprechenden Freiheitsverständnis.[19] Vor diesem Hintergrund erscheint der Terminus der Selbstbestimmung weniger „aufgeladen“ und missverständnisträchtig als der „klassische Name“ der Selbstbestimmung,[20] nämlich „Autonomie“, der auf die sittlich verantwortliche Person zielt.

4. Exkurs: „Alter“ als verfassungsrechtlich nicht thematisierte Statusfrage?

Eine kurze und abschichtende Zwischenbemerkung sei an dieser Stelle eingefügt. 11
Sie betrifft den ernüchternden Befund, dass das Alter vom Grundgesetz als Statusfrage nicht thematisiert wird. Namentlich die besonderen Diskriminierungsverbote des Art. 3 Abs. 3 GG treffen insoweit keine Aussage. Der deutsche Verfassungsstandard bleibt damit deutlich hinter dem europäischen Schutz vor Altersdiskriminierungen zurück.[21] Die speziellen Diskriminierungsverbote des Art. 3 Abs. 3 S. 1 GG werden auch nicht durch eine Auffangklausel, den „sonstigen Status“ des Menschen betreffend, ergänzt, wie sie etwa Art. 14 EMRK oder Art. 2 Abs. 1 des Internationalen Paktes über bürgerliche und politische Rechte zur Verfügung stellt.[22] Vor diesem Hintergrund bleibt die Feststellung eines gewissen Wertungswiderspruchs, der sich aus dem Verhältnis der speziellen Diskriminierungsverbote des Art. 3 Abs. 3 S. 1 GG zu S. 2 der Vorschrift ergibt, wonach niemand wegen seiner Behinderung benachteiligt werden darf.[23]

III. Bauelemente einer „altersspezifischen“ Bereichsdogmatik verfassungsgeschützter Selbstbestimmung

Versucht man eine Skizze einer „altersspezifischen“ Bereichsdogmatik verfas- 12
sungsgeschützter Selbstbestimmung, so lassen sich folgende Bauelemente benennen:

19 Dazu noch nachfolgend.

20 Siehe *Morlok* (Fn. 10), S. 380.

21 Siehe hier nur mit weit. Nachw. *Mann*, in: FS für Starck, S. 319, 327.

22 Siehe *Mann*, in: FS für Starck, S. 319, 328.

23 Siehe etwa *Nußberger*, JZ 2002, S. 524, 531; *Mann*, in: FS für Starck, S. 319, 329; zu Altersgrenzen aus verfassungsrechtlicher Perspektive siehe auch *Höfling*, in: Schumpelick/Vogel (Hrsg.), Alter als Last und Chance, 2005, S. 522ff.

1. Uneingeschränkte Grundrechtsfähigkeit in jedem Alter

13 Ein wichtiger Ausgangsbefund betrifft die Feststellung, dass das Grundgesetz einen allgemeinen Tatbestand der sog. Grundrechtsmündigkeit nicht kennt. Mit anderen Worten: Die Grundrechtsfähigkeit ist grundsätzlich vom Lebensalter unabhängig. Jeder Mensch ist Träger der Grundrechte, unabhängig vom Alter oder sonstigen Statuseigenschaften.[24] Von dieser Feststellung zu unterscheiden ist die Frage, ob es bestimmte Voraussetzungen für die Grundrechtswahrnehmung bzw. Grundrechtsausübung gibt. Hier kennt die Rechtsordnung durchaus Altersgrenzen für die „Zuteilung" solcher Ausübungsfähigkeit. Sie betreffen dann oftmals auch die Selbstbestimmung des Einzelnen. Aus verfassungsrechtlicher Perspektive ist jedoch darauf hinzuweisen, dass eine schematische Anknüpfung an einfachrechtliche Regelungen die Gefahr birgt, die grundrechtliche Eigenwertigkeit außer Acht zu lassen. Deshalb spricht alles dagegen, starre Altersgrenzen für die „Grundrechtsmündigkeit" in diesem Sinne anzuerkennen.[25] Im Blick auf Jugendliche hat das Bundesverfassungsgericht deshalb zu Recht hervorgehoben, dass der jugendliche Mensch „von vornherein und mit zunehmendem Alter in immer stärkerem Maße eine eigene durch Art. 2 Abs. 1 i.V.m. Art. 1 Abs. 1 GG geschützte Persönlichkeit" werde.[26]

2. Achtung von Selbstbestimmung als selbstverständnisbasiertem Verhaltensschutz

14 Die Gewährleistung der freien Entfaltung der Persönlichkeit in Art. 2 Abs. 1 GG bedeutet keine Beschränkung des verfassungsrechtlichen Schutzes auf bestimmte, für die personale Identität und Integrität besonders wichtige Elemente und Faktoren menschlicher Existenz, sondern beinhaltet die Garantie der „Handlungsfreiheit im umfassenden Sinne".[27] Diese vom Bundesverfassungsgericht in ständiger Judikatur entwickelte und in der Literatur weitgehend – und zu Recht[28] – akzeptierte Konzeption ist letztlich Ausdruck des offenen Freiheitsverständnisses der grundgesetzlichen Ordnung. Sie garantiert mit Art. 2 Abs. 1 GG und in den besonderen Freiheitsbestimmungen die Freiheit der Entscheidung zwischen Verhaltensoptionen, und

24 Siehe hier nur *Rüfner*, Grundrechtsträger, in: Isensee, Josef/Kirchhof, Paul (Hrsg.), Handbuch des Staatsrechts, Bd. IX, 3. Aufl. 2011, § 196 Rn. 12; auch *Gärditz*, ZFL 2010, S. 38, 40.

25 In diesem Sinne auch *Stern*, Staatsrecht der BRD, Bd. III/1, 1988, S. 1064f.

26 BVerfGE 47, 46, 74.

27 So BVerfGE 6, 32, 36.

28 Siehe etwa mit weit. Nachw. *Höfling*, in: Berliner Kommentar, GG, Art. 2 Abs. 1 Rn. 17ff.; aus neuerer Zeit insbesondere *Cornils*, in: Isensee/Kirchhof (Hrsg.), Handbuch des Staatsrechts, Bd. VII (Fn. 18), § 168.

zwar ungeachtet des jeweiligen Inhaltes. Formale[29] bzw. negative Freiheit bestimmt als Prinzip die Verfassungsordnung der Bundesrepublik Deutschland. So wie die unteilbare Menschenwürde allen Menschen garantiert ist, unabhängig von ihren persönlichen Eigenschaften, Fähigkeiten, Interessen und Status, so realisiert sich das Prinzip negativer Freiheit in dem prinzipiellen Recht, „je für sich selbst über die Selbstgemäßheit und Valenz von Verhaltensvarianten zu entscheiden und so die eigene Persönlichkeit nach eigenem Selbstverständnis zu entfalten".[30]

Die grundgesetzliche Ordnung ist damit gekennzeichnet durch die Achtung von 15 Selbstbestimmung als selbstverständnisbasiertem Verhaltensschutz. Dieser weite Deutungshorizont nimmt so ganz unterschiedliche Lebensweisen und Daseinsformen des Menschen auf.[31] Vor einem Vierteljahrhundert formulierte bereits der vierte Familienbericht der Bundesregierung im Blick auf ältere Menschen eine entsprechende Leitidee: Es entspreche der personalen Existenz des Menschen und seiner Würde, ein selbstverantwortetes Leben zu führen, solange es möglich sei. Dieses Prinzip bedeute, dass die Vorstellungen der einzelnen Menschen über die Lebensgestaltung und Lebensführung im Alter mit und ohne Familie, bei Krankheit und Behinderung sowie in einer Pflegesituation den Vorrang vor anderen Entscheidungsmaßstäben haben müsse.[32]

3. Das Übermaßverbot als Absage an binäre Deutungsmuster

Dem aus dem Prinzip formaler und negativer Freiheit resultierenden prima facie- 16 Verbot einer Differenzierung zwischen unterschiedlichen Lebensformen und Selbstverständnissen korrespondiert das verfassungsrechtliche Gebot, gleichwohl normativ getroffene Unterscheidungen zu rechtfertigen und dabei hinreichend zu differenzieren. Das verfassungsrechtliche Übermaßverbot entfaltet damit grundsätzlich Sperrwirkungen gegenüber schematischen Problemabschichtungen, wie sie etwa das viele Rechtsgebiete durchwirkende binäre Muster von autonomem Subjekt einerseits und Betreutem anderseits konstituiert.

Zweifelsohne besteht ein berechtigter Wunsch nach Eindeutigkeit und Rechts- 17 sicherheit. Aber auch hier gibt es durchaus unterschiedliche gesellschaftliche Reaktionsbedürfnisse; angesichts dessen ist eine hinreichende Differenzierung hoheitlicher Regulierung von altersbedingten Beeinträchtigungen bei der Grund-

29 Siehe BVerfGE 102, 370, 395: „formale Freiheit".

30 *Cornils*, in: Isensee/Kirchhof (Hrsg.), Handbuch des Staatsrechts, Bd. VII (Fn. 18), § 168 Rn. 12 unter Bezugnahme auf *Britz*, Freie Entfaltung, S. 19f.; *Höfling* (Fn. 8), S. 28ff.

31 *Gärditz*, ZFL 2010, S. 38, 40 spricht in diesem Zusammenhang auch von einer „Freiheit in Demenz". Die Grundrechtsdogmatik habe „Freiheitsschutz schon immer auch als Schutz von Freiheit zur Irrationalität in einer rationalistischen Welt thematisiert".

32 Siehe Bericht der Sachverständigenkommission der Bundesregierung, BT-Drs. 10/6145, S. 178; darauf als „Blaupause für das Betreuungsrecht" weist hin *Roth*, AcP 208 (2008), S. 451, 463.

rechtswahrnehmung unter dem Gesichtspunkt der Verhältnismäßigkeit verfassungsrechtlich geboten.[33] Der Europäische Gerichtshof für Menschenrechte hat für den Umgang mit psychisch Erkrankten für die Gesetzgebung ebenfalls auf die Direktive einer ‚maßgeschneiderte(n) Antwort' verwiesen.[34]

18 Auch die Entscheidung des Bundesverfassungsgerichts zur Testiermöglichkeit Mehrfachbehinderter weist in diese Richtung. Hier hatte das Gericht den vollständigen Ausschluss schreibunfähiger Stummer von einer Testamentserrichtung in den einschlägigen Regelungen des Erbrechts für über das hinausgehend – und damit für unverhältnismäßig – eingestuft, was die Rechtssicherheit und der Schutz nicht selbstbestimmungsfähiger Menschen vor sich selbst als legitime Gemeinwohlziele erforderten.[35]

4. Dreifache Gewährleistungsfunktion

19 Seine Garantiewirkung entfaltet das Selbstbestimmungsrecht bzw. die unterschiedlichen Selbstbestimmungsrechte[36] in drei Grundrechtsfunktionen.

a) Abwehrrechtlicher Grundrechtsschutz

20 Die abwehrrechtliche Wirkdimension – bleibende Systemmitte der Grundrechte[37] – des Selbstbestimmungsrechts zielt auf die Aufrechterhaltung einer hoheitlich unbeeinflussten Lebensgestaltung und Selbstdarstellung – auch im Alter. Beschränkungen bedürfen als Grundrechtseingriffe einer Rechtfertigung.

21 Die abwehrrechtliche Dimension kommt auch zur Geltung in jenen Konstellationen, in denen sich die Folgen einer betreuungsgerichtlichen Entscheidung als dem Staat zurechenbare (mittelbare) Grundrechtseingriffe qualifizieren lassen.[38] Dies wird man jedenfalls dann annehmen müssen, wenn etwa konkret beantragte Entscheidungen eines Betreuers gerichtlich genehmigt werden. Unabhängig etwa davon, ob es sich um eine (vermeintlich) privatrechtliche Unterbringung nach

---

33 Siehe etwa *Gärditz*, ZFL 2010, S. 38, 39; kritisch gegenüber der strikt binären Kodierung der Patientenautonomie *Höfling*, in: Schumpelik/Vogel (Hrsg.), Arzt und Patient, S. 390, 392f.; siehe auch *Zaczyk*, in: Schmoeckel (Hrsg.), Demenz und Recht, S. 89, 93.

34 EGMR, FamRZ 2008, 1735.

35 Siehe BVerfGE 99, 341, 351ff. – Zur Diskussion um eine Reform des Rechts der Geschäftsfähigkeit bzw. Geschäftsunfähigkeit, etwa zu einem Vorschlag, die Autonomie geschäftsunfähig gewordener älterer Menschen abzusichern durch eine Erweiterung des § 1903 BGB oder eine Änderung in § 105 BGB siehe etwa *Spickhoff*, AcP 208 (2008), S. 345, 373f.; siehe auch bereits die Intervention von *Canaris*, JZ 1987, S. 993ff.

36 Dazu vorstehend sub II. 2.

37 So zu Recht *Dreier*, in: Dreier, Grundgesetz, Bd. I, 2. Aufl. 2006, Vorbem. vor Art. 1 Rn. 84.

38 Siehe hier *Gärditz*, ZFL 2010, S. 38, 43f.

§ 1906 BGB oder um eine öffentlich-rechtliche Unterbringung auf Antrag der zuständigen Behörde nach Maßgabe der Landesunterbringungsgesetze handelt, geht es um einen Dauergrundrechtseingriff. In beiden Fällen wird dem Betroffenen die Freiheit auf Anordnung eines staatlichen Gerichts entzogen.[39]

Die vor allem in der betreuungsrechtlichen Literatur zum Teil vertretene Gegen- 22
auffassung ist zurückzuweisen. Danach soll ein Eingriff in den Schutzbereich der Freiheitsgrundrechte dann ausgeschlossen sein, wenn nicht davon gesprochen werden könne, die eigenverantwortliche Entscheidung des Grundrechtsträgers werde missachtet. Dem Betroffenen könne keine Freiheit zur Selbstbestimmung genommen werden, zu deren Ausübung er gar nicht fähig sei.[40]

b) Prozedurale Selbstbestimmungsstärkung und -ermöglichung

Von besonderer Bedeutung für den vorliegenden Problemzusammenhang ist der 23
Grundrechtsschutz durch Verfahren.[41] Um Selbstbestimmung auch unter altersakzessorischen Gefährdungsbedingungen zu ermöglichen und abzustützen, bedarf es gleichsam der normativen Gewährleistung *altersspezifischer Barrierefreiheit*.

Insoweit kommt der Entwicklung verschiedener Teilrechtsordnungen hin zu In- 24
formationsordnungen eine bedeutsame Rolle zu.[42]

c) Schutzansprüche zur Abwehr privater Überwältigungsmacht

Schließlich verlangt die Realisierung von Selbstbestimmung im Alter auch die Ent- 25
faltung der Schutzdimension der Grundrechte.[43] Auch wenn alte bzw. ältere Menschen nicht per se eines besonderen Schutzes vor privaten Übergriffen bedürfen, gibt es in dieser Bevölkerungsgruppe jedenfalls eine beachtliche Anzahl vulnerabler Personen. Sie sind in besonderem Maße der Gefahr ausgesetzt, durch die Inanspruchnahme grundrechtlicher Freiheit durch „überlegene" Personen in ihren Selbstbestimmungsrechten beeinträchtigt zu werden. Hier ist der Staat dann aufgerufen, sich schützend vor das je betroffene grundrechtliche Schutzgut zu stellen.[44] Der Bauplan der Schutzpflicht ist auf Tatbestandsseite durch einen rechtswidrigen Übergriff eines Privaten auf ein grundrechtliches Schutzgut (einschließlich einer entsprechenden Gefährdung) charakterisiert und löst auf der Rechtsfolgenseite für

39 Siehe mit weit. Nachw. so zu Recht *Gärditz*, ZFL 2010, S. 38, 44.
40 In diesem Sinne vor allem *Lipp*, Freiheit und Fürsorge, S. 130f.; ablehnend zu Recht *Spickhoff*, AcP 208 (2008), S. 345, 352ff.
41 Dazu etwa im Überblick *Denninger*, in: Isensee/Kirchhof (Hrsg.), 3. Aufl. 2011, § 193.
42 Siehe dazu auch *Röthel*, AcP 211 (2011), S. 196, 219f.
43 Zum Grundrecht als Abwehrrecht und staatliche Schutzpflicht (mit korrespondierendem Schutzanspruch) siehe hier nur *Isensee*, Das Grundrecht als Abwehrrecht und staatliche Schutzpflicht, in: Isensee/Kirchhof (Hrsg.), Bd. IX, 3. Aufl. 2011, § 191.
44 Allgemein hier nur *Krings*, Grund und Grenzen grundrechtlicher Schutzansprüche, 2003.

den Staat – und hier primär für den Gesetzgeber – die Pflicht aus, entsprechende Gefährdungen und Übergriffe zu verhindern und abzuwehren.[45]

IV. Referenzbereiche

1. „Zwangsbehandlung" – Zum abwehrrechtlichen Gehalt des Selbstbestimmungsrechts

26 Dem Staat zurechenbare Beeinträchtigungen des Selbstbestimmungsrechts alter/älterer Menschen aktivieren die abwehrrechtliche Grundrechtsfunktion.[46] Einen überaus bedeutsamen und sensiblen Problembereich markieren dabei Formen einer zwangsweisen „Behandlung" vor allem altersdementer Personen. Hierzu zählen etwa Freiheitsbeschränkungen und Freiheitsentziehungen,[47] Fixierungen, aber auch medizinische Zwangsbehandlungen.

27 Für die dadurch aufgeworfenen Fragen hat der 2. Senat des Bundesverfassungsgerichts jüngst wegweisende Antworten formuliert.[48] Zunächst hebt das Gericht hervor, dass eine medizinische Behandlung eines Untergebrachten gegen seinen natürlichen Willen (Zwangsbehandlung) in das Grundrecht auf körperliche Unversehrtheit gem. Art. 2 Abs. 2 S. 1 GG eingreife. Diese Grundrechtsbestimmung schütze die körperliche Integrität des Grundrechtsträgers und damit auch das diesbezügliche Selbstbestimmungsrecht.[49] Dabei komme es nicht auf eine schädigende Zielrichtung an, so dass eine zum Zwecke der Heilung vorgenommene Zwangsbehandlung dadurch ihren Eingriffscharakter nicht verliere.[50] Sodann setzt sich das Bundesverfassungsgericht mit der grundrechsdogmatischen Bedeutung einer krankheitsbedingten Einsichtsunfähigkeit auseinander. Insoweit hebt der 2. Senat zutreffend hervor, dass eine derartige Einsichtsunfähigkeit nichts daran ändere, dass eine gegen seinen natürlichen Willen erfolgende Behandlung, die die körper-

---

45 Siehe dazu hier nur *Isensee*, in: Isensee/Kirchhof (Hrsg.), Handbuch des Staatsrechts, Bd. IX, § 191 Rn. 217ff. Diese eng konstruierte Schutzpflichtenkonzeption wird ergänzt um eine aus dem Sozialstaatsprinzip folgende Verpflichtung des Staates zum Schutze grundrechtlicher Güter; für den hier interessierenden Kontext siehe etwa BVerfGE 103, 197, 221, wo das Bundesverfassungsgericht die „Fürsorge für Menschen, die vor allem im Alter zu den gewöhnlichen Verrichtungen im Ablauf des täglichen Lebens aufgrund von Krankheit und Behinderung nicht in der Lage sind, ... im Geltungsbereich des Grundgesetzes zu den sozialen Aufgaben der staatlichen Gemeinschaft" gezählt wird.

46 Dazu vorstehend III. 4. a).

47 Zur in Art. 104 S. 2 GG zentralen Unterscheidung siehe hier nur *Schulze-Fielitz*, in: Dreier (Hrsg.), GG.

48 Siehe BVerfG, Beschluss vom 23. März 2011 – 2 BvR 882/09 –, EuGRZ 2011, 321ff.

49 BVerfG, EuGRZ 2011, 321, 326, Rn. 39.

50 BVerfG, EuGRZ 2011, 321, 326, Rn. 40.

liche Integrität berühre, einen Eingriff in den Schutzbereich des Art. 2 Abs. 2 S. 1 GG darstelle. Derartige Umstände könnten „im Gegenteil dazu führen, dass der Eingriff von dem Betroffenen als besonders bedrohlich erlebt wird, und daher das Gewicht des Eingriffs noch erhöhen".[51]

Dabei bedarf es der besonderen Hervorhebung, dass das Bundesverfassungsgericht hierin nicht nur einen Eingriff in die körperliche Integrität des Betroffenen erblickt, sondern „in besonders intensiver Weise auch das von Art. 2 Abs. 2 S. 1 GG mitgeschützte Recht auf diesbezügliche Selbstbestimmung" beeinträchtigt sieht. Ein von anderen Menschen gezielt vorgenommener Eingriff in die körperliche Integrität werde als umso bedrohlicher erlebt, je mehr der Betroffene sich dem Geschehen hilflos und ohnmächtig ausgeliefert sehe. Hinzu komme, dass der Eingriff häufig Menschen treffe, die aufgrund ihrer psychischen Verfassung den Schrecken der Zwangsinvasion in ihre körperliche Integrität und der Beiseitesetzung ihres Willens sowie die Angst davor besonders intensiv empfänden.[52] Auch bei einem Einwilligungsunfähigen hält das Gericht daher eine ärztliche Aufklärung über die beabsichtigte Maßnahme nicht von vornherein für entbehrlich. Diese könne zwar nicht als Grundlage einer rechtfertigenden Einwilligung dienen. Gleichwohl dürfe aber auch ein Einwilligungsunfähiger über das Ob und Wie einer Behandlung, der er unterzogen werde, grundsätzlich nicht im Unklaren gelassen werden. Eine den Verständnismöglichkeiten des Betroffenen entsprechende Information über die beabsichtigte Behandlung und ihre Wirkung erübrige sich deswegen nicht.[53] 28

Von dieser zustimmungswürdigen Konzeption aus verlangt das Bundesverfassungsgericht im Blick auf die Anforderungen des Übermaßverbotes, dass einer Zwangsbehandlung, soweit der Betroffene gesprächsfähig sei, „der ernsthafte, mit dem nötigen Zeitaufwand und ohne Ausübung unzulässigen Drucks ... unternommene Versuch vorausgegangen sein (muss), seine auf Vertrauen gegründete Zustimmung zu erreichen".[54] 29

2. Antizipative Selbstbestimmung für das Lebensende – Prozedurale Absicherung der Selbstbestimmung

Ein erhellendes Beispiel für eine – gemessen an den vorstehend skizzierten Direktiven – defizitäre Rechtslage liefert das am 1. September 2009 in Kraft getretene sog. Patientenverfügungsgesetz.[55] Zwar wenden sich die einschlägigen Regelungen (des 30

51 BVerfG, EuGRZ 2011, 321, 326, Rn. 42.
52 BVerfG, EuGRZ 2011, 321, 327, Rn. 44.
53 BVerfG, EuGRZ 2011, 321, 327, Rn. 59.
54 BVerfG, EuGRZ 2011, 321, 329, Rn. 58 mit weit. Nachw.
55 Siehe dazu die Kommentierung von *Höfling*, in: Prütting (Hrsg.), Fachanwaltskommentar Medizinrecht, 2. Aufl. 2012, S. 704ff.

BGB) nicht ausschließlich an ältere/alte Menschen; doch ist es ganz überwiegend diese Personengruppe, die antizipative Erklärungen für die Konstellation von Krankheit und Sterben verfassen (wollen).[56] Alle Erfahrungen mit dem Institut der Patientenverfügung zeigen nun, dass ihre Formulierung ein überaus anspruchsvolles Unterfangen darstellt. Ohne eine vorgängige fachkundige Beratung sind „Patientenverfügungen"[57] nur sehr bedingt als Ausdruck antizipativer Selbstbestimmung zu qualifizieren.[58] Während des Gesetzgebungsverfahrens ist dies durchaus gesehen worden; gleichwohl ist auf eine Beratungspflicht als Validitätsvoraussetzung für eine Patientenverfügung verzichtet worden.[59]

31 Dieser „Sieg der Formenskeptiker" markiert zugleich den Verlust der Einsicht, dass Formvorschriften auch Freiheitsgaranten sein können.[60] Es ist in der Tat widersprüchlich, „einerseits aus dem Selbstbestimmungsrecht auf weitgehende Formfreiheit zu schließen, dann aber inhaltliche Wirkungsgrenzen zu ziehen, die bei Einhaltung der Mindestform die Errichtung von Erklärungen begünstigen, die nicht als Patientenverfügung (§ 1901a Abs. 1 BGB), sondern lediglich als Behandlungswunsch (§ 1901a Abs. 2 BGB) gelten werden".[61] Deshalb ist im Sinne von prozeduralem Grundrechtsschutz[62] selbstbestimmungsermöglichend bzw. -stärkend der Gesetzgeber zu einer andersartigen Ausgestaltung der Patientenautonomie am Lebensende aufgerufen. Sie hat sich daran zu orientieren, dass der Erklärende über die nötigen persönlichen Eigenschaften und Informationen verfügt, um eine reflektierte Entscheidung über die leiblich-seelische Integrität[63] treffen zu können.

32 Man mag in einer derartigen Aufklärungspflicht oder -obliegenheit eine Form von prozeduralem Rechtspaternalismus erkennen; doch es lässt sich auch eine an-

---

56 Siehe als ein instruktives Beispiel aus der Praxis: Amtsgericht Siegen, Beschluss vom 28. September 2007 – 33 XVII B 710 – zum Teil abgedr. in GesR 2008, 247f. mit Anm. *Becker-Schwarze*. Hier findet sich eine – völlig unzureichende, obwohl vor einem Notar abgegebene, Erklärung des Inhalts: „Falls ich wegen Alters ... medizinisch behandelt werden muss, ist es mein unbedingter Wille, dass keine lebensverlängernden Maßnahmen ergriffen werden, wenn ein menschenwürdiges Weiterleben nicht gewährleistet ist".

57 Sie erfüllen in der Praxis – wenn eine Beratung nicht stattgefunden hat – sehr oft nicht die Voraussetzungen des § 1901a Abs. 1 BGB.

58 Zur Kritik insoweit siehe schon *Höfling*, Gesetz zur Sicherung der Autonomie und Integrität von Patienten am Lebensende (Patientenautonomie- und Integritätsschutzgesetz), MedR 2006, S. 25ff.; zustimmend etwa *Müller*, Die Patientenverfügung nach dem 3. Betreuungsrechtsänderungsgesetz: alles geregelt und vieles ungeklärt, DNotZ 2010, S. 169, 181.

59 Siehe BT-Drs. 16/8442, S. 14: „Verzichtet der Verfasser auf eine fachkundige Beratung, trägt er das Risiko einer fehlenden Bindungswirkung seiner Patientenverfügung aufgrund nicht hinreichend konkreter Formulierung"; zur Kritik etwa *Höfling*, Antizipative Selbstbestimmung – eine kritische Analyse der Entwürfe zu einem Patientenverfügungsgesetz, GesR 2009, S. 181, 186.

60 Siehe dazu zu Recht *Röthel*, AcP 211 (2011), S. 196, 203.

61 So *Röthel*, AcP 211 (2011), S. 196, 209.

62 Dazu vorstehend.

63 Siehe BVerfGE 89, 120, 130; dazu bereits oben bei Fn. 14.

dere Deutung vertreten: Wenn es – wofür die bisherige Praxis vielfältige Belege liefert – wahrscheinlich ist, dass nur die wenigsten Patientenverfügungen verbindlich, d.h. solche im Sinne des § 1901a Abs. 1 BGB, sind – sei es mangels Bestimmtheit, sei es mangels Einschlägigkeit für die aktuelle Lebens- und Behandlungssituation –, so wird man den darin liegenden unbewussten Verzicht auf eine wirksame Selbstbestimmung als schwerer wiegend einstufen können als die Verpflichtung auf Errichtungsvoraussetzungen, die das Verfassen selbstbestimmter und bestimmter Patientenverfügungen fördern.[64] Gerade dann, wenn man den informed consent des Medizinrechts als Modell für eine umfassende Neuorientierung privatrechtlicher Autonomie von einer Schutzordnung zu einer Informationsordnung (an)erkennt,[65] wird der defizitäre Charakter des geltenden Patientenverfügungsgesetzes offenkundig.

3. Schutz vor Fremdbestimmung – Zur Schutzdimension des Selbstbestimmungsverbots

Eine dritte Referenzproblematik sei kurz thematisiert; sie soll die Schutzfunktion 33
des Selbstbestimmungsrechts exemplifizieren.[66]

Die Grundrechte in ihrer Schutzpflichten des Staates auslösenden und – damit 34
korrespondierenden – Schutzansprüche des Einzelnen vermittelnden Funktion gewinnen im vorliegenden Zusammenhang eine besondere Bedeutung aus dem Umstand, dass Menschen im (hohen) Alter in gesteigertem Maße der Gefahr von fremdbestimmenden Übergriffen Dritter ausgesetzt sind. Diese erhöhte Vulnerabilität zeigt sich besonders eindringlich nicht nur in stationärer Pflege und Betreuung;[67] auch der soziale Nahraum („Familie") ist ein „Viktimisierungskontext".[68] Soweit es dabei um Konstellationen geht, in denen sich die Folgen einer betreuungsgerichtlichen Entscheidung als dem Staat zurechenbare Grundrechtsbeeinträchtigung qualifizieren lassen, kommt – wie bereits ausgeführt[69] – die abwehrrechtliche Dimension der Grundrechte zum Tragen. Hier geht es gleichsam um die verbleibende „Restproblematik".

Der Ausgangsbefund lässt sich – vereinfachend und etwas zuspitzend – wie 35
folgt umschreiben: Wenn alte Menschen wegen Betreuungs- und Pflegebedürftig-

64 So zu Recht *Röthel*, AcP 211 (2011), 219; zur Problematik auch schon *Höfling*, MedR 2006 (Fn. 58), S. 25ff.

65 Dieser Gedanke findet sich auch in den Überlegungen zu einem Gemeinsamen Referenzrahmen; darauf und auf weitere Stimmen verweist *Röthel*, AcP 211 (2011), 220 mit Fn. 96.

66 Dazu bereits vorstehend bei Fn. 43.

67 Zur „Privatautonomie in Pflege und Betreuung" s. *Ganner*, Selbstbestimmung im Alter, S. 297ff.

68 Siehe dazu etwa *Görgen/Greve*, in: Landespräventionsrat NRW (Hrsg.), Alter – ein Risiko?, S. 53ff.; *Hirsch*, in: Landespräventionsrat NRW (Hrsg.), Alter – ein Risiko?, S. 73ff.; *Klie*, in: Landespräventionsrat NRW (Hrsg.), Alter – ein Risiko?, S. 127ff.

69 Dazu oben sub II. 4. a).

keit in Einrichtungen leben (müssen), haben sie sich gleichsam mit Haut und Haaren, mit ihrer ganzen Existenz dem Zugriff der Institution ausgeliefert. Das Grundrecht auf Leben und körperliche Unversehrtheit (Art. 2 Abs. 2 S. 1 GG), das allgemeine Persönlichkeitsrecht (Art. 2 Abs. 1 i.V.m. Art. 1 Abs. 1 GG), die Bewegungsfreiheiten des Art. 2 Abs. 2 Satz 2 GG und Art. 11 Abs. 1 GG, nicht zuletzt aber auch der grundrechtliche Anspruch auf Achtung der Menschenwürde (Art. 1 Abs. 1 GG) sind Bewährungs- und Belastungsproben ausgesetzt. Die Heimeinrichtung erinnert an jene „totale Institution", deren Kennzeichnung nach *Irving Goffman* im folgenden zum Ausdruck kommt: Der soziale Verkehr mit der Außenwelt und die Freizügigkeit sind beschränkt; eine Trennung verschiedener Lebensbereiche ist weitgehend aufgehoben; die Bewohner sind einer Autorität vergleichsweise strikt ausgesetzt; mit den je eigenen Bedürfnissen der Bewohner – mit ihrem „Recht auf Eigentümlichkeit" (*Ernst Cassirer*) – wird schematisch und bürokratisch umgegangen; sie sind auf eine bestimmte Rolle festgelegt; schließlich ist das Selbstbild und die Selbstwahrnehmung der Heimbewohner durch verschiedene „Demütigungen" – häufig kleine, aber nach und nach sich aufsummierende – verändert. Gerade in Situationen der Hilfsbedürftigkeit ist aber „dem Staat ... die Wahrung der Würde des Menschen ... besonders anvertraut".[70] Permanente Ressourcenknappheit bzw. Ressourcenverknappung erhöht die fremdbestimmende Übergriffsgefahr zu Lasten schutzbedürftiger alter Menschen zusätzlich.[71]

36 Insoweit trifft den Staat als Garanten der grundrechtlichen Schutzgüter eine Beobachtungs- und ggf. eine Nachbesserungspflicht. Der Gesetzgeber, der primär zum Schutz der Grundrechte aufgerufen ist,[72] darf Lebensbereiche, die strukturell für Grundrechtsgefährdungen und Grundrechtsverletzungen anfällig sind, nicht ihrem privat gestalteten „Schicksal" überlassen. Er ist vielmehr verpflichtet, diese Bereiche zu beobachten und registrierte Defizite auf der Ebene des Normprogramms *und* der Normimplementierung zu korrigieren. Er darf sich nicht mit Plausibilitätserwägungen und Selbstberuhigungen begnügen, sondern muss – soweit möglich – das Maß an Wissen generieren, das ihm einen differenzierten Einblick in den betroffenen Lebensbereich eröffnet. Je geschlossener dieser Lebensbereich ist („totale Institution"), umso mehr muss der Gesetzgeber auch auf Evaluationstechniken zurückgreifen.[73] Derartige Evaluationen sind letztlich dem Ziel verpflichtet, auch die „institutionalisierten" Lebensbedingungen alter Menschen normativ so zu steuern, dass sie „selbstbestimmt" leben können.

37 Hier trifft sich die schutzrechtliche Dimension der Grundrechte mit deren prozeduraler, selbstbestimmungsermöglichender Dimension. Aus gerontologischer

70 BVerfGE 103, 197, 221.

71 Zum Ganzen *Höfling*, in: Landespräventionsrat NRW, Alter – ein Risiko?, S. 43ff.

72 Zum Gesetzgeber als primären Adressaten der grundrechtlichen Schutzpflichten siehe hier nur *Krings* (Fn. 44), S. 242ff.

73 Siehe *Höfling* (Fn.8), S. 49f.

Sicht beispielsweise verfügen auch Menschen mit fortgeschrittener Demenz noch über eine bestimmte Form der Selbstbestimmungsfähigkeit und können bei entsprechender Kommunikations- und Umgebungsgestaltung in vielerlei Hinsicht Verantwortung für ihr Leben übernehmen. Insoweit kommt es darauf an, die emotionalen, sozial-kommunikativen und alltagspraktischen Fähigkeiten von alten und altersdementen Menschen auch als Ressourcen zu erkennen. Dies verlangt nach einer Gestaltung der Lebensverhältnisse, die die Selbstaktualisierung als Möglichkeit des Psychischen, sich in den verschiedenen Qualitäten der Persönlichkeit auszudrücken – Selbstbestimmung als selbstverständnisbasierte Lebensführung[74] – zu realisieren.[75]

74 Dazu bereits oben.

75 Siehe den Bericht über die öffentliche Tagung des Deutschen Ethikrats: Demenz – Ende der Selbstbestimmung? unter Bezugnahme auf *Kruse*, in: Deutscher Ethikrat, Infobrief 03/2011, S. 4ff. (4); weitgefächerter Überblick in: Kruse (Hrsg.), Enzyklopädie der Gereontologie.

§ 6 Selbstbestimmungsfähigkeiten

Literatur: *Aebi-Müller, Regina E.*, Die privatrechtliche Rechtsprechung des Bundesgerichts im Jahr 2005, ZBJV 2006, S. 303ff.; *Ahrens, Hans-Jürgen*, Existenzvernichtung Jugendlicher durch Deliktshaftung?, VersR 1997, S. 1064ff.; *Bamberger, Heinz Georg/Roth, Herbert*, Kommentar zum Bürgerlichen Gesetzbuch, 3. Aufl. 2012; *Bar, Christian v.*, Gemeineuropäisches Deliktsrecht, Band 1, 1999; *Berger, Christian*, Privatrechtliche Gestaltungsmöglichkeiten zur Sicherung der Patientenautonomie am Ende des Lebens, JZ 2000, S. 797ff.; *Bleckmann, Albert*, Staatsrecht II – Die Grundrechte, 4. Aufl. 1997; *Bleckmann, Albert*, Neue Aspekte der Drittwirkung der Gundrechte, DVBl 1988, S. 938ff.; *Boecken, Winfried*, BGB – Allgemeiner Teil, 2007; *Bork, Reinhard*, Allgemeiner Teil des Bürgerlichen Gesetzbuchs, 3. Aufl. 2011; *Bydlinski, Peter*, Bürgerliches Recht I, Allgemeiner Teil, 5. Aufl. 2010; *v. Caemmerer, Ernst*, Die absoluten Rechte in § 823 Abs. 1 BGB, Karlsruher Forum 1961, S. 26–27; *Canaris, Claus-Wilhelm*, Grundrechte und Privatrecht, AcP 184 (1984), S. 200ff.; *Canaris, Claus-Wilhelm*, Verstöße gegen das verfassungsrechtliche Übermaßverbot im Recht der Geschäftsfähigkeit und im Schadensersatzrecht, JZ 1987, S. 993ff.; *Canaris, Claus-Wilhelm*, Zur Problematik von Privatrecht und verfassungsrechtlichem Übermaßverbot, JZ 1988, S. 494ff.; *Canaris, Claus-Wilhelm*, Grundrechtswirkungen und Verhältnismäßigkeitsprinzip in der richterlichen Anwendung und Fortbildung des Privatrechts, JuS 1989, S. 161ff.; *Coester-Waltjen, Dagmar*, Familienrecht, 14. Aufl. 2011; *Cording, Clemens*, Fortschritte der Neurologie–Psychiatrie, 2003; *Czeguhn, Ignacio*, Geschäftsfähigkeit, beschränkte Geschäftsfähigkeit, Geschäftsunfähigkeit, 2003; *Dahlem, Otto/Giese, Dieter*, Das Heimgesetz des Bundes und der Länder (HeimG), Stand: 35. Erglfg. 2008; *Dethloff, Nina*, Familienrecht, 30. Aufl. 2012; *Deutsch, Erwin*, Fahrlässigkeit und erforderliche Sorgfalt, 2. Aufl. 1995; *Deutsch, Erwin*, Allgemeines Haftungsrecht, 2. Aufl. 1996; *Deutsch, Erwin/Spickhoff, Andreas*, Medizinrecht, 6. Aufl. 2008; *Diederichsen, Uwe*, Zivilrechtliche Haftungsverhältnisse im Betreuungsrecht, in: Festschrift für Erwin Deutsch, 1999, S. 131ff.; *Dietlein, Johannes*, Die Lehre von den grundrechtlichen Schutzpflichten, 2. Aufl. 2005; *Dröge, Michael*, Die Zwangsbetreuung, 1997; *Eckhoff, Rolf*, Der Grundrechtseingriff, 1992; *Erman*, Bürgerliches Gesetzbuch, Band 2, 13. Aufl. 2011; *Fabricius, Fritz*, Relativität der Rechtsfähigkeit, 1963; *Fischer, Gerfried*, Verkehrsschutz im Internationalen Vertragsrecht, 1990; *Flachsbarth, Till*, Die Billigkeitshaftung, 2007; *Flume, Werner*, Allgemeiner Teil des Bürgerlichen Rechts, 2. Band, Das Rechtsgeschäft, 4. Aufl. 1992; *Ganner, Michael*, Selbstbestimmung im Alter, 2005; *Gebauer, Gerhard*, Die Lehre von der Teilgeschäftsunfähigkeit und ihre Folgen, AcP 153 (1953), S. 332ff.; *Gernhuber, Joachim/Coester-Waltjen*, Dagmar, Familienrecht, 6. Aufl. 2010; *Giesen, Dieter*, Familienrecht, 2. Aufl. 1997; *Goecke, Klaus*, Die unbegrenzte Haftung Minderjähriger im Deliktsrecht, 1997; *Gounalakis, Georgius*, Formularmäßige ärztliche Aufklärung im Lichte des AGB-Gesetzes, NJW 1990, S. 752ff.; *Groll, Michael (Hrsg.)*, Praxishandbuch Erbrechtsberatung, 3. Aufl. 2010; *Harke, Jan Dirk*, Testamentsanfechtung durch den Erblasser?, JZ 2004, S. 180ff.; *Hausheer, Heinz/Aebi-Müller, Regina E.*, Das Personenrecht des Schweizerischen Zivilgesetzbuchs, 2. Aufl. 2008; *Holzhauer, Heinz*, Empfiehlt es sich, das Entmündigungsrecht, das Recht der Vormundschaft und Pflegschaft über Erwachsene sowie das Unterbringungsrecht neu zu ordnen?, in: Deutscher Juristentag, Verhandlungen des 57. DJT (57. DJT), 1988, Teilgutachten B, B1ff.; *Holzhauer, Heinz*, Betreuungsrecht in der Bewährung, FamRZ 1995, S. 146ff.; *Holzhauer, Heinz*, Patientenautonomie, Patientenverfügung und Sterbehilfe, FamRZ 2006, S. 518ff.; *Jarass, Hans D./Pieroth, Bodo*, Grundgesetz für die Bundesrepublik Deutschland (GG), 12. Aufl. 2012; *Jauernig, Othmar (Hrsg.)*, Bürgerliches Gesetzbuch, 14. Aufl. 2011; *Jürgens, Andreas (Hrsg.)*, Betreuungsrecht, 4. Aufl. 2010; *Kohte, Wolfhard*, Die rechtfertigende Einwilligung, AcP 185 (1985), S. 105ff.; *Kutlu, Aygün*, AGB-Kontrolle bei stationärer Krankenhausbehandlung, 2006; *Wolf, Manfred/Neuner, Jörg*, Allgemeiner Teil des Bürgerlichen Rechts, 10. Aufl. 2011; *Leipold, Dieter*, BGB I: Einführung und Allgemeiner Teil, 6. Aufl. 2010; *Lipp, Volker*, Freiheit und Fürsorge, 2000; *Lipp, Volker*, Verkehrsschutz und Geschäftsfähigkeit im IPR, RabelsZ 63 (1999), S. 107ff.; *Lipp, Volker*, Privatautonomie, Sterbehilfe und Betreuung, DRiZ 2000, S. 231ff.; *Lipp, Volker*, Die neue Geschäftsfähigkeit Erwachsener, FamRZ 2003, S. 721ff.; *Löhnig, Martin/Schärtl, Christoph*, Zur Dogmatik des § 105a BGB, AcP 204 (2004), S. 25ff.; *Lüderitz, Alexander/Dethloff, Nina*, Familienrecht, 29. Aufl. 2009; *v. Mangoldt/Klein/Starck*, Kommentar zum Grundgesetz, Bd. 1, 6. Aufl. 2010; *Maunz, Theodor/Dürig, Günther*, Grundgesetz, Stand: 65. Erglfg. 2012; *Medicus, Dieter*, Allgemeiner Teil des BGB, 10. Aufl. 2010; *Müller, Gabriele*, Betreuung und Geschäftsfähigkeit, 1998; *Münchener Kommentar zum BGB* (MünchKomm BGB), Band 1-Allgemeiner Teil, Band 2-Schuldrecht Allgemeiner Teil, Band 8-Familienrecht II, 6. Aufl. 2012; *Niebling*, Ärztliche Formularaufklärung und AGB-Gesetz, MDR 1982, S. 193ff.; *Ohly*, Ansgar, Volenti non fit iniuria, 2003; *Palandt*, Bürgerliches Gesetzbuch, 71. Aufl. 2012; *Pawlowski, Hans-Martin*, Allgemeiner Teil des BGB, 7. Aufl. 2003; *Pawlowski, Hans-Martin*, Willenserklärungen und Einwilligungen in personenbezogene Eingriffe, JZ 2003, S. 66ff.; *Pieroth, Bodo/Schlink, Bernhard*, Grundrechte – Staatsrecht II, 27. Aufl. 2011; *Rabel, Ernst*, Streifgänge im Schweizerischen Zivilgesetzbuch, Rheinische Zeitschrift für Zivil- und Prozessrecht 4 (1912), S. 135ff.; *Ramm, Thilo*, Drittwirkung und Übermaßverbot, JZ 1988, S. 489ff.; *Rauscher, Thomas*, Familienrecht, 2. Aufl. 2008; *Roth, Andreas*, Die Verbindlichkeit der Patientenverfügung und der Schutz des Selbstbestimmungsrechts, JZ 2004, S. 494ff.; *Roth, Andreas*, Ehe und Betreuung, BtPrax 2007, S. 100ff.; *Röthel, Anne*, Erwachsenenschutz in Europa: Von paternalistischer Bevormundung zu gestaltbarer Fürsorge, FamRZ 2004, S. 999ff.; *Rümelin, Max*, Die Geisteskranken im Rechtsgeschäftsverkehr, 1912; *Rummel, Peter (Hrsg.)*, Kommentar zum Allgemeinen Bürgerlichen Gesetzbuch, 3. Aufl. 2007; *Sachs, Michael (Hrsg.)*, Grundgesetz, 6. Aufl. 2011; *v. Sachsen Gessaphe, Karl August Prinz*, Der Betreuer als gesetzlicher Vertreter für eingeschränkt Selbstbestimmungsfähige, 1999; *Schwab, Dieter*, Die Ehefähigkeit und das neue Betreuungsrecht, in: Festschrift für Kurt Rebmann zum 65. Geburtstag, 1989, S. 685ff.; *Schwab, Dieter*, Struktur des geplanten Betreuungsrechts, in: Festschrift zum 65. Geburtstag für Paul Mikat, 1989, S. 881ff.; *Schwab, Dieter*, Betreuung und Private Fürsorge, in: Festschrift für Joachim Gernhuber zum 70. Geburtstag, 1993, S. 815ff.; *Schwimann, Michael (Hrsg.)*, Praxiskommentar zum Allgemeinen Bürgerlichen Gesetzbuch, 3. Aufl. 2006; *Soergel*, Bürgerliches Gesetzbuch, Allgemeiner Teil, 13. Aufl. 1999; Allgemeines Schuldrecht, 12. Aufl. 1990; Deliktsrecht, 13. Aufl. 2005; *Spickhoff, Andreas (Hrsg.)*, Medizinrecht (MedR-Kommentar), 2011; *Spickhoff, Andreas*, Autonomie und Heteronomie im Alter, AcP 208 (2008), S. 345ff.; *Staudinger*, Kommentar zum Bürgerlichen Gesetzbuch, Buch 1 – Allgemeiner Teil 3 und 5, Buch 2 Schadensersatzrecht, Buch 4 – Scheidung der Ehe; *Steinbauer, Peter*, Die Handlungsunfähigkeit geistig Behinderter nach dem neuen Sachwalterrecht, ÖJZ 1985, S. 385ff., S. 427ff.; *Stern, Klaus/Sachs, Michael*, Das Staatsrecht der Bundesrepublik Deutschland, Band III/1, 1988; *Stern, Klaus/Sachs, Michael/Dietlein, Johannes*, Das Staatsrecht der Bundesrepublik Deutschland, Bd. IV/1, 2006; *Taupitz, Jochen*, Empfehlen sich zivilrechtliche Regelungen zur Absicherung der Patientenautonomie am Ende des Lebens?, in: Deutscher Juristentag, Verhandlungen des Dreiundsechzigsten Deutschen Juristentages (63. DJT), 2000, Gutachten A, A1ff.; *Wieser, Eberhardt*, Verstößt § 105 BGB gegen das verfassungsrechtliche Übermaßverbot?, JZ 1988, S. 493ff.; *Zimmer, Maximilian*, Demenz als Herausforderung für die erbrechtliche Praxis, NJW 2007, S. 1713ff.

Inhaltsübersicht

Andreas Spickhoff

I. Einleitung

Die Rechtsordnung in einem freiheitlich-demokratischen, den Grund- und Menschenrechten verpflichteten Rechtsstaat hat ein besonderes Augenmerk auf die größtmögliche Wahrung der Möglichkeiten zur Selbstbestimmung zu richten. Auch wenn die Rechtssicherheit und Aspekte des Verkehrsschutzes in Grenzen typisierende Pauschalierung legitimieren, verbietet sich eine einheitliche und pauschale Definition „der“ Selbstbestimmungsfähigkeit. 1

Angesichts der Vielgestaltigkeit der zu regelnden Lebenssachverhalte hält die Rechtsordnung eine nicht unerhebliche Anzahl von differierenden und differenzierenden Regelungen bereit, welche die jeweils für erforderlich gehaltenen Fähigkeiten zur Selbstbestimmung bestimmen oder definieren sollen, und die man daher als Selbstbestimmungsfähigkeiten bezeichnen kann.[1] Diese Differenzierung (nicht nur in Deutschland) zwischen verschiedenen Arten bzw. Stufen von Fähigkeiten zur Selbstbestimmung gebieten wohl auch bereits die verfassungsrechtlichen Rahmenbedingungen (II). Im Einzelnen differenziert das Gesetz zwischen der Rechts- und der Geschäftsfähigkeit als Basisbedingungen für jegliche Selbstbestimmung sowie der Betreuungsbedürftigkeit, die freilich die eigentliche Selbstbestimmung nur insoweit flankiert, als – immerhin – dem Betreuten ein Betreuer mit Vertretungsmacht in seinem Aufgabenkreis zur Seite gestellt wird, was durchaus zu konfligierenden Entscheidungen zwischen Betreutem und Betreuer führen kann. Sonderregelungen finden sich sodann zur Testier- und Erbvertragsfähigkeit sowie zur Ehefähigkeit. Weder im Zivilrecht noch im Strafrecht ist die von alledem wiederum zu unterscheidende Einwilligungsfähigkeit geregelt. Und die Verantwortung für eigenes Verhalten ist in den Regeln über die Verschuldensfähigkeit (§§ 827ff. BGB) weiter in einer besonders akzentuierten Weise geregelt. 2

1 *Ganner*, Selbstbestimmung im Alter, S. 5.

II. Verfassungsrechtliche Vorgaben

1. Grundrechtseingriff, Schutzpflichten und Verhältnismäßigkeitsprinzip

3 Fragen nach der Reichweite des Selbstbestimmungsrechts und des „Erwachsenenschutzes“[2] sind abgesehen von Art. 8 EMRK[3] verfassungsrechtlich nach den Maßstäben von Art. 2 Abs. 1 GG sowie Art. 1 Abs. 1 GG, Art. 12 GG sowie in Art. 14 GG[4] (Testierfreiheit) zu beantworten. Das Sozialstaatsprinzip (Art. 20 Abs. 1 GG) erscheint als zu wenig konkret, um daraus handfeste Folgerungen in Bezug auf das Spannungsverhältnis zwischen Autonomie und Heteronomie der Betroffenen ableiten zu können.[5] Es ist allgemein anerkannt, dass der Staat in allen Ausprägungen im Rahmen der Regelung der Selbstbestimmungsfähigkeiten an die Grundrechte gebunden ist (Art. 1 Abs. 3 GG).[6] Wichtig ist, dass sich aus den Grundrechten nicht nur Schranken für Eingriffe in grundrechtlich relevante Positionen herleiten lassen, sondern dass der Gesetzgeber auch gehalten ist, aus Grundrechten abzuleitende Schutzpflichten zu erfüllen; anderenfalls läuft er Gefahr, das verfassungsrechtliche „Untermaßverbot“ im Sinne verfassungsrechtlicher Minimalgebote zu verletzen.[7]

4 Im Hinblick auf den grundrechtlichen Schutz Nicht-Selbstbestimmungsfähiger wird indes eingewandt, wenn und soweit es an der Fähigkeit des Betroffenen zur Ausübung dieser Freiheiten fehlt, könne von einem eigentlichen Grundrechtseingriff[8] nicht gesprochen werden. Die Freiheit zur Selbstbestimmung, zu deren Ausübung man gar nicht fähig ist, könne einem auch nicht genommen werden.[9] Gegenüber dem zur Selbstbestimmung Unfähigen verbleiben dann zwar Schutzpflichten des Staates und der Parlamentsvorbehalt in Verbindung mit der Wesentlichkeitstheorie. Doch besteht insoweit ein gewisser Gestaltungsspielraum des Gesetzgebers. Dagegen entfiele die Verhältnismäßigkeitskontrolle, auch wenn Betreuer (selbst wenn der Betroffene in die Betreuung und in die Person des Betreuenden einwilligt) an die staatlichen Vorgaben des Betreuungsrechts gebunden sind.

2 So die Bezeichnung von *Röthel*, FamRZ 2004, S. 999; *Dethloff*, Familienrecht, § 17 Rn. 43.

3 Auch das AGG tritt der Diskriminierung aus Gründen des Alters und der Behinderung entgegen (§ 1 AGG) und kann insoweit als Ausprägung der staatlichen Schutzpflicht in Bezug auf das Verbot der Altersdiskriminierung verstanden werden.

4 Statt aller: *Stern/Sachs*, Staatsrecht III/1, S. 1554; *Stern/Sachs/Dietlein*, Staatsrecht IV/1, S. 900ff.; *Di Fabio*, in: Maunz/Dürig, GG, Art. 2 Abs. 1 Rn. 101ff.; *Bleckmann*, Staatsrecht II, § 15 Rn. 5.

5 Optimistischere Einschätzung bei *Ganner*, Selbstbestimmung im Alter, S. 63ff.

6 *Canaris*, JZ 1987, S. 993.

7 Grundlegend zu beidem *Canaris*, AcP 184 (1984), S. 200ff.; *ders.*, JuS 1989, S. 161ff.; vgl. weiter statt vieler *Bleckmann*, DVBl 1988, S. 938, 939ff.

8 Zum (schon in der Terminologie schwankenden) Unterschied zwischen Grundrechtseingriff und bloßem Betroffen- oder Berührtsein *Eckhoff*, Der Grundrechtseingriff, S. 3ff. m.w.N.

9 *Lipp*, Freiheit und Fürsorge, S. 131.

Indes sollte die Anordnung einer Betreuung gegen oder ohne den Willen des Betroffenen schon wegen der damit ausgelösten Rechtsfolgen, insbesondere der Vertretungsbefugnis des Betreuers (§ 1902 BGB), als Grundrechtseingriff angesehen werden.[10] Es überzeugt nicht, im Falle der fehlenden tatsächlichen Fähigkeit zur Selbstbestimmung davon auszugehen, dass dem Betroffenen die entsprechende Freiheit nicht genommen wird, so dass es keiner Rechtfertigung etwa gemäß Art. 2 Abs. 1 GG bedarf.[11] Zum einen können die Anforderungen an die Fähigkeit zur Selbstbestimmung durchaus unterschiedlich interpretiert werden. Demgemäß ist auch die Frage nach der damit korrespondierenden sog. Grundrechtsmündigkeit durchaus umstritten bzw. verfassungsrechtlich unklar. Ungeachtet dessen ist jeder lebende Mensch zumindest „grundrechtsberechtigt“;[12] nur die Grundrechtsmündigkeit im Sinne von Grundrechtswahrnehmungs- bzw. Grundrechtsausübungsfähigkeit hängt nach verbreiteter Auffassung (nicht anders als im Falle der Einwilligungsfähigkeit des „einfachen“ Zivil- und Strafrechts) von der konkreten Einsichtsfähigkeit ab, für die es keine starre Altersgrenze gibt.[13] Das gilt auch für alle anderen Fälle eingeschränkter Fähigkeit zu eigenverantwortlichem Handeln. Da aber in tatsächlicher Hinsicht zweifelhaft sein kann, ob diese Fähigkeiten vorliegen bzw. wie weit sie (noch) vorliegen und welche Geschäfte der Betroffene noch selbst vornehmen kann, sollte in weiter Auslegung des grundrechtlichen Schutzanspruchs der Eingriffscharakter der Bestellung eines Betreuers in die grundrechtlich geschützte Privatautonomie und Selbstbestimmung nach Art. 1 Abs. 1 GG, Art. 2 Abs. 1 GG sowie Art. 12 und 14 GG[14] nicht von vornherein negiert werden. Vielmehr ist im Rahmen der Schranken (und dort insbesondere der Verhältnismäßigkeitskontrolle) die Wirkungstiefe der Grundrechte sachgerecht, angemessen und individuell zuzuschneiden.[15] Überdies ist zu bedenken, dass ein Absprechen der Fähigkeit zur Selbstbestimmung auch als im Hinblick auf Art. 3 Abs. 3 S. 2 GG problematische Altersdiskriminierung in Betracht kommt.[16] 5

---

10 *Starck*, in: v. Mangoldt/Klein/Starck, GG, Art. 2 Abs. 1 Rn. 140; *Dröge*, Die Zwangsbetreuung, S. 45; im Ergebnis anders aber *Lipp*, Freiheit und Fürsorge, S. 128ff.

11 So freilich *Lipp*, Freiheit und Fürsorge, S. 130f.

12 Näher u. m.w.N. *Stern/Sachs*, Staatsrecht III/1, § 70 IV (S. 1045ff.).

13 *Bleckmann*, Staatsrecht II, § 15 Rn. 5 und § 17 Rn. 4; *Pieroth/Schlink*, Grundrechte, Rn. 137ff., *Stern/Sachs*, Staatsrecht III/1, § 70 V (S. 1064f.).

14 Näher u. m.w.N. *Stern/Sachs*, Staatsrecht III/1, § 70 IV (S. 1054); *Stern/Sachs/Dietlein*, Staatsrecht IV/1, S. 900ff.; *Bleckmann*, Staatsrecht II, § 15 Rn. 5.

15 Zum Spannungsverhältnis zwischen staatlichem Schutzauftrag aus Grundrechten und der Achtung der Selbstbestimmung siehe auch *v. Sachsen Gessaphe*, Der Betreuer als gesetzlicher Vertreter, S. 54ff.

16 Siehe zur Zulässigkeit von altersbedingten (und für das betreffende Alter nicht „regelwidrigen“) Beeinträchtigungen als Differenzierungskriterium, die in § 2 Abs. 1 SGB IX (früher: § 3 Abs. 1 S. 2 SchwerbehindertenG) aufgegriffen werden, *Scholz*, in: Maunz/Dürig (Hrsg.), GG, Art. 3 Abs. 3 Rn. 176; *Jarass/Pieroth*, GG, Art. 3 Rn. 143 (zweifelnd); für das Eingreifen von Art. 3 Abs. 3 S. 2 GG *Osterloh*, in: Sachs (Hrsg.), GG, Art. 3 Rn. 310. Dazu, dass im europarechtlichen Bereich zu den

6 Auf dieser Linie liegt auch die Rechtsprechung des EuGMR. Nachdem das Gericht zunächst meinte, dass die zivilrechtliche Unterbringung eines minderjährigen Kindes durch seine sorgeberechtigte Mutter keine Freiheitsentziehung und damit keinen Eingriff in das Recht des Kindes aus Art. 5 EMRK darstellt, sondern vielmehr die Frage nach dem staatlichen Schutz bei einem Missbrauch des Sorgerechts aufwirft,[17] wertete es später die im hier interessierenden Kontext relevantere, von einem österreichischen Sachwalter im Rahmen seiner Personensorge ausgeübte Briefkontrolle als Eingriff in Art. 8 EMRK.[18] Dem entspricht die Rechtsprechung des BVerfG.[19] Es hat etwa einen Eingriff in die Testierfreiheit durch Versagung der Testierfähigkeit (früher: §§ 2232 S. 1, 2233 Abs. 3 BGB) eines 78-Jährigen, der nach einem Schlaganfall weder schreiben noch sprechen, aber hören und sich durch Zeichen verständlich machen konnte, als unverhältnismäßig beanstandet. Und in der Tat ist der Verhältnismäßigkeitsgrundsatz das dogmatische Mittel, Heteronomie und Benachteiligungen, die durch eine Versagung der Selbstbestimmungsfähigkeiten drohen, sachgerecht zu begrenzen. Ausgangspunkt sollte daher sein, dass jedem Menschen das Selbstbestimmungsrecht zukommt. Das Absprechen solcher Fähigkeiten erscheint dann als Eingriff und unterliegt der Verhältnismäßigkeitskontrolle.[20] Deshalb gilt aus der Perspektive der Grund- und Menschenrechte: Soviel Autonomie wie möglich, soviel Heteronomie wie nötig.

2. Verkehrsschutz

7 Zu beachten ist sodann der Verkehrsschutz, namentlich die Erkennbarkeit der jeweiligen Rechtsmacht des Akteurs. Indes genießt das Schutzinteresse von Personen, die in ihrer Handlungsmacht begrenzt sind, gegenüber dem Verkehrsschutz im Grundsatz Vorrang.[21] Der noch nicht zur Selbstbestimmung Fähige muss diese Fähigkeit erlernen können. Dafür benötigt er entsprechende Freiräume. In Bezug auf Ältere ist entscheidend, dass jedes Absprechen der Fähigkeit zur Selbstbestimmung zu einer massiven Einschränkung der freien Entfaltung der Persönlichkeit führt.

8 Das bedeutet indes nicht, den Aspekt des Verkehrsschutzes generell zu vernachlässigen. So führt das Nebeneinander von (gesetzlich vertretendem) Betreuer

---

Merkmalen Alter und Behinderung keine gemeinschaftsrechtlichen Vorgaben bestehen, obwohl auch diese Merkmale in den zivilrechtlichen Teil des AGG übernommen worden sind, *Thüsing*, in: MünchKommBGB, Einl. AGG Rn. 3.

17 EuGMR, 28.11.1968, A/144, Rn. 62ff.

18 EuGMR, 24.9.1992, A/244, Rn. 87ff.

19 BVerfG, FamRZ 1999, 985, 987.

20 Ebenso zu Recht *Canaris*, JZ 1987, S. 993, 994f. Auch *v. Sachsen Gessaphe*, Der Betreuer als gesetzlicher Vertreter, S. 62ff. sieht den Sitz des Problems im Bereich der Grundrechtsbeschränkungen.

21 Für Österreich ebenso *Ganner*, Selbstbestimmung im Alter, S. 81 m.w.N.

und ggf. geschäftsfähigem Betreuten zum Prioritätsprinzip, soweit es um Verfügungsgeschäfte geht.[22] Hat sich der geschäftsfähige Betreute in Bezug auf den Verkauf desselben Gegenstandes zum zweiten Mal (nur) verpflichtet, sind allgemeinen Regeln folgend freilich beide Geschäfte wirksam. Ggf. greift § 275 BGB:[23] Der Anspruch auf Leistung eines „zu spät kommenden" zweiten Gläubigers ist danach wegen Unmöglichkeit ausgeschlossen; es bleiben allenfalls Sekundäransprüche, insbesondere auf Schadensersatz wegen Nichterfüllung. Auch der geschäftsfähige Betreute ist damit an einen Vertragsschluss, den der Betreuer im Rahmen der ihm eingeräumten Vollmacht (§ 1902 BGB) abgeschlossen hat, aus Gründen des Verkehrsschutzes gebunden, sieht man einmal von der Möglichkeit des Missbrauchs der Vertretungsmacht ab.[24] Im Internationalen Privatrecht sind Art. 13 Rom I-VO und Art. 12 EGBGB zu beachten. Danach wird die Regelanknüpfung für die Rechtsfähigkeit und die Geschäftsfähigkeit einer Person an deren Staatsangehörigkeit (Art. 7 Abs. 1 EGBGB) aus Gründen des Verkehrsschutzes begrenzt. Wird ein Vertrag zwischen Personen geschlossen, die sich in demselben Staat befinden, so kann sich eine natürliche Person, die nach den Sachvorschriften des Rechts dieses Staates rechts-, geschäfts- und handlungsfähig wäre, nur dann auf ihre aus den Sachvorschriften des Rechts eines anderen Staates abgeleitete Rechts-, Geschäfts- und Handlungsunfähigkeit berufen, wenn der andere Vertragsteil bei Vertragsabschluss davon wusste oder dies wissen musste (Art. 12 S. 1 EGBGB). Es ist anerkannt, dass diese Vorschrift auch im Falle des Einwilligungsvorbehalts nach § 1903 BGB greifen kann.[25]

III. Rechtsfähigkeit

Mit der Rechtsfähigkeit wird die Fähigkeit umschrieben, Träger von Rechten und Pflichten zu sein. Diese Definition geht über die bloße Fähigkeit, sich irgendwie rechtserheblich zu verhalten,[26] hinaus. Es ist also zu unterscheiden zwischen der Fähigkeit, Rechte zu haben oder sie auszuüben. Mit der letztgenannten Fähigkeit betritt man den Bereich der Geschäftsfähigkeit, der Testier- und Erbvertragsfähigkeit, der Ehefähigkeit, der Einwilligungs- und Verschuldensfähigkeit. 9

Den Beginn der Rechtsfähigkeit definiert § 1 BGB als „mit der Vollendung der Geburt". Damit ist der vollständige Austritt aus dem Mutterleib gemeint; auf die 10

22 *Rauscher*, Familienrecht, Rn. 1288; *Giesen*, Familienrecht, Rn. 767; *Dethloff*, Familienrecht, § 17 Rn. 34.
23 Statt aller *Medicus*, Allgemeiner Teil des BGB, Rn. 550.
24 Siehe dazu auch *Lipp*, Freiheit und Fürsorge, S. 185ff.
25 *Fischer*, Verkehrsschutz im Internationalen Vertragsrecht, S. 129; *Thorn*, in: Palandt, BGB, Art. 13 Rom I-VO Rn. 5; siehe auch *Lipp*, RabelsZ 63 (1999), S. 107.
26 Siehe *Fabricius*, Relativität der Rechtsfähigkeit, S. 31ff., 43ff.; siehe auch *Pawlowski*, Allgemeiner Teil des BGB, Rn. 98.

Durchtrennung der Nabelschnur kommt es nicht an. Indes ist erforderlich, dass das Kind zur Zeit der Trennung gelebt hat, wofür eine länger andauernde Lebensfähigkeit nicht erforderlich ist.[27] Vor der Geburt ist – spätestens ab der Nidation – der Nasciturus aber bereits grundrechtsfähig.[28] Im Erbrecht kann der noch nicht Lebende, aber bereits Gezeugte als erbfähig angesehen werden (§ 1923 Abs. 2 BGB); ebenso kann er Nacherbe (§ 2108 BGB) oder Vermächtnisnehmer (§ 2178 BGB) sein. Auch kommen Schadensersatzansprüche im Falle der Tötung eines Unterhaltspflichtigen zugunsten des Gezeugten, aber noch nicht Geborenen in Betracht (§ 844 Abs. 2 S. 2 BGB). Ebenso kann das noch nicht geborene Kind, ja sogar auch das noch nicht gezeugte Kind in den Schutzbereich eines medizinischen Behandlungsvertrages einbezogen werden, wenn dies dem Vertragspartner erkennbar war.[29]

11 Verfassungsrechtlich folgt die Rechtsfähigkeit aus den Geboten der Menschenwürde, aus den weiteren Grundrechten sowie aus dem Rechtsstaatsprinzip.[30] Die Rechtsfähigkeit ist bei alledem ebenso wenig wie die anderen Selbstbestimmungsfähigkeiten verzichtbar.[31]

12 Die Anordnung eines Einwilligungsvorbehaltes im Betreuungsrecht hat nach zutreffender Auffassung keine Auswirkungen auf die Geschäftsfähigkeit. Diese ist allein in §§ 104 Nr. 2, 105 Abs. 1 BGB geregelt.[32] Deshalb ist die Willenserklärung eines Geschäftsunfähigen auch dann nichtig, wenn ein Einwilligungsvorbehalt angeordnet worden ist und der Betreuer in die Erklärung eingewilligt hat.[33] Die Anordnung eines Einwilligungsvorbehaltes begründet also nach zutreffender Auffassung keine gewissermaßen beschränkte Geschäftsfähigkeit von Geschäftsunfähigen.[34] Indes bleibt ein Unterschied des § 1903 BGB gegenüber den §§ 104, 105 BGB in beweisrechtlicher Hinsicht: Der Betreute, der an eine für ihn nachteilige Willenserklärung nicht gebunden sein will, ist dafür beweispflichtig, dass er im Zeitpunkt ihrer Abgabe geschäftsunfähig war. Dieser Beweis kann mit fortschreitender Zeitdauer immer schwieriger geführt werden. In solchen Fällen der Beweisnot bzw. der fehlenden Beweisbarkeit kann der Einwilligungsvorbehalt helfen. So gesehen er-

27 Mot. I S. 28; *Bamberger*, in: Bamberger/Roth, BGB, § 1 Rn. 28; *Spickhoff*, MedR-Kommentar, § 1 BGB Rn. 6.

28 BVerfG NJW 1993, 1751, 1753; zum Diskussionsstand des Grundrechtsschutzes vor der Geburt *Deutsch/Spickhoff*, Medizinrecht, Rn. 726 m.w.N.

29 *Bamberger*, in: Bamberger/Roth, BGB, § 1 Rn. 44; *Schmitt*, in: MünchKommBGB, § 1 Rn 36.

30 *Wolf/Neuner*, Allgemeiner Teil, § 11 Rn 3ff., auch zu weiteren Grundlagen.

31 *Wolf/Neuner*, Allgemeiner Teil, § 11 Rn 3.

32 *Löhnig/Schärtl*, AcP 204 (2004), S. 25, 31; *Diederichsen*, in: Palandt, BGB, § 1903 Rn. 16.

33 Ganz h. M., siehe etwa *Schwab*, in: FS für Mikat, S. 889, 894. Anders *Czeguhn*, Geschäftsfähigkeit, Rn. 42; zum Teil abweichend auch *Pawlowski*, JZ 2003, S. 66, 70f. Für den Fall der Unklarheit, ob Geschäftsfähigkeit vorliegt, s. auch *Medicus*, Allgemeiner Teil des BGB, Rn. 546, 547.

34 *G. Müller*, Betreuung und Geschäftsfähigkeit, S. 77ff.; vgl. bereits BT-Drs. 11/4528 S. 147 und BayObLG FamRZ 2000, 567, 568; anders (§ 1903 BGB sei lex specialis gegenüber § 105 BGB) *Jürgens*, Betreuungsrecht, § 1903 Rn. 15.

gänzen sich die Regeln des Allgemeinen Teils mit § 1903 BGB. Freilich wird dadurch auch die Autonomie des Betreuten in Kumulation eingeschränkt.[35]

IV. Betreuungsbedürftigkeit

Mit dem Rechtsinstitut der Betreuung (§§ 1896ff. BGB, seit 1999: „rechtliche" Betreuung, also Rechtsfürsorge) ist 1992 die Entmündigung und Vormundschaft über Erwachsene abgeschafft worden. Damit sollte einer über diese alten Institute möglichen Diskriminierung entgegengewirkt werden. Betreuten soll so viel Autonomie wie möglich erhalten und so wenig Bevormundung wie nötig zuteilwerden. Auch dies ist Ausdruck der unter II. dargelegten grund- und menschenrechtlichen Vorgaben. Die Betreuungsbedürftigkeit setzt nach § 1896 BGB zunächst Volljährigkeit voraus, bezieht sich folglich spezifisch auf ältere, zumindest erwachsene Menschen. Erforderlich ist weiter, dass der Betroffene aufgrund einer psychischen Krankheit oder einer körperlichen, geistigen oder seelischen Behinderung seine Angelegenheiten ganz oder teilweise nicht besorgen kann. Wesentlich ist, dass die Betreuung dem Prinzip der Erforderlichkeit unterliegt. Es ist also Betreuungsbedarf festzustellen. Soweit der Betroffene selbst oder durch einen von ihm benannten Bevollmächtigten seine Angelegenheiten zu regeln in der Lage ist, tritt die Betreuung als subsidiär hinter solchen Möglichkeiten zurück (§ 1896 Abs. 2 BGB). 13

Schon daraus, dass nach § 1896 Abs. 1 S. 2 BGB der Antrag auf Bestellung einer Betreuung „auch" von einem Geschäftsunfähigen gestellt werden kann, folgt, dass die Betreuungsbedürftigkeit keine Geschäftsunfähigkeit oder ein sonstiges Fehlen von Selbstbestimmungsfähigkeiten voraussetzt. Wichtig ist schließlich, dass gegen den „freien Willen" des Betroffenen ein Betreuer nicht bestellt werden darf (§ 1896 Abs. 1a BGB). Für den freien Willen kommt es auf den natürlichen Willen an, vorausgesetzt, der Betroffene ist einsichtsfähig und fähig, nach der Einsicht zu handeln.[36] Die näheren Einzelheiten zu den Voraussetzungen einer rechtlichen Betreuung und der Betreuungsbedürftigkeit werden im Kapitel über die rechtliche Betreuung dargelegt. 14

Wichtig ist, dass die Betreuung keinesfalls per se Einfluss auf die Selbstbestimmungsfähigkeiten nimmt. Die Betreuung ist also zunächst einmal eine lediglich unterstützende Tätigkeit. Erfasst sind im Rahmen des Aufgabenkreises des Betreuers alle Tätigkeiten, die erforderlich sind, um die Angelegenheiten des Betreuten rechtlich zu besorgen. Dabei ist das Wohl des Betreuten der Ausgangspunkt, wobei dies die Möglichkeit einschließt, dass der Betreute im Rahmen seiner Fähigkeiten sein Leben nach seinen eigenen Wünschen und Vorstellungen gestaltet. Deshalb hat der 15

35 Auf den Aspekt der Beweisbarkeit ist bereits in BT-Drs. 11/4528, S. 137 hingewiesen. Ebenso *G. Müller*, Betreuung und Geschäftsfähigkeit, S. 193f.

36 *Diederichsen*, in: Palandt, BGB, § 1896 BGB Rn. 4.

Betreuer den Wünschen des Betreuten zu entsprechen, soweit dies dessen Wohl nicht zuwider läuft und dem Betreuer zuzumuten ist (§ 1901 BGB).

16 Als einschneidende Rechtsfolge bestimmt freilich § 1902 BGB, dass der Betreuer in seinem Aufgabenkreis den Betreuten gerichtlich und außergerichtlich vertritt. Es wird insofern die Stellung eines gesetzlichen Vertreters statuiert, was zur Möglichkeit der Fremdbestimmung führt. Einschränkungen der Befugnisse im Innenverhältnis durch die Bezugnahme auf das Wohl und die Wünsche des Betreuten begrenzen den Umfang der Vertretungsmacht – von Fällen des evidenten Missbrauchs der Vertretungsmacht abgesehen – nicht.[37] Eine pflichtwidrige und schuldhafte Überschreitung des Wohls und der Wünsche des Betreuten führt indes ggf. zu Schadensersatzansprüchen gegen den Betreuer. Hinzu kommen potentielle Einschränkungen der Selbstbestimmungsfähigkeiten durch die Anordnung eines Einwilligungsvorbehalts (§ 1903 BGB), durch das Erfordernis einer Genehmigung des Betreuungsgerichts bei ärztlichen Maßnahmen nach § 1904 BGB, im Falle der Sterilisation (§ 1905 BGB) durch das Erfordernis der Genehmigung des Betreuungsgerichts, ebenso im Falle einer Unterbringung (§ 1906 BGB) sowie bei der Aufgabe der Mietwohnung (§ 1907 BGB) und der Ausstattung aus dem Vermögen des Betreuten (§ 1908 BGB). Einzelheiten hierzu werden im Kapitel über die Betreuung erörtert.

V. Geschäftsfähigkeit

17 Nach den Regeln zur Geschäftsfähigkeit der §§ 104 Nr. 2, 105 Abs. 1 BGB ist die Willenserklärung einer Person nichtig, die sich in einem die freie Willensbestimmung ausschließenden Zustand krankhafter Störung der Geistestätigkeit befindet, sofern nicht der Zustand seiner Natur nach ein vorübergehender ist (§ 105 Abs. 2 BGB).

18 Diese strenge, für den Geschäftsunfähigen im Einzelfall des wirtschaftlich günstigen Geschäfts nachteilige Rechtsfolge der Nichtigkeit (ohne Genehmigungsmöglichkeit durch einen Betreuer) hat verfassungsrechtliche Zweifel ausgelöst. Vor der Introduktion des Betreuungsrechts hat *Canaris*[38] vertreten, dass § 105 Abs. 1 BGB wegen Verstoßes gegen das verfassungsrechtliche Übermaßverbot nichtig sei. In verfassungskonformer Lückenfüllung seien die §§ 107ff. BGB entsprechend anzuwenden. Rechtlich vorteilhafte Willenserklärungen (die freilich natürliche Handlungsfähigkeit voraussetzen) wären dann wirksam und bei rechtlich nachteiligen, aber wirtschaftlich günstigen Geschäften (Aktienkauf, Versicherungsverträge mit eingetretenem Versicherungsfall) erhielte der Vertreter in Bezug auf solche Geschäfte die Möglichkeit der Genehmigung. Weniger aus Gründen des Schutzes des rechts-

37 *Diederichsen*, in: Palandt, BGB, § 1902 Rn. 1.

38 JZ 1987, S. 993, 996ff.; kritisch dazu *Ramm*, JZ 1988, S. 489ff.; *Wieser*, JZ 1988, S. 493f. mit Erwiderung von *Canaris*, JZ 1988, S. 494, 496ff.

geschäftlichen Verkehrs,[39] vielmehr aber nach der Introduktion des Instituts der Betreuung und später von § 105a BGB wird man eine generelle analoge Anwendung der §§ 106ff. BGB auf den Bereich der geschäftsunfähigen Volljährigen indes nicht (mehr) vertreten können. Dadurch würden die Grenzen zulässiger verfassungskonformer Auslegung überschritten werden. Auch geht die Anwendung der §§ 106ff. BGB von vornherein ins Leere, wenn und soweit die Betroffenen keinen gesetzlichen Vertreter, namentlich keinen Betreuer haben, der ggf. das vom Betroffenen getätigte Geschäft auch genehmigen könnte.[40] Die vor dem dargelegten verfassungsrechtlichen Hintergrund bestehenden Zweifel an der rigiden Rechtsfolge der Nichtigkeit nach § 105 BGB werden dadurch indes nicht restlos ausgeräumt.

1. Geschäfte des täglichen Lebens (§ 105a BGB)

§ 105a BGB soll volljährigen Geschäftsunfähigen eine begrenzte Teilnahme am rechtsgeschäftlichen Verkehr ermöglichen.[41] Auch hinter dieser Ausnahmeregelung stehen das verfassungsrechtlich geschützte Selbstbestimmungsrecht und dessen möglichst weitgehende Verwirklichung.[42] Die Norm wird nicht von § 1903 BGB verdrängt. Vielmehr setzen sich auch insofern die Regeln des Allgemeinen Teils (und damit § 105a BGB gegenüber § 1903 BGB) durch.[43] Ohnedies werden Friktionen eines Einwilligungsvorbehalts des Betreuungsrechts nach § 1903 Abs. 3 S. 2 BGB mit § 105a BGB vermieden, da – vorbehaltlich anderweitiger Regelungen durch das Betreuungsgericht – der Einwilligungsvorbehalt geringfügige Angelegenheiten des täglichen Lebens nicht berührt. Das gilt uneingeschränkt für Geschäftsfähige, die unter Einwilligungsvorbehalt stehen, sofern der Vorbehalt nicht (namentlich gefährdende) Geschäfte im Sinne des § 1903 Abs. 3 S. 2 BGB erfasst (z.B. gesundheitsgefährdender Alkohol- oder Nikotinkonsum). Für Geschäftsunfähige greift § 105a BGB, freilich nicht im Falle einer erheblichen Gefahr (§ 105a S. 2 BGB). 19

Wichtig ist, dass § 105a BGB zugunsten des Geschäftsunfähigen keine auch nur bereicherungsrechtliche Bestandskraft von Geschäften ermöglicht, die zwar in ihrer Struktur einfach, also leicht zu durchschauen sind (dann läge nach der Rechtsprechung ggf. bereits Geschäftsfähigkeit vor), aber nicht mit geringwertigen Mitteln bewirkt werden können, und zwar unabhängig von der rechtlichen oder wirtschaft- 20

39 Statt aller *Ramm*, JZ 1988, S. 489ff.; *Wieser*, JZ 1998, S. 493f. (jeweils mit Replik von *Canaris*, JZ 1988, S. 494ff.); *Bork*, Allgemeiner Teil, Rn. 989; *Knothe*, in: Staudinger, BGB, Bearb. 2011, § 105 Rn. 7.

40 Siehe bereits *Holzhauer*, 57. DJT, B 1, B 51; *G. Müller*, Betreuung und Geschäftsfähigkeit, S. 27f.

41 BT Drs. 14/9266, S. 43; *Löhnig/Schärtl*, AcP 204 (2004), S. 25, 27.

42 *Löhnig/Schärtl*, AcP 204 (2004), S. 25, 58.

43 *Lipp*, FamRZ 2003, S. 721, 728; abweichend *Pawlowski*, JZ 2003, S. 66, 70f., der (m.E. nicht ganz grundlos) die Norm als „Taschengeldparagraph“ für Betreute charakterisiert; jetzt auch anders *Diederichsen*, in: Palandt, BGB, § 1903 Rn. 11.

lichen Vorteilhaftigkeit des Geschäfts für den Geschäftsunfähigen. Auch Schenkungen an geschäftsunfähige Volljährige werden – im Unterschied zu § 107 BGB – nur unter den Voraussetzungen des § 105a BGB „bestandskräftig".[44]

2. Anforderungen an die Geschäfts(un)fähigkeit

21 Der Verlust der Selbstbestimmung droht im Alter, etwa im Falle fortschreitender Demenz,[45] besonders deutlich durch den Eintritt der Geschäftsunfähigkeit. Sie definiert das Gesetz bekanntlich in § 104 Nr. 2 BGB. Es kommt darauf an, ob der Betroffene seinen Willen frei und unbeeinflusst von einer Geistesstörung bilden und nach zutreffend gewonnenen Einsichten handeln kann. Früher lehnte sich die Rechtsprechung zur Umschreibung der krankhaften Störung der Geistestätigkeit an die Voraussetzungen der Entmündigung an.[46] Dabei war (und ist) der medizinische Begriff der Krankhaftigkeit wohl nicht relevant.[47] Ob eine erhebliche Minderbegabung für sich genommen bereits als krankhafte Geistesstörung angesehen werden kann, ist bislang nicht pauschal entschieden worden.[48] Im Übrigen sind psychische Krankheiten sowie pathologische Störungen, die nicht auf einer psychischen Krankheit beruhen, erfasst.[49] Für einen Ausschluss der freien Willensbestimmung (dort genügen bloße Willensschwäche und leichte Beeinflussbarkeit nicht)[50] kommt es nach der Rechtsprechung[51] darauf an, „ob eine freie Entscheidung aufgrund einer Abwägung des Für und Wider, eine sachliche Prüfung der in Betracht kommenden Gesichtspunkte möglich ist, oder ob umgekehrt von einer freien Willensbildung nicht mehr gesprochen werden kann, etwa weil der Betroffene fremden Willenseinflüssen unterliegt, oder weil die Willenserklärung durch unkontrollierte Triebe und Vorstellungen ähnlich einer mechanischen Verknüpfung von Ursache und Wirkung ausgelöst wird". Im Vordergrund der Betrachtung steht die Freiheit des Willensentschlusses und nicht eine wie auch immer zu definierende „Vernunft". Freilich mag man hinter die Prämisse der Aufspaltbarkeit des geistigen Vermögens in intellektuelle

44 *Löhnig/Schärtl*, AcP 204 (2004), S. 25, 32; anders und aus verfassungsrechtlichen Gründen (dazu sogleich) beachtlich, indes selbst im Wege der verfassungskonformen Auslegung nur schwer im Vergleich von § 105a BGB zu § 107 BGB haltbar *Lipp*, FamRZ 2003, S. 721, 727.

45 Dazu OLG München FamRZ 2009, 2033 = NJW-RR 2009, 1599 (Erteilung einer Vollmacht).

46 Siehe etwa RGZ 162, 223, 229; RGZ 130, 69, 71; BGH WM 1965, 895, 896.

47 So RGZ 162, 223, 229: Es komme nicht auf die medizinische Einordnung der geistigen Störung an, sondern auch die Fälle der Geistesschwäche im Sinne von §§ 6 Abs. 1 Nr. 1, 114 BGB alter Fassung kämen in Betracht.

48 BGH NJW 1996, 918, 919.

49 *G. Müller*, Betreuung und Geschäftsfähigkeit, S. 13.

50 So bereits RG JW 1936, 1205.

51 BGH NJW 1953, 1342; BGH NJW 1970, 1680, 1681; siehe auch BayObLG JZ 1986, 338, 339; BayObLG NJW 1989, 1678.

und voluntative Elemente durchaus Fragezeichen anbringen.[52] Wie dem auch sei: Bloße Willensschwäche und leichte Beeinflussbarkeit, auch angeborener leichter bis mittlerer Schwachsinn sollen zur Annahme der Geschäftsunfähigkeit nicht genügen, solange man noch einfache Geschäfte des täglichen Lebens besorgen kann.[53] Von vornherein die intellektuelle Erfassung von komplexen Geschäften zur Bejahung der Geschäftsfähigkeit zu verlangen, würde die rechtsgeschäftliche Autonomie allzu stark zurückdrängen.[54]

3. Partielle Geschäftsunfähigkeit

Die Härte der Anknüpfung an den Durchblick bezüglich einfacher Geschäfte selbst dann, wenn der Abschluss komplizierter Geschäfte in Rede steht, wird nach herrschender Ansicht dadurch abgemildert, dass eine sog. partielle (oder auch gegenständlich beschränkte) Geschäftsunfähigkeit anerkannt wird. Die Störung der Geistestätigkeit kann sich im Einzelfall in der Tat auf einen bestimmten Lebensbereich beziehen. Die Geschäftsunfähigkeit kann also zwar eine totale, sie muss es aber keineswegs sein. Die Störung der Geistestätigkeit wirkt sich ggf. eben nur bezogen auf bestimmte Rechtsgeschäfte aus.[55] Es ist dann in einem bestimmten Lebensbereich nicht möglich, dass der Betroffene seinen Willen frei und unbeeinflusst von der krankhaften Störung bildet bzw. nach der entsprechenden Einsicht handelt. 22

So ist partielle Geschäftsunfähigkeit angenommen worden für die Prozessführung[56] oder für den Inhaber eines Einzelhandelsgeschäftes hinsichtlich der Erledigung seiner Steuerangelegenheiten.[57] Auch die im Gesetz geregelte Testierfähigkeit kann ihrerseits zwar nicht noch weiter parzelliert werden, ist aber insgesamt Ausdruck der Anerkennung einer partiellen Geschäftsfähigkeit bzw. Geschäftsunfähigkeit.[58] Weiter ist partielle Geschäftsunfähigkeit (wohl zumeist mit krankhafter Eifersucht verbunden) angenommen worden in Ehe- und Scheidungsfolgestreitigkeiten,[59] für das Anwählen einer „0190"-Rufnummer wegen sexueller Abhängigkeit von Telefonsexgesprächen[60] oder nach dem Schock eines 77-Jährigen Anwalts wegen 23

52 So *Flume*, Allgemeiner Teil des Bürgerlichen Rechts, § 13, 3; siehe auch *G. Müller*, Betreuung und Geschäftsfähigkeit, S. 16.
53 Exemplarisch BGH NJW 1970, 1680 = JZ 1970, 614.
54 Siehe bereits *Flume*, Allgemeiner Teil des Bürgerlichen Rechts, § 13, 5.
55 Siehe *Hefermehl*, in: Soergel, BGB, § 104 Rn. 7; *Gebauer*, AcP 153 (1953), S. 332; *Czeguhn*, Geschäftsfähigkeit, Rn. 27, 28.
56 BVerwGE 30, 24, 25.
57 BayObLGZ 1965, 95, 65f.
58 Siehe BayObLGZ 1991, 95, 62; *G. Müller*, Betreuung und Geschäftsfähigkeit, S. 19.
59 BGHZ 18, 184, 186.
60 BGH NJW-RR 1992, 1424.

sehbehinderungsbedingten Fristversäumnisses für die Führung eines bestimmten Prozesses (es ging um den versäumten Antrag auf Wiedereinsetzung).[61]

24 *Medicus*[62] hat das treffend als „zivilrechtlichen Gnadenerweis für Menschen, denen eine bestimmte Situation über den Kopf gewachsen ist", (mit Ausnahme von „Querulanten") toleriert. Nun darf innerhalb des betreffenden Geschäftsbereiches, für den partielle Geschäftsunfähigkeit angenommen wird, nach herrschender Meinung nicht noch weiter zwischen leichten und schwierigen Geschäften unterschieden werden. Doch lässt sich nicht leugnen, dass durch eine gekonnte Parzellierung die Schwierigkeit des Geschäftes mit der entsprechend definierten (partiellen) Geschäftsunfähigkeit im Nachhinein in Beziehung gesetzt werden kann. Auch im Übrigen ist schon wiederholt darauf hingewiesen worden, dass die Geschäftsunfähigkeit immer nur bezogen auf das konkrete Rechtsgeschäft festzustellen ist. Man hat daher nicht ohne Grund formuliert, dass Ausgangspunkt sogar die partielle Geschäftsunfähigkeit sein sollte, nicht die totale.[63]

4. Relative Geschäftsunfähigkeit

25 Die Geschäftsfähigkeit besteht nach herrschender Ansicht im Übrigen entweder generell oder überhaupt nicht. Eine Differenzierung nach dem konkreten Schwierigkeitsgrad des betreffenden Geschäfts, relative Geschäftsunfähigkeit genannt, wird in Deutschland anders als in der Schweiz[64] und in Österreich[65] mehrheitlich nicht als geboten erachtet.[66] Dass der Kauf einer Zeitung andere Anforderungen an die geistige Fähigkeit der Person stellt als der Kauf einer Immobilie, wird zwar anerkannt, soll dieser Einschätzung aber nicht entgegenstehen.[67] Gerade auch bezogen auf alte Menschen wird der Verkehrsschutz in den deutschen Nachbarrechtsordnungen dagegen hinter den Schutz nicht voll Handlungsfähiger gestellt.[68]

---

61 BGHZ 30, 112, 117f.

62 Allgemeiner Teil des BGB, Rn. 542.

63 *Schwab*, in: MünchKommBGB, § 1896 Rn. 20; siehe auch *G. Müller*, Betreuung und Geschäftsfähigkeit, S. 22f.; siehe weiter *Lipp*, Freiheit und Fürsorge, S. 44ff., 237.

64 Statt aller *Hausheer/Aebi-Müller*, Das Personenrecht des Schweizerischen Zivilgesetzbuchs, Rn. 06.50–53 m.w.N.

65 OGH JBl. 1977, 537 (beim Verkauf eines Hauses durch eine 77-Jährige gegen Raten und Wohnrecht sei die Fähigkeit zur Beurteilung der Tragweite des konkreten Vorgangs erforderlich); *Bydlinski*, Bürgerliches Recht I, Rn. 2/28; *Aicher*, in: Rummel (Hrsg.), ABGB, § 21 Rn. 5 a. E., 12; siehe auch *Rummel*, in: Rummel (Hrsg.), § 865 Rn. 3 (dort indes als partielle Geschäftsunfähigkeit bezeichnet); *Apathy/Riedler*, in: Schwimann (Hrsg.), ABGB, § 865 Rn. 3, je m.w.N.

66 BGHZ 30, 112; BGH NJW 1953, 1342; BGH NJW 1970, 1680; *Knothe*, in: Staudinger, BGB, Bearb. 2011 § 104 Rn. 15; *Czeguhn*, Geschäftsfähigkeit, Rn. 28 a. E.

67 *Boecken*, Allgemeiner Teil, Rn. 327; *G. Müller*, Betreuung und Geschäftsfähigkeit, S. 19.

68 *Steinbauer*, ÖJZ 1985, S. 385, 427f.; *Posch*, in: Schwimann (Hrsg.), ABGB, § 21 Rn. 10.

Nicht zuletzt der verfassungsrechtliche Ausgangspunkt, aber auch der demographische Wandel führen verstärkt zu der Frage, ob die Anerkennung einer solchen relativen Geschäftsfähigkeit mit diversen Stimmen aus dem Schrifttum[69] und Ansätzen in der früheren Rechtsprechung[70] nicht auch in Deutschland angezeigt ist. Es geht um Personen, die aufgrund geistiger oder altersbedingter Einschränkungen zwar Alltagsgeschäfte durchaus überblicken können, in komplizierten Angelegenheiten aber überfordert sind. Die herrschende Meinung beruft sich auf den Wortlaut des § 104 Nr. 2 BGB, die drohende Rechtsunsicherheit und den Verkehrsschutz,[71] auf die im Betreuungsrecht bestehende Möglichkeit des Einwilligungsvorbehaltes und § 105a BGB. Dass der Gesetzgeber eine Differenzierung nach der Schwierigkeit des Geschäfts innerhalb von §§ 104, 105 BGB nicht anerkannt hat, folgt indes keineswegs aus § 105a BGB. Diese Norm bestimmt nämlich, dass selbst dann, wenn keinerlei Einsichtsfähigkeit vorliegt, unter den dort genannten Voraussetzungen Geschäfte des täglichen Lebens, die durch volljährige Geschäftsunfähige vorgenommen werden, wirksam sind. 26

Allerdings kann im Falle der Ausnutzung eines Geschäftsunerfahrenen das Geschäft im Einzelfall wegen Sittenwidrigkeit nichtig sein.[72] Gerade im Bereich typischer Alterserkrankungen (Alzheimer o.ä.) ist mit der Anerkennung von Autonomie intellektuell oder voluntativ stark eingeschränkter Personen Selbstverantwortung und damit auch potentielle Selbstgefährdung verbunden. Die herrschende Auffassung kann hier allenfalls mit § 138 BGB helfen. Indes ist der Ersatzweg, eine zunächst bejahte Geschäftsfähigkeit über § 138 BGB wegen Ausnutzung der Geschäftsunerfahrenheit wieder zu überspielen, oft versperrt, insbesondere dann, wenn es – gerade im Falle älterer Personen, deren intellektuelle Fähigkeiten einige Zeit vor der fraglichen Erklärung ohne Weiteres vorhanden waren, mittlerweile aber verschüttet sind, ohne dass dies offenbar wird – an der Erkennbarkeit (die eine „Ausnutzung“ impliziert) fehlt. 27

Die Befürwortung einer relativen Geschäftsfähigkeit erscheint gegenüber alledem nicht nur methodenehrlicher, sondern vor allem ist sie auch in der Sache angemessener. Sie verlängert nur die Linie, die unter dem Aspekt der staatlichen Schutzpflichten verfassungsrechtlich angezeigt und beim Einwilligungsvorbehalt 28

---

69 *Rabel*, RheinZ für Zivil- und Prozessrecht 4 (1912), S. 135, 162; *Rümelin*, Die Geisteskranken im Rechtsgeschäftsverkehr, 1912, S. 44; *Flume*, Allgemeiner Teil des Bürgerlichen Rechts, § 13, 5 (S. 186ff.); *Leipold*, BGB I, § 11 Rn. 17; *Holzhauer*, 57. DJT, B1, B52f.; *ders.*, FamRZ 1995, S. 1463, 1466ff.: Flexibilisierung der Geschäfts(un)fähigkeit; *Spickhoff*, AcP 208 (2008), S. 345, 379ff. Vgl. auch *Pawlowski*, Allgemeiner Teil, Rn. 198, 199 im Kontext des Einwilligungsvorbehaltes und § 105a BGB.

70 Im Ergebnis (wenngleich unzutreffend unter Berufung auf die Lehre von der partiellen Geschäftsfähigkeit) OLG Köln NJW 1960, 1389.

71 Z.B. *Boecken*, Allgemeiner Teil, Rn. 327.

72 Zu dieser Fallgruppe näher *Hefermehl*, in: Soergel, BGB, § 138 Rn. 160; *Ellenberger*, in: Palandt, BGB, § 138 Rn. 24.

eingeschlagen worden ist. Auch dort ist es nicht nur möglich, sondern je nach Lage geradezu geboten, den Vorbehalt ggf. nach der Schwierigkeit der Geschäfte bis hin zu einzelnen Vorhaben auszusprechen, soweit man das formulieren kann. Denn die Teilnahme des Betreuten am Rechtsverkehr soll eben nur in dem nach dem Grad seiner geistigen Behinderung erforderlichen Umfang eingeschränkt werden. Der – wie gesehen, nicht geringe – Bereich zwischen § 105a BGB und dem Einwilligungsvorbehalt würde flexiblere Reaktionen auf solche Befunde, insbesondere im Falle mäßig oder schwer geistig Behinderter, ermöglichen.[73] Die rechtsgeschäftliche Autonomie, aber auch die damit einhergehende Verantwortung würden der generellen Begrenzung der von vornherein nicht ganz fehlenden, aber deutlich reduzierten Fähigkeiten entsprechen. Bei alledem ist hervorzuheben, dass die relative Geschäftsunfähigkeit dem Schutz geistig Beeinträchtigter dient, die mehr als ganz einfache Geschäfte nicht mehr erfassen. Keinesfalls ist damit verbunden, jeden Vertragspartner für geschäftsunfähig zu erklären, bloß weil er ein bestimmtes Geschäft subjektiv nicht durchschaut hat. Auf den Verkehrsschutz nehmen im Übrigen die partielle Geschäftsunfähigkeit, das luzide Intervall bzw. die vorübergehende Geschäftsunfähigkeit (§ 105 Abs. 2 BGB) gleichfalls keine Rücksicht. Überhaupt kommt es auf die Erkennbarkeit der Geschäftsunfähigkeit nach allgemeiner Ansicht bei der Beurteilung der Geschäfts(un)fähigkeit nicht an. Schließlich ist aus Österreich oder der Schweiz bislang noch kein Zusammenbruch des rechtsgeschäftlichen Verkehrs durch die Anbindung des Schutzes Geistesschwacher an die Fähigkeit zur Beurteilung des konkreten Geschäfts vermeldet worden. Beweisen muss die Geschäftsunfähigkeit ohnedies derjenige, der sich darauf beruft.[74] Man sollte folgerichtig die Möglichkeit der relativen Geschäftsfähigkeit zur besseren Feinabstimmung der Anforderungen an die Geschäftsfähigkeit gerade im Alter nutzen.

VI. Testier- und „Erbvertragsfähigkeit“

29 Sowohl die Testierfähigkeit (§ 2229 BGB) als auch die Fähigkeit, einen Erbvertrag abschließen zu können (§ 2275 BGB), sind Sonderausprägungen bzw. Unterfälle der Geschäftsfähigkeit.[75] Die Formulierung zur Testierfreiheit in § 2229 Abs. 4 BGB ist nach allgemeiner Ansicht besser geglückt als diejenige in § 104 Nr. 2 BGB. Abweichungen in der Sache sind damit indes nicht intendiert.[76] Alte Menschen sind nach § 2229 Abs. 4 BGB nicht testierfähig, wenn und weil sie wegen krankhafter Störung der Geistestätigkeit, wegen Geistesschwäche oder wegen Bewusstseinsstörung nicht

73 *Holzhauer*, 57. DJT, B1, B54.

74 Zuletzt wieder OLG München FamRZ 2009, 2033 = NJW-RR 2009, 1599 (Rn. 43).

75 Siehe *Esser*, in: Groll (Hrsg.), Praxishandbuch Erbrechtsberatung, B II, Rn. 2. Näher zur Demenz im Kontext der Testierfähigkeit *M. Zimmer*, NJW 2007, S. 1713.

76 Siehe bereits *Holzhauer*, 57. DJT, B1, B52.

in der Lage sind, die Bedeutung einer von ihnen abgegebenen Willenserklärung einzusehen und nach dieser Einsicht zu handeln. Nach der Rechtsprechung genügt für die Testierfähigkeit nicht, dass der Erblasser eine allgemeine Vorstellung von der Errichtung des Testaments und von dem Inhalt seiner letztwilligen Verfügung hat. Er muss vielmehr in der Lage sein, sich über die Tragweite der Anordnungen und ihre Auswirkungen auf die persönlichen und wirtschaftlichen Verhältnisse der Betroffenen sowie über die Gründe, die für und gegen ihre sittliche Berechtigung sprechen, ein klares Urteil zu bilden. Schließlich ist erforderlich, dass der Erblasser nach diesem Urteil frei von Einflüssen etwaiger interessierter Dritter handelt.[77]

Die Bestellung eines Betreuers hat wie auch im Bereich der Geschäftsfähigkeit keine Auswirkungen auf die Testierfähigkeit.[78] Dabei wird anders als im Bereich der Geschäftsfähigkeit eine partielle (und ebenso je nach Schwierigkeit der testamentarischen Verfügung relative) Testierunfähigkeit ganz überwiegend abgelehnt,[79] weil sich die Testierfähigkeit bereits ihrerseits als eine Ausprägung der Lehre von der partiellen Geschäftsunfähigkeit erweist. Eine noch weitergehende Parzellierung würde sich in der Tat kaum mit der Systematik des Gesetzes vertragen.[80] Freilich ist auch hier die Feststellung der Testierunfähigkeit im Einzelfall erforderlich.[81] Die h.M. lehnt trotz der offeneren Formulierung ebenso eine relative Testierfähigkeit ab. Dabei drängt sich die Gefahr aus einer möglichen Manipulation (noch) Testierfähiger durch Dritte besonders auf.[82] Das schweizerische Bundesgericht, das in ständiger Rechtsprechung auch hier im Sinne der Lehre von der relativen Geschäftsfähigkeit entscheidet,[83] kann auf solche Gefahren der Fremdbeeinflussung wesentlich besser reagieren. 30

Die Errichtung eines Testaments ist höchstpersönlicher Art. Daher kommt insoweit nicht nur keine Anordnung eines Einwilligungsvorbehaltes nach § 1903 BGB in Betracht (§ 1903 Abs. 2 BGB),[84] sondern die Errichtung eines Testamentes kann von vornherein nicht Gegenstand einer Betreuung (und also auch nicht der entspre- 31

77 BGH FamRZ 1958, 127; BayObLG NJW 1992, 248; OLG Frankfurt FamRZ 1996, 635; OLG Köln FamRZ 1994, 1135. Zur Begutachtung der Testierunfähigkeit aus psychiatrischer Sicht *Cording*, Fortschritte der Neurologie–Psychiatrie, S. 147ff.

78 So schon BT-Drs. 11/4528, S. 65; *G. Müller*, Betreuung und Geschäftsfähigkeit, S. 93; *v. Sachsen Gessaphe*, Der Betreuer als gesetzlicher Vertreter, S. 169; *Stürner*, in: Jauernig (Hrsg.), BGB, § 2229 Rn. 3.

79 BayObLG NJW 1992, 248; *Edenhofer*, in: Palandt, BGB, § 2229 Rn. 1; *Stürner*, in: Jauernig (Hrsg.), BGB, § 2229 Rn. 6; anders für einen Sonderfall BayObLG Rechtspfleger 1984, 467 (Eifersuchtswahn).

80 Vgl. BGHZ 30, 112, 117.

81 Zu Recht hervorgehoben von *G. Müller*, Betreuung und Geschäftsfähigkeit, S. 94.

82 Z.B. BGHZ 30, 112, 117; BayObLG NJW 1989, 1678, 1679 (keine nach Krankheitsgraden abgestufte relative Testierunfähigkeit); *Esser*, in: Groll (Hrsg.), Praxishandbuch Erbrechtsberatung, B II Rn. 19.

83 BGE 124 III 5; BG, Urt. v. 17.1.2005 (Az. 5 C.193/2004/bnm (im Internet abrufbar unter bger.ch); siehe dazu auch *Aebi-Müller*, ZBJV 2006, S. 303, 314ff.

84 Siehe auch *G. Müller*, Betreuung und Geschäftsfähigkeit, S. 99f.

chenden Möglichkeit der Stellvertretung) sein.[85] Immerhin fällt der Erblasser nicht ins „Nichts“, weil es entweder bei einem in früherer Zeit im Zustand der Testierfähigkeit errichteten Testament bleibt[86] oder es tritt die gesetzliche Erbfolge ein.

32 Praktisch schwierig ist freilich die (typischerweise postmortale) Feststellung der Testierunfähigkeit. Der Verfahrensablauf einer Betreuung und eine damit zusammenhängende genauere Gutachtenpraxis mögen präzisere Erkenntnisse über diese Frage zutage bringen.[87] Im Übrigen ist ein Erblasser solange als testierfähig anzusehen, als nicht das Gegenteil zur vollen Überzeugung des Gerichts feststeht. Daran ändert auch die Bestellung eines Betreuers nicht.[88] Zusätzliche Hilfe (wenngleich keinesfalls vollständige Rechtssicherheit) hätte die gesetzliche Anordnung der notariellen Beurkundung als Testamentsform für Betreute möglicherweise erbringen können.[89]

33 § 14 HeimG (gilt nur noch in Thüringen) bzw. landesrechtliche Folgeregelungen beschränken die Testierfreiheit von Heimbewohnern insoweit, als die Norm Heimträgern, Heimleitung, im Heim Beschäftigten und sonstigen Mitarbeitern des Heimes untersagt, von Heimbewohnern vermögenswerte Leistungen für die Erfüllung der Pflichten aus dem Heimvertrag anzunehmen oder sich solche versprechen zu lassen, soweit es sich nicht lediglich um das vereinbarte Heimentgelt handelt. Die Norm ist weit ausgelegt worden. Auch die Erbeinsetzung eines Heimbediensteten durch Heimbewohner soll gegen § 14 HeimG verstoßen.[90]

34 Beim Abschluss eines Erbvertrages knüpft das Gesetz nach § 2275 Abs. 1 BGB grundsätzlich an die Geschäftsfähigkeit an. Für Ehegatten genügt indes die beschränkte Geschäftsfähigkeit in Kombination mit der Zustimmung des gesetzlichen Vertreters. Im Kontext der Betreuung gilt das Gleiche wie auch sonst im Bereich der Geschäftsfähigkeitsproblematik: Ist der Betreute geschäftsunfähig, kann weder er noch sein Betreuer für ihn als Erblasser einen Erbvertrag abschließen, da es sich wie bei der Testamentserrichtung um ein höchstpersönliches Geschäft handelt.[91] Ebenso wenig kann der Betreuer einen vom Betreuten wirksam geschlossenen Erbvertrag für diesen aufheben (§ 2290 Abs. 2 S. 1 BGB). Auch für die Aufhebung kommt kein Einwilligungsvorbehalt in Betracht (§§ 1903 Abs. 2, 2290 Abs. 2 S. 2 BGB). Möglich

---

85 *v. Sachsen Gessaphe*, Der Betreuer als gesetzlicher Vertreter, S. 315; *G. Müller*, Betreuung und Geschäftsfähigkeit, S. 93f.

86 Zur Anfechtung eines Testaments durch den Erblasser *M. Zimmer*, NJW 2007, S. 1713; *Harke*, JZ 2004, S. 180 (befürwortend); abl. *Edenhofer*, in: Palandt, BGB, § 2080 Rn. 3; *M. Schmidt*, in: Erman, BGB, 13. Aufl. 2011, § 2080 Rn. 3 (h.M.).

87 So jedenfalls BT-Drs. 11/4528, S. 66.

88 BayObLG FamRZ 1994, 593; OLG Frankfurt FamRZ 1996, 635; vgl. auch OLG München FamRZ 2009, 2033 = NJW-RR 2009, 1599.

89 Dafür *G. Müller*, Betreuung und Geschäftsfähigkeit, S. 101–103.

90 OLG Frankfurt, Urt. v. 29.1.2001, Az. 20 W 71/99. Dies ist vom BVerfG (loc. cit. *Dahlem/Giese/Igl/Klie*, HeimG, I B Rn. 3 zu § 14) nicht als verfassungswidrig angesehen worden.

91 *G. Müller*, Betreuung und Geschäftsfähigkeit, S. 110.

soll immerhin eine Anfechtung des Erbvertrages durch den Betreuer sein, wenn der Betreute geschäftsunfähig (geworden) ist (§ 2282 Abs. 2 BGB).[92]

Ist der Betreute geschäftsfähig, kann er als Erblasser einen wirksamen Erbvertrag abschließen. Dazu bedarf er insbesondere nicht der Zustimmung des Betreuers (§ 1903 Abs. 2 BGB). Anders als der Betreute, der aufgrund eines Einwilligungsvorbehaltes auf bestimmten Gebieten nicht selbständig vertragliche Bindungen eingehen kann, besteht eine solche Möglichkeit der Begrenzung im Bereich des vertragsmäßig bindenden Erbvertrages nicht.[93] 35

VII. Ehefähigkeit

Nur Geschäftsunfähige können an sich eine Ehe nicht eingehen (§§ 1304, 104 Nr. 2 BGB). Erstaunlich ist indes, dass die Eheschließung selbst eines Geschäftsunfähigen nur zur Aufhebbarkeit der Ehe mit Wirkung ex nunc führt (§ 1314 Abs. 1 BGB). Der Betreuer kann einen entsprechenden Antrag stellen (§ 1316 Abs. 2 S. 1 BGB). Wegen der Höchstpersönlichkeit der entsprechenden Erklärung ist im Bereich der Eheschließung ein Einwilligungsvorbehalt nicht möglich (§ 1903 Abs. 2 BGB).[94] In diesem Bereich wird also erneut der Autonomie des Betroffenen besonders weitgehend Rechnung getragen. Gleichwohl lässt sich nicht leugnen, dass der Betreute etwa aufgrund einer psychischen Labilität in besonderer Weise von spontanen Entschlüssen bedroht sein kann.[95] Indes bleibt dem Betreuer eine zumindest faktische Möglichkeit der Einflussnahme und der Beratung.[96] 36

Nicht anders als im Bereich der Testierfähigkeit genügt auch für die „Ehegeschäftsfähigkeit“[97] gewissermaßen partielle Geschäftsfähigkeit. Es kommt schon im Hinblick auf Art. 6 GG und den besonderen Persönlichkeitsbezug der Eheschließung nur darauf an, ob der Betroffene dazu in der Lage ist, das Wesen der Ehe zu erkennen und einen zur Eingehung der Ehe freien Willen zu entfalten, nicht etwa darauf, den (schwierigen) Charakter des Verlobten oder gar dessen potentielle Entwicklung zu erfassen bzw. vorauszusehen. Insoweit wird man – anders als im Falle des Abschlusses von Eheverträgen – schon von der Natur der Eheschließung her zumindest im deutschen Sachrecht nicht zwischen „schwierigen“ und „leichten“ Ehe- 37

92 *Edenhofer*, in: Palandt, BGB, § 2080 Rn. 3 unter Hinweis auf § 2281 BGB.

93 Es handelt sich dabei um eine bewusste Entscheidung des Gesetzgebers; vgl. BT-Drs. 11/4528, S. 161.

94 Zur Neutralität der Betreuung gegenüber der Ehefähigkeit *von Sachsen Gessaphe*, Der Betreuer als gesetzlicher Vertreter, S. 69; *G. Müller*, Betreuung und Geschäftsfähigkeit, S. 86f.

95 Siehe bereits *Schwab*, FS für Rebmann, S. 685, 696.

96 *G. Müller*, Betreuung und Geschäftsfähigkeit, S. 90 mit Fn. 169.

97 Siehe BVerfG FPR 2003, 237; BayObLG FamRZ 1997, 294; *Gernhuber/Coester-Waltjen*, Familienrecht, § 9 Rn. 28–30; *A. Roth*, in: Erman, BGB, § 1304 Rn. 3; *Brudermüller*, in: Palandt, BGB, § 1304 Rn. 2.

schließungen (im Sinne der Lehre von der relativen Geschäftsfähigkeit) unterscheiden können. Anders mag es im Einzelfall einer komplizierten Eheschließung liegen, für die nach Art. 13 EGBGB ausländisches Recht anzuwenden ist. Obwohl sich ein Einwilligungsvorbehalt nicht auf die Eheschließung beziehen kann, kann aus einem Einwilligungsvorbehalt ein Anlass für den Standesbeamten hergeleitet werden, im Falle der Eheschließung Betreuter die Ehegeschäftsfähigkeit besonders zu prüfen.

38 Im Unterschied zur nach § 1903 Abs. 2 BGB ausgeschlossenen Möglichkeit der Vertretung durch den Betreuer bei einer Eheschließung (was sich an sich auch schon aus §§ 1304, 1311 BGB ergeben würde),[98] besteht diese Möglichkeit prinzipiell – trotz des höchstpersönlichen Charakters eines solchen Begehrens – im Falle der Scheidung.[99] Anderenfalls könnte der betreute Geschäftsunfähige selbst im Falle der Unzumutbarkeit nicht durch Veranlassung von seiner Seite geschieden werden. Indes sind auch dann seine Wünsche im Rahmen von § 1901 Abse. 2 und 3 BGB schon im Hinblick auf die besondere Grundrechtsrelevanz eines Scheidungsantrags zu beachten. Zur Ausübung des staatlichen Wächteramtes ist es auch rechtspolitisch angezeigt, dass der Betreuer zur Durchführung einer Scheidung der Genehmigung des Betreuungsgerichts gemäß § 125 Abs. 2 S. 2 FamFG bedarf.[100]

VIII. Einwilligungsfähigkeit

39 Bei der Fähigkeit zur Einwilligung, letztere verstanden als Rechtfertigungsgrund, steht die Frage nach der Fähigkeit zur Einwilligung in medizinische Eingriffe im Vordergrund.

1. Allgemeine Anforderungen

40 Die Fähigkeit zur wirksamen Einwilligung in Eingriffe in eigene Rechte oder Rechtsgüter wird nach so gut wie allgemeiner Ansicht im Ausgangspunkt durch die Einsichtsfähigkeit gekennzeichnet.[101] Die bloße Äußerungsfähigkeit genügt nicht. Auch hier kommt es auf den konkreten Eingriff an. Es gibt also keine generelle Einwilligungsfähigkeit oder Einwilligungsunfähigkeit, sieht man einmal von Fällen des völligen intellektuellen Ausfalls bzw. des Fehlens jeder Einsichtsfähigkeit (der Betroffene befindet sich im sog. Wachkoma) ab. Die Einwilligungsfähigkeit wird vielmehr

98 Näher *A. Roth*, BtPrax 2007, S. 100.

99 OLG München BtPrax 2006, 229; *Diederichsen*, in: Palandt, BGB, § 1896 Rn. 19.

100 Siehe auch KG FGPrax 2006, 18; *Rauscher*, in: Staudinger, BGB, Bearb. 2010, § 1564 Rn. 55. Die Norm soll für die eingetragene Lebenspartnerschaft nicht gelten: OLG Köln FamRZ 2004, 1724.

101 *Spickhoff*, in: Soergel, BGB, Anh. I § 823 Rn. 106 m.w.N. Genauer zum Diskussionsstand *v. Sachsen Gessaphe*, Der Betreuer als gesetzlicher Vertreter, S. 333ff.

relativiert; es kommt darauf an, ob der Patient den mehr oder weniger komplexen medizinischen Vorgang und seine potentiellen Begleiterscheinungen im Großen und Ganzen verstehen kann. Anders als im Falle der Willenserklärung geht es nicht um das Eingehen einer rechtsgeschäftlichen Bindung, sondern im Vordergrund steht die anderen gegenüber ausgesprochene Erlaubnis, in eigene Rechte oder Rechtsgüter, insbesondere in die körperliche Integrität einzugreifen.

Auch deshalb handelt es sich bei der Einwilligung entgegen einer in der Literatur verschiedentlich vertretenen These freilich von vornherein um keine Willenserklärung im rechtstechnischen Sinne.[102] Dagegen spricht nicht nur die Unangemessenheit bei der Altersgrenze der §§ 2, 104ff. BGB. Auch die Regeln über Willensmängel, insbesondere die §§ 119ff. BGB passen nicht: Im Falle einer durch Drohung (§ 123 BGB) bewirkten Einwilligung wird von einer wirksamen Einwilligung überhaupt nicht ausgegangen, weil es an der notwendigen Freiheit der Einwilligung fehlt. Ist der Patient über Heilungschancen, Risiken u.a.m. nicht informiert worden, ist die Einwilligung schon wegen fehlender Aufklärung unwirksam; im Rahmen der §§ 119ff. BGB sonst an sich unbeachtliche Motivirrtümer führen hier sogar zur völligen Unwirksamkeit der Erklärung. Anerkannt ist weiter, dass § 142 Abs. 1 BGB, der den Eingriff (etwa im Fall eines Inhalts- oder Erklärungsirrtums durch einen Ausländer, der unerkennbar nicht verstanden hat, worum es im Einzelnen ging) rückwirkend als rechtswidrig erscheinen lassen würde, nicht einschlägig sein kann. Sodann erscheinen die Regeln über die Stellvertretung als unpassend, da es namentlich im Falle der Einwilligung in Eingriffe in die körperliche Integrität um höchstpersönliche Angelegenheiten geht, bei denen eine Stellvertretung ausgeschlossen ist; auch die Vorsorgevollmacht greift bekanntlich erst dann ein, wenn der Betroffene einwilligungs- oder äußerungsunfähig geworden ist. Zweifelhaft erscheint ferner, ob die (freilich bestrittene) von der Rechtsprechung sonst befolgte Lehre vom nur potentiellen Erklärungsbewusstsein, das für eine bindende Willenserklärung genügen soll,[103] in Bezug auf Einwilligungen angemessen wäre. 41

Ungeachtet dessen eignen sich einzelne Vorschriften, die sich im BGB über Willenserklärungen finden, zur entsprechenden Anwendung in Bezug auf Einwilligungen. Es sind dies die Regeln über Allgemeine Geschäftsbedingungen (§§ 305ff. BGB), die insbesondere im Falle von formularmäßig formulierten Aufklärungsbögen anzuwenden sind.[104] § 138 BGB wird durch § 228 StGB (sittenwidrige Einwilligung) überlagert; auch sonst werden Einwilligungen in offensichtlich nicht indizierte 42

102 *A. Roth*, JZ 2004, S. 494, 496; *Holzhauer*, FamRZ 2006, S. 518, 519; anders aber *Schwab*, FS für Gernhuber, S. 815f., 821; *Berger*, JZ 2000, S. 797, 801; *Kohte*, AcP 185 (1985), S. 105, 165f.; *Ohly*, Volenti non fit iniuria, § 9.

103 In der Rechtsprechung anerkannt seit BGHZ 91, 324.

104 *Gounalakis*, NJW 1990, S. 752ff.; *Niebling*, MDR 1982, S. 193; *Kutlu*, AGB-Kontrolle bei stationärer Krankenhausbehandlung, S. 237ff.

Maßnahmen als unwirksam angesehen.[105] Als passend erscheint demgegenüber eine Norm wie § 130 Abs. 2 BGB, wonach es auf die Wirksamkeit einer Willenserklärung ohne Einfluss ist, wenn der Erklärende nach der Abgabe stirbt oder geschäftsunfähig wird.[106]

2. Einwilligungsunfähigkeit, Betreuung und Co-Entscheidungen

43 Das, was für die Geschäftsunfähigkeit gilt, kann nicht minder für die Einwilligungsunfähigkeit gelten: Soweit Einwilligungsunfähigkeit vorliegt, namentlich in Bezug auf medizinische Heileingriffe, löst dieser Umstand – soweit vorhanden – entsprechende Betreuungsbedürftigkeit aus. Es kann nicht angehen, dass die Rechtsordnung – wenn auch aus wohlüberlegtem Grunde – dem Betroffenen die entsprechende Selbstbestimmungsfähigkeit aberkennt, aber keinen Ersatzmaßstab für die Entscheidung bereitstellt. Ist ein Betreuer nicht bestellt, fehlt es an einer antizipierten Entscheidung des Patienten etwa durch Patientenverfügung oder an einer antizipierten Verlagerung der Entscheidung durch entsprechende Vorsorgevollmacht, kommt es hilfsweise auf den mutmaßlichen Willen des Betroffenen bzw. auf sein (objektiv verstandenes) Interesse an. Zur Ermittlung des mutmaßlichen Willens sind dem Patienten nahestehende Personen, vor allem Angehörige, zu befragen. Sie entscheiden nicht selbst (jedenfalls außerhalb des § 4 TPG), sondern sind nur Auskunftspersonen in Bezug auf den wirklichen oder mutmaßlichen Willen des Betroffenen. In Anlehnung an das TPG kann von folgender Ordnung ausgegangen werden: der Ehegatte (freilich nur bei intakter Ehe), die volljährigen Kinder, die Eltern, die Geschwister. Freilich fehlt es außerhalb von § 4 TPG an einer genauen gesetzlichen Grundlage für eine entsprechende Reihenfolge der Befragungs- oder gar Entscheidungspersonen. Ohnedies kommt als nahestehende Person nicht nur der Ehegatte oder ein Verwandter in Betracht. Den Verwandten gehen unter Umständen auch Personen vor, die rein tatsächlich die bessere Auskunftsquelle darstellen. So können die Nachbarn, die sich um den Patienten gekümmert haben, weit weg wohnhaften Kindern, die mit dem Betroffenen kaum in Kontakt standen, vorzuziehen sein. Eine fixe Reihenfolge der nahen Angehörigen aufzustellen und die Angehörigen obendrein mit verbindlicher Entscheidungsmacht auszustatten (was zwischenzeitlich de lege ferenda erwogen worden war; der Plan ist aber wieder aufgegeben worden) würde zwar die Rechtssicherheit in der Entscheidungsfindung fördern, wäre in einer Zeit häufiger Ehescheidungen und der Relativierung familienrechtlicher Bande aber überaus problematisch. Auch § 1901b Abs. 2 BGB verzichtet auf die Statuierung einer solchen Reihenfolge.

---

105 Bekanntes Beispiel in BGH NJW 1978, 1206 (Strafsache): Sinnlose Einwilligung in die (keinesfalls medizinisch indizierte) Extraktion sämtlicher Zähne zur Behebung von Kopfschmerzen.

106 Siehe BGHZ 154, 205 = NJW 2003, 1588 = JZ 2003, 732 mit Anm. *Spickhoff.*

Der – wie eingangs (sub II. 1.) dargelegt – verfassungsrechtlich angezeigte Ausgangspunkt „so viel Autonomie wie möglich, so wenig Heteronomie wie nötig" sowie die Betonung des Persönlichkeitsschutzes führen dazu, selbst einwilligungsunfähige Kranke, die noch in etwa zu ermessen vermögen, was mit ihnen vorgeht, in die Mitteilungssituation der Aufklärung einzubeziehen. Die Aufklärung über den Verlauf der Behandlung und ihre Risiken hat also unabhängig davon zu geschehen, ob der Patient selbständig wirksam einwilligen kann oder nicht. Demgemäß sind Wünsche einwilligungsunfähiger Betroffener nach der Grundkonzeption des Betreuungsrechts keineswegs von vornherein unbeachtlich, sondern nach Möglichkeit – auch von einem Betreuer – zu berücksichtigen.[107] Äußert der Betreute aktuelle Wünsche, die seinem „objektiven" Wohl und der Einschätzung des Betreuers zuwiderlaufen, so sollte die Versagung der Einwilligung des Betreuten gleichwohl maßgeblich sein, vorausgesetzt, es besteht nicht die Gefahr, dass der Betreute ohne die medizinische Maßnahme stirbt oder einen erheblichen gesundheitlichen Schaden erleidet. Diese (heteronome) Einschränkung gebieten die Rechtsgedanken der §§ 1904, 1906 BGB.[108] Auch wird eine entgegenstehende Willensbekundung zu überwinden sein, wenn der die Einwilligungsunfähigkeit begründende Umstand gerade in der (ggf. krankhaften) Weigerung in die Behandlung besteht. 44

Geht es nicht um die Versagung der Einwilligung in eine medizinische Behandlung, sondern wünscht der (nicht einwilligungsfähige) Betreute eine medizinisch gebotene (Weiter-) Behandlung, so überwindet dieser Wunsch eine entsprechende Verweigerung der Einwilligung des Betreuers. Denn ein solcher Wunsch des Betroffenen ist zumindest typischerweise nicht auf eine Selbstschädigung, sondern auf Heilung oder Besserung gerichtet. Insbesondere kommt es auf keinen Fall darauf an, ob durch medizinische Maßnahmen, die dem Wunsch des Betreuten entsprechen, dessen Vermögen geschmälert wird.[109] Überhaupt setzt sich im Falle von „Patt-Situationen" bei der Abwägung der Wille des Patienten durch. An diese Grundentscheidung sollten sowohl Betreuer als auch Vorsorgebevollmächtigte gebunden sein. Grenzen einer ärztlichen Behandlung ergeben sich freilich wie stets aus einer nach allgemeiner medizinischer Ansicht fehlenden Indikation. 45

IX. Verschuldensfähigkeit und Verschuldensmaßstab

Die Kehrseite der Freiheit zur autonomen Selbstbestimmung besteht im Allgemeinen neben der Bindung (an Willenserklärungen oder an Einwilligungen) in der Verantwortlichkeit für das eigene Verhalten. 46

107 Siehe auch *Coester-Waltjen*, Familienrecht, § 76 Rn. 62.

108 *Lipp*, Freiheit und Fürsorge, S. 166; *ders.*, DRiZ 2000, S. 231, 236.

109 *Lipp*, Freiheit und Fürsorge, S. 167; zum Ganzen siehe auch (übereinstimmend) *Taupitz*, 63. DJT, A 1, A 69f.

47 Der deliktsrechtlich nicht verantwortliche Täter, der die seinem Verkehrskreis gemäße Sorgfalt nicht eingehalten hat oder subjektiv verschuldensunfähig ist, haftet nicht. Damit hat der Geschädigte im Prinzip seinen Schaden nach dem Grundsatz des casum sentit dominus selbst zu tragen. Hier zeigt sich noch einmal der Vorrang der Interessen alter Menschen gegenüber denjenigen des Rechtsverkehrs unter Einbeziehung des Haftungsrechtsverkehrs. Ebenso wie die Rechtsordnung Kindern und Jugendlichen den notwendigen haftungsrechtlichen Freiraum zum Heranwachsen und für die Sozialisation einräumt, wird Erwachsenen bzw. alten Menschen der entsprechende Freiraum zur weitestgehenden Aufrechterhaltung ihrer Autonomie zugebilligt. Das Haftungsrecht mutet der Gesellschaft und potentiell Geschädigten eben zu, Schädigungen durch Jugendliche und schuldunfähige Erwachsene ohne Einsichtsfähigkeit im Prinzip ausgleichslos hinzunehmen. Immerhin kommt gerade bei wohlhabenden alten Menschen eine Ersatzpflicht aus Billigkeitsgründen nach § 829 BGB in Betracht. Freilich tritt diese schon hinter der Haftung des Aufsichtspflichtigen (§ 832 Abs. 1 BGB), die durchaus auch einen Betreuer treffen kann, zurück.[110]

48 Die Haltung, den Interessen alter Menschen an Handlungsfreiheit gegenüber denjenigen des Rechtsverkehrs unter Einbeziehung des Haftungsrechtsverkehrs Vorrang einzuräumen, spiegelt sich auch in der Anerkennung einer – verkehrskreisbildenden – alterstypischen Sorgfalt wider. Eine entsprechende Gruppenbildung ist zwar früher teilweise als widersprüchliche Ausnahme vom objektiv-typisierenden Sorgfaltsmaßstab angesehen worden.[111] Dennoch geht die herrschende Auffassung von einem Verkehrskreis nicht nur des Jugendlichen, sondern auch des hohen Alters aus.[112] Das ist schon vor dem Hintergrund des Fehlens einer Beschränkung der Haftung, wie sie für Verbindlichkeiten für Minderjährige § 1629a BGB – durch Vorgaben des BVerfG veranlasst[113] – vorsieht, angezeigt. Gegen die Bildung einer solchen Gruppe spricht nicht, dass manche alten Leute noch auf der Höhe ihrer Fähigkeiten stehen. Denn es ist weitgehend anerkannt, dass eine subjektive Sonderfähigkeit den Standard in Bezug auf die betreffende Person erhöht, weil sie des durch den niedrigeren Standard geschaffenen haftungsrechtlichen Freiraums nicht bedarf.[114] Zudem ist die Kategorie des Übernahmeverschuldens zu berücksichtigen.

110 LG Bielefeld NJW 1998, 2682f.; Siehe *Spickhoff*, in: Soergel, BGB, § 832 Rn. 12; weiter *Diederichsen*, in: FS Deutsch, S. 131, 143f., der schon das Aufenthaltsbestimmungsrecht als ausreichend zur Begründung einer Haftung ansieht.

111 Z.B. *v. Caemmerer*, Karlsruher Forum 1961, S. 26f.

112 BGHZ 39, 281, 286; *Deutsch*, Fahrlässigkeit und erforderliche Sorgfalt, S. 130f.; *ders.*, Allgemeines Haftungsrecht, Rn. 407; *Heinrichs*, in: Palandt, BGB, § 276 Rn. 17; *Wolf*, in: Soergel, BGB § 276 Rn. 82; *Grundmann*, in: MünchKommBGB § 276 Rn. 66, 67.

113 BVerfG NJW 1996, 1859. Zu den verbliebenen Lücken *Ahrens*, VersR 1997, S. 1064. Eine Analogie für nicht geschäfts- oder (erst recht) deliktsfähige Erwachsene würde die Grenzen zulässiger (auch verfassungskonformer) Auslegung bzw. Analogiebildung wohl überschreiten.

114 Siehe bereits *Deutsch*, Fahrlässigkeit und erforderliche Sorgfalt, S. 130.

Der gehbehinderte alte Mensch hat für die Überquerung der Straße seine geringere Mobilität einzukalkulieren. Im Übrigen ist gegenüber alten, gebrechlichen Personen besondere Sorgfalt der anderen Verkehrsteilnehmer, namentlich im Straßenverkehr, angebracht. Wenn das typische Verhalten der Angehörigen der Gruppen der Alten und Jungen von den anderen Teilnehmern am Verkehr zu berücksichtigen ist, spricht nichts dagegen, dass auch im Haftungsrecht eine entsprechende typisierende Betrachtung angezeigt ist. Das gilt sowohl in Beziehung auf körperliche als auch auf geistige oder charakterliche Fähigkeiten.[115] Freilich ist zu konzedieren, dass es gerade im Bereich des hohen Alters keine relativ fixe Jahresgrenze gibt. Zudem ist mit Grund weithin anerkannt, dass § 829 BGB analog greifen kann, wenn im Fall von alten Leuten (und ebenso Kindern) eine vom gruppentypischen Sorgfaltsmaßstab des betreffenden Verkehrskreises herabgesetzte Sorgfalt, die sog. alterstypische Sorgfalt verlangt wird.[116] Da es um den Ausgleich für eine die Anforderungen absenkende Subjektivierung des Fahrlässigkeitsmaßstabes zum Nachteil des Opfers geht, trägt der Zweck des § 829 BGB auch hier. Der alterstypische Sorgfaltsmaßstab und die Regeln zur Verschuldensfähigkeit gelten im Übrigen auch im Rahmen von § 254 BGB.[117] Es gilt spiegelbildlich im Rahmen von § 254 BGB nichts anderes als im Kontext der Haftungsbegründung.

X. Ausblick

49 Die Konkretisierung der Selbstbestimmungsfähigkeiten durch Gesetzgeber, Rechtsprechung und Rechtswissenschaft spiegeln die Komplexität der Materie und die unterschiedlichen Funktionszusammenhänge wider, in welche die verschiedenen Kategorien dieser Ausprägungen von Autonomie und (Selbst-) Verantwortung gestellt sind. Es ist bezeichnend, dass der Gesetzgeber im sog. Patientenrechtegesetz zwar Einwilligung und Aufklärung im Recht der (medizinischen) Behandlungsverträge – mit Fernwirkungen nicht nur auf das Deliktsrecht, sondern insbesondere auch auf das Strafrecht – normiert, nicht aber die in den unterschiedlichen Rechtsgebieten bedauerlicherweise uneinheitlich konkretisierte Einwilligungsfähigkeit. Viele der offenen und heiklen Abgrenzungsfragen werden demgemäß auch in Zukunft nicht nur eine Quelle für juristische Zweifel, sondern immer wieder auch eine Messlatte für die Sachangemessenheit der Ergebnisse sein, zu denen die jeweiligen rechtsdogmatischen Grundlagen führen.

115 *Deutsch*, Allgemeines Haftungsrecht, Rn. 407.

116 Dazu statt aller *Deutsch*, Allgemeines Haftungsrecht, Rn. 407; *Spickhoff*, in: Soergel, BGB, § 829, Rn. 11. Anders aber *Flachsbarth*, Billigkeitshaftung, S. 86ff. m.w.N., auch unter Hinweis auf die forensisch einstweilen offenbar (noch?) geringe Relevanz.

117 *Mertens*, in: Soergel, BGB, § 254 Rn. 29; *Oetker*, in: MünchKommBGB, § 254 Rn. 35; *Schiemann*, in: Staudinger, BGB, Bearb. 2005, § 254 Rn. 39 m.w.N.

§ 7 Das Recht der Älteren im Strafrecht – Bedeutung und Reichweite des Grundsatzes der Patientenautonomie

Literatur: *Achenbach, Hans,* Beteiligung am Suizid und Sterbehilfe – Strukturen eines unübersichtlichen Problemfeldes, Jura 2002, S. 545ff.; *Albrecht, Dietlinde,* Strafrechtliche Aspekte der ärztlich vorgenommenen Therapiebegrenzung, in: Festschrift für Hans Ludwig Schreiber, 2003, S. 551ff.; *Ankermann, Ernst,* Verlängerung sinnlos gewordenen Lebens?, MedR 1999, S. 387ff.; *Bartsch, Marco,* Sterbehilfe und Strafrecht – Eine Bestandsaufnahme, in: Festschrift für Hans Achenbach, 2011, S. 13ff.; *Bernsmann, Klaus,* Der Umgang mit irreversibel bewusstlosen Personen und das Strafrecht, ZRP 1996, S. 87ff.; *Bosch, Nikolaus,* Rechtfertigung von Sterbehilfe, JA 2010, S. 908ff.; *Bosshard, Georg u.a.,* Begrenzung lebenserhaltender Maßnahmen bei Patienten am Lebensende in der deutschsprachigen Schweiz – Resultate einer Todesfallstudie, DMW 2005, S. 2887ff.; *Bottke, Wilfried,* Suizid und Strafrecht, 1982; *Bottke, Wilfried,* Euthanasie und Sterbehilfe aus der Sicht der Juristen, ZEE 1981, S. 109ff.; *Chatzikostas, Konstantinos,* Die Disponibilität des Rechtsgutes Leben in ihrer Bedeutung für die Probleme von Suizid und Euthanasie, 2001; *Dannecker, Gerhard/Streng, Anne,* Strafrechtliche Risiken der impliziten Rationierung medizinischer Leistungen, MedR 2011, S. 131ff.; *Dölling, Dieter,* Zulässigkeit und Grenzen der Sterbehilfe, MedR 1987, S. 6ff.; *Dörfler, Christina,* Sterbehilfe im Spannungsfeld von Selbstbestimmung und Schutz des Lebens, StudZR 2009, S. 217ff.; *Dörner, Klaus,* Hält der BGH die „Freigabe der Vernichtung lebensunwerten Lebens“ wieder für diskutabel?, ZRP 1996, S. 93ff.; *Duttge, Gunnar,* Bioethik-Komission Rheinland-Pfalz, Sterbehilfe und Sterbebegleitung, GA 2005, S. 606ff.; *Duttge, Gunnar,* Der Alternativ-Entwurf Sterbebegleitung (AE-StB) 2005, GA 2006, S. 573ff.; *Duttge, Gunnar,* Rechtliche Typenbildung: Aktive und passive, direkte und indirekte Sterbehilfe, in: Kettler, Dietrich u.a. (Hrsg.), Selbstbestimmung am Lebensende, 2006, S. 38ff.; *Duttge, Gunnar,* Einseitige (objektive) Begrenzung ärztlicher Lebenserhaltung? NStZ 2006, S. 479ff.; *Duttge, Gunnar,* Anmerkung zu BGH 2 StR 454/09 – MedR 2011, 32, MedR 2011, S. 36ff.; *Eidam, Lutz,* Wider die Bevormundung eines selbstbestimmten Sterbens. Zugleich Besprechung von BGH, Urteil vom 25.6.2010, GA 2011, S. 232ff.; *Engisch, Karl,* Konflikte, Aporien und Paradoxien bei der rechtlichen Beurteilung der ärztlichen Sterbehilfe, in: Festschrift für Eduard Dreher, 1977, S. 309ff.; *Engisch, Karl,* Aufklärung und Sterbehilfe bei Krebs in rechtlicher Sicht, in: Festschrift für Paul Bockelmann, 1979, S. 519ff.; *Engländer, Armin,* Von der passiven Sterbehilfe zum Behandlungsabbruch, JZ 2011, S. 513ff.; *Eser, Albin,* Lebenserhaltungspflicht und Behandlungsabbruch aus rechtlicher Sicht, in: Auer, Alfons u.a. (Hrsg.), Zwischen Heilauftrag und Sterbehilfe, 1977, S. 75ff.; *Eser, Albin,* Sterbehilfe und Euthanasie in rechtlicher Sicht, in: Eid, Volker (Hrsg.), Euthanasie oder Soll man auf Verlangen töten?, 1985, S. 45ff.; *de Faria Costa, José,* Das Ende des Lebens und das Strafrecht, GA 2007, S. 311ff.; *Fischer, Elena,* Recht auf Sterben?!, 2004; *Fischer, Thomas,* Direkte Sterbehilfe – Anmerkungen zur Privatisierung des Lebensschutzes, in: 2. Festschrift für Claus Roxin, 2011, S. 557ff.; *Frisch, Wolfgang,* Leben und Selbstbestimmungsrecht im Strafrecht, in: Leipold, Dieter (Hrsg.), Selbstbestimmung in der modernen Gesellschaft aus deutscher und japanischer Sicht, 1997, S. 103ff.; *Gaede, Karsten,* Durchbruch ohne Dammbruch – Rechtssichere Neuvermessung der Grenzen strafloser Sterbehilfe, NJW 2010, S. 2925ff.; *Geilen, Gerd,* Euthanasie und Selbstbestimmung, 1975; *Geißendörfer, Silke,* Die Selbstbestimmung des Entscheidungsunfähigen an den Grenzen des Rechts, 2009; *Geth, Christopher,* Passive Sterbehilfe, 2010; *Giesen, Dieter,* Ethische und rechtliche Probleme am Ende des Lebens, JZ 1990, S. 929ff.; *Gkountis, Ioannis,* Autonomie und strafrechtlicher Paternalismus, 2011; *Gropp, Walter,* Suizidbeteiligung und Sterbehilfe in der Rechtsprechung, NStZ 1985, S. 97ff.; *Große-Vehne, Vera,* Tötung auf Verlangen (§ 216 StGB), „Euthanasie“ und

Sterbehilfe, 2005; *Habicht, Annekatrin,* Sterbehilfe – Wandel in der Terminologie, 2009; *Hanack, Ernst-Walter,* Euthanasie in strafrechtlicher Sicht, in: Hiersche, Hans-Dieter (Hrsg.), Euthanasie, 1975, S. 121ff.; *Herzberg, Rolf Dietrich,* Der Fall Hackethal – Strafbare Tötung auf Verlangen?, NJW 1986, S. 1635ff.; *Herzberg, Rolf Dietrich,* Sterbehilfe als gerechtfertigte Tötung im Notstand?, NJW 1996, S. 3043ff.; *v. Hirsch, Andreas/Neumann, Ulfrid,* „In-direkter Paternalismus" im Strafrecht – am Beispiel der Tötung auf Verlangen (§ 216 StGB), in: v. Hirsch, Andreas u.a. (Hrsg.), Paternalismus im Strafrecht, 2010, S. 71ff.; *Hirsch, Hans Joachim,* Behandlungsabbruch und Sterbehilfe, in: Festschrift für Karl Lackner, 1987, S. 597ff.; *Hirsch, Hans-Joachim,* Zur Strafbarkeit der Sterbehilfe durch aktives Tun und deren Abgrenzung zur passiven Sterbehilfe, JR 2011, S. 37ff.; *Hoerster, Norbert,* Rechtsethische Überlegungen zur Freigabe der Sterbehilfe, NJW 1986, S. 1786ff.; *Höfling, Wolfram,* Forum – „Sterbehilfe" zwischen Selbstbestimmung und Integritätsschutz, JuS 2000, S. 111ff.; *Ingelfinger, Ralph,* Grundlagen und Grenzbereiche des Tötungsverbots, 2004; *Ingelfinger, Ralph,* Patientenautonomie und Strafrecht bei der Sterbebegleitung, JZ 2006, S. 821ff.; *Jakobs, Günther,* Zum Unrecht der Selbsttötung und der Tötung auf Verlangen, in: Festschrift für Arthur Kaufmann, 1993, S. 459ff.; *Jakobs, Günther,* Freiheit oder Leben – Der kurze Weg von der straffreien Selbsttötung zur Euthanasie, Frankfurter Allgemeine Zeitung, 23.7.1996, Nr. 169, S. 33; *Jakobs, Günther,* Tötung auf Verlangen, Euthanasie und Strafrechtssystem, 1998; *Janes, Ingrid/Schick, Stefanie,* Sterbehilfe – im Spiegel der Rechtstatsachenforschung, NStZ 2006, S. 484ff.; *Joerden, Jan C.,* Die neue Rechtsprechung des Bundesgerichtshofs zur Sterbehilfe und der Knobe-Effekt, in: 2. Festschrift für Claus Roxin, 2011, S. 593ff.; *Kahlo, Michael,* Paternalismus im deutschen Strafrecht der Sterbehilfe?, in: Anderheiden, Michael u.a. (Hrsg.), Paternalismus und Recht (In memoriam Angela Augustin), 2006, S. 259ff.; *Kämpfer, Ulf,* Die Selbstbestimmung Sterbewilliger, 2005; *Kargl, Walter,* Aktive Sterbehilfe im Zugriff der volkspädagogischen Deutung des § 216 StGB, in: Institut für Kriminalwissenschaften und Rechtsphilosophie (Hrsg.), Jenseits des rechtsstaatlichen Strafrechts, 2007, S. 379ff.; *Kaufmann, Arthur,* Euthanasie – Selbsttötung – Tötung auf Verlangen, MedR 1983, S. 121ff.; *Kaufmann, Arthur,* Relativierung des rechtlichen Lebensschutzes? in: 1. Festschrift für Claus Roxin, 2001, S. 841ff.; *Krack, Ralf,* Teilnahme am Suizid und Tötung auf Verlangen, KJ 1995, S. 60ff.; *Kubiciel, Michael,* Tötung auf Verlangen und assistierter Suizid als selbstbestimmtes Sterben?, JZ 2009, S. 600ff.; *Kubiciel, Michael,* Gott, Vernunft, Paternalismus – Die Grundlagen des Sterbehilfeverbots, JA 2011, S. 86ff.; *Kubiciel, Michael,* Zur Strafbarkeit der passiven Sterbehilfe, ZJS 2010, S. 656ff.; *Kubiciel, Michael,* Tötung auf Verlangen, AL 2011, S. 361ff.; *Kuchenbauer, Konstantin,* Recht auf Leben – Recht auf Selbsttötung?, ZfL 2007, S. 98ff.; *Künschner, Alfred,* Wirtschaftlicher Behandlungsverzicht und Patientenauswahl, 1992; *Kutzer, Klaus,* Strafrechtliche Grenzen der Sterbehilfe, NStZ 1994, S. 110ff.; *Kutzer, Klaus,* Rechtliche und rechtspolitische Aspekte einer verbesserten Schmerzbekämpfung in Deutschland, in: Festschrift für Hannskarl Salger, 1995, S. 663ff.; *Kutzer, Klaus,* Sterbehilfeproblematik in Deutschland – Rechtsprechung und Folgen für die klinische Praxis, MedR 2001, S. 77ff.; *Kutzer, Klaus,* Ist eine gesetzliche Regelung der erlaubten passiven Sterbehilfe zur Abgrenzung von der unerlaubten aktiven Sterbehilfe erforderlich?, in May, Arnd u.a. (Hrsg.), Passive Sterbehilfe: Besteht gesetzlicher Regelungsbedarf?, 2002, S. 19ff.; *Kutzer, Klaus,* Maximale Schmerztherapie und ihre Abgrenzung vom Tötungsdelikt, in: Gedächtnisschrift für Ellen Schlüchter, 2002, S. 347ff.; *Kutzer, Klaus,* Rechtliche Aspekte der Sterbehilfe, in: Kolb, Stephan/Härlein, Jürgen (Hrsg.), Medizin und Gewissen – wenn Würde ein Wert würde, 2002, S. 165ff.; *Kutzer, Klaus,* Sterbehilfe – rechtliche und ethische Aspekte, DRiZ 2005, S. 257ff.; *Kutzer, Klaus,* Patientenautonomie und Strafrecht – aktive und passive Sterbehilfe, FPR 2007, S. 59ff.; *Kutzer, Klaus,* Überlegungen zur Suizidrechtsprechung des Bundesgerichtshofes, in: Festschrift für Heinz Schöch, 2010, S. 481ff.; *Kutzer, Klaus,* Vorausverfügter Verzicht auf lebenserhaltende Maßnahmen und das Verbot der Tötung auf Verlangen, in: Festschrift für Ruth Rissing-van Saan, 2011, S. 337ff.; *Leonardy, Helmut,* Sterbehilfe, DRiZ 1986, S. 281ff.; *Lilie, Hans,* Hilfe zum Sterben, in: Festschrift für Erich Steffen, 1995, S. 273ff.; *Lindner, Josef Franz,* Grundrechtsfragen aktiver Sterbehilfe, JZ 2006, S. 373ff.; *Lipp, Volker,* Rechtliche Grundlagen der Entscheidung über den Einsatz lebenserhaltender Maßnahmen, in: Kettler, Dietrich u.a. (Hrsg.), Selbstbestimmung am Lebensende, 2006, S. 89ff.; *Lipp, Volker/Klein, Frederike,* Patientenautonomie und Sterbehilfe – Stand der aktuellen Debatte, FPR 2007, S. 56ff.; *Lorenz, Dieter,* Aktuelle Verfassungsfragen der Euthanasie, JZ 2009, S. 57ff.; *Lüderssen, Klaus,* Aktive Sterbehilfe – Rechte und Pflichten, JZ 2006, S. 689ff.; *Merkel, Reinhard,* Früheuthanasie, 2001; *Merkel, Reinhard,* Tödlicher Behandlungsabbruch und mutmaßliche Einwilligung bei Patienten im apallischen Syndrom, ZStW 107 (1995), S. 545f.; *Merkel, Reinhard,* Aktive Sterbehilfe – Anmerkungen zum Stand der Diskussion und zum Gesetzgebungsvorschlag des „Alternativ-Entwurfs-Sterbebegleitung“, in: Festschrift für Friedrich-Christian Schroeder, 2006, S. 297ff.; *Merkel, Reinhard,* Das Dammbruch-Argument in der Sterbehilfe-Debatte, in: Schwander, Ivo/Petermann, Frank (Hrsg.), Sicherheitsfragen der Sterbehilfe, 2008, S. 125ff.; *Müller, Frank,* § 216 als Verbot abstrakter Gefährdung, 2010; *Nagel, Matthias,* Passive Euthanasie, 2002; *Neumann, Ulfrid/Saliger, Frank,* Sterbehilfe zwischen Selbstbestimmung und Fremdbestimmung – Kritische Anmerkungen zur aktuellen Sterbehilfedebatte, HRRS 2006, S. 280ff.; *Neumann, Ulfrid,* Sterbehilfe im rechtfertigenden Notstand (§ 34 StGB), in: Festschrift für Rolf Dietrich Herzberg, 2008, S. 575ff.; *Neumann, Ulfrid,* Der Tatbestand der Tötung auf Verlangen (§216 StGB) als paternalistische Strafbestimmung, in: Fateh-Moghadam, Bijan u.a. (Hrsg.), Grenzen des Paternalismus, 2010, S. 245ff.; *Neumann, Ulfrid,* Triplik auf die Duplik von der Pfordtens, in: v. Hirsch, Andreas u.a. (Hrsg.), Paternalismus im Strafrecht, 2010, S. 343ff.; *Olzen, Dirk/Metzmacher, Angela,* Zur Strafbarkeit des Abbruchs lebenserhaltender Maßnahmen, JR 2011, S. 318ff.; *Otto, Hans,* Recht auf eigenen Tod? Gutachten D, in: Deutscher Juristentag (Hrsg.), Verhandlungen des 56. Deutschen Juristentages, Band 1, 1986, S. D1ff.; *Otto, Harro,* Die strafrechtliche Problematik der Sterbehilfe, Jura 1999, S. 434ff.; *Otto, Harro,* Patientenautonomie und Strafrecht bei der Sterbebegleitung, NJW 2006, S. 2217ff.; *Pawlik, Michael,* Einseitige Therapiebegrenzung und Autonomiegedanke – Über die Kehrseite einer Emanzipationsformel, in: Festschrift für Wolfgang Frisch, 2013, im Erscheinen; *Pelzl, Stephan,* An der Grenze von Leben und Tod – Euthanasie und Strafrecht, KJ 1994, S. 179ff.; *Reus, Katharina,* Die neue gesetzliche Regelung der Patientenverfügung und die Strafbarkeit des Arztes, JZ 2010, S. 80ff.; *Rieger, Gregor,* Die mutmaßliche Einwilligung in den Behandlungsabbruch, 1998; *Rissing-van Saan, Ruth,* Strafrechtliche Aspekte der aktiven Sterbehilfe, ZIS 2011, S. 544ff.; *Rosenau, Henning,* Aktive Sterbehilfe, in: 2. Festschrift für Claus Roxin, 2011, S. 577ff.; *Rosenau, Henning,* Die Neuausrichtung der passiven Sterbehilfe – Der Fall Putz im Urteil des BGH vom 25.6.2012 – 2 StR 454/09, in: Festschrift für Ruth Rissing-van Saan, 2011, S. 547ff.; *Roxin, Claus,* Die Abgrenzung von strafloser Suizidteilnahme, strafbarem Tötungsdelikt und gerechtfertigter Euthanasie. Zu Reinhard Merkels „Fragen an die Strafrechtsdogmatik“, in: 140 Jahre Goltdammer's Archiv für Strafrecht, 1993, S. 177ff.; *Roxin, Claus,* Die Mitwirkung beim Suizid – ein Tötungsdelikt?, in: Festschrift für Eduard Dreher, 1977, S. 331ff.; *Roxin, Claus,* Tatbestandslose Tötung auf Verlangen?, in: Festschrift für Günther Jakobs, 2007, S. 571ff.; *Roxin, Claus,* Zur strafrechtlichen Beurteilung der Sterbehilfe, in: Roxin, Claus/Schroth, Ulrich (Hrsg.), Handbuch des Medizinstrafrechts, 4. Aufl. 2010, S. 75ff.; *Saliger, Frank,* Sterbehilfe ohne Strafrecht?, KritV 2001, S. 382ff.; *Schmidhäuser, Eberhard,* Selbstmord und Beteiligung am Selbstmord in strafrechtlicher Sicht, in: Festschrift für Hans Welzel, 1974, S. 801ff.; *Schmoller, Kurt,* Lebensschutz bis zum Ende?, ÖJZ 2000, S. 361ff.; *Schöch, Heinz,* Beendigung lebenserhaltender Maßnahmen, NStZ 1995, S. 153ff.; *Schöch, Heinz,* Die erste Entscheidung des BGH zur sog. indirekten Sterbehilfe, NStZ 1997, S. 409ff.; *Schöch, Heinz/Verrel, Torsten,* Alternativ-Entwurf Sterbebegleitung (AE-StB), GA 2005, S. 553ff.; *Schork, Vanessa,* Ärztliche Sterbehilfe und die Bedeutung des Patientenwillens, 2008; *Schreiber, Hans-Ludwig,* Das Recht auf den eigenen Tod – Zur gesetzlichen Neuregelung der Sterbehilfe, NStZ 1986, S. 337ff.; *Schreiber, Hans-Ludwig,* Sterbehilfe und Therapieabbruch, in: Festschrift für Ernst-Walter Hanack, 1999, S. 735ff.; *Schroeder, Friedrich-Christian,* Beihilfe zum Selbstmord und Tötung auf Verlangen, ZStW 106 (1994), S. 565ff.; *Schroeder, Friedrich-Christian,* Zur Legitimation des § 216 StGB, in: 2. Festschrift für Erwin Deutsch, 2009, S. 505ff.; *Schroth, Ulrich,* Sterbehilfe als strafrechtliches Problem, GA 2006, S. 549ff.; *Schürch, Sybille,* Rationierung in der Medizin als Straftat, 2000; *Sternberg-Lieben, Detlev,* Rechtliche Grenzen einer Patientenverfügung, in: Festschrift für Manfred Seebode, 2008, S. 401ff.; *Sternberg-Lieben, Detlev,* Gesetzliche Anerkennung der Patientenverfügung: offene Fragen im Strafrecht, insbesondere bei Verstoß gegen die prozeduralen Vorschriften der §§ 1901aff. BGB, in: 2. Festschrift für Claus Roxin, 2011, S. 537ff.; *Sternberg-Lieben, Detlev,* Rationierung in der Medizin und strafrechtliche Haftung des Arztes, in: Festschrift für Klaus Geppert, 2011, S. 723ff.; *Stratenwerth, Günter,* Sterbehilfe, SchwZStr 95 (1978), S. 60ff.; *Stratenwerth, Günter,* Zum Behandlungsabbruch bei zerebral schwerst geschädigten Langzeitpatienten, in: Festschrift für Hans-Ludwig Schreiber, 2003, S. 893ff.; *Tenthoff, Christian,* Die Strafbarkeit der Tötung auf Verlangen im Lichte des Autonomieprinzips, 2008; *Tolmein, Oliver,* Tödliches Mitleid – Kritische Anmerkung zum Urteil des Bundesgerichtshofes im „Kemptener Fall" (NJW 1995, 204), KJ 1996, S. 510ff.; *Tröndle, Herbert,* Recht auf den eigenen Tod?, Referat, in: Deutscher Juristentag (Hrsg.), Verhandlungen des 56. Deutschen Juristentages, Band 2, 1986, S. M 29ff.; *Tröndle, Herbert,* Warum ist die Sterbehilfe ein rechtliches Problem? ZStW 99 (1987), S. 25ff.; *Tröndle, Herbert,* Nochmals – Sterbehilfe, lex artis und mutmaßlicher Patientenwille, MedR 1988, S. 163ff.; *Uhlig, Carola/Joerden, Jan C.,* Die Systematik der Sterbehilfearten, AL 2011, S. 369ff.; *Verrel, Torsten,* Selbstbestimmungsrecht contra Lebensschutz, JZ 1996, S. 224ff.; *Verrel, Torsten,* Patientenautonomie und Strafrecht bei der Sterbebegleitung, Gutachten C, in: Deutscher Juristentag (Hrsg.), Verhandlungen des 66. Deutschen Juristentages, Band 1, 2006, S. C 1ff.; *Verrel, Torsten,* In dubio pro vita – Überlegungen zur Behandlungsbegrenzung aus „objektiven" Gründen, in: Festschrift für Günther Jakobs, 2007, S. 715ff.; *Verrel, Torsten,* Ein Grundsatzurteil? – Jedenfalls bitter nötig!, NStZ 2010, S. 671ff.; *Vöhringer, Caroline,* Tötung auf Verlangen, 2008; *Walter, Tonio,* Sterbehilfe: Teleologische Reduktion des § 216 StGB statt Einwilligung! Oder: Vom Nutzen der Dogmatik, ZIS 2011, S. 76ff.; *Wassermann, Rudolf,* Das Recht auf den eigenen Tod, in: Winau, Rolf/Rosemeier, Hans-Peter (Hrsg.), Tod und Sterben, 1984, S. 381ff.; *Wolfslast, Gabriele,* Rechtliche Neuordnung der Tötung auf Verlangen?, in: Festschrift für Hans Ludwig Schreiber, 2003, S. 913ff.; *Wolfslast, Gabriele/Weinrich, Christoph,* Über die Rechtmäßigkeit der Beendigung lebenserhaltender Maßnahmen, StV 2011, S. 286ff.; *Zielinski, Diethart,* Behandlungsabbruch bei entscheidungsunfähigen Patienten, ArztR 1995, S. 188ff.

Inhaltsübersicht

Michael Pawlik

I. Strafrecht und Autonomieprinzip

Der Grundsatz der Selbstbestimmung des Patienten bildet nach heutigem Verständnis den „Dreh- und Angelpunkt des Arzt-Patienten-Verhältnisses".[1] Über jemanden zu *bestimmen* bedeutet, ihm die Inhalte seines Handelns vorzuschreiben und dadurch Herrschaft über ihn auszuüben.[2] Die Besonderheit der *Selbst*bestimmung besteht darin, dass Herrschender und Beherrschter identisch sind:[3] Wer selbstbestimmt lebt, lässt sich seine Handlungsinhalte nicht von anderen vorgeben, sondern setzt sie nach Maßgabe seiner Wertüberzeugungen und Ziele eigenständig fest.[4] „Selbstbestimmung aktiviert Freiheit, vollzieht, ja vollstreckt sie gewissermaßen."[5] Umgekehrt trifft den autonom Handelnden die Verantwortung, die Folgen seiner Selbstbestimmung zu übernehmen.[6] „Verantwortung ist die Kehrseite der generalisierten Vermutung unserer Autonomie."[7] Dass eine Handlung selbstbestimmt (autonom) ist, ermöglicht es daher, sie im Falle ihrer Rechtswidrigkeit dem Täter zur Schuld zuzurechnen. Der Selbstbestimmungsgedanke begründet die Verantwortlichkeit des Handelnden allerdings nicht nur für das, was er anderen, sondern auch für das, was er sich selbst antut. Strafrechtlich gesehen handelt es sich deshalb bei eigenverantwortlichen Selbstschädigungen – dazu gehören auch von der Einwilligung des Betroffenen getragene Eingriffe anderer Personen[8] – um *Interna* des Verletzten. Da eine Rechtsgemeinschaft, die das Strafrecht auf die Erhal- 1

1 *Schneider*, in: Münchener Kommentar zum Strafgesetzbuch (MünchKommStGB), Band 3, 2003, Vor §§ 211ff. Rn. 105. – Ausführlich jüngst *Geißendörfer*, Selbstbestimmung, S. 60ff.; *Schork*, Ärztliche Sterbehilfe, S. 24ff.

2 *Fisch* Das Selbstbestimmungsrecht der Völker, 2010, S. 26. – Nicht von ungefähr ist der ursprüngliche Ort des Autonomiebegriffs die Staatslehre (näher *Pohlmann*, Art. „Autonomie" in: Ritter [Hrsg.], Historisches Wörterbuch der Philosophie, Bd. 1, 1971, Sp. 701f.; *v. Ungern-Sternberg*, in: Battegay/Rauchfleisch [Hrsg.], Menschliche Autonomie, 1990, S. 9ff.).

3 *Fisch*, (Fn. 2); *Hollerbach*, Selbstbestimmung im Recht, 1996, S. 16; *Stratenwerth*, in: Battegay/Rauchfleisch (Hrsg.), Menschliche Autonomie, S. 39.

4 Exemplarisch *Höffe*, Art. „Freiheit" in: ders. (Hrsg.), Lexikon der Ethik, 4. Aufl. 1992, S. 70ff.

5 *Hollerbach*, (Fn. 3), S. 18. – Die Behauptung *Roxins* (Einwilligung. Persönlichkeitsautonomie und tatbestandliches Rechtsgut, in: FS für Amelung, 2009, S. 269, 282), der Autonomiegedanke beinhalte „in erster Linie das Recht des Menschen, in seiner Körperintegrität und in seinem Eigentum unbeeinträchtigt zu bleiben" und „erst in zweiter Linie [...] das Recht, über seinen Körper oder sein Eigentum nach eigenem Willen zu disponieren", stellt die tatsächlichen systematischen Verhältnisse auf den Kopf. Das *negative* Recht, in Ruhe gelassen zu werden, bedarf zu seiner Rechtfertigung einer *positiven* Fundierung in Form des Anspruchs auf eine selbstbestimmte Gestaltung des eigenen Daseins.

6 Exemplarisch *Jakobs*, Das Schuldprinzip, 1993, S. 34; aus der medizinrechtlichen Literatur *Rieger* Die mutmaßliche Einwilligung in den Behandlungsabbruch, S. 35; *Taupitz*, Empfehlen sich zivilrechtliche Regelungen zur Absicherung der Patientenautonomie am Ende des Lebens?, in: Deutscher Juristentag (Hrsg.), Verhandlungen des 63. Deutschen Juristentages, 2000, S. A 1, A 13.

7 *Gosepath*, Gleiche Gerechtigkeit, 2004, S. 367.

8 Dazu unter IV.1.

tung der Bedingungen eines freiheitlichen Zusammenlebens beschränkt,[9] nur Verletzungen *fremder* Rechtsgüter unter Strafe stellen kann, dürfen Beeinträchtigungen, die auf dem vollverantwortlichen Willen des Betroffenen selbst beruhen, nicht zum Anknüpfungspunkt strafrechtlicher Verbote gemacht werden. Vor allem um diese Ausprägung des Selbstbestimmungsgrundsatzes geht es, wo der Umgang des Strafrechts mit dem Verlangen eines Kranken nach vorzeitiger Lebensbeendigung auf dem Prüfstand steht.

2 So schneidig dieser Grundsatz daherkommt, so unklar ist allerdings seine genaue Reichweite. Klärungsbedürftig ist zunächst, wann von einer *rein privaten Entscheidung* in dem soeben erläuterten Sinne gesprochen werden kann. Die Dispositionsfreiheit desjenigen, der sich selbst verletzt, reicht nur so weit, wie ihm – in zivilrechtlicher Terminologie gesprochen – ein unbelastetes Recht an dem von ihm preisgegebenen Belang zusteht. Ist seine Rechtsposition hingegen mit Verpflichtungen gegenüber Dritten, zumal der Allgemeinheit, belastet, so verliert sein Verhalten die Eigenschaft, *bloße* Selbstverletzung zu sein, und weist *auch* den Charakter einer Fremdverletzung auf.[10] Über fremde Rechtspositionen aber darf niemand allein mit der Begründung disponieren, dies entspreche nun einmal seinem Willen. Die Frage nach den Grenzen der Dispositionsfreiheit fällt insofern zusammen mit der Frage nach Belastungen durch anderweitige Pflichtbindungen. Die soziale Einbindung des einzelnen Menschen ermöglicht es, in fast allem, was er tut, eine mittelbare Beeinträchtigung fremder Belange zu sehen. Wer eine Verpflichtung der Staatsbürger annimmt, ihr Leben und ihre Gesundheit zugunsten des Staates zu erhalten, wird deshalb nicht einmal den Suizid als eigene Angelegenheit des Sterbewilligen betrachten und deshalb den Suizidversuch, zumindest aber die Beteiligung an einer Selbsttötung, unter Strafe stellen.[11]

3 Offen ist des Weiteren, welche Anforderungen an das *Vorliegen einer selbstbestimmten Entscheidung* zu stellen sind. Die Autonomie von Entscheidungen „ist nicht wesensmäßig vorfindbar, empirisch messbar oder psychologisch diagnostizierbar, sondern bezeichnet ein kontingentes normatives Konstrukt".[12] Je anspruchsvoller der Autonomiebegriff gefasst wird, desto größer ist die Zahl der Entscheidungen, die den so umschriebenen Schwellenwert nicht erreichen und daher unter formell vollständiger Achtung des Selbstbestimmungsgedankens zum Anknüpfungspunkt strafrechtlicher Verbote gemacht werden dürfen.[13] So ist es ein

9 Näher *Pawlik*, Staatlicher Strafanspruch und Strafzwecke, in: Schumann (Hrsg.), Das strafende Gesetz im sozialen Rechtsstaat, 2010, S. 84ff.

10 *Klee*, Selbstverletzung und Verletzung eines Einwilligenden, GA 48 (1901), S. 177, 178.

11 In diesem Sinne noch *Schmidhäuser*, in: FS für Welzel, S. 801, 810ff.

12 *Fateh-Moghadam*, Grenzen des weichen Paternalismus — Blinde Flecken der liberalen Paternalismuskritik, in: ders. u.a. (Hrsg.), Grenzen des Paternalismus, 2010, S. 21, 27.

13 *Anderheiden u.a.* Einleitung, in: dies., Paternalismus und Recht, 2006, S. 1; *Ellscheid*, Das Paternalismusproblem im System der Kant'schen Moralphilosophie, in: (Hrsg.), Fateh-Moghadam u.a. Grenzen des Paternalismus, S. 182, 187; *Gutwald*, Autonomie, Rationalität und Perfektionismus

großer Unterschied, ob man Autonomie mit *Mill* schlicht als den Inbegriff dessen auffasst, was eine Person zu einem bestimmten Zeitpunkt tatsächlich will,[14] oder ob man sie mit *Kant* als Gesetzgebung der reinen praktischen Vernunft versteht.[15] Autoren, die Autonomie im kantischen Sinne begreifen, betrachten beispielsweise den Suizid als per se unvernünftigen und aus diesem Grund dem Autonomieanspruch des Suizidenten zuwiderlaufenden Akt.[16]

Angesichts der Variabilität seiner Anwendungsvoraussetzungen lässt sich das grundsätzliche Bekenntnis zum Selbstbestimmungsgedanken folglich mit ganz unterschiedlichen Regelungsmodellen vereinbaren. Bezogen auf den Komplex der Sterbehilfe reicht das Spektrum der in Betracht kommenden Regelungen von ultraliberalen bis zu hart-paternalistischen bzw. staatsfixierten Konzeptionen. Die Entwicklung in Deutschland weist seit geraumer Zeit in Richtung Liberalisierung. Eine Verpflichtung der Staatsbürger, ihr Leben und ihre Gesundheit zugunsten des Staates zu erhalten, wie sie von dem Aufklärungsphilosophen *Christian Wolff*, aber auch noch bis weit in das 20. Jahrhundert hinein angenommen wurde,[17] wird heute einhellig abgelehnt. Zwar ist es auch in einem freiheitlichen Staat jemandem, der mit einer gefahrvollen öffentlichen Aufgabe betraut worden ist, nicht gestattet, sich ihr dadurch zu entziehen, dass er sich selbst verstümmelt; ein solches Verhalten steht als Desertion unter Strafe (§ 17 WStG, § 109 StGB) und lässt sich nicht qua Notstand rechtfertigen oder entschuldigen (§§ 34 S. 2, 35 Abs. 1 S. 2 HS 1 Var. 2 StGB). Eine pauschale Verpflichtung des Einzelnen, sich zugunsten der Allgemeinheit zu erhalten, ist jedoch unvereinbar mit dem Primat personaler Freiheit.[18] Aber auch subtilere 4

– Probleme des weichen Paternalismus im Rechtfertigungsmodell der Bounded Rationality, in: Fateh-Moghadam u.a. (Hrsg.), Grenzen des Paternalismus, S. 73, 82; *Kirste*, Harter und weicher Rechtspaternalismus, JZ 2011, S. 805, 806; *Mayr*, Grenzen des weichen Paternalismus II – Zwischen Harm-Principle und Unvertretbarkeit, in: Fateh-Moghadam u.a. (Hrsg.), Grenzen des Paternalismus, 2010, S. 48, 50; *Klimpel*, Bevormundung oder Freiheitsschutz?, 2003, S. 28; *Tenthoff*, Tötung auf Verlangen, S. 103; *Vossenkuhl*, Paternalismus, Autonomie und Rechtspflichten gegen sich selbst, in: von Hirsch u.a. (Hrsg.), Paternalismus im Strafrecht, 2010, S. 275, 280.

14 Vgl. *Mill*, Über die Freiheit, 1859 (1991), S. 21.

15 Vgl. *Kant*, Kritik der praktischen Vernunft, 1788 (1984), A 59.

16 *Köhler*, Strafrecht, Allgemeiner Teil, 1997, S. 255; *ders.*, JRE 14 (2006), S. 425, 436ff.; *Kahlo*, in: Anderheiden u.a. (Hrsg.), Paternalismus und Recht, S. 259, 266.

17 Vgl. etwa *Wolff*, Vernünftige Gedanken von dem gesellschaftlichen Leben der Menschen und insonderheit dem gemeinen Wesen – „Deutsche Politik“, 1721 (2004), S. 281; *Feuerbach*, Lehrbuch des gemeinen in Deutschland gültigen Peinlichen Rechts, 14. Aufl. 1847, S. 404; *Schmidhäuser*, in: FS für Welzel, S. 801, 817; ansatzweise auch *Jescheck*/*Weigend*, Lehrbuch des Strafrechts, Allgemeiner Teil, 5. Aufl. 1996, S. 379; *Engisch*, Die Strafwürdigkeit der Unfruchtbarmachung mit Einwilligung, in: FS für Hellmuth Mayer, 1966, S. 399, 408; *Eser*, Freiheit zum Sterben – Kein Recht auf Tötung, JZ 1986, S. 786ff. und *Weigend*, Über die Begründung der Straflosigkeit bei Einwilligung des Betroffenen, ZStW 98 (1986), S. 44, 62f., 65f.

18 *Bottke*, Suizid und Strafrecht, S. 49f.; *Chatzikostas*, Disponibilität des Rechtsgutes Leben, S. 227f.; *Dölling*, Fahrlässige Tötung bei Selbstgefährdung des Opfers, GA 1984, S. 71, 85; *Dreier*, Grenzen des Tötungsverbotes – Teil 2, JZ 2007, S. 317, 319; *Fischer*, Recht auf Sterben?, S. 260;

Inanspruchnahmen des Einzelnen zugunsten fremder Belange, wie sie den aus der Diskussion um § 216 StGB bekannten Argumenten des Tabuschutzes und eines ansonsten drohenden Dammbruchs zugrunde liegen, werden zunehmend kritischer gesehen.[19] Damit einher geht eine Entlastung des Autonomiebegriffs von überindividuellen Vernünftigkeitsmaßstäben. Eine autonome Entscheidung setze nicht mehr voraus, als dass sie im Einklang mit der eigenen Wertordnung getroffen werde;[20] bei ihr handle es sich um „die aus der eigenen Perspektive richtige ‚Antwort' auf die unverfügbaren Vorgaben der Entscheidung."[21]

5 In den letzten Jahren hat diese Tendenz einen weiteren Schub erhalten. Die Zulässigkeitsvoraussetzungen des Behandlungsabbruchs (der herkömmlich so bezeichneten passiven Sterbehilfe) sind vom BGH unter dem Einfluss der §§ 1901aff. BGB neu bestimmt und im Ergebnis nicht unbeträchtlich erweitert worden.[22] Die Statthaftigkeit tätlicher Behandlungsabbrüche – der Sache nach handelt es sich dabei um aktive Sterbehilfemaßnahmen – begründen BGH und Schrifttum zudem mit Erwägungen, die geradezu dazu einladen, sie auf weitere Fälle aktiver Sterbehilfe anzuwenden (II.). Das Gleiche gilt für die neueren Rechtfertigungen der so genannten indirekten Sterbehilfe, bei der es sich ebenfalls um eine Sonderform aktiver Euthanasie handelt (III.). Bewegung gibt es auch im Restbereich der aktiven Sterbehilfe. Sowohl im Umgang der Praxis mit § 216 StGB als auch in der wissenschaftlichen Diskussion gewinnt die Einsicht an Boden, dass das Selbstbestimmungsrecht des Sterbewilligen eine restriktive Interpretation dieser Vorschrift gebietet (IV.).

6 Der Selbstbestimmungsgrundsatz eröffnet dem Kranken das Recht, die *Nichtausschöpfung* eines objektiv vorgegebenen Behandlungsstandards zu verlangen. Bei diesem Recht handelt es sich mithin um ein dem *status negativus* des Patienten zuzuordnendes Abwehrrecht und nicht um eine anspruchsbegründende Rechtsposi-

---

Gallas, Beiträge zur Verbrechenslehre, 1968, S. 168, 179; *Göbel,* Die Einwilligung im Strafrecht als Ausprägung des Selbstbestimmungsrechts, 1992, S. 33; *Grünewald,* Das vorsätzliche Tötungsdelikt, 2010, S. 293f.; *Hillgruber,* Die Würde des Menschen am Ende seines Lebens – Verfassungsrechtliche Anmerkungen, ZfL 2006, S. 70, 75; *Ingelfinger,* Grundlagen und Grenzbereiche des Tötungsverbots, S. 183f.; *Kargl,* in: Institut für Kriminalwissenschaften und Rechtsphilosophie (Hrsg.), Jenseits des rechtsstaatlichen Strafrechts, S. 396; *Arthur Kaufmann,* MedR 1983, S. 121, 124; *ders.,* in: 1. FS für Roxin, S. 851; *Kirste,* JZ 2011 (Fn. 13), S. 810; *Klimpel,* (Fn. 13), S. 62, 72f.; *Köhler,* ZStW 104 (1992) (Fn. 16), S. 21f.; *Kubiciel,* JZ 2009, S. 600; *ders.,* JA 2011, S. 86, 90; *Maatsch,* Selbstverfügung als intrapersonaler Rechtspflichtverstoß, 2001, S. 44f.; *Mosbacher,* Strafrecht und Selbstschädigung, 2001, S. 177; *Müller,* § 216 als Verbot abstrakter Gefährdung, S. 37; *Roxin,* in: FS für Dreher, S. 331, 337f.; *R. Schmitt,* Strafrechtlicher Schutz des Opfers vor sich selbst? Gleichzeitig ein Beitrag zur Reform des Opiumgesetzes, in: FS für Maurach, 1972, S. 113, 117; *Tenthoff,* Tötung auf Verlangen, S. 147f., 228f.; *Vöhringer,* Tötung auf Verlangen, S. 33, 62.

19 Dazu unter IV.3.

20 Umfassend *Gkountis,* Autonomie und strafrechtlicher Paternalismus, S. 101ff.

21 *Gosepath,* (Fn. 7), S. 374.

22 *Fischer,* in: 2. FS für Roxin, S. 557, 572; *Kutzer,* in: FS für Rissing-van Saan, S. 337, 355.

tion.[23] Deshalb kann sich das Selbstbestimmungsrecht „von vornherein nur im Rahmen des ärztlichen Behandlungsangebots entfalten, das wiederum durch die medizinische Indikation bestimmt wird".[24] Eine *Überschreitung* dieses Behandlungsniveaus kann der Patient unter Berufung auf sein Selbstbestimmungsrecht hingegen nicht erzwingen.[25] Auf den ersten Blick scheint die medizinische Indikation ein selbstverständliches und unproblematisches Kriterium für den Zugang zu einer Heilbehandlung zu sein. „In der praktischen Anwendung jedoch zeigen sich die Tücken dieses Kriteriums."[26] Die Anforderungen an eine medizinische Indikation bzw. Kontraindikation können häufig enger oder weiter gefasst und auf diesem Weg den wirtschaftlichen Gegebenheiten angepasst werden.[27] Eine unter dem Mantel der (fehlenden) medizinischen Indikation betriebene Herabsetzung von Behandlungsstandards dürfte insbesondere zu Lasten älterer Patienten gehen, da wegen deren regelmäßig schwächerer physischer Konstitution mit höheren Komplikationsraten und einer geringeren Überlebensdauer zu rechnen ist.[28]

Aber nicht nur der vermeintlich rein naturwissenschaftliche Begriff der medizi- 7
nischen Indikation, sondern auch der seinem eigenen Anspruch nach strikt am Patientenwillen ausgerichtete Autonomiediskurs weist untergründige Querverbindungen zu wirtschaftlichen Interessen auf. Zum einen wird der Lebenswille hilfsbedürftiger Menschen durch die materiellen Rahmenbedingungen ihres Daseins erheblich beeinflusst. „Ein elendes Sein als Last für sich und andere schafft sich das Bewusstsein, das den Tod als Erlösung verlangt."[29] Zum anderen sind die Fallgruppen, die im Zentrum der Debatte über einen selbstbestimmten und würdigen Tod stehen, zugleich auch die ökonomisch heikelsten. „Oft sind es gerade die apparativ und personell besonders aufwendigen Maßnahmen der Intensivmedizin, die sowohl den

---

23 BGH NJW 2003, 1592; *Eser*, in: Schönke/Schröder, Strafgesetzbuch, 28 Aufl. 2010, Vorbem. §§ 211ff. Rn. 25; *Geißendörfer*, Selbstbestimmung, S. 136; *Klöpperpieper*, Patientenverfügung und Strafrecht, FPR 2010, S. 260, 263; *Lipp*, in: Kettler u.a. (Hrsg.), Selbstbestimmung am Lebensende, S. 89, 95; *ders./Klein*, FPR 2007, S. 56, 56; *Schork*, Ärztliche Sterbehilfe, 2008, S. 39f., 185; *Sternberg-Lieben*, in: FS für Seebode, S. 401, 408; *Taupitz*, 63. DJT (Fn. 6), S. A 23; *Verrel*, in: Deutscher Juristentag (Hrsg.), Verhandlungen des 66. Deutschen Juristentages, S. C 1, C 99; *ders.*, JZ 1996, S. 224, 226.

24 *Verrel*, 66. DJT, S. C 1, C 99. – Ebenso *Lipp/Klein*, ZPR 2007, S. 56, 56f.; *Schork*, Ärztliche Sterbehilfe, S. 185; *Taupitz*, 63. DJT (Fn. 6), S. A 23f.

25 *Geißendörfer*, Selbstbestimmung, S. 55, 130f., 136; *Künschner*, Behandlungsverzicht und Patientenauswahl, S. 154; *Taupitz*, 63. DJT (Fn. 6), S. A 23.

26 *Künschner*, Behandlungsverzicht und Patientenauswahl, S. 91.

27 *Künschner*, Behandlungsverzicht und Patientenauswahl, S. 14, 187, 384; *Opderbecke*, Grenzen der ärztlichen Behandlungspflicht, in: Eser (Hrsg.), Suizid und Euthanasie, 1976, S. 136, 141; *Schürch*, Rationierung in der Medizin, S. 43, 52, 93. – Von einem „medizinischen Korridor" spricht plastisch *Fuchs*, Was heißt hier Rationalisierung?, in: Nagel/Fuchs (Hrsg.), Rationalisierung und Rationierung im deutschen Gesundheitswesen, 1998, S. 42, 50.

28 *Künschner*, Behandlungsverzicht und Patientenauswahl, S. 61f., 95.

29 *Künschner*, Behandlungsverzicht und Patientenauswahl, S. 153.

Vorwurf sinnloser und quälender Lebensverlängerung als auch die Frage nach der Verhältnismäßigkeit von Aufwand und Kosten aufkommen lassen. Oder es wird in Fällen langandauernder Bewusstlosigkeit (z.B. bei Apallikern) gleichermaßen die Frage nach dem Sinn weiterer Verlängerung eines nicht mehr bewussten und kommunikationsfähigen Lebens gestellt wie nach der Finanzierbarkeit und der ‚Sinnlosigkeit' des mit der Pflege dieser Patienten verbundenen Aufwandes."[30]

8 Die Abwägung zwischen den Kosten und dem vermutlichen Nutzen einer Behandlung ist, wie der BGH-Richter *Thomas Fischer* kürzlich feststellte, „seit jeher Teil einer rationalen, verantwortlichen ärztlichen Behandlungs- und Auswahlentscheidung".[31] Jedoch sind ökonomisch begründete Einschränkungen medizinischer Leistungen gegenüber Schwerkranken und Sterbenden der juristischen und außerjuristischen Öffentlichkeit weitaus schwerer zu vermitteln als Therapiebegrenzungen, die auf den Autonomiegedanken gestützt werden. In der ansonsten sehr lebhaft geführten Euthanasiedebatte wird der Umstand, dass das Sterben unter den Bedingungen der modernen Hochleistungsmedizin auch gravierende Kostenprobleme aufwirft, zumeist „schamhaft verschwiegen".[32] Die Autonomiesemantik hat, so betrachtet, die Wirkung einer „Rettungsinsel":[33] Innerhalb ihres Anwendungsbereichs macht sie offene Kosten-Nutzen-Abwägungen entbehrlich[34] und verschafft dadurch Ergebnissen, die als ökonomisch sinnvoll betrachtet werden, eine gleichsam unverdächtige Begründungsbasis.[35]

9 Zu dieser Abschirmung ökonomischer Interessen ist die Autonomiesemantik nicht zuletzt deshalb imstande, weil die Wertschätzung autonomen Entscheidens

30 *Künschner*, Behandlungsverzicht und Patientenauswahl, S. 113.

31 *Fischer*, in: 2. FS für Roxin, S. 557, 568.

32 Schneider, in: MünchKommStGB (Fn. 1), Vor §§ 211ff. Rn. 88. – Von einer „generellen Verdrängungsstrategie" spricht *Schürch*, Rationierung in der Medizin, S. 61; ähnlich *Lauter*, Ärztliche Überlegungen zur aktuellen Euthanasiediskussion, in: GS Wyss, 1985, S. 177f.

33 *Künschner*, Behandlungsverzicht und Patientenauswahl, S. 140.

34 Dass schwerkranke Patienten stets eine optimale Therapie erhalten müssten, ohne dass Kostenerwägungen dabei eine Rolle spielen dürften, vertreten etwa *Dörner*, ZRP 1996, S. 93, 94ff.; *Duttge*, NStZ 2006, S. 479, 482f.; *Gutmann*, Gleichheit vor der Rationierung, in: ders./Schmidt (Hrsg.), Rationierung und Allokation im Gesundheitswesen, 2002, S. 179, 180f.; *G. Hirsch*, ZRP 1986, S. 241; *Künschner*, Behandlungsverzicht und Patientenauswahl, S. 309, 381ff.; *Kutzer*, MedR 2001, S. 77, 79; *Tolmein*, KJ 1996, S. 510, 521f.; *Weber/Vogt-Weber*, Computerprognose – Ärztliche Entscheidung zwischen Statistik und Intuition, MedR 1999, S. 204, 208f. – Gegen eine kategorische Ausblendung von Kostenerwägungen aus Entscheidungen über Therapiebegrenzungen *Marckmann*, Alter als Verteilungskriterium in der Gesundheitsversorgung, in: Buyx/Schöne-Seifert (Hrsg.), Gerecht behandelt?, 2006, S. 163, 179f.; *Nagel*, Passive Euthanasie, S. 106ff.; *Opderbecke*, Grenzen der Intensivmedizin, MedR 1985, S. 23, 28; *Prinz*, Welche Probleme im Gesundheitssystem sind ohne ethische Vorgaben unlösbar? in: Kettner/Koslowski (Hrsg.), Wirtschaftsethik in der Medizin (2011), S. 22; *Schork*, Ärztliche Sterbehilfe, S. 189; *Spickhoff*, Die Patientenautonomie am Lebensende – Ende der Patientenautonomie?, NJW 2000, S. 2297, 2298; *Stratenwerth*, SchwZStr 95 (1978), S. 60, 78; *Taupitz*, 63. DJT (Fn. 6), S. A 25f.

35 Ähnlich *Künschner*, Behandlungsverzicht und Patientenauswahl, S. 120.

eine Marginalisierung solcher Individuen nach sich zieht, die zu einer selbstbestimmten Lebensführung nicht (mehr) imstande sind. Die Tendenz des neueren Schrifttums, den Kreis der Fälle zu erweitern, in denen eine einseitige, d.h. nicht vom Willen des Patienten getragene Therapiebegrenzung zulässig ist, belegt die Wirksamkeit dieser häufig vernachlässigten Kehrseite der Emanzipationsformel „Autonomie" (V.). Dies festzustellen bedeutet keineswegs, die Autonomiediskussion unter einen pauschalen Ideologieverdacht zu stellen. Es bezeichnet aber ein *caveat* gegenüber einer unkritischen Überhöhung des Autonomiegedankens im Medizinstrafrecht. Es wäre jedenfalls naiv, den diskursiven Erfolg des Autonomiegrundsatzes allein auf seine rechtsethische Überzeugungskraft zu stützen und seine ökonomisch willkommenen Folgewirkungen gänzlich außer Acht zu lassen.

II. Behandlungsabbruch („passive Sterbehilfe")

Von Natur aus ist das Sterben ein verhältnismäßig gnädiger Vorgang. Der Mensch 10 hört auf, Flüssigkeit aufzunehmen und nachhaltig zu atmen. Baldige Bewusstlosigkeit und schließlich der Tod sind die Folge. Solange die Medizin nur geringe Möglichkeiten hatte, diese Vorgänge zu beeinflussen, erschien der Tod als ein Geschick, das man so entgegenzunehmen hatte, wie es kam. Seitdem es unzählige medikamentöse und technische Wege gibt, den natürlichen Verlauf aufzuhalten oder zu verzögern, muss dagegen entschieden werden, was im einzelnen Fall getan werden soll und was nicht. Damit ist der Bereich der herkömmlich so genannten passiven Sterbehilfe erreicht. Darunter versteht man die Nichteinleitung bzw. den Abbruch lebensverlängernder Maßnahmen.[36] Die praktische Bedeutsamkeit der passiven Sterbehilfe ist außerordentlich groß. Unter den rund 850.000 jährlichen Sterbefällen in Deutschland befinden sich nach vorsichtigen Schätzungen etwa 300.000 bis 400.000 Patienten, bei denen behandlungsbegrenzende Entscheidungen zu treffen sind.[37] Welche Maßstäbe gelten dabei?

Anerkannt ist, dass ein entscheidungsfähiger Patient jede Behandlung, auch 11 eine lebenserhaltende Maßnahme, ablehnen darf, selbst wenn die Entscheidung vom Arzt als unvernünftig bewertet wird. Durch die Verweigerung seiner Einwilligung kann der Patient somit den Verzicht auf die betreffenden Maßnahmen erzwingen.[38] Hier tritt das Selbstbestimmungsrecht in seinem Kerngehalt als Abwehrrecht

36 Im Einzelnen geht es dabei um sehr verschiedene Entscheidungen in ganz unterschiedlichen klinischen Kontexten; instruktiv dazu *Bosshard u.a.*, DMW 2005, S. 2887ff.

37 *Janes/Schick*, NStZ 2006, S. 484, 484. – Die Vergleichszahlen aus europäischen Nachbarländern schwanken zwischen 6 Prozent (Italien) und 41 Prozent (Schweiz): *Geth*, Passive Sterbehilfe, S. 27.

38 BGHSt 11, 111ff.; *Fischer*, StGB, 58. Aufl. 2011, Vor § 211 Rn. 42; *Schneider*, in: MünchKommStGB (Fn. 1), Vor §§ 211ff. Rn. 105; Neumann, in: Nomos-Kommentar (NK), Strafgesetzbuch, Band 2, 3. Aufl. 2010, Vor § 211 Rn. 103ff.; *Sinn*, in: Systematischer Kommentar zum Strafgesetzbuch (SK),

auf:[39] Der Einzelne darf nach Maßgabe seiner individuellen Wertvorstellungen darüber bestimmen, wie mit seinem Körper umgegangen werden soll; er braucht bei seiner Entscheidung keine Rücksicht auf etwaige Belange der Allgemeinheit zu nehmen.

12 In der Praxis sind die Patienten, in Bezug auf die eine Änderung des Therapieziels in Betracht kommt, allerdings zumeist entweder bewusstlos oder doch jedenfalls in ihrer Aufnahmefähigkeit stark eingeschränkt. Um in Fällen, in denen ein Patient aufgrund krankheits-, unfall- oder altersbedingter Degeneration nicht mehr in der Lage ist, sich selbstbestimmend zu äußern, seinem Willen dennoch zur Geltung zu verhelfen, kann er sich des Instruments einer *Patientenverfügung* bedienen. Zwar lässt sich mit guten Gründen die Frage stellen, ob ein Behandlungsverzicht, der vorab für den Fall der Einwilligungsunfähigkeit erklärt wird, wirklich bindend sein soll: Schwere Krankheiten und die damit einhergehende Pflegebedürftigkeit lassen sich ebenso wenig abstrakt vorstellen wie die Einstellung gegenüber medizinisch notwendigen Behandlungen.[40] Der Bundestag hat jedoch anders entschieden und in den §§ 1901aff. BGB Patientenverfügungen eine sehr weit reichende Bindungswirkung zugesprochen. Der BGH hat mittlerweile in zwei wichtigen Entscheidungen – dem Fuldaer und dem Kölner Fall – klargestellt, dass diese Neuregelung unter dem Gesichtspunkt der Einheit der Rechtsordnung auch im Bereich des Strafrechts zu beachten ist.[41] Liegt eine hinreichend aussagekräftige Patientenverfügung vor, muss der behandelnde Arzt sie also umsetzen, andernfalls macht er sich strafbar.[42] Sofern umgekehrt die in den §§ 1901aff. BGB enthaltenen Kautelen beachtet worden sind, ist ein Behandlungsabbruch auch strafrechtlich zulässig.[43] Im Ergeb-

---

Stand: 125. Lfg., § 212 Rn. 52; *Roxin,* in: ders./Schroth (Hrsg.), Handbuch des Medizinstrafrechts, S. 75, 92f.

39 *Fateh-Moghadam,* Die Einwilligung in die Lebendorganspende, 2008, S. 74ff.

40 Zwischenbericht Enquete-Kommission Ethik und Recht in der modernen Medizin, BT-Drucks. 15/3700, S. 10, 12; *Höfling,* JuS 2000, S. 111, 115f.

41 BGHSt 55, 200; BGH StV 2011, 283f. – Zustimmend *Bartsch,* in: FS für Achenbach, S. 13, 25; *Eidam,* GA 2011, S. 232, 237f.; *Gaede,* NJW 2010, S. 2925, 2926ff.; *Kubiciel,* ZJS 2010, S. 656, 660; *Kutzer,* in: FS für Rissing-van Saan, S. 337, 352ff.; *Rosenau,* in: FS für Rissing-van Saan, S. 547, 559; *Spranger,* Keine strikte Trennung von aktiver und passiver Sterbehilfe, SuP 2010, 797, 803; *T. Walter,* ZIS 2011, S. 76, 81; *Wolfslast/Weinrich,* StV 2011, S. 286.

42 Einzelheiten bei *Reus,* JZ 2010, S. 80, 83f.

43 Im Kölner Fall erweckt der BGH allerdings den Eindruck, dass die Abhängigkeit der strafrechtlichen Beurteilung von den Vorgaben des Betreuungsrechts auch in umgekehrter Richtung wirke, eine Entlastung von strafrechtlicher Verantwortlichkeit also ausscheide, wenn diese Vorgaben nicht eingehalten worden seien (BGH StV 2011, 283f.). Dies vermag jedoch nicht zu überzeugen (ebenso *Engländer,* JZ 2011, S. 513, 519; *Hirsch,* JR 2011, S. 37, 39; *Rosenau,* in: FS für Rissing-van Saan, S. 547, 563; *Sternberg-Lieben,* in: 2. FS für Roxin, S. 537, 548ff.; *Verrel,* 66. DJT, S. C 1, C 99; *ders.,* NStZ 2010, S. 671, 674f.; *Wolfslast/Weinrich,* StV 2011, S. 286, 288f.; anders *Olzen/Metzmacher,* JR 2011, S. 318, 319; *Walter,* ZIS 2011, S. 76, 81) und ist vom BGH offenbar auch nicht so gemeint worden (klarstellend *Rissing-van Saan,* ZIS 2011, S. 544, 548). Ein bloßer Verstoß gegen Verfahrensvorschriften begründet noch kein Tötungsunrecht. Solange der

nis werden den mit der Sorge um den Patienten betrauten Personen dadurch erweiterte Handlungsspielräume eröffnet. Wenn beispielsweise Arzt und Betreuer übereinstimmend zu der Einschätzung gelangen, dass der Abbruch dem in der Patientenverfügung niedergelegten Willen des Kranken entspreche (und keine Anhaltspunkte für einen Missbrauch zu erkennen sind), haben die Strafgerichte dies entsprechend § 1904 Abs. 4 BGB zu respektieren.[44] Auch der in § 1901a Abs. 3 BGB festgeschriebene Verzicht auf eine Reichweitenbegrenzung von Patientenverfügungen schlägt unmittelbar auf das Strafrecht durch.[45]

Wie aber harmoniert das Recht von Patienten, einen Behandlungsabbruch zu erzwingen, mit der Regelung des § 216 StGB? Sofern sich der Behandlungsabbruch in der Nichtvornahme weiterer therapeutischer Maßnahmen erschöpft, wird ein Konflikt mit der Begründung in Abrede gestellt, dass aufgrund der verweigerten Einwilligung des Patienten in die Aufnahme oder Fortführung der betreffenden Therapie die Garantenstellung der Ärzte insoweit entfallen sei.[46] Diese Begründung geht jedoch am Kern des Problems vorbei. Wegen der mit dem Behandlungsveto verbundenen Todesfolge ist es nämlich gerade fraglich, ob dieses Veto die Garantenstellung des Arztes einzuschränken vermag oder ob es nicht vielmehr wegen der Verfügungssperre in § 216 StGB unberücksichtigt bleiben muss.[47] In aller Regel ist ein Behandlungsabbruch zudem „gar nicht so passiv, wie behauptet 13

Behandlungsabbruch dem Willen des Kranken entspricht, fehlt es an einer strafwürdigen Verletzung von dessen Rechtsgut Leben. Kurzum: Die betreuungsrechtlichen Bestimmungen wirken sich nur zugunsten, nicht aber zu Lasten des Täters aus (ebenso *Rissing-van Saan*, a.a.O., S. 544, 548).

44 BGHSt 55, 205; *Gaede*, NJW 2010, S. 2925, 2927f.

45 BGHSt 51, 196; *Wessels/Hettinger*, Strafrecht, Besonderer Teil 1, Straftaten gegen Persönlichkeits- und Gemeinschaftswerte, 34. Aufl. 2010, Rn. 39a; *Gaede*, NJW 2010, S. 2925, 2926; *Hirsch*, JR 2011, S. 37f.; *Rosenau*, in: FS für Rissing-van Saan, S. 547, 551; *Verrel*, NStZ 2010, S. 671, 674.

46 BGHSt 32, 377; *Jähnke*, in: Leipziger Kommentar zum Strafgesetzbuch (LK), 11. Aufl. 1992, Band 5, Vor § 211 Rn. 13; *Schneider*, in: MünchKommStGB (Fn. 1), Vor §§ 211ff. Rn. 105; *Achenbach*, Jura 2002, S. 545, 545f.; *Bartsch*, in: FS für Achenbach, S. 13, 16; *Beckmann*, Patientenverfügungen – zwischen Autonomie und Fürsorge, ZfL 2008, S. 49, 51f.; *Eser*, in: Auer u.a. (Hrsg.), Zwischen Heilauftrag und Sterbehilfe, S. 75, 109; *Geißendörfer*, Selbstbestimmung, S. 115; *Jäger*, Die Abwägbarkeit menschlichen Lebens im Spannungsfeld von Strafrechtsdogmatik und Rechtsphilosophie, ZStW 115 (2003), S. 765, 769; *Kahlo*, in: Anderheiden u.a. (Hrsg.), Paternalismus und Recht, S. 259, 273; *Leonardy*, DRiZ 1986, S. 281, 285; *Lilie*, in: FS für Steffen, S. 273, 275; *Otto*, in: Deutscher Juristentag (Hrsg.), 56. DJT, S. D 1, D 39f.; *Rieger* Die mutmaßliche Einwilligung in den Behandlungsabbruch, S. 44ff.; *Rosenau*, in: FS für Rissing-van Saan, S. 547, 555; *ders.*, in: 2. FS für Roxin, S. 577, 579f.; *Schmidt-Recla*, Voluntas et vita – Tertium non datur, MedR 2008, S. 181, 182; *Schork*, Ärztliche Sterbehilfe, S. 73ff.; *Zielinski*, ArztR 1995, S. 188, 191.

47 Zutreffend *Eser*, in: Schönke/Schröder (Fn. 23), Vorbem. §§ 211ff. Rn. 28; *Geth*, Passive Sterbehilfe, S. 43; *Pelzl*, KJ 1994, S. 179, 185; *Stratenwerth* SchwZStr 95 (1978), S. 60, 68; *ders.*, Tötung und Körperverletzung mit Einwilligung des Betroffenen, in: FS für Amelung, 2009, S. 355, 359.

wurde".[48] Vielmehr schließt er eine „Vielzahl überaus aktiver Handlungen" ein,[49] beispielsweise das Abschalten des Respirators oder – wie im Fuldaer Fall – das Durchtrennen eines lebenserhaltenden Schlauchs. Die herkömmliche Strafrechtsdogmatik, die für die Fälle aktiven Tuns das Erfordernis einer Garantenstellung in Abrede stellt, hat bislang überwiegend versucht, die Handlungsqualität derartiger Verhaltensweisen durch die waghalsige dogmatische Konstruktion[50] eines „Unterlassens durch Tun" hinweg zu definieren.[51] Im Fuldaer Fall hat der BGH diesen offensichtlich vom gewünschten Ergebnis diktierten Begründungsansatz[52] ausdrücklich verworfen: Die wertende Umdeutung aktiven Tuns in ein Unterlassen werde den auftretenden Problemen nicht gerecht.[53] Unter den Voraussetzungen eines zulässigen, da vom Willen des Kranken abgedeckten Behandlungsabbruchs seien vielmehr auch die dazu erforderlichen aktiven Handlungen statthaft.[54]

14 Diese Klarstellung ist ebenso begrüßenswert wie mutig, bedeutet sie doch den Abschied von der „Lebenslüge",[55] dass die aktive Sterbehilfe in Deutschland durchweg verboten sei.[56] Allerdings zieht sie erhebliche Begründungsprobleme nach sich. Am nächsten liegt es, unmittelbar auf den Grundsatz der Patientenautonomie zurückzugreifen. Diesen Weg beschreiten sowohl der BGH, der sich darauf beruft, dass die Tötungshandlung durch die Einwilligung der Patientin gerechtfertigt gewesen sei,[57] als auch die damalige Vorsitzende des entscheidenden BGH-Senats, nach deren jetziger Ansicht der Tod eines Patienten, der sich eine Weiterbehandlung verbeten habe, dem Arzt nicht objektiv zugerechnet werden kann, da dieser sich durch den Abbruch der Behandlung pflichtgemäß und rechtmäßig verhalten habe.[58] Beide Begründungen stoßen sich jedoch am Wortlaut des § 216 StGB. Offenkundig ist dies

48 *Rissing-van Saan,* ZIS 2011, S. 544, 545.

49 *Fischer,* Patientenverfügung und Sterbehilfe – Neue Orientierung durch den Bundesgerichtshof, Bucerius L.J. 2011, S. 1, 2.

50 Von einem „Griff in die dogmatische Trickkiste" spricht *Rosenau,* in: FS für Rissing-van Saan, S. 547, 555; *ders.*, in: 2. FS für Roxin, S. 577, 580.

51 Grundlegend *Roxin,* Strafrecht Allgemeiner Teil, Band 2, Besondere Erscheinungsformen der Straftat, 2003, § 31 Rn. 115ff.; *ders.*, An der Grenze von Begehung und Unterlassung, in: FS für Engisch, 1969, S. 380, 396.

52 Eindringlich *Gropp*, Das Abschalten des Respirators – ein Unterlassen durch Tun? – Zur Grenze der Normativität bei der Abgrenzung von Tun und Unterlassen, in: GS Schlüchter, 2002, S. 173, 183ff.

53 BGHSt 55, 202. – Zustimmend *Sinn,* in: SK (Fn. 38), § 212 Rn. 28, 51; *Wessels/Hettinger,* BT 1 (Fn. 45), Rn. 37; *Bosch,* JA 2010, S. 908, 910f.; *Eidam,* GA 2011, S. 232, 239; *Gaede,* NJW 2010, S. 2925, 2926; *Hirsch,* JR 2011, S. 37, 37; *Rosenau,* in: FS für Rissing-van Saan, S. 547, 555; *Spranger,* SuP 2010, S. 797, 803f.; *Verrel,* NStZ 2010, S. 671, 672.

54 BGHSt 55, 202ff. – Ebenso zuvor schon LG Ravensburg NStZ 1987, 229.

55 *Rosenau,* in: FS für Rissing-van Saan, S. 547, 548.

56 Ebenso *Eidam,* GA 2011, S. 232, 239f.; *Rosenau,* in: FS für Rissing-van Saan, S. 547, 548, 557; *ders.*, 2. FS für Roxin, S. 577, 585f.; *Wolfslast/Weinrich,* StV 2011, S. 286, 287.

57 BGHSt 55, 198.

58 *Rissing-van Saan,* ZIS 2011, S. 544, 550.

bei der Argumentation des BGH. Weshalb sollte die Einwilligung in eine Tötungshandlung rechtfertigend wirken können, wenn nach § 216 StGB nicht einmal einem ausdrücklichen und ernsthaften Verlangen diese Wirkung zukommt?[59] Aber auch der Rückgriff auf die objektive Zurechnung läuft auf eine *petitio principii* hinaus. Ob nämlich das Behandlungsveto den Arzt dazu verpflichtet, aktive Maßnahmen zu ergreifen, die zu einem vorzeitigen Todeseintritt beim Patienten führen, ist angesichts der in § 216 StGB festgeschriebenen Verfügungssperre gerade die Frage.

Ein Teil des Schrifttums sucht dem Selbstbestimmungsgrundsatz deshalb in **15** indirekter Form Rechnung zu tragen. Danach gründet die Zulässigkeit des durch aktive Maßnahmen vollzogenen Behandlungsabbruchs in dem Gedanken des rechtfertigenden Notstandes: Das Recht des Patienten auf ein seinem Willen entsprechendes menschenwürdiges Sterben verdiene in diesen Fällen den Vorrang vor seinem Recht auf Leben.[60] Dieses Argument lässt sich in zweifacher Weise verstehen. Entweder es wird ohne Weiteres die subjektive Konfliktbewertung und -entscheidung des Patienten für maßgeblich erklärt. Dann würde sich diese Auffassung freilich nur terminologisch, nicht aber inhaltlich von einer unmittelbaren Heranziehung des Autonomiegedankens unterscheiden und unterläge deshalb den obigen Bedenken. Oder aber die Notstandskonstruktion wird im Sinne einer zweistufigen Zulässigkeitsprüfung interpretiert. Der Sterbewille des Kranken fungiert demnach zwar als *conditio sine qua non* zulässiger Sterbehilfe, erforderlich ist aber zusätzlich, dass dieser Willensentschluss aus der Warte eines Außenstehenden auf nachvollziehbaren Gründen beruht. Dieser Lesart ließe sich aufgrund ihrer Anreicherung um eine zusätzliche Prüfungsstufe zwar nicht vorwerfen, sie umgehe die Wertung des § 216 StGB.[61] Sie ist jedoch aus anderen Gründen dogmatisch anfechtbar. Sowohl nach seinem Grundgedanken – Solidarität[62] – als auch nach seiner gesetzlichen Ausgestaltung – wesentliches, nicht bloß einfaches Überwiegen – ist der rechtfertigende Notstand nämlich auf interpersonale Konflikte zugeschnitten,[63]

---

59 Kritisch auch *Rengier*, Strafrecht, Besonderer Teil 2, Delikte gegen die Person und die Allgemeinheit, 12. Aufl. 2011, § 7 Rn. 7; *Bartsch*, in: FS für Achenbach, S. 13, 26; *Bosch*, JA 2010, S. 908, 911; *Duttge*, MedR 2011, S. 32, 38; *Eidam*, GA 2011, S. 232, 241; *Joerden*, in: 2. FS für Roxin, S. 593, 596; *Rosenau*, in: FS für Rissing-van Saan, S. 547, 558ff.; *Verrel*, 66. DJT, C 16; *T. Walter*, ZIS 2011, S. 76, 78.

60 *Bosch*, JA 2010, S. 908, 911; *Rosenau*, in: FS für Rissing-van Saan, S. 547, 560; *ders.*, in: 2. FS für Roxin, S. 577, 584.

61 *Kargl*, in: Institut für Kriminalwissenschaften und Rechtsphilosophie (Hrsg.), Jenseits des rechtsstaatlichen Strafrechts, S. 379, 388; *Neumann*, in: FS für Herzberg, S. 575, 583f.

62 *Erb*, in: MünchKommStGB (Fn. 1), Band 1, 2. Aufl. 2011, § 34 Rn. 6; Neumann, in: NK (Fn. 38), Band 1, 3. Aufl. 2010, § 34 Rn. 9; *Frister*, Strafrecht, Allgemeiner Teil, 4. Aufl. 2009, § 17 Rn. 1; *Kühl*, Strafrecht, Allgemeiner Teil, 6. Aufl. 2008, § 8 Rn. 9f.

63 Ebenso *Erb*, in: MünchKommStGB (Fn. 62), § 34 Rn. 30, 32; *Baumann/Weber/Mitsch*, Strafrecht, Allgemeiner Teil, 11. Aufl. 2003, § 17 Rn. 54; *Jakobs*, Strafrecht, Allgemeiner Teil, 2. Aufl. 1993, 13/34; *Kindhäuser*, Strafrecht, Allgemeiner Teil, 5. Aufl. 2011, § 17 Rn. 33; *Köhler*, Allgemeiner Teil (Fn. 16), S. 294; *Maurach/Zipf*, Strafrecht, Allgemeiner Teil 1, 8. Aufl. 1992, § 27 Rn. 28; *Engländer*,

während bei der passiven Sterbehilfe Eingriffsadressat und Begünstigter personidentisch sind.[64]

16 In methodischer Hinsicht führt deshalb kein Weg an einer teleologischen Reduktion des § 216 StGB vorbei.[65] Es muss nachgewiesen werden, dass diese Vorschrift ihrem Sinn und Zweck nach gewisse Fallkonstellationen – *in concreto* diejenige des einverständlichen Behandlungsabbruchs – von vornherein nicht erfasst. Dieser Nachweis lässt sich in der Tat führen.[66] Wie an späterer Stelle gezeigt wird, besteht das Telos des § 216 StGB in einem (weich-paternalistischen) Schutz Sterbewilliger vor unsachgemäßen Entscheidungen.[67] Inhaltlich bedeutet dies, dass der Sterbewunsch des Patienten ebenso wie in der zweiten Variante des Notstandsarguments einer objektiven Verständigkeitsprüfung unterzogen werden muss. Die damit für gewöhnlich verbundenen Beurteilungsprobleme werden im Fall des Behandlungsabbruchs den Ärzten vom Gesetz abgenommen. Den §§ 1901a ff. BGB lässt sich nämlich die Wertung entnehmen, dass der Gesetzgeber das Behandlungsveto Kranker generell als eine sachgemäße Wahrnehmung ihrer Belange ansieht.

17 Die drei vorstehenden Begründungsansätze haben eines gemeinsam: Sie alle tendieren zu einer Ausweitung ihrer Geltungsansprüche über die Fallkonstellation des tätigen Behandlungsabbruchs hinaus und erweisen sich damit als Türöffner für eine erweiterte Zulassung aktiver Sterbehilfe. Im Hinblick auf den genauen Inhalt dieser Weiterungen unterscheiden sie sich jedoch. Die Einwilligungskonstruktion des BGH legt es nahe, dem Willen der sterbewilligen Person als solchem auch in weiteren Fällen aktiver Sterbehilfe rechtfertigende Kraft einzuräumen.[68] Weshalb sollte ein Angehöriger, der – wie im Fuldaer Fall geschehen – unter Berufung auf eine mehrere Jahre alte mündliche Willensäußerung der Kranken einen lebenserhaltenden Schlauch durchschneidet, ungestraft davonkommen, während ein Arzt, der einem schwerstkranken Patienten auf dessen inständiges Bitten eine tödliche Spritze injiziert, mit einer Verurteilung rechnen muss? Beide begehen aktive Tötungshandlungen, und das Gewicht des Selbstbestimmungsgedankens ist im zweiten Fall

---

Die Anwendbarkeit von § 34 StGB auf intrapersonale Interessenkollisionen, GA 2010, S. 15, 17ff.; *ders.*, JZ 2011, S. 513, 517.

64 Aus diesem Grund verwirft auch BGHSt 55, 197f. die Notstandskonstruktion. Im Unterschied zu dieser Entscheidung des 2. Strafsenats hält der 3. Strafsenat zur Rechtfertigung der indirekten Sterbehilfe den Rückgriff auf Notstandsgrundsätze für geboten (BGHSt 42, 305).

65 *Bartsch*, in: FS für Achenbach, S. 13, 27; *Duttge*, MedR 2011, S. 32, 37f.; *Frisch*, in: Leipold (Hrsg.), Selbstbestimmung, S. 103, 106; *Gaede*, NJW 2010, S. 2925, 2927; *Kutzer*, NStZ 1994, S. 110f.; *Trück*, Mutmaßliche Einwilligung und passive Sterbehilfe durch den Arzt, Diss. Tübingen, 2000, S. 121, 163f.; *T. Walter*, ZIS 2011, S. 76, 81f.

66 A.A. *Joerden*, in: 2. FS für Roxin, S. 593, 595ff.

67 Dazu unter IV.4.

68 Ähnlich *Sinn*, in: SK (Fn. 38), § 212 Rn. 57; *Duttge*, MedR 2011, S. 32, 37; *Fischer*, in: 2. FS für Roxin, S. 557, 573f.; *Gaede*, NJW 2010, S. 2925, 2928; *Joerden*, in: 2. FS für Roxin, S. 593, 597f., 606.

noch erheblich stärker als im ersten. Vor diesem Hintergrund drängt sich die Frage geradezu auf, ob der im Verhältnis zur Selbstbestimmungssemantik äußerliche Umstand, dass es im ersten Fall um die Beendigung einer im Zusammenhang mit der Erkrankung stehenden lebenserhaltenden Maßnahme geht, während es im zweiten Fall an einem solchen Zusammenhang fehlt, wirklich ausreicht, um den Unterschied der Ergebnisse zu legitimieren.[69] Im Unterschied zu diesem tendenziell ultraliberalen Standpunkt laufen sowohl die zweite Variante der Notstandslösung als auch die teleologische Reduktion auf weich-paternalistische Positionen hinaus. Der Wille zur vorzeitigen Lebensbeendigung muss sich danach aus der Warte eines Dritten als sachgemäße Reaktion auf die Situation des Sterbewilligen darstellen. Dass dem so sei, lässt sich indessen nicht nur für die bislang betrachteten Fälle des tätigen Behandlungsabbruchs behaupten. Eine weitere Form aktiver Sterbehilfe, deren Zulässigkeit allgemein bejaht wird, ist die so genannte indirekte Sterbehilfe.[70] Dass auch deren Rechtfertigung ein gleichsam überschießendes Begründungspotential enthält, wird im folgenden Abschnitt gezeigt.

III. Leidensminderung („indirekte Sterbehilfe")

Der Arzt ist dem Wohl des ihm anvertrauten Patienten verpflichtet. Gemäß einer 18
langen ethischen und standesrechtlichen Tradition hat er sein Handeln auf die Erhaltung des Lebens, die Wiederherstellung der Gesundheit und die Vermeidung von Krankheit und Leiden auszurichten. Daher endet die ärztliche Aufgabe nicht, wenn das Ziel einer Heilung oder einer deutlichen Lebensverlängerung unerreichbar wird. Statt Heilung ist nun Leidminderung das Therapieziel. Dazu kann auch eine umfassende Sedierung des Patienten gehören, der schwere, auf anderem Wege nicht behandelbare Schmerzen oder quälende Angstzustände hat. Sofern schmerzlindernde Maßnahmen mit einer Lebenszeitverkürzung verbunden sind, werden sie als indirekte Sterbehilfe bezeichnet.[71] Die „indirekte – in Wahrheit direkte – Sterbehilfe"[72]

---

69 Darauf läuft die Behauptung des BGH hinaus, dass seine Rechtfertigung des tätigen Behandlungsabbruchs die tatbestandlichen Grenzen des § 216 StGB unberührt lasse (BGHSt 55, 205; ebenso die damalige Vorsitzende des entscheidenden Senats *Rissing-van Saan*, ZIS 2011, S. 544, 548f. sowie *Verrel*, NStZ 2010, S. 671, 673f.).

70 Dass es sich bei dieser der Sache nach um einen Fall aktiver Sterbehilfe handelt, wird im neueren Schrifttum fast einhellig anerkannt: *Fischer*, Strafgesetzbuch und Nebengesetze, 58. Aufl. 2011, Vor § 211 Rn. 55; *Kühl*, Strafgesetzbuch, 27. Aufl. 2011, Vor § 211 Rn. 7; *Schneider*, in: MünchKommStGB (Fn. 1), Vor §§ 211ff. Rn. 29, 94f.; *Sinn*, in: SK (Fn. 38), § 212 Rn. 58; *Roxin*, in: ders./Schroth (Hrsg.), Handbuch des Medizinstrafrechts, S. 75, 87f. – A.A. *Jäger*, ZStW 115 (2003), S. 765, 770 Fn. 14.

71 Plastischer ist die von *Verrel*, 66. DJT, S. C 61 vorgeschlagene Bezeichnung „Leidensminderung".

72 *Rissing-van Saan*, ZIS 2011, S. 544, 545; ebenso *Fischer*, in: 2. FS für Roxin, S. 557, 566.

wird allgemein, auch vom Lehramt der katholischen Kirche,[73] für zulässig erachtet, selbst wenn sie als unbeabsichtigte, aber in Kauf genommene unvermeidbare Nebenfolge den Todeseintritt beschleunigt.[74]

19 Die praktische Bedeutung dieser Rechtsfigur wird heute als eher gering eingeschätzt.[75] Nicht rechtfertigungsfähig sind danach nämlich Schmerztherapien mit tödlichem Ausgang, sofern es vergleichbar wirksame Behandlungsmöglichkeiten gibt, die *nicht* zu einer Lebensverkürzung führen. Eine solche Alternative steht nach Auffassung der zahlreichen Mediziner und Juristen zur Verfügung, die seit Jahren vortragen, dass es bei einer kunstgerecht durchgeführten Schmerztherapie keineswegs zu einer Verkürzung, sondern eher zu einer Verlängerung des Lebens komme.[76] Unabhängig von der praktischen Relevanz der indirekten Sterbehilfe stellt sich freilich die Frage, weshalb überhaupt unter den dortigen Voraussetzungen Verhaltensweisen, die – wie eingangs erwähnt – der Sache nach klare Fälle aktiver Sterbehilfe darstellen, erlaubt sein sollten. Der Meinungsstand in dieser Frage entspricht weitgehend demjenigen zu den Fällen des tätlichen Behandlungsabbruchs.

20 Vereinzelt lässt man die Einwilligung des Sterbenden zur Rechtfertigung genügen.[77] Herrschend ist demgegenüber der aus der Notstandsregelung abgeleitete Gedanke, die Ermöglichung eines Todes in Würde und Schmerzfreiheit gemäß dem erklärten oder mutmaßlichen Patientenwillen sei höher zu veranschlagen als die Aussicht, unter schwersten Leiden noch kurze Zeit länger zu leben.[78] Überzeugender

---

73 *Johannes Paul II.*, Enzyklika „Evangelium Vitae" vom 25.3.1995, Nr. 65.

74 BGHSt 42, 305; *Schneider*, in: MünchKommStGB (Fn. 1), Vor §§ 211ff. Rn. 95ff.; Eser, in: Schönke/Schröder (Fn. 23), Vorbem. §§ 211ff. Rn. 26. – Neuere Begriffsbestimmungen der indirekten Sterbehilfe gehen in zweifacher Hinsicht über deren ältere Kennzeichnungen hinaus: In objektiver Hinsicht wird die indirekte Sterbehilfe auf andere Leiden als Schmerzen ausgedehnt, in subjektiver Hinsicht wird neben dem bloßen Für-möglich-Halten des vorzeitigen Todeseintritts auch das sichere Wissen einbezogen (exemplarisch *Verrel*, 66. DJT, S. C 102f. m.w.N.).

75 Exemplarisch *Habicht*, Sterbehilfe, S. 39.

76 Nachweise in *Schneider*, in: MünchKommStGB (Fn. 1), Vor §§ 211ff. Rn. 95 Fn. 312.

77 In diesem Sinne insbesondere *Duttge*, in: Kettler u.a. (Hrsg.), Selbstbestimmung am Lebensende, S. 38, 54ff.; *Schroth*, Strafrecht Besonderer Teil, 5. Aufl. 2010, S. 53. – Kritik an diesem Begründungsansatz üben unter Berufung auf die Regelung des § 216 StGB *Neumann*, in: NK (Fn. 38), Vor § 211 Rn. 99; *Achenbach*, Jura 2002, S. 545, 547; *Geth*, Passive Sterbehilfe, S. 11; *Kubiciel*, AL 2011, S. 361, 365; *Lüderssen*, JZ 2006, S. 689, 690; *Kahlo*, in: Anderheiden u.a. (Hrsg.), Paternalismus und Recht, S. 259, 271f.

78 BGHSt 42, 305; 46, 284f.; *Kühl*, (Fn. 70), Vor § 211 Rn. 7; *Neumann, in:* NK (Fn. 38), § 211 Rn. 99; *Sinn*, in: SK (Fn. 38), § 212 Rn. 58; *Achenbach*, Jura 2002, S. 545, 547; *Bosch*, JA 2010, S. 908, 909; *Dölling*, Einwilligung und überwiegende Interessen, in: FS für Gössel, 2002, S. 209, 212; *ders.*, MedR 1987, S. 6, 7; *Eser*, in: Auer u.a. (Hrsg.), Zwischen Heilauftrag und Sterbehilfe, S. 75, 90; *Herzberg*, NJW 1986, S. 1635, 1639; *Hirsch*, JR 2011, S. 37, 38; *Kutzer*, in: GS Schlüchter, S. 347, 352; *ders.*, in: FS für Salger, S. 663, 672; *Leonardy*, DRiZ 1986, S. 281, 287; *Merkel*, Früheuthanasie, S. 154ff.; *ders.*, in: FS für Schroeder, S. 297ff.; *ders.*, Das Dammbruch-Argument in der Sterbehilfe-Debatte, in: Fateh-Moghadam u.a. (Hrsg.), Grenzen des Paternalismus, 2010, S. 285, 294f.; *Olzen*, Die gesetzliche Neuregelung der Patientenverfügung, JR 2009, 354, 355; *Otto*, in: Deutscher Juristentag

als diese „Behelfslösungen"[79] erscheint auch hier eine teleologische Reduktion des § 216 StGB:[80] Die einhellige Anerkennung der indirekten Sterbehilfe beweist, dass die Entscheidung für einen schmerzfreien, wenngleich vorzeitigen Tod allgemein für sachgemäßer gehalten wird als die nur um den Preis stärkster Schmerzen erreichbare maximale Ausschöpfung der verbleibenden Lebenszeit. Diese Begründungsstrategien weisen erneut über die konkret in Rede stehende Fallgruppe der indirekten Sterbehilfe hinaus. Wenn es nämlich der sozial als angemessen erscheinende Willensentschluss bzw. die Notstandssituation des Sterbewilligen sind, welche die Zulässigkeit von Maßnahmen aktiv-indirekter Sterbehilfe begründen, so muss beim Vorliegen einer vergleichbar ausweglosen Notlage für sonstige Akte aktiver Sterbehilfe das Gleiche gelten.[81] Für den tätigen Behandlungsabbruch und die indirekte Sterbehilfe gilt also gleichermaßen: Nur indem man sie als Unterfälle eines allgemeiner gefassten Rechtssatzes begreift, lässt sich ihre allseits befürwortete Straflosigkeit überzeugend begründen.

IV. Aktive Sterbehilfe im engeren Sinne

1. Aktive Sterbehilfe als arbeitsteilig durchgeführter Suizid

Seinen radikalsten Ausdruck findet das Selbstbestimmungsrecht der einzelnen 21
Person in deren Freiheit, ihrem Leben ein Ende setzen zu dürfen. Der Suizid gilt heute als exemplarischer Fall einer rein privaten Entscheidung, die die Strafrechtsordnung nichts angeht.[82] Zur Durchführung seines Entschlusses zur Lebensbeendigung sucht der Einzelne, zumal wenn er gebrechlich oder aus sonstigen Gründen in seinen Handlungsmöglichkeiten eingeschränkt ist, häufig die Unterstützung durch Andere. Auch wer zu einem Suizid anstiftet oder Beihilfe dazu leistet, ist

(Hrsg.), Verhandlungen des 56. Deutschen Juristentages, 1986, S. D1, D 56; *ders.*, Jura 1999, S. 434, 440f.; *Pelzl*, KJ 1994, S. 179, 189; *Rosenau*, in: 2. FS für Roxin, S. 577, 584; in: ders./Schroth (Hrsg.), Handbuch des Medizinstrafrechts, S. 75, 87; *Schöch*, NStZ 1997, S. 409, 410; *Stratenwerth* SchwZStr 95 (1978), S. 60, 79f.; im Ergebnis auch *Schneider*, in: MünchKommStGB (Fn. 1), Vor §§ 211ff. Rn. 103; *Geth*, Passive Sterbehilfe, S. 12; *Schmoller*, ÖJZ 2000, S. 367, 372.

79 *Verrel*, 66. DJT, S. C 33; ebenso *Fischer* (Fn. 70), Vor § 211 Rn. 57; *Rissing-van Saan*, ZIS 2011, S. 544, 551.

80 Ebenso *Frisch*, in: Leipold (Hrsg.), Selbstbestimmung, S. 103, 107f.

81 Ebenso *Neumann*, in: NK (Fn. 38), Vor § 211 Rn. 127; *Merkel*, Früheuthanasie, S. 578f.; *ders., in:* FS für Schroeder, S. 297, 302f. (affirmativ); *Duttge*, in: Kettler u. a. (Hrsg.) Selbstbestimmung am Lebensende, S. 38, 54 (kritisch).

82 *Schneider*, in: MünchKommStGB (Fn. 1), Vor §§ 211ff. Rn. 34; *Jakobs*, in: FS für Arthur Kaufmann, S. 459, 460ff. – Höchst missverständlich deshalb BGHSt 46, 285. Danach wertet die Rechtsordnung eine Selbsttötung als rechtswidrig und stellt die Selbsttötung und die Teilnahme hieran lediglich straflos. Zu Recht anders *Neumann*, in: NK (Fn. 38), Vor § 211 Rn. 40; *Sinn*, in: SK (Fn. 38), § 212 Rn. 9 m.w.N.

in Deutschland straflos, soweit die Selbsttötung freiverantwortlich geschehen ist. Der Grund für die Straflosigkeit des Anstifters oder Gehilfen liegt darin, dass der Suizident sein Recht auf Leben, sein Rechtsgut Leben nicht verletzt, sondern mit diesem in einer bestimmten Weise verfährt, es eben beendet. Wer einen freiverantwortlich handelnden Suizidenten bei seinem Tun unterstützt, verletzt folglich nicht dessen Rechte, sondern hilft diesem bei der Organisation des eigenen Rechtskreises.[83]

22 Nichts anderes tut freilich auch derjenige, der einen Anderen auf dessen ausdrückliches und ernsthaftes Verlangen tötet: Der aktive Sterbehelfer handelt nicht gegen den Willen des Lebensmüden, sondern führt diesen Willen aus, er greift nicht in dessen Recht ein, sondern setzt die Dispositionen des Lebensmüden über sein Leben um. „Handlungen, die mit gegenseitiger Einwilligung vorgenommen werden", sind, wie bereits *Humboldt*[84] erkannt hat, „völlig denjenigen gleich, welche *ein* Mensch für sich, ohne unmittelbare Beziehung auf andre ausübt". Was dem äußeren Erscheinungsbild nach als Werk fremder Hände erscheint – der von einer Einwilligung des Betroffenen getragene Eingriff eines anderen in dessen Rechtssphäre –,

---

83 Ebenso zuletzt *Kubiciel,* AL 2011, S. 361, 364. – Daran ändert sich auch dann nichts, wenn die Unterstützung gewerbsmäßig erfolgt. Die geplante Pönalisierung gewerbsmäßiger Beihilfe zum Suizid (FAZ v. 1.8.2012, S. 1) wirft deshalb erhebliche Legitimationsprobleme auf. Das Anliegen, dass keine gesellschaftliche Situation geschaffen werden solle, in der die Förderung von Selbsttötungen zu einem quasi normalen Geschäftsmodell wird, trägt abgesehen von den generellen Bedenken gegen Tabuschutz- und Dammbruchargumente (dazu unter IV.3) schon deshalb nicht sonderlich weit, weil Sterbewillige schon heute nur in die Schweiz zu fahren brauchen, um ihren Wunsch erfüllt zu bekommen. Ernster ist die Sorge zu nehmen, dass der Sterbewillige in diesen Fällen in ein Verfahren hineingezogen wird, in dem es ihm zunehmend schwerer fällt, einen etwaigen Meinungswandel kundzutun und „auszusteigen". Dieser Gefahr lässt sich jedoch dadurch begegnen, dass entsprechend dem hiesigen Vorschlag zur teleologischen Reduzierung des § 216 StGB (dazu unter IV.4.) bei der Inanspruchnahme professioneller Suizidunterstützung über die Freiverantwortlichkeit und Ernstlichkeit des Sterbewunsches hinaus dessen objektive Nachvollziehbarkeit gefordert wird. Zu pauschal ist deshalb auch der gegenwärtige Stand des Betäubungsmittelrechts und des ärztlichen Standesrechts, wonach es Ärzten generell untersagt ist, sterbewilligen Patienten die geeigneten Substanzen zur Verfügung zu stellen. Nach BGHSt 46, 283 sind die Einfuhr und die Überlassung eines Betäubungsmittels nicht dadurch gerechtfertigt, dass der Täter einem unheilbar schwerstkranken Betäubungsmittelempfänger, dem er nicht persönlich nahe steht, zu einem freien Suizid verhelfen will. Kritisch dazu *Heuchemer,* Rechtsprechung Strafrecht – Sterbehilfe, JA 2001, S. 627, 631; *Sternberg-Lieben,* Fremdtötungs-Verbot, JZ 2002, S. 153, 156. Der nach heftiger Diskussion kürzlich neu gefasste § 16 der Musterberufsordnung für die deutschen Ärztinnen und Ärzte bestimmt: „Ärztinnen und Ärzten ist es verboten, Patienten auf deren Verlangen zu töten. Sie dürfen keine Hilfe zur Selbsttötung leisten." Kritik an dieser Position üben *Kutzer,* in: FS für Schöch, S. 481, 493; *Roxin,* in: ders./Schroth (Hrsg.), Handbuch des Medizinstrafrechts, S. 75, 109; *Schöch/Verrel,* GA 2005, S. 553, 580f.; *Schroth,* GA 2006, S. 549, 571; *Verrel,* 66. DJT, S. C 114f.

84 Ideen zu einem Versuch, die Grenzen der Wirksamkeit des Staats zu bestimmen, 1792 (1995), S. 133.

stellt sich nämlich „vom Standpunkt des Verletzten [...] als Selbstverletzung dar".[85] Dieser Standpunkt ist der maßgebliche:[86] Weil das äußere Geschehen der Entscheidungshoheit des Rechtskreisinhabers unterliegt, dieser, wie es in einer älteren Arbeit

---

85 *Klee*, GA 48 (1901) (Fn. 10), S. 177, 179. – In den Worten des amerikanischen Philosophen *Joel Feinberg*: „From the moral point of view my consent to his action makes it as if it were my own" (Harm to Self, 1989, S. 100).

86 Grundlegend *Jakobs*, Tötung auf Verlangen, S. 15ff.; *ders.*, in: FS für Arthur Kaufmann, S. 459, 466. Ebenso *Fiedler*, Zur Strafbarkeit der einverständlichen Fremdgefährdung, 1990, S. 159f.; 170ff.; *Göbel*, (Fn. 18), S. 99f.; *Hillgruber*, Der Schutz des Menschen vor sich selbst, 1992, S. 85; *Kämpfer*, Selbstbestimmung, S. 350; *Kioupis* Notwehr und Einwilligung, 1992, S. 123 Fn. 8; *Krack*, List als Straftatbestandsmerkmal, 1994, S. 109f.; *Kußmann*, Einwilligung und Einverständnis bei Täuschung, Irrtum und Zwang, Diss. Bonn 1988, S. 128ff.; *Meyer*, Ausschluß der Autonomie durch Irrtum, 1984, S. 148ff.; *Mosbacher*, (Fn. 18), S. 121; *Murmann*, Die Selbstverantwortung des Opfers im Strafrecht, 2005, S. 315; *Rönnau*, Willensmängel bei der Einwilligung im Strafrecht, 2001, S. 52f., 66f., 143, 188, 223, 245f.; *Sternberg-Lieben*, Die objektiven Schranken der Einwilligung im Strafrecht, 1997, S. 41f., 114, 226ff.; *Zipf*, Einwilligung und Risikoübernahme im Strafrecht, 1970, S. 29f.; *v. Hirsch/Neumann*, in: dies./Seelmann (Hrsg.), Paternalismus im Strafrecht, S. 71, 81; *Arthur Kaufmann*, MedR 1983, S. 121, 124; *Kubiciel*, JZ 2009, S. 600, 601; *Lüderssen*, JZ 2006, S. 689, 691; *Rosenau*, in: 2. FS für Roxin, S. 577, 582; *R. Schmitt*, in: FS für Maurach (Fn 18), S. 113, 115; *Wolfslast*, in: FS für Schreiber, S. 913, 923. – Gewichtige Stimmen bestreiten zwar die Gleichstellung einwilligungsgestützter Fremdverletzungen mit eigenhändig vollzogenen Selbstverletzungen. Die zur Begründung angeführten Argumente sind allerdings wenig überzeugend. Der Verweis darauf, dass in den Einwilligungsfällen neben dem Betroffenen selbst eine weitere Person in das Geschehen involviert und deshalb der keiner rechtlichen Regelung zugängliche Internbereich des Geschädigten überschritten sei (in diesem Sinne etwa *Hirsch*, Einwilligung und Selbstbestimmung, in: FS für Welzel, 1974, S. 775, 780; *ders.*, Hauptprobleme einer Reform der Delikte gegen die körperliche Unversehrtheit, ZStW 83 [1971], S. 140, 167; bezogen auf § 216 StGB auch *Jähnke*, in: LK [Fn 46], § 216 Rn. 1; *Rissing-van Saan*, ZIS 2011, S. 544, 547, 549), leitet die normative Bedeutung des Verletzungsgeschehens zu Unrecht aus dessen äußerem Erscheinungsbild ab. Auch die strafrechtliche Irrelevanz von Verletzungen, die sich der Verletzte selbst zufügt, gründet nicht in dem äußeren Ablauf als solchem, sondern darin, dass das Strafrecht das betreffende Verhalten als freiverantwortlich bewertet. Dann kann umgekehrt aus der Tatsache, dass der Verletzte eine andere Person einschaltet, nicht per se auf die strafrechtliche Beachtlichkeit dieses Geschehens geschlossen werden. Gegen die Vergleichbarkeit wird ferner eingewandt, dass in jeder – auch der durch Einwilligung gedeckten – Fremdverletzung ein Handlungsunrecht liege, das sich bei der Selbstverletzung nicht finde (*Geppert*, Rechtfertigende „Einwilligung" des verletzten Mitfahrers bei Fahrlässigkeitsstraftaten im Straßenverkehr? ZStW 83 [1971], S. 947, 963). Diese Behauptung ist aber schon deshalb nicht schlüssig, weil die Einwilligung – mit der überkommenen Auffassung als Rechtfertigungsgrund verstanden – wie jeder andere Rechtfertigungsgrund eine unrechts*ausschließende* Wirkung besitzt; worin sollte also das Handlungsunrecht einer bewilligten Fremdverletzung bestehen (ebenso *Meyer*, a.a.O., S. 146)? Schließlich wird ausgeführt, das Gefährdungspotential für den betroffenen Rechtsgutinhaber sei in beiden Fällen unterschiedlich. Wie weit man sich der Gefährdung durch eigene Handlungen aussetzen wolle, unterstehe jederzeit der eigenen Herrschaft. Die bloße Tolerierung der von einem anderen ausgehenden Gefährdung liefere hingegen das Opfer einer unübersehbaren Entwicklung aus, in die steuernd einzugreifen oder die abzubrechen auch dort keine Möglichkeit mehr bestehe, wo der sich selbst Gefährdende dies noch könnte (*Roxin*, Zum Schutzzweck der Norm bei

plastisch heißt, die „Seele des Unternehmens“ ist[87] und lediglich die Exekution seiner Willensentschlüsse auf andere Personen delegiert, erweisen sich deren Hervorbringungen unter Zuständigkeitsgesichtspunkten als sein eigenes Werk. Außerhalb der Sterbehilfe wird diese Wertung ganz selbstverständlich respektiert. Der Friseur, der mir auf mein Verlangen hin die Haare schneidet, oder der Baumfäller, den ich mit der Fällung einer Kiefer in meinem Garten beauftrage, machen sich nicht wegen Körperverletzung oder Sachbeschädigung strafbar. Weshalb soll dies ausgerechnet im Bereich der Sterbehilfe nicht gelten? Zwar weisen die genannten Fälle Unterschiede im Hinblick auf die Tragweite der jeweils in Rede stehenden Entscheidung auf; diese Differenzen sind aber unabhängig davon, durch wen der Entschluss des Rechtsgutinhabers umgesetzt wird. Besteht zwischen der generellen Straflosigkeit der Suizidteilnahme und der – zumindest dem Gesetzeswortlaut nach – ebenso pauschalen Strafbarkeit der Tötung auf Verlangen deshalb nicht ein unübersehbares „Missverhältnis“,[88] eine normative „Asymmetrie“?[89]

---

fahrlässigen Delikten, in: FS für Gallas, 1973, S. 241, 250). Die Gefahr einer „unübersehbaren Entwicklung“ droht dem Einwilligenden jedoch schon deshalb nicht, weil nur der von ihm konsentierte Eingriff ausgeführt werden darf und er zudem seine Einwilligung jederzeit widerrufen darf (*Amelung*, Zum Verantwortungsmaßstab bei der mittelbaren Täterschaft durch Beherrschung eines nicht verantwortlichen Selbstschädigers, in: 1. FS für Roxin, 1995, S. 247, 252; *Göbel*, [Fn. 18], S. 101; *Kußmann*, a.a.O., S. 133). Unerheblich ist der Umstand, dass bei einer Revision des Entschlusses zur Rechtsgutpreisgabe der Selbstschädiger nur aufzuhören braucht, während der Einwilligende dem Risiko ausgesetzt ist, dass der von ihm zunächst Ermächtigte weiterhandelt. „Immerhin steht fest, dass von dem Widerruf der Einwilligung an der Weiterhandelnde rechtswidrig agiert, und nur auf diesen normativen Umstand, nicht auf die faktisch verbleibenden Möglichkeiten kommt es an, wenn es um Maßstäbe für den Schutz eines Einwilligenden geht; mehr als rechtliche Verbote zu errichten, ist der Rechtsordnung ohnehin nicht möglich“ (*Amelung*, a.a.O., S. 252). Im übrigen ist das Risiko, zum Opfer einer unrechtmäßigen Handlung zu werden, in dieser Konstellation nicht per se größer ist als in jedem anderen Lebensbereich auch. Irrelevant ist schließlich auch, dass bei einem der wichtigsten Einwilligungsfälle, der Operation unter Narkose, der Patient die faktische Möglichkeit verliert, seine zuvor erteilte Einwilligung zurückzunehmen. Das kann auch bei einer Selbstschädigung vorkommen (*Amelung* und *Kußmann*, jeweils a.a.O.). Außerdem wusste der Patient dies schon vorher und konnte es bei seiner Einwilligungsentscheidung berücksichtigen; zur Selbstverantwortung gehört auch der Umgang mit der eigenen Neigung zu abrupten Meinungswechseln.

87 *Roedenbeck*, Der Zweikampf im Verhältnis zu Tötung und Körperverletzung, 1883, S. 34.

88 *Geilen*, Euthanasie und Selbstbestimmung, S. 25. – Ebenso *Arthur Kaufmann*, MedR 1983, S. 121, 121ff.; *Neumann*, Die Strafbarkeit der Suizidbeteiligung als Problem der Eigenverantwortlichkeit des „Opfers“, JA 1987, S. 244ff.; *Krack*, KJ 1995, S. 60ff.; *Schroeder*, ZStW 106 (1994), 565ff.

89 *Große-Vehne*, Tötung auf Verlangen (§ 216 StGB), S. 256; *Saliger*, KritV 2001, S. 382, 433 Fußnote 256.

2. Einschränkung des Anwendungsbereichs von § 216 StGB

Die Praxis ist von diesen Bedenken nicht unberührt geblieben. Sie legt § 216 StGB 23 zunehmend restriktiv aus. Neben den bereits erörterten Fällen des tätlichen Behandlungsabbruchs und der indirekten Sterbehilfe werden mittlerweile auch jene Fälle, in denen Angehörige oder Ärzte davon absehen, einem bereits bewusstlosen Suizidenten zu helfen, weitgehend aus dem Anwendungsbereich des § 216 StGB herausgenommen. Noch 1984 wollte der BGH im Fall Wittig diese Konsequenz nicht ziehen. Die damalige Entscheidung befasste sich mit den Pflichten des Arztes bei einem Selbsttötungsversuch seines Patienten und kam zu dem Ergebnis, dass ein Arzt oder Ehepartner, der den Bewusstlosen in einer lebensbedrohenden Lage antreffe und ihm nicht helfe, sich wegen Tötung durch Unterlassen strafbar machen könne;[90] den Freispruch des angeklagten Arztes hängte der entscheidende Senat lediglich „am seidenen Faden einer ‚ärztlichen Gewissensentscheidung'" auf.[91] Die Position des Patienten blieb bei dieser Begründung auf der Strecke: Ein Selbstbestimmungsrecht, über dessen Respektierung andere bestimmen, „verdient [...] diesen Namen nicht mehr".[92] Drei Jahre später distanzierte sich ein anderer Senat des BGH in einem *obiter dictum* vorsichtig von der Wittig-Entscheidung. Er erklärte, dass er dazu neige, einem ernsthaften, freiverantwortlich gefassten Selbsttötungsentschluss eine stärkere rechtliche Bedeutung beizumessen.[93] Im Fall Hackethal trat auch das OLG München dem Wittig-Urteil mit einer auf das Selbstbestimmungsrecht des Patienten und die Gefahr von Wertungswidersprüchen Bezug nehmenden Begründung entgegen.[94] Allerdings blieb diese Entscheidung insoweit auf der Linie des BGH, als sie den Wegfall der Hilfspflicht nicht allein auf die Freiverantwortlichkeit des Willens der Suizidentin stützte, sondern darüber hinaus ein hoffnungsloses, das Lebensinteresse überwiegendes Leiden verlangte. In einem kürzlich veröffentlichten Beschluss der Staatsanwaltschaft München zur Einstellung eines Verfahrens wegen Totschlags durch Unterlassen spielt das letztgenannte Erfordernis hingegen keine Rolle mehr. Danach behält die freie und verantwortliche Entscheidung für einen Suizid Verbindlichkeit auch über den Eintritt der Bewusstlosigkeit hinaus. Angehörige seien in diesen Fällen zur Einleitung von Rettungsmaßnahmen nicht verpflichtet.[95]

---

90 BGHSt 32, 367ff.

91 BGHSt 32, 380f. – Das Zitat stammt von *Gropp*, NStZ 1985, S. 97.

92 *Gropp*, NStZ 1985, S. 97, 103. – Kritisch auch *Neumann*, in: NK (Fn. 38), Vor § 211 Rn. 77; *Duttge*, Der Arzt als Unterlassungstäter, in: FS für Schöch, 2010, S. 599, 612f.; *Frisch*, in: Leipold (Hrsg.), Selbstbestimmung, S. 103, 118; *Gropp*, NStZ 1985, S. 97, 102f.; *Kutzer*, in: FS für Schöch, S. 481, 489f.; *Leonardy*, DRiZ 1986, S. 281, 286; *Pelzl*, KJ 1994, S. 179, 182f.; *Tröndle*, MedR 1988, S. 163, 164; *Verrel*, 66. DJT, S. C 19; *Zielinski*, ArztR 1995, S. 188, 190.

93 BGH NStZ 1988, 127.

94 OLG München NJW 1987, 2940ff.

95 StA München ZfL 2010, 133ff. – Ebenso die ganz herrschende Lehre: *Fischer*, (Fn. 70), § 216 Rn. 6; *Schneider*, in: MünchKommStGB (Fn. 1), § 216 Rn. 63; Neumann, in: NK (Fn. 38), Vor § 211

3. Das Verbot aktiver Sterbehilfe als Instrument zum Schutz des Tötungstabus bzw. zur Verhinderung eines Dammbruchs?

24 Mit der Tendenz zur Einschränkung des Anwendungsbereichs von § 216 StGB geht eine wachsende Skepsis gegenüber der herkömmlichen Zweckbestimmung dieser Vorschrift einher. Nach traditioneller Auffassung dient § 216 StGB dem Schutz des öffentlichen Interesses an der Aufrechterhaltung der Achtung des menschlichen Lebens. Indem die Tötung auf Verlangen verboten wird, solle die „Ehrfurcht vor dem Leben" als sozialpsychisches Tötungstabu stabilisiert werden.[96] Indessen ist das menschliche Leben keineswegs so unantastbar, wie es das Tabubruch-Argument suggeriert: Weshalb die nach deutschem Recht (§ 32 StGB) sogar unabhängig von einer Verhältnismäßigkeitsprüfung zulässige Tötung eines Angreifers in Notwehr das Tötungstabu unberührt lassen, die Tötung eines Einwilligenden hingegen die Gefahr begründen soll, dass „die Wertschätzung des Lebens in der sozialethischen Anschauung der Bevölkerung sinkt",[97] ist nicht recht einsichtig; in beiden Fällen ist der Handlungskontext derart außergewöhnlich, dass er schwerlich zu einem generellen Achtungsverlust gegenüber menschlichem Leben Anlass gibt.[98] Zudem stellt ein mit dem Allgemeininteresse an der Verhinderung von Tabubrüchen gerechtfertigter § 216 StGB kein Delikt gegen das Leben im üblichen Sinne – verstanden als das individuelle Leben des von der Tat Betroffenen – mehr dar; denn

Rn. 70ff.; *Eser*, in: Schönke/Schröder (Fn. 23), § 216 Rn. 10; *Arzt/Weber*, Strafrecht Besonderer Teil, 2. Aufl. 2009, § 3 Rn. 43; *Kindhäuser*, Strafrecht, Besonderer Teil 1, Straftaten gegen Persönlichkeitsrechte, Staat und Gesellschaft, 4. Aufl. 2009, § 3 Rn. 13; *Rengier*, BT 2 (Fn. 59), § 8 Rn. 14ff.; *Wessels/Hettinger*, BT 1 (Fn. 45), Rn. 161. Ausführlich jüngst *Müller*, § 216 als Verbot abstrakter Gefährdung, S. 221ff.

96 Grundlegend *Engisch*, in: FS für *Hellmuth Mayer* (Fn. 17), S. 399, 412. – Ebenso Neumann, in: NK (Fn. 38), § 216 Rn. 1; *Ulsenheimer*, Arztstrafrecht in der Praxis, 3. Aufl. 2003, Rn. 275; *Göbel*, (Fn. 18), S. 42f.; *Ingelfinger*, Grundlagen und Grenzbereiche des Tötungsverbots, S. 217; *Schork*, Ärztliche Sterbehilfe, S. 218ff.; *Sternberg-Lieben*, (Fn. 86), S. 117f.; *Tag*, Der Körperverletzungstatbestand im Spannungsfeld zwischen Patientenautonomie und Lex artis, 2000, S. 291f.; *Dölling*, GA 1984 (Fn. 18), S. 71, 86; *ders.*, MedR 1987, S. 6, 8; *Eser*, in: Eid (Hrsg.), Euthanasie oder Soll man auf Verlangen töten?, S. 45, 69; *Herzberg*, NJW 1986, S. 1635, 1644; *ders.*, NJW 1996, S. 3043, 3047; *Hirsch*, in: FS für Welzel (Fn. 86), S. 775, 779, 782, 790f.; *ders.*, in: FS für Lackner, S. 597, 612f.; *ders.*, Einwilligung in sittenwidrige Körperverletzung, in: FS für Amelung, 2009, S. 181, 189; *Kuchenbauer*, ZfL 2007, S. 98, 112; *Kutzer*, in: FS für Rissing-van Saan, S. 337, 339f.; *Leonardy*, DRiZ 1986, S. 281, 290; *Lindner*, JZ 2006, S. 373, 379; *Lorenz*, JZ 2009, S. 57, 66; *Otto*, 56. DJT, S. D1, D 54; *ders.*, Eigenverantwortliche Selbstschädigung und -gefährdung sowie einverständliche Fremdschädigung und -gefährdung, in: FS für Tröndle, 1989, S. 157, 158; *Roxin*, in: FS für Dreher, S. 331, 339; *Schreiber*, in: FS für Hanack, S. 735, 738; *Schroeder*, in: 2. FS für Deutsch, S. 505, 510; *Stratenwerth*, in: FS für Amelung (Fn. 47), S. 355, 358ff.

97 So *Dölling*, GA 1984 (Fn. 18), S. 71, 87.

98 Ebenso *Herzberg*, NJW 1986, S. 1635, 1644; *ders.*, NJW 1996, S. 3043, 3045; *Hoerster*, NJW 1986, S. 1786, 1791; *Müller*, § 216 als Verbot abstrakter Gefährdung, S. 66; *Tenthoff*, Tötung auf Verlangen, S. 165; *Wolfslast*, in: FS für Schreiber, S. 913, 916.

dieses Leben hat der Sterbewillige ja bewusst und gewollt preisgegeben. Der Sterbewillige wird vielmehr dazu herangezogen, das Tötungstabu zugunsten *anderer* Personen zu festigen, die angeblich ansonsten gefährdet wären.[99] Er wird also noch auf der letzten Passage seines irdischen Lebens sozial in die Pflicht genommen.[100] Dass ein solches Ansinnen in einer Gesellschaft, die von Verpflichtungen gegenüber der Allgemeinheit zunehmend weniger wissen will, auf schwindende Sympathie stößt, ist nicht überraschend.[101]

Beschworen wird allerdings häufig das „Risiko des nächsten Schrittes":[102] Die 25
Gefahren einer schleichenden Ausweitung der Voraussetzungen für eine straffreie aktive Sterbehilfe seien gravierend. Argumente der schiefen Ebene sind beliebt,[103] aber sie sind anspruchsvoller, als dies viele ihrer Verwender erkennen lassen.[104] Wer sich auf ein solches Argument beruft, muss erstens angeben, worin genau die *Gefahr* liegt, der durch das von ihm befürwortete Verbot vorgebeugt werden soll. Zweitens muss er die Dringlichkeit der von ihm namhaft gemachten Gefahr *empirisch plausibel* machen. Drittens muss er die *normative Relevanz* seiner Befürchtung dartun und nachweisen, dass sie ausgerechnet den Einsatz des *Strafrechts* rechtfertigt.

Die Gefahr, der ein Schiefe-Ebene-Argument zu wehren trachtet, kann zum ei- 26
nen in einer Tendenz zur zunehmend extensiven *Interpretation* der kritisierten Norm bzw. einer dem gesellschaftlichen Klima abträglichen *Ausnutzung* der neu geschaffenen Freiheitsräume bestehen. Zum anderen kann sie in einer wachsenden Neigung zum *Bruch* dieser oder anderer Normen liegen.[105] Die im Kontext der Ster-

99 *Jakobs*, Tötung auf Verlangen, S. 19. – Ebenso *Göbel*, (Fn. 18), S. 39ff.; Rönnau, in: LK (Fn 46), Vor § 32 Rn. 188; *ders.*, (Fn. 86), S. 164; *Herzberg* NJW 1996, S. 3043, 3047; *Kubiciel* JZ 2009, S. 600, 602; *ders.*, JA 2011, S. 86, 90; *ders.*, AL 2011, S. 361, 364; *Ohly*, Einwilligung und „Einheit der Rechtsordnung", in: FS für Jakobs, 2007, S. 451, 460 Fn. 52.

100 So ausdrücklich *Otto*, Grundkurs Strafrecht, Allgemeine Strafrechtslehre, 7. Aufl. 2004; § 8 Rn. 127; *ders.*, in: FS für Tröndle (Fn. 96), S. 157, 158; *ders.*, 56. DJT, S. D1, D 53f.; *Dörfler*, StudZR 2009, S. 217, 238f.; *Hirsch*, in: FS für Welzel (Fn. 86), S. 775, 777; *Kutzer*, MedR 2001, S. 77, 78; *Schork*, Ärztliche Sterbehilfe, S. 220f.

101 Eindringlich *Kubiciel*, JA 2011, S. 86, 90; *ders.*, ZJS 2010, S. 656, 660.

102 *Hirsch*, in: FS für Welzel (Fn. 86), S. 775, 791; *ders.*, in: FS für Lackner, S. 597, 613. – Ebenso Jähnke, in: LK (Fn 46), Vor § 211 Rn. 14; *Duttge*, MedR 2011, S. 32, 37; *Eser*, in: Eid (Hrsg.), Euthanasie oder Soll man auf Verlangen töten?, S. 45, 69; *de Faria Costa*, GA 2007, S. 311, 321f.; *Giesen*, JZ 1990, S. 929, 935; *Große-Vehne*, Tötung auf Verlangen (§ 216 StGB), S. 261; *Köhler*, JRE 14 (2006) (Fn. 16), S.425, 278f.; *Lauter*, in: GS Wyss (Fn. 32), S. 177, 185ff.; *Leonardy*, DRiZ 1986, S. 281, 290; *Lindner*, JZ 2006, S. 373, 379; *Pelzl*, KJ 1994, S. 179, 198f.; *Tröndle*, 56. DJT, S. M 1, M 37; *ders.*, ZStW 99 (1987) S. 39; *Uhlig/Joerden* AL 2011, S. 369, 370f.; *Verrel*, 66. DJT, S. C 64f.; *Vöhringer* Tötung auf Verlangen, S. 76ff.

103 Zu einem weiteren aktuellen Beispiel *Pawlik*, Zur strafprozessualen Verwertbarkeit rechtswidrig erlangter ausländischer Bankdaten, JZ 2010, S. 693, 700.

104 Ausführlich dazu *Guckes*, Das Argument der schiefen Ebene, 1997, S. 4ff.

105 *Merkel*, in Schwander/Petermann (Hrsg.), Sicherheitsfragen der Sterbehilfe, S. 125, 127; *ders.*, (Fn. 78, in: Fateh-Moghadam), S. 285, 286; *Müller*,§ 216 als Verbot abstrakter Gefährdung, S. 77; *Schürch*, Rationierung in der Medizin, S. 173.

behilfedebatte vorgebrachten Befürchtungen gehen in beide Richtungen. So wird auf das Beispiel der Niederlande und Belgiens verwiesen, wo die ursprünglich eng gefassten Ausnahmen vom Sterbehilfeverbot in nur wenigen Jahren erheblich ausgeweitet worden sind.[106] Ferner wird ausgeführt, das Ausweichen in den Tod könne zur gesellschaftlichen Normalität des Umgangs mit schwerem Leiden werden und die allgemeine Wertschätzung des Lebens beeinträchtigen. Es sei deshalb zu befürchten, dass eine generelle Zulassung aktiver Sterbehilfe nicht nur den Druck auf schwerkranke Menschen, um aktive Euthanasie zu bitten, erhöhen,[107] sondern dass eine solche Erweiterung auch dazu führen werde, die Grenze zwischen Recht und Unrecht im Bewusstsein der Bürger aufzuweichen, mit der Folge, dass die Bereitschaft zu selbstherrlich vollzogenen „Barmherzigkeitstötungen" zunehmen werde.[108]

27 Diese Befürchtungen lassen sich nicht ohne Weiteres als unbegründet abtun. Die in den westlichen Nachbarstaaten Deutschlands zu beobachtenden Expansionstendenzen sind unübersehbar.[109] Auch die Annahme, dass ein veränderter gesellschaftlicher Umgang mit Leidenden und Sterbenden – eine „Erwartungseuthanasie"[110] – drohe, lässt sich nicht pauschal von der Hand weisen. Unheilbar kranke und schwer pflegebedürftige Menschen repräsentieren alles, was eine dem Ideal selbstbestimmten Lebens verpflichtete Gesellschaft „nicht sein will".[111] Zudem verursachen sie häufig sehr hohe Kosten. Nach einer amerikanischen Untersuchung belaufen sich die finanziellen Aufwendungen für die letzten 180 Lebenstage auf etwa drei Viertel der lebenslangen Gesundheitskosten; ca. 30 Prozent dieser Kosten entfallen gar auf die letzten 30 Lebenstage.[112] Diese Umstände sprechen dafür, dass es künftig zu einer Intensivierung der gesellschaftlichen Anreize kommen wird, im Fall einer schweren und unheilbaren Erkrankung vorzeitig aus dem Leben zu schei-

---

106 Exemplarisch *Jähnke*, in: LK (Fn 46), Vor § 211 Rn. 14; *Duttge*, in: Kettler u.a. (Hrsg.) Selbstbestimmung am Lebensende, S. 38, 50; *Große-Vehne*, Tötung auf Verlangen (§ 216 StGB), S. 266f.

107 *Dölling* MedR 1987, S. 6, 8; *Kutzer*, in: GS Schlüchter, S. 347, 357; *ders.*, MedR 2001, S. 77, 78; *ders.*, FPR 2007, S. 59, 61; *ders.*, in: FS für Rissing-van Saan, S. 337, 340; *Lauter*, in: GS Wyss (Fn. 32), S. 177, 186; *Lindner*, JZ 2006, S. 373, 378; *Lorenz*, JZ 2009, S. 57, 66; *Oduncu*, Ärztliche Sterbehilfe im Spannungsfeld von Medizin, Ethik und Recht, MedR 2005, S. 437, 445; *v. d. Pfordten*, Paternalismus und die Berücksichtigung des Anderen, in: Anderheiden u.a. (Hrsg.), Paternalismus und Recht, 2006, S. 93, 105; *Rieger*, Die mutmaßliche Einwilligung in den Behandlungsabbruch, S. 35; *Roxin*, in: ders./Schroth (Hrsg.), Handbuch des Medizinstrafrechts, S. 75, 116f.; *Tröndle*, 56. DJT, S. M 1, M 37; *Verrel*, 66. DJT, S. C 65.

108 *v. Lutterotti*, Der Arzt und das Tötungsverbot, MedR 1992, S. 7 11ff.; *Tröndle*, ZStW 99 (1987), S. 25, 39.

109 Ebenso *Kubiciel*, JZ 2009, S. 600, 602; *Verrel*, 66. DJT, S. C 65; zweifelnd *Rosenau*, in: 2. FS für Roxin, S. 577, 589.

110 Vgl. *Oduncu*, MedR 2005 (Fn. 107), S. 437, 445.

111 *Gronemeyer*, Sterben in Deutschland, 2007, S. 183.

112 *Höfling*, JuS 2000, S. 111, 117.

den. Zweifelhaft ist aber, ob die Zementierung des heutigen strafrechtlichen Ist-Zustandes dazu geeignet ist, diesen Tendenzen Einhalt zu gebieten.[113] Missbrauchsmöglichkeiten bietet schon die gegenwärtige Rechtslage zur Genüge: Insbesondere die Grenze, die die erlaubte indirekt-aktive von der verbotenen aktiven Sterbehilfe im engeren Sinne trennt, ist „dünn, ja hauchdünn";[114] zudem steht Angehörigen oder anderen Interessierten bereits jetzt die Möglichkeit offen, einen als lästig empfundenen Kranken zum Suizid zu drängen.[115] Vor allem aber ist nach dem vorstehend Ausgeführten schon den Begründungen der heute anerkannten Formen aktiver Sterbehilfe ein begrenztes Ausdehnungspotential immanent. Bei Erweiterungsvorschlägen, die sich darauf beschränken, diesem Potential zur Wirksamkeit zu verhelfen, handelt es sich unter dem Gesichtspunkt axiologischer Geschlossenheit weniger um gefährliche Schritte auf abschüssigem Terrain als vielmehr um überfällige dogmatische Frontbegradigungen.[116]

Zwar beinhaltet keiner der erörterten Begründungsansätze ein eindeutig fixier- 28
bares „Bis hierher und nicht weiter": Die Einwilligungskonstruktion der Rechtsprechung hat das Potential zum Ultra-Liberalismus; die Notstandsbegründung ist nicht dagegen gefeit, auf eine rein objektive Interessenabwägung reduziert zu werden,[117] was in bestimmten Fällen auf die Zulassung aktiver Tötungen ohne Verlangen hinauslaufen könnte; und die Maßstäbe, die darüber entscheiden, ob ein Sterbewunsch sozial plausibel erscheint oder nicht, sind ebenfalls in dauernder Bewegung. Darin unterscheiden sie sich aber nicht grundsätzlich von anderen dogmatischen Instituten wie den Kriterien der objektiven Zurechnung und den Rechtfertigungsgründen. Diese Flexibilität ist zudem kein Schönheitsfehler, sondern eine rechtstheoretische Notwendigkeit: Das Recht, zumal das besonders eingriffsintensive Strafrecht, ist, soll es den Rechtsgenossen nicht willkürlich erscheinen, an den Plausibilitätshintergrund seiner Zeit gebunden.[118] Zwar ist es nicht selten der Fall, dass das Strafrecht

113 Ebenso *Kubiciel*, AL 2011, S. 361, 363f.

114 *Hanack*, in: Hiersche (Hrsg.) Euthanasie, S. 121, 147; ebenso *Fischer* (Fn. 70), Vor § 211 Rn. 64; *Bottke*, ZEE 1981, S. 109, 121; *Engisch*, in: FS für Dreher, S. 309, 313; *Geth*, Passive Sterbehilfe, S. 8; *Klöpperpieper*, FPR 2010 (Fn. 23), S. 260, 266; *Kutzer*, MedR 2001, S. 77, 78; *Schöch*, NStZ 1997, S. 409, 410; *Schreiber*, in: FS für Hanack, S. 735, 739; *Schürch*, Rationierung in der Medizin, S. 43, 73; *Verrel*, JZ 1996, S. 224, 227; *ders.*, 66. DJT, S. C 30, 107. – Ein eindringliches Beispiel bildet der Fall Mechthild Bach, der im Januar 2011 mit dem Suizid der Angeklagten endete (dazu *Wolfslast*/*Weinrich*, StV 2011, S. 286, 287f.).

115 *Jakobs*, Tötung auf Verlangen, S. 20f.; *Kargl*, in: Institut für Kriminalwissenschaften und Rechtsphilosophie (Hrsg.), Jenseits des rechtsstaatlichen Strafrechts, S. 392; *Mosbacher*, (Fn. 18), S. 153, 172; *Neumann*, in: Fateh-Moghadam u.a. (Hrsg.), Grenzen des Paternalismus, S. 245, 258; *Tenthoff*, Tötung auf Verlangen, S. 158, 231.

116 Ebenso *Merkel*, (Fn. 78, in: Fateh-Moghadam), S. 285, 288.

117 Zutreffend *Geth*, Passive Sterbehilfe, S. 68; *Müller*, § 216 als Verbot abstrakter Gefährdung, S. 209.

118 Vgl. *Braun*, Einführung in die Rechtsphilosophie, 2007, S. 392; *Henkel*, Einführung in die Rechtsphilosophie, 2. Aufl. 1977, S. 70; *Isensee*, Verfassungsgarantie ethischer Grundwerte und

für eine gewisse Übergangszeit „gewissermaßen unnachsichtig beansprucht, was gesellschaftlich nicht mehr durchsetzbar ist".[119] Schrittweise passt sich das Strafrecht jedoch an die sich wandelnde soziale Wirklichkeit an, „begleitet von einem feinen und immer feiner werdenden Geflecht von noch herrschenden und im Vordringen begriffenen Mindermeinungen, die sich langsam durchsetzen und über eine teleologische Auslegung die bestehenden Gesetze unmerklich verändern".[120] Diesen Prozess kraft eines dogmatischen Machtspruchs unterbinden zu wollen, ist, wie das Schicksal des früheren deutschen Abtreibungsrechts lehrt, ein aussichtsloses Unterfangen. Rechtliche Verbote, die der Mehrheit der Bevölkerung nicht (mehr) einleuchten, werden auf breiter Front missachtet, ohne dass die Strafverfolgungsbehörden dem noch ernsthaft entgegentreten können oder am Ende auch nur wollen. Der – durchaus realistischen – Annahme, dass der gesellschaftliche Überzeugungshaushalt sich in Zukunft noch weiter zugunsten der aktiven Sterbehilfe verschieben könnte,[121] lässt sich deshalb allenfalls auf diskursiver Ebene begegnen.

4. Das Verbot aktiver Sterbehilfe als Ausprägung eines weichen Paternalismus

29 Neben der Berufung auf übergeordnete Interessen der Allgemeinheit wird zugunsten des § 216 StGB auch die Erwägung angeführt, dass es dem wohlverstandenen Eigeninteresse des betroffenen Bürgers entspreche, wenn diesem die Option genommen würde, einen anderen zu seiner Tötung aufzufordern; nur die von eigener Hand vollzogene Selbsttötung könne den endgültigen Sterbewillen belegen.[122]

---

gesellschaftlicher Konsens, NJW 1977, S. 545, 548ff.; *Zippelius*, Rechtsphilosophie, 5. Aufl. 2007, S. 59f.; speziell für das Strafrecht *Hassemer/Neumann*, in: NK (Fn. 62), Vor § 1 Rn. 330; *Jähnke*, Zeitgeist und Jurisprudenz, in: Kühl/Seher (Hrsg.), Rom, Recht, Religion, 2011, S. 227, 228ff.; *Jakobs*, Individuum und Person. Strafrechtliche Zurechnung und die Ergebnisse moderner Hirnforschung, ZStW 117 (2005), S. 247, 261.

119 *Frommel*, Lebensschutz, Autonomie und die Grenzen des Rechts, Neue Kriminalpolitik 2007, S. 16, 17.

120 *Frommel*, Neue Kriminalpolitik 2007 (Fn. 119), S. 16, 17.

121 Eindringlich dazu *Fischer*, in: 2. FS für Roxin, S. 557, 574, 576.

122 *Roxin*, in: ders./Schroth (Hrsg.), Handbuch des Medizinstrafrechts, S. 75, 117; *ders.*, in: FS für Dreher, S. 331, 339, 345; *ders.*, in: FS für GA, S. 177, 184; *ders.*, in: FS für Jakobs, S. 571, 577. – Ähnlich *Schneider*, in: MünchKommStGB (Fn. 1), § 216 Rn. 8; *Kindhäuser*, BT 1 (Fn. 95), § 3 Rn. 9; *Bottke*, ZEE 1981, S. 109, 129; *Chatzikostas*, Disponibilität des Rechtsgutes Leben, S. 266; *Dreier*, JZ 2007 (Fn. 18), S. 317, 320; *Duttge*, in: Kettler u.a. (Hrsg.), Selbstbestimmung am Lebensende, S. 38, S. 51; *Engisch*, in: FS für Dreher, S. 309, 318; *Hirsch*, in: FS für Lackner, S. 597, 612, 614; *Kindhäuser*, Zur Unterscheidung von Einverständnis und Einwilligung, in: FS für Rudolphi, 2004, S. 135, 144 (abweichend aber jüngst *ders.*, Normtheoretische Überlegungen zur Einwilligung im Strafrecht, GA 2010, S. 490, 492); *Murmann*, (Fn. 86), S. 496f.; *Schroeder*, ZStW 106 (1994), S. 565, 574; *v. d. Pfordten*, (Fn. 107), S. 93, 105; *Schroth*, GA 2006, S. 549, 563; *Verrel*, JZ 1996, S. 224, 226; *ders.*, 66. DJT, S. C 111.

Auch diese Begründung hat Auswirkungen auf die Unrechtsqualität der so legitimierten Norm. § 216 StGB schrumpft danach auf den Status eines abstrakten Gefährdungsdelikts zusammen: Die Gefahr, welcher die Vorschrift wehren soll, bestehe darin, dass nicht vollzugsreife Entscheidungen exekutiert werden könnten.[123] Ihrer Struktur nach ist dies eine indirekt-paternalistische Argumentation. *Paternalistisch* ist sie, weil sie die Handlungsfreiheit des Sterbewilligen zugunsten von dessen Wohl in einer Weise beschränkt, die seinem aktuellen Willen widerspricht.[124] *Indirekt*-paternalistisch ist sie, weil die Strafdrohung des § 216 StGB sich nicht gegen den Sterbewilligen selbst, sondern gegen einen Dritten richtet, dem untersagt wird, dem Willen des Sterbewilligen nachzukommen.[125]

Die Vollzugsreife der Entscheidung zur Selbsttötung an ihren eigenhändigen Vollzug anzubinden, ist mitunter freilich offenkundig verfehlt; man denke nur an den Fall eines bewegungsunfähigen, schwer leidenden Kranken, der sein Leben nicht mehr selbst beenden kann.[126] Aber auch abgesehen von solchen Extremfällen bietet der Handlungsvollzug durch den auf sich selbst zurückgeworfenen Einzelnen, der niemandem seinen Entschluss erläutern muss, tendenziell eine geringere Gewähr für ein vollständiges Durchdenken des Zweckzusammenhangs als eine arbeitsteilige Form der Selbsttötung.[127] Auch der Paternalismus der dieser Auffassung zugrunde liegenden Wertung versteht sich in einer liberalen Gesellschaft nicht von selbst. Zwar erkennen auch die hartnäckigsten Liberalen an, „dass es legitim sein kann, Personen vor sich selbst zu schützen, etwa wenn es sich Minderjährige handelt, um Personen, denen die erforderliche Einsichts- und Urteilsfähigkeit fehlt oder um grundsätzlich kompetente Erwachsene, die aber aufgrund von Informationsdefiziten nicht genau wissen, was sie tun".[128] Dieser so genannte weiche Paternalismus[129] sei keine Verletzung des Autonomiegrundsatzes, er schütze vielmehr die autonome Willensbetätigung des Individuums.[130] Weshalb aber sollte eine freiheit- 30

123 *Jakobs,* Tötung auf Verlangen, S. 23; *Kubiciel,* AL 2011, S. 361, 364; *Murmann,* (Fn. 86), S. 497.

124 Vgl. nur *Birnbacher,* Paternalismus im Strafrecht – ethisch vertretbar? in: v. Hirsch u.a. (Hrsg.), Paternalismus im Strafrecht, 2010, S. 12ff.; *Fateh-Moghadam,* (Fn. 12), S. 22.

125 Vgl. *Birnbacher,* (Fn. 124), S. 16; *du Bois-Pedain,* in: v. Hirsch u.a. (Hrsg.), Paternalismus im Strafrecht, 2010, S. 33ff.; *Fateh-Moghadam,* (Fn. 12), S. 24; *Neumann,* in: Fateh-Moghadam u.a. (Hrsg.), Grenzen des Paternalismus, S. 245, 249. – Grundlegend zur Unterscheidung zwischen direktem und indirektem Paternalismus *Feinberg,* (Fn. 85), S. 9ff.

126 *Grünewald,* (Fn. 18), S. 299; *v. Hirsch/Neumann,* in: dies./Seelmann (Hrsg.), Paternalismus im Strafrecht, S. 71, S. 80; *Kubiciel,* JZ 2009, S. 600, 601; *ders.,* AL 2011, S. 361, 365; *Müller,* § 216 als Verbot abstrakter Gefährdung, S. 30, 161; *Murmann,* (Fn. 86), S. 499f.; *Neumann,* in: Fateh-Moghadam u.a. (Hrsg.), Grenzen des Paternalismus, S. 245, 256.

127 *Müller,* § 216 als Verbot abstrakter Gefährdung, S. 112.

128 *Fateh-Moghadam,* (Fn. 12), S. 27.

129 Zur Unterscheidung zwischen hartem und weichem Paternalismus *Feinberg,* (Fn. 85), S. 12ff.

130 *Fateh-Moghadam,* (Fn. 12), S. 27; *Gkountis,* Autonomie und strafrechtlicher Paternalismus, S. 217ff.; *Gutwald,* (Fn. 13), S. 73, 73f.; *Mayr,* (Fn. 13), S. 48, 71; *Neumann,* in: v. Hirsch u.a. (Hrsg.),

liche Strafrechtsordnung jemanden, dessen Tötungsverlangen sie explizit als ernstlich und damit als freiverantwortlich anerkennt,[131] an der Umsetzung seines Willensentschlusses hindern dürfen?

31 Begründbar ist dies nur, wenn plausible Gründe dafür sprechen, dass das Tötungsverlangen trotz seiner Ernstlichkeit die längerfristigen Zielsetzungen und Werte des Verlangenden nur unzureichend zum Ausdruck bringt. Solche Gründe dürften sich in der Regel finden lassen: Verweisen lässt sich zum einen auf die Schwere und Endgültigkeit des in Rede stehenden Verlustes und zum anderen auf den Umstand, dass es sich bei Äußerungen, die vordergründig als Tötungsverlangen daherkommen, in Wahrheit häufig um verdeckte Appelle um Zuwendung angesichts einer als verzweifelt empfundenen Lebenssituation handelt. Aus diesen Gründen ist es grundsätzlich sachgerecht, an dasjenige Maß von Freiverantwortlichkeit, das bei der Preisgabe weniger wichtiger Güter bereits als ausreichend für einen Unrechtsausschluss betrachtet wird, im Regelungsbereich des § 216 StGB eine, wenngleich im Vergleich zu den §§ 211, 212 StGB gemilderte, Strafe zu knüpfen.[132]

32 Die Logik dieses Begründungsansatzes gebietet es jedoch, im Kontext der Tötung auf Verlangen auch die Möglichkeit eines vollständigen Unrechtsausschlusses vorzusehen: Eben darin, dass das Verlangen zu sterben nicht als schlechthin und unter allen Umständen unvernünftig bewertet wird, liegt der Unterschied zwischen dem in einer freiheitlichen Strafrechtsordnung höchst dubiosen harten und einem unter Freiheitsgesichtspunkten akzeptablen weichen Paternalismus. Um einen vollständigen Unrechtsausschluss nach sich zu ziehen, muss das Tötungsverlangen demnach einer über die Feststellung seiner Ernstlichkeit hinausgehenden objektiven Nachprüfung standhalten. Bei jener wird lediglich ein Mindestmaß an biographischer Konsistenz gefordert: Der Entschluss des Sterbewilligen müsse von innerer Festigkeit und Zielstrebigkeit getragen sein.[133] Deshalb werden zwar Tötungswünsche, die nach Auffassung des Urteilenden einer Augenblicksstimmung oder einer vorübergehenden Depression entspringen, nicht als ernstlich anerkannt.[134] Seine Vernünftigkeit gilt dagegen nicht als taugliches Kriterium zur Beurteilung der Ernstlichkeit des Tötungsverlangens.[135] Erlaubte aktive Sterbehilfe setzt mehr voraus: Das Tötungsverlangen muss sich aus der Warte eines objektiven Drit-

Paternalismus im Strafrecht, S. 343, 348; *v. d. Pfordten,* (Fn. 107), S. 93, 100; *Tenthoff,* Tötung auf Verlangen, S. 112.

131 Vgl. nur Neumann, in: NK (Fn. 38), § 216 Rn. 14; *Wessels/Hettinger,* BT 1 (Fn. 45), Rn. 156.

132 Ebenso *Murmann,* (Fn. 86), S. 494.

133 *Schneider,* in: MünchKommStGB (Fn. 1), § 216 Rn. 20; *Eser,* in: Schönke/Schröder (Fn. 23), § 216 Rn. 8.

134 *Fischer,* (Fn. 70), § 216 Rn. 9; *Kühl,* (Fn. 70), § 216 Rn. 2; *Jähnke,* in: LK (Fn 46), § 216 Rn. 7; *Sinn,* in: SK (Fn. 38), § 216 Rn. 8; *Eser,* in: Schönke/Schröder (Fn. 23), § 216 Rn. 8; *Wessels/Hettinger,* BT 1 (Fn. 45), Rn. 156.

135 *Schneider,* in: MünchKommStGB (Fn. 1), § 216 Rn. 20; *Sinn,* in: SK (Fn. 38), § 216 Rn. 8.

ten als eine sachgemäße Reaktion auf den Leidenszustand des Sterbewilligen darstellen. Ausweislich des Konsenses über die Zulässigkeit indirekter Sterbehilfe ist diese Voraussetzung gegenwärtig zumindest für solche Fälle erfüllt, in denen der Kranke schweren, nicht wirksam zu bekämpfenden Schmerzen ausgesetzt und sein natürliches Lebensende nahe herangerückt ist.[136] In diesem Bereich ist auf der Basis eines freiheitskompatiblen weichen Paternalismus ein Schutz des Sterbewilligen vor sich selbst und eine daraus resultierende Pflicht des Ausführenden, sich des erbetenen Eingriffs in das Leben des Verlangenden zu enthalten, nicht mehr begründbar. Insoweit müssen deshalb kraft einer entsprechenden teleologischen Reduktion des § 216 StGB über die Sonderform der indirekten Sterbehilfe hinaus auch andere Formen aktiver Sterbehilfe zulässig sein.[137]

---

136 Wer behauptet, es ließen sich im Hinblick auf Entscheidungen über Leben und Tod keine konsensfähigen Maßstäbe ausmachen (so zuletzt *Roxin*, in: FS für Jakobs, S. 571, 575), verschließt deshalb die Augen vor der Realität (treffend *Verrel, in:* FS für Jakobs, S. 715, 724).

137 Im Ergebnis weitgehend wie hier *Jakobs*, Tötung auf Verlangen, S. 31f.; *Frisch*, in: Leipold (Hrsg.), Selbstbestimmung, S. 103, 109f.; *Grünewald*, (Fn. 18), S. 300; *Kubiciel*, JZ 2009, S. 600, 606f.; *ders.*, JA 2011, S. 86, 91; *ders.*, AL 2011, S. 361, 366; *Murmann*, (Fn. 86), S. 499ff.; ferner *Freund*, Tatbestandsverwirklichung durch Tun und Unterlassung. Zur gesetzlichen Regelung begehungsgleichen Unterlassens und anderer Fälle der Tatbestandsverwirklichung im Allgemeinen Teil des StGB, in: FS für Herzberg, 2008, S. 225, 237f. für den Fall, dass der Patient den lebensbeendenden Akt nicht mehr eigenhändig vollziehen kann. – Andere Autoren ziehen den Grundgedanken des rechtfertigenden Notstands heran (*Schneider*, in: MünchKommStGB [Fn. 1], Vor § 211 Rn. 91; Neumann, in: NK [Fn. 38], Vor § 211 Rn. 127; § 216 Rn. 19; *ders.*, in: FS für Herzberg, S. 575, 584; *ders.*, *Neumann*, in: Fateh-Moghadam u.a. (Hrsg.), Grenzen des Paternalismus, S. 245, 251ff.; *Sinn*, in: SK (Fn. 38) 126. Lfg, § 212 Rn. 56; *Maurach/Schroeder/Maiwald*, Strafrecht Besonderer Teil, Band 1, 10. Aufl. 2009, § 1 Rn. 34; *Wessels/Beulke*, Strafrecht, Allgemeiner Teil, 40. Aufl. 2010, Rn. 316d; *Chatzikostas*, Disponibilität des Rechtsgutes Leben, S. 320ff.; *Fischer*, Recht auf Sterben?, S. 249, 274; *Geißendörfer*, Selbstbestimmung, S. 215; *Kämpfer*, Selbstbestimmung, S. 357ff.; *Kargl*, in: Institut für Kriminalwissenschaften und Rechtsphilosophie (Hrsg.), Jenseits des rechtsstaatlichen Strafrechts, S. 396; *Merkel*, Früheuthanasie, S. 578ff.; *ders.*, in: FS für Schroeder, S. 297, 320f.; *ders.*, [Fn. 78, in: Fateh-Moghadam], S. 285, 296; *Müller*, § 216 als Verbot abstrakter Gefährdung, S. 163, 202ff.; *Schork*, Ärztliche Sterbehilfe, S. 248ff.; *Herzberg*, NJW 1986, S. 1635, 1640; *v. Hirsch/Neumann*, in: dies./Seelmann [Hrsg.], Paternalismus im Strafrecht, S. 71, S. 88ff., 107ff.; *Kutzer*, DRiZ 2005, S. 257, 258; *ders.*, ZRP-Rechtsgespräch mit Klaus Kutzer, Vors. Richter am Bundesgerichtshof a.D., ZRP 2003, S. 213; *ders.*, FPR 2007, S. 59, 61; *Otto*, in: 56. DJT, S. D1, D 58ff., 92 [allerdings nur für krasse Extremfälle, ansonsten lediglich Absehen von Strafe, a.a.O. S. D 61, 75]; *ders.*, Jura 1999, S. 434, 441; *ders.*, NJW 2006, S. 2217, 2222, – Die herkömmliche Auffassung hält allenfalls einen Rückgriff auf § 35 StGB (*Maatsch*, [Fn. 18], S. 239) bzw. den übergesetzlichen entschuldigenden Notstand (*Lenckner*, in: Schönke/Schröder [Fn. 23], Vorbem. §§ 32ff. Rn. 117; *Hirsch*, in: FS für Lackner, S. 597, 610, 615; *Pelzl*, KJ 1994, S. 179, 194; *Tröndle*, 56. DJT, S. M 39; *ders.*, ZStW 99 [1987], S. 25, 42; wohl auch *Köhler*, JRE 14 [2006] [Fn. 16], S. 425, 444; *Ingelfinger*, JZ 2006, S. 821, 823) oder ein Absehen von Strafe (*Eser*, in: Schönke/Schröder [Fn. 23], Vorbem. §§ 211ff. Rn. 25; *ders.*, in: Auer u.a. (Hrsg.), Zwischen Heilauftrag und Sterbehilfe, S. 75, 91f.; *Roxin*, Strafrecht Allgemeiner Teil, Band 1., Grundlagen, der Aufbau der Verbrechenslehre, 4. Aufl. 2006, § 16 Rn. 56; *ders.*, in: FS für GA, S. 177, 189f.; *Dölling* MedR 1987, S. 6, 11f.; *Duttge*, in: Kettler u.a. [Hrsg.], Selbstbestimmung am

V. Unabhängig vom Patientenwillen zulässige Therapiebegrenzung

33 Verzichten kann der Einzelne nur auf etwas, das ihm von Rechts wegen zusteht. Der Wille eines Patienten zum Behandlungsabbruch ist deshalb nur im Hinblick auf solche Maßnahmen beachtlich, zu deren Durchführung *lege artis* vorgehende Ärzte ansonsten verpflichtet wären. Ist eine (Weiter-)Behandlung hingegen schon aus objektiven Gründen nicht geboten, so kommt es auf den Willen des Patienten nicht entscheidend an. In diesen Fällen kann die Behandlung also nicht nur *ohne*, sondern im Prinzip auch *gegen* dessen Zustimmung abgebrochen werden. Wo die Grenzen der ärztlichen Behandlungspflicht gegenüber Schwerkranken verlaufen, ist eine heikle und verhältnismäßig wenig diskutierte Frage.[138] Weitgehend einig ist man sich nur in zwei Punkten. Deren erster betrifft den Ausschluss *wirkungsloser* Behandlungen. Eine Therapie, von der weder eine Lebensverlängerung noch eine Leidensminderung zu erwarten ist, braucht, ja darf nicht angeboten werden.[139] Darüber hinaus ist es dem Arzt nach dem Einsetzen des Sterbevorgangs auch erlaubt, von sich aus auf lebensverlängernde Maßnahmen wie Beatmung, Bluttransfusion oder künstliche Ernährung zu verzichten.[140]

34 Die dogmatische Begründung dieses Ergebnisses ist allerdings wiederum nicht einfach. Ähnlich wie in den Fällen eines vom Willen des Patienten getragenen Behandlungsabbruchs beruft man sich auf die fehlende Garantenstellung des Arztes.[141] Dessen Pflichtenstellung werde durch das medizinisch Gebotene begrenzt. Zur Durchführung von Maßnahmen, für die keine medizinische Indikation bestehe, sei er deshalb nicht verpflichtet.[142] Unter der Herrschaft des Satzes, dass Garantenstel-

---

Lebensende, S. 38, 51f.; *Engisch*, FS für Bockelmann, S. 519, 536f.; *Wassermann*, in: Winau/Rosemeier [Hrsg.], Tod und Sterben, 1984, S. 381, 401f.) für möglich.

138 Ebenso *Geth*, Passive Sterbehilfe, S. 59.

139 *Thias*, Möglichkeiten und Grenzen eines selbstbestimmten Sterbens durch Einschränkung und Abbruch medizinischer Behandlung, 2004, S. 192f.; *Winkler*, Ist ein Therapieverzicht gegen den Willen des Patienten ethisch begründbar?, Ethik in der Medizin (Ethik Med) 22 (2010), S. 89, 95.

140 BGHSt 40, 260; *Rengier*, BT 2 (Fn. 59), § 7 Rn. 10; *Wessels/Hettinger*, BT 1 (Fn. 45), Rn. 36; *Klöpperpieper*, FPR 2010 (Fn. 23), S. 260, 262; *Kuchenbauer*, ZfL 2007, S. 98, 104; *Kutzer*, FPR 2007, S. 59, 62; *Leonardy*, DRiZ 1986, S. 281, 285; *Lipp*, in: Kettler u.a. (Hrsg.), Selbstbestimmung am Lebensende, S. 89, 96; *Lorenz*, JZ 2009, S. 57, 62; *Opderbecke*, MedR 1985 (Fn. 34), S. 23, 29; Rosenau, in: 2. FS für Roxin, S. 577, 578f.; *Schmidt-Recla*, MedR 2008 (Fn. 46), S. 181, 182; *Schork*, Ärztliche Sterbehilfe, S. 46f., 186; *Weißauer/Opderbecke*, Behandlungsabbruch bei unheilbarer Krankheit aus medikolegaler Sicht, MedR 1995, S. 456, 461.

141 *Eser*, in: Auer u.a. (Hrsg.), Zwischen Heilauftrag und Sterbehilfe, S. 75, 123; *Hirsch*, in: FS für Lackner, S. 597, 604ff.; *Leonardy*, DRiZ 1986, S. 281, 285; *Sternberg-Lieben*, in: FS für Seebode, S. 401, 411; *Weißauer/Opderbecke*, MedR 1995 (Fn. 140), S. 456, 460; *Zielinski*, ArztR 1995, S. 188, 189.

142 *Albrecht*, in: FS für Schreiber, S. 551, 562; *Geißendörfer*, Selbstbestimmung, S. 55; *Lipp/Klein* FPR 2007, S. 56, 56f.; *Opderbecke/Weißauer*, Ein Vorschlag für Leitlinien – Grenzen der intensivmedizinischen Behandlungspflicht, MedR 1998, S. 395, 397; *Schork*, Ärztliche Sterbehilfe, S. 188; *Schreiber*, Ein neuer Entwurf für eine Richtlinie der Bundesärztekammer zur Sterbehilfe, in: 2. FS für Deutsch, 2009, S. 773ff.; *Sternberg-Lieben*, FS für Seebode, S. 401, 411.

lungen ein Sondergut der Unterlassungsdelikte seien, stößt diese Begründung allerdings dort an ihre Grenzen, wo der Behandlungsabbruch ein aktives Tätigwerden erfordert. Die vom BGH im Fuldaer Fall vorgenommene Verwerfung der Figur des „Unterlassens durch Tun" schlägt nämlich auch auf die hiesige Konstellation durch. Gleichgültig, ob man zur Begründung von deren Zulässigkeit – einer neueren Auffassung folgend, wonach auch der Tatbestand eines Begehungsdelikts eine Garantenstellung des Täters voraussetzt[143] – auf die fehlende Garantenstellung des Arztes abstellt oder ob man die Notstandskonstruktion der herrschenden Meinung auf diese Konstellation erstreckt, in jedem Fall liegt inhaltlich die gesamte Begründungslast auf dem Urteil, dass die technisch mögliche Lebensverlängerung dem Sterbenden nichts mehr einbringe. Damit erfordert diese Fallgruppe eben jene objektive Bewertung von Lebenssinn, von der die herkömmliche Strafrechtsdogmatik behauptet, dass es sie nie und nimmer geben dürfte.[144]

Die praktische Relevanz der soeben erörterten Fälle ist freilich erheblich geringer 35
als ihr theoretisches Gewicht, denn häufig werden Ärzte die danach erforderlichen Feststellungen nicht mit der nötigen Sicherheit treffen können.[145] In der Praxis ungleich bedeutsamer ist die Konstellation eines voraussichtlich irreversiblen Bewusstseinsverlusts, insbesondere bei Komapatienten und hochgradig dementen Personen.[146] Der BGH und ein Teil des Schrifttums lehnen eine Verselbständigung der medizinischen Indikation zu einem eigenständigen, vom Willen des Patienten unabhängigen Beurteilungskriterium für eine zu einem vorzeitigen Todeseintritt führende Therapiebegrenzung jedenfalls für den Zeitraum vor der eigentlichen Sterbephase ab. Selbstbestimmungsorientierung bedeute, dass die Legitimationsbasis von Sterbehilfe ausschließlich subjektiv sei, objektiven Kriterien also lediglich eine Indizfunktion zukommen könne.[147] Dabei gilt dem BGH zufolge der Grundsatz *In*

---

143 *Jakobs*, AT (Fn. 63), 7/58; *Freund*, Strafrecht Allgemeiner Teil, 2. Aufl. 2009, § 6 Rn. 64; *Herzberg*, Das Wollen beim Vorsatzdelikt und dessen Unterscheidung vom bewußt fahrlässigen Verhalten – Teil 1, JZ 1988, S. 573, 579; *ders.*, Das vollendete vorsätzliche Begehungsdelikt als qualifiziertes Versuchs-, Fahrlässigkeits- und Unterlassungsdelikt, JuS 1996, S. 377, 382ff.

144 Ebenso *Schneider*, in: MünchKommStGB (Fn. 1), Vor §§ 211ff. Rn. 115; *Eser*, in: Auer u.a. (Hrsg.), Zwischen Heilauftrag und Sterbehilfe, S. 75, 121f.; *Stratenwerth* SchwZStr 95 (1978), S. 60, 77; *ders.*, in: FS für Schreiber, S. 893, 896f., 900. – A.A. *Opderbecke*, MedR 1985 (Fn. 34), S. 23, 25; *Schork*, Ärztliche Sterbehilfe, S. 184, 186; *Taupitz*, (Fn. 6), S. A 24.

145 *Künschner*, Behandlungsverzicht und Patientenauswahl, S. 138.

146 Wie *Kutzer*, in: FS für Rissing-van Saan, S. 337, 343 berichtet, gibt es nach Expertenschätzungen in Europa etwa 230.000 Koma-Patienten pro Jahr, knapp 30.000 befinden sich im ständigen Wachkoma.

147 BGHSt 40, 263; *Kühl*, (Fn. 70), Vor § 211 Rn. 9; *Jähnke*, in: LK (Fn 46), Vor § 211 Rn. 20a; *Schneider*, in: MünchKommStGB (Fn. 1), Vor §§ 211ff. Rn. 119; *Neumann*, in: NK (Fn. 38), Vor § 211 Rn. 118; *ders./Saliger*, HRRS 2006, S. 280, 282; *Sinn*, in: SK (Fn. 38), § 212 Rn. 45; *Achenbach*, Jura 2002, S. 545, 546; *Geilen*, Euthanasie und Selbstbestimmung, S. 14; *Dölling* MedR 1987, S. 6, 9; *Duttge*, GA 2005, S. 606, 607; *Ingelfinger*, JZ 2006, S. 821, 826; *Arthur Kaufmann*, in: 1. FS für

dubio pro vita: Zwar habe der Arzt in Grenzfällen einen gewissen Beurteilungs- und Ermessensspielraum bei der Entscheidung über Beendigung oder Fortsetzung einer Behandlung. Seien jedoch wesentliche Lebensfunktionen wie Atmung, Herzaktion und Kreislauf noch erhalten, komme ein Behandlungsabbruch nur in Betracht, wenn er dem mutmaßlichen Willen des entscheidungsunfähigen Patienten entspreche.[148]

36 Wie aber, wenn sich konkrete Anhaltspunkte für den individuellen mutmaßlichen Willen des Kranken nicht finden lassen? In diesem Fall darf dem BGH zufolge auf „allgemeine Wertvorstellungen" zurückgegriffen werden. Je weniger die Wiederherstellung eines nach allgemeinen Vorstellungen menschenwürdigen Lebens zu erwarten sei und je kürzer der Tod bevorstehe, um so eher werde ein Behandlungsabbruch vertretbar erscheinen.[149] Diese Formel ist insbesondere in ihrem ersten Teil so unbestimmt, dass sie, sofern dies rechts- (oder finanz-)politisch gewünscht wird, einen erheblichen Spielraum für Behandlungsabbruchentscheidungen eröffnet.[150] An der Aussicht zur Wiederherstellung einer menschenwürdigen Existenz fehlt es nach einer im Schrifttum verbreiteten Auffassung in den Fällen eines voraussichtlich endgültigen Bewusstseinsverlusts. Die Aufrechterhaltung eines Lebens in unumkehrbarer Bewusstlosigkeit sei deshalb im Zweifel nicht das, was dem Willen des Patienten entspreche.[151] Bei irreversiblen Hirnschädigungen, dauerhafter Bewusstlosigkeit oder auch schwerer Demenz im Endstadium ist demnach ein Verzicht auf die Behandlung lebensbedrohlicher Krankheiten – beispielsweise auf die medizinisch unschwer mögliche Therapierung einer Lungenentzündung – in der Regel selbst dann zulässig, wenn das Stadium der unmittelbaren Sterbensnähe noch nicht erreicht ist.[152]

Roxin, S. 841, 850; *Saliger,* KritV 2001, S. 382, 422, 425; *Schork,* Ärztliche Sterbehilfe, S. 166ff.; *Verrel* JZ 1996, S. 224, 226ff.

148 BGHSt 40, 264f.

149 BGHSt 40, 263.

150 Insoweit kritisch *Fischer,* (Fn. 70), Vor § 211 Rn. 68; *Kutzer,* in: FS für Rissing-van Saan, S. 337, 342; *Rieger,* Die mutmaßliche Einwilligung in den Behandlungsabbruch, S. 100; *Schork,* Ärztliche Sterbehilfe, S. 144ff.; *Schürch* Rationierung in der Medizin, S. 43, S. 170ff.

151 *Neumann,* in: NK (Fn. 38), Vor § 211 Rn. 118, 120; *Ankermann,* MedR 1999, S. 387, 390; *Dölling* MedR 1987, S. 6, 9; *Rieger,* Die mutmaßliche Einwilligung in den Behandlungsabbruch, S. 149; *Saliger,* KritV 2001, S. 382, 428ff.; *Schöch,* NStZ 1995, S. 153, 155; *Tröndle,* MedR 1988, S. 163, 164, 165; *Trück,* (Fn. 65), S. 147; *Verrel,* 66. DJT, S. C 94. – A.A. *Jähnke,* in: LK (Fn 46), Vor § 211 Rn. 20c; *Schneider,* in: MünchKommStGB (Fn. 1), Vor §§ 211ff. Rn. 121; *Bernsmann,* ZRP 1996, S. 87, 92; *Duttge,* in: Kettler u.a. (Hrsg.), Selbstbestimmung am Lebensende, S. 38, 62; *ders.,* GA 2006, S. 606, 583; *Fischer,* Die mutmaßliche Einwilligung bei ärztlichen Eingriffen, in: 2. FS für Deutsch, 2009, S. 545, 556; *Hillgruber* ZfL 2006 (Fn. 18), S. 70, 80; *Höfling,* JuS 2000, S. 111, 117; *Höfling/Rixen,* Vormundschaftsgerichtliche Sterbeherrschaft?, JZ 2003, S. 884, 894; *Kuchenbauer,* ZfL 2007, S. 98, 105; *Kutzer,* in: Härlein u.a. (Hrsg.), Medizin und Gewissen – wenn Würde ein Wert würde, S. 165, 167; *ders.,* in May u.a. (Hrsg.), Passive Sterbehilfe: Besteht gesetzlicher Regelungsbedarf?, S. 19, 23; *ders.,* in: FS für Rissing-van Saan, S. 337, 354; *Lorenz,* JZ 2009, S. 57, 62; *Schmidt-Recla* MedR 2008 (Fn. 46), S. 181, 183.

152 *Saliger,* KritV 2001, S. 382, 428ff.

Ein anderer Teil der Lehre geht noch einen Schritt weiter und hält in den Fällen eines endgültigen Bewusstseinsverlusts den Behandlungsabbruch „ohne Rücksicht auf etwaige Einwilligungskrücken",[153] also unabhängig vom mutmaßlichen Patientenwillen für zulässig.[154] Darin liege nicht etwa eine externe *Begrenzung* des Autonomiegedankens, sondern im Gegenteil eine Entfaltung von dessen *Implikationen*. Das Autonomieparadigma beruhe auf der Ersetzung des älteren biologisch-quantitativen durch ein personal-qualitatives Verständnis menschlichen Lebens.[155] Die Aufgabe eines der Autonomie seiner Patienten verpflichteten Arztes bestehe deshalb nicht in der Erhaltung der biologischen Lebensfunktionen als solcher, sondern in der Ermöglichung menschlicher Selbstverwirklichung.[156] Wenn der Gesundheitszustand des Kranken so beschaffen sei, dass er eine bewusste Lebensführung – als *conditio sine qua non* jeder Selbstbestimmung – dauerhaft ausschließe, sei folglich auch eine einseitige Therapiebegrenzung zulässig: „Die Seite des Lebensinteresses für den Patienten ist leer."[157] Unbeachtlich ist es diesem Ansatz zufolge, ob der betreffende Patient sich bereits in der unmittelbaren Sterbephase befindet oder ob er – wie viele Apalliker – aufgrund seines stabilen körperlichen Gesamtzustandes noch weit davon entfernt ist. Die Maßgeblichkeit des nach Auffassung des Arztes medizinisch Indizierten ergibt sich allein daraus, dass der Patient seine Fähigkeit zu autonomer Lebensführung endgültig eingebüßt hat. 37

Im Ergebnis laufen somit beide Literaturauffassungen darauf hinaus, den Entscheidungsprimat der Ärzte im Bereich des Behandlungsabbruchs auszudehnen. Allerdings billigt die erste Meinungsgruppe dem Patienten (bzw. dessen Vertretern) ein Vetorecht zu,[158] während die zweite Gruppe sich dafür ausspricht, den Willen zur Verlängerung eines Lebens, das seine Autonomiefähigkeit eingebüßt hat, von vornherein für unbeachtlich zu erklären. Diese Position macht die häufig übersehene 38

153 So *Eser*, in: Auer u.a. (Hrsg.), Zwischen Heilauftrag und Sterbehilfe, S. 75, 121.

154 *Eser*, in: Schönke/Schröder (Fn. 23), Vorbem. §§ 211ff. Rn. 29; *ders.*, in: Auer u.a. (Hrsg.), Zwischen Heilauftrag und Sterbehilfe, S. 75, 131; *Kindhäuser*, BT 1 (Fn. 95), § 3 Rn. 6; *Núnez Paz*, Zur Straferheblichkeit des Abbruchs der ärztlichen Behandlung in irreversiblen vegetativen Stadien, in: 2. FS für Roxin, S. 609, 611; *Otto*, Grundkurs Strafrecht, Die einzelnen Delikte, 6. Aufl. 2002, § 6 Rn. 33; *ders.*, 56. DJT, S. D1, D 36f., 50f.; *ders.*, Jura 1999, S. 434, 437, 439; *Ankermann*, MedR 1999, S. 387, 389; *Bottke*, ZEE 1981, S. 109, 126; *Hanack*, in: Hiersche (Hrsg.), Euthanasie, S. 121, 163; *Klöpperpieper*, FPR 2010 (Fn. 23), S. 260, 263; *Künschner*, Behandlungsverzicht und Patientenauswahl, S. 141f., 148; *Merkel*, Tödlicher Behandlungsabbruch und mutmaßliche Einwilligung bei Patienten im apallischen Syndrom, ZStW 107 (1995), S. 545, 573; *Schreiber*, NStZ 1986, S. 337, 342; *Weißauer/Opderbecke*, MedR 1995 (Fn. 140), S. 456, 462.

155 *Bottke*, ZEE 1981, S. 109, 124; *Eser*, in: Auer u.a. (Hrsg.), Zwischen Heilauftrag und Sterbehilfe, S. 75, 129ff.

156 *Bottke*, ZEE 1981, S. 109, 126; *Eser*, in: Auer u.a. (Hrsg.), Zwischen Heilauftrag und Sterbehilfe, S. 75, 129, 132.

157 *Merkel* ZStW 107 (1995) (Fn. 154), S. 545, 573.

158 In *Taupitz'* Worten steht die „objektive Interessenabwägung" hier „unter subjektivem Korrekturvorbehalt": (Fn. 6), S. A 43.

Kehrseite der Emanzipationsformel „Autonomie“ in voller Schärfe sichtbar.[159] An ihr lässt sich ablesen, dass mit der Hochschätzung selbstbestimmten Entscheidens eine Schwächung des normativen Status derjenigen Individuen einhergeht, die dem Leitbild einer autonomen Lebensführung nicht (mehr) zu genügen vermögen. Einer Gesellschaft, die sich über das Prinzip der Freiheit definiert, kann das Leben der Unfreien schwerlich heilig sein.[160] Die Fähigkeit und Bereitschaft, sich als autonome Person darzustellen, begründet insofern nicht nur Rechte, sondern auch Obliegenheiten und bewirkt dadurch weniger eine *Reduzierung* als vielmehr eine *Verschiebung* der sozialen Anforderungen an die einzelnen. Je anspruchsvoller das Autonomieideal und die eng mit ihm verbundene Kategorie eines „menschenwürdigen Lebens“ gefasst werden, desto eher wird man zu dem Ergebnis gelangen, ein gesundheitlich reduziertes Dasein sei so weit von dem Vollsinn selbstbestimmter Existenz entfernt, dass für seine Fortsetzung keine objektiv plausiblen Gründe mehr sprächen.[161] *Wie weit* diese Verschiebung in Zukunft gehen wird, lässt sich angesichts der Offenheit des Autonomie- und des Würdebegriffs nicht verlässlich prognostizieren. *Dass* es zu ihr kommen wird, ist allerdings kaum zweifelhaft.[162] Die Suggestivität der Autonomiesemantik und ihre Fähigkeit, die Reduzierung von Gesundheitsleistungen in einer besonders sensiblen Phase der menschlichen Existenz auf unanstößige Weise zu begründen, werden ihre Wirkung nicht verfehlen.

VI. Fazit und Ausblick

39 Das Fazit fällt deshalb zwiespältig aus. Zwar ist der strafrechtliche Schutz der Entscheidungshoheit alter Menschen in den letzten Jahren ausgebaut worden. Dies ist eine Errungenschaft, die trotz aller Bedenken nicht klein geredet werden soll. Weitaus stärker als durch eine medizinische Überversorgung werden die Lebensqualität und letztlich auch die Überlebensaussichten älterer Patienten allerdings durch die wachsende Tendenz zur Rationierung medizinischer Leistungen bestimmt. Ihr steht das Strafrecht weitgehend machtlos gegenüber.[163] Hinzu kommt, dass das Personal in zahlreichen Einrichtungen der Altenbetreuung de facto nur einer sehr eingeschränkten Außenkontrolle unterliegt. Multimorbide, geistig retardierte alte Menschen, denen keine Angehörigen zur Seite stehen, wie sie in wachsender Zahl die Altenheime und Pflegestationen bevölkern, sind dem Heimpersonal weitgehend

159 Näher dazu *Pawlik*, in: FS für Frisch, im Erscheinen.

160 *Jakobs*, FAZ v. 23.7.1996, S. 33.

161 Ähnlich *Duttge*, NStZ 2006, S. 479, 481.

162 Ebenso *Schork*, Ärztliche Sterbehilfe, S. 164.

163 Dazu jüngst *Dannecker/Streng*, MedR 2011, S. 131ff.; *Sternberg-Lieben*, in: FS für Geppert, S. 723ff.

hilflos ausgeliefert. Obgleich nicht daran zu zweifeln ist, dass die große Mehrzahl der Pflegenden sich rechtstreu verhält, birgt diese Situation Gefahren, die nicht ignoriert werden dürfen. Aller Rhetorik von Autonomie und Respekt zum Trotz sollte aus diesen Gründen der Schutz, den das Strafrecht alten Menschen in ihrer spezifischen Lebenssituation bieten kann, nicht überschätzt werden. Die strafrechtlich nicht wirksam abgesicherten Risiken des Altseins dürften in Zukunft wachsen.

Michael Pawlik

§ 8 Altersgrenzen als altersspezifisches Regelungsinstrument

Literatur: *Baßlsperger, Maximilian,* Altersdiskriminierung durch Beamtenrecht. Rechtsprobleme und Lösungsansätze nach Inkrafttreten des Beamtenstatusgesetzes, ZBR 2008, S. 339ff.; *Bauschke, Hans-Joachim,* Altersgrenzen im öffentlichen Dienst – Konfliktbereich zwischen nationalen und europäischen Rechtsquellen unter Berücksichtigung neuerer Rechtsprechung, ZTR 2009, S 622ff.; *Becker, Ulrich,* Die alternde Gesellschaft – Recht im Wandel, JZ 2004, S. 929ff.; *Boecken, Winfried,* Wie sollte der Übergang vom Erwerbsleben in den Ruhestand rechtlich ausgestaltet werden? Gutachten B zum 62. Deutschen Juristentag in Bremen 1998 (62. DJT), 1998; *Büsges, Eva-Maria,* Gutachten zur Überprüfung von Altersfragen in bundesgesetzlichen Regelungen, in Auftrag gegeben vom Bundesministerium für Jugend, Familie, Frauen und Gesundheit, [Typoskript]. August 1990; *Döring, Diether/ Trabert, Lioba,* Zur künftigen Altersgrenzenstrategie mit Blick auf den Arbeitsmarkt, DRV (Deutsche Rentenversicherung) 3/2010, S. 370ff.; *Häberle, Peter,* Altern und Alter des Menschen als Verfassungsproblem, in: Badura, Peter/Scholz, Rupert (Hrsg.), Wege und Verfahren des Verfassungslebens. Festschrift für Peter Lerche zum 65. Geburtstag, 1993, S. 189ff.; *Huster, Stefan,* in: Altersrationierung im Gesundheitswesen: (Un-)Zulässigkeit und Ausgestaltung, MedR 2010, S. 369; *Igl, Gerhard/Klie, Thomas,* Das Recht der älteren Menschen, in: Igl, Gerhard/Klie, Thomas (Hrsg.), Das Recht der älteren Menschen, 2007, S. 17ff.; *Igl, Gerhard,* Altersgrenzen und gesellschaftliche Teilhabe. Gutachten erstellt im Auftrag des Bundesministeriums für Familie, Senioren, Frauen und Jugend (BMFSFJ), 2009 (unveröffentlichtes Typoskript); *Igl, Gerhard,* Recht und Alter – ein diffuses Verhältnis, in: Festschrift für Werner Thieme, 1993, S. 747ff.; *Igl, Gerhard,* Zur Problematik der Altersgrenzen aus juristischer Perspektive, Zeitschrift für Gerontologie und Geriatrie 33 (2000), S. 57ff.; *Kreikebohm, Ralf,* Möglichkeiten eines flexiblen Übergangs in den Ruhestand, DRV (Deutsche Rentenversicherung) 3/2010, S. 353; *Kruse, Andreas,* Alter zwischen Verletzlichkeit und Wachstum, Archiv für Wissenschaft und Praxis der sozialen Arbeit. 2006, Bd. 2, S. 4ff.; *Mann, Thomas,* Altersdiskriminierung durch gesetzliche Höchstaltersgrenzen. Rechtsgutachten, erstattet der Senioren Union der CDU, [Typoskript], Göttingen 2006; *Mann, Thomas,* Gesetzliche Höchstaltersgrenzen und Verfassungsrecht, in: Festschrift für Christian Starck, 2007, S. 319ff.; *Naegele, Gerhard,* Alter und Gesundheit – zu einigen Anknüpfungspunkten für Prävention, Gesundheitsförderung und darauf bezogene Gesundheitswirtschaft, in: Goldschmidt, A.J.W./Hilbert, J. (Hrsg.), Gesundheitswirtschaft in Deutschland – Die Zukunftsbranche, 2009, S. 148ff.; *Müller, Thomas,* Alter und Recht. Das menschliche Alter und seine Bedeutung für das Recht unter besonderer Berücksichtigung des europäischen und nationalen Antidiskriminierungsrechts, 2011; *Nussberger, Angelika,* Altersgrenzen als Problem des Verfassungsrechts, JZ 2002, S. 524ff.; *Polloczek, Tobias,* Altersdiskriminierung im Lichte des Europarechts, 2008; *Preis, Ulrich,* Alternde Arbeitswelt – Welche arbeits- und sozialrechtlichen Regelungen empfehlen sich zur Anpassung der Rechtsstellung und zur Verbesserung der Beschäftigungschancen älterer Arbeitnehmer? Gutachten B zum 67. Deutschen Juristentag in Erfurt (67. DJT), 2008. B1ff.; *Reindl, Josef,* Die Abschaffung des Alters. Eine Kritik des optimistischen Alternsparadigmas. Leviathan 2009, Jahrgang 37, Heft 1, S. 160ff.; *Ruland, Franz,* Zur Verfassungsmäßigkeit der Anhebung der Altersgrenzen im Rentenversicherungs- und Beamtenversorgungsrecht, in: Festschrift für Udo Steiner zum 70. Geburtstag, 2009, S. 662ff.; *Steiner, Udo,* Das deutsche Arbeitsrecht im Kraftfeld von Grundgesetz und Europäischem Gemeinschaftsrecht, NZA 2008, S. 73ff.; *Temming, Felipe,* Altersdiskriminierung im Arbeitsleben. Eine rechtsmethodische Analyse, 2008; *Zacher, Hans-F.,* Sozialrecht, in: Baltes, Paul B./Mittelstraß, Jürgen (Hrsg.), Zukunft des Alterns und gesellschaftliche Entwicklung, 1992, S. 305ff.

Gerhard Igl

Inhaltsübersicht

I. Entwicklung der Diskussion um Altersgrenzen im höheren Lebensalter

1 Der Ursprung der Diskussion um Sinnhaftigkeit und Legitimation von Altersgrenzen im höheren Lebensalter im Sinne von Höchstaltersgrenzen liegt in der Bundesrepublik Deutschland nicht in der Rechtswissenschaft, sondern in der Seniorenpolitik.

Diese hat Ende der 1980er Jahre eine Aufwertung in mehrfacher Hinsicht erfahren: Die für das damalige Bundesministerium für Jugend, Familie, Frauen und Gesundheit zuständige Gerontologieprofessorin Ursula Lehr hat in diesem Ministerium in ihrer Amtszeit (1988–1991) einen starken seniorenpolitischen Akzent gesetzt, unter anderem durch die Einführung der Altenberichterstattung.[1] Später – 1991 – wurde das Ministerium aufgeteilt. Dies hatte auch zur Folge, dass zum ersten Mal die Senioren in einem Titel eines Bundesministeriums genannt wurden (Bundesministerium für Familie und Senioren). Das Feld der Seniorenpolitik gewann insgesamt in dieser Zeit an Bedeutung.[2]

Das Thema der Altersgrenzen im höheren Lebensalter war im Ersten Altenbericht nur im Zusammenhang der Altersgrenzen für den Bezug einer Rente von Bedeutung.[3] Eine erste, nicht publizierte Erhebung zu gesetzlich festgelegten Altersgrenzen stammte aus dem Bundesministerium für Jugend, Familie, Frauen und Gesundheit vom August 1990.[4] Die rechtswissenschaftliche Befassung begann erst später, wobei die Rechtslage in den USA immer wieder als Vorbild für eine frühe Befassung mit der Altersdiskriminierungsproblematik im Zusammenhang mit Altersgrenzen zitiert wurde.[5] In Deutschland fand eine breitere rechtswissenschaftliche Befassung im Rahmen eines Deutschen Juristentages (Bremen 1998) statt, allerdings nur zu einem Teilaspekt der Thematik, den Altersgrenzen beim Übergang vom Erwerbsleben in den Ruhestand.[6] Ein weiterer Deutscher Juristentag (Erfurt 2008) nahm das Thema mit breiterer Themenstellung (Erhöhung der Beschäfti- 2

1 Am 22. Februar 1989 beauftragte die Bundesministerin für Jugend, Familie, Frauen und Gesundheit Prof. Dr. Dr. h.c. *Ursula Lehr* eine Sachverständigenkommission mit der Erstellung eines Gesamtberichts zur Lage der älteren Generation in der Bundesrepublik Deutschland. Der Auftrag der Kommission wurde dann erweitert um die Situation der älteren Menschen in den neuen Bundesländern. Der Bericht der Sachverständigenkommission unter der Leitung von Prof. Dr. med. *R.-M. Schütz* wurde am 3. November 1992 der Bundesministerin für Familie und Senioren, *Hannelore Rönsch*, übergeben und zusammen mit der Stellungnahme der Bundesregierung als Erster Altenbericht veröffentlicht (BT-Drs. 12/5897). Mittlerweile liegen sechs Altenberichte vor (http://www.dza.de/politikberatung/geschaeftsstelle-altenbericht/die-bisherigen-altenberichte.html).

2 Hierzu *Gerlach*, Altenpolitik, in: Bundesministerium für Arbeit und Soziales und Bundesarchiv (Hrsg.), Geschichte der Sozialpolitik in Deutschland seit 1945, Band 11, 2007, S. 851.

3 Erster Altenbericht (Fn. 1), S. 93ff. Ähnlich war dies in dem schon vorher unter dem Vorsitz von Prof. Dr. *Ursula Lehr* erarbeiteten Vierten Familienbericht, der sich der Darstellung der Situation der älteren Menschen in der Familie widmete, BT-Drs. 10/6145, S. 48.

4 *Büsges*, Gutachten zur Überprüfung von Altersfragen in bundesgesetzlichen Regelungen. In diesem Gutachten werden – soweit ersichtlich zum ersten Mal – Altersgrenzen nicht nur in Hinblick auf das Rentenalter, sondern in allen Lebensbereichen erfasst.

5 S. etwa bei *Flessner*, Ältere Menschen, demographische Alterung und Recht. Das Recht der Vereinigten Staaten als Beispiel, 1996; *Igl*, Zeitschrift für Gerontologie und Geriatrie 33 (2000), S. 57ff., 58ff., 67f.

6 S. vor allem das Gutachten von *Boecken*, 62. DJT.

gungschancen älterer Arbeitnehmer) auf.[7] Schon vorher waren verfassungsrechtliche,[8] rechtspolitische[9] und rechtsdogmatische[10] Beiträge zur Altersthematik im Recht zu verzeichnen. Die Linie der verfassungsrechtlichen Aufarbeitung setzte sich dann fort in Richtung auf die Höchstaltersgrenzen.[11] In mehreren Beiträgen zum Thema Recht und Alter wurde auf die Altersgrenzenproblematik zum Teil allgemein,[12] zum Teil speziell[13] eingegangen. Einzelne Studien befassen sich, auch rechtsvergleichend, mit speziellen, insbesondere arbeitsrechtlichen Fragen.[14]

3 Speziell den Altersgrenzen im Recht (und nicht nur den gesetzlichen Altersgrenzen) widmete sich dann der Sechste Altenbericht,[15] während im Vierten Altenbericht der Bundesregierung nur allgemein das Thema der Altersdiskriminierung im Recht angesprochen, aber nicht speziell auf Altersgrenzen eingegangen wurde.[16] Das EU-Recht und die jüngere Rechtsprechung des EuGH haben die Thematik der Altersgrenzen beim Übergang vom Arbeitsleben in den Ruhestand mit einer besonderen Dynamik versehen.[17] Diese Entwicklung ist noch nicht abgeschlossen. Schließlich hat mit dem AGG von 2006[18] eine Ausweitung der Diskussion hin zum Privatrechtsverkehr stattgefunden (vgl. § 19 Abs. 1 AGG).[19] Die Neuregelung der beamtenrechtlichen Vorschriften zum Hinausschieben des Ruhestandes liefert der

7 Gutachten von *Preis,* 67. DJT.

8 *Häberle,* in: FS für Lerche, S. 189, 189; *Nussberger*, JZ 2002, S. 524.

9 *Igl,* Das „Recht der älteren Menschen" – Ist es wünschenswert, für die älteren Menschen besondere rechtliche Vorkehrungen zu treffen?, Zeitschrift für Gerontologie 23 (1990), S. 62ff., 62.

10 *Zacher,* in: Baltes/Mittelstraß (Hrsg.), Zukunft des Alterns, S. 305ff.

11 *Mann,* Altersdiskriminierung; *ders.*, in: FS Starck, S. 319ff.

12 *Becker* JZ 2004, S. 929; *Igl,* in: FS für Thieme, S. 747ff.; *ders.* Rechtswissenschaften, in: Jansen, Birgit et al. (Hrsg.), Soziale Gerontologie, 1999, S. 211ff.; *ders.* Alternsprozesse in multidisziplinärer Sicht: Rechtliche Fragen, in: Kruse/Martin (Hrsg.), Enzyklopädie der Gerontologie, Alternsprozesse in multidisziplinärer Sicht, 2004, S. 593ff. *Igl/Klie*, in: Igl/Klie (Hrsg.), Das Recht der älteren Menschen, 2007, S. 17ff.

13 *Becker*, Zur verfassungsrechtlichen Stellung der Vertragsärzte am Beispiel der zulassungsbezogenen Altersgrenzen, NZS 1999, S. 521ff.

14 *Fenske*, Das Verbot der Altersdiskriminierung im US-amerikanischen Arbeitsrecht, 1998; *Senne*, Auswirkungen des europäischen Verbots der Altersdiskriminierung auf das deutsche Arbeitsrecht, 2006; *Temming,* Altersdiskriminierung; *Müller,* Alter und Recht. S. hierzu in diesem Band den Beitrag von *Preis,* S. 283ff.

15 BT-Drs. 17/3815, S. 195ff. Vorarbeiten hierzu bei *Igl*, Altersgrenzen und gesellschaftliche Teilhabe; der vorliegende Beitrag beruht in wesentlichen Teilen auf diesem Gutachten.

16 BT-Drs. 14/8822, S. 315ff.

17 Vgl. nur *Steiner,* NZA 2008, S. 73; *Polloczek,* Altersdiskriminierung im Lichte des Europarechts, 2008; ebenso *Temming,* Altersdiskriminierung. Zur jüngeren Rechtsprechung *Bayreuther,* Diskriminierung und sachwidrige Ungleichbehandlung: nicht nur eine Frage des Anstands, NZA 2011 Beilage Nr. 1, S. 27ff.; *Preis,* Schlangenlinien der Rechtsprechung des EuGH zur Altersdiskriminierung, NZA 2010, S. 1323ff.

18 Allgemeines Gleichbehandlungsgesetz (AGG) vom 14.8.2006 (BGBl. I S. 1897).

19 *Müller,* Alter und Recht. Eine Fachtagung der Antidiskriminierungsstelle des Bundes hat sich im September 2012 mit der Diskriminierung auf Grund des Lebensalters befasst.

Diskussion um Ruhestandsaltersgrenzen eine weitere Facette.[20] Die Diskussion um Altersgrenzen konzentriert sich vor allem auf die Thematik Eintritt in den Ruhestand und Ende einer Erwerbstätigkeit. Dies geschieht teilweise in Kombination beider Themen, so bei den unselbstständig Erwerbstätigen, bei denen der Eintritt in den Ruhestand auch für das Ende der Erwerbstätigkeit steht. Teilweise bezieht sich die Diskussion auf eines der beiden Themen, so etwa bei der Tätigkeit von Sachverständigen, oder bei der Frage nach dem sozialpolitisch angemessenem Alter für den Rentenbezug. Gerade letzteres Thema wird die Sozial- und Arbeitsmarktpolitik weiter beschäftigen. Keineswegs ist hier Ruhe eingekehrt.

In dem folgenden Beitrag soll auf Funktionen, Bereiche und Berechtigung von gesetzlichen Höchstaltersgrenzen eingegangen werden. Auf Altersgrenzen, die sich in der Rechtspraxis des Marktgeschehens ergeben, z.B. bei bestimmten Privatversicherungsverträgen, bei der Darlehensvergabe oder bei Mietwagenverträgen, kann nur hingewiesen werden. 4

II. Arten von Altersgrenzen

1. Harte und weiche Altersgrenzen

Der Unterschied zwischen harten und weichen Altersgrenzen besteht darin, dass bei ersteren ein bestimmtes kalendarisch fixierbares Alter Voraussetzung für eine bestimmt Rechtsfolge ist, z.B. die Vollendung des 65. Lebensjahres einer Person, während bei letzteren dem höheren Lebensalter insgesamt eine Zuschreibung gegeben wird, meistens in Hinblick auf die Leistungsfähigkeit einer Person, auch in Hinblick auf die wirtschaftliche Leistungsfähigkeit, z.B. bei der Darlehensvergabe, wobei diese Zuschreibung nicht kalendarisch im Sinne eines Stichtages fixiert wird. 5

2. Positive und negative Altersgrenzen

Altersgrenzen stellen generell Ja-/Nein-Entscheidungen in Hinblick auf eine Vorher-/Nachher-Situation dar. Sie können sich für die Betroffenen positiv wie negativ darstellen. 6

Als positiv kann eine Altersgrenze empfunden werden, wenn sie von einer Belastung befreit. So sollen z.B. Personen ab dem Alter von 70 Jahren nicht mehr als Schöffen berufen werden (§ 33 Nr. 2 GVG). Die Berufung zum Amt eines Schöffen dürfen Personen ablehnen, die das 65. Lebensjahr vollendet haben oder es bis zum 7

20 *Bauschke*, ZTR 2009, S. 622; *Poguntke*, Das Hinausschieben der Altersgrenze auf Initiative des Beamten, DÖV 2011, S. 561.

Ende der Amtsperiode vollendet haben würden (§ 35 Nr. 6 GVG). Damit entfällt bei diesen Altersgrenzen die gesetzliche Verpflichtung, das Ehrenamt des Schöffen zu übernehmen.

8 Die im Beamtenrecht des Bundes und der Länder festgelegte Altersgrenze[21] für den Eintritt in den Ruhestand bedeutet auf der einen Seite die Entlastung von der Tätigkeit für einen Dienstherrn bei gleichzeitigem Erwerb des Rechtes auf die Ruhegehaltszahlung. Der Wegfall der Arbeitsbelastung bei gleichzeitigem Erwerb des Rechtes auf ein Ruhegehalt ist ökonomisch betrachtet ein Gewinn. Sieht sich der Beamte aber wegen der im Verhältnis zu den Aktivbezügen geringeren Ruhestandsbezüge ökonomisch schlechter gestellt und will deshalb weiter aktiv bleiben, d.h. den Ruhestand hinausschieben, um die höheren Aktivbezüge zu erhalten, so stellt sich das aus seiner Sicht für ihn vorteilhaft dar, obwohl er – objektiv gesehen – einen ökonomischen Nachteil erleidet.[22] Kommt noch hinzu, dass der Beamte aus Leidenschaft zum Beruf seine Tätigkeit über die gesetzliche Regelaltersgrenze hinaus ausüben will, muss er, wenn er keine Verlängerungsmöglichkeit hat, neben der aus seiner Sicht ökonomischen Einbuße auch noch eine seinen weiteren Lebensentwurf negativ beeinflussende Situation hinnehmen.

9 Altersgrenzen wirken daher bei den Bürgern je nach der individuellen Deutung und der Lebenslage positiv oder negativ.[23] Eine objektivierende ökonomische Betrachtung verbietet sich, wie die aufgeführten Beispiele zeigen.

10 Für eine Typisierung von Altersgrenzen ist es wenig hilfreich, sie als solche mit positiver oder negativer Wirkung zu beschreiben, weil sich die positive oder negative Wirkung bei den betroffenen Personen individuell unterschiedlich einstellt und daher nicht verallgemeinerungsfähig ist. Deshalb ist eine neutrale Unterscheidung von Altersgrenzen angebracht, wie sie im Folgenden dargestellt wird.

---

21 Mittlerweile ist es Bund, Ländern und Gemeinden freigestellt, welche Altersgrenze sie für den Eintritt in den Ruhestand festlegen, vgl. auch § 25 BeamtStG. Bund und Länder haben sich für die Altersgrenze und für die Übergangsregelungen an die in der Gesetzlichen Rentenversicherung geltenden Altersgrenzen angelehnt (67 Jahre, vgl. §§ 35 Satz 2, 235 Abs. 2 SGB VI).

22 In der Rechtssache C-356/09 (Kleist), EuGH Urt. vom 18.11.2010, ABl. v. 15.1.2011, C 13/14, ging die Generalanwältin in ihren Schlussanträgen vom 16.9.2010 ebenfalls auf die Problematik des Verlustes des Arbeitsplatzes und einer möglichen Kompensation dieses Verlustes durch den Pensionsanspruch ein (Rn. 38ff.). In dieser Rechtssache stand die Zulässigkeit der Verknüpfung des zwangsmäßigen Ausscheidens aus dem Arbeitsverhältnis mit dem Erreichen der Regelpensionsgrenze, hier bei Frauen mit 60 Jahren, zur Debatte. Die Generalanwältin hat unter Hinweis auf Art. 15 Abs. 1 der Charta der Grundrechte der EU festgestellt, dass hierdurch Frauen intensiver als ihre männlichen Kollegen in ihrem Recht zu arbeiten und ihren Beruf auszuüben beeinträchtigt werden (Rn. 51). Neben der Beeinträchtigung dieses Rechts würden Frauen aber auch eine erhebliche finanzielle Einbuße dadurch erleiden, dass sie wegen der im Vergleich zu den Männern kürzeren Aktivzeit eine geringere Pension erhalten (Rn. 52).

23 BT-Drs. 17/3815, S. 195.

3. Ein- und zweidimensional wirkende Altersgrenzen

Altersgrenzen können ein- und zweidimensionalen Charakter haben. Die eindimensionalen Altersgrenzen wirken nur in einer Richtung, im Beispiel des verpflichtenden Ehrenamtes des Schöffen die Befreiung von der Verpflichtung, als Schöffe tätig zu werden oder die Berufung zum Schöffen ablehnen zu können. An die Stelle einer existierenden oder auch nur einer möglichen Belastung tritt eine Entlastung. 11

Das Beispiel der Ruhestands- und Ruhegehaltsvorschriften des Beamtenrechts zeigt, dass es Altersgrenzen mit zweidimensionaler Wirkung gibt. Zweidimensionale Altersgrenzen wirken entlastend in Hinblick auf die Arbeitsverpflichtung, und berechtigend in Hinblick auf das Ruhegehalt. Solche zweidimensionalen Altersgrenzen sind eher selten. Sie finden sich – soweit ersichtlich – nur an der Schnittstelle des Endes einer Erwerbstätigkeit zum Eintritt in den Ruhestand, wenn daran direkt das Recht zum Bezug eines Altersersatzeinkommens geknüpft ist. Im Beamtenrecht ist diese Koppelung der beiden Dimensionen Gesetz geworden. Anderes gilt für den Bezug einer Regelaltersrente. Die Regelaltersrente ist rechtlich nicht an die Beendigung einer Erwerbstätigkeit geknüpft, denn das Rentenversicherungsrecht macht den Anspruch auf das Altersruhegeld nicht davon abhängig, ob der Rentenberechtigte ab dem Rentenalter von 65 Jahren weiter arbeitet oder nicht.[24] Dennoch ist bei den Arbeitnehmern der Privatwirtschaft diese Zweidimensionalität de facto ge geben, weil in den Arbeits- und Tarifverträgen regelmäßig auf diese Altersgrenze Bezug genommen wird.[25] 12

Die Unterscheidung zwischen ein- und zweidimensional wirkenden Altersgrenzen könnte dazu verleiten, zweidimensional gegenüber eindimensional wirkenden Altersgrenzen eine besondere Rechtfertigung zu verleihen. Diese Rechtfertigung könnte darin gesehen werden, dass sich bei einer zweidimensional wirkenden Altersgrenze Geben und Nehmen, Belastung und Entlastung quasi synallagmatisch gegenüber stehen, wie es besonders ausgeprägt beim Beamten der Fall ist, der bei Erreichen der Altersgrenze in den Ruhestand treten muss, aber jetzt ein Ruhegehalt bezieht. Das Beispiel zeigt, dass hier das Ruhegehalt nicht als Kompensation für die nicht mehr gegebene Möglichkeit der Weiterarbeit in der bisherigen Position gegeben wird, sondern als ein das wegfallende Gehalt ersetzendes Alterseinkommen. Auch sonst gründet sich bei Beamten die Leistung eines Ersatzeinkommens, so bei Dienstunfähigkeit, nicht auf den Eintritt in den Ruhestand, sondern ist Folge weg- 13

---

24 § 35 SGB VI.

25 S. z.B. den Sachverhalt in der Rechtssache C-45/09 (Rosenbladt), EuGH, Urt. v. 12. Oktober 2010, Rn. 22: „Dieser Arbeitsvertrag sieht vor, dass er gemäß § 19 Nr. 8 RTV mit Ablauf des Kalendermonats endet, in dem die Beschäftigte Anspruch auf eine Rente wegen Alters hat, spätestens mit Ablauf des Monats, in dem sie das 65. Lebensjahr vollendet hat." Dazu auch *Temming*, Starr, flexibel oder gar nicht: Möglichkeiten der Gestaltung von Altersgrenzen im Arbeitsrecht, DRV 2010, S. 380.

fallender Gehaltszahlung wegen des Eintritts in den Ruhestand. Damit wird dem im Beamtenrecht geltenden Alimentationsprinzip Rechnung getragen.

III. Altersgrenzen in den verschiedenen gesellschaftlichen Bereichen

14 Altersgrenzen betreffen verschiedene Lebensbereiche und wirken in unterschiedlichen Feldern, die im Folgenden dargestellt werden.

15 Nicht in die Betrachtung eingezogen werden Altersgrenzen, die die Rechtspersönlichkeit betreffen, weil diese vor allem für das Kindheits- und Jugendalter gelten, nicht jedoch für das höhere Alter.[26]

1. Aktive Teilhabe in Politik und Gesellschaft

16 Die aktive Teilhabe im politischen und gesellschaftlichen Leben ist vielfach von Altersgrenzen geprägt. Sie betrifft vor allem die herausragenden Ämter (z.B. Bundespräsident, Bundeskanzler) und die Ehrenämter im öffentlichen Bereich sowie die Ämter für kommunale Wahlbeamte.

17 Bei den herausragenden Ämtern existieren keine oberen Altersgrenzen, sondern teilweise nur untere Altersgrenzen. Erstaunlich ist immerhin, dass das mehr der Repräsentation verpflichtete Amt des Bundespräsidenten mit einer unteren Altersgrenze von 40 Jahren versehen worden ist (Art. 54 Abs. 1 Satz 2 GG), während das mit beträchtlichen Kompetenzen ausgestattete Amt des Bundeskanzlers eine solche untere Altersgrenze nicht kennt.

18 Die Ehrenämter im öffentlichen Bereich sind häufig mit oberen Altersgrenzen versehen. Teilweise werden hier gewisse Parallelen zum öffentlichen Dienstrecht, so z.B. bei den ehrenamtlichen Richtern, gezogen.[27] Gleiches gilt für die kommunalen Wahlbeamten.[28]

2. Erwerbstätigkeit allgemein

19 Auf dem Gebiet der Erwerbstätigkeit sind die unselbstständige und die selbstständige Erwerbstätigkeit zu unterscheiden. Als besonders problematisch erweist sich hinsichtlich der Höchstaltersgrenzen die unselbstständige Erwerbstätigkeit. Hier

26 S. hierzu im Einzelnen die Darstellung bei *Igl*, Zeitschrift für Gerontologie und Geriatrie 33 (2000), S. 57, 158f.

27 S. die Übersicht 11.6 im Sechsten Altenbericht BT-Drs. 17/3815, S. 201.

28 S. die Übersicht 11.5 im Sechsten Altenbericht BT-Drs. 17/3815, S. 200.

geht es um den (weiteren) Zugang zum Arbeitsmarkt, also um eine Betätigung, die individuell wie gesellschaftlich eine zentrale Rolle spielt. Aus diesem Grund nimmt der Zugang zum Arbeitsmarkt, d.h. hier das Ausscheiden aus dem Arbeitsmarkt, in der Diskussion um Altersgrenzen den breitesten Raum ein. Die eigentliche Steuerung des Ausscheidens aus dem Arbeitsmarkt wird dabei nicht genuin durch Altersgrenzen im Arbeitsrecht bewirkt, sondern durch die arbeits- und tarifvertragliche Bezugnahme auf Altersgrenzen, ab denen typischerweise der Bezug von Altersrente möglich ist.

Altersgrenzen, die den Austritt aus dem Arbeitsmarkt und den Eintritt in den Ruhestand markieren, sind gesellschaftlich, politisch und rechtlich mittlerweile höchst umstritten. Diese Debatte, die vor allem die abhängig Beschäftigten[29] und die öfffentlich Bediensteten[30] betrifft, soll hier nicht vertieft werden. 20

Bei den selbstständig Erwerbstätigen werden Höchstaltersgrenzen – soweit ersichtlich – nur im Zusammenhang mit der Leistungsfähigkeit und dem Schutz Dritter angebracht. 21

3. Berufe und Tätigkeiten mit Gemeinwohlbezug oder mit Bezug zu individuellem Güterschutz

Zahlreiche Berufe und Tätigkeiten haben einen Gemeinwohlbezug und/oder dienen dem Schutz Dritter, oder die Ausübung der jeweiligen Tätigkeit kann eine Gefahr für Dritte darstellen, wenn die nötige Fachlichkeit nicht oder nicht mehr gegeben ist. 22

An erster Stelle sind hier der öffentliche Dienst und dort insbesondere die Beamten- und Richterschaft zu nennen. Hierher rechnen auch die ehrenamtlichen Beamten und Richter. Die Diskussion um die Altersgrenzen für Beamte wird aber in der Regel nicht unter dem Aspekt der besonderen Schutzbelange für das Gemeinwohl und für Dritte geführt. Sie folgt vielmehr in den Grundlinien der Diskussion um die Altersgrenzen für unselbstständig Beschäftigte. Anderes gilt für die Sicherheitskräfte, insbesondere die im Vollzug tätigen Angehörigen der Sicherheitskräfte, bestimmte Beamtengruppen bei der Polizei, die Soldaten und die Angehörigen der Feuerwehr. Diese haben einen besonderen Schutzauftrag und damit einen besonderen Gemeinwohlbezug, der besondere Anforderungen an die körperliche und geistige Leistungsfähigkeit bedingt. 23

Für ehrenamtliche Richter existieren feste Altersgrenzen, die eine Berufung in das Amt ausschließen, nur für die Schöffen. Schöffen werden als Richter in Strafgerichten tätig. Unter diesem Gesichtspunkt mag die körperliche und insbesondere die geistige Tüchtigkeit als ein besonderes Kriterium bei der Auswahl der in Frage kom- 24

29 S. wiederum das Gutachten von *Preis*, 67. DJT.
30 S. etwa *Baßlsperger*, ZBR 2008, S. 339; *Ruland*, in: FS für Steiner, S. 662ff.

menden Personen angebracht sein. Dies Argument könnte vor allem dann gelten, wenn es keine andere Möglichkeit gäbe, Personen, die dieses Kriterium erfüllen, vom Schöffenamt fernzuhalten. Da jedoch eine Ablehnung aus gesundheitlichen Gründen möglich ist,[31] zieht dieser Einwand – unabhängig von den Zweifeln an seiner generellen Tauglichkeit – nicht.

25 Auch der Blick in die anderen Gerichtsordnungen, in denen ehrenamtliche Richter eingesetzt werden, zeigt, dass ein Verzicht auf eine feste Altersgrenze ohne weiteres möglich ist, insbesondere, wenn eine Ablehnung aus gesundheitlichen Gründen vorgesehen ist, wie dies in den Prozessordnungen der Fall ist.

26 Neben dem öffentlichen Dienst gibt es bestimmte Berufe mit einer besonderen Nähe zu staatlichen Aufgaben, so etwa die Notare, aber auch die Rechtsanwälte als Organe der Rechtspflege. Während für letztere keine Altersgrenzen gelten, sind für erstere Altersgrenzen[32] gegeben. Nicht als staatlich gebundener Beruf, aber als Beruf, der von der Art seiner Tätigkeit her sehr direkt mit der Gefährdung von Personen zu tun hat, gilt der ärztliche Beruf. Immerhin erfüllt der ärztliche Eingriff in die körperliche Unversehrtheit den Straftatbestand der Körperverletzung, der erst durch die Einwilligung des Patienten gerechtfertigt wird. Gerade bei diesem Beruf haben sich die Altersgrenzen als problematisch erwiesen, da zwischen dem Arzt als Vertragsarzt im Rahmen der gesetzlichen Krankenversicherung und dem approbierten Arzt ohne Vertragsarztstatus unterschieden worden ist. Seit 1. Oktober 2008 ist die Altersgrenze für Vertragsärzte weggefallen.[33] Für approbierte Ärzte hat eine solche Altersgrenze nie existiert.

27 Bei der Vielzahl der Sachverständigentätigkeiten werden sehr häufig Altersgrenzen angebracht.[34] Dabei wird in der Regel nicht unterschieden, ob sich ein besonderer Gemeinwohlbezug bei der sachverständigen Tätigkeit darstellt, oder ob

---

31 § 33 Nr. 4 GVG.

32 §§ 47 Nr. 1, 48a BNotO (Alter von 70 Jahren).

33 § 95 Abs. 7 Satz 3 SGB V, aufgehoben mit Wirkung zum 1. Oktober 2008 durch Gesetz zur Weiterentwicklung der Organisationsstrukturen in der gesetzlichen Krankenversicherung (GKV-OrgWG) vom 11.12.2008 (BGBl. I S. 2426). Der EuGH (Urt. vom 12. Januar 2010, Rechtssache C-341/08) hat diese Altersgrenze für gerechtfertigt gehalten, wenn damit die Verteilung der Berufschancen innerhalb der Berufsgruppe der Vertragsärzte bezweckt wird. Eine Altersgrenze zum Schutz der Patienten vor einem Nachlassen der Arbeitskraft der Vertragsärzte sei jedoch nicht möglich, s. hierzu *Rixen,* Europas Abschied von Altersgrenzen für Vertragsärzte?, ZESAR 2010, S. 249ff.

34 S. die diesbezügliche Verordnungsermächtigung bei den öffentlich bestellten und vereidigten Sachverständigen in § 36 Abs. 3 Nr. 1 GewO. Altersgrenzen finden sich aber auch in einigen Fachgesetzen und in den Sachverständigenordnungen der Industrie- und Handelskammern. Vgl. hierzu auch Sechster Altenbericht BT-Drs. 17/3815, S. 203. S. hierzu auch BVerwGE 139, 1 (Rn. 36ff.), mit dem Verweis auf die Sicherheit des geordneten Rechtsverkehrs bei der Festsetzung eines Höchstalters für die öffentliche Bestellung eines Sachverständigen, dann den dieses Urteil aufhebenden Kammerbeschluss des BVerfG vom 24.10.2011, NVwZ 2012, 297 und schließlich das stattgebende Urteil des BVerwG vom 1.2.2012, NJW 2012, 1018.

nur die besondere Fachlichkeit des Sachverständigen im Wirtschaftsleben gefragt ist. Es wird verhältnismäßig undifferenziert auf den Zusammenhang zwischen den Schutzgütern und einer möglichen Gefährdung dieser Schutzgüter durch Personen, die aufgrund ihres Alters nicht mehr entsprechend fachlich und/oder gesundheitlich geeignet sind, verwiesen. Ein Bezug zur Wertigkeit der verschiedenen Schutzgüter wird nicht hergestellt.

4. Berufe und Tätigkeiten mit hohem Belastungspotenzial

Bestimmte Berufe und Tätigkeiten weisen ein besonders hohes Belastungspotenzial **28**
für die Ausübenden auf, das es rechtfertigt, im Vergleich zu anderen Berufsgruppen und Tätigkeiten Altersgrenzen einzuführen, die niedriger sind als die üblichen Altersgrenzen. Dies gilt insbesondere für herabgesetzte Altersgrenzen beim Ausscheiden aus dem Beruf bzw. der Tätigkeit und für den früheren Bezug von Altersersatzeinkommen.

5. Bezug von Sozialleistungen und Zugang zur medizinischen Versorgung

Neben der indirekten Wirkung der Renteneintrittsgrenzen auf den Austritt vom **29**
Arbeitsmarkt enthalten sozialrechtliche Regelungen direkte und indirekte Bezugnahmen auf Altersgrenzen.

Direkte Bezugnahmen auf das höhere Alter sind in der Arbeitslosenversiche- **30**
rung zu finden. Dabei sind für ältere Versicherte günstigere Regelungen vorgesehen.[35]

In der Kranken- und Pflegeversicherung (SGB V; SGB XI) finden sich kei- **31**
ne leistungsprivilegierenden oder leistungsausschließenden Regelungen für ältere Menschen. Beide Versicherungszweige sind altersneutral angelegt, auch wenn bestimmte Leistungen, so vor allem die Pflegeleistungen, überwiegend von älteren Versicherten bezogen werden. Allerdings werden Personen, die nach Vollendung des 55. Lebensjahres versicherungspflichtig werden, seit Juli 2000 vom Gesetz als versicherungsfrei erachtet, wenn sie in den letzten fünf Jahren vor Eintritt der Versicherungspflicht nicht gesetzlich versichert waren (§ 6 Abs. 3a Satz 1 SGB V). Kompensiert soll dieser Nachteil durch die Möglichkeit werden, dass die Altersgrenze für den Zugang zum Standardtarif auf 55 Jahre gesenkt worden ist.[36]

35 Bezugsdauer des Arbeitslosengeldes (§ 127 Abs. 2 SGB III); Eingliederungszuschuss (§ 219 SGB III); Eingliederungszuschuss für ältere Arbeitnehmer (§ 267 SGB III) und Förderungsdauer für ältere Arbeitnehmer (§ 267 Abs. 3 SGB III).

36 Siehe dazu BT-Drs 14/1245, S. 59f.

32 Das Sozialleistungsrecht ist allgemein – bis auf die spezifischen gerade auf das Alter abstellenden Leistungstatbestände der Rentenversicherung[37] (§ 35 SGB VI) und der Grundsicherung im Alter (§§ 41ff. SGB XII) sowie der Altenhilfe (§ 71 SGB XII) – sehr altersneutral. Das hängt mit dem Leistungsauftrag zusammen, der den verschiedenen Sozialleistungen zugrunde liegt. Sozialleistungen sollen in spezifischen Bedarfssituationen Defiziten abhelfen, sollen Belastungen ausgleichen und chancenfördernd wirken. Das Alter einer Person tritt dann in den Hintergrund.[38] Eine Lebensaltersspezifik ist für das höhere Alter – bis auf die genannten Leistungstatbestände – nicht gegeben.

33 Für einen speziellen Sozialleistungsbereich, die Eingliederungshilfe für behinderte Menschen im Sozialhilferecht (§§ 53ff. SGB XII), wird aus der Praxis berichtet, dass diese teilweise ab einem höheren Lebensalter, etwa ab 60 Jahren, nicht mehr oder teilweise nicht mehr gewährt werden soll. Belastbare Untersuchungen hierzu existieren jedoch nicht.[39]

34 In der Debatte um die Rationierung bzw. Priorisierung von Gesundheitsleistungen werden Höchstaltersgrenzen für den Bezug solcher Leistungen diskutiert. Bisher ist eine Rationierung von bestimmten Gesundheitsleistungen aus Gründen des höheren Alters nicht gegeben.[40] In faktischer Hinsicht wird eine teilweise geübte Rationierung berichtet. Allerdings liegen hierfür keine belastbaren statistischen Angaben oder beweiskräftige Einzelaussagen vor.

6. Marktgeschehen/Privatrechtsverkehr

35 Ältere Menschen werden teilweise vom Erwerb bestimmter Güter, die am Markt angeboten werden, unter ausdrücklicher oder impliziter Bezugnahme auf Altersgrenzen ausgeschlossen, oder die Preise für diese Leistungen werden erhöht. Dies gilt vor allem bei der Risikovorsorge (Abschluss privater Versicherungsverträge) und für bestimmte Produkte des Kapitalmarktes (Inanspruchnahme bestimmter

---

37 Hierzu *Gunkel*, Altersgrenzen in der Rentenversicherung, in: DRV-Schriften, Band 91, 2010, S. 18ff.

38 Allerdings nimmt eine umstrittene Vorschrift des Teilhaberechts auf das Lebensalter Bezug, vgl. § 2 Abs. 1 Satz 1 SGB IX. S. zur Kritik an der Vorschrift *Welti*, in: Lachwitz/Schellhorn/Welti (Hrsg.), Handkommentar zum Sozialgesetzbuch IX (HK-SGB IX), 3. Aufl., Köln 2010, § 2, Rn. 28ff.

39 Hierzu *Igl*, Ältere Menschen mit Behinderungen: Realisierung des Teilhabegedankens und Eingliederungshilfe, in: Schütte, Wolfgang (Hrsg.), Abschied vom Fürsorgerecht. Von der „Eingliederungshilfe für behinderte Menschen“ zum Recht auf soziale Teilhabe. 2011, S. 92ff. Hierzu auch Sechster Altenbericht BT-Drs. 17/3815, S. 207, wo auf die ab dem Alter von 65 Jahren sinkende Zahl von Empfängern von Eingliederungshilfen hingewiesen wird.

40 *Welti*, Rechtliche Rahmenbedingungen von Priorisierung in der Gesetzlichen Krankenversicherung. Zeitschrift für Evidenz, Fortbildung und Qualität im Gesundheitswesen (ZEFQ) 2009, S. 104; *Huster*, MedR 2010, S. 369.

Kredite).[41] Hierfür können Rechtfertigungsgründe (z.B. Risikoerhöhung) vorliegen. Allerdings ist es schwierig, einen verlässlichen Überblick über die entsprechenden Produkte und die Gründe der Altersdifferenzierung zu erlangen.

Auch im sonstigen Privatrechtsverkehr wird teilweise auf Altersgrenzen Bezug 36 genommen, z.B. bei Mietwagenverträgen, die ab einem bestimmten Alter nicht mehr abgeschlossen werden können, oder – breite Bevölkerungskreise kaum betreffend – der Sonderfall bestimmter Autorenverträge, die Sonderkündigungsklauseln etwa ab dem Alter von 70 Jahren des Autoren enthalten. In beiden Beispielen geht es um das hohe Alter als allgemein angenommene Leistungsfähigkeitsgrenze.

7. Marktgeschehen/Privatversicherungsschutz

Versicherung bedeutet die gemeinsame Tragung von Risiken im Kollektiv. Bei der 37 Finanzierung des Schutzes durch die verschiedenen Angebote der Privatversicherung wird grundsätzliche eine Kalkulation nach dem Risiko vorgenommen. In der Privatversicherung wird jeder Risikogruppe der risikogerechte Anteil am Gesamtschaden zugewiesen. Systematische Risikounterschiede führen demnach zu differenzierten Risikoprämien. Wenn sich solche systematischen Risikogruppen anhand von Altersgruppen definieren lassen, wird das Alterskriterium zum Stellvertreterkriterium für die Zuweisung zu einer Risikogruppe.[42]

IV. Funktionen von Höchstaltersgrenzen

1. Überblick

Die Einrichtung von Höchstaltersgrenzen kann verschiedene Funktionen haben.[43] 38 Zwar wird in der Regel das verallgemeinernde Argument der altersabbaubedingten mangelnden Leistungsfähigkeit für die Ausübung bestimmter Berufe und Tätigkeiten angeführt, dies teilweise kombiniert mit dem Argument, das Gemeinwohl zu schützen und/oder Dritte vor Güterbeeinträchtigungen zu bewahren.

Aus der Diskussion um die Beteiligung älterer Arbeitnehmer am Arbeitsmarkt, 39 festgemacht an der Rentenaltersgrenze, sind aber auch andere Argumente bekannt:

41 S. hierzu auch Sechster Altenbericht BT-Drs. 17/3815, S. 203.

42 S. hierzu auch Sechster Altenbericht BT-Drs. 17/3815, S. 203f.

43 In den meisten juristischen Untersuchungen zu Altersgrenzen im Recht wird der Versuch unternommen, Funktionen zu bilden, so z.B. schon bei *Büsges,* Gutachten zur Überprüfung von Altersfragen in bundesgesetzlichen Regelungen, die Unterscheidung von Schutz-, Begünstigungs- und Versorgungsfunktionen sowie der Funktion des Erhalts der Staatstüchtigkeit. S. auch bei *Temming,* Altersdiskriminierung, S. 16, die Unterscheidung in begünstigende, ambivalente und belastende Seniorität.

Die soziale Errungenschaft, nicht ein Leben lang arbeiten zu müssen, in der Regel kombiniert mit einer gesellschaftlichen Verpflichtung, Platz für jüngere Arbeitnehmerinnen und Arbeitnehmer zu schaffen. Diese Funktion der sozialen Errungenschaft verstärkt sich hin zu einer ausgeprägten sozialen Schutzfunktion bei Berufen mit hohem Belastungspotenzial, was etwa besonders bei den Sicherheitskräften im aktiven Einsatz der Fall ist oder – fast schon nur noch historisch – bei den unter Tage Arbeitenden.

2. Leistungsfähigkeit (altersbedingter Fähigkeitsverlust)/Gemeinwohlbezug – Schutz Dritter/Belastungsschutz

40 Höchstaltersgrenzen, die aus Gründen der Leistungsfähigkeit angebracht werden, können mehrere Facetten haben. So kann mit Leistungsfähigkeit eine Befähigung fachlicher Art gemeint sein, also eine bestimmte formelle und materielle Qualifikation. Die fachliche Befähigung kann eine körperliche, geistige und/oder psychische Leistungsfähigkeit zur Voraussetzung haben. Auf dem Gebiet der Sicherheitskräfte, der Polizei, der Soldaten oder der Feuerwehr müssen diese Fähigkeitskomponenten beim direkten Aufgabenvollzug (z.B. Verfolgung des Straftäters, Kriegseinsatz, Feuerwehreinsatz) insgesamt vorhanden sein. Außerhalb des direkten Vollzuges können die körperlichen Fähigkeiten zurücktreten.

41 Im Folgenden sollen Aspekte herausgestellt werden, die im Zusammenhang mit geminderten oder wegfallenden Fähigkeiten einer Person eine Rolle spielen können. Dabei ist darauf hinzuweisen, dass es sich nicht um scharf voneinander abgrenzbare Kategorien handelt, sondern dass die Übergänge auch fließend sein können. Vor diesem Hintergrund können folgende Aspekte unterschieden werden:

- Gemeinwohlbezug – Schutz von Rechtsgütern Dritter: Die Fähigkeiten werden vorrangig dafür benötigt, um das Gemeinwohl, auch die Rechtsgüter Dritter zu schützen bzw. nicht in Gefahr zu bringen (etwa bei den Notaren und bei bestimmten Sachverständigen).
- Befähigung zur Tätigkeit: Die Fähigkeiten werden dafür benötigt, um bestimmte Aufgaben zu erfüllen oder Tätigkeiten auszuüben, der Güter- und Rechtsgüterschutz Dritter ist im Verhältnis dazu eher nachrangig, obwohl auch ein Gemeinwohlinteresse bestehen kann.
- Gefährlichkeit der Tätigkeit: Die spezifische Tätigkeit, die eine Person ausübt, ist von Hause aus gefährlich (z.B. bestimmte Tätigkeiten von Polizisten, Piloten, Soldaten, Ärzten[44]).

44 Immerhin hat der EuGH, Urt. vom 12.1.2010, Rs. C-341/08, das Argument des Schutzes der Gesundheit der Patienten vor dem Nachlassen der Leistungsfähigkeit von Vertragszahnärzten, die das Alter von 68 überschritten haben, abgelehnt, allerdings mit dem Hinweis, dass diese Altersgrenze nicht für Zahnärzte außerhalb des Vertragszahnarztsystems gilt.

- Belastungsschutz: Altersgrenzen können auch die Funktion haben, die ausübende Person selbst zu schützen. Die Tätigkeit im Bergbau und die vorgezogenen Rentenbezugsgrenzen bei den Knappschaftsrenten sind Ausdruck hierfür: die Tätigkeit ist gefährlich, körperlich stark belastend, die Fähigkeit, sie jenseits einer bestimmten Altersgrenze auszuüben, ist eingeschränkt. Daher wird die ausübende Person selbst durch vorgezogene Altersgrenzen beim Berufsaustritt, kombiniert mit vorgezogenem Rentenbezug, geschützt. Ähnliches gilt etwa bei bestimmten Berufen auf dem Gebiet der öffentlichen Sicherheit, z.B. bei bestimmten Polizeibeamtengruppen.[45]

Es bereitet einige Schwierigkeiten, das Gewicht der auf Fähigkeiten bezogenen Ar- 42
gumente genau zu bestimmen. Sicherlich kommt dem Gemeinwohlbezug ein besonderer Wert zu, da potenziell die Allgemeinheit der Staatsbürger und wichtige öffentliche Interessen geschützt werden sollen. Ein funktionierendes Gesundheitswesen auf hohem qualitativem Niveau stellt etwa einen solchen herausragenden Gemeinwohlbelang dar. Der individuelle Schutz von Rechtsgütern oder wirtschaftlichen Interessen Dritter, gewährleistet z.B. durch ein Gutachten eines von der Handwerkskammer bestellten Sachverständigen, mag hiergegen im Rang zurücktreten, obschon die Tatsache, dass eine öffentliche Institution für Streitigkeiten mit Handwerkern eine solche Möglichkeit vorhält, gemeinwohlrelevant sein mag.

Die Schutzrichtung von Altersgrenzen und die Anforderungen an die jeweilige Be- 43
fähigung und an die damit zusammenhängenden körperlichen und geistigen Fähigkeiten bestimmen sich daher nach dem jeweiligen Schutzgut. Das spricht aber gegen die Einrichtung einer verallgemeinernden und den angenommenen Fähigkeitsverlust pauschalierend festsetzenden Altersgrenze.[46] Verschiedene Ruhestandsregelungen im Bereich des öffentlichen Dienstes, vor allem bei den sicherheitsrelevanten Tätigkeiten, tragen einer auf das Schutzgut bezogenen Betrachtungsweise insofern Rechnung, als hier in der Regel unterschiedliche Altersgrenzen angesetzt werden. Damit wird auch die gesteigerte körperliche und geistige Belastung berücksichtigt.

3. Leistungsfähigkeit/Gesundheitszustand/Risikoerhöhung

In der Privatversicherung werden die Versicherungsprämien nach Risikogruppen 44
kalkuliert. Wenn sich im Alter aufgrund nachlassender Leistungsfähigkeit z.B. das

45 Altersgrenze von 62 Jahren für Polizeivollzugsbeamte, vgl. etwa § 108 Landesbeamtengesetz Schleswig-Holstein; Altersgrenze von 62 Jahren für Polizeivollzugsbeamte des Bundes, § 5 Abs. 1 Bundespolizeibeamtengesetz.

46 Es erscheint fraglich, ob die Pflegebedürftigkeit einer Person als Ausdruck fehlender Leistungsfähigkeit bzw. nicht vorhandene Pflegebedürftigkeit als „wohl einziger übergreifender Indikator für unverändert vorhandene Leistungsfähigkeit“ gelten kann, so aber *Beske*, Die drei Lebensabschnitte, Arzt und Krankenhaus 2008, S. 270, 271.

Verkehrsunfallrisiko oder wegen steigender gesundheitlicher Probleme das Risiko der Inanspruchnahme von Gesundheitsleistungen erhöht, ist der Bereich der Fähigkeiten einer Person angesprochen. Das Alter bzw. die Zugehörigkeit zu einer Altersgruppe wird in diesem Zusammenhang als stellvertretendes Kriterium für die risikoerhöhenden Merkmale herangezogen.

4. Generationengerechte Verteilung des Zugangs zum Arbeitsmarkt oder soziale Errungenschaft des Eintritts in den Ruhestand?

45 Altersgrenzen, die eine berufliche Tätigkeit beenden, kommen neben dem Fähigkeits- und Schutzaspekt in unterschiedlicher Ausprägung noch andere Funktionen zu: Mit der Altersgrenze und dem dadurch erzwungenen Berufsaustritt soll anderen – jüngeren – Personen der Zugang zum Arbeitsmarkt ermöglicht werden. Es geht also um die Ressource „Teilhabe am Arbeitsmarkt" und die Verteilung der Zugangsmöglichkeiten zu dieser Ressource durch Einrichtung von Höchstaltersgrenzen. Eine mechanistische Sicht im Sinne eines direkten Ersatzes der aus dem Arbeitsmarkt durch Verrentung ausscheidenden Arbeitnehmer durch jüngere Arbeitskräfte verbietet sich jedoch und widerspricht auch allen internationalen Erfahrungen. Aus diesem Grund ist dem Argument der generationengerechten Verteilung des Zutritts zum Arbeitsmarkt durch die Einrichtung von Höchstaltersgrenzen mit Zurückhaltung zu begegnen.

46 Der Eintritt in den Ruhestand, auch die Vorverlegung der Altersgrenzen für den Eintritt in den Ruhestand durch Frühverrentungsprogramme mögen von vielen der davon Betroffenen als positiv empfunden werden. Andere mögen aus unterschiedlichen Gründen, auch aus finanziellen Erwägungen heraus, lieber länger arbeiten, sogar länger als es die Regelaltersgrenze vorgibt. Der Eintritt in den Ruhestand wird daher individuell durchaus unterschiedlich bewertet werden müssen. Eine nur positive Sicht darauf ist jedenfalls nicht gang und gäbe. Dabei ist das Altersbild der sich körperlich aufzehrenden Industriearbeiterschaft heute weitgehend obsolet. In der Zeit nach dem Zweiten Weltkrieg ist die Lebenserwartung deutlich angestiegen und mit diesem Anstieg hat sich der Gesundheitszustand der älteren Menschen verbessert.[47]

47 Siehe nur *Krämer*, Altern und Gesundheitswesen, in: Baltes/Mittelstraß (Hrsg.), Zukunft des Alters und gesellschaftliche Entwicklung, 1992, S. 563ff.; s. auch das Resümee bei *Kruse*, Archiv für Wissenschaft und Praxis der sozialen Arbeit 2 (2006), S. 4, 5ff. Bei der Diskussion um den Gesundheitszustand älterer Menschen ist zu unterscheiden zwischen der allgemeinen Veränderung des Gesundheitszustandes älterer Menschen, die im vorstehenden Zusammenhang relevant ist, und der Diskussion um den Gesundheitszustand bei einer höheren ferneren Lebenserwartung insbesondere im Zusammenhang der Hochaltrigkeit. Zur letzteren Diskussion vgl. etwa *Christensen et al*, Exceptional longevity does not result in excessive levels of disability. PNAS Early Edition. (Online) 18. August 2008. [Zitat vom: 19. August 2008.] http://pnas.org. doi:10.1073/pnas.0804931105; *Naegele*, in: Goldschmidt/Hilbert (Hrsg.), Gesundheitswirtschaft in Deutschland – Die Zukunftsbranche (2009), S. 148ff. Die Verbesserung des Gesundheitszustandes

Trotzdem bleiben Unterschiede zwischen den verschiedenen sozioprofessionellen Gruppen.

In der Diskussion um die Altersgrenzen beim Austritt aus dem Arbeitsmarkt kann deshalb nicht klar ausgemacht werden, ob das Argument der Erleichterung des Zugangs zum Arbeitsmarkt für die jüngere Generation oder das Argument der sozialen Errungenschaft eines früheren Rentenalters im Vordergrund steht.[48] 47

Zu beachten ist schließlich, dass die Erhöhung der Altersgrenzen für den Rentenbezug[49] und – dem folgend – der Altersgrenzen für den Eintritt in den Ruhestand im öffentlichen Dienstrecht[50] insgesamt eine (geringe) Verschiebung der Altersgrenzenthematik „nach oben“ bewirkt hat. 48

5. Schonung von Ressourcen Dritter

Die Schonung von Ressourcen Dritter wird ebenfalls mithilfe von Altersgrenzen bewirkt. Im Privatrechtsverkehr werden Altersgrenzen vor allem bei der Inanspruchnahme von Bankkrediten wirksam. Die Annahme, dass die Inanspruchnahme eines Bankkredites bei genügender Besicherung auch einem Menschen im höheren Alter offensteht, ist falsch. Der Bundesverband Deutscher Banken hat darauf hingewiesen, dass trotz ausreichender Besicherung eines Kredites den Banken an einer sich normal vollziehenden Abwicklung des Kredites gelegen ist, d.h. ohne dass Sicherheiten in Anspruch genommen werden müssen oder dass eine Auseinandersetzung mit den Erben stattfinden muss. Dies bedeutet nichts anderes, als dass die kreditgebenden Banken ihre administrativen Ressourcen schonen wollen, um bei einem erhöhten Sterberisiko älterer Menschen nicht auf diese einen erhöhten Verwaltungsaufwand erfordernden Aktionen zurückgreifen zu müssen. 49

Ähnliches wird bei Mietwagenverträgen mit Altersgrenzen gelten müssen. Obwohl die Fahrer von Mietwagen in der Regel vollkaskoversichert sind, bereitet die 50

der jeweils nachfolgenden Kohorten älterer Menschen im Vergleich zu ihren Vorgängern ist dokumentiert bei *Klein/Unger*, Aktive Lebenserwartung in Deutschland und in den USA, Z Gerontol Geriat. 33 (2002), S. 528ff., 537f. (für Deutschland); *Manton/Gu/Lowrimore*, Cohort changes in active life expectancy in the U.S. elderly population: Experience from the 1982–2004 National Long-Term Care Survey, Journals of Gerontology: Psychological Sciences and Social Sciences 63B (2008), pp. S. 269ff. (für die USA); *Doblhammer/Kytir*, Compression or expansion of morbidity? Trends in healthy-life expectancy in the elderly Austrian population between 1978 and 1998, Social Science and Medicine 52 (2001), S. 388f. (für Österreich).

48 S. aus soziologischer Sicht *Reindl*, Leviathan 2009, S. 160.

49 § 35 Satz 2 SGB VI.

50 Vgl. etwa § 51 Abs. 2 Bundesbeamtengesetz. Zu den Altersgrenzen für das Ausscheiden aus dem aktiven Beamtenverhältnis BVerwG, Beschluss vom 21.12.2011, Az.: 2 B 94/11, zitiert nach juris.de, unter Bezugnahme auf EuGH, Urteil vom 21.7.2011 (Rs C-159/10, C-160/10, NVwZ 2011, 1249).

Abwicklung eines Schadensfalles, insbesondere beim Tod des Fahrers, erheblichen administrativen Aufwand.

6. Privatversicherungen

51 Altersgrenzen werden im Privatrechtsverkehr auch bei verschiedenen Versicherungsarten, sei es im Sinne eines Ausschlusses von der Versicherung, sei es im Sinne von Tariferhöhungen, angebracht. Dabei ist allerdings zu beachten, dass die Verwendung von Altersgrenzen in Versicherungstarifen dann unproblematisch ist, wenn das Alter als formales Kriterium für ein inhaltliches Kriterium, nämlich eine Risikoerhöhung, steht. Nach dem Allgemeinen Gleichbehandlungsgesetz (AGG) ist eine benachteiligende unterschiedliche Behandlung wegen des Alters zulässig, wenn diese auf anerkannten Prinzipien risikoadäquater Kalkulation beruht, insbesondere auf einer versicherungsmathematisch ermittelten Risikobewertung unter Heranziehung statistischer Erhebungen.[51]

V. Zusammenhang von gesellschaftlichen Bereichen mit Altersgrenzen und Funktionen von Altersgrenzen

52 Im Folgenden soll eine Übersicht über die Funktionen und Bereiche von Altersgrenzen und der Verbindung von Funktionen und Bereichen gegeben werden. Auf den Bereich der Rechtspersönlichkeit wird hier nicht eingegangen, da dieser Bereich nur für Altersgrenzen im Kindes- und Jugendalter einschlägig ist.[52] Aus der Übersicht geht hervor, dass es bei allen Tätigkeiten beruflicher oder ehrenamtlicher Art stets um Altersgrenzen geht, die aus Gründen der Leistungsfähigkeit allgemein angebracht werden. Der Schutz von Belangen des Gemeinwohls oder von Rechtsgütern Dritter ist definitionsgemäß gegeben bei Berufen und Tätigkeiten mit Gemeinwohlbezug oder mit Bezug zum Rechtsgüterschutz. Bei Berufen mit hohem Belastungspotenzial (z.B. aktiver Einsatz von Sicherheitskräften, Feuerwehrleuten) kann auch der eigene Schutz eine Funktion von Altersgrenzen sein. Nur bei der Erwerbstätigkeit im privaten und öffentlichen Sektor spielt die Verteilung des Zutritts zum Arbeitsmarkt und die soziale Errungenschaft einer festen Altersgrenze für den Rentenbezug eine Rolle. Die Schonung von Ressourcen Dritter wird als Argument für Altersgrenzen in bestimmten Bereichen des Marktgeschehens herangezogen.

---

51 § 20 Abs. 2 Satz 3 AGG.

52 S. schon oben Rn. 15.

Übersicht: Zusammenhang von Bereichen und Funktionen

Bereiche / Funktionen	Erwerbstätigkeit	Berufe und Tätigkeiten mit Gemeinwohlbezug	Berufe und Tätigkeiten mit besonderem Belastungspotenzial	Aktive Teilhabe in Politik und Gesellschaft	Sozialleistungen/ Zugang zur medizinischen Versorgung	Marktgeschehen/ Privatrechtsverkehr	Marktgeschehen/ Privatversicherungsschutz
Leistungsfähigkeit	X	X		X			
Leistungsfähigkeit/ Gesundheitszustand/Risikoerhöhung							X
Leistungsfähigkeit/ Schutz der ausübenden Person			X				
Schutz des Gemeinwohls/ Rechtsgüterschutz/ Sonstiger Schutz Dritter		X		X			
Verteilung des Zugangs zum Arbeitsmarkt	X						
Austritt aus Arbeitsmarkt als soziale Errungenschaft	X						
Schonung von Ressourcen Dritter					X	X	X

VI. Kritik an starren Höchstaltersgrenzen und Lösungsmöglichkeiten

1. Allgemeiner Befund

53 Die gesellschaftliche Diskussion um Grenzen der Betätigung im höheren Alter ist in manchen Bereichen inkonsistent. Höchstaltersgrenzen entsprechen in vielen Bereichen nicht mehr der Realität der Gründe, auf die sie gestützt werden. Individuelle, afu eine Person bezogene Argumente der Entfaltungs- und Handlungsfreiheit bleiben im Hintergrund. Dieser Befund gilt in unterschiedlichem Maß, je nachdem ob es sich um Altersgrenzen mit Wirkung für die Teilhabe in Politik und Gesellschaft, im Ehrenamt oder für eine Betätigung am Arbeitsmarkt handelt.

2. Zum Argument der nachlassenden Leistungsfähigkeit

a) Unwiderlegbare Vermutung der altersbedingten nachlassenden Leistungsfähigkeit

54 Wenn für bestimmte Betätigungen im höheren Alter Altersgrenzen angesetzt werden, wird die gesellschaftliche Teilhabe älterer Menschen nach einer Art gesellschaftlicher Vermutungsregel gestaltet, die nicht widerlegt werden kann. Solche Altersgrenzen wirken in hohem Maße generalisierend und pauschalierend. Sie legen unwiderlegbar fest, dass Personen ab einem bestimmten Alter ohne Rücksicht auf ihre individuelle Leistungsfähigkeit Anforderungen nicht mehr genügen, die ihnen in der jeweiligen Tätigkeit abstrakt abverlangt werden. Die unwiderlegbare Annahme ist, dass der ältere Mensch bestimmte Tätigkeiten, Ämter etc. nicht mehr vollwertig wahrnehmen kann. Deshalb muss der ältere Mensch durch allgemeine Altersgrenzen von solchen Tätigkeiten, Ämtern etc. ferngehalten werden. Der Beweis des Gegenteils bleibt dem älteren Menschen auf diese Weise versagt.

55 Eine solche nicht widerlegbare Vermutungsregel ist die härteste Form der Ausgrenzung einer bestimmten Bevölkerungsgruppe. Eine solche Vermutungsregel kann nur hingenommen werden, wenn die Annahme, die ihr zugrunde liegt, für die ganz überwiegende Zahl der Fälle, auf die sie angewendet werden soll, zutrifft. Diese Annahme lautet: Der ältere Mensch kann ab einem bestimmten Alter bestimmte Tätigkeiten, Ämter etc. aus Gründen körperlicher und/oder geistiger Einschränkungen nicht mehr ausüben. Diese Annahme ist aber unter den gegebenen heutigen Verhältnissen, d.h. insbesondere angesichts des Gesundheitszustandes der älteren Menschen, nicht mehr als generelle Annahme haltbar. Allerdings sind keine Untersuchungen bekannt, die die Art und Weise der körperlichen und geistigen Fitness im Alter in ein Verhältnis zum (verbesserten) Gesundheitszustand setzen. Hier wäre noch Forschungsbedarf anzumelden.

Ein gutes Beispiel für die Inkonsistenz der Gründe für die Einrichtung von Altersgrenzen im Sinne von Fähigkeitsgrenzen liefert die Diskussion um die mittlerweile mit Wirkung zum 1. Oktober 2008 aufgehobene Altersgrenze von 68 Jahren bei Vertragsärzten. Diese Altersgrenze existierte nur für die im Rahmen der gesetzlichen Krankenversicherung als Leistungserbringer tätigen zugelassenen Vertragsärzte, nicht für diejenigen Ärzte, die in dieses System nicht eingebunden waren. 56

Die Aufhebung der Altersgrenze für die Zulassung als Vertragsarzt hat – bisher noch nicht artikulierte – Fernwirkungen auch in die Betätigungsbereiche hinein, in denen ebenfalls Altersgrenzen im Sinne von Fähigkeitsgrenzen gelten. Der Gesundheitsschutz der Bevölkerung stellt ohne Zweifel eines der wichtigsten Gemeinwohlgüter in einem Staatswesen dar. Wenn zum Schutz dieses Gutes bei dem wichtigsten Beruf, der zum Schutz dieses Gutes existiert, dem Vertragsarzt, auf Altersgrenzen verzichtet wird, bleibt bei den anderen Tätigkeiten, die mit dem Gesundheitsschutz in Verbindung stehen, kein Rechtfertigungsgrund für die Beibehaltung von Altersgrenzen. Auch dort, wo – etwa bei Altersgrenzen für Sachverständige – auf die jetzt aufgehobene Altersgrenze für die Vertragsärzte Bezug genommen wird, besteht deshalb entsprechender Bereinigungsbedarf. Bei den meisten Altersgrenzen für andere Tätigkeiten, die auf die körperliche und geistige Leistungsfähigkeit abstellen, ist ein Schutzbelang für vergleichbar hochwertige Güter und Belange des Gemeinwohls wie beim Gesundheitsschutz kaum zu erkennen. Schon aus diesem Grund sind sie nicht gerechtfertigt. 57

b) Aufhebung oder Modifizierung der Vermutungsregel?

Die Lösung dieser Problematik kann grundsätzlich auf zweierlei Arten angegangen werden: Die gesellschaftliche Vermutungsregel wird ganz abgeschafft mit der Folge, dass individuelle Defizite bei älteren Menschen in Hinblick auf die Ausübung bestimmter Tätigkeiten, Ämter etc. nur dann ins Spiel gebracht werden können, wenn diese Defizite nachweisbar gegeben sind (Abschaffung der Vermutungsregel). Eine andere Lösung wäre, die gesellschaftliche Vermutungsregel insofern aufzulockern, als dem älteren Menschen die Gelegenheit eingeräumt würde, den für die Ausübung von bestimmten Tätigkeiten, Ämtern etc. notwendigen Umfang seiner körperlichen und/oder geistigen Kräfte ab einem bestimmten Alter unter Beweis zu stellen (Schaffung einer widerlegbaren Vermutungsregel). 58

Bei der Entscheidung für die eine oder andere Lösung müssen auch Praktikabilitätserwägungen eine Rolle spielen. Bei einer widerlegbaren Vermutungsregel müsste der ältere Mensch den Gegenbeweis gegen die Vermutung antreten – wie aber soll dies geschehen? Durch Beibringung eines öffentlichen Gesundheitszeugnisses? Durch Absolvierung eines Intelligenz- oder Gedächtnistestes? Durch Vorlage eines Sportabzeichens? Führt man sich eine solche bei dieser Lösung dann notwendige Praxis vor Augen, wird schnell deutlich, dass diese Lösung nicht akzeptabel ist, wenn sie nur für ältere Menschen eingeführt wird. Die nach wie vor von den be- 59 troffenen älteren Menschen empfundene Ungleichbehandlung wäre auch bei dieser Lösung darin zu sehen, dass sie einem Generalverdacht der körperlichen und/oder geistigen Unzulänglichkeit ausgesetzt sind.

60 Bei der völligen Abschaffung der Vermutungsregel liegt die Beweislast für die Nichterfüllung der Voraussetzungen für die Ausübung bestimmter Tätigkeiten, Ämter etc. nicht mehr beim älteren Menschen, der sich um eine solche Position bewirbt, sondern bei der Person oder Institution, für die er tätig wird oder ein Amt ausübt. Die Beweisführung, dass ein bestimmter älterer Mensch nicht mehr über die notwendigen körperlichen und/oder geistigen Kräfte verfügt, kann durchaus unangenehm sein. Der Verweis auf eine bestehende Altersgrenze anstelle der Wahrnehmung einer solchen Beweisführung ist allemal bequemer, und mag im Einzelfall auch durchaus vorteilhafter für den älteren Menschen sein, der sich nicht sagen lassen muss, er sei für eine bestimmte Tätigkeit oder Position wegen nachlassender Leistungsfähigkeit ungeeignet. Das bedeutet aber, dass auch die völlige Abschaffung der Vermutungsregel Folgen für die Beteiligten, d.h. auch für den älteren Menschen, zeitigen kann, die im Einzelfall unangenehm sein können.

61 Trotzdem spricht viel für die Aufhebung der Vermutungsregel. Im Lebenslauf eines Menschen werden von der Schule an Leistungsstände überprüft und es werden für bestimmte berufliche Tätigkeiten Gesundheitsüberprüfungen verlangt. Die Ausübung von beruflichen Tätigkeiten ist in der Regel an eine vorherige Bewerbung für diese Tätigkeit gebunden. Im Bewerbungsgespräch werden dann mehr oder weniger eingehend die fachliche Geeignetheit und die Fähigkeiten und Kompetenzen des Bewerbers oder der Bewerberin getestet. Daraus wird ersichtlich, dass es im Lebenslauf einer Person keine Besonderheit darstellt, körperliche und/oder geistige Leistungsfähigkeit neben der fachlichen Qualifikation unter Beweis zu stellen. Von daher gesehen sollten auch bei Tätigkeiten, die ältere Menschen etwa im Ehrenamt ausüben wollen, solche Fragen nicht als ungewöhnlich erscheinen. Allerdings ist das Verständnis von ehrenamtlicher Tätigkeit noch häufig davon geprägt, dass etwas kostenlos gegeben wird und dass als gedachte Gegenleistung die Dankbarkeit oder Anerkennung der das Ehrenamt vermittelnden Institution stehen sollte. Dieser Dankbarkeit oder Anerkennung würde dann die Frage nach der körperlichen und/ oder geistigen Leistungsfähigkeit im Wege stehen.

62 Führt man die Erwägungen fort, die an das bisher im Lebenslauf als Erfahrung im Hinblick auf die körperlichen und/oder geistigen Fähigkeiten Erlebte anknüpfen, so gelangt man zu Parallelen aus dem Arbeitsrecht. Bei einer Bewerbung auf einen Arbeitsplatz darf nach dem Gesundheitszustand nur dann gefragt werden, wenn dieser für die in Aussicht genommene Tätigkeit ausschlaggebend ist. Die Frage nach einer Schwerbehinderung ist grundsätzlich nicht zulässig. Diese arbeitsrechtlichen Anforderungen müsste man folgerichtig auch auf die Bewerbung um bestimmte Tätigkeiten, Ämter etc. übertragen. Bei den öffentlichen Ehrenämtern, die rechtlich konfiguriert sind, bestehen teilweise bereits entsprechende rechtliche Möglichkeiten.

Gerhard Igl

c) Sonderfall bei Tätigkeiten mit hohem Belastungspotenzial?

Bei Tätigkeiten mit hohem Belastungspotenzial – genannt werden beispielsweise 63
der aktive Dienst bei der Feuerwehr, bei den Sicherheitskräften oder bei den Bergleuten – sind bereits jetzt die Altersgrenzen im Vergleich zu den sonst üblichen Altersgrenzen niedriger angesetzt. Die Frage ist, ob man auch hier die Vermutungsregel abschafft oder zumindest lockert. Grundsätzlich gilt zwar für diese Tätigkeiten und Berufe in Hinblick auf die Vermutungsregel nichts anderes als für die sonstigen Tätigkeiten und Berufe. Betrachtet man das frühere Ausscheiden aus der Tätigkeit auch als Kompensation für eine körperlich, geistig und/oder psychisch anstrengendes Berufsleben, wird man von einer Einzelprüfung der individuellen Leistungsfähigkeit schon aus diesem Grund absehen. Es spricht aber umgekehrt nichts dagegen, Personen, die in solchen anstrengenden Berufen tätig sind, die Möglichkeit der Weiterbeschäftigung bei individueller Leistungsüberprüfung zu geben.

3. Schutz des Gemeinwohls/Rechtsgüterschutz/sonstiger Schutz Dritter als Rechtfertigungsgründe

Bei den Berufen und Tätigkeiten, die mit dem Schutz des Gemeinwohls, dem 64
Rechtsgüterschutz oder dem Schutz von Interessen Dritter zu tun haben, gilt hinsichtlich der Leistungsfähigkeit das vorstehend Gesagte. Weiter wäre hier gemäß der Wertigkeit des jeweiligen geschützten Rechtsgutes zu unterscheiden. So mag die Tätigkeit eines Prüfsachverständigen im Luftfahrtwesen anders hinsichtlich der Anforderungen an die Leistungsfähigkeit zu bewerten sein als die Tätigkeit eines Sachverständigen der Handwerkskammer.

Für gesetzliche Regelungen steht dem Gesetzgeber hier generell ein weiter Ein- 65
schätzungsspielraum zur Verfügung. Dies gilt sowohl für die Beurteilung der jeweiligen Wertigkeit eines bestimmten zu schützenden Gutes als auch für die Gestaltung des Schutzes. Trotzdem sollte im Sinne einer mehr als bisher differenzierenden Betrachtung der Altersgrenzen nicht darauf verzichtet werden, solche Erwägungen anzustellen. Keineswegs geht es darum, eine bis ins Letzte bestimmte Messskala der Wertigkeiten von bestimmten Gütern und ihres jeweils erforderlichen Schutzes herzustellen.

4. Verteilung des Zutritts zum Arbeitsmarkt – Eintritt in den Ruhestand als soziale Errungenschaft

In der Diskussion um den in der Privatwirtschaft bestehenden indirekten Zusam- 66
menhang von Rentenzugangsalter und Alter des Ausscheidens aus dem Arbeitsleben und in der damit zusammenhängenden Frage einer Verschiebung der letzteren Altersgrenze nach oben sind in den letzten Jahren keine Fortschritte erzielt

worden. In der sozialpolitischen Diskussion um die schrittweise und im Ergebnis sehr moderate Heraufsetzung der Altersgrenze für die Regelaltersgrenze sind alle Argumente ausgetauscht und die Positionen der jeweiligen Akteure bekannt. Nach allgemeiner Einschätzung ist eine Veränderung dieser Positionen in nächster Zeit nicht zu erwarten.

67 Damit bleibt der kritischste Bereich, in dem Altersgrenzen wirken, nämlich das Ausscheiden aus einer Beschäftigung, nach wie vor indirekt definiert durch die Situation der gesetzlichen Rentenversicherung in ihrer Reaktion auf die demografischen Bedingungen und die damit einhergehenden finanziellen Erfordernisse eines Alterssicherungssystems. Diese indirekte Bestimmung ist aber keine rechtliche Bestimmung. Das Rentenrecht verpflichtet den Arbeitnehmer und/oder den Arbeitgeber nicht, bei Erreichen der Regelaltersgrenze die Beschäftigung zu beenden.

68 Die in der Diskussion angeführten anderen Gründe, wie der der sozialen Errungenschaft, ab einem bestimmen Alter nicht mehr arbeiten zu müssen, oder der der Verschaffung breiterer Zugangsmöglichkeiten zum Arbeitsmarkt für die jüngere Generation, bleiben hingegen nachrangig. Die Wirkungen von Altersgrenzen für den Austritt aus dem Arbeitsmarkt in Richtung auf den Zutritt jüngerer Personen zum Arbeitsmarkt sind allerdings nicht mechanistisch zu sehen. Eine direkte Entsprechung von Ab- und Zugängen zum Arbeitsmarkt aufgrund des altersbedingten Ausscheidens ist nicht nachweisbar.[53]

69 Auch der öffentliche Dienst folgt jetzt der Verlängerung der (Lebens-)Beschäftigungszeit durch eine an die gesetzliche Rentenversicherung angelehnte Anhebung der Altersgrenze für das Ausscheiden aus dem Dienst. Im öffentlichen Dienst, genauer gesagt bei den beamteten öffentlich Bediensteten, ist das Ausscheiden aus dem Dienst direkt verbunden mit dem Bezug des Ruhegehaltes. Nach den Beamtengesetzen einiger Bundesländer ist es grundsätzlich schon jetzt möglich, bei Vorliegen eines dienstlichen Grundes die Tätigkeit um bis zu drei Jahre zu verlängern. In einigen Bundesländern kann nunmehr auch eine Verlängerung auf Initiative des Beamten stattfinden, wenn dem dienstliche Gründe nicht entgegenstehen.[54] Damit besteht im öffentlichen Dienstrecht eine Flexibilität bei der Verlängerung der Aktivzeit, die im privatwirtschaftlichen Bereich so nicht regelhaft vorgesehen ist.

70 Nur am Rande ist zu bemerken, dass die Flexibilisierung des Eintritts in den Ruhestand bislang unter dem Blickwinkel der Flexibilisierung vor Erreichen der Regelaltersgrenze diskutiert worden ist, wobei der gleitende Übergang in den Ruhestand im Zentrum steht. Hier kann auf dem Gebiet der Gesetzlichen Rentenversicherung auf vielfache Erfahrungen verwiesen werden.[55]

53 Zu diesem Ergebnis kommen aufgrund internationaler Daten *Döring/Trabert*, DRV 2010, S. 370, 377ff.

54 So in Baden-Württemberg, Bremen, Hamburg, Niedersachsen, Nordrhein-Westfalen und Schleswig-Holstein, hierzu *Poguntke*, DÖV 2011 (Fn. 20), S. 561.

55 Hierzu *Kreikebohm*, DRV 2010, S. 353.

Sicher ist der längere Verbleib insbesondere in einer beruflichen Tätigkeit nur dann ein Problem, wenn die Tätigkeit vor dem Eintritt in den Ruhestand eine arbeitsplatzgesicherte Tätigkeit war. Die meisten selbständig Tätigen haben diese gesicherte Tätigkeit vorher nicht. Für sie stellt sich das Problem in der Regel nicht, außer es sind gerade für ihre Tätigkeit Höchstaltersgrenzen vorgesehen. 71

Auch wenn der Verbleib in einer beruflichen Tätigkeit jenseits einer starren Altersgrenze bislang eher nur bei als angenehm oder bereichernd empfundenen Tätigkeiten von einzelnen Personen gewünscht wurde (so z.B. von Hochschullehrern und Wissenschaftlern), hat sich doch in der jüngeren Zeit erwiesen, dass manchmal auch weniger attraktive Tätigkeiten für verlängerungswürdig gehalten werden. Bei manchen Personen mögen gerade angesichts sinkender Altersersatzeinkommen auch finanzielle Erwägungen ins Spiel kommen oder sogar vorherrschend sein. 72

Es spricht viel dafür, dass das Problem der starren Höchstaltersgrenzen gelöst werden wird.[56] Dies zeichnet sich schon jetzt in einigen Bereichen (Ärzte, Beamte) ab. Allerdings werden die Lösungen nicht wegen eines gesteigerten Problembewusstseins, sondern vor allem aus Gründen des Mangels an Arbeitskräften und aus Gründen der Finanzierung der Alterssicherung gefunden werden. 73

VII. Grundsätze zur Gestaltung eines anderen Umgangs mit Höchstaltersgrenzen bei beruflichen Tätigkeiten

Die allgemeine Crux der Höchstaltersgrenzen bei beruflichen Tätigkeiten – ebenso bei ehrenamtlichen Tätigkeiten – ist nicht, dass im höheren Alter die tatsächlich mehr oder weniger geminderte Leistungsfähigkeit einer Person eine Rolle für den Zugang zu oder den Verbleib in Tätigkeiten spielt, sondern dass das Abstellen auf die Leistungsfähigkeit in generalisierender und typisierender Weise bezogen auf ein starres Lebensdatum stattfindet. Dies kann schadlos geändert werden, indem die starre Vermutungsregel aufgelöst oder zumindest gelockert wird (unten 1.). Auch weichere Lösungen und Lösungen für einen Übergang (unten 2.) bieten sich an. 74

1. Generalisierungs- versus Individualisierungsgrundsatz

Zurzeit herrscht der Grundsatz vor, nach dem allgemeine Ausschlussregeln im Sinne von Höchstaltersgrenzen für bestimmte Tätigkeiten, die von älteren Personen ausgeübt werden, errichtet werden. Dem liegt die Annahme zugrunde, dass die Leistungsfähigkeit im höheren Alter nachlässt (Generalisierungsgrundsatz). Demgegen- 75

56 So auch *Temming*, Altersdiskriminierung, S. 393.

über könnte eine individuellere Sicht auf die Leistungsfähigkeit einer Person den jeweiligen Gegebenheiten besser Rechnung tragen. Weil die Leistungsfähigkeit einer Person auch im höheren Alter von individuell-personalen Elementen abhängt, verbietet es sich, eine allgemeine Ausschlussregel für bestimmte Tätigkeiten, die von älteren Personen ausgeübt werden, festzulegen. Erst, wenn die individuelle Leistungsfähigkeit bezogen auf die berufliche oder ehrenamtliche Tätigkeit beeinträchtigt ist, kann, auch in Ansehung der zu schützenden Rechtsgüter oder der bisherigen beruflichen Belastung, die Vermutung der uneingeschränkten Leistungsfähigkeit widerlegt werden (Individualisierungsgrundsatz).

76 Eine Umstellung vom Generalisierungsgrundsatz auf den Individualisierungsgrundsatz würde angesichts der aktuellen Dominanz des Generalisierungsgrundsatzes eine doch beachtliche politische und gesellschaftliche Umgewöhnung erfordern. Allerdings würde eine Umstellung auf den Individualisierungsgrundsatz auch eine Individualisierung der Überprüfung der jeweiligen Leistungsfähigkeit in Hinblick auf bestimmte Tätigkeiten bedingen. Der allgemeine Genuss der schönen Früchte der Individualisierung der Leistungsfähigkeit könnte dann im konkret veranlassten Fall für den einzelnen älteren Menschen durch den Biss in den sauren Apfel einer individuellen Überprüfung der Leistungsfähigkeit getrübt werden.

2. Weiche Lösungen: Allgemeine Anhebung der Ruhestandsgrenze – Flexibilitätskorridore

77 In der Bundesrepublik, in der bisher der Generalisierungsgrundsatz verfolgt worden ist, ist der notwendigen Anerkennung einer erhöhten Leistungsfähigkeit der älteren Generation durch eine sukzessive Anhebung der Altersgrenzen auf dem Gebiet des Eintritts in den Ruhestand Rechnung getragen worden. Freilich ist diese Anhebung angesichts der demografischen Veränderungen vor allem finanziellen Erwägungen geschuldet. In der breiten Bevölkerung stößt diese Anhebung der Altersgrenzen noch nicht überall auf Akzeptanz.

78 Bedenkenswert, zumindest im Sinne von Übergangslösungen, sind auch Flexibilisierungen dergestalt, wie man sie seit jüngerer Zeit im Beamtenrecht vorfindet. Hier werden teilweise zeitliche Flexibilitätskorridore eingerichtet die in der Möglichkeit einer Verlängerung durch Hinausschieben des Ruhestandes um einige Jahre bestehen. Um dem Individualisierungsgrundsatz voll Rechnung zu tragen, wäre allerdings ein subjektives Recht auf Wahrnehmung der Verlängerung geboten.

VIII. Zur weiteren Entwicklung

79 Ein qualitativer Umschwung, d.h. eine allgemeine Umstellung auf den Individualisierungsgrundsatz, war und ist gesellschaftlich und politisch bisher nicht bezweckt.

Dies ist angesichts der insbesondere durch die Unionspolitik in vielen Bereichen angeregten Antidiskriminierungspolitiken erstaunlich. Allerdings ist auch die Unionspolitik in Altersdiskriminierungsfragen bisher nicht immer von klaren Grundsätzen geprägt.

Wegen der demografischen Entwicklung und insbesondere wegen der Verbesserung des Gesundheitszustandes der älteren Bevölkerung erscheint jedoch eine sukzessive Umstellung auf den Individualisierungsgrundsatz angebracht. Auch unter rechtlichen Gesichtspunkten wird man dies fordern können. Einen rechtlichen Grundsatz, dass ältere Menschen aufgrund einer verallgemeinernd angenommenen Reduzierung ihrer Leistungsfähigkeit von bestimmten Tätigkeiten ausgeschlossen werden müssen, gibt es nicht. Bisher stand es allerdings dem Gesetzgeber frei, ältere Menschen aus diesen Gründen von bestimmten Tätigkeiten ausschließen zu können. Solange zwingende und damit für den Gesetzgeber handlungsleitende verfassungsrechtliche Maßstäbe für ein umfassendes allgemeines Verbot der Altersdiskriminierung fehlen, bleibt es Aufgabe der gesetzgebenden Körperschaften, entsprechend tätig zu werden. **80**

Dritter Teil: **Besondere Rechtsgebiete**

A. Familienbeziehungen und Betreuung

§ 9 Großelternschaft im Familienrecht und alternde Bevölkerung als Gestaltungsaufgabe für das Erbrecht

Literatur: *Bundesministerium für Soziales, Familie und Jugend,* Fünfter Altenbericht „Potenziale des Alters in Wirtschaft und Gesellschaft, Der Beitrag älterer Menschen zum Zusammenhalt der Generationen", 2005 (http://www.bmfsfj.de/RedaktionBMFSFJ/Abteilung3/Pdf-Anlagen/fuenfter-altenbericht,property=pdf,bereich=bmfsfj,sprache=de,rwb=true.pdf); *Deutsches Zentrum für Altersfragen,* Deutscher Alterssurvey (DEAS) (http://www.gerostat.de/de/module_as3_sb.html); *Hank, Karsten/ Buber, Isabella,* Grandparents caring for their grandchildren: findings from the 2004 survey of health, ageing and retirement in Europe, 2007 (https://ub-madoc.bib.uni-mannheim.de/1558/1/ meadp_127_07.pdf); *Hauß, Jörn,* Elternunterhalt: Grundlage und Strategien – mit Exkurs Enkelunterhalt, 3. Aufl. 2010; *Höpflinger, François,* Beziehungen zwischen Großeltern und Enkelkindern – aus der Perspektive beider Generationen, in: Lenz, Karl/Nestmann, Frank (Hrsg.), Handbuch Persönliche Beziehungen, 2009, S. 311ff.; *Köbl, Ursula,* Die Neuordnung des erbrechtlichen „Pflegeausgleichs" (§ 2057a BGB – § 2057b E-BGB), in: Festschrift für Rainer Frank zum 70. Geburtstag am 14. Juli 2008, 2008, S. 159ff.; *Kroppenberg, Inge,* Erbrechtliche Herausforderungen des demographischen Wandels, Zeitschrift für die gesamte Erbrechtliche Praxis (ErbR) 2010, S. 206ff.; *Kroppenberg, Inge,* Ist unser Erbrecht noch zeitgemäß?, NJW 2010, S. 2609ff.; *Krug, Walter,* Die Berücksichtigung lebzeitiger Leistungen einzelner Miterben in der Erbteilung, ZFE 2008, S. 324ff.; *Lauterbach, Wolfgang,* Bedeutung der Abstammung für die Familien- und Verwandtschaftszugehörigkeit, in: Schwab, Dieter/Vaskovics, Laszlo A. (Hrsg.), Pluralisierung von Elternschaft und Kindschaft, Zeitschrift für Familienforschung – Sonderheft 2011, S. 191ff.; *Leipold, Dieter,* Ist unser Erbrecht noch zeitgemäß?, JZ 2010, S. 802ff.; *Leurs, Elisabeth,* Die Rechtsstellung der Großeltern gegenüber den Enkelkindern insbesondere im Vormundschaftsrecht seit Inkrafttreten des Bürgerlichen Gesetzbuches, 2003; *van de Loo, Oswald,* Bessere Berücksichtigung von Pflegeleistungen beim Erbausgleich, FPR 2008, S. 551ff.; *Ludyga, Hannes,* Die Berücksichtigung von Pflegeleistungen gemäß § 2057a BGB nach der Erbschaftsreform, ZErb 2009, S. 289ff.; *Muscheler, Karlheinz,* Die geplanten Änderungen im Erbrecht, Verjährungsrecht und Nachlassverfahrensrecht, ZEV 2008, S. 105ff.; *Otte, Gerhard,* Bessere Honorierung von Pflegeleistungen – Plädoyer für eine Vermächtnislösung, ZEV 2008, S. 260ff.; *Richter, Gerhard,* Rechtspolitische Erwägungen zur Reform des Unterhaltsrechts nach §§ 1601ff. BGB, FamRZ 1996, S. 1245ff.; *Röthel, Anne,* Testierfreiheit und Testiermacht, AcP 201 (2010), S. 32ff.; *Röthel, Anne,* Familie und Vermögen im Erbrecht, JZ 2011, S. 222ff.; *Röthel, Anne,* Ist unser Erbrecht noch zeitgemäß?, in: Deutscher Juristentag, Verhandlungen des 68. Deutschen Juristentages (68. DJT), Bd. 1 Gutachten, 2011, S. A1ff.; *Schiemann, Gottfried,* Erbrechtliche Folgen familiärer Leistungen, in: Festschrift für Dieter Schwab zum 70. Geburtstag am 15. August 2005, S. 549ff.; *Spangenberg, Brigitte/ Spangenberg, Ernst,* Anmerkung zu OLG Hamm Beschluss vom 23.6.2000 – 11 UF 26/00 – FamRZ 2000, 1601, FamRZ 2002, S. 48ff.; *Theurer, Andrea,* Das Umgangsrecht von Großeltern und anderen Bezugspersonen, MDR 2005, S. 250ff.; *Windel, Peter A.,* Wie ist die häusliche Pflege aus dem Nachlass zu honorieren?, ZEV 2008, S. 305ff.; *Windel, Peter A.,* Häusliche Pflege als Herausforderung an das Zivilrecht, ErbR 2010, S. 241ff.

Tobias Helms

Inhaltsübersicht

I. Familien- und Erbrecht als Teilaspekte eines Rechts der Älteren

1 Das Familienrecht und das Erbrecht sind in ihrer Eigenständigkeit anerkannte Teilbereiche der Rechtsordnung, die grundsätzlich Belange aller Bürger betreffen. Damit stellt sich die Frage, welche familien- und erbrechtlichen Aspekte sinnvollerweise in eine neu zu schaffende Querschnittsmaterie des Rechts der Älteren einbezogen werden sollten, weil gerade spezifische Interessen älterer Menschen berührt werden. Auf dem Gebiet des Familienrechts liegt sicherlich die Zuordnung des Betreuungsrechts zum Recht der Älteren auf der Hand. Wegen der überragenden Bedeutung dieser Materie wird sie im vorliegenden Band in einem eigenen Kapitel behandelt. Darüber hinaus erscheint es aber auch sinnvoll, das generationenübergreifende Verhältnis von Großeltern zu ihren Enkelkindern in den Blick zu nehmen, denn das (moderne) Familienrecht konzentriert sich eigentlich ganz auf die Kernfamilie aus Vater, Mutter und Kind. Im Erbrecht drängen sich zwei Berührungspunkte mit den spezifischen Interessen älterer Menschen auf: Zum einen nimmt die Testierhäufigkeit im Alter signifikant zu, gleichzeitig aber besteht im vorgerückten Alter die zunehmende Gefahr der unlauteren Einflussnahme auf willensschwache, einsame und hilflose Menschen. Zum anderen kann das Erbrecht als Mittel eingesetzt werden, um die Pflege älterer Menschen zu verbessern und zu sichern. Soll nicht mehr oder weniger das gesamte Erbrecht in das Recht der Älteren einbezogen werden (weil schließlich die überwiegende Mehrzahl der Menschen im vorgerückten Alter stirbt), erscheint es sinnvoll, eine entsprechende thematische Eingrenzung vorzunehmen, die aber sicherlich um weitere Aspekte ergänzt werden könnte.

II. Beziehungen zwischen Großeltern und Enkelkindern im Familienrecht

Familienrechtliche Rechte und Pflichten statuiert das BGB im Wesentlichen nur zwischen den Mitgliedern der Kernfamilie, also zwischen den Ehegatten einerseits (Eherecht) und den Eltern und ihren Kindern andererseits (Kindschaftsrecht). Demgegenüber überlässt man die Beziehungen zwischen Großeltern und ihren Enkelkindern – mit einigen wenigen Ausnahmen (Unterhalt und Umgangsrecht) – dem außerrechtlichen Bereich und damit der freiwilligen und individuellen Gestaltung familiären Zusammenlebens. Die soziale Bedeutung der Mehrgenerationenfamilie spiegelt sich damit im Familienrecht nur unvollkommen wider. 2

1. Sozialwissenschaftliche Perspektive

Schon seit geraumer Zeit sind die Beziehungen zwischen Großeltern und Enkeln stärker in das Blickfeld der Sozialwissenschaften gerückt, was sich immer wieder auch in der Medienberichterstattung niederschlägt. So lautete etwa die Titelschlagzeile der ZEIT vom 22. Dezember 2011 zu einer drei Seiten starken Artikelserie: „Großeltern & Enkel – Ein Bund fürs Leben“,[1] und bereits einen guten Monat zuvor hatte sich die Frankfurter Allgemeine Sonntagszeitung[2] auf zwei Seiten mit dem gleichen Thema beschäftigt. 3

Verantwortlich für die gestiegene Bedeutung der Großeltern-Enkel-Beziehung sind die gegenwärtigen Gesellschaftsstrukturen: Die Großelterngeneration verfügt über eine hohe Lebenserwartung und erfreut sich relativ guter Gesundheit. Da es sich um Jahrgänge handelt, die noch über vergleichsweise viele eigene Nachkommen verfügen, liegt der Prozentsatz älterer Menschen über 70 Jahren ohne eigene Enkelkinder bei unter 25 Prozent; fast die Hälfte der über 70-Jährigen hat drei oder mehr Enkelkinder.[3] Allerdings wird angesichts der demographischen Entwicklung in Zukunft biologische Großelternschaft weniger selbstverständlich sein.[4] Auf Seiten der Enkelkinder führt die zunehmende Erwerbstätigkeit ihrer Mütter zu einem erhöhten Betreuungsbedarf. Besonders wichtig wird – nicht zuletzt auch angesichts der gestiegenen Erwerbsobliegenheiten nach dem neuen Unterhaltsrecht – die Unterstützung durch die Großeltern, wenn die Partnerschaft zwischen den Eltern des 4

1 DIE ZEIT vom 22.12.2011, S. 33ff.
2 FAS vom 6.11.2011, S. 57ff.
3 *Deutsches Zentrum für Altersfragen*, Deutscher Alterssurvey (DEAS) – 1996, 2002, 2008 gewichtete Ergebnisse, Anzahl der Enkelkinder.
4 Fünfter Altenbericht „Potenziale des Alters in Wirtschaft und Gesellschaft. Der Beitrag älterer Menschen zum Zusammenhalt der Generationen“ 2005, S. 309; *Höpflinger*, in: Lenz/Nestmann (Hrsg.), S. 315.

Kindes zerbricht, wobei sich typischerweise – entsprechend der Verteilung der primären Betreuungsverantwortung[5] – die Beziehungen zu den Großeltern mütterlicherseits intensivieren und die Kontakte zu den Großeltern väterlicherseits leiden.[6]

5 Eine umfassende internationale Erhebung aus dem Jahre 2004 ergab, dass in Deutschland ca. 30 Prozent der Großmütter und ca. 25 Prozent der Großväter „fast wöchentlich oder öfter" ein Enkelkind betreuen; über die Hälfte der Großeltern gab an, in den letzten 12 Monaten (irgendwelche) Betreuungsleistungen für Enkelkinder erbracht zu haben, was allerdings umgekehrt auch bedeutet, dass dies bei knapp 50 Prozent der Großeltern nicht der Fall war.[7] Die statistischen Daten des Deutschen Zentrums für Altersfragen bestätigen dieses Gesamtbild, deuten aber auf ein etwas weniger ausgeprägtes Engagement der Großeltern hin. So soll der Prozentsatz der Großeltern im Alter von 55 bis 69 Jahren, die privat Kinder „betreuen oder beaufsichtigen (...), die nicht ihre eigenen sind" (ohne dass eine nähere Unterscheidung nach dem Umfang dieser Betreuungsleistung gemacht würde), von 41,3 Prozent im Jahre 1996 auf 30,7 Prozent im Jahre 2008 gesunken sein.[8]

6 Einigkeit besteht aber darin, dass für die Großeltern die Übernahme einer aktiven Betreuungsrolle mit einem Gewinn an „Freude" und „Stolz",[9] an „Wohlbefinden und Zufriedenheit"[10] verbunden ist.[11] Von dem Austausch an Wissen und Erfahrungen („Generationenlernen") profitiert nicht nur die junge, sondern auch die ältere Generation.[12] Bereits die bloße Anwesenheit von Enkeln reduziert Einsamkeitsgefühle.[13] Auch Enkelkinder schätzen ihre Großeltern – gleich nach ihren Eltern und Geschwistern – selbst im Jugendalter noch als wichtige Bezugspersonen.[14] Allerdings darf nicht verkannt werden, dass bei Übernahme umfangreicherer Betreuungsaufgaben das Konfliktpotenzial zwischen Eltern und Großeltern deutlich steigt. Ein Stück weit werden die Beziehungen von den Betroffenen wohl auch deshalb als so positiv bewertet, weil Großeltern in aller Regel keine weitreichende Erziehungsverantwortung übernehmen, sondern eher für Freizeitbeschäftigungen,

5 In neun von zehn Fällen sind alleinerziehende Elternteile Mütter (1,4 Mio. Kinder), in ca. 10% (= 154.000 Kinder) sind es Väter (*Ballof*, Väter und Kinder, ZKJ 2011, S. 349ff.).

6 *Höpflinger*, in: Lenz/Nestmann (Hrsg.), S. 316; *Lauterbach*, in: Schwab/Vaskovics (Hrsg.), S. 201.

7 *Hank/Buber*, Grandparents caring for their grandchildren, S. 21.

8 *Deutsches Zentrum für Altersfragen*, Deutscher Alterssurvey (DEAS) – 1996, 2002, 2008 gewichtete Ergebnisse, Betreuung von Enkelkindern. Auch der Fünfte Altenbericht 2005, S. 310 schätzt die Betreuungsleistungen von Großeltern zurückhaltender ein.

9 *Lauterbach*, in: Schwab/Vaskovics (Hrsg.), S. 200.

10 Fünfter Altenbericht 2005, S. 309.

11 *Höpflinger*, in: Lenz/Nestmann (Hrsg.), S. 320.

12 Fünfter Altenbericht 2005, S. 309; *Lauterbach*, in: Schwab/Vaskovics, S. 199f.

13 *Lauterbach*, in: Schwab/Vaskovics (Hrsg.), S. 200f.

14 *Lauterbach*, in: Schwab/Vaskovics (Hrsg.), S. 199; *Höpflinger*, in: Lenz/Nestmann (Hrsg.), S. 324ff.; *Widmer/Bodenmann*, Beziehungen in der Familie, in: Schneider (Hrsg.), Lehrbuch Moderne Familiensoziologie, 2008, S. 180. Vgl. aber auch Fünfter Altenbericht 2005, S. 310, wonach Enkelkinder die Qualität der Beziehung nicht immer so positiv einschätzten, wie Großeltern es tun.

Beaufsichtigung oder Hausaufgabenbetreuung zuständig sind.[15] Auch ist zu betonen, dass die Investition in die generationenübergreifende Beziehung kein gleichberechtigtes Geben und Nehmen ist, denn Großeltern sind typischerweise stärker an ihren Enkelkindern interessiert als diese umgekehrt am Wohlergehen ihrer Großeltern.[16] Vor allem finanzielle Unterstützungsleistungen werden recht einseitig von den Großeltern an die Enkelkinder erbracht, aber kaum in umgekehrter Richtung.[17] Enkelkinder engagieren sich auch selten bei der Pflege ihrer Großeltern,[18] „aktive Großelternschaft setzt gute Gesundheit voraus“, denn „je gesünder Großeltern wahrgenommen werden, desto positiver werden sie von ihren Enkelkindern eingeschätzt.“[19]

2. Stellung der Großeltern im Kindschaftsrecht

Die Konzentration des Familienrechts auf die Beziehungen innerhalb der Kernfamilie ist kein Phänomen, welches erst das moderne Familienrecht auszeichnet. Doch hat sich diese Tendenz in der historischen Entwicklung verstärkt. 7

a) Entwicklung des Vormundschaftsrechts

Bei Inkrafttreten des BGB wurde Großvätern in gewisser Weise noch die Stellung von Ersatzeltern zugesprochen. Denn nach der ursprünglichen Fassung des BGB waren Großväter von Gesetzes wegen als Vormünder berufen, und zwar der Großvater väterlicherseits (§ 1776 S. 1 Nr. 3 BGB a.F.) vor dem Großvater mütterlicherseits (§ 1776 S. 1 Nr. 4 BGB a.F.), soweit weder der Vater (§ 1776 S. 1 Nr. 1 BGB a.F.) noch die eheliche Mutter (§ 1776 S. 1 Nr. 2 BGB a.F.) eines minderjährigen Mündels einen anderen Vormund benannt hatten.[20] Der historische Gesetzgeber ließ sich dabei von dem Bild einer Großfamilie mit patriarchalischen Strukturen leiten, denn er hob hervor, diese Regelung entspreche nicht nur der „autoritativen Stellung des Großvaters gegenüber dem Mündel, sondern regelmäßig auch [dessen] Interesse“.[21] Demgegenüber hätten sich „Großmütter als ältere Frauen erfahrungsgemäß [...] selten [für dieses Amt als] geeignet erwiesen“.[22] 8

15 Fünfter Altenbericht 2005, S. 309 und 311; *Widmer/Bodenmann* (Fn. 14), S. 179f.
16 *Höpflinger*, in: Lenz/Nestmann (Hrsg.), S. 321.
17 *Höpflinger*, in: Lenz/Nestmann (Hrsg.), S. 321.
18 *Höpflinger*, in: Lenz/Nestmann (Hrsg.), S. 323f.
19 *Höpflinger*, in: Lenz/Nestmann (Hrsg.), S. 328.
20 Vgl. die ähnliche Regelung für Volljährige (§ 1899 Abs. 1 BGB a.F.).
21 Mot. IV, S. 1049.
22 Mot. IV, S. 1050. Allerdings konnte ihnen gem. § 1779 BGB a.F. die Vormundschaft übertragen werden, wenn niemand nach § 1776 BGB a.F. kraft Gesetzes zum Vormund berufen war. Für die Rechtsstellung nichtehelicher Kinder ist zu beachten, dass diese gem. § 1589 Abs. 2 BGB a.F. bis

9 Da die Regelung des § 1776 BGB a.F. gleich in mehrfacher Hinsicht dem Grundsatz der Gleichberechtigung der Geschlechter (Art. 3 Abs. 2 GG) widersprach, wurde sie zum 31. März 1953 durch Art. 117 GG außer Kraft gesetzt.[23] Das Gleichberechtigungsgesetz vom 18. Juli 1957 verzichtete dann darauf, die Großeltern ausdrücklich von Gesetzes wegen als Vormund zu berufen. Für eine solche Regelung fehle das Bedürfnis, denn wenn die Eltern keinen Vormund benannt hätten, habe das Vormundschaftsgericht schon nach dem Wortlaut des Gesetzes gem. § 1779 Abs. 2 S. 3 BGB a.F. bei der Auswahl des Vormunds „zunächst" die Verwandten und Verschwägerten des Mündels und damit auch die Großeltern zu berücksichtigen.[24] Trotz des mittlerweile geänderten Wortlauts der Vorschrift, der die „persönlichen Bindungen des Mündels" den familiären Beziehungen des Kindes als Auswahlkriterium zur Seite stellt, besitzt diese Erwägung auch heute noch Gültigkeit, denn im Lichte von Art. 8 EMRK ist es geboten, außenstehende Dritte nur dann zum Vormund zu bestellen, wenn nahe Verwandte für dieses Amt nicht geeignet sind.[25]

10 Vormundschaften von Großeltern kommen auch heute noch vor, doch stellen sie wohl eine Randerscheinung dar. Bei deutlich mehr als der Hälfte aller Vormundschaften handelt es sich ohnehin um Amtsvormundschaften.[26] Wie viel Prozent der Einzelvormundschaften von Großeltern geführt werden und nicht von anderen Familienangehörigen oder außerhalb der Familie stehenden Dritten (z.B. Pflegeeltern, Vereinsvormünder, Berufsvormünder, Freunde oder Bekannte der Eltern des Mündels), ist nicht bekannt.

---

zum Inkrafttreten des Nichtehelichengesetzes vom 9.8.1969 mit ihrem Vater – und damit konsequenterweise auch mit ihren väterlichen Verwandten – als nicht verwandt galten. Da nichteheliche Mütter zwar das Recht zur Personensorge hatten (§ 1707 S. 2 BGB a.F.), jedoch keine elterliche Gewalt über ihr Kind besaßen (§ 1707 S. 1 BGB a.F.), war für nichteheliche Kinder stets ein Vormund zu bestellen. Nach § 1778 Abs. 3 BGB a.F. konnte in diesem Fall allerdings die Mutter vor dem Großvater mütterlicherseits als Vormund bestellt werden. Erst durch das Familienrechtsänderungsgesetz vom 11.8.1961 wurde die Möglichkeit eingeführt, der nichtehelichen Mutter auf Antrag durch das Vormundschaftsgericht die elterliche Gewalt über das Kind zu übertragen.

23 Vgl. dazu *Leurs*, Rechtsstellung der Großeltern, S. 88f. und S. 90ff.

24 BT-Drs. II/224, S. 66.

25 Aus der Reihenfolge der Kriterien wurde ursprünglich teilweise (in Übereinstimmung mit einer Äußerung in den Gesetzesmaterialien, vgl. BT-Drs. 13/7158, S. 21) eine vorrangige Berücksichtigung der persönlichen Bindungen des Mündels abgeleitet (*Wagenitz*, in: MünchKommBGB (Fn. 32), 5. Aufl. 2008, § 1779 BGB Rn. 8f.), doch ist es im Lichte von Art. 8 EMRK nach Art. 6 Abs. 2 GG geboten, außenstehende Dritte nur dann zum Vormund zu bestellen, wenn nahe Verwandte für dieses Amt nicht geeignet sind (BVerfG FamRZ 2009, 291, 293; vgl. auch OLG Düsseldorf FamRZ 2010, 1683; OLG Düsseldorf FamRZ 2010, 1683f.).

26 *Oberloskamp (Hrsg.)*, Vormundschaft, Pflegschaft und Beistandschaft für Minderjährige, 3. Aufl. 2010, S. 13f. (von den 55.284 Vormundschaften, die im Jahre 2008 bei Gericht anhängig waren, wurden 38.568 als Amtsvormundschaften geführt).

b) Umgangsrecht nach § 1685 Abs. 1 BGB

Soweit in der heutigen familienrechtlichen Praxis (direkte) Rechtsbeziehungen zwischen Großeltern und Enkelkindern überhaupt eine Rolle spielen, geht es meist um das Recht der Großeltern auf Umgang mit ihren Enkelkindern.[27] Seit dem 1. Juli 1998 haben Großeltern nach § 1685 Abs. 1 BGB nämlich ein Recht auf Umgang mit dem Kind, wenn dieser dem Wohl des Kindes dient. Zweck der Regelung ist es, die über die Kleinfamilie hinausgehenden Sozialbeziehungen zu stärken.[28] Dabei zeigt jedoch die praktische Erfahrung, dass das Umgangsrecht der Großeltern von den Gerichten nur selten gegen den Willen der Eltern durchgesetzt wird.[29] Auch wenn es sich nicht um repräsentative Zahlen handelt, so ist doch bezeichnend, dass in den immerhin 32 seit dem Jahre 1999 veröffentlichten Entscheidungen zum Umgangsrecht der Großeltern ihr Begehren in 23 Fällen abgewiesen und nur neunmal der Umgang tatsächlich gerichtlich geregelt wurde.[30] 11

Dabei lässt sich die Rechtsprechung vor allem von der Erwägung leiten, dass das Umgangsrecht der Großeltern zwar als eigener Anspruch ausgestaltet ist, aber gleichwohl als ein „treuhänderisches, dienendes Recht" anzusehen ist.[31] § 1685 Abs. 1 BGB will nicht die Eigeninteressen der Großeltern durchsetzen,[32] vielmehr soll ein dem Kindeswohl förderlicher Umgang ermöglicht werden.[33] Daher werden die Bedürfnisse und Wünsche der Großeltern nicht selbständig bei der Interessenabwägung berücksichtigt. Zwar besteht Einigkeit, dass es grundsätzlich im Interesse eines Kindes liegt, den Kontakt zu seinen Großeltern aufrecht zu erhalten,[34] doch wird gleichzeitig hervorgehoben, dass das elterliche Erziehungsrecht Vorrang genießt[35] und den Großeltern daher – anders als etwa den Eltern nach § 1684 Abs. 1 BGB – nur dann ein Umgangsrecht zusteht, wenn positiv festgestellt werden kann, 12

27 Vgl. daneben auch noch die Möglichkeit zum Erlass einer Verbleibensanordnung zugunsten der Großeltern nach § 1682 BGB i.V.m. § 1685 Abs. 1 BGB, wenn die elterliche Sorge etwa wegen Tod eines Ehegatten auf den anderen Elternteil alleine übergeht.
28 *Rauscher*, in: Staudinger, BGB, Bearb. 2005, § 1685 BGB Rn. 2.
29 So auch *Theurer*, MDR 2005, S. 250, 251 mit kritischer Bewertung (a.a.O. 253).
30 Es wurden nur solche Entscheidungen ausgewertet, in denen der Sachverhalt eine ausreichende Rekonstruktion der tatsächlichen Gegebenheiten zulässt und das Gericht auch in der Sache entschieden hat. Vgl. dazu die Nachweise in den nachfolgenden Fußnoten.
31 OLG Brandenburg FamRZ 2008, 2303; OLG Koblenz NJW-RR 2000, 883, 884.
32 AG Bochum Streit 2002, 30. A.A. *Finger*, in: Münchener Kommentar zum Bürgerlichen Gesetzbuch (MünchKommBGB), 5. Aufl. 2008, § 1685 BGB Rn. 1 kein bloßes Reflexrecht.
33 AG Bochum Streit 2002, 30; OLG Koblenz NJW-RR 2000, 883, 884; vgl. OLG Koblenz FamRZ 2000, 1111.
34 Eindringlich *Spangenberg/Spangenberg*, FamRZ 2002, S. 48ff.
35 OLG Karlsruhe FamRZ 2008, 915; OLG Hamm FamRZ 2004, 57, 58; OLG Hamm FamRZ 2000, 1601, 1602; OLG Koblenz FamRZ 2000, 1111; restriktiv OLG Koblenz NJW-RR 2000, 883, 884 (nur soweit ernstzunehmende Gründe gegen Umgang vorgebracht werden).

dass dieses tatsächlich dem Kindeswohl dient.[36] Soweit Gerichte den Antrag von Großeltern auf Regelung des Umgangs ablehnen, ist im Grunde stets ausschlaggebend, dass das Verhältnis zwischen den Kindeseltern und den Großeltern zerrüttet oder zumindest gravierend belastet ist.[37] Regelmäßig wird betont, dass gerichtlich angeordnete Umgangskontakte in einer solchen Situation zu weiteren Spannungen führen und damit die Loyalitätskonflikte des Kindes verschärfen. Dabei kommt es nicht darauf an, wer für den Konflikt (überwiegend) verantwortlich ist, da einzig und allein das Kindeswohl maßgeblich ist.[38] In aller Deutlichkeit wird diese Zwickmühle vom OLG Koblenz in einer Entscheidung aus dem Jahre 2000 benannt: „§ 1685 BGB [ist] eine ausschließlich am Kindeswohl orientierte Bestimmung, und es ist in Fällen irrational überhöhter Spannungen für das Kindeswohl besser, mit den Eltern in Frieden zu leben, auch wenn der Preis ein vorübergehender Verzicht auf Besuche bei den Großeltern ist."[39]

13 Normalerweise besteht für ein eigenständiges Umgangsrecht der Großeltern aber auch gar kein Bedürfnis: Nach einer Trennung der Eltern ist in erster Linie der Umgang des Großelternpaares gefährdet, dessen Kind nicht die Hauptverantwortung für das Enkelkind übernimmt. Wird diesem Elternteil aber – freiwillig oder kraft gerichtlicher Anordnung – Umgang mit dem Kind ermöglicht, können auch die Großeltern in diesem Rahmen Kontakt zu ihrem Enkelkind pflegen. Die Gewährung eines eigenen, hierüber hinausgehenden Umgangs ist in aller Regel weder erforderlich noch angezeigt.[40] Als problematisch erweisen sich daher in erster Linie Konstellationen, in denen das eigene Kind der Großeltern – aus rechtlichen oder tatsächlichen Gründen – nur einen eingeschränkten Umgang mit dem (Enkel-)Kind besitzt. Doch auch in diesen Fällen sehen die Gerichte oftmals keine Veranlassung, den Großeltern ein zusätzliches Umgangsrecht einzuräumen. Denn häufig werden die betroffenen Kinder bereits mit gravierenden Konflikten im Zusammenhang mit dem Umgangsverfahren eines Elternteils konfrontiert, und manchmal besteht sogar die Befürchtung, dass das Umgangsrecht der Großeltern benutzt wird, um die (bislang

36 OLG Köln v. 2.4.2008 – juris; OLG Hamm FamRZ 2000, 1601, 1602; OLG Naumburg FamRZ 2008, 915, 916; OLG Koblenz FamRZ 2000, 1111.

37 Vgl. etwa KG Berlin NJWE-FER 2001, 119; OLG Brandenburg FamRZ 2010, 1991 (Nr. 1207); OLG Celle NJW-RR 2011, 1512, 1513; OLG Hamm FamRZ 2010, 909; OLG Hamm FamRZ 2005, 2012; OLG Hamm FamRZ 2004, 57, 58; OLG Hamm FamRZ 2000, 1601, 1602; OLG Hamm FamRZ 2000, 1110; OLG Karlsruhe FamRZ 2008, 915; OLG Koblenz FamRZ 2000, 1111; OLG Koblenz NJW-RR 2000, 883, 884; OLG Köln v. 2.4.2008 – juris; OLG Naumburg FamRZ 2008, 915, 916; OLG Naumburg v. 21.4.2005 – juris; AG Konstanz FamRZ 2004, 290f.; AG Kulmbach FamRZ 2007, 850f.; AG Nördlingen v. 29.6.2006 – juris; AG Nördlingen FamRZ 2006, 882.

38 OLG Brandenburg FamRZ 2010, 1991, 1992; AG Nördlingen FamRZ 2006, 882f.

39 OLG Koblenz NJW-RR 2000, 883, 884. Anders demgegenüber *Spangenberg/Spangenberg*, FamRZ 2002, S. 48, 50: „In einer solchen Situation geht es darum, von zwei Übeln das kleinere zu wählen und das ist, von Ausnahmefällen abgesehen, die Fortsetzung einer schwierig gewordenen Beziehung und nicht der Abbruch."

40 OLG Hamm FamRZ 2011, 1154 (Ls.).

eingeschränkten) Kontaktmöglichkeiten des eigenen Sohnes oder der eigenen Tochter zum (Enkel-)Kind zu erweitern.[41]

Häufig hat die Verweigerung des Umgangs aber auch gar nichts mit den typischen Problemen zu tun, die nach einer Trennung der Eltern zwischen dem betreuenden Elternteil und seinen Schwiegereltern aufzutreten pflegen. Vielmehr geht es um einen nicht gelösten Eltern-Kind-Konflikt in der Beziehung zwischen einem für die Betreuung des Kindes (mit)verantwortlichen Elternteil und dessen eigenen Eltern.[42] Während bei einem trennungsbedingten Abbruch der Beziehungen zu den Großeltern die Chance besteht, dass sich die geradezu typische – oftmals irrationale – Ablehnung der Familie des anderen Partners durch die gerichtliche Regelung des Umgangs überwinden lässt, scheinen die Konflikte hier oftmals tiefer zu liegen. In solchen Fällen sind die Gerichte daher kaum bereit, einen Umgang gegen den Willen der Eltern durchzusetzen,[43] selbst wenn die betroffenen Kinder über einen längeren Zeitraum ein gutes Verhältnis zu ihren Großeltern hatten und die Fortsetzung des Kontakts wünschen.[44] 14

In den Fällen, in denen die Entscheidung über den Umgang zugunsten der Großeltern ausgeht, ist stets ein Zusammenspiel verschiedener Faktoren ausschlaggebend: Fast immer bestehen bereits langjährige, gefestigte Beziehungen der Enkel zu den Großeltern,[45] die sich außerdem kooperativ verhalten.[46] Manchmal artikuliert das Kind auch ausdrücklich seinen Wunsch, den Kontakt zu den Großeltern aufrecht erhalten zu wollen.[47] Der Konflikt zwischen Großeltern und Eltern ist typi- 15

41 Vgl. etwa OLG Hamm FamRZ 2010, 909; OLG Hamm FamRZ 2011, 1154 (Ls.) – Abdruck der vollständigen Entscheidung in juris; KG Berlin NJWE-FER 2001, 119; AG Bochum Streit 2002, 30; AG Köln DAVorm 1999, 311.

42 Bei getrennt lebenden Eltern geht es um einen Konflikt zwischen dem für die Betreuung des Kindes hauptverantwortlichen Elternteil und seinen eigenen Eltern: OLG Celle NJW-RR 2011, 1512; OLG Dresden FamRZ 2010, 310; OLG Hamm FamRZ 2004, 57; vgl. demgegenüber OLG Rostock FamRZ 2005, 744 (Umgangsrecht des Großvaters mütterlicherseits nach Adoption seiner Tochter durch ihren Stiefvater denkbar). Oftmals liegen die Großeltern aber auch im Streit mit beiden (nicht getrennt lebenden) Elternteilen: OLG Hamm FamRZ 2005, 2012; OLG Naumburg v. 21.4.2005 – juris; OLG Hamm FamRZ 2000, 1110; AG Kulmbach FamRZ 2007, 850f.; AG Nördlingen FamRZ 2006, 882; AG Konstanz FamRZ 2004, 290.

43 Vgl. etwa OLG Naumburg v. 21.4.2005 – juris; OLG Koblenz FamRZ 2000, 1111; OLG Hamm FamRZ 2000, 1110.

44 OLG Hamm FamRZ 2004, 57, 58; OLG Koblenz FamRZ 2000, 1111; OLG Hamm FamRZ 2000, 1110; besonders restriktiv AG Nördlingen FamRZ 2006, 882f.

45 OLG Brandenburg FamRZ 2008, 2303; OLG Hamm FamRZ 2003, 953f.; KG FamRZ 2000, 1520, 1521f.; OLG Celle FF 2001, 28 und im gleichen Verfahren AG Langen FF 2001, 28; AG Backnang FF 2001, 28f. Überwiegend wird davon ausgegangen, dass § 1685 Abs. 1 BGB durch § 1626 Abs. 3 S. 2 BGB konkretisiert wird. Demnach besteht eine Vermutung, dass der Großelternumgang kindeswohldienlich ist, soweit bereits Bindungen zwischen den Beteiligten bestehen (OLG Köln FamRZ 2008, 2147 (Ls.); OLG Naumburg v. 21.4.2005 – juris; KG NJWE-FER 2001, 119).

46 KG FamRZ 2009, 1229.

47 OLG Hamm FamRZ 2003, 953, 954; KG FamRZ 2000, 1520, 1521; AG Backnang FF 2001, 28f.

scherweise nicht besonders schwerwiegend[48] oder betrifft nicht das Kind bzw. Erziehungsfragen.[49] Daher sind die Gründe, welche die Eltern gegen einen Kontakt anführen, in keiner Weise nachvollziehbar.[50] Manchmal handelt es sich um Konstellationen, in denen der Elternteil, der den Großeltern bislang den Umgang mit dem Enkelkind ermöglicht hat (etwa während seiner eigenen Umgangszeiten), verstorben ist.[51] Doch selbst wenn die genannten Voraussetzungen erfüllt sind, bewerten die Gerichte im Rahmen der erforderlichen Gesamtabwägung einen gegen den Willen der Eltern angeordneten Umgang der Großeltern eher selten als kindeswohldienlich.[52] Ein gedeihliches Verhältnis zwischen Großeltern und Enkelkindern, von dem beide Seiten profitieren können, ist demnach in erster Linie von den gelebten Sozialbeziehungen zwischen den drei Generationen abhängig und lässt sich mit rechtlichen (Zwangs-)Mitteln nur in sehr beschränktem Umfang garantieren.

3. Großeltern- und Enkelunterhalt

16 Spielt das Recht auf Umgang, das Großeltern und Enkelkindern die Chance zum persönlichen Austausch eröffnet, in der Praxis als einklagbares Recht nur eine geringe Rolle, stellt sich in einem zweiten Schritt die Frage, inwieweit Großeltern und Enkelkinder von der Rechtsordnung zur wechselseitigen finanziellen Unterstützung in die Haftung genommen werden. Nach § 1601 BGB sind Verwandte in gerader Linie verpflichtet, einander Unterhalt zu gewähren. Somit können Großeltern für ihre Enkelkinder und grundsätzlich auch umgekehrt Enkelkinder für ihre Großeltern unterhaltspflichtig werden. Doch haften nach § 1606 Abs. 2 BGB unter den Abkömmlingen und unter den Verwandten der aufsteigenden Linie die näheren vor den entfernteren Verwandten. D.h. dass Großeltern nur auf Enkelunterhalt in Anspruch genommen werden können, soweit die Eltern verstorben oder nicht leistungsfähig sind (§ 1607 Abs. 1 i.V.m. § 1603 BGB) oder die Rechtsverfolgung im Inland ausgeschlossen oder erheblich erschwert ist (§ 1607 Abs. 2 S. 1 BGB). Mehrere Großeltern haften nach § 1606 Abs. 3 S. 1 BGB anteilig, so dass ein schlüssiger Verfahrensantrag auf Zahlung von Unterhalt einen nicht unerheblichen Darle-

48 OLG Brandenburg FamRZ 2008, 2303f. (keine grundsätzlichen Vorbehalte, nur eine Einigung auf den Zeitpunkt war nicht möglich).
49 OLG Hamm FamRZ 2003, 953, 954.
50 KG FamRZ 2009, 1229; OLG Frankfurt FamRZ 2003, 250; OLG Celle FF 2001, 28 und im gleichen Verfahren AG Langen FF 2001, 28; vgl. auch OLG Rostock FamRZ 2005, 744.
51 OLG Hamm FamRZ 2003, 953f.; vgl. auch OLG Hamburg FamRZ 2002, 842f.; vgl. demgegenüber aber OLG Brandenburg FamRZ 2010, 1991f.; OLG Hamm FamRZ 2000, 1601 und OLG Koblenz NJW-RR 2000, 883f.
52 Vgl. aber KG FamRZ 2009, 1229 (Umgang dem Vater in erster Linie lästig); AG Backnang FF 2001, 28f. (Mutter auf zusätzliche Unterstützung angewiesen); ungewöhnlich großzügig KG FamRZ 2000, 1520, 1521 und OLG Celle FF 2001, 28; offen gelassen in OLG Hamm FamRZ 2009, 996, 997.

gungsaufwand mit sich bringen kann.[53] Auch umgekehrt scheidet eine Inanspruchnahme der Enkel auf Großelternunterhalt aus, solange direkte Abkömmlinge der Großeltern leistungsfähig sind. Die Nachrangigkeit der Unterhaltsverpflichtung zwischen Großeltern und Enkeln zeigt sich besonders plastisch an der Regelung des § 1609 BGB: Im Mangelfall stehen Enkelkinder aus Sicht der Großeltern auf der fünften und damit drittletzten Stufe (§ 1609 Nr. 5 BGB), und aus Sicht der Enkelkinder nehmen Großeltern in der Rangfolge die letzte Stufe ein (§ 1609 Nr. 7 BGB).

Fristet in der Praxis schon der Enkelunterhalt ein „Schattendasein",[54] kommen Unterhaltsverfahren von Großeltern gegen Enkel – nicht zuletzt aufgrund der Altersabstände und der typischen Einkommensentwicklung bei jungen Menschen – im Grunde nicht vor. Verantwortlich für diese geringe Bedeutung sind auch die sozialrechtlichen Bestimmungen über den Anspruchsübergang: Nach § 94 Abs. 1 S. 3 SGB XII ist der Übergang eines zivilrechtlichen Unterhaltsanspruchs entgegen der Grundregel des § 94 Abs. 1 S. 1 SGB XII auf den Sozialhilfeträger ausgeschlossen, wenn die unterhaltspflichtige mit der leistungsberechtigten Person im zweiten Grad verwandt ist. Durch diese Regelung wollte der Gesetzgeber den „gewandelten gesellschaftlichen Anschauungen" Rechnung tragen. Im Verhältnis zwischen Großeltern und Enkeln seien „nach Auflösung der in Wohngemeinschaft lebenden Großfamilie die persönlichen Bindungen vielfach so weit gelockert, daß das Verständnis für eine Heranziehung zum Ausgleich gewährter Sozialhilfeleistungen nicht mehr vorhanden" sei.[55] Allerdings ändert diese Rückgriffssperre nichts an dem allgemeinen sozialhilferechtlichen Subsidiaritätsgrundsatz, wonach unterhaltsrechtliche Leistungspflichten durch die Gewährung von Sozialhilfe nicht beeinflusst werden (§ 2 Abs. 2 SGB XII).[56] In der Sache steht einem Enkelkind damit ein Wahlrecht zu, ob es Sozialhilfe geltend macht (wodurch gem. § 242 BGB die Geltendmachung von Unterhalt für den gleichen Zeitraum i.d.R. ausgeschlossen wird[57]) oder seinen zivilrechtlichen Unterhaltsanspruch gegen die Großeltern realisiert. Auch nach § 33 Abs. 2 S. 1 Nr. 2 SGB II hängt die Inanspruchnahme von Großeltern von der Entscheidung der Enkelkinder ab: Danach gehen bei Bezug von Leistungen der Grundsicherung Ansprüche auf Verwandtenunterhalt nur dann auf den Träger der Grundsicherung über, wenn der leistungsberechtigte Unterhaltsgläubiger den Unterhaltsanspruch bereits geltend gemacht hat (wobei für Ver- 17

53 *Hauß*, Elternunterhalt, Rn. 523 und 560f.
54 *Hauß*, Elternunterhalt, Rn. 515.
55 BT-Drs. 7/308, S. 19.
56 BGH FamRZ 1999, 843, 845f.; BGH FamRZ 2000, 1358, 1359; *Klinkhammer*, in: Wendl/Dose, Das Unterhaltsrecht in der familienrichterlichen Praxis, 8. Aufl. 2011, § 8 Rn. 127f.; *Scholz*, in: Wendl/Dose (Fn. 56), § 2 Rn. 792; a.A. offenbar *Hauß*, Elternunterhalt, Rn. 536f. Etwas anderes gilt allerdings für Unterhaltsvorschussleistungen vgl. OLG Dresden FamRZ 2006, 569, 570; OLG Dresden FamRZ 2010, 736; *Scholz*, in: Wendl/Dose (Hrsg.), § 2 Rn. 792.
57 BGH FamRZ 1999, 843, 847; *Klinkhammer*, in: Wendl/Dose (Fn. 56) § 8 Rn. 127f.

wandte zweiten Grades die weitreichende Ausnahme des § 33 Abs. 2 S. 1 Nr. 2 a.E. SGB II nicht greift).[58]

18 Obwohl diese Wahlfreiheit aus Sicht von Großeltern, die auf Zahlung von Unterhalt in Anspruch genommen werden, wohl eher willkürlich anmutet, fand die verschiedentlich erhobene Forderung, Unterhaltspflichten zwischen Verwandten zweiten Grades komplett abzuschaffen,[59] bislang kein Gehör.[60] Soweit ein Enkelkind tatsächlich Unterhaltsansprüche geltend macht, wird den Großeltern von den Gerichten – nicht zuletzt unter Hinweis auf ihre privilegierte sozialrechtliche Stellung – immerhin ein relativ großzügiger Selbstbehalt eingeräumt, für den ganz ähnliche Grundsätze gelten wie für die unterhaltsrechtliche Inanspruchnahme von Kindern durch ihre Eltern.[61]

III. Alternde Gesellschaft als Herausforderung für das Erbrecht

19 Im vorgerückten Alter stellen sich viele Menschen die Frage, in welcher Weise sie über das im Laufe ihres Lebens erworbene Vermögen disponieren sollen. Während das gesetzliche Erbrecht von der Prämisse ausgeht, dass die verwandtschaftlichen Bindungen für die Verteilung des Nachlasses regelmäßig ausschlaggebend sind, gibt es mittlerweile viele Konstellationen, in denen andere Motive in den Vordergrund rücken und der Erblasser seinen Nachlass an Außenstehende geben oder innerhalb der Familie umverteilen möchte. Die nachfolgenden Betrachtungen wenden sich einerseits der Frage zu, wie ältere Testatoren vor den Gefahren der unlauteren Einflussnahme in Form von Erbschleicherei geschützt werden. Zum anderen geht es darum, wie das Erbe zur Sicherstellung der Pflege des Erblassers eingesetzt werden kann.

1. Schutz vor Gefährdungen der Testierfreiheit

20 Angesichts der Vielgestaltigkeit und Komplexität heutiger Familienstrukturen spielt in der erbrechtlichen Praxis die Testierfreiheit eine zentrale Rolle, denn die schematischen Lösungen des gesetzlichen Erbrechts werden der gelebten Familienwirklich-

58 *Klinkhammer*, in: Wendl/Dose (Fn. 56), § 8 Rn. 234f.

59 Eine entsprechende Forderung von *Schwenzer* auf dem 59. Deutschen Juristentag 1992 (Empfiehlt es sich das Kindschaftsrecht neu zu regeln?, Gutachten A zum 59. Deutschen Juristentag 1992, in: Deutscher Juristentag (Hrsg.), Verhandlungen des neunundfünfzigsten Deutschen Juristentages/Bd. 1. Gutachten, 1992, A1, A 43) wurde mit 47:37:4 angenommen (FamRZ 1992, S. 1276).

60 Abl. etwa *Richter*, FamRZ 1996, S. 1245, 1248ff.; *Schwab*, Familiäre Solidarität, FamRZ 1997, S. 521, 527f.

61 BGH FamRZ 2006, 26, 28; *Hauß*, Elternunterhalt, Rn. 547. Zum Selbstbehalt im Rahmen des Elternunterhalts vgl. *Wedemann* (in diesem Band), § 10 Rn. 9.

keit oftmals nicht mehr gerecht. So liegen in Deutschland immerhin bei ca. einem Drittel aller Erbfälle Verfügungen von Todes wegen vor.[62] Dabei ist zu berücksichtigen, dass es bei ungefähr der Hälfte aller Todesfälle effektiv nichts zu vererben gibt, so dass die Errichtung eines Testaments eigentlich auch gar nicht lohnt.[63] Vor diesem Hintergrund ist die Testierquote von ca. 1/3 durchaus geeignet, die statistische Bedeutung der Testierfreiheit zu belegen. Gleichzeitig zeigen rechtstatsächliche Untersuchungen, dass gerade der Anteil der älteren Testatoren sehr hoch ist. Eine Auswertung von über 1.100 letztwilligen Verfügungen aus dem Jahre 2009 kam zu dem Ergebnis, dass mehr als die Hälfte der Testatoren (erstmals oder nochmals) im siebten oder achten Lebensjahrzehnt verfügt hatte. Nur jede vierte Verfügung stammte von Erblassern, die jünger als 60 Jahre alt waren, demgegenüber waren ca. 1/5 der Verfügenden älter als 80 Jahre.[64] Angesichts wachsender Alterung der Bevölkerung, die einhergeht mit einer steigenden Anzahl von Demenzerkrankungen, drängt sich somit der Befund auf, dass die Testierfreiheit zunehmenden Gefährdungen ausgesetzt ist.[65]

Grundsätzlich vertraut die Rechtsordnung darauf, dass ein testierfähiger[66] Erb- **21**
lasser in der Lage ist, eigenverantwortlich seinen letzten Willen zu bilden. Wird er bei der Abfassung einer letztwilligen Verfügung unter Druck gesetzt oder manipuliert, so kann er sein Testament jederzeit widerrufen (§ 2253 BGB). Sollte die Schwelle zur widerrechtlichen Drohung überschritten sein, kann die Verfügung auch noch nach seinem Tod beseitigt werden (§§ 2078, 2080 BGB). Wird der Erblasser demgegenüber gehindert, eine Verfügung von Todes wegen zu errichten oder aufzuheben, greift unter bestimmten Voraussetzungen die Erbunwürdigkeit ein (§ 2339 BGB).

Doch hat sich gezeigt, dass diese Instrumentarien nicht ausreichen, um den **22**
spezifischen Gefahren der unlauteren Einflussnahme auf willensschwache, insbesondere hochbetagte, pflegebedürftige oder einsame Menschen effektiv zu begegnen. Nicht selten entsteht ein gewisses Abhängigkeitsverhältnis zu einem Betreuer oder einer Pflegeperson, aber vielleicht auch zu einem Arzt oder Anwalt, das zur Erlangung erbrechtlicher Vorteile ausgenutzt werden kann. Im Regelfall werden die

62 *Leipold*, in: MünchKommBGB (Fn. 32), 5. Aufl. 2010, Einl. vor § 1922 BGB Rn. 61. Zuverlässige und aktuelle repräsentative Zahlen liegen nicht vor (vgl. die Angaben bei *Röthel*, 68. DJT, A 15, mit Fn. 15 und A 16f.). *Metternich*, Verfügungsverhalten von Erblassern, 2009, S. 32 hat bei einer Auswertung von über 1.100 letztwilligen Verfügungen eine Testierhäufigkeit von 26,4% ermittelt. Teilweise wird davon ausgegangen, dass die Erbquote steigt (*Muscheler*, Erbrecht, Bd. I, 2010, Rn. 286).

63 *Beckert*, Gesellschaftspolitische Herausforderungen für das Erbrecht, in: Deutscher Juristentag (Hrsg.), Verhandlungen des 68. Deutschen Juristentages, Bd. II/1, Referate und Beschlüsse, L 9, L 10f.

64 *Metternich* (Fn. 62), S. 46 mit weiteren Nachweisen zu älteren Studien, die ähnliche Ergebnisse erbrachten.

65 *Röthel*, 68. DJT, A 16f. und 81; *Kroppenberg*, ErbR 2010, S. 206, 214ff.

66 Zu den Anforderungen an die Testierfähigkeit vgl. *Röthel*, 68. DJT, A 84f.; *Spickhoff*, Autonomie und Heteronomie im Alter, AcP 208 (2008), S. 345, 374ff.

erbrechtlich zurückgesetzten Angehörigen – jenseits der Geltendmachung ihrer Pflichtteilsansprüche – hiergegen nichts unternehmen können.

23 Einen zusätzlichen Schutz[67] gewährt das deutsche Recht den Bewohnern von Alters- und Pflegeheimen durch § 14 HeimG (bzw. die entsprechenden landesrechtlichen Parallelvorschriften[68]). Danach ist eine letztwillige Verfügung zugunsten des Trägers sowie der Mitarbeiter von Alters- und Pflegeheimen nichtig, soweit der Bedachte bereits zu Lebzeiten des Erblassers von der Verfügung Kenntnis hatte.[69] Das Bundesverfassungsgericht hat diese Einschränkung der Testierfreiheit gebilligt, insbesondere weil die Vorschriften über den Widerruf von Testamenten nicht verhindern könnten, dass aufgrund psychischer Zwangslagen Testamente errichtet und bis zum Tod aufrechterhalten würden.[70]

24 Es liegt daher die Frage nahe, ob nicht die Schutzmechanismen des HeimG auf andere Betreuungssituationen bzw. Vertrauensbeziehungen ausgeweitet werden sollten. Doch hat das Heimgesetz nicht ausschließlich eine erbrechtliche Stoßrichtung, sondern will gleichzeitig auch im Interesse des Heimfriedens verhindern, dass sich einzelne Heiminsassen durch zusätzliche Vermögenszuwendungen eine bevorzugte Behandlung erkaufen.[71] Die Ratio des § 14 HeimG ist demnach nicht ohne Weiteres verallgemeinerungsfähig.[72] Darüber hinaus würde etwa für die Beziehung zwischen Betreuer und Betreutem ein Testierverbot dem Anliegen, vorrangig Angehörige als Betreuer zu bestellen, diametral entgegenlaufen.[73]

25 Wird ein Vertrauens- oder Abhängigkeitsverhältnis zur Einflussnahme auf die Gestaltung letztwilliger Verfügungen ausgenutzt, kommt nach geltendem Recht in Ausnahmefällen eine Sittenwidrigkeitskontrolle in Frage.[74] Doch ist die deutsche Rechtsprechung[75] bislang sehr zurückhaltend.[76] Der Vorschlag von *Röthel*, einen

67 Zur umfangreichen Judikatur zur Reichweite des Verbots vgl. *Röthel*, 68. DJT, A 83, mit Fn. 424; *Frank/Helms*, Erbrecht, 5. Aufl. 2010, § 3 Rn. 8f.

68 Im Rahmen der Föderalismusreform ist die Gesetzgebungskompetenz für das Heimrecht vom Bund auf die Länder übergegangen (Art. 74 Abs. 1 Nr. 7 GG). Das HeimG gilt demnach nur noch insoweit, als es nicht durch landesrechtliche Vorschriften ersetzt wurde (*Frank/Helms* (Fn. 67), § 3 Rn. 8). Vergleichbare Annahmeverbote gelten für Angestellte (§ 10 BAT) und Beamte (§ 42 BeamtStG = § 70 BBG a.F.).

69 BVerfG NJW 1998, 2964, 2965; BGH FamRZ 2012, 124, 125.

70 BVerfG NJW 1998, 2964, 2965.

71 BVerfG NJW 1998, 2964, 2965. Vgl. BT-Drs. 7/180, S. 12 und BT-Drs. 11/5120, S. 17.

72 Ein entsprechender Vorschlag wurde auf dem 68. Deutschen Juristentag im Jahre 2010 mit deutlicher Mehrheit abgelehnt (Beschlüsse [Bd. II/1, 68. DJT 2010], L 151 – abgelehnt: 14:54:2).

73 *Röthel*, AcP 201 (2010), S. 32, 61; *dies.*, 68. DJT, A 83.

74 *Lange/Kuchinke*, Erbrecht, 5. Aufl. 2001, § 35 II 3d (S. 824); *Frank/Helms* (Fn. 67), § 3 Rn. 13; *Röthel*, AcP 201 (2010), S. 32, 56f. und 62ff.

75 Für einen seltenen Fall, in dem Sittenwidrigkeit bejaht wurde, OLG Braunschweig FamRZ 2000, 1189, 1190; vgl. auch OLG Karlsruhe NJW 2001, 2804, 2805; demgegenüber restriktiver BayObLG NJW 1998, 2369, 2370f.; BayObLG FGPrax 2003, 34, 36.

76 *Röthel* hat daher eine offensivere Herangehensweise gefordert, 68. DJT, A 86.

speziellen Anfechtungsgrund der „unzulässigen Beeinflussung des Erblassers" einzuführen,[77] wurde auf dem 68. Deutschen Juristentag mit großer Mehrheit abgelehnt.[78] Stattdessen wurde gefordert, für bestimmte Berufsgruppen (z.B. Berufsbetreuer, Ärzte und Rechtsanwälte) einschlägige standesrechtliche Verhaltenskodizes zu erarbeiten.[79] Das könnte hilfreich sein, um die Maßstäbe für die Sittenwidrigkeitskontrolle zu präzisieren.

Vor diesem Hintergrund erscheint auch die in Deutschland in den letzten Jahren intensiv geführte Debatte über eine Reform des Pflichtteilsrechts in einem etwas anderen Licht. Auch wenn man sich angesichts der dynamischen Entwicklung in vielen anderen europäischen Staaten[80] über das Beharrungsvermögen des verhältnismäßig großzügig ausgestalteten deutschen Pflichtteilsrechts wundern mag,[81] so werden durch das Pflichtteilsrecht doch auch die Einflussnahmemöglichkeiten Dritter begrenzt und die nächsten Angehörigen davor geschützt, den gesamten Nachlass durch Erbschleicherei zu verlieren. Hervorzuheben ist allerdings, dass diese Überlegungen nicht gegen eine Reduzierung der Pflichtteilsansprüche (von Kindern[82] bzw. Eltern[83]) sprechen, wenn der Testator seinen überlebenden Ehegat- 26

77 In: 68. DJT A 86; zust. *Frieser*, Referat zum 68. Deutschen Juristentag, in: Deutscher Juristentag (Hrsg.), Verhandlungen des 68. Deutschen Juristentages, Bd. II/1, Referate und Beschlüsse, 2011, L 63f. und *Kroppenberg*, NJW 2010, S. 2609, 2612.

78 Mit 14:51:4 abgelehnt (Referate und Beschlüsse [Bd. II/1, 68. DJT 2010], L 151). Eine inhaltliche Diskussion dieses Vorschlags hat auf dem DJT – ausweislich der Sitzungsberichte – im Grunde nicht stattgefunden.

79 Referate und Beschlüsse (Bd. II/1, 68. DJT 2010), L 151; vgl. auch *Frieser*, (Fn. 77), L 63. Nur der Verstoß gegen besonders wichtige Standesregeln begründet den Vorwurf der Sittenwidrigkeit (*Armbrüster*, in: MünchKommBGB (Fn. 32), 5. Aufl. 2006, § 138 BGB Rn. 47; *Ellenberger*, in: Palandt, BGB, 11. Aufl. 2012, § 138 BGB Rn. 57).

80 Vgl. jüngst *Dutta*, Entwicklungen des Pflichtteilsrecht in Europa, FamRZ 2011, S. 1829ff. m.w.N.

81 Verantwortlich dafür ist vor allem die verfassungsrechtliche „Überhöhung" des Pflichtteilsrechts durch BVerfGE 112, 332, 348ff. mit zust. Anm. *G. Otte*, JZ 2005, S. 1001, 1007ff. Krit. etwa *Olshausen*, in: Staudinger, BGB, Bearb. 2006, vor § 2333 BGB Rn. 1; *Leipold*, in: MünchKommBGB (Fn. 32), 5. Aufl. 2010, Einl. vor § 1922 BGB Rn. 42f.; *K. W. Lange*, Pflichtteilsrecht und Pflichtteilsentziehung – zugleich Anmerkung zu BVerfG – 1 BvR 1644/00 und 1 BvR 188/03, ZErb 2005, S. 205ff.; *Kleensang*, Familienerbrecht versus Testierfreiheit – Das Pflichtteilsentziehungsrecht auf dem Prüfstand des Bundesverfassungsgerichts, ZEV 2005, S. 277ff.; *Stüber*, BVerfG zum Pflichtteilsrecht: Kein Beitrag zu mehr Klarheit! NJW 2005, S. 2122ff.

82 Zu diesen Vorschlägen vgl. etwa *Martiny*, Empfiehlt es sich, die rechtliche Ordnung finanzieller Solidarität zwischen Verwandten in den Bereichen des Unterhaltsrechts, des Pflichtteilsrechts, des Sozialrechts und des Sozialversicherungsrechts neu zu gestalten?, in: Deutscher Juristentag (Hrsg.), Verhandlungen des Vierundsechzigsten Deutschen Juristentages/Bd. 1, Gutachten, 2002, A 1, A 94ff. m.w.N. Eine Reduzierung auf 1/4, soweit der Erblasser dem Kind zum Zeitpunkt des Todes nicht unterhaltspflichtig war, hat jüngst *Leipold*, JZ 2010, S. 802, 806 gefordert. Vgl. demgegenüber *Röthel*, JZ 2011, S. 222, 227.

83 Den Eltern steht nur dann ein Pflichtteilsrecht zu, wenn keine Abkömmlinge vorhanden sind. *Martiny*, (Fn. 82), A 102 hatte gefordert, das Pflichtteilsrecht der Eltern entfallen zu lassen, wenn der Erblasser verheiratet ist. *Röthel*, JZ 2011, S. 222, 226f. will das Pflichtteilsrecht der Eltern auf die

ten zum Alleinerben einsetzt, was in Deutschland in ca. 87% der Fälle, in denen verheiratete Erblasser (gemeinschaftlich oder einseitig) von Todes wegen verfügen, der Fall ist.[84] Das Ziel solcher testamentarischen Anordnungen ist es, dem überlebenden Partner den gemeinsam erreichten Wohlstand bis zu seinem Tod zu sichern und Vorsorge für die hohen Kosten zu treffen, die bei Krankheit oder Pflegebedürftigkeit entstehen.[85] Angesichts der Legitimität und Dringlichkeit dieser Anliegen wird die Frage nach der Reformbedürftigkeit des Pflichtteilsrechts daher wohl auch in Zukunft nicht verstummen.

2. Erbrecht als Instrument zur Sicherstellung von Pflegeleistungen

27 Das deutsche Pflegesystem ist im europäischen Vergleich noch immer ein vor allem familienbasiertes System,[86] in dem die häusliche Pflege in erster Linie im Rahmen familiärer Solidarität erbracht wird. Von den ca. 2,3 Mio. Pflegebedürftigen in Deutschland werden rund 1,6 Mio. (ca. 69%) zu Hause gepflegt, davon werden ca. 1,0 Mio. ausschließlich von Angehörigen betreut.[87] Abreden hinsichtlich einer lebzeitigen Vergütung der Pflegearbeit werden zwischen nahen Angehörigen typischerweise nicht getroffen,[88] vielmehr erfolgt die Pflege in der Regel unentgeltlich.[89] Auch besteht kein Anspruch des Angehörigen auf Auszahlung des von der Pflegeversicherung an die pflegebedürftige Person geleisteten Pflegegeldes.[90]

a) Berücksichtigung von Pflegeleistungen bei der Erbauseinandersetzung

28 Wurde der Erblasser von einem seiner Abkömmlinge gepflegt, kommt im Rahmen der Erbauseinandersetzung nach § 2057a BGB ein Ausgleich nach Billigkeitsgrund-

---

Quote reduzieren, die bei Konkurrenz mit einem Ehegatten besteht, wenn der Erblasser zugunsten eines nichtehelichen Lebenspartners verfügt.

84 *Metternich*, (Fn. 62), S. 68f. und 80. *Vollmer*, Verfügungsverhalten von Erblassern und dessen Auswirkungen auf das Ehegattenerbrecht und das Pflichtteilsrecht, 2001, S. 68f. und 74 kam auf eine Quote von 83,77%.

85 Vgl. etwa *Kroppenberg*, ErbR 2010, S. 206, 211.

86 *Haberkern/Szydlik*, Pflege der Eltern – Ein europäischer Vergleich, KZfSS 60 (2008), S. 78, 80 und 90f.

87 *Statistisches Bundesamt*, Pflegestatistik 2009: Pflege im Rahmen der Pflegeversicherung, Deutschlandergebnisse, Wiesbaden 2011, S. 6.

88 Zu den Gründen siehe *Röthel*, 68. DJT, A 60.

89 Gesetzliche Ausgleichsansprüche kommen ausnahmsweise nach §§ 812, 818 Abs. 2 BGB oder §§ 683, 670 BGB in Frage, allerdings sind §§ 685 Abs. 2, 1360b, 1620 BGB zu beachten (dazu *Windel*, ErbR 2010, S. 241, 244f. und *Ludyga*, ZErb 2009, S. 289, 290 m.w.N.).

90 Zur Konzeption des Pflegegeldes vgl. *Udsching*, SGB XI Soziale Pflegeversicherung, 3. Auflage 2010, § 37 SGB XI Rn. 3.

sätzen[91] (§ 2057a Abs. 3 BGB) in Frage. Voraussetzung dafür ist, dass sich die Pflegeleistung über einen längeren Zeitraum erstreckt und in „besonderem Maße“ zur Erhaltung oder Vermehrung des Vermögens des Erblassers beigetragen hat (§ 2057a Abs. 1 BGB). Dies wird bei Pflegeleistungen von gewisser Dauer und Intensität regelmäßig der Fall sein, weil der Begünstigte sonst oftmals kostenpflichtige Pflegedienste in Anspruch hätte nehmen müssen.[92]

aa) Beschränkte Reichweite des § 2057a BGB

§ 2057a BGB, der durch das Nichtehelichengesetz 1969 eingeführt wurde, bezweckt 29
jedoch keineswegs, eine gerechte Entlohnung für innerhalb der Familie erbrachte Pflegeleistungen sicherzustellen.[93] Vielmehr geht es in erster Linie darum, dass besondere Leistungen eines Abkömmlings, die zu einem Wertzuwachs im Erblasservermögen geführt haben, im Erbfall nicht den anderen Abkömmlingen, insbesondere nicht den typischerweise außerhalb der (väterlichen) Kernfamilie stehenden nichtehelichen Kindern,[94] zu Gute kommen sollen. Dem Gesetzgeber stand bei der Schaffung der Vorschrift das bäuerliche und kleingewerbliche Milieu vor Augen, in dem damals noch mehr als heute die Mitarbeit der Kinder ohne verbindliche Entgeltvereinbarung im Rahmen der familiären Wirtschaftsgemeinschaft die Regel war.[95] Vor diesem Hintergrund verwundert es nicht, dass die Vorschrift nur sehr eingeschränkt geeignet ist, Pflegeleistungen sachgerecht aus dem Nachlass zu honorieren und so Anreize für die private Pflege zu setzen:

Zunächst erfasst der Anwendungsbereich der Vorschrift – entsprechend ihrer 30
historischen Zielsetzung – überhaupt nur die Abkömmlinge des Erblassers und nicht etwa Schwiegerkinder, Ehepartner, nichteheliche Lebenspartner und Geschwister des Erblassers. Ein Abkömmling kann jedoch die Pflegeleistung seines Ehepartners bei der Erbauseinandersetzung geltend machen, da die Pflegeleistung nicht persönlich erbracht werden muss.[96] Außerdem greift § 2057a Abs. 1 BGB nur dann, wenn die Abkömmlinge in Höhe der gesetzlichen Erbquoten als Erben berufen sind (§ 2057a Abs. 1 S. 1 a.E. i.V.m. § 2052 BGB). Hat der Erblasser abweichend testiert oder die Ausgleichungspflicht testamentarisch ausgeschlossen, ist eine

---

91 Die „extreme[...] Unbestimmtheit“ dieses Maßstabes wird zu Recht als zentrales Problem angesehen (*Köbl*, in: FS für Frank 2008, S. 159, 162f.).

92 Vgl. *Werner*, in: Staudinger, BGB, Bearb. 2010, § 2057a BGB Rn. 14, 17; *Wolf*, in: Soergel, BGB, 13. Aufl. 2001, § 2057a BGB Rn. 9.

93 Vgl. *Muscheler*, (Fn. 62), Rn. 1399; *Krug*, Die Berücksichtigung lebzeitiger Leistungen einzelner Miterben in der Erbteilung, ZFE 2008, S. 324, 325; *Damrau*, Erbersatzanspruch und Erbausgleich, FamRZ 1969, S. 579, 580 Fn. 11.

94 BT-Drs. V/4179, S. 6.

95 BT-Drs. V/4179, S. 6.

96 BGH NJW 1993, 1197, 1198; *Otte*, ZEV 2008, S. 260, 261; *Werner*, in: Staudinger, BGB, Bearb. 2010, § 2057a BGB Rn. 17.

Berücksichtigung der Sonderleistung im Wege der Ausgleichung nicht möglich.[97] Für eine gewisse Korrektur sorgt dann allenfalls das Pflichtteilsrecht, denn der zurückgesetzte Abkömmling kann unter den Voraussetzungen des § 2316 Abs. 1 S. 1 BGB i.V.m. § 2057a BGB die Berücksichtigung der Pflegeleistung bei der Berechnung seines Pflichtteils verlangen. Doch erlangt der Betroffene als enterbter Abkömmling auf diesem Weg nur die Hälfte dessen, was ihm nach § 2057a BGB zustünde.[98]

bb) Reformdiskussion

31 § 2057a BGB ist seit seiner Einführung Gegenstand anhaltender Diskussionen.[99] Dass Pflegeleistungen über die bisherige Regelung des § 2057a BGB hinaus bei der Verteilung des Nachlasses stärker berücksichtigt werden sollten, wird heutzutage überwiegend anerkannt. So wurde auf dem 68. Deutschen Juristentag im Jahre 2010 mit 45 zu 22 Stimmen (bei 6 Enthaltungen) gefordert, einen Ausgleich für nicht angemessen abgegoltene Pflegeleistungen auch für solche Personen vorzusehen, die nicht Abkömmlinge oder gesetzliche Erben sind (z.B. Schwiegerkinder oder Lebensgefährten).[100] Wie dieses Ziel erreicht werden soll, ist demgegenüber weniger klar. Daher hat der deutsche Gesetzgeber im Zuge der letzten Erbrechtsreform durch das Gesetz zur Änderung des Erb- und Verjährungsrechts vom 24. September 2009 letztlich von einer durchgreifenden Reform der Vorschrift abgesehen.[101]

32 Angesichts des eingeschränkten Adressatenkreises drängt es sich zunächst auf, den Anwendungsbereich der Norm auf alle gesetzlichen Erben zu erweitern. Eine entsprechende Regelung war im Regierungsentwurf des Gesetzes zur Änderung des Erb- und Verjährungsrechts in der Tat noch vorgesehen (§ 2057b BGB-E).[102] Danach sollten zumindest alle gesetzlichen Erben – und nicht nur die Abkömmlinge – in den Genuss eines Ausgleichungsanspruchs für erbrachte Pflegeleistungen kommen, dessen Höhe sich „in der Regel" nach den Sätzen der gesetzlichen Pflegeversiche-

---

97 *Wolf*, in: Soergel (Fn. 92), BGB, § 2057a BGB Rn. 10 und 16; *Ann*, in: MünchKommBGB (Fn. 32), 5. Aufl. 2010, § 2057a BGB Rn. 13.

98 *Flechtner*, in: Burandt/Rojahn (Hrsg.), Erbrecht, 2011, § 2057a BGB Rn. 43; *Krug*, ZFE 2008, S. 324, 326; *Schiemann*, Erbrechtliche Folgen familiärer Leistungen, in: FS für Schwab, S. 549, 560ff. hält das für verfassungswidrig.

99 Vgl. schon *Coing*, Empfiehlt es sich, das gesetzliche Erbrecht und Pflichtteilsrecht neu zu regeln?, in: Deutscher Juristentag (Hrsg.), Verhandlungen des 49. Deutschen Juristentags (49. DJT), 1972, Bd. 1 – Gutachten, A 1, A 37 und 74; weitere Nachweise bei *Windel*, ErbR 2010, S. 241, 242.

100 Band II/1, Referate und Beschlüsse, L 152. Vgl. beispielsweise auch *Röthel*, 68. DJT, A 15, A 60f.; *Otte*, ZEV 2008, S. 260ff. und *Krug*, ZFE 2008, S. 324ff.

101 Das Gesetz zur Änderung des Erb- und Verjährungsrechts vom 24.9.2009 (BGBl. I 3142) beschränkte sich letztlich darauf, in Abs. 1 S. 2 durch Streichung der Worte „unter Verzicht auf berufliches Einkommen" die Voraussetzungen für das Entstehen der Ausgleichungspflicht etwas zu erleichtern.

102 BT-Drs. 16/8954, S. 6.

rung (§ 36 Abs. 3 SGB XI) richten sollte. In der Diskussion fand dieser Ansatz nur wenig Zustimmung: Vielen ging der Vorschlag nicht weit genug,[103] weil er nur die Pflegepersonen begünstigte, die gesetzliche Erben werden. Andere kritisierten demgegenüber, die Vorschrift sei ein Fremdkörper, weil die Ausgleichung für die übrigen Sonderleistungen i.S.v. § 2057a Abs. 1 BGB weiterhin nur unter den Abkömmlingen erfolgen sollte.[104] Außerdem wurde kein Konsens erzielt, ob die Orientierung an den Sätzen für die häusliche Pflege mittels professioneller Pflegedienste (§ 36 Abs. 3 SGB XI) anstelle der deutlich niedrigeren Pflegegeldsätze für selbst beschaffte Pflegehilfen nach § 37 Abs. 1 SGB XI sachgerecht sei.[105] Aus Angst vor einer „Vielzahl von Folgeproblemen und Abgrenzungsfragen"[106] fand der Vorschlag daher letztlich keinen Eingang in die endgültige Gesetzesfassung.

Auch der in der Reformdebatte vielfach vorgebrachte Alternativvorschlag, den 33
sich nun der 68. Deutsche Juristentag mehrheitlich zu eigen gemacht hat,[107] ein gesetzliches Vermächtnis zu Gunsten der Pflegeperson einzuführen,[108] konnte sich bislang nicht durchsetzen. Wenig nachvollziehbar ist es allerdings, wenn teilweise die Gefahr beschworen wird, ein gesetzliches Vermächtnis könnte einen unangemessenen Eingriff in die Testierfreiheit darstellen,[109] denn immerhin profitiert der Erblasser sowohl in persönlicher als auch finanzieller Hinsicht (ersparte Aufwendungen) in ganz erheblichem Maße von den Pflegeleistungen. Hält man es sozialpolitisch für wünschenswert, auch unter veränderten gesellschaftlichen Rahmenbedingungen Verhaltensanreize für häusliche Pflege zu setzen, wird man Pflegeleistungen in Zukunft finanziell stärker honorieren müssen.[110] Der wohl konsequenteste Beitrag des Zivilrechts bestünde darin, einen (dispositiven) gesetzlichen Vergütungsanspruch zu normieren, dessen Fälligkeit bis zum Eintritt des Erbfalls hinausgeschoben ist. Die nicht bereits zu Lebzeiten beglichenen Pflegeentgelte wären Erblasserschulden und könnten von der Pflegeperson nach dem Tod

---

103 *Otte*, ZEV 2008, S. 260, 261; *Köbl*, in: FS für Frank 2008, S. 159, 172f.; *van de Loo*, FPR 2008, S. 551, 553; *Krug*, ZFE 2008, 324, 327; *Windel*, ZEV 2008, S. 305. Der Bundesrat forderte, auch Pflegende, die auf Grund letztwilliger Verfügung erben, in den Anwendungsbereich der Vorschrift einzubeziehen (BT-Drs. 16/8954, S. 31).

104 *Muscheler*, ZEV 2008, 105, 109.

105 Grundsätzlich zustimmend *Köbl*, in: FS für Frank 2008, S. 159, 169f.; krit. demgegenüber *Otte*, ZEV 2008, S. 260 und *Windel*, ZEV 2008, S. 305, 307.

106 Rechtsausschuss des Bundestages, BT-Drs. 16/13543, S. 12.

107 Mit 34 zu 18 Stimmen bei 22 Enthaltungen (Band II/1, Referate und Beschlüsse, L 152).

108 *Otte*, ZEV 2008, S. 260, 261; *van de Loo*, FPR 2008, S. 551, 553; *Odersky*, Reformüberlegungen im Erbrecht, MittBayNot 2008, S. 2, 6; vgl. schon den Vorschlag von *Coing*, 49. DJT (Fn. 99), A 37, der jedoch mehrheitlich abgelehnt wurde (49. DJT, K 156f.). Krit. etwa *Muscheler*, ZEV 2008, S. 105, 109.

109 BT-Drs. 16/8954, S. 18; so auch *Ludyga*, ZErb 2009, S. 289, 293. Scharfe Kritik bei *Otte*, ZEV 2008, S. 260, 261; abl. auch *Köbl*, in: FS für Frank 2008, S. 159, 175ff. und *Windel*, ZEV 2008, S. 305, 306.

110 *Schiemann*, in: FS für Schwab 2005, S. 549, 558.

des Erblassers als solche geltend gemacht werden.[111] Gegenüber der Einführung eines gesetzlichen Vermächtnisses hätte dies den Vorteil, dass Erblasserschulden Vorrang vor Pflichtteilsansprüchen haben.[112]

b) Koppelung von Erbeinsetzung und Pflegeverpflichtung (Verpfründungsvertrag)

34 Da ein gesetzlicher Anspruch auf Honorierung von Pflegeleistungen im Erbfall de lege lata nur unter den engen Voraussetzungen des § 2057a BGB besteht und der Erblasser diesen Ausgleichsmechanismus darüber hinaus einseitig durch Verfügung von Todes wegen ausschalten kann, stellt sich die Frage, auf welche Weise derjenige, der erhebliche Betreuungsleistungen erbringt, eine gesicherte Aussicht auf Belohnung aus dem Nachlass erlangen kann. Grundsätzlich kommt dafür der Abschluss eines Erbvertrags in Frage, in dem der Erbvertragspartner (ganz oder zu einem Bruchteil) als Erbe eingesetzt wird und sich im Gegenzug gegenüber dem Erblasser zur Erbringung von Pflegediensten verpflichtet (sog. Verpfründungsvertrag[113]). Allerdings fehlt es für diesen in der Praxis eher selten anzutreffenden Vertragstyp an einem gesicherten rechtlichen Rahmen; vor allem sind die Konsequenzen einer gescheiterten Vertragsdurchführung nicht befriedigend geregelt und bergen für beide Seiten Risiken, welche auch durch umsichtige Vertragsgestaltung nicht vollends vermieden werden können.

aa) Vertragsrisiken

35 Aus Sicht des Erblassers steht die Frage im Vordergrund, wie er sich von der vertraglich bindenden (§ 2289 Abs. 1 BGB) Erbeinsetzung wieder lösen kann, wenn die Gegenseite die versprochenen Pflegeleistungen unzuverlässig, mangelhaft oder überhaupt nicht erbringt. Dabei besteht eine erste Herausforderung darin, dass die geschuldeten Pflegedienste im Verpfründungsvertrag hinreichend präzise umschrieben worden sein müssen.[114] Aber selbst wenn der Verpflichtete die versprochenen Leistungen eindeutig nicht erbringt, ist es nicht einfach, sich von der Erbeinsetzung wieder zu lösen. Für eine gewisse Klärung hat die Entscheidung des BGH vom 5. Oktober 2010 gesorgt:[115] Die Klägerin hatte den Beklagten 1981 in einem Erbvertrag als Erbe eingesetzt, im Gegenzug verpflichtete sich der Beklagte, die Klägerin „in kranken und alten Tagen zu hegen und zu pflegen“. Als die Klägerin

---

111 *Windel*, ZEV 2008, S. 305, 306ff.; *Krug*, ZFE 2008, S. 324, 327f.; *Köbl*, in: FS für Frank 2008, S. 159, 173f.; vgl. schon *Dieckmann*, Referat zum 49. Deutschen Juristentag, in: Deutscher Juristentag (Hrsg.), Verhandlungen des 49. Deutschen Juristentags, Bd. 2 Teilbd. 1, 1972, K1, K 13f.

112 *Köbl*, in: FS für Frank 2008, S. 159, 173; *Windel*, ZEV 2008, S. 305, 306.

113 *Musielak*, in: MünchKommBGB (Fn. 32), 5. Aufl. 2010, Vorb. zu §§ 2274ff. BGB Rn. 19; *Frank/Helms* (Fn. 67), § 13 Rn. 33.

114 Vgl. auch *Lange/Kuchinke* (Fn. 74), § 25 X.2.b (S. 524).

115 BGH FamRZ 2010, 2072ff.

– 18 Jahre später – im Jahre 1999 pflegebedürftig wurde, forderte sie den Beklagten schriftlich auf, in ihrer Wohnung vorstellig zu werden. Der Beklagte kam dem nicht nach und erbrachte auch später keinerlei Betreuungsleistungen. Im Jahre 2007 zog die Klägerin in ein Pflegeheim und erklärte Anfang 2008 den Rücktritt vom Erbvertrag. Der Beklagte behauptet, bis im Jahre 2008 nichts von der Situation der Klägerin erfahren zu haben.

Wird die Pflege nicht wie vereinbart erbracht, gibt es grundsätzlich verschiedene Ansatzpunkte, um die Erbeinsetzung wieder rückgängig zu machen: Zunächst kann der Erblasser typischerweise seine vertragsmäßige Verfügung wegen Motivirrtums durch Selbstanfechtung gem. §§ 2281 Abs. 1, 2078 Abs. 2 BGB zu Fall bringen, da er bei Abschluss des Erbvertrages die ordnungsgemäße Erbringung der Pflegeleistung erwartet haben wird.[116] Problematisch ist jedoch oftmals, zu welchem Zeitpunkt der Erblasser von der Schlecht- oder Nichtleistung Kenntnis erlangt hat, da dies nach § 2283 Abs. 2 BGB die Jahresfrist des § 2283 Abs. 1 BGB in Gang setzt. In der Entscheidung vom 5. Oktober 2010 stellt der BGH klar, dass die Anfechtungsfrist nicht erst mit dem Umzug in das Pflegeheim zu laufen begann, wie die Vorinstanz angenommen hatte, sondern in dem Zeitpunkt, in dem die Klägerin „sichere Kenntnis von ihrer eigenen Pflegebedürftigkeit und der tatsächlich nicht erbrachten Pflegeleistung durch den Beklagten hatte".[117] Damit war die Anfechtung im konkreten Fall verfristet, was nach Einschätzung von *Kanzleiter* für derartige Fallgestaltungen durchaus typisch sei, weil die Betroffenen zögern würden, rechtliche Schritte einzuleiten.[118] 36

Außerdem kann der Erblasser die Pflegevereinbarung aus wichtigem Grund kündigen, was – entgegen dem engen Wortlaut der Vorschrift – nach mittlerweile ganz herrschender Meinung die Möglichkeit zum Rücktritt vom Erbvertrag gem. § 2295 BGB eröffnet.[119] Dabei wurde das Kündigungsrecht ursprünglich auf eine entsprechende Anwendung des § 626 Abs. 1 BGB gestützt,[120] während der BGH nunmehr auf den durch das Schuldrechtsmodernisierungsgesetz eingeführten § 314 BGB zurückgreift.[121] Dieser Ansatz hat den Vorteil, dass nicht die kurze Zweiwochenfrist 37

116 OLG Karlsruhe NJW-RR 1997, 708, 709; *J. Mayer*, in: Reimann/Bengel/J. Mayer (Hrsg.), Testament und Erbvertrag, 5. Aufl. 2006, § 2295 BGB Rn. 15; *Kanzleiter*, in: Staudinger, BGB, Bearb. 2006, § 2295 BGB Rn. 7.

117 BGH FamRZ 2010, 2072, 2074.

118 ZEV 2011, 256, 257.

119 Zur weiten Auslegung des Begriffs „aufgehoben" i.S.v. § 2295 BGB: OLG Karlsruhe NJW-RR 1997, 708, 709f.; *Musielak*, in: MünchKommBGB (Fn. 32), 5. Aufl. 2010, § 2295 BGB Rn. 4f. m.w.N.; *J. Mayer* (Fn. 116), § 2295 BGB Rn. 9; a.A. etwa *Kanzleiter*, in: Staudinger, BGB, Bearb. 2006, § 2295 BGB Rn. 7.

120 OLG Karlsruhe NJW-RR 1997, 708, 710; *Lange/Kuchinke* (Fn. 74), § 25 X.2.b (S. 525); *Lüke*, Vertragliche Störungen beim „entgeltlichen" Erbvertrag, 1990, S. 50f.

121 BGH FamRZ 2010, 2072, 2074f. So etwa auch *J. Mayer* (Fn. 116), § 2295 BGB Rn. 14 und *Muscheler* (Fn. 62), Rn. 2269.

des § 626 Abs. 2 BGB einzuhalten ist, sondern die Kündigung gem. § 314 Abs. 3 BGB „innerhalb einer angemessenen Frist“ erfolgen kann. Konkrete Hinweise, wie die Angemessenheit der Frist zu bestimmen ist, gibt der BGH freilich nicht, sondern stellt nur klar, dass für den Fristbeginn nach § 314 Abs. 3 BGB die gleichen Grundsätze gelten wie für die Anfechtungsfrist nach § 2283 Abs. 2 S. 1 BGB.[122] Eine Frist von über einem Jahr, die im konkreten Fall verstrichen war, wird vom BGH als nicht mehr angemessen angesehen.[123]

38 Ein Rücktritt vom Erbvertrag gem. § 323 BGB, der grundsätzlich an keine Frist gebunden ist,[124] kam nach bislang h.M. grundsätzlich nicht in Betracht. Denn der Verpfründungsvertrag ist kein gegenseitiger Vertrag i.S.v. §§ 320ff. BGB, weil der Erbvertrag als abstraktes Rechtsgeschäft kein Leistungsversprechen beinhaltet (vgl. § 2302 BGB).[125] Doch hat der BGH in seiner Entscheidung vom 5. Oktober 2010 nunmehr angenommen, die Parteien hätten neben dem Erbvertrag auch einen gegenseitigen Vertrag geschlossen, da sich die Erblasserin – in Übereinstimmung mit den kautelarjuristischen Usancen – verpflichtet hatte, über ihr Hausgrundstück nicht zu verfügen und es bei Verletzung dieser Pflicht unentgeltlich auf den Vertragserben zu übertragen.[126] Dass diese Verpflichtungen in einem Gegenseitigkeitsverhältnis zur Pflegeverpflichtung des Erbvertragspartners stehen sollen, vermag jedoch kaum zu überzeugen.[127] Es handelt sich vielmehr um kautelarjuristische Nebenabreden, die die Erreichung des primären Vertragszwecks sicherstellen sollen, zumal aus der Sicht des Vertragserben die erstrebte „Belohnung“ die Erbeinsetzung (bezüglich des gesamten Nachlasses) bleibt. Vor allem aber kann es wertungsmäßig nicht überzeugen, dass die Lösung des zu Grunde liegenden allgemeinen Interessenkonflikts davon abhängen soll, ob der Erblasser eine weitere (Unterlassungs-)Verpflichtung übernommen hat oder nicht.[128] Problematisch war dann im konkreten Fall – auf der Grundlage des vom BGH vertretenen Ansatzes –, ob die eher allgemein gehaltene Aufforderung der Erblasserin an den Beklagten aus dem Jahr 1999, sich bei ihr zu melden, als Fristsetzung im Sinne des § 323 Abs. 1 BGB gewertet werden konnte. Der

---

122 BGH FamRZ 2010, 2072, 2075.

123 BGH FamRZ 2010, 2072, 2075.

124 Das Rücktrittsrecht kann gem. § 242 BGB verwirkt werden und ist gem. § 218 BGB ausgeschlossen, wenn der Anspruch verjährt ist, dessen Verletzung das Rücktrittsrecht ausgelöst hat (*Grüneberg*, in: Palandt (Fn. 79), BGB, § 323 BGB Rn. 33).

125 BGH FamRZ 2010, 2072, 2073; OLG Karlsruhe NJW-RR 1997, 708, 709; *Edenhofer*, in: Palandt (Fn. 79), BGB, § 2295 BGB Rn. 1; *Frank/Helms* (Fn. 67), § 13 Rn. 34.

126 BGH FamRZ 2010, 2072, 2073.

127 Abl. auch *Kornexl*, Anmerkung zur Entscheidung des BGH vom 5.10.2010, IV ZR 30/10 – Zum Rücktritt vom Erbvertrag aufgrund der Nichterbringung von versprochenen Pflegeleistungen, MittBayNot 2011, S. 320, 321 und *Kanzleiter*, Anmerkung zur Entscheidung des BGH vom 5.10.2010 – IV ZR 30/10, NJW 2011, 224 – Zur Frage des Rücktritts vom Erbvertrag wegen unterlassener Pflegeleistungen, ZEV 2011, S. 256, 257. A.A. *Kroppenberg*, LMK 311010 (unter 2.), die den Vertrag allerdings als Rechtsgeschäft unter Lebenden qualifiziert.

128 So auch *Kanzleiter*, ZEV 2011 (Fn. 127), S. 256, 257.

Bundesgerichtshof nimmt insofern einen strengen Standpunkt ein[129] und fordert, die Gläubigerin hätte in inhaltlicher, zeitlicher und räumlicher Hinsicht konkretisieren müssen, welche Pflegeleistung der Schuldner zu erbringen habe.[130] Damit war auch dieser Weg für einen Rücktritt versperrt.

Zu guter Letzt weist der BGH darauf hin, dass durch den Umzug der Klägerin in das Altenheim die Betreuung durch den Beklagten gem. § 275 Abs. 1 BGB unmöglich geworden sein könnte.[131] Dann wäre die Erblasserin aus diesem Grund zum Rücktritt vom Erbvertrag gem. § 2295 BGB berechtigt.[132] Nach Ansicht des BGH soll der Eintritt der Unmöglichkeit allein davon abhängen, ob die angemessene Betreuung tatsächlich nur noch in einem Pflegeheim und nicht mehr im häuslichen Umfeld sicher gestellt werden konnte, was nach den bisherigen Tatsachenfeststellungen nicht mit ausreichender Sicherheit feststand. Wäre dieser Ansatz richtig, dann könnte selbst nach Jahrelanger vertragsgemäßer Leistungserbringung durch den Pflegeverpflichteten der Erblasser (soweit er zu diesem Zeitpunkt noch geschäftsfähig ist[133]) bei einem (medizinisch indizierten) Umzug in ein Pflegeheim die Erbeinsetzung ohne Weiteres rückgängig machen.[134] Dieses Ergebnis verwundert, denn wäre die Erblasserin bereits im Jahre 1981 kurz nach Abschluss des Erbvertrags verstorben (ohne jemals pflegebedürftig geworden zu sein), wäre an der Erbberechtigung des Vertragserben nicht zu rütteln. Die Erblasserin nahm also ohnehin das Risiko in Kauf, dass der Vertragserbe sich die Erbeinsetzung nicht durch dauerhafte Leistungen verdient haben könnte. Darüber hinaus hebt der BGH selbst hervor, der Erbvertragspartner verpflichte sich zur Pflege und Betreuung des Erblassers in der Annahme, die geschuldeten Dienste selbst erbringen zu können.[135] Dann spricht aber viel dafür, dass bei einer weiterreichenden Pflegebedürftigkeit, welche die Betreuungsmöglichkeiten des Vertragserben übersteigt, kein Fall der Unmöglichkeit eintritt, sondern die Pflegeverpflichtung ruht, weil ihre vertraglich stillschweigend vereinbarten Voraussetzungen nicht (mehr) gegeben sind.[136] 39

---

129 Krit. *Kanzleiter*, ZEV 2011 (Fn. 127), 256, 258.

130 BGH FamRZ 2010, 2072, 2073.

131 BGH FamRZ 2010, 2072, 2074.

132 Unstr. vgl. *Kanzleiter*, in: Staudinger, BGB, Bearb. 2006, § 2295 BGB Rn. 4; *Musielak*, in: MünchKommBGB (Fn. 32), 5. Aufl. 2010, § 2295 BGB Rn. 4; *Schmidt*, in: Erman, BGB, 12. Aufl. 2008, § 2295 Rn. 4.

133 § 2295 BGB ist ein höchstpersönliches Recht, das nur vom Erblasser selbst ausgeübt werden kann und nach seinem Tod auch nicht auf seine Erben übergeht (*Musielak*, in: MünchKommBGB (Fn. 32), 5. Aufl. 2010, § 2295 BGB Rn. 4; *v. Lübtow*, Erbrecht, Bd. 1, 1971, S. 406).

134 Dies befürchtet *Kornexl*, MittBayNot 2011 (Fn. 127), S. 320, 321f.

135 BGH FamRZ 2010, 2072, 2074.

136 Vgl. die ausdrückliche Formulierung bei Reimann/Bengel/J. Mayer (Hrsg.) (Fn. 116), Formular Nr. 63 unter III.1.b). Sonst würde sich auch die Frage stellen, ob der Anwendungsbereich des § 2295 BGB („für dessen Lebenszeit“) – streng genommen – überhaupt gegeben wäre. Die analoge Anwendbarkeit auf zeitlich beschränkte Leistungspflichten wird überwiegend verneint *J. Mayer*, (Fn. 116), § 2295 BGB Rn. 3 m.w.N.

40 Neben den Risiken, die mit der gerade dargestellten Rechtsprechung des BGH zum Rücktritt wegen Unmöglichkeit der Erbringung von Betreuungsleistungen verbunden sind, besteht aus Sicht des Vertragserben das gravierendste Störpotenzial darin, dass der Erblasser bis zu seinem Tode frei über sein Vermögen verfügen kann (§ 2286 BGB), so dass die Zusammensetzung und Werthaltigkeit des Nachlasses ungewiss ist. Verfügt der Erblasser allerdings unentgeltlich über Vermögensgegenstände, so steht dem Vertragserben bei Vorliegen einer beeinträchtigenden Schenkung gem. § 2287 BGB nach Eintritt des Erbfalls ein Bereicherungsanspruch gegen den Beschenkten zu.[137]

bb) Kautelarjuristische Gestaltungsmittel

41 Angesichts der aufgezeigten Unsicherheiten und Risiken ist eine umsichtige Vertragsgestaltung beim Abschluss eines Verpfründungsvertrages unerlässlich.[138] Der Erblasser wird vor allem ein Interesse daran haben, sicherzustellen, dass der Begünstigte nur dann Erbe wird, wenn dieser auch tatsächlich die versprochenen Pflegeleistungen erbracht hat. Daher sollte vertraglich festgelegt werden, unter welchen Voraussetzungen der Erblasser im Falle einer Schlecht- oder Nichtleistung die Pflegevereinbarung kündigen bzw. von dieser zurücktreten kann,[139] damit die oben dargelegten Schwierigkeiten und Unsicherheiten vermieden werden, die mit der Lossagung vom Erbvertrag bei mangelhafter Erfüllung der Pflegeverpflichtung verbunden sind. Nach Ausübung des vertraglichen Rücktritts- bzw. Kündigungsrechtes kann der Erblasser dann von § 2295 BGB Gebrauch machen. Außerdem, und dies liegt im Interesse beider Vertragsparteien, sollte möglichst exakt vereinbart werden, welche Pflegeleistungen der Bedachte zu erbringen hat. Formulierungen wie in dem Erbvertrag, über den der Bundesgerichtshof in seiner Entscheidung vom 5. Oktober 2010 zu befinden hatte („in kranken und alten Tagen zu hegen und zu pflegen"), sind denkbar ungeeignet. Stattdessen können §§ 14, 15 SGB XI als Orientierungshilfe dienen.[140]

42 Auch aus Sicht des Vertragserben besteht ein dringendes Bedürfnis, bestimmten vertraglichen Risiken vorzubeugen, denn der Erblasser kann bis zu seinem Tode frei über sein Vermögen verfügen (§ 2286 BGB). In Bezug auf Grundstücke kann der Pflegeverpflichtete abgesichert werden, indem der Erblasser verspricht, über sein

---

137 Zu den Anforderungen an das Vorliegen einer beeinträchtigenden Schenkung vgl. BGH FamRZ 2012, 28, 29f. und *Frank/Helms* (Fn. 67), § 13 Rn. 21f.

138 *J. Mayer* (Fn. 116), § 2295 BGB Rn. 21 „besondere Herausforderung für die Kautelarjurisprudenz und mit besonderer Sorgfalt auszugestalten".

139 Vgl. Formulierungsvorschlag bei *Langenfeld*, Testamentsgestaltung, 4. Aufl. 2010, Rn. 558 (unter VI.) und *Nieder*, in: Münchener Vertragshandbuch, Bd. VI, 2. Halbbd., 5. Aufl. 2003, Form. XVI.31 Anm. 8 b).

140 *J. Mayer* (Fn. 116), § 2295 BGB Rn. 23 und Formulierungsvorschlag bei Reimann/Bengel/J. Mayer (Hrsg.) (Fn. 116), Formular Nr. 63 unter III.

Immobilienvermögen nicht zu verfügen, und für den Fall der Zuwiderhandlung eine (aufschiebend bedingte) Übereignungsverpflichtung (sog. Sicherungsschenkung) vereinbart wird, die durch eine Vormerkung gesichert werden kann.[141] Wünschenswert ist es aus Sicht des Vertragserben auch, das umfassende Anfechtungsrecht des Erblassers nach §§ 2281 Abs. 1, 2078 Abs. 2, 2079 BGB einzuschränken.[142] Denn das Anfechtungsrecht besteht auch bei Motivirrtümern oder bei Hinzutreten eines weiteren Pflichtteilsberechtigten (etwa durch Eheschließung oder Adoption) und führt dazu, dass der Erblasser im Konfliktfall die Erbeinsetzung recht unproblematisch anfechten kann (sofern die Frist des § 2283 Abs. 1 BGB gewahrt ist), auch wenn möglicherweise schon Jahrelang Pflegeleistungen durch den Bedachten erbracht wurden. Darüber hinaus muss überlegt werden, ob nicht in Verbindung mit etwaigen vertraglich vereinbarten Rücktritts- bzw. Kündigungsrechten geregelt werden sollte, ob und wie die bereits vor der Vertragsaufhebung erbrachten Pflegeleistungen zu vergüten sind.[143]

cc) Schlussfolgerungen

Aus der notariellen Praxis wird berichtet, dass gerade beim Abschluss entgeltlicher Erbverträge ein „psychologisches Hemmnis“ bestehe, über mögliche Störungen bei der Vertragsdurchführung nachzudenken, „weil diese im Optimismus des Vertragsschlusses verdrängt werden“, und daher oftmals davon abgesehen werde, über die Hauptvereinbarung hinaus weitere Sicherungsmechanismen vorzusehen.[144] Aber selbst bei kautelarjuristischer Optimierung bleibt der Verpfründungsvertrag letztlich ein „Glücksspiel“, das kaum geeignet ist, um den wachsenden Bedarf an häuslichen Pflegeleistungen auf breiterer Front sicher zu stellen:[145] Auf der einen Seite kann der Erblasser nie wissen, ob der Pflegende die erbrechtliche Begünstigung bei Eintritt des Erbfalls wirklich „verdient“ haben wird, da zum Zeitpunkt des Vertragsschlusses in der Regel nicht abzusehen ist, wie lange und in welchem Umfang der Erblasser vor seinem Ableben tatsächlich der Pflege bedarf. Auf der anderen Seite ist auch für den Vertragserben kaum kalkulierbar, welchen Wert der Nachlass haben wird, den er als „Gegenleistung“ für seine Pflegedienste zu einem für ihn 43

141 Vgl. Formulierungsvorschlag bei *Langenfeld* (Fn. 139), Rn. 558 (unter III. und IV.) und *Scherl*, in: Scherer (Hrsg.), Münchener Anwaltshandbuch Erbrecht, 3. Auflage 2010, § 10 Rn. 37ff.
142 *J. Mayer* (Fn. 116), § 2295 BGB Rn. 22; *Lange/Kuchinke* (Fn. 74), § 25 X.3.a (S. 526).
143 *J. Mayer* (Fn. 116), § 2295 BGB Rn. 22.
144 *Kanzleiter*, ZEV 2011 (Fn. 127), S. 256, 258.
145 *Kornexl*, MittBayNot 2011 (Fn. 127), S.320, 321f. („Bestie, die der Vertragsgestalter nur schwer zähmen kann [...] gehört [...] zu den Gestaltungen, von denen ich – wenn es irgendwie möglich ist – auch künftig die Finger lassen werde!“); *Keim*, Anmerkung zu OLG München, Beschluss vom 16.4.2009 – 31 Wx 90/08 – ZEV 2009, S. 345, 348: Instrument, von dem „nur sehr vorsichtig Gebrauch gemacht werden sollte“. Positiver demgegenüber *Langenfeld*, Testamentsgestaltung, 4. Aufl. 2010, Rn. 554: „Vertragstyp, der für beide Teile attraktiv ist“.

ungewissen Zeitpunkt in der Zukunft erhalten wird. Weniger gravierend wären diese Risiken in Fällen, in denen die Pflege nach Vorstellung der Parteien prinzipiell (z.B. wegen Verwandtschaft oder Freundschaft) unentgeltlich erbracht werden soll, die Erbeinsetzung eher eine Art Gratifikation darstellt und – zumindest in gewissem Umfang – auch ohne die Pflegeleistung erfolgt wäre. Allerdings werden in solchen Konstellationen in der Praxis typischerweise überhaupt keine rechtsverbindlichen Absprachen getroffen. Vielmehr wird derjenige, der schon aufgrund außerrechtlicher Solidarität die Betreuung im häuslichen Umfeld übernimmt, auch bereit sein, darauf zu vertrauen, durch einseitige, nicht bindende letztwillige Verfügung im Erbfall seinen gerechten Anteil zu erhalten.

44 Gleichwohl gibt es (eher seltene) Konstellationen, in denen der Verpfründungsvertrag das Instrument der Wahl bleibt. Dabei handelt es sich beispielsweise um Fälle, in denen Personen, die dem Erblasser nicht so nahe stehen, dass von ihnen eine unentgeltliche Pflege erwartet werden könnte (z.B. Nachbarn, Bekannte oder entfernte Verwandte), erhebliche Pflegeleistungen übernehmen, und der Erblasser nicht über ausreichendes Einkommen verfügt, um diese Leistungen durch eine laufende lebzeitige Vergütung zu entlohnen. Für diese Fälle wäre es sinnvoll, wenn die überaus lückenhafte gesetzliche Regelung ergänzt würde, um den Betroffenen mehr Rechtssicherheit zu bieten: Die entscheidende Herausforderung bestünde darin, die Voraussetzungen, unter denen der Rücktritt vom Erbvertrag bei mangelhafter Erbringung der Pflegeleistung erklärt werden kann, festzulegen und dabei einen gerechten Ausgleich zwischen den beteiligten Interessen herzustellen.[146]

146 Vgl. auch *Kanzleiter*, ZEV 2011 (Fn. 127), S. 256, 258.

§ 10 Ansprüche Älterer gegen ihre Kinder

Literatur: *Appelt, Frank Dieter,* Der Elternunterhalt – Aktueller Rechtszustand und Reformdiskussion –, 2007; *Bamberger, Heinz Georg/Roth, Herbert,* Kommentar zum Bürgerlichen Gesetzbuch, 3. Aufl. 2012; Beck'sches Formularbuch Erbrecht, *Bambring, Günter/Christoph, Mutter (Hrsg.),* 2. Aufl. 2009; Beck'sches Notar-Handbuch, *Bambring, Günter (Hrsg.),* 5. Aufl. 2009; *Birg, Herwig,* Die demographische Zeitenwende, 4. Aufl. 2005; *Boecken, Winfried/Klattenhoff, Roland,* Der Elternunterhalt bei Pflegebedürftigkeit zwischen sozialstaatlicher Verantwortung und individueller Einstandspflicht, JZ 2006, S. 285ff.; *Born, Winfried,* Zeitbombe Schwiegermutter? – Die aktuelle Rechtsprechung zum Elternunterhalt, MDR 2005, S. 194ff.; *Brückner, Bettina,* Wohnungsrecht und subjektives Ausübungshindernis, NJW 2008, S. 1111ff.; *Brudermüller, Gerd,* Elternunterhalt und Generationensolidarität, in: Festschrift für Dieter Henrich zum 70. Geburtstag, 2000, S. 31ff.; *Brudermüller, Gerd,* Solidarität und Subsidiarität im Verwandtenunterhalt – Überlegungen aus rechtsethischer Sicht, FamRZ 1996, S. 129ff.; *Brudermüller, Gerd,* Elternunterhalt – Neue Entwicklungen in der Rechtsprechung des BGH, NJW 2004, S. 633ff.; *Diederichsen, Uwe,* Referat zum 59. Deutschen Juristentag – Abteilung Familienrecht, in: Deutscher Juristentag (Hrsg.), Verhandlungen des neunundfünfzigsten Deutschen Juristentages (59. DJT), Bd. 2. Sitzungsberichte, Teil M, Empfiehlt es sich, das Kindschaftsrecht neu zu regeln? 1992, M 62ff.; *Eberl-Borges, Christina/Schüttlöffel, Michael,* Sozialstaat oder Verwandtensolidarität, FamRZ 2006, S. 589ff.; *Ehinger, Uta,* Die Leistungsfähigkeit des unterhaltspflichtigen Kindes beim Elternunterhalt, FPR 2003, S. 623ff.; *Ehinger, Uta,* Elternunterhalt – Gesetzliche Voraussetzungen und Beschränkungen der Inanspruchnahme durch Rechtsprechung und Gesetzgebung, NJW 2008, S. 2465ff.; *Eichenhofer, Eberhard,* Empfiehlt es sich, die rechtliche Ordnung finanzieller Solidarität zwischen Verwandten in den Bereichen des Unterhaltsrechts, des Pflichtteilsrechts, des Sozialhilferechts und des Sozialversicherungsrechts neu zu gestalten? – Gutachten B zum 64. Deutscher Juristentag, in: Deutscher Juristentag (Hrsg.), Verhandlungen des Vierundsechzigsten Deutschen Juristentages (64. DJT), Bd. 1, Gutachten, 2002, B 1ff.; *Erman,* Bürgerliches Gesetzbuch, Band 1, 13. Aufl. 2011; *Esser, Josef/Weyers, Hans-Leo,* Schuldrecht Bd. 2., Besonderer Teil, Teilbd. 2., Gesetzliche Schuldverhältnisse, 8. Aufl. 2000; *Everts, Arne,* Schenkungsrückforderung und vorbehaltene Rechte, MittBayNot 2012, S. 23ff.; *Frank, Rainer,* Introductory Lecture – Family Solidarity in Support and Inheritance Law, in: Verschraegen, Bea (ed.), Familiy Finances, 2009, S. 1ff.; *Franzen, Martin,* Der Rückforderungsanspruch des verarmten Schenkers nach § 528 BGB zwischen Geschäftsgrundlagenlehre, Unterhalts- und Sozialhilferecht, FamRZ 1997, S. 528ff.; *Gernhuber, Joachim/Coester-Waltjen, Dagmar,* Familienrecht, 6. Aufl. 2010; *Griesche, Gerhard,* Elternunterhalt, FPR 2004, S. 693ff.; *Haarmann, Carl-Richard,* Die Rückforderung von Schenkungen durch den Träger der Sozialhilfe und private Dritte nach Verarmung des Schenkers, 1998; *Handbuch des Fachanwalts Familienrecht (FA-FamR),* Gerhardt, Peter (Hrsg.), 8. Aufl. 2011; *Hauß, Jörn,* Elternunterhalt: Grundlagen und Streitfragen, 4. Aufl. 2012; *Herrler, Sebastian,* Anlauf der Frist nach § 2325 Abs. 3 Halbs. 1 BGB bei Rückbehalt eines teilweisen Wohnungsrechts verbunden mit einem dinglich gesicherten Rückerwerbsrecht?, ZEV 2008, S. 461ff.; *Herrler, Sebastian,* Das Wohnungsrecht im Überlassungsvertrag, DNotZ 2009, S. 408ff.; *Hörlbacher, Thomas,* Der Rückforderungsanspruch des Schenkers nach Inanspruchnahme von Hilfeleistungen und die Möglichkeit abweichender Vereinbarungen, 1999; *Mayer, Jörg,* Wohnungsrecht und Sozialhilferegress, DNotZ 2008, S. 672f.; *Jauernig, Othmar (Hrsg.),* Bürgerliches Gesetzbuch, 14. Aufl. 2011; *Klinger, Bernhard F./Konrad, Stephan,* Reduzierung des Pflichtteilsrisikos mittels lebzeitiger Zuwendungen, NJW-Spezial 2007, S. 301ff.; *Klinkhammer, Frank,* Grundsicherung und Unterhalt, FamRZ 2003, S. 1793ff.; *Klinkhammer, Frank,* Elternunterhalt und Familienunterhalt in der Rechtsprechung des BGH, FPR 2004, S. 555ff.; *Knütel, Rolf,* § 822 BGB und die Schwächen unentgeltlichen Erwerbs, NJW 1989, S. 2504ff.; *Koritz,*

Frauke Wedemann

Nikola, Das Schonvermögen beim Elternunterhalt, NJW 2007, S. 270ff.; *Krauß, Hans-Frieder*, Der Rückforderungsanspruch wegen Verarmung des Schenkers im Kontext des Sozialhilferechts, ZEV 2001, S. 417ff.; *Krauß, Hans-Frieder*, Zur Regelung von Pflegeverpflichtungen in Hofübergabeverträgen, DNotZ 2002, S. 705ff.; *Krauß, Hans-Frieder*, Elternunterhalt, DNotZ 2004, S. 502ff.; *Krauß, Hans-Frieder*, Sozialhilferegress bei Schenkung von Schonvermögen, MittBayNot 2005, S. 349ff.; *Langenfeld, Gerrit/Günther, Karl-Heinz*, Grundstückszuwendungen zur lebzeitigen Vermögensnachfolge, 6. Aufl. 2010; *Larenz, Karl/Canaris, Claus-Wilhelm*, Schuldrecht Bd. 2. Besonderer Teil, Halbbd. 2., 13. Aufl. 1994; *Lipp, Volker/Röthel, Anne/Windel, Peter A.*, Familienrechtlicher Status und Solidarität, 2008; *Lipp, Volker*, Finanzielle Solidarität zwischen Verwandten im Privat- und im Sozialrecht, NJW 2002, S. 2201ff.; *Lüscher, Kurt/Hoch, Hans*, Der Elternunterhalt – Pragmatisch akzeptiertes Recht, FPR 2003, S. 648ff.; *Martiny, Dieter*, Empfiehlt es sich, die rechtliche Ordnung finanzieller Solidarität zwischen Verwandten in den Bereichen des Unterhaltsrechts, des Pflichtteilsrechts, des Sozialhilferechts und des Sozialversicherungsrechts neu zu gestalten? – Gutachten A zum 64. Deutscher Juristentag, in: Deutscher Juristentag, Verhandlungen des Vierundsechzigsten Deutschen Juristentages (64. DJT), Bd. 1, Gutachten, 2002, A 1ff.; *Mayer, Jörg*, Brennpunkte der vorweggenommenen Erbfolge: Unkalkulierbarer Elternunterhalt – Gefahren, Grenzen, Gestaltungsspielräume, ZEV 2007, S. 145ff.; *Medicus, Dieter*, Zum Rückforderungsanspruch bei Verarmung des Schenkers, EWiR 2003, S. 253ff.; *Meyding, Bernhard*, Schenkung unter Nießbrauchsvorbehalt und Pflichtteilsergänzungsanspruch, ZEV 1994, S. 202ff.; Motive zu dem Entwurfe eines Bürgerlichen Gesetzbuches für das Deutsche Reich IV, 1888; *v. Münch, Eva Marie*, Reform des Verwandtenunterhalts – eine rechtspolitische Notwendigkeit oder übereilte Aufgabe der Familiensolidarität?, in: Deutscher Familiengerichtstag (Hrsg.), Zehnter Deutscher Familiengerichtstag, Brühler Schriften zum Familienrecht, Band 8, 1994, S. 55ff.; Münchener Kommentar zum Bürgerlichen Gesetzbuch (MünchKommBGB), Band 3, 6. Aufl. 2012, Band 5, 5. Aufl. 2009; *Münder, Johannes/et. al. (Hrsg.)*, Lehr- und Praxiskommentar SGB XII, 8. Aufl. 2008; *Oertmann, Paul*, Recht der Schuldverhältnisse, 3. und 4. Aufl. 1910; *Palandt*, Bürgerliches Gesetzbuch, 71. Aufl. 2012; *Ribot, Jordi*, Introductory Lecture – Family Solidarity in Support and Inheritance Law in: Verschraegen, Bea (ed.), Familiy Finances, 2009, S. 33ff.; *Rieger, Gregor*, Überlassungsverträge in der Praxis, MittBayNot 2008, S. 108; *Rosendorfer, Silvia*, Überleitung von Ansprüchen aus Überlassungsverträgen auf den Sozialhilfeträger, MittBayNot 2005, S. 1ff.; *Roth, Wolfgang*, Kindesunterhalt/Elternunterhalt – die Benachteiligung der Familie, NJW 2004, S. 2434ff.; *Rundel, Sylvia*, Rückforderung wegen Verarmung des Schenkers bei mehreren Beschenkten, MittBayNot 2003, S. 177ff.; *Schausten, Jochem*, Elternunterhalt, 2008; *Schindler, Andreas*, Fristlauf bei pflichtteilsergänzungsrechtlichen Schenkungen, ZEV 2005, S. 290ff.; *Schippers, Josef Christian*, 10-Jahres-Frist und Nießbrauchsvorbehalt beim Rückforderungsanspruch des verarmten Schenkers (§§ 528, 529 BGB), RNotZ 2006, S. 42ff.; *Schmidt, Karsten*, Anmerkung zu BGH Urteil vom 20.5.2003 – X ZR 246/02 – NJW 2003, 2449, JuS 2003, S. 1125f.; *Scholz, Harald/Kleffmann, Norbert/Motzer, Stefan*, Praxishandbuch Familienrecht, 22. EL, 2012; *Schürmann, Heinrich*, Zu Fragen des Unterhaltsanspruchs von Eltern gegen ihre Kinder, FamRZ 2004, S. 189ff.; *Schürmann, Heinrich*, Zur Berechnungsgrundlage für den Umfang des Elternunterhalts, FamRZ 2004, S. 446ff.; *Schwab, Dieter/Henrich, Dieter (Hrsg.)*, Familiäre Solidarität – Die Begründung und die Grenzen der Unterhaltspflicht unter Verwandten im europäischen Vergleich, 1997; *Schwarz, Günter Christian*, Vermögensübertragung und Pflegefallrisiko, JZ 1997, S. 545ff.; *Schwarz, Günter Christian*, Privatrechtliche Versorgungsansprüche und sozialhilferechtliches Subsidiaritätsprinzip, ZEV 1997, S. 309ff.; *Schwenzer, Ingeborg*, Empfiehlt es sich, das Kindschaftsrecht neu zu regeln?, Gutachten A zum 59. Deutschen Juristentag 1992, in: Deutscher Juristentag (Hrsg.), Verhandlungen des neunundfünfzigsten Deutschen Juristentages (59. DJT)/Bd. 1. Gutachten, 1992, S. A1ff.; *Schwenzer, Ingeborg*, Grundlinien eines modernen Familienrechts aus rechtsvergleichender Sicht, RabelsZ 71 (2007), S. 705ff.; *Seiler, Christian*, Grundzüge eines öffentlichen Familienrechts, 2008; *Seyfarth, Sebastian*, Schenkungsrückforderung wegen Notbedarfs, 1998; *Siegmann, Matthias*, Pflichtteilsergänzungsanspruch bei Schenkungen des Erblassers unter Vorbehalt, DNotZ 1994, S. 787ff.; *Staudinger,* Kommentar zum Bürgerlichen Gesetzbuch; *Strohal, Friedrich,* Anmerkung zu BGH Urteil vom 17.12.2003 – XII ZR 224/00 – FamRZ 2004, 370, FamRZ 2004, S. 441ff.; *Vaupel, Christian,* Der Sozialhilferegress in der notariellen Praxis, RNotZ 2009, S. 497ff.; *Volmer, Michael,* Neue Gestaltungsmöglichkeiten gegen die Überleitung von Versorgungsansprüchen auf die Sozialhilfe, MittBayNot 2009, S. 276ff.; *Waldner, Wolfram,* Vorweggenommene Erbfolge, 2. Aufl. 2011; *Wedemann, Frauke,* Rückforderung wegen Verarmung des Schenkers versus Elternunterhalt, NJW 2011, S. 571ff.; *Wendl, Philipp/Dose, Hans-Joachim (Hrsg.),* Das Unterhaltsrecht in der familienrichterlichen Praxis, 8. Aufl. 2011; *Willutzki, Siegfried,* Referat zum 59. Deutschen Juristentag – Abteilung Familienrecht, in: Deutscher Juristentag (Hrsg.), Verhandlungen des neunundfünfzigsten Deutschen Juristentages (59. DJT), Bd. 2. Sitzungsberichte, Teil M, Empfiehlt es sich, das Kindschaftsrecht neu zu regeln? 1992, M 33ff.; *Zeranski, Dirk,* Der Rückforderungsanspruch des verarmten Schenkers, 1998; *Zimmer, Maximilian,* Wohnungsrecht und Heimunterbringung, ZEV 2009, S. 382ff.

Inhaltsübersicht

I. Einführung

1 Demographische und soziale Veränderungen führen zu einem stetigen Anstieg der Pflegekosten für ältere Menschen.[1] Der wachsende Finanzbedarf stellt nicht nur den Sozialstaat, sondern auch die „Solidargemeinschaft Familie"[2] vor neue Herausforderungen. Zahlungsansprüche älterer Menschen gegen ihre Kinder rücken in den Fokus. Besondere Aufmerksamkeit erfährt dabei der gesetzliche Elternunterhalt, der in den Familien oftmals wenig Akzeptanz erfährt:[3] In der Regel erlangt die Unterhaltspflicht nur Bedeutung, wenn die Eltern pflegebedürftig werden und ihre finanziellen Mittel zur Deckung der Pflegekosten nicht ausreichen. Die Inanspruchnahme der Kinder auf Deckung dieser Finanzierungslücke wird zumeist nicht von den Eltern, sondern dem Sozialhilfeträger durchgesetzt, der zunächst Sozialleistungen gewährt und anschließend den auf ihn gemäß § 94 SGB XII übergegangenen Unterhaltsanspruch geltend macht. Insbesondere in Fällen, in denen die Kinder ihrerseits bereits eine Familie gegründet haben oder bereits selbst Rente beziehen, wirkt dies schon fast als „Schicksalsschlag".[4] Aus Sicht der Familie handelt es sich nicht um eine Forderung der Eltern, sondern um eine solche des Staates.[5] Gegen sie „rebelliert die in Anspruch genommene Solidargemeinschaft Familie und verweist auf die kollektive Solidargemeinschaft aller Bürger."[6] Da es sich bei der Unterhaltsverpflichtung um zwingendes Recht handelt (§ 1614 Abs. 1 BGB), sind die Möglichkeiten, sich dieser Verpflichtung zu entziehen, jedoch begrenzt.

2 Leistungsverpflichtungen der Kinder gegenüber ihren Eltern speisen sich nicht nur aus dem gesetzlichen Unterhaltsrecht, sondern auch aus Überlassungsverträgen, d.h. Verträgen, in denen die ältere Generation der jüngeren wesentliche Vermögensbestandteile wie Grundbesitz, einzelkaufmännische Unternehmen, Geschäftsanteile oder größere Geldbeträge überträgt. Im Fall der Pflegebedürftigkeit stellt sich dann oftmals die Frage, inwieweit die Eltern bzw. der Sozialhilfeträger (§ 93 SGB XII[7]) den

---

1 Eindrucksvolle Beschreibung der Entwicklung bei *Birg*, Die demographische Zeitenwende, S. 186ff. Siehe auch *Seiler*, Grundzüge eines öffentlichen Familienrechts, S. 13.

2 So *Brudermüller*, in: FS für Henrich, S. 31, 36. Zum vielgenannten Konzept der familiären Solidarität siehe auch *Lipp/Röthel/Windel*, Familienrechtlicher Status und Solidarität.

3 *Hauß*, Elternunterhalt: Grundlagen und Streitfragen, Rn. 14. Nach der Untersuchung von *Lüscher/Hoch*, FPR 2003, S. 648ff., wird in der Praxis die Unterhaltspflicht leistungsfähiger Kinder letztlich überwiegend akzeptiert, „wenngleich oft mit nachvollziehbaren Widerständen".

4 *Brudermüller*, in: FS für Henrich, S. 31, 37.

5 Zum dadurch bewirkten „atmosphärischen Wechsel" siehe auch *Gernhuber/Coester-Waltjen*, Familienrecht, § 47 Rn. 4.

6 *Brudermüller*, in: FS für Henrich, S. 31, 36.

7 Zur Überleitbarkeit des Rückforderungsanspruchs aus § 528 BGB nach § 93 SGB XII siehe BGHZ 96, 380, 383; 123, 264, 267; *Gehrlein*, in: Bamberger/Roth, BGB, § 528 Rn. 4; *Haarmann*, Die Rückforderung von Schenkungen, S. 69ff.; *Zeranski*, Der Rückforderungsanspruch, S. 32ff. Zu den sozialrechtlichen Besonderheiten bei der Überleitung der Rückforderungsanspruchs siehe auch *Krauß*, ZEV 2001, S. 417, 420f.

überlassenen Vermögensgegenstand zurückfordern bzw. anstelle der Rückforderung Zahlungsansprüche gelten machen können. Dementsprechend haben Rückforderungs- bzw. Zahlungsansprüche von Eltern wegen sog. „Verarmung des Schenkers" (§ 528 BGB) in den vergangenen Jahren in der Praxis erhebliche Bedeutung erlangt.[8] Die Geltendmachung dieser Ansprüche durch den Sozialhilfeträger stößt in den betroffenen Familien ebenfalls vielfach auf Widerstand.[9] Wiederum gilt: Die familiäre Solidarität rückt angesichts der Inanspruchnahme durch den Staat in den Hintergrund.[10] Die Gestaltungsmacht der Familien ist jedoch auch hier begrenzt, da nach h.M.[11] sowohl ein vertraglicher Ausschluss als auch ein Erlass ausscheiden.

Das Risiko von Zahlungsverpflichtungen infolge von Überlassungsverträgen wird nicht nur durch § 528 BGB begründet. Gefahren können darüber hinaus die Rechte und Gegenleistungen bergen, welche sich die Eltern in Überlassungsverträgen oftmals vorbehalten bzw. ausbedingen. Das Tableau der Vorbehaltsrechte und Gegenleistungen umfasst neben Nießbrauch und Wohnungsrecht insbesondere die Verpflichtung zur Erbringung wiederkehrender Zahlungen sowie von Wart- und Pflegeleistungen. Im Fall der Heimunterbringung der Eltern tritt das – vom BGH[12] in den vergangenen Jahren in verschiedenen Facetten behandelte – Problem zu Tage, dass der Sozialhilfeträger aus den Vorbehaltsrechten und Gegenleistungen Zahlungsansprüche herleiten möchte. Mit den Wünschen der Eltern korrespondiert eine solche Inanspruchnahme der Kinder durch den Sozialhilfeträger in der Regel nicht: Zwar möchten sie selbst von den vorbehaltenen Rechten und ausbedungenen Gegenleistungen profitieren. Zugriffsmöglichkeiten des Sozialhilfeträgers liegen jedoch nicht in ihrem Interesse.[13] 3

8 Die beträchtliche Anzahl von BGH-Entscheidungen, die sich mit dieser Thematik beschäftigen, bildet hierfür einen eindrucksvollen Beleg, vgl. BGHZ 146, 228; 147, 288; 158, 63; 190, 281; BGH NJW 2000, 3488; NJW 2001, 1207; NJW 2001, 2084; NJW-RR 2003, 53; NJW 2003, 1384; NJW 2005, 670; NJW 2005, 3638; FamRZ 2007, 1163; NJW 2010, 2655; NJW 2011, 218. Siehe auch *Schippers*, RNotZ 2006, S. 42ff.

9 So berichtet aus der notariellen Praxis *Rundel*, MittBayNot 2003, S. 177, 186: „Dies steht in völligem Widerspruch zur Auffassung weiter Teile gerade der ländlichen Bevölkerung, die die geordnete lebzeitige Weitergabe ihres Besitzes an die nächste Generation oft geradezu als ein „Muss" betrachten und vom Notar erwarten, dass er durch geschickte Vertragsgestaltung den „Störfall" Sozialhilferegress abwendet."

10 *Gernhuber/Coester-Waltjen*, Familienrecht, § 47 Rn. 4.

11 *Gehrlein*, in: Bamberger/Roth, BGB, § 528 Rn. 1; *Koch*, in: MünchKommBGB, § 528 Rn. 18; *Krauß*, ZEV 2001, S. 417, 422; *Rundel*, MittBayNot 2003, S. 177, 183; *Wimmer-Leonhardt*, in: Staudinger, BGB, Neubearb. 2005, § 528 Rn. 38. Andere befürworten hingegen eine Abdingbarkeit des § 528 BGB, *Langenfeld/Günther*, Grundstückszuwendungen, Kap. 3 Rn. 203. Eine dritte Meinung hält einen Vorausverzicht nur dann für unzulässig, wenn die Hilfsbedürftigkeit des Schenkers voraussehbare Folge der Schenkung war, *Herrmann*, in: Erman, BGB, § 528 Rn. 6.

12 Z.B. BGH NJW 2009, 1348; NJW 2009, 1346; NJW 2007, 1884; NJW-RR 2003, 577; NJW 2002, 440.

13 Vorsichtige Vertragsparteien verzichteten in der Vergangenheit daher völlig auf Vorbehaltsrechte und vertrauten insoweit allein auf den soziologisch-moralischen Familienzusammenhalt, *Volmer*, MittBayNot 2009, S. 276, 277; *Herrler*, DNotZ 2009, S. 408, 414.

4 Bei der Ausgestaltung der Leistungsverpflichtungen der Kinder hat die Rechtsprechung ein angemessenes Verhältnis zu finden zwischen der Inanspruchnahme der Solidargemeinschaft aller Bürger auf der einen Seite und der Belastung der Kinder auf der anderen Seite.[14] Der Gesetzgeber hält sich – auch wenn dies einige Richter und Stimmen in der Literatur im Hinblick auf die Gewaltenteilung kritisieren[15] – bei der Präzisierung dieser Fragen zurück. Es handelt sich daher praktisch um Richterrecht.[16] Bei der Beurteilung der diesbezüglichen Rechtslage lautet die zentrale Frage daher: Hat die Rechtsprechung überzeugende Lösungen entwickelt? Während sich diese Frage beim Elternunterhalt noch relativ leicht bejahen lässt (dazu unten II.), vermag die Ausgestaltung des – im wissenschaftlichen Schrifttum bislang wenig beachteten – Rückforderungsanspruchs wegen Verarmung des Schenkers nicht zu befriedigen. Auf Bedenken stoßen insbesondere die von der Rechtsprechung gezogenen Parallelen zum Elternunterhalt (dazu unten III.). Dogmatisch überzeugend ist wiederum die Spruchpraxis zum Schicksal von Vorbehaltsrechten und vereinbarten Gegenleistungen im Fall der Heimunterbringung. Allerdings gibt es hier noch verschiedene ungeklärte Fragen (dazu unten IV.).

II. Elternunterhalt

1. Rechtspolitische und sozialrechtliche Rahmenbedingungen

5 Die Rechtsprechung des BGH ist eingebettet in eine immer wieder auflebende Debatte über die Legitimation des gesetzlichen Unterhalts. Anknüpfend an die Rechtsordnungen verschiedener Staaten, die keinen Elternunterhalt kennen (z.B. Däne-

14 Vgl. hierzu in Bezug auf das Unterhaltsrecht *Boecken/Klattenhoff*, JZ 2006, S. 285ff.; *Brudermüller*, FamRZ 1996, S. 129, 135; *ders.*, in: FS für Henrich, S. 31, 35ff.; *ders.*, NJW 2004, S. 633, 639f.; *Eberl-Borges/Schüttlöffel*, FamRZ 2006, S. 589ff.; *Gernhuber/Coester-Waltjen*, Familienrecht, § 47 Rn. 5–7; *Klinkhammer*, FamRZ 2003, S. 1793, 1797. In Bezug auf § 528 BGB *Gernhuber/Coester-Waltjen*, Familienrecht, § 47 Rn. 5–7; *Koch*, in: MünchKommBGB, § 528 Rn. 2.

15 So meint *Brudermüller*, NJW 2004, S. 633, 639: „Die Belastung zwischen Individuum und Allgemeinheit durch nachhaltig wirkende Mechanismen auszupendeln, bleibt originäre Aufgabe des Gesetzgebers, die er auf Dauer nicht ohne Verstoß gegen das Gewaltenteilungsprinzip an die Rechtsprechung delegieren kann, zumal die prozessualen Auseinandersetzungen vor Gericht nur ein Spiegelbild des eigentlichen gesellschaftlichen Konflikts um die (in Abhängigkeit vom jeweiligen Standpunkt) als „gerecht" angesehene Verteilung sind. Das Unterhaltsrecht hat insoweit eine Steuerungsfunktion bei der Entlastung der öffentlichen Kassen. Fragen der Verteilungsgerechtigkeit sind letztlich nur von der Legislative zu lösen." Gleichsinnig *Schürmann*, FamRZ 2004, S. 189, 192. Den Umfang, den das Richterrecht im Bereich des Unterhaltsrechts einnimmt, erachten als „unter demokratietheoretischen und rechtsstaatlichen Gesichtspunkten überraschend" *Boecken/Klattenhoff*, JZ 2006, S. 285, 290.

16 Pointiert hierzu auch *Klinkhammer*, FamRZ 2003, S. 1793, 1797; gleichsinnig *Strohal*, FamRZ 2004, S. 441, 443.

mark, Norwegen und Schweden),[17] finden sich verschiedene Stimmen, die eine Abschaffung des im deutschen Recht verankerten Elternunterhalts fordern.[18] Andere warnen hingegen vor einer Abschaffung: Sie schüfe ein Klima der „sozialen Fernwärme“, in der die „entpersonalisierte“ Familie nur noch eine „leere Hülse“ darstellt.[19] Der Gesetzgeber hat durch die im Jahr 2003 eingeführte Grundsicherung für ältere oder dauerhaft voll erwerbsgeminderte Personen eine Entlastung der Kinder bewirkt (§§ 41–46a SGB XII): Unterhaltsansprüche der Hilfsbedürftigen gegenüber ihren Kindern bleiben bei der Leistung der Grundsicherung außer Betracht, sofern deren jährliches Gesamteinkommen unter einem Betrag von 100.000 Euro liegt (§ 43 Abs. 2 SGB XII). Darüber hinaus ist der ansonsten nach § 94 SGB XII mögliche Übergang der Unterhaltsansprüche auf den Sozialhilfeträger ausgeschlossen (§ 94 Abs. 1 S. 3 Halbs. 2 SGB XII). In Anbetracht der im Vergleich zu den immensen Pflegekosten geringen Höhe der Grundsicherung bildet sie im Fall stationärer Pflege allerdings nur einen Tropfen auf den heißen Stein und bleibt für die Kinder vielfach ohne Auswirkungen.[20]

2. Rechtsprechung des Bundesgerichtshofs

Vor dem Hintergrund der rechtspolitischen Debatte um den Elternunterhalt und die nur geringe Entlastung der Kinder durch die Einführung der Grundsicherung hat der BGH, nachdem er 1998 im Zuge der Kindschaftsrechtsreform die Zuständigkeit für Revisionen in Elternunterhaltsrechtsstreitigkeiten erhalten hatte, die Inanspruchnahme unterhaltspflichtiger Kinder erheblich zurückgedrängt.[21] Als wichtigs- 6

17 Nach diesen Rechtsordnungen sind nur die Eltern gegenüber ihren Kindern zur Leistung von Verwandtenunterhalt verpflichtet, vgl. Dänemark: § 13 Abs. 1 Lov om børns forsørgelse; Norwegen: § 66 Barneloven; Schweden: Kap. 7, § 1 Abs. 1 Föräldrabalken. Weitere rechtsvergleichende Hinweise geben im neueren Schrifttum *Frank*, in: Verschraegen (ed.), Familiy Finances, S. 1, 9f.; *Ribot*, in: Verschraegen (ed.), Familiy Finances, S. 33ff.; *Schwenzer*, RabelsZ 71 (2007), S. 705, 726f. Eine umfangreiche Darstellung bieten *Schwab/Henrich* (Hrsg.), Familiäre Solidarität.

18 *Schwenzer*, RabelsZ 71 (2007), S. 705, 726; *dies.*, 59. DJT, S. A 1, A 44; *Diederichsen*, 59. DJT, M 62, M 72; *Willutzki*, 59. DJT, M 33, M 39. Der 59. Deutsche Juristentag hat die Forderungen von *Schwenzer, Diederichsen* und *Willutzki* teilweise aufgegriffen und eine Beschränkung des Elternunterhalts auf außergewöhnliche Härtefälle gefordert, Beschlüsse C II 1 und 3 b, Sitzungsberichte des 59. Deutschen Juristentages, 1992, M 259.

19 *v. Münch*, Zehnter Deutscher Familiengerichtstag, S. 55, 56. Für eine Beibehaltung des Elternunterhalts auch *Brudermüller*, NJW 2004, S. 633; *Ehinger*, NJW 2008, S. 2465, 2471; *Lipp*, NJW 2002, S. 2201, 2204; *Martiny*, 64. DJT, A 1, A 52f.; *Eichenhofer*, 64. DJT, B 1, B 53. Auch der 64. Deutsche Juristentag 2002 hat die Beibehaltung des Elternunterhalts empfohlen mit der Maßgabe, dass eine eingeschränkte Inanspruchnahme der Kinder erfolgt, Sitzungsberichte des 64. Deutschen Juristentages, 2002, L 225f.

20 *Klinkhammer*, FamRZ 2003, S. 1793, 1795.

21 Vgl. *Ehinger*, NJW 2008, S. 2465, 2467.

ter Hebel dient ihm die Vorschrift des § 1603 Abs. 1 BGB, nach der die Unterhaltsverpflichtung von der Leistungsfähigkeit des Kindes abhängt.

a) Grundsätzliche Erwägungen zur Leistungsfähigkeit

7 § 1603 Abs. 1 BGB gewährleistet jedem Unterhaltspflichtigen vorrangig die Sicherung seines eigenen angemessenen Unterhalts; ihm sollen grundsätzlich die Mittel verbleiben, die er zur angemessenen Deckung des seiner Lebensstellung entsprechenden allgemeinen Bedarfs benötigt. Der BGH räumt dem Schutz der individuellen Lebensverhältnisse der Kinder einen sehr hohen Stellenwert ein: Nach dem Grundsatzurteil vom 23. Oktober 2002[22] müssen unterhaltspflichtige Kinder eine spürbare und dauerhafte Senkung ihres berufs- und einkommenstypischen Unterhaltsniveaus nicht hinnehmen, soweit sie nicht einen nach den Verhältnissen unangemessenen Aufwand betreiben oder ein Leben im Luxus führen.

8 Zur Begründung seiner schuldnerfreundlichen Linie führt der BGH erstens an, dass sich Kinder – anders als umgekehrt Eltern gegenüber Kindern – in ihrer Lebensplanung nicht von vornherein darauf einstellen müssten, dass die Eltern unterhaltsbedürftig werden. Denn die Eltern träfen in der Regel selbst Vorsorge für ihren angemessenen Unterhalt im Alter. Zweitens finde – hierauf weist auch das Bundesverfassungsgericht[23] in einer die Linie des BGH billigenden Entscheidung hin – eine Inanspruchnahme auf Elternunterhalt in der Regel erst statt, wenn sich die Kinder selbst bereits in einem höheren Lebensalter befinden, ihre Lebensverhältnisse demzufolge bereits längerfristig ihrem Einkommensniveau angepasst haben und Vorsorge für ihr eigenes Alter treffen möchten. Diese verfestigten individuellen Lebensverhältnisse sowie ihre Absicherung für das Alter dürften durch die unerwartete Inanspruchnahme auf Elternhalt nicht übermäßig tangiert werden. Drittens hätten die auf Zahlung von Elternunterhalt in Anspruch genommenen Kinder in der Regel bereits erhebliche Aufwendungen zur Erfüllung des Generationenvertrages erbracht: Zum einen hätten sie ihre eigenen Kinder großgezogen und deren Ausbildung finanziert, zum anderen hätten sie durch ihre Sozialversicherungsabgaben und die Beiträge zur Pflegeversicherung dazu beigetragen, dass die Elterngeneration insgesamt im Alter versorgt wird. Viertens sei zu berücksichtigen, dass der Unterhaltsanspruch der Eltern rechtlich vergleichsweise schwach ausgestaltet ist: Den Eltern gehen sämtliche unterhaltsberechtigten Abkömmlinge des Kindes im Rang vor (§ 1609 Nr. 6 BGB), d.h. sie gehen leer aus, wenn das Kind nach Befriedigung der Unterhaltsansprüche seiner Abkömmlinge nicht mehr leistungsfähig ist.

22 BGHZ 152, 217, 226ff. Zum folgenden auch BGHZ 169, 59, 65f.
23 BVerfG NJW 2005, 1927, 1930f.

b) Bemessung des angemessenen Selbstbehalts

Auf der Basis dieser Erwägungen befürwortet der BGH eine großzügige Bestimmung 9
des angemessenen Selbstbehalts.[24] Dementsprechend sehen die unterhaltsrechtlichen Tabellen und Leitlinien der Oberlandesgerichte einen vergleichsweise hohen Mindestselbstbehalt für Kinder vor: Nach der seit 1.1.2011 geltenden Düsseldorfer Tabelle beträgt er monatlich 1.500 Euro zuzüglich der Hälfte des darüber hinausgehenden Einkommens des Kindes (bei Vorteilen des Zusammenlebens in der Regel zuzüglich 45% des darüber hinausgehenden Einkommens).[25] Hingegen beläuft sich der Mindestselbstbehalt im umgekehrten Unterhaltsrechtsverhältnis, d.h. beim Unterhaltsanspruch volljähriger Kinder gegenüber ihren Eltern, in der Regel auf lediglich 1.150 Euro pro Monat.[26]

c) Berücksichtigung von Verbindlichkeiten

Bei der Bemessung des unterhaltsrechtlich relevanten Einkommens des in Anspruch 10
genommenen Kindes setzt sich die schuldnerfreundliche Grundhaltung des BGH fort. Dies zeigt sich zum einen bei der Beurteilung, welche Verbindlichkeiten des Kindes einkommensmindernd zu berücksichtigen sind. Abziehbar sind neben den Unterhaltsansprüchen vorrangig Unterhaltsberechtigter (§ 1609 Nr. 6 BGB) – insbesondere der Kinder,[27] des Ehegatten (Familienunterhalt)[28] sowie geschiedener Ehegatten – auch einige andere Verbindlichkeiten.[29] Große wirtschaftliche Bedeutung kommt den Aufwendungen für die Finanzierung eines Familienheims zu. Der BGH zieht hierbei den Kreis der abzugsfähigen Aufwendungen weiter als bei anderen Unterhaltsrechtsverhältnissen: Abziehbar sind nicht nur Darlehenszinsen, allgemeine Grundstückskosten und -lasten sowie sonstige verbrauchsunabhängige Kosten, sondern auch Tilgungsleistungen, jedenfalls wenn und soweit sich die Verbindlichkeiten und die hieraus resultierenden Annuitäten in einer im Verhältnis zu den vorhandenen Einkünften angemessenen Höhe halten und bereits zu einer Zeit eingegangen wurden, als der Unterhaltspflichtige noch nicht damit zu rechnen brauchte, für den Unterhalt eines Elternteils aufkommen zu müssen.[30] Hinzuzurechnen ist dem Einkommen allerdings im Gegenzug der wirtschaftliche Wohnvorteil der Nutzung des Eigenheims. Dieser bemisst sich – schuldnerfreundlich – nicht nach der

24 BGHZ 152, 217, 230f.; BGHZ 169, 59, 66f.

25 Anmerkung D I S. 1 der Düsseldorfer Tabelle 2011.

26 Anmerkung A 5 der Düsseldorfer Tabelle 2011.

27 Hierzu siehe BGH NJW 2004, 2306, 2308.

28 Zur Höhe des für den Familienunterhaltsanspruch des Ehegatten anzusetzenden Betrags vgl. Anmerkung D I S. 2 der Düsseldorfer Tabelle 2011 sowie BGHZ 186, 350, 360ff.; BGH NJW 2003, 1660, 1663ff.; BGH NJW-RR 2004, 793, 794f.; *Ehinger*, NJW 2008, S. 2465, 2468.

29 Vgl. hierzu auch *Ehinger*, NJW 2008, S. 2465, 2468f.; *Gerhardt*, in: FA-FamR, 6. Kap. Rn. 377; *Hauß*, Elternunterhalt: Grundlagen und Streitfragen, Rn. 220ff.

30 BGHZ 154, 247, 255ff.; BGH NJW 2004, 2306, 2308f.

objektiven Marktmiete, sondern individuell nach den ersparten Kosten für eine den jeweiligen Einkommensverhältnissen des Unterhaltspflichtigen entsprechende Mietwohnung, soweit der Wohnbedarf nicht in einer im Verhältnis zu den vorhandenen Einkünften unangemessenen Weise abgedeckt wird.[31] Des Weiteren können nichtsozialversicherungspflichtige Kinder für ihre primäre Altersvorsorge in Anlehnung an die gesetzliche Rentenversicherung ca. 20% des erzielten Bruttoeinkommens zum Abzug bringen, sofern sie in dieser Höhe tatsächlich Altersvorsorge betreiben.[32] Darüber hinaus gewährt der BGH Arbeitnehmern, Beamten und Selbständigen einen Zuschlag von 5% des Bruttoeinkommens für eine sekundäre Altersvorsorge.[33] Selbst in Fällen, in denen das Kind vorzeitig in den Ruhestand getreten ist, hat er die Abzugsfähigkeit zusätzlicher Vorsorgeaufwendungen – bis zum Erreichen der gesetzlichen Altersgrenze – anerkannt.[34] Als angemessene Art der Altersversorgung billigt der BGH neben Lebensversicherungen auch sonstige vermögensbildende Investitionen, z.B. den Erwerb von Grundeigentum oder Zahlungen auf ein Sparkonto, soweit sie zur Erreichung des Vorsorgezwecks geeignet erscheinen.[35] Abzugsfähig sind schließlich auch die Aufwendungen für den Erwerb teurer Konsumgüter, z.B. eines Pkw, wenn und soweit sie nach dem individuellen Lebenszuschnitt üblich und sinnvoll sind.[36]

d) Verwertung des Vermögensstamms

11 Bei den Anforderungen an die Verwertung des Vermögensstammes durch den Unterhaltsschuldner zur Erfüllung seiner Unterhaltspflichten übt der BGH ebenfalls Zurückhaltung.[37] Die Veräußerung[38] oder Beleihung[39] eines angemessenen Familienheims könne regelmäßig nicht verlangt werden. Bei der Bestimmung der Angemessenheit legt der BGH einen sehr großzügigen Maßstab an:[40] Für die Annahme einer Verwertungsobliegenheit genüge nicht, dass der objektive Mietwert den bei den gegebenen Einkommensverhältnissen für Wohnkosten einzusetzenden ange-

31 BGHZ 154, 247, 251ff.; bestätigt durch BGHZ 186, 350, 360.
32 BGH NJW 2003, 1660, 1662.
33 BGHZ 169, 59, 70; 186, 350 Rn. 27; BGH NJW-RR 2004, 793, 794.
34 BGHZ 186, 350, 359.
35 BGH NJW 2003, 1660, 1662; BGHZ 169, 59, 70.
36 BGHZ 169, 59, 72.
37 Siehe hierzu auch *Ehinger*, NJW 2008, S. 2465, 2469f.; *Koritz*, NJW 2007, S. 270ff.
38 BGHZ 154, 247, 254; 169, 59, 68.
39 BGHZ 169, 59, 68. Der BGH spricht von der Unzumutbarkeit der „Verwertung" von Immobilienbesitz. Grundvermögen kann durch Veräußerung, Belastung (Beleihung) oder (Teilungs-)Versteigerung verwertet werden, vgl. *Dose*, in: Wendl/Dose, Unterhaltsrecht, § 1 Rn. 626. Zur Unzumutbarkeit einer Beleihung siehe auch *Gerhardt*, in: FA-FamR, 6. Kap. Rn. 378; *Hauß*, Elternunterhalt: Grundlagen und Streitfragen, Rn. 527.
40 BGHZ 154, 247, 254f.

messenen Betrag übersteigt. So müsste z.B. in Fällen, in denen das Kind im Wesentlichen durch Eigenleistungen kostengünstig ein Eigenheim errichtet hat, eine Veräußerung oder Vermietung als unterhaltsrechtlich unzumutbar angesehen werden, da sie die bisherige, häufig bereits langjährig gestaltete Lebensführung grundlegend beeinträchtigen würde. Eine Verwertungsobliegenheit komme erst in Betracht, wenn der Wohnbedarf in einer im Verhältnis zu den vorhandenen Einkünften unangemessenen Weise abgedeckt wird. Fremdgenutztes Grundeigentum sowie sonstiges Vermögen unterliege nicht dem Zugriff des Unterhaltsgläubigers, wenn seine Veräußerung das Kind von laufenden Einkünften abschneiden würde, welche es zur Erfüllung weiterer Unterhaltsansprüche oder anderer berücksichtigungswürdiger Verbindlichkeiten oder zur Bestreitung seines eigenen Unterhalts benötigt.[41] Allgemein könne eine Verwertung des Vermögensstamms nicht verlangt werden, wenn diese für das Kind mit einem wirtschaftlich nicht mehr vertretbaren Nachteil verbunden wäre.[42] Darüber hinaus entzieht der BGH die zum Zwecke einer angemessenen Altersvorsorge geschaffen Vermögenswerte (z.B. Grundbesitz, Wertpapiere, Sparguthaben, Gold, Schmuck) dem Zugriff des Unterhaltsgläubigers:[43] Soweit das Kind berechtigt ist, Aufwendungen für seine Altersvorsorge zu tätigen, müsse das aus diesen Beiträgen gewonnene Vermögen auch für seine Alterssicherung zur Verfügung stehen und dürfe daher vom Unterhaltsgläubiger nicht angetastet werden.

e) Schwiegerkindhaftung

Für einige Unruhe sorgt die aus der Inanspruchnahme der Kinder resultierende Gefahr einer Belastung der Schwiegerkinder („Zeitbombe" Schwiegermutter?[44]).[45] Hierbei sind zwei Konstellationen zu unterscheiden. Erstens: Das Schwiegerkind verfügt über keine oder nur geringe Einkünfte und hat daher gegen seinen auf Elternunterhalt in Anspruch genommenen Ehegatten einen Anspruch auf Familienunterhalt. In diesen Fällen wird das Schwiegerkind durch den oben[46] erörterten Vorwegabzug seines Familienunterhaltsanspruchs bei der Bemessung der Leistungsfähigkeit seines Ehegatten hinreichend geschützt: Der Ehegatte ist gegenüber seinen Eltern nur leistungsfähig, wenn der nach dem Vorwegabzug des Familienunterhalts verbleibende Betrag den ihm zustehenden angemessenen Selbstbehalt übersteigt. Zweitens: Es besteht eine Verpflichtung des Schwiegerkindes, seinem auf Elternunterhalt in An- 12

41 BGH NJW 2004, 2306, 2307; BGHZ 169, 59, 68.
42 BGH NJW 2004, 2306, 2307; BGHZ 169, 59, 68.
43 BGH NJW-RR 2004, 793, 794; BGHZ 169, 59, 70.
44 So der pointierte Titel eines Beitrags von *Born*, MDR 2005, S. 194ff.
45 *Hauß*, Elternunterhalt: Grundlagen und Streitfragen, Rn. 29, 449ff.; vgl. auch *J. Mayer*, ZEV 2007, S. 145ff.
46 Abschnitt II 2 c.

spruch genommenen Ehegatten („Kind"), der über keine oder nur geringe Einkünfte verfügt, Familienunterhalt zu leisten. Hier ist die Lage problematischer. Deckt der Anspruch auf Familienunterhalt den angemessenen Selbstbehalt des Kindes – zumindest teilweise – ab, steht nach der Rechtsprechung des BGH der entsprechend frei werdende Betrag des vom Kind erzielten Einkommens grundsätzlich für den Elternunterhalt zur Verfügung.[47] Auch der Taschengeldanspruch des Kindes gegen seinen Ehegatten („Schwiegerkind") kann bei der Leistungsfähigkeit des Kindes Berücksichtigung finden.[48] Diese Judikatur, die in der der Literatur auf einige Kritik stößt,[49] ist stringent. Sie berücksichtigt konsequent alle dem Kind zustehenden finanziellen Mittel. Eine unzulässige mittelbare Unterhaltspflicht des Schwiegerkindes begründet sie nicht:[50] Dessen eigener angemessener Familienunterhalt bleibt unangetastet. Die Schmälerung des Einkommens seines Ehegatten braucht es nicht zu kompensieren, da die Schranke des Selbstbehalts dessen angemessenen Unterhalt sichert.

f) Resümee

13 Die schuldnerfreundliche Rechtsprechung des BGH bewirkt, dass nur überdurchschnittlich gut verdienende oder vermögende Kinder auf Elternunterhalt in Anspruch genommen werden können.[51] Bei Zugrundelegung des Mikrozensus des Bundesamtes für Statistik zur Höhe der Nettoeinkommen dürften knapp 10% der Erwerbstätigen leistungsfähig im Sinne der Rechtsprechung sein.[52] Damit hat der BGH auf dem Boden des geltenden Unterhaltsrechts zwischen den beiden widerstreitenden Linien – Inanspruchnahme der Solidargemeinschaft Familie oder Belastung der Solidargemeinschaft aller Bürger – einen tragfähigen Kompromiss gefunden.[53] Tragfähig ist nicht nur das Ergebnis, sondern auch die Begründung: Die

47 BGH NJW 2004, 674, 676; NJW 2004, 769, 771; FamRZ 2004, 795, 797f. Hierzu auch *Gerhardt*, in: FA-FamR, 6. Kap. Rn. 379.

48 BGH NJW 2004, 674, 676f. Hierzu auch *Ehinger*, NJW 2008, S. 2465, 2470.

49 Kritisch zur Rechtsprechung des BGH *Born*, MDR 2005, S. 194, 200; *Lipp*, in: Lipp/Röthel/Windel, Familienrechtlicher Status und Solidarität, S. 53, 69; *Schürmann*, FamRZ 2004, S. 446, 447ff.; zur Begründung des BGH *Klinkhammer*, FPR 2004, S. 555, 558.

50 BGH NJW 2004, 674, 676; NJW 2004, 769, 771; FamRZ 2004, 795, 797; *Gernhuber/Coester-Waltjen*, Familienrecht, § 47 Rn. 25.

51 *Ehinger*, NJW 2008, S. 2465, 2470f.

52 *Ehinger*, NJW 2008, S. 2465, 2471.

53 Im Hinblick auf die Festlegung des Selbstbehalts durch den BGH so auch *Klinkhammer*, FamRZ 2003, S. 1793, 1797. Ähnlich *Brudermüller*, NJW 2004, S. 633, 634: „Der *BGH* hat hierbei Augenmaß bewiesen und seinen Beitrag dazu geleistet, dass der Elternunterhalt trotz aller Bedenken bleibt, was er ist: pragmatisch akzeptiertes Recht."; sowie aus soziologischer Sicht *Lüscher/Hoch*, FPR 2003, S. 648, 651. Kritisch hingegen *W. Roth*, NJW 2004, S. 2434: „Der *XII. Zivilsenat* des *BGH* hat [...] den Umfang der Unterhaltsverpflichtung [...] in einer Weise näher bestimmt, durch welche die ohnehin bestehende Benachteiligung der Familien nochmals vergrößert werden dürfte." Kritisch auch *Born*, MDR 2005, S. 194, 200.

Erwägungen des BGH zur Leistungsfähigkeit stellen den Kompromiss auf ein wohl begründetes Fundament.

III. Rückforderung wegen Verarmung des Schenkers

Der Rückforderungsanspruch wegen Verarmung des Schenkers richtet sich, anders als seine pauschale Bezeichnung vielleicht vermuten ließe, in den klassischen Überlassungsfällen (Grundbesitz, Unternehmen) nicht auf Herausgabe des überlassenen Gegenstandes, sondern vielmehr auf Zahlung in Höhe des der Bedürftigkeit des Übergebers entsprechenden Wertteils.[54] Dies folgt aus dem Wortlaut des § 528 BGB, nach dem der Anspruch nur besteht, „soweit" der Schenker außerstande ist, seinen angemessenen Unterhalt zu bestreiten. Die Rückabwicklung des gesamten Überlassungsvorgangs kann der Schenker bzw. der Sozialhilfeträger demnach nur verlangen, wenn die zum Zeitpunkt der Rückforderung bereits akkumulierte Bedarfslücke den Aktivwert des gesamten zugewendeten Objekts übersteigt.[55] Bedarf der Schenker hingegen lediglich eines Teils des Geschenks, so kann er bei teilbarem Schenkungsgegenstand nur einen diesem Bedürfnis entsprechenden realen Bruchteil fordern,[56] während er bei unteilbaren Gegenständen wie Grundstücken und Unternehmen[57] Wertersatz in Geld für den entsprechenden Bruchteil beanspruchen kann (§ 528 Abs. 1 S. 1 i.V.m. § 818 Abs. 2 BGB). Bei regelmäßig wiederkehrendem Bedarf richtet sich der Anspruch demgemäß auf wiederkehrende (Geld-)Leistungen in einer dem angemessenen Unterhaltsbedarf entsprechenden Höhe, und zwar so lange, bis der Wert des Schenkungsgegenstandes erschöpft ist.[58] 14

Die faktischen Auswirkungen des Anspruchs auf Elternunterhalt und der Rückforderung wegen Verarmung des Schenkers weisen dementsprechend erhebliche Parallelen auf.[59] In beiden Fällen steht der BGH, wie einleitend ausgeführt, vor der 15

54 Zur Beschränkung des Anspruchs auf anteiligen Wertersatz in Geld bei unteilbarem Schenkungsgegenstand BGHZ 94, 141, 143f.; 125, 283, 284; BGH NJW 2010, 2655, 2656; *Wimmer-Leonhardt*, in: Staudinger, BGB, Neubearb. 2005, § 528 Rn. 17; *Zeranski*, Der Rückforderungsanspruch, S. 25f.

55 Zu dieser Konstellation *Krauß*, MittBayNot 2005, S. 349, 350.

56 Zum Umfang des Anspruchs bei teilbarem Schenkungsgegenstand BGHZ 94, 141, 143; *Hörlbacher*, Der Rückforderungsanspruch, S. 44f.; *Wimmer-Leonhardt*, in: Staudinger, BGB, Neubearb. 2005, § 528 Rn. 17.

57 Vgl. *K. Schmidt*, in: MünchKommBGB, § 752 Rn. 21, 29.

58 BGHZ 146, 228, 231; BGH NJW 1996, 987; NJW-RR 2003, 53 (54); *Koch*, in: MünchKommBGB, 528 Rn. 5; *Wimmer-Leonhardt*, in: Staudinger, BGB, Neubearb. 2005, § 528 Rn. 17.

59 Dieser Befund korrespondiert mit der in der Literatur anzutreffenden Qualifizierung des § 528 BGB als „unterhaltsähnlicher" Anspruch, *Hörlbacher*, Der Rückforderungsanspruch, S.112; als Anspruch, „der eine erhebliche Nähe zu einem Unterhaltsanspruch aufweist", *Seyfarth*, Schenkungsrückforderung wegen Notbedarfs, S. 59; als „alimentationsartiger Rückforderungsanspruch", *Knütel*, NJW 1989, S. 2504, 2506.

Aufgabe, einen angemessen Ausgleich zwischen den Regressinteressen der Allgemeinheit und dem Individualinteresse des in Anspruch genommenen Kindes zu finden. Den Hebel bei der Rückforderung wegen Verarmung des Schenkers bildet die Vorschrift des § 529 Abs. 2 BGB. Danach ist der Rückforderungsanspruch ausgeschlossen, soweit der Beschenkte bei Berücksichtigung seiner sonstigen Verpflichtungen außerstande ist, das Geschenk herauszugeben, ohne dass sein standesmäßiger Unterhalt oder die Erfüllung der ihm kraft Gesetzes obliegenden Unterhaltspflichten gefährdet wird. Die Parallelität zwischen § 529 Abs. 2 BGB und der die unterhaltsrechtliche Leistungsfähigkeit normierenden Bestimmung des § 1603 Abs. 1 BGB führt zu folgender Frage: Sind bei der Ausgestaltung des Schutzschilds des § 529 Abs. 2 BGB dieselben Kriterien anzulegen wie bei der Leistungsfähigkeit nach § 1603 Abs. 1 BGB?[60]

1. Heranziehung der zum Elternunterhalt entwickelten Maßstäbe

a) Grundsätze der Rechtsprechung

16 Im Jahr 2000 legte der BGH[61] folgenden, im Schrifttum[62] bis vor Kurzem uneingeschränkt auf Zustimmung treffenden Grundsatz fest: Bei der Bestimmung des standesmäßigen Unterhalts des Rückforderungsschuldners „sind die jeweils einschlägigen familienrechtlichen Bestimmungen und die von der Rechtsprechung hierzu entwickelten Maßstäbe ... heranzuziehen." Unter den „jeweils einschlägigen familienrechtlichen Bestimmungen" versteht er hierbei die Vorschriften, welche die gesetzliche Unterhaltspflicht des Beschenkten gegenüber dem Schenker regeln. Ist der Beschenkte ein Kind des Schenkers, erfolgt somit eine Heranziehung des § 1603 Abs. 1 BGB sowie der für den Elternunterhalt entwickelten Maßstäbe. Besteht zwischen dem Beschenkten und dem Schenker mangels hinreichender familiärer Beziehung keine gesetzliche Unterhaltspflicht, hält der Gerichtshof ebenfalls die für den Elternunterhalt geltenden Kriterien für maßgeblich. Bei Schenkungen an Eltern oder (geschiedene) Ehegatten finden hingegen die für den Kindes- bzw. Ehegattenunterhalt geltenden Maßstäbe Anwendung. Der BGH begründet die Heranziehung unterhaltsrechtlicher Maßstäbe mit dem Wortlaut des § 529 Abs. 2 BGB. Die Vorschrift knüpfe mit der Bezugnahme auf den Unterhalt des Beschenkten an die Be-

60 Hierzu bereits *Wedemann*, NJW 2011, S. 571ff.

61 BGH NJW 2000, 3488, 3489.

62 *Gehrlein*, in: Bamberger/Roth, BGB, § 529 Rn. 2 § 529 Rn. 4; *Herrmann*, in: Erman, BGB, § 529 Rn. 2; *Medicus*, EWiR 2003, S. 253, 254; *Weidenkaff*, in: Palandt, BGB, § 529 Rn. 3; *Wimmer-Leonhardt*, in: Staudinger, BGB, Neubearb. 2005, § 529 Rn. 11. Zweifel klingen an bei *Krauß*, MittBayNot 2005, S. 349, 352. Den Grundsatz des BGH ablehnend *Wedemann*, NJW 2011, S. 571, 575; für beachtlich hält die dort vorgebrachten Gegenargumente *Mansel*, in: Jauernig, BGB, §§ 528, 529 Rn. 5; für durchaus erwägenswert, aber mit der Gesetzessystematik schwer zu vereinbaren *Koch*, in: MünchKommBGB, § 529 Rn. 4.

grifflichkeiten des Unterhaltsrechts an. Es bestehe kein Anlass, für das Schenkungsrecht eigenständige Grundsätze zu Voraussetzungen und Bemessung des Unterhalts zu entwickeln. Der Abweichung im Wortlaut – in § 529 Abs. 2 BGB ist anders als in § 1603 Abs. 1 BGB von „standesmäßiger" statt von „angemessener" Unterhalt die Rede – misst er keine Bedeutung bei, da es sich hierbei um ein Redaktionsversehen handele. Für die Heranziehung der Maßstäbe zum Erwachsenenunterhalt spreche zudem, dass sich der Beschenkte in einer ähnlichen Lebenssituation befinde wie bei der Inanspruchnahme auf Elternunterhalt, mit der ein Kind allenfalls wegen einer unerwarteten Hilfsbedürftigkeit der Eltern rechnen müsse. In den Jahren 2001[63] und 2005[64] bestätigte der BGH ohne weitere Begründung sein Lösungskonzept. Auf die oben[65] erörterte Entwicklung der Spruchpraxis zum Elternunterhalt ging er dabei nicht ein.

b) Umsetzung der Grundsätze

17 Die Grundsätze von BGH und Literatur lassen einen Gleichlauf bei der Behandlung neuralgischer Punkte im Rahmen des § 529 Abs. 2 BGB und § 1603 Abs. 1 BGB erwarten. Diese Erwartung erfüllt sich jedoch nur bedingt.

aa) Bemessung des angemessenen Selbstbehalts

18 Konsistent sind die Entscheidungen des BGH im Hinblick auf den angemessenen Selbstbehalt. In Bezug auf § 529 Abs. 2 BGB bewertete der BGH[66] im Jahr 2000 die vom Berufungsgericht vorgenommene Erhöhung des gegenüber volljährigen Kindern geltenden angemessenen Selbstbehalts um ein Drittel als sachgerecht. Diese Beurteilung liegt auf einer Linie mit der späteren Grundsatzentscheidung zum erhöhten Selbstbehalt im Rahmen von § 1603 BGB.

bb) Verwertung des selbstgenutzten Familienheims

19 Bei der Obliegenheit zur Veräußerung des Familienheims ist das Verhältnis der Beurteilung im Rahmen des § 529 Abs. 2 BGB zu den beim Elternunterhalt angelegten Maßstäben nicht eindeutig. Bei § 529 Abs. 2 BGB legen BGH[67] und manche Autoren[68] dar, dass ein nach den übrigen Verhältnissen der Familie des Beschenkten ange-

63 BGH NJW 2001, 1207, 1209.
64 BGH NJW 2005, 3638, 3639.
65 Abschnitt II 2.
66 BGH NJW 2000, 3488, 3889.
67 BGH NJW 2000, 3488, 3491; NJW 2003, 1384, 1388.
68 *Koch*, in: MünchKommBGB, § 529 Rn. 4; *Wimmer-Leonhardt*, in: Staudinger, BGB, Neubearb. 2005, § 529 Rn. 11. Eine sehr schuldnerfreundliche Position vertritt *Weidenkaff*, in: Palandt, BGB, § 529 Rn. 3: Er verzichtet gänzlich auf das Angemessenheitserfordernis und meint, dass der Beschenkte ein Familieneigenheim in der Regel nicht veräußern müsse.

messenes Heim in der Regel nicht veräußert werden müsse. Ob die Angemessenheit dabei so großzügig wie beim Elternunterhalt zu bestimmen ist, bleibt offen. Eine restriktivere Haltung des BGH könnte allerdings die in einem Urteil[69] getroffene Beanstandung andeuten, das Berufungsgericht habe seiner Prüfungspflicht hinsichtlich der Angemessenheit des Familienheims nicht genügt: Während der BGH beim Elternunterhalt den Schwerpunkt auf die Einschränkung der Obliegenheit zur Veräußerung eines angemessenen Familienheims legt, betont er hier deren grundsätzliches Bestehen. Dies deutet auf eine weitergehende Obliegenheit zur Veräußerung des Familienheims bei § 529 Abs. 2 BGB hin.[70]

20 Eindeutiger ist das Verhältnis bei der Obliegenheit zur Belastung des Familienheims. Hier besteht eine klare Abweichung: Bei § 529 Abs. 2 BGB vertreten BGH[71] und Schrifttum[72] einhellig die Auffassung, dass auch bei Angemessenheit des Familienheims oder sonstiger Unzumutbarkeit der Veräußerung eine Obliegenheit des Beschenkten bestehen könne, durch Aufnahme eines Realkredits Mittel für den Unterhalt zu beschaffen und einzusetzen. In diesem Punkt wird deutlich, dass Rechtsprechung und Literatur dem Schutz des Familienheims bei der Schenkungsrückforderung weniger Gewicht beimessen als im Rahmen des Elternunterhalts.

21 Die Divergenzen bei der Beurteilung verlieren kaum dadurch an Gewicht, dass die Urteile zu § 529 Abs. 2 BGB vom 11.7.2000 bzw. 5.11.2002 stammen und damit vor den unterhaltsrechtlichen Entscheidungen zur Sicherung des Familienheims – die erste datiert vom 19.3.2003 – ergingen. Der BGH hätte im Urteil vom 5.11.2002 die vorher ergangene Grundsatzentscheidung zur Leistungsfähigkeit nach § 1603 Abs. 2 BGB berücksichtigen können. Mit der dort klar zum Ausdruck kommenden Linie, die individuelle Lebensstellung des Unterhaltsschuldners nicht zu schmälern, ist die Beurteilung bei § 529 Abs. 2 BGB nur schwer in Einklang zu bringen. Leider thematisiert der BGH diese Abweichung nicht.

cc) Erwerbsobliegenheit des Schuldners

22 Weitere Divergenzen bestehen hinsichtlich der Erwerbsobliegenheit des Schuldners. Im Jahr 2005 entschied der BGH[73] – mit Billigung der Literatur[74] –, dass der Schuldner im Rahmen des § 529 Abs. 2 BGB grundsätzlich, wenn auch nicht uferlos, im Sinne einer ihn treffenden Obliegenheit zur Aufnahme einer Erwerbstätigkeit verpflichtet

---

69 BGH NJW 2003, 1384, 1388.

70 Vgl. auch *Krauß*, MittBayNot 2005, S. 349, 352.

71 BGH NJW 2000, 3488, 3491; NJW 2003, 1384, 1388.

72 *Gehrlein*, in: Bamberger/Roth, BGB, § 529 Rn. 4; *Koch*, in: MünchKommBGB, § 529 Rn. 4; *Weidenkaff*, in: Palandt, BGB, § 529 Rn. 3.

73 BGH NJW 2005, 3638, 3639.

74 *Gehrlein*, in: Bamberger/Roth, BGB, § 529 Rn. 4; *Herrmann*, in: Erman, BGB, § 529 Rn. 2; *Koch*, in: MünchKommBGB, § 529 Rn. 4; *Weidenkaff*, in: Palandt, BGB, § 529 Rn. 3. Dem BGH im Ergebnis auch zustimmend *Wedemann*, NJW 2011, S. 571, 575.

sei. Dementsprechend beanstandete er, dass das Berufungsgericht die Möglichkeiten des Schuldners zur Ausübung einer Erwerbstätigkeit nicht geprüft habe. Im Rahmen unterhaltsrechtlicher Entscheidungen erfolgte eine solche Beanstandung bislang nicht, obwohl eine Diskussion dieser Thematik in manchen Konstellationen durchaus nahegelegen hätte – etwa im oben[75] genannten Fall der nicht erwerbstätigen Unterhaltsschuldnerin, die der BGH zum Einsatz des gegen ihren Ehemann bestehenden Taschengeldanspruch verpflichtete.[76] Dies deutet auf eine restriktive Grundhaltung gegenüber der Annahme einer Erwerbsobliegenheit hin. Eine solche entspräche auch den vom BGH zur Leistungsfähigkeit nach § 1603 Abs. 1 BGB entwickelten Grundsätzen: Der Gerichtshof misst der Wahrung der individuellen Lebensverhältnisse der Kinder eine große Bedeutung zu. Eine Obliegenheit zur Aufnahme einer bislang nicht ausgeübten Erwerbstätigkeit stände hiermit im Widerspruch, da sie den Unterhaltsschuldner zwänge, seinen bisherigen Lebenszuschnitt signifikant zu ändern.[77] Bei der Bejahung der Erwerbsobliegenheit im Rahmen des § 529 Abs. 2 BGB spart der BGH diese Problematik völlig aus. Er geht hierbei weder auf das Grundsatzurteil zum Elternunterhalt von 2002 noch die Folgeentscheidungen ein.

dd) Altersvorsorge des Schuldners

Die Schwierigkeiten bei der Umsetzung des Gleichlaufs mit dem Unterhaltsrecht 23
illustriert schließlich der Fall der Rückforderung geschenkten Geldes, das in Sparbriefen angelegt ist und später der Altersversorgung dienen soll. Im Schrifttum[78] findet sich die Meinung, dass § 529 Abs. 2 BGB der Rückforderung nicht entgegen-

75 Abschnitt II 2 e.

76 *Appelt*, Der Elternunterhalt, S. 50; *Krauß*, DNotZ 2004, S. 502, 512; *Strohal*, FamRZ 2004, S. 441, 443. Im Rahmen einer späteren Entscheidung (FamRZ 2004, 795, 797) befasst sich der BGH zwar mit der Erwerbsobliegenheit eines unterhaltspflichtigen Ehegatten, allerdings in Bezug auf die Berücksichtigung tatsächlich erzielter Einkünfte aus einer neben der Haushaltsführung ausgeübten Nebenbeschäftigung bei der Bemessung der Leistungsfähigkeit. Aussagen zur Obliegenheit, eine Tätigkeit aufzunehmen, lassen sich aus dieser Entscheidung nicht ableiten, vgl. *Griesche*, FPR 2004, S. 693, 699.

77 So meint auch *Strohal*, FamRZ 2004, S. 441, 443: „Die o.g. Ausführungen des *BGH* zur schwachen Ausgestaltung des Elternunterhalts lassen vermuten, eine solche Erwerbsobliegenheit werde im Rahmen des Elternunterhalts nicht gesehen.“ In der Literatur finden sich dementsprechend Stimmen, die im Rahmen des Elternunterhalts eine Obliegenheit zur Aufnahme einer Erwerbstätigkeit verneinen, *Krauß*, DNotZ 2004, S. 502, 512; ferner *Hauß*, Elternunterhalt: Grundlagen und Streitfragen, Rn. 421ff., der allerdings eine Erwerbsobliegenheit im Verhältnis zu auf Elternunterhalt tatsächlich in Anspruch genommenen Geschwistern erwägt. Andere schließen eine Erwerbsobliegenheit nicht völlig aus, stellen jedoch erhöhte Anforderungen an die Zumutbarkeit der Aufnahme und Ausübung einer Erwerbstätigkeit, siehe *Appelt*, Der Elternunterhalt, S. 50; *Ehinger*, FPR 2003, S. 623, 628; *Schausten*, Elternunterhalt, Rn. 30.

78 *Wimmer-Leonhardt*, in: Staudinger, BGB, Neubearb. 2005, § 529 Rn. 11, unter Bezugnahme auf OLG Düsseldorf FamRZ 1984, 887, 888.

stehe. Die aktuelle Notlage des Schenkers habe Vorrang vor einer möglicherweise zukünftig entstehenden Notlage des Beschenkten. Diese Ansicht lässt sich mit den unterhaltsrechtlichen Entscheidungen des BGH zum Schutz der sekundären Alterssicherung des Unterhaltspflichtigen nicht vereinbaren.[79]

c) Stellungnahme

24 Der Grundsatz der Gleichbehandlung von Elternunterhalt und Rückforderung wegen Verarmung des Schenkers krankt nicht nur an einer inkonsequenten Umsetzung. Er lässt sich auch nicht überzeugend begründen. Die Parallelen im Wortlaut der §§ 529 Abs. 2, 1603 Abs. 1 BGB bieten keine hinreichende Stütze. Der Gesetzgeber gibt in diesen Vorschriften nur einen groben Rahmen vor. Auch wenn dies im Hinblick auf die Gewaltenteilung zu kritisieren sein mag,[80] handelt es sich bei der Ausgestaltung des Schuldnerschutzes daher praktisch um Richterrecht: „Die genaue Festlegung des Selbstbehalts durch den BGH lässt sich nicht etwa logisch aus den vorgegebenen Regelungen des BGB entwickeln, sondern weist vielmehr deutliche Parallelen zu einer politischen Entscheidung auf."[81] Die „politischen" Entscheidungen des BGH bei § 1603 Abs. 1 BGB orientieren sich an den Spezifika des Elternunterhalts und spiegeln die um ihn kreisende rechtspolitische Diskussion wider. Folglich wäre die Heranziehung der zum Elternunterhalt entwickelten Grundsätze im Rahmen des § 529 Abs. 2 BGB nur gerechtfertigt, wenn die Erwägungen, die das zu § 1603 Abs. 1 BGB entwickelte Richterrecht stützen, auch bei der Rückforderung wegen Verarmung des Schenkers zum Tragen kommen.

25 Die schuldnerfreundliche Rechtsprechung des BGH zu § 1603 Abs. 1 BGB dient dem Schutz der Kinder vor einer unerwarteten Schmälerung ihrer gewohnten Lebensverhältnisse. Auch bei der Rückforderung wegen Verarmung des Schenkers ist ein Schutz des Vertrauens auf die Rechtsbeständigkeit des Erwerbs gerechtfertigt. Diesem Schutzgedanken trägt § 529 BGB jedoch bereits auf eine im Unterhaltsrecht nicht vorgesehene Weise Rechnung: durch § 529 Abs. 1 Alt. 2 BGB, der die Rückforderung ausschließt, wenn zur Zeit des Eintritts der Bedürftigkeit des Schenkers seit der Leistung des überlassenen Gegenstands zehn Jahre verstrichen sind.[82] Hingegen dient § 529 Abs. 2 BGB nicht dem Schutz des Vertrauens auf die Rechtsbeständigkeit des Erwerbs. Vielmehr liegt dieser Vorschrift die Erwägung zugrunde in pari causa possidentis melior esse debet – es wäre unbillig, „den einen in eine Notlage zu stür-

79 Vgl. auch *Krauß*, MittBayNot 2005, S. 349, 352.

80 Vgl. *Boecken/Klattenhoff*, JZ 2006, S. 285, 290; *Brudermüller*, NJW 2004, S. 633, 639.

81 *Klinkhammer*, FamRZ 2003, S. 1793, 1797. Gleichsinnig *Strohal*, FamRZ 2004, S. 441, 443.

82 *Haarmann*, Die Rückforderung von Schenkungen, S. 190; *Koch*, in: MünchKommBGB, § 529 Rn. 1; *Seyfarth*, Schenkungsrückforderung wegen Notbedarfs, S. 34f.; eingehend *Schippers*, RNotZ 2006, S. 42, 48f.

zen, nur um den anderen ihr zu entreißen".[83] Zwischen § 1603 Abs. 1 BGB und § 529 BGB besteht also ein entscheidender Unterschied: Während § 1603 Abs. 1 BGB sowohl dem Schutz des Bestandsinteresses der Schuldner als auch der Bewahrung der Schuldner vor einer Notlage dient, sind diese beiden Aufgaben bei § 529 BGB auf Abs. 1 Alt. 1 und Abs. 2 BGB verteilt.

Es gibt keine Veranlassung, die Aufgabenverteilung zwischen § 529 Abs. 1 Alt. 1 **26**
BGB und § 529 Abs. 2 BGB durch eine Anreicherung des § 529 Abs. 2 BGB um Bestandsschutzaspekte aufzuweichen. Denn das Bestandsinteresse des Rückforderungsschuldners verdient weniger Schutz als das Bestandsinteresse der unterhaltspflichtigen Kinder. Dies bringt bereits die rechtspolitische Debatte[84] zum Ausdruck, welche zwar die Legitimation des Elternunterhalts, nicht aber die der Rückforderung wegen Verarmung des Schenkers in Frage stellt. Darüber hinaus sprechen für die geringere Schutzbedürftigkeit des Rückforderungsschuldners folgende Gesichtspunkte: Erstens haben Rückforderungsschuldner den geschenkten Gegenstand ohne Erbringung einer eigenen Leistung erhalten – während Unterhaltspflichtige das einsetzbare Vermögen selbst aufbauen. Personen, die ohne Eigenleistungen einen Gegenstand erlangt haben, verdienen weniger Schutz. Diese Wertung bringt die Rechtsordnung an vielen Stellen zum Ausdruck (z.B. bei §§ 816 Abs. 1 S. 2, 822 BGB).[85] Zweitens müssen Beschenkte innerhalb von zehn Jahren nach der Schenkung auch aus anderen Gründen (§§ 2329, 2325 Abs. 3 BGB, § 14 ErbStG) mit einer Herausgabeverpflichtung oder einer aus der Schenkung resultierenden finanziellen Belastung rechnen, so dass ihre Vertrauensposition innerhalb dieses Zehnjahreszeitraums ohnehin geschwächt ist. Drittens hat der Rückforderungsschuldner die Möglichkeit, sich durch Rückgabe des Geschenks von einer aus § 528 BGB resultierenden Zahlungspflicht vollständig zu befreien.[86] Dadurch kann er den Einschränkungen seiner persönlichen Lebensführung entgehen, die beispielsweise aus der Anerkennung einer Erwerbsobliegenheit oder einem niedrigen Selbstbehalt erwachsen. Im Fall des Elternunterhalts steht ihm eine vergleichbare „Fluchtmöglichkeit" nicht offen. Denn selbst die Übertragung größerer Vermögenswerte an den Unterhaltsgläubiger führt nicht zu einer dauerhaften Befreiung von der Unterhaltspflicht: Ist der Vermögenswert verbraucht, kommt die Unterhaltspflicht wieder zum Tragen. Viertens zeigt der Gesetzgeber bei der Ausgestaltung der sozialrechtlichen Grundsicherung, dass er dem Schutz des Unterhaltspflichtigen stärkeres Gewicht beimisst

---

83 *Oertmann*, Recht der Schuldverhältnisse, § 529 Anm. 2. Ihm folgend BGH NJW 2001, 1207, 1208; *Koch*, in: MünchKommBGB, § 529 Rn. 1. Gleichsinnig *Zeranski*, Der Rückforderungsanspruch, S. 25.

84 Hierzu des näheren oben Abschnitt II 1.

85 Vgl. *Esser/Weyers*, Schuldrecht II/2, § 51 II 4; *Larenz/Canaris*, Lehrbuch des Schuldrechts II/2, § 69 IV 1; *Schwab*, in: MünchKommBGB, § 816 Rn. 61, § 822 Rn. 1; *Sprau*, in: Palandt, BGB, § 822 Rn. 1.

86 BGH FamRZ 2010, 463, 464; *Franzen*, FamRZ 1997, S. 528, 532; *Gehrlein*, in: Bamberger/Roth, BGB, § 528 Rn. 3; *Koch*, in: MünchKommBGB, § 528 Rn. 6; *Schwarz*, JZ 1997, S. 545, 547; *Wimmer-Leonhardt*, in: Staudinger, BGB, Neubearb. 2005, § 528 Rn. 17.

als dem Schutz des Rückforderungsschuldners: Gemäß § 43 Abs. 2 SGB XII bleiben Unterhaltsansprüche der Hilfsbedürftigen gegenüber ihren Kindern bei der Leistung der Grundsicherung außer Betracht, sofern deren jährliches Gesamteinkommen unter einem Betrag von 100.000 Euro liegt. Außerdem schließt § 94 Abs. 1 S. 3 Halbs. 2 SGB XII den Übergang der Unterhaltsansprüche des Leistungsberechtigten auf den Sozialhilfeträger aus. In Bezug auf den Rückforderungsanspruch nach § 528 BGB sehen die Vorschriften zur Grundsicherung hingegen keinerlei Privilegierung vor.

2. Neujustierung

27 Die vielfältigen Schwächen des Grundsatzes der Gleichbehandlung von Elternunterhalt und Rückforderung wegen Verarmung des Schenkers erfordern eine Neujustierung der im Rahmen von § 529 Abs. 2 BGB bei der Bestimmung des „standesmäßigen" Unterhalts von Kindern, entfernteren Verwandten und Familienfremden anzulegenden Maßstäbe.[87] Die Neujustierung hat sich an zwei Gesichtspunkten auszurichten: Zum einem am Zweck des § 529 Abs. 2 BGB, den Beschenkten nicht „in eine Notlage zu stürzen", zum anderen an der eingeschränkten Schutzbedürftigkeit des Rückforderungsschuldners.

a) Bemessung des angemessenen Selbstbehalts

28 Aus der geringeren Schutzbedürftigkeit des Rückforderungsschuldners folgt, dass sein Selbstbehalt – entgegen der Meinung des BGH – niedriger anzusetzen ist als der Selbstbehalt des auf Elternunterhalt in Anspruch genommenen Kindes. Die beim Elternunterhalt vorgenommene Privilegierung entbehrt bei § 528 BGB einer Grundlage. Sachgerecht erscheint vielmehr eine Anlehnung an den Selbstbehalt von Eltern gegenüber volljährigen Kindern. Dieser genügt zur Bewahrung des Beschenkten vor einer Notlage. Eine noch weitergehende Absenkung auf das Niveau des Selbstbehalts von Eltern gegenüber minderjährigen und privilegierten volljährigen Kindern ist hingegen nicht angezeigt. Zum einen knüpft § 529 Abs. 2 nicht an § 1603 Abs. 2 BGB an. Zum anderen rechtfertigt sich die aus dieser Ausnahmevorschrift resultierende gesteigerte Belastung der Schuldner aus der besonderen Verantwortung der Eltern für ihre Kinder.[88] Für andere Beziehungen bietet sie daher keine geeignete Richtschnur.[89] Ebenso scheidet der für den Ehegattenunterhalt gel-

87 Hierzu bereits *Wedemann*, NJW 2011, S. 571, 575.

88 Motive zu dem Entwurfe eines Bürgerlichen Gesetzbuches für das Deutsche Reich IV, 1888, S. 686; BGH NJW 1980, 934; *Engler/Kaiser*, in: Staudinger, BGB, Neubearb. 2000, § 1603 Rn. 215.

89 Dementsprechend findet § 1603 Abs. 2 S. 1 BGB auch im Fall der Unterhaltspflicht von Großeltern gegenüber ihren Enkeln keine Anwendung, BGH FamRZ 2006, 26, 28; FamRZ 2006,

tende Selbstbehalt als genereller Maßstab aus. Dessen niedriges Niveau beruht auf der gesetzlichen Privilegierung unterhaltsberechtigter Ehegatten.[90] Auch er bildet für andere Beziehungen folglich keine geeignete Orientierungshilfe.

b) Verwertung des selbstgenutzten Familienheims

Bei den Anforderungen an die Vermögensverwertung wirkt sich die reduzierte **29** Schutzbedürftigkeit der bestehenden Lebensverhältnisse des Beschenkten ebenfalls aus. Sowohl die Veräußerung als auch die Belastung des Vermögensstamms können unter erleichterten Voraussetzungen verlangt werden. Im Hinblick auf ein selbstgenutztes Familienheim folgt daraus: Allein dem angemessenen Familienheim gebührt Schutz. Bei der Bestimmung der Angemessenheit sind deutlich strengere Maßstäbe als im Rahmen des Elternunterhalts angezeigt. Die Rechtfertigung für die großzügige Bemessung beim Elternunterhalt („der Unterhaltspflichtige hat im Wesentlichen durch Eigenleistungen kostengünstig ein Eigenheim errichtet") greift bei der Rückforderung eines unentgeltlich erworbenen Familienheims nicht. Soweit Rechtsprechung und Literatur bei § 529 Abs. 2 BGB strengere Maßstäbe anlegen, ist dies folglich zu begrüßen.

c) Erwerbsobliegenheit des Schuldners

Bei der Bestimmung der Anforderungen an die Erwerbsobliegenheit bietet sich auf- **30** grund der eingeschränkten Schutzbedürftigkeit des Rückforderungsschuldners eine Anlehnung an die für die Unterhaltspflicht von Eltern gegenüber ihren volljährigen Kindern entwickelten Grundsätze an. Danach trifft die Eltern die Obliegenheit, zumutbare Einkünfte zu erzielen, insbesondere ihre Arbeitskraft so gut wie möglich einzusetzen und eine einträgliche Erwerbstätigkeit auszuüben.[91] Die Entscheidung des BGH von 2005 zur Erwerbsobliegenheit im Rahmen von § 529 Abs. 2 BGB fügt sich nahtlos in diese Lösung ein.

d) Altersvorsorge des Schuldners

Dem Schutz der Altersvorsorge des Schuldners kommt bei § 529 Abs. 2 BGB ebenfalls **31** weniger Gewicht zu. Das hierfür vorgesehene Vermögen möchte der Schuldner nicht zur Sicherstellung des gegenwärtigen, sondern des künftigen Unterhaltsbedarfs einsetzen. Ob er es für diesen Zweck tatsächlich verwenden wird, ist allerdings ungewiss.

1099; *Brudermüller*, in: Palandt, BGB, § 1603 Rn. 18; *Soyka*, in: Scholz/Kleffmann/Motzer (Hrsg.), Praxishandbuch Familienrecht, Teil J Rn. 85.

90 BGH FamRZ 2006, 683, 684.

91 Vgl. OLG Düsseldorf FamRZ 1992, 1099; OLG Hamm FamRZ 1997, 835; *Klinkhammer*, in: Wendl/Staudigl, Unterhaltsrecht, § 2 Rn. 244; *Seiler*, in: FA-FamR, 6. Kap. Rn. 334.

Auf Seiten des Gläubigers besteht der Unterhaltsbedarf hingegen jetzt und ist damit akut. Im Rahmen des Elternunterhalts ist der Schutz des zum Zwecke der Altersvorsorge geschaffenen Vermögens zwar dennoch gerechtfertigt: Der Unterhaltsschuldner hat das geschützte Vermögen selbst erwirtschaftet. Seinen eigenen wirtschaftlichen Bemühungen soll nicht der Erfolg genommen werden. Bei Schenkungsrückforderung kommt dieser Aspekt infolge des unentgeltlichen Erwerbs jedoch nicht zum Tragen. Vielmehr gilt es, die Allgemeinheit nicht mit den Folgen der Freigiebigkeit des Schenkers zu belasten. Die Verwendung des geschenkten Vermögens zum Zwecke der Altersvorsorge steht einer Schenkungsrückforderung somit nicht entgegen.

IV. Vorbehaltsrechte und Gegenleistungen bei lebzeitigen Vermögensübertragungen

32 Wie in der Einführung dargelegt, behalten sich die Eltern (Übergeber) im Rahmen einer lebzeitigen Vermögensübertragung an ihre Kinder (Übernehmer) vielfach Rechte vor oder bedingen sich Gegenleistungen aus. Aus den Vorbehaltsrechten und Gegenleistungen können im Fall der Heimunterbringung des Übergebers Zahlungsansprüche resultieren, die der Sozialhilfeträger auf sich überleiten kann.

1. Zahlungsansprüche bei Fehlen vertraglicher Regelungen für den Fall der Heimunterbringung

33 Vor allem ältere Überlassungsverträge enthalten keine Regelung bezüglich des Schicksals dieser Rechte bzw. Gegenleistungen im Fall der Heimunterbringung.[92] Dem Sozialhilfeträger stehen in diesen Fällen aufgrund der Überleitungsmöglichkeit des § 93 SGB XII in Abhängigkeit von der Art des vereinbarten Vorbehaltsrechts bzw. der vereinbarten Gegenleistung verschiedene Zugriffsoptionen offen:

34 Im Fall einer Verpflichtung des Übernehmers zur Erbringung wiederkehrender Zahlungen an den Übergeber (Leibrente, dauernde Last), kann der Sozialhilfeträger die Zahlungsansprüche des Übergebers gegen den Übernehmer auf sich überleiten.[93]

35 Hat sich der Übergeber den Nießbrauch an dem überlassenen Vermögensgegenstand vorbehalten, so fällt dieses Recht in sein nach § 90 SGB XII verwertbares Vermögen.[94] Die Verwertung erfolgt in der Regel mittels Vermietung.[95] Die aus der

92 *Herrler*, DNotZ 2009, S. 408, 410; *Krauß*, DNotZ 2002, S. 705, 706.

93 Vgl. *Vaupel*, RNotZ 2009, S. 497, 515; *Waldner*, Vorweggenommene Erbfolge, Rn. 164.

94 *Brühl/Geiger*, in: Münder et. al. (Hrsg.), Lehr- und Praxiskommentar SGB XII, § 90 Rn. 8.

95 Vgl. *Brühl/Geiger*, in: Münder et. al. (Hrsg.), Lehr- und Praxiskommentar SGB XII, § 90 Rn. 23; *Rosendorfer*, MittBayNot 2005, S. 1, 2 mit Fn. 7.

Vermietung herrührenden Ansprüche kann der Sozialhilfeträger auf sich überleiten.[96]

Hat sich der Übernehmer zugunsten des Übergebers zur Erbringung von Wart- und Pflegeleistungen verpflichtet, die infolge der Heimunterbringung nicht mehr in Natur erbracht werden, besteht nach der Rechtsprechung des BGH in Höhe der ersparten Aufwendungen ein überleitbarer Anspruch auf Beteiligung an den Pflegekosten.[97] Relevant ist hierbei nur die Ersparnis finanzieller Aufwendungen. (Frei-)Zeitgewinn muss der Übernehmer nicht ausgleichen.[98] An die Stelle von Pflegeleistungen, die von dem Übernehmer selbst oder dessen Familienangehörige persönlich, also ohne finanziellen Aufwand, erbracht werden sollen, tritt daher kein Zahlungsanspruch.[99] 36

Steht dem Übergeber ein Wohnungsrecht (§ 1093 BGB) zu, kann der Sozialhilfeträger eine Vermietung der vom Übergeber nun nicht mehr genutzten Räumlichkeiten zwar grundsätzlich nicht erzwingen.[100] Im Fall einer dennoch erfolgten Vermietung kann ihm im Einzelfall allerdings der erzielte Mieterlös ganz oder teilweise zustehen.[101] 37

2. Wegzugsklauseln

Die jüngere Kautelarpraxis versucht, die Zugriffsmöglichkeiten des Sozialhilfeträgers im Fall der Heimunterbringung möglichst weitgehend zu beschränken. Der Fokus richtet sich hierbei auf sog. Wegzugsklauseln.[102] Diese sehen vor, dass die in dem Überlassungsvertrag vorbehaltenen Rechte bzw. ausbedungenen Gegenleistungen mit einem dauerhaften Umzug des Berechtigten, insbesondere in ein Pflegeheim, erlöschen oder zumindest ab diesem Zeitpunkt ruhen. Über ihre Wirksamkeit bestand lange Zeit Unsicherheit. Die Kautelarpraxis befürchtete, dass sie aufgrund der aus ihnen resultierenden Belastung des Sozialhilfeträgers sittenwidrig (§ 138 Abs. 1 BGB) sein könnten.[103] Der BGH[104] hat nun eine schuldnerfreundliche Position eingenommen. In Überein- 38

96 *Langenfeld/Günther*, Grundstückszuwendungen, Kap. 3 Rn. 11.
97 BGH NJW 2002, 440; NJW-RR 2003, 577; NJW 2010, 2649, 2650.
98 BGH NJW 2010, 2649, 2650.
99 So ausdrücklich BGH NJW 2010, 2649, 2650.
100 BGH NJW 2009, 1348, 1349; *Herrler*, DNotZ 2009, S. 408, 410ff.; *Volmer*, MittBayNot 2009, S. 276, 279f.
101 Zu dieser Problematik siehe BGH NJW 2007, 1884; NJW 2009, 1348, 1349; OLG Hamm NJW-RR 2010, 1104; *Brückner*, NJW 2008, S. 1111, 1112ff.; *Herrler*, DNotZ 2009, S. 408, 416ff.
102 Siehe *Ivo*, in: Beck'sches Formularbuch Erbrecht, Muster G.X.6. Anm. 9; *Jerschke*, in: Beck'sches Notar-Handbuch, Teil A V Rn. 221; *Rosendorfer*, MittBayNot 2005, S. 1.
103 *Ivo*, in: Beck'sches Formularbuch Erbrecht, Muster G.X.6. Anm. 9; *J. Mayer*, DNotZ 2008, S. 672, 686f.; *Rosendorfer*, MittBayNot 2005, S. 1, 7ff.
104 BGH NJW 2009, 1346.

stimmung mit der herrschenden Auffassung im Schrifttum[105] erachtet er Wegzugsklauseln grundsätzlich als wirksam. Nur bei Hinzutreten weiterer Umstände komme eine sittliche Missbilligung in Betracht. Diese Auffassung rechtfertigt sich, wie der BGH[106] überzeugend darlegt, aus den Wertungen des Schenkungsrechts: Das aus der Vermögensübertragung folgende Unvermögen des Schenkers, mit seinen Mitteln die Pflegekosten zu bestreiten, führt gemäß §§ 528, 529 BGB nicht zur sittlichen Missbilligung der Schenkung, sondern eröffnet eine auf zehn Jahre befristete Rückforderungsmöglichkeit. Steht es jedem einzelnen somit frei, sein Vermögen nicht zum Zwecke der Vorsorge für den Pflegefall zu behalten, sondern ohne Vorbehalt und Gegenleistung zu verschenken, muss es jedem einzelnen erst recht freistehen, Vermögensgegenstände unter Ausbedingung von Gegenleistungen zu übertragen und die diesbezüglichen Konditionen frei zu vereinbaren. Außerdem ist zu berücksichtigen, dass Gegenleistungen und Vorbehaltsrechte die Vermögensposition des Übergebers verbessern und damit die Chance erhöhen, dass im Fall der Heimunterbringung noch Vermögen vorhanden ist, welches er für die Begleichung der Pflegekosten einsetzen kann. Für den Sozialhilfeträger ist eine Vereinbarung von Vorbehaltsrechten und Gegenleistungen also in jedem Fall, d.h. auch bei Restriktionen wie der Wegzugsklausel, von Vorteil. Wie der BGH[107] zutreffend ausführt, besteht auch keine Grundlage für eine Parallele zur Rechtslage beim Verzicht auf nachehelichen Unterhalt. Nach der Rechtsprechung des BGH[108] ist der Verzicht auf nachehelichen Unterhalt, der zu einer Belastung des Trägers der Sozialhilfe führt, nach § 138 BGB sittenwidrig, wenn die Vertragschließenden bewusst eine Unterstützungsbedürftigkeit zu Lasten der Sozialhilfe herbeiführen. Zwischen dem Verzicht auf nachehelichen Unterhalt und Wegzugsklauseln besteht ein grundlegender Unterschied: Die Ehegatten greifen beim Verzicht auf nachehelichen Unterhalt in die gesetzliche Regelung zum Ehegattenunterhalt ein und senken die sich daraus ergebende Einstandspflicht ab. Hingegen modifizieren Wegzugsklauseln keine gesetzlich vorgesehenen Ansprüche, sondern gestalten die auf einer Vereinbarung von Übergeber und Übernehmer beruhenden Rechte des Übergebers.

3. Einfluss auf den Fristbeginn bei § 529 Abs. 1 Alt. 2 BGB

39 Schließlich stellt sich die Frage, ob der Vorbehalt eines Nießbrauchs oder Wohnungsrechts den Beginn der Zehnjahresfrist nach § 529 Abs. 1 Alt. 2 BGB hindert und

105 *Herrler*, DNotZ 2009, S. 408, 414f.; *Krauß*, DNotZ 2002, S. 705, 711ff.; *J. Mayer*, in: Staudinger, BGB, Neubearb. 2009, § 1093 Rn. 61; *Rosendorfer*, MittBayNot 2005, S. 1, 9; *Vaupel*, RNotZ 2009, S. 497, 511; *Volmer*, MittBayNot 2009, S. 276, 277f.; *Zimmer*, ZEV 2009, S. 382, 385. Die Sittenwidrigkeit bejaht hingegen *Schwarz*, ZEV 1997, S. 309, 314.

106 BGH NJW 2009, 1346, 1347.

107 BGH NJW 2009, 1346, 1347f.

108 BGH NJW 1992, 3164; NJW 2007, 904, 905; NJW 2009, 842.

dem Sozialhilfeträger damit die Möglichkeit eröffnet, auch noch mehr als zehn Jahre nach der Eigentumsübertragung die Rückforderung wegen Verarmung des Schenkers zu verlangen. Eine Hinderung des Fristbeginns könnte aufgrund einer Parallele zum Recht der Pflichtteilsergänzung zu bejahen sein. Nach § 2325 Abs. 3 S. 2 BGB bleiben Schenkungen im Rahmen der Pflichtteilsergänzung unberücksichtigt, wenn seit Leistung des verschenkten Gegenstandes zehn Jahre verstrichen sind. Der BGH vertritt die Ansicht, dass bei Vorbehalt eines Nießbrauchs die in § 2325 Abs. 3 S. 2 BGB geregelte Frist erst mit Wegfall des Nießbrauchs zu laufen beginnt.[109] Zur Begründung führte er an, dass von dem fiktiven Nachlass, aus dem der Pflichtteilsergänzungsanspruch berechnet wird, der Gesetzgeber nur solche Schenkungen ausnehmen wollte, deren Folgen der Erblasser längere Zeit hindurch zu tragen und in die er sich daher einzugewöhnen hatte. Darin sah der Gesetzgeber eine gewisse Sicherheit vor „böslichen" Schenkungen, die Pflichtteilsberechtigte benachteiligen sollen. Deshalb gelte eine Schenkung nur als i.S.v. § 2325 Abs. 3 BGB geleistet, wenn der Erblasser den „Genuss" des verschenkten Gegenstands nach der Schenkung auch tatsächlich entbehren muss. Im Fall eines Nießbrauchsvorbehalts werde dieser Genuss aber nicht aufgegeben. Die grundsätzlichen Ausführungen des BGH zum Nießbrauchsrecht gelten nach h.M.[110] auch für andere Nutzungsrechte, beispielsweise Wohnrechte oder schuldrechtliche Nutzungsvereinbarungen, zu denen sich der BGH bislang nicht ausdrücklich positioniert hat. Das bedeutet: In diesen Fällen ist für die Frage nach dem Leistungszeitpunkt darauf abzustellen, ob der Genuss des verschenkten Gegenstandes aufgegeben worden ist oder nicht. Dies bestimmt sich insbesondere danach, ob das Wohnungsrecht nur wenige Zimmer oder den größten Teil des Hauses erfasst, so dass der Übergeber noch „Herr im Haus" ist.

Auf den Beginn der Zehnjahresfrist im Rahmen des § 529 Abs. 1 Alt. 2 BGB sind **40**
die zu § 2325 Abs. 3 BGB entwickelten Grundsätze nach Ansicht des BGH[111] sowie der herrschenden Lehre[112] nicht übertragbar: Der Vorbehalt von Rechten hindere den Fristbeginn bei § 529 Abs. 1 Alt. 2 BGB nicht. Gegen diese Sichtweise spricht, dass es auch im Rahmen des § 529 Abs. 2 BGB eines Schutzes nicht an der Schenkung beteiligter Dritter vor „böslichen" Schenkungen bedarf. Schutz benötigt in diesen Fällen die Allgemeinheit, die es vor einer missbräuchlichen Inanspruchnahme der Sozial-

109 BGHZ 125, 395. Zum vielschichtigen Meinungsstand in der Literatur *Schindler*, ZEV 2005, S. 290, 293.

110 OLG München FamRZ 2008, 2311, 2312; OLG Karlsruhe NJW-RR 2008, 601, 602; OLG Bremen NJW 2005, 1726; *Herrler*, ZEV 2008, S. 461, 463ff.; *Klinger/Konrad*, NJW-Spezial 2007, S. 301f. Im Einzelnen sind allerdings noch einige Fragen ungeklärt. Nach anderer Ansicht beeinflusst ein Wohnungsrecht den Fristbeginn in keinem Fall, *Meyding*, ZEV 1994, S. 202, 205; *Siegmann*, DNotZ 1994, S. 787, 791.

111 BGHZ 190, 281, 289f.

112 *Everts*, MittBayNot 2012, S. 23, 24; *Herrmann*, in: Erman, BGB, § 529 Rn. 2; *Koch*, in: MünchKommBGB, § 529 Rn. 3; *Rieger*, MittBayNot 2008, S. 108; *Schippers*, RNotZ 2006, S. 42, 54; *Wimmer-Leonhardt*, in: Staudinger, BGB, Neubearb. 2005, § 529 Rn. 8.

systeme zu bewahren gilt. Zwar diente die Rückforderung wegen Verarmung des Schenkers ursprünglich allein dem Schutz des Schenkers vor „Verelendung".[113] Infolge des Ausbaus des Sozialstaates haben sich jedoch die rechtstatsächlichen Rahmenbedingungen und das Normenumfeld verändert. Dies ist bei der Auslegung zu berücksichtigen.[114] Umgekehrt verdient der Übernehmer keinen Schutz, solange der Nutzungswert im Wesentlichen dem Übergeber zusteht. Denn während dieses Zeitraums profitiert er selbst kaum von dem übertragenen Vermögensgegenstand, so dass sich kein schützenswertes Vertrauen auf den Erhalt entwickeln kann. Die von der h.M. zu § 2325 Abs. 3 BGB entwickelten Grundsätze sollten folglich auch bei § 529 Abs. 1 Alt. 2 BGB zur Anwendung gelangen.

V. Fazit

41 Die gesetzlichen Bestimmungen zum Elternunterhalt und zur Rückforderung wegen Verarmung des Schenkers finden sich seit mehr als 100 Jahren unverändert im BGB. Überlassungsverträge mit Gegenleistungen und Vorbehaltsrechten haben ebenfalls eine sehr lange Tradition. Man könnte also meinen, dass die damit im Zusammenhang stehenden Rechtsfragen seit langem geklärt sind. Die vorstehenden Ausführungen haben jedoch gezeigt, dass das Gegenteil zutrifft: Das Grundsatzurteil zum Elternunterhalt datiert aus dem Jahr 2003 und ist damit noch relativ jung. Bei der Rückforderung wegen Verarmung des Schenkers hat die Rechtsprechung für zentrale Probleme (Ausschluss der Rückforderung wegen eigener Bedürftigkeit des Beschenkten gemäß § 529 Abs. 2 BGB) noch kein konsistentes Lösungskonzept entwickelt. Die Urteile zum Beginn der den Rückforderungsanspruch ausschließenden Zehnjahresfrist nach § 529 Abs. 1 Alt. 2 BGB sowie zum Schicksal von Vorbehaltsrechten und Gegenleistungen in Überlassungsverträgen im Fall der Heimunterbringung stammen aus neuerer Zeit. Verantwortlich für diese Dynamisierung sind die Veränderungen der demographischen und sozialen Rahmenbedingungen, die altbekannte Normen in neuem Licht erscheinen lassen. Die zunehmende Alterung der Gesellschaft stellt auch hier das Recht vor neue Herausforderungen.

---

113 *K. Schmidt*, JuS 2003, S. 1125. Gleichsinnig *Koch*, in: MünchKommBGB, § 528 Rn. 1.

114 *Koch*, in: MünchKommBGB, § 528 Rn. 2; *K. Schmidt*, JuS 2003, S. 1125, 1126. Dies lehnt vehement ab *Schippers*, RNotZ 2006, S. 42, 51f.

Frauke Wedemann

§ 11 Grundstrukturen und Grundzüge des Betreuungsrechts (einschließlich Patientenverfügung)

Literatur: *Albrecht, Andreas,* Vorsorgevollmacht und Patientenverfügung als Instrumente der vorsorgenden Rechtspflege, in: Löhnig, Martin/Schwab, Dieter/Henrich, Dieter/Gottwald, Peter/Kroppenberg, Inge (Hrsg.), Vorsorgevollmacht und Erwachsenenschutz in Europa, 2011, S. 45ff.; *Albrecht, Andreas/Albrecht, Elisabeth,* Die Patientenverfügung, 2009; *Bienwald, Werner,* Anmerkung zu AG Lüdinghausen Beschluss vom 24.11.2003 – 9 XVII B 219, FamRZ 2004, S. 835ff.; *Bürgle, Helmut,* Auf dem Weg zu einem neuen Betreuungsrecht, NJW 1988, S. 1881ff.; *Coeppicus, Rolf,* Spruchprivileg bei Anordnung einer Betreuung?, NJW 1996, S. 1947ff.; *Coeppicus, Rolf,* Behandlungsabbruch, mutmaßlicher Wille und Betreuungsrecht, NJW 1998, S. 3381ff.; *Coester, Michael,* Von anonymer Verwaltung zu persönlicher Betreuung, Jura 1991, S. 1ff.; *Czeguhn, Ignacio,* Geschäftsfähigkeit, beschränkte Geschäftsfähigkeit, Geschäftsunfähigkeit, 2003; *Dethloff, Nina,* Familienrecht, 30. Aufl. 2012; *Deutsch, Erwin,* Allgemeines Haftungsrecht, 2. Aufl. 1996; *Deutsch, Erwin/Spickhoff, Andreas,* Medizinrecht, 6. Aufl. 2008; *Diederichsen, Uwe,* Zivilrechtliche Haftungsverhältnisse im Betreuungsrecht, in: Festschrift für Erwin Deutsch, 1999, S. 131ff.; *Diederichsen, Uwe,* Bemerkungen zum Tod und rechtlicher Betreuung, in: Festschrift für Hans Ludwig Schreiber, 2003, S. 635ff.; *Dodegge, Georg,* Das 2. Betreuungsrechtsänderungsgesetz, NJW 2005, S. 1896ff.; *Erman,* Bürgerliches Gesetzbuch, Band 2, 13. Aufl. 2011; *Ganner, Michael,* Selbstbestimmung im Alter, 2005; *Gernhuber, Joachim/Coester-Waltjen, Dagmar,* Familienrecht, 6. Auflage 2010; *Jürgens, Andreas (Hrsg.),* Betreuungsrecht, 4. Aufl. 2010; *Karliczek, Ernst,* Das Patientenverfügungsgesetz, HessÄBl 2009, S. 791ff.; *Lipp, Volker,* Freiheit und Fürsorge, 2000; *Lipp, Volker,* Privatautonomie, Sterbehilfe und Betreuung, DRiZ 2000, S. 231ff.; *Lipp, Volker,* Die neue Geschäftsfähigkeit Erwachsener, FamRZ 2003, S. 721ff.; *Lipp, Volker,* Betreuung und Zwangsbehandlung, JZ 2006, S. 661ff.; *Lipp, Volker (Hrsg),* Handbuch der Vorsorgeverfügungen, 2009; *Lipp, Volker,* Autonomie im Alter, in: Festschrift für Jan Schapp, 2010, S. 383ff.; *Löhnig, Martin/Schärtl,* Christoph, Zur Dogmatik des § 105a BGB, AcP 204 (2004), S. 25ff.; *Müller, Gabriele,* Betreuung und Geschäftsfähigkeit, 1998; *Münchener Kommentar zum BGB (MünchKommBGB),* Band 8 – Familienrecht, 6. Aufl. 2012; *Palandt,* Bürgerliches Gesetzbuch, 71. Aufl. 2012; *Pawlowski, Hans-Martin,* Willenserklärungen und Einwilligungen in personenbezogene Eingriffe, JZ 2003, S. 66ff.; *Pawlowski, Hans-Martin,* Rechtsfähigkeit im Alter?, JZ 2004, S. 13ff.; *Pieroth, Bodo,* Die Verfassungsmäßigkeit der Sterilisation Einwilligungsunfähiger gemäß dem Entwurf für ein Betreuungsgesetz, FamRZ 1990, S. 117ff.; *Rauscher, Thomas,* Familienrecht, 2. Aufl. 2008; *Sachsen Gessaphe, Karl August Prinz von,* Der Betreuer als gesetzlicher Vertreter für eingeschränkt Selbstbestimmungsfähige, 1999; *Schwab, Dieter,* Struktur des geplanten Betreuungsrechts, in: Festschrift zum 65. Geburtstag für Paul Mikat, 1989, S. 881ff.; *Schwab, Dieter,* Familienrecht, 20. Aufl. 2012; *Soergel,* Bürgerliches Gesetzbuch, Deliktsrecht, 13. Aufl. 2005, Familienrecht, 15. Aufl. 2000; *Sonnenfeld, Susanne,* Das 2. BtÄndG, FamRZ 2005, S. 941ff.; *Spickhoff, Andreas (Hrsg.),* Medizinrecht (MedR-Kommentar), 2011; *Spickhoff, Andreas,* Insolvenzwidrige Rechtshandlungen des Insolvenzverwalters, KTS 2000, S. 15ff.; *Spickhoff, Andreas,* Bindungswirkung einer Patientenverfügung und Stellung des Vormundschaftsgerichts, JZ 2003, S. 739ff.; *Spickhoff, Andreas,* Autonomie und Heteronomie im Alter, AcP 208 (2008), S. 345ff.; *Spickhoff, Andreas,* Rechtssicherheit kraft Gesetzes durch sog. Patientenverfügungen, FamRZ 2009, S. 1949ff.; *Spickhoff, Andreas,* Probleme der Patientenverfügung nach deutschem Recht, in: Löhnig, Martin/Schwab, Dieter/Henrich, Dieter/Gottwald, Peter/Kroppenberg, Inge, (Hrsg.), Vorsorgevollmacht und Erwachsenenschutz in Europa, 2011, S. 27ff.; *Staudinger,* Kommentar zum Bürgerlichen Gesetzbuch Buch 1 – Allgemeiner

Teil 3 und 4, Buch 2 – Leistungsstörungsrecht I; *Ulsenheimer, Klaus,* Arztstrafrecht in der Praxis, 4. Aufl. 2008; *Walter, Ute,* Organentnahme nach dem Transplantationsgesetz – Befugnisse der Angehörigen, FamRZ 1998, S. 201ff.; *Wellenhofer, Marina,* Familienrecht, 2. Aufl. 2011; *Zimmermann, Walter,* Das neue Verfahren in Betreuungssachen, FamRZ 1991, S. 272ff.

Inhaltsübersicht

I. Entwicklung und Zweck

1 Das Rechtsinstitut der Betreuung ist in Deutschland im Jahr 1992 eingeführt worden. Es hat die Entmündigung Älterer wegen Geisteskrankheit (mit der Folge der Geschäftsunfähigkeit) sowie die Entmündigung wegen Geistesschwäche, Suchtkrankheit und Verschwendung (mit der Folge einer beschränkten Geschäftsfähigkeit) ersetzt. Im Jahr 1999 ist die Terminologie des Gesetzes dann präzisierend zur „rechtlichen" Betreuung übergewechselt. Es sollte zum einen verdeutlicht werden, dass die Betreuung nicht notwendig die tatsächliche Pflege Hilfsbedürftiger zur Folge hat, sondern „Rechtsfürsorge" ist. Zum anderen sollten dadurch rein karitative Tätigkeiten von vergütungspflichtigen Betreuungstätigkeiten abgegrenzt werden, ungeachtet dessen, dass bei der Prüfung der Erforderlichkeit von Tätigkeiten des Betreuers auf den Grundsatz der persönlichen, dem Wohl des Betroffenen verpflichteten Betreuung Bedacht zu nehmen ist.[1] Durch all dies wurde bezweckt, diskriminierende Elemente des alten Entmündigungs- und Vormundschaftsrechts zu beseitigen und den Betreuten so viel Autonomie wie möglich zu erhalten, aber so wenig Bevormundung wie nötig zuteilwerden zu lassen. Insbesondere sollte die Hilfs- und

1 BT-Drs. 13/10331, S. 26.

Schutzbedürftigkeit eines Menschen nicht mehr (wie im früheren Entmündigungsrecht) in eine vollständige, gar zwangsweise Entrechtung, in einen „sozialen Tod" umschlagen.[2]

Bei der Auslegung und Handhabung des Betreuungsrechts ist im Zweifel aus der Perspektive der Grund- und Menschenrechte von einem Abwägungsvorrang des individuellen Selbstbestimmungsrechts gegenüber dem Verkehrsschutz auszugehen. Während der altersbedingt noch nicht zu Selbstbestimmung Fähige diese Fähigkeit erst einmal erlernen können muss, führt in Bezug auf Ältere jedes Absprechen der Fähigkeit zur Selbstbestimmung zu einer gravierenden Einschränkung nicht nur der allgemeinen Handlungsfreiheit, sondern auch des engeren Persönlichkeitsrechts. Dessen Gewicht überwiegt den Verkehrsschutz grundsätzlich, obwohl letzterer an sich gleichfalls über die allgemeine Handlungsfreiheit mitgeschützt ist. Freilich ist der Aspekt des Verkehrsschutzes keinesfalls generell von der Rechtsordnung zu vernachlässigen. Das zeigt beispielsweise Art. 13 Rom I-VO (entspricht Art. 12 EGBGB), wonach sich eine Person nur dann auf ihre aus einem fremden Recht folgende Geschäfts- oder Handlungsunfähigkeit berufen kann, wenn ihr Vertragspartner diese Unfähigkeit kannte oder kennen musste, vorausgesetzt der Vertrag wurde zwischen Personen geschlossen, die sich in demselben Staat befinden.[3] 2

II. Voraussetzungen und Bestellung eines Betreuers

1. Volljährigkeit

Nach § 1896 Abs. 1 S. 1 BGB können nur Volljährige betreut werden. Minderjährige unterliegen der elterlichen Sorge oder – ausnahmsweise – dann der Vormundschaft, wenn der Minderjährige nicht unter elterlicher Sorge steht, wenn die Eltern nicht sorgeberechtigt sind oder wenn der Familienstand des Minderjährigen nicht zu ermitteln ist (§ 1773 BGB). Vorsorglich kann ein Betreuer bereits ab dem 17. Lebensjahr bestellt werden (§ 1908a BGB). Auch ein Einwilligungsvorbehalt nach § 1903 BGB kann bereits dann bestellt werden. 3

2. Medizinische Voraussetzungen

In medizinischer Hinsicht ist erforderlich, dass der Betroffene psychisch krank, körperlich, geistig oder seelisch behindert ist. Das ist durch ein Sachverständigengut- 4

---

2 *Gernhuber/Coester-Waltjen*, Familienrecht, § 76 Rn. 2.

3 Zum Vorrang des Selbstbestimmungsrechts gegenüber dem Verkehrsschutz *Ganner*, Selbstbestimmung im Alter, S. 81 m.w.N.; *Spickhoff*, AcP 208 (2008), S. 345, 350ff.

achten festzustellen (§ 280ff. FamFG). Ein solches Gutachten kann nur in den Fällen des § 281 FamFG durch ein bloßes ärztliches Zeugnis ersetzt werden, nämlich dann, wenn der Betroffene die Bestellung eines Betreuers beantragt, auf die Begutachtung verzichtet und die Einholung des Gutachtens obendrein, insbesondere im Hinblick auf den Umfang des Aufgabenkreises des Betreuers, unverhältnismäßig wäre, oder wenn ein Betreuer nur zur Geltendmachung von Rechten des Betroffenen gegenüber seinem Bevollmächtigten bestellt wird.

5 Als psychische Krankheiten – worunter im Allgemeinen auch „seelische Behinderungen" fallen dürften[4] – kommen Psychosen sowie Suchtleiden (Drogen-, Medikamenten- und Alkoholmissbrauch) in Betracht.[5] Wichtig ist, dass bloße soziale Fehlentwicklungen zur Annahme einer die Betreuungsbedürftigkeit auslösenden psychischen Krankheit nicht als genügend anzusehen sind. Man darf eben „unvernünftig" handeln und sich demgemäß altersstarrsinnig verhalten[6] oder sich einer medizinischen Problemlage verschließen.[7] Auch der übermäßige Gebrauch von Computer oder Internet löst für sich genommen noch keine psychische Krankheit aus.[8] Auch körperliche oder sonstige geistige bzw. seelische Behinderungen kommen in Betracht. Sie liegen etwa bei schweren Intelligenzdefekten vor.[9] Schwerhörigkeit, Schlechtsichtigkeit bzw. Blindheit, Lähmungen u.ä. sind zwar gewiss als körperliche Behinderungen anzusehen. Doch führen sie nicht ohne Weiteres dazu, dass der Betroffene seine Angelegenheiten ganz oder teilweise nicht besorgen kann, wie dies § 1896 Abs. 1 S. 1 BGB zusätzlich voraussetzt.

3. Unvermögen des Betreuten

6 Das führt zur entsprechenden Voraussetzung des Unvermögens des Betreuten. Vorweg ist zu bemerken, dass die Anordnung der Betreuung auf die Geschäftsfähigkeit ebenso wenig wie auf die Ehefähigkeit oder die Testierfähigkeit per se Auswirkungen hat.[10] Die betreffenden Fähigkeiten bzw. Unfähigkeiten sind also jeweils gesondert festzustellen. Das gilt auch, wenn ein Einwilligungsvorbehalt nach § 1903 BGB angeordnet ist.[11] Denn auch ein Einwilligungsvorbehalt führt nicht zu einer beschränkten Geschäftsfähigkeit von Geschäftsunfähigen. Die potentielle Irreführung

---

4 *Gernhuber/Coester-Waltjen*, Familienrecht, § 76 Rn. 17 unter Hinweis auf BT-Drs. 11/4528, S. 116.
5 BayObLG FamRZ 1993, 1489, 1490; NJW-RR 1998, 1014; FamRZ 1999, 1304; FamRZ 1999, 1306, 1307; FamRZ 2001, 1403, 1404.
6 BayObLG FamRZ 2002, 494.
7 OLG Köln FamRZ 1995, 1083.
8 LG Essen FamRZ 2008, 183.
9 BayObLG FamRZ 1994, 318.
10 OLG Frankfurt FamRZ 1996, 635.
11 *Löhnig/Schärtl*, AcP 204 (2004), S. 25, 31; für eine teleologische Reduktion der §§ 109ff. BGB *Lipp*, Handbuch der Vorsorgeverfügungen, § 2 Rn. 57.

des Geschäftsverkehrs wie überhaupt das wenig geglückte Nebeneinander von Betreuung, Einwilligungsvorbehalt und Geschäftsfähigkeit hat der Gesetzgeber vor dem Hintergrund des Vorrangs der Selbstbestimmung gegenüber dem Verkehrsschutz in Kauf genommen.[12] Insbesondere lässt sich eine ins Leere gegangene Einwilligung des Betreuers zu einer (nichtigen) Willenserklärung des Betreuten nicht ohne Weiteres in eine Vornahme des Rechtsgeschäfts durch den Betreuer selbst umdeuten (§ 140 BGB);[13] § 1903 BGB ist nicht lex specialis zu § 105 BGB.[14]

Weiter ist erforderlich, dass das Unvermögen des Betreuten zur Besorgung seiner Angelegenheiten kausal auf die Krankheit oder Behinderung zurückzuführen ist.[15] Bei bloß körperlichen Behinderungen wird auch das Unvermögen nur physischer Natur sein, etwa wenn die notwendige Kommunikation mit Behörden oder sonstigen Kontaktpersonen nicht mehr erfolgen kann. Solche Behinderungen lösen nur ausnahmsweise die Betreuungsbedürftigkeit aus. Immerhin kann die Betreuung auch im Interesse dritter Personen erforderlich sein, man denke etwa an die Notwendigkeit wirksamer rechtsgeschäftlicher Erklärungen (z.B. eine Kündigung).[16] 7

4. Zwangsbetreuung

Nach § 1896 Abs. 1a BGB darf ein Betreuer gegen den freien Willen des Volljährigen nicht bestellt werden. Der Gesetzgeber hat mit dieser durch das Zweite Betreuungsrechtsänderungsgesetz[17] eingefügten Norm noch einmal sein Anliegen hervorgehoben, die Autonomie volljähriger, älterer Menschen besonders zu betonen. 8

Entgegen mancher Stimmen in der Literatur[18] ist die Willensfreiheit im Sinne von § 1896 Abs. 1a BGB weder terminologisch noch in der Sache mit der Geschäftsunfähigkeit im Sinne von § 104 Nr. 2 BGB gleichzusetzen. § 104 Nr. 2 BGB setzt einen (dauerhaften) Zustand krankhafter Störung der Geistestätigkeit voraus, der die freie Willensbestimmung ausschließt. Diese Definition ist insofern zu eng, als sie nur auf die Abgabe oder Entgegennahme von Willenserklärungen bezogen ist,[19] und sie ist zumindest dann als zu weitgehend anzusehen, wenn man mit der herrschenden Ansicht eine relative Geschäftsfähigkeit, die auf das konkrete Geschäft bzw. den konkreten Gegenstand der Selbstbestimmung bezogen ist, ablehnt und vielmehr ganz pauschal darauf abstellt, ob jemand noch einfache Geschäfte des täglichen 9

12 *Schwab*, Familienrecht, Rn. 907; kritisch auch *Coester*, Jura 1991, S. 1, 7.
13 Anders BT-Drs. 11/4528, S. 137; zutreffend *Diederichsen*, in: Palandt, BGB, § 1903 Rn 10.
14 *v. Sachsen Gessaphe*, Der Betreuer als gesetzlicher Vertreter, S. 447f.
15 *Schwab*, in: MünchKommBGB, § 1896 Rn. 21.
16 BayObLG FamRZ 1996, 1369, 1370.
17 Vom 21.4.2005, BGBl. I, S. 1073.
18 *Gernhuber/Coester-Waltjen*, Familienrecht, § 76 Rn. 4; *Dodegge*, NJW 2005, S. 1896, 1897; *Sonnenfeld*, FamRZ 2005, S. 941.
19 *Knothe*, in: Staudinger, BGB, Bearb. 2011, Vorbemerkungen zu §§ 104–115, Rn. 1.

Lebens besorgen kann, was zur Geschäftsfähigkeit führen soll.[20] Diese Begriffsausfüllung, die noch aus der Zeit der entrechtenden Entmündigung Volljähriger stammt, war damals zwar von dem berechtigten Anliegen getragen, die Selbstbestimmung Älterer möglichst weitgehend zu erhalten. Sie vermag aber der gebotenen Differenzierung je nach dem Schwierigkeitsgrad des konkreten Geschäftes und daher dem Schutzbedürfnis Volljähriger, dem gegenüber Verkehrsschutzinteressen Vorrang zugestanden werden sollte, nicht zureichend Rechnung zu tragen.[21]

10 Wenn man sich daher nicht (an sich oft methodenunehrlich) des Kunstgriffs der auch in Deutschland anerkannten partiellen Geschäftsunfähigkeit bedient, die dann auf die Betreuung an sich (die indes wiederum kein Rechtsgeschäft begründet, sondern über § 1902 BGB nur ggf. Geschäftsabschlüsse durch den Betreuer hernach ermöglicht) zu beziehen wäre, bleibt nur, auf den natürlichen Willen abzustellen. Dieser schließt die Bestellung eines Betreuers aus, sofern der Betroffene einsichtsfähig und fähig ist, nach dieser Einsicht zu handeln, die Betreuung gleichwohl aber ablehnt. Nur wenn es an dieser Einsichts- und Handlungsfähigkeit fehlt, ist der Wille nicht „frei" im Sinne von § 1896 Abs. 1a BGB.[22] Dabei kommt es auf den Zeitpunkt der potentiellen Bestellung eines Betreuers an. Eine antizipierte Ablehnung mit der Wirkung, dass sie für ein späteres Betreuungsverfahren verbindlich ist, kommt nicht in Betracht.[23] Entscheidend ist insbesondere die Fähigkeit zur Einsicht in die Bedeutung einer Betreuung. Sie muss als Rechtsinstitut zumindest im Großen und Ganzen intellektuell erfasst werden. Ferner ist erforderlich, dass die dafür und dagegen sprechenden Gesichtspunkte erkannt und gegeneinander abgewogen werden können.[24]

11 In der Praxis wird dem Vernehmen nach gelegentlich recht weitgehend die Freiheit zur Willensbildung abgelehnt. Auch wenn theoretisch in Zweifelsfällen die Bestellung eines Betreuers zu unterbleiben hat,[25] was sich aus dem Regelungszusammenhang und der Intention von § 1896 Abs. 1a BGB deutlich ergibt, ist die erforderliche Einsichtsfähigkeit abgelehnt worden, wenn die übermächtige Einflussnahme durch Dritte in Rede steht.[26] Bei alledem ist die Freiheit der Willensbildung auf den Umfang der erforderlichen Betreuung auszurichten. So kann es an der erforderlichen Einsichtsfähigkeit (nur) insoweit fehlen, als ein aufgrund einer psychi-

20 Exemplarisch BGH JZ 1970, 614.

21 Näher *Spickhoff*, AcP 208 (2008), S. 345, 379ff. m.w.N. In Österreich und in der Schweiz ist demgegenüber die in Deutschland mehrheitlich abgelehnte relative Geschäftsfähigkeit, die neben den medizinischen Voraussetzungen auch die Komplexität des konkreten Geschäftes mit in die Betrachtung einbezieht, allgemein anerkannt, ohne dass es dort offenbar zu signifikanten Einschränkungen des Verkehrsschutzes gekommen ist.

22 Ebenso *Diederichsen*, in: Palandt, BGB, § 1896 Rn. 4.

23 Ebenso *Schwab*, in: MünchKommBGB, § 1896 Rn. 34.

24 *Schwab*, in: MünchKommBGB, § 1896 Rn. 30; *Diederichsen*, in: Palandt, BGB, § 1896 Rn. 4.

25 *Dodegge*, NJW 2005, S. 1896, 1897.

26 BT-Drs. 15/2494, S. 28; vgl. auch BGH NJW 1996, 918, 919.

schen Erkrankung beruhender Verlust der Steuerungsfähigkeit auch nur in einzelnen Lebensbereichen anzunehmen ist. Bejaht wurde dies etwa im Kontext des Sammeltriebs eines Betroffenen mit der Folge der (ggf. gesundheitsgefährdenden) Verwahrlosung.[27] In derartigen Fällen geht es darum, den mit der Betreuung nicht einverstandenen Betroffenen, der aufgrund seiner Krankheit oder Behinderung seinen Willen nicht frei bestimmen kann,[28] vor sich selbst zu schützen.

5. Erforderlichkeit, Betreuungsbedarf und Subsidiarität

§ 1896 Abs. 2 BGB statuiert die weiteren Voraussetzungen der Erforderlichkeit, der 12
Betreuungsbedürftigkeit und der Subsidiarität der Betreuung. All dies entspringt dem verfassungsrechtlichen Verhältnismäßigkeitsgebot. Ein Betreuer darf nur und soweit („für Aufgabenkreise“) bestellt werden, als die Betreuung erforderlich ist (Abs. 2 S. 1). Neben der Zuweisung einzelner Aufgabenkreise oder auch nur einzelner Angelegenheiten kann eine so genannte Totalbetreuung angeordnet werden. Vorauszusetzen ist dann aber, dass eine so weitgehende Betreuung erforderlich ist, was einer besonderen Begründung bedarf.[29] Im Bereich der Gesundheitsbetreuung kann die Einwilligung in ärztliche Maßnahmen im Einzelfall auch allgemein angeordnet werden. Auch hier sind indes die Erforderlichkeit und der Betreuungsbedarf zu beachten. Nur soweit es beim Betroffenen an der notwendigen Krankheitseinsicht fehlt, darf die Betreuung zur Sicherstellung der erforderlichen medikamentösen oder sonstigen ärztlichen Behandlung und deren Überwachung angeordnet werden. Ggf. ist der Bereich der „Gesundheitsfürsorge“ auch auf fachärztliche Bereiche zu begrenzen.[30]

Die Betreuungsbedürftigkeit folgt aus der medizinisch begründeten Unfähig- 13
keit, eigene Angelegenheiten zu besorgen (Abs. 1 S. 1). Fehlt es an der Bedürftigkeit, darf die Betreuung nicht einmal auf den Antrag desjenigen angeordnet werden, der gern betreut werden möchte.[31] Das ist insbesondere dann anzunehmen, wenn sich der Betroffene der Hilfe Anderer bedienen kann. Erst wenn die betreffenden Personen außer Stande sind, selbst von sich aus Hilfe in Anspruch zu nehmen oder gar die Notwendigkeit zu solcher Hilfe verkennen, kann eine Betreuung angeordnet werden. Im Bereich der Gesundheitsfürsorge fehlt es an der Betreuungsbedürftigkeit, etwa wenn eine Zwangsbehandlung wegen fehlender Erfolgsaussicht oder Unverhältnismäßigkeit ausscheidet. Die Anordnung der Betreuung ist dann kein geeignetes bzw. sie wäre ein unangemessenes Mittel.[32]

27 OLG Hamm FamRZ 2009, 1436.
28 Siehe dazu auch BayObLG FamRZ 2006, 289.
29 *Diederichsen*, in: Palandt, BGB, § 1896 Rn. 16; *Schwab*, in: MünchKommBGB, § 1896 Rn. 117.
30 *Lipp*, Freiheit und Fürsorge, S. 167.
31 OLG Zweibrücken FamRZ 2004, 1815.
32 OLG Schleswig SchlHA 2006, 137.

14 Zudem ist soweit wie möglich ein absehbarer Bedarf an Betreuung hinreichend präzise und dem Erforderlichkeitsprinzip entsprechend zu umreißen. Keinesfalls dürfen pauschal vorsorglich alle möglichen, nur denkbaren künftigen Ereignisse oder Notfälle erfasst werden.[33] Nur wenn konkrete Anzeichen für entsprechende Konstellationen vorhanden sind, können sie bei der Betreuerbestellung und bei der Umschreibung der Aufgabenkreise berücksichtigt werden.[34] Die Anordnung einer auf dieser Basis erfolgten Betreuung wird nicht ex tunc rechtswidrig, weil sich die Prognose im Nachhinein als verfehlt herausstellt; maßgebender Beurteilungszeitpunkt ist vielmehr derjenige der Betreuerbestellung.[35]

15 Die Subsidiarität der Betreuung gegenüber einem Bevollmächtigten oder anderen Hilfsmöglichkeiten ist in § 1896 Abs. 2 S. 2 BGB hervorgehoben. Der Einsatz von Bevollmächtigten hat auch im Kontext medizinischer Maßnahmen Vorrang (§ 1904 Abs. 5 BGB), vorausgesetzt, die Vollmacht ist wirksam erteilt, nicht widerrufen oder erloschen. Der Aspekt der Subsidiarität greift indes weder, wenn schon gegen die Wirksamkeit der Vollmachtserteilung Bedenken bestehen,[36] noch, wenn der Bevollmächtigte z.B. wegen Missbrauchs der Vollmacht als untauglich erscheint.[37]

16 Bei alledem sollte auch die Bestellung eines Betreuers zum Zwecke der vorbeugenden Gesundheitsvorsorge möglich sein, namentlich dann, wenn der Betroffene notwendige Heilmaßnahmen oder Vorsorgeuntersuchungen ablehnt und diese Ablehnungshaltung auf einer psychischen Erkrankung beruht, die eine insofern freie Willensbestimmung ausschließt.[38] Soweit eine Gesundheitsbetreuung angeordnet worden ist, besteht dem Betreuer gegenüber keine ärztliche Schweigepflicht. So kann er Einsicht in die Krankenunterlagen begehren. Bei alledem ist indes darauf hinzuweisen, dass der einwilligungsfähige Betroffene in seinen Entscheidungen gegenüber Ärzten vorrangig entscheidungsbefugt ist. Das gilt auch in Bezug auf den Widerruf einer bereits erteilten Einwilligung durch einen (ggf. rechtswidrig) bestellten Betreuer. Es ist zu beachten, dass Einwilligungsfähigkeit (die stets auf den konkreten Eingriff bezogen ist) und Geschäftsfähigkeit (bei der dies nach h.M. in Deutschland nicht der Fall ist) durchaus auseinanderfallen können.[39]

17 Da die Betreuung mit dem Tode endet, kann für bereits Verstorbene kein Betreuer mehr bestellt werden.[40] Auch die Einwilligung in die Organspende im Falle

---

33 OLG Köln FamRZ 2000, 908, 909.

34 BayObLG FamRZ 2003, 1043; OLG Hamm FamRZ 1995, 433, 435.

35 BayObLG FamRZ 2004, 657, 658.

36 BGH NJW 2011, 925; bestätigt durch BGH NJW 2011, 2135 (potenzielle bzw. wahrscheinliche Geschäftsunfähigkeit der Betroffenen zur Zeit der Ausstellung der Errichtung der Vollmacht).

37 BGH NJW 2011, 2135.

38 Übereinstimmend *Schwab*, in: MünchKommBGB, § 1896 Rn. 74; zu zurückhaltend – es könne „kaum ein Betreuer bestellt werden", soweit es um rein vorbeugende Gesundheitsvorsorge geht –, BayObLG BtPrax 1995, 64, 65.

39 Siehe *Spickhoff*, MedR-Kommentar, § 1896 BGB Rn. 15.

40 Unzutreffend AG Hersbruck FamRZ 1992, 1471 mit Anm. *Schwab*.

des Todes des Betroffenen unterliegt nicht mehr einem denkbaren Aufgabenkreis des Betreuers; hier gelten die besonderen Regeln des TPG. Im Falle der Lebendspende greifen die Spezialregeln des § 8 TPG, so dass ein Betreuer die Befugnis zur Einwilligung hier nicht haben kann.[41] Unzulässig ist auch die Einwilligung in eine Obduktion oder Sektion, da sie wiederum auf die Zeit nach dem Tode gerichtet ist.[42] Ebenso steht es mit der Totenfürsorge; hier ist allenfalls eine Notgeschäftsführung denkbar. Ein Betreuer kann also lediglich die Totenfürsorge seines Betreuten übernehmen.[43] Für die Errichtung einer Patientenverfügung, für die ein Betreuer gleichfalls zulässigerweise nicht bestellt werden kann,[44] gelten die Sonderregeln der §§ 1901a, 1904 BGB, für die Sterilisation finden sich Spezialregelungen in § 1905 BGB und ebenso steht es in Bezug auf spezielle Fragen der Erforderlichkeit von Heilmaßnahmen im Kontext der Unterbringung (§ 1906 BGB).

Gelegentlich können für die Beurteilung der Erforderlichkeit der Bestellung **18** eines Betreuers auch die Interessen Dritter eine Rolle spielen, sei es, dass ein psychisch Erkrankter seine Umwelt und Mitmenschen gefährdet, sei es aber auch dadurch, dass vermögensrechtliche Interessen eine Rolle spielen, wie etwa dann, wenn es um die Abgabe einer einseitigen Willenserklärung (Kündigung, Anfechtung usw.) gegenüber dem Betroffenen geht.[45] Die Anordnung einer Betreuung wird dann erforderlich, wenn der Betroffene nicht mehr fähig ist, seine eigenen Angelegenheiten als passive Partei zu regeln, namentlich wenn und weil er insoweit geschäftsunfähig ist.

6. Die Bestellung des Betreuers

Der Betreuer kann auf Antrag des Betroffenen selbst oder von Amts wegen bestellt **19** werden. Nach § 275 FamFG ist für die Antragstellung keine Geschäftsfähigkeit erforderlich.

Im Übrigen legt § 1897 BGB das Prinzip der persönlichen Betreuung durch **20** „eine" vorrangig zu bestellende natürliche Person fest. Der Betreuer hat mithin seine Betreuungsleistungen persönlich zu erbringen. Das steht naturgemäß nicht der Möglichkeit entgegen, dritte Personen (Fachleute für Reparaturen, Mediziner o.ä.) hinzuzuziehen. Eine generelle Übertragung der Aufgaben des Betreuers auf dritte Personen ist aber mit dem Prinzip der persönlichen Betreuung nicht vereinbar.[46]

---

41 *Walter*, FamRZ 1998, S. 201, 204.
42 AG Neuruppin FamRZ 2005, 2097.
43 *Schwab*, in: MünchKommBGB, § 1896 Rn. 104–107.
44 *Bienwald*, FamRZ 2004, S. 835.
45 Siehe BayObLG FamRZ 1996, 1396; *Gernhuber/Coester-Waltjen*, Familienrecht, § 76 Rn. 23.
46 OLG Frankfurt NJW-RR 2004, 295; ebenso bei der Bestellung eines Urlaubsvertreters OLG Frankfurt FamRZ 2002, 1362.

21 Bei der Auswahl des Betreuers ist eine Betreuungsverfügung bzw. ein Vorschlag des zu Betreuenden positiv wie negativ prinzipiell bindend (§ 1897 Abs. 4 BGB). Auch für entsprechende Vorschläge ist weder Geschäftsfähigkeit noch Einwilligungsfähigkeit erforderlich.[47] Bei alledem kann der Betreute auch einen Personenkreis angeben, aus dem ausgewählt werden soll. Nicht zum Betreuer bestellt werden kann aber, wer dort, wo der Volljährige untergebracht ist (Anstalt, Heim oder sonstige Einrichtung), in einem Abhängigkeitsverhältnis oder in einer entsprechend engen Beziehung steht. Es geht hier um den Ausschluss drohender Interessenkonflikte. Das ist in Grenzen vom BVerfG relativiert worden. Im Hinblick auf Art. 6 Abs. 2 GG darf etwa die Geschäftsführerin einer Betreuungseinrichtung Betreuerin sein, wenn und weil sie die leibliche Mutter des dort lebenden, schwerbehinderten Kindes ist.[48] Das wird auch bei anderen, an sich nach § 1897 Abs. 3 BGB ausgeschlossenen Personen angenommen werden können, vorausgesetzt, diese sind dem Betroffenen besonders eng (insbesondere verwandtschaftlich) verbunden. Keine Bindungswirkung an den Vorschlag des Betroffenen entsteht ferner dann, wenn die Bestellung der vorgeschlagenen Person dem Wohl des Volljährigen zuwider laufen würde.[49]

22 Hat der Betroffene keinen Betreuer vorgeschlagen, so ist gemäß § 1897 Abs. 5 BGB bei der Auswahl auf die verwandtschaftlichen und sonstigen persönlichen Bindungen des Volljährigen, insbesondere auf die Bindungen zu Eltern, zu Kindern, zum Ehegatten und zum Lebenspartner, auf langjährige Freundschaften sowie auf die Gefahr von Interessenkonflikten Rücksicht zu nehmen. Die Aufzählung („insbesondere") ist nicht abschließend.

23 § 1897 Abs. 6–8 BGB sieht im Übrigen die so genannte Berufsbetreuung vor. Sie greift (leider nicht selten), wenn es an geeigneten Personen fehlt, die dem zu Betreuenden persönlich nahestehen. Die Berufsbetreuung ist von der Vereins- bzw. Behördenbetreuung zu unterscheiden. Bei letzterer werden ein Verein oder eine Behörde gemäß § 1900 BGB als solche zum Betreuer bestellt. Der Verein (bzw. die Behörde) überträgt die Wahrnehmung der Betreuung dann einzelnen Personen, wobei auch hier Vorschlägen des zu Betreuenden Rechnung zu tragen („zu entsprechen") ist, soweit nicht wichtige Gründe entgegenstehen (§ 1900 Abs. 2 S. 2 BGB). Auch die Behördenbetreuung bzw. die Vereinsbetreuung ist gegenüber der Betreuung durch natürliche Personen nachrangig. Sobald der Volljährige durch eine oder mehrere natürliche Person(en) hinreichend betreut werden kann, hat er dies dem Gericht mitzuteilen und das Gericht hat dann ggf. eine natürliche Person als Betreuer einzusetzen. Im Übrigen gilt im Verhältnis von Vereins- und Behördenbetreuung, dass die Behördenbetreuung gewissermaßen als letzter Notanker anzusehen ist (§ 1900

47 *Schwab*, in: MünchKommBGB, § 1897 Rn. 21.

48 BVerfG FamRZ 2006, 1509 mit Anm. *Bienwald*.

49 Zur Problematik der Zeugen Jehovas LG Frankfurt FamRZ 2003, 632; *Spickhoff*, MedR-Kommentar, § 1897 BGB Rn. 4.

Abs. 4 BGB). Über die Einwilligung in eine Sterilisation des Betreuten darf Vereinen oder Behörden die Entscheidung nicht übertragen werden (§ 1900 Abs. 5 BGB).

Im Einzelfall kann das Betreuungsgericht auch mehrere Personen als Betreuer 24
bestellen. Vorausgesetzt ist allerdings, dass durch eine solche Variante die Angelegenheiten des Betreuten besser besorgt werden können (§ 1899 Abs. 1 S. 1 BGB). Für die Entscheidung über die Einwilligung in eine Sterilisation des Betreuten ist übrigens stets ein besonderer (Einzel-)Betreuer zu bestellen (§ 1899 Abs. 2 BGB). Zudem gibt es weitere Varianten der Betreuung. Die gemeinschaftliche Betreuung führt dazu, dass die Angelegenheiten des Betreuten nur gemeinsam besorgt werden können, es sei denn, das Gericht hat etwas Anderes bestimmt oder es wäre mit dem Aufschub Gefahr verbunden (§ 1899 Abs. 3 BGB). Die geteilte Mitbetreuung (§ 1899 Abs. 1 S. 2 BGB) ist dadurch gekennzeichnet, dass jeder Betreuer für einen anderen Aufgabenkreis zuständig ist und dann insoweit selbständig handeln kann. Denkbar ist schließlich die Ersatzbetreuung im Verhinderungsfall (§ 1899 Abs. 4 BGB).

III. Betreuungsverhältnis

1. Rechte, Pflichten und Rechtsmacht des Betreuers

Das Betreuungsverhältnis ist maßgeblich durch die §§ 1901, 1902 BGB geprägt, zwi- 25
schen die sich mittlerweile freilich die Regeln über die Patientenverfügungen (§§ 1901a ff. BGB) geschoben haben. Allgemeinen Grundsätzen folgend ist auch in Bezug auf die Betreuung zwischen dem Innenverhältnis, aus dem sich Rechte und Pflichten ergeben, und dem Außenverhältnis, welches durch die Vertretungsmacht des Betreuers geprägt ist (§ 1902 BGB), zu unterscheiden.[50] Im Innenverhältnis umfasst die Betreuung nach § 1901 Abs. 1 BGB alle Tätigkeiten, die erforderlich sind, um die Angelegenheiten des Betreuten rechtlich zu besorgen.

Zur rechtlichen Fürsorge gehören der Abschluss von Verträgen (etwa Pflegever- 26
träge, Behandlungsverträge, aber auch Verträge über den Kauf von Gegenständen des täglichen Bedarfs) sowie die Einwilligung in ärztliche Maßnahmen.[51] Das beruht darauf, dass bestimmte Leistungen im Rahmen der Personensorge, namentlich Pflegeleistungen und erst recht medizinische Fachleistungen, im Zweifel nicht vom Betreuer selbst durchzuführen sind. Er hat lediglich rechtlich dafür zu sorgen, dass entsprechende Kräfte verpflichtet werden. Aufgaben, deren Vergütung durch andere Kostenträger (wie Krankenkassen oder die Sozialhilfe) erfolgt, kann der Betreuer nicht selbst in Rechnung stellen.[52] So darf ein Betreuer etwa die persönliche Beglei-

50 Siehe auch *Gernhuber/Coester-Waltjen*, Familienrecht, § 76 Rn. 58–61; *Wellenhofer*, Familienrecht, § 40 Rn. 9, 10.

51 *Diederichsen*, in: Palandt, BGB, § 1901 Rn. 1.

52 *Diederichsen*, in: Palandt, BGB, § 1901 Rn. 1.

tung des Betreuten zu Terminen bei Ärzten, Optikern, Sanitätshäusern o.ä. dann nicht für erforderlich halten, wenn das Pflegeheim, in welchem der Betreute lebt, aufgrund der sozialrechtlichen Vorgaben ohnedies dazu verpflichtet ist, selbständig hierfür Begleitpersonal zur Verfügung zu stellen. Das gilt erst recht, wenn der Betreute mit entsprechenden Begleitpersonen bereits anstandslos z.B. bei einer ärztlichen Untersuchung gewesen ist.[53] Nur in Notfällen kann die faktische Hilfe noch in den Pflichtenkreis des Betreuers gehören.[54]

27 Besonders tief einschneidend ist die Aufgabe einer Wohnung des Betreuten. Daher statuiert § 1907 BGB ein besonderes betreuungsgerichtliches Genehmigungserfordernis im Kontext eines Mietverhältnisses über Wohnraum. Dem Betreuten soll sein bisheriger Wohnraum solange wie möglich erhalten bleiben. Denn die eigene Wohnung ist der räumliche Mittelpunkt des Lebens und damit für den Betreuten von überragender Bedeutung. Mit ihr verliert er gegebenenfalls die vertraute Umgebung und vielfach auch den Bekanntenkreis. Daher soll es möglich sein, dass der Betreute auch nach einem längeren Krankenhausaufenthalt oder nach der Beendigung einer Unterbringung seine frühere Wohnung wieder beziehen kann.

28 Einem Grundprinzip des Betreuungsrechts folgend hat der Betreuer bei alledem die Angelegenheiten des Betreuten so zu besorgen, wie es dessen Wohl entspricht. Dazu gehört insbesondere, dass der Betreute sein Leben im Rahmen seiner Fähigkeiten nach eigenen Wünschen und Vorstellungen gestaltet. Während die Anknüpfung an Wünsche von vornherein individuell-subjektiv an den konkreten Betreuten gebunden ist, wird man den Begriff des Wohles eher objektiv zu verstehen haben, wenngleich die Wünsche des Betreuten ggf. objektive Maßstäbe beeinflussen und begrenzen. Allerdings werden die Wünsche des Betreuten durch sein (eher objektiviertes) Wohl nach § 1901 Abs. 3 S. 1 BGB limitiert. Im Prinzip zu beachtende Wünsche betreffen etwa den Aufenthaltsort,[55] die Art und Auswahl eines Heims oder eines Krankenhauses bzw. einer Rehabilitationseinrichtung, Zusatzleistungen im Bereich von entsprechenden Einrichtungen sowie ärztliche Sonderleistungen. Bei alledem soll ermöglicht werden, dass der Betroffene soweit wie möglich seinen bisherigen und gewohnten Lebensstandard beibehalten kann.[56] In den Grenzen des Wohls (z.B. einer drohenden Gesundheitsgefährdung) sind auch riskante, ungesunde und unvernünftige Verhaltensweisen zu akzeptieren.[57] Abgesehen vom Wohl des Betreuten werden dessen Wünsche auch dann begrenzt, wenn deren Befolgung einen Betreuungsaufwand im Übermaß auslöst.[58]

---

53 BayObLG FamRZ 2003, 477.

54 *Schwab*, in: MünchKommBGB, § 1901 Rn. 8.

55 Siehe etwa OLG Köln NJW-RR 1197, 451.

56 BayObLG NJW 1991, 432.

57 So mit Grund *Schwab*, in: MünchKommBGB, § 1901 Rn. 14.

58 BT-Drs. 11/4528, S. 135.

All dies hat der Betreuer jedenfalls in wichtigen Angelegenheiten mit dem Betreuten (in den Grenzen von dessen Wohl) zu besprechen (§ 1901 Abs. 3 S. 3 BGB). Nach § 1901 Abs. 4 S. 1 BGB sind auch Rehabilitationschancen zu nutzen, wie überhaupt die Gesundheit zu fördern ist. Zu diesem Zweck ist ggf. im Falle der berufsmäßigen Betreuung ein Betreuungsplan aufzustellen, der allerdings so auszugestalten ist, dass die notwendige Flexibilität erhalten bleibt, um dem jeweiligen Krankheitsbild, dem objektiven Interesse und den subjektiven Wünschen des Betroffenen Rechnung tragen zu können.[59] Schließlich treffen den Betreuer nach § 1901 Abs. 5 BGB Mitteilungspflichten, und zwar nicht nur dann, wenn die Aufhebung der Betreuung in Betracht kommt, sondern auch, wenn sein Aufgabenkreis eingeschränkt oder erweitert werden könnte bzw. wenn die Bestellung eines weiteren Betreuers oder die Anordnung eines Einwilligungsvorbehalts in Betracht kommen. An solche Fälle ist insbesondere dann zu denken, wenn sich etwa das Krankheitsbild des Betreuten entsprechend verändert (verbessert oder verschlechtert) hat. **29**

In Bezug auf das Außenverhältnis hat der Betreuer gemäß § 1902 BGB die Stellung eines gesetzlichen Vertreters, was die Möglichkeit der Fremdbestimmung impliziert. Einschränkungen der Befugnisse im Innenverhältnis, etwa durch die Bezugnahme auf das Wohl und die Wünsche des Betreuten gemäß § 1901 BGB, begrenzen prinzipiell den Umfang der Vertretungsmacht nicht. Diese richtet sich vielmehr allein nach dem in der Bestellungsurkunde bezeichneten Aufgabenkreis (§ 290 Nr. 3 FamFG).[60] Das hat zur Folge, dass der Betreuer den Betreuten auch gegen oder ohne dessen Willen wirksam verpflichten kann, selbst wenn dies im Innenverhältnis pflichtwidrig geschieht.[61] Etwas Anderes gilt nur im Bereich des Missbrauchs der Vertretungsmacht, also insbesondere bei kollusivem Zusammenwirken zwischen Betreuer und Geschäftspartner oder dann, wenn der Betreuer im Innenverhältnis pflichtwidrig handelt und der Geschäftspartner dies weiß oder in Folge grober Fahrlässigkeit nicht weiß bzw. wenn die Überschreitung der Befugnisse des Innenverhältnisses im Außenverhältnis evident ist.[62] Abgesehen davon kann die Betreuung in Fällen der Pflichtverletzung nur aufgehoben werden. **30**

Indes hat der Betreuer keine Rechtsmacht, eine Einwilligung in ärztliche Maßnahmen zu erteilen, wenn und solange der Betreute einwilligungsfähig ist. Das gilt im Prinzip auch für den Schwangerschaftsabbruch. Sonderfälle regeln die §§ 1904–1906 BGB. Aufgrund der besonderen Stellung des verfassungsrechtlich verbürgten Persönlichkeitsschutzes von Patienten sprechen überhaupt die besseren Gründe dafür, Entscheidungen des Betreuers und ebenso eines Vorsorgebevollmächtigten in Form der Einwilligung oder der Ablehnung von medizinischen Maß- **31**

59 BT-Drs. 15/2494, S. 29.

60 *Diederichsen*, in: Palandt, BGB, § 1902 Rn. 1.

61 *Gernhuber/Coester-Waltjen*, Familienrecht, § 76 Rn. 59.

62 Vgl. BGH NJW 2002, 2783; *Spickhoff*, KTS 2000, S. 15, 25 (Missbrauch der Vertretungsmacht durch Insolvenzverwalter).

nahmen im Außenverhältnis als unwirksam anzusehen, wenn diese im Gegensatz zum Willen des Betroffenen stehen. Interessen der Beteiligten werden dadurch nicht unzumutbar beeinträchtigt. Allerdings führt die Unwirksamkeit der Einwilligung durch Betreuer oder Vorsorgebevollmächtigte ggf. zur Rechtswidrigkeit der medizinischen Intervention in Gestalt eines Eingriffs in die körperliche Integrität, wenn sie im Gegensatz zum Willen des Betroffenen stehen. Indes würde sich die Behandlungsseite insoweit im Zweifel im Tatsachenirrtum über das Auseinanderfallen der Entscheidung des Betreuers bzw. des Vorsorgebevollmächtigten und der subjektiven Entscheidungslinie des Betreuten befinden, so dass der Vorsatz aufgrund eines so genannten Erlaubnistatbestandsirrtums entfällt. Die Möglichkeit der Nothilfe gegenüber entsprechenden medizinischen Maßnahmen bleibt allerdings bestehen. Insoweit sind im Interesse des Schutzes der Autonomie des Betroffenen aber auch keine durchgreifenden Bedenken zu erkennen.[63]

32 Wichtig ist, dass der Betreute neben dem Betreuer rechtsgeschäftlich verbindliche Erklärungen abgeben kann, sofern und solange er noch geschäftsfähig ist. Möglichkeiten, die Autonomie geschäftsfähiger Betreuter einzuschränken, hält lediglich § 1903 BGB bereit. Damit sind ggf. mehrfach abgeschlossene Verpflichtungsgeschäfte nebeneinander wirksam, selbst wenn sie sich widersprechen mögen oder in ihrer Duplizität sinnlos sind. Kann der Betreute nicht beide Geschäfte erfüllen, kann dies sogar Schadensersatzpflichten gegenüber dem Vertragspartner auslösen. Deshalb hat der Betreuer seinerseits die Pflicht, soweit möglich und zumutbar sich mit dem Betreuten zu koordinieren. Nur in Bezug auf Verfügungsgeschäfte gilt das Prioritätsprinzip, das freilich durch die Möglichkeiten gutgläubigen Erwerbs abgeschwächt werden kann.

2. Einwilligungsvorbehalt

33 Die Geschäfts(un)fähigkeit ist allein in §§ 104 Nr. 2, 105 Abs. 1 BGB geregelt.[64] Deshalb ist die Willenserklärung eines Geschäftsunfähigen auch dann nichtig, wenn ein Einwilligungsvorbehalt angeordnet worden ist und der Betreuer in die Erklärung eingewilligt hat.[65] Die Anordnung eines Einwilligungsvorbehaltes begründet also nach zutreffender Auffassung keine gewissermaßen beschränkte Geschäftsfähigkeit von Geschäftsunfähigen.[66] Zwar ist in den Gesetzesmateria-

63 *Spickhoff*, AcP 208 (2008), S. 345, 403; siehe aber auch *Lipp*, Handbuch der Vorsorgeverfügungen, § 16 Rn. 42 m.w.N.

64 *Löhnig/Schärtl*, AcP 204 (2004), S. 25, 31.

65 Ganz h. M., siehe etwa *Schwab*, in: FS für Mikat, S. 889, 894. Anders *Czeguhn*, Geschäftsfähigkeit, Rn. 42; zum Teil abweichend auch *Pawlowski*, JZ 2003, S. 66, 70f.

66 *G. Müller*, Betreuung und Geschäftsfähigkeit, S. 77ff.; vgl. bereits BT-Drs. 11/4528, S. 147 und BayObLG FamRZ 2000, 567, 568; anders (§ 1903 BGB sei lex specialis gegenüber § 105 BGB) *Jürgens*, Betreuungsrecht, § 1903 Rn. 15; siehe auch *Lipp*, Freiheit und Fürsorge, S. 174ff.

len[67] die Rede davon, man könne die ins Leere gegangene Einwilligung des Betreuers zu der (nichtigen) Willenserklärung des Betreuten in die Vornahme des Rechtsgeschäfts durch den Betreuer umdeuten (§ 140 BGB). Doch ist eine Konversion in ein weitergehendes Rechtsgeschäft fragwürdig.[68] Insbesondere ist mittlerweile weitgehend anerkannt, dass § 1903 BGB nicht lex specialis zu § 105 BGB ist.[69] Wäre § 1903 BGB lex specialis gegenüber §§ 104, 105 BGB, so würde sich die kaum sinnvolle Konsequenz ergeben, dass Rechtsgeschäfte nur dann, wenn sie den Aufgabenbereich des Betreuers betreffen, dessen Zustimmung bedürfen, soweit dies zur Abwendung einer erheblichen Gefahr für die Person oder das Vermögen des Betreuten erforderlich ist. Geschäfte, die außerhalb oder sogar im Rahmen des Aufgabenbereichs des Betreuers liegen, aber ungefährlich sind, wären dagegen nichtig.

Freilich bleibt ein Unterschied des § 1903 BGB gegenüber den §§ 104, 105 BGB in 34
beweisrechtlicher Hinsicht: Der Betreute, der an eine für ihn nachteilige Willenserklärung nicht gebunden sein will, ist dafür beweispflichtig, dass er im Zeitpunkt ihrer Abgabe geschäftsunfähig war. Dieser Beweis kann mit fortschreitender Zeitdauer immer schwieriger geführt werden. In solchen Fällen der Beweisnot bzw. der fehlenden Beweisbarkeit kann der Einwilligungsvorbehalt helfen.[70]

Auch § 105a BGB, der volljährigen Geschäftsunfähigen eine begrenzte Teilnah- 35
me am rechtsgeschäftlichen Verkehr ermöglichen[71] und der so zu einer möglichst weitgehenden Verwirklichung des verfassungsrechtlich geschützten Selbstbestimmungsrechts beitragen soll,[72] wird nicht von § 1903 BGB verdrängt.[73] Ohnedies werden Friktionen eines Einwilligungsvorbehalts des Betreuungsrechts nach § 1903 Abs. 3 S. 2 BGB mit § 105a BGB vermieden, da – vorbehaltlich anderweitiger Regelungen durch das Betreuungsgericht – der Einwilligungsvorbehalt geringfügige Angelegenheiten des täglichen Lebens nicht berührt. Das gilt uneingeschränkt für Geschäftsfähige, die unter Einwilligungsvorbehalt stehen, sofern der Vorbehalt nicht (namentlich gefährdende) Geschäfte im Sinne des § 1903 Abs. 3 S. 2 BGB erfasst (z.B. gesundheitsgefährdender Alkohol- oder Nikotinkonsum). Für Geschäftsunfähige greift § 105a BGB, freilich nicht im Falle einer erheblichen Gefahr (§ 105a S. 2 BGB).

---

67 BT-Drs. 11/4528, S. 137f.

68 Ebenso *Diederichsen*, in: Palandt, BGB, § 1903 Rn. 10; vorsichtig positiv gegenüber der Möglichkeit der Umdeutung (außerhalb von formbedürftigen Geschäften) *Schwab*, in: MünchKommBGB, § 1903 Rn. 43.

69 *v. Sachsen Gessaphe*, Der Betreuer als gesetzlicher Vertreter, S. 447f.; anders aber *Lipp*, Freiheit und Fürsorge, S. 175; *Pawlowski*, JZ 2003, S. 66, 70f.

70 Auf den Aspekt der Beweisbarkeit hat bereits BT-Drs. 11/4528, S. 137 hingewiesen. Ebenso *G. Müller*, Betreuung und Geschäftsfähigkeit, S. 193f.

71 BT-Drs. 14/9266, S. 43; *Löhnig/Schärtl*, AcP 204 (2004), S. 25, 27.

72 *Löhnig/Schärtl*, AcP 204 (2004), S. 25, 58.

73 *Lipp*, FamRZ 2003, S. 721, 728. Abweichend *Pawlowski*, JZ 2003, S. 66, 70f., der (m.E. nicht ganz grundlos) die Norm als „Taschengeldparagraph“ für Betreute charakterisiert; *Diederichsen*, in: Palandt, BGB, § 1903 Rn. 11.

3. Medizinische Maßnahmen

36 In Bezug auf medizinische Maßnahmen ist hervorzuheben, dass es bei volljährigen Betreuten – anders als nach der Rechtsprechung des 6. Zivilsenats des BGH in Bezug auf Minderjährige – ausschließlich auf die Einwilligungsfähigkeit oder -unfähigkeit des Betreuten ankommt. Ist die betreute Person einwilligungsfähig, gibt allein deren Entscheidung den Ausschlag; ist sie unfähig, so ist zu differenzieren: An sich steht die Entscheidung im Falle der Einwilligungsunfähigkeit ggf. einem Betreuer oder – vorrangig – einem Vorsorgebevollmächtigten zu. Deren Entscheidungen haben sich freilich auch an den Wünschen (und nicht nur am „objektiven" Wohl des Patienten) auszurichten. Ist der einwilligungsunfähige Patient noch äußerungs- und willensfähig und äußert aktuell Wünsche, so wird eine Versagung der Einwilligung des Betreuten in die gebotenen medizinischen Maßnahmen dann maßgeblich sein, wenn und soweit nicht die Gefahr besteht, dass der Betreute ohne die medizinische Maßnahme stirbt oder einen erheblichen gesundheitlichen Schaden erleidet (arg. e § 1904 Abs. 2 BGB).[74] Geht es nicht um die Versagung der Einwilligung in eine medizinische Maßnahme, sondern wünscht der (nicht einwilligungsfähige) Patient eine medizinisch indizierte Behandlung, so ist dieser Wunsch, der zumindest typischerweise nicht auf eine Selbstschädigung gerichtet ist, vom Betreuer umzusetzen.[75]

37 Grenzen einer ärztlichen Behandlung ergeben sich hier immerhin noch aus der medizinischen Indikation. Unvertretbare medizinische Maßnahmen, die im Ergebnis behandlungsfehlerhaft wären, kann der (einwilligungsunfähige) Betreute also nicht verlangen oder gegen den Willen des Betreuers erzwingen. Sind mehrere Alternativen gleichermaßen medizinisch vertretbar (Fall der so genannten Patt-Situation), setzt sich der Wille des einwilligungsunfähigen Betreuten durch, soweit seine Realisierung keine Lebensgefahr oder die Gefahr einer erheblichen gesundheitlichen Schädigung auslöst. Der Betreute sollte also im Zweifel eine lebensgefährliche, aber auch ggf. lebensrettende medizinisch vertretbare Maßnahme wirksam begehren können, wenn die Alternative (des Nichtstuns) gleichfalls lebensgefährlich oder mit der Gefahr nicht minder erheblicher gesundheitlicher Schädigungen verbunden ist.

38 Abgesehen von diesen allgemeinen Grundsätzen[76] halten die §§ 1904–1906 BGB weitere Spezialnormen in Bezug auf medizinische Maßnahmen bereit. So verlangt § 1904 Abs. 1 BGB die Genehmigung des Betreuungsgerichts zu einer Einwilligung des Betreuers in medizinische Maßnahmen (Untersuchungen des Gesundheitszustands, Heilbehandlungen oder ärztliche Eingriffe), wenn dadurch die begründete Gefahr ausgelöst wird, dass der Betreute aufgrund der Maßnahme stirbt oder einen

74 Siehe bereits *Lipp*, Freiheit und Fürsorge, S. 166; *ders.*, DRiZ 2000, S. 231, 236; näher *ders.*, Handbuch der Vorsorgeverfügungen, § 17 Rn. 168ff.

75 *Lipp*, Freiheit und Fürsorge, S. 167.

76 Siehe zur Einwilligungsfähigkeit näher § 6 VIII.

schweren oder länger dauernden gesundheitlichen Schaden erleidet. Ohne die Genehmigung darf die Maßnahme nur durchgeführt werden, wenn mit dem Aufschub Gefahr verbunden ist. Nicht anders steht es umgekehrt im Falle der Nichteinwilligung oder des Widerrufs der Einwilligung des Betreuers in entsprechende medizinische Maßnahmen. In Übereinstimmung mit den soeben dargelegten Grundsätzen ist die Genehmigung durch das Betreuungsgericht zu erteilen, wenn die Einwilligung, die Nichteinwilligung oder der Widerruf der Einwilligung dem Willen des Betreuten entspricht. Dabei geht es typischerweise (aber nicht notwendig) um den mutmaßlichen Willen des Betroffenen, für dessen Feststellung auf die Kriterien des § 1901a Abs. 2 BGB zurückgegriffen werden kann (Feststellung aktueller oder früherer Behandlungswünsche bzw. des mutmaßlichen Willens des Betreuten aufgrund konkreter Anhaltspunkte, insbesondere unter Berücksichtigung früherer mündlicher oder schriftlicher Äußerungen, ethischer oder religiöser Überzeugungen oder sonstiger persönlicher Wertvorstellungen des Betreuten).[77] Auch auf Erklärungen des Betroffenen vor der Operation kann abgestellt werden, ebenso auf frühere Patientenverfügungen. Falls vorhanden gibt also der aktuelle, wirkliche Wille des Betroffenen vorrangig den Ausschlag.[78]

All dies gilt geradezu vorrangig nach § 1904 Abs. 5 BGB auch für Bevollmächtigte. 39 Allerdings muss die Vollmacht die betreffenden Maßnahmen ausdrücklich umfassen und schriftlich erteilt sein. Wörtlich müssen die betreffenden Maßnahmen allerdings von der Vollmacht nicht erfasst sein,[79] während umgekehrt eine bloße Generalvollmacht oder eine pauschal erteilte Vollmacht für alle nur denkbaren Angelegenheiten oder für alle Gesundheitsangelegenheiten nicht genügt.[80] Im Wesentlichen wird man wohl ähnliche Kriterien wie an die Bestimmtheit einer Patientenverfügung anlegen können, wobei die Vollmacht wie stets der Auslegung zugänglich ist. Freilich müssen die jeweiligen Maßnahmen vom Wortlaut erfasst sein; einer über den Wortlaut der Vollmacht hinausgehenden Auslegung steht nach seinem Sinn und Zweck § 1904 Abs. 5 BGB entgegen.[81] Sind mehrere Bevollmächtigte – zulässigerweise – benannt worden und können diese sich nicht auf eine Linie einigen, so ist wiederum eine betreuungsgerichtliche Genehmigung notwendig, es sei denn, es liegt ein Fall der bloßen Ersatzvertretung vor.[82] Ungeachtet dessen ist die Benachteiligung von Entscheidungen Bevollmächtigter im Vergleich zu Entscheidungen von Betreuern rechtspolitisch fragwürdig, weil die Norm insgesamt Betreuer, die mit einem Patienten unter Umständen kaum persönlichen Kontakt hatten, von der gerichtlichen Kontrolle freier stellt als einen vom Patienten zuvor persönlich

77 BT-Drs. 16/8442, S. 18.
78 *Spickhoff*, MedR-Komm, § 1904 BGB Rn. 12.
79 *Diederichsen*, in: Palandt, BGB, § 1904 Rn. 26.
80 Rechtspolitisch insoweit kritisch *Schwab*, in: MünchKommBGB, § 1904 Rn. 75.
81 Siehe auch BT-Drs. 13/7148, S. 34.
82 *Spickhoff*, MedR-Komm, § 1904 BGB Rn. 17.

benannten Bevollmächtigten. Die Gefahr eines möglichen Missbrauchs lässt sich in Bezug auf gerichtlich bestellte Betreuer kaum als geringer einstufen. Umso schwerer sollte die persönliche Bestimmung durch den Patienten wiegen.

40 Verbleiben letzte Zweifel, so hat sich die Entscheidung des Betreuungsgerichts nach dem Grundsatz „in dubio pro vita" auszurichten, wobei die vorrangige Vermeidung einer Leidensverstärkung als Ziel der Entscheidung legitim ist.[83] Die Genehmigung wirkt zudem rechtfertigend für Arzt und Betreuer.[84]

41 Abgesehen von besonders gefährlichen medizinischen Maßnahmen enthält das Betreuungsrecht noch Sondervorschriften über die Sterilisation sowie medizinische Maßnahmen im Kontext einer Unterbringung (dazu unten 4.) Nachdem Verträge über die Sterilisation zum Zwecke der Fortpflanzungsverhütung heute nicht mehr als sittenwidrig und unwirksam angesehen werden,[85] stellt sich § 1905 BGB als verfassungsrechtlich vertretbare Konkretisierung der grundrechtlichen Positionen dauerhaft Einwilligungsunfähiger dar. Die Norm lehnt eine Zwangssterilisation ab, ist am Wohl des Betroffenen ausgerichtet, bindet die Sterilisation an enge Voraussetzungen und stellt sie obendrein unter die Kontrolle des Betreuungsgerichts.[86] Die stärkste Form der Sterilisation, die Kastration, ist im Kastrationsgesetz[87] geregelt und aufgrund der Tiefe des Eingriffs an besonders strenge Voraussetzungen gebunden. § 1905 BGB erfasst prinzipiell die Sterilisation sowohl von Männern als auch von Frauen (entgegen dem auf den ersten Blick missverständlichen Eindruck, den insbesondere § 1905 Abs. 1 S. 1 Nrn. 3–5, Abs. 1 S. 2 BGB erweckt). Erforderlich ist eine dauerhafte Unfruchtbarmachung, wozu auch der Einsatz von Mitteln gehört, die eine entsprechende Gefahr auslösen (nicht aber die Verwendung bloßer Verhütungsmittel). Soll eine Sterilisation durchgeführt werden, muss hierfür ein besonderer Betreuer bestellt werden (§ 1899 Abs. 2 BGB). Auch können Vereine oder Behörden als solche keine besonderen Betreuer für die Einwilligung in eine Sterilisation sein (§ 1900 Abs. 5 BGB). Auf diese Weise soll der Tiefe des Eingriffs einerseits und der Gefahr drohender Eigeninteressen von Betreuern andererseits zum Zwecke der besseren Kontrolle besonders effizient Rechnung getragen werden.[88] Eine Sterilisation kommt nur in Betracht, wenn sie dem Willen des Betreuten nicht widerspricht (§ 1905 Abs. 1 S. 1 Nr. 1 BGB). Es ist daher keine besondere Feststellung eines gegen die Sterilisation als solche gerichteten natürlichen Willens erforderlich, aber fraglos ausreichend, um einen solchen Eingriff unzulässig werden zu lassen.[89] Auch Maßnahmen, die der bloßen Untersuchung im Vorfeld einer angedachten Sterilisation

---

83 OLG Frankfurt NJW 1998, 2747.
84 *Diederichsen*, in: Palandt, BGB, § 1904 Rn. 25; *Schwab*, in: MünchKommBGB, § 1904 Rn. 31f.
85 BGHSt 20, 81; BGHZ 67, 48; *Deutsch/Spickhoff*, Medizinrecht, Rn. 729–731.
86 Zur verfassungsrechtlichen Problematik näher *Pieroth*, FamRZ 1990, S. 117.
87 BGBl. 1969 I, S. 1143; zuletzt geändert durch Gesetz vom 17.12.2008, BGBl. I, S. 2586.
88 *Schwab*, in: MünchKommBGB, § 1905 Rn. 15.
89 *Spickhoff*, MedR-Komm, § 1905 BGB Rn. 8.

dienen, werden von der Norm erfasst.[90] Erforderlich ist sodann die dauerhafte Einwilligungsunfähigkeit des Betreuten (§ 1905 Abs. 1 S. 1 Nr. 2 BGB), wofür es genügt, dass der Betreute nach ärztlichem Ermessen unter Zugrundelegung des normalen Krankheitsverlaufes mit hoher Wahrscheinlichkeit dauerhaft einwilligungsunfähig ist.[91]

Weiter erforderlich ist sodann eine drohende, anders nicht abwendbare und riskante Schwangerschaft (§ 1905 Abs. 1 S. 1 Nrn. 3–5, Abs. 1 S. 2 BGB). Zu den vom Gesetz erfassten Risiken gehört insbesondere die drohende Trennung von einem Kind. Rein vorsorgliche Sterilisationen, etwa wegen der Gefahr des sexuellen Missbrauchs einer Betreuten oder wegen der Gefahr sonstigen ungeschützten Geschlechtsverkehrs, sind nicht zulässig. Vielmehr ist in solchen Fällen die Betreute ggf. etwa in eine Fraueneinrichtung zu verlegen.[92] **42**

Im Übrigen genügt auch die Gefahr der Schwangerschaft bei einer anderen als der betreuten Person. Damit wird auch die Sterilisation von Männern erfasst.[93] Allerdings ist es unverhältnismäßig, Männer nur deshalb zu sterilisieren, weil die Gefahr eines möglichen Partnerwechsels der Frau besteht.[94] Im Übrigen gilt, dass zunächst erforderlich ist, die Fortpflanzungsfähigkeit überhaupt festzustellen.[95] Für die Gefahr einer Schwangerschaft genügt zudem bloßes Interesse am anderen Geschlecht und an Körperkontakten im Hinblick auf den Verhältnismäßigkeitsgrundsatz und die zu beachtende Menschenwürde und das Persönlichkeitsrecht der Betroffenen nicht.[96] Die Fälle des § 1905 Abs. 1 S. 1 Nr. 4 BGB sind an § 218a Abs. 2 StGB angelehnt. Daher reicht das Interesse von Kindern, unbehindert zur Welt zu kommen, nicht zur Legitimation einer Sterilisation.[97] Schließlich ist wie stets im Betreuungsrecht insbesondere auch in Bezug auf die Sterilisation der Subsidiaritätsgrundsatz hervorzuheben. Insbesondere sind vorrangig sonstige Mittel der Verhütung oder sexualpädagogische Maßnahmen in Betracht zu ziehen, auch wenn die Unterbringung oder unterbringungsähnliche Maßnahmen nicht als zumutbares Mittel der Vermeidung von Schwangerschaften anzusehen ist.[98] Dass gemäß § 1905 Abs. 2 S. 2 BGB die Sterilisation erst zwei Wochen nach Wirksamkeit der betreuungsgerichtlichen Genehmigung durchgeführt werden darf, beruht darauf, dass die Möglichkeit einer Beschwerde erhalten bleiben soll. **43**

---

90 *A. Roth*, in: Erman, BGB, § 1905 Rn. 10; *Diederichsen*, in: Palandt, BGB, § 1905 Rn. 5 gegen OLG Hamm NJW 2001, 1800.

91 *Zimmermann*, in: Soergel, BGB, § 1905 Rn. 19; ähnlich *A. Roth*, in: Erman, BGB, § 1905 Rn. 13: keine reelle Chance, die Einwilligungsfähigkeit zurückzugewinnen.

92 Vgl. BayObLG FamRZ 1997, 702.

93 BT-Drs. 11/4528, S. 143.

94 *Zimmermann*, in: Soergel, BGB, § 1905 Rn. 22; *A. Roth*, in: Erman, BGB, § 1905 Rn. 23, 24.

95 OLG Hamm FGPrax 2000, 107.

96 BayObLG NJW 2002, 149.

97 *Diederichsen*, in: Palandt, BGB, § 1905 Rn. 8.

98 BT-Drs. 11/4528, S. 144; BayObLG FamRZ 1997, 702, 703; OLG Hamm FamRZ 2001, 314, 316.

4. Unterbringung

44 Aufgrund der Tiefe des Eingriffs finden sich in § 1906 BGB besondere materiellrechtliche Voraussetzungen für die (zivilrechtliche) Unterbringung von betreuten Volljährigen mit ergänzenden verfahrensrechtlichen Normen in §§ 312–339 FamFG. Daneben existieren (insbesondere landesrechtliche) Regelungswerke über die öffentlich-rechtliche Unterbringung (PsychKGe. Unterbringungsgesetze, Verwahrungsgesetze usw.). Möglichkeiten zur Freiheitsentziehung aufgrund des Ausländergesetzes, des Bundesseuchengesetzes und des Gesetzes zur Bekämpfung von Geschlechtskrankheiten sind verfahrensrechtlich in §§ 415–432 FamFG geregelt. Die Rechtsgrundlagen der Unterbringung sind mithin teils öffentlich-rechtlich, teils im BGB platziert.

45 Der Unterschied zwischen zivilrechtlicher und öffentlich-rechtlicher Unterbringung besteht im Wesentlichen darin, dass die erstgenannte Form vorrangig dem Interesse des Betroffenen zu dienen bestimmt ist, während die letztgenannte Form der Gefahrenabwehr zugunsten Dritter dient.[99] Nur reflexhaft dient die öffentlich-rechtliche Unterbringung ggf. dem Betroffenen selbst.[100] Bereits aus dieser unterschiedlichen Zweckrichtung folgt, dass die öffentlich-rechtliche Unterbringung nach Landesrecht im Zweifel als subsidiär gegenüber der zivilrechtlichen Unterbringung gemäß § 1906 BGB anzusehen ist. Die zivilrechtliche Unterbringung erscheint als milderes Mittel. Eine öffentlich-rechtliche Unterbringung soll indes auch dann zulässig sein, wenn der Betreuer oder der Vorsorgebevollmächtigte die den Umständen nach dringend gebotene Fürsorge für den Betroffenen vermissen lässt und dem Schutzbefohlenen dadurch schwerer Schaden droht.[101] Soweit die Unterbringung öffentlich-rechtlich angeordnet wird, liegt die Entscheidung darüber, ob der Betroffene in einer geschlossenen Einrichtung verbleibt, nicht in der Hand des für die zivilrechtliche Unterbringung verantwortlichen Betreuers.[102] Entstehen durch eine mit der Freiheitsentziehung gemäß § 1906 BGB verbundenen Behandlung die in § 1904 BGB aufgeführten Gefahren, so ist neben der Genehmigung nach § 1906 BGB kumulativ auch noch die Genehmigung nach § 1904 BGB erforderlich.[103]

46 Die zentralen Voraussetzungen für eine freiheitsentziehende Unterbringung finden sich in § 1906 Abs. 1 BGB. Es ist schon nicht zweifelsfrei, wann eine freiheitsentziehende Unterbringung im Sinne der Norm vorliegt. Der BGH[104] meint, erforderlich sei dazu, dass der Betroffene ohne (oder gegen) seinen Willen in einem räumlich begrenzten Bereich festgehalten, sein Aufenthalt ständig überwacht und die Kontakt-

99 OLG Hamm BtPrax 2001, 40 Rn. 15.
100 Vgl. BayObLG FamRZ 2001, 365: Vermüllung.
101 OLG Hamm FamRZ 2007, 934.
102 BayObLG FamRZ 2001, 657; ferner BayObLG FamRZ 1990, 1154, 1155.
103 BGH FamRZ 2001, 149, 152; siehe ferner OLG Hamm FamRZ 2001, 861.
104 BGH FamRZ 2001, 149, 150.

aufnahme mit Personen außerhalb des Bereichs eingeschränkt wird. Zudem soll eine freiheitsentziehende Unterbringung auf eine gewisse Dauer angelegt sein.[105] An dieser Definition ist weder die Möglichkeit der Kontaktaufnahme per Telefon oder Internet als einer freiheitsentziehenden Unterbringung entgegenstehend überzeugend noch die Eingrenzung, dass eine kurze Freiheitsentziehung keine Freiheitsentziehung sein soll.[106] Richtig ist allerdings, dass bloß kurzzeitig erzwungene Vorführungen den Tatbestand der freiheitsentziehenden Unterbringung noch nicht erfüllen.[107] Eine Freiheitsentziehung kann im Übrigen nicht nur ab Beginn der Maßnahme vorliegen, sondern auch, sobald der Betroffene später entgegen einer zuvor ggf. unterstellten mutmaßlichen Einwilligung einen entsprechenden gegenläufigen Willen entwickelt.[108] Keine freiheitsentziehende Unterbringung liegt vor, wenn der Betroffene in eine „offene" Einrichtung verbracht wird. Zwischen geschlossenen und offenen Einrichtungen liegen die so genannten halboffenen Anstalten. Hier wird den Insassen das Verlassen zwar nicht gänzlich unmöglich gemacht, aber mehr oder weniger erschwert. Ein Freiheitsentzug ist hier jedenfalls dann anzunehmen, wenn das Verlassen ggf. durch eine Schließeinrichtung verhindert wird.[109] Für den maßgebenden Willen des Betroffenen, ohne oder gegen den allein eine Freiheitsentziehung in Betracht kommt, kommt es auf die Einwilligungsfähigkeit, nicht auf die Geschäftsfähigkeit an. Dazu ist ggf. ein Sachverständigengutachten einzuholen.[110] Kann der Betreute keinen natürlichen Willen entfalten, etwa weil er bewusstlos ist, wird zumeist keine Freiheitsentziehung angenommen.[111] Freilich wird auf diese Weise die Definition, wonach eine Freiheitsentziehung auch ohne den Willen des Betroffenen denkbar ist, unter Schutzzweckaspekten abgeschliffen. Ebenso wenig sollen Sicherungsmaßnahmen (z.B. Fixierungen) im Einzelfall schon deshalb nicht mehr zu einer Freiheitsentziehung führen können, wenn und weil der Betroffene sich aufgrund körperlicher Gebrechen ohnedies nicht mehr fortbewegen kann.[112]

Noch größere Zweifelsfragen wirft die in § 1906 Abs. 1 Nr. 1 und 2 BGB näher 47
spezifizierte Voraussetzung der Erforderlichkeit der freiheitsentziehenden Unterbringung auf. Sie muss zum Wohle des Betroffenen erforderlich sein, wobei von vornherein zu berücksichtigen ist, dass jeder Bürger auch gewissermaßen eine „Freiheit zur Krankheit" hat.[113] Ebenso wenig ist es Aufgabe der Norm, der Selbstzu-

105 BGH FamRZ 2001, 149, 150.
106 Siehe bereits *Diederichsen*, in: Palandt, BGB, § 1906 Rn. 6; *Schwab*, in: MünchKommBGB, § 1906 Rn. 11; *Spickhoff*, MedR-Komm, § 1906 BGB Rn. 4.
107 BGH FamRZ 2001, 149; OLG Bremen NJW-RR 2006, 75.
108 *A. Roth*, in: Erman, BGB, § 1906 Rn. 10.
109 Ebenso *Schwab*, in: MünchKommBGB, § 1906 Rn. 6 gegen KreisG Schwedt/Oder FamRZ 1993, 601.
110 BayObLG FamRZ 1996, 1375.
111 *Bürgle*, NJW 1988, S. 1881, 1885.
112 OLG Hamm FamRZ 1994, 1270.
113 Zutreffend *Schwab*, in: MünchKommBGB, § 1906 Rn. 17.

fügung von Vermögensschäden entgegenzuwirken.[114] Solange nicht mindestens mittelbar das Wohl des Betreuten gefährdet ist, können auch krankhafte Verschwendungssucht oder Verwahrlosung nicht über § 1906 BGB abgewehrt werden. In Betracht kommt aber, die Norm dann einzusetzen, wenn ein drohender Angriff des Betreuten auf Dritte ihn selbst gefährdende Notwehr auslösen könnte.[115]

48 Hinzukommen muss nach § 1906 Abs. 1 Nr. 1 BGB, dass Suizidgefahr oder die Gefahr einer erheblichen eigenen Gesundheitsschädigung besteht. Freilich rechtfertigt die Norm nach ihrem Wortlaut unmittelbar nur die freiheitsentziehende Unterbringung, nicht indes die Zwangsbehandlung selbst.[116] Erfasst sind beispielsweise Fälle der Abhängigkeit von Medikamenten, Drogen oder Alkoholismus.[117] Die Gefahr muss gegenwärtig sein. Ein unmittelbares Bevorstehen genügt wohl noch nicht.[118] Gefährliches Umherirren im Straßenverkehr oder in großer Kälte sollte indes genügen.[119] Ebenso steht es im Falle der Verweigerung von Nahrung oder Flüssigkeit[120] oder im Falle der vollständigen Verwahrlosung, die durch körperliche Verelendung und Unterversorgung Gesundheitsgefahren auslöst.[121] All dies muss auf einer psychischen Krankheit oder geistigen oder seelischen Behinderung des Betreuten beruhen, die eine freie Willensbestimmung ausschließt.[122]

49 Die zweite, alternativ bestehende Möglichkeit der Unterbringung von Betreuten besteht darin, dass notwendige medizinische Maßnahmen durchzuführen sind, welche ohne die Unterbringung des Betreuten sonst nicht durchgeführt werden könnten und deren Notwendigkeit der Betreute aufgrund seines psychischen Zustandes nicht erkennen kann. Verspricht die medizinische Maßnahme keinen Erfolg, ist sie von vornherein nicht notwendig im Sinne der Norm.[123] Ebenso liegt es, wenn die Heilbehandlung nicht oder nicht mehr durchgeführt wird, gleich aus welchen Gründen.[124] An sich steht auch im Falle von § 1906 Abs. 1 Nr. 2 BGB die Notwendigkeit der Unterbringung im Vordergrund, wobei erst eine länger andauernde Unterbringung die gleichfalls tendenziell eher länger angelegte medizinische Maßnahme ermöglicht.

50 Keine Möglichkeit sieht das Betreuungsrecht demgegenüber expressis verbis vor, wenn es um eher punktuelle Zwangsbehandlungen einwilligungsunfähiger Be-

---

114 BT-Drs. 11/4528, S. 82.
115 *A. Roth*, in: Erman, BGB, § 1906 Rn. 12.
116 OLG Karlsruhe FamRZ 2008, 1211.
117 BayObLG FamRZ 2004, 1135; OLG Stuttgart FamRZ 2004, 834.
118 BGH FamRZ 2010, 365 (zweifelhaft).
119 BT-Drs. 11/4528, S. 145.
120 BT-Drs. 11/4528, S. 147.
121 BGH FamRZ 2010, 365.
122 BayObLG FamRZ 1993, 600; daher löst nicht jeder Suizidversuch § 1906 Abs. 1 Nr. 1 BGB aus; *Zimmermann*, in: Soergel, BGB, § 1906 Rn. 35.
123 OLG Schleswig BtPrax 2000, 92 (mit Sicherheit kein Erfolg zu erwarten).
124 BGH FamRZ 2010, 202 mit Anm. *Heiderhoff* (285).

treuter geht. An sich könnte ein Betreuer im Rahmen von § 1906 BGB mit Genehmigung des Betreuungsgerichts in ärztliche Maßnahmen sogar gegen den natürlichen Willen des Betreuten einwilligen, sofern der entgegenstehende Wille (ausnahmsweise) unbeachtlich ist, etwa weil die Weigerung der Zustimmung gerade auf dem konkreten Krankheitsbild beruht. Außerordentlich zweifelhaft war ferner, ob § 1906 Abs. 1 Nr. 2 BGB auch punktuelle Zwangsbehandlungen, insbesondere Zwangsmedikationen erfasst. Der BGH[125] hat eine ambulante medizinische Zwangsbehandlung gegen den natürlichen Willen eines im Rechtssinne einwilligungsunfähigen Betreuten prinzipiell für unzulässig gehalten. Anders als im Sorgerecht Minderjähriger fehle es an einer Rechtsgrundlage durch formelles Gesetz (Art. 2 Abs. 2, 104 Abs. 1 GG). Nur im Rahmen der zwangsweisen Behandlung des Betreuten während einer rechtmäßigen zivilrechtlichen Unterbringung sei demgegenüber § 1906 Abs. 1 Nr. 2 BGB als zureichende Angriffsgrundlage anzusehen. In der Literatur ist demgegenüber in der betreuungsgerichtlichen Konkretisierung der §§ 1896ff. BGB eine zureichende Eingriffsgrundlage auch für Zwangsbehandlungen erblickt worden.[126] Auch wenn man diese These ablehnt,[127] erschien es plausibel, die Regeln in § 1906 Abs. 1 und 4 BGB, § 326 Abs. 2 S. 1 FamFG analog anzuwenden, weil die erzwungene ambulante Behandlung als milderes Mittel gegenüber der freiheitsentziehenden Unterbringung mit zusätzlich erzwungener, gleicher Behandlung anzusehen ist.[128] Der teilweise erwogene Ausweg „kurzfristiger Unterbringungen“ als „Ersatz für die verbotenen ambulanten Zwangsbehandlungen“[129] diente nichts anderem als der Erschleichung dieser Möglichkeit mit zusätzlicher, wenngleich kurzfristiger Freiheitsentziehung. Die Unterbringung würde nämlich genaugenommen nur zum Schein erfolgen, was besonders dann evident ist, wenn die Behandlung genauso effektiv ambulant erbracht werden könnte. Der BGH verlangt daher, dass eine Freiheitsentziehung nach § 1906 BGB zur Vermeidung von Umgehungen auf eine gewisse Dauer angelegt sein muss.[130] Im Anschluss an die – strenge – Rechtsprechung des BVerfG zur erforderlichen Bestimmtheit eines Gesetzes, das die Zulässigkeit der Zwangsbehandlung eines im Maßregelvollzug Untergebrachten regelte,[131] sieht der Familiensenat des BGH[132] entgegen manchen Stimmen im

125 JZ 2001, 821 mit Anm. *Lipp*; BGH JZ 2006, 685; näher *Lipp*, JZ 2006, S. 661; weiter OLG Thüringen FamRZ 2006, 576.

126 *Zimmermann*, in: Soergel, BGB, § 1896 Rn. 50; *Schwab*, in: MünchKommBGB, § 1896 Rn. 77f.; siehe auch *Pawlowski*, JZ 2004, S. 13, 17.

127 Siehe *Lipp*, Freiheit und Fürsorge, S. 98ff., 242.

128 Zutreffend OLG Hamm FamRZ 2000, 1115, 1117ff., leider aufgehoben durch BGH FamRZ 2001, 149.

129 *Diederichsen*, in: Palandt, BGB, § 1906 Rn. 20.

130 BGHZ 145, 297, Rn. 10, 11: zehnminütige Freiheitsentziehung sei keine Unterbringung. Näher insoweit *Spickhoff*, MedR-Komm, § 1906 BGB Rn. 11–15 m.w.N.

131 BVerfG FamRZ 2011, 1128; BVerfG FamRZ 2011, 1927.

132 BGH FamRZ 2012, 1366 (blande Psychose und Borderline-Persönlichkeitsstörung).

Schrifttum[133] mittlerweile die vom Betreuer veranlasste Zwangsmedikation, wie überhaupt jede Form der zwangsweisen Heilbehandlung, nicht (mehr) als genehmigungsfähig an. Es fehle an einer den verfassungsrechtlichen Anforderungen genügenden gesetzlichen Grundlage für eine solche betreuungsrechtliche Zwangsbehandlung; § 1906 Abs. 1 Nr. 2 BGB genüge dem nicht. Zu Recht ist der BGH dabei von der Prämisse ausgegangen, dass die Grundrechte auch im Rahmen einer betreuungsrechtlichen Unterbringung als staatlicher Eingriff im Rahmen (im weiten Sinne) öffentlicher Fürsorge unmittelbar zugunsten des Betroffenen anzuwenden sind. Der BGH meint allerdings (m.E. zweifelhaft), dass eine Genehmigung einer Unterbringung zur Heilbehandlung nach wie vor in Betracht käme, wenn „nicht von vornherein ausgeschlossen" sei, dass sich der Betroffene in der Unterbringung behandeln lassen werde, was nur der Fall sei, wenn „sein natürlicher Wille also nicht bereits der medizinisch notwendigen Behandlung entgegensteht und er die Notwendigkeit der Unterbringung nicht einsieht".[134] Das leistet inkonsequenten, wenngleich der Praxis für eine Übergangszeit entgegenkommenden Umgehungstendenzen Vorschub.

51 Zweifelhaft ist, ob eine Bevollmächtigung auch Zwangsbehandlungen legitimieren kann; man denke etwa an den Fall, dass der Betroffene – einwilligungsfähig zur Zeit der Bevollmächtigung – den Vertreter zur Einwilligung selbst in die Zwangsbehandlung bevollmächtigt, wenn der Betroffene einwilligungsunfähig, aber natürlich willensfähig ist. Kann dann der bewusste Widerstand des Betroffenen überwunden werden? Man wird dies im Falle zureichend bestimmter Bevollmächtigungen akzeptieren können. Konstruktiv lässt sich das in der Weise begründen, dass § 1906 Abs. 5 BGB mit den Erfordernissen der Schriftform und Ausdrücklichkeit (= Bestimmtheit) in Bezug auf die betreffenden Maßnahmen in Verbindung mit der Bevollmächtigung als gesetzliche[135] oder gesetzlich zureichend angebundene Ermächtigungsgrundlage angesehen werden kann. Damit bleibt zumindest insoweit eine entsprechende Genehmigung des Betreuungsgerichts nach wie vor möglich.

52 Diese Maßnahmen der Unterbringung hat das Betreuungsgericht vorher zu „genehmigen" (in der Diktion des BGB genauer: Es hat zuzustimmen). Die zu duldenden Maßnahmen sind so präzise wie möglich anzugeben, weil sich nur daraus der Unterbringungszweck sowie Inhalt, Gegenstand und Ausmaß der von dem Betreuten zu duldenden Maßnahmen und Behandlungen hinreichend konkret und bestimmbar ergeben.[136] All das gilt auch, wenn dem Betreuten, der sich in einer Anstalt, einem Heim oder einer sonstigen Einrichtung aufhält, ohne untergebracht zu

---

133 *Olzen/Metzmacher*, Zulässigkeit der Zwangsbehandlung untergebrachter Personen, BtPrax 2011, S. 233.

134 BGH Beschl. v. 8.8.2012 (XII ZB 671/11, Rn. 13, abrufbar bei juris).

135 *Lipp*, in: FS für Schapp, S. 383, 397f.

136 Zur Vergabe von Medikamenten etwa BGH NJW 2006, 1277, 1281; großzügiger OLG Karlsruhe NJW-RR 2007, 1591.

sein, durch mechanische Vorrichtungen, Medikamente oder auf andere Weise über einen längeren Zeitraum oder regelmäßig die Freiheit entzogen werden soll (§ 1906 Abs. 4 BGB). Auch dadurch wird im Kernbereich die dauerhafte körperliche Bewegungsfreiheit geschützt. Ein „längerer Zeitraum" liegt wohl dann vor, wenn die Maßnahme (entsprechend § 128 Abs. 1 StPO) nicht spätestens am Tag nach ihrem Beginn wieder beendet wird.[137]

Diese Grundsätze greifen ebenso, wenn der Betreute einen Bevollmächtigten 53
bestellt hat, sofern die Vollmacht schriftlich erteilt ist und die betreffenden Maßnahmen ausdrücklich umfasst sind (§ 1906 Abs. 5 BGB).

5. Haftung des Betreuers

Über § 1908i BGB i.V.m. § 1833 BGB haftet der Betreuer gegenüber dem Betreuten 54
ohne jede Einschränkung für Vorsatz und Fahrlässigkeit, und zwar gleichermaßen in den Fallgruppen der Kompetenzüberschreitung als auch in Fällen der Kompetenzunterschreitung.[138] Trotz der diversen Möglichkeiten der Kontrolle, die über die gerichtliche Genehmigung bis hin zum Einsatz mehrerer Betreuer (§ 1899 BGB) und der so genannten Überwachungsbetreuung reichen können, ist das Gefährdungspotenzial, das Schäden zum Nachteil des Betreuten auslösen kann, erheblich. So reicht das Spektrum von leicht fahrlässigen Schädigungen bis hin zum Vorsatz, der übrigens keineswegs nur beim Einsatz so genannter Berufsbetreuer ohne persönliche Bindung an die Betroffenen,[139] sondern nicht minder im Einzelfall auf Grund eigensüchtiger Motive bei Betreuern aus dem persönlichen Umfeld des Betreuten vorkommt. Neben den dargelegten Haftungsgrundlagen des Betreuungsrechts, welche im Allgemeinen vertragliche Ansprüche des Betreuten gegen den Betreuer ausschließen,[140] kommen – nicht anders als im Vormundschaftsrecht – auch deliktsrechtliche Haftungsgrundlagen (etwa §§ 823, 826 BGB) in Betracht und ebenso kann der Betreuer Dritten gegenüber (namentlich nach § 832 BGB, aber auch über die sog. Sachwalterhaftung) haften.[141] In Bezug auf die drohende Haftung aus Fahrlässigkeit kann dem Betreuer der Abschluss eines entsprechenden Versicherungsvertrages aufgegeben werden.[142] Bei der Vereinsbetreuung ist § 31 BGB zu beachten. Im Falle der Behördenbetreuung kommt neben der Haftung aus §§ 1908i, 1833 BGB auch die Amtshaftung (§ 839 BGB, Art. 34 GG) in Betracht.

---

137 Siehe BT-Drs. 11/4528, S. 149.

138 *Diederichsen*, in: FS für Deutsch, S. 131, 137ff.

139 Zur Haftung von Betreuungsvereinen *Diederichsen*, in: FS für Deutsch, S. 131, 146ff.

140 Unzutreffend daher OLG Naumburg FamRZ 2008, 183 (Auftragsrecht angewandt); dagegen mit Grund *Gernhuber/Coester-Waltjen*, Familienrecht, § 76 Rn. 55 mit Fn. 171.

141 *Diederichsen*, in: FS für Deutsch, S. 131, 143ff.

142 *Gernhuber/Coester-Waltjen*, Familienrecht, § 76 Rn. 55 (§§ 1908i, 1837 Abs. 2 S. 2 BGB).

55 In Bezug auf den Fahrlässigkeitsmaßstab ist auf den Verkehrskreis des konkreten Betreuers abzustellen. Das ermöglicht flexible und – trotz des objektivtypisierenden Sorgfaltsmaßstabes des zivilen Haftungsrechts – auf die jeweiligen Situationen zugeschnittene flexible Haftungsmaßstäbe: Im Falle der Behördenbetreuung gilt der allgemeine für die Staatshaftung übliche strenge Haftungsmaßstab; Berufs- und Vereinsbetreuer haben sich am Verkehrskreis dieser entsprechend höher ausgebildeten Gruppe auszurichten, während es im Falle von Betreuern aus dem familiären oder persönlichen Umfeld des Betreuten darum geht, gegebenenfalls die berufstypische Sorgfalt festzustellen: Ein als Rechtsanwalt ausgebildeter Individualbetreuer unterliegt strengeren Haftungsmaßstäben als ein in geschäftlichen Dingen unerfahrenes Familienmitglied ohne entsprechende Ausbildung. Nicht anders als im Vormundschaftsrecht wird – jedenfalls außerhalb der Behördenbetreuung – die Rechtsauskunft eines Betreuungsgerichts und eine damit zusammenhängende Genehmigung entlastend wirken.[143] Keinesfalls wirkt aber jede Genehmigung eines Betreuungsgerichts haftungsausschließend zu Gunsten des Betreuers, denn entsprechende Genehmigungspflichten sollen den Betreuten zusätzlich sichern, nicht aber zu einer Haftungsbefreiung des Betreuers führen. Dieser hat vielmehr, wie der BGH hervorgehoben hat, eine eigene Prüfungspflicht.[144] Sonderwissen des Betreuers erhöht allgemeinem Grundwissen entsprechend den Sorgfaltsmaßstab.[145]

56 Bei alledem ist zu berücksichtigen, dass der vom Betreuungsgericht ausgewählte Betreuer zwar prinzipiell verpflichtet ist, die Betreuung zu übernehmen, sofern er für die Betreuung geeignet und ihm die Übernahme der Betreuung zumutbar ist. Indes darf er erst dann zum Betreuer bestellt werden, wenn er sich zur Übernahme bereit erklärt hat (§ 1898 BGB). Die Übernahmepflicht ist also sanktionslos; selbst ein Zwangsgeld, das zu ihrer Durchsetzung eingesetzt werden könnte, ist ausgeschlossen.[146]

6. Vergütung und Aufwendungsersatz

57 Dem Betreuer kann gegen den Betreuten sowohl ein Vergütungsanspruch als auch ein Anspruch auf Aufwendungsersatz zustehen.

---

143 RGZ 132, 257; BGH FamRZ 1964, 199.

144 BGH FamRZ 2003, 1924 (Abschluss eines pflichtwidrigen Vertrages, der vom Betreuungsgericht genehmigt wurde).

145 BGH NJW 1987, 1479, 1480 m. Anm. *Deutsch*; *ders.*, Allgemeines Haftungsrecht, Rn. 397, 398; anders *Löwisch/Caspers*, in: Staudinger, BGB, Bearb. 2009, § 276 Rn. 29–31.

146 *Schwab*, in: MünchKommBGB, § 1898 Rn. 10. Auch aus verfassungsrechtlichen Gründen gegenüber einer solchen Haftung kritisch *Diederichsen*, in: FS für Deutsch, S. 131, 140f. (Haftung stünde in einem deutlichen Widerspruch zu § 1898 Abs. 2 BGB). Für eine mögliche Haftung wegen unbegründeter Ablehnung einer Betreuung aber *Dethloff*, Familienrecht, Rn. 19.

Berufsbetreuer sowie Vereine im Falle der Vereinsbetreuung, nicht aber die jeweiligen Mitarbeiter, erhalten zunächst eine Vergütung (§ 7 des Vormünder- und Betreuervergütungsgesetzes, VBVG; zum Ausschluss von Ansprüchen der Mitarbeiter siehe §§ 7 Abs. 3, 8 Abs. 3 VBVG). Behörden sowie nicht berufsmäßige Betreuer können über § 1836 Abs. 2 BGB i.V.m. § 1908i BGB beantragen, dass ihnen das Familiengericht eine Vergütung bewilligt. Es ist streitig, ob es sich dabei um eine Ermessensentscheidung handelt[147] oder – aus verfassungsrechtlichen Gründen – nicht.[148] Maßgebend sind Umfang und Bedeutung der zu Gunsten des Betreuten zu tätigenden Geschäfte und – zumindest als Indiz für die Schwierigkeit der Aufgabe – das Vermögen des Betreuten.[149] In der Praxis hat – rechtspolitisch fragwürdig – die Vergütung des nicht berufsmäßigen Betreuers Ausnahmecharakter, wodurch im Gegensatz zu dem Anliegen, Einzelbetreuungen zu stärken, finanzielle Anreize für die Berufsbetreuung gesetzt werden.[150] Ob freilich Betreuer, die dem Betreuten persönlich verbunden sind, solche Ansprüche geltend machen würden, ist eine andere Frage ebenso wie diejenige, ob es tatsächlich zweckmäßig ist, die Individualbetreuung über finanzielle Anreize auszulösen. Eher sollte in großzügigerem Rahmen Aufwendungsersatz (§§ 1908i Abs. 1, 1835a BGB) gewährt werden. Der entsprechende Anspruch ist nicht von einem konstitutiven Akt des Betreuungsgerichts abhängig. Reicht das Vermögen des Betreuten für notwendige Aufwendungen nicht aus, haftet subsidiär der Staat (§§ 1908i, 1835 Abs. 4, 1835a Abs. 3 BGB). 58

IV. Patientenverfügung und Vorsorgevollmacht

1. Die so genannten Patientenverfügungen

Eine Sonderregelung (auch) in Bezug auf das Betreuungsverhältnis haben durch das 3. Betreuungsrechtsänderungsgesetz[151] die (rechtstechnisch ungenau) so genannten Patientenverfügungen erhalten. Die Neuregelungen in den §§ 1901a bis 1901c, 1904 BGB sind das Ergebnis eines zäh ausgehandelten Kompromisses. Wie nicht anders zu erwarten war, hat sich die von manchen befürwortete und von anderen geradezu gefürchtete Rechtsklarheit, Rechtssicherheit oder auch – negativ gewendet – eine dahinter stehende Starrheit nicht durchsetzen lassen, weil die Vielfältigkeit individueller Gestaltungen im Kontext höchstpersönlicher Entscheidungen damit nicht vereinbar ist. Nach dem Willen des Gesetzgebers kann durch Patientenverfügungen 59

---

147 Dafür BayObLG FamRZ 2004, 1138, 1139; *Diederichsen*, in: Palandt, BGB, § 1836 Rn. 6; *Zimmermann*, in: Soergel, BGB, § 1836 Rn. 35.

148 So *Gernhuber/Coester-Waltjen*, Familienrecht, § 71 Rn. 62 unter Hinweis auf BVerfGE 54, 251.

149 Vgl. BGHZ 145, 104, 114.

150 *Gernhuber/Coester-Waltjen*, Familienrecht, § 71 Rn. 62.

151 Vom 29.7.2009 BGBl I., S. 2286.

auch keine unmittelbare Lockerung des strafrechtlichen Tötungsverbotes erreicht werden. Patientenverfügungen, die auf eine verbotene Tötung auf Verlangen gerichtet sind, sind also (nach wie vor) nicht verbindlich.[152]

a) Begriffliches

60 § 1901a Abs. 1 BGB definiert, was das Gesetz unter einer Patientenverfügung versteht. Genau genommen definiert das Gesetz indes lediglich, unter welchen Bedingungen eine Patientenverfügung zu befolgen ist, ohne dass Betreuer (oder andere Personen bzw. Einrichtungen) hierbei einen Ermessensspielraum haben (§ 1901a Abs. 1 S. 2 BGB). Ungeachtet dessen hat der Betreuer indes zu prüfen, ob Festlegungen in einer Patientenverfügung auf die aktuelle Lebens- und Behandlungssituation zutreffen. Das impliziert einen Beurteilungsspielraum im Hinblick auf die Kongruenz von Patientenverfügung und ärztlich erforderlichem Verhalten.[153] Diese Einschätzungsprärogative bezieht sich aber weder auf die Einwilligungsfähigkeit noch auf das Tatbestandsmerkmal der Unmittelbarkeit des Bevorstehens der medizinischen Maßnahme noch auf die Frage nach einem möglichen Widerruf (§ 1901a Abs. 1 S. 3 BGB).

61 Nach § 1901a Abs. 1 BGB ist erforderlich, dass ein einwilligungsfähiger Volljähriger für den Fall seiner Einwilligungsunfähigkeit schriftlich festgelegt hat, ob er in bestimmte, zum Zeitpunkt der Festlegung noch nicht unmittelbar bevorstehende Untersuchungen seines Gesundheitszustandes, Heilbehandlungen oder ärztliche Eingriffe einwilligt bzw. sie untersagt. Patientenverfügungen von Minderjährigen sind – nicht anders als vor der Neuregelung – (nur) als wesentliche Indizien zur Ermittlung von Behandlungswünschen oder dem mutmaßlichen Willen des Patienten zu berücksichtigen (§ 1901a Abs. 2 BGB); die Funktion eines Betreuers übernehmen hier im Allgemeinen die Sorgeberechtigten. Ebenso (nur Indizwirkung) steht es, wenn die Schriftform nicht eingehalten worden ist. Auch mündliche Wünsche oder hypothetische Entscheidungen sind im Rahmen von § 1901a Abs. 2 BGB als wesentliche, wenn nicht gar im Zweifel entscheidende Anhaltspunkte zur Ermittlung des aktuellen oder mutmaßlichen Willens des Patienten heranzuziehen.

62 Wichtig ist die Eingrenzung, dass für die Verbindlichkeit einer Patientenverfügung nach § 1901a Abs. 1 BGB die Bestimmtheit der Maßnahmen erforderlich ist. Allgemein gehaltene Erklärungen („keine lebensverlängernden Maßnahmen"; „keine intensivmedizinischen Maßnahmen"; die Bitte um „würdevolles Sterben") genügen diesem Erfordernis nicht. Der Anwendungsbereich streng verbindlicher Patientenverfügungen im Sinne von § 1901a Abs. 1 BGB wird nicht zuletzt durch dieses Erfordernis deutlich relativiert. Bestimmt im Sinne der Vorschrift sind konkrete The-

---

152 BT-Drs. 16/13314, S. 4.

153 *Diederichsen*, in: Palandt, BGB, § 1901a Rn. 18, 22; *Spickhoff*, MedR-Komm, § 1901a BGB Rn. 10.

rapiemaßnahmen, die sich der Betroffene er- oder verbittet, insbesondere im Kontext länger andauernder schwerwiegender Erkrankungen (z.B. Krebserkrankungen), die einen voraussehbaren Verlauf nehmen, welcher den Zustand der Einwilligungsunfähigkeit einschließt. Allerdings tritt dieser gerade im Kontext von Krebserkrankungen o.ä. sehr selten oder relativ kurz vor dem Tod ein.[154] Auch in rechtstatsächlicher Hinsicht verringert sich damit der Anwendungsbereich von § 1901a Abs. 1 BGB. Erfasst ist prinzipiell die Ablehnung der Vergabe von (Frisch-) Blut durch Zeugen Jehovas. Indes kommt hier eine Relativierung der Verfügung unter dem Aspekt der aktuellen Lebens- und Behandlungssituation in Betracht, insbesondere dann, wenn eine solche Notwendigkeit konkret nicht zu befürchten war.[155] Zumindest nach vorheriger ärztlicher Aufklärung über die verschiedenen Formen eines nach ärztlichem Ermessen irreversiblen apallischen Syndroms wird man in entsprechenden Situationen immerhin die Einstellung von Nahrungszufuhr als verbindlich ansehen können. Jedenfalls sollte das Bestimmtheitserfordernis nicht dadurch zweckentfremdet werden, dass zu verlangen wäre, in Patientenverfügungen müsse der medizinische Fortschritt im Einzelnen vorweggenommen sein.[156] Entscheidend ist, ob bestimmte medizinische Maßnahmen in funktionaler Betrachtung er- oder verbeten wurden. Dazu ist die Erklärung umfassend nach allen methodischen Kriterien auszulegen.

Patientenverfügungen sollen zudem nur solche Situationen erfassen, in denen 63
bestimmte Untersuchungen, Heilbehandlungen oder ärztliche Eingriffe noch nicht unmittelbar bevorstehen. Nach dem Zweck dieses Tatbestandsmerkmals wird man Einwilligungen in medizinische Maßnahmen, die anlässlich konkreter Eingriffe erteilt worden sind, in jedem Falle als ausreichend und verbindlich anzusehen haben, selbst wenn die Einwilligung einige Zeit oder kurz vor dem Eintritt der Bewusstlosigkeit durch Betäubung erteilt wurde. Sollte ein Patient wider Erwarten aus einer Vollnarkose nicht wach werden, sondern sich im Wachkoma befinden, wäre für diese Situation der Anwendungsbereich einer Patientenverfügung eröffnet. Demgegenüber bedarf es zur Befolgung ganz konkreter Einwilligungen, die gerade im Bereich von Eingriffen mit Vollnarkose stets auch eine Phase der vorübergehenden Einwilligungsunfähigkeit umfassen, keiner Einschaltung eines Betreuers bzw. eines Vorsorgebevollmächtigten.

b) Hypothetische Auslegung

Liegt eine Patientenverfügung im vorgenannten Sinne vor, hat der Betreuer zu prü- 64
fen, ob die Festlegungen in ihr auf die aktuelle Lebens- und Behandlungssituation „zutreffen", also darauf zugeschnitten sind. Mit dem Institut des Fehlens oder des

154 *A. Albrecht*, in: Löhnig/Schwab/Henrich/Gottwald/Kroppenberg, Vorsorgevollmacht und Erwachsenenschutz, S. 45, 53; *ders./E. Albrecht*, Die Patientenverfügung, Rn. 171.

155 Siehe OLG München NJW-RR 2002, 811.

156 Zu Recht *Diederichsen*, in: Palandt, BGB, § 1901a Rn. 6.

Wegfalls der Geschäftsgrundlage kennt das Zivilrecht zwar seit Langem ein entsprechendes Rechtsinstitut (§ 313 BGB), das allerdings auf Verträge bezogen ist und daher nach mehrheitlichem Verständnis auf einseitige Erklärungen nicht oder jedenfalls nicht ohne Weiteres analog angewendet werden kann. Hinzu kommt, dass Patientenverfügungen von der Rechtsnatur her nach ganz überwiegender Ansicht nicht als Willenserklärungen im rechtstechnischen Sinne anzusehen sind. Genau genommen handelt es sich um eine Sonderform der Einwilligung, die deshalb (mit den gesetzlich hinzugekommenen Besonderheiten, zu denen auch das fehlende Erfordernis der ärztlichen Aufklärung gehört) deren Rechtsnatur teilt.[157] Insbesondere ist es nicht möglich, mit ex tunc-Wirkung wegen Inhalts-, Erklärungs- oder Eigenschaftsirrtums anzufechten (§§ 119, 142 Abs. 1 BGB). Auch ist die Erklärung höchstpersönlich abzugeben; eine Vertretung gemäß §§ 164ff. BGB schon bei der Erstellung einer Patientenverfügung ist nicht zulässig.

65 Wie dem auch sei: Die Prüfung der aktuellen Lebens- und Behandlungssituation löst wiederum einen erheblichen Beurteilungsspielraum aus. Im Falle einer im Pflegeheim befindlichen, unter altersbedingter Demenz leidenden Patientin, die sich früher in einer Patientenverfügung die Vergabe von Antibiotika verbeten hat, nun aber – von einer Lungenentzündung bedroht – friedlich im Pflegeheim lebt, wird man aufgrund des Eindrucks von der Patientin, der sich auch als Wunsch deuten lassen kann, von der Verfügung abzuweichen haben. Erst recht gilt dies im Falle einer jungen Mutter, die nach einem Unfall schlechte Heilungschancen hatte und die sich vor ihrer Schwangerschaft jede Form intensivmedizinischer Maßnahmen verbeten hatte. Das Prüfungsrecht und die Prüfungspflicht, ob Festlegungen in einer Patientenverfügung die aktuelle Lebens- und Behandlungssituation erfassen, stehen dem Betreuer bzw. dem Vorsorgebevollmächtigten zu (§ 1901a Abs. 1 und Abs. 5 BGB). Die Verantwortung für die Prüfung liegt mithin scheinbar allein beim Betreuer bzw. beim Bevollmächtigten. Indes ist dieser Eindruck missverständlich, weil § 1901a BGB systematisch im Betreuungsrecht verankert ist und daher die dort betroffenen Personenkreise als Adressaten angesprochen werden. Das ergibt sich auch daraus, dass nach § 1904 Abs. 4 BGB eine Genehmigung des Betreuungsgerichts (nur) dann nicht erforderlich ist, wenn zwischen dem Betreuer und dem behandelnden Arzt Einvernehmen darüber besteht, dass der Abbruch lebenserhaltender Maßnahmen dem Willen des Betreuten entspricht. Zumindest die Nichteinschaltung des Betreuungsgerichts fällt also u.a. in den Verantwortungsbereich der behandelnden Mediziner. Ihr fehlendes Einverständnis lässt ggf. die Einschaltung des Gerichts notwendig werden. Überhaupt sind Patientenverfügungen – und zwar unabhängig davon, ob es sich um solche im Sinne von § 1901a Abs. 1 BGB handelt oder nicht – in ihrer Eigenschaft als antizipierte Einwilligung oder Nichteinwilli-

---

157 *Deutsch/Spickhoff*, Medizinrecht, Rn. 696, 255, 257; *Ulsenheimer*, Arztstrafrecht, Rn. 108; *Lipp*, Handbuch der Vorsorgeverfügungen, § 17 Rn. 123; anders aber *Diederichsen*, in: FS für Schreiber, S. 635, 646ff.

gung mit rechtfertigender oder rechtfertigungsausschließender Wirkung von allen Personen zu beachten, die Eingriffe in die körperliche Integrität des Patienten zu tun oder zu unterlassen planen. Ist nämlich ein Betreuer (noch) gar nicht bestellt und hat der Patient keine Vorsorgevollmacht erteilt oder ist ein bestellter Betreuer oder ein Bevollmächtigter aktuell ganz einfach nicht erreichbar, würde die Verfügung sonst ins Leere gehen, was nicht dem Sinn und Zweck von § 1901a BGB entsprechen würde.[158]

c) Ausübung von Druck bei der Erstellung und Widerruf

Nach § 1901a Abs. 4 BGB „kann" (gemeint ist: „darf") niemand zur Errichtung einer Patientenverfügung verpflichtet werden. Der Gesetzgeber hat dabei insbesondere an Heim- oder Versicherungsverträge gedacht.[159] Das Verbot, einen Vertrag unter die Bedingung der Errichtung einer bestimmten Patientenverfügung zu stellen (§ 1901a Abs. 4 S. 2 BGB), führt zur Unwirksamkeit einer entsprechenden Bedingung, nicht aber zur Unwirksamkeit des abgeschlossenen Vertrages im Ganzen.[160] Klauseln, wonach sich ein Patient bzw. eine Vertragspartei zur Errichtung einer Patientenverfügung verpflichtet, sind nach § 134 BGB unwirksam. Auch insoweit wird sich die Nichtigkeitsfolge nach § 139 BGB nicht auf den Vertrag im Ganzen, sondern nach dem Zweck der Verbotsnorm nur auf die betreffende Klausel beziehen.[161] 66

Nach § 1901a Abs. 1 S. 3 BGB kann eine Patientenverfügung jederzeit formlos widerrufen werden. Der actus contrarius ist von den juristischen Anforderungen her im Vergleich zur Errichtung einer Patientenverfügung wesentlich erleichtert. Die Einhaltung der Schriftform ist nicht erforderlich. Der Widerruf ist sowohl ausdrücklich als auch konkludent möglich. Insbesondere wenn es um den Abbruch lebenserhaltender Maßnahmen geht, dürfen an eine solche Willensbekundung keine hohen Anforderungen gestellt werden. Es genügen deutliche Anzeichen – ausgedrückt in jeder denkbaren Form der Kommunikation –, die für den Widerruf einer z.B. auf Abbruch medizinischer Maßnahmen gerichteten Patientenverfügung sprechen. An sich ist für den Widerruf ebenso wie für die Errichtung der Patientenverfügung die Einwilligungsfähigkeit erforderlich. Von ihr ist als Regelfall im Zweifel indes auszugehen. Im Falle der Einwilligungsunfähigkeit haben sich Betreuer oder ggf. Vorsorgebevollmächtigte auch an den Wünschen der Betreuten auszurichten. Ist der Patient äußerungs- und willensfähig, so wird eine Versagung der Einwilligung des Betreuten in die gebotenen medizinischen Maßnahmen im Gegensatz zu einer früheren 67

158 *Spickhoff*, MedR-Komm, § 1901a BGB Rn. 16.

159 BT-Drs. 16/13314, S. 20; zum (Kranken-)Versicherungsvertrag s. bereits *Spickhoff*, JZ 2003, S. 739, 741.

160 Näher *Spickhoff*, FamRZ 2009, S. 1949ff.

161 Siehe dazu *H. Roth*, in: Staudinger, BGB, Bearb. 2010, § 139 Rn. 17. Auch unter diesem Aspekt zu Patientenverfügungen von Zeugen Jehovas *Spickhoff*, MedR-Komm, § 1901a BGB Rn. 18.

Patientenverfügung nur maßgeblich sein, wenn und soweit nicht die Gefahr besteht, dass der Betreute ohne die medizinische Maßnahme stirbt oder einen erheblichen gesundheitlichen Schaden erleidet (arg. e § 1904 Abs. 2 BGB). Wünscht sich der nicht einwilligungsfähige Patient eine medizinisch indizierte (Weiter-)Behandlung, so ist dieser Wunsch, der zumindest typischerweise nicht auf eine Selbstschädigung gerichtet ist, vom Betreuer umzusetzen.[162]

d) Wege zur Feststellung des Patientenwillens

68 Mit oder ohne verbindliche Patientenverfügung hat (selbstverständlich) der behandelnde Arzt zu prüfen, welche ärztlichen Maßnahmen im Hinblick auf den Gesamtzustand und die Prognose indiziert sind. Das ist mit dem Betreuer bzw. dem Bevollmächtigten zu erörtern, wovon auch § 1901b Abs. 1 S. 2 BGB in „narrativer" Form ausgeht. Zur Feststellung des Patientenwillens nach § 1901a BGB – gleich ob es sich um eine möglicherweise verbindliche Patientenverfügung handelt oder nicht – „soll" auch nahen Angehörigen bzw. sonstigen Vertrauenspersonen des Betreuten Gelegenheit zur Äußerung gegeben werden, sofern dies ohne erhebliche Verzögerung möglich ist (§ 1901b Abs. 2 BGB). Gemeint sind Ehegatten, Lebenspartner, Eltern, Geschwister, Kinder, Pflegekräfte oder im Haushalt lebende gute Bekannte. Der Soll-Charakter der Vorschrift zeigt an, dass die Einbeziehung weiterer Personen in die Entscheidung nicht zwingend ist, aber auch nicht lediglich im freien Ermessen des Betreuers bzw. Bevollmächtigten steht. Von den im Gesetz genannten Eilfällen abgesehen ist zwischen der Dringlichkeit der Maßnahme, der Tiefe des Eingriffs und dem Aufwand der Ermittlung und Einbeziehung entsprechender Personen abzuwägen, wobei auch der zu erwartende Nutzen eine Rolle spielen mag, etwa wenn feststeht, dass ein naher Angehöriger mit dem Betreuten über lange Zeit kaum noch Kontakt gehabt hat.

69 § 1901c BGB statuiert sodann eine Ablieferungspflicht in Bezug auf schriftliche Betreuungswünsche oder eine Vorsorgevollmacht. Ablieferungspflichtig sind insbesondere Patiententestamente, Vorsorgebevollmächtigungen und Betreuungsverfügungen, wobei die Norm analog auch auf andere Informationsträger als Schriftstücke angewendet werden sollte.[163] Im Übrigen besteht (nicht allein) bei der Bundesnotarkammer ein Vorsorgeregister, in dem nicht nur Vorsorgevollmachten, sondern auch Patientenverfügungen abgelegt werden können.[164] Ein solches Register dient einerseits der einfachen Feststellbarkeit von entsprechenden Patientenwünschen durch die Nutzung des Mediums des Internets. Andererseits sollten Interessierte auf eine

---

162 Siehe auch *Lipp*, Freiheit und Fürsorge, S. 166f.; *ders.*, Handbuch der Vorsorgeverfügungen, § 17 Rn. 168ff.

163 Ebenso *Schwab*, in: MünchKommBGB, § 1901a Rn. 3.

164 Vorsorgeregister-Verordnung vom 21.2.2005, BGBl. I, S. 318, zuletzt geändert durch Gesetz vom 6.7.2009, BGBl. I, S. 1696; hinzuzuziehen ist die Vorsorgeregister-Gebührensatzung.

mögliche Versteinerungsgefahr hingewiesen werden, weil aus faktischen Gründen spätere Änderungen nicht mehr ohne Weiteres möglich sein können.[165]

e) Erfordernis einer betreuungsgerichtlichen Genehmigung

Es wurde bereits darauf hingewiesen, dass nach § 1904 BGB die Einwilligung oder 70
Nichteinwilligung des Betreuers oder Bevollmächtigten in medizinische Maßnahmen der betreuungsgerichtlichen Genehmigung bedarf, wenn die begründete Gefahr besteht, dass der Betreute aufgrund der Maßnahme (oder des Unterbleibens der Maßnahme) stirbt oder einen schweren oder länger dauernden gesundheitlichen Schaden erleidet, es sei denn in Bezug auf anstehende medizinische Maßnahmen liegt ein unaufschiebbarer Notfall vor. Nach § 1904 Abs. 4 BGB ist eine solche betreuungsgerichtliche Genehmigung nicht erforderlich, wenn eine einvernehmliche Entscheidung zwischen Betreuer/Bevollmächtigtem und behandelndem Arzt erzielt worden ist, und zwar insoweit, dass die Erteilung, die Nichterteilung oder der Widerruf der Einwilligung dem nach § 1901a BGB festgestellten Willen des Betreuten entspricht. Damit müssen Betreuungsgerichte auch im Falle einer übereinstimmenden Entscheidung für den Tod von Patienten durch Arzt und Betreuer prinzipiell nicht mehr eingeschaltet werden. Das entspricht zwar der Linie des Familiensenates des BGH,[166] erscheint aber nicht zweifelsfrei im Hinblick auf die grundrechtlichen Schutzpflichten des Staates. Problematisch ist zudem, dass das Gesetz von „dem" behandelnden Arzt im Singular spricht, obwohl arbeitsteiliges Vorgehen in der Medizin eine Selbstverständlichkeit ist. Im Falle sich überschneidender Zuständigkeiten von Ärzten innerhalb der so genannten horizontalen Arbeitsteilung ist dann davon auszugehen, dass es mehrere behandelnde Ärzte gibt. Das Einvernehmen nach § 1904 Abs. 4 BGB ist in solchen Konstellationen zwischen allen behandelnden Ärzten und dem Betreuer oder Bevollmächtigten herzustellen. Anderenfalls ist der (ohnedies eng auszulegende) Ausnahmetatbestand des § 1904 Abs. 4 BGB mit der Rechtsfolge der Entbehrlichkeit einer Genehmigung durch das Betreuungsgericht nicht erfüllt.[167]

2. Vorsorgevollmacht

Vorsorgevollmachten sind, wie sich bereits aus § 1896 Abs. 2 S. 2 BGB ergibt, zuläs- 71
sig. Nach § 1904 Abs. 4 BGB wird die Entscheidung des Bevollmächtigten wie die des

165 Siehe dazu *Spickhoff*, MedR-Komm, § 1901 c BGB Rn. 4, 5.
166 JZ 2003, 732 mit Anm. *Spickhoff*; ebenso BGH FamRZ 2005, 1474.
167 Siehe bereits *Spickhoff*, in: Löhnig/Schwab/Henrich/Gottwald/Kroppenberg, Vorsorgevollmacht und Erwachsenenschutz, S. 27, 34f.; a.A. (die Zustimmung zum Abbruch lebenserhaltender Maßnahmen nur eines zuständigen Arztes genügt) *Karliczek*, HessÄBl 2009, S. 791, 793 in Fußn. 9.

Betreuers einer eventuellen Zustimmung des Betreuungsgerichts unterworfen, wenn es um schwere oder lebensbedrohliche Eingriffe (oder entsprechende medizinische Unterlassungen) geht.[168] Die Bestellung eines Vertreters in Gesundheitsangelegenheiten ist nur in Schriftform wirksam (§ 1904 Abs. 4 S. 2 BGB). Sie sollte die konkreten Gefahren umfassen, die mit den betreffenden Maßnahmen verbunden sind und um deretwillen die schriftliche Vollmacht erteilt worden ist. In den Fällen des § 1904, 1906 BGB ist das sogar Wirksamkeitsvoraussetzung: Die Vollmacht hat die betreffenden Maßnahmen, die potenziell zum Tode führen, schwere und länger andauernde gesundheitliche Schäden auszulösen drohen bzw. eine Unterbringung bewirken, „ausdrücklich" zu umfassen.

72 Die Vorsorgevollmacht kann jederzeit widerrufen werden, und zwar formlos. Über Gesundheitsangelegenheiten hinaus kann eine Vollmacht in persönlichen Angelegenheiten erteilt werden, etwa in Bezug auf Freiheitsentziehungen oder -beschränkungen (z.B. Bettgitter oder -gurte).[169] Die Vollmacht muss auch insoweit die Übertragung gerade der fraglichen Befugnisse auf den Bevollmächtigten zweifelsfrei umfassen. Sie kann – umfassend erteilt – weit über den Bereich der Sicherung der Patientenautonomie hinausgehen und den gesamten Vermögensbereich abdecken. Auch hier ist zur Verdeutlichung des Umfangs der Vollmacht für den Vollmachtgeber eine – ggf. beispielhafte – Aufzählung der wichtigsten Angelegenheiten zweckmäßig, etwa in Bezug auf Grundvermögen, Geldvermögen, Bankvollmacht, die Vertretung in Renten- oder Versicherungsangelegenheiten, die Vertretung bei Behörden und die Prozessvertretung.

73 Gemäß § 1896 Abs. 3 BGB kann dann, wenn die Gefahr von Missbrauch der Vollmacht besteht, eine so genannte Vollmachtsüberwachungsbetreuung eingerichtet werden. Der Hintergrund für diese Möglichkeit liegt darin, dass der vom Betroffenen zuvor kraft dessen Autonomie wirksam Bevollmächtigte zunächst einmal keiner gerichtlichen oder behördlichen Eignungsprüfung unterliegt. Doch soll die Einsetzung eines solchen Kontrollbetreuers nicht genügen, wenn der Bevollmächtigte als zur Wahrnehmung der Interessen des Betroffenen nicht tauglich erscheint, namentlich wenn Zweifel an der Redlichkeit im Raum stehen.[170]

V. Entlassung, Aufhebung und sonstige Beendigung der Betreuung

74 Werden dem Betreuer Umstände bekannt, die eine Aufhebung der Betreuung ermöglichen, so hat er dies dem Betreuungsgericht mitzuteilen. Ebenso liegt es, wenn

---

168 Beispiel: LG Ellwangen FamRZ 2004, 732 (Kombination von Vorsorgevollmacht und Patientenverfügung).

169 Dazu BGH FamRZ 2012, 1372.

170 BGH NJW 2011, 2135.

Umstände bekannt werden, die eine Einschränkung des Aufgabenkreises ermöglichen bzw. dessen Erweiterung, die Bestellung eines weiteren Betreuers oder die Anordnung eines Einwilligungsvorbehalts erfordern (§ 1901 Abs. 5 BGB). Entsprechende Mitteilungspflichten können insbesondere ausgelöst werden, wenn der Betreute auf Grund einer Krankheit oder Behinderung von ihm nicht mehr zu verantwortende Rechtsgeschäfte abschließt oder sonstige rechtlich verbindliche Erklärungen abgibt[171] bzw. wenn der Betreute seine Fähigkeiten wiedererlangt hat.

Zudem hat das Betreuungsgericht den Betreuer zu entlassen, wenn seine Eig- 75
nung, die Angelegenheiten des Betreuten zu besorgen, nicht mehr gewährleistet ist oder ein anderer wichtiger Grund für die Entlassung (z.B. eine schwere Pflichtverletzung im Betreuungsverhältnis) vorliegt. Als Beispiel nennt § 1908b Abs. 1 S. 2 BGB die vorsätzliche Falschabrechnung. Auch Berufsbetreuer sollen entlassen werden, wenn der Betreute durch eine oder mehrere andere Person(en) außerhalb einer Berufsbetreuung betreut werden kann (§§ 1908b Abs. 1 S. 3, 1897 Abs. 6 BGB). Hier kommt erneut der Vorrang von Hilfe aus dem näheren Familien- oder Bekanntenkreis zum Ausdruck. Der Betreuer selbst kann seinerseits seine Entlassung verlangen, wenn nach seiner Bestellung Umstände eintreten, auf Grund derer ihm die Betreuung nicht mehr zugemutet werden kann (§ 1908b Abs. 2 BGB). Solche Umstände können in seiner eigenen Person liegen oder auch in der des Betreuten, durch welche der Betreuer schlicht überfordert sein kann (insbesondere Krankheiten des Betreuten oder des Betreuers). Allein eine ablehnende Haltung des Betreuers zu lebensverlängernden Maßnahmen soll indes nicht notwendig zu seiner Ungeeignetheit führen. Maßgeblich ist vielmehr der wirkliche oder mutmaßliche Wille des Betroffenen.[172] Als ungeeigneter Betreuer ist beispielsweise der Vater, der seine behinderte Tochter im Heim 25 Jahre lang nicht mehr besucht hat, angesehen worden.[173] Einen pflichtwidrigen Entlassungsgrund kann es darstellen, wenn eine Patientenverfügung, zumal eine verbindliche i.S.v. § 1901a Abs. 1 BGB, missachtet wird.[174] Ebenso steht es, wenn sich der Betreuer ungenügend um die Gesundheit und die Rehabilitation des Betreuten kümmert.[175] Sodann kann nach § 1908b Abs. 3 BGB das Gericht den Betreuer entlassen, wenn er eine gleichgeeignete Person, die zur Übernahme bereit ist, als neuen Betreuer vorschlägt. Auf diese Weise soll vermieden werden, dass es zwischenzeitlich eine betreuerlose Zeit gibt. Abgesehen davon kann ein Vereinsbetreuer auf Antrag des Vereins entlassen werden oder es kann der bisherige Vereinsbetreuer die Betreuung künftig als Privatperson weiterführen. All das

171 *Schwab*, in: MünchKommBGB, § 1901 Rn. 30.
172 OLG München NJW 2007, 3506.
173 LG Hildesheim BtPrax 1997, 79.
174 Siehe *Coeppicus*, NJW 1998, S. 3381, 3387.
175 BayObLG FamRZ 2004, 977: Gesundheitsgefahr wegen Vermüllung; *Schwab*, in: MünchKommBGB, § 1908b Rn. 5; zur krankheitsbedingten Entlassung des Betreuers siehe auch BT-Drs. 11/4528, S. 152f.

gilt auch für Behördenbetreuer (§ 1908b Abs. 4 BGB). Überhaupt gilt auch nach der Einsetzung von Vereins- oder Behördenbetreuern deren Subsidiarität (§ 1908b Abs. 5 BGB). Und schließlich ist naturgemäß ein neuer Betreuer zu bestellen, wenn der vorherige verstorben ist (§ 1908c BGB).

76 Die Betreuung ist aufzuheben, einzuschränken oder zu erweitern, wenn sich die Voraussetzungen der Betreuung entsprechend ändern (§ 1908d BGB). Auch hier kommt wiederum der Erforderlichkeitsgrundsatz zum Ausdruck. All dies gilt demgemäß auch für einen eventuell angeordneten Einwilligungsvorbehalt.

77 Insgesamt sind bei entsprechenden Entscheidungen über die Entlassung, die Aufhebung oder die sonstige Beendigung der Betreuung neben deren prinzipiellen Voraussetzungen der Wille des Betroffenen, auch sein Kontinuitätsinteresse, ferner der Verwandtenvorrang und die Eignung potenzieller Betreuer zu berücksichtigen.[176]

VI. Verfahrensrechtliches

78 Die materiellrechtlichen Regelungen zur Betreuung müssen sich im Prozess bewähren und werden hier durch die entsprechenden verfahrensrechtlichen Regeln untermauert, flankiert und verlängert. Sedes materiae sind die §§ 271ff. FamFG.

79 Das Verfahren zur Betreuung kann von Amts wegen oder auf Antrag des Betroffenen eingeleitet werden, wobei im Fall (bloß) körperlicher Behinderungen der Antrag des Betroffenen unabdingbar ist, solange er noch kommunizieren kann.[177] Für den Antrag des Betroffenen ist keine Geschäftsfähigkeit erforderlich (§ 275 FamFG), die ohnedies gerade zweifelhaft sein kann. Dritte Personen können eine Einleitung des Verfahrens von Amts wegen anregen.

80 Insgesamt herrscht der Amtsermittlungsgrundsatz (§ 26 FamFG). Da die Vertraulichkeit des Verfahrens gewährleistet werden soll und zu vermeiden ist, dass der Betroffene in der Außendarstellung zum bloßen Objekt des Verfahrens degradiert wird, ist die Öffentlichkeit weitgehend ausgeschlossen (§ 170 GVG). Für die Einleitung des Verfahrens ist das Betreuungsgericht zuständig, eine Abteilung des Amtsgerichts (§ 23c GVG). Für die Bestellung und die Auswahl des Betreuers, die Bestimmung des Aufgabenkreises und gegebenenfalls die Anordnung eines Einwilligungsvorbehalts ist funktionell der Richter zuständig (§ 15 RPflG), es sei denn, einzelne Aufgaben sind vom Richter dem Rechtspfleger überlassen worden (§ 19 RPflG). Bei alledem werden Richter und Rechtspfleger nicht als Teil der rechtsprechenden Gewalt, sondern als Teil der Exekutive tätig, was dazu führt, dass im Rahmen

176 *Gernhuber/Coester-Waltjen*, Familienrecht, § 76 Rn. 57.
177 Siehe *Rauscher*, Familienrecht, Rn. 1270.

einer potenziellen Amtshaftung das Richterprivileg des § 839 Abs. 2 BGB nicht eingreift.[178]

Die Durchführung des Verfahrens selbst wird erstens durch weitgehende Anhörungspflichten und zweitens durch die häufige Einschaltung von Sachverständigen geprägt. Das Gericht hat die Pflicht, sich einen unmittelbaren Eindruck vom Betroffenen zu verschaffen, was typischerweise in der üblichen Umgebung der Betroffenen zu erfolgen hat („Milieuanhörung"). Das beruht darauf, dass Betroffene in ihrer üblichen Umgebung leichter als in Räumlichkeiten etwa einer Behörde kommunizieren und sich verständigen können. Wichtig ist auch der unmittelbare Eindruck vom Betroffenen, was der Einschaltung von ersuchten Richtern prinzipiell entgegen steht (§ 278 FamFG). Nur wenn potenziell zu Betreuende nicht mehr kommunizieren können, etwa weil sie sich im Wachkoma befinden, mag auf die Verschaffung eines unmittelbaren persönlichen Eindrucks verzichtet werden können.[179] Ist indes gerade zweifelhaft, ob vollständige Kommunikationsunfähigkeit besteht, hat sich der Richter ggf. auch darüber einen unmittelbaren Eindruck zu verschaffen. Im Übrigen dient die Anhörung sowohl der Gewährung rechtlichen Gehörs als auch der amtswegigen Sachaufklärung.[180] Falls dies der Betroffene verlangt oder opportun erscheint, sind landesrechtlich zuständigen Behörden Äußerungsmöglichkeiten zu gewähren, ebenso Verwandten des Betroffenen oder ihm sonst nahestehende Personen (enge Freunde, nichteheliche Partner usw.), wobei auch hier auf Wünsche und Widersprüche des Betroffenen zu achten ist.[181] Sachverständige sind indes ggf. auch gegen den Willen des Betroffenen hinzuzuziehen.[182] 81

Prinzipiell ist über den Zustand des Betroffenen ein Sachverständigengutachten einzuholen. Ein bloßes ärztliches Zeugnis genügt nur, wenn der Betroffene die Betreuung selbst beantragt hat, auf die Einholung eines Sachverständigengutachtens verzichtet und die Einholung eines solchen Gutachtens in Bezug auf den Aufgabenkreis des Betreuers nicht verhältnismäßig wäre (§ 281 Abs. 1 Nr. 1 FamFG). Zudem kann ein Sachverständigengutachten durch ein ärztliches Gutachten des Medizinischen Dienstes nach § 18 SGB XI ersetzt werden, sofern psychische Krankheiten oder intellektuelle Behinderungen in Rede stehen (§ 282 FamFG) – eine Regelung, die rechtspolitisch fragwürdig ist und von der nur zurückhaltend Gebrauch gemacht werden sollte.[183] Zur Vorbereitung eines Sachverständigengutachtens kann sogar eine Unterbringung angeordnet werden (§ 284 FamFG), die grundsätzlich sechs Wochen und (ausnahmsweise) bis zu maximal drei Monaten dauern kann. Bei alledem 82

178 Siehe (zum FGG) BGH NJW 2003, 3052 (öffentlich-rechtliche einstweilige Anordnung in Unterbringungssache); *Sprau*, in: Palandt, BGB, § 839 Rn. 65; *Vinke*, in: Soergel, BGB, § 839 Rn. 211 mit Fußn. 1098; anders *Coeppicus*, NJW 1996, S. 1947.

179 Siehe OLG Hamm FGprax 1996, 183.

180 *Zimmermann*, FamRZ 1991, S. 272.

181 Siehe BT-Drs. 13/10331, S. 14ff.

182 BT-Drs. 16/6308, S. 267; *Gernhuber/Coester-Waltjen*, Familienrecht, § 76 Rn. 35.

183 Mit Grund insoweit kritisch *Schwab*, in: MünchKommBGB, § 1896 Rn. 186, 187.

hat der Sachverständige den Betroffenen vor der Erstattung persönlich zu untersuchen oder zu befragen. Damit scheiden Fernbegutachtungen aus. Gutachten bzw. ärztliche Zeugnisse sind sorgsam zu würdigen. Ggf. ist auch darzulegen, dass und warum die regelhafte Einholung etwa eines psychiatrischen Gutachtens nicht angezeigt war.

83 Während des gesamten Betreuungsverfahrens ist für den Betroffenen ein Verfahrenspfleger zu bestellen. Dieser soll den Betroffenen unterstützen, verdrängt ihn aber nicht (§ 276 FamFG). Wird der Betroffene durch einen Rechtsanwalt oder durch einen anderen geeigneten Verfahrensbevollmächtigten vertreten, entfällt das Erfordernis der Bestellung eines Pflegers.[184]

---

184 Rechtspolitisch kritisch hierzu *Gernhuber/Coester-Waltjen*, Familienrecht, § 76 Rn. 38–40.

B. Arbeit und Renten

§ 12 Altersdiskriminierung im Arbeitsrecht

Literatur: *Adomeit, Klaus/Mohr, Jochen,* Rechtsgrundlagen und Reichweite des Schutzes vor diskriminierenden Kündigungen, NJW 2009, S. 2255ff.; *Ascheid, Reiner/Preis, Ulrich/Schmidt, Ingrid (Hrsg.),* Kündigungsrecht, 4. Aufl. 2012; *Bauer, Jobst-Hubertus/Göpfer, Burkard/Krieger, Steffen,* Allgemeines Gleichbehandlungsgesetz, 2. Aufl. 2008; *Bauer, Jobst-Hubertus/v. Medem, Andreas,* Kücükdeveci = Mangold hoch zwei? Europäische Grundrechte verdrängen deutsches Arbeitsrecht, ZIP 2010, S. 449ff.; *Benecke, Martina,* Altersgruppen und Punktetabellen bei der Sozialauswahl – Neue BAG-Rechtsprechung zu Kündigungsschutz und Europarecht, AuR 2009, S. 326ff.; *Boecken, Winfried,* Wie sollte der Übergang vom Erwerbsleben in den Ruhestand rechtlich gestaltet werden? in: Deutscher Juristentag (Hrsg.), Verhandlungen des zweiundsechzigsten Deutschen Juristentages (62. DJT), Band 1, 1998, B 1ff.; *Boemke, Burkhard,* Altersgruppenbildung bei der Sozialauswahl, jurisPR-ArbR 20/2009, Anm.1; *Boerner, Dietmar,* Altersgrenzen für die Beendigung von Arbeitsverhältnissen in Tarifverträgen und Betriebsvereinbarungen, 1992; *Bot, Yves,* Schlussanträge in den verbundenen Rechtssachen C-250/09 und C-268/09 (abrufbar unter http://curia.europa.eu); *Bröhl, Knut,* Die außerordentliche Kündigung mit notwendiger Auslauffrist, 2005; *Bröhl, Knut,* Aktuelle Rechtsprechung des Bundesarbeitsgerichts zur Sozialauswahl, BB 2006, S. 1050ff.; *Buse, Sandra,* Die Unkündbarkeit im Arbeitsrecht, 2009; *Bütefisch, Wylka,* Die Sozialauswahl, 2000; *Deiseroth, Dieter,* Unzulässigkeit der generellen Höchstaltersgrenze für öffentlich bestellte und vereidigte Sachverständige, jurisPR-BVerwG 9/2012 Anm. 6; *Erfurter Kommentar zum Arbeitsrecht (ErfKomm), Hanau, Peter u.a. (Hrsg.),* 12. Aufl. 2012; *Frankfurter Allgemeine Zeitung,* Im Gespräch Vassilios Skouris „Irgendeine Begründung reicht nicht", FAZ v. 28.7.2008, Nr. 174, S. 4; *Franzen, Martin,* Zum europarechtlichen Verbot der Altersdiskriminierung und der Nichtanwendung von einer Richtlinie entgegenstehenden nationalen Vorschriften durch nationale Gerichte, GPR 2010,S. 81ff.; *Gaul, Björn/Niklas, Thomas,* Keine Altersdiskriminierung durch Sozialauswahl mit Altersgruppen, NZA-RR 2009, S. 457ff.; *Gaul, Björn/Koehler, Lisa-Marie,* Kücükdeveci: Der Beginn der Jagd auf Entschädigung?, BB 2010, S. 503ff.; *Gitter, Wolfgang/Boerner, Dietmar,* Anm. zu BAG Urteil vom 11.06.1997 – 7 AZR 186/96 – AP Nr. 7 zu § 41 SGBVI; *Gragert, Nicola,* Anm. zu LAG Hamm 11.11.2009 – 2 Sa 992/09 – BeckRS 2010, 69461, ArbRAktuell 2010, S. 302; *v. Steinau-Steinrück, Robert/Mosch, Ulrich,* Die Unanwendbarkeit deutscher Kündigungsfristen und ihre Folgen, NJW-Spezial 2010, S. 114ff.; *Guth, Martin,* Rechtsprechung zu Streitfragen des TVöD, PersR 2009, S. 352ff.; *v. Hoff, Konrad,* Tarifvertragliche Altersgrenzenregelung für Piloten entspricht dem gemeinschaftsrechtlichen Diskriminierungsverbot, BB 2007, S. 1739ff.; *v. Hoff, Konrad,* Differenzierungen nach dem Alter bei der Sozialauswahl gemäß § 1 Abs. 3 KSchG: Namensliste, Punkteschema und Altersgruppenbildung, SAE 2009, S. 293ff.; *v. Hoyningen-Huene, Gerrick/Linck, Rüdiger,* Kündigungsschutzgesetz, 14. Aufl. 2007; *Huke, Kristina,* Kücükdeveci: Die Kündigungsfrist, das Alter und das Verfassungsrecht, SAE 2010, S. 77ff.; *Joussen, Jacob,* Verbot der Altersdiskriminierung – Richtlinie EGRL 78/2000 – BGB § 622 Abs. 2 S. 2 – Nichtberücksichtigung von Beschäftigungszeiten vor dem 25. Lebensjahr, ZESAR 2010, S. 185ff.; *Kamanabrou, Sudabeh,* Vereinbarkeit von Pensionsgrenzen mit Europarecht, EuZA 2008, S. 251ff.; *Kania, Thomas/Kania, Gabriele,* Auswirkungen der Andersen-Entscheidung des EuGH auf die Sozialplangestaltung in Deutschland, ZESAR 2012, S. 62ff.; *Kleinebrink, Wolfgang,* Gestaltung von Abfindungsleistungen in Sozialplänen, FA 2010, S. 66ff.; *Kocher, Eva,* Neujustierung des Verhältnisses zwischen EuGH und nationalen Arbeitsgerichten – oder ein Ausrutscher? RdA 2008, S. 238ff.; *Kokott, Juliane,* Schlussanträge in der Rechtssache C-499/08 (abrufbar unter http://curia.europa.eu); *Kossens, Michael,* Wirksamkeit einer Befristung im Hochschulbereich vor dem Hintergrund einer möglichen Benachteiligung wegen Lebensalters, jurisPR-ArbR 40/2009 Anm. 5; *Kohte, Wolfhard,* Alternde Arbeitswelt – Folgen für das Arbeits- und Sozialrecht, AnwBl 2008, S. 575ff.; *Kursawe, Stefan,* Die verlängerten Kündigungsfristen des § 622 Abs. 2 BGB – durch den EuGH zu neuer Relevanz, ArbRAktuell 2010, S. 110ff.; *Lingemann, Stefan/Beck, Charlotte,* Auswahlrichtlinie, Namensliste, Altersgruppenbildung und Altersdiskriminierung, NZA 2009, S. 577ff.; *Link, Lara,* Anmerkung zur Entscheidung des Europäischen Gerichtshofes vom 19.1.2010 4 Rs. – C-555/07 – NJW 2010, 430, NJW 2010, S. 430ff.; *v. Medem, Andreas,* Kündigungsschutz und Allgemeines Gleichbehandlungsgesetz, 2008; *v. Medem, Andreas,* Europarechtswidrigkeit des § 622 Abs. S. 2 BGB?, NZA 2009, S. 1072ff.; *Meenan, Helen,* Age Equality after the Employment Directive, Maastricht Journal of European and Comparative Law 2003, S. 9ff.; *Mestre, Bruno,* The Rulings Collin Wolf and Domnica Petersen – Reflections on the Justifications of Age Discrimination, ELR 2010, S. 88ff.; *Mohr, Jochen,* Altersdifferenzierungen im Sozialplan nach deutschem und europäischem Recht, RdA 2010, S. 44ff.; *Münchener Kommentar zum Bürgerlichen Gesetzbuch (MünchKommBGB),* Band 1, 6. Aufl. 2012; *OECD,* Alterung und Beschäftigungspolitik, 2005; *Preis, Ulrich,* Die „Reform" des Kündigungsschutzrechts, DB 2004, S. 70ff.; *Preis, Ulrich,* Diskriminierungsschutz zwischen EuGH und AGG (Teil I und II), ZESAR 2007, S. 249ff., S. 308ff.; *Preis, Ulrich,* Alternde Arbeitswelt – Welche arbeits- und sozialrechtlichen Regelungen empfehlen sich zur Anpassung der Rechtsstellung und zur Verbesserung der Beschäftigungschancen älterer Arbeitnehmer?, Gutachten B für den 67. Deutschen Juristentag, 2008, in: Deutscher Juristentag (Hrsg.), Verhandlungen des Siebenundsechzigsten Deutschen Juristentages (67. DJT), Band 1, 2008, B 1ff.; *Preis, Ulrich/Temming, Felipe,* Der EuGH, das BVerfG und der Gesetzgeber – Lehren aus Mangold II, NZA 2010, S. 185ff.; *Preis, Ulrich,* Schlangenlinien in der Rechtsprechung des EuGH zur Altersdiskriminierung NZA 2010, S. 1323ff.; *Rieble, Volker,* Betriebliche versus tarifliche Unkündbarkeit, NZA 2003, S. 1243ff.; *Rieble, Volker,* Alternde Arbeitswelt – Welche arbeits- und sozialrechtlichen Regelungen empfehlen sich zur Anpassung der Rechtsstellung und zur Verbesserung der Beschäftigungschancen älterer Arbeitnehmer?, JZ 2008, S. 811ff.; *Rixen, Stefan,* Europas Abschied von Altersgrenzen für Vertragsärzte?, ZESAR 2010, S. 249ff.; *Röbke, Marc,* Altersgrenzen und Diskriminierung – Anmerkung zur Rechtssache C-229/08, EuZW 2010, S. 145ff.; *Rolfs, Christian/Witschen, Stefan,* Arbeits- und sozialrechtliche Maßnahmen zur Verbesserung der Beschäftigungschancen älterer Arbeitnehmer, JURA 2008, S. 641ff.; *Roth, Markus,* Zur Altersdiskriminierung durch eine Höchstbetragsklausel in einem Sozialplan, EWiR 2009, S. 167f.; *Sagan, Adam,* Die aktuelle Rechtsprechung des EuGH zum Recht der Gleichbehandlung und des Betriebsübergangs, ZESAR 2011, S. 412ff.; *Schiefer, Bernd,* Betriebsbedingte Kündigung: „Antidiskriminierungskündigungsschutz", Namensliste, Punkteschema und Altersgruppenbildung, DB 2009, S. 733ff.; *Schlachter, Monika,* Das Arbeitsrecht im Allgemeinen Gleichbehandlungsgesetz, ZESAR 2006, S. 391ff.; *Schubert, Jens M.,* Europarechtswidrigkeit von § 622 Abs. 2 S. 2 BGB – Anmerkung zum EuGH-Urteil vom 19.1.2010 (Az: C-555/07, EuZW 2010, 177), EuZW 2010, S. 180ff.; *Sprenger, Markus,* Zulässigkeit sozialpolitisch motivierter Ungleichbehandlungen mit unmittelbarem Altersbezug, EuZA 2009, S. 355ff.; *Temming, Felipe,* Altersdiskriminierung im Arbeitsleben, 2008; *Temming, Felipe,* Für einen Paradigmenwechsel in der Sozialplanrechtsprechung, RdA 2008, S. 205ff.; *Temming, Felipe,* Offene Fragen im Verhältnis zwischen Konsultationsverfahren und Zeitpunkt der Massenentlassungsanzeige, ZESAR 2010, S. 277ff.; *Temming, Felipe,* Diskriminierende Beendigung der Arbeitsverträge von Piloten bei Vollendung des 60. Lebensjahres, EuZA 2012, S. 205ff.; *Temming, Felipe,* Sachliche Rechtfertigung einer tarifvertraglichen Regelung über Altersbefristung nach nationalem und europäischem Recht – Bezugnahmeklausel – § 19 Nr 8 RTV Gebäudereinigung, EzA TzBfG § 14 Nr. 49 (Anmerkung); *Thüsing, Gregor,* Arbeitsrechtlicher Diskriminierungsschutz, 2007; *Thüsing, Gregor,* Blick in das europäische und ausländische Arbeitsrecht, RdA 2010, S. 187ff.; *Thüsing, Gregor,* Zur Unanwendbarkeit nationalen Rechts bei Verstoß gegen den europarechtlichen Gleichbehandlungsgrundsatz ZIP 2010, S. 199ff.; *Waas, Bernd,* Zur Bewertung von Altersgrenzen nach europäischem Recht, EuZW 2007, S. 359ff.; *Wackerbarth, Ulrich/Kreße, Bernhard,* Das Verwerfungsmonopol des BVerfG – Überlegungen nach der Kücükdeveci-Entscheidung des EuGH, EuZW 2010, S. 252ff.; *Waltermann, Raimund,* Berufsfreiheit im Alter, 1989; *Waltermann, Raimund,* Alternde Arbeitswelt – Welche arbeits- und sozialrechtlichen Regelungen empfehlen sich?, NJW 2008, S. 2529ff.; *Willemsen, Heinz-Josef/Schweibert, Ulrike,* Schutz der Beschäftigten im Allgemeinen Gleichbehandlungsgesetz, NJW 2006, S. 2583ff.; *Wulfers, Christian/Hecht, Diana,* Altersdiskriminierung durch Tarifbestimmungen – Eine Analyse des TVöD und TV-L, ZTR 2007, S. 475ff.; *Zwanziger, Bertram,* Tarifliche Unkündbarkeit und Sozialauswahl, DB 2000, S. 2166ff.

Inhaltsübersicht

I. Einleitung

1 Das Alter ist ein traditioneller Anknüpfungspunkt für diverse Schutzregelungen und Abgrenzungstatbestände im Arbeitsrecht. Erst die Richtlinie 2000/78/EG zur Festlegung eines allgemeinen Rahmens für die Verwirklichung der Gleichbehandlung in

Beschäftigung und Beruf (RL 2000/78/EG)[1] hat über zaghafte politische Ansätze hinaus ein Problembewusstsein dafür geschaffen, dass altersspezifische Regelungen nicht nur Schutz, sondern auch Diskriminierung, respektive Benachteiligung bedeuten können. Dabei zeichnet sich seit dem Jahre 2000 ein Paradigmenwechsel ab. Was der vorsorgende Sozialstaat ursprünglich als Segen spendete, sei es die Verbesserung der Rechtsstellung Älterer oder der frühzeitige „sozialverträgliche" Ausstieg aus dem Arbeitsverhältnis, wurde zum Fluch: In Ansehung der früh absehbaren demographisch bedingten Alterung der Gesellschaft musste in Deutschland und in nahezu allen europäischen Ländern die Diskussion um die Verlängerung, wenn nicht gar Abschaffung der Altersgrenzen geführt werden. Frühverrentungen wurden für die Sozialsysteme finanziell nicht mehr tragbar. Aber auch für breite Schichten der Gesellschaft führten zu kurze Erwerbszeiten zu einer nicht mehr auskömmlichen Alterssicherung. Das Gebot der Zeit ist daher die Lebensarbeitszeitverlängerung bei steigender Lebenserwartung. Das setzt eine möglichst frühzeitige Arbeitsaufnahme voraus. Damit schließt sich der Kreis zur Thematik der Altersdiskriminierung: Sowohl junge als auch ältere Menschen dürfen nicht wegen ihres Alters diskriminierend vom Arbeitsmarkt ferngehalten werden. Innerhalb des Arbeitsverhältnisses darf eine Differenzierung nach dem Alter, ohne dass ein berechtigtes verhältnismäßiges Ziel angestrebt wird, nicht erfolgen. Im Falle der ungerechtfertigten Differenzierung droht Ungemach: Diskriminierte Beschäftigte können die Vorteile der günstiger gestellten älteren oder jüngeren Arbeitnehmer verlangen.

2 Die juristische Entwicklung der Thematik ist brisant. Noch bis Ende des letzten Jahrhunderts wurde praktisch jede Altersdifferenzierung akzeptiert, gleichgültig ob sie auf Vertrag, Kollektivvertrag oder Gesetz beruhte. Ein Paukenschlag war dann das Urteil des Europäischen Gerichtshofs in Sachen Mangold vom 22.11.2005,[2] das das Verbot der Altersdiskriminierung im Wege der Rechtsfortbildung als ungeschriebenen Grundsatz des Gemeinschaftsrechts im November 2005 im Vorgriff auf den Vertrag von Lissabon entwickelte. Seit Dezember 2009 ist das Verbot der Altersdiskriminierung nunmehr in Art. 21 Abs. 1 der Charta der Grundrechte der EU (GRCh) niedergelegt.

3 Seither erfolgt die Rechtsentwicklung nicht ohne Widersprüchlichkeiten und Brüche. In kürzester Zeit musste juristisches Neuland betreten werden. Im Unterschied zum europäischen Recht kennt das deutsche Verfassungsrecht (vgl. insbesondere Art. 3 Abs. 3 GG) kein spezifisches Verbot der Altersdiskriminierung. Die deutsche Rechtsprechung ist sogar nicht einmal auf die Idee gekommen, Altersgrenzen am Maßstab des allgemeinen Gleichbehandlungsgrundsatzes zu prüfen. In Rede stand ausschließlich die Diskussion um die Berufsausübungs- und -wahlfreiheit nach Art. 12 GG. Bis zum heutigen Tage tradieren die nationalen Obergerichte

---

1 ABl. EG Nr. L 303 v. 2.12.2000, S. 16ff.

2 EuGH Urt. v. 22.11.2005, Rs. C-144/04, Mangold, Slg. 2005, I-9981ff. = NZA 2005, 1345ff.

weithin noch die herkömmlichen Ergebnisse und gestatten Altersdifferenzierungen, insbesondere Altersgrenzen. Doch eine zwar wechselhafte, aber im Ganzen verschärfte Betrachtungsweise in der Rechtsprechung des EuGH hat auch schon manche überkommene Altersabgrenzung zu Fall gebracht. Juristisch erklärbar ist die schwankende Kontrollintensität in der Art und Weise der Anwendung des Grundsatzes der Verhältnismäßigkeit.

II. Das Verbot der Altersdiskriminierung

Das Verbot der Diskriminierung wegen des Alters ist altersneutral. Geschützt werden 4
Menschen, gleichgültig wie jung oder alt sie sind. Jedes Lebensalter ist Anknüpfungspunkt des Diskriminierungstatbestandes.[3] Kurzum: „Jung und Alt" sind geschützt.[4] Man kann daraus schließen, dass der (europäische) Gesetzgeber prinzipiell den Menschen nicht nach seinem Alter beurteilt sehen möchte, auch wenn der Schutz älterer Menschen im Vordergrund der mit dem Verbot der Altersdiskriminierung verfolgten Ziele steht.[5] Das Alter ist eine lineare Eigenschaft, da jeder ein bestimmtes Alter aufweist, welches sich auf einer horizontalen nach Lebensjahren eingeteilten Skala entwickelt. Es ist im Gegensatz zu den anderen Diskriminierungsmerkmalen ambivalent und relativ.[6] Aus diesem Grunde kann nicht immer von einer „weniger günstige(n) Behandlung" ausgegangen werden, wenn ein Arbeitnehmer objektiv anders als ein älterer oder jüngerer Arbeitnehmer behandelt wird.

1. Rechtsquellen

a) Unionsrecht

Das Verbot der Altersdiskriminierung ist seit Dezember 2009 ausdrücklich in 5
Art. 21 Abs. 1 GRCh normiert, vgl. auch Art. 6 Abs. 1 EUV. Nach Art. 51 GRCh sind die Organe und Einrichtungen der Union unter Einhaltung des Subsidiaritätsprinzips und die Mitgliedstaaten ausschließlich bei der Durchführung des Rechts der Union gebunden. Verstoßen Rechtsnormen der Mitgliedstaaten gegen Unionsgrundrechte, sind diese, soweit sie nicht unionsrechtskonform ausgelegt werden können, unanwendbar.

Die besondere Reichweite des Verbots der Altersdiskriminierung wird über den 6
Transmissionsriemen der RL 2000/78/EG bewirkt. Denn keine Norm der Mitglied-

3 BAG Urt. v. 22.1.2009, NZA 2009, 945, 947; 13.10.2009, NZA 2010, 327, 331.

4 Zum Schutz junger Arbeitnehmer: BAG Urt. v. 5.11.2009, NZA 2010, 457, 459; EuGH Urt. v. 19.1.2010, Rs. C-555/07, Kücükdeveci, NZA 2010, 85.

5 BAG Urt. v. 25.2.2010, NZA 2010, 561, 564.

6 BAG Urt. v. 25.2.2010, NZA 2010, 561, 563.

staaten darf gegen die dort geregelten Diskriminierungsverbote verstoßen. Das Diskriminierungsverbot wirkt in diesem Sinne viel breiter als irgendeine andere spezielle Richtlinie. Die Mitgliedstaaten haben nach Maßgabe der RL 2000/78 eine diskriminierungsfreie Rechtsordnung einzurichten. Und so geschieht es, dass auch Normen, die bislang zum festen Bestand der Rechtsordnung der Mitgliedstaaten gehören, für unanwendbar erklärt werden können.

7 Bezüglich der Richtlinie besteht in der Praxis der Rechtsprechung eine Wechselwirkung mit dem primären Unionsrecht. Der EuGH hat einerseits das in der RL 2000/78/EG normierte Verbot mehrfach lediglich als Konkretisierung des primärrechtlichen Grundsatzes (ungeschrieben i.S.d. Art. 6 Abs. 3 EUV oder geschrieben i.S.d. Art. 21 Abs. 1 GRCh) angesehen. Andererseits scheint es so zu sein, dass das primärrechtliche Verbot auch durch die sekundärrechtlichen Vorgaben geprägt wird. Ein Verstoß gegen die RL 2000/78/EG präjudiziert zugleich einen Verstoß auf der Ebene des Primärrechts.[7] Das haben jedenfalls die Urteile *Mangold* und *Kücükdeveci*[8] gezeigt.

b) Nationales Recht: AGG

8 Auf der Basis der RL 2000/78/EG wurde schließlich das Verbot der Altersdiskriminierung auf der Basis des Allgemeinen Gleichbehandlungsgesetzes (AGG) vom 18.8.2006[9] in nationales Recht umgesetzt. Freilich atmet das Gesetz im Bereich der Altersdiskriminierung den Geist, möglichst alles beim Alten zu lassen.[10] Der Gesetzgeber hat es zunächst versäumt, das einfache Gesetzesrecht auf mögliche unmittelbar oder mittelbar diskriminierende Rechtsnormen hin zu durchforsten, obwohl Art. 288 Abs. 3 AEUV und Art. 16 RL 2000/78/EG dieses nahelegen. Außerdem versucht der nationale Gesetzgeber, wie die speziellen Rechtfertigungsgründe für Altersdiskriminierungen zeigen (§ 10 S. 3 AGG), den *status quo* in allen altersdifferenzierenden Regelungen des deutschen Arbeitsrechts festzuschreiben. So kommt es, dass § 10 S. 3 Nr. 1, 2, 3, 5 und 6 AGG all jene überkommenen Regelungen zu rechtfertigen versucht, die diskriminierungsrechtlich besonders problematisch sind, wie z.B. die Vereinbarung einer allgemeinen Altersgrenze oder altersdifferenzierende Sozialplanansprüche. Vielfach bedarf es daher Anstößen aus der Rechtsprechung des EuGH, ungerechtfertigte Altersdifferenzierungen zu verwerfen.

---

7 Dazu ausf. *Preis/Temming*, NZA 2010, S. 185ff.

8 EuGH Urt. v. 19.1.2010, Rs. C-555/07, Kücükdeveci, NZA 2010, S. 85ff.

9 BGBl. I S. 1897.

10 Zur Kritik vgl. *Preis*, ZESAR 2007, S. 249ff.; *ders.*, ZESAR 2007, S. 308ff.; *Schlachter*, ZESAR 2006, S. 391, 396.

c) Verhältnis der Rechtsquellen zueinander

Gab es bis zum Jahre 2000 keine verbindliche Rechtsquelle für das Verbot, so steht die Rechtswissenschaft nunmehr vor einem „Zuviel" an Rechtsnormen. Das Unionsrecht genießt Vorrang vor dem Recht der Bundesrepublik Deutschland. Es führt im Kollisionsfalle und fehlender Möglichkeit zur unionsrechtskonformen Auslegung zur Unanwendbarkeit der nationalen Norm, wie der Fall *Kücükdeveci* zu § 622 Abs. 2 S. 2 BGB gezeigt hat. Auch die Rechtfertigungsnormen des § 10 S. 3 AGG unterliegen dem Vorrang des Primärrechts. 9

Mit § 75 Abs. 1 BetrVG hat der Gesetzgeber für Betriebsvereinbarungen ein weiteres Verbot der Altersdiskriminierung geregelt, das ebenfalls unionsrechtskonform auszulegen ist. Auf nationaler Ebene ist die Norm einerseits spezieller als das AGG. Freilich versperren weder das BetrVG noch das AGG die Möglichkeit, auf die Konkretisierungen des AGG zurückzugreifen. Das BAG sieht das Verhältnis so, dass der Gesetzgeber die in § 1 AGG geregelten Benachteiligungsverbote in § 75 Abs. 1 BetrVG übernommen hat. Da allerdings das AGG sehr viel spezifischere Regelungen enthält als § 75 Abs. 1 BetrVG, ist die Norm des § 75 BetrVG wegen ihres Standortes spezieller, in ihren Tatbestandsvoraussetzungen indes allgemeiner als das AGG. Das AGG als gleichrangige Rechtsnorm ist daher gewissermaßen in § 75 BetrVG „hineinzulesen". Jedenfalls kann die unterschiedliche Behandlung der Betriebsangehörigen aus einem in § 1 AGG genannten Grund nur unter den im AGG normierten Voraussetzungen zulässig sein. Sind diese erfüllt, ist zugleich auch der betriebsverfassungsrechtliche Gleichbehandlungsgrundsatz im Sinne des § 75 Abs. 1 BetrVG gewahrt.[11] 10

2. Neuralgischer Punkt: Maßstäbe für die Rechtfertigung der Benachteiligung wegen Alters

Sowohl mittelbare als auch unmittelbare Altersdiskriminierungen können gerechtfertigt sein.[12] Die RL 2000/78/EG bietet mehrere Rechtfertigungstatbestände. Schon nach Art. 2 Abs. 2 lit. b RL 2000/78/EG können mittelbare Altersdiskriminierungen gerechtfertigt sein, wenn sie durch ein rechtmäßiges Ziel sachlich gerechtfertigt sind und die Mittel zur Erreichung dieses Ziels angemessen und erforderlich sind. 11

a) Art. 2 Abs. 5 RL 2000/78/EG

Für staatliche unmittelbare Benachteiligungen wegen des Alters kann Art. 2 Abs. 5 RL 2000/78/EG relevant werden. Nach dieser Vorschrift berührt die RL 2000/78/EG nicht die im „einzelstaatlichen Recht" vorgesehenen Maßnahmen, die in einer demokratischen Gesellschaft für die Gewährleistung der öffentlichen Sicherheit, die 12

11 BAG Urt. v. 23.3.2010, NZA 2010, 774.

12 S.a. *Preis/Temming*, NZA 2010, S. 185, 194ff.

Verteidigung der Ordnung und die Verhütung von Straftaten, zum Schutz der Gesundheit und zum Schutz der Rechte und Freiheiten anderer notwendig sind. Der EuGH versteht diese Vorschrift nicht als sachliche Schutzbereichsbestimmung, sondern als Rechtfertigungstatbestand. Dieser sei als Abweichung vom Grundsatz des Verbots der Altersdiskriminierung eng auszulegen. Das hat das Urteil *Petersen* gezeigt, dass die Zulässigkeit der mittlerweile aufgehobenen Altersgrenze 68 in der Gesetzlichen Krankenversicherung gem. § 95 Abs. 7 S.3 SGB V a.F. betraf. Der EuGH maß die gesetzliche Altersgrenze 68 an Art. 2 Abs. 5 RL 2000/78/EG.[13] Vertieft wurde dieser Aspekt in der Entscheidung *Prigge*.[14] In diesem Fall ging es um die Rechtfertigung der vorgezogenen Altersgrenzen für Piloten, für die geltend gemacht wurde, diese seien aus Gründen der Flugsicherheit erforderlich. Der EuGH entschied jedoch, dass zwar die öffentliche Sicherheit, und damit auch die Flugsicherheit unter den Tatbestand des Art. 2 Abs. 5 RL 2000/78/EG fielen. Privatpersonen und Sozialpartner setzten jedoch kein einzelstaatliches Recht. Überdies zeigten die maßgeblichen einzelstaatlichen Vorschriften, dass es im Dreipersonencockpit aus Sicherheits- und Gesundheitsgründen genüge, wenn einer der Flugzeugführer das 60. Lebensjahr noch nicht vollendet hat. Das in der tariflichen Altersgrenze enthaltene Verbot, über das 60. Lebensjahr hinaus die Aufgaben eines Flugingenieurs zu versehen, sei deswegen nicht notwendig im Sinne von Art. 2 Abs. 5 der Gleichbehandlungsrahmenrichtlinie, um das verfolgte Ziel zu erreichen.[15]

b) Art. 4 Abs. 1 und 6 RL 2000/78/EG

13 Die Mitgliedstaaten können gem. Art. 4 Abs. 1 RL 2000/78/EG vorsehen, *„dass eine Ungleichbehandlung wegen eines Merkmals, das im Zusammenhang mit einem der in Artikel 1 genannten Diskriminierungsgründe steht, keine Diskriminierung darstellt, wenn das betreffende Merkmal aufgrund der Art einer bestimmten beruflichen Tätigkeit oder der Bedingungen ihrer Ausübung eine wesentliche und entscheidende berufliche Anforderung darstellt, sofern es sich um einen rechtmäßigen Zweck und eine angemessene Anforderung handelt"*.

14 Für Altersdiskriminierungen ist indes die spezielle Rechtfertigungsmöglichkeit in Art. 6 Abs. 1 RL 2000/78/EG wesentlicher als Art. 4 Abs. 1. Danach können die Mitgliedstaaten ungeachtet des Art. 2 Abs. 2 vorsehen, *„dass Ungleichbehandlungen wegen des Alters keine Diskriminierung darstellen, sofern sie objektiv und angemessen sind und im Rahmen des nationalen Rechts durch ein legitimes Ziel, worunter insbesondere rechtmäßige Ziele aus den Bereichen Beschäftigungspolitik, Arbeitsmarkt und*

13 EuGH Urt. v. 12.1.2010, Rs. C-341/08, Domnica Petersen, EuZW 2010, 137, 139, Rn. 49ff. mit Anm. *Röbke*, EuZW 2010, S. 145f.; *Rixen*, ZESAR 2010, S. 249ff.

14 EuGH Urt. v. 13.9.2011, Rs. C-447/09, Prigge, NZA 2011, 1039; hierzu: *Temming*, EuZA 2012, S. 205ff.

15 So in Umsetzung der EuGH-Entscheidung auch BAG Urt. v. 15.2.2012 – 7 AZR 904/08 –.

berufliche Bildung zu verstehen sind, gerechtfertigt sind und die Mittel zur Erreichung dieses Ziels angemessen und erforderlich sind". Auf der Basis der hier verankerten Verhältnismäßigkeitsprüfung können viele Altersdifferenzierungen im Arbeitsleben für sachlich angemessen erklärt werden (s. hierzu den 25. Erwägungsgrund zur RL 2000/78/EG). So wird niemand das Verbot der Kinderarbeit als Altersdiskriminierung betrachten wollen. Deshalb konzentriert sich die Konkretisierung der Wirkkraft des Verbots der Altersdiskriminierung auf die Rechtfertigungsebene. Dabei ist zu beachten, dass § 10 AGG, durchaus in Übereinstimmung mit Art. 6 RL 2000/78/EG, weithin versucht – vorbehaltlich einer Verhältnismäßigkeitsprüfung – den status quo bisheriger Lebensaltersdifferenzierungen aufrecht zu erhalten.

Das Verhältnis zwischen Art. 4 Abs. 1 und Art. 6 Abs. 1 RL 2000/78/EG ist nicht **15**
unumstritten. Eigentlich sprechen die besseren Argumente dafür, für Altersdiskriminierungen beide Vorschriften parallel heranzuziehen. Freilich bewegt sich die Rechtsprechung des EuGH in eine andere Richtung. So wird offenbar sogar das Wort *„insbesondere"* im Rahmen des Art. 6 Abs. 1 RL 2000/78/EG, das eigentlich den nicht abschließenden Charakter dieser Vorschrift begründet, eng interpretiert. Es werden danach zurzeit ausschließlich Ziele aus den Bereichen Beschäftigungspolitik, Arbeitsmarkt sowie berufliche Bildung am Maßstab des Art. 6 Abs. 1 RL 2000/78/EG zugelassen. Dies entschied der EuGH in der Rechtssache *Prigge* eingedenk des Umstand, dass auch nach seiner Sichtweise die in der Richtlinie aufgeführten rechtmäßigen Ziele nicht erschöpfend seien. *„Legitim"* im Sinne von Art. 6 Abs. 1 Unterabs. 1 RL 2000/78 und damit als geeignet könnten ausschließlich „sozialpolitische Ziele" wie solche aus den Bereichen Beschäftigungspolitik, Arbeitsmarkt oder berufliche Bildung sein.[16]

Damit scheint geklärt, dass private bzw. unternehmerische Interessen des Ar- **16**
beitgebers offenbar nicht berücksichtigt werden können. Denn der EuGH hat schon in der Entscheidung *Age Concern England* den Korridor für die Berücksichtigung der legitimen Interessen Privater im Rahmen des Art. 6 Abs. 1 RL 2000/78/EG eng gezogen:[17] *„Diese Ziele [= Beschäftigungspolitik, Arbeitsmarkt oder berufliche Bildung] unterscheiden sich insoweit, als sie im Allgemeininteresse stehen, von rein individuellen Beweggründen, die der Situation des Arbeitgebers eigen sind, wie Kostenreduzierung oder Verbesserung der Wettbewerbsfähigkeit, ohne dass allerdings ausgeschlossen werden kann, dass eine nationale Rechtsvorschrift bei der Verfolgung der genannten rechtmäßigen Ziele den Arbeitgebern einen gewissen Grad an Flexibilität einräumt"*. Diese Linie haben die jüngsten Entscheidungen *Petersen*, *Wolf*, *Age Concern* und *Prigge* fortgeführt.[18]

---

16 EuGH Urt. v. 13.9.2011, Rs. C-447/09, Prigge, NZA 2011, 1039, Rn. 81.

17 EuGH Urt. v. 5.3.2009, Rs. C-388/07, Age Concern England, NZA 2009, 305, 308, Rn. 46, 51; s.a. *Sprenger*, EuZA 2009, S. 355ff.

18 EuGH Urt. v. 12.1.2010, Rs. C-341/08, Domnica Petersen, EuZW 2010, 137, 141, Rn. 67ff.; EuGH 12.1.2010, Rs. C-229/08, Colin Wolf, EuZW 2010, 142, 143, Rn. 32ff.; EuGH Urt. v. 5.3.2009, Rs. C-

c) Exkurs: Verfassungsrechtliche Absicherung der Interpretationshoheit des EuGH

17 Diese Engführung der legitimen Ziele zur Rechtfertigung von Altersdifferenzierungen hat jetzt brisante Konsequenzen für Altersgrenzen aller Art. Hervorzuheben ist die Entscheidung des BVerwG, durch das eine Höchstaltersgrenze für öffentlich bestellte und vereidigte Sachverständige für unwirksam erklärt wurde.[19] Das Ergebnis ist genauso bemerkenswert wie der Verfahrensgang. Noch in seiner Entscheidung vom 26.1.2011 hatte der 8. Senat des BVerwG ohne großes Aufheben die „Gewährleistung eines geordneten Rechtsverkehrs“ als legitimes Ziel bezeichnet, das für öffentlich bestellte und vereidigte Sachverständige eine Ungleichbehandlung wegen des Alters durch Festsetzung eines Höchstalters von 68 Jahren mit einer Verlängerung bis zur Vollendung des 71. Lebensjahres rechtfertige.[20] Das BVerwG hat dieses Resultat aus der nicht abschließenden Formulierung des Art. 6 Abs. 1 RL 2000/78/EG gezogen, mit der – unausgesprochenen – Gewissheit, dass sowohl BVerwG als auch BVerfG bislang jede Altersgrenze im Beamtenrecht oder im Recht der freien Berufe (z.B. Notare, Ärzte) haben passieren lassen. Das BVerwG deklarierte die Rechtsfrage, welche Interessen schutzwürdig seien, für „geklärt“ und verwies auf die zuletzt bei allgemeinen Altersgrenzen verfolgte großzügige Linie, einen Ermessensspielraum der Mitgliedstaaten anzunehmen.

18 In einem ungewöhnlich scharf formulierten Beschluss hat das BVerfG daraufhin die Entscheidung des BVerwG wegen Verletzung des Art. 101 Abs. 1 S. 2 GG (Garantie des gesetzlichen Richters) auf eine Verfassungsbeschwerde hin aufgehoben. Die Verneinung einer Vorlagepflicht an den EuGH sei nicht tragfähig. Die – nach der Entscheidung des BVerwG ergangene – Entscheidung des EuGH in der Rechtssache *Prigge* bestätige nachdrücklich, dass die Annahme des BVerwG zur Auslegung von Art. 6 Abs. 1 RL 78/2000/EG „keine Stütze in der Rechtsprechung des EuGH“ finde.[21] Die Vorlagepflicht nach Art. 267 Abs. 3 AEUV werde insbesondere in den Fällen offensichtlich unhaltbar gehandhabt, in denen ein letztinstanzliches Hauptsachegericht eine Vorlage trotz der – seiner Auffassung nach bestehenden – Entscheidungserheblichkeit der unionsrechtlichen Frage überhaupt nicht in Erwägung zieht, obwohl es selbst Zweifel hinsichtlich der richtigen Beantwortung der Frage hegt (grundsätzliche Verkennung der Vorlagepflicht), oder in denen das letztinstanzliche Hauptsachegericht in seiner Entscheidung bewusst von der Rechtsprechung des Europäischen Gerichtshofs zu entscheidungserheblichen Fragen abweicht und gleichwohl nicht oder nicht neuerlich vorlegt (bewusstes Abweichen ohne Vorlagebereitschaft). Die Begründung des BVerwG sei offenkundig nicht tragfähig. Die Aussage des BVerwG, in der Rechtsprechung des Europäischen Gerichts-

388/07, Age Concern England, NZA 2009, 305, 309, Rn. 52; EuGH Urt. v. 13.9.2011, Rs. C-447/09, Prigge, NZA 2011, 1039.

19 BVerwG Urt. v. 1.2.2012, NJW 2012, 1018; hierzu *Deiseroth*, jurisPR-BVerwG 9/2012 Anm. 6.

20 BVerwG Urt. v. 26.1.2011, NZA-RR 2011, 569.

21 BVerfG Kammerbeschl. v. 24.10.2011, NZA 2012, 202.

hofs sei zum Zeitpunkt der angegriffenen Entscheidung geklärt gewesen, dass die im Sinne des Art. 6 Abs. 1 RL 2000/78/EG legitimen Ziele nicht auf den sozialpolitischen Bereich beschränkt seien, finde in der von ihm herangezogenen Rechtsprechung des EuGH offensichtlich keine Stütze. Deshalb habe das BVerwG seinem Urteil nicht die von ihm gewählte Auslegung zugrunde legen dürfen, ohne vorher eine Vorabentscheidung des Europäischen Gerichtshofs einzuholen.

Das BVerfG bleibt damit seiner Linie treu, materiell zum Verbot der Altersdis- 19
kriminierung kein eigenständiges Wort zu sagen, geschweige denn ggf. Art. 3 GG unionsrechtskonform anzuwenden und das Verbot der Altersdiskriminierung in das Portfolio der Diskriminierungsverbote des Grundgesetzes aufzunehmen. Vielmehr überlässt es diese Fragestellungen dem EuGH. Innerhalb des nationalen Rechtssystems wird über Art. 101 GG nur formal darauf geachtet, dass der EuGH reichlich Gelegenheit hat, seine nicht kohärent erscheinende Rechtsprechung selbst weiterzuführen.

Im konkreten Verfahrensablauf überraschte in der Folge, dass das BVerwG *stan-* 20
te pedes eine 180-Grad-Wende vollzog und die besagte Höchstaltersgrenze nach Maßgabe der richtlinienkonformen Interpretation des AGG für unwirksam erklärte, ohne noch einmal den EuGH zu befragen. Offenbar war das Feigenblatt für diese Wende die Entscheidung *Prigge*. Es wird deshalb mit Aufmerksamkeit verfolgt werden müssen, mit welchem Begründungsaufwand deutsche Gerichte die Vorlagepflicht an den EuGH durch nicht offenkundig fehlsame Interpretationen des europäischen Rechts vermeiden, um sich nicht die Blöße des Verstoßes gegen Art. 101 GG zu geben. Jedenfalls zeigt diese Entwicklung, dass der nationale Gesetzgeber selbst sich im Lichte der Wesentlichkeitstheorie und der eröffneten Möglichkeit nach Art. 2 Abs. 5 RL 2000/78/EG zu besonderen Altersgrenzen eine in Gesetzesform gekleidete Meinung bilden muss. Die Alternative ist, dass Altersdifferenzierungen und Altersgrenzen, die nicht mittels legitimer sozialpolitischer Ziele aus den Bereichen Beschäftigungspolitik, Arbeitsmarkt und berufliche Bildung gerechtfertigt werden können, die Prüfung durch den EuGH nicht bestehen werden.

d) Art. 7 RL 2000/78/EG

Nach Art. 7 RL 2000/78/EG hindert der Gleichbehandlungsgrundsatz die Mitglied- 21
staaten nicht daran, zur Gewährleistung der völligen Gleichstellung im Berufsleben spezifische Maßnahmen beizubehalten oder einzuführen, mit denen Benachteiligungen u.a. wegen des Alters verhindert oder ausgeglichen werden. Diese Vorschrift ermöglicht positive Diskriminierungen im Hinblick auf alle verbotenen Differenzierungen und entspricht inhaltlich Art. 157 IV AEUV.

Positive Maßnahmen in Bezug auf das Lebensalter lassen sich jedoch auch 22
mit Hilfe des Art. 6 Abs. 1 S. 2 lit. a) RL 2000/78/EG rechtfertigen („Förderung bzw. Schutz von Arbeitnehmern"). Allerdings ist zu beachten, dass die Begünstigung der einen Altersgruppe immer eine unmittelbare Diskriminierung der anderen Alters-

gruppe darstellt, die von der Begünstigung ausgeschlossen ist. Rechtmäßig können solche Maßnahmen nur sein, wenn sie den Anforderungen der Art. 4 und 6 RL 2000/78/EG genügen.

3. Handhabung des Grundsatzes der Verhältnismäßigkeit

23 Wie wirksam das Verbot der Altersdiskriminierung in concreto wirkt, hängt – neben der Definition der legitimen Differenzierungsziele – von der Interpretation der Rechtfertigungsmerkmale und der Prüfungsintensität der Verhältnismäßigkeitskontrolle ab. Immer wieder ist fraglich, welchen Einschätzungsspielraum den Mitgliedstaaten bei der nationalen Rechtsetzung eingeräumt wird. Auch das zulässige Handeln Privater wird vor allem durch die Vorschriften der §§ 8, 9, 10 AGG bzw. § 75 Abs. 1 BetrVG eingeschränkt. Diese und andere Normen sind unionsrechtskonform auszulegen und anzuwenden. Viele Gründe sprechen dafür, dass bei Unterscheidungen nach dem Lebensalter diese Kontrolle streng auszufallen hat.[22]

24 Das Alter ist ein persönlichkeitsrelevantes Kriterium, das der Einzelne nicht beeinflussen kann. In der Rechtsprechung des BVerfG zu Art. 3 Abs. 1 GG wird dies ebenfalls relevant. Der allgemeine Gleichheitssatz wird mit einer gleitenden Prüfungsintensität versehen, die von einer bloßen Willkürprüfung bis hin zu einer strengen Verhältnismäßigkeitsprüfung reicht. Dabei ist die Prüfung umso strenger, je näher sich das Differenzierungskriterium den Merkmales des Art. 3 Abs. 3 GG annähert. Daraus wäre eigentlich zu folgern gewesen, dass Unterscheidungen nach dem Lebensalter auch im Rahmen des Art. 3 Abs. 1 GG streng zu prüfen sind. Allerdings ist das BVerfG bislang nicht bereit, diesen Schritt mit Blick auf das Alter zu gehen,[23] wohl aber für das nicht in Art. 3 Abs. 3 GG aufgelistete Kriterium der sexuellen Orientierung.[24] Bislang übt sich das BVerfG darin, die schwierigen Problemlagen der Altersdiskriminierung völlig dem EuGH zu überlassen (siehe oben II 2 c).[25]

25 Freilich wäre es unfair, allein dem BVerfG schwankende Prüfungsintensität vorzuhalten. Legendär sind die unterschiedlichen Maßstäbe des EuGH in den Rechtssachen *Mangold* und *Palacios*. Bereits im *Mangold*-Urteil hielt der EuGH alle Obersätze vor, die nahezu beliebig eine strenge und auch eine weniger strenge Linie ermöglichen. Einerseits sollen zwar die Mitgliedstaaten einen weiten Ermessenspiel-

22 Dazu ausf. *Temming*, Altersdiskriminierung, S. 473 bis 484 mit Nachweisen zu den Gegenansichten in Fn. 2016.

23 BVerfG Beschl. v. 26.1.2007, GewArch 2007, 149f.; BVerfG Beschl. v. 7.8.2007, BeckRS 2007, 25563; BVerfG Beschl. v. 18.11.2008, EzA § 622 BGB 2002 Nr. 6.

24 BVerfG Beschl. v. 7.7.2009, JZ 2010, 37, 38: „Die Anforderungen bei einer Ungleichbehandlung von Personengruppen sind umso strenger, je größer die Gefahr ist, dass eine Anknüpfung an Persönlichkeitsmerkmale, die mit denen des Art. 3 Abs. 3 GG vergleichbar sind, zur Diskriminierung einer Minderheit führt ... Das ist bei der sexuellen Orientierung der Fall".

25 BVerfG Beschl. v. 25.2.2010, NZA 2010, 439ff. mit Anm. *Temming*, ZESAR 2010, S. 277ff.

raum bei der Ausgestaltung altersdifferenzierender Regelungen genießen. Andererseits ging der EuGH bei der Prüfung des § 14 Abs. 3 S. 4 TzBfG a.F. sehr streng zur Sache und erklärte die schrankenlose Befristungsmöglichkeit älterer Arbeitnehmer für unanwendbar. Hingegen hielt er in dem Urteil *Palacios* die spanische tarifliche allgemeine Altersgrenze 65 für gemeinschaftsrechtlich unbedenklich, weil sie *„nicht unvernünftig"* sei.[26] Die fragwürdigen volkswirtschaftlichen Annahmen, die den legitimen Zielen von allgemeinen Altersgrenzen zugrunde liegen sollen, übernahm er unkritisch und hielt das zwangsweise Herausdrängen älterer Arbeitnehmer aus dem Arbeitsmarkt für nicht unvernünftig.

Die Entscheidungen sind in Bezug auf die richterliche Kontrolldichte wider- 26
sprüchlich. Die am meisten wegen des Alters diskriminierende Klausel im Arbeitsrecht – eine allgemeine Altersgrenze[27] – ist unionsrechtskonform, selbst wenn der Arbeitnehmer durch eine Regelaltersrente nicht angemessen abgesichert ist. § 14 Abs. 3 S. 4 TzBfG a.F. hingegen diskriminierte unverhältnismäßig wegen des Lebensalters, weil es die Bundesregierung nicht vermochte darzulegen, dass trotz signifikanter Korrelation die Festlegung der Altersgrenze 52 in § 14 Abs. 3 TzBfG a.F. als solche unabhängig von anderen Erwägungen im Zusammenhang mit der Struktur des jeweiligen Arbeitsmarktes und der persönlichen Situation des oder der Betroffenen zur Erreichung des Zieles der beruflichen Eingliederung arbeitsloser älterer Arbeitnehmer objektiv erforderlich war. Das passt nicht zusammen: Mit dem in der Entscheidung *Palacios* angewandten Willkürmaßstab hätte § 14 Abs. 3 TzBfG a.F. nicht reformiert werden müssen. Mit der im *Mangold*-Urteil angewandten strengen Verhältnismäßigkeitsprüfung, wären allgemeine Altersgrenzen mit Sicherheit nicht erforderlich gewesen, weil zumindest flexible Altersgrenzen in Betracht kommen.

Seither verfährt der EuGH in „Schlangenlinien".[28] Er legt an die Rechtfertigung 27
einer Benachteiligung wegen des Alters changierende Maßstäbe an und macht die jeweilige Prüfungsdichte von der konkret in Rede stehenden Sachfrage abhängig. Allergisch reagiert der EuGH auf innere Widersprüche. Dann wird die Legitimität des Ziels der jeweils altersdifferenzierenden Maßnahme kritisch hinterfragt und auf ihre Kohärenz kontrolliert.[29] Auch wenn der arbeitsrechtliche Schutz zu Lasten bestimmter Arbeitnehmergruppen abgesenkt wird, werden altersdifferenzierende Vor-

---

26 EuGH Urt. v. 16.10.2007, Rs. C-411/05, Palacios de la Villa, Slg. 2007, I-8531ff. = NZA 2007, 1219, 1223, Rn. 75 mit Anm. *Kocher*, RdA 2008, S. 238ff. und *Kamanabrou*, EuZA 2008, S. 251ff.
27 Diese Einschätzung teilen *Meenan*, Maastricht Journal of European and Comparative Law 2003, S. 9, 15 und auch *Waas*, EuZW 2007, S. 359ff.
28 Vgl. *Preis*, NZA 2010, S. 1323.
29 EuGH Urt. v. 19.1.2010, Rs. C-555/07, Kücükdeveci, NZA 2010, 85: § 622 Abs. 2 S. 2 BGB; EuGH Urt. v. 18.6.2009, Rs. C-88/08, Hütter, NZA 2009, 891: Anerkennung der Betriebszugehörigkeit für die Berechnung des Entgelts erst ab dem 18. Lebensjahr; EuGH Urt. v. 12.10.2010, Rs. C-499/08, Andersen, NZA 2010, 1341: Ausschluss rentennaher Arbeitnehmer von gesetzlicher Kündigungsabfindung.

schriften besonders streng geprüft.[30] Dagegen scheint der EuGH bei homogenen Altersgrenzen, die als generelles Prinzip gelten, den Handlungsspielraum der Mitgliedstaaten besonders großzügig anerkennen zu wollen. Damit könnte erklärt werden, warum der EuGH allgemeine Altersgrenzen passieren lässt, spezielle Altersgrenzen hingegen besonders streng unter die Lupe nimmt und insbesondere bei innerer Widersprüchlichkeit verwirft (exemplarisch die Fälle *Petersen* und *Wolf*).[31]

28 In der Rechtssache *Age Concern* führte der EuGH trotz Billigung allgemeiner Altersgrenzen aus, dass das Verbot der Altersdiskriminierung nicht ausgehöhlt werden dürfe und allgemeine Behauptungen über die Geeignetheit einer Maßnahme nicht genügten. Verengt wurde auch die Möglichkeit, legitime Interessen der Arbeitgeber im Rahmen des Art. 6 Abs. 1 RL 2000/78/EG anzuführen.[32] In der Entscheidung *Hütter* wurde eine Altersgrenze zur Anerkennung von Zeiten der Betriebszughörigkeit als nicht erforderlich bzw. angemessen[33] angesehen. Im Urteil *Petersen* wurde die Altersgrenze 68 in der Gesetzlichen Krankenversicherung verworfen, weil die von der Bundesregierung genannten *legitimen* Ziele der inneren Kohärenz entbehrten.[34] Es sei inkonsequent und letztlich willkürlich, die Bevölkerung nur in der gesetzlichen, nicht aber in der privaten Krankenversicherung vor der Überalterung der Ärzteschaft zu schützen. In diesem Zusammenhang verwarf er das wiederholt in mehreren Zusammenhängen vom BVerfG herangezogene Argument, die Altersgrenze 68 diene dem Schutze der Patienten und Patientinnen vor älteren, nicht mehr leistungsfähigen Ärzten und Ärztinnen.

29 In der Entscheidung *Wolf* ist es der Bundesregierung gelungen, überzeugend und gründlich dazulegen, dass das Einstellungshöchstalter bei Feuerwehren aufgrund der durchzuführenden Aufgaben (Brandbekämpfung und Personenrettung) als verhältnismäßige Maßnahme anzusehen sei.[35] Der EuGH erachtete das Höchstalter von 30 Jahren für die Einstellung in den mittleren Dienst bei der Berufsfeuerwehr gemessen an Art. 4 Abs. 1 RL 2000/78/EG vertretbar für rechtmäßig. Für die Rechtmäßigkeit des § 3 Abs. 1 Nr. 1 Hess. FeuerwLVO dürfte von entscheidendem Einfluss gewesen sein, dass der Bundesregierung wohl die überzeugende, gründliche und unwidersprochene Darlegung in der mündlichen Verhandlung gelang, das Einstellungshöchstalter sei aufgrund der durchzuführenden Aufgaben (Brandbekämpfung und Personenrettung) als verhältnismäßige Maßnahme anzusehen.[36]

---

30 Näher *Preis*, NZA 2010, S. 1323.

31 EuGH Urt. v. 12.1.2010, Rs. C-341/08, Domnica Petersen, LSV RdSchr. L 5/2010 = DB 2010, 171, Rdnr. 70.

32 EuGH Urt. v. 5.3.2009, Rs. C-388/07, Age Concern England, NZA 2009, 305, 308, Rdnr. 46, 51.

33 EuGH Urt. v. 18.6.2009, Rs. C-88/08, David Hütter, NZA 2009, 891, 893f., Rdnr. 46, 48, 49.

34 EuGH Urt. v. 12.1.2010, Rs. C-341/08, Domnica Petersen, DB 2010, 171, Rdnr. 60 bis 62.

35 EuGH Urt. v. 12.1.2010, Rs. C-229/08, Colin Wolf, NZA 2010, 244ff., Rdnr. 41.

36 EuGH Urt. v. 12.1.2010, Rs. C-229/08, Colin Wolf, NZA 2010, 244ff., Rn. 41. mit Anm. *Röbke*, EuZW 2010, S. 145ff.; *Mestre*, ELR 2010, S. 88ff.

In der Entscheidung *Kücükdeveci* ließ der EuGH schließlich § 622 Abs. 2 S. 2 BGB nicht passieren.[37] Das von der Bundesregierung angeführte und vom EuGH im Rahmen des Art. 6 Abs. 1 RL 2000/78/EG als rechtmäßig anerkannte Ziel der Entlastung des Arbeitgebers kann zu Recht nicht durch die Außerachtlassung von Beschäftigungszeiten vor dem 25. Lebensjahr auf verhältnismäßige Weise verfolgt werden. § 622 Abs. 2 S. 2 BGB ist bereits keine geeignete Maßnahme. Denn § 622 Abs. 2 S. 2 BGB trifft auch diejenigen, die über 25 Jahre alt sind und die von der Bundesregierung behauptete Flexibilität nicht mehr aufweisen. Unabhängig davon werden zudem junge Arbeitnehmer untereinander ungleich behandelt. Im Ergebnis, so der EuGH, würden nämlich diejenigen jungen Menschen härter getroffen, die ohne oder nach nur kurzer Berufsausbildung früh eine Arbeitstätigkeit aufnehmen. Hingegen würden diejenigen keine Nachteile erleiden, die nach einer langen Ausbildung später einen Beruf ergriffen. Dieses jüngste Urteil zum Verbot der Altersdiskriminierung hatte sich spätestens seit der Entscheidung *Hütter* angedeutet. 30

III. Auswirkungen des Verbots der Altersdiskriminierung auf das Arbeitsverhältnis

Die Auswirkungen des Verbots der Altersdiskriminierung sind schon jetzt deutlich spürbar, von der Anbahnung bis zur Beendigung des Arbeitsverhältnisses. Geprüft werden die relevanten Fragestellungen an den Normen des AGG, die richtlinienkonform auszulegen sind. Nur ausnahmsweise – etwa bei altersdiskriminierenden – Gesetzen ist unmittelbar auf das primäre Unionsrecht zurückzugreifen. Im Übrigen spricht freilich auch das BAG von einem *„schon vor seiner Konkretisierung durch die Gleichbehandlungsrahmenrichtlinie im primären Unionsrecht verankerten Verbot der Diskriminierung wegen des Alters“*.[38] 31

1. Anbahnung und Begründung des Arbeitsverhältnisses

a) Ausschreibung

Erst seit Inkrafttreten des AGG entfaltet das Diskriminierungsverbot bei der Anbahnung von Arbeitsverhältnissen Wirkung. Altersbezogene Ausschreibungen sind für den Arbeitgeber gefährlich geworden, obwohl sie aus den Stellenausschreibungen noch nicht verschwunden sind. Viele Stellenanzeigen knüpfen ebenfalls an die Be- 32

37 EuGH Urt. v. 19.1.2010, Rs. C-555/07, Kücükdeveci, NZA 2010, 85ff. mit Anm. *Schubert*, EuZW 2010, 180ff.; *Gaul/Koehler*, BB 2010, S. 503ff.; *Franzen*, GPR 2010, 81ff.; *Thüsing*, ZIP 2010, S. 199ff.; *ders.*, RdA 2010, S. 187ff.; *Bauer/v. Medem*, ZIP 2010, S. 449ff.; *Joussen*, ZESAR 2010, S. 185ff.; *L. Link*, NJW 2010, 430f.; *Wackerbarth/Kreße*, EuZW 2010, S. 252ff.; *Huke*, SAE 2010, S. 77ff.

38 BAG Urt. v. 15.2.2012, NZA 2012, 866.

rufserfahrung an. Gem. § 11 AGG darf ein Arbeitsplatz nicht unter Verstoß gegen § 7 Abs. 1 AGG ausgeschrieben werden.

33 Nennt die Stellenausschreibung ein konkretes Alter oder eine Altersspanne liegt gemäß § 3 Abs. 1 AGG eine unmittelbare Benachteiligung wegen des Alters vor, die zu rechtfertigen ist. (Arbeitgeber sucht „junge Bewerber“[39].) Unbedachte Äußerungen im Kontext eines Bewerbungsverfahrens, die auf eine Altersdiskriminierung schließen lassen, bilden Indizien, die eine Altersdiskriminierung nach § 22 AGG vermuten lassen und zu einer Beweislastumkehr führen.[40]

34 Ebenfalls benachteiligend und grundsätzlich unzulässig sind Stellenausschreibungen, die mittelbar diskriminierende Merkmale enthalten. So kann die Anforderung „1. Berufsjahr“ eine Benachteiligung wegen des Alters darstellen.[41] Dies gilt jedoch nur insoweit, als das Alter für die zu besetzende Stelle nicht entscheidend ist oder die unterschiedliche Behandlung nicht objektiv und angemessen und durch ein legitimes Ziel gerechtfertigt ist. Gemäß § 8 Abs. 1 AGG ist eine unterschiedliche Behandlung wegen des Alters zulässig, wenn das Alter wegen der Art der auszuübenden Tätigkeit oder der Bedingungen ihrer Ausübung eine wesentliche und entscheidende berufliche Anforderung darstellt, sofern der Zweck rechtmäßig und die Anforderung angemessen ist. In aller Regel ist nicht erkennbar, dass entsprechende Altersdifferenzierungen gerechtfertigt sein können und zwar auch nicht nach der etwas schwächeren Rechtfertigungsvoraussetzung des § 10 Abs. 1 AGG. Die benachteiligende Stellenausschreibung als solche zieht keine unmittelbaren Sanktionen nach sich, insbesondere folgt daraus kein Einstellungsanspruch (vgl. § 15 Abs. 6 AGG). Allerdings begründet sie die Vermutung eines Verstoßes gegen das Benachteiligungsverbot. Sie ist ausreichendes Indiz im Sinne des § 22 AGG.[42] Die Anknüpfung an die Berufserfahrung lässt sich daher eher rechtfertigen. Nach Ansicht des BAG handelt es sich allenfalls um eine mittelbare Benachteiligung wegen des Alters gem. §§ 3 Abs. 2, 1 AGG.[43] Personal- und Nachwuchsplanung oder die Sicherung einer ausgewogenen Altersstruktur können als legitime Gründe im Rahmen des § 3 Abs. 2 AGG angesehen werden.

b) Einstellungshöchstaltersgrenzen

35 Im Beamtenrecht sind Einstellungshöchstaltersgrenzen – im Unterschied zum Arbeitsrecht – sehr verbreitet. Das BVerwG geht bislang über die Problematik noncha-

39 Vgl. BAG Urt. v. 19.8.2010, NZA 2010, 1412.

40 BGH Urt. v. 23.4.2012, NZA 2012, 797: Verweigerung der Verlängerung des Dienstvertrages eines 61jährigen GmbH-Geschäftsführers mit den Worten: „Wir brauchen jemanden, der die Kliniken auch langfristig in den Wind stellen kann“.

41 BAG Urt. v. 18.8.2009, NZA 2010, 222.

42 BAG Urt. v. 19.8.2010, NZA 2010, 1412, 1415.

43 BAG Urt. v. 18.8.2009, NZA 2010, 222, 223f.

lant hinweg und erklärt die höchst problematische und nur mit dem Alimentationsprinzip bzw. dem Interesse des Dienstherrn an einem ausgewogenen Verhältnis von Lebensdienstzeit und Ruhestandszeit zu rechtfertigende Einstellungsgrenze von 40 Jahren für beamtete Lehrer für europarechtlich zulässig.[44] In Ansehung der Schwierigkeiten, die der EuGH selbst bei der Rechtfertigung der spezifisch gerechtfertigten Höchstaltersgrenze für Feuerwehrleute hatte,[45] ist die Selbstsicherheit des BVerwG bemerkenswert. Auch bei dieser Entscheidung liegt ein Verstoß gegen Art. 101 GG nahe.

Bemerkenswerte arbeitsrechtliche Entscheidungen waren hingegen die in zwei Sonderbereichen des Arbeitsrechts eingezogenen starren Höchstaltersgrenzen für die Einstellung von Piloten bei der Lufthansa[46] und von wissenschaftlichen Mitarbeitern an der Universität Bonn.[47] 36

In dem Lufthansa-Fall entschied das BAG, dass eine tarifvertragliche Betriebsnorm, die für ein Luftfahrtunternehmen das Höchstalter für die Einstellung von in anderen Luftfahrtunternehmen ausgebildeten Piloten auf 32 Jahre und 364 Tage festlegt, in unverhältnismäßiger Weise die durch Art. 12 Abs. 1 GG gewährleistete Freiheit der Berufswahl älterer Arbeitsplatzbewerber verletzt. Bemerkenswert ist, dass der 7. Senat des BAG die mit der Altersgrenze verbundene Gruppenbildung wegen Verstoßes gegen den Gleichheitssatz des Art. 3 Abs. 1 GG und gegen das Verbot der Altersdiskriminierung nach Maßgabe der §§ 1, 3, 7 Abs. 1 AGG verwarf. Es sei nicht erkennbar, dass die Tarifvertragsparteien mit der Höchstaltersgrenze legitime Ziele im Sinne von § 10 S. 1 AGG verfolgt hätten. In der Sache war diese sachwidrige Höchstaltersgrenze wohl eher dadurch motiviert, sich unliebsame Konkurrenz von bei anderen Unternehmen ausgebildeten Flugzeugführern fernzuhalten. 37

Unzulässige unmittelbare Benachteiligungen wegen des Alters stellen auch Einstellungshöchstaltersgrenzen im Universitätsbereich dar, mit deren Hilfe das hochschulpolitische Ziel verfolgt werden soll, das Erstberufungsalter für Professoren und Professorinnen herabzusetzen. Danach darf eine Universität zu Recht nicht die Weiterbeschäftigung bzw. Befristung eines Arbeitsvertrages nach dem WissZeitVG bzw. TzBfG verweigern, nur weil der Nachwuchswissenschaftler bzw. die Nachwuchswissenschaftlerin das 40. Lebensjahr erreicht hat – noch dazu, wenn die Nachwuchsqualifikation nicht für den eigenen Bedarf erfolgt, weil sog. Hausberufungen grundsätzlich nicht vorgenommen werden.[48] Das BAG hat zu Recht in die- 38

44 BVerwG Beschl. v. 26.3.2012 – 2 B 26/11.

45 Vgl. bspw. § 3 Abs. 1 Nr. 1 Hessische Feuerwehrlaufbahnverordnung (30 Jahre), dazu EuGH Urt. v. 12.1.2010, Rs. C-229/08, Colin Wolf, EuZW 2010, 142ff.; s.a. § 12 Abs. 1 Nr. 2 Verordnung über die Laufbahnen der Polizeivollzugsbeamtinnen und Polizeivollzugsbeamten in der Bundespolizei (25 Jahre). Zur Höchstaltersgrenze für Polizeibeamte in einem Spezialeinsatzkommando: BVerwG 20.2.2012 – 2 B 136/11.

46 BAG Urt. v. 8.12.2010, NZA 2011, 751.

47 BAG Urt. v. 6.4.2011, NZA 2011, 970.

48 BAG Urt. v. 6.4.2011, NZA 2011, 970.

ser altersdiskriminierenden Befristungsregelung einen Verstoß gegen § 7 Abs. 1 und 2 AGG gesehen und die Universität zur unbefristeten Weiterbeschäftigung des Wissenschaftlers verurteilt. Die Ziele, die die Universität verfolgt habe, seien allesamt keine Ziele, die nach Maßgabe des § 10 AGG legitim seien.

2. Durchführung des Arbeitsverhältnisses

a) Die Kriterien Betriebs- bzw. Unternehmenszugehörigkeit und Lebensalter

39 Verbreitet ist die Anknüpfung arbeitsrechtlicher Regelungen an die Dauer der Betriebs- bzw. Unternehmenszugehörigkeit. Derartige begünstigende Senioritätsregeln bevorzugen ältere Arbeitnehmer. Spiegelbildlich wirken sie sich gegenüber jüngeren Arbeitnehmern benachteiligend aus. Wird an das Lebensalter angeknüpft, liegt eine unmittelbare Benachteiligung wegen des Alters vor. Ist Grundlage die Dauer der Betriebs- bzw. Unternehmenszugehörigkeit, kann eine mittelbare Benachteiligung wegen des Alters gegeben sein. Denn höheres Lebensalter und längere Betriebszugehörigkeit korrelieren miteinander.[49]

40 Die Honorierung der Dauer der Betriebszugehörigkeit ist zunächst Ausdruck der bislang erbrachten Treue des Arbeitnehmers zum Betrieb.[50] Die Honorierung der Betriebstreue kann vergangenheitsbezogen erfolgen; der Arbeitgeber kann aber auch mit der Honorierung der Betriebszugehörigkeit einen Anreiz geben wollen, dem Betrieb länger anzugehören.

41 Erwünschte Nebenfolge einer längeren Betriebszugehörigkeit für den Arbeitgeber ist oftmals, dass sich die anfänglichen Einstellungs- und Einarbeitungskosten amortisieren und der Arbeitnehmer zunehmende Erfahrung sammelt. Mit der Betriebszugehörigkeit wird in diesem Fall also die höhere Berufserfahrung des Arbeitnehmers im Allgemeinen und Besonderen honoriert.[51] Die Bemessung des Entgelts nach der Betriebszugehörigkeit, wenn und soweit sie „den Arbeitnehmer befähigt, seine Arbeit besser zu verrichten“, ist daher nicht zu beanstanden.[52]

42 Dass Arbeitgeber das Kriterium der Betriebs- bzw. Unternehmenszugehörigkeit als Instrument der abstrakten Generalisierung grundsätzlich verwenden dürfen,

---

49 *OECD*, Alterung und Beschäftigungspolitik, S. 61 (Abb. 2.11).

50 Erstmals EuGH Urt. v. 10.3.2005, Rs. C-196/02, Nikoloudi, Slg. 2005, I-1789ff., Rn. 63 = NZA 2005, 807, 811.

51 EuGH Urt. v. 3.10.2006, Rs. C-17/05, Cadman, Slg. 2007, I-9583ff., Rn. 34ff. = NJW 2007, 47f.; EuGH Urt. v. 10.3.2005, Rs. C-196/02, Nikoloudi, Slg. 2005, I-1789ff., Rn. 55 = NZA 2005, 807, 810f.; EuGH Urt. v. 2.10.1997, Rs. C-1/95, Gerster, Slg. 1997, I-5253, Rn. 39 = NZA 1997, 1277, 1279; EuGH Urt. v. 2.10.1997, Rs. C-100/95, Kording, Slg. 1997, I-5289, Rn. 23 = NZA 1997, 1221, 1222; EuGH Urt. v. 7.2.1991, Rs C-184/89, Nimz, Slg. 1991, I-297, Rn. 14 = NVwZ 1991, 461, 462; EuGH Urt. v. 17.10.1989, Rs. 109/88, Danfoss, Slg. 1989, 3199ff., Rn. 22f. = NZA 1990, 772, 774.

52 EuGH Urt. v. 3.10.2006, Rs. C-17/05, Cadman, NZA 2006, 1205, Rn. 35; EuGH Urt. v. 18.6.2009, Rs. C-88/08, Hütter, NZA 2009, 891, Rn. 47.

hatte der EuGH in ständiger Rechtsprechung auf dem Feld der Geschlechterdiskriminierung anerkannt. Bei beiden Gesichtspunkten handelt es sich um legitime unternehmerische Ziele. In seiner Entscheidung *Cadman* hat er darin grundsätzlich auch keine mittelbare Diskriminierung gegenüber Frauen gesehen,[53] obwohl Frauen bei gleichem Lebensalter eine durchschnittlich geringere Dauer der Betriebszugehörigkeit aufweisen.

Die Verwendung der Dauer der Betriebs- bzw. Unternehmenszugehörigkeit entbindet den Arbeitgeber gleichwohl nicht von einer grundsätzlichen Rechtfertigungspflicht. Der EuGH dürfte so zu verstehen sein, dass sich der Arbeitgeber auf den hinter der Honorierung der Berufserfahrung stehenden Erfahrungssatz berufen kann. Der EuGH räumt dem Arbeitnehmer aber die Möglichkeit ein, bei ernsthaften Zweifeln die hinter der abstrakten Generalisierung stehende Vermutung zu widerlegen.[54] Wenn ihm oder ihr dies gelingt, muss der Arbeitgeber seinerseits nun überzeugenden Beweis erbringen. Was die Honorierung bzw. Bewertung der Berufserfahrung angeht, kommt es also auf den Einzelfall und damit die einzelne Tätigkeit an. 43

b) Vergütungs- und Urlaubsregelungen

EuGH und BAG haben jüngst altersdifferenzierende Regelungen der Entgeltgestaltung und des Urlaubsanspruchs als diskriminierend erachtet, sofern diesen Abstufungen ein sachgerechtes Ziel fehlt. Unzulässig sind danach sog. Altersstaffeln in Tarifverträgen, die den Lohn oder auch die Urlaubsansprüche der Arbeitnehmer von ihrem Alter abhängig machen.[55] Während die Altersstaffelungen hinsichtlich der Vergütung weitgehend der Vergangenheit angehören, sind altersdifferenzierende Urlaubsregelungen noch immer verbreitet. So wird die relativ junge Norm des § 26 Abs 1 S. 2 TVöD, wonach Beschäftigte nach der Vollendung ihres 40. Lebensjahres in jedem Kalenderjahr Anspruch auf 30 Arbeitstage Urlaub haben, während der Urlaubsanspruch bis zur Vollendung des 30. Lebensjahres nur 26 Arbeitstage und bis zur Vollendung des 40. Lebensjahres nur 29 Arbeitstage beträgt, von EuGH und BAG als unmittelbare, nicht gerechtfertigte Diskriminierung wegen des Alters eingeordnet. Das BAG begründet im Einzelnen, dass die Tarifvertragsparteien mit der Regelung in § 26 TVöD weder den Schutz der Gesundheit bezweckten noch einem gesteigerten Erholungsbedürfnis älterer Beschäftigter Rechnung tragen wollten. Bei einer Anknüpfung an die Gruppe der über 50- oder über 60-jährigen Beschäftigten wäre möglicherweise ein altersbedingt gesteigertes Erholungsbedürfnis eher nachvoll- 44

53 EuGH Urt. v. 3.10.2006, Rs. C-17/05, Cadman, Slg. 2007, I-9583ff., Rn. 36 bis 38 = NJW 2007, 47f. m.w.N.

54 EuGH Urt. v. 3.10.2006, Rs. C-17/05, Cadman, Slg. 2007, I-9583ff., Rn. 40 = NJW 2007, 47, 48.

55 EuGH Urt. v. 8.9.2011, Rs. C-297/10, Hennigs, NZA 2011, 1100; BAG 20.3.2012 – 9 AZR 529/10; vgl. schon BAG Urt. v. 10.11.2011, NZA-RR 2012, 100.

ziehbar gewesen. Die praktisch wichtigste Frage, ob als Rechtsfolge der Anspruch auf „Anpassung nach oben" greift, hat die Rechtsprechung ebenfalls bejaht. Für die Vergangenheit bleibt auch bei tarifvertraglichen Regelungen kein anderer Weg als die Gleichbehandlung „nach oben", um den Gleichheitsverstoß zu beseitigen.[56]

3. Beendigung des Arbeitsverhältnisses

a) Gesetzliche Kündigungsfristen – § 622 Abs. 2 S. 2 BGB

45 Nach § 622 Abs. 2 S. 2 BGB wurden bei der Berechnung der Länge der Kündigungsfristen Zeiten nicht berücksichtigt, die vor der Vollendung des 25. Lebensjahres des Arbeitnehmers liegen.[57] Historisch leitet sich § 622 Abs. 2 S. 2 BGB aus den beiden Fassungen bis zum 30.6.1990 bzw. 14.10.1993 und § 2 Abs. 1 S. 3 AngKSchG i.d.F. bis zum 14.10.1993 ab.[58] Gesetzgeberisches Anliegen des vom BVerfG für verfassungswidrig erklärten § 622 Abs. 2 S. 2 BGB a.F. (1990), der für Arbeiter und Arbeiterinnen noch das 35. Lebensjahr und nicht wie im AngKSchG das 25. Lebensjahr vorsah, war die als notwendig hervorgehobene Mobilität der Arbeiter bzw. Arbeiterinnen; ein Argument, welches das BVerfG unter Berücksichtigung des oben beschriebenen einheitlichen Schutzzwecks der Kündigungsfristen nicht akzeptierte.[59] Ein aktuelles gesetzgeberisches Argument für die Nichtberücksichtigung von Zeiten der Beschäftigung vor dem 25. Lebensjahr ist nicht ersichtlich; die Gesetzesmaterialien zur Ursprungsfassung erwähnen den Schutz älterer Arbeitnehmer vor Arbeitslosigkeit.[60]

46 Das Urteil des EuGH in der Rechtssache *Kücükdeveci* vom 19.1.2010 hat dieser sinnlos differenzierenden Norm ein Ende gesetzt.[61] § 622 Abs. 2 S.2 BGB stellt danach eine unmittelbare Altersdiskriminierung i.S.d. RL 2000/78/EG dar, die nicht gem. Art. 6 Abs. 1 RL 2000/78/EG zu rechtfertigen ist. Gleichzeitig ist auch ein Verstoß gegen das ungeschriebene unionsrechtliche Verbot der Altersdiskriminierung gegeben. § 622 Abs. 2 S. 2 BGB ist seit der Verkündung der Entscheidung *Kücükdeveci* unanwendbar und darf zur Berechnung gesetzlicher bzw. tariflicher Kündigungsfristen nicht mehr herangezogen werden. Der Entscheidung ist vorbehaltlos zuzustimmen. Das BAG hat diese Entscheidung umgesetzt.[62] Das Urteil wirkt sich auch

56 BAG Urt. v. 20.3.2012, NZA 2012, 803.

57 Zur Übertragung des § 622 Abs. 2 S. 2 BGB auf tarifliche Kündigungsfristen, vgl. BAG Urt. v. 12.11.1998, NZA 1999, 489, 490 = AP Nr. 4 zu § 1 TVG Tarifverträge: Dachdecker.

58 S.a. BVerfG Beschl. v. 16.11.1982, BVerfGE 62, 256ff.; BAG 16.1.1992, AP Nr. 12 zu § 2 AngKSchG; Art. 2 des Gesetzes v. 26.6.1990, BGBl. I S. 1206ff.; Kündigungsfristengesetz v. 7.10.1993, BGBl. I S. 1668ff.

59 BVerfG Beschl. v. 16.11.1982, BVerfGE 62, 256, 279f. = AP Nr. 16 zu § 622 BGB.

60 RArbBl. 1926, Nr. 28, S. 488; dieser Aspekt wird in BT-Drs. 12/4907, S. 6, BT-Drs. 12/4902, S. 7 und BT-Drs. 12/5228 aber nicht mehr aufgegriffen.

61 EuGH Urt. v. 19.1.2010, Rs. C-555/07, Kücükdeveci, NZA 2010, 85ff.

62 Vgl. BAG Urt. v. 9.9.2010, NZA 2011, 343; a.A. *v. Medem,* NZA 2009, S. 1072ff.

auf bereits beendete Arbeitsverhältnisse bzw. anhängige Kündigungsschutzverfahren aus. Das gilt im Grundsatz für Sachverhalte ab dem 2.12.2006.[63]

b) Tariflicher Ausschluss der ordentlichen Unkündbarkeit

Über verlängerte Kündigungsfristen für ältere Arbeitnehmer hinaus sehen Tarifverträge Unkündbarkeitsklauseln vor,[64] die die ordentliche Kündigung meistens durch eine Kombination von Lebensalter und Dauer der Betriebszugehörigkeit ausschließen. Solche Klauseln bewirken, dass der Arbeitgeber grundsätzlich nur noch nach Maßgabe des § 626 BGB aus wichtigem Grund kündigen kann. 47

Die extremste Form der Unkündbarkeit ist in § 4.4 des Manteltarifvertrages der Metallindustrie Nordwürttemberg/Nordbaden vereinbart; an ihm scheiden sich seit Jahren die Geister.[65] Der Ausschluss der ordentlichen Kündigung setzt hier ab dem 53. Lebensjahr bei drei Jahren Betriebszugehörigkeit ein. Diese Klausel benachteiligt Arbeitnehmer unter 53 Jahren gem. §§ 3 Abs. 1, 1 AGG unmittelbar wegen des Lebensalters und benachteiligt sie zudem wegen des Abstellens auf die Dauer der Betriebszugehörigkeit möglicherweise mittelbar gem. § 3 Abs. 2, 1 AGG. Die durch die Betriebszugehörigkeit hervorgerufene Belastung ist aber relativ mild, weil nur drei Jahre verlangt werden. Freilich wird dieser Effekt durch das verlangte Lebensalter überlagert. 48

Im Rahmen der Rechtfertigung ist jedes Merkmal getrennt zu betrachten, vgl. auch § 4 AGG. Die durch das Abstellen auf die Dauer der Betriebszugehörigkeit verursachte Benachteiligung kann gem. § 3 Abs. 2 AGG mit der Honorierung der Betriebstreue gerechtfertigt werden. Sie ist ein legitimes Ziel. In Zusammenschau mit dem Lebensalter ist erkennbar, dass die Tarifvertragsparteien auf die ältere Stammbelegschaft sowie mobile ältere Arbeitnehmer zielen, weil eine dreijährige Betriebszugehörigkeit auch bei mehrmaligem Arbeitgeberwechsel erlangt werden kann. Dass die Tarifvertragsparteien diese beiden Zielgruppen im Visier haben, begegnet für sich gesehen keinen Bedenken. Die Honorierung der Betriebstreue mit einer tariflichen Unkündbarkeit ist insgesamt betrachtet auch verhältnismäßig. Hat man nur die geringe Dauer der Betriebszugehörigkeit im Blick, ist dieses Geschenk für den Arbeitgeber natürlich ein teures; als Korrelat dagegen wirkt aber das relativ hohe Lebensalter. 49

Für die durch die Anknüpfung an das Lebensalter bewirkte unmittelbare Diskriminierung scheidet das legitime Ziel der Honorierung der Betriebstreue aus. An- 50

63 Dazu *Preis/Temming*, NZA 2010, 185, 188ff.; s.a. *Gaul/Koehler*, BB 2010, 503ff; *Joussen*, ZESAR 2010, S. 185ff.; *Kursawe*, ArbRAktuell 2010, S. 110ff.

64 Zur Geschichte des tariflichen Alterskündigungsschutzes vgl. *Bröhl*, Die außerordentliche Kündigung mit notwendiger Auslauffrist, S. 9ff.; *Buse*, Die Unkündbarkeit im Arbeitsrecht, 2009.

65 *Kiel*, in: Ascheid/Preis/Schmidt (Hrsg.), Kündigungsrecht, § 1 KSchG, Rn. 704ff. m.w.N., insbes. Rn. 706; *Bütefisch*, Die Sozialauswahl, S. 149; *Rieble*, NZA 2003, S. 1243ff.

dere legitime Ziele außer dem Schutz bzw. Förderung älterer Arbeitnehmer ab dem 53. Lebensjahr gem. § 10 S. 3 Nr. 1 AGG sind nicht ersichtlich. Die tarifliche Unkündbarkeitsklausel müsste als positive Maßnahme verhältnismäßig sein. Sie ist sicherlich geeignet, ältere Arbeitnehmer über 53 Jahren zu schützen. Versteht man unter Förderung auch berufliche Eingliederungsmaßnahmen und darunter wiederum Maßnahmen, die Arbeitnehmer im Beruf halten, ist die Unkündbarkeitsklausel auch unter diesem Gesichtspunkt geeignet. Freilich könnte die Rechtfertigung der Unkündbarkeitsklausel an ihrer mangelnden Erforderlichkeit scheitern. Denn mittels der Anknüpfung an ein konkretes Lebensalter kann kein altersspezifisches Bedürfnis korrekt abgebildet werden. Das betrifft sowohl gesundheitliche Aspekte als auch die Chancen auf dem Arbeitsmarkt. Insbesondere ist ein höheres Lebensalter auch nicht kausal für ein höheres Risiko der Langzeitarbeitslosigkeit.[66] Schließlich spricht gegen die Erforderlichkeit dieser Klausel, dass Arbeitnehmer unter 53 Jahren mit denselben Problemen keine Chance auf Unkündbarkeit im Rahmen einer Einzelfallbetrachtung haben.

51 Das BAG hat die Wirkungen der tariflichen Unkündbarkeit im MTV Metall scharf kritisiert, im Ergebnis aber nicht verworfen.[67] Die Regelung des § 4.4 MTV könne zu Ergebnissen führen, die die gesetzliche Wertung des § 1 Abs. 3 S. 1 KSchG auf den Kopf stellen, so etwa wenn ein 53-jähriger seit drei Jahren beschäftigter Arbeitnehmer ohne Unterhaltspflichten auf Grund der tarifvertraglichen Regelung aus der Sozialauswahl ausscheiden soll, während ein 52-jähriger seit 35 Jahren im Betrieb beschäftigter Arbeitnehmer mit mehrfachen Unterhaltspflichten zur Kündigung ansteht. Das BAG will in solchen (Extrem-)Fällen prüfen, im Hinblick auf das Verbot der Altersdiskriminierung die Tarifnorm unionsrechtskonform einzuschränken bzw. für den Einzelfall durch einen ungeschriebenen Ausnahmetatbestand innerhalb der Tarifnorm anzupassen.[68] Unkündbarkeitsvereinbarungen seien allerdings grundsätzlich als zulässig anzusehen, fänden aber eine Grenze dort, wo die Fehlgewichtung durch den durch die ordentliche Unkündbarkeit eingeschränkten Auswahlpool zu einer grob fehlerhaften Auswahl führen würde.[69]

52 Im öffentlichen Dienst gewähren § 34 Abs. 2 und 3 TVöD bzw. TVL Unkündbarkeit ab dem 40. Lebensjahr, wenn der Arbeiternehmer davor bzw. danach Zeiten von 15 Jahren Betriebszugehörigkeit bei einem öffentlich-rechtlichen Arbeitgeber aufweisen kann. Diese Regelungen führen in der Regel nicht zu Extremfällen, obwohl im Einzelfall schwer zu rechtfertigen ist, wenn eine 39jährige Alleinerziehende

66 Vgl. die Ausführungen unter III.3a.aa; s.a. *Temming*, Altersdiskriminierung, S. 530 bis 536, insbesondere mit Ausführungen zu den möglichen Rechtsfolgen.

67 BAG Urt. v. 5.6.2008, NZA 2008, 1120, 1124.

68 *Bröhl*, Die außerordentliche Kündigung mit notwendiger Auslauffrist, § 19; *Bröhl*, BB 2006, S. 1050; *Zwanziger*, DB 2000, S. 2166; a.A. *Kiel* in: Ascheid/Preis/Schmidt (Hrsg.), Kündigungsrecht, § 1 KSchG Rn. 705f., der § 4.4 MTV insgesamt für unwirksam erachtet.

69 Unter Bezugnahme auf *Thüsing*, in: MünchKommBGB, § 10 AGG Rn. 42ff.; *Bauer/Göpfert/Krieger*, § 10 Rn. 46ff.

mit z.B. drei Kindern ihren Arbeitsplatz nur deshalb verliert, weil ein 40jähriger vergleichbarer lediger Arbeitnehmer soeben ordentlich unkündbar geworden ist.

Die vielfach geforderte Verwerfung entsprechender Unkündbarkeitsvereinbarungen gem. § 7 Abs. 2 AGG i.V.m. § 134 BGB[70] hat die Rechtsprechung bislang nicht vollzogen. Man wird auf einen Extremfall warten müssen, der möglicherweise zu einem Vorabentscheidungsverfahren führt. Das BAG hat keine gesteigerte Neigung, entsprechende Verfahren dem EuGH vorzulegen. 53

c) Betriebsbedingte Kündigung

aa) Sozialauswahl – § 1 Abs. 3 S. 1 KSchG

Die Tendenz, den EuGH nicht mit allen Fragen der Altersdiskriminierung und -privilegierung zu befassen, zeigt sich insbesondere an den besonders praxisrelevanten Fragen der Sozialauswahl, obwohl der mehrfache Altersbezug dieser Normen nach einer unionsrechtlichen Klärung ruft. 54

In § 1 Abs. 3 S.1 KSchG sind die beiden sozialen Gesichtspunkte Lebensalter sowie Dauer der Betriebs- bzw. Unternehmenszugehörigkeit relevant. Was die Dauer der Betriebszugehörigkeit anbelangt, dient die Sozialauswahl dem legitimen Ziel der vergangenheitsorientierten Honorierung der Betriebstreue (vgl. auch § 10 S. 3 Nr. 2 AGG bzw. Art. 6 Abs. 1 RL 2000/78/EG). Für sich betrachtet kann die Dauer der Betriebszugehörigkeit mittelbar wegen des Lebensalters benachteiligen, da ihre längere Dauer mit einem höheren Lebensalter korreliert. Allerdings stellt die Sozialauswahl mit dieser Funktion eine verhältnismäßige Maßnahme dar. Sie ist geeignet, zwischen den vergleichbaren Arbeitnehmern auf Grundlage der erbrachten Betriebstreue und damit auf Grundlage des Prinzips des Vertrauensschutzes eine auf bestandsschutzrechtlichen Maßgaben fußende Unterscheidung zu produzieren. Die Sozialauswahl ist in dieser Form auch erforderlich und angemessen, weil es für den Gesichtspunkt der Betriebstreue kein weniger einschneidendes, gleich geeignetes Kriterium gibt. Eine auf der Dauer der Betriebszugehörigkeit basierende Sozialauswahl verstößt deshalb nicht gegen das Verbot der Altersdiskriminierung. 55

Hingegen kann die durch den sozialen Gesichtspunkt des Lebensalters bewirkte unmittelbare Benachteiligung in der Sozialauswahl nicht mit dem legitimen Ziel der Honorierung der Betriebstreue oder der Berufserfahrung gerechtfertigt werden. Außer als positive Maßnahme zum Schutz bzw. der Förderung von älteren Arbeitnehmern gem. Art. 6 Abs. 1 S. 2 lit. a RL 2000/78/EG (vgl. § 10 S. 3 Nr. 1 AGG) scheiden andere legitime Ziele aus. 56

70 In Bezug auf die Gemeinschaftsrechtswidrigkeit ebenso *Wulfers/Hecht*, ZTR 2007, S. 475, 479f. m.w.N.; *Willemsen/Schweibert*, NJW 2006, S. 2583, 2587; *Bauer/Göpfert/Krieger*, § 10 AGG, Rn. 50; a.A. *Thüsing*, Arbeitsrechtlicher Diskriminierungsschutz, Rn. 451 u.a. speziell in Bezug auf § 34 TVöD; kritisch auch *Guth*, PersR 2009, S. 352, 354.

57 Fraglich ist, ob das Lebensalter als sozialer Gesichtspunkt i.R.d. § 1 Abs. 3 S. 1 KSchG auch verhältnismäßig ist. Losgelöst von der konkreten Anwendung des Lebensalters in der Praxis ist die Sozialauswahl abstrakt geeignet, die Gruppe der älteren Arbeitnehmer zu schützen bzw. zu fördern. Es ist fraglich, ob geringere Chancen auf dem Arbeitsmarkt und die Vermittlungsfähigkeit von Arbeitnehmern und damit auch die Langzeitarbeitslosigkeit allein vom Lebensalter im Sinne einer Kausalität abhängen. Unterzieht man § 1 Abs. 3 S. 1 KSchG einer strengen Verhältnismäßigkeitsprüfung, verstößt die auf das Lebensalter bezogene Sozialauswahl gegen das primärrechtliche Verbot der Altersdiskriminierung. Der Grund dafür liegt vor allem in der allzu groben Typisierung der Arbeitsmarkt- und Vermittlungschancen allein mit Hilfe des Lebensalters. Zudem gibt es mildere, aber gleich geeignete Mittel, das (Langzeit-)Arbeitslosigkeitsrisiko von älteren Arbeitnehmern zu verringern. Folgt man dieser Ansicht, wäre das Alter als sozialer Gesichtspunkt i.R.d. § 1 Abs. 3 S. 1 KSchG unanwendbar.

58 Das BAG ist freilich diesen Weg in seiner Entscheidung vom 6.11.2008 nicht gegangen und hat das Lebensalter gemessen am Maßstab des Verbots der Altersdiskriminierung für unionsrechtskonform erklärt.[71] Insbesondere hat es die Typisierung der schlechteren Chancen auf dem Arbeitsmarkt mit Hilfe des sozialen Gesichtspunktes des Lebensalters akzeptiert: „*Die Berücksichtigung des Lebensalters als Sozialdatum ist zur Einbeziehung individueller Arbeitsmarktchancen geeignet und erforderlich. Ein milderes Mittel ist nicht ersichtlich. Dass die Arbeitsmarktchancen auf diese Weise typisierend und nicht rein individuell berücksichtigt werden, ist letztlich, will man die Arbeitsmarktchancen überhaupt einbeziehen, unvermeidbar: Jede mögliche Aussage über Chancen muss sich naturgemäß an Wahrscheinlichkeiten orientieren, die ihrerseits nicht ohne Berücksichtigung von Erfahrungswerten beurteilt werden können. Wenn also, was unstrittig ist, ein Erfahrungswert dahin besteht, dass mit steigendem Lebensalter die Vermittlungschance generell zu sinken pflegt, so könnte dieser Umstand auch bei strikt individueller Bewertung von Arbeitsmarktchancen nicht außer Betracht bleiben.*“[72] Vergleichbares betrifft die bisherige Praxis, bei Auswahlrichtlinien und Namenslisten nach § 95 BetrVG bzw. § 1 Abs. 5 KSchG das Lebensalter als Auswahlkriterium durchgehend linear zu berücksichtigen – auch dies hat der Zweite Senat des BAG bestätigt.[73]

71 BAG Urt. v. 6.11.2008, NZA 2009, 361ff. mit größtenteils zustimmenden Anm. v. *Hoff*, SAE 2009, S. 293ff.; *Lingemann/Beck*, NZA 2009, S. 577ff.; *Schiefer*, DB 2009, S. 733ff; *Adomeit/Mohr*, NJW 2009, S. 2255ff.; *Boemke*, jurisPR-ArbR 20/2009, Anm. 1; *Gaul/Niklas*, NZA-RR 2009, S. 457ff.; kritischer *Benecke*, AuR 2009, S. 326ff.; s.a. *v. Medem*, Kündigungsschutz und Allgemeines Gleichbehandlungsgesetz, S. 537f., 543.

72 BAG Urt. v. 6.11.2008, NZA 2009, 361, 365 mit Nachweisen zu Befürwortern in der Literatur; ebenso BAG Urt. v. 6.9.2007, NZA 2008, 405, 407.

73 BAG Urt. v. 5.11.2009, NZA 2010, 457ff.

bb) Altersgruppenbildung – § 1 Abs. 3 S. 2 KSchG

Da es mangels anderweitiger Vorgaben auch weiterhin bei einer tendenziell ältere Arbeitnehmer begünstigenden Sozialauswahl bleibt, kommt den „berechtigten betrieblichen Interessen" gem. § 1 Abs. 3 S. 2 KSchG auch weiterhin große Bedeutung zu. Was die strukturellen Sachgründe anbelangt, verstößt die Sicherung einer ausgewogenen Altersstruktur nicht gegen das Verbot der Altersdiskriminierung. Das hat das BAG in mehreren Entscheidungen zu Recht bestätigt.[74] Als Grund für die generelle Unbedenklichkeitsbescheinigung der Altersgruppenbildung lässt sich anführen, dass i.R.d. § 1 Abs. 3 S. 2 KSchG die getrennt für mehrere Altersgruppen durchzuführenden Sozialauswahlen den massiven Einfluss des Lebensalters i.R.d. § 1 Abs. 3 S. 1 KSchG innerhalb der jeweiligen Altersgruppen wirksam zurückdrängen. 59

Zweifel bestehen allerdings unter Berücksichtigung der EuGH-Entscheidungen *Age Concern* und *Prigge*, und zwar vor dem Hintergrund der deutlich eingegrenzten legitimen Differenzierungsziele. Diese sind nach jüngst konkretisierter Sicht ausschließlich „sozialpolitische Ziele" sowie solche aus den Bereichen Beschäftigungspolitik, Arbeitsmarkt oder berufliche Bildung. Das BAG hat sich in einer jüngeren Entscheidung vor dem Hintergrund der geschärften Anforderungen schwer getan zu begründen, dass die Fragestellung nicht dem EuGH vorzulegen ist, obwohl die Problematik alles andere als eindeutig ist. Die Entscheidung des BAG vom 15.12.2011[75] balanciert auf der Grenze zum Verfassungsverstoß gegen Art. 101 GG. 60

Das BAG führt im Leitsatz aus, dass die gesetzliche Vorgabe in § 1 Abs. 3 S. 1 KSchG, das Lebensalter als eines von mehreren Kriterien bei der Sozialauswahl zu berücksichtigen, und die durch § 1 Abs. 3 S. 2 KSchG eröffnete Möglichkeit, die Auswahl zum Zweck der Sicherung einer ausgewogenen Personalstruktur innerhalb von Altersgruppen vorzunehmen, nicht gegen das unionsrechtliche Verbot der Altersdiskriminierung und dessen Ausgestaltung durch die Richtlinie 2000/78/EG verstoßen. Das BAG zieht die Sätze 1 und 2 des § 1 Abs. 3 KSchG zu einem einheitlich zu bewertenden Komplex zusammen und versucht, auf diesem Wege der Fokussierung auf die Altersgruppen die Schärfe zu nehmen. Das BAG erkennt, dass § 1 Abs. 3 S. 1 KSchG zu „einer Bevorzugung älterer und unmittelbaren Benachteiligung jüngerer Arbeitnehmer" führt. Ein wenig vernebelt wird der Effekt des § 1 Abs. 3 S. 2 KSchG. Das BAG meint, durch die ermöglichte Bildung von Altersgruppen werde die „andernfalls linear ansteigende Gewichtung des Lebensalters unterbrochen und zugunsten jüngerer Arbeitnehmer relativiert". In concreto kann die Altersgruppenbildung allerdings zu einer Kündigung eines sozial schützenswerten Arbeitnehmers 61

74 BAG Urt. v. 6.11.2008, NZA 2009, 361, 366f. m.w.N.; BAG Urt. v. 19.6.2007, NZA 2008, 103, 107; LAG Hannover 13.7.2007, LAGE § 2 AGG Nr. 3 m.w.N.; ebenso *v. Medem*, Kündigungsschutz und Allgemeines Gleichbehandlungsgesetz, S. 564f.; a.A. LAG Hamm Urt. v. 11.11.2009, EzA-SD 2010, Nr. 8 mit abl. Anm. *Gragert*, ArbRAktuell 2010, S. 302.

75 BAG Urt. v. 15.12.2011, NZA 2012, 1044.

führen, der lediglich das Pech hat, zu den Jüngsten einer – weitgehend frei – gebildeten Altersgruppe zu gehören.

62 Das BAG meint, diese Fragen ohne Vorabentscheidungsersuchen nach § 267 Abs. 3 AEUV entscheiden zu können, weil das maßgebliche Verständnis von Art. 6 Abs. 1 RL 2000/78/EG durch die jüngere Rechtsprechung des EuGH geklärt sei.[76] Eine solche Klärung ist schnell behauptet. Zweifel daran kommen auf, weil sich der EuGH zu dem – höchst umstrittenen – Spannungsfeld von Diskriminierungs- und Kündigungsschutz nach deutschem Recht überhaupt noch nie geäußert hat. Zu behaupten, die maßgeblichen Fragen seien geklärt, ist daher forsch. Der 2. Senat des BAG gibt sich mit der Begründung indes ersichtlich Mühe und betont die ausschließliche Rechtmäßigkeit „sozialpolitischer Ziele", die im Allgemeininteresse stünden und sich so unterschieden „von Zielen, die im Eigeninteresse des Arbeitgebers liegen, wie Kostenreduzierung und Verbesserung der Wettbewerbsfähigkeit". Das BAG betont, dass es der EuGH nicht ausgeschlossen habe, dass eine nationale Vorschrift bei der Verfolgung der genannten sozialpolitischen Ziele den Arbeitgebern einen gewissen Grad an Flexibilität einräumt.[77] Problematisch ist jedoch, ob insbesondere § 1 Abs. 3 S. 2 legitimen Zielen dient, weil hiermit ausweislich des Normtextes „berechtigte betriebliche Interessen" verfolgt werden. Das BAG interpretiert dieses, jedenfalls auch und besonders im Arbeitgeberinteresse liegende Ziel als *„sozialpolitisches Ziel"*. Die Regelung sei *„eingebettet in das Gesamtkonzept der Sozialauswahl"*.[78] *„Das Ziel, ältere Arbeitnehmer zu schützen, und das Ziel, die Eingliederung jüngerer Arbeitnehmer in das Erwerbsleben sicherzustellen, werden so zu einem angemessenen Ausgleich gebracht."* Dies diene der sozialpolitisch erwünschten Generationengerechtigkeit und der Vielfalt im Bereich der Beschäftigung. Die Altersgruppenbildung sei deshalb ein angemessenes und erforderliches Mittel, um im Zusammenhang mit Entlassungen eine ausgewogene Altersstruktur zu erhalten. Ein milderes Mittel, den Schutz älterer Arbeitnehmer vor Arbeitslosigkeit und schützenswerte Interessen jüngerer Arbeitnehmer an Teilhabe am Berufsleben in wirtschaftlich prekären Situationen in einen angemessen Ausgleich zu bringen, sei bei der gebotenen typisierenden Betrachtung nicht ersichtlich.

63 Es bleibt die Frage, ob der EuGH nicht dennoch anzurufen gewesen wäre. Denn es kommt darauf an, ob das BAG vertretbarerweise von einem *„acte clair"* ausgehen durfte.[79] Daran bestehen schon angesichts der Umstrittenheit der Materie im deutschen Schrifttum und in der instanzgerichtlichen Rechtsprechung *„vernünftige Zweifel"*.

---

76 BAG Urt. v. 15.12.2011, NZA 2012, 1044.

77 EuGH Urt. v. 21.7.2011, Rs. C-159/10, Fuchs, NZA 2011, 969 Rn. 52; EuGH 5.3.2009, Rs. C-388/07, Age Concern England, NZA 2009, 305, 308, Rn. 46.

78 BAG Urt. v. 15.12.2011, NZA 2012, 1044, Rn. 63ff.

79 Zuletzt BVerfG Beschl. v. 29.5.2012 – 1 BvR 3201/11.

4. Sozialpläne

64 Sozialpläne gem. §§ 112, 112a BetrVG sollen die Folgen von Betriebsänderungen i.S.d. § 111 BetrVG finanziell abfedern. Dabei kommt betrieblichen Sozialplanansprüchen nach der ständigen Rechtsprechung des BAG lediglich ein zukunftsbezogener Überbrückungscharakter zu. Entschädigungscharakter könnten sie nur insoweit aufweisen, als vergangenheitsbezogene Nachteile noch in der Zukunft fortwirken.[80] Diese Sozialplanrechtsprechung wurde in Zeiten massiver Frühverrentungspraxis vor dem Hintergrund der Externalisierung betrieblicher Restrukturierungskosten durch sozialversicherungsrechtliche Abfederungen entwickelt.

65 Diese Sichtweise ist widersprüchlich, wenn man bedenkt, dass die Höhe von Sozialplanleistungen nach den typischen Vereinbarungen von der Dauer der Betriebszugehörigkeit abhängt und vor allem jüngeren Arbeitnehmern im Ergebnis somit echte Abfindungen aus Sozialplänen zufließen, ältere Arbeitnehmer sich hingegen wegen ihrer Rentennähe oder Rentenberechtigung mit deutlich geringeren Überbrückungszahlungen zufrieden geben müssen. Dadurch wird ihr erdienter Bestandsschutz verzerrt wiedergegeben, ja sogar teilweise entwertet.

66 Diese soeben aufgezeigten Widersprüche werden dadurch verstärkt, dass gesetzliche Abfindungen – z.B. nach §§ 1a, 9, 10 KSchG oder § 113 BetrVG – im Großen und Ganzen ebenfalls nach der Dauer der Betriebszugehörigkeit berechnet werden. Da gesetzliche Abfindungen an die Stelle des kündigungsrechtlichen Bestandsschutzes treten,[81] wird ihnen aber zu Recht maßgeblich eine Entschädigungsfunktion zuerkannt.[82] Sie stellen nämlich den vermögensrechtlichen Ersatz für die Aufgabe des sozialen Besitzstandes (nämlich des Arbeitsplatzes als solchen) dar.

67 Typische Berechnungsformeln für Sozialplanleistungen sind beispielsweise:
- die Faustformel: Abfindungshöhe = ein halbes Bruttomonatsgehalt pro Beschäftigungsjahr,
- die Divisorformel: Abfindungshöhe = [Lebensalter × Betriebszugehörigkeit × Bruttomonatsgehalt] ÷ Divisor
- oder die einfachen Abfindungsformel: Abfindungshöhe = Betriebszugehörigkeit × Bruttomonatsgehalt × Faktor.

68 Die Sozialplanleistungen für ältere Arbeitnehmer, die zu den rentennahen Jahrgängen gehören oder regelaltersrentenberechtigt sind, werden in der Regel sodann

80 BAG Urt. v. 30.9.2008, NZA 2009, 386ff.; BAG Urt. v. 11.11.2008, NZA 2009, 210ff.; BAG Urt. v. Urt. v. 26.5.2009, NZA 2009, 849ff.; BAG Urt. v. 9.11.1994, AP Nr. 85 zu § 112 BetrVG 1972; zur darauf aufbauenden Gestaltung von Sozialplänen, vgl. bspw. *Kleinebrink*, FA 2010, S. 66ff.
81 BAG Urt. v. 29.1.1981, AP Nr. 6 zu § 9 KSchG; *Preis*, DB 2004, S. 70, 78; *Kiel*, in: ErfKomm, § 9 KSchG, Rn. 3.
82 BAG Urt. v. 15.2.1973, AP Nr. 2 zu § 9 KSchG 1969; BAG Urt. v. 9.11.1988, AP Nr. 6 zu § 10 KSchG 1969; *Kiel*, in: ErfKomm, § 10 KSchG, Rn. 1; *v. Hoyningen-Huene/Linck*, Kündigungsschutzgesetz, § 10 KSchG, Rn. 4.

durch Höchstbetragsklauseln wieder begrenzt. Dies geschieht, sobald – ggf. durch zeitliche Überbrückung mit Hilfe von Arbeitslosengeld I – die Möglichkeit eines vorzeitigen Rentenbezugs nach den Vorschriften des SGB VI besteht. Teilweise sehen Sozialpläne sogar den kompletten Ausschluss von Sozialplanleistungen vor.

69 Der Charakter von Sozialplanleistungen ist der Dreh- und Angelpunkt der gesamten Diskussion; von ihm hängt ihre weitere Rechtmäßigkeitskontrolle ab. Entgegen der Rechtsprechung des BAG sprechen die besseren Argumente dafür, Sozialplanleistungen einen Abfindungscharakter nicht abzusprechen. Die Sozialpartner haben es in der Hand, Sozialplanleistungen als Überbrückungs- und/oder Abfindungsleistung zu widmen.[83] Aus der Doppelfunktion des Sozialplans folgt zugleich eine „Zwei-Töpfe-Theorie“ bzw. eine „Trennungstheorie“. Wichtig ist in diesem Zusammenhang, dass sie im Hinblick auf den einschlägigen Charakter der Sozialplanleistungen jeweils sachgerechte Kriterien verwenden. Geht es um Entschädigungen, sind vergangenheitsbezogene Kriterien zu benutzen; geht es um die Ausgestaltung von Überbrückungsleistungen, haben die Sozialpartner zukunftsbezogene Aspekte heranzuziehen.

70 Die noch jüngst vom BAG bestätigte Sozialplanrechtsprechung[84] begegnet unionsrechtlichen Zweifeln, die der EuGH am Maßstab des Kohärenzgebots korrigieren könnte. Prüfungsmaßstab ist § 75 Abs. 1 BetrVG, wobei zur Rechtfertigung auf § 10 S. 3 Nr. 2, 3, 6 bzw. § 10 S. 1 und S. 2 AGG (je nach Charakter der Sozialplanleistung) bzw. aus Sicht des EuGH auf Art. 6 Abs. 1 RL 2000/78/EG zurückgegriffen werden kann. Der Widerspruch ist gleich ein doppelter: Zum einen enthält das BAG rentennahen Arbeitnehmern echte Abfindungsleistungen vor, wohingegen jüngere Arbeitnehmer diese auf Grundlage der Dauer der Betriebs- bzw. Unternehmenszugehörigkeit gewährt bekommen, obwohl Sozialplanleistungen i.S.d. § 112 Abs. 1 S. 2 BetrVG insgesamt nur ein zukunftsgerichteter Überbrückungscharakter zukommen soll. Zum anderen lässt es das BAG genügen, dass Sozialplanleistungen für jüngere Arbeitnehmer pauschal, für rentennahe Arbeitnehmer jedoch konkret berechnet werden können. Warum ein konkreter Überbrückungsbedarf auch bei jüngeren Arbeitnehmern nicht festgestellt werden muss, erschließt sich nicht sofort.

71 Zweifel an der Rechtsprechung des BAG werden genährt durch die Entscheidung des EuGH in der Rechtssache *Andersen*.[85] In dieser Entscheidung ging es um die Frage, ob es zulässig ist, dass ein Arbeitgeber bei der Kündigung des Dienstverhältnisses eines Beschäftigten, der 12, 15 oder 18 Jahre lang ununterbrochen im selben Betrieb beschäftigt war, im Fall der Entlassung eine Abfindung in Höhe von einem, zwei oder drei Monatsgehältern zahlen muss, diese Abfindung aber nicht zu

---

83 Ausf. *Temming*, Altersdiskriminierung im Arbeitsleben, S. 272ff., *ders.*, RdA 2008, 205ff.; dagegen jetzt *Mohr*, RdA 2010, S. 44ff.

84 BAG Urt. v. 30.9.2008, NZA 2009, 386ff.; BAG Urt. v. 11.11.2008, NZA 2009, 210ff.; BAG Urt. v. 26.5.2009, NZA 2009, 849ff.; s.a. *M. Roth*, EWiR 2009, S. 167f.

85 Urt. v. 12.10.2010, Rs. C-499/08, Andersen, NZA 2010, 1341.

zahlen ist, wenn der Beschäftigte bei seiner Entlassung die Möglichkeit hat, eine Altersrente aus einem Rentensystem zu beziehen, zu dem der Arbeitgeber Beiträge geleistet hat.

Der EuGH meint, die Entlassungsabfindung allein für diejenigen Arbeitnehmer vorzusehen, die zum Zeitpunkt ihrer Entlassung keine Altersrente beziehen können, sei zwar im Hinblick auf das vom Gesetzgeber verfolgte Ziel, Arbeitnehmer stärker zu schützen, deren Übergang in eine andere Beschäftigung sich aufgrund der Dauer ihrer Betriebszugehörigkeit als schwierig darstellt, nicht unvernünftig. Der EuGH problematisiert jedoch, dass *alle* Arbeitnehmer, die einem Rentensystem vor Vollendung ihres 50. Lebensjahrs beigetreten sind, den Anspruch auf Entlassungsabfindung verlieren. Die in Rede stehende Maßnahme laufe darauf hinaus, entlassenen Arbeitnehmern, die auf dem Arbeitsmarkt bleiben wollen, diese Abfindung allein aus dem Grund vorzuenthalten, dass sie u.a. aufgrund ihres Alters eine solche Rente in Anspruch nehmen können. Eine solche Maßnahme erschwere Arbeitnehmern, die bereits eine Altersrente beziehen können, die weitere Ausübung ihres Rechts zu arbeiten, weil sie beim Übergang in ein neues Beschäftigungsverhältnis – im Gegensatz zu anderen Arbeitnehmern mit gleich langer Betriebszugehörigkeit – keine Entlassungsabfindung erhalten. Außerdem verwehre die Regelung einer ganzen, durch das Kriterium des Alters definierten Kategorie von Arbeitnehmern, vorübergehend auf die Zahlung einer Altersrente durch ihren Arbeitgeber zugunsten der Gewährung der Entlassungsabfindung zu verzichten, die dazu bestimmt ist, ihnen zu helfen, eine neue Stelle zu finden. Sie können somit diese Arbeitnehmer zwingen, eine niedrigere Altersrente anzunehmen, als wenn sie bis in ein höheres Alter berufstätig blieben, was für sie einen auf lange Sicht erheblichen Einkommensverlust nach sich zöge. 72

Kurz und knapp folgert der EuGH aus diesen Erwägungen, dass die entscheidende Vorschrift des dänischen Gesetzes *„zu einer übermäßigen Beeinträchtigung der berechtigten Interessen der Arbeitnehmer führt, die sich in dieser Situation befinden, und damit über das hinausgeht, was zur Verwirklichung der mit dieser Vorschrift verfolgten sozialpolitischen Ziele erforderlich ist"*. Er folgt damit den Schlussanträgen der Generalanwältin *Kokott*, die zugleich für die deutsche Sozialplanpraxis bedeutende Anmerkungen gemacht hat.[86] Das BAG hat, obwohl es Gelegenheit gehabt 73

86 Schlussanträge der Generalanwältin *Kokott* in der Rs. C-499/08, Rn. 87, 89: „Der Umstand, dass § 2a Abs. 1 [Funktionærlov] die Zahlung der Entlassungsabfindung an eine langjährige ununterbrochene Betriebszugehörigkeit knüpft, könnte darauf hindeuten, dass der Sinn und Zweck dieser Abfindung nicht ausschließlich in der finanziellen Unterstützung des Übergangs in ein neues Beschäftigungsverhältnis liegt. Vielmehr könnte mit einer solchen Entlassungsabfindung – zumindest teilweise – auch die Betriebstreue des Arbeitnehmers honoriert werden ... Sollte die Regelung des § 2a [Funktionærlov] zumindest teilweise der Belohnung für langjährige Betriebstreue dienen, so wäre dies ein zusätzlicher zwingender Grund, die Entlassungsabfindung Arbeitnehmern nicht allein deshalb vorzuenthalten, weil sie bereits einen Rentenanspruch haben. Denn für die Belohnung vergangener Betriebstreue macht es keinerlei Unterschied, ob ein Arbeitnehmer zum Zeitpunkt seines Ausscheidens aus dem Betrieb eine Altersrente beziehen kann oder nicht".

hätte,[87] die relevanten Fragestellungen nicht dem EuGH vorgelegt. Allerdings ist zu den einschlägigen Fragen ein Vorabentscheidungsverfahren auf Ersuchen des ArbG München[88] anhängig, auf dessen Beantwortung man in Ansehung der Entscheidung Andersen gespannt blicken darf.[89]

5. Altersgrenzen

a) Allgemeine Altersgrenze

74 Durch arbeits- oder kollektivvertragliche Altersgrenzen endete das Arbeitsverhältnis, ohne dass es einer Kündigung bedarf, am Ende des Monats, in dem Arbeitnehmer das 65. Lebensjahr vollendet haben. Seit fast 100 Jahren ist das 65. Lebensjahr die Regelaltersgrenze. Da sie ab 2012 gem. § 235 SGB VI nach und nach auf das 67. Lebensjahr angehoben wird (vgl. auch § 35 SGB VI), werden zukünftige Klauselformulierungen dahin gehen, nicht mehr an ein konkretes Renteneintrittsalter, sondern allgemein an die jeweilige Regelaltersgrenze anzuknüpfen.

75 Die ständige Rechtsprechung des BAG begreift die Altersgrenze als Sachgrund für eine Befristung und zwar nach § 14 Abs. 1 S. 2 Nr. 6 Teilzeit- und Befristungsgesetz (ein in der Person des Arbeitnehmers liegender Grund).[90] Auch der EuGH hat die allgemeinen Altersgrenzen großzügig anerkannt. Eine solche Altersgrenze diene insbesondere der generationengerechten Verteilung vorhandener Arbeitsplätze und damit der „Arbeitsteilung zwischen den Generationen“. Das soll sogar dann gelten, wenn ein Arbeitnehmer im Einzelfall infolge der altersbedingten Beendigung seines Arbeitsverhältnisses auf sozialstaatliche Leistungen angewiesen ist.[91] Nicht nur der EuGH, sondern auch das BAG hält konsequent an der Zulässigkeit allgemeiner Altersgrenzen fest.[92]

76 Dass es sich bei der allgemeinen Altersgrenze um eine Sachgrundbefristung i.S.d. § 14 Abs. 1 TzBfG handelt, ist deshalb wichtig, weil § 14 TzBfG bis auf § 14

87 Etwa in dem Verfahren BAG Urt. v. 23.3.2010, NZA 2010, 774.

88 ArbG München Vorlagebschl. Urt. v. 17.2.2011, LAGE AGG § 10 Nr. 4a; beim EuGH geführt unter Aktenzeichen C-152/11.

89 Hierzu *Kania/Kania*, ZESAR 2012, S. 62; das BAG hat hinreichend Gelegenheit, sich erneut mit der Frage zu befassen, vgl. LAG Düsseldorf Urt. v. 10.11.2011 – 11 Sa 764/11; Rev. eingelegt unter 1 AZR 25/12; LAG Düsseldorf Urt. v. 16.9.2011 – 6 Sa 813/11; Rev. eingelegt unter 1 AZR 813/11; LAG Niedersachsen Urt. v. 29.9.2011 – 7 Sa 323/11; Rev. eingelegt unter 1 AZR 857/11; LAG Baden-Württemberg Urt. v. 13.9.2011 – 15 Sa 104/10 – Rev. eingelegt unter 1 AZR 916/11.

90 BAG Urt. v. 18.6.2008, NZA 2008, 1302ff.; BAG Urt. v. 27.7.2005, NZA 2006, 37ff. m.w.N.; s.a. *Müller-Glöge*, in: ErfKomm, § 14 TzBfG, Rn. 56ff.

91 EuGH Urt. v. 12.10.2010, Rs. C-45/09, Rosenbladt, NZA 2010, 1167, Rn. 43; abl. *Sagan*, ZESAR 2011, S. 412, 418.

92 EuGH Urt. v. 18.11.2010, Rs. C-250/09, Georgiev, NZA 2011, 29; Urt. v. 21.7.2011, Rs. C-159/10, Fuchs, NZA 2011, 969; BAG Urt. v. 8.12.2010, NZA 2011, 586.

Abs. 2 S. 3 und 4 TzBfG einseitig zwingend ist. Das heißt, weder die Tarifvertragsparteien noch der Arbeitgeber dürfen von § 14 TzBfG zuungunsten des Arbeitnehmers abweichen. Daraus folgt: Kann die allgemeine Altersgrenze nicht als Sachgrund i.S.d. § 14 Abs. 1 TzBfG begriffen werden, so ist eine Befristung des Arbeitsvertrages auf die Vollendung des 65. Lebensjahres bzw. das Erreichen der Regelaltersgrenze nach der geltenden Rechtslage gar nicht möglich, weil die übrigen sachgrundlosen Befristungsmöglichkeiten in § 14 Abs. 1, 2a und 3 TzBfG nicht einschlägig sind und auch besondere Befristungsregelungen i.S.d. § 23 TzBfG in anderen speziellen Gesetzen eine solche nicht vorsehen.

Die allgemeine Altersgrenze ist seit Jahrzehnten umstritten.[93] Unabhängig vom 77
Verbot der Altersdiskriminierung lassen sich gegen sie sowohl verfassungsrechtliche Argumente[94] als auch dogmatische Gesichtspunkte anführen, die mit der Konzeption eines Sachgrunds i.R.d. § 14 Abs. 1 TzBfG zusammenhängen.[95]

Zwischenzeitlich erschien es so, dass der EuGH nach Maßgabe der Entschei- 78
dung *Palacios* nur deshalb bereit war, die spanische tarifliche allgemeine Altersgrenze zu rechtfertigen, weil sie die Härten mit einer relativ hohen Mindestrente absicherte. Insbesondere dieser Umstand führte zur Angemessenheit der unmittelbaren Altersdiskriminierung i.S.d. RL 2000/78/EG. In diese Richtung weist ebenfalls eine Äußerung des am *Palacios*-Urteil beteiligten Präsidenten des EuGH, *Skouris*, in einem Zeitungsinterview: „*Altersgrenzen für das Ausscheiden aus dem Arbeitsleben sind ebenso vernünftige wie notwendige Regelungen, die allerdings in angemessener Weise ausgestaltet sein müssen. Wie der Gerichtshof im Fall Palacios de la Villa dargelegt hat, kann das bedeuten, dass der Arbeitnehmer bei Erreichung der Altersgrenze eine volle Pension zu bekommen hat.*“[96] Im konkreten Fall hatte Herr *Palacios* die Höchstzahl von 35 Beitragsjahren für die spanische Rentenversicherung erreicht. Seine Altersrente dürfte etwas über 2.000 € betragen, was der Höchstrente entspricht.[97]

Trotz dieser Hinweise würdigte das BAG in seiner Entscheidung vom 18.6.2008 79
das EuGH-Urteil *Palacios* so, dass es nicht auf die konkrete Rentenhöhe ankomme. Vielmehr solle die bloße Möglichkeit des Altersrentenbezugs ausreichen. Zudem prüfte das BAG nicht, ob die für eine Altersgrenze angegebenen legitimen Rechtfertigungsgründe im konkreten Fall überhaupt vorlagen. Im Ergebnis verzichtete das BAG auf eine Einzelfallprüfung und ging diesbezüglich sogar von einem so genannten *acte clair* aus, so dass es nach seiner Ansicht auch den EuGH deswegen nicht

93 Vgl. die umfangreichen Nachweise bei *Temming*, Altersdiskriminierung im Arbeitsleben, S. 304ff.

94 Bspw. *Boecken*, 62. DJT, B9ff., B 32ff., B42ff, B50; *Boerner*, Altersgrenzen für die Beendigung von Arbeitsverhältnissen, S. 136, 201f., 274; *Waltermann*, Berufsfreiheit im Alter, S. 122ff.

95 *Gitter/Boerner*, Anm. AP Nr. 7 zu § 41 SGB VI; *Temming*, Anm. zu EzA § 14 TzBfG Nr. 49.

96 *FAZ* v. 28.7.2008, Nr. 174, S. 4.

97 *Temming*, Anm. zu EzA § 14 TzBfG Nr. 49 unter III.2b.

gem. Art. 267 Abs. 3 AEUV anrufen müsse: „*Danach ist auch nach Gemeinschaftsrecht die Höhe der dem Arbeitnehmer bei Ausscheiden aus dem Arbeitsverhältnis zustehenden Altersversorgung ohne Bedeutung. Maßgeblich ist nur, dass die von der Altersgrenze betroffenen Arbeitnehmer bei Ausscheiden aus dem Arbeitsverhältnis eine beitragsbezogene Altersrente beanspruchen können, deren Höhe sich nach den in den Mitgliedstaaten geltenden Vorschriften richtet […]. Hinsichtlich der Berücksichtigung der individuellen Altersversorgung der Klägerin geht der Senat aus den oben dargestellten Gründen davon aus, dass das gefundene Ergebnis keinem vernünftigen Zweifel unterliegen kann.*“[98]

80 Der EuGH ist dann letztlich in dem Verfahren Rosenbladt auf die Linie des BAG eingeschwenkt.[99] Die entscheidende Frage dieses Falles war nach allgemeiner Auffassung,[100] ob die Regelaltersgrenze (hier in einem allgemeinverbindlichen Tarifvertrag) auch bei ersichtlich völlig unzureichender Alterssicherung zu rechtfertigen ist. Bemerkenswert hebt der EuGH das Interesse des deutschen Gesetzgebers hervor, traditionelle Altersgrenzen nicht in Frage zu stellen, die „*seit Jahrzehnten unabhängig von den sozialen und demografischen Gegebenheiten sowie der Arbeitsmarktlage weithin angewandt worden seien*“ (Rz. 42). Der EuGH würdigt das Vorbringen der deutschen Regierung, dass die Zulässigkeit von Klauseln über die „*automatische Beendigung des Arbeitsverhältnisses bei Erreichen des Rentenalters[…] in etlichen Mitgliedstaaten anerkannt sei, Ausdruck eines in Deutschland seit vielen Jahren bestehenden politischen und sozialen Konsenses sei. Dieser Konsens beruhe vor allem auf dem Gedanken einer Arbeitsteilung zwischen den Generationen. Die Beendigung des Arbeitsverhältnisses dieser Beschäftigten komme unmittelbar den jüngeren Arbeitnehmern zugute, indem sie ihre vor dem Hintergrund anhaltender Arbeitslosigkeit schwierige berufliche Integration begünstige. Die Rechte der älteren Arbeitnehmer genössen zudem angemessenen Schutz. Die meisten von ihnen wollten nämlich nach Erreichen des Rentenalters nicht länger arbeiten, da ihnen nach dem Verlust ihres Arbeitsentgelts die Rente einen Einkommensersatz biete. Für die automatische Beendigung des Arbeitsverhältnisses spreche zudem, dass Arbeitgeber ihren Beschäftigten nicht unter Führung des Nachweises kündigen müssten, dass diese nicht länger arbeitsfähig seien, was für Menschen fortgeschrittenen Alters demütigend sein könne*“ (Rz. 43). Diese Erwägungen macht sich der EuGH unter Hinweis auf die Entscheidung „Palacios“ zu eigen (Rz. 44). Daher seien die Ziele, „*wie die deutsche Regierung sie angeführt hat, grundsätzlich als solche anzusehen, die eine Ungleichbehandlung wegen des Alters wie die in § 10 Nr. 5 AGG vorgesehene im Sinne von Art. 6 Abs. 1 der Richtlinie 2000/78 als ‚objektiv und angemessen' erscheinen lassen und ‚im Rahmen des nationalen Rechts' rechtfertigen*“.

98 BAG Urt. v. 18.6.2008, NZA 2008, 1302, 1308f.

99 EuGH Urt. v. 12.10.2010, Rs. C-45/09, Rosenbladt, NZA 2010, 1167.

100 Siehe nur die Schlussanträge des Generalanwalts *Yves Bot* in den verbundenen Rechtssachen C-250/09 und C-268/09.

Vergleichbar großzügig ist die Prüfung der Erforderlichkeit und Angemessenheit der Regelung. Apodiktisch wird behauptet, dass Altersgrenzen auf das allgemeine Rentenalter *„grundsätzlich nicht als eine übermäßige Beeinträchtigung der berechtigten Interessen der betroffenen Arbeitnehmer angesehen werden“* können (Rz. 47). Pauschal wird darauf abgestellt, dass die Altersgrenzenregelung auch den Umstand berücksichtige, dass den Betroffenen am Ende ihrer beruflichen Laufbahn ein finanzieller Ausgleich durch einen Einkommensersatz in Gestalt einer Altersrente zugutekommt (Rz. 48). Von ihrer „Angemessenheit“ ist keine Rede mehr. Die ersichtlich unzureichende Altersrente unterhalb des steuerfinanziertem Sozialhilfeniveaus wird nicht thematisiert. Daraus folgt, dass sich der EuGH im Ergebnis der Rechtsprechung des BAG[101] anschließt, welche allein die abstrakte Möglichkeit, eine angemessene Altersrente zu erlangen, als Rechtfertigung für ausreichend hält. Im Ergebnis erachtet der EuGH diese Gesichtspunkte als *„nicht unvernünftig“* (Rz. 51). 81

Jüngst hat der EuGH diese Rechtsprechung in der Rechtssache *Hörnfeldt* bestätigt.[102] Dort hat der EuGH auch der allgemeinen Altersgrenze 67 den europarechtlichen Segen gegeben und ausdrücklich im Tenor hervorgehoben, dass die Höhe der Rente, die ein Einzelner beanspruchen können wird, deren Rechtfertigung nicht entgegensteht. Im konkreten Fall hat Herr *Hörnfeldt* – wegen seiner unsteten Erwerbsbiografie – lediglich Anspruch auf eine monatliche Rente in Höhe von 5847 SEK (= 682,75 Euro).[103] Gegenstand der Überprüfung war das schwedische Recht, das – im Unterschied zum deutschen Recht – eine ausdrückliche arbeitsrechtliche Altersgrenze 67 enthält. Der Streit im Vorabentscheidungsersuchen drehte sich ausschließlich um die Frage, ob es für die Rechtfertigung der allgemeinen Altersgrenze auf die konkrete Höhe der Altersrente des betroffenen Arbeitnehmers ankommt. Trotz der diskriminierenden Wirkung bestätigt der EuGH seine Linie, dem Gesetzgeber und den Tarifparteien einen großen Ermessensspielraum bei der Einführung einer allgemeinen Altersgrenze einzuräumen. Der EuGH tröstet sich selbst über dieses Resultat hinweg, als er – wie in der Entscheidung *Rosenbladt* – hervorhebt, dass eine entsprechende Altersgrenze den älteren Arbeitnehmer nicht endgültig vom Arbeitsmarkt verdränge. Auch der bisherige Arbeitgeber könne den Arbeitnehmer freiwillig – etwa befristet – über das Rentenalter hinaus weiterbeschäftigen. 82

b) Allgemeine Altersgrenzen im öffentlichen Dienst

Die gleiche Linie verfolgte der EuGH bei allgemeinen Altersgrenzen im öffentlichen Dienst. Zum Teil differenzierende Altersgrenzen von Beamten, Professoren,[104] Rich- 83

101 BAG Urt. v. 18.6.2008, NZA 2008, 1302 = EzA TzBfG § 14 Nr. 49 mit krit. Anm. *Temming*.
102 EuGH Urt. v. 5.7.2012, Rs. C-141/11, Hörnfeldt, NZA 2012, 784.
103 Zum Vergleich: Frau Rosenbladt bezog lediglich eine gesetzliche Rente in Höhe von 253,19 Euro.
104 EuGH Urt. v. 18.11.2010, Rs. C-250/09, Georgiev, NZA 2011, 29.

tern und Staatsanwälten akzeptierte der EuGH. In der Rechtssache *Fuchs/Köhler* hat sich der EuGH zu der weitreichenden Aussage hinreißen lassen, dass die gesetzliche Altersgrenze 65 für Beamte und Richter mit der RL 2000/78/EG vereinbar sei, *„sofern dieses Gesetz zum Ziel hat, eine ausgewogene Altersstruktur zu schaffen, um die Einstellung und die Beförderung von jüngeren Berufsangehörigen zu begünstigen, die Personalplanung zu optimieren und damit Rechtsstreitigkeiten über die Fähigkeit des Beschäftigten, seine Tätigkeit über ein bestimmtes Alter hinaus auszuüben, vorzubeugen, und es die Erreichung dieses Ziels mit angemessenem und erforderlichen Mitteln ermöglicht"*.[105]

84 Insoweit besteht auch keine Kollision zur nationalen Rechtsprechung.[106]

c) Besondere Altersgrenze

85 In einer merkwürdigen Diskrepanz hierzu stehen Begründung und Ergebnisse der EuGH-Rechtsprechung bei besonderen Altersgrenzen, die das Arbeitsverhältnis vor dem Erreichen der Regelaltersgrenze beenden sollen. Vor Inkrafttreten des AGG wurde eine tarifvertragliche Altersgrenze von 55 bzw. 60 Jahren in der Luftfahrt bei Cockpit-Personal aufgrund der besonderen physischen und psychischen Anforderungen grundsätzlich gebilligt.[107] Der EuGH entschied im Gegensatz dazu, dass die Flugsicherheit kein legitimes Ziel im Sinne von Art. 6 Abs. 1 RL 2000/78/EG darstelle, dieser Aspekt vielmehr von Art. 2 Abs. 5 RL 2000/78/EG erfasst werde. Eine auf die Vollendung des 60. Lebensjahres festgelegte Altersgrenze erachtete der EuGH für unzulässig.[108] Alle vorgezogenen Altersgrenzen im Bereich der Luftfahrt sind danach zu verwerfen.[109]

86 Der entscheidende Punkt dieser Entscheidung ist, dass im Vergleich zwischen dem öffentlich-rechtlichen Lizenzrecht, das zum Gefahrenabwehrrecht gehört (vgl. nur § 29 Abs. 1 LuftVG), und dem Arbeitsrecht die tarifvertragliche besondere Altersgrenze rigider ist als ihr öffentlich-rechtliches Pendant. Trotz der involvierten Rechtsgüter ist das widersprüchlich, insbesondere weil die tarifvertragliche Altersgrenze nicht flächendeckend gilt. Es gibt also Piloten, die bis 65 fliegen, und Piloten, die mit 60 Jahren ausscheiden, obwohl die Begründung zur Rechtfertigung jeweils dieselbe ist. Das BAG rechtfertigte seine zurückgenommene, auf eine Billigkeitskontrolle beschränkte richterliche Kontrolldichte mit der weiten Einschätzungsprärogative, die

---

105 EuGH 21.7.2011, Rs. 159/10 u. 160/10, Fuchs/Köhler, AP Nr. 21 zu RL 2000/78/EG Rz. 75.

106 Zu Beamten zuletzt BVerwG 6.12.2011, NVwZ 2012, 1052.

107 BAG Urt. v. 25.2.1998, NZA 1998, 715; 11.3.1998, AP Nr. 12 zu § 1 TVG Tarifverträge: Luftfahrt.

108 EuGH Urt. v. 13.9.2011, Rs. C-447/09, Prigge, NZA 2011, 1039; näher hierzu: *Temming*, EuZA 2012, S. 205.

109 Siehe die umsetzenden Entscheidungen BAG Urt. v. 15.2.2012 – 7 AZR 904/08 – (Flugingenieur); BAG Urt. v. 18.1.2012 – 7 AZR 211/09, NZA 2012, 691 und BAG Urt. v. 15.2.2012 – 7 AZR 946/07 (Cockpitpersonal); BAG Urt. v. 18.1.2012 – 7 AZR 112/08, NZA 2012, 575 (Pilot).

den Tarifvertragsparteien zuzugestehen sei.[110] Diese Sichtweise hat der EuGH nicht mitvollzogen und die inkohärenten Altersgrenzen besonders streng geprüft.

Die besondere tarifliche Altersgrenze von 60 Jahren ist für die Piloten und Pilotinnen der Lufthansa in § 19 Abs. 1 S. 1 MTV Nr. 5a für das Cockpitpersonal bei Lufthansa niedergelegt. Sie stellt gem. §§ 3 Abs. 1, 1 AGG eine unmittelbare Benachteiligung wegen des Alters dar. In Anlehnung an die Entscheidung *Petersen* hat der EuGH diese Altersgrenzen an den strengen Vorgaben des Art. 4 Abs. 1 RL gemessen; das entspricht dem einfachrechtlichen Maßstab des § 8 Abs. 1 AGG. Art. 2 Abs. 5 RL 2000/78/EG schied als Rechtfertigungstatbestand aus, da es sich bei dieser Altersgrenze um keine *staatliche* Rechtsnorm handelt. Ebenso hat der EuGH die Voraussetzungen des Art. 6 Abs. 1 RL 2000/78/EG verneint, da die besondere Altersgrenze nicht aus den sozialpolitischen Gründen der Beschäftigungspolitik, des Arbeitsmarktes oder der beruflichen Bildung zu rechtfertigen sei.[111] 87

Die Entscheidung des EuGH der Rechtssache *Prigge* hat bereits massive Auswirkungen gezeitigt. Das BVerwG fühlte sich in Ansehung der altersgrenzenfreundlichen Rechtsprechung auf der sicheren Seite und erklärte die Altersgrenze 71 für einen öffentlich vereidigten Sachverständigen (hier für die der Sachgebiete „EDV im Rechnungswesen und Datenschutz" sowie „EDV in der Hotellerie") aus Gründen der Sicherheit des öffentlichen Rechtsverkehrs für wirksam. Das BVerfG verwarf diese Entscheidung des BVerwG mit bemerkenswerten Rügen. Das BVerwG habe den Grundsatz des gesetzlichen Richters verletzt, weil es diese Frage nicht dem EuGH vorgelegt hat. Spätestens seit der Entscheidung des EuGH in der Rechtssache *Prigge* sei klar gewesen, dass Altersgrenzen nur noch aus sozialpolitischen Zielen heraus zu rechtfertigen seien. Dazu gehöre das Ziel der Sicherheit des öffentlichen Rechtsverkehrs ebenso wenig wie die Sicherheit des Flugverkehrs. Von dieser höchstrichterlichen Rüge eingeschüchtert hat das BVerwG nicht – wie es richtig gewesen wäre – den EuGH um Vorabentscheidung angerufen, sondern wiederum selbst entschieden; diesmal mit umgekehrtem Ergebnis. 88

Davon scheinen die Instanzen jetzt so beeindruckt zu sein, dass der 1. Zivilsenat des KG Berlin[112] die in der Rennordnung eines Trabrennverbandes enthaltene Altersgrenze von 70 Jahren für die Teilnahme an Trabrennen als unzulässigen altersdiskriminierenden Eingriff in die Berufsfreiheit eines über 70-jährigen Berufsrennfahrers verwarf. Eine starre Altersgrenze bedürfe – unabhängig von dem evtl. Erfordernis einer Ausnahmeregelung – der Untermauerung durch medizinische, z.B. gerontologische, arbeits- oder sportmedizinische, Erkenntnisse. 89

110 BAG Urt. v. 18.6.2009, NZA 2009, 945ff.

111 So aber ArbG Frankfurt Urt. v. 14.3.2007, BB 2007, 1736ff. prüft besondere Altersgrenzen an § 10 AGG und damit indirekt an Art. 6 RL 2000/78/EG; es hätte auch § 8 Abs. 1 AGG und damit indirekt Art. 4 Abs. 1 RL 2000/78/EG heranziehen können. Vgl. statt aller die Nachweise bei *v. Hoff*, BB 2007, S. 1739f.

112 KG Berlin Urt. v. 29.3.2012 – 1 U 3/12 – MDR 2012, 921.

IV. Fazit

90 Das Verbot der Altersdiskriminierung hat eine sprunghafte Karriere hinter sich und ist weiter in Bewegung. Mit dem Paukenschlag der *Mangold*-Entscheidung wurde das Verbot zu *dem* Diskussionspunkt im deutschen Arbeitsrecht, das vielfache Differenzierungen nach Lebensalter und Seniorität enthielt und enthält. Erratisch bahnt sich das Verbot einen Weg, changierend zwischen strenger und weniger strenger Verhältnismäßigkeitsprüfung. Das BAG verhält sich abwartend konservativ; der Gesetzgeber verweigert sich, Rechtsklarheit zu schaffen. Das deutsche Arbeitsrecht wird hier und da am Maßstab des Kohärenzgebotes einer Prüfung unterzogen.

91 Gesetzgeber und Rechtsprechung werden sich darauf einstellen müssen, weitere Korrekturen im Arbeitsrecht vorzunehmen. Größtenteils dürfte dieser Druck vom Unionsrecht und damit vom EuGH ausgehen. Ein neuerer Beschluss des BVerfG zur Stärkung des Individualrechtsschutzes im Falle des Unterlassens der Vorlageverpflichtung gem. Art. 267 Abs. 3 AEUV (ex-Art. 234 Abs. 3 EG) deutet mittelbar darauf hin, dass auch die Karlsruher Richter diese Rollen- und Aufgabenzuweisung auf dem Gebiet der Altersdiskriminierung wollen.[113] Allerdings ist es äußerst fraglich, ob es dabei insgesamt zu einer harmonischen, in sich schlüssigen Neujustierung des Arbeitsrechts kommt. Die vergangenen Jahrzehnte und insbesondere die letzten Jahre haben gezeigt, dass der Gesetzgeber auf dem Gebiet des Arbeitsrechts nahezu reformunfähig ist. Der im deutschen Einigungsvertrag niedergelegte Auftrag, das Arbeitsvertragsrecht zu kodifizieren, ist bislang unerfüllt.

92 Der Versuch, Fragen des Arbeits- und Sozialversicherungsrechts im Hinblick auf die Erwerbsbeteiligung älterer Arbeitnehmer nachhaltig und zukunftsgerichtet zu denken[114] und den Gesetzgeber zu notwendigen Korrekturen zu bewegen, ist bislang ungehört verhallt.

113 BVerfG Kammerbeschl. v. 25.2.2010, NZA 2010, 439ff. mit Anm. *Temming*, ZESAR 2010, S. 277ff.

114 *Preis*, 67. DJT; dazu *Kohte*, AnwBl 2008, 575ff.; *Waltermann*, NJW 2008, 2529ff.; *Rolfs/Witschen*, JURA 2008, 641ff.; *Rieble*, JZ 2008, 811ff.

§ 13 Staatliche Alterssicherung

Literatur: *Becker, Joachim,* Transfergerechtigkeit und Verfassung, 2001; *Becker, Ulrich/Kaufmann, Franz-Xaver/v. Maydell, Bernd/Schmähl, Winfried/Zacher, Hans F. (Hrsg.),* Alterssicherung in Deutschland, FS für Franz Ruland zum 65. Geburtstag, 2007; *Berner, Frank,* Der hybride Sozialstaat. Die Neuordnung von öffentlich und privat in der sozialen Sicherung, 2009; *Bourcarde, Kay,* Die Rentenkrise: Sündenbock Demographie. Kompromissbildung und Wachstumsabkopplung als Ursachen von Finanzierungsengpässen, 2011; *Butzer, Hermann,* Fremdlasten in der Sozialversicherung, 2001; *Eichenhofer, Eberhard/Rische, Herbert/Schmähl, Winfried (Hrsg.),* Handbuch der gesetzlichen Rentenversicherung (HDR), 2010; *Heidler, Matthias,* Reformen der gesetzlichen Rentenversicherung: Politisches Risiko und intergenerative Umverteilung, 2009; *Eicher, Heinz/Michaelis, Klaus/Keck, Thomas (Hrsg.),* Die Rentenversicherung im SGB, Loseblattwerk; *Hauck, Karl/Noftz, Wolfgang/Fichte, Wolfgang (Hrsg.),* SGB VI, Loseblattwerk; *Kreikebohm, Ralf (Hrsg.),* SGB VI – Gesetzliche Rentenversicherung, 3. Aufl. 2008; *Lampert, Martin,* Alterssicherung im Spannungsfeld von demographischer Entwicklung und intergenerationeller Gerechtigkeit, 2009; *Ludwig, Björn,* Rentenreform und Kapitalmarktrendite im demographischen Wandel, 2008; *v. Maydell, Bernd/Ruland, Franz/Becker, Ulrich (Hrsg.),* Sozialrechtshandbuch (SRH), 5. Aufl. 2012; *Reinhard, Hans-Joachim (Hrsg.),* Demographischer Wandel und Alterssicherung, Rentenpolitik in neun europäischen Ländern und den USA im Vergleich, 2001; *Reinhardt, Helmut (Hrsg.),* Sozialgesetzbuch VI, Lehr- und Praxiskommentar (LPK-SGB VI), 2. Aufl. 2010; *Ruland, Franz,* § 17: Rentenversicherung, in: v. Maydell/ders./Becker (Hrsg.), SRH, S. 851ff.; *Ruland, Franz/Försterling, Joachim (Hrsg.),* Gemeinschaftskommentar zum Sozialgesetzbuch, Gesetzliche Rentenversicherung (GK-SGB VI), Loseblattwerk; *Schlegel, Rainer/Voelzke, Thomas/Skipka, Christoph/Winkler, Jürgen (Hrsg.),* Juris Praxiskommentar SGB VI: Gesetzliche Rentenversicherung (juris-PK SGB VI), 2008; *Schulin, Bertram (Hrsg.),* Handbuch des Sozialversicherungsrechts Bd. 3: Rentenversicherungsrecht (HS-RV), 1999; *Verband Deutscher Rentenversicherungsträger/Bergner, Ludwig (Hrsg.),* Kommentar zum Recht der gesetzlichen Rentenversicherung (KomGRV), Loseblattwerk; *v. Weizsäcker, Robert K.,* Politökonomische Aspekte der Rentenversicherung und der Bildungsfinanzierung im Lichte des demographischen Wandels, in: Flick, Corinne Michaela (Hrsg.), Das demographische Problem als Gefahr für Rechtskultur und Wirtschaft, 2010, S. 147ff.; *Werding, Martin/Blau, Harald,* Auswirkungen des demographischen Wandels auf die staatlichen Alterssicherungssysteme, Modellrechnungen bis 2050, Ifo-Institut für Wirtschaftsforschung, 2002; *Wiß, Thomas,* Der Wandel der Alterssicherung in Deutschland. Die Rolle der Sozialpartner, 2011; *Zacher, Hans F. (Hrsg.),* Alterssicherung im Rechtsvergleich, 1991.

Inhaltsübersicht

Ulrich Becker

I. Einleitung

1 1. Alterssicherung meint die Sicherung des Lebensunterhalts der aus Altersgründen nicht mehr erwerbstätigen Bevölkerung. Ihre besondere Bedeutung in einer Gesellschaft, deren demographische Veränderungen durch steigende Lebenserwartung und niedrige Geburtenzahlen geprägt sind, liegt auf der Hand. Einerseits betrifft sie einen zunehmenden Teil der Bevölkerung und diesen jeweils über einen ebenfalls zunehmenden Zeitraum. Andererseits muss sie aus der Produktivität der erwerbstätigen Bevölkerung finanziert werden, weshalb ihre Finanzierung – wenn auch mit Unterschieden je nach Finanzierungsverfahren – bei einem abnehmenden Anteil der Erwerbstätigen im Vergleich zu den Empfängern von Alterssicherungsleistungen vor Herausforderungen gestellt wird. Das ist auf den Punkt gebracht das Dilemma der Alterssicherung bei einer alternden Bevölkerung: Sie wird in zunehmendem Maße benötigt, ist aber auch zunehmend schwieriger sicherzustellen.[1]

2 Die gesetzliche Rentenversicherung (GRV) als wichtigster Baustein der staatlichen Alterssicherung dient aber nicht nur der Unterhaltssicherung. Sie hat auch eine über die Gewährung finanzieller Leistungen weit hinausgehende Funktion. Denn mit der Festlegung einer Regelaltersgrenze markiert sie einen Zeitpunkt im Lebensverlauf, ab dem die Gesellschaft von dem Einzelnen nicht mehr erwartet, dass er seinen Unterhalt durch Erwerbstätigkeit selbst bestreitet.[2] Das war nicht immer so. Die GRV war bei ihrer Einführung im Jahr 1891[3] vielmehr eine Invaliditätsversicherung. Renten wurden nur an dauernd Erwerbsunfähige und – ohne Nachweis der Erwerbsunfähigkeit – an Versicherte gezahlt, die das 70. Lebensjahr

1 Vgl. allgemein zu den demographischen Veränderungen und deren Bedeutung für alle staatlichen Gewährleistungen *Becker*, § 1 Rn. 5ff.

2 Zu dieser sozialrechtlichen Grundregel *Zacher*, Grundtypen des Sozialrechts, in: FS für Zeidler, Bd. 1, 1987, S. 571ff.

3 Gesetz betreffend die Invaliditäts- und Altersversicherung (IAVG) v. 22.6.1889 (RGBl. I, S. 97).

vollendet hatten.[4] Das Alter war also nur rentenbegründend, weil bei einem entsprechend alten Menschen davon ausgegangen wurde, dass „seine Erwerbsfähigkeit zurückgegangen sein wird und er um deswillen oder doch zur Schonung seiner noch vorhandenen Kräfte einer unterstützenden Fürsorge würdig ist."[5] Schon zu Beginn des 20. Jahrhunderts hat sich das grundlegend geändert.[6] Die Altersgrenze sank und lag – auch über die territorialen Grenzen einzelner Staaten hinaus betrachtet[7] – bei 65 Jahren. Es spricht viel dafür, dass die GRV nicht nur die Grenzziehung, sondern mit ihrer Neukonzeption nach dem Zweiten Weltkrieg, nämlich der sog. großen Rentenreform von 1957, auch die Wahrnehmung des Alters geprägt hat. Die Rente dient seitdem nicht mehr nur der Armutsvermeidung, sondern der Aufrechterhaltung eines individuell erworbenen Lebensstandards und zugleich der Wohlstandsteilhabe. Alter ist seither nicht mehr eine Phase von Entbehrungen, sondern von Freizeit.[8] Der Rentenbeginn markiert nicht mehr nur für privilegiert abgesicherte Personen den Übergang in den „Ruhestand".

2. Die GRV gilt bis heute zu Recht als tragender Pfeiler des deutschen Sozial- 3
staats. Aus ihr bezieht nach wie vor die große Mehrheit der Deutschen den wesentlichen Anteil ihrer Alterseinkünfte. In ihr sind derzeit 52 Millionen Menschen versichert, über 25 Millionen sind Leistungsempfänger.[9] Sie steht deshalb auch im Mittelpunkt der folgenden Abhandlung (unten, III.). Allerdings bleibt sie naturgemäß durch die genannten demographischen Prozesse nicht unberührt. Insbesondere die Reformen aus jüngerer Zeit haben ihre Rolle verändert. Zudem bestehen nach wie vor einige alternative und ersetzende Versicherungssysteme. Deshalb wird in einem ersten Schritt auf die gegenwärtige Schichtung der Alterssicherung und auf die Sondersysteme eingegangen (unten, II.). Denn ohne diese Einbettung ist die Funktion der GRV nicht sinnvoll darzustellen. Was die weitere Entwicklung angeht, so stellt sich die Frage, ob die staatliche Alterssicherung den absehbaren Herausforderungen gewachsen sein wird. Die bis jetzt vollzogenen oder zumindest eingeleiteten Maßnahmen haben schon – und zwar stärker als in anderen Sicherungszweigen, insbesondere der Pflegeversicherung – zu strukturellen Änderungen geführt, die Reaktionen auf die demographischen Entwicklungen darstellen. Aber einige Fragen sind offen geblieben, während manche Antworten neue Fragen auf-

4 § 9 Abs. 2 und 4 des IAVG.

5 *Rosin*, Das Recht der Arbeiterversicherung, Bd. 2: Das Recht der Invaliden- und Altersversicherung, 1905, S. 678.

6 Zur Entwicklung *Ruppert*, § 2 Rn. 13ff.

7 Vgl. dazu nur Art. 26 Nr. 2 ILO Übereinkommen 102 über die Mindestnormen der sozialen Sicherheit von 1952 (http://www.ilo.org/ilolex/german/docs/convdisp1.htm).

8 Vgl. dazu und dem durchaus auch ambivalent erscheinenden Altersbild *Göckenjan*, Die soziale Ordnung der Generationenfolge, in: Ehmer/Höffe (Hrsg.), Bilder des Alterns im Wandel, Altern in Deutschland Bd. 9, 2009, S. 103, 110ff.

9 Die aktuellen Zahlen finden sich im Internet unter http://www.deutsche-rentenversicherung-bund.de/DRVB/de/Navigation/Deutsche_RV/Statistik_node.html.

werfen. Das soll in Kürze in einem abschließenden Schritt aufgegriffen werden (unten, IV.), womit sich zugleich die Darstellung vom technisch anmutenden Rentenversicherungsrecht einigen sozialpolitischen Überlegungen und vor allem den verfassungsrechtlichen Vorgaben für die (weitere) Gestaltung der Alterssicherung zuwendet.

II. Zusammenspiel und Nebeneinander von Sicherungssystemen

1. Systematisierung der Vielfalt von Sicherungssystemen

4 In allen Mitgliedstaaten der Europäischen Union existiert eine Mehrheit an Sicherungssystemen, deren Zusammenspiel erst das Niveau der Alterssicherung bestimmt.[10] Grundformen sind die der öffentlich-rechtlichen, umlagefinanzierten Sozialversicherung, die der betrieblichen Vorsorge und die der privaten Vorsorge. Die steuerfinanzierte Einwohnerrente, die in der Gestalt des Grundeinkommens[11] oder des Bürgergelds[12] einen beliebten Gegenstand der sozialpolitischen Reformdiskussionen darstellt, ist in der Minderheit und eher auf dem Rückzug als im Ausbau begriffen.[13] Wenn von Schichten oder Säulen der Alterssicherung gesprochen wird, sollte allerdings nicht, wie dies immer noch verbreitet in Deutschland geschieht, zwischen den genannten drei Formen, sondern besser zwischen den Funktionen der einzelnen Sicherungssysteme unterschieden werden. Systematisch betrachtet dient als erste Sicherungsschicht eine Basissicherung, regelmäßig durch ein staatliches System durchgeführt, das sich von einer Grundsicherung unterscheidet, weil sich diese darauf beschränkt, das Existenzminimum zu sichern.[14] Noch zu der Regel-

10 Vgl. etwa die Beiträge in: Schlachter/Becker/Igl (Hrsg.), Funktion und rechtliche Ausgestaltung zusätzlicher Alterssicherung, 2005; *Reinhard*, Vergleich der Strategien und Lösungsansätze, in: ders. (Hrsg.), Demographischer Wandel und Alterssicherung, 2010, S. 307ff.

11 Vgl. *Opielka*, Grundeinkommen und Werteorientierungen: eine empirische Analyse, 2009; *Dahrendorf*, in: Schmid (Hrsg.), Ein garantiertes Mindesteinkommen als konstitutionelles Anrecht, 1986, S. 131ff.; *Werner*, Einkommen für Alle, 2007.

12 Vgl. *Althaus*, in: Borchard (Hrsg.), Das solidarische Bürgergeld – Analysen einer Reformidee, 2007, S. 1ff. zu Übersichten über einzelne Modelle *Hauser*, Ziele und Möglichkeiten einer Sozialen Grundsicherung, 1996, sowie *Kaltenborn*, Modelle der Grundsicherung: Ein systematischer Vergleich, 1995.

13 Wenn auch die wenigen Länder, die ein solches Sicherungssystem als Basis- oder Grundsicherung einmal eingeführt haben (namentlich in der EU Dänemark und die Niederlande), zumeist daran festhalten; anders hingegen in Schweden und Norwegen. Zu den Reformen in den EU-Ländern und deren unterschiedlichem Hintergrund nur *Becker*, Die Alterssicherung langjährig Rentenversicherter in Südeuropa im Rechtsvergleich, ZIAS 2012, S. 1ff.

14 Vgl. auch die Unterscheidung von Grund-, Regel- und Aufbausicherung bei *Zacher*, Ziele der Alterssicherung und Formen ihrer Verwirklichung, in: ders. (Hrsg.), Alterssicherung im Rechtsvergleich, 1991, S. 25, 99.

sicherung ist in den meisten Ländern eine zweite Sicherungsschicht zu zählen, die vor allem aus betrieblichen, staatlich regulierten und zum Teil geförderten privaten Vorsorgesystemen besteht, und deren Rolle nicht zuletzt von dem Niveau der Basissicherung abhängt. Schließlich bleibt die ergänzende Sicherung meist weiteren privaten Versicherungen überlassen, deren gesetzliche Regelung weniger dem Sozialrecht als mehr dem allgemeineren Verbraucherschutzrecht zuzuordnen ist.

Dieses weit verbreitete Drei-Schichten-Modell findet seit der Jahrtausendwende 5
auch in Deutschland Verwendung. Mit dem Altersvermögensgesetz (AVmG) vom 26.6.2001[15] wurde, im Zusammenspiel mit dem Altersvermögensergänzungsgesetz (AVmEG),[16] eine neue Entwicklung eingeleitet, wobei zum ersten Mal gezielt und systematisch der Aufbau einer zusätzlichen privaten Altersvorsorge gefördert wurde. Gemeint ist damit die steuerliche Förderung der sog. „Riester-Renten" und die Einräumung eines Anspruchs auf betriebliche Altersvorsorge durch Entgeltumwandlung, womit die zweite Sicherungsschicht gleichermaßen aus privater wie betrieblicher Versicherung besteht.[17] Dazu kommt eine steuerliche Förderung ergänzender Rentenversicherungen.[18] Auf die Ausgestaltung der privaten Sicherungssysteme ist hier nicht weiter einzugehen.[19] Wichtig ist nur, dass damit für die GRV eine Absenkung des Sicherungsniveaus verbunden ist:[20] umgesetzt durch die Einführung eines Altersvorsorgeanteils im Rahmen der Festlegung des Allgemeinen Rentenwerts, der für die Bestimmung der allgemeinen Rentenhöhe ausschlaggebend ist.[21]

Die Reformen sind zurückzuführen auf die absehbaren demographischen Ent- 6
wicklungen.[22] Sie sind durchaus bahnbrechend: Zum Teil werden sie als Beginn einer demographieresistent(er)en Architektur der Alterssicherung begrüßt, zum Teil

15 Gesetz zur Reform der gesetzlichen Rentenversicherung und zur Förderung eines kapitalgedeckten Altersvorsorgevermögens (BGBl. I, S. 1310).

16 Vom 21.3.2001 (BGBl. I, S. 403).

17 Vgl. nur *Becker,* Private und betriebliche Altersvorsorge zwischen Sicherheit und Selbstverantwortung, JZ 2004, S. 846, 852f.

18 Durch das Alterseinkünftegesetz (AltEinKG) v. 5.7.2004 (BGBl. I, S. 1427) und die damit erfolgte Neufassung des § 10 EStG: Danach sind Beiträge zu privaten kapitalgedeckten Leibrentenversicherungen, bei denen die erworbenen Anwartschaften nicht beleihbar, nicht vererblich, nicht veräußerbar, nicht übertragbar und nicht kapitalisierbar sind, als Sonderausgaben zu behandeln.

19 Näher dazu *Roth*, § 14 Rn. 4ff.

20 Zu der Absenkung des Rentenniveaus zugunsten einer zweiten Sicherungsschicht nur *Ruland,* Die Zukunft der Alterssicherung aus heutiger Perspektive, SGb 2008, 570; einen Überblick bietet der Rentenversicherungsbericht 2009, BT-Drs. 17/52.

21 Dazu unten, III.6.c).

22 Vgl. in diesem Zusammenhang den Bericht der Kommission für die Nachhaltigkeit in der Finanzierung der Sozialen Sicherungssysteme (auch bekannt als „Rürup-Kommission", abrufbar unter: http://www.bmas.de/SharedDocs/Downloads/DE/PDF-Publikationen/c318-deutsch-fassung.pdf?__blob=publicationFile).

wegen der mit ihnen verbundenen Aufgabe einer umfassenden Lebensstandardsicherung kritisiert.[23] Wie die meisten Reformen sozialer Sicherungssysteme lösen sie weiteren Reformbedarf aus. Darauf wird im Zusammenhang mit den Zukunftsfragen der Alterssicherung zurückzukommen sein.[24]

2. Sondersysteme

a) Beamtenversorgung

7 Beamte, Richter und Soldaten sind in Deutschland, anders als in den meisten anderen europäischen Staaten,[25] nicht sozialversichert. Ihre Alters- und Invaliditätssicherung übernimmt der Staat unmittelbar[26] im Wege der sog. Versorgung, die u.a. durch das Soldatengesetz und durch das Beamtenversorgungsgesetz[27] geregelt ist und nach der Föderalismusreform[28] auch für Landesbeamte eine landesrechtliche Grundlage haben kann. Die Beamtenversorgung ist bifunktional,[29] sie umfasst vom Sicherungsumfang her gesehen auch eine betriebliche Vorsorge und damit zwei Schichten der Alterssicherung.[30] Sie erreicht deshalb ein über der gesetzlichen Rentenversicherung liegendes Leistungsniveau.[31] Dennoch hielt das BVerfG die Besteuerung von Renten einerseits und Pensionen andererseits für vergleichbar,[32] und der Gesetzgeber ist bemüht, die durch die Rentenreformen (→ Rn. 18) verursachten Einschnitte in der Alterssicherung der Rentenversicherten auf die Beamten ergebnisähnlich zu übertragen.[33]

---

23 Dazu und zu dem Einfluss der Finanzdienstleistungsbranche *Hockerts,* Abschied von der dynamischen Rente, in: Becker/ders./Tenfelde (Hrsg.), Sozialstaat Deutschland, Geschichte und Gegenwart, 2010, S. 257ff., 268ff.

24 Vgl. unten, IV.

25 Dazu *Becker/Köhler/Körtek (Hrsg.),* Die Alterssicherung von Beamten und ihre Reformen im Rechtsvergleich, 2010.

26 Weshalb von einem internalisierenden System gesprochen werden kann, so *Zacher,* in: FS für Zeidler (Fn. 2), Bd. 1, S. 571, 575.

27 BeamtVG i.d.F. v. 24.2.1010 (BGBl. I, S. 150).

28 Vgl. Art. 74 Abs. 1 Nr. 27 GG.

29 Grundl. *Ruland,* Möglichkeiten und Grenzen einer Annäherung der Beamtenversorgung an die gesetzliche Rentenversicherung, Anlageband B zum Gutachten der Sachverständigenkommission Alterssicherungssysteme, 1983, Rn. 56.

30 Zu dem Schichtenmodell vorstehend II.1.

31 Vgl. zu dem Verhältnis zwischen Beamtenversorgung und Sozialversicherung *Hase,* Rentenversicherung und Beamtenversorgung, in: Becker et al. (Hrsg.), Alterssicherung in Deutschland, S. 495ff.

32 BVerfGE 105, 73, woraufhin die Besteuerung der Renten und der Rentenbeiträge grundlegend reformiert worden ist durch das Alterseinkünftegesetz v. 5.7.2004 (BGBl. I, S. 1427); dazu *Ruland,* Rentenbesteuerung und Rentenreform, NZS 2001, S. 7ff.

33 Zu den Spielräumen des Gesetzgebers und ihren Grenzen BVerfGE 114, 258.

Über Reformen der Beamtenversorgung wurde, nicht zuletzt wegen der mit ihr verbundenen Belastung der Staatshaushalte, des Öfteren nachgedacht. Man kann die Besonderheiten der Beamtensicherung immer noch als Folge des „arbeitsteiligen Fachbeamtentums" sehen, ohne dessen Herausbildung, so Max Weber, die „Gefahr furchtbarer Korruption und gemeinen Banausentums" bestanden hätte.[34] Ob ihnen notwendigerweise besondere Pflichten der Beamten gegenüberstehen, ist damit nicht gesagt.[35] Das Alimentationsprinzip gehört aber nach der Rechtsprechung zu den gemäß Art. 33 Abs. 5 GG verfassungsrechtlich geschützten hergebrachten Grundsätzen des Berufsbeamtentums.[36] 8

b) Berufsständische Versorgungswerke

Für die Alterssicherung der Angehörigen sog. freier Berufe existieren berufsständische Versorgungseinrichtungen (sog. Versorgungswerke). Dabei handelt es sich um öffentlich-rechtliche Einrichtungen, die regelmäßig durch Landesrecht bzw. auf Grund von Landesrecht durch berufsständische Satzungen geschaffen werden.[37] Sie übernehmen grundsätzlich die Funktion der Rentenversicherung, bieten also eine Absicherung gegen die Risiken des Alters, der Invalidität und des Todes.[38] Zur Realisierung dieser Funktion kann von der gesetzlichen Rentenversicherung eine Befreiung beantragt werden (§ 6 Abs. 1 S. 1 Nr. 1, S. 2–6 SGB VI), wobei der Gesetzgeber der Ausdehnung dieser Möglichkeit einen Riegel vorgeschoben hat.[39] Die Mitgliedschaft in den Versorgungseinrichtungen ihrerseits beruht auf Versicherungszwang. Die Versorgungswerke unterscheiden sich von der GRV durch das Finanzierungsverfahren sowie die Reduzierung interpersoneller Ausgleichsmechanismen.[40] Dennoch kann ihre Tätigkeit als Sozialversicherung im Sinne von Art. 74 Abs. 1 Nr. 12 GG qualifiziert werden.[41] 9

34 *Weber*, Politik als Beruf, 1919, Gesamtausgabe Bd. 17, hrsg. von Mommsen/Schluchter, 1992, S. 175f.

35 Die Konstruktion gerät zudem ins Wanken durch die Rspr. des EGMR zum Streikrecht für Beamte, vgl. dazu nur *Polakiewicz/Kessler*, Das Streikverbot für deutsche BeamtInnen, NVwZ 2012, S. 841ff. m.w.N.

36 BVerfGE 16, 94; 44, 249; 76, 256; 99, 300; 114, 258.

37 Vgl. BVerfGE 63, 1, 4ff.

38 Näher *Hahn*, Die öffentlich-rechtliche Alterssicherung der verkammerten freien Berufe, 1974, S. 167ff.

39 Dazu und zur Entwicklung der Versorgungseinrichtungen *Papier*, Absicherung durch berufsständische Versorgungswerke, in: Becker et al. (Hrsg.), Alterssicherung in Deutschland, S. 455, 456ff.

40 Näher dazu *Boecken*, Berufsständische Versorgungswerke, in: v. Maydell/Ruland/Becker (Hrsg.), SRH, 5. Aufl. 2012, § 22 Rn. 44ff.

41 Dafür auch *Schachner*, Zur verfassungsrechtlichen Zulässigkeit der Pflichtaltersversorgung freier Berufe, 1968, S. 55; *Papier*, in: Becker et al. (Hrsg.), Alterssicherung in Deutschland (Fn. 39), S. 455, 466ff.; vgl auch BVerfGE 63, 1, 34f. (Bundeskompetenz für die Zusatzversorgung der

c) Verbleibende Besonderheiten für einige Personengruppen

10 Die Knappschaft als besonderes soziales Sicherungssystem für Bergleute geht auf sehr alte Wurzeln zurück, weil der Bergbau der erste Industriezweig in Europa war und schon im Mittelalter eigene Sicherungssysteme entwickelt hatte.[42] Lange Zeit beruhte diese soziale Sicherung auf Landesrecht; erst mit dem Reichsknappschaftsgesetz aus dem Jahr 1923[43] wurde sie bundesrechtlich geregelt. Heute sind nur noch einige Besonderheiten übrig: Sie betreffen die Organisation (§§ 129, 133ff. SGB VI), die Höhe der Leistungen (§§ 33 Abs. 5, 45, 53 Abs. 1 S. 2, 60f., 79ff., 93 Abs. 2 Nr. 1 SGB VI) sowie die Finanzierung im Hinblick auf die Beitragstragung (§ 168 Abs. 3 SGB VI) und den staatlichen Zuschuss (§ 215 SGB VI). In ihnen kommt noch immer eine umfassendere Sicherung[44] und eine besondere Verantwortung der Arbeitgeber für die knappschaftliche Rentenversicherung zum Ausdruck.

11 Noch weniger Sonderregelungen bestehen heute für Künstler und Publizisten, die im Jahre 1983 in die Sozialversicherung einbezogen worden sind.[45] Deren Finanzierung beruht nicht nur auf Beiträgen der selbständig tätigen Versicherten, sondern auch auf der Künstlersozialabgabe, die von Verlegern und anderen Unternehmern des Kunstgewerbes einschließlich Konzertveranstaltern zu zahlen ist (§§ 23ff. KSVG) und – wie das BVerfG in einer grundlegenden Entscheidung zu den Abgaben festgestellt hat – als Sozialversicherungsbeitrag gilt.[46]

12 Eigenständig ist hingegen immer noch die Alterssicherung der Landwirte.[47] Sie besitzt seit dem Ende des Zweiten Weltkriegs[48] nicht nur eine eigene Rechtsgrundlage[49] mit Regelung der einzelnen Versicherungstatbestände,[50] sondern vor allem

---

Bezirksschornsteinfeger); a.A. *Lerche/Pestalozza*, Aktuelle Verfassungsfragen der berufsständischen Versorgung, 1986, S. 253f., 260ff.

42 Kurzer Überblick bei *Becker*, Social Security in Modern Europe, in: International Encyclopedia of Legal History, Medieval and Post-Medieval Roman Law, 2009, S. 270f.

43 V. 23.6.1923 (RGBl. I, S. 431); dazu *Peters*, Die Geschichte der sozialen Versicherung, 3. Aufl. 1978, S. 94ff.

44 Sie ist wie die vorstehend erwähnte Beamtenversorgung (II.2.a)) bifunktional, *Ruland*, in: SRH (Fn. 40), § 17 Rn. 16.

45 Durch das Gesetz über die Sozialversicherung der selbstständigen Künstler und Publizisten (Künstlersozialversicherungsgesetz – KSVG) v. 27.7.1981 (BGBl. I, S. 705).

46 BVerfGE 75, 108, 157ff.

47 Vgl. näher dazu *Wirth*, Die agrarsoziale Sicherung, in: SRH (Fn. 40), § 19 Rn. 46ff.

48 Erstmals umfassend geregelt durch das Gesetz über eine Altershilfe für Landwirte (GAL) v. 27.7.1957 (BGBl. I, S. 1063); dazu und zu dessen Änderungen *Peters*, Die Geschichte der sozialen Versicherung, (Fn. 43), S. 204ff.

49 Neu geregelt durch das Gesetz über die Alterssicherung der Landwirte (ALG) v. 29.7.1994 (BGBl. I, S. 1890, 1891).

50 Zur Einbeziehung des nichtarbeitenden Ehegatten BVerfGE 109, 96.

auch weitgehend abweichende Bestimmungen über die Organisation, die Leistungen[51] und die Finanzierung.[52]

Die unterschiedlichen Entwicklungen für die Sondersysteme der Bergleute einerseits und der Landwirte andererseits können auch unter dem Aspekt der demographischen Entwicklung gesehen werden. Beide Personengruppen sind stark geschrumpft, weshalb für eigenständige, in einem Umlageverfahren finanzierte Sicherungssysteme keine ausreichende personelle Basis mehr besteht. Das muss zu einer Einbeziehung in eine größere Versichertengemeinschaft und in der Folge auch zum Abbau von Privilegierungen führen. Die Ausnahme für die landwirtschaftliche Alterssicherung erklärt sich im Wesentlichen aus der Einbettung der agrarsozialen Sicherung in landwirtschaftspolitische Zielsetzungen. Das führt zu einer umfangreichen staatlichen Subventionierung, die zugleich die finanzielle Grundlage sichert. 13

III. Gesetzliche Rentenversicherung

1. Entwicklung

Die als dritter und letzter Zweig der Bismarckschen Sozialversicherung eingeführte[53] 14
Rentenversicherung diente dem sozialen Schutz von Arbeitern. Durch die 1911 erfolgte Eingliederung in die damals neue RVO unter dem Titel „Invaliden- und Hinterbliebenenversicherung" änderte sich daran nichts. Angestellte wurde durch das Angestelltenversicherungsgesetz (AVG),[54] das 1913 in Kraft trat, in den Schutz einbezogen. Es ergab sich eine Drei-Klassen-Einteilung: Arbeiter bis zu einer Jahresarbeitsverdienstgrenze von 2000 Mark jährlich blieben in der Invalidenversicherung, die übrigen blieben nicht versichert; Angestellte kamen in die Angestelltenversicherung, waren aber, wenn sie über 5000 Mark im Jahr verdienten, ebenfalls versicherungsfrei. Die gesonderte Sicherung von Angestellten, die damals auch als „Privatbeamte" bezeichnet wurden,[55] wirkte lange nach: Als Träger wurde die Reichsversicherungsanstalt geschaffen, die später zur Bundesversicherungsanstalt für Angestellte (BfA) wurde; die organisatorische Teilung von Angestellten- und

51 Hinzuweisen ist auf die Betriebshilfen (§ 10 Abs. 2 und 3, §§ 36ff. ALG), aber auch die Voraussetzung der Altersrente, den Hof abzugeben (§§ 11 Abs. 1 Nr. 3, 21 ALG). Zur Festlegung des aktuellen Rentenwerts § 2 VO zur Bestimmung der Rentenwerte in der gesetzlichen Rentenversicherung und in der Alterssicherung der Landwirte –Rentenwertbestimmungsverordnung 2011 v. 6.6.2011 (BGBl. I, S. 1039).

52 Hierzu gehören die Beitragszuschüsse nach §§ 32ff. ALG und die Beteiligung des Bundes (§ 78 ALG).

53 Nach längeren Diskussionen und mit knapper Mehrheit im Reichstag, dazu *Hänlein/Tennstedt*, Geschichte des Sozialrechts, in: SRH (Fn. 40), § 2 Rn. 9.

54 RGBl. 1911 S. 989.

55 *Richter*, Sozialversicherungsrecht, 1931, S. 15.

Arbeiterversicherung endete erst durch eine Organisationsreform im Jahr 2005. Weniger lang hielten sich die nach heutigem Verständnis mit dem Gleichheitssatz nicht mehr zu vereinbarenden materiell-rechtlichen Unterschiede zwischen den beiden Versicherungssystemen. Sie wurden bereits mit der Reform in den 1950er Jahren weitgehend beseitigt. Mit der 1992 in Kraft getretenen Einfügung der Rentenversicherung in das SGB als SGB VI[56] verschwanden sie völlig.

15 Was die Invalidenversicherung betraf, so war schon in der Zwischenkriegszeit der Kreis der einbezogenen Personen um die Hausgewerbetreibenden erweitert worden; die Leistungen allerdings stiegen keineswegs mehr ständig, Geldentwertung und wirtschaftliche Schwierigkeiten führten zu verschiedenen Anpassungsmaßnahmen und auch zu Kürzungen.[57] Vor allem musste angesichts der Inflation 1924 die kapitalfundierte Finanzierung zugunsten einer stärkeren Umlagefinanzierung aufgegeben werden,[58] wenn auch nur vorübergehend. Zu Beginn des nationalsozialistischen Regimes wurde mit den Handwerkern eine weitere Gruppe selbständig Tätiger rentenversichert.[59] Mit einem Ausbaugesetz aus dem Jahr 1937[60] wurde dann die Rentenversicherung zugunsten aller nicht versicherungspflichtigen deutschen Staatsangehörigen geöffnet. Eine umfassende Volksversicherung war das schon wegen des fehlenden Versicherungszwangs nicht. Bis heute sind in Deutschland, anders als in vielen anderen europäischen Staaten und der ursprünglichen Bismarckschen Konzeption der Sozialversicherung entsprechend, Selbständige nur zum Teil gesetzlich rentenversichert. Reformen werden allerdings in dieser Hinsicht derzeit diskutiert.[61]

16 Nach dem Zweiten Weltkrieg erfolgte die bis heute grundlegendste Reform der Rentenversicherung. So wie sie damals war, genügte sie nicht, um ausreichende Leistungen zu gewähren; sie musste zudem schon vor dem Krieg immer wieder durch staatliche Zuschüsse gestützt werden. Vor allem aber waren ihre finanziellen Grundlagen völlig erschüttert, weil das zwischenzeitlich nach der Umstellung des Finanzierungsverfahrens wieder angesammelte Kapital erneut verloren gegangen war. In dieser Situation wurde ein völliger Neuanfang eingeleitet. Einerseits sollte die Sozialversicherung nach bekanntem Muster und in bewusster Abgrenzung von der Entwicklung in der DDR fortgeführt werden. Andererseits war eine neue Zielbestimmung gewollt. Es kam zu der sog. großen Rentenreform von 1957,[62] deren politischer Vater Konrad Adenauer und deren geistiger Vater Winfried Schreiber

---

56 RRG 1992 v. 18.12.1989 (BGBl. I, S. 2261).

57 Dazu *Peters*, (Fn. 43), S. 90f.

58 *Hänlein/Tennstedt*, in: SRH (Fn.40), Rn. 24.

59 Und zwar in der Angestelltenversicherung durch G v. 21.12.1938 (RGBl. S. 1900); zu der Zielsetzung *Stolleis*, Geschichte des Sozialrechts in Deutschland, 2003, S. 201f.

60 G. v. 21.12.1937 (RGBl. S. 1393), wobei der Beitritt begrenzt war auf unter 40-jährige, vgl. *Peters*, (Fn. 43), S. 118f.

61 Vgl. unten, Rn. 33.

62 Mit drei Neuregelungsgesetzen für die Arbeiter- und die Angestelltenversicherung (v. 23.2.1957, BGBl. I, S. 45 und 88) sowie die knappschaftliche Rentenversicherung v. 21.5.1957 (BGBl. I, S. 533).

war.[63] Sie führte auf der Basis einer konsequenten Umstellung der Finanzierung von der Anwartschaftsdeckung auf ein Umlageverfahren zu einer Dynamisierung der Renten. Sie hatte eine Sicherung des individuell erreichten Lebensstandards und damit eine Teilhabe der Rentner am steigenden Wohlstand der Nachkriegsgesellschaft zum Ziel. Die Höhe der Rente richtet sich seitdem nicht mehr wie früher nach Grund- und Steigerungsbeträgen sowie Zulagen, sondern nach den über die Zeit der Versicherung eingezahlten Beiträgen bzw. nach dem Verhältnis des der Beitragszahlung zugrundeliegenden Verdienstes zum Durchschnittsverdienst aller Beschäftigten.

Bis zu den eingangs genannten Reformen der Jahrtausendwende[64] erfuhr die **17** GRV eine ganze Reihe weiterer bedeutsamer Reformen, wenn diese auch die Rolle und Grundstruktur der Versicherung bestehen ließen. Stichwortartig zu nennen sind die 1972 erfolgte erneute Öffnung der Rentenversicherung, die auch arbeitsmarktpolitisch instrumentalisierte Flexibilisierung der Altersgrenzen und die Einführung einer Rente nach Mindesteinkommen und damit einer Mindestsicherung.[65] 1975 folgte die Einbeziehung behinderter Menschen in den Versicherungsschutz, 1977 die Einführung des Versorgungsausgleichs[66] und der Erziehungsrenten[67].

Damit endet die Zeit des Ausbaus der GRV und beginnt die Zeit der Erhaltung **18** und, im weiteren Verlauf, des Rückbaus. Das erste größere Konsolidierungsgesetz war das schon erwähnte Rentenreformgesetz 1992,[68] mit dem das Recht der Rentenversicherung vereinheitlicht und in das SGB eingefügt wurde. Dieses Gesetz beseitigte zugunsten einer Stärkung des Äquivalenzprinzips die vorstehend erwähnte Mindestsicherung, und vor allem stellte es die Dynamisierung der Rentenansprüche auf die Nettolohnanpassung um.

Weitere Reformen folgten ab dem Jahr 2000. Sie alle dienten der Anpas- **19** sung an geänderte und für die Finanzierung schwieriger gewordene Verhältnisse. Dazu gehören die Veränderung der Rentenanpassung durch Einführung des Nachhaltigkeitsfaktors,[69] die Reform der Erwerbsminderungsrenten,[70] die Änderung der Besteuerung von Renten[71] und die Heraufsetzung der Altersgrenzen,[72] allesamt Vorhaben, die sozialpolitisch, aber auch rechtlich umstritten waren und

---

63 Vgl. zu der Ausgangssituation und der Bedeutung der Rothenfelser Denkschrift *Stolleis*, Geschichte des Sozialrechts (Fn. 59), S. 275ff.; ausf. *Hockerts*, Sozialpolitische Geschichte im Nachkriegsdeutschland, 1980, S. 309ff.

64 Oben, II.1.

65 Rentenreformgesetz v. 16.10.1972 (BGBl. I, S. 1965). Näher *Peters*, (Fn.43), S. 196f.

66 Durch das 1. EheRG v. 14.6.1976 (BGBl. I, S.1421).

67 Jetzt § 47 SGB VI.

68 RRG 1992 v. 18.12.1989 (BGBl. I, S. 2261).

69 Eingeführt durch das Rentenversicherungs-Nachhaltigkeitsgesetz v. 21.7.2004 (BGBl. I, S. 1791).

70 Durch Gesetz zur Reform der Renten wegen verminderter Erwerbsfähigkeit v. 20.12.2000 (BGBl. I, S. 1827).

71 Und der Abzugsfähigkeit von Beiträgen, vgl. Alterseinkünftegesetz v. 5.7.2004 (Fn. 32).

72 Durch das RV-Altersgrenzenanpassungsgesetz v. 20.4.2007 (BGBl. I, S. 554).

sind[73] – obwohl insbesondere die Erhöhung des Rentenzugangsalters angesichts der demographischen Veränderungen unabdingbar ist und auch den Veränderungen in der Lebenssituation der „jungen Alten" Rechnung trägt.[74]

20 Rückblickend hat die GRV in Deutschland seit den 1950er Jahren nicht nur zur Beseitigung der Altersarmut, sondern auch zur Teilhabe der Rentner am Produktivitätsfortschritt geführt. Sie hat darüber hinaus zwei weitere wichtige Integrationsleistungen vollbracht. Die erste erfolgte nach Ende des Zweiten Weltkriegs durch die Aufnahme von Flüchtlingen und Vertriebenen. Diese Aufnahme schloss die Anerkennung von solchen Zeiten in der gesetzlichen Rentenversicherung ein, die in Gebieten zurückgelegt worden waren, die nicht mehr zum Geltungsbereich der deutschen Sozialversicherung gehörten – also Beitragszeiten bei nichtdeutschen Rentenversicherungsträgern und Beschäftigungszeiten vor der Vertreibung oder in früheren deutschen Ostgebieten. Wichtigster Baustein war das Fremdrentenrecht,[75] das auf dem Eingliederungsprinzip beruhte: Vertriebene sollten so behandelt werden, als wären sie im Bundesgebiet beschäftigt und versichert gewesen.[76] Die zweite, jüngere und damit bekanntere Integrationsleistung betrifft die Anwartschaftsüberleitung im Rahmen der deutschen Wiedervereinigung. Ohne sie wären die Rentner und die Versicherten in den neuen deutschen Ländern mit leeren Händen dagestanden, soweit es ihre Rentenansprüche betraf. Hintergrund war die Entscheidung, alle Sozialversicherungssysteme der Bundesrepublik auf das Gebiet der ehemaligen DDR auszudehnen.[77] Zugleich wurde innerhalb von wenigen Monaten im Beitrittsgebiet eine funktionierende Behördeninfrastruktur aufgebaut.[78]

2. Organisation und Finanzierung

a) Träger der Rentenversicherung

21 Die Organisation der Rentenversicherung ist im Jahr 2005[79] grundlegend geändert worden. Zuständig für die Durchführung der gesetzlichen Rentenversicherung sind

---

73 Vgl. nur Rentenversicherungsbericht 2010 mit Gutachten des Sozialbeirats, BT-Drs. 17/3900.

74 Dazu § 1 Rn. 7.

75 Fremdrentengesetz v. 25.2.1960 (BGBl. I, S. 93).

76 Dazu und zu dem fehlenden Eigentumsschutz BVerfGE 116, 96.

77 Art. 3 i.V.m Art. 30 des Einigungsvertrages v. 31.8.1990 (BGBl. 1990 II, S. 885, 1055), Renten-Überleitungsgesetz (RÜG) v. 25.7.1991 (BGBl. I, S. 1606). Zu den daraus folgenden verfassungsrechtlichen Fragen BVerfGE 100, 1 – Rentenüberleitung I, und *Steiner*, Verfassungsrechtliche Fragen der Überleitung des Alterssicherungssystems der Deutschen Demokratischen Republik in die gesamtdeutsche Rentenversicherung, in: Becker et al. (Hrsg.), Alterssicherung in Deutschland (Fn. 31) S. 315ff.

78 Näher *Ritter*, Der Preis der deutschen Einheit, 2. Aufl. 2007.

79 RVOrgG v. 9.12.2004 (BGBl. I, 3242). Dazu ausf. *Ruland/Dünn*, Die Organisationsreform in der gesetzlichen Rentenversicherung, NZS 2005, S. 113ff.

seit dieser Reform die Regionalträger und die Bundesträger (§ 125 SGB VI) der Deutschen Rentenversicherung (DRV), allesamt Körperschaften des öffentlichen Rechts (§ 29 SGB IV).[80]

Bundesträger sind die aus der BfA (→ Rn. 14) und dem Verband Deutscher Rentenversicherungsträger (VDR) entstandene DRV Bund und die aus der Zusammenfassung von Bundesknappschaft, Seekasse und Bahnversicherungsanstalt entstandene DRV Knappschaft-Bahn-See (§ 132 SGB VI). Die DRV Bund nimmt zugleich Grundsatz- und Querschnittsaufgaben und die gemeinsamen Angelegenheiten aller Träger wahr (§ 138 SGB VI).[81] 22

Die Regionalträger wurden von „Landesversicherungsanstalten" in „DRV" mit einem Zusatz für ihre jeweilige regionale Zuständigkeit umbenannt (§ 125 Abs. 1 S. 2 SGB VI). Ihre Zahl ist durch einige Fusionen auf jetzt 14 verringert worden.[82] 23

Die landwirtschaftlichen Rentenversicherungsträger werden ab 2013 durch das LSV-Neuordnungsgesetz in einer bundesunmittelbaren Körperschaft des öffentlichen Rechts mit dem Namen „Sozialversicherung für Landwirtschaft, Forsten und Gartenbau" zusammengefasst. 24

Eine an der Beschäftigung orientierte Zuständigkeit der Träger für bestimmte Versicherte existiert nur in der landwirtschaftlichen Sozialversicherung und für die DRV Knappschaft-Bahn-See nach §§ 129, 130, 133 SGB VI. Im Übrigen wird die Zuständigkeit durch Vergabe der Versicherungsnummer festgelegt und orientiert sich an kapazitätsorientierten Quoten (§ 127 Abs. 2 SGB VI).[83] 25

b) Finanzierung

Die Rentenversicherung wird seit der großen Rentenreform 1957 im Umlageverfahren finanziert (§ 153 SGB VI). Das bedeutet, dass die laufenden Ausgaben, insbesondere die Renten, in einem Zeitraum durch Einnahmen, vor allem Beiträge der zumeist erwerbstätigen Versicherten, in demselben Zeitraum zu decken sind. Zwi- 26

---

80 Auch die früheren „Versicherungsanstalten" waren wegen ihres personellen Substrats keine Anstalten, sondern Körperschaften, so schon *Schuppert*, Die Erfüllung öffentlicher Aufgaben durch verselbstständigte Verwaltungseinheiten, 1981, S. 69.

81 Zur verfassungsrechtlichen Zulässigkeit *Axer*, Lenkung und Regulierung in der Sozialversicherung zwischen Bundes- und Länderebene, DRV 2005, S. 542ff.; *Krumm*, Verfassungsrechtliche Zulässigkeit einer Selbstbegrenzung der Selbstverwaltung durch die Rentenversicherungsträger, VSSR 2007, S. 65ff.; z.T. a.A. *Frohn*, Verfassungsprobleme der Organisationsreform in der gesetzlichen Rentenversicherung, SGb 2007, S. 129, 131ff.

82 Zum Stand: http://www.deutsche-rentenversicherung.de/SharedDocs/de/Navigation/Deutsche_RV/Versicherungstraeger_node.html.

83 Für die den Regionalträgern zugeordneten Versicherten ist die örtliche Zuständigkeit nach § 128 SGB VI zu bestimmen.

schen den Rentenversicherungsträgern besteht seit der Organisationsreform ein Finanzverbund (§§ 219ff. SGB VI). Er sorgt dafür, dass die Ausgaben von allen Trägern gemeinsam getragen und die Zuschüsse unter ihnen aufgeteilt werden.

27 Finanzierungsquellen sind zunächst die Beiträge. Der Beitragssatz wird von der Bundesregierung jährlich durch eine Rechtsverordnung festgesetzt (vgl. näher §§ 157ff. SGB VI). Er beträgt seit 2007 unverändert 19,9%, wird aber demnächst angepasst.[84] Die Beitragsbemessungsgrundlagen richten sich nach §§ 161ff. SGB VI. Durch die Einführung der sog. Gleitzone (vgl. § 20 Abs. 2 SGB IV, §§ 163 Abs. 10, 168 Abs. 1 Nr. 1d SGB VI) sollen Anreize zur Schaffung von Arbeitsplätzen im Niedriglohnsektor gesetzt werden; die abgesenkte Beitragsbemessung muss aber durch geringere Rentenanwartschaften erkauft werden, was dem Ziel einer ausreichenden Alterssicherung zuwiderläuft. Im Übrigen werden Beiträge nur für Einkünfte innerhalb der Beitragsbemessungsgrenzen (§ 159 SGB VI) erhoben, die jährlich durch eine Verordnung festgelegt werden (§ 160 SGB VI).[85]

28 Die Beiträge sind grundsätzlich von den Versicherten aufzubringen (vgl. allgemein § 20 Abs. 1 SGB IV). Es gilt aber für die Beitragstragung (§§ 168ff. SGB VI) als wichtigste Abweichung die Regel der hälftigen Lastentragung zwischen Arbeitgebern und Arbeitnehmern. In bestimmten Fällen hat der Arbeitgeber trotz Versicherungsfreiheit einen Beitragsanteil zu erbringen (§ 172 SGB VI).[86] Die Zahlung der Beiträge (allgemein §§ 173ff. SGB VI) aus einem Beschäftigungsverhältnis erfolgt nach den Regeln über die Abführung des Gesamtsozialversicherungsbeitrags (§§ 28dff. SGB IV). Zwischen der Beitragszahlung und der Leistungsbegründung besteht ein Zusammenhang:[87] Damit ein Beitrag für die Rentenberechnung berücksichtigt wird, muss er wirksam werden. Diese Wirksamkeit ist in den §§ 197ff. SGB VI gesondert geregelt. Dabei ist hervorzuheben, dass die Möglichkeit zur Nachzahlung beschränkt ist (vgl. §§ 204ff. SGB VI).

29 Weitere und zunehmend wichtige Einnahmequelle der GRV sind die Bundeszuschüsse (§ 213 SGB VI).[88] Sie dienen einerseits dem Ausgleich für die Übernahme

---

84 Dazu auch unten, IV.1.

85 Vgl. zur Entwicklung DRV, Rentenversicherung in Zahlen 2011 (http://www.deutsche-rentenversicherung.de/cae/servlet/contentblob/138218/publicationFile/22186/rv_in_zahlen_2011_pdf.pdf), S. 18.

86 Dahinter steht das Ziel, bestimmte Arbeitsverhältnisse hinsichtlich der Belastung mit Arbeitskosten nicht zu begünstigen (so bei Rentnern) oder bei einer Begünstigung wenigstens verminderte Einnahmen zu schaffen (so bei geringfügigen Beschäftigungen). Zur verfassungsrechtlichen Zulässigkeit der erstgenannten Zielsetzung BVerfGE 14, 312, wonach dem Arbeitgeberanteil ohnehin keine Vorteile gegenüberstehen und der Zusammenhang zur Sozialversicherung gewahrt ist; ähnlich BSG, SozR 4–4170 § 2 Nr. 1. Zu geringfügig Beschäftigten, allerdings im Rahmen der Krankenversicherung, BSG, SozR 4–2500 § 249b Nr. 2.

87 Vgl. auch unten, III.5.a).

88 Dazu und zur Entwicklung ausf. *Reimann,* Zur Finanzierung der gesetzlichen Rentenversicherung durch Beiträge und Staatszuschüsse, in: Becker et al. (Hrsg.), Alterssicherung in Deutschland, S. 399, 413ff.

versicherungsfremder Leistungen (§ 213 Abs. 3 SGB VI: sog. zusätzlicher Bundeszuschuss[89]), andererseits der allgemeinen Unterstützung (§ 213 Abs. 2 und 2a SGB VI, sog. allgemeiner Bundeszuschuss), wobei in dieser auch eine Garantiefunktion (vgl. Art. 120 Abs. 1 S. 4 GG) zum Ausdruck kommt. Für die knappschaftliche Rentenversicherung[90] ist eine besondere Beteiligung des Bundes vorgesehen. Zudem übernimmt der Bund auch die Liquiditätssicherung (§ 214 und § 219 Abs. 3 S. 2 SGB VI), wobei aber die Träger zunächst die sog. Nachhaltigkeitsrücklage (§§ 216f. SGB VI) zu bilden haben. Die Leistungen aus Steuermitteln für die Rentenversicherung sind beträchtlich: Sie betrugen 2010 bei Beitragseinnahmen von gut 185 Mrd. € knapp 64,9 Mrd. €,[91] machen also mehr als ein Viertel der Gesamteinnahmen aus. Sie tragen wesentlich dazu bei, dass die GRV trotz älter werdender Bevölkerung über eine ausreichende finanzielle Grundlage verfügt.

3. Zugang: Versicherte Personen

a) Grundsatz und freiwillig begründeter Schutz

Wie in anderen Sozialversicherungszweigen lassen sich die Vorschriften der Rentenversicherung über die Versicherung nach Begründung und Rechtsfolge systematisieren: Ein Schutz kann durch Gesetz angeordnet (Versicherungspflicht) oder ausgeschlossen (Versicherungsfreiheit) werden, er kann ebenso aufgrund einer einseitigen Willenserklärung begründet (freiwillige Versicherung) wie vermieden (Befreiung von der Versicherungspflicht) werden. Zudem nimmt § 8 SGB VI die Zusammenhänge zwischen rentenrechtlichen Zeiten, Leistungsrechten und Versichertenstatus auf: Auch dann, wenn Beiträge nachträglich einer Person gutgeschrieben werden, wie im Fall der Nachversicherung (§§ 181ff. SGB VI), des Versorgungsausgleichs bei Scheidung[92] und des Rentensplittings (§§ 120aff. SGB VI), werden die begünstigten Personen als Versicherte behandelt. 30

Die GRV differenziert für den freiwillig begründeten Schutz noch weiter, weil sie nicht nur die freiwillige Versicherung (§ 7 SGB VI), sondern auch die Versicherungspflicht auf Antrag (§ 4 SGB VI) kennt. Der Unterschied ist der, dass im erstgenannten Fall die Beitragshöhe vom Versicherten gewählt werden kann. Die freiwillige Versicherung steht grundsätzlich allen Personen ab der Vollendung des 16. Lebensjahres offen, die nicht versicherungspflichtig sind, allerdings nach § 7 Abs. 2 SGB VI nicht 31

89 Ergänzt um den sog. Erhöhungsbetrag nach § 213 Abs. 4 und 5 SGB VI aus der Ökosteuer.
90 Vgl. oben, II.2.c).
91 Angaben aus dem Rentenversicherungsbericht 2011, S. 25 und Übersicht 14 (http://www.bmas.de/SharedDocs/Downloads/DE/rentenversicherungsbericht-2011.pdf?__blob=publicationFile).
92 § 1587 BGB i.V.m. dem Versorgungsausgleichsgesetz v. 3.4.2009 (BGBl. I, S. 700); dazu *Ruland*, Versorgungsausgleich, 3. Aufl. 2011, Rn. 674ff.

Rentnern: Wer schon eine Altersrente erhält oder wem sie bindend bewilligt worden ist, soll nicht noch weitere Rentenanwartschaften erwerben können. Im zweitgenannten Fall der durch eigene Willenserklärung begründeten Rentenversicherung, bei der Versicherungspflicht auf Antrag, besteht die Möglichkeit der Wahl des Versicherungsniveaus hingegen nicht. Sie kommt nur bei Erfüllung bestimmter, in einem gewissen Zusammenhang zu Versicherungspflichttatbeständen stehenden Sachverhalten in Frage, gewährt dann aber auch einen Schutz im Fall der Erwerbsminderung.

b) Versicherungspflicht und Versicherungsfreiheit

32 aa) Die größte Gruppe der in der GRV Pflichtversicherten sind die Beschäftigten (§ 1 SGB VI). Dazu zählen entgeltlich Beschäftigte[93] bzw. Auszubildende auch ohne Entgelt, S. 1 Nr. 1. Ferner versicherungspflichtig sind die in sozialen Einrichtungen Tätigen (näher S. 1 Nr. 2–4); sie gelten in der Rentenversicherung als Beschäftigte, § 1 S. 5 SGB VI. Im Übrigen hat der Gesetzgeber ausdrücklich klargestellt, dass die Mitglieder des Vorstands einer Aktiengesellschaft nicht als Beschäftigte versicherungspflichtig sind (§ 1 S. 4 SGB VI).[94] Im Einzelfall kann es schwierig sein zu bestimmen, wer als Beschäftigter, d.h. weisungsabhängig und in einen Betrieb eingegliedert (§ 7 SGB IV), tätig ist. Der Grund dafür liegt in den vermehrten Versuchen, durch arbeitsrechtliche Gestaltung eine Versicherungspflicht zu vermeiden, worauf an dieser Stelle nicht näher eingegangen werden soll.

33 Die Einbeziehung Selbständiger in die GRV (§ 2 SGB VI)[95] orientiert sich an der Schutzbedürftigkeit: Selbständig Tätige sind pflichtversichert, weil sie entweder zumeist nur über ein geringes Betriebsvermögen verfügen oder eine arbeitnehmerähnliche Stellung haben, insbesondere selbst keine oder wenige Arbeitnehmer beschäftigen. Das wird durch § 2 S. 1 Nr. 9 SGB VI nun ausdrücklich und allgemein geregelt, der die Versicherung für bestimmte Berufsgruppen ergänzt.[96] Damit erfasst die GRV mittlerweile eine größere Gruppe von Selbständigen als Pflichtversicherte,

---

93 Dazu und zu dem Sonderfall der Ghettoarbeit (Gesetz zur Zahlbarmachung von Renten aus Beschäftigungen in einem Ghetto v. 20.6.2002, BGBl. I, S. 2074) BSG v. 3.6.2009, B 5 R 26/08 R.

94 Zur Unanwendbarkeit auf in Deutschland beschäftigte Mitglieder des Board of Directors einer US-Kapitalgesellschaft BSG v. 12.1.2011, B 12 KR 17/09 R, und auf in Deutschland beschäftigte Mitglieder des Verwaltungsrats einer Aktiengesellschaft nach schweizerischem Recht BSG v. 6.10.2010, B 12 KR 20/09 R.

95 Manche Versicherungstatbestände sind alt, werden aber erst neuerdings – wohl in Anbetracht steigender Finanzierungsschwierigkeiten – angewendet. Dazu hat das BVerfG angemerkt, alleine der Umstand der weitgehenden Nichtanwendbarkeit über viele Jahre führe nicht dazu, dass eine aktuelle Erfassung der Versicherungspflicht mit entsprechender Beitragsbelastung gleichheitswidrig und damit verfassungswidrig sei, BVerfG [Kammer], NZS 2008, S. 142ff.; dazu *Körner*, Das strukturelle Vollzugsdefizit in der gesetzlichen Rentenversicherung als Verfassungsproblem, 2011; vgl. allg. auch *Preis/Temming*, Die Rentenversicherungspflicht selbständig Tätiger und die Reformbedürftigkeit des § 2 SGB VI, SGb 2006, S. 385ff.

96 Dazu BVerfG [Kammer] v. 2.4.2009, 1 BvR 2405/06 (www.juris.de).

wenn auch Schutzlücken bestehen bleiben. Deren Schließung wird zurzeit einmal mehr diskutiert.[97] Wichtig ist aber im Zusammenhang mit den demographischen Veränderungen, dass davon keine neuen und sprudelnden Finanzquellen für die GRV zu erwarten sind. Denn den zusätzlich zu zahlenden Beiträgen würden weitgehend Leistungsansprüche gegenüberstehen. Alleine durch die Ausweitung des Versichertenkreises entstehen deshalb keine finanziellen Spielräume für neue Umverteilungen. Geschlossen würde aber eine bis heute und in den meisten anderen europäischen Ländern schon lange nicht mehr bestehende Schutzlücke.

bb) In der GRV existiert keine obere Pflichtversicherungsgrenze, aber eine Bei- 34
tragsbemessungsgrenze (§§ 157, 159 SGB VI). Wie eine untere Versicherungsgrenze wirkt die Geringfügigkeit,[98] weil geringfügig Beschäftigte versicherungsfrei sind (§ 5 Abs. 2 S. 1 Nr. 1 SGB VI). Auf diese Versicherungsfreiheit kann nach § 5 Abs. 2 S. 2 SGB VI verzichtet werden. Folge des Verzichts ist die Entstehung von Pflichtbeitragszeiten für eine versicherte Beschäftigung oder Tätigkeit, die bei der Erfüllung von Wartezeiten und sonstigen versicherungsrechtlichen Voraussetzungen eine besondere Bedeutung haben (Anrechenbarkeit auf jede Wartezeit, § 51 SGB VI, Erfüllung der Voraussetzungen für die Rente für besonders langjährig Versicherte nach § 38 SGB VI, § 51 IIIa SGB VI sowie die Auswirkungen auf die Berechnungen des Zugangsfaktors nach § 77 IV SGB VI).

Weiter versicherungsfrei sind in der GRV Beamte, Richter und Soldaten sowie 35
andere Personen, die eine Anwartschaft auf Versorgung haben (§ 5 Abs. 1 SGB VI). Die Versicherungsfreiheit gilt aber grundsätzlich nur für Beschäftigungen, auf die sich die Versorgungsanwartschaft bezieht. Sie ermöglicht die Aufrechterhaltung der ersetzenden Sondersysteme für die genannten Personengruppen.[99] Auf etwas anderem Wege wird Raum für ein eigenständiges Sicherungssystem zugunsten von angestellten Freiberuflern geschaffen: Diese können sich von der grundsätzlich aus dem Beschäftigungsverhältnis folgenden Versicherungspflicht befreien lassen (§ 6 SGB VI). Insofern hat der Gesetzgeber aber eine Reihe von Voraussetzungen eingeführt, um ein Ausdünnen der gesetzlichen Rentenversicherung durch die Schaffung immer neuer berufsständischer Versorgungswerke zu verhindern.[100]

Hervorzuheben ist die Versicherungsfreiheit von Rentnern. Bezieher von Voll- 36
renten wegen Alters und Versorgungsbezügen sind nach § 5 Abs. 4 SGB VI von der

97 Dazu nur *Rische*, Weiterentwicklung der gesetzlichen Rentenversicherung zu einer Erwerbstätigenversicherung, DRV 2009, S. 285ff.; *Ruland*, Ausbau der Rentenversicherung zu einer allgemeinen Erwerbstätigenversicherung?, in: Becker/Hockerts/Tenfelde (Hrsg.), Sozialstaat Deutschland, 2010, S. 297ff.; *Kreikebohm*, Kommt die Erwerbstätigenversicherung?, NZS 2010, S. 184ff., *Lenze*, Verfassungsrechtliche Aspekte der Altersvorsorgepflicht für Selbstständige, SF 2012, S. 143ff. jew. m.w.N.

98 Sie ist allgemein geregelt in §§ 8, 8a SGB IV.

99 Dazu oben, II.2.c).

100 Dazu *Papier*, in: Becker et al. (Hrsg.), Alterssicherung in Deutschland, (Fn. 39), S. 455, 457f., 468ff.

GRV ausgenommen, also auch dann, wenn sie eine versicherungspflichtige Betätigung ausüben. Dann bleibt allerdings der Arbeitgeber nach § 172 Abs. 1 SGB VI beitragspflichtig.[101] Die Regelung erklärt sich aus der Schutzfunktion der GRV. Sie verringert einerseits die Kosten für eine Beschäftigung von Rentnern und schafft damit Beschäftigungsanreize, verhindert andererseits die Aufstockung einer Rente. Vorausgesetzt, dass auch künftig an festen Altersgrenzen festgehalten wird,[102] sollte ihre Änderung in Betracht gezogen werden.

c) Sonstiger Versicherungsschutz

37 Aus sozialpolitischen Gründen werden in den Versicherungsschutz kraft Gesetzes nach § 3 SGB VI neben Wehr- und Zivildienstleistenden, Empfängern von Entgeltersatzleistungen und Vorruhestandsempfängern auch Personen, für die Kindererziehungszeiten anzurechnen sind, und Pflegepersonen einbezogen. Das hat besondere Bedeutung im Zusammenhang mit der alternden Bevölkerung. Die Versicherung während der Pflegetätigkeit ist vor allem dann von Bedeutung, wenn wegen der Pflege eine Erwerbstätigkeit unterbrochen oder verringert wird, was angesichts der knappen Arbeitskräfte im Pflegesektor in Zukunft ein Problem darstellen wird, dessen Lösung eine Verbesserung der Sicherung von nichtberuflich Pflegenden erfordert.[103] Die Versicherung bei Kindererziehung ist als Maßnahme des Familienlastenausgleichs eingeführt worden. Sie ist geeignet, bessere wirtschaftliche Bedingungen für Eltern zu schaffen und deshalb im Hinblick auf die Alterung der Bevölkerung zu begrüßen – wenn auch die Anrechnung der Erziehungszeiten, die zu einer eigenständigen Versicherung führt, erst nach Intervention des BVerfG[104] zusätzlich zu den erwerbsbedingt erworbenen Beitragszeiten erfolgt. Ob die GRV damit eine versicherungsfremde Aufgabe erfüllt[105] oder nur Beitragsäquivalente anerkennt,[106] ist insbesondere nach einer weiteren Entscheidung des BVerfG zu „generativen Beiträgen“[107] umstritten. Die Antwort hängt vor allem davon ab, welche Bedeutung dem „Drei-Generationen-Verhältnis“ in der GRV beigemessen wird.[108]

38 Bezieher von Leistungen nach dem SGB II gehörten früher ebenfalls zu den Versicherten, wenn auch mit sehr geringen Anwartschaften; ihr Versicherungsschutz wurde allerdings wieder aufgehoben.[109] Die dadurch bei lang andauernder Arbeits-

101 Zur Verfassungsmäßigkeit dieser Regelung oben Fn. 86.
102 Vgl. unten, III.4.a).
103 Vgl. dazu § 1 Rn. 43.
104 BVerfGE 94, 241.
105 Mit der Konsequenz, eine Erstattung über Bundeszuschüsse zu erhalten, vgl. oben, III.2.b).
106 In diesem Sinn *Kaempfe*, Die Systemfunktionen privater Altersvorsorge im Gesamtsystem sozialer Absicherung, 2005, S. 184ff.
107 BVerfGE 103, 242.
108 Dazu unten, IV.1.
109 Mit Gesetz v. 9.12.2010 (BGBl. I, S. 1885).

losigkeit entstehende Schutzlücke stellt in einem beitragsbezogenen Sozialversicherungssystem ein klassisches Folgeproblem des Entgeltsausfalls dar, weil dieser Ausfall die Weiterführung einer ausreichenden Vorsorge verhindert. Sie ist auch ein Grund für die aktuell debattierten Reformüberlegungen zur Einführung einer Mindestsicherung.[110]

4. Versicherungsfälle

In der GRV werden drei verschiedene Rentenarten unterschieden, jeweils anknüpfend an einen bestimmten Versicherungsfall (§ 33 SGB VI): Altersrenten (unten a)), Renten bei Erwerbsminderung (unten b)) und Hinterbliebenenrenten (= Renten wegen Todes, unten c)).[111] Wie allgemein im Sozialversicherungsrecht kommt es auf den Grund für den Eintritt des Versicherungsfalls prinzipiell nicht an. Das ist selbstverständlich für das Erreichen eines bestimmten Alters als Rentenvoraussetzung. Es gilt aber auch für die Erwerbsminderung und den Tod.[112] **39**

Der Eintritt eines Versicherungsfalls begründet allein noch keine Leistungsansprüche. Abgesehen von einigen besonderen Voraussetzungen wird dafür immer auch gefordert, dass eine Mindestversicherungszeit zurückgelegt worden ist, die als Wartezeit bezeichnet wird (näher unten, 5.). **40**

a) Alter

Bei Erreichen einer bestimmten Altersgrenze wird von der Rentenversicherung eine Altersrente gezahlt. Das SGB VI sieht verschiedene Altersgrenzen und dementsprechend verschiedene Arten von Altersrenten vor. Einzuteilen sind diese in die Regelaltersrente nach Vollendung des 67. Lebensjahres (§ 35 S. 2 SGB VI) und die besonderen Renten, die von schwerbehinderten Menschen ab dem Alter von 65 (§ 37 SGB VI), von Bergleuten ab dem Alter von 62 (§ 40 SGB VI) und von besonders langjährig Versicherten ab dem Alter von 65 (§ 38 SGB VI) beansprucht werden können. Dazu kommt die Möglichkeit einer vorzeitigen Rente ab Vollendung des 63. bzw. des 62. Lebensjahres für langjährig und für schwerbehinderte Versicherte (§§ 36 S. 2, 37 S. 2 SGB VI). Zu beachten sind auch die Übergangsvorschriften für Arbeitslose, Arbeitnehmer nach Altersteilzeit und Frauen in §§ 237, 237a SGB VI. **41**

---

110 Dazu unten, IV.3.

111 Als eigenständiger Versicherungsfall ist auch die Erziehungsrente konzipiert, was aber nicht der näheren Erörterung bedarf.

112 Mit Ausnahmen dazu in §§ 103 – 105 SGB VI. Besteht zugleich ein Versicherungsfall in der Unfallversicherung, so erfolgt die Lösung des Konkurrenzproblems im Wege der Anrechnung der Rente aus der Unfallversicherung (§ 93 SGB VI).

42 Ob überhaupt an Altersgrenzen festgehalten werden soll, ist im Hinblick auf die Schaffung von Anreizen für eine längere Erwerbstätigkeit und die Erforderlichkeit flexibler Übergänge in eine Lebensphase mit Altersrentenbezug eine durchaus berechtigte Frage[113] – auch wenn die rechtlichen Vorgaben zur Altersdiskriminierung[114] zu deren Aufgabe nicht zwingen.[115] Dafür spricht, dass die GRV nicht nur eine Ansparfunktion, sondern auch eine soziale Sicherungsfunktion verfolgt. Zudem kann eine Regelaltersgrenze dazu dienen, gesellschaftliche Erwartungen an die Abgrenzung von Lebensphasen mit und ohne Erwerbstätigkeit zu markieren.

43 Die vorzeitige Inanspruchnahme einer Altersrente hat eine dauerhafte Kürzung der Rentenansprüche zur Folge, und zwar um 0,3% für jeden Monat, den der vorzeitige Rentenbeginn vor dem regulären liegt (§ 77 Abs. 2 S. 1 Nr. 2 lit. a SGB VI). Diese Regelung wurde und wird zum Teil für reformbedürftig gehalten, und zwar mit dem Argument, sie setze in Zeiten, in denen eine Verlängerung der Erwerbstätigkeit auf der Agenda stehen sollte, die falschen Anreize. Da aber gerade weitere Anhebungen der Regelaltersgrenze notwendig werden könnten, ist schon angesichts der steigenden Varianz in der Erwerbsfähigkeit der betroffenen Älteren[116] eine größere Flexibilisierung beim Rentenzugang erforderlich. Insofern ist allein entscheidend, ob die Abschläge versicherungsmathematisch richtig berechnet sind oder nicht. Im Zuge der Anhebung der Regelaltersgrenze ist eine Altersrente für besonders langjährig Versicherte vorgesehen, die eine Wartezeit von 45 Jahren voraussetzt (§ 38 SGB VI).[117] Diese kann ab Vollendung des 65. Lebensjahres ohne Abschläge bezogen werden und ist damit keine vorzeitige Altersrente.

44 Altersrenten vor Vollendung des 67. Lebensjahres werden nur geleistet, wenn die Hinzuverdienstgrenzen eingehalten werden (§ 34 Abs. 2 und 3 SGB VI). Wird die Hinzuverdienstgrenze von derzeit 400,00€ für eine Altersvollrente (§ 34 Abs. 3 Nr. 1 SGB VI) überschritten, ist eine Teilrente möglich. Während des Bezuges einer Teilrente besteht keine Versicherungsfreiheit, so dass weitere Rentenanwartschaften erworben werden können. Die derzeit bestehende Hinzuverdienstgrenze ist allerdings zur Erreichung des Zwecks, einen möglichst reibungslosen und flexiblen Übergang von der Erwerbstätigkeit in den Ruhestand zu ermöglichen, zu niedrig. Ihre genauen Motive sind aus den Materialien der einschlägigen Gesetze nicht zu rekonstruieren, folgen aber der an sich überholten Idee, dass neben dem Bezug einer Rente die Erwerbstätigkeit als unerwünscht angesehen wird.[118]

---

113 Vgl. dazu auch *Igl*, § 8 Rn. 45, 77ff.

114 Vgl. § 1 Rn. 21ff.

115 Weil insbesondere die RL 2000/78 die sozialen Sicherungssysteme nicht erfasst.

116 Dazu § 1 Rn. 7.

117 Dazu *Rust/Westermann*, 45 Jahre: ein Stellvertretermerkmal für den Ausschluss versicherter Frauen?, SGb 2008, S. 272ff. und 332ff., sowie *Sodan/Adam*, Die Rente für „besonders langjährig Versicherte". Zur Verfassungsmäßigkeit des § 38 SGB VI n.F., NZS 2008, S. 1ff.

118 Vgl. Gewonnene Jahre – Empfehlungen der Akademiengruppe Altern in Deutschland, Altern in Deutschland Bd. 9, 2009, S. 52.

Grundsätzlich zwingt die Rentenversicherung Versicherte nicht zur Aufgabe ihrer Erwerbstätigkeit nach Erreichen der Altersgrenze.[119] Ob das Beschäftigungsverhältnis mit einem bestimmten Alter endet, ist eine Frage des Arbeitsrechts.[120] § 41 SGB VI sorgt insofern nur für eine Abstimmung zwischen dem Arbeits- und dem Rentenversicherungsverhältnis. Wer über die Regelaltersgrenze hinaus arbeitet, bleibt rentenversicherungspflichtig.[121] Weil damit die Dauer der im Anschluss zu zahlenden Altersrente verkürzt wird, führt das zu einer höheren Bewertung der bis zum Erreichen der Altersgrenze erworbenen Rentenanwartschaften.[122] 45

b) Erwerbsminderung

Eine Einschränkung der Erwerbsfähigkeit kann nach der Reform der entsprechenden Vorschriften[123] nur dann Rentenansprüche begründen, wenn sie einen bestimmten Schweregrad erreicht.[124] § 43 SGB VI unterscheidet zwischen zwei Stufen, der vollen und der teilweisen Erwerbsminderung.[125] Mit der Neuordnung ist das Recht stark vereinfacht worden, weil es auf den zuvor ausgeübten Beruf des Versicherten nur noch übergangsweise ankommt (§ 240 Abs. 1 SGB VI). Allerdings ist damit auch der zuvor zumindest im Grundsatz vorgesehene Berufsschutz entfallen. Zugleich ist das Rentenniveau durch die Veränderung der Bestimmungen über die Abschläge abgesenkt worden. Welcher Grad der Erwerbsminderung vorliegt, ist abhängig vom trotz Krankheit und Behinderung noch bestehenden Leistungsvermögen. Nach § 43 Abs. 1 S. 2 SGB VI ist teilweise erwerbsgemindert, wer wegen Krankheit oder Behinderung auf nicht absehbare Zeit außerstande ist, unter den üblichen Bedingungen des allgemeinen Arbeitsmarktes mindestens sechs Stunden täglich erwerbstätig zu sein; nach § 43 Abs. 2 S. 2 SGB VI ist voll erwerbsgemindert, wer auch nicht mindestens drei Stunden täglich erwerbstätig sein kann. 46

Unabhängig vom zeitlichen Leistungsvermögen liegt eine volle Erwerbsminderung auch dann vor, wenn der Versicherte zwar zwischen drei und sechs Stunden 47

119 Eine Inanspruchnahme erst nach Erreichen der Regelaltersgrenze wird mit einer Erhöhung um 0,5% je Monat der späteren Inanspruchnahme belohnt (§ 77 Abs. 2 Nr. 2 lit. b SGB VI).

120 Vgl. dazu *Preis*, § 12 Rn. 74ff.

121 Weil die Versicherungsfreiheit nach § 5 Abs. 4 Nr. 1 SGB VI den Bezug einer Vollrente wegen Alters voraussetzt.

122 Und zwar durch Erhöhung des Zugangsfaktors nach § 77 Abs. 2 S. 1 Nr. 2 lit. b SGB VI.

123 Vgl. oben, III.1.

124 Vgl. *Joussen*, Die Rente wegen voller und teilweiser Erwerbsminderung nach neuem Recht, NZS 2002, S. 294ff.

125 Früher wurde hingegen zwischen Berufsunfähigkeit und Erwerbsunfähigkeit unterschieden; die erstgenannte setzte eine Erwerbsminderung in ein Verhältnis zu dem zuvor ausgeübten Hauptberuf und schützte damit auch vor einem beruflichen Abstieg, das Vorliegen ihrer Voraussetzungen bereitet jedoch oft große Schwierigkeiten. Reste dieser Invaliditätsform führen übergangsweise noch zu Leistungen.

täglich erwerbstätig sein kann, aber keinen Teilzeitarbeitsplatz innehat. Die volle Erwerbsminderung wegen der Verschlossenheit des Teilzeitarbeitsmarktes wurde durch das BSG begründet (sog. konkrete Betrachtungsweise).[126] Danach ist bei Vorliegen einer teilweisen Erwerbsminderung auch immer zu prüfen, ob der Versicherte einen seinem zeitlichen Leistungsvermögen entsprechenden Teilzeitarbeitsplatz besetzt bzw. finden könnte.[127] Die Rechtsprechung ist weiterhin relevant,[128] weil mit der Reform der Invalidenrenten zwar ursprünglich eine abstrakte Betrachtungsweise zugrunde gelegt und „Arbeitsmarktrenten", also Renten, die nur aufgrund eines Mangels an geeigneten Arbeitsplätzen entstehen, vermieden werden sollten. Der Gesetzgeber hat das aber angesichts der als ungünstig eingeschätzten Arbeitsmarktsituation nur für eine Resterwerbsfähigkeit von mindestens sechs Stunden umgesetzt.[129]

48 Nach § 43 Abs. 3 SGB VI ist nicht erwerbsgemindert, wer unter den üblichen Bedingungen des allgemeinen Arbeitsmarktes mindestens sechs Stunden täglich erwerbstätig sein kann. Mit dem Erfordernis der „üblichen Bedingungen des allgemeinen Arbeitsmarktes" sollte das Arbeitsmarktrisiko von der Renten- in die Arbeitslosenversicherung zurückverlagert werden (vgl. vorstehend). Mit ihm wird aber zugleich sichergestellt, dass Versicherte nicht auf Tätigkeiten verwiesen werden, die der freie Arbeitsmarkt nicht bietet, etwa weil sie als sog. Schonarbeitsplätze nur im Rahmen eines schon bestehenden Beschäftigungsverhältnisses geschaffen werden. Rentenanspruch besteht in sog. Seltenheits- oder Katalogfällen und bei Summierung schwerer Leistungseinschränkungen, weil dann die Erlangung eines „leidensgerechten" Arbeitsplatzes übermäßig erschwert ist, auch wenn an sich noch Erwerbsfähigkeit gegeben wäre[130] – es sei denn, es kann ein konkret vorhandener und geeigneter Arbeitsplatz nachgewiesen werden.[131]

49 Auch für die Rente wegen Erwerbsminderung gelten nach § 96a SGB VI Hinzuverdienstgrenzen.[132] Werden diese überschritten, wird die Rente als Teilrente geleistet oder ruht vollständig, der Anspruch bleibt aber dem Grunde nach beste-

---

126 BSGE 19, 147; 30, 167; 30, 192; 43, 75; dazu *Ruland,* Der Einfluss der Rechtsprechung des Bundessozialgericht auf das Recht der gesetzlichen Rentenversicherung, in: Festschrift 50 Jahre Bundessozialgericht (FS 50 Jahre BSG), 2004, S. 599, 602ff.

127 Auf den Nachweis konkreter Vermittlungsbemühungen wird aber mittlerweile verzichtet und auf die Arbeitsmarktlage abgestellt, dazu und zur Entwicklung BSGE 95, 112.

128 So auch *Mey,* Erforderlichkeit einer „konkreten Betrachtungsweise" auch nach der Reform der Erwerbsminderungsrenten, SGb 2006, S. 720ff. und SGb 2007, S. 217ff.

129 BT-Drs. 14/4230, S. 25f.

130 Z.B. Notwendigkeit von ungewöhnlich vielen Pausen zur Aufrechterhaltung der Leistungsfähigkeit; ansteckende oder ekelerregende Krankheiten, Entstellungen; ungewöhnliche Arbeitshaltung.

131 Vgl. noch zum alten Recht BSGE 80, 24 (GrS); BSG, SozR 4–2600 § 44 Nr. 1. Zur Bedeutung für das neue Recht BSG v. 27.2.2003, B 13 RJ 215/02 B (www.juris.de).

132 Zur verfassungsrechtlichen Zulässigkeit BSG, SozR 4–2600 § 313 Nr. 3; BVerfG [Kammer], SozR 4–2600 § 96a Nr. 10.

hen und lebt bei Einhalten der Hinzuverdienstgrenzen ohne besonderen Antrag wieder auf.[133]

c) Tod

Hinterbliebene, d.h. Witwen und Witwer oder Waisen eines Versicherten, haben unter den Voraussetzungen der §§ 46, 48 SGB VI Anspruch auf eine aus der Versicherung des Verstorbenen abgeleitete Rente. Diese Rente soll nach einer umstrittenen Entscheidung des BVerfG keinen Eigentumsschutz genießen.[134] Eine Sonderstellung nimmt die Erziehungsrente nach § 47 SGB VI ein, die zwar den Tod einer Person voraussetzt, aber aus der eigenen Versicherung des Hinterbliebenen, der auch die versicherungsrechtlichen Voraussetzungen erfüllen muss, geleistet wird. Auch bei Hinterbliebenenrenten kommt es bei „vorzeitiger" Inanspruchnahme zu einer Absenkung des Zugangsfaktors (§ 70 I Nr. 4 lit. a SGB VI).[135] Vom Hinterbliebenen erzieltes Einkommen wird nach § 97 SGB VI auf die Rente angerechnet. Diese Anrechnung betont zu Recht die Sicherungsfunktion der Rente gegenüber dem Schutz erworbener Anwartschaften. 50

5. Bezug zu Beiträgen: Die rentenrechtlichen Zeiten

Die GRV gewährt beitragsbezogene Leistungen. Sowohl für die Begründung von Leistungsansprüchen als auch für deren Bemessung spielen die individuell entrichteten Beiträge eine maßgebliche Rolle. Anders als in anderen Zweigen der Sozialversicherung kommt es auf die tatsächliche Zahlung von Beiträgen an, wenn auch in abgeschwächter Form (unten a). Für Erwerb und Berechnung von Leistungsansprüchen ist dann entscheidend, welche versicherungsrechtlichen Zeiten (unten b) im Einzelfall zu berücksichtigen sind. 51

a) Bezug zur Beitragszahlung

Das Versicherungsverhältnis entsteht mit Beginn der Beschäftigung bzw. der selbständigen Tätigkeit oder mit dem Stellen des Antrags auf eine Versicherung. Ab diesem Zeitpunkt besteht grundsätzlich auch die Beitragspflicht. Damit stellen sich zwei Fragen: Erstens, welche versicherungsrechtlichen Leistungsvoraussetzungen gelten, und zweitens, wie sich eine unterlassene Beitragszahlung auf den Versicherungsschutz auswirkt. Leistungsvoraussetzungen der Rentenversicherung sind der 52

133 Zum unschädlichen Überschreiten nach dem sog. „Vormonatsprinzip" BSGE 101, 97; BSG v. 9.12.2010, B 13 R 10/10 R.

134 BVerfGE 97, 271. Zur Kritik nur *Papier*, in: SRH (Fn. 40), § 3 Rn. 64f.

135 Zur Verfassungsmäßigkeit BVerfG [Kammer] v. 7.2.2011, 1 BvR 642/09 (www.juris.de).

Eintritt eines Versicherungsfalls und die Zurücklegung rentenrechtlicher Zeiten. Es ist keineswegs erforderlich, dass zu dem Zeitpunkt, in dem der Versicherungsfall eintritt, noch ein beitragspflichtiges Versicherungsverhältnis besteht. Denn die Versicherungspflicht endet, wenn deren Voraussetzungen entfallen, also z.B. dann, wenn keine Beschäftigung mehr ausgeübt wird. Die Anwartschaft, die durch die bereits geleisteten Beiträge erworben worden ist, bleibt aber natürlich bestehen.

53 Die tatsächliche Zahlung von Beiträgen ist für den Erwerb rentenrechtlicher Zeiten von Bedeutung, nämlich dann, wenn Beitragszeiten vorausgesetzt werden. Nach § 55 Abs. 1 SGB VI erfordern diese, dass Beiträge entweder gezahlt worden sind oder als gezahlt gelten. Nicht immer hat der Versicherte die Zahlung selbst in der Hand, vor allem nicht im praktisch wichtigen Fall der versicherungspflichtigen Beschäftigungsverhältnisse.[136] Kommt der Arbeitgeber seiner Verpflichtung zur Abführung der Beiträge aus § 174 Abs. 1 SGB VI i.V.m. §§ 28dff. SGB IV nicht nach, hilft dem Arbeitnehmer § 203 Abs. 2 SGB VI. Kann er glaubhaft machen, dass der auf ihn entfallende Beitragsanteil vom Arbeitsentgelt abgezogen wurde (§ 28g SGB IV), gilt der Beitrag als gezahlt. Der entsprechende Zeitraum ist als Beitragszeit anzuerkennen.[137] Zur Sicherung der tatsächlichen Beitragszahlung durch den Arbeitgeber führen die Träger der Rentenversicherung mindestens alle vier Jahre Prüfungen beim Arbeitgeber durch, § 28p SGB IV. Diese Prüfungen dienen allein dem Schutz der Versichertengemeinschaft, nicht jedoch dem Schutz des Arbeitgebers als Beitragsschuldner.[138]

b) Systematisierung der rentenrechtlichen Zeiten

54 § 54 Abs. 1 SGB VI definiert als rentenrechtliche Zeiten Beitragszeiten, beitragsfreie Zeiten nach Abs. 4 und Berücksichtigungszeiten. Die Beitragszeiten untergliedern sich nochmals in Zeiten mit vollwertigen Beiträgen und beitragsgeminderte Zeiten nach § 54 Abs. 2, 3 SGB VI.[139] Bei allen Zeiten ist danach zu unterscheiden, ob sie rentenbegründend und/oder rentenerhöhend wirken. Rentenbegründend sind sie, soweit sie auf die Wartezeiten (§§ 50ff. SGB VI) anrechenbar sind (vgl. § 51 SGB VI) und damit der Erfüllung der versicherungsrechtlichen Voraussetzungen für eine Rente dienen.[140] Rentenerhöhend sind sie dann, wenn sie nach den unten darzustellenden Bestimmungen über die Rentenberechnung einen Einfluss auf das Ergebnis haben.

55 Die Definition der in der Rentenversicherung zu berücksichtigenden Zeiten ist deshalb sehr wichtig, weil mit ihr einerseits der eingangs betonte Grundsatz des

136 Vgl. oben, III.2.b).
137 Vgl. auch die Vermutung in § 199 S. 1 SGB VI.
138 Vgl. BSGE 93, 109.
139 Zu beachten sind auch die vielfältigen Übergangsregelungen in §§ 246ff. SGB VI.
140 Für den Versorgungsausgleich, das Rentensplitting und die Zeiten einer geringfügigen Beschäftigung ist § 52 SGB VI zu beachten.

Beitragsbezugs der Leistungen umgesetzt, aber zugleich auch dessen sozialpolitisch motivierte Modifikation festgelegt wird. Allerdings müssen die einbezogenen beitragslosen Zeiten immer im Zusammenhang mit den Vorschriften über die Leistungsvoraussetzungen und die Leistungsberechnung betrachtet werden. Zu ihnen gehören die Berücksichtigungszeiten, die derzeit für die Kindererziehung nach § 57 SGB VI vorgesehen sind, aber nur der Erhöhung von Rentenleistungen dienen, sowie die Zurechnungszeiten nach §§ 59, 253a SGB VI, die bei einem vorzeitigen Eintritt des Versicherungsfalls zu den vorhandenen rentenrechtlichen Zeiten hinzugerechnet werden, um eine ausreichende Absicherung in den Fällen von Erwerbsminderung und Tod zu erreichen. Originäre Bedeutung haben vor allem die Anrechnungszeiten nach §§ 58, 252ff. SGB VI.[141] Danach werden Zeiten berücksichtigt, in denen eine Beitragszahlung aus verschiedenen Gründen nicht möglich war. Ihre Bedeutung hat aber im Zuge der Verstärkung des Beitragsbezugs von Rentenleistungen in den letzten Jahren stark abgenommen. Rentenbegründend sind sie nur noch für die 35-jährige Wartezeit der Altersrente für langjährig Versicherte und schwerbehinderte Menschen (§ 51 Abs. 3 SGB VI i.V.m. §§ 36, 37 SGB VI). Hinsichtlich der Rentenberechnung werden Anrechnungszeiten nach § 74 SGB VI ebenfalls sehr eingeschränkt berücksichtigt. Insbesondere Zeiten einer Schul- und Hochschulausbildung werden seit 2009 nicht mehr rentenerhöhend anerkannt.[142]

6. Leistungen

a) Leistungen zur Teilhabe

Die Rentenversicherung gewährt sowohl Leistungen zur medizinischen Rehabili- 56
tation als auch Leistungen zur Teilhabe am Arbeitsleben, §§ 15, 16 SGB VI. Es gelten weitgehend die Vorschriften des SGB IX.[143] Leistungen zur Teilhabe dienen der Vorbeugung einer Minderung der Erwerbsfähigkeit und der Wiederherstellung der bereits geminderten Erwerbsfähigkeit. Es gilt der Grundsatz „Reha vor Rente" (§ 9 Abs. 1 S. 2 SGB VI). Im Einzelnen sind die Aufgaben der Teilhabeleistungen in § 9 Abs. 1 SGB VI beschrieben.

---

141 Ersatzzeiten nach § 250 SGB VI decken nur noch übergangsweise ebenfalls Tatbestände ab, die eine Entrichtung von Beiträgen verhindert haben.

142 Vgl. § 263 SGB VI. Anrechnungszeiten spielen aber noch eine Rolle, weil sie die Zahl der belegungsfähigen Monate bei der Gesamtleistungsbewertung beeinflussen; dazu und zur Verfassungsmäßigkeit der Nichtanrechnung BSG v. 19.4.2011, B 13 R 27/10 R, wonach schulische Ausbildungszeiten auch nicht als notwendige Vorleistungen für Renten einem höheren verfassungsrechtlichen Schutz unterliegen.

143 Zu den entsprechenden gemeinsamen Empfehlungen und den einzelnen Leistungen *Reimann*, Die Rehabilitation in der Rentenversicherung, in: Eichenhofer/Rische/Schmähl (Hrsg.), HDR, Kap. 13, Rdnr. 24, 37ff.; vgl. auch *Welti*, § 16 Rn. 29ff.

57 Grundsätzliche Voraussetzung für die Gewährung von Teilhabeleistungen durch die Rentenversicherung ist, dass die Erwerbsfähigkeit eines Versicherten wegen Krankheit oder Behinderung gefährdet oder gemindert ist (Abs. 1 Nr. 1) und durch die Leistungen (a) voraussichtlich die Gefährdung abgewendet werden (Abs. 1 Nr. 2 lit. a), (b) die Erwerbsfähigkeit wesentlich gebessert, wiederhergestellt oder deren Verschlechterung abgewendet werden (Abs. 1 Nr. 2 lit. b) oder (c) der Arbeitsplatz erhalten werden kann (Abs. 1 Nr. 2 lit. c). Als versicherungsrechtliche Voraussetzung ist nach § 11 Abs. 1 SGB VI die Erfüllung einer Wartezeit von 15 Jahren (§ 51 Abs. 1 SGB VI) oder der Bezug einer Rente wegen verminderter Erwerbsfähigkeit erforderlich. Davon sehen § 11 Abs. 2–3 SGB VI eine Reihe von Ausnahmen vor.

58 Abgesehen von Fällen, in denen sich ein Arbeitsunfall ereignet hat und die vorrangig zuständige gesetzliche Unfallversicherung Leistungen gewährt, ist die GRV der wichtigste Träger für Rehabilitationsleistungen, soweit es um den Erhalt und die Verbesserung der Erwerbsfähigkeit geht. Diese Funktion spielt gerade in einer älter werdenden Bevölkerung insofern eine wichtige Rolle, als ihre Erfüllung zur Aufrechterhaltung der gesamtgesellschaftlichen Produktivität wesentlich beitragen kann. Zur Stärkung dieser präventiven Zielsetzung sind künftig vor allem auch ausreichende finanzielle Mittel einzusetzen.

b) Zugang zu Renten

59 Grundsätzlich ist ein Antrag auf Rentenzahlung keine Leistungsvoraussetzung. Jedoch ist dieser Antrag erforderlich (vgl. auch § 115 Abs. 1 S. 1 SGB VI), um die Rente ausgezahlt zu bekommen (vgl. § 99 SGB VI). In diesem Zusammenhang ist vor allem wichtig, dass ein Rentenantrag nur beschränkte Rückwirkung hat, nämlich bei einer Rente aus eigener Versicherung lediglich drei Monate ab dem Zeitpunkt, in dem die Rentenvoraussetzungen erstmalig vorlagen.

60 Eine Regelaltersrente setzt die Erfüllung einer Wartezeit von fünf Jahren voraus, Altersrenten für langjährig Versicherte und schwerbehinderte Menschen eine Wartezeit von 35 Jahren (§§ 50, 51 SGB VI).[144] Für Erwerbsminderungsrenten gelten besondere Voraussetzungen: Neben der Erfüllung der allgemeinen Wartezeit von fünf Jahren (§§ 50 Abs. 1, 51 Abs. 1 und 4 SGB VI) ist es erforderlich, dass der Versicherte innerhalb der letzten fünf Jahre vor Eintritt der Erwerbsminderung mindestens drei Jahre mit Pflichtbeiträgen zurückgelegt hat (sog. 3/5-Belegung).[145] Die Fünfjahresfrist wird durch verschiedene Tatbestände verlängert, womit bestimmte Unterbrechungen der Erwerbstätigkeit keine schädliche Wirkung haben (vgl. § 43 Abs. 4 SGB VI). Auch besteht die Möglichkeit einer vorzeitigen Wartezeiterfüllung

144 Vgl. zur verlängerten Wartezeit für Altersrenten für besonders langjährig Versicherte bereits oben, III.4.a).

145 Zur nachträglichen Erfüllung der Voraussetzung durch rückwirkende Beitragszahlung BSGE 93, 10.

nach § 43 Abs. 5 i.V.m. § 53 SGB VI, insbesondere dann, wenn die Erwerbsminderung auf einen Arbeitsunfall zurückzuführen ist (§ 53 Abs. 1 S. 1 Nr. 1 SGB VI).[146]

Renten sind Dauerleistungen. Die Renten wegen Erwerbsminderung[147] werden 61
aber grundsätzlich nur befristet geleistet (§ 102 Abs. 2 SGB VI).[148] Die Befristung ist für längstens drei Jahre vorzunehmen und kann wiederholt werden. Besteht der Rentenanspruch unabhängig von der Arbeitsmarktlage, kommt eine unbefristete Rente in Betracht, wenn eine Behebung der Minderung der Erwerbsfähigkeit unwahrscheinlich ist. § 102 Abs. 2a SGB VI erlaubt die Befristung auf das Ende einer Leistung zur Teilhabe und damit eine Verbindung mit dem Versuch, die Erwerbsfähigkeit wiederherzustellen.

c) Berechnung von Renten

Die Höhe einer Rente (vgl. § 63 SGB VI) richtet sich hauptsächlich nach dem ver- 62
sicherten Arbeitsentgelt oder -einkommen. Die daraus zu zahlenden Beiträge werden in Entgeltpunkte (EP) umgerechnet (vgl. § 70 SGB VI). Die Bewertung beitragsfreier Zeiten (§§ 71–74 SGB VI) hängt von den versicherten Entgelten ab. Ein Zugangsfaktor (§ 77 SGB VI) dient dazu, unterschiedlich lange Rentenbezugszeiten zu berücksichtigen. Aus ihm ergeben sich, multipliziert mit den EP, die persönlichen EP (§ 66 SGB VI). Die Sicherungsziele der verschiedenen Rentenarten werden durch den Rentenartfaktor (§ 67 SGB VI) zum Ausdruck gebracht: Über diesen werden Renten wegen teilweiser Erwerbsminderung und Hinterbliebenenrenten niedriger als Altersrenten bewertet.

Die genannten Grundsätze werden in der folgenden Rentenformel (§§ 63 Abs. 6, 63
64 SGB VI) zusammengefasst:

EP Entgelt- punkte § 66 SGB VI	x	ZF Zugangs- faktor § 77 SGB VI	x	RAF Rentenart- faktor § 67 SGB VI	x	AR aktueller Rentenwert § 68 SGB VI	=	MR Monats- rente

Der noch nicht angesprochene Teil dieser Formel ist entscheidend für die Festle- 64
gung des allgemeinen Renten- und damit des Sicherungsniveaus,[149] nämlich der

146 Zur Gleichstellung eines im Geltungsbereich des europäischen Gemeinschaftsrechts erlittenen Arbeitsunfalls mit einem inländischen, nach deutschem Recht zu beurteilenden Arbeitsunfall BSGE 95, 293.

147 Sowie große Witwen- bzw. Witwerrenten wegen Minderung der Erwerbsfähigkeit.

148 Zu den Ausnahmen BSGE 96, 147.

149 Aufgrund der mittlerweile eingeführten Besteuerung von Renten (vgl. oben, III.1.) wird in § 154 Abs. 3 S. 1 Nr. 2 SGB VI nunmehr das angestrebte Sicherungsniveau vor Steuern beschrieben.

aktuelle Rentenwert (AR, § 68 SGB VI). Dazu bedarf es zunächst einer politischen Entscheidung. Über die Anpassung des AR erfolgt dann zugleich die Dynamisierung der Renten.[150] Obwohl für diese Anpassung in § 68 SGB VI eine bestimmte Formel vorgesehen ist, bietet das Gesetz nur wenig Stabilität. Immer wieder wird es, zumeist aus kurzsichtigen wahltaktischen Überlegungen, geändert.[151] Zudem verstecken sich hinter dessen technisch anmutenden Formulierungen grundlegende rentenpolitische Entscheidungen wie die Einberechnung der demographischen Entwicklung und die Vermeidung einer Absenkung der Renten (allerdings mit „Nachholung").[152] Die Anpassung richtet sich zunächst nach der Veränderung der Bruttolöhne und -gehälter (§ 68 Abs. 2 SGB VI), und zwar vermindert um den durchschnittlichen Beitragssatz der Rentenversicherung (§ 68 Abs. 3 SGB VI, sog. modifizierte Bruttoanpassung), also nicht nach den steigenden (oder fallenden) Lebenshaltungskosten. Damit wird an die Veränderung der gesamtgesellschaftlichen Produktivität angeknüpft. Zudem wird durch den Rentnerquotienten die demographische Entwicklung berücksichtigt, allerdings nur mittelbar und zu Recht auf die Rentenversicherung bezogen (sog. Nachhaltigkeitsfaktor), weil hier auf das Verhältnis zwischen Beitragszahlern und Rentnern abgestellt wird (§ 68 Abs. 4 SGB VI).[153] Schließlich wird ein privater Vorsorgeanteil (Altersvorsorgeaufwand 4%) berücksichtigt, was dazu führt, dass die mittlerweile staatlich geförderte zweite Sicherungsschicht[154] einen Teil der früheren Sicherungsaufgabe der Rentenversicherung übernimmt.

65 Die grundsätzliche Festsetzung des Rentenwerts orientiert sich an einer angestrebten Ersatzquote und einem zum Muster genommenen Versicherungsverlauf. Der Mustermann der gesetzlichen Rentenversicherung ist der sog. Eckrentner. Gemeint ist damit ein Versicherter, der über 45 Jahre durchschnittlich verdient hat und ohne Abschläge in die Altersrente geht. Er würde auf dem derzeitigen Stand (AR = 28,07 € bzw. 24,92 € Ost)[155] eine Monatsrente von 1263,15 € (bzw. 1122,30 €) erhalten. Die tatsächlichen Durchschnittswerte liegen allerdings unter diesen sog. Standardrenten, und es ist leicht auszurechnen, dass das Sicherungsziel der Rentenversicherung dann in Gefahr gerät, wenn weniger Beitragszeiten mit unterdurch-

---

150 Durch jährliche Festsetzung nach Maßgabe der folgenden Vorgaben in einer VO, vgl. § 69 Abs. 1 SGB VI, während andere Länder zum Teil zwischen einer Anpassung der Rentenanwartschaften und der Bestandsrenten unterscheiden, vgl. *Becker,* Alterssicherung im internationalen Vergleich, in: Becker et al. (Hrsg.), Alterssicherung in Deutschland, S. 575, 592.

151 Vgl. den eindrucksvollen Überblick bei *Ruland,* in: SRH (Fn. 40), § 17 Rn. 139.

152 Vgl. die sog. Schutzklausel des § 68a SGB VI.

153 Dazu *Ruland,* Der neue Nachhaltigkeitsfaktor in der Rentenanpassungsformel und seine Auswirkungen, SGb 2004, S. 327ff.

154 Vgl. oben, II.1.

155 § 1 VO zur Bestimmung der Rentenwerte in der gesetzlichen Rentenversicherung und in der Alterssicherung der Landwirte –Rentenwertbestimmungsverordnung 2012 v. 21.6.20112 (BGBl. I, S. 1389).

schnittlicher Bewertung zurückgelegt werden, was insbesondere für Frauen aufgrund der lange Zeit vorherrschenden familieninternen Rollenverteilung und für Versicherte mit längeren Zeiten der Erwerbslosigkeit[156] ein Problem darstellt. Dass der Mustermann eben keine Musterfrau ist, belegen die aktuellen Werte.[157] Derzeit beträgt das Standardrentenniveau knapp 52% netto vor Steuern,[158] es soll bis zum Jahr 2024 auf 46,2% sinken.[159]

Für den Zahlungsbeginn ist § 99 SGB VI maßgeblich, wobei nach § 99 Abs. 2 SGB VI für Hinterbliebenenrenten eine gesonderte Berechnung erforderlich ist. Fälligkeit und Auszahlung richten sich nach § 118 SGB VI. Bei den Monatsrenten handelt es sich um Bruttorenten. Diese unterliegen der Versicherungspflicht in der Kranken- und Pflegeversicherung. Zudem sind sie nach der Umstellung der Besteuerung einkommenssteuerpflichtig. 66

d) Besonderheiten bei Erwerbsminderungsrenten

Die Höhe der Erwerbsminderungsrente berechnet sich nach den allgemeinen Grundsätzen. Da sie befristet zu gewähren ist, beginnt sie nicht vor Beginn des siebten Kalendermonats nach dem Eintritt der Minderung der Erwerbsfähigkeit (§ 101 Abs. 1 SGB VI). Auch bei ihr wirkt sich aber eine „vorzeitige" Inanspruchnahme rentenmindernd aus, obwohl das Alter keine Anspruchsvoraussetzung ist. Bewerkstelligt wird das wie bei der Altersrente über den sog. Zugangsfaktor.[160] Vorzeitig meint hier aber nicht vor Eintritt des sozialen Risikos, denn eine Erwerbsminderung muss in jedem Fall gegeben sein. Durch das Absenken des Zugangsfaktors wird aber ein Gleichlauf mit den Altersrenten erreicht, der sich in das System des Bestandsschutzes für persönliche Entgeltpunkte (§ 88 SGB VI) und der Beibehaltung 67

156 Die Beiträge zur Rentenversicherung nach dem SGB II sind entfallen, vgl. dazu und zur Sicherungsproblematik insgesamt Gutachten des Sozialbeirats zum Rentenversicherungsbericht 2010, BT-Drs. 17/3900, S. 77ff.

157 So betrugen die Altersrenten im Durchschnitt im Jahr 2010 für Männer 985 € (bzw. 1060 € Ost) und für Frauen 490 € (bzw. 705 € Ost), *DRV*, Rentenversicherung in Zahlen 2011 (http://www.deutsche-rentenversicherung.de/cae/servlet/contentblob/138218/publicationFile/22186/rv_in_zahlen_2011_pdf.pdf), S. 34ff. Vgl. auch *Noll*, „... ohne Hoffnung, im Alter jemals auch nur einen Pfennig Rente zu erhalten". Die Geschichte der weiblichen Erwerbsbiographie in der gesetzlichen Rentenversicherung, 2010.

158 Bzw. 47,6% brutto in 2009, vgl. DRV, Rentenversicherung in Zeitreihen 2010 (http://www.deutsche-rentenversicherung.de/cae/servlet/contentblob/29974/publicationFile/22949/rv_in_zeitreihen_pdf.pdf), S. 238.

159 So nach der mittleren Variante der Entwicklung und der dafür vorgesehenen Anhebung der Beitragssätze, Rentenversicherungsbericht 2010, BT-Drs. 17/3900, S. 24.

160 Zunächst gegen eine Absenkung des Zugangsfaktors bei Erwerbsminderungsrenten bei Eintritt der Erwerbsminderung vor Vollendung des 60. Lebensjahres BSGE 96, 209; a.A. die jetzt für Erwerbsminderungsrenten zuständigen Senate am BSG v. 26.6.2008, B 13 R 9/08 S (www.juris.de) und BSGE 101, 193.

des Zugangsfaktors (§ 77 Abs. 3 SGB VI) für Folgerenten einfügt. Dies ist besonders gut an der Regelung zu erkennen, nach der die Beibehaltung des (verminderten) Zugangsfaktors bei Renten wegen teilweiser Erwerbsminderung auf die Hälfte der Entgeltpunkte begrenzt wird (§ 77 Abs. 3 S. 2 SGB VI). Aufgrund des Rentenartfaktors 0,5 bei Renten wegen teilweiser Erwerbsminderung (§ 67 Nr. 2 SGB VI) wurde gewissermaßen nur die Hälfte der Entgeltpunkte für diese Rente in Anspruch genommen. Weiterhin wird der abgesenkte Zugangsfaktor (teilweise) durch eine längere Zurechnungszeit (Änderung des § 59 SGB VI mit Wirkung ab dem 1.1.2002) kompensiert.[161]

68 Erwerbsminderungsrenten sind befristet bis zum Erreichen der Regelaltersgrenze (§ 43 Abs. 1 S. 1, Abs. 2 S. 1 SGB VI). Im Anschluss ist dann regelmäßig eine Regelaltersrente zu zahlen (§ 115 Abs. 3 S. 1 SGB VI),[162] sofern dafür die Voraussetzungen vorliegen. Da es sich um eine Folgerente handelt, werden für die neu zu leistende Altersrente die bereits anerkannten Positionen (in Form der persönlichen Entgeltpunkte) übernommen (§ 88 Abs. 1 S. 2 SGB VI).[163]

IV. Zur Zukunft der staatlichen Alterssicherung

1. Umlagefinanzierung und intergenerationelle Gerechtigkeit

69 Die Finanzierung der GRV im Umlageverfahren stößt schon seit Jahren auf zum Teil heftige und grundsätzliche Kritik.[164] Hintergrund ist – jeweils ausgehend von dem Umstand, dass zumindest über die nächsten Jahrzehnte der Anteil Älterer an der Bevölkerung in Deutschland in hohem Maße zunehmen wird[165] – zum einen die sog. Generationengerechtigkeit, womit die Verteilung der Lasten und Rechte zwischen den Generationen angesprochen ist (a)). Zum anderen geht es allgemein um die sog. Nachhaltigkeit der GRV, deren Notwendigkeit auch im Rahmen der sog. Offenen

161 Zur Verfassungsmäßigkeit des abgesenkten Zugangsfaktors bei Erwerbsminderungsrenten BVerfGE 128, 138. Zur Alterssicherung der Landwirte BSG v. 25.2.2010, B 10 LW 3/09 R (www.juris.de).

162 Gesprochen wird dabei von einer „Umwandlung", für die ein Änderungsbescheid (§ 48 SGB X) erforderlich sein soll, so *Ruland*, in: SRH (Fn. 40), § 17 Rn. 58. Allerdings können Versicherte „anderes bestimmen", so § 115 Abs. 3 S. 1, letzter HS SGB VI. Das führt dann zwar nicht zu einer längeren Gewährung der Erwerbsminderungsrente, kann aber durch das Hinausschieben der Altersrente zu einer Erhöhung der Anwartschaft führen, vgl. § 77 Abs. 2 S. 1 Nr. 2 lit. b SGB VI.

163 Dieser Bestandsschutz setzt voraus, dass die neue Rente innerhalb von 24 Monaten nach Beendigung der Erwerbsminderungsrente beginnt.

164 Wobei zu Recht darauf hingewiesen wird, dass die Kritik auch deshalb viel zu einseitig ist, weil sie nicht nur die Funktion der GRV wenig berücksichtigt, sondern auch andere Einflussfaktoren als die Alterung, politische Weichenstellungen eingeschlossen, vgl. *Bourcarde*, Die Rentenkrise, S. 228ff.

165 Zu den Zahlen § 1 Rn. 5f.

Methode der Koordinierung auf EU-Ebene[166] betont wird, die aber besser unter der nüchterneren Forderung nach Aufrechterhaltung ausgewogener finanzieller Grundlagen diskutiert werden sollte (b)).

a) In dem einführenden Teil wurde darauf hingewiesen, dass die unter dem Stichwort Generationengerechtigkeit zu fassende Vergleichbarkeit von Kohorten in einem Längsschnittvergleich einer besonderen Begründung bedarf.[167] Eine solche Begründung kann aus dem Grundsatz der Systemkonsistenz[168] oder der Folgerichtigkeit[169] abgeleitet werden, weil aus diesem eine Bindung des Gesetzgebers an unverändert im gesetzten Recht getroffene Grundentscheidungen für seine Folgeentscheidungen ableitbar ist. Auf dieser Grundlage folgt aus der Entscheidung für eine umlagefinanzierte Sicherung die Verpflichtung des Gesetzgebers, bei deren Ausgestaltung auch die Behandlung künftiger Generationen zu berücksichtigen.[170] Schon einer der Väter der großen Rentenreform von 1957, Wilfrid Schreiber,[171] hatte auf einen hinter dem Umlageverfahren stehenden „Drei-Generationen-Vertrag“[172] hingewiesen. 70

Allerdings ist es abzulehnen, aus dieser Ausprägung des Gleichbehandlungsgebots mit manchen Berechnern von Generationenbilanzen genau beziffern zu wollen, wie Belastungen und Begünstigungen aus der Rentenversicherung auf die einzelnen Kohorten zu verteilen sind. Man mag Ausschnitte bilanzieren können, jedoch sind die insgesamt zu berücksichtigenden Faktoren zu vielfältig.[173] Verfassungsrechtlich 71

---

166 Dazu nur *Becker*, Die offene Methode der Koordinierung im Bereich Alterssicherung – eine Zwischenbilanz aus Sicht der Wissenschaft, in: DRV Schriften Bd. 92 (2011), S. 19ff.

167 Vgl. § 1 Rn. 24f.

168 Vgl. *Becker*, Selbstbindung des Gesetzgebers im Sozialrecht, in: FS 50 Jahre BSG (Fn. 126), 2004, S. 77ff.

169 Vgl. *Kirchhof*, Allgemeiner Gleichheitssatz, in: Isensee/Kirchhof (Hrsg.), HStR, Bd. VIII, 3. Aufl. 2010, § 181, Rn. 209ff.

170 *Hebeler*, Generationengerechtigkeit als verfassungsrechtliches Gebot in der sozialen Rentenversicherung, 2001, S. 138f.; *ders.*, Der Gleichheitssatz des Art. 3 I GG als Schlüssel für die Pflicht einer generationengerechten Ausgestaltung des Rechts der gesetzlichen Altersrenten, DRV 2002, S. 270, 278f.

171 Vgl. oben. III.1.

172 Vgl. *Schreiber*, Sozialpolitische Perspektiven, 1972, S. 49: „Die Tatsache, daß jede Bevölkerung sich zu jedem Zeitpunkt aus Menschen aller Altersjahrgänge zusammensetzt, ist eine wesentliche, nicht immer genug gewürdigte Voraussetzung der Volkswohlfahrt ... es ist seit Anbeginn der Welt so, und es war auch in der Großfamilie des fast autarken Bauernhofs der vorindustriellen Zeit, daß nur die mittlere Generation, die Altersklasse der Vollkräftigen, die Güterproduktion leistete, die für alle drei Generationen ausreichen mußte.“ Zur Einordnung als „doppelter Zwei-Generationen-Vertrag“ *Ruland*, in: Eichenhofer/Rische/Schmähl (Hrsg.), HDR, Kap. 9 Rn. 60.

173 Näher dazu *Becker*, Generationengerechtigkeit als juristisches Problem, DRV-Schriften Bd. 51 (2004), S. 56ff.; *Zacher*, Das Wichtigste: Kinder und ihre Fähigkeit zu leben, in: Igl/Klie (Hrsg.), Das Recht der älteren Menschen, 2007, S. 95, 105ff.; vgl. auch *Steiner*, Generationenfolge und Grundgesetz, NZS 2004, S. 505, 508.

– und auch sozialpolitisch – geboten ist deshalb nur, aber auch nicht weniger als die Verpflichtung des Gesetzgebers, einen Ausgleich zwischen den Ansprüchen heutiger und künftiger Rentner und deren jeweiligen Belastungen herzustellen. Dem genügen insbesondere kurzfristige Änderungen der Formel für die Rentenanpassung, die ausschließlich die Sicherung der Bestandsrenten in den Blick nehmen, nicht.

72 Eine zweite Verpflichtung folgt aus der Rechtsprechung des BVerfG, und zwar ebenfalls aus dem Verhältnis zwischen Generationen, die zugleich die intragenerative Verteilung von Lasten betrifft. Das Gericht hat in seiner viel beachteten Entscheidung zur Finanzierung der Pflegeversicherung die Kindererziehung als demographischen Beitrag behandelt.[174] Die Entscheidung ist auf viel Kritik gestoßen,[175] und zwar deshalb, weil der Familienlastenausgleich eine gesamtgesellschaftliche Aufgabe sei.[176] Das Gericht habe Konsistenz für ein System gefordert, dessen Konturen auf eigener Schöpfung beruhe.[177] Jedoch hat es nur die Umlagefinanzierung und deren Bezug zu drei Generationen ernst genommen. In der GRV wird immerhin eine Besserstellung der Familien durch die Versicherung für Kindererziehungszeiten erreicht.[178] Jedoch unterscheidet sich das von der an sich geforderten Beitragsentlastung.[179] Diskutabel bleibt ferner, ob die notwendige Beitragsentlastung von Kindererziehenden nur innerhalb der Versichertengemeinschaft der GRV stattzufinden hat bzw. welche Teile von der Allgemeinheit im Hinblick auf die Existenz anderer ersetzender Sondersysteme der Alterssicherung[180] zu zahlen sind.

73 b) Unabhängig von der Lastenverteilung in der Zeit hängt die Stabilität eines umlagefinanzierten Versicherungssystems von dem Verhältnis zwischen Beitrags-

174 BVerfGE 103, 242, 265f.: „Wenn aber ein soziales Leistungssystem ein Risiko abdecken soll, das vor allem die Altengeneration trifft, und seine Finanzierung so gestaltet ist, dass sie im Wesentlichen nur durch das Vorhandensein nachwachsender Generationen funktioniert, die jeweils im erwerbsfähigen Alter als Beitragszahler die mit den Versicherungsfällen der vorangegangenen Generationen entstehenden Kosten mittragen, dann ist für ein solches System nicht nur der Versicherungsbeitrag, sondern auch die Kindererziehungsleistung konstitutiv."

175 Ganz grundsätzlich *Hase*, Sozialversicherung und Familie zwischen sozialem Ausgleich und staatlicher Verantwortung, DRV-Schriften 46 (2003).

176 Vgl. dazu *Ruland*, Familie und Alterssicherung, FamRZ 2004, S. 493, 495ff.; ferner *Grieswelle*, Gerechtigkeit zwischen den Generationen, 2002, S. 152f.

177 So *Haas*, Neue Systemgerechtigkeit?, Zum Gleichheitsverstoß der Pflegeversicherung, KJ 2002, S. 104, 107ff.

178 Vgl. oben, IIII.5.b).

179 Vgl. aber auch *Rürup*, Die Gesetzliche Rentenversicherung als Instrument der Familienpolitik, in: Becker et.al. (Hrsg.), Alterssicherung in Deutschland, S. 271, 278ff., mit einer Zusammenfassung der sozialpolitischen Einwände gegen eine Beitragsdifferenzierung. Krit. hingegen *Lenze*, Staatsbürgerversicherung und Verfassung: Rentenreform zwischen Eigentumsschutz, Gleichheitssatz und europäischer Integration, 2005, S. 322ff.

180 Vgl. oben, II.2.

zahlern und Leistungsempfängern ab. Diese Stabilität kann über ein auf Art. 2 Abs. 1 GG gestütztes Effektivitätsgebot als allgemeiner Grundsatz für die Ausgestaltung von Sicherungssystemen[181] auch eine verfassungsrechtliche Bedeutung erreichen, da selbst aus dem Sozialstaatsgebot (Art. 20 Abs. 1 GG) nicht die Garantie des bestehenden Sozialversicherungssystems folgt.[182]

Durch die absehbare, demographisch bedingte Verschiebung im künftigen Altersaufbau der Bevölkerung gerät das finanzielle Gleichgewicht der GRV in Gefahr. 74
Es könnte nur aufgefangen werden durch höhere Beiträge oder durch höhere staatliche Zuschüsse. Das ist nicht nur im Hinblick auf den erforderlichen Ausgleich zwischen den Generationen problematisch, sondern auch wegen der Erhöhung der Arbeitskosten oder der mit weiteren Schulden verbundenen Zinslasten. Deshalb ist der Lösungsweg, einen Teil der Alterssicherung einer zweiten, kapitalfundierten Sicherungsschicht zu überlassen,[183] grundsätzlich und trotz durchaus berechtigter Kritik[184] richtig. Entgegen manchen weitergehenden Forderungen ist dieser Weg aber kein Allheilmittel.[185] Eine völlige Umstellung der Rentenversicherung auf eine Kapitaldeckung ist nicht nur wegen der dadurch hervorgerufenen Umbaukosten[186] praktisch unmöglich, sondern auch nicht empfehlenswert. Denn sie wäre mit zu vielen eigenen Unsicherheiten verbunden. Auch eine Versicherungslösung kann über kurzfristigere Probleme der Entwertung angesammelten Kapitals und der Anlageschwierigkeiten auf den Kapitalmarkt[187] nur hinweghelfen, wenn ihre Größenordnung handhabbar bleibt. Gerade die Finanzkrise zeigt, dass an einem staatlich verantworteten, insgesamt funktionierenden Alterssicherungssystem bei allen künftigen Finanzierungsproblemen kein Weg vorbeiführt. Für die Realisierung bietet das Umlageverfahren mehr Möglichkeiten der politischen Steuerung als andere Finanzierungswege. Das entsprechend angelegte System hat sich nicht nur früher als in

---

181 Dazu *Becker*, Verfassungsrechtliche Vorgaben für Sozialversicherungsreformen, ZVersWiss. Bd. 99 (2010), S. 585, 602.

182 BVerfGE 39, 102, 314 (bezogen auf die Krankenversicherung, aber allgemein formuliert).

183 Vgl. oben, II.1.

184 Vgl. unter Berücksichtigung der Verteilungswirkungen *Schmähl*, Wem nutzt die Rentenreform?, DAngVers. 2003, S. 349ff.; *Himmelreicher/Viebrok*, „Riester-Rente" und Rentabilität in der Altersvorsorge, DRV 2003, S. 332ff. Krit. im Hinblick auf die Verteilungswirkungen zwischen den Generationen *Schnabel*, Möglichkeiten und Grenzen der gesetzlichen Rentenversicherung in der demographischen Krise, in: Blasche/v. Hauff (Hrsg.), Leistungsfähigkeit von Sozialstaaten, 2003, S. 145, 177.

185 Vgl. demgegenüber aber etwa *Schwintowski*, Das Recht der alternden Gesellschaft, in: Festschrift 200 Jahre Juristische Fakultät der Humboldt-Universität zu Berlin, 2010, S. 1149, 1154ff.

186 Dazu *Breyer*, Individuelle und kollektive Sicherungsversprechen im demographischen Wandel, in: Seel (Hrsg.), Sicherungssysteme in einer alternden Gesellschaft, 1998, S. 48, 58ff.

187 Dazu *Barr*, The Economics of the Welfare State, 3. Aufl. 1998, S. 226ff.; relativierend *Börsch-Supan*, Demographie und Kapitalmärkte, 2003. Zu den Vor- und Nachteilen verschiedener Finanzierungsverfahren auch *Wiegard/Bach*, Finanzwissenschaft, in: Zimmermann (Hrsg.), Neue Entwicklungen in der Wirtschaftswissenschaft, 2002, S. 11, 28ff.

Umbruchzeiten einzigartig leistungsfähig erwiesen,[188] es ist auch – jedenfalls wenn es angepasst wird, was neben der ergänzenden Sicherung insbesondere auch die Zeiten der tatsächlichen Rentenbezugsdauer betrifft – weitgehend alternativlos.

75 Das schließt weitere Verbesserungen nicht aus. In der bestehenden Ausgestaltung ist allerdings mit einer Aufrechterhaltung höherer Beitragssätze, deren Ertrag das Umlagesoll einschließlich der notwendigen und in moderatem Umfang ausbaufähigen Reserve signifikant übersteigt, nicht viel gewonnen. Denn dieser Überschuss dürfte keinesfalls – jedenfalls nicht, wenn nicht gegen alle bis jetzt genannten Grundsätze verstoßen werden sollte – einfach zur Aufstockung der Bestandsrenten verwendet werden. Ein sinnvoller Einsatz könnte nur in der Bildung eines Kapitalstocks liegen – der zwar nicht reichen wird, um die Zeit bis zu einem möglicherweise in ferner Zukunft wieder eintretenden demographischen Gleichgewicht zwischen Jüngeren und Älteren zu überbrücken, aber doch der späteren Entlastung der gegenwärtigen Beitragszahler, die mit einem sinkenden Rentenniveau zurechtkommen müssen, dienen könnte. Jedoch eignet sich ein umlagefinanziertes System nicht als Spardose. Ein kollektiver Kapitalstock weckt zwangsläufig Begehrlichkeiten. Vor Zugriffen von außen ist er rechtlich nicht geschützt, insbesondere – anders als bereits begründete individuelle Anwartschaften, worauf sogleich zurückzukommen ist – nicht durch das Eigentumsrecht der Einzahlenden, aber auch nicht durch Rechte der Versicherten auf einen Ausschluss versicherungsfremder Verwendung. Will man aber, entgegen der gängigen sozialpolitischen Praxis, mögliche Überschüsse für die Bewältigung künftiger Aufgaben nutzen, ist das nur durch die Bildung individueller Konten innerhalb der GRV möglich. Das ließe sich verbinden mit einer weiteren und sehr viel weiter reichenden Reform, nämlich der Schaffung einer kapitalgedeckten und verpflichtenden Sicherungssäule unter dem Dach der GRV. Die Einzelheiten können hier nicht diskutiert werden, viele Einwände sind absehbar. Einerseits ließe sich das Problem der nicht ausreichenden Inanspruchnahme geförderter Riester-Verträge und der Selektivität der betrieblichen Vorsorge umgehen, wobei durch die Möglichkeit eines opting-out die beiden anderen Versicherungsformen weiter gefördert werden könnten. Auch könnte in diesem Rahmen durch eine Beitragsdifferenzierung die Kindererziehung stärker als bisher berücksichtigt werden. Andererseits ist ungeklärt, ob die GRV die Aufgabe schultern kann, und eine Versicherungspflicht für die zweite Säule ist auch mit ökonomischen Schwierigkeiten verbunden. Sollten sich diese Schwierigkeiten ausräumen lassen, könnte mit einer anteiligen Kapitaldeckung die Sicherungsfunktion der GRV gestärkt werden. Das ist deshalb erstrebenswert, weil insofern Gefährdungen absehbar sind. Bevor darauf zurückzukommen ist, soll zunächst der Spielraum des Gesetzgebers angesichts der schon heute angesammelten und in Zukunft weiter zu erwerbenden Anwartschaften auf Renten ausgelotet werden.

188 Vgl. dazu oben, III.1.

2. Ansparfunktion und verfassungsrechtliche Vorgaben für Rentenreformen

Die deutsche Rentenversicherung beruht auf einer weitgehenden Verknüpfung zwischen Beitrag und Leistung.[189] Damit ist zwar noch nicht viel über mögliche Umverteilungen durch einen sozialen Ausgleich gesagt.[190] Jedoch wird Versicherten versprochen, dass sie in Zukunft eine Rente erhalten, die den Beiträgen entspricht[191] und damit zumindest in abgesenkter Form auch nach den eingangs genannten Rentenreformen[192] einen individuellen Lebensstandard sichert, wenn auch nun im Zusammenspiel mit weiteren, staatlich geförderten Alterssicherungssystemen. Insofern besitzt die Rentenversicherung eine Ansparfunktion. Diese muss allerdings immer im Zusammenhang mit der sozialpolitischen Funktion der Rentenversicherung gesehen werden. 76

Wegen der Finanzierung im Umlageverfahren stehen dem staatlichen Versprechen allerdings keine individuell gedeckten Konten gegenüber. Angesichts dieser Situation ist es von besonderer Bedeutung, dass nach der Rechtsprechung des BVerfG Rentenanwartschaften verfassungsrechtlich geschützt werden: Wurde ein sozialrechtlicher Anspruch erstens durch nicht unerhebliche Eigenleistung, also durch eine Beitragszahlung erworben, ist er zweitens einem Berechtigten zugeordnet und dient er drittens der Sicherung der wirtschaftlichen Existenz, so ist er nach ständiger Rechtsprechung des BVerfG als Eigentum im Sinne von Art. 14 Abs. 1 GG anzusehen.[193] Dazu kommt der allgemeine Vertrauensschutz, der zwar zunächst aus dem objektiv-rechtlichen Rechtsstaatsprinzip folgt,[194] in Verbindung mit der allgemeinen Handlungsfreiheit aber auch eine subjektiv-rechtliche Abwehrposition vermittelt. Beide Rechte zwingen den Gesetzgeber, das einmal erteilte Versprechen zumindest nicht ohne Begründung zu ändern und schützen damit die Versicherten 77

---

189 Vgl. oben, III.5. und *Ruland*, Grundprinzipien des Rentenversicherungsrechts, in: Eichenhofer/Rische/Schmähl (Hrsg.) (Fn. 143), 9. Kap. Rn. 33ff.

190 Wie auch unterschiedliche Ansichten zur Bezeichnung des Zusammenhangs als Äquivalenz bestehen, vgl. nur *J. Becker*, Transfergerechtigkeit und Verfassung, 2001, S. 16ff.; *Butzer*, Fremdlasten in der Sozialversicherung, S. 225ff.; *Hase*, Versicherungsprinzip und sozialer Ausgleich, 2000, S. 254ff.

191 Genauer allerdings bezieht sich das Versprechen auf eine bestimmte Rangstelle im Vergleich zu den übrigen Beitragszahlern und nicht auf einen bestimmten Betrag, so BVerfGE 54, 11, 28.

192 Vgl. oben, II.1.

193 Grundl. BVerfGE 53, 257, 290ff. Zuvor zum eigentumsrechtlichen Schutz öffentlich-rechtlicher Versorgungsansprüche von Berufssoldaten BVerfGE 16, 94, 111ff. Nachfolgende Entscheidungen: BVerfGE 69, 272, 300ff.; 70, 101, 110f.; 72, 141, 152f.; 75, 78, 96ff.; 95, 143, 160ff.; 97, 271, 283f.; 100, 1, 31ff.

194 Dazu und zur Unterscheidung zwischen sog. echter und unechter Rückwirkung (bzw. zwischen Rückbewirkung von Rechtsfolgen und tatbestandlicher Rückanknüpfung), die eine grobe Einordnung der Stärke des Schutzes bezweckt, *Kunig*, Das Rechtsstaatsprinzip, 1986, S. 208ff., 416ff.

vor abrupten Veränderungen.[195] Das ist trotz aller Kritik an der Zuordnung rentenrechtlicher Positionen zum Eigentum[196] ein rechtsstaatlicher Gewinn.[197] Dabei darf aber nicht außer Acht gelassen werden, dass die Rentenversicherung eine Sicherungsfunktion zu erfüllen hat und deshalb auch der eigentumsrechtliche Schutz[198] modifiziert werden muss. Dementsprechend partizipiert – anders als bei einer reinen Wertberechnung der angesammelten Anwartschaften – weder das Renteneintrittsalter am Eigentumsschutz,[199] noch führen faktisch unterschiedliche Lebenserwartungen zu verfassungsrechtlich zu korrigierenden Ungleichheiten.[200]

78 Zudem ist der genannte verfassungsrechtliche Schutz kaum geeignet, ein bestimmtes Sicherungsniveau festzuschreiben. Der Vertrauensschutz ist formaler Art, er bezieht sich auf eine Position, ohne diese inhaltlich bestimmen zu können. Auch der Eigentumsschutz lässt, da er seinerseits an den Systementscheidungen der Rentenversicherung anknüpft, kaum die Bestimmung eines Minimums zu, selbst wenn es an Versuchen dafür nicht fehlt.[201] Nichts anderes ergibt sich, wenn der Schutz von Rentenanwartschaften aus der Berufsfreiheit (Art. 12 Abs. 1 GG) abgeleitet wird.[202] Dennoch ist es im Ergebnis richtig, dass das Leistungsniveau in einer auf Versiche-

---

195 Vgl. *Becker*, Verfassungsrechtlicher Schutz rentenrechtlicher Positionen, LVA Mitt. 2005, S. 228ff.; zu dem Problem der schrittweisen Reduzierung von Rechten *Bernsdorff*, Einschnitte in das Rentenniveau – Der „additive“ Grundrechtseingriff und das Bundesverfassungsgericht, SGb 2011, S. 121ff.

196 Vgl. *Schneider*, Der verfassungsrechtliche Schutz von Renten der Sozialversicherung, 1980, S. 27ff.; *Krause*, Eigentum an subjektiven öffentlichen Rechten, 1982, S. 40ff.; *Bull*, Der Sozialstaat als Rechtsstaat, ZSR 1988, S. 13, 29f.; *Depenheuer*, Wie sicher ist verfassungsrechtlich die Rente?, AöR 120 (1995), S. 417ff.; zur Kritik an dem Kriterium der Existenzsicherung *Ossenbühl*, Der Eigentumsschutz sozialrechtlicher Positionen in der Rechtsprechung des Bundesverfassungsgerichts, in: FS für Zeidler (Fn. 2), Bd. 1, 1987, S. 625, 634f.

197 Weshalb auch in anderen Rechtsordnungen ein verfassungsrechtlicher Schutz von Rentenanwartschaften erfolgt, vgl. zur Rspr. des EGMR *Günther*, Verfassung und Sozialversicherung, 1994, S. 136ff.; *Hamisch*, Der Schutz individueller Rechte bei Rentenreformen, 2001, S. 167ff.; *Schmidt*, Europäische Menschenrechtskonvention und Sozialrecht, 2003, S. 67ff.

198 Zu dessen Bezugspunkt BVerfGE 53, 257,289f.; 69, 272, 298: „Rechtspositionen der Versicherten nach Begründung des Rentenversicherungsverhältnisses, die bei Erfüllung weiterer Voraussetzungen, etwa des Ablaufs der Wartezeit und des Eintritts des Versicherungsfalles, zum Vollrecht erstarken können“.

199 Str., vgl. *Becker*, LVA Mitt. 2005 (Fn.195), S. 228, 236ff.; a.A. die überw. M., etwa *Ruland*, Die Sparmaßnahmen im Rentenrecht und der Eigentumsschutz von Renten, DRV 1997, S. 94, 104f.; ferner jetzt *Adam*, Eigentumsschutz in der gesetzlichen Rentenversicherung, 2009, S. 222, 228. Offengelassen ist die Frage bis jetzt in der Rechtsprechung, vgl. BVerfG v. 5.5.2009, B 13 R 77/08 R (www.bundesverfassungsgericht.de).

200 Dazu *Becker*, ZVersWiss. Bd. 99 (2010) (Fn. 181), S. 585, 604.

201 Vgl. *Papier*, Verfassungsschutz sozialrechtlicher Rentenansprüche, -anwartschaften und -erwerbsberechtigungen, VSSR 1973, S. 33, 41f.; vgl. aber auch *ders.*, Verfassungsrecht und Rentenversicherungsrecht, DRV 2001, S. 350, 352.

202 So *Pitschas*, Soziale Sicherungssysteme im europäisierten Sozialstaat, in: Festschrift 50 Jahre Bundesverfassungsgericht, 2001, S. 827, 840f.

rungszwang beruhenden Sozialversicherung nicht unter dasjenige einer steuerfinanzierten Grundsicherung fallen darf. Das ist aber keine rechtliche Notwendigkeit – gerade die Systemunterschiede lassen insofern den Gleichheitssatz ins Leere laufen.[203] Es handelt sich vielmehr um eine politische Notwendigkeit, weil anderenfalls die für den Erhalt der gesetzlichen Rentenversicherung notwendige Akzeptanz der Versicherten untergraben würde. Insofern hat der Gesetzgeber auf dem zugegebenermaßen schmalen Grat zwischen Bestandschutz, Effektivitätsgebot und Generationengerechtigkeit eine allgemein verträgliche Lösung zu suchen.

3. Rentenniveau und Mindestsicherung

Diese Suche ist auch deshalb schwierig, weil die GRV bis heute keine Mindestsicherung kennt. In ihrer derzeitigen Anlage gewährt die GRV Leistungen nach Höhe der eingezahlten Beiträge. Diese besondere Äquivalenzbeziehung, die im Trend der internationalen Reformen liegt,[204] ist schon mit dem RRG 1992[205] gestärkt worden, u.a. durch die Abschaffung der Rente nach Mindesteinkommen.[206] 79

Die Aufgabe der Grundsicherung übernimmt hingegen in Deutschland die Sozialhilfe. Im Zuge der Rentenreform zur Jahrtausendwende[207] ist allerdings zunächst dafür mit dem Grundsicherungsgesetz[208] eine gesonderte Grundlage geschaffen worden, die später in das SGB XII eingearbeitet worden ist. Man kann insofern von einer besonderen allgemeinen Sozialhilfe für Ältere sprechen, die als „Grundsicherung im Alter“ firmiert. Die Besonderheit liegt vor allem in der gegenüber den sonst geltenden Regeln großzügigeren Verschonung von unterhaltspflichtigen Kindern und Eltern (§ 43 Abs. 2 SGB XII). Damit sollen alte Menschen von dem Gefühl verschont werden, ihren Kindern zur Last zu fallen – auf Kosten der Durchsetzung familienrechtlicher Unterhaltsansprüche.[209] 80

Allerdings liegt das allgemein angestrebte Sicherungsziel[210] der GRV immer noch über dem Sozialhilfeniveau. Ob es tatsächlich erreicht wird, hängt im Einzelfall naturgemäß von den über den Lebenslauf angesammelten individuellen Rentenanwartschaften ab. Zumindest für die als typisch gedachten Fälle muss die Ziel- 81

203 A.A. *Wenner*, Rentenniveau und Grundgesetz, in: FS 50 Jahre BSG (Fn. 126), S. 625, 641.
204 Vgl. *Becker*, ZIAS 2012 (Fn. 13), S. 1, 13ff.
205 Vgl. oben, III.1.
206 Vgl. auch *Becker*, Transfergerechtigkeit und Verfassung (Fn. 190), S. 321.
207 Vgl. oben. II.1.
208 Gesetz über eine bedarfsorientierte Grundsicherung im Alter und bei Erwerbsminderung (GSiG), eingeführt durch Art. 12 des (AVmG) v. 26.6.2001 (BGBl. I, S. 1310, 1335).
209 Krit dazu *Felix*, Die Rollenverteilung von öffentlichem und Privatrecht in der sozialen Sicherheit von heute, in: Soziale Sicherheit durch öffentliches und Privatrecht, SDSRV 51 (2004), S. 91, 106ff. m.w.N.
210 Vgl. zum Eckrentner oben, III.6.c).

erreichung bei einer generalisierenden Betrachtung ausreichend wahrscheinlich sein. Zwei Umstände führen in der absehbaren Zukunft insofern zu Gefährdungen: Zum einen die über die letzten Jahre durchgeführten Rentenreformen,[211] die zu einer Absenkung des Sicherungsniveaus und damit gleichzeitig dazu geführt haben, dass der Abstand zwischen der Basissicherung und einer Grundsicherung abnimmt. Zum anderen aus der Sicht der Alterssicherungssysteme exogene Veränderungen,[212] nämlich bezogen auf die Erwerbstätigkeit und vor allem auf die Zusammensetzung von Familien. Entscheidend für die finanzielle Absicherung ist auch im Alter das Haushaltseinkommen. Je mehr sich Lebensverläufe individualisieren und je weniger auf die gegenseitige Unterstützung durch mindestens zwei Familienangehörige gesetzt werden kann, desto schwieriger wird die Aufrechterhaltung einer ausreichenden Einkommenssituation. Insbesondere Zeiten der Nichterwerbstätigkeit oder deren Reduzierung lassen sich dann schwerer auffangen. Diese exogenen Veränderungen werden durch die Alterssicherung aufgenommen und widergespiegelt. Denn die Höhe der Rente bestimmt sich nicht nur bei der betrieblichen und der privaten, sondern auch in der GRV in erster Linie nach der Höhe der Beitragszahlungen. Dieser vorsorgetypische Zusammenhang ist durch verschiedene Rentenreformen über die Jahre ebenfalls gestärkt worden. Folge dessen ist, dass die Erreichung eines ausreichenden Sicherungsniveaus zusätzlich gefährdet wird.

82 Die beste Möglichkeit, Gefährdungen zu begegnen, wäre, den Preis der Arbeit so weit wie möglich auf ein zur Unterhaltssicherung ausreichendes Niveau anzuheben,[213] denkbarerweise auch durch eine Verbesserung der Aus- und Weiterbildung von Arbeitnehmern. Dann bleiben immer noch mögliche Rentenlücken durch Zeiten der Unterbrechung einer Erwerbstätigkeit. Insbesondere für die Fälle der Kindererziehung[214] und einer Pflegetätigkeit[215] wären gezielte Verbesserungen möglich, die aber zumindest teilweise aus Steuern zu finanzieren wären. Ein weiterer, intensiv diskutierter Vorschlag besteht in der Einführung einer sog. Zuschussrente.[216] Gemeint ist damit eine Aufstockung von Entgeltpunkten für langjährig Versicherte: Wer von 40 Jahren an Rentenzeiten mindestens 30 Beitragsjahre[217] vorzuweisen hat,

---

211 Vgl. oben, II.1.

212 Dazu *Becker*, ZVersWiss. 99 (2010) (Fn. 181), S. 585, 594ff.

213 Dazu kommt das dahinter stehende Problem der nicht existenzsichernden Erwerbstätigkeit, vgl. dazu *Waltermann*, Reformen im Niedriglohnsektor – Konzeptionelle Anforderungen aus der Sicht der Wissenschaft, SGb 2011, S. 305ff.; *ders.*, Mindestlohn oder Mindesteinkommen?, NJW 2010, S. 801ff.

214 Dazu vorstehend IV.1. und 2.

215 Näher dazu *Becker/Lauerer*, Zur Unterstützung von Pflegepersonen – Reformnotwendigkeiten und -optionen, in: BMFSFJ (Hrsg.), Zeit für Verantwortung im Lebensverlauf – politische und rechtliche Handlungsstrategien, 2011, S. 121, 144ff.

216 Vorschlag abrufbar unter http://www.bmas.de/SharedDocs/Downloads/DE/PDF-Pressemitteilungen/rentendialog-gesamt-pdf.pdf?__blob=publicationFile.

217 Einschließlich der Berücksichtigungszeiten nach § 57 SGB VI.

dessen Beitragszeiten sollen höher bewertet werden (verdoppelt bis zu maximal 1 Entgeltpunkt pro Jahr und 31 bzw. 35 Entgeltpunkten insgesamt). Begünstigt werden sollen aber nur Geringverdiener, was durch eine Einkommensanrechnung sicherzustellen ist. Renten aus anderen Sicherungsschichten sollen unberührt bleiben. Dafür wird dann aber auch das Vorhandensein einer zusätzlichen Rente gefordert,[218] werden also die Anreize zur zusätzlichen Altersvorsorge für Geringverdiener erhöht – was allerdings nur dann helfen kann, wenn das offensichtlich bestehende Informationsdefizit der betroffenen Personen[219] in Zukunft beseitigt wird.

Dieser Vorschlag zur nur sehr beschränkten Lockerung des Beitragsbezugs[220] ist 83
schon deshalb problematisch, weil die Finanzierung der Zuschussrente aus Versicherungsmitteln erfolgen soll. Da es aber um eine bedürftigkeitsorientierte Vermeidung von Altersarmut geht, wäre eine Steuerfinanzierung systemisch betrachtet richtig – so wie sie in den meisten anderen Ländern, die eine Mindestsicherung innerhalb ihrer staatlichen Rentenversicherung kennen, vorgesehen ist.[221] Will man vermeintliche Gerechtigkeitsprobleme beim Zusammenspiel zwischen Renten- und Sozialhilfeleistungen vermeiden, wäre eher und viel grundsätzlicher an eine Veränderung der Bedürftigkeitsprüfung im Alter zu denken – zumal besondere Vorschriften für diese Personengruppe ohnehin bestehen. Noch wichtiger bleibt aber, die Probleme an der Wurzel anzupacken. Dafür ist auch eine empirisch gesicherte Überprüfung des Bedrohungsszenarios erforderlich, bei der vor allem zur Kenntnis genommen werden müsste, dass die Alterssicherung in Deutschland in Zukunft auf mehreren Sicherungsschichten beruht. Wenn diesem Modell vertraut werden soll, ist es auch in der Praxis umzusetzen. Das setzt voraus, dass gerade niedrig verdienende Erwerbstätige die relativ hohe Subventionierung der ergänzenden Alterssicherung nutzen. Im Notfall wäre erneut über eine schon vorstehend angesprochene Versicherungspflicht nachzudenken, allerdings nicht ohne die organisatorische Ausgestaltung, die Zusammenhänge zu einer Steigerung der staatlichen Verantwortung und deren mögliche Folgen für die Finanzmärkte zu bedenken.

218 Für Ansprüche ab 2019 mindestens fünf Jahre mit einer Steigerung auf 35 Jahre bis 2049.

219 Erkennbar aus den Zahlen über die vorhandenen Verträge je nach Einkommensgruppe, vgl. *Bucher-Koenen/Lusardi,* Financial literacy and retirement planning in Germany, Journal of Pension Economics and Finance 10 (2011), S. 565ff.

220 Vgl. zu einem denkbaren Modell *Hauser,* Das 30-30-Modell zur Bekämpfung gegenwärtiger und künftiger Altersarmut, SozSich. 2009, S. 250, 254; vgl. auch *Werding/Hofmann/Reinhard,* Das Rentenmodell des katholischen Verbände, 2007, S. 9, 50f.

221 Vgl. dazu *Becker*, ZIAS 2012 (Fn. 13), S. 1, 13ff.

§ 14 Private Altersvorsorge

Literatur: *Akerlof, George A.*, Behavorioral Macroeconomics and Macroeconomic Behavior, American Economic Review 92/3 (2002), S. 411ff.; *Andresen, Boy-Jürgen/Förster, Wolfgang/Rößler, Norbert/Rühmann, Jochen,* Arbeitsrecht der betrieblichen Altersversorgung, Loseblatt; *Arbeitsgemeinschaft für betriebliche Altersversorgung e.V (aba),* Die Unverfallbarkeit von Versorgungsanwartschaften, RdA 1969, S. 267ff.; *Arbeitsgemeinschaft für betriebliche Altersversorgung e.V (aba),* Thesen zur Integration von Beitragszusagen in das BetrAVG, BetrAV 1997, S. 318ff.; *Arbeitsgemeinschaft für betriebliche Altersversorgung e.V (aba),* Statistikreihe 2005; *Arbeitsgemeinschaft für betriebliche Altersversorgung e.V (aba),* Dialog pro Betriebsrente, Memorandum für eine Neujustierung der Altersversorgung in Deutschland, Oktober 2011; *Arbeitskreis „Finanzierung" der Schmalenbach-Gesellschaft für Betriebswirtschaft e.V.*, Betriebliche Altersversorgung mit Pensionsrückstellungen oder Pensionsfonds – Analyse unter finanzwirtschaftlichen Gesichtspunkten, DB 1998, S. 321ff.; *Bartlitz, Thorsten,* Private Altersvorsorge – Handlungsbedarf für Angestellte und Selbständige vor dem Jahresende?, BB 2005, S. 2403ff.; *Berenz, Claus,* „Sondervermögen" aus Sicht des PSVaG – CTA und rückgedeckte Unterstützungskassen, BetrAV 2010, S. 322ff.; *Birk, Ulrich-Arthur,* Diskriminierung von Frauen und älteren Arbeitnehmern in der betrieblichen Altersversorgung bei beitagsorientierter Gestaltung, BetrAV 2003, 197ff.; *Birk, Ulrich-Arthur,* Leistungen der betrieblichen Altersversorgung auch bei Pflegebedürftigkeit?, BetrAV 2008, S. 43ff.; *Birk, Ulrich-Arthur,* Pflicht zu Unisextarifen in der betrieblichen Altersversorgung – auch für die Vergangenheit?, BetrAV 2011, S. 441ff.; *Birk, Ulrich-Arthur,* Pflicht zu Unisextarifen in der betrieblichen Altersversorgung – auch für die Vergangenheit?, BetrAV 2012, S. 7ff.; *Blomeyer, Wolfgang/Rolfs, Christian/Otto,* Klaus, Betriebsrentengesetz, 5. Aufl. 2010; *Blomeyer, Wolfgang,* Die „Riester-Rente" nach dem Altersvermögensgesetz (AVmG), NZA 2001, S. 913ff.; *Boehmke, Burkhard,* Widerruf von Versorgungszusagen wegen wirtschaftlicher Notlage, RdA 2010, S. 10ff.; *Börsch-Supan, Axel,* Zur Reform der Altersvorsorge in Deutschland: Einschätzung und Empfehlung eines Ökonomen, Referat, in: Deutscher Juristentag (Hrsg.), Verhandlungen des fünfundsechzigsten Deutschen Juristentages (65. DJT), Band II/1, 2004, Referat, Q 11ff.; *Bredebusch, Peter/Großmann, Martin,* Bilanzsteuerrechtliche Rahmenbedingungen bei der Übertragung einer Pensionszusage auf einen Pensionsfonds, DStR 2010, S. 1441ff.; *Bruder, Jens,* Empfiehlt es sich, das Entmündigungsrecht, das Recht der Vormundschaft und der Pflegschaft über Erwachsene sowie des Unterbringungsrecht neu zu ordnen, Teilgutachten C, in: Deutscher Juristentag (Hrsg.), Verhandlungen des siebenundfünfzigsten Deutschen Juristentags (57. DJT), Band 1, 1988, C 1ff.; *Canaris, Claus-Wilhelm,* Verstöße gegen das verfassungsrechtliche Übermaßverbot im Recht der Geschäftsfähigkeit und im Schadensersatzrecht, JZ 1987, S. 993ff.; *Cisch, Theodor C./Hufer, Andreas,* Auswirkungen der Umstellung des Verbraucherpreisindexes auf die Berechnung des Anpassungsbedarfs bei laufenden Betriebsrenten, BetrAV 2009, S. 13ff.; *Deutsches Institut für Altersvorsorge,* Reformerfahrungen im Ausland, 1999; *Diller, Manfred,* Unterschiedliche Rechtsfolgen des § 613a BGB bei Unterstützungskasse und Pensionsfonds/Pensionskasse, BetrAV 2011, S. 348ff.; *Doetsch, Peter A.*, bAV 2020 – Ideen zur Gestaltung der Altersversorgung der Zukunft, BetrAV 2010, S. 718ff.; *Ehrentraut, Oliver,* Betriebsrenten im demografischen Wandel, BetrAV 2009, S. 379ff.; *Engelen, Ewald,* Changing Work Patterns and the Reorganization of occupational pensions, in: Clark, Gordon L./Munnell, Alicia Haydock/Orszag, Michael (eds), Oxford Handbook of Pensions and Retirement Income, Oxford 2006, S. 98ff.; *Erfurter Kommentar zum Arbeitsrecht (ErfKomm), Hanau, Peter u.a. (Hrsg.),* 12. Aufl. 2012; *Felix, Günter,* Die steuerliche Behandlung von betrieblichen Pensionsverpflichtungen, RdA 1958, S. 89ff.; *Fischer, Hans Jörg/Hoberg, Peter,* Die „Rürup-Rente": Wen begünstigt sie wirklich? – Die Besteuerung von Renten nach dem Alterseinkünftegesetz, DB 2005, S. 1285ff.; *Förster, Wolfgang/Cisch, Theodor/Karst, Michael,* Betriebsrentengesetz, 13. Aufl. 2012;

Franzen, Martin, Leistungsumfang und risikoorientierte Prämienberechnung beim „Pension Protection Fund" in UK – Erfahrungen der letzten Jahre, BetrAV 2010, 125ff.; *Geilenkothen, André,* CTA: Möglichkeiten und Grenzen der Gestaltung, BetrAV 2011, S. 590ff.; *Geringhoff, Mona,* Die nachgelagerte Besteuerung der Zukunftssicherung in den USA und in Deutschland, 2009; *Gesamtverband der Deutschen Versicherungswirtschaft (GDV),* Die deutsche Lebensversicherung in Zahlen, 2012; *Ghilarducci, Theresa,* Organized Labor and Pensions, in: Clark, Gordon L./Munnell, Alicia Haydock/Orszag, Michael (eds), Oxford Handbook of Pensions and Retirement Income, Oxford 2006. S. 381ff.; *Großkommentar Aktiengesetz (GroßkommAktG), Hopt, Klaus J./Wiedemann, Herbert (Hrsg.),* 4. Auflage 1992ff., 34. Lieferung, 2012; *Gunkel, Alexander,* Perspektiven einer risikoorientierten PSVaG-Beitragsstruktur, BetrAV 2009, S. 717ff.; *Gunkel, Alexander,* Reformoptionen zur künftigen PSV-Beitragsgestaltung, BetrAV 2010, S. 501ff.; *Gunkel, Alexander,* BDA-Konzept für eine stärker risikoorientierte PSV-Beitragsstruktur, BetrAV 2012, S. 97ff.; *Hagemann, Thomas,* Die erstmalige Anwendung der neuen IAS-Vorschriften, BetrAV 2012, S. 423ff.; *Heda, Klaudius/Heine, Klaus/Oltmanns, Erich,* Indexfonds als Instrument der Kapitalanlage zur Altersvorsorge AG 2001, S. 109ff.; *Heissmann, Ernst,* Die wichtigsten Rechtsfragen der betrieblichen Altersversorgung, RdA 1955, S. 371ff.; *Hessling, Michael,* Zukunftsorientierte Gestaltung der betrieblichen Altersvorsorge, DB 1997, Beilage 16, S. 20ff.; *Hessling, Michael,* Flächendeckende betriebliche Altersversorgung – ein notwendiges und realistisches Ziel, BetrAV 2011, S. 425ff.; *Hessling, Michael,* Unisex in der betrieblichen Altersversorgung – Auswirkungen auf Kalkulation, Vertrieb und Verwaltung, BetrAV 2012, S. 289ff.; *Höfer, Reinhold,* Unisex in der betrieblichen Altersversorgung – Auswirkungen auf Kalkulation, Vertrieb und Verwaltung, BetrAV 2011, S. 586ff.; *Höfer, Bernhard/Ahrend, Peter,* Zur Aufrechterhaltung betrieblicher Versorgungsanwartschaften DB 1972, S. 1824ff.; *Höfer, Reinhold/Kupper, Peter,* Die angemessene Dotierung von Rentnergesellschaften, DB 2009, S. 118ff.; *Holzhauer, Heinz,* Empfiehlt es sich, das Entmündigungsrecht, das Recht der Vormundschaft und der Pflegschaft über Erwachsene sowie des Unterbringungsrecht neu zu ordnen, Teilgutachten B, in: Deutscher Juristentag (Hrsg.), Verhandlungen des siebenundfünfzigsten Deutschen Juristentags (57. DJT), Band 1, 1988, B1ff.; *Kulms, Rainer,* ‚Altersvorsorge durch Immobilienverzehr – Zur Übertragbarkeit der reverse mortgage vom US-amerikanischen auf das deutsche Recht, ZfIR 2002, S. 614ff.; *Langbein, John H./Pratt, David A./Stabile, Susan J.,* Pension and Employee Benefit Law, 5th ed. 2010; *Leibniz, Gottfried Wilhelm,* Über Leibrenten und andere individuelle Probleme, in: Knobloch, Eberhard/von Schulenburg, J.-Matthias (Hrsg.), Hauptschriften zur Versicherungs- und Finanzmathematik, 2000, S. 343ff.; *Luy, Marc* Warum Frauen länger leben – Erkenntnisse aus einem Vergleich von Kloster- und Allgemeinbevölkerung, 2002; *Luy, Marc/Pötzsch, Olga,* Estimates of the tempo-adjusted total fertility rate in Western and Eastern Germany, 1955–2008, Comparative Population Studies 35 (2010), S. 605ff.; *Madrian, Brigitte C./Shea Dennis F.,* The Power of Suggestion: Inertia in 401(k) Participation and Savings Behavior, Quarterly Journal Economics 116 (2001), S. 1149ff.; *McGill, Dan M./Brown, Kyle N./Haley, John J./Schieber, Sylvester/Warshawsky, Mark J.,* Fundamentals of Private Pensions, 9th ed. 2010; *Möslein, Florian,* Dispositives Recht, 2011; *Müller, Holger,* Mindestanforderungen an die Insolvenzsicherung für Lebensversicherer – Der deutsche Sicherungsfonds und Protektor im internationalen Vergleich, BetrAV 2010, S. 119ff.; *Münchener Kommentar zum Aktiengesetz (MünchKommAktG), Goette, Wulf, Habersack Mathias (Hrsg.),* Band 4, 3. Aufl. 2011; *Munnell, Alicia Haydock,* Defindes Benefit to defined Contribution, in: Clark, Gordon L./Munnell, Alicia Haydock/Orszag, Michael (eds), Oxford Handbook of Pensions and Retirement Income, Oxford 2006, S. 359ff.; *Neuroth, Frank/Holle, Robin,* Zillmerung bei Entgeltumwandlung: Nach der Entscheidung des Bundesarbeitsgerichts, BetrAV 2010, S. 13ff.; *Nussbaum, Walter,* Das schweizerische Aufsichtssystem der beruflichen Vorsorge im internationalen Umfeld, BetrAV 2011, S. 444ff.; *Organisation for Economic Cooperation and Development (OECD),* Pensions at a Glance 2011; *Organisation for Economic Cooperation and Development (OECD),* Pensions Outlook 2012; *Orszag, J. Michael/Orszag, Peter R.,* Economics. Individual accounts: lessons from international experience, Science 309 (2005), S. 250ff.;

Paulsdorff, Jürgen, Anmerkung zu BAG, 8.5.1990, 3 AZR 121/89, BetrAV 1991, 18, BetrAV 1991, S. 20f.; *Pawlowski, Hans-Martin*, Ein neues Verfahren richterlicher Rechtsfortbildung? ZfA 1974, S. 405ff.; *Plagemann, Hermann*, Beitragspflicht von Betriebsrenten, BetrAV 2012, S. 330ff.; *Poterba, James M.*, Individual Decision Making and Risk in Defined Contribution Plans, Elder Law Journal 13 (2005), S. 285ff.; *Preis, Ulrich*, Der langsame Tod der Freiwilligkeitsvorbehalte und die Grenzen betrieblicher Übung, NZA 2009, S. 281ff.; *Prost, Jochen*, Auslagerungsmöglichkeiten von Pensionszusagen, DB 2009, S. 2006ff.; *Recktenwald, Stefan/Krüger, Hans-Joachim*, Geförderte betriebliche Altersversorgung – Ein Vergleich zwischen Eichel-, Riester- und Rürup-Förderung, BetrAV 2005, S. 336ff.; *Reinecke, Gerhard*, Die Änderungen des Gesetzes zur Verbesserung der betrieblichen Altersversorgung durch das Altersvermögensgesetz – neue Chancen für die betriebliche Altersversorgung, NJW 2001, S. 3511ff.; *Reinecke, Gerhard*, Schutz des Arbeitnehmers im Betriebsrentenrecht: Informationspflichten des Arbeitgebers und Kontrolle von Versorgungsvereinbarungen, DB 2006, S. 555ff.; *Reinecke, Gerhard*, Diskriminierungsverbote und Gleichbehandlungsgebote in der betrieblichen Altersversorgung, insbesondere Unisex, BetrAV 2012, S. 402ff.; *Rogge, Sven*, Alles bleibt anders: Änderung der Rahmenbedingungen für die betriebliche Alterversorgung in den Niederlanden, BetrAV 2012, S. 43ff.; *Rolfs, Christian/Binz, Nathalie*, EuGH erzwingt ab Ende 2012 Unisex-Tarife für alle neuen Versicherungsverträge, VersR 2011, S. 714ff.; *Roth, Markus*, Private Altersvorsorge, 2009; *Roth, Markus* Die Rechtsgeschäftslehre im demographischen Wandel : Stärkung der Autonomie sowie Schutzkonzepte bei Älteren und Minderjährigen, AcP 208 (2008), S. 451ff.; *Roth, Markus*, Arbeitsvertragliche Pflichten bei der Schaffung einer Rentnergesellschaft, NZA 2009, S. 1400ff.; *Roth, Markus*, Anmerkung zu EuGH, Urteil vom 15.7.2010 – C-271/08, Ausschreibung von Betriebsrentenzusagen, EuZA 2011, S. 213ff.; *Roth, Markus*, Private Altersvorsorge als Aspekt der Corporate Governance, ZGR 2011, S. 516ff.; *Roth, Markus*, Gemeinsame Anmerkung zu den Entscheidungen des BAG vom 23. Februar 2009 – 3 AZR 369/07 – (EzA § 16 BetrAVG Nr. 53), vom 11. März 2008 – 3 AZR 358/06 – (EzA § 4 BetrAVG Nr. 7) und vom 29. September 2010 – 3 AZR 427/08, EzA BetrAVG § 16, Nr. 55; *Ruland, Franz*, Schwerpunkte der Rentenreformen in Deutschland, NJW 2001, 3505ff.; *Rürup, Bert*, Zehn Jahre Riester-Reform: Licht und Schatten in zehn Punkten, BetrAV 2012, S. 271f.; *Schipp, Johannes*, Zusagen auf betriebliches Ruhegeld nach dem System des BetrAVG, BetrAV 2012, S. 378ff.; *Schnitker, Elmar/Sittard, Ulrich*, Reformbedarf bei der Insolvenzsicherung von Betriebsrenten durch den PSV – Es ist Zeit zu Handeln!, NZA 2010, S. 1333ff.; *Schnitker, Elmar/Sittard, Ulrich*, Ist das Beitragssystem zum Pensions-Sicherungs-Verein noch verfassungsgemäß?, RdA 2010, S. 295ff.; *Schwind, Joachim*, Die Deckungsmittel der betrieblichen Altersversorgung 2010, BetrAV 2012, S. 363; *Steinmeyer, Heinz-Dietrich*, Betriebliche Altersversorgung und Arbeitsverhältnis, 1991; *Stöckli, Jean-Fritz*, Die Reform des Betriebsrentengesetzes aus schweizerischer Sicht, RdA 2002, S. 229ff.; *Temming, Felipe*, Unisex-Tarife in der betrieblichen Altersversorgung? Zu den Auswirkungen des EuGH-Urteils „Test-Achats“, BetrAV 2012, S. 391ff.; *Thaler, Richard H./Sunstein, Cass R.*, Nudge: Improving Decisions about Health, Wealth and Happiness (international edition London, Penguin Books 2009); *Thüsing, Gregor/Granetzny, Thomas*, Der Wechsel des Durchführungswegs in der betrieblichen Altersversorgung, BetrAV 2009, S. 485ff.; *TowersWatson*, Global Pensions Asset Study 2012; *Uebelhack, Birgit*, Beitragszusagen mit Mindestleistung – Eine neue Zusageform für Betriebsrenten, in: Altersgrenzen und Altersicherung im Arbeitsrecht – Wolfgang Blomeyer zum Gedenken (GS für Blomeyer), 2003, S. 467ff.; *Ulbrich, Matthias*, Nach dem „Test-Achats“-Urteil des EuGH: Verpflichtung zu „Unisex“ auch in der bAV?, DB 2011, S. 2775ff.; *Willemsen, Heinz-Josef/Hohenstatt, Klaus S./Schweibert, Ulrike/Seibt, Christoph H. (Hrsg.)*, Umstrukturierung und Übertragung von Unternehmen, Arbeitrechtliches Handbuch, 4. Aufl. 2011; *Witteler, Michael*, Ausgliederung von Pensionsverbindlichkeiten – Zulässigkeit und rechtlicher Rahmen, SAE 2009, S. 75ff.

Markus Roth

Inhaltsübersicht

I. Einleitung

Die Bedeutung der nichtstaatlichen[1] – privaten – Altersvorsorge nimmt in Deutschland seit Beginn des Jahrtausends wieder zu.[2] Dabei fällt auf, dass auf individueller Basis ein im internationalen Vergleich großer Anteil der Bevölkerung freiwillig privat für das Alter vorsorgt.[3] Die Zahl der sogenannten „Riester"-Verträge hat nicht zuletzt aufgrund steuerlicher Vorteile sowie finanzieller Zuschüsse nunmehr die Marke von 15 Millionen überschritten,[4] bei den Betriebsrenten wird die nach der Jahrtausendwende geschaffene Möglichkeit der sozialabgabenbefreiten Entgeltumwandlung in signifikantem Umfang praktisch genutzt.[5] Mit der erhöhten privaten Vorsorge sollte die Absenkung des Versorgungsniveaus der gesetzlichen Rentenversicherung ausgeglichen werden.[6] Die Absenkung des Versorgungsniveaus der gesetzlichen Rentenversicherung erfolgte zur Begrenzung des Anstiegs der Rentenversicherungsbeiträge, sie war Kernstück der Rentenreform Anfang des Jahrtausends. Ergänzend hat das Altersvermögensgesetz[7] als Kompensation für die Abschaffung der Vorzugsbehandlung von Kapitallebensversicherungen primär die individuelle Altersvorsorge steuerlich gefördert.[8] In diesem Zusammenhang wurde die sogenannte „Riester-Rente" eingeführt, die Zuschüsse beim Abschluss eines Altersvermögensvertrags vorsieht.[9] International eine weiterhin unterdurchschnittliche Rolle spielen Betriebsrenten,[10] 1

1 Zur staatlichen Alterssicherung *Becker* in diesem Band § 13.

2 Nach dem Zweiten Weltkrieg wurden fünf Prozent der Arbeitskosten für Betriebsrenten aufgewandt (*Heissmann*, RdA 1955, S. 371: 5,6 Prozent der Lohn- und Gehaltssumme im Jahre 1951 und trugen Betriebsrentenzusagen mit 18–20 Prozent zur Eigenfinanzierung der Unternehmen bei, Felix RdA 1958, S. 89.

3 *OECD*, Pensions at a Glance 2011, S. 173.

4 *Rürup*, BetrAV 2012, S. 271, 272: aktuell 15,5 Millionen Riester-Verträge.

5 *Statistisches Bundesamt*, Verdienste und Arbeitskosten, Aufwendungen und Anwartschaften betrieblicher Altersversorgung, 2008, Erschienen am 17. März 2011, S. 91ff.

6 Begründung des Entwurfs von SPD und Grünen, BT-Drs. 14/4595, S. 37, darauf verweisend der RegE, BT-Drs. 14/5068, S. 7.

7 Gesetz zur Reform der gesetzlichen Rentenversicherung und zur Förderung eines kapitalgedeckten Altersvorsorgevermögens (Altersvermögensgesetz – AVmG) vom 26.6.2001, BGBl I 1310, dazu etwa *Reinecke*, NJW 2001, S. 3511ff., *Ruland*, NJW 2001, S. 3505ff.

8 Dazu etwa *Blomeyer*, NZA 2001, S. 913ff.

9 Dazu noch unten II.3, IV.1.b.

10 Dazu schon *Hessling*, DB 1997, Beilage 16, S. 20f.: gesetzliche Rentenversicherung trägt 75 Prozent, individuelle Altersvorsorge 15 Prozent und Betriebsrenten 10 Prozent zur Alterssicherung bei, Kapitalbestand der betrieblichen Altersvorsorge in Relation zum Bruttoinlandsprodukt von 6 Prozent, unter Berücksichtigung der Pensionsrückstellungen 14 Prozent (Schweiz: 92 Prozent, Niederlande: 82 Prozent, Vereinigtes Königreich: 80 Prozent, USA: 61 Prozent). In den Niederlanden trägt die gesetzliche Rente 50 Prozent, die betriebliche 40 Prozent und die individuelle Vorsorge 10 Prozent zur Altersversorgung bei, *Rogge*, BetrAV 2012, S. 43, 44. Aktuelle Zahlen unten Fn. 40.

die gegenüber der individuellen Vorsorge freilich deutliche Kostenvorteile aufweisen.[11]

2 Rechtlich geht die wieder zunehmende Bedeutung individueller und betrieblicher Vorsorge maßgeblich auf das Altersvermögensgesetz zurück,[12] mit dem der Gesetzgeber das Konzept der Vollabsicherung durch die gesetzliche Rentenversicherung aufgegeben hat.[13] Grund hierfür war in erster Linie der demographische Wandel, die Verlängerung der Lebenserwartung sowie die in Deutschland besonders stark gesunkene Geburtenrate. Die Geburtenrate reicht seit den 1970er Jahren für eine Bestandserhaltung der Bevölkerung (auf ggf. geringerem Niveau) nicht aus. Berechnet man die Geburtenrate nach gängigen Verfahren mit 1,4 Kindern pro Frau, so reproduzieren sich die Alterskohorten nur zu zwei Dritteln.[14] Dies mag sich aufgrund der prognostizierten Erhöhung der Geburtenrate künftig ändern,[15] kann für die derzeit im Erwerbsleben stehenden Alterskohorten an der praktischen Notwendigkeit ergänzender Vorsorge freilich nichts mehr ändern. Auch die derzeit im erwerbsfähigen Alter stehende Generation wird sich nicht reproduzieren und muss den insoweit erwartbar fehlenden Betrag selbst kapitalgedeckt aufbringen,[16] wie dies in anderen Ländern bereits länger und unabhängig vom demographischen Wandel üblich ist.[17]

3 Geklärt werden soll zunächst der Begriff der privaten Altersvorsorge, die steuerliche Behandlung und Verbreitung (unten II.). Behandelt werden sodann die betriebliche Altersvorsorge (III.), die individuelle Altersvorsorge (IV.), und deren gemeinsame Grundsätze (V.). Besonders beleuchtet werden die Auszahlungsphase (VI.) sowie die Kriterien für die Auswahl eines Altersvorsorgevertrags (unten VII.) Der Beitrag schließt mit einer Zusammenfassung und einem Ausblick (unten VIII.).

11 Dazu noch unten IV.1.

12 Zum Altersvermögensgesetz (oben Fn 7). Zunächst wurde auf dem Gebiet des Betreuungsrechts rechtliches Neuland beschritten, vgl. *Canaris*, JZ 1987, S. 993, 996ff.; die Gutachten von *Holzhauer* und *Bruder* zum 57. DJT in Mainz 1988; *M. Roth*, AcP 208 (2008), S. 451ff.

13 *Börsch-Supan*, Zur Reform der Altersvorsorge in Deutschland: Einschätzung und Empfehlung eines Ökonomen, Referat auf dem 65. Deutschen Juristentag in Bonn 2004.

14 Alternative Berechnungsweise von *Luy/Pötzsch*, Comparative Population Studies 35 (2010), S. 605, 620 für 2007: 1,65.

15 *OECD*, Pensions at a Glance 2011, S. 163, danach steigt die Geburtenrate pro Frau auf 1,69 im Zeitraum von 2045–2050 (von 1,32 im Zeitraum von 2005–2010).

16 *Börsch-Supan*, Zur Reform der Altersvorsorge in Deutschland: Einschätzung und Empfehlung eines Ökonomen, Referat auf dem 65. Deutschen Juristentag in Bonn 2004.

17 Rechtsvergleichend *M. Roth*, Private Altersvorsorge, S. 11ff., S. 56ff., zum trust S. 256f.

II. Begriff, Verbreitung und steuerliche Behandlung

1. Begriff

a) *Private* Altersvorsorge als Oberbegriff

Die Terminologie des Rechts der privaten Altersvorsorge bedarf der Schärfung.[18] 4
Dies betrifft sowohl das Merkmal der „privaten“ Vorsorge für das Alter als auch den Begriff der „Vorsorge“. Das Abstellen auf den Zweck der Kapitalbildung oder – auszahlung führt zu einer zumindest unglücklichen Begriffsbildung mit dem weithin gebräuchlichen Gegensatzpaar „privater Altersvorsorge“ und „betrieblicher Altersversorgung“. Unter die private Altersvorsorge werden meist Versicherungen sowie die Riester-Rente gefasst,[19] unter die betriebliche Altersversorgung die Betriebsrenten.[20] Während der Begriff der Versorgung in der Pflege durchaus seine Berechtigung hat,[21] sind die Betriebsrenten für eine Versorgung im Alter in den meisten Fällen keineswegs ausreichend[22] und lässt der Gesetzgeber bereits jetzt eine Vorsorge der Arbeitnehmer in Form der Entgeltumwandlung zu.

International werden private pensions (private Altersvorsorge) und state pensi- 5
ons (staatliche Alterssicherung) unterschieden, so neben diversen englischsprachigen Standardwerken[23] auch die Organisation für wirtschaftliche Zusammenarbeit und Entwicklung (OECD, Organisation for Economic Co-Operation and Development).[24] Dieser Unterscheidung soll auch in diesem Beitrag gefolgt werden.[25] Für den Bürger ist entscheidend, neben der staatlichen Mindestsicherung[26] für das Alter vorzusorgen. Ein mittlerer bzw. gehobener Lebensstandard während des Erwerbslebens wird jedenfalls künftig im Ruhestand allein durch Leistungen der staatlichen Alterssicherung nicht mehr aufrechtzuerhalten sein.

b) Alters*vorsorge* versus Alters*versorgung*

Prägnant wird in den USA und im Vereinigten Königreich bei einer Altersvorsorge 6
über private Träger von einer „pension“, also einer „Pension“ oder „Rente“ gespro-

---

18 Rechtsvergleichend *M. Roth*, Private Altersvorsorge, S. 2ff., 123ff.

19 Dazu auch *M. Roth*, ZGR 2011, S. 516, 521f.

20 Gesetz zur Verbesserung der betrieblichen Altersversorgung (Betriebsrentengesetz – BetrAVG) vom 19.12.1974, BGBl. I 3610.

21 Dazu *M. Roth* in diesem Band § 17.

22 Zur tatsächlichen Höhe der Betriebsrenten *M. Roth* Private Altersvorsorge 2009, S. 130.

23 *Langbein/Pratt/Stabile*, Pension and Employee Benefit Law; *McGill/Brown/Haley/Schieber/Warshawsky*, Fundamentals of Private Pensions; *Engelen*, in: Clark/Munnell/Orszag (eds), Oxford Handbook of Pensions and Retirement Income, S. 98ff.

24 *OECD*, Pensions at a Glance 2011, S. 171, 172: occupational and personal pensions.

25 Näher *M. Roth*, Private Altersvorsorge, S. 2ff., 123ff.

26 Zur aktuellen Diskussion um eine Zusatzrente *Becker* in diesem Band § 13.

chen.[27] Im deutschen Recht sind nicht primär die Pensionen (pensions) bzw Renten[28] Anknüpfungspunkt der rechtlichen Regulierung,[29] sondern wird allgemein von Vorsorge oder Versorgung gesprochen. Im Altersvermögensgesetz, das die Riester-Rente regelt,[30] ist von Altersvorsorge die Rede, ebenso im Investmentgesetz für speziell der Altersvorsorge dienende Investmentfonds. Einzig das Betriebsrentengesetz, das Gesetz zur Verbesserung der betrieblichen Altersversorgung (BetrAVG) verwendet den Begriff der Altersversorgung und hält daran bislang auch fest, obwohl etwa das Allgemeine Gleichbehandlungsgesetz (AGG) auch Betriebsrenten als Altersvorsorge bezeichnet.[31]

7 Der Wortbedeutung von Vorsorge bzw. Versorgung nach stellt sich die Frage, ob der Fokus auf die Einzahlungsphase oder auf die Auszahlungsphase zu legen ist.[32] Zur Vermeidung widersprüchlicher Begriffe empfiehlt sich ein einheitliches Abstellen auf die Einzahlungsphase, da hier die wesentlichen Entscheidungen getroffen werden.[33] Dies gilt nicht nur für die individuelle Vorsorge (meist als private Vorsorge bezeichnet), sondern auch für die Betriebsrenten, hier spricht das Gesetz von Altersversorgung.[34] Im Falle einer Betriebsrente stellt sich in der Einzahlungsphase die Frage der Wahl des Durchführungsweges, unter die Vorsorge kann auch die nicht dem Betriebsrentengesetz unterfallende reine Beitragszusage gefasst werden.[35] Allen Formen privater Vorsorge grundsätzlich gemeinsam ist als Zweck der Beitrag (!) zur Versorgung des Begünstigten (Vorsorgenden) im Alter.[36] Vorsorgender ist bei Betriebsrenten zumindest auch der Arbeitnehmer, unmittelbar bei der Entgeltumwandlung durch seine Entscheidung zur Vorsorge, mittelbar bei reinen Arbeitgeberleistungen durch den Aufschub der Auszahlung des Arbeitsentgelts; dass auch bei einer reinen Arbeitgeberzusage ein Arbeitsentgelt vorliegt, ist nunmehr anerkannt.[37]

2. Verbreitung privater Altersvorsorge

8 Bereits angesprochen wurden die Auswirkungen der Rentenreform zu Beginn dieses Jahrtausends auf die Verbreitung privater Vorsorge.[38] Während mit über 15 Mil-

27 International auch die *OECD*, zuletzt der Pensions Outlook 2012.
28 Zur Herkunft des Begriffs *Ruppert*, in diesem Band, oben § 2.
29 *Clark/Munnell/Orszag (eds)*, Oxford Handbook of Pensions and Retirement Income.
30 Dazu unten IV.1.b.
31 § 2 Abs. 2 S. 2 AGG.
32 Ausführlich *M. Roth*, Private Altersvorsorge, S. 2ff., 123ff.
33 *M. Roth*, Private Altersvorsorge, S. 129.
34 Gesetz zur Verbesserung der betrieblichen Altersversorgung, dazu unten III.1.a.
35 Zur reinen Beitragszusage näher unten II.6.
36 Auf eine Vollversorgung im Alter ausgelegt sind die Versorgungswerke für Freiberufler.
37 Grundlegend *Steinmeyer*, Betriebliche Altersversorgung und Arbeitsverhältnis.
38 Oben Einleitung I.

lionen Riester-Verträgen die freiwillige individuelle Vorsorge für das Alter im internationalen Vergleich weit verbreitet ist,[39] machen die Betriebsrenten jedenfalls gegenüber den USA, England, den Schweiz und den Niederlanden, aber auch im Verhältnis gegenüber dem Durchschnitt der OECD einen relativ geringen Anteil am Einkommen im Alter aus.[40] Allerdings ist mit einer Erhöhung der Einkünfte im Alter zu rechnen, da sich die Vorsorgeaufwendungen im letzten Jahrzehnt deutlich erhöht haben. Betriebliche Altersvorsorge trägt zu einem Fünftel zu den Bestandsbeiträgen der Lebensversicherer bei.[41]

Gemessen nach dem von Institutionen privater Altersvorsorge verwalteten Vermögen kommt der privaten, insbesondere der betrieblichen Vorsorge in Deutschland bislang eine geringe Bedeutung zu.[42] Nach Zahlen der der Beratungsfirma TowersWatson werden für Betriebsrenten derzeit Vermögenswerte in Höhe etwa eines Siebtels des Bruttoinlandsprodukts verwaltet,[43] Anfang des Jahrtausends wurden noch Zahlen in Höhe von vier Prozent des Bruttoinlandsprodukts genannt,[44] unter Einberechnung auch der Pensionsrückstellungen von über sechzehn Prozent.[45] Das extern verwaltete Vermögen hat sich zwischenzeitlich deutlich erhöht.[46] Der Anteil des für Betriebsrenten gehaltenen Vermögens am Bruttosozialprodukt einschließlich der Rückstellungen hat sich aber nur moderat erhöht und verharrt einem weiterhin vergleichsweise niedrigen Niveau.[47] Die nach der Rentenreform 1957 bis zum Anfang dieses Jahrtausends geringe Bedeutung der privaten 9

---

39 Vgl *OECD,* Pensions at a Glance 2011, S. 173.

40 *OECD,* Pensions at a Glance 2011, S. 143.

41 *GDV,* Die deutsche Lebensversicherung in Zahlen, S. 28.

42 Versicherer verwalten in Deutschland im Jahre 2011 Kapitalanlagen von 740 Mrd. Euro, *GDV,* Die deutsche Lebensversicherung in Zahlen, S. 28, im Verhältnis zum Bruttoinlandsprodukt von 2570 Mrd Euro sind dies ca. 29 Prozent, darin enthalten sind freilich auch der betrieblichen Vorsorge zuzurechnende Mittel und nicht unmittelbar der Altersvorsorge zuzurechnende Verpflichtungen der Lebensversicherungsunternehmen.

43 *TowersWatson,* Global Pensions Asset Study 2012, Januar 2012: Deutschland 14 Prozent.

44 *OECD,* Financial Market Trends 2006/2, S. 91.

45 *aba,* Statistikreihe 2005: 16,8 Prozent, auf Grundlage des Newsletter June 2004 der European Federation for Retirement Provison für das Jahr 2002. *TowersWatson,* Global Pensions Asset Study 2012, Januar 2012: Niederlande 133 Prozent, Schweiz 115 Prozent, USA 107 Prozent, Vereinigtes Königreich 101 Prozent, Deutschland 14 Prozent, für die meisten Länder einen höheren Anteil für alle Vermögenswerte zur privaten Vorsorge (aber geringere nur für Betriebsrenten, Werte jeweils für 2007) *OECD,* Private Pensions Outlook 2008, S. 61: Niederlande 149.1 (132.2) Prozent, Schweiz 151.9 (119.4) Prozent, Vereinigtes Königreich 96.4 (86.1) Prozent, USA 124.0 (74.3) Prozent, Österreich 18.8 (4.7) Prozent, Deutschland 17.9 (4.1) Prozent.

46 *TowersWatson*, Global Pension Asset Study 2012, gibt den Anteil am Bruttosozialprodukt mit nunmehr 14 Prozent an. *Schwind* gibt die Deckungsmittel inklusive Rückstellungen für 2010 mit 482,9 Mrd Euro an, BetrAV 2012, S. 363.

47 Das Bruttoinlandsprodukt betrug 2010 in Deutschland nach dem statistischen Bundesamt 2497,6 Mrd. Euro, bei Deckungsmitteln von 482,9 Mrd. Euro (inklusive Deckungsrückstellungen), *Schwind,* BetrAV 2012, S. 363, ergibt das einen Anteil von 19,3 Prozent des Bruttoinlandsprodukts.

Vorsorge zeigt sich noch an der Verteilung der Einnahmen heutiger Rentner im Alter.[48]

10 Die bereits erhöhte Bedeutung der privaten Altersvorsorge wird tendenziell weiter zunehmen. Hierfür sind auch erhöhte Aufwendungen für die betriebliche Vorsorge notwendig. Um das durchschnittliche Rentenniveau der OECD-Staaten zu erreichen (gemessen am Prozentsatz des Ersatzes des Erwerbseinkommens im Ruhestand), hält die OECD für mittlere Einkommen gleichmäßige Zahlungen während des gesamten Erwerbslebens von knapp fünf Prozent für erforderlich.[49]

3. Steuerliche Behandlung

11 Die steuerlichen Regelungen tragen maßgeblich zur Komplexität der privaten Altersvorsorge in Deutschland bei und sehen bislang eine nur unzureichende Förderung vor.[50] Es besteht keine einheitliche steuerliche Behandlung und eine nur eingeschränkte Absetzbarkeit von Vorsorgeaufwendungen. Obwohl zur Absicherung des durchschnittlichen Rentenniveaus von der OECD sogar bei lebenslanger Zahlung ein Anteil von knapp fünf Prozent des Einkommens für erforderlich gehalten wird,[51] ist die steuerliche Förderung häufig auf vier Prozent beschränkt.[52] Die sich ergebende Lücke von einem Prozent erhöht sich auf bis zu zehn (!) Prozent, wenn auch unterbrochene Erwerbsbiographien sowie praktisch häufige verspätete Vorsorgeanstrengungen berücksichtigt werden.[53]

12 Der unzureichende Dotierungsrahmen im Einkommensteuergesetz[54] macht in der betrieblichen Altersvorsorge häufig einen zweiten oder dritten Durchführungsweg notwendig, wenn für den Arbeitnehmer ein angemessenes Versorgungsniveau erreicht werden soll.[55] Während Direktzusagen praktisch unbegrenzt vom Arbeitgeber als Betriebsausgabe abgesetzt werden können, konzentriert sich die Förderung der individuellen Vorsorge seit dem Wegfall des Steuerprivilegs für Kapitallebensversicherungen praktisch auf Riester- und Rürup-Renten. Bei Betriebsrenten erfolgt eine Unterscheidung insbesondere nach Durchführungswegen.[56] Unbeschränkt absetzbar sind Direktzusagen, die nur durch eine Rückstellung in der Bilanz gedeckt werden müssen und die auch deshalb weite Verwendung finden. Eine externe Durchführung über Pensionsfonds, Direktversicherung und Pensionskasse ist nur

48 *OECD*, Pensions Outlook 2012, S. 207.
49 *OECD*, Pensions at a Glance 2011, S. 177.
50 Vergleich mit den USA bei *M. Roth*, Private Altersvorsorge, S. 147f.
51 *OECD*, Pensions at a Glance 2011, S. 177.
52 Unten Fn. 57.
53 *OECD*, Pensions at a Glance 2011, S. 177.
54 § 3 Nr. 63 EStG.
55 *Hessling*, BetrAV 2011, S. 425.
56 Unten III. 2, 3.

bis vier Prozent des Einkommens vom Arbeitgeber absetzbar, dies beschränkt auf die Beitragsbemessungsgrenzer.[57] Die Verbreitung von Pensionsfonds wird durch die Ermöglichung einer steuerneutralen Übertragung von Direktzusagen in das Planvermögen gefördert.[58]

13 Grundsätzlich, ohne besondere Förderung, wird zunächst das Arbeitseinkommen und sodann in der Auszahlungsphase der Ertrag besteuert. Bei der Besteuerung eines für die Vorsorge bestimmten Arbeitseinkommens wird von einer vorgelagerten Besteuerung, bei einer Besteuerung in der nach Rentenbeginn liegenden Auszahlungsphase wird von einer nachgelagerten Besteuerung gesprochen. Aufgrund eines Urteils des Bundesverfassungsgerichts[59] wurde in der privaten Altersvorsorge grundsätzlich auf eine nachgelagerte Besteuerung umgestellt.[60] Demgegenüber besteht in den USA im Rahmen sogenannter Roth-IRA[61] die Möglichkeit vorgelagert zu besteuern und dann auf die Kapitalerträge keine Steuern bezahlen zu müssen.[62]

14 Sozialversicherungsrechtlich gilt grundsätzlich die Abgabenfreiheit in der Einzahlungsphase, in der Auszahlungsphase sind Krankenversicherungsbeiträge, nicht aber Beiträge zur gesetzlichen Rentenversicherung zu leisten. Bei einer betrieblichen Vorsorge durch Entgeltumwandlung ist die Sozialabgabenfreiheit auf 4 Prozent des Einkommens bis zur Beitragsbemessungsgrenze begrenzt.[63] Sozialabgaben sind in der Auszahlungsphase (Krankenversicherung, Pflege) und gegebenenfalls auch bei (vorzeitiger) Auszahlung des Kapitals zu entrichten.[64]

III. Betriebsrenten

1. Altersversorgung nach dem Betriebsrentengesetz

a) Betriebsrentengesetz als maßgebliche Regelung

15 Die betriebliche Altersvorsorge ist überwiegend und für die Praxis aus steuerlichen Gründen (zur reinen Beitragszusage unten III. 5) ausschließlich im Betriebsrentengesetz geregelt, dem sogenannten Gesetz zur Verbesserung der betrieblichen Alters-

57 § 3 Nr. 63 EStG.

58 Zur Auslagerung von Pensionszusagen auf Unterstützungskassen und Pensionsfonds *Prost*, DB 2009, S. 2006ff. = BetrAV 2010, S. 26.

59 BVerfGE 105, 73.

60 Kritisch zur Umsetzung *Geringhoff*, Die nachgelagerte Besteuerung der Zukunftssicherung, S. 171.

61 Benannt nach William Roth, einem Senator aus Delaware.

62 *M. Roth*, ZGR 2011, S. 516, 546f.

63 Verlängert durch Gesetz zur Förderung der zusätzlichen Altersvorsorge und zur Änderung des Dritten Buches Sozialgesetzbuch vom 10.12.2007, BGBl I 2838.

64 Dazu *Plagemann*, BetrAV 2012, S. 330ff.

versorgung.[65] Insoweit kann – unschön und wenig treffend[66] mit der ursprünglichen Gesetzesbezeichnung weiterhin von betrieblicher Altersversorgung gesprochen werden.[67] Das Betriebsrentengesetz sieht stets eine Garantie vor, also ein Einstehenmüssen des Arbeitgebers in der Auszahlungsphase vor, dies auch, wenn die eigentliche Durchführung durch einen anderen (externen) Träger erfolgen soll. Das Betriebsrentengesetz sieht insgesamt fünf Durchführungswege vor (Direktzusage, Unterstützungskasse, Direktversicherung, Pensionskasse und Pensionsfonds). Für die versicherungsförmigen Durchführungswege (Direktversicherung und Pensionskasse) sowie für den Pensionsfonds gelten weiter das Versicherungsaufsichtsgesetz (VAG) sowie verschiedene Durchführungsverordnungen.

16 Das Betriebsrentengesetz wurde als Gesetz zur Verbesserung der betrieblichen Altersversorgung Mitte der 1970er Jahre verabschiedet.[68] Ursprünglich hatte die Bundesregierung nur eine steuerrechtliche Regelung geplant, auf Initiative des Bundesarbeitsgerichts wurden aber insbesondere die Unverfallbarkeitsregeln in eine arbeitsrechtliche Regelung gegossen.[69] Das Bundesarbeitsgericht hatte erst Anfang der 1970er Jahre die noch in der Nachkriegszeit bis zum Eintritt in den Ruhestand drohende Verfallbarkeit auf zunächst zwanzig Jahre beschränkt.[70]

b) Unverfallbarkeit und Unwiderruflichkeit

17 Erst kurz vor der Verabschiedung des Gesetzes zur Verbesserung der betrieblichen Altersversorgung hatte das Bundesarbeitsgericht in den 1970er Jahren die Unverfallbarkeit von Betriebsrentenansprüchen entwickelt.[71] Bis dahin konnten Betriebsrentenansprüche bis zum Eintritt in den Ruhestand widerrufen werden und verfielen regelmäßig, wenn der Arbeitnehmer den Arbeitsplatz wechselte.[72] Die zunächst richterrechtlich entwickelte und nunmehr gesetzliche Regelung der Unverfallbarkeit wird immer dann relevant, wenn der Arbeitgeber sich rechtlich nicht voll binden möchte. Die Zusage einer Betriebsrente dient nicht zuletzt der Mitarbeiterbindung

65 Bis zum 31.12.2004 alleiniger Titel.

66 Dazu oben II.1.b.

67 Die Bezeichnung als Betriebsrentengesetz wurde erst durch Art. 8 des Gesetzes zur Neuordnung der einkommensteuerrechtlichen Behandlung von Altersvorsorgeaufwendungen und Altersbezügen vom 5.7.2004, BGBl I 1427, 1444, ergänzt. Inhalt ist die betriebliche Altersversorgung, die in § 1 Abs. 1 S. 1 als Zusage von Leistungen der Alters-, Invaliditäts- oder Hinterbliebenenversorgung an einen Arbeitnehmer aus Anlass seines Arbeitsverhältnisses vom Arbeitgeber legaldefiniert wird.

68 Gesetz zur Verbesserung der betrieblichen Altersversorgung (Betriebsrentengesetz – BetrAVG) vom 19.12.1974, BGBl I 3610.

69 Dazu *Höfer/Ahrend*, DB 1972, S. 1824, 1827; *Pawlowski*, ZfA 1974, S. 405ff.

70 Dazu und zum Folgenden *M. Roth*, Private Altersvorsorge, S. 444ff.

71 BAGE 24, 177 = AP Nr. 156 zu § 242 BGB Ruhegehalt.

72 Dazu der Reformvorschlag der *aba*, RdA 1969, S. 267ff.

und -motivation, deshalb war es insbesondere historisch üblich, dass der Verfall der Betriebsrente für den Fall vorgesehen wurde, dass der Arbeitnehmer nur eine begrenzte Zeit im Unternehmen beschäftigt ist.

Der Arbeitnehmer erhält praktisch häufig zunächst nur ein Anwartschaftsrecht auf die zugesagten Betriebsrenten. Die zum unentziehbaren Rechtserwerb notwendige Bedingung ist regelmäßig eine mehrjährige Betriebszugehörigkeit. Das Bundesarbeitsgericht hatte die Unverfallbarkeit zunächst auf zwanzig Jahre festgesetzt, das Gesetz zur Verbesserung der betrieblichen Altersversorgung dann auf zehn Jahre. Aktuell beträgt die Frist bis zur Unverfallbarkeit grundsätzlich fünf Jahre.[73] Allerdings sind Entgeltumwandlungen abweichend geregelt, die sich aus einer Entgeltumwandlung ergebenden Ansprüche des Arbeitnehmers sind sofort unverfallbar,[74] dies gilt international verbreitet auch sonst. 18

Bei einer Durchführung der betrieblichen Altersvorsorge über einen externen Durchführungsweg hängt die Unverfallbarkeit und damit die Durchsetzbarkeit des Anspruchs des Arbeitnehmers gegen die Institution privater Vorsorge von der vertraglichen Gestaltung ab. Der Arbeitgeber kann sich auch gegenüber der Pensionskasse, dem Pensionsfonds oder dem Versicherungsunternehmen vorbehalten, die Person des Bezugsberechtigten zu ändern[75]. Sofort unverfallbar sind Entgeltumwandlungen, die regelmäßig über eine externe Institution (Direktversicherung, Pensionskasse, Pensionsfonds) durchgeführt werden.[76] Die Entgeltumwandlung erfordert die sofortige Unverfallbarkeit, da es sich um eigene Beiträge des Arbeitnehmers handelt, nicht lediglich auf aufgeschobenes Arbeitsentgelt. 19

Die lange anerkannte Widerruflichkeit der Betriebsrentenzusage bei wirtschaftlicher Notlage des Arbeitgebers[77] war zunächst auch nach dem Gesetz zur Verbesserung der betrieblichen Altersversorgung für zulässig gehalten worden. Mit Inkrafttreten der Insolvenzordnung wurde die Möglichkeit des Eintritts des Pensions-Sicherungs-Verein in Betriebsrentenverpflichtungen bei wirtschaftlicher Notlage[78] allerdings gestrichen. Die Rechtsprechung folgert daraus, dass auch ein Widerruf wegen wirtschaftlicher Notlage nicht mehr möglich ist.[79] 20

---

73 § 1b Abs. 1–4 BetrAVG.

74 § 1b Abs. 5 BetrAVG.

75 *Löschhorn*, in: Förster/Cisch/Karst, Betriebsrentengesetz, § 1b Rn. 38, es gelten nach § 1b Abs. 2–4 BetrAVG die für die Direktzusage geltenden Unverfallbarkeitsvorschriften entsprechend.

76 Dazu *Rolfs*, in: Blomeyer/Rolfs/Otto, Betriebsrentengesetz, Anhang § 1 Rn. 524.

77 Eine solche weiterhin annehmend *Boehmke*, RdA 2010, S. 10ff. = BetrAV 2010, S. 205ff.

78 § 7 Abs. 1 S. 3 Nr. 5 BetrAVG aF.

79 BAG 18.11.2008, 3 AZR 417/07, NZA 2009, 1112, Leitsatz 1: Seit Abschaffung des bis zum 31.12.1998 im Betriebsrentengesetz vorgesehenen Sicherungsfalls der wirtschaftlichen Notlage ist auch der Widerruf einer Versorgungszusage wegen wirtschaftlicher Notlage nicht mehr möglich.

c) Garantie des Arbeitgebers als Eigenart des deutschen Betriebsrentenrechts

21 Eigenart des deutschen Betriebsrentenrechts ist die vom Arbeitgeber geforderte Garantie,[80] auch bei der Entgeltumwandlung. Solche Garantien in Form von Leistungszusagen (defined benefit) waren lange Zeit auch international vorherrschend, sind aber nach der Kodifikationsbewegung des Betriebsrentenrechts in den 1970er Jahren aufgrund der durch diese gestiegenen Kosten international bereits vor der Finanzmarktkrise seltener geworden. Vor allem in den USA werden Neuzusagen regelmäßig in der Form der Beitragszusage (defined contribution) gegeben.

22 Eine Garantie des Arbeitgebers mag bei der Grundform deutscher Betriebsrentenzusagen, der Direktzusage,[81] naheliegen. Zwingend vom Gesetz vorgesehen wird eine Garantie aber auch bei einer versicherungsförmigen Durchführung über ein Lebensversicherungsunternehmen, eine Pensionskasse oder einen Pensionsfonds.[82] Nicht zugelassen wird eine Durchführung über Investmentfonds, was international aber zunehmend üblich geworden ist und in Deutschland im Rahmen der Riester-Rente steuerlich gefördert wird. Die Garantie des Arbeitgebers muss nicht mit der Leistung an den Arbeitnehmer identisch sein, dies gilt sogar bei Direktzusagen.

23 Die beitragsorientierte Leistungszusage[83] wurde 1999 in das damals noch allein Gesetz zur Verbesserung der betrieblichen Altersversorgung genannte Betriebsrentengesetz eingefügt.[84] Auch wenn in der Zusage des Arbeitgebers (primär) der Beitrag genannt wird, so kommt es doch maßgeblich auf die zugleich zu versprechende Leistung an: rechtlich wird dem Arbeitnehmer nur zusätzlich zur Leistung im Alter der Finanzierungsaufwand des Arbeitgebers mitgeteilt.[85] Bei der Direktzusage handelt es sich beim mitgeteilten Beitrag um eine rein rechnerische Größe,[86] es haftet der Arbeitgeber für die zugesagte Leistung. Ob die von ihm eingesetzten Leistungen im Alter für die zugesagten Leistungen ausreichen, hängt vom Verrentungsfaktor und gegebenenfalls von einem Anlageergebnis ab. Entscheidend für den Verrentungsfaktor ist der verwandte Rechnungszins sowie die zugrunde gelegte Sterbetafel.[87]

24 Beitragszusagen mit Mindestleistung[88] wurden durch das Altersvermögensgesetz eingeführt. Die Beitragszusage mit Mindestleistung erfordert zunächst eine Beitragszusage an einen Pensionsfonds, eine Pensionskasse oder eine Direktversiche-

---

80 Zu möglichen Folgen anhand des Beispiels von General Motors bereits *M. Roth*, BetrAV 2004, 670, 671.
81 § 1 Abs. 1 BetrAVG.
82 § 1 Abs. 2 BetrAVG.
83 § 1 Abs. 2 Nr. 1 BetrAVG.
84 Zunächst als § 1 Abs. 6 BetrAVG.
85 Dazu und zur Neuregelung in Abs. 2 Nr 1 BetrAVG *Reinecke*, NJW 2001, S. 3511, 3512.
86 *Rolfs*, in: Blomeyer/Rolfs/Otto, Betriebsrentengesetz, § 1 Rn. 84.
87 Als Vorteil wird angesehen, dass der Arbeitgeber seinen Verpflichtungsumfang im Wesentlichen kennt, *Schipp*, BetrAV 2012, S. 378, 380.
88 § 1 Abs. 2 Nr. 2 BetrAVG.

rung.[89] Zugesagt werden müssen bei der Beitragszusage mit Mindestleistung zumindest die zugesagten Beiträge, abgezogen werden können allerdings die Verwaltungskosten des externen Anbieters sowie für den biometrischen Risikoausgleich erforderliche Beträge,[90] die Haftung umfasst dabei gegebenenfalls auch planmäßige Erträge.

Nach der Finanzmarktkrise wollen die Niederlande für Pensionsfonds eine Rege- 25
lung schaffen, nach der gegebene Garantien herabgesetzt werden können.[91] Entsprechende Regeln für Deutschland ergeben sich bereits aus dem Versicherungsaufsichtsgesetz (VAG),[92] bereits nach der Hyperinflation in der Weimarer Republik würde die Beschränkung der Herabsetzung der Leistungen der Versicherung um ein Drittel aufgehoben.[93] Dass deutsche Altersvorsorgeinstitutionen aufsichtsrechtlich stark in die Anlage in festverzinslichen Wertpapieren gedrängt werden, verringert zwar die Volatilität, macht die Rentenzahlungen aus privaten Altersvorsorgeverträgen aber für umfangreiche Zahlungsausfälle von Unternehmen oder Staaten anfällig.[94]

d) Vereinbarung von Betriebsrenten

Die Vereinbarung einer Betriebsrente erfolgt regelmäßig durch Vertrag,[95] auch wenn 26
das Gesetz von einer Zusage spricht.[96] Die Art der Betriebsrentenzusagen ändert sich, weltweit werden weniger Leistungszusagen (defined benefit) und mehr Beitragszusagen (defined contribution) erteilt,[97] weitere Anpassungen werden aufgrund des demographischen Wandels angeregt.[98] Die Zusage in Vertragsform lässt zweifelhaft erscheinen, ob etwa der Durchführungsweg ohne Zustimmung des Arbeitnehmers geändert werden kann.[99]

Die Betriebsrentenzusage kann im Arbeitsvertrag erfolgen. Traditionell wurde 27
die Zusage häufig an das letzte Gehalt des Arbeitnehmers vor Ausscheiden in den Ruhestand geknüpft und ein bestimmter Prozentsatz des letzten Gehalts als Betriebsrente zugesagt.[100] Bei einer solchen Zusage trägt allerdings der Arbeitgeber das

89 Eine Leistung auch an den Arbeitgeber selbst bzw. eine Unterstützungskasse nicht zulassend etwa *Rolfs*, in: Blomeyer/Rolfs/Otto, Betriebsrentengesetz, § 1 Rn. 92.
90 *Rolfs*, in: Blomeyer/Rolfs/Otto, Betriebsrentengesetz, § 1 Rn. 94ff.
91 Dazu *Rogge*, BetrAV 2012, S. 43.
92 § 89 VAG.
93 Zur Neufassung *Rohrbeck*, ZVersWiss 1923, S. 249ff.
94 Unten unter V.2.a.
95 *M. Roth*, Private Altersvorsorge, S. 313ff.
96 § 1 Abs. 1 S. 1 BetrAVG.
97 *TowersWatson*, Global Pensions Asset Study 2012, S. 33–37.
98 *Ehrentraut*, BetrAV 2009, S. 379ff.
99 Zu einem Änderungsvorbehalt freilich *Thüsing/Granetzny*, BetrAV 2009, S. 485ff.
100 Zu den Gestaltungsvarianten *Andresen/Förster/Rößler/Rühmann*, Arbeitsrecht in der betrieblichen Altersversorgung, Teil 6.

Risiko von Lohnsteigerungen und kann seinen für die Bedeckung der Betriebsrentenzusage notwendigen Beitrag erst unmittelbar vor dem Ruhestand des Arbeitnehmers hinreichend konkret berechnen. Diese Form der Zusage hat deshalb sehr stark an Bedeutung verloren.[101]

28 Eine Vereinbarung in Tarifverträgen wird bislang noch nicht als allgemein üblich angesehen,[102] so dass auch durch Betriebsvereinbarung entsprechende Regelungen getroffen werden (können). Freilich ist gerade aufgrund der Regelung des § 17 Abs. 5 BetrAVG eine zunehmende Anzahl von Tarifverträgen zu beobachten, die betriebsrentenrechtliche Regelungen enthalten. Nach § 17 Abs. 5 BetrAVG kann eine Entgeltumwandlung für tarifliche Entgelte nur vorgenommen werden, wenn sie im Tarifvertrag ausdrücklich zugelassen wird. In den USA wird hingegen von einem „union pension premium" gesprochen,[103] dort erhalten Arbeitnehmer bei Geltung von Tarifverträgen häufig höhere Betriebsrenten, auch in den Niederlanden zählen Betriebsrenten zu den Kernpunkten von Tarifverhandlungen mit der Folge branchenweiter Regelungen.[104]

29 Neben einer Vereinbarung im Arbeits- oder Kollektivvertrag kommt als Grundlage für eine Betriebsrentenzusage des Arbeitgebers eine Gesamtzusage an die Belegschaft eines Betriebs in Betracht, ferner eine betriebliche Übung. Eine betriebliche Übung liegt bei einer längeren Gewährung von Vorteilen vor, etwa wenn allen Arbeitnehmern eine Betriebsrente zugesagt wurde. Die Gewährung einer Betriebsrente kann in diesem Fall auch mit Gleichbehandlungspflichten begründet werden. Allerdings besteht eine stärkere Bindung des Arbeitgebers an eine betriebliche Übung, da diese praktisch nicht geändert werden kann. Fraglich erscheint, ob diese starke Bindung gerechtfertigt werden kann.[105] § 1b Abs. 1 S. 4 BetrAVG nennt den allgemeinen Gleichbehandlungsgrundsatz ausdrücklich als Anspruchsgrundlage.

e) Gleichbehandlung

30 Gleichbehandlungspflichten spielen im Betriebsrentenrecht eine besondere Rolle,[106] sie gehen über die bereits vom Vertrag über die Arbeitsweise der Europäischen Union (AEUV)[107] geforderte gleiche Entlohnung für Männer und Frauen weit hinaus. Relevant sind weiter das vom EuGH zum allgemeinen Grundsatz des Gemeinschafts-

---

101 Die beitragsorientierte Leistungszusage als überwiegend maßgebliche Gestaltungsvariante bezeichnend *Cisch*, in: Förster/Cisch/Karst Betriebsrentengesetz, § 1 Rn. 17.

102 Zur Begründung durch Betriebsvereinbarung *M. Roth*, Private Altersvorsorge, S. 319f.

103 So *Ghilarducci*, in: Clark/Munnell/Orszag (eds), Oxford Handbook of Pensions and Retirement Income, S. 381, 385.

104 Dazu *Deutsches Institut für Altersvorsorge*, Reformerfahrungen im Ausland, S. 74f.

105 Zu den Grenzen des Rechtsinstituts der betrieblichen Übung *Preis*, NZA 2009, S. 281ff.

106 Dazu zuletzt *Reinecke*, BetrAV 2012, S. 402ff.

107 Art 157 AEUV.

rechts erhobene Verbot der Altersdiskriminierung,[108] die Europäische Grundrechtecharta, die einschlägigen Richtlinien zur Antidiskriminierung, das Grundgesetz (Art. 3), das Allgemeine Gleichbehandlungsgesetz und last but not least der allgemeine arbeitsrechtliche Gleichbehandlungsgrundsatz (AGG), der generell sachgrundlose Differenzierungen verbietet und dem benachteiligten Arbeitnehmer einen Anspruch darauf gibt, so behandelt zu werden, als würde er der begünstigten Gruppe angehören (Angleichung nach oben).[109]

Unterschiedliche Tarife für Frauen und Männer hat der Europäische Gerichtshof 31
in einer bemerkenswerten Entscheidung zu den Versicherungen[110] für gemeinschaftsrechtswidrig erklärt. Dabei hat er den Verstoß einer Richtlinie gegen Primärrecht angenommen[111] und erklärt, dass die entsprechende Ausnahmebestimmung der Richtlinie ab dem 21.12.2012[112] von den Mitgliedstaaten nicht mehr angewandt werden dürfe.[113] Das für Versicherungsverträge entschiedene Differenzierungsverbot zwischen Männern und Frauen gilt auch für Betriebsrenten.[114] In der Literatur wird die Notwendigkeit der Anpassung auch laufender Verträge angenommen,[115] dabei soll freilich die Pensionsverpflichtung für Männer und Frauen weiterhin nach verschiedenen Annahmen für die Lebenserwartung bilanziert werden.[116] Die Praxis erwartet keine direkten Auswirkungen auf Versicherungsverträge, die vor dem 21.12.2012 abgeschlossen wurden,[117] empfiehlt aber Vorsicht.[118] Verbindliche Klarheit wird nur eine weitere Entscheidung des Europäischen Gerichtshofs bringen.[119] Zu

108 EuGH 22.11.2005, C 144/04, NZA 2005, 1345, 1348 (Rn. 75, Mangold); EuGH, 19.1.2010, C-555/07, NZA 2010, 85, 86 (Rn. 21, Kücükdeveci).

109 BAGE 49, 346, 252f.; BAGE 78, 272, 276f. = NZA 1995, 939; BAG NZA 2008, 532, 536.

110 EuGH 1.3.2011, Rs C-236/09, NJW 2011, 907, dazu etwa *Rolfs/Binz,* VersR 2011, S. 714ff.

111 EuGH 1.3.2011, Rs C-236/09, NJW 2011, 907, 908f. billigt die schrittweise Verwirklichung der Gleichbehandlung bei Versicherungsprämien, greift aber der Überprüfung nach fünf Jahren zum 21.12.2012 derart vor, dass ab diesem Zeitpunkt eine Ungleichbehandlung von Männern und Frauen nicht mehr zugelassen wird.

112 Gesetzliche Regelung im AGG von aba und GDV vorgeschlagen, *Hessling,* BetrAV 2012, S. 289, 291.

113 Dazu auch die Mitteilung der Kommission vom 22.12.2011, abgedruckt etwa BetrAV 2012, S. 78.

114 *Birk,* BetrAV 2011, S. 441, nach dem auch laufende Versicherungsverträge im Rückdeckungsverhältnis ab diesem Zeitpunkt betroffen sein sollen, vgl. schon *Birk,* BetrAV 2003, S. 197, 200.

115 *Birk,* BetrAV 2011, S. 441, 442f., für Altverträge eine Vorlage an den EuGH anregend *Höfer,* BetrAV 2011, S. 586, 589.

116 *Höfer,* BetrAV 2011, S. 586, 589.

117 *Hessling,* BetrAV 2012, S. 289, 291, der für die Altersrente sonst für Frauen einen leicht sinkenden Beitrag (2 bis 3 Prozent), für Männer einen um fünf bis sechs Prozent steigenden Beitrag erwartet (aaO, S. 290).

118 *Ulbrich,* DB 2011, S. 2775ff. = BetrAV 2012, 211.

119 Eine Vorlage anregend *Temming,* BetrAV 2012, S. 391, 400f.

weitgehend erscheint es dabei freilich, auch für Leistungen bis Dezember 2012 eine Gleichbehandlung von Männern und Frauen zu verlangen.[120]

32 Ob die vom Europäischen Gerichtshof geforderte gleiche monatliche Auszahlung für Männer und Frauen tatsächlich eine Gleichbehandlung darstellt, erscheint vor dem Hintergrund der differenzierten Bilanzierung[121] nicht unter jedwedem Gesichtspunkt zweifelsfrei. Zutreffend an den Erwägungen des EuGH ist jedenfalls, dass auch andere Parameter (Bildung, Ernährung, Einkommen) starke, statistisch signifikante Auswirkung auf die erwartete Lebenserwartung haben. Diskriminierend mag so weniger die Unterscheidung nach dem Geschlecht an sich sein als vielmehr, nur nach diesem Merkmal zu unterscheiden. Schlecht ausgebildete und bezahlte Frauen, die körperlich hart arbeiten und rauchen, dürften eine geringere Lebenserwartung haben als Männer, für die all dies nicht zutrifft. Ohnehin stellt sich die Frage, inwieweit für die Vergangenheit aussagekräftige Daten die Zukunft hinreichend sicher abbilden. Die aufgrund der zunehmenden Erwerbsbeteiligung von Frauen ähnlicher werdenden Lebensbedingungen für Männer und Frauen dürften zu einer Annäherung auch der Lebenserwartung führen. Jedenfalls zeigen für (weitgehend) vergleichbare Lebensbedingungen die Klosterstudien, dass Frauen in Frauenklöstern eine nur geringfügig höhere Lebenserwartung als die Männer in Männerklöstern haben.[122]

33 Der Gleichbehandlungsgrundsatz kann im Einzelfall auch den Anspruch auf eine Betriebsrente begründen. Nach dem allgemeinen arbeitsrechtlichen Gleichbehandlungsgrundsatz können nicht einzelne Gruppen ohne sachlichen Grund von einer Vergünstigung ausgenommen werden. So können etwa jedenfalls nicht ohne weiteres Teilzeitbeschäftigte ausgenommen werden.[123] Praktisch wird häufig auch eine Diskriminierung von Frauen vorliegen, die häufiger in Teilzeit arbeiten.[124] Ein Anspruch auf Hinterbliebenenrente kann sich aus der Rechtsprechung zu gleichgeschlechtlichen Lebenspartnerschaften ergeben.[125]

2. Direktzusage des Arbeitgebers

a) Direktzusage als Grundform

34 Das Betriebsrentengesetz sieht die Direktzusage weiterhin als Grundform der betrieblichen Altersvorsorge an,[126] auch praktisch sind weit über die Hälfte der Be-

120 So *Birk*, BetrAV 2012, S. 7, 9ff., wie hier *Temming*, BetrAV 2012, S. 391, 400f.
121 Oben Fn. 116.
122 *Luy*, Warum Frauen länger leben (...), auf die unterschiedliche Lebensweise als entscheidenden Faktor hinweisend S. 121f.
123 Etwa BAGE 71, 29; BAGE 79, 236.
124 EuGH, 13.5.1986, C 170/84, Slg 1986, 1620, 1627 (Rn. 29) (Bilka).
125 EuGH, 10.5.2011, C-147/08, NZA 2011, 557.
126 Oben III.1.c.

triebsrenten Direktzusagen.[127] Bei der Direktzusage steht der Arbeitgeber direkt für die zugesagte Betriebsrente ein, es gibt im Grundfall nur zwei Vertragspartner, den Arbeitgeber als Gläubiger der Arbeitsleistung und künftigen Schuldner der Betriebsrente sowie den Arbeitnehmer als Schuldner der Arbeitsleistung und künftigen Betriebsrentner.

Die Direktzusage erfolgte zunächst häufig in Anlehnung an das letzte Gehalt,[128] 35
dies war aber kaum zu kalkulieren und wurde unattraktiv, insbesondere nachdem die Pensionsverpflichtungen in der Bilanz ausgewiesen werden mussten und auch zunehmend mit externem Vermögen bedeckt wurden. Modern erfolgt die Direktzusage meist in der Form der beitragsorientierten Leistungszusage bzw. der Beitragszusage mit Mindestleistung[129] und, ebenfalls entsprechend internationalen Trends, eine Ausfinanzierung der Betriebsrenten durch ein contractual trust arrangement (CTA).[130]

b) Rückstellung oder Sondervermögen

Nach der Vorstellung des Gesetzgebers und historisch erfolgt bei einer Direktzusage 36
nur eine Rückstellung in der Bilanz.[131] Für den Arbeitgeber ist diese Gestaltung sehr attraktiv, es kann das Unternehmen mit dem bilanziell zurückgestellten Vermögen bis zur Auszahlung weiter wirtschaften. Deutschland hat jedenfalls in Europa den größten Anteil an nicht mit Vermögen bedeckten Betriebsrentenzusagen.[132] Auch weltweit nimmt Deutschland eine Sonderstellung ein, nur drei Prozent der Betriebsrentenzusagen in der OECD sind lediglich mit einer Rückstellung gedeckt.[133]

Zunehmend erfolgt allerdings jedenfalls in größeren Unternehmen eine Bede- 37
ckung mit Vermögen. Ursprünglich geschah dies aufgrund des Drucks von Ratingagenturen.[134] Ratingagenturen schätzen eine Vermögensbedeckung, da im Wege der sogenannten Bilanzverkürzung Verpflichtungen und bedeckendes Vermögen gegeneinander aufgerechnet werden. Einen internen Anreiz setzten die für größere Unternehmen anwendbaren internationalen Rechnungslegungsstandards.[135] Der an-

127 *Schwind,* BetrAV 2012, 363: Gesamte Deckungsmittel 482,9 Mrd Euro, davon Direktzusagen 256,5 Mrd. Euro.
128 Oben Fußnote 100.
129 Dazu oben III.1.c.
130 Zum CTA *M. Roth,* Private Altersvorsorge, S. 61f., 252ff., zuletzt etwa *Geilenkothen,* BetrAV 2011, S. 590ff.
131 Für Altverbindlichkeiten eine Pflicht zur Rückstellungsbildung auch nach Inkrafttreten des Bilanzrichtliniengesetzes verneinend BGHZ 139, 167, 172.
132 *European Federation for Retirement Provision (EFRP),* Annual Report 2012, S. 43 mit Zahlen für 2010 (und 2009, Deutschland nur 2009) Deutschland 243 Mrd. Euro, Österreich 18 Mrd. Euro in 2010, Spanien 9 Mrd. Euro, Italien 2,9 Mrd. Euro, zu anderen Ländern keine Angaben.
133 *OECD,* Pensions at a Glance 2011, S. 174.
134 Dazu *M. Roth,* ZGR 2011, S. 516, 525f.
135 § 315a HGB: Konzernabschluss nach internationalen Rechnungslegungsstandards.

wendbare Rechnungslegungsstandard IAS 19 sieht eine Verrechnung von Betriebsrentenzusagen und Planvermögen vor.[136] Das Bilanzrechtsmodernisierungsgesetz hat eine entsprechende Verrechnungspflicht im Jahre 2008 auch für nach dem Handelsgesetzbuch (HGB) bilanzierende Unternehmen eingeführt.[137]

38 Die DAX 30-Unternehmen haben die Pensionsverpflichtungen seit einiger Zeit zu etwa zwei Dritteln ausfinanziert.[138] Technisch erfolgt das überwiegend im Wege eines so genannten contractual trust arrangement (CTA)[139] oder einer Verpfändung von Vermögenswerten. Das contractual trust arrangement wird als doppelseitige Treuhand konstruiert: Die vom CTA gehaltenen Vermögenswerte sichern letztlich die Arbeitnehmer, die internationalen Rechnungslegungsstandards fordern insbesondere eine Absicherung gegen die Insolvenz des Arbeitgebers.

c) Insolvenzsicherung und Ausgliederung

39 Die gesetzlich unverfallbaren Betriebsrentenansprüche der Arbeitnehmer sind insolvenzgesichert,[140] Träger der Zusage ist der von der Wirtschaft durch Umlagezahlungen auf die Betriebsrentenverpflichtungen finanzierte Pensions-Sicherungs-Verein (auf Gegenseitigkeit, PSVaG). Fehlt es an einer Zusage auch der Anpassung einer Betriebsrente in der Auszahlungsphase, so ist die Haftung allerdings auf den Nominalwert der Betriebsrentenzusage beschränkt. Es trägt also mit anderen Worten der Begünstigte, der aktuelle oder künftige Betriebsrentner, das Inflationsrisiko.[141]

40 Das Unternehmen hat weiter die Möglichkeit, eine spezielle Gesellschaft zu gründen, auf die dann die Betriebsrentenverpflichtungen übertragen werden (Rentnergesellschaft).[142] Das Bundesarbeitsgericht verlangt eine hinreichende Ausstattung, insbesondere müssen auch Anpassungen der Betriebsrentenzahlung in der Auszahlungsphase möglich sein, es gilt der Grundsatz der vorsichtigen Anlage. Dieser erfordert im Fall der Rentnergesellschaft eine hohe Dotierung (Abzinsung der Verpflichtungen aufgrund erwarteter Einnahmen aus Vermögensverwaltung bis zum Eintritt des Arbeitnehmers in den Ruhestand nur mit

136 IAS 19, Neufassung am 16.6.2011, veröffentlicht im ABlEU vom 6.6.2012, L 146/1, 8, zur erstmaligen Anwendung *Hagemann*, BetrAV 2012, S. 423ff.

137 § 246 Abs. 2 S. 2 HGB. Dazu die IDW-Stellungnahme zur Rechnungslegung: Handelsrechtliche Bilanzierung von Altersversorgungsverpflichtungen (IDW RS HFA 30) vom 9.9.2010, abgedruckt etwa in BetrAV 2011, S. 81.

138 *M. Roth*, ZGR 2011, S. 516, 526f.

139 Nachweise oben Fn. 130.

140 § 7 Abs. 1, 2 BetrAVG.

141 Näher *M. Roth*, Private Altersvorsorge, S. 541ff.

142 Zu BAG NZA 2009, 790 u.a. *M. Roth*, NZA 2009, S. 1400ff., zur angemessenen Ausstattung auch *Höfer/Kupper*, DB 2009, S. 118ff. = BetrAV 2009, S. 107ff., zum BAG auch *Witteler*, SAE 2009, S. 75f. = BetrAV 2009, S. 216ff., vgl auch noch unten VI.3.

drei Prozent)[143] sowie eine konservative Anlage der Vermögenswerte der Rentnergesellschaft.

3. Weitere Durchführungswege

a) Unterstützungskasse

Unterstützungskassen haben in Deutschland eine lange Tradition.[144] Die Besonderheit dieses traditionellen Vehikels für eine Betriebsrente liegt daran, dass die Unterstützungskasse nach dem Betriebsrentengesetz keine Verpflichtungen gegenüber den Arbeitnehmern übernimmt.[145] Dies hat allerdings nur aufsichtsrechtliche Wirkung, es unterliegt die Unterstützungskasse so mangels Übernahme einer Garantie nicht der Versicherungsaufsicht,[146] wie dies bei einer Lebensversicherung, einer Pensionskasse sowie einem Pensionsfonds der Fall ist. Zivilrechtlich ist – neben dem Arbeitgeber – auch die Unterstützungskasse zur Zahlung von übernommenen Leistungen an den Arbeitnehmer verpflichtet.[147] 41

b) Versicherungsförmige Durchführungswege

Eine externe Durchführung der Betriebsrente kann versicherungsförmig über eine Lebensversicherungsgesellschaft (Direktversicherung), über eine Pensionskasse oder einen Pensionsfonds erfolgen, daneben gibt es noch die Rückdeckung, etwa in Form einer rückgedeckten Unterstützungskasse. Bei der Pensionskasse handelt es sich um eine althergebrachte Institution betrieblicher Vorsorge, der Pensionsfonds wurde 2001 durch das Altersvermögensgesetz eingeführt.[148] Pensionsfonds gewinnen langsam aber stetig an Bedeutung, dies nicht zuletzt aufgrund der Möglichkeit, Direktzusagen steuerneutral auf einen Pensionsfonds zu übertragen.[149] 42

Relevant ist die Unterscheidung zwischen einer Direktversicherung, einer Pensionskasse und einem Pensionsfonds insbesondere für die Regelung der Kapitalanlagen der Altersvorsorgeinstitution. Direktversicherungen werden wie sonstige Le- 43

143 BAG NZA 2009, 790, 795 (Rn. 46): Abstellen auf die Untergrenze einer vernünftigen kaufmännischen Bandbreite der Zinssätze, im maßgeblichen Zeitpunkt drei Prozent.
144 *M. Roth*, Private Altersvorsorge, S. 53.
145 § 1b Abs. 4 S. 1 BetrAVG.
146 *Löschhorn*, in: Förster/Cisch/Karst Betriebsrentengesetz, § 1b Rn. 82.
147 BAGE 32, 56 (nur Widerruf bei sachlichem Grund), zuletzt etwa BAG NZA 2006, 1221, 1222 (Rn. 14).
148 Dazu *M. Roth*, Private Altersvorsorge, S. 114ff. Zurückhaltend zur Entwicklung der Pensionsfonds in Deutschland bereits der *Arbeitskreis „Finanzierung der Schmalenbach-Gesellschaft für Betriebswirtschaft e. V.*, BB 1998, S. 321, 330.
149 *Bredebusch/Großmann*, DStR 2010, S. 1441ff.

bensversicherungen auch besonders streng reguliert mit der Folge, dass praktisch das gesamte Anlagevermögen in „sichere" Anlageklassen investiert werden muss. Das macht das Versicherungsgeschäft für (mit der Definition als „sicher") nicht vorgesehene externe Schocks anfällig und kann insbesondere in Niedrigzinsphasen (deutlich) höhere Kapitalbeiträge der Versicherten notwendig machen. Geringere Renditen können wegen des Zinseszinseffekts mitunter ganz erhebliche Effekte haben. Gefährdet wird jedenfalls in Zeiten finanzieller Repression auch die Erhaltung des realen Wertes des angelegten Vermögens. Die größere Freiheit des Pensionsfonds rechtfertigt sich auch dadurch, dass der Arbeitgeber weiterhin für die zugesagte Betriebsrente haftet.[150]

4. Entgeltumwandlung

44 Der Arbeitnehmer hat die Möglichkeit, bis zu vier Prozent seines Gehaltes in eine Betriebsrentenzusage umzuwandeln, § 1a BetrAVG.[151] Hier gilt die Besonderheit, dass die umgewandelten Entgeltbestandteile sofort unverfallbar sind.[152] Im Übrigen kann der Arbeitgeber vorsehen, dass der Arbeitnehmer dem Unternehmen mindestens fünf Jahre angehören muss, um später tatsächlich auch eine Betriebsrente zu erhalten.[153] Dies kann nicht gelten, soweit es sich um vom Arbeitnehmer selbst in die Altersvorsorge eingebrachtes Entgelt handelt. Die umgewandelten Entgelte unterfallen nicht der Sozialversicherungspflicht und werden so bei den Sozialversicherungsbeiträgen privilegiert. Umgewandelt werden kann nur künftiges Arbeitsentgelt, es soll kein Insolvenzschutz für erdientes oder gar fälliges Arbeitsentgelt begründet werden können.[154]

45 Die Entgeltumwandlung hat maßgeblich zur – bislang freilich noch moderaten – Ausweitung des für Betriebsrentenzwecke verwalteten Vermögens beigetragen.[155] Es muss die Zusage dem umgewandelten Arbeitsentgelt entsprechen, insoweit war zunächst die Direktversicherung problematisch, da traditionell hohe Vermittlungskosten direkt in die Kalkulation eingestellt wurden (sogenanntes „zillmern").[156] Während für die Altersvorsorgeverträge eine Verteilung der Abschlusskosten vorgesehen ist, wurde auch nach Einführung der Entgeltumwandlung zunächst teilweise der volle Abzug der Vermittlungskosten für möglich gehalten. Das Bundesarbeitsge-

150 Zum Prinzip vorsorgegerechter Anlage *M. Roth*, Private Altersvorsorge, S. 462ff., zu Anlagegrenzen S. 464ff.

151 Begrenzt auf die Beitragsbemessungsgrenze der gesetzlichen Rentenversicherung, für das Jahr 2013 in Westdeutschland 5.900 Euro, in Ostdeutschland 4.800 Euro im Monat.

152 § 1b Abs. 5 BetrAVG.

153 § 1b Abs. 1 BetrAVG.

154 Prägnant *Paulsdorff*, BetrAV 1991, S. 20ff.

155 *Statistisches Bundesamt*, (Fn. 5).

156 Dazu *M. Roth*, Private Altersvorsorge, S. 434ff.

richt legt eine Verteilung auf fünf Jahre nahe,[157] dies ist nach der Reform des Versicherungsvertragsgesetzes ohnehin Standard.

Nach dem Betriebsrentengesetz hat der Arbeitnehmer keinen Einfluss auf die Wahl des Durchführungswegs und gegebenenfalls der Kapitalanlage.[158] Ersteres ist relevant, da der Arbeitnehmer bei einer Entgeltumwandlung regelmäßig eine über die Zusage des Arbeitgebers hinausgehende Sicherheit in Form einer echten Kapitaldeckung verlangen wird. Die Frage der Anlage betrifft den Arbeitnehmer meist in ähnlichem Maße, er trägt regelmäßig jedenfalls einen Teil des Kapitalanlagerisikos bzw. des Inflationsrisikos. Freiwillig und international auch teilweise verpflichtend bestehen Wahlmöglichkeiten, in den USA zwischen verschiedenen Risikozuschnitten.[159] 46

5. Automatische Einbeziehung in Betriebsrentenzusagen (automatic enrollment)

Internationale verhaltensökonomische Studien zeigen, dass die grundsätzliche Einbeziehung von Arbeitnehmern in eine Betriebsrente durch den Arbeitgeber die Verbreitung auch dann signifikant erhöht, wenn der Arbeitnehmer der Einbeziehung widersprechen kann.[160] Man spricht insoweit von einer automatischen Einbeziehung in Betriebsrentenzusagen bzw. von einem automatic enrollment oder auch von einem opt(ing) out. Der Arbeitnehmer muss dafür optieren, nicht an der Betriebsrente teilzunehmen. Anders als bei der Entgeltumwandlung muss sich der Vorsorgende nicht aktiv bemühen, er wird einbezogen, wenn er nicht widerspricht („opt-out"). Die Dotierung der Betriebsrente erfolgt aus dem Arbeitseinkommen des Arbeitnehmers, regelmäßig leistet der Arbeitgeber freilich weitere Zuschüsse.[161] 47

Der 64. Deutsche Juristentag hatte bereits im Jahre 2004 in Bonn eine entsprechende Regelung durch den Gesetzgeber gefordert.[162] Im Vereinigten Königreich sieht der nunmehr in die Implementierungsphase eintretende Pensions Act 2008 ein automatic enrollment in Betriebsrentensysteme mit Finanzierungsleistungen des 48

157 BAG 15.9.2009, 3 AZR 17/09, BAGE 132, 100, 116 (Rn. 48: Es spricht viel dafür (...) einheitlich einen Zeitraum von fünf Jahren zugrunde zu legen) = NZA 2010, 164, dazu *Neuroth/Holle*, BetrAV 2010, S. 13, 18f.

158 *M. Roth*, Private Altersvorsorge, S. 159ff.

159 Section 901 (b) Pensions Protection Act of 2006, Section 204 (j) ERISA.

160 Etwa *Akerlof*, American Economic Review 92 (2002), S. 411, 424; *Madrian/Shea*, Quarterly Journal Economics 116 (2001), S. 1149; *Orszag/Orszag*, Science 309 (2005), S. 250ff.; *Poterba*, Elder Law Journal 13 (2005), S. 285, 291.

161 Dies wird etwa für Allianz Leben berichtet, die Beteiligung der Arbeitnehmer dort liegt nach *Hessling*, BetrAV 2011, S. 425, 427 nahe 100%.

162 65. Deutscher Juristentag in Bonn, 2005, Abteilung Altersvorsorge, Vorschlag 6, angenommen 31:17:6.

Arbeitnehmers, des Arbeitgebers sowie des Staates vor.[163] Eine Alternative zu einer gesetzlichen Regelung wäre die Verbreitung entsprechender Tarifverträge und/oder Betriebsvereinbarungen, so der Vorschlag der Arbeitsgemeinschaft für betriebliche Altersversorgung (AbA).[164]

49 Für die Einführung einer automatischen Einbeziehung relevant ist die neueste Forschung über abdingbare Rechtsregeln, bei diesen handelt es sich um sogenannte Rückfallregeln oder default rules, die nur eingreifen, wenn die Vertragsparteien nichts anderes vereinbaren.[165] Über gesetzliche, tarifvertragliche oder auch betriebliche (Betriebsvereinbarung) Regeln kann nicht nur die Höhe der betrieblichen Altersvorsorge, sondern auch die Anlage gesteuert werden. Von vielen Arbeitnehmern akzeptiert werden in der Zukunft steigende Raten (save more tomorrow),[166] es besteht dann jedenfalls die Hoffnung, diese aus künftigen Mehreinnahmen bezahlen zu können. Erlaubt es die persönliche Situation nicht, die generell oder gruppen-/altersspezifisch ausgerichtete Grundregel zu erfüllen, so kann der Arbeitnehmer seinen Widerspruch erklären bzw. etwa eine andere Dotierung oder auch Form der Anlage wählen.

50 Bei der Gestaltung einer Rückfalloption sind die berechtigten Erwartungen der Vorsorgenden allgemein, ggf. auch der speziellen Gruppe als maßgebliche Aspekte zu berücksichtigen. Eine ungewöhnliche Gestaltung sollte freilich nicht per se zur Möglichkeit der Haftung des Arbeitgebers führen, dann müsste praktisch jeweils dieselbe Regel implementiert werden. Wegen des bisherigen Fokus des deutschen Rechts der Altersvorsorge und der damit einher gehenden Erwartungen wird sich auch nach Zulassung einer reinen Beitragszusage[167] häufig eine garantieförmige Betriebsrentenregelung als Rückfallregel empfehlen, jedenfalls ist eine entsprechende Wahlmöglichkeit vorzusehen.[168]

6. Reine Beitragszusagen (defined contribution)

51 International gewinnen reine Beitragszusagen (defined contributions), bei denen der Arbeitgeber nur Beiträge leistet und sich der auszuzahlende Betrag allein nach dem Investmenterfolg richtet,[169] immer stärker an Bedeutung. In den USA machen die sogenannten defined contributions schon länger den ganz überwiegenden Anteil der Zusagen und mittlerweile auch der verwalteten Vermögenswerte aus, das-

163 Zum nunmehr in Kraft getretenen Pensions Act 2008 und allgemein zum automatic enrollment *M. Roth*, Private Altersvorsorge, S. 164ff.

164 *AbA*, Dialog pro Betriebsrente, 3.3 (opting out).

165 Dazu grundlegend *Möslein*, Dispositives Recht.

166 *Thaler/Sunstein*, Nudge, Chapter 6, S. 122–125.

167 Dazu sogleich III.6.

168 *M. Roth*, Private Altersvorsorge, S. 662.

169 Dazu *M. Roth*, Private Altersvorsorge, S. 89ff.

selbe gilt für Australien und die Schweiz.[170] Diese Tendenz ist wegen der damit häufig (nicht aber etwa in der Schweiz[!]) verbundenen Verlagerung des Investmentrisikos auf den Arbeitnehmer, aber auch wegen der häufig schlechteren Dotierung nicht unumstritten.[171]

Reine Beitragszusagen sind zutreffend nicht per se risikoreicher, da der Begünstigte bei garantierten Leistungen regelmäßig (zumindest teilweise) das Inflationsrisiko trägt. Dies gilt auch bei Direktzusagen regelmäßig im Fall der Insolvenz des Arbeitgebers, der Pensions-Sicherungs-Verein garantiert grundsätzlich nur den nominalen Wert, die Anpassungen an die Teuerung stehen auch bei solventen Unternehmen unter dem Vorbehalt, dass diese aus den Gewinnen bezahlt werden können.[172] International sind reine Beitragszusagen allerdings auch weniger hoch dotiert, die Unternehmen verlagern nicht nur das Investmentrisiko auf den Arbeitnehmer. 52

Eine reine Beitragszusage bedeutet nicht zwingend den vollständigen Verzicht auf Garantien, die bislang ein Wesenselement der steuerlich geförderten deutschen privaten Altersvorsorge sind.[173] In Betracht kommt auch, dass wie etwa in der Schweiz,[174] nur ein externer Träger privater Vorsorge in der Auszahlungsphase bestimmte Leistungen garantiert. Eine solche für den Arbeitgeber wegen des Wegfalls einer eigenen Garantie von Leistungen in der Auszahlungsphase risikoärmere Form könnte zur stärkeren Verbreitung betrieblicher Altersvorsorge beitragen.[175] 53

In Deutschland von der Rechtsprechung arbeitsrechtlich zugelassen,[176] unterfallen reine Beitragszusagen nicht dem Betriebsrentengesetz, da dieses stets eine Garantie des Arbeitgebers fordert.[177] Zutreffend fordert das Bundesarbeitsgericht einen ausdrücklichen Ausschluss eines Garantieversprechens des Arbeitgebers,[178] ob eine 54

---

170 *TowersWatson,* Global Pensions Asset Study 2012, S. 8.

171 Kritisch etwa *Munnell,* in: Clark/Munnell/Orszag (eds), Oxford Handbook on Pensions and Retirement Income, S. 359, 377.

172 Unten VII.1.

173 Oben II.3.

174 *Stöckli,* RdA 2002, S. 229, 230: Einstandspflicht (Anm.: des Arbeitgebers) ist dem schweizerischen Recht grundsätzlich fremd.

175 Vgl schon *aba,* BetrVG 1997, S. 318, 319 (Thesen 3, 10), die aaO in These 12 freilich von einer verbleibenden Subsidiärhaftung des Arbeitgebers spricht, so nun letztlich auch die Beitragszusage mit Mindestleistung.

176 BAGE 112, 1, 7; BAG NZA 2008, 532, 535 (Rn. 33); BAG NZA-RR 2008, 537, 538 (Rn. 19), dazu auch *M. Roth,* Private Altersvorsorge, S. 96ff. Andere Ansicht *Blomeyer/Rolfs/Otto,* Betriebsrentengesetz, § 1 Rn. 89: *Rolfs* nimmt als Konsequenz der Teilnichtigkeit die Behandlung als Beitragszusage mit Mindestleistung an und verweist auf BAG 13.11.2007, 3 AZR 635/06. Nach *Steinmeyer,* in: ErfKomm, § 1 BetrAVG Rn. 17 ist regelmäßig in eine Beitragszusage mit Mindestleistung umzudeuten, dies trifft zu, wenn nicht hinreichend deutlich auf das Fehlen einer Einstandspflicht des Arbeitgebers hingewiesen wurde.

177 Dazu auch *Reinecke,* DB 2006, S. 555, 557.

178 BAGE 112, 1, 7 = NZA 2005, 1239; besteht Einigkeit, dass eine betriebliche Altersversorgung nach dem Betriebsrentengesetz zugesagt wurde, vereinbaren die Parteien keine reine

Beitragszusage mit Mindestleistung vorliegt, ist eine Frage der Vertragsauslegung.[179] Dies ist derzeit freilich wenig praktisch, da für reine Beitragszusagen bislang keine steuerliche Förderung anerkannt ist. Im Zweifel wird der Arbeitnehmer so von einer Garantie des Arbeitgebers ausgehen dürfen.

55 Das aktuelle Kapitalmarktumfeld mit historisch niedrigem Zinsniveau könnte der reinen Beitragszusage auch in Deutschland zum Durchbruch verhelfen. Die Pensionslasten der Unternehmen steigen wegen des verringerten Rechnungszinses erheblich: Da die Verpflichtung zum aktuellen Stichtag zu bilanzieren ist, werden die künftigen Zahlungen um den Rechnungszins verringert, verringert sich dieser Zins, steigen die aktuellen Belastungen.

7. Öffentlicher Dienst

56 In der öffentlichen Hand besteht die Besonderheit, dass neben privatrechtlichen Arbeitsverträgen auch öffentlich-rechtliche Dienstverhältnisse bestehen. Da die Beamten typischerweise eine großzügige Pension beziehen, bestand und besteht Bedarf für eine die gesetzliche Rente von privatrechtlich Beschäftigten ergänzende Vorsorgeform. Hierfür haben Bund und Länder gemeinsam einen Tarifvertrag abgeschlossen,[180] für Kommunen gilt ein anderes Tarifvertragswerk.[181]

57 Für öffentliche Bedienstete des Bundes und der Länder bietet die Versorgungsanstalt des Bundes und der Länder (VBL) eine ergänzende Vorsorge an, die 2001 auf Kapitaldeckung umgestellt wurde. Die VBL hat zwischenzeitlich ein Anlagevermögen von 15 Mrd Euro und ist damit der wohl größte deutsche Pensionsfonds. Auch in den USA sind die größten Pensionsfonds solche der öffentlichen Hand, genannt sei insbesondere der Pensionsfonds für die öffentlichen Bediensteten in Kalifornien CalPERS (Californian Public Employees Retirement System), der über 200 Milliarden US-Dollar verwaltet.[182]

58 Noch klärungsbedürftig ist die Auftragsvergabe der öffentlichen Hand auf dem Gebiet der betrieblichen Altersvorsorge. Für die Kommunen bedarf es nach Rechtsprechung des EuGH einer öffentlichen Ausschreibung.[183] Für die VBL ist bislang keine gleichlautende Rechtsprechung ersichtlich, allerdings stellt sich die Frage der

---

Beitragszusage, BAG NZA 2008, 532, 535 (Rn. 33); dazu auch *Uebelhack*, in: GS für Blomeyer, S. 467, 476ff.

179 *Schipp*, BetrAV 2012, S. 378, 380.

180 § 25 TVöD und Tarifvertrag über die betriebliche Altersversorgung der Beschäftigten des öffentlichen Dienstes (Tarifvertrag Altersversorgung – ATV).

181 § 25 TVöD und Tarifvertrag über die zusätzliche Altersvorsorge der Beschäftigten des öffentlichen Dienstes – Altersvorsorge-TVKommunal – (ATV-K).

182 www.calpers.ca.gov.

183 EuGH, 15.7.2010, C-271/08, EuZW 2010, 659.

Übertragbarkeit der Entscheidung des Europäischen Gerichtshofs[184] und damit der Anwendbarkeit des Vergaberechts.

IV. Individuelle Altersvorsorge

1. Steuerlich geförderte Rentenversicherung

a) Allgemeines

Rechtstatsächlich hatte die Riester-Reform einen bedeutenden Einfluss auf die von Versicherungen angebotene Altersvorsorge. Machten Rentenversicherungen im Jahre 1990 nur 2,2 Prozent aller Lebensversicherungsverträge aus (Kapitalversicherungen, Rentenversicherungen, Risikoversicherungen), und waren es im Jahre 2000 ebenfalls noch bescheidene 12,0 Prozent, so waren 2005 bereits 26,1 Prozent aller Lebensversicherungsverträge in der Form der Rentenversicherung abgeschlossen, dieser Anteil stieg im Jahre 2010 auf 38,9 Prozent und im Jahre 2011 auf 41,1 Prozent.[185] Bei 2011 insgesamt 89,7 Millionen Lebensversicherungsverträgen in Deutschland geht die Anzahl der Rentenversicherungen damit weit über die Anzahl aller Riester-Verträge hinaus. Von insgesamt 37,5 Millionen Rentenverträgen im Jahre 2011 waren nur 10,8 Millionen Riester-Verträge, weitere 1,5 Millionen Basisrenten und 3,8 Millionen Rentenversicherungsverträge von Pensionskassen und Pensionsfonds, hingegen 21,5 Millionen „sonstige" Rentenversicherungen. 59

In jedenfalls zeitlichem Zusammenhang mit der Einführung der Riester-Rente haben sich so der Vertrieb der Lebensversicherungsunternehmen und das Vorsorgeverhalten der Bevölkerung maßgeblich geändert. Da die Bestandszahlen auch die Altverträge enthalten, zeigt sich die Veränderung der Vorsorge über Lebensversicherungen am deutlichsten bei dem Neugeschäft mit laufender Beitragszahlung. Hier kommen Kapitalversicherungen insgesamt auf einen Anteil von nur noch etwa zehn Prozent,[186] hingegen fondsgebundene Rentenversicherungen auf einen Anteil von 19,3 Prozent und Renten- und Pensionsversicherungen auf einen Anteil von 35,0 Prozent.[187] 60

184 *M. Roth*, EuZA 2011, S. 213, 220.

185 *GDV*, Die deutsche Lebensversicherung in Zahlen, S. 16.

186 *GDV*, Die deutsche Lebensversicherung in Zahlen, S. 8: Kapitalversicherungen: Laufender Beitrag 251 Mio. Euro (5,5 Prozent), Fondsgebundene Kapitalversicherungen 166 Mio. Euro (3,6 Prozent) Kollektivversicherungen in Form einer Kapitalversicherung: 67 Mio. Euro (1,5 Prozent).

187 *GDV*, Die deutsche Lebensversicherung in Zahlen, S. 8: Laufender Beitrag bei fondsgebundenen Rentenversicherungen 881 Mio. Euro, bei Renten- und Pensionsversicherungen 1,594 Mrd. Euro, hinzu kommen Kollektivversicherungen, die Statistik des GDV weist Risiko-, Berufsunfähigkeits-, Renten-, Pensions- und Pflegerentenversicherungen als „übrige Kollektivversicherungen" mit 771 Mio. Euro an laufenden Beiträgen aus.

61 Die Kostenquote von Riester-Verträgen liegt nach Medienberichten häufig über zehn Prozent,[188] insgesamt gibt der Gesamtverband der deutschen Versicherungswirtschaft (GDV) die laufenden Verwaltungsaufwendungen mit 2,4 Prozent der gebuchten Brutto-Beiträge, die Abschlussaufwendungen mit 5,0 Prozent der Beitragssumme des Neugeschäfts an.[189] Für neu abgeschlossene Verträge sind beide Werte einer Gesamtbetrachtung zuzuführen, dabei muss beachtet werden, dass die Abschlusskosten nicht über die gesamte Vertragslaufzeit, sondern nur über die ersten fünf Jahre[190] verteilt werden müssen. Für die laufenden Verwaltungskosten weist der Gesamtverband der deutschen Versicherungswirtschaft ein langfristig sinkendes Niveau aus, die Abschlusskosten sind seit längerer Zeit gleichgeblieben.[191] Bezogen auf den gesamten Kapitalbestand geben die Versicherer die Kostenquote mit nur 0,3 Prozent in 2011 an.[192]

b) Riester- und Rürup Rente

62 Kernelemente der mit dem Altersvermögensgesetz eingeführten Riester-Rente[193] sind der staatliche Zuschuss, der sich nach Einkommen und Kindern richtet, sowie nach dem zugleich eingeführten Altersvorsorgeverträge-Zertifizierungsgesetz[194] die Garantie der eingezahlten Beiträge durch den Anbieter.[195] Diese Garantie greift freilich ohne Weiteres nur ein, wenn der Vorsorgende den Anbieter während der gesamten Vertragslaufzeit nicht wechselt und auch nicht auf ein anderes Angebot des Anbieters umsteigt. Legt man die Stornoquote der Lebensversicherungen zugrunde, bei denen nur etwa ein Drittel der Verträge die gesamte Vertragslaufzeit bedient werden, so erscheint diese Garantie zum Schutz des Vorsorgenden wenig geeignet, muss er doch ggf. gerade einem Anbieter treu bleiben, dem er nach der bisherigen Entwicklung seiner Kapitalanlagen kaum noch vertrauen dürfte.

63 Kennzeichen der Riester-Rente ist weiter die Notwendigkeit der Verrentung jedenfalls nach dem 85. Lebensjahr.[196] Das ist mit Blick auf die in den letzten Lebens-

188 Nach www.ratgeber.ARD.de Finanzen & Recht nennen Verbraucherschützer eine durchschnittliche Kostenquote von 12 Prozent.

189 *GDV*, Die deutsche Lebensversicherung in Zahlen, S. 26: Laufende Verwaltungsaufwendungen 2,017 Mrd. Euro, Abschlussaufwendungen 8,392 Mrd. Euro.

190 Zur Berechnung des Rückkaufswerts § 169 Abs. 3 VVG.

191 *GDV*, Die deutsche Lebensversicherung in Zahlen, S. 26: 1985 betrugen die Kostenquoten 6,1 Prozent der laufenden Verwaltungsaufwendungen, (1990: 5,4 Prozent, 1995: 4,3 Prozent, 2000: 3,5 Prozent, 2005: 3,2 Prozent, 2010 und 2011: 2,4 Prozent). Die Abschlussaufwendungen bewegen sich seit 1995 zwischen 4,5 und 5,4 Prozent der Beitragssumme des Neugeschäfts.

192 *GDV*, Die deutsche Lebensversicherung in Zahlen, S. 26.

193 Oben Fn. 7

194 Gesetz über die Zertifizierung von Altersvorsorge- und Basisrentenverträgen (Altersvorsorgeverträge-Zertifizierungsgesetz – AltZertG) vom 26.6. 2001, BGBl I 1310. 1322.

195 § 1 Abs. 1 Nr. 3 AltZertG.

196 § 1 Abs. 1 Nr. 4 Buchstabe a) AltZertG.

jahren oft besonders hohen Aufwendungen nicht unproblematisch, die staatliche Pflegeversicherung reicht meist nicht aus, die Kosten zu decken.[197] Einen bedeutenden Fortschritt stellte die Verteilung der Abschlusskosten über fünf Jahre[198] dar, so nunmehr auch das Versicherungsvertragsgesetz.[199] Notwendig ist die Zertifizierung eines Altersvorsorgevertrags.[200]

Neben die Riester-Förderung tritt aufgrund der Änderung des Einkommensteu- 64
ergesetzes durch das Alterseinkünftegesetz[201] seit dem 1.1.2005 die meist als Rürup-Rente bezeichnete Basisrente,[202] benannt nach Hans-Adalbert („Bert") Rürup, der als wissenschaftlicher Sachverständiger bereits die Riester-Reform maßgeblich mit geformt hatte. Zielgruppe sind insbesondere Selbständige, die nicht unter die Förderung für Riester-Produkte fallen und als nicht gesetzlich versicherte Personen einen erhöhten Vorsorgebedarf haben. Steuerfrei sind Rürup-Renten bis zu 20.000 Euro, der in der Ansparphase geförderte Betrag steigt bis 2025.[203]

2. Allgemeine Regeln für Versicherungen

a) Versicherungsvertrags- und Versicherungsaufsichtsgesetz

Die Lebens- und Rentenversicherung ist insbesondere im Versicherungsvertragsge- 65
setz (VVG) sowie im Versicherungsaufsichtsgesetz (VAG) geregelt. Versicherungsrechtlich handelt es sich bei der Rentenversicherung um einen Unterfall der Lebensversicherung. Seit der Reform des Versicherungsvertragsgesetzes im Jahre 2008 dürfen Abschlusskosten nicht mehr gezillmert werden, sie müssen auf fünf Jahre verteilt werden.[204] Gesetzlich geregelt wurde weiter das Zuschreiben von Überschüssen.[205] Mit einer möglichst zeitnahen Zuschreibung der Überschüsse soll erreicht werden, dass Anlagegewinne auch den zum Zeitpunkt des Anlagegewinns Versicherten zu Gute kommen. Langfristig ist diese auch versicherungsaufsichtsrechtlich gebotene Verfahrensweise freilich nicht unproblematisch, da auch die zugeschrie-

197 Überlegungen einer Kombination von Betriebsrente und Pflegeversicherung von *Birk*, BetrAV 2008, S. 43ff.
198 § 1 Abs. 1 Nr. 8 AltZertG.
199 Oben Fn. 190.
200 Gesetz zur Zertifizierung von Altersvorsorgeverträgen (Altersvorsorgeverträge-Zertifizierungsgesetz – AltZertG), Art. 7 des Altersvermögensgesetzes vom 26.6.2001, BGBl I 1310, 1322.
201 Änderung insbesondere des § 10 Abs. 1, 3 EStG durch das Gesetz zur Neuordnung der einkommensteuerrechtlichen Behandlung von Altersvorsorgeaufwendungen und Altersbezügen (Alterseinkünftegesetz – AltEinkG) vom 5.7.2004, BGBl I 1427.
202 Dazu jeweils kritisch *Bartlitz*, BB 2005, S. 2403ff.; *Fischer/Hoberg*, DB 2005, S. 1285ff.; *Recktenwald/Krüger*, BetrAV 2005, S. 336ff.
203 § 10 Abs. 3 EStG.
204 § 169 Abs. 3 S. 1 VVG.
205 § 153 VVG.

benen Überschüsse garantiert werden und deshalb eine Anlage nur in nicht volatile, „sichere" Anlageklassen erfolgen kann.[206]

b) Die Bedeutung von Sterbetafeln

66 In der kapitalgedeckten Altersvorsorge spielen Sterbetafeln[207] eine zentrale Rolle, hängt doch die Höhe der einzelnen, meist monatlichen Rentenzahlungen maßgeblich von der erwarteten durchschnittlichen Lebenserwartung der (künftigen) Rentner ab.[208] Die Berechnung der Lebenserwartung ist in der individuellen Altersvorsorge mit zusätzlichen Unsicherheiten behaftet, da nicht jeder eine solche Versicherung abschließt. Das Versicherungsunternehmen als Anbieter der Versicherung muss damit rechnen, dass in erster Linie solche Personen eine Rentenversicherung abschließen, die davon ausgehen, besonders lange zu leben. Aus Vorsichtsgründen kann deshalb auch versicherungsaufsichtsrechtlich nicht die allgemein künftig erwartete Lebenserwartung zugrunde gelegt werden. Es bedarf eines Sicherheitszuschlags der wegen der langfristigen Garantie der Leistungen durch das Versicherungsunternehmen um einen Zuschlag zu ergänzen ist. Beides kommt zur ohnehin erwarteten Steigerung der Lebenserwartung hinzu, so dass für neugeborene Mädchen derzeit eine Lebenserwartung von 102 Jahren zugrunde gelegt wird.[209]

c) Einmalzahlungen

67 Bei Einmalzahlungen besteht die Besonderheit, dass es an einer Ansparphase mit kontinuierlichen Einzahlungen fehlt.[210] Stattdessen beginnt sofort oder doch nach einer Zeit ohne weitere Einzahlungen die Auszahlungsphase. Für die Annahme von Einmalzahlungen können sich für das Lebensversicherungsunternehmen Einschränkungen ergeben, insbesondere bei der Möglichkeit einer Spekulation auf ein sinkendes Zinsniveau. Bei Ausgleiten einer Hochzinsphase oder Beginn einer Niedrigzinsphase können Anleger versucht sein, den erwarteten künftigen Ertrag aus langfristigen Rentenpapieren der Versicherungsunternehmen auszunutzen. Dies

---

206 Dazu *M. Roth*, Private Altersvorsorge, S. 299, 464ff.

207 Erste Sterbetafeln in Deutschland von *Leibniz*, Nachdruck seines Beitrags Über Leibrenten und andere individuelle Probleme, in: Knobloch/von Schulenburg (Hrsg.), Hauptschriften zur Versicherungs- und Finanzmathematik.

208 Auch Wirtschaftswissenschaftler schließen freilich eine Lebensversicherung ab, ohne zuvor die Sterbetabelle zu studieren.

209 *Deutsche Aktuarvereinigung*, Sterbetafel 2004R: Lebenserwartung neugeborener Mädchen von 102,40 Jahren.

210 Zur praktischen Bedeutung *GDV*, Die deutsche Lebensversicherung in Zahlen, S. 6: Einmalbeträge in 2010 und 2011 jeweils deutlich über 20 Mrd. Euro.

geht zu Lasten der bereits Versicherten, deren Beteiligung an den künftigen Renditeaussichten verwässert wird.[211]

68 Die Rechtsgrundlage für Beschränkung von Rentenverträgen gegen Einmalzahlung liegt in der Treuepflicht des Versicherungsunternehmens.[212] Die Geschäftspolitik des Versicherungsunternehmens muss vertretbar erscheinen. Dies ermöglicht eine gerichtliche Nachprüfung auf vertragsrechtlicher Basis, alleine die Billigung der Geschäftspolitik durch die Versicherungsaufsicht reicht nicht aus.

3. Investmentfonds

69 Investmentfonds sind nunmehr im Investmentgesetz geregelt, eingeführt wurden sie als Kapitalanlagegesellschaften durch das Kapitalanlagegesellschaftsgesetz (KAGG) im Jahre 1957.[213] Damit ist in Deutschland im internationalen Vergleich erst sehr spät eine Investmentkultur entstanden. Kennzeichen des KAGG sowie nachfolgend des InvG sind das Investmentdreieck von Investmentbank, Depotbank und Anleger. Das Investmentfondsgesetz enthält auch besondere Regeln für die Altersvorsorge.[214]

70 In Deutschland bestand rechtstatsächlich lange die Besonderheit, dass der Markt für Investmentfonds von den Töchtern etablierter Banken beherrscht wurde, die dann meist auch Depotbanken waren. Infolge der zunehmenden internationalen Verflechtung der Finanzmärkte sind nun die Töchter ausländischer Fondsgesellschaften auch in Deutschland aktiv, umgekehrt vertreiben die deutschen Banken nicht mehr nur die Investmentfonds aus der eigenen Unternehmensgruppe, sondern auch andere Investmentfonds.

71 Zunehmend Verbreitung finden Indexfonds (teilweise auch als ETFs, Exchange Trades Funds, bezeichnet), die lediglich einem Index folgen bzw. diesen nachbilden und die damit deshalb kostengünstiger sind als teilweise mit hohen Managementgebühren arbeitende aktiv gemanagte Investmentfonds.[215] Hintergrund für die Wahl von Indexfonds ist dabei auch, dass es den Verwaltern der Investmentfonds selten gelingt, über eine längere Zeit besser abzuschneiden als der Markt. Problematisch können sogenannte synthetische Indexfonds werden, die die in einem Index vertre-

---

211 Zum Schutz der Anleihegläubiger gegen Verwässerung im Aktienrecht etwa *Habersack*, in: MünchkommAktG, § 221 Rn. 271ff.; *Hirte*, in: GroßkommAktG, § 221 Rn. 173ff., zu den Gewinnschuldverschreibungen und Genussrechten *ders.*, Rn. 415ff.

212 Dazu *M. Roth*, Private Altersvorsorge, S. 282ff.

213 Investmentgesetz (InvG) als Art. 1 des Gesetzes zur Modernisierung des Investmentwesens und zur Besteuerung von Investmentvermögen (Investmentmodernisierungsgesetz) vom 15.12.2003, BGBl. I 2676.

214 Altersvorsorge-Sondervermögen, §§ 87–90 InvG.

215 Dazu etwa *Heda/Heine/Oltmanns*, AG 2001, S. 109.

tenen Wertpapiere nur abbilden, aber nicht enthalten. Es trägt dann ggf. der Vorsorgende das Insolvenzrisiko eines Gegenpartners.

72 International kommt der Anlage in Investmentfonds auch in der betrieblichen Altersvorsorge große Bedeutung zu. Dies gilt vor allem für die USA, wo viele Arbeitgeber in defined contribution-Plänen die Wahl zwischen verschiedenen Investmentoptionen anbieten. Hohe Kosten von Investmentfonds können bei betrieblicher Vorsorge minimiert werden, wenn der Arbeitgeber einer Investmentgesellschaft die praktische Durchführung der Altersvorsorge andient. Es fallen jedenfalls die Kosten für Werbung nicht an, auch der Bestand kann kostengünstiger verwaltet werden. Internationale Studien zeigen die Kostengünstigkeit auch bei Rückfallregel auf nationaler Ebene, so etwa in Schweden.[216]

4. Wohnraum

73 Seit der entsprechenden Regelung im Eigenheimrentengesetz von 2008[217] ist es auch möglich, über Grundeigentum zu „riestern". Diese Form der Riester-Förderung weist aktuell die höchsten Steigerungsraten auf. Wohneigentum bildet in weiten Bevölkerungskreisen den wichtigsten Vermögensgegenstand und wird klassisch dazu benutzt, für das Alter vorzusorgen, etwa in Form der mietfreien Wohnung. Die Einbeziehung auch von Wohnraum in die steuerliche Förderung der Altersvorsorge wird in Deutschland teilweise kritisiert. In den USA ist eine sogenannte „reverse mortgage", bei der der bzw. die Ältere sein bzw. ihr Haus an eine Bank verkauft, dort aber wohnen bleiben kann und lebenslange Zahlungen erhält,[218] weithin üblich.

V. Gemeinsame Grundsätze

1. Partiarisches Rechtsverhältnis

74 Gemeinsam ist praktisch allen Formen privater Vorsorge die Beteiligung des Begünstigten am Anlageerfolg;[219] eine Ausnahme stellen der Banksparplan mit fester Verzinsung sowie eine Direktzusage dar, bei der der Arbeitgeber eine feste Anpassung in der Auszahlungsphase zugesagt hat. Im ersten Fall muss die Bank und gegebenenfalls deren Einlagensicherung, im zweiten Fall der vom Arbeitgeber und

216 *Thaler/Sunstein*, Nudge, S. 156.

217 Gesetz zur verbesserten Einbeziehung der selbstgenutzten Wohnimmobilie in die geförderte Altersvorsorge (Eigenheimrentengesetz – EigRentG) vom 29.7.2008, BGBl. I 1509.

218 *Kulms*, ZfIR 2002, S. 614.

219 Dazu *M. Roth*, Private Altersvorsorge, S. 138ff.

gegebenenfalls der Pensions-Sicherungs-Verein für die betraglich voll feststehende Zahlung einstehen.

Am deutlichsten wird der partiarische Charakter[220] von Altersvorsorgeverträgen bei einer Vermögensverwaltung in Form von Investmentfonds, hier erfolgt die kollektive Anlage der Geldmittel von vornherein unter der Maßgabe, dass der Anleger nur den als Ergebnis der Vermögensverwaltung (noch) vorhandenen Betrag verlangen kann.[221] Eine Beteiligung am Überschuss erfolgt aber auch bei versicherungsförmiger Altersvorsorge, einer Lebens- oder Direktversicherung sowie bei einer Betriebsrente, die über eine Pensionskasse oder einen Pensionsfonds abgewickelt wird.[222] 75

Bei der Direktzusage ist ein Begünstigter in der Auszahlungsphase am Erfolg des Unternehmens zu beteiligen, es ist der über eine Mindestrendite hinausgehende Gewinn zum Ausgleich der Inflation zu verwenden.[223] Die Anpassungspflicht kann seit 1999 allerdings abbedungen werden, es muss der Arbeitgeber hierfür eine regelmäßige jährliche einprozentige Anpassung zusagen, § 16 Abs. 3 Nr. 1 BetrAVG. Dies hat für den Arbeitnehmer den Vorteil, dass auch die Anpassung insolvenzgesichert ist,[224] für den Arbeitgeber den Vorteil, seine künftigen Verpflichtungen konkret berechnen und die Teilhabe des Arbeitnehmers an der weiteren Entwicklung des Unternehmens beschränken zu können. Auch erfolgt die Gewinnbeteiligung erst nach dem Ausscheiden aus dem Arbeitsverhältnis, während des laufenden Arbeitsverhältnisses bislang eher selten. 76

2. Vermögensbedeckung

a) Sondervermögen

Wesen privater Altersvorsorge ist die Vermögensbedeckung der Forderungen der Begünstigten.[225] International wird hierfür meist ein trust verwandt, stärker als in Deutschland werden auch Investmentfonds zur privaten Vorsorge genutzt.[226] Insbesondere in der staatlichen Rentenversicherung hat die Vermögensbedeckung hierzulande freilich ihre systemischen Probleme offenbart: das Risiko eines Totalverlustes hat sich nach den beiden Weltkriegen, die auch durch Rentengelder finanziert worden waren, sowie während der Hyperinflation der 1920er Jahre (weitgehend) 77

---

220 Dazu *Crome*, Die partiarischen Rechtsgeschäfte nach römischem und heutigem Reichsrecht, Freiburg 1897; speziell zur Lebensversicherung *Basedow*, Die Kapitallebensversicherung als partiarisches Rechtsverhältnis, ZVersWiss 1992, S. 419ff.

221 Zum Investmentfonds *Zetsche*, Prinzipien der kollektiven Vermögensanlage, im Druck.

222 Zur Überschussbeteiligung oben IV.2.a.

223 Unten VII.1.

224 Dazu *M. Roth*, Private Altersvorsorge, S. 541ff.

225 Dazu *M. Roth*, Private Altersvorsorge, S. 243ff.

226 Zur reinen Beitragszusage in den USA (defined contributions) oben III.6.

verwirklicht. Anfällig ist die kapitalgedeckte Vorsorge bei Weltwirtschaftskrisen sowie nationalen (Wirtschafts-)Katastrophen. Die Entwicklung in den USA nach der zweiten Finanzmarktkrise zeigt aber, dass sich die Vermögenswerte auch bei bedeutenden Krisen rasch wieder erholen können.

78 Deutschland verfolgt insbesondere bei Betriebsrenten klassisch einen anderen Ansatz, es müssen Betriebsrenten nicht zwingend mit Vermögen bedeckt werden. Nach dem Zweiten Weltkrieg trugen die Betriebsrenten vielmehr maßgeblich zur Eigenfinanzierung der deutschen Wirtschaft bei.[227] Für die Direktzusage wurde lange angenommen, dass die Verpflichtungen gegenüber den Arbeitnehmern nicht einmal in die Bilanz einzustellen sind, dies hat sich allerdings jedenfalls mit dem Bilanzrichtliniengesetz von 1985 geändert.[228] Durch den Druck der Ratingagenturen und aufgrund internationaler Rechnungslegungsstandards haben sodann zunächst größere Unternehmen mit der Ausfinanzierung von Direktzusagen begonnen. Durch das Bilanzrechtsmodernisierungsgesetz erhielten auch nach dem Handelsgesetzbuch bilanzierende Unternehmen die Möglichkeit, ihre Bilanz um die Betriebsrentenverpflichtungen zu verkürzen.[229]

79 Zutreffend stellen Unterstützungskassen ein Sondervermögen dar,[230] explizit ein Sondervermögen besteht bei Investmentfonds.[231] Ein gesondertes Sicherungsvermögen ist aufgrund der besonderen Regelungen im Versicherungsaufsichtsgesetz bei der Lebensversicherung zu bilden,[232] dies gilt auch für Pensionskasse und Pensionsfonds. Ein Treuhandvermögen besteht beim contractual trust arrangement (CTA), bislang ist freilich das Schicksal eines CTA in der Insolvenz noch nicht (höchstrichterlich) geklärt.[233] Bei einer Direktzusage nimmt der Bundesgerichtshof an, dass in der hierfür in der Bilanz des Arbeitgebers gebildeten Rückstellung „praktisch“ ein Sondervermögen liege.[234]

b) Externe Garantien

80 Eine Insolvenzsicherung durch den Pensions-Sicherungs-Verein besteht in der betrieblichen Vorsorge insbesondere für die Direktzusage, ferner aber auch für die Unterstützungskasse sowie Pensionsfonds. Nur für Pensionsfonds sieht das Betriebsrentengesetz einen ermäßigten Beitrag vor. Gefordert wird eine Beitragsermäßigung

---

227 Dazu schon oben Fn. 2.

228 BGHZ 139, 167, 172.

229 § 246 Abs. 2 S. 2 HGB.

230 *Löschhorn*, in: Förster/Cisch/Karst, Betriebsrentengesetz, § 1b Rn. 82.

231 § 2 Abs. 2 InvG.

232 § 66 VAG.

233 Zur Sicht des PSVaG *Berenz*, BetrAV 2010, S. 322, vgl. auch *M. Roth*, Private Altersvorsorge, S. 547ff.

234 BGHZ 139, 167, 175.

generell bei Vermögensbedeckung,[235] international hängt etwa in den USA, in Schweden sowie im Vereinigten Königreich[236] die Höhe der Prämien auch vom Grad der Bedeckung mit externem Vermögen ab. Das Bundesverwaltungsgericht hat die derzeitige Finanzierung des Pensions-Sicherungs-Vereins gebilligt.[237] Die Sicherungseinrichtung für die Versicherungen[238] besteht seit 2002 aufgrund einer Initiative der Versicherungswirtschaft und -aufsicht, seit 2005 auch aufgrund eines gesetzlichen Erfordernisses.[239]

3. Aufsicht

National vereint die Bundesanstalt für Finanzdienstleistungsaufsicht (BaFin) nunmehr alle Aufsichtsarten unter einem Dach. Für die Altersvorsorge ist insbesondere die Versicherungsaufsicht von Belang, auf europäischer Ebene ist dabei die Aufsicht über Versicherungen und Pensionsfonds zusammengefasst.[240] Versicherungen spielen aufgrund der steuerlichen Förderung im Rahmen der individuellen Vorsorge eine besondere Rolle, es greift die Versicherungsaufsicht aber auch im Rahmen der betrieblichen Vorsorge über Direktversicherung, Pensionskasse oder Pensionsfonds ein, dies freilich mit teilweise differenzierten Aufsichtsstandards. Pensionskassen und insbesondere Pensionsfonds sind von einigen für Lebensversicherungsunternehmen geltenden Anlagestandards befreit. **81**

Bislang gibt es keine Aufsicht für Direktzusagen und Unterstützungskassen, das Fehlen eines Anspruchs des Arbeitnehmers gegen die Unterstützungskasse dient gerade dazu, dass keine Aufsichtspflicht eingreift.[241] Keiner Aufsicht unterliegen insbesondere die sogenannten contractual trust arrangements (CTA). International besteht teilweise eine besondere Aufsicht für die betriebliche Vorsorge.[242] **82**

---

235 Vgl. dazu den Reformvorschlag von *Gunkel*, BetrAV 2009, S. 717ff. und BetrAV 2010, S. 501ff., *ders.*, auch zum BDA-Konzept vom März 2012, BetrAV 2012, S. 97ff., weiter *Schnitker/Sittard*, RdA 2010, S. 295ff.; *dies.*, NZA 2010, S. 1333ff.

236 Dazu *Franzen*, BetrAV 2010, S. 125.

237 BVerwG, 25.8.2010, 8 C 40.09, ZIP 2010, 2363 = BetrAV 2011, 98.

238 Mit internationalem Vergleich *Müller*, BetrAV 2010, S. 119ff.

239 Die §§ 124ff. VAG zum Sicherungsfonds wurden eingefügt durch das Gesetz zur Änderung des Versicherungsaufsichtsgesetzes vom 15.12.2004, BGBl. I 3416, dazu BT-Drs. 15/3418 und BT-Drs. 15/3976.

240 Nunmehr EIOPA, European Insurance and Occupational Pensions Authority.

241 Dazu schon oben III.3.a.

242 Zur Aufsicht in der Schweiz *Nussbaum*, BetrAV 2011, S. 444ff.

VI. Kriterien für die Auswahl eines Altersvorsorgevertrags

1. Kosten und steuerliche Behandlung

83 Die betriebliche Vorsorge hat grundsätzlich einen Kostenvorteil gegenüber der individuellen Vorsorge.[243] Bei der Betriebsrente entfallen die Kosten für den Vertrieb, auch die Bestandsverwaltung kann regelmäßig kostengünstiger angeboten werden. Gerade in Niedrigzinsphasen können die Kosten die Kapitalerträge aufwiegen, hohe Kosten führen generell dazu, dass die Rendite nachhaltig geschmälert wird. Auf dem Gebiet der individuellen Altersvorsorge sind sogenannte Indexfonds,[244] bei denen keine Managementgebühr anfällt, besonders kostengünstig.

84 Riester-Verträge sind zwar sehr kostenintensiv, wegen der steuerlichen Förderung sowie der Zuschüsse bei der Entscheidung für einen Altersvorsorgevertrag aber in Betracht zu ziehen. Zuschüsse erhalten insbesondere Geringverdiener sowie Familien mit Kindern, diese müssen nur sehr geringe Eigenbeiträge leisten. Meist bedarf eine betriebliche Altersvorsorge noch der Ergänzung durch eine individuelle Altersvorsorge.

2. Rendite, Flexibilität und Sicherheit

85 Die Renditeaussichten sind auch in der privaten oder betrieblichen Altersvorsorge schwer prognostizierbar. Dies galt bei zutreffender historischer Betrachtung schon immer, nach der Finanzmarktkrise liegt dieser Befund aber doch offener zutage. Fraglich erscheint nicht nur, ob von einem „equity premium" ausgegangen werden kann,[245] neu zu bewerten sind auch und insbesondere die Insolvenz- und Inflationsgefahren bei der Anlage in festverzinsliche Anleihen von Staaten und Unternehmen.

86 Die Art sowie ggf. die externe Institution betrieblicher Vorsorge wird bei einer Betriebsrente sowie einer Entgeltumwandlung nach dem Betriebsrentengesetz vom Arbeitgeber ausgesucht, es besteht nach dem Betriebsrentengesetz kein Wahlrecht des Arbeitnehmers zwischen verschiedenen Anlageformen.[246] Dies beruht nicht zuletzt darauf, dass aufgrund der Garantie des Arbeitgebers dem Arbeitnehmer eine besondere Sicherheit geboten wird. Die Flexibilität ist aber auch in der individuellen Vorsorge eingeschränkt, insbesondere bei garantieförmigen Verträgen ist ein Wechsel häufig nur unter Inkaufnahme von Nachteilen möglich.

---

243 Zur Vergütung *M. Roth,* Private Altersvorsorge, S. 417ff.

244 Dazu oben IV.4.

245 Zur Rendite von Aktien und Anleihen bis zur Finanzmarktkrise *M. Roth,* Private Altersvorsorge, S. 1f. (Fn. 5–7); S. 174ff.

246 Dazu oben III.4.

Sicherheit bedeutet in der deutschen betrieblichen und individuellen Vorsorge klassischerweise eine Garantie. Die steuerliche Förderung setzt in Deutschland bislang eine solche Garantie voraus,[247] international ist das keineswegs selbstverständlich. Kosten einer Garantie können insbesondere in der Form einer geringeren (erwarteten) Rendite entstehen. Zutreffend kann auch die Bildung eines Sondervermögens[248] sowie die langfristige vorsorgegerechte Anlage[249] für ein hinreichendes Maß an Sicherheit sorgen. 87

3. Vertragspartner

Die Altersvorsorge bedarf in besonderem Maße des Vertrauens des für sein Alter Vorsorgenden. Dieses bezieht sich primär auf den Vertragspartner, die Institution privater Vorsorge, die das Altersvorsorgeprodukt anbietet. Es ist die Identität des Vertragspartners über die gesamte Laufzeit des Altersvorsorgevertrags aber nicht gesichert. Dies gilt allgemein aufgrund der Möglichkeit der Umwandlung des Vertragspartners (Abspaltung, Formwechsel, Verschmelzung)[250] sowie der Änderung der Eigentümerstruktur (Aufkauf, Konzernierung). 88

Stärker noch als in der individuellen Vorsorge kann es in der betrieblichen Vorsorge während der Dauer des Altersvorsorgevertrages zu einem Wechsel in der Person oder doch in der wirtschaftlichen Identität kommen. Mit einer Dauer von häufig fünf bis sieben Jahrzehnten überdauern Altersvorsorgeverträge die Existenz vieler Unternehmen. Bei Direktzusagen greifen (teilweise neben) diesen Unwägbarkeiten die Möglichkeit eines Betriebsübergangs sowie der Auslagerung von Ansprüchen in eine sogenannte Rentnergesellschaft. 89

Der Betriebsübergang ist aufgrund der Richtlinie 2001/23/EG in § 613a BGB geregelt. Relevant ist die Regelung insbesondere bei der Direktzusage,[251] es geht dann mit dem Arbeitsverhältnis auch die Betriebsrentenverpflichtung über. Schuldner der Betriebsrente ist auch bei einem Übergang des Arbeitsverhältnisses kurz vor der Pensionierung nicht der (ggf. langjährige) alte Arbeitgeber, sondern der neue Arbeitgeber. Die Betriebsrenten sind deshalb ein wichtiges Element für die Bemessung des Kaufpreises bei Unternehmenstransaktionen.[252] 90

247 Dazu oben III.1.c, IV.1, V.2.b.
248 Dazu oben V.2.a.
249 Dazu *M. Roth*, Private Altersvorsorge, S. 295ff., 458ff.
250 Einschlägig sind die Regelungen des Umwandlungsgesetzes.
251 Zu den mittelbaren Durchführungswegen *Diller*, BetrAV 2011, S. 348, zu vertraglichen Gestaltungen S. 350ff.
252 Zu den Folgen eines Betriebsübergangs auf die Betriebesrentenansprüche *Schnitker*, in: Willemsen/Hohenstatt/Schweibert/Seibt (Hrsg.), Umstrukturierung und Übertragung von Unternehmen, J VI (Rn. 423ff.), zum finanziellen Ausgleich für den Betriebserwerber Rn. J 437.

91 Insbesondere im Konzern und bei Unternehmen, die abgewickelt werden sollen, wird das Umwandlungsgesetz genutzt. Das Bundesarbeitsgericht hat die Anwendung des Umwandlungsgesetzes auf die Abspaltung der Betriebsrentenverpflichtungen gebilligt.[253] Im Konzern können so Teilverkäufe ohne Übertragung des Rentnerbestands bei einem Anteilsverkauf vorbereitet werden. Abgewickelt werden könnten Unternehmen ohne Übertragung des Rentnerbestands häufig erst nach mehreren Jahrzehnten, wenn planmäßig die Erfüllung der Betriebsrentenansprüche der (ehemaligen) Beschäftigten erwartet werden kann.

4. Prognosen

92 Die Entscheidung für den Abschluss eines Altersvorsorgevertrags impliziert vielfältige Prognosen, die meist langfristiger Natur sind und besser aufgrund vergleichbarer Information[254] getroffen werden können. Die für die Auswahl eines Altersvorsorgeproduktes notwendigen Prognosen betreffen die allgemeine wirtschaftliche Entwicklung, die Renditen von festverzinslichen Wertpapieren und Aktien,[255] die Entwicklung des Vertragspartners[256] sowie insbesondere auch der eigenen persönlichen Verhältnisse, last but not least aber auch der rechtlichen Grundlagen.[257] Insbesondere die künftige Besteuerung kann nur eingeschränkt vorhergesagt werden. Die jeweils als überwiegend wahrscheinlich angesehenen Erwartungen künftiger Entwicklungen unterscheiden sich, auch Experten sind in ihren Vorhersagen häufig nicht besser als andere Personen. Aufgrund der Vielzahl verschiedener zu bedenkender Faktoren erfolgt die Entscheidung notwendig unter großer Unsicherheit.

VII. Die Auszahlungsphase

1. Direktzusage

93 Das Betriebsrentengesetz sieht die Direktzusage weiterhin als Grundform an,[258] eine solche Betriebsrente ist in der Auszahlungsphase im Grundsatz anzupassen. § 16 Betriebsrentengesetz sieht in Abs. 1 vor, dass der Arbeitgeber alle drei Jahre eine Anpassung der laufenden Leistungen zu prüfen und hierüber nach billigem Ermes-

253 BAG NZA 2009, 790, dazu u.a. *M. Roth*, NZA 2009, S. 1400ff.

254 Begrüßenswert die am 27. September 2012 von der Bundesregierung beschlossene Formulierungshilfe für ein Gesetz zur Verbesserung der steuerlichen Förderung der privaten Altersvorsorge (Altersvorsorge-Verbesserungsgesetz – AltvVerbG).

255 Oben VI.2.

256 Oben VI.3.

257 Oben VI.1.

258 Oben III.2.a.

sen zu entscheiden hat; dabei sind insbesondere die Belange des Versorgungsempfängers und die wirtschaftliche Lage des Arbeitgebers zu beachten.[259] Für die Belange des Versorgungsempfängers ist auf die Entwicklung der Lebenshaltungskosten abzustellen, die wirtschaftliche Lage des Arbeitgebers muss eine Anpassung erlauben. Hierfür lässt die Rechtsprechung nicht die bloße Solvenz genügen, es muss dem Arbeitgeber vielmehr eine angemessene Verzinsung des von ihm eingesetzten Kapitals verbleiben.[260] Die Anpassung hängt maßgeblich von der Teuerungsrate ab, aus Änderungen des Verbraucherpreisindex folgt für die Vergangenheit kein Anpassungsbedarf hinsichtlich der Betriebsrenten.[261] Unterblieb eine Anpassung der Betriebsrenten aufgrund der schlechten wirtschaftlichen Lage des Arbeitgebers, so kann zu einem späteren Zeitpunkt die Nachholung der Anpassung geboten sein.[262]

Praktisch wirkt die Betriebsrentenzusage in der Auszahlungsphase ähnlich ei- 94
nem Genussschein, nämlich als Gewinnbeteiligung des Arbeitnehmers.[263] Für nach dem 31.12.1998 erteilte Zusagen kann der Arbeitgeber die Anpassungspflicht abbedingen, wenn er sich dazu verpflichtet, die laufenden Leistungen jährlich um ein Prozent anzuheben.[264]

2. Versicherungsförmige Betriebsrenten

Bei einer versicherungsförmigen Betriebsrentenzusage erfolgt die Anpassung der 95
Renten regelmäßig nach den Ergebnissen der Vermögensanlage durch den Träger. § 16 Abs. 3 Nr 2 BetrAVG befreit die Unternehmer von der Pflicht zur Prüfung der Anpassungsmöglichkeit, wenn ab Rentenbeginn sämtliche auf den Rentenbestand entfallenden Überschussanteile zur Erhöhung der laufenden Leistungen verwandt werden. Nicht genannt werden Pensionsfonds, auf diese soll die Vorschrift auch nicht analog anwendbar sein.[265] Die Verpflichtung zur Prüfung einer Anpassung entfällt aber auch bei einer Beitragszusage mit Mindestleistung.[266]

3. Sonstige Rentenversicherungen

Für Riester- und Rürup-Renten gelten das Versicherungsvertrags- sowie das Versi- 96
cherungsaufsichtsgesetz. Die von der Versicherungswirtschaft regelmäßig garan-

259 Dazu *M. Roth*, Private Altersvorsorge, S. 638ff.
260 Umlaufrendite öffentlicher Anleihen sowie ein Risikozuschlag von zwei Prozent, BAGE 105, 72, 78.
261 Dazu *Cisch/Hufer*, BetrAV 2009, S. 13.
262 Dazu *Rolfs*, in: *Blomeyer/Rolfs/Otto*, Betriebsrentengesetz, § 16 Rn. 89ff.
263 *M. Roth*, EzA § 16 BetrAVG Nr. 55.
264 § 16 Abs. 3 Nr. 1 BetrAVG.
265 *Rolfs*, in: *Blomeyer/Rolfs/Otto*, Betriebsrentengesetz, § 16 Rn. 318f.
266 § 16 Abs. 3 Nr. 3 BetrAVG.

tierte Mindestverzinsung des verwalteten Vermögens führt bei Fortführung der Vermögensverwaltung auch nach Beginn der Rentenzahlungen zu einer Erhöhung der Renten in der Auszahlungsphase.

VIII. Zusammenfassung und Ausblick

97 Die Bedeutung der privaten Altersvorsorge wird weiter zunehmen. Konkretisierungsbedarf besteht beim Begriff der privaten Altersvorsorge, er ist im Einklang mit internationalen Standards zutreffend als Oberbegriff der betrieblichen und individuellen Altersvorsorge zu begreifen.

98 Zutreffend sollte primär die betriebliche Altersvorsorge weiterentwickelt[267] und die Betriebsrente als gegenüber der individuellen Vorsorge regelmäßig kostengünstigere Form künftig stärker gefördert werden. Eine Garantie durch den Arbeitgeber ist bei einer von der Finanzaufsicht kontrollierten Institution schwer begründbar. Das Abstellen auf Garantien führt zu Kosten und zu einem Schwerpunkt in Anlagen in festverzinsliche Wertpapiere.

99 Eine automatische Einbeziehung in einen Pensionsplan unter Eigenbeteiligung (automatic enrollment) kann die Kosten senken, ermöglicht aber auch bei einer betrieblichen Altersvorsorge aus Arbeitsentgelt mit Eigenbeiträgen des Arbeitnehmers die Verwendung von Sterbetabellen mit geringerer Lebenserwartung und bietet dem Arbeitnehmer die Möglichkeit, die zusätzliche Vorsorge abzulehnen (opt-out).

267 Insoweit auch der Ausblick von *Doetsch* zur bAV 2020 in BetrAV 2010, S. 718ff., zentral der Vorschlag einer automatischen Einbeziehung mit Eigenbeiträgen, S. 719f.

C. Gesundheit, Pflege und Infrastruktur

§ 15 Gesundheitsversorgung

Literatur: *Bach, Peter/Moser, Hans (Hrsg.)*, Private Krankenversicherung (PKV), 4. Aufl. 2010; *Becker, Ulrich/Kingreen, Thorsten (Hrsg.)*, SGB V – Gesetzliche Krankenversicherung, 2. Aufl. 2010; *Beckmann, Roland Michael/Matusche-Beckmann, Annemarie (Hrsg.)*, Versicherungsrechts-Handbuch, 2. Aufl. 2009; *Bruck, Ernst/Möller, Hans (Begr.)*, Versicherungsvertragsgesetz (VVG), Band 1, 9. Aufl. 2008; *Hauck, Karl/Noftz, Wolfgang*, Sozialgesetzbuch V, Loseblatt, Stand: Juni 2012; *Juris Praxiskommentar*, SGB V, 2. Aufl., Stand: Stand 1.4.2012; *Krauskopf, Dieter (Hrsg.)*, Soziale Krankenversicherung, Loseblatt, Stand: März 2012; *Leitherer, Stephan (Hrsg.)*, Kasseler Kommentar Sozialversicherungsrecht (KassKomm), Loseblatt, Stand: April 2012; *Marko, Volker*, Private Krankenversicherung (PKV), 2. Aufl. 2010; *Maydell, Bernd Baron von/Ruland, Franz/Becker, Ulrich (Hrsg.)*, Sozialrechtshandbuch (SRH), 5. Aufl. 2012; *Langheid, Theo/Wandt, Manfred (Hrsg.)*, Münchener Kommentar zum Versicherungsvertragsgesetz (MünchKommVVG), Band 3, 2009; *Prölss, Erich/Martin, Anton*, Versicherungsvertragsgesetz (VVG), 28. Aufl. 2010; *Rolfs, Christian/Giesen, Richard/Kreikebohm, Ralf/Udsching, Peter (Hrsg.)*, Beck'scher Online-Kommentar Sozialrecht (Beck-OK-Sozialrecht), Stand: Juni 2012; *Sodan, Helge (Hrsg.)*, Handbuch des Krankenversicherungsrechts, 2010.

Inhaltsübersicht

I. Gesundheitsversorgung im Alter

1 Mit zunehmendem Alter steigt das Risiko einer Erkrankung stetig an. Demgemäß ist es aus Sicht einer alternden Gesellschaft von besonderer Bedeutung, wie sich die Gesundheitsversorgung im Alter darstellt. In Deutschland basiert die Gesundheitsversorgung auf zwei Säulen: der gesetzlichen und der privaten Krankenversicherung. Beide decken das Risiko der Krankheit ab, wenn auch für unterschiedliche Personenkreise und nach unterschiedlichen Prinzipien. Knapp 90% der Bevölkerung sind gesetzlich krankenversichert, nur etwas mehr als 10% (im Wesentlichen Selbständige, Beamte und Arbeitnehmer mit einem Jahreseinkommen oberhalb der Versicherungspflichtgrenze von 50.850 Euro [2012], jeweils auch nach Eintritt in den Ruhestand) substitutiv privat. Während in der gesetzlichen Krankenversicherung (GKV) das Solidarprinzip vorherrscht, über ein Umlageverfahren ein sozialer Ausgleich geschaffen wird und der Beitrag an das Einkommen und nicht an das individuelle Risiko gekoppelt ist, gilt in der privaten Krankenversicherung (PKV) das Äquivalenzprinzip, wonach sich die Prämie am zu versichernden individuellen Risiko bemisst. Ein sozialer Ausgleich findet innerhalb der privaten Krankenversicherung im Grundsatz nicht statt.[1] Aus diesen unterschiedlichen Wegen der Versicherung ergeben sich auch im Alter Differenzen in der Gesundheitsversorgung, vom Zugang zur jeweiligen Säule über die Beitrags- bzw. Prämiengestaltung bis hin zur Leistungsseite.

II. Die gesetzliche Krankenversicherung

2 Das System der gesetzlichen Krankenversicherung beruht auf einer solidarischen Lastentragung innerhalb des Versichertenkollektivs. Mehrere Grundprinzipien lassen sich ausmachen:[2] Die Leistungen sind weitestgehend gesetzlich definiert und

1 Zumindest wenn man vom Basistarif und der dort angeordneten Lastenverteilung auf alle Normaltarifversicherten absieht.
2 Dazu insgesamt *Ebsen*, in: Sozialrechtshandbuch (SRH), § 15 Rn. 57ff.; zu den Prinzipien in Abgrenzung zur PKV *Sodan*, in: Sodan (Hrsg.), Handbuch Krankenversicherungsrecht, 2010, § 1 Rn. 14ff.

werden durch Richtlinien des Gemeinsamen Bundesausschusses konkretisiert. Der Leistungskatalog unterliegt häufiger Veränderung, auf die der Einzelne keinen Einfluss hat. Aus dem Beitragsaufkommen[3] der gesetzlich und freiwillig Versicherten wird nach dem Versicherungsprinzip ein Risikoausgleich hergestellt, der unabhängig von der individuellen Bedürftigkeit eingreift. Desweiteren ist die gesetzliche Krankenversicherung gekennzeichnet durch das Solidarprinzip. Die Beiträge bemessen sich nach der individuellen Leistungsfähigkeit und orientieren sich in der Regel am Arbeitsentgelt bzw. Entgeltersatzleistungen wie der Rente. Die Versorgung erfolgt grundsätzlich durch Sach- oder Dienstleistungen. Der Versicherte darf zwischen den Leistungserbringern (Ärzten etc.) im Regelfall frei wählen.

1. Zugang – Der versicherte Personenkreis

Anspruch auf Leistungen aus der gesetzlichen Krankenversicherung haben gem. § 11 SGB V „Versicherte". Das sind die Pflichtversicherten (§ 5 SGB V mit Ausnahmen in den §§ 6 bis 8 SGB V), die freiwillig Versicherten (§ 9 SGB V) und diejenigen, die als Familienmitglieder versichert sind (§ 10 SGB V). Insgesamt sind ca. 70 Mio. Personen in der GKV versichert.[4] 3

a) Pflichtversicherte

Die nach § 5 SGB V Versicherungspflichtigen werden kraft Gesetzes in ein öffentlich-rechtliches Versicherungsverhältnis eingebunden.[5] Einer Willensbetätigung in Form eines Antrages oder Ähnlichem bedarf es zur Entstehung des Versicherungsverhältnisses nicht. Es ist auch nicht entscheidend, ob bereits ein Beitrag gezahlt wurde, der Versicherungspflichtige Kenntnis von seiner Versicherungspflicht oder die Krankenkasse einen formalen Aufnahmeakt vollzogen hat.[6] Genauso automatisch wie das Versicherungsverhältnis bei Vorliegen der Tatbestandsvoraussetzungen beginnt, so endet es ebenso automatisch bei Entfallen der Voraussetzungen. 4

Bezüglich älterer Menschen finden sich einige besondere Tatbestände. Den weitaus größten Personenkreis der älteren Menschen erfasst § 5 Abs. 1 Nr. 11 SGB V. Danach sind solche Personen in der GKV versicherungspflichtig, die die Voraussetzungen eines Anspruchs auf eine Rente aus der gesetzlichen Rentenversicherung 5

3 Hinzu kommt eine Beteiligung des Bundes zur Abdeckung versicherungsfremder Leistungen, § 221 SGB V.

4 Vgl. die Statistik des BMG zur Gesetzlichen Krankenversicherung – Mitglieder, versicherte Angehörige und Krankenstand, Monatswerte Januar bis Juni 2012, S. 34.

5 *Muckel/Ogorek*, Sozialrecht, 4. Aufl. 2011, § 8 Rn. 19.

6 *Peters*, in: KassKomm, § 5 SGB V Rn. 206; nur ausnahmsweise muss in den Fällen des § 186 Abs. 2 und 3 SGB V die Versicherungspflicht durch die zuständige Kasse festgestellt werden, *Zimmermann*, in: Sodan (Hrsg.), Handbuch Krankenversicherungsrecht, § 7 Rn. 8, 10.

erfüllen, einen Rentenantrag gestellt und die Vorversicherungszeit erfüllt haben.[7] Greift kein Ausnahmetatbestand oder keine vorrangige Versicherungspflicht ein, so tritt Versicherungspflicht in der Krankenversicherung der Rentner (KVdR) ein. Zu dieser haben auch diejenigen Rentner Zugang, die während ihres Erwerbslebens (zuletzt) – insbesondere wegen Überschreitens der Versicherungspflichtgrenze – nicht kraft Gesetzes, sondern nur freiwillig gesetzlich versichert waren. Die zwischenzeitlich strengere Regelung, die die Betroffenen auf die freiwillige Mitgliedschaft verweisen und ihnen damit erhebliche zusätzliche Beitragslasten auferlegen wollte,[8] ist nach Beanstandung durch das BVerfG[9] vom Gesetzgeber wieder korrigiert worden.[10] Wer über keine ausreichenden Vorversicherungszeiten verfügt, kann unter den Voraussetzungen des § 9 Abs. 1 SGB V freiwilliges Mitglied der gesetzlichen Krankenversicherung werden. Personen, die vor dem Eintritt in den Ruhestand zuletzt privat krankenversichert waren, ist dieser Weg jedoch in aller Regel versperrt, sie verbleiben in der PKV.

6 Versicherungsschutz kann auch über ein Beschäftigungsverhältnis vermittelt werden (§ 5 Abs. 1 Nr. 1 SGB V). Beschäftigung ist die nichtselbständige Arbeit, insbesondere in einem Arbeitsverhältnis (§ 7 Abs. 1 SGB IV). Arbeitnehmer, die vor Eintritt in den Ruhestand Altersteilzeitarbeit verrichten und dabei die Freistellungsphase am Ende der Altersteilzeit verblocken, erbringen zwar keine tatsächliche Arbeitsleistung mehr. Jedoch behandelt § 7 Abs. 1a SGB IV die Freistellungsphase wie ein gewöhnliches Beschäftigungsverhältnis, sodass während der gesamten Altersteilzeit ein Beschäftigungsverhältnis mit einer Versicherungspflicht in der GKV besteht.[11]

7 In der Krankenversicherung der Landwirte sind auch sog. Altenteiler erfasst (§ 5 Abs. 1 Nr. 3 SGB V, § 2 Abs. 1 Nr. 4 und 5 KVLG).[12] Dies sind Personen, die sich aus Altersgründen aus der Landwirtschaft zurückgezogen haben und sich gegen ihren Nachfolger auf Lebzeiten ein Wohnrecht, Naturalleistungen, Nutzungsrechte, Geldrenten o.Ä. vorbehalten haben.

---

7 Zu den Voraussetzungen im Einzelnen *Peters*, in: KassKomm, § 5 SGB V Rn. 126ff.

8 Zu ihr ausführlich *Rolfs*, Das Versicherungsprinzip im Sozialversicherungsrecht, 2000, S. 422ff.

9 BVerfG Beschl. v. 15.3.2000 – 1 BvL 16/96 u.a., BVerfGE 102, 68, 86ff. = NJW 2000, 2730.

10 Art. 1 Nr. 2 lit. a des Gesetzes zur Stärkung des Wettbewerbs in der Gesetzlichen Krankenversicherung (GKV-Wettbewerbsstärkungsgesetz – GKV-WSG) vom 26.3.2007, BGBl. I S. 378.

11 BSG Urt. v. 24.9.2008 – B 12 KR 27/07 R, BSGE 101, 273, 275ff. = NJW 2009, 1772; *Peters*, in: KassKomm, § 5 SGB V Rn. 20; *Rolfs*, in: Erfurter Kommentar zum Arbeitsrecht, 12. Aufl. 2012, § 10 ATG Rn. 1.

12 Die Versicherung der Landwirte richtet sich nach dem Zweiten Gesetz über die Krankenversicherung der Landwirte (KVLG 1989) vom 20.12.1988 (BGBl. I S. 2477, 2557). Das KVLG enthält eine in sich geschlossene Regelung der Krankenversicherung, die zum Teil mit den Regelungen des SGB V übereinstimmt.

b) Versicherungsfreiheit kraft Gesetzes

Die Regelungen zur Versicherungsfreiheit in den § 6 und § 7 SGB V stellen eine Ausnahme zur Versicherungspflicht des § 5 SGB V dar. Mit ihnen soll u.a. verhindert werden, dass Personen, die einem anderen Sicherungssystem (z.B. der Beamten) zuzuordnen und daher nicht schutzbedürftig sind, Einzug in die Krankenversicherung der Rentner (KVdR) finden. Gleichzeitig wird einer Doppelversorgung und doppelten Beitragsbelastung der Hinterbliebenen entgegen getreten.[13] 8

Personen, die erst nach Vollendung des 55. Lebensjahres versicherungspflichtig werden (z.B., weil sie erstmals von der Selbständigkeit in eine abhängige Beschäftigung wechseln oder das Arbeitsentgelt durch Wechsel in Teilzeitarbeit o.Ä. unter die Versicherungspflichtgrenze herabsinkt), sind unter den Voraussetzungen des § 6 Abs. 3a SGB V versicherungsfrei. Zweck der Regelung ist es, zu einer Systemabgrenzung zwischen GKV und PKV dergestalt zu gelangen, dass Personen, die sich zunächst für das System der PKV entschieden haben, in höherem Alter aber einer Versicherungspflicht nach dem SGB V unterfallen, im einmal gewählten System der PKV verbleiben. Ansonsten könnten sich die Betreffenden in jungen Jahren, in denen die PKV für sie den preisgünstigeren Versicherungsschutz bietet, für diese entscheiden, um dann im Alter die Solidarität der GKV für sich zu beanspruchen, zu der sie selbst nicht beigetragen haben. Das System der GKV wird so vor hohen Krankheitsrisiken geschützt, wenn die Risikoträger vorher keinen Anteil an der Solidargemeinschaft hatten.[14] 9

c) Befreiung von der Versicherungspflicht

Neben der kraft Gesetzes eintretenden Versicherungsfreiheit besteht unter bestimmten Voraussetzungen die Möglichkeit, auf Antrag Versicherungsfreiheit zu erlangen (§ 8 SGB V). Dies betrifft vornehmlich bisher in der PKV versicherte Personen, die erstmals einen Versicherungspflichttatbestand der GKV erfüllen und dann entscheiden können, ob sie in der PKV verbleiben möchten. Die Möglichkeit einer Befreiung haben u.a. Personen, die durch den Antrag auf oder den Bezug von Rente versicherungspflichtig werden (§ 8 Abs. 1 Nr. 4 SGB V). Von der Befreiung betroffen ist auch eine neben dem Rentenbezug ausgeübte Beschäftigung.[15] Eine einmal erfolgte Befreiung wirkt fort und erfasst auch die Versicherungspflicht aufgrund neuer Rententatbestände. Wurde eine Befreiung hingegen beim erstmaligen Vorliegen der Möglichkeit nicht beantragt, so wird die Befreiungsmöglichkeit durch die Erfüllung eines weiteren Befreiungstatbestandes erneut eröffnet.[16] 10

---

13 *Zimmermann*, in: Sodan (Hrsg.), Handbuch Krankenversicherungsrecht, § 4 Rn. 57 m.w.N.

14 BT-Drs. 14/1245, S. 59f.

15 *Just*, in: Becker/Kingreen (Hrsg.), SGB V, 2. Aufl. 2010, § 8 Rn. 11; *Zimmermann*, in: Sodan (Hrsg.), Handbuch Krankenversicherungsrecht, § 4 Rn. 80.

16 *Hampel*, in: JurisPK-SGB V, § 8 Rn. 86.

d) Freiwillig Versicherte

11 Die Möglichkeit der freiwilligen Versicherung in der GKV wird durch § 9 SGB V eröffnet. In der Krankenversicherung der Landwirte besteht eine entsprechende Möglichkeit nach § 6 KVLG. Die betroffene Personengruppe wird sozial als nicht besonders schutzbedürftig angesehen, sodass sie über ihren Krankenversicherungsschutz frei bestimmen darf.

12 Das Recht zum Beitritt von Schwerstbehinderten kann jede Krankenkasse in ihrer Satzung von einer Altersgrenze abhängig machen (§ 9 Abs. 1 Nr. 4 SGB V). Dabei ist nicht nur an Höchst-, sondern auch an Mindestaltersgrenzen zu denken.

e) Versicherung der Familienangehörigen

13 Die beitragsfreie Versicherung der Familienangehörigen stellt einen Familienlastenausgleich dar und verdeutlicht auf diesem Wege die soziale Ausrichtung der GKV. Der Status als mitversicherte Person folgt dabei akzessorisch der Mitgliedschaft des Stammversicherten in der GKV.[17] Die zahlreichen Voraussetzungen (§ 10 Abs. 1 bis 4 SGB V) dienen der Abgrenzung des schutzbedürftigen Personenkreises, der zu Lasten der Versichertengemeinschaft beitragsfrei mitversichert werden soll. Die Definition des geschützten Personenkreises geschieht zunächst nach der Nähe zum Mitglied. Aber auch andere Faktoren kommen zum Einsatz. Hier kann es zum einen auf das Bestehen einer eigenen Absicherung ankommen, die wirtschaftliche Leistungsfähigkeit, zum anderen bei Kindern auch auf Altersgrenzen.

14 Bei der Familienversicherung von Rentnern ist eine besondere Regelung zur Einkommensgrenze zu beachten, die dem Umstand Rechnung trägt, dass Renten nicht vollständig besteuert werden (§ 10 Abs. 1 Nr. 5 Halbs. 2 SGB V).

2. Mitgliedschafts- und Versicherungsverhältnis

15 Beginn, Ende und Fortbestehen der Mitgliedschaft sind umfassend in den §§ 186ff. SGB V geregelt, womit in der Regel auch der Beginn der Beitragspflichten und Leistungsansprüche festgelegt ist. Wann ein Mitgliedschaftsverhältnis beginnt, hängt entscheidend von den Eigenschaften der zu versichernden Person ab.

a) Beginn und Ende der Mitgliedschaft Versicherungspflichtiger

16 Die Mitgliedschaft beginnt mit dem Tag, an dem eine Beschäftigung aufgenommen wird oder ein anderer Tatbestand einer Versicherungspflicht erfüllt ist (§ 186 SGB V). Bei versicherungspflichtigen Rentenbeziehern ist nicht auf die Rentenbewilligung,

17 *Just*, in: Becker/Kingreen (Hrsg.), SGB V, § 10 Rn. 1.

sondern das Stellen des Rentenantrags abzuheben (§ 186 Abs. 9 SGB V). Die Erfüllung der Meldepflicht des § 201 Abs. 1 SGB V ist nicht erforderlich.[18] Besondere Probleme stellen sich, wenn die Rente ab einem Zeitpunkt bewilligt wird, der von dem Zeitpunkt der Rentenantragstellung abweicht (z.B. in den Fällen des § 99 Abs. 1 S. 1, Abs. 2 S. 1 SGB VI). Liegt der Rentenbeginn vor der Antragstellung, so beginnt die Mitgliedschaft dennoch erst mit Stellung des Antrags (§ 186 Abs. 9 SGB V). In der umgekehrten Situation, wenn also der Rentenbeginn der Antragstellung nachfolgt, ist § 186 Abs. 9 SGB V einschränkend dahingehend zu verstehen, dass die Mitgliedschaft erst mit dem Rentenbeginn einsetzt.[19] Der Rentner ist dann bis zum Beginn der Rente als Rentenantragsteller formales Mitglied (§ 189 Abs. 1 S. 1 SGB V). Ziel der Norm ist es, mit Blick auf den ungewissen Ausgang des Rentenverfahrens Lücken im Krankenversicherungsschutz zu vermeiden.[20] Voraussetzungen der Formalmitgliedschaft sind ein Rentenantrag, das Erfüllen einer Vorversicherungszeit sowie der mangelnde Rentenbezug.[21] Die Formalmitgliedschaft tritt auch dann ein, wenn der Antrag auf Rente aussichtlos ist, solange der Antrag nicht missbräuchlich zur Erlangung von Krankenversicherungsschutz gestellt wird, also die Aussichtslosigkeit auch für den Antragsteller offensichtlich war.[22] Wird der Antrag positiv beschieden, so tritt rückwirkend Mitgliedschaft nach § 186 Abs. 9 SGB V ein.[23]

Die Mitgliedschaft Versicherungspflichtiger endet kraft Gesetzes, soweit keine anderweitigen Regelungen bestehen (§ 190 SGB V). Das Ende der Mitgliedschaft versicherungspflichtiger Rentner regelt § 190 Abs. 11 SGB V. Dabei sind verschiedene Beendigungszeitpunkte denkbar. So endet die Mitgliedschaft mit Ablauf des Monats, in dem der Anspruch auf Rente wegfällt (§ 190 Abs. 11 Nr. 1 Alt. 1 SGB V) oder die Entscheidung über den Wegfall beziehungsweise Entzug der Rente unanfechtbar geworden ist (§ 190 Abs. 11 Nr. 1 Alt. 2 SGB V), frühestens jedoch mit Ablauf des Monats, für den letztmalig Rente zu zahlen ist. Die Versicherung eines Rentners endet auch dann, wenn er seinen Wohnsitz ins Ausland verlegt und keine über- oder zwischenstaatlichen Abkommen i.S. von § 6 SGB IV bestehen. Besteht ein solches Abkommen, so muss der Rentner zudem ausschließlich eine deutsche Rente beziehen.[24] Für Rentenantragsteller endet die Formalmitgliedschaft mit dem Tod oder dem Tag, an dem der Antrag zurückgenommen oder die Ablehnung unanfechtbar wird (§ 189 Abs. 2 S. 2 SGB V). 17

18 *Baier*, in: Krauskopf (Hrsg.), Soziale Krankenversicherung, § 186 SGB V Rn. 26.

19 Zur Begründung *Baier*, in: Krauskopf (Hrsg.), Soziale Krankenversicherung, § 186 SGB V Rn. 29; *Gerlach*, in: Hauck/Noftz, SGB V, § 186 Rn. 19; *Peters*, in: KassKomm, § 186 SGB V Rn. 31.

20 *Michels*, in: Becker/Kingreen (Hrsg.), SGB V, § 189 Rn. 3.

21 Dazu im Einzelnen *Peters*, in: KassKomm, § 189 SGB V Rn. 4ff.

22 *Gerlach*, in: Hauck/Noftz, SGB V, § 189 Rn. 7 m.w.N.; ebenso *Zimmermann*, in: Sodan (Hrsg.), Handbuch Krankenversicherungsrecht, § 7 Rn. 16.

23 *Zimmermann*, in: Sodan (Hrsg.), Handbuch Krankenversicherungsrecht, § 7 Rn. 16.

24 BSG Urt. v. 16.6.1999 – B 1 KR 5/98 R, BSGE 84, 98, 100ff.

b) Beginn und Ende der Mitgliedschaft freiwillig Versicherter

18 Die Mitgliedschaft Freiwilliger beginnt mit dem Beitritt, der schriftlich zu erklären ist (§ 188 SGB V). Die Beitrittserklärung muss innerhalb von sechs Monaten erfolgen.[25]

19 Die freiwillige Mitgliedschaft endet kraft Gesetzes, sobald einer der in § 191 SGB V abschließend[26] geregelten Tatbestände eintritt. Ebenso wie die Pflichtmitgliedschaft endet auch die freiwillige Mitgliedschaft mit dem Tod. Darüber hinaus beendet auch das Eintreten einer Pflichtmitgliedschaft[27] oder das Wirksamwerden der Kündigung (§ 175 Abs. 4 SGB V) die freiwillige Mitgliedschaft (§ 191 SGB V).

3. Leistungen der gesetzlichen Krankenversicherung

20 Die GKV erbringt Leistungen zur Verhütung von Krankheiten zu deren Früherkennung und zur Behandlung von Krankheiten und von deren Verschlimmerung, zur Empfängnisverhütung, bei Sterilisation und bei Schwangerschaftsabbruch sowie im Rahmen des sog. Persönlichen Budgets für behinderte Menschen. Im Rahmen der Krankenbehandlung haben Versicherte Anspruch auf ärztliche Behandlung einschließlich Psychotherapie als ärztliche und psychotherapeutische Behandlung, zahnärztliche Behandlung, Versorgung mit Zahnersatz einschließlich Zahnkronen und Suprakonstruktionen, Versorgung mit Arznei-, Verband-, Heil- und Hilfsmitteln, häusliche Krankenpflege und Haushaltshilfe, Krankenhausbehandlung, Leistungen zur medizinischen Rehabilitation und ergänzende Leistungen (§§ 27ff. SGB V).

21 Fast alle Leistungen sind altersunabhängig. Eine Reihe von ihnen kommt aber insbesondere älteren Menschen zugute. Dazu gehören namentlich die Versorgung mit Hörhilfen, Körperersatzstücken, orthopädischen und anderen Hilfsmitteln (§ 33 SGB V), die häusliche Krankenpflege (§ 37 SGB V), die spezialisierte ambulante Palliativversorgung (§ 37b SGB V) sowie stationäre und ambulante Hospizleistungen (§ 39a SGB V). Sieht man von denjenigen Leistungen ab, die nur an Kinder und Jugendliche erbracht werden (z.B. im Bereich zahnärztlicher Prophylaxe) bzw. bei denen Kinder und Jugendliche von Zuzahlungen befreit und die in der folgenden Tabelle nicht dargestellt sind, verbleiben folgende Leistungen, die nur in Abhängigkeit von einem bestimmten Alter gewährt werden:

25 Dazu *Baier*, in: Krauskopf (Hrsg.), Soziale Krankenversicherung, § 9 SGB V Rn. 18; *Gerlach*, in: Hauck/Noftz (Hrsg.), SGB V, § 9 Rn. 20f.

26 *Baier*, in: Krauskopf (Hrsg.), Soziale Krankenversicherung, § 191 SGB V Rn. 3; *Heberlein*, in: BeckOK-Sozialrecht, § 191 SGB V Rn. 1; *Peters*, in: KassKomm, § 191 SGB V Rn. 4.

27 Auch das Eintreten der Formalversicherung als Rentenantragsteller nach § 189 SGB V beendet die freiwillige Mitgliedschaft; *Baier*, in: Krauskopf (Hrsg.), Soziale Krankenversicherung, § 191 SGB V Rn. 6; *Peters*, in: KassKomm, § 191 SGB V Rn. 7; a.A. *Töns*, Rechtsfragen zur Krankenversicherung der Rentner, SGb 1989, S. 322ff., 327.

Leistungen zur Früherkennung von Krankheiten	
Gesundheitsuntersuchungen (§ 25 SGB V)	Erst ab Vollendung des 35. Lebensjahres besteht jedes zweite Jahr Anspruch auf eine Untersuchung zur Früherkennung bestimmter Krankheiten, insbesondere Herz-Kreislauf- und Nierenerkrankungen sowie Zuckerkrankheit. Eine jährliche Untersuchung zur Früherkennung von Krebserkrankungen kann von Frauen erst vom Beginn des 20. Lebensjahres, von Männern erst vom Beginn des 45. Lebensjahres an beansprucht werden.

Krankenbehandlung	
Künstliche Befruchtung (§ 27a SGB V)[28]	Für Maßnahmen zur Herbeiführung einer Schwangerschaft existiert sowohl eine Mindest- als auch eine Höchstaltersgrenze. Das Mindestalter beträgt für alle Versicherten einheitlich 25 Jahre, das Höchstalter für Frauen 40, für Männer 50 Jahre.

Krankengeld	
Krankengeld (§ 44 SGB V)	Rentner haben in der Regel keinen Anspruch auf Krankengeld, da ihre Rente auch im Krankheitsfalle uneingeschränkt fortgewährt wird.
Ausschluss und Kürzung des Krankengeldes (§ 50 SGB V)	Der Anspruch auf Krankengeld ist ab Bezug einer Rente wegen Alters, Ruhegehalt nach beamtenrechtlichen Vorschriften, Vorruhestandsgeld nach § 5 Abs. 3 SGB V oder vergleichbaren Leistungen ausgeschlossen. Für Personen, die neben dem Bezug einer Rente (z.B. einer Rente wegen teilweiser Erwerbsminderung oder einer Altersteilrente) weiterhin erwerbstätig sind, wird das Krankengeld um den Zahlbetrag der Altersrente, der Teilrente wegen Alters, der Knappschaftsausgleichsleistung, der Rente für Bergleute oder vergleichbare Leistungen gekürzt, wenn die Leistung von einem Zeitpunkt nach dem Beginn der Arbeitsunfähigkeit oder stationären Behandlung an zuerkannt wird.
Wegfall des Krankengeldes (§ 51 SGB V)	Versicherte, die bei Erreichen der Altersgrenze erkrankt sind und Krankengeld beziehen, können von der Krankenkasse unter Fristsetzung aufgefordert werden, einen Rentenantrag zu stellen, damit der Bezug von Krankengeld beendet werden kann.

Zahnersatz	
Leistungsanspruch (§ 55 SGB V)	Für Zahnersatz zahlt die gesetzliche Krankenversicherung grundsätzlich nur Festzuschüsse, es sei denn, dass der Versicherte

28 Insgesamt zur Leistungspflicht der GKV für die künstliche Befruchtung *Huster*, Die Leistungspflicht der GKV für Maßnahmen der künstlichen Befruchtung und der Krankheitsbegriff, NJW 2009, S. 1713ff.

	durch den von ihm zu tragenden Eigenanteil unzumutbar belastet würde. Bei der Feststellung der Grenze zumutbarer Belastung bleiben bestimmte Renten unberücksichtigt.

Sonstige Zuzahlungen, Belastungsgrenze	
Belastungsgrenze (§ 62 SGB V)	Die Summe der von dem Versicherten jährlich insgesamt höchstens zu leistenden Zuzahlungen (einschließlich derjenigen für Arznei-, Heil- und Hilfsmittel) ist durch die sog. Belastungsgrenze gedeckelt. Für die Berechnung dieser vom Einkommen des Versicherten abhängigen Grenze bleiben bestimmte Renten unberücksichtigt; für Personen, die Grundsicherung im Alter beziehen, beinhaltet das Gesetz ebenfalls eine Sonderregelung.

4. Finanzierung und Beiträge

22 Die Mittel der Krankenversicherung werden durch Beiträge und sonstige Einnahmen aufgebracht (§ 220 SGB V). Die Einzugsstellen leiten die Beiträge zunächst an den Gesundheitsfonds weiter, der zusätzlich durch die Zuschüsse des Bundes gefüllt wird. Aus dem Gesundheitsfonds erfolgen dann die Zuweisungen an die einzelnen Krankenkassen (§ 266 SGB V). Die Krankenkassen können von ihren Mitgliedern Zusatzbeiträge erheben (§ 242 SGB V).

23 Im Rahmen der solidarischen Finanzierung wird die Höhe des Beitrags nicht durch die Risiken des Versicherten, sondern durch dessen Leistungsfähigkeit und das Prinzip des sozialen Ausgleichs bestimmt. Als Beitrag wird ein bestimmter Prozentsatz von den beitragspflichten Einnahmen des Mitglieds erhoben, der derzeit auf 15,5% festgesetzt ist. Der konkrete Beitrag ergibt sich mithin aus der Multiplikation der beitragspflichtigen Einnahmen[29] mit dem Beitragssatz.[30]

a) Beitragspflichtige Personen

24 Maßgeblich für die Beitragspflicht ist in erster Linie die Mitgliedschaft (§ 223 SGB V). Der Bezugspunkt für die Bemessung der Beitragspflichten ist in § 223 Abs. 2 SGB V nur sehr grundsätzlich mit den beitragspflichtigen Einnahmen gekennzeichnet. Konkretisiert wird dieser Begriff in den §§ 226 bis §§ 240 SGB V. Begrenzt sind die beitragspflichtigen Einnahmen durch die Beitragsbemessungsgrenze, die im Jahr 2012 bei 45.900 Euro liegt.

25 Für bestimmte Personengruppen sieht das Gesetz eine Beitragsfreiheit vor, wenn Lohnersatzleistungen beansprucht werden (§ 224 Abs. 1 S. 1 SGB V). Insbe-

29 *Rixen*, in: Sodan (Hrsg.), Handbuch Krankenversicherungsrecht, § 37 Rn. 7.

30 Zu den Ausnahmen vom allgemeinen Beitragssatz des § 241 SGB V vgl. *Rixen*, in: Sodan (Hrsg.), Handbuch Krankenversicherungsrecht, § 37 Rn. 59ff.

sondere ergibt sich aus § 225 SGB V die Beitragsfreiheit bestimmter Rentenantragsteller. Die Beitragsfreiheit gilt für die dort genannten Personengruppen bis zum Beginn der Rente, also bis zu dem Tag, ab dem Zahlungsansprüche bestehen. Nicht entscheidend ist der Tag der Rentenbewilligung.[31]

b) Beitragspflichtige Einnahmen

aa) Beitragspflichtige Einnahmen Versicherungspflichtiger

Bei Personen, die als Beschäftigte versicherungspflichtig sind, werden der Beitrags- 26
bemessung zugrunde gelegt das Arbeitsentgelt, Renten aus der gesetzlichen Rentenversicherung,[32] Versorgungsbezüge (z.B. Leistungen der betrieblichen Altersversorgung) und Arbeitseinkommen (§ 226 SGB V). Der Begriff der Rente ist mithin nicht auf die Altersrente beschränkt. Die beitragspflichten Einnahmen umfassen dabei unter Umständen auch Nachzahlungen einer Rente.

Versicherungspflichtige Rentner haben Beiträge zu leisten aus dem Zahlbetrag 27
der Rente der gesetzlichen Rentenversicherung (auch soweit er nicht der Besteuerung unterliegt), dem Zahlbetrag der der Rente vergleichbaren Einnahmen (insbesondere Versorgungsbezüge) und ihrem Arbeitseinkommen, soweit sie ein solches neben der Rente (weiterhin) beziehen. Leistungen der betrieblichen Altersversorgung stellen Versorgungsbezüge i.S. von § 229 SGB V dar und sind damit beitragspflichtig. Das gilt selbst dann, wenn sie auf einer Entgeltumwandlung (§ 1 Abs. 2 Nr. 3 BetrAVG) beruhen[33] oder wenn der Versorgungsberechtigte die Versicherung später mit eigenen Beiträgen fortgeführt hat, der Arbeitgeber aber Versicherungsnehmer geblieben ist.[34] Nicht beitragspflichtig sind demgegenüber Leistungen einer Lebensversicherung.[35] Hat der Rentner mehrere zu berücksichtigende Einnahmen, so statuiert das Gesetz eine bestimmte Rangfolge, in der die Einnahmen – bis maximal zur Beitragsbemessungsgrenze – zu verbeitragen sind (§ 238 SGB V). Die Beitragsbemessung bei Rentenantragstellern, die nicht beitragsbefreit sind, richtet sich nach deren gesamter wirtschaftlicher Leistungsfähigkeit (§ 239 S. 3 i.V. mit § 240 SGB V).

---

31 *Peters*, in: KassKomm, § 225 SGB V Rn. 5; *Rixen*, in: Sodan (Hrsg.), Handbuch Krankenversicherungsrecht, § 37 Rn. 24.

32 *Rixen*, in: Sodan (Hrsg.), Handbuch Krankenversicherungsrecht, § 37 Rn. 29; *Ulmer*, in: BeckOK-Sozialrecht, § 228 SGB V.

33 *Rolfs*, in: Blomeyer/Rolfs/Otto, Betriebsrentengesetz, 5. Aufl. 2010, StR H Rn. 38.

34 BVerfG Beschl. v. 6.9.2010 – 1 BvR 739/08, NZS 2011, S. 463, 464; BSG Urt. v. 12.11.2008 – B 12 KR 6/08 R, SozR 4–2500 § 229 Nr 7; anders aber, wenn der Arbeitnehmer selbst in die Stellung des Versicherungsnehmers eingerückt ist: BSG Urt. v. 30.3.2011 – B 12 KR 16/10 R, BSGE 108, 63, 72f.

35 BSG Urt. v. 5.5.2010 – B 12 KR 15/09, NZS 2011, S. 300, 301ff.; anders nur, wenn der Arbeitgeber sie später übernommen und als betriebliche Altersversorgung fortgeführt hat: BSG, Urt. v. 30.3.2011 – B 12 KR 24/09 R, SozR 4–2500 § 229 Nr. 13.

bb) Beitragspflichtige Einnahmen freiwilliger Mitglieder

28 Für die freiwilligen Mitglieder obliegt es zuvörderst dem Spitzenverband Bund der Krankenkassen, Regeln zur Bemessungsgrundlage aufzustellen (§ 240 SGB V). Bei dieser Personengruppe handelt es sich mit ca. 5 Mio. Mitgliedern um die drittgrößte Beitragszahlergruppe und damit eine wichtige Säule für die Finanzierung der GKV. Die Regelungen haben sicherzustellen, dass die Beitragsbelastung die gesamte wirtschaftliche Leistungsfähigkeit des freiwilligen Mitglieds – bis zur Beitragsbemessungsgrenze – berücksichtigt (§ 240 Abs. 1 S. 2 SGB V). Es gilt damit das Gebot der individuellen, leistungsfähigkeitsbezogenen Beitragsgerechtigkeit.[36]

29 Damit sind auch bei freiwillig Versicherten Renten aus der gesetzlichen Rentenversicherung mit ihrem Zahlbetrag,[37] vergleichbare Einnahmen sowie Arbeitseinkommen zur Beitragsbemessung heranzuziehen. Auch ein Zuschuss des Rentenversicherungsträgers zur Krankenversicherung für freiwillig versicherte Rentner (§ 106 SGB VI) wird seiner Zielsetzung nach den beitragspflichtigen Einnahmen zugeordnet. Für freiwillige Mitglieder, die sowohl Arbeitsentgelt als auch eine Rente aus der gesetzlichen Rentenversicherung beziehen, ist der Zahlbetrag der Rente getrennt von den übrigen Einnahmen bis zur Beitragsbemessungsgrenze zu berücksichtigen (§ 240 Abs. 3 S. 1 SGB V). Führt dies aber insgesamt zu einer über der Beitragsbemessungsgrenze liegenden Beitragsbelastung, ist statt des entsprechenden Beitrags aus der Rente nur der Zuschuss des Rentenversicherungsträgers zu zahlen (§ 240 Abs. 3 S. 2 SGB V). Das bedeutet, dass zum einen der Zuschuss zur Rente als Beitrag zu zahlen ist und zum anderen der Beitrag, der sich aus den sonstigen Einnahmen ergibt. So ist sichergestellt, dass der Zuschuss des Rentenversicherungsträgers nicht dem freiwilligen Mitglied zukommt, wenn dieser aufgrund von Einnahmen aus Arbeitsentgelt die Beitragsbemessungsgrenze überschreitet.[38] Damit wird eine Begünstigung freiwilliger Mitglieder gegenüber versicherungspflichtigen Mitgliedern verhindert.[39] Offen lässt die Formulierung des § 240 Abs. 3 SGB V, wie mit anderen Einnahmen des Rentners als Arbeitsentgelt, z.B. solchen aus Kapitalerträgen, Vermietung und Verpachtung zu verfahren ist. Vorgeschlagen wird, die weiteren Einnahmen wie das Arbeitsentgelt zu behandeln.[40]

30 Für freiwillig Versicherte wird eine bestimmte Mindesteinnahme vermutet (§ 240 Abs. 4 SGB V). Für Rentner findet sich in § 240 Abs. 4 S. 8 SGB V eine Sonderregelung, mit der bestimmten Rentnern einkommensproportionale Beiträge gewährleistet werden sollen.

---

36 *Gerlach*, in: Hauck/Noftz (Hrsg.), SGB V, § 240 Rn. 16, 45f.; *Rixen*, in: Becker/Kingreen (Hrsg.), SGB V, § 240 Rn. 4; zum Umfang des Begriffs *Baier*, in: Krauskopf (Hrsg.), Soziale Krankenversicherung, § 240 SGB V Rn. 10ff.; *Peters*, in: KassKomm, § 240 SGB V Rn. 30; *Ulmer*, in: BeckOK-Sozialrecht, § 240 SGB V Rn. 4ff.

37 *Gerlach*, in: Hauck/Noftz (Hrsg.), SGB V, § 240 Rn. 64.

38 *Ulmer*, in: BeckOK-Sozialrecht, § 240 SGB V Rn. 13.

39 *Peters*, in: KassKomm, § 240 SGB V Rn. 41; *Ulmer*, in: BeckOK-Sozialrecht, § 240 SGB V Rn. 13.

40 *Gerlach*, in: Hauck/Noftz (Hrsg.), SGB V, § 240 Rn. 114ff.

c) Beitragssatz

Der allgemeine Beitragssatz beträgt derzeit (2012) 15,5v.H. Aus den beitragspflichtigen Einnahmen und dem Beitragssatz ergibt sich sodann als Produkt der individuelle Beitrag. Der monatliche Höchstbeitrag beläuft sich auf 592,88 Euro. Der allgemeine Beitragssatz gilt für alle Mitglieder mit beitragspflichtigen Einnahmen, für die kein besonderer Beitragssatz erhoben wird. Reichen die Zuweisungen des Gesundheitsfonds an die Krankenkasse nicht aus, um deren Ausgaben zu decken, so kann sie einen kassenindividuellen und einkommensunabhängigen Zusatzbeitrag erheben (§ 242 SGB V). 31

Für Rentner besteht eine Spezialvorschrift bezüglich der Beitragssätze für Renten aus der gesetzlichen Rentenversicherung (§ 247 SGB V, für freiwillig Versicherte i.V. mit § 240 Abs. 2 S. 5 SGB V). Zwar gilt im Grundsatz der allgemeine Beitragssatz, was sich aufgrund der erhöhten Krankheitskosten im Alter rechtfertigt, obwohl Rentner als solche keinen Anspruch auf Krankengeld haben.[41] Einen ermäßigten Beitragssatz sieht § 247 S. 2 SGB V vor, wenn eine ausländische Rente bezogen wird (die nach § 228 Abs. 1 S. 2 SGB V als beitragspflichtige Einnahme gilt). 32

Aus Versorgungsbezügen ist seit 2004 der allgemeine, also volle Beitragssatz zu entrichten (§ 248 S. 1 SGB V), und zwar vom Rentner allein. Einen „Arbeitgeberanteil" gibt es bei Leistungen der betrieblichen Altersversorgung etc. demgegenüber nicht.[42] Lediglich Rentenempfänger und Landabgaberentenempfänger, die nach dem Gesetz über die Alterssicherung der Landwirte[43] versicherungspflichtig sind, haben nur die Hälfte des allgemeinen Beitragssatzes zuzüglich 0,45 Beitragssatzpunkten zu entrichten.[44] 33

d) Tragung und Zahlung der Beiträge (Beitragslast und Beitragsschuld)

Ist geklärt, welchen Beitrag der Versicherte in der GKV zu leisten hat, so stellt sich in der Folge die Frage, wer den Beitrag trägt und dann auch zahlt. Zunächst trägt das Mitglied den Zusatzbeitrag in Höhe von 0,9% (§ 242 SGB V) im Grundsatz selbst (§ 251 Abs. 6 S. 1 SGB V), soweit keine Befreiung vorgesehen ist oder eine Ausnahme eingreift (§ 251 Abs. 6 S. 2 SGB V). Für den verbleibenden Beitrag in Höhe von 14,6% gilt Folgendes: Bei versicherungspflichtigen Rentenbeziehern trägt der Rentenversicherungsträger die Hälfte des nach der Rente zu bemessenden Beitrags (§ 249a 34

41 *Ulmer*, in: BeckOK-Sozialrecht, § 247 SGB V.

42 Zu erhobenen verfassungsrechtlichen Bedenken BVerfG Beschl. v. 28.2.2008 – 1 BvR 2137/06, NZS 2009, 91; vgl. auch *Böttiger*, in: Krauskopf (Hrsg.), Soziale Krankenversicherung, § 248 SGB V Rn. 12; *Wallrabenstein*, Anmerkung zum Beschluss der 2. Kammer des Ersten Senats des BVerfG vom 7.4.2008 – 1 BvR 1924/07, SGb 2009, S. 227ff.; krit. *Wenner*, Bundesverfassungsgericht: Volle Krankenversicherungsbeiträge auf Betriebsrenten sind rechtens, SozSich 2008, S. 155ff.

43 Gesetz über die Alterssicherung der Landwirte vom 29.7.1994 (BGBl. I S. 1890).

44 Kritisch *Ulmer*, in: BeckOK-Sozialrecht, § 248 SGB V.

SGB V).[45] Die Rente wird also genauso behandelt wie das Arbeitsentgelt, den „Arbeitgeberanteil" trägt der Rentenversicherungsträger. Dies gilt allerdings nur für versicherungspflichtige Mitglieder und nur für beitragspflichtige Einnahmen aus der gesetzlichen Rentenversicherung. Für andere beitragspflichtige Einnahmen des Rentners gelten andere Vorschriften (insbesondere § 250 SGB V).[46] Dort wird die Tragung der Beiträge für bestimmte beitragspflichtige Einnahmen[47] durch das Mitglied geregelt. § 250 Abs. 1 und Abs. 3 SGB V betreffen versicherungspflichtige Mitglieder, Abs. 2 hingegen freiwillige Mitglieder und Rentenantragsteller nach § 189 SGB V.[48] Diese tragen ihre Beiträge allein, soweit keine Beitragsfreiheit (§§ 224, 225 SGB V) vorliegt. Beiträge aus Versorgungsbezügen (§ 229 SGB V) trägt der Versicherungspflichtige selbst (§ 250 Abs. 1 Nr. 1 SGB V).

35 Die Zahlung der Beiträge erfolgt nach den §§ 252ff. SGB V. Im Grundsatz hat derjenige, der den Beitrag zu tragen hat, diesen auch zu zahlen (§ 252 Abs. 1 S. 1 SGB V). Die Rentenversicherungsträger behalten den Beitrag des Versicherten ein und führen diesen gemeinsam mit ihrem eigenen Beitrag an die Deutsche Rentenversicherung Bund ab, die ihn an den Gesundheitsfonds weiterleitet (§ 255 SGB V). Dadurch wird einerseits der Rentner nicht mit der Beitragszahlung behelligt, andererseits das Beitragsaufkommen der Krankenversicherung aus der Rente gesichert. § 256 SGB V regelt für Versicherungspflichtige, die eine Rente aus der gesetzlichen Rentenversicherung beziehen, die Einbehaltung und Zahlung der Beiträge durch die Zahlstelle der Versorgungsbezüge an die zuständige Krankenkasse. Beiträge aus Versorgungsbezügen sind dann nicht zu entrichten, wenn die Beitragsbemessungsgrenze bereits durch vorrangige andere beitragspflichtige Einnahmen erreicht wird.[49]

e) Beitragszuschüsse

36 Für bestimmte Personengruppen werden begrenzte Beitragszuschüsse gewährt (§§ 257, 258 SGB V). Beitragszuschüsse erhalten im Grundsatz nur freiwillig versicherte Beschäftigte der GKV, wobei der Zuschuss durch den Arbeitgeber zu erbringen ist. Erreicht wird so eine wirtschaftliche Gleichbehandlung mit versicherungs-

45 Zur Rechtmäßigkeit der Regelung vgl. statt aller *Gerlach*, in: Hauck/Noftz (Hrsg.), SGB V, § 249a Rn. 14 m.w.N.

46 *Ulmer*, in: BeckOK-Sozialrecht, § 249a SGB V; zu weiteren Beispielen *Böttiger*, in: Krauskopf (Hrsg.), Soziale Krankenversicherung, § 249a SGB V Rn. 2.

47 Im Gegensatz zum Arbeitsentgelt (§ 249 SGB V) und zur Rente (§ 249a SGB V) trägt das versicherungspflichtige Mitglied die Beiträge aus Versorgungsbezügen (§ 226 Abs. 1 Nr. 3 SGB V, § 229 SGB V) und aus dem Arbeitseinkommen selbst (§ 226 Abs. 1 Nr. 4 SGB V, § 15 SGB IV).

48 Erfasst werden auch die nach § 239 Abs. 1 S. 2 SGB V den Rentenantragstellern gleichgestellten Personen, *Baier*, in: Krauskopf (Hrsg.), Soziale Krankenversicherung, § 250 SGB V Rn. 10.

49 *Baier*, in: Krauskopf (Hrsg.), Soziale Krankenversicherung, § 256 SGB V Rn. 11.

pflichtigen Beschäftigten.[50] Andere Personen sind nur unter den Voraussetzungen des § 258 SGB V zuschussberechtigt.

Auch außerhalb des SGB V finden sich Zuschussregelungen. Die wichtigste für das Recht der Älteren dürfte der Zuschuss nach § 106 SGB VI für Rentenbezieher sein. Darüber hinaus finden sich Zuschussregelungen in § 4 Abs. 3, § 59 Abs. 3 KVLG, § 10 KSVG, § 13a BAföG und § 174 SGB III. 37

III. Die private Krankenversicherung

1. Allgemeines

Die PKV unterscheidet sich grundlegend von der GKV. Das findet seine Ursache zum einen in der Art und Weise der Prämienkalkulation und damit im Finanzierungsverfahren, zum anderen in der Ausgestaltung des Leistungsrechts. Die PKV offeriert dem interessierten Versicherungsnehmer verschiedene Versicherungslösungen.[51] Ein Teil ihrer Angebote ist auf Personen zugeschnitten, die in der GKV gesetzlich versichert sind und bietet diesen Personen Schutz bei Risiken, die von der GKV nicht oder nur mit hohen Zuzahlungen erfasst sind (z.B. Reisekrankenversicherung, Chefarztbehandlung und Ein- oder Zweibettzimmer im Krankenhaus, Zahnersatz etc.). Diese sollen im Folgenden nicht näher betrachtet werden. Vielmehr beschränkt die Darstellung sich auf die Krankheitskostenvollversicherung, die sich als sog. substitutive Krankenversicherung an diejenigen Personen richtet, die in der GKV nicht versicherungspflichtig oder versicherungsfrei sind. 38

Die Versicherungsverträge können im Rahmen der Vertragsfreiheit und den gesetzlich gezogenen Grenzen im Grundsatz individuell ausgestaltet werden. Das Versicherungsunternehmen ist an das bei Vertragsabschluss vereinbarte Leistungsspektrum gebunden, spätere Einschränkungen sind ohne Zustimmung des Versicherten nicht möglich. Umgekehrt können neue Heil- oder Hilfsmittel von älteren Verträgen nicht erfasst sein. Seit Anfang 2009[52] besteht eine allgemeine Versicherungspflicht für alle nicht in der GKV versicherten Personen, die auf Seiten der Versicherer mit einem Kontrahierungszwang[53] im sog. Basistarif flankiert ist. Das Prinzip der Vertragsfreiheit ist daher zur stärkeren Ausprägung des sozia- 39

50 *Peters*, in: KassKomm, § 257 SGB V Rn. 2; *Rixen*, in: Becker/Kingreen (Hrsg.), SGB V, § 257 Rn. 1.

51 Vgl. *Boetius*, in: MünchKommVVG, Vorb. § 192 Rn. 570ff. und 583ff.; zu den Erscheinungsformen auch *Müller*, in: Beckmann/Matusche-Beckmann (Hrsg.), Versicherungsrechts-Handbuch, 2. Aufl. 2009, § 44 Rn. 21ff.

52 Gesetz zur Stärkung des Wettbewerbs in der Gesetzlichen Krankenversicherung (GKV-Wettbewerbsstärkungsgesetz – GKV-WSG) vom 26.3.2007, BGBl. I S. 378.

53 § 193 Abs. 5 VVG; zum Verhältnis von Kontrahierungszwang im Basistarif und Tarifwechselrecht vgl. *Marko*, PKV, S. 65ff.

len Schutzgedankens eingeschränkt, was sich auch in der rechtlichen Ausgestaltung der Leistungen und Prämien im Basistarif bemerkbar macht.[54] Dennoch verbleibt es für den Regelfall der Versicherung in einem „Normaltarif" bei der Berechnung der Prämie nach dem Äquivalenzprinzip. Dem versicherten Risiko wird eine Prämie gegenüber gestellt, welche die kalkulierten Kosten decken soll.[55] Mit zunehmendem Alter steigen jedoch in der Regel auch die Krankheitskosten an, mit dem Eintritt in die Rente sinkt regelmäßig zugleich das Einkommen. Ein 90-Jähriger verursacht im Durchschnitt etwa sechsmal so hohe Krankheitskosten wie ein junger Mensch.[56] Damit im Alter die Prämien trotzdem bezahlbar bleiben, schreibt das Gesetz für die Prämienkalkulation in der substitutiven Krankenversicherung die Anwartschaftsdeckung vor:[57] Schon in jungen Jahren wird bei der Kalkulation der Tarife ein Sparanteil für die Zukunft eingezogen, der die mit steigendem Alter zunehmenden Krankheitskosten vorfinanziert. Dieser Prämienmehraufwand fließt in die kollektiven Alterungsrückstellungen ein und sichert so auch für die Zukunft eine bezahlbare Prämie.[58] Die rechtlichen Rahmenbedingungen der PKV ergeben sich aus einem Zusammenspiel von Versicherungsaufsichtsrecht (VAG), Versicherungsvertragsrecht (VVG) und den einzelnen Tarifbedingungen (Musterbedingungen des Gesamtverbandes der Deutschen Versicherungswirtschaft: MB/KK) sowie der Kalkulationsverordnung (KalV), aber darüber hinaus auch dem Sozialrecht.

40 In der PKV sind derzeit knapp 8,9 Mio. Bürger krankenvollversichert, 9,6 Mio. in der privaten Pflegeversicherung. Zudem bestehen etwa 22 Mio. Zusatzversicherungsverträge.[59] Von ihren Versicherten nahm die PKV im Jahr 2011 rund 35 Mrd. Euro ein.[60]

---

54 Der Leistungsumfang im Basistarif muss sich an den Leistungen der GKV orientieren und mit ihnen vergleichbar sein. Die Prämie darf nicht höher sein als der Höchstbeitrag in der GKV.

55 Dem „individuellen Risiko" entspricht dabei nicht das Einzelrisiko, sondern das Risiko des einzelnen Versicherungsnehmers als Teil des versicherten Kollektivs; *Boetius*, in: Bach/Moser (Hrsg.), PKV, Einl. Rn. 242. Über die gesamte Vertragsdauer soll der Barwert aller Beitragszahlungen dem Barwert aller Leistungsausgaben entsprechen, und zwar für jede Gruppe von Versicherten, die durch gemeinsame Risikomerkmale und Leistungsinhalte ein zusammengehöriges Kollektiv bilden, vgl. *Boetius*, in: MünchKommVVG, Vorb. § 192 Rn. 721.

56 *Lorenz* (Hrsg.), Abschlussbericht der Kommission zur Reform des Versicherungsvertragsrechts vom 19.4.2004, S. 142.

57 *Boetius*, in: MünchKommVVG, Vorb. § 192 Rn. 732ff.

58 *Boetius*, in: MünchKommVVG, Vorb. § 192 Rn. 92f.

59 Stand 30.6.2011; vgl. Zahlenbericht der privaten Krankenversicherung 2010/2011, S. 22; dabei kann eine Person mehrere Zusatzversicherungen abgeschlossen haben. Ebenso können in einem Vertrag mehrere Personen versichert sein (Gruppenversicherung).

60 Rechenschaftsbericht 2011 des PKV-Spitzenverbandes S. 18.

2. Zugang – Der versicherte Personenkreis

a) Allgemeines

Der Zugang zur PKV steht rechtlich jedermann offen. Allerdings ist ein Großteil der Bevölkerung durch die Regelungen der §§ 5ff. SGB V der GKV zugeordnet, sodass es für ihn wirtschaftlich nicht sinnvoll ist, eine Krankheitskostenvollversicherung in der PKV abzuschließen. Der Zugang zur PKV wird daher de facto insbesondere durch die Vorschriften über die Versicherungspflicht in der GKV eingegrenzt. Dementsprechend sind in der PKV vornehmlich Personen versichert, die in der GKV nicht versicherungspflichtig oder versicherungsfrei sind (namentlich Selbständige, Beschäftigte mit einem Jahresarbeitsentgelt von über 50.850 Euro [2012] sowie Beamte) und die nicht von der Möglichkeit Gebrauch gemacht haben, sich freiwillig in der GKV zu versichern (was insbesondere für Beschäftigte mit einem Jahreseinkommen oberhalb der genannten Versicherungspflichtgrenze möglich ist und attraktiv sein kann, wenn sie bereits älter oder gesundheitlich angeschlagen sind und daher in der PKV Risikozuschläge oder Leistungsausschlüsse hinnehmen müssten oder über viele Familienmitglieder verfügen, die in der GKV – anders als in der PKV – ohne zusätzlichen Beitrag mitversichert werden). 41

Der Gesetzgeber legt durch die Regelungen zur Versicherungspflicht und Versicherungsberechtigung in der GKV mittelbar auch den Personenkreis fest, der in der PKV Schutz vor dem Krankheitsrisiko erreichen kann. Die nicht der GKV zufallenden Personen unterliegen nach § 193 Abs. 3 S. 1 VVG einer Versicherungspflicht in der PKV in einem vorgeschriebenen Mindestumfang. Der Vertragsschluss und der Ablauf des Vertrages werden begleitet von (vor-)vertraglichen Anzeige-, Informations- und Beratungspflichten sowie Obliegenheiten der Vertragsparteien. Diese sind beim Abschluss eines Krankenversicherungsvertrages in der PKV von besonderer Bedeutung, da die richtige Wahl unter der Vielzahl von Tarifen mit oftmals unterschiedlichen Leistungen erhebliche Auswirkungen für die Zukunft haben kann. Zudem kann die mangelnde Befolgung der Obliegenheiten beträchtlichen Einfluss auf die spätere Leistung und sogar den Bestand des Vertrages haben. Gerade für ältere Versicherungsnehmer ist es zwar verlockend, Vorerkrankungen bei Vertragsabschluss zu verschweigen, um so in den Genuss einer günstigeren Prämie zu gelangen. Vor einem solchen Vorgehen kann aufgrund der möglichen Konsequenzen, die bis zur Anfechtung des Vertrages durch den Versicherer reichen können (§ 22 VVG i.V. mit § 123 BGB),[61] allerdings nur gewarnt werden. Im Gegenzug wirkt dieses auch auf die Beratungs- und Vermittlungspraxis ein, denn aus Vermittlersicht mag es ebenso verlockend sein, dem Versicherungsinteressenten nach bestimmten Details nicht zu fragen, um ihn so zum Vertragsabschluss zu verleiten. 42

61 Beispiele bei *Rolfs*, in: Bruck/Möller, VVG, § 22 Rn. 24.

43 Hat der Versicherungsnehmer das 60. Lebensjahr vollendet, so muss der Versicherer auf solche Tarife hinweisen, die einen der GKV gleichartigen Versicherungsschutz bieten und bei denen ein Tarifwechsel („Umstufung") zu einer Reduzierung der Prämie führen würde (§ 7 Abs. 3 VVG i.V. mit § 6 Abs. 2 S. 2 VVG-InfoV).

b) Normaltarife

44 Die Versicherung in den „Normaltarifen" steht grundsätzlich jeder Person offen. Einen Kontrahierungszwang gibt es hier jedoch nicht, sodass der Vertragsschluss davon abhängig ist, ob der Versicherer den Antragsteller aufnehmen möchte oder nicht. Der Versicherer kann Risikozuschläge fordern, den Versicherungsschutz von der Zurücklegung bestimmter Wartezeiten abhängig machen oder bestimmte Risiken generell ausschließen. Umgekehrt kann auch der potentielle Versicherungsnehmer vom Abschluss einer privaten Krankheitskostenvollversicherung Abstand nehmen, wenn er aufgrund seines Alters oder seiner Gesundheit nur einen Tarif angeboten bekommt, der entsprechend dem Äquivalenzprinzip hohe Prämien vorsieht, eventuell sogar in Kombination mit Leistungsausschlüssen oder Risikozuschlägen für ein über dem ermittelten Risiko des Versichertenkollektivs liegendes Risiko. Der Versicherungseintritt im Alter ist daher in der Regel für den Versicherungsnehmer jedenfalls mit hohen Prämien verbunden.

c) Basistarif

45 Die Versicherungspflicht, der jeder nicht in der GKV Versicherte unterliegt (§ 193 Abs. 3 S. 1 VVG), kann nur dann eingehalten werden, wenn der Versicherer einen antragenden Versicherungsnehmer nicht ablehnen darf. Für den zum 1. Januar 2009 eingeführten Basistarif besteht daher Kontrahierungszwang (§ 193 Abs. 5 S. 1 VVG), soweit nicht eine der engen Ausnahmen des § 193 Abs. 5 S. 4 VVG vorliegt. Der Basistarif muss nach § 12 Abs. 1a VAG branchenweit einheitlich ausgestaltet sein und sich in seinen Leistungen nach Art, Inhalt und Umfang an denen der GKV, genauer: des Dritten Kapitels des SGB V, orientieren. Die Prämie ist an den Höchstbetrag der GKV gekoppelt und erfährt daher eine in der PKV ansonsten unbekannte Deckelung.[62] Ebenso ist die Risikoprüfung im Basistarif eingeschränkt (§ 203 Abs. 1 S. 2 und S. 3 VVG). Das bedeutet insgesamt eine Durchbrechung des Äquivalenzprinzips und kann dazu führen, dass der Versicherer nicht die Prämie erhält, die für ein kostendeckendes Versichern notwendig wäre. Um diese Unterdeckung aufzufangen und gleichmäßig auf alle Versicherungsunternehmen umzulegen, schreibt § 12g VAG ein Risikoausgleichssystem aller Versicherer vor.

62 Derzeit beträgt der Höchstsatz 592,88 Euro. Fast alle der derzeit knapp 26.000 Basistarifversicherten zahlen den Höchstbeitrag, vgl. den Rechenschaftsbericht 2010 des PKV-Spitzenverbandes, S. 30.

Der Personenkreis mit Zugangsberechtigung zum Basistarif wird durch § 12 Abs. 1b VAG und § 193 Abs. 5 VVG festgelegt. Konkretisiert wird der Zugang durch die Musterbedingungen zum Basistarif (MB/BT).[63] In den MB/BT wird unter Abschnitt A. „Aufnahme und Versicherungsfähigkeit" Abs. 2 S. 1 lit. f) der Zugang für solche Versicherungsnehmer erschwert, die schon vor dem 1. Januar 2009 bei einem in Deutschland zum Geschäftsbetrieb zugelassenen Versicherungsunternehmen eine Krankheitskostenvollversicherung vereinbart haben. Solche Personen können nur noch in den Basistarif wechseln, wenn sie das 55. Lebensjahr überschritten haben oder ihnen ein Anspruch auf eine Rente aus der gesetzlichen Rentenversicherung zusteht oder sie diese Rente beantragt haben oder ein Ruhegehalt nach beamtenrechtlichen oder vergleichbaren Vorschriften beziehen oder Hilfebedürftigkeit nach dem SGB II oder SGB XII besteht. Der Wechsel ist dabei begrenzt auf den Basistarif des Versicherers, bei dem auch die Versicherung im Normaltarif bestand (§ 204 Abs. 1 S. 1 Nr. 1 VVG, Abschnitt A. Abs. 2 S. 2 MB/BT). Sind diese Voraussetzungen bei einem vor dem 1. Januar 2009 geschlossenen Vertrag nicht erfüllt, ist ein Wechsel in den Basistarif daher nicht möglich. Wechselt der Versicherungsnehmer aus dem Basistarif in einen Normaltarif, kann der Versicherer den beim Vertragsschluss ermittelten Risikozuschlag verlangen (§ 204 Abs. 1 S. 1 Nr. 1 Halbs. 4 VVG). 46

d) Das Wechselrecht

Für Versicherungsnehmer kann ein Wechsel zwischen den Systemen der GKV und PKV, aber auch zwischen den PKV-Unternehmen selbst oder sogar nur innerhalb desselben Unternehmens in einen anderen Tarif aus finanzieller, aber auch leistungsrechtlicher Sicht von Interesse sein. Der Gesetzgeber wollte im Zuge der Reform des VVG 2008 die Wechselmöglichkeiten und damit den Wettbewerbsdruck insbesondere unter den Krankenversicherungsunternehmen erhöhen und die Wahlmöglichkeiten der Versicherungsnehmer stärken.[64] Zugleich eröffnet das Tarifwechselrecht die Chance, der Vergreisung eines Tarifs entgegen zu wirken und schützt auf diesem Wege vor überdurchschnittlichen Prämienerhöhungen.[65] 47

aa) Der Wechsel aus der PKV in die GKV und umgekehrt

Beim Eintritt der Versicherungspflicht in der GKV ist eine rückwirkende außerordentliche Kündigung des privaten Versicherungsvertrages möglich (§ 205 Abs. 2 48

---

63 Abschnitt A. Abs. 2 S. 1 MB/BT entspricht der Regelung des § 204 Abs. 1 S. 1 Nr. 1 lit. b) VVG.

64 Vgl. *Schüffner/Franck*, in: Sodan (Hrsg.), Handbuch Krankenversicherungsrecht, § 43 Rn. 109; *Voit*, in: Prölss/Martin, VVG, § 204 Rn. 4; krit. *Marko*, PKV, S. 62f.; insgesamt zur Bedeutung und zum Zweck der Regelung des § 204 VVG auch *Boetius*, in: MünchKommVVG, § 204 Rn. 10ff. und Rn. 16ff.

65 *Boetius*, in: MünchKommVVG, § 204 Rn. 413 m.w.N., aber zugleich kritisch in Rn. 418; *Wandt*, Versicherungsrecht, 5. Aufl. 2010, Rn. 1356.

VVG). Ziel ist die Verhinderung des Eintritts einer Mehrfachversicherung.[66] Wird eine in der PKV krankenversicherte Person in der GKV versicherungspflichtig und hat sie das 55. Lebensjahr vollendet, ist nach § 6 Abs. 3a SGB V unter den weiteren dort genannten Voraussetzungen ein Verbleib in der PKV möglich. Der umgekehrte Weg von der GKV in die PKV ist nur dann eröffnet, wenn keine Versicherungspflicht nach dem SGB V besteht. Dies betrifft namentlich Personen, deren Arbeitsentgelt erstmals dauerhaft die Versicherungspflichtgrenze überschreitet und die daher versicherungsfrei sind. Hier gilt es, die Kündigungsvorschrift des § 175 Abs. 4 S. 2 und S. 4 SGB V zu beachten.

bb) Der Wechsel zwischen den Unternehmen der PKV (externer Wechsel)

49 Der Wechsel zwischen den verschiedenen Krankenversicherungsunternehmen ist im Grundsatz möglich und kann dem Versicherungsnehmer dienen, birgt jedoch auch ein Potential an Nachteilen, die insgesamt zu einer erhöhten Prämie beim neuen Versicherer führen können. Diese Sachlage verschärft sich, je höher das Eintrittsalter und je schlechter der Gesundheitszustand des Wechselwilligen ist. Der Wechsel erfolgt durch die Kündigung des alten Vertrags (§ 205 VVG)[67] und den Abschluss eines neuen Vertrages beim ausgewählten Krankenversicherungsunternehmen.[68] Die im Rahmen der Prämienzahlung beim bisherigen Versicherer kalkulierten Alterungsrückstellungen[69] können nur dann mit zum neuen Versicherer mitgenommen werden, wenn der gekündigte Vertrag nach dem 31. Dezember 2008 mitgenommen wurde. Und auch bei diesen „Neuverträgen" wird die Alterungsrückstellung nur insoweit übertragen, als sie auf Leistungen des Basistarifs entfällt.[70] Für Altverträge ist die Portabilität der Alterungsrückstellungen dagegen insgesamt ausgeschlossen.[71] Hinzu kommt das Erfordernis einer neuen Gesundheitsprüfung.

---

66 *Voit*, in: Prölss/Martin, VVG, § 205 Rn. 16; zur Vorgängerregelung BGH Urt. v. 3.11.2004 – IV ZR 214/03, VersR 2005, S. 66, 68.

67 Dazu *Schüffner/Franck*, in: Sodan (Hrsg.), Handbuch Krankenversicherungsrecht, § 43 Rn. 81ff.

68 Dabei kann der gekündigte Vertrag als Anwartschaftsversicherung fortgeführt werden, § 204 Abs. 4 VVG. Das hat für den Versicherungsnehmer beziehungsweise die versicherte Person den Vorteil, dass Alterungsrückstellungen nicht verloren gehen; dazu *Kalis*, in: Bach/Moser (Hrsg.), PKV, § 204 VVG Rn. 26; *Voit*, in: Prölss/Martin, VVG, § 204 Rn. 49; *Boetius*, in: MünchKommVVG, § 204 Rn. 526ff.; *Marko*, PKV, S. 90ff. mit Beispielen.

69 Nähere Bestimmungen zur Berechnung der kalkulierten Alterungsrückstellungen (im VAG als Übertragungswert bezeichnet) werden gem. § 12c Abs. 1 S. 1 Nr. 2a VAG in der Kalkulationsverordnung (§ 13a KalV) getroffen. Dazu insgesamt *Boetius*, in: MünchKommVVG, § 204 Rn. 457ff.; zur Mitgabe der kalkulierten Alterungsrückstellungen auch *Marko*, PKV, S. 73ff.

70 § 204 Abs. 1 S. 2 VVG eröffnet bei einem Wechsel in den Basistarif die Möglichkeit, den nicht portablen Teil der Alterungsrückstellungen beim alten Versicherer in Form eines Zusatztarifs weiter verwerten zu können, näher *Voit*, in: Prölss/Martin, VVG, § 204 Rn. 47f.

71 Die Alterungsrückstellungen verbleiben beim alten Krankenversicherungsunternehmen und fallen dem Versichertenkollektiv zu, dazu *Sodan*, in: Sodan (Hrsg.), Handbuch

Wechselt der Versicherungsnehmer das Unternehmen, so wird dem neuen Vertrag nicht der vormalige, beim bisherigen Vertrag zugrunde gelegte Gesundheitszustand berücksichtigt, sondern der aktuelle und damit in der Regel ungünstigere. Gerade für ältere Menschen kann der Wechsel des Krankenversicherungsunternehmens daher so unwirtschaftlich werden, dass er praktisch ausgeschlossen ist.

cc) Der Tarifwechsel innerhalb eines PKV-Unternehmens (interner Wechsel)

In der Regel bietet jedes Krankenversicherungsunternehmen verschiedene Tarife **50**
an, die sich durch ein unterschiedliches Spektrum an Leistungen und Prämien auszeichnen. Dies ist Ausdruck der Produktgestaltungsfreiheit der Versicherer.[72] Der Versicherungsnehmer kann verlangen, dass der Versicherer einen Antrag auf Wechsel in einen Tarif mit gleichartigem Versicherungsschutz unter Beibehaltung der erworbenen Rechte und Alterungsrückstellungen annimmt (§ 204 Abs. 1 S. 1 Nr. 1 Halbs. 1 VVG). Zu den erworbenen Rechten gehört unter anderem auch die aufgrund des Gesundheitszustandes vorgenommene Einstufung,[73] aber auch alle Rechte, die von der Vertragslaufzeit abhängen, wie zum Beispiel der Verzicht auf Wartezeiten.[74] Wann ein gleichartiger Versicherungsschutz vorliegt, ergibt sich aus § 12 KalV. Gleichartigkeitsmerkmal kann auch das Alter sein, indem beispielsweise ein Höchsteintrittsalter festgelegt wird. Das Merkmal hat zur Konsequenz, dass in diesen Tarif nur wechseln kann, wer dieses Alter noch nicht erreicht hat.[75] Wird der Wechsel in einen Tarif mit höheren oder umfassenderen Leistungen angestrebt, so kann der Versicherer einen Leistungsausschluss oder einen Risikozuschlag verlangen (§ 204 Abs. 1 S. 1 Nr. 1 Halbs. 2 VVG).[76] Das BVerwG hat allerdings die Erhebung eines pauschalen Risikozuschlags für unzulässig erklärt.[77] Für alte, schon vor der am

---

Krankenversicherungsrecht, § 46 Rn. 8. Der Ausschluss der Portabilität bei Altkunden findet seinen Grund in der unterschiedlichen Prämienkalkulation der alten und neuen Tarife, vgl. *Kalis*, in: Bach/Moser (Hrsg.), PKV, 4. Aufl. 2010, § 204 VVG Rn. 19 m.w.N.

72 Insgesamt zum Wechselrecht *Boetius*, Szenen einer Reformehe – Probleme der Prämienanpassung (§ 203 VVG) sowie des Tarif- und Versichererwechselrechts (§ 204 VVG) nach der Gesundheits- und VVG-Reform, VersR 2008, S. 1016ff.; *Lorenz/Wandt*, Der Tarifwechsel in der privaten Krankenversicherung bei unterschiedlichen Tarifstrukturen, VersR 2008, S. 7ff.

73 *Boetius*, in: MünchKommVVG, § 204 Rn. 273 m.w.N.; *Voit*, in: Prölss/Martin, VVG, § 204 Rn. 24.

74 *Schüffner/Franck*, in: Sodan (Hrsg.), Handbuch Krankenversicherungsrecht, § 43 Rn. 121; nicht zu den erworbenen Rechten gehört die „ursprüngliche Risikomischung", BVerwG Urt. vom 23.6.2010 – 8 C 42/09, BVerwGE 137, 179, 186ff.

75 *Boetius*, in: MünchKommVVG, § 204 Rn. 228f.; *Hütt*, in: Bach/Moser (Hrsg.), PKV, § 2 MB/KK Rn. 25.

76 Sieht der neue (Ziel-)Tarif Mehrleistungen vor, so hat er den Charakter einer Zusatzversicherung. Es gelten die gleichen Rahmenbedingungen wie für den Neuabschluss, insbesondere hinsichtlich der Risikoprüfung und der vorvertraglichen Anzeigepflichten nach § 19 VVG, vgl. *Boetius*, in: MünchKommVVG, § 204 Rn. 334f.

77 BVerwG Urt. v. 23.6.2010 – 8 C 42/09, BVerwGE 137, 179, 181ff.

1. Januar 2009 in Kraft getretenen Reform kalkulierte und offerierte Tarife kann die vorgenannte Regelung zu einem Konflikt mit dem in § 193 Abs. 3 S. 1 VVG vorgeschriebenen Mindestumfang des Versicherungsschutzes führen. Sieht ein alter Tarif höhere Selbstbehalte vor, als sie nach neuem Recht zulässig sind, so sind diese Verträge zwar bestandsgeschützt, stehen Neukunden aber nicht mehr offen und werden daher „vergreisen".[78] Ein Wechsel ist sodann nur in einen Tarif möglich, der einen zulässigen und damit geringeren Selbstbehalt vorsieht. Das bedeutet aus Sicht des § 204 VVG aber eine höhere Leistung, was den Versicherer zu Leistungsausschlüssen oder Risikozuschlägen berechtigt. Wird ein Risikozuschlag verlangt, so wird dieser gerade bei älteren Versicherten hoch ausfallen und damit den Tarifwechsel in der Regel unterbinden. Erfolgen Leistungsausschlüsse, so bedeuten diese gerade für ältere Versicherte mit höherem Risiko einen erheblichen Nachteil, da die Kosten der ausgeschlossenen Leistungen dann durch den Versicherten selbst aufzubringen sind. Das würde bedeuten, dass für ältere Versicherungsnehmer ein Tarifwechsel faktisch nicht in Frage kommt, da Leistungsausschlüsse mit der gerade aufgezeigten Konsequenz zu befürchten sind.[79] Andererseits führt dies zu einer Vergreisung der alten Tarife. Eine zufriedenstellende Lösung ist aus Sicht des Wechselrechts derzeit nicht erkennbar, was in erster Linie ältere Versicherungsnehmer belastet.

3. Leistungen der Privaten Krankenversicherung

a) Normaltarife

51 Die Ausgestaltung des Leistungsumfangs überlässt der Gesetzgeber für die „Normaltarife" den Vertragsparteien. Ausgangspunkt ist § 192 VVG, der die vertragstypischen Pflichten umschreibt.[80] Der Versicherer ist in der Krankheitskostenversicherung dazu verpflichtet, „im vereinbarten Umfang" die Aufwendungen für medizinisch notwendige Heilbehandlungen wegen Krankheit oder Unfallfolgen und weitere Leistungen zu erstatten. Normaltarife kennzeichnen sich dadurch, dass sie einen deutlich umfangreicheren Versicherungsschutz bieten als die GKV (z.B. hinsichtlich der Inanspruchnahme von Heilpraktikern, Chefarztbehandlung im Krankenhaus, stationäre Versorgung im Ein- oder Zweibettzimmer, beim Zahnersatz, bei Heil- und Hilfsmitteln, im Ausland etc.). In den Details unterscheiden sich aber die Angebote der verschiedenen Versicherungsunternehmen; viele Versicherer bieten zu unterschiedli-

78 *Boetius*, VersR 2008 (Fn. 72), S. 1016, 1024; *Boetius*, in: MünchKommVVG, § 204 Rn. 325; *Grote/Bronkars*, Gesundheitsreform und private Krankenversicherung – wirtschaftliche Konsequenzen für Versicherer und Versicherte, VersR 2008, S. 580ff.

79 Die Zulässigkeit von Leistungsausschlüssen bejahend *Schüffner/Franck*, in: Sodan (Hrsg.), Handbuch Krankenversicherungsrecht, § 43 Rn. 124 a.E. m.w.N.

80 Umfang, Art und Höhe der Leistungspflicht ergeben sich aus den Musterbedingungen (MB/KK, MB/BT) sowie den unternehmenseigenen Tarifbestimmungen (TB/KK, TB/BT).

chen Prämien auch differenzierte Tarife mit einem „Basis-", „Komfort-" oder „Premium-"Schutz an.

Die Leistungen in der PKV werden in der Regel im Wege der Kostenerstattung erbracht. „Aufwendungen" setzen dabei immer einen wirksamen und fälligen Vergütungsanspruch des Leistungserbringers gegen den Versicherungsnehmer voraus.[81] Grundsätzlich hat der Versicherungsnehmer zunächst die Kosten der Behandlung zu übernehmen, der Versicherer ist erst im Nachhinein zur Leistung verpflichtet. Das kann wiederum im Alter und bei nur beschränkten Einnahmen des Versicherungsnehmers bei immer höheren Behandlungskosten dazu führen, dass ein Arztbesuch und eine erforderliche Behandlung aus finanziellen Gründen gescheut wird, da schlichtweg die Mittel zur Vorfinanzierung nicht vorhanden sind. Ist der Versicherungsnehmer nachweisbar nicht in der Lage, zunächst selbst für die Kosten der Behandlung aufzukommen, so kann ausnahmsweise die Vorleistung des Versicherers in Betracht kommen. 52

Beschränkungen des Leistungsumfangs mit Bezug zum Alter könnten theoretisch zwar unter Beachtung des Diskriminierungsverbots aus § 19 Abs. 1 Nr. 2 AGG bei Vorliegen einer sachlichen Rechtfertigung (§ 20 Abs. 1 AGG) vereinbart werden, existieren in der Praxis aber nicht. 53

b) Basistarif

Alle Versicherungsunternehmen mit Sitz im Inland, die die substitutive Krankenversicherung betreiben, sind aufsichtsrechtlich verpflichtet, einen branchenweit einheitlichen Basistarif anzubieten, dessen Vertragsleistungen in Art, Umfang und Höhe den Leistungen nach dem Dritten Kapitel des SGB V, auf die ein Anspruch besteht, jeweils vergleichbar sind (§ 12 Abs. 1a VAG). Im Basistarif ist daher gesetzlich der Leistungsumfang vorgegeben, und zwar an das Leistungsrecht der GKV gekoppelt. Die Versicherten haben die Möglichkeit, Selbstbehalte von 300, 600, 900 oder 1200 Euro zu vereinbaren und die Änderung der Selbstbehaltsstufe zum Ende des vertraglich vereinbarten Zeitraums unter Einhaltung einer Frist von drei Monaten zu verlangen. Die vertragliche Mindestbindungsfrist für Verträge mit Selbstbehalt im Basistarif beträgt drei Jahre. 54

4. Finanzierung und Prämien

a) Allgemeines

Die PKV finanziert sich allein durch die Prämien der Versicherungsnehmer. Staatliche Zuschüsse gibt es nicht. Im Gegensatz zu den Leistungen ist die Kalkulation der 55

81 *Kalis*, in: MünchKommVVG, § 192 Rn. 14 m.w.N.

Prämie in der PKV in vielerlei Hinsicht reguliert.[82] Grundlage der Berechnung der Prämie sind die Verhältnisse zu Beginn des Versicherungsvertrags. Maßgeblich für die Prämienhöhe sind das Alter bei Vertragsabschluss, der Gesundheitszustand und der gewünschte Leistungsumfang.[83] Zwar wird die Prämie regelmäßig entsprechend der Preisentwicklung im Gesundheitswesen angepasst, diese Anpassung erfolgt aber einheitlich für das gesamte Risikokollektiv. Nach Vertragsabschluss individuell auftretende risikorelevante Umstände, wie etwa die Verschlechterung des Gesundheitszustandes, haben demgegenüber keinen Einfluss auf die vereinbarte Prämie, solange nicht der Umfang des Versicherungsschutzes erweitert wird. Nur wenn dies der Fall ist, erfolgt für den erweiterten Teil eine neue Prämienkalkulation.[84] Die Prämien werden nach dem Äquivalenzprinzip kalkuliert. Die Prämienberechnung hat nach den anerkannten Regeln der Versicherungsmathematik für jede versicherte Person altersabhängig getrennt für jeden Tarif mit einem dem Grunde und der Höhe nach einheitlichen Leistungsversprechen unter Verwendung der maßgeblichen Rechnungsgrundlagen und einer nach Einzelaltern erstellten Prämienstaffel zu erfolgen (§ 10 Abs. 1 S. 1 KalV).

56 Steigt das Alter der Versicherungsnehmer, so steigt in der Regel auch die Inanspruchnahme von Leistungen. Folgerichtig müssten die Prämien im Alter angepasst werden, was den Krankenversicherungsschutz bei gerade im Rentenalter abnehmenden Einnahmen schnell zu einer starken finanziellen Belastung werden lassen kann. Bei der Prämienkalkulation hat der Versicherer daher insbesondere dafür Sorge zu tragen, dass Rücklagen für die höhere Kostenlast im Alter gebildet werden können. Dies sind die sogenannten Alterungsrückstellungen.[85] Sie sollen über den gesamten Verlauf der Versicherung sicherstellen, dass ein bestimmter Anteil der Prämie nicht für die Aufwendungen zur (heutigen) Krankenbehandlung geleistet, sondern als Sparanteil für die im Alter höheren Kosten verwendet wird.[86] Steigen die Leistungsausgaben altersbedingt an, so werden die Alterungsrückstellungen aufgelöst und für die Leistungen verwendet. Das sichert prinzipiell die Unabhängigkeit der Prämienentwicklung vom steigenden Lebensalter.[87] Die Alterungsrückstellun-

---

82 *Rudolph*, in: Bach/Moser (Hrsg.), PKV, § 8a MB/KK Rn. 7.

83 Das Merkmal des Geschlechts darf bei der Tarifierung für ab dem 21.12.2012 abzuschließende Versicherungsverträge keine Rolle mehr spielen, EuGH Urt. vom 1.3.2011 – C-236/09, VersR 2011, 377ff.; dazu u.a. *Rolfs/Binz*, EuGH erzwingt ab Ende 2012 Unisex-Tarife für alle neuen Versicherungsverträge, VersR 2011, S. 714ff.

84 *Müller*, in: Beckmann/Matusche-Beckmann (Hrsg.), Versicherungsrechts-Handbuch, 2. Aufl. 2009, § 44 Rn. 41; *Wandt* (Fn. 65), Rn. 1312, dort Fn. 68.

85 Laut Rechenschaftsbericht 2011, S. 22 des PKV-Spitzenverbandes belaufen sich die Alterungsrückstellungen in der Krankenversicherung im Jahr 2011 auf 146 Mrd. Euro.

86 *Sodan*, in: Sodan (Hrsg.), Handbuch Krankenversicherungsrecht, § 46 Rn. 1 m.w.N.; zum Auf- und Abbau der Alterungsrückstellungen vgl. *Boetius*, in: MünchKommVVG, Vorb. § 192 Rn. 834ff.

87 *Boetius*, in: MünchKommVVG, Vorb. § 192 Rn. 734.

gen setzen sich aus den kalkulierten Tarifbeiträgen (Prämien),[88] der Begrenzung von Prämienanpassungen und direkten Zuschreibungen zusammen. Ab dem 65. Lebensjahr sind die Beitragszuschläge direkt zur Prämiensenkung zu verwenden (§ 12a Abs. 2 VAG).

Erhöht sich die Prämie, so kann der Versicherungsnehmer unter bestimmten Voraussetzungen den Vertrag kündigen (§ 205 Abs. 3 VVG). Die Vorschrift nennt unter anderem das Erreichen eines bestimmten Lebensalters. Das ist vor allem dann relevant, wenn die Kinderversicherung in eine Erwachsenenversicherung übergeht.[89] Handelt es sich um eine Pflichtversicherung, so ist jedoch § 205 Abs. 6 VVG zu beachten. 57

b) Basistarif

Im Basistarif darf die monatliche Prämie den Höchstbeitrag in der GKV nicht übersteigen, sie ist daher derzeit (2012) auf 592,88 Euro limitiert. Reichen die Einnahmen nicht aus, um die Ausgaben zu decken, findet in einem ersten Schritt ein Finanzausgleich unter allen privaten Krankenversicherungsunternehmen mit den Gesamteinnahmen aller Basistarifversicherten statt (§ 12g VAG). Erweist sich auch dieser Risikoausgleich als unzureichend, müssen die Versicherer die Leistungsausgaben im Basistarif mit den Prämien der in den Normaltarifen Versicherten quersubventionieren. 58

88 Sie sind die Hauptquelle der Alterungsrückstellungen. Kalkuliert werden sie unter Berücksichtigung der Krankheitskosten, wie sie künftig über die gesamte Vertragslaufzeit zu erwarten sind, vgl. *Boetius*, in: MünchKommVVG, Vorb. § 192 Rn. 789f.

89 BT-Drs. 12/6959, S. 106.

§ 16 Altenhilfe, Pflege und altersgerechte Infrastruktur

Literatur: *Beirat zur Überprüfung des Pflegebedürftigkeitsbegriffs,* Bericht vom 26.1.2009 (https://www.bundesgesundheitsministerium.de/fileadmin/redaktion/pdf_publikationen/Neuer-Pflegebeduertigkeitsbegr.pdf); *Bethke, Bedriska,* Rehabilitation vor Pflege aus pflegewissenschaftlicher Sicht in: Welti, Felix (Hrsg.), Das Rehabilitationsrecht in der Praxis der Sozialleistungsträger, 2009, S. 129ff.; *Bieback, Karl-Jürgen,* Berechnung der leistungsgerechten Vergütung von stationären Pflegeeinrichtungen – Anmerkung zu BSG 3. Senat, Urteil vom 29.1.2009, B 3 P 7/08 R, JurisPR-SozR 21/2009, Anm. 3; *Blinkert, Baldo/Klie, Thomas,* Gesellschaftlicher Wandel und demographische Veränderungen als Herausforderungen für die Sicherstellung der Versorgung von pflegebedürftigen Menschen, Sozialer Fortschritt 2004, S. 319ff.; *Börner, Karlheinz,* „Betreutes Wohnen" in Abgrenzung zum Heimgesetz, 2008; *CDU/CSU und SPD,* Koalitionsvertrag „Gemeinsam für Deutschland. Mit Mut und Menschlichkeit" vom 7.11.2005 (http://www.cdu.de/doc/pdf/05_11_11_Koalitionsvertrag.pdf).; *Döhner, Hanneli/Rothgang, Heinz,* Pflegebedürftigkeit – Zur Bedeutung der familialen Pflege für die Sicherung der Langzeitpflege, Bundesgesundheitsblatt 2006, S. 583ff.; *Ebsen, Ingwer,* Die gesetzliche Pflegeversicherung (SGB XI) auf dem Prüfstand des Bundesverfassungsgerichts, Jura 2002, S. 401ff.; *Fahlbusch, Jonathan,* „Pflegestufe Demenz": Die Regelungen für Demenzkranke im Pflege-Weiterentwicklungsgesetz, Archiv für Wissenschaft und Praxis der sozialen Arbeit 4/2008, S. 26ff.; *Fuchs, Harry,* Pflege und Rehabilitation in: Igl, Gerhard/Naegele, Gerhard/Hamdorf, Silke (Hrsg.), Reform der Pflegeversicherung – Auswirkungen auf die Pflegebedürftigen und die Pflegepersonen, 2007, S. 180ff.; *Fuchs, Harry,* Rechtliche Rahmenbedingungen für die geriatrische Rehabilitation, SozSich 2007, S. 169ff.; *Hammerschmidt, Peter,* Sozialpolitik, Sozialrecht und soziale Altenarbeit in: Kirsten Aner/Ute Karl (Hrsg.), Lebensalter und Soziale Arbeit – Ältere und alte Menschen, 2008, S. 10ff.; *HK-SGB IX,* Handkommentar zum Sozialgesetzbuch IX, *Lachwitz, Klaus (Hrsg.),* 3. Aufl. 2010.; *Henneke, Hans-Günter/Ritgen, Klaus,* Stärkung der Bürgerbeteiligung durch Seniorenbeiräte und niedrige Quoren bei Bürgerbegehren und Bürgerentscheid?, LKRZ 2008, S. 361ff.; *Hoffer, Heike/Rasch, Edna,* Der neue Pflegebedürftigkeitsbegriff: Motor für eine zukunftsorientierte Weiterentwicklung der Pflege, Archiv für Wissenschaft und Praxis der Sozialen Arbeit 3/2010, S. 4ff.; *Igl, Gerhard/ Klie, Thomas (Hrsg.),* Das Recht der älteren Menschen, 2007; *Igl, Gerhard/Welti, Felix,* Die Leistungsinhalte der häuslichen Krankenpflege und ihre Abgrenzung von den Leistungen bei Pflegebedürftigkeit, VSSR 1995, S. 117ff.; *Igl, Gerhard,* Pflegebedürftigkeit und Behinderung im Recht der sozialen Sicherheit, ZIAS 2003, S. 332ff.; *Igl, Gerhard,* Internationale und europäische Dimensionen der Langzeitpflege in: Igl, Gerhard/Naegele, Gerhard/Hamdorf, Silke (Hrsg.), Reform der Pflegeversicherung – Auswirkungen auf die Pflegebedürftigen und die Pflegepersonen, 2007, S. 70ff.; *Igl, Gerhard,* Qualitätsanforderungen in der Langzeitpflege: Wie hat eine rechtliche Rahmenordnung auszusehen?, SGb 2007, S. 381ff.; *Igl, Gerhard,* Pflegebedürftigkeit, Pflege und Pflegebedarf im rechtlichen Verständnis, RsDE 66 (2008), S. 1ff.; *Igl, Gerhard,* Ältere Menschen mit Behinderungen: Realisierung des Teilhabegedankens und Eingliederungshilfe in: Schütte, Wolfgang (Hrsg.), Abschied vom Fürsorgerecht, 2011, S. 99ff.; *Igl, Gerhard,* Verbraucherschutz in der Pflegeversicherung in: Igl, Gerhard (Hrsg.), Verbraucherschutz im Sozialrecht, 2011, S. 93ff.; *Klie, Thomas,* Rehabilitation vor Pflege aus rechtswissenschaftlicher und sozialpolitischer Sicht in: Welti, Felix (Hrsg.), Das Rehabilitationsrecht in der Praxis der Sozialleistungsträger, 2009, S. 116ff.; *Klie, Thomas/Ziller, Hannes,* Zur Organisationsstruktur von Pflegestützpunkten, NDV 2009, S. 173ff.; *Klie, Thomas/Pfundstein, Thomas,* Kommunale Pflegeplanung zwischen Wettbewerbsneutralität und Bedarfsplanung, Zeitschrift für Gerontologie und Geriatrie 2010, S. 91ff.; *Klie, Thomas,* Pflegekulturelle Orientierungen im Wandel, Theorie und Praxis der Sozialen Arbeit 2011, S. 90ff.; *Lachwitz, Klaus,* Impulse und Vorgaben der

UN-Behindertenrechtskonvention für das Verhältnis von Eingliederungshilfe und Pflege, Archiv für Wissenschaft und Praxis der soziale Arbeit 3/2010, S. 64ff.; *Münder, Johannes/Armborst, Christian*, Sozialgesetzbuch XII – Sozialhilfe, Lehr- und Praxiskommentar (LPK-SGB XII), 9. Aufl. 2012; *Ludyga, Hannes*, Unterhaltspflichten von Kindern gegenüber ihren Eltern im Alter und bei Pflegebedürftigkeit unter Berücksichtigung des SGB XII, NZS 2011, S. 606ff.; *Masuch, Peter*, Die Beeinträchtigung der Teilhabe in der Gesellschaft – Die Rechtsprechung des Bundessozialgerichts auf dem Weg zum neuen Behinderungsbegriff, in: Festschrift 50 Jahre Bundessozialgericht, (FS 50 Jahre BSG) 2004, S. 199ff.; *Naegele, Gerhard*, Kommunale Altenpolitik angesichts des sozio-demografischen Wandels neu denken!, Theorie und Praxis der Sozialen Arbeit 2010, S. 173ff.; *Pfützenreuter, Irina*, Die alternde Gesellschaft vor Ort gestalten, NDV 2006, S. 234ff.; *Pitschas, Rainer*, Betreuungsrecht auf dem Prüfstand, BtPrax 2011, S. 8ff.; *Ruland, Franz*, Berücksichtigung der Kindererziehung bei der Höhe von Sozialversicherungsbeiträgen?, SDSRV 57 (2008), S. 53ff.; *Schmidt, Roland*, Systemgrenzen verhindern Prävention, Blätter der Wohlfahrtspflege 2011, S. 163ff.; *Schulte, Bernd*, Altenhilfe in Deutschland – Reformperspektiven aus rechtsvergleichender Sicht, NDV 1999, S. 3ff.; *Schulte, Bernd*, Pflege und Betreuung: Plädoyer für eine wechselseitige Annäherung und Kooperation, ZFSH/SGB 2011, S. 249ff.; *Schütte, Wolfgang*, Freiwillige Pflege: Angehörige und sozial Engagierte – Kritik des Pflegegeldes in: Igl, Gerhard/Naegele, Gerhard/Hamdorf, Silke (Hrsg.), Reform der Pflegeversicherung – Auswirkungen auf die Pflegebedürftigen und die Pflegepersonen, 2007, S. 152ff.; *Schütte, Wolfgang*, Integration der Laienpflege und Anreize zur Laienpflege – familiengerechte Dienstleistungen im SGB XI, in: Bieback, Karl-Jürgen (Hrsg.), Die Reform der Pflegeversicherung, 2009, S. 83ff.; *Shafaei, Reza F.*, Die gemeinsamen Servicestellen für Rehabilitation, 2008; *Statistisches Bundesamt*, Pflegestatistik 2009, Wiesbaden 2010; *Steinbrück, Joachim*, Barrierefreiheit von Wohn- und öffentlich zugänglichen Gebäuden – Regelungsgehalt, Wirkung und Durchsetzung baurechtlicher Bestimmungen, Behindertenrecht 2009, S. 157ff.; *Trenk-Hinterberger, Peter*, Anspruch auf volle Kostenerstattung für digitales Hörgerät – Anmerkung zu BSG 3. Senat, Urteil vom 17.12.2009, B 3 KR 20/08 R, JurisPR-SozR 10/2010 Anm. 1; *Trenk-Hinterberger, Peter*, Dauerhafte Einschränkung der Alltagskompetenz – Anmerkung zu BSG 3. Senat, Urteil vom 12.8.2010, B 3 P 3/09 R, JurisPR-SozR 8/2011, Anm. 2; *Udsching, Peter*, Neubestimmung des Leistungsfalls und die Versorgung Dementer in: Bieback, Karl-Jürgen (Hrsg.), Die Reform der Pflegeversicherung 2008, 2009, S. 69ff.; *Welti, Felix*, Veränderungen im Leistungsrecht und Auswirkungen auf Menschen mit Pflegebedarf und ihre Angehörigen in: Igl, Gerhard/Naegele, Gerhard/Hamdorf, Silke (Hrsg.), Reform der Pflegeversicherung – Auswirkungen auf die Pflegebedürftigen und die Pflegepersonen, 2007, S. 193ff.; *Welti, Felix*, Alter im sozialen Rechtsstaat, BtPrax 2007, S. 51ff.; *Welti, Felix*, Qualitätssicherung, Fallmanagement und räumliche Versorgungsstrukturen in: Bieback, Karl-Jürgen (Hrsg.), Die Reform der Pflegeversicherung 2008, 2009, S. 115ff.; *Welti, Felix*, Schutzservietten als Pflegehilfsmittel – Anmerkung zu BSG 3. Senat, Urteil vom 15.11.2007, B 3 P 9/06 R – JurisPR-SozR 24/2008, Anm. 3.; *Welti, Felix*, Schutz vor Benachteiligungen im deutschen Sozialrecht nach den europäischen Gleichbehandlungsrichtlinien und ihrer Umsetzung, VSSR 2008, S. 55ff.; *Welti, Felix*, Bietet das SGB IX einen geeigneten Rahmen für Teilhabe und Pflege?, Archiv für Wissenschaft und Praxis der Sozialen Arbeit 3/2010, S. 46ff.; *Welti, Felix*, Hilfsmittel zum Behinderungsausgleich: Rechtlicher Rahmen und Reformbedarf, Die Rehabilitation, Supplement Teilhabe und Hilfsmittelversorgung, Oktober 2010, S 37ff.; *Welti, Felix*, Rechtsfragen der Bedarfsfeststellung für Leistungen zur Teilhabe, Die Rehabilitation 2011, S. 7ff.; *Welti, Felix*, Rechtliche Grundlagen von Barrierefreiheit, NVwZ 2012, S. 725ff.; *Wilcken, Christine*, Pflegebedürftigkeit und Behinderung im Recht der Rehabilitation und Teilhabe und im Recht der Pflege, 2011; *Wingenfeld, Klaus/Büscher, Andreas/Ganswеid, Barbara*, Selbstständigkeit im Alltag, Blätter der Wohlfahrtspflege 2008, S. 182ff.; *Ziller, Hannes*, Zur Weiterentwicklung des Rechts der Altenhilfe, RsDE 18 (1992), S. 33ff.

Inhaltsübersicht

I. Einführung: Alter, Pflege und Behinderung

Die besonderen Bedarfslagen älterer Menschen haben im deutschen Recht nur im Bezug auf die wirtschaftliche Sicherung des Lebensunterhalts einen festen Platz.[1] Ihre Regelungen sind im Recht der Rentenversicherung, der Grundsicherung im Alter, der Betrieblichen Altersversorgung und der öffentlichen Förderung privater Altersvorsorge zu finden. Dagegen ist der altersspezifische Bedarf an Diensten und Einrichtungen und an einer altersgerechten Infrastruktur nicht umfassend spezifisch geregelt. Eine dem Kinder- und Jugendhilfegesetz (SGB VIII) vergleichbare Kodifikation mit entsprechenden auf die Lebensphase Alter bezogenen Strukturen von Leistungs- und Eingriffsverwaltung, gesellschaftlicher und politischer Teilhabe besteht nicht. 1

Ein Teil altersspezifischer Problemlagen und Bedarfe wird daher im Rahmen der auf die sozialen Risiken Pflegebedürftigkeit und Behinderung bezogenen sozial- 2

1 Vgl. *Welti*, BtPrax 2007, S. 51ff.

rechtlichen und ordnungsrechtlichen Gesetze geregelt. Das Risiko, pflegebedürftig oder behindert zu werden, steigt mit dem Alter. Doch sind weder alle alten oder hochaltrigen Menschen pflegebedürftig oder behindert, noch sind alle pflegebedürftigen oder behinderten Menschen alt. In Politik und Institutionen werden aber Pflegerecht und Pflegepolitik häufig als Altenpolitik verstanden, während die Rehabilitation und Teilhabe behinderter Menschen oft vor allem mit Blick auf Personen in der Lebensphase der Erwerbstätigkeit verstanden wird. Beide Verengungen sind empirisch und konzeptionell unangemessen. Gleichwohl gibt es Überschneidungen. Im Koalitionsvertrag für die 16. Wahlperiode des Deutschen Bundestages war daher ein Gesamtkonzept der Betreuung und Versorgung pflegebedürftiger, behinderter und alter Menschen angekündigt worden.[2] Angesichts der Zuständigkeit drei nicht immer reibungslos kooperierender Bundesministerien und unterschiedlicher Sozialleistungsträger sowie der durch die Föderalismusreform verstärkten kompetenziellen Unsicherheit zwischen Bund und Ländern ist dieser Anspruch nicht eingelöst worden.[3] Die weitere Diskussion hat sich auf ungelöste Schnittstellen zwischen Leistungsgesetzen und Institutionen der Behindertenhilfe und der Pflege konzentriert,[4] während der Konnex zu altersspezifischen Bedarfslagen wieder weit gehend aus dem Blick geraten ist.

II. Sozialrechtliche Regelungen

1. Allgemeines Sozialrecht

3 Im allgemeinen Sozialrecht erscheint Alter explizit nur im Hinblick auf die wirtschaftliche Sicherung des Lebensunterhalts durch die Sozialversicherung (§§ 4 S. 1 Nr. 2, 22 SGB I) und die Sozialhilfe (§§ 9, 28 Abs. 1 Nr. 1a SGB I)[5] sowie auf die Leistungen bei gleitendem Übergang älterer Arbeitnehmer in den Ruhestand (§ 19b SGB I). Weitere teilweise altersspezifische Bedarfslagen erscheinen als Teilhabe behinderter Menschen (§§ 10, 29 SGB I) und Leistungen der sozialen Pflegeversicherung (§ 21a SGB I), denen kein eigenständig definiertes soziales Recht gegenübersteht.[6] Die als Altenhilfe bezeichneten Leistungen der Sozialhilfe sind im ersten Überblick über das Sozialrecht nur als „andere Lebenslagen" definiert (§§ 9, 28 Abs. 1 Nr. 6 SGB I). Entsprechend schwierig ist es auch, die altersspezifischen Bedarfe an Aufklärung, Beratung und Auskunft (§§ 13–15 SGB I) und die Verantwortung für die er-

2 Koalitionsvertrag von *CDU/CSU und SPD*: „Gemeinsam für Deutschland. Mit Mut und Menschlichkeit" vom 7.11.2005 unter Ziffer 7.1. „Allgemeine Fragen der Gesundheitspolitik".
3 Dazu näher: *Welti*, Archiv für Wissenschaft und Praxis der soziale Arbeit 3/2010, S. 46ff.
4 Vgl. *Lachwitz*, Archiv für Wissenschaft und Praxis der soziale Arbeit 3/2010, S. 64ff.
5 Dazu der Beitrag von *Becker* in diesem Band.
6 Vgl. dazu *Christine Wilcken*, Pflegebedürftigkeit, S. 321ff.

forderlichen sozialen Dienste und Einrichtungen (§ 17 Abs. 1 Nr. 2 SGB I) zuzuordnen.

Das im allgemeinen Sozialrecht normierte Benachteiligungsverbot bei der Inanspruchnahme sozialer Rechte (§ 33c SGB I)[7] nennt das Merkmal Alter nicht. Dieses ist nur spezifisch für die Bereiche Berufsberatung, Berufsbildung, berufliche Weiterbildung und Umschulung der Sozialversicherung kodifiziert (§ 19a SGB IV), also in einem Bereich, der alleine Personen bis zum Eintritt in den Ruhestand betrifft. Gleichwohl soll das Benachteiligungsverbot wegen des Alters auch den Sozialschutz einschließlich der sozialen Sicherheit und der Gesundheitsdienste erfassen, wie in § 2 Abs. 1 Nr. 5 AGG dokumentiert ist. § 2 Abs. 2 S. 1 AGG verweist für das Sozialrecht wiederum auf § 19a SGB IV. Doch können damit die Benachteiligungsverbote des Europäisches Rechts und des deutschen Verfassungsrechts nicht ausgeschlossen werden, deren ergänzende Anwendbarkeit auch durch § 2 Abs. 3 S. 1 AGG klargestellt wird. 4

2. Altenhilfe

Altenhilfe soll alten Menschen gewährt werden (§ 71 Abs. 1 SGB XII). Sie ist eine zusätzliche Leistung zur Grundsicherung im Alter, Hilfe zur Pflege, Eingliederungshilfe oder anderen Hilfearten des Sozialhilferechts.[8] Ob Altenhilfe geleistet wird, hängt von der Berechtigung zu diesen Hilfen nicht ab. Altenhilfe soll dazu beitragen, Schwierigkeiten die durch das Alter entstehen, zu verhüten, zu überwinden oder zu mildern und alten Menschen die Möglichkeit zu erhalten, am Leben in der Gemeinschaft teilzunehmen. Als Leistungen der Altenhilfe kommen insbesondere in Betracht Leistungen zu einer Betätigung und zum gesellschaftlichen Engagement (vgl. § 11 Abs. 2 SGB XII), Leistungen bei der Beschaffung und zur Erhaltung einer Wohnung, die den Bedürfnissen des alten Menschen entspricht, Beratung und Unterstützung in allen Fragen der Aufnahme in eine Betreuungseinrichtung und der Inanspruchnahme altersgerechter Dienste, Leistungen beim Besuch von Veranstaltungen oder Einrichtungen, die der Geselligkeit, der Unterhaltung, der Bildung oder den kulturellen Bedürfnissen alter Menschen dienen und Leistungen, die alten Menschen die Verbindung mit nahe stehenden Personen ermöglichen (§ 72 Abs. Nr. 1–6 SGB XII). Diese Aufzählung ist beispielhaft. Sie zeigt, dass die Altenhilfe auf gesellschaftliche Teilhabe und die Prävention altersbedingter Vereinsamung und Exklusion gerichtet ist. Die Leistungen sollen auch erbracht werden, wenn sie der Vorbereitung auf das Alter dienen 5

7 Vgl. *Welti*, VSSR 2008, S. 55ff.

8 Zu ihrer geschichtlichen Entwicklung und sozialpädagogischen Einordnung: *Hammerschmidt*, in: Aner/Karl (Hrsg.), Lebensalter und Soziale Arbeit, S. 10ff.

(§ 71 Abs. 3 SGB XII), sind also an keine feste Altersgrenze gebunden.[9] Die Altenhilfe soll ohne Rücksicht auf vorhandenes Einkommen und Vermögen geleistet werden, soweit im Einzelfall Beratung und Unterstützung erforderlich sind (§ 75 Abs. 4 SGB XII).

6 Auf die Leistungen der Altenhilfe besteht im Regelfall kein Anspruch. Sie „sollen" gewährt werden. Zuständig sind nach Maßgabe des Landesrechts in der Regel die örtlichen Träger der Sozialhilfe, also die Kreise und kreisfreien Städte (vgl. §§ 3, 97 SGB XII). Sie sind objektiv verpflichtet, die Leistungen vorzuhalten und zu erbringen, ohne dass dieser Pflicht ein subjektiver Anspruch alter Menschen auf die Leistungen korrespondiert. Ein solcher kann sich durch Selbstbindung der Verwaltung als Anspruch auf Gleichbehandlung ergeben,[10] etwa wenn eine Teilgruppe der Alten ohne erkennbaren Grund von einem offenen Angebot ausgegrenzt würde. Denkbar ist auch, dass sich die Situation alter Menschen in Bezug auf altersbedingte Bedarfslagen so verdichtet hat, dass Leistungen nach § 71 SGB XII notwendig werden und ein Rechtsanspruch begründet werden kann.[11] Das LSG Bayern hat einen solchen Anspruch für möglich gehalten, soweit er nicht die Regelung des Regelsatzes zum Lebensunterhalt umgeht und soweit eine entsprechende Infrastruktur besteht.[12] Zu erinnern ist daran, dass die Sozialhilfe einsetzt, sobald dem Träger der Sozialhilfe oder den von ihm beauftragten Stellen bekannt wird, dass die Voraussetzungen für die Leistung vorliegen (§ 18 Abs. 1 SGB XII). Kenntnis davon, dass alte Menschen in schwierigen sozialen Lagen sind, bekommt der Träger der Sozialhilfe insbesondere durch Anträge auf Grundsicherung im Alter (§ 41 SGB XII).[13] Es wäre sinnvoll, wenn die Träger der Sozialhilfe in diesen Fällen – unabhängig vom Bestehen des Grundsicherungsanspruchs – prüften, ob Leistungen der Altenhilfe gewährt werden können, durch die vielleicht sogar – im Sinne vorbeugender Leistung (§ 15 SGB XII) – die Bedürftigkeit abgewendet werden kann, etwa indem günstigerer Wohnraum oder eine altersgerechte Beschäftigung vermittelt werden können. Andererseits kann und muss eine richtig konzipierte Altenhilfe alte Menschen beraten und ermutigen, ihnen zustehende Grundsicherung im Alter auch in Anspruch zu nehmen, was gegenwärtig nicht immer geschieht.

7 § 71 SGB XII fordert und legitimiert die Bereitstellung insbesondere offener Angebote wie Tagesstätten, Fahrdienste, Beratungsstellen oder aufsuchende Sozialarbeit aus Mitteln der Sozialhilfe und gibt den dafür verausgabten Mitteln damit im Haushalt eines Kreises oder einer kreisfreien Stadt – nach Maßgabe des jeweiligen Finanzrechts der Länder – einen anderen Ort und Stellenwert als dies bei einem rein auf dem Selbstverwaltungsrecht beruhenden Angebot der Fall wäre. Gleichwohl

9 *Münder/Bieritz-Harder*, in: LPK-SGB XII, § 71 Rn. 14.
10 *Münder/Bieritz-Harder*, in: LPK-SGB XII, § 71 Rn. 32.
11 *Münder/Bieritz-Harder*, in: LPK-SGB XII, § 71 Rn. 32.
12 LSG Bayern Urt. v. 26.2.2010, Az. L 8 SO 129/09, FEVS 62, 117.
13 Dazu der Beitrag von *Becker* in diesem Band.

gelten in der kommunalen Sozialpolitik alle nicht auf Rechtsansprüchen beruhenden Leistungen als „freiwillig" und sind damit in Haushaltsnotlagen gefährdet. Ein Ausgleichsanspruch für die Träger der Sozialhilfe lässt sich ohne entsprechende landesrechtliche Normierung nicht begründen.[14] Erst eine landesrechtliche Aufgabenzuweisung könnte einen Ausgleichsanspruch (Konnexität) der Träger der Sozialhilfe für ihre Ausgaben begründen.

Die Relativierung des Nachrangs der Sozialhilfe (§ 2 SGB XII) durch § 75 Abs. 4 **8**
SGB XII entspricht den Bedürfnissen der Administration offener Angebote.[15] In einer Beratungsstelle oder Tagesstätte kann keine individuelle Einkommens- und Vermögensprüfung durchgeführt werden. Die Altenhilfe hat aber gerade deshalb im Sozialhilferecht eine randständige Sonderrolle, denn ihre Träger verstehen sich als strikt nachrangige Garanten des Existenzminimums und nur selten als präventiv tätige Leistungsträger zur Vermeidung von Armut und Ausgrenzung. Altenhilfe ist eine bedarfs- und nicht bedürftigkeitsabhängige besondere Form der Fürsorge, für die aber bislang – anders als für die Kinder- und Jugendhilfe im SGB VIII – keine eigenständige Kodifikation und Organisation außerhalb der Sozialhilfe geschaffen worden ist. Ihre praktische Bedeutung, soweit statistisch überhaupt erkennbar, ist gering.

Im Kontext der Altenhilfeplanung werden bislang eine planlose Entwicklung **9**
der Infrastruktur, mangelnde Abstimmung der Teilsysteme, unzureichende Koordination, mangelnde Berücksichtigung von Nutzerintereressen und Defizite bei der Förderung der Selbstständigkeit festgestellt.[16]

3. Pflege

a) Leistungsträger bei Pflege

Der Anspruch auf notwendige Leistungen bei Pflegebedürftigkeit wird durch die **10**
Pflegeversicherung und die Träger der Sozialhilfe sichergestellt.[17] Ist Pflegebedürftigkeit Folge eines Arbeitsunfalls oder einer Berufskrankheit, werden die nötigen Leistungen vollständig durch das besondere System der gesetzlichen Unfallversicherung gedeckt (§ 44 SGB VII), ist sie Folge eines Entschädigungsfalls, werden sie von den staatlichen Versorgungsämtern übernommen (§§ 26c, 35 BVG).

b) Die soziale und die private Pflegeversicherung

Die soziale Pflegeversicherung ist eine Pflichtversicherung, die alle Personen er- **11**
fasst, die auch in der gesetzlichen Krankenversicherung versichert sind (§§ 20, 25

14 OVG Niedersachsen Urt. v. 9.12.1992, Az. 4 L 2268/91, OVGE MüLü 43, 338.
15 *Münder/Bieritz-Harder,* in: LPK-SGB XII, § 71 Rn. 23.
16 *Pfützenreuter,* NDV 2006, S. 234, 239; *Schulte,* NDV 1999, S. 3, 5ff.
17 Vgl. *Igl,* ZIAS 2003, S. 332ff.

SGB XI) sowie einige weitere Personengruppen (§§ 21, 24 SGB XI). Sie wurde als ein wesentlicher Beitrag zur Entwicklung des Sozialrechts für ältere Menschen eingeschätzt.[18]

12 Ihre Träger sind die Pflegekassen, die bei den Krankenkassen errichtet sind und mit ihnen organidentisch sind (§ 46 SGB XI). Für die soziale Pflegeversicherung ist ein eigener Beitrag von 2,05% zu entrichten, der für Kinderlose auf 2,3% erhöht ist, um die Bedeutung der nachwachsenden Generation für die Aufrechterhaltung der sozialen Sicherung und der Pflege zu verdeutlichen (§§ 54, 55 SGB XI).[19] Versicherungspflichtige Rentnerinnen und Rentner zahlen diesen Beitrag – anders als den Krankenversicherungsbeitrag – allein, ohne dass die Rentenversicherung eine Hälfte trägt (§ 59 Abs. 1 SGB XI). Wer privat krankenversichert ist, muss sich in der privaten Pflegeversicherung versichern (§ 23 SGB XI). Insgesamt ist die Pflegeversicherung als Volksversicherung ausgestaltet.[20] Es soll vermieden werden, dass Personen keinen Versicherungsschutz haben und ihre Pflegebedürftigkeit damit voll zu Lasten der Träger der Sozialhilfe und von Angehörigen geht.

13 Soziale und private Pflegeversicherung haben gesetzlich den gleichen Leistungsumfang, die private Pflegeversicherung kann zusätzliche Leistungen anbieten. Der gesetzliche Leistungsumfang der Pflege-Pflichtversicherung ist grundsätzlich nicht als bedarfsdeckend konzipiert, sondern ist durch einen festen Geldbetrag definiert, der danach differenziert ist, ob die Pflege stationär oder ambulant in Anspruch genommen wird und ob ambulante Pflege durch einen Pflegedienst oder durch andere Hilfen sichergestellt wird. Für den nicht gedeckten Teil des Pflegebedarfs sowie für Unterkunft und Verpflegung in Heimen müssen die Pflegebedürftigen selbst aus ihrem Einkommen oder Vermögen oder ihre unterhaltspflichtigen Angehörigen, vor allem ihre Kinder,[21] aufkommen. Ist das nicht möglich, deckt die Hilfe zur Pflege der Sozialhilfe den restlichen Bedarf. Die Leistungen der Pflegeversicherung ergänzen insoweit nur die familiäre, nachbarschaftliche und sonstige ehrenamtliche Pflege und Betreuung (§ 4 Abs. 2 SGB XI), deren Pflegebereitschaft und -fähigkeit heterogen und fragil ist.[22]

---

18 Vgl. *Udsching*, Die Entwicklung des Sozialrechts für ältere Menschen am Beispiel der Pflegeversicherung in: Igl/Klie (Hrsg.), Das Recht der älteren Menschen, 2007, S. 75ff.

19 BVerfG v. 3.4.2001, Az. 1 BvR 1629/94, BVerfGE 103, 242; zur Kritik vgl. *Ruland*, SDSRV 57 (2008), S. 53ff.

20 BVerfG v. 3.4.2001, Az. 1 BvR 2014/95, BVerfGE 103, 197; vgl. *Ebsen*, Jura 2002, S. 401ff.

21 Vgl. *Ludyga*, NZS 2011, S. 606ff.

22 Zu empirischen Daten: BT-Drs. 17/3815, S. 187ff.; vgl. auch: *Döhner/Rothgang*, Bundesgesundheitsblatt 2006, S. 583ff.; *Blinkert/Klie*, Sozialer Fortschritt 2004, S. 319ff.; *Klie*, Theorie und Praxis der Sozialen Arbeit 2011, S. 90ff.

c) Pflegebedürftigkeit

Pflegebedürftigkeit im Sinne der Pflegeversicherung wird nach §§ 14, 15 SGB XI definiert.[23] Sie ist hier auf Hilfebedürftigkeit bei bestimmten Verrichtungen des alltäglichen Lebens und bei der Hauswirtschaft beschränkt. Rehabilitative Maßnahmen[24] und Behandlungspflege[25] oder allgemeine Hilfe und Betreuung, etwa wegen Demenz, sind davon nicht erfasst, ebenso wenig Hilfe bei der Kommunikation und bei Aktivitäten, die, wie etwa der Kirchgang,[26] über den häuslichen Bereich hinausgehen.[27] Die Pflegebedürftigkeit wird in drei Pflegestufen festgestellt, nach denen sich der Umfang des Leistungsanspruchs richtet. Pflegebedürftigkeit wird vom Medizinischen Dienst der Krankenversicherung (MDK) gutachterlich geprüft (§ 18 SGB XI). Auf Grundlage dieser Prüfung und des Leistungsantrags stellt die Pflegekasse den Leistungsanspruch fest. Der Träger der Sozialhilfe ist an die Entscheidungen der Pflegekasse über das Ausmaß der Pflegebedürftigkeit gebunden (§ 62 SGB XII). Durch die Hilfe der Pflege der Sozialhilfe werden bei Bedürftigkeit auch Pflegeleistungen übernommen, die vom eingeschränkten Pflegebedürftigkeitsbegriff nach §§ 14, 15 SGB XI nicht erfasst werden (§ 61 Abs. 1 S. 2 SGB XII).[28] Die Diskussion um eine Neufassung des gesetzlichen Pflegebedürftigkeitsbegriffs dauert seit Jahren an.[29] Hilfreich wäre eine Abstimmung mit der fachlichen Debatte um den Behinderungsbegriff und eine Orientierung an der International Classification of Functioning, Disability and Health (ICF).[30] 14

d) Ziele der Pflegeversicherung

Gesetzliches Ziel der Pflegeversicherung ist, den Pflegebedürftigen zu helfen, trotz ihres Hilfebedarfs ein möglichst selbstständiges Leben zu führen, das der Würde des Menschen entspricht und die körperlichen, geistigen und seelischen Kräfte der Pflegebedürftigen wiederzugewinnen oder zu erhalten (§ 2 Abs. 1 SGB XI). Die Pflegeversicherung ist allerdings trotz des daraus folgenden Vorrangs von Prävention und Rehabilitation (§§ 5, 31 SGB XI; § 8 Abs. 3 SGB IX) kein Träger von präventiven und 15

---

23 Vgl. *Wilcken*, Pflegebedürftigkeit, S. 102ff.; *Udsching*, in: Bieback (Hrsg.), Die Reform der Pflegeversicherung 2008, S. 69ff.; *Igl*, RsDE 66 (2008), S. 1ff.; *Welti*, in: Igl/Naegele/Hamdorf (Hrsg.), Reform der Pflegeversicherung, S. 193ff.

24 BSG Urt. v. 22.8.2001, Az. B 3 P 23/00 R.

25 BSG Urt. v. 28.6.2001, Az. B 3 P 12/00 R; vgl. *Igl/Welti*, VSSR 1995, S. 117ff.

26 BSG Urt. v. 12.10.2000, Az. B 3 P 15/99 R, NJW 2001, 2197.

27 BT-Drs. 17/3815, S. 182ff.

28 *Wilcken*, Pflegebedürftigkeit, S. 177ff.

29 Vgl. den Bericht des Beirats zur Überprüfung des Pflegebedürftigkeitsbegriffs vom 26.1.2009; *Wingenfeld/Büscher/Gansweid*, Blätter der Wohlfahrtspflege 2008, S. 182ff.

30 BT-Drs. 17/3815, S. 184ff.; vgl. *Hoffer/Rasch*, Archiv für Wissenschaft und Praxis der Sozialen Arbeit 3/2010, S. 4–13; *Welti*, Archiv für Wissenschaft und Praxis der Sozialen Arbeit 3/2010, S. 46ff.; *Igl*, in: Igl/Naegele/Hamdorf (Hrsg.), Reform der Pflegeversicherung, S. 70, 81.

rehabilitativen Leistungen. Diese sind vielmehr überwiegend von den Krankenkassen zu erbringen.[31] Ob medizinische Rehabilitation beansprucht werden kann, hat der MDK bei der Pflegebegutachtung zu prüfen (§ 18 Abs. 1 S. 3 SGB XI). Die Leistungen der Pflegeversicherung können Voraussetzungen für ein möglichst selbstständiges Leben schaffen, um dieses Ziel zu erreichen, bedarf es aber oft der Hilfe anderer Personen und zum Teil auch weiterer Sozialleistungen. Die Pflegekassen können vorläufige Leistungen zur medizinischen Rehabilitation erbringen, wenn der zuständige Rehabilitationsträger sie nicht rechtzeitig erbringt (§ 32 SGB XI). Sie können auch eine Ausgleichszahlung von 3072 € bei unterlassener Rehabilitation von den Krankenkassen verlangen (§ 40 Abs. 3 S. 6 SGB V). Ein solcher Konflikt zwischen der Pflegekasse und der organidentischen Krankenkasse wird jedoch nur in der Phantasie des Gesetzgebers mit diesen Instrumenten ausgetragen. Taugliche Lösungen für die unzureichende Erfüllung der Rechtsansprüche auf pflegevermeidende Rehabilitation stehen noch aus.[32]

e) Wunsch- und Wahlrecht

16 Die Pflegebedürftigen können zwischen Einrichtungen und Diensten verschiedener Träger wählen. Ihren Wünschen zur Gestaltung der Hilfe, auch nach Pflege durch Personen des gleichen Geschlechts, soll im Rahmen des Leistungsrechts entsprochen werden. Ebenso ist auf die religiösen Bedürfnisse der Pflegebedürftigen Rücksicht zu nehmen (§ 2 Abs. 2 SGB XI). Die Pflegebedürftigen wählen zwischen den von den Pflegekassen zugelassenen Einrichtungen und Diensten grundsätzlich selbst; diese sind zuzulassen, wenn sie die gesetzlichen Voraussetzungen erfüllen, insbesondere unter der Verantwortung einer ausgebildeten Pflegefachkraft stehen (§ 71 SGB XI).[33] Die Gestaltung der Hilfe kann nur im Rahmen der von den Diensten und Einrichtungen mit den Pflegekassen geschlossenen Verträge und der für sie geltenden Qualitätsstandards beeinflusst werden. Dieser Rahmen wird immer wieder als eng empfunden. Die Vergütung der Pflegeeinrichtungen ergibt sich aus den Verträgen. Sie muss leistungsgerecht sein, was im Schiedsverfahren und gerichtlich überprüft werden kann.[34]

f) Unterstützung der pflegenden Personen

17 Die Pflegeversicherung soll mit ihren Leistungen vorrangig die häusliche Pflege und die Pflegebereitschaft der Angehörigen und Nachbarn unterstützen, damit die Pfle-

31 Vgl. *Klie*, in: Welti (Hrsg.), Das Rehabilitationsrecht in der Praxis, S. 116ff.; *Bethke*, in: Welti (Hrsg.), Das Rehabilitationsrecht in der Praxis, S. 1ff.

32 Vgl. BT-Drs. 17/3815, S. 175ff.; *Schmidt*, Blätter der Wohlfahrtspflege 2011, S. 163ff.; *Fuchs*, in: Igl/Naegele/Hamdorf (Hrsg.), Reform der Pflegeversicherung, S. 180ff.

33 Dazu BSG Urt. v. 22.4.2009, Az. B 3 P 14/07 R, BSGE 103, 78.

34 Vgl. BSG Urt. v. 29.1.2009, Az. B 3 P 7/08 R; JurisPR-SozR 21/2009, Anm. 3 (*Bieback*).

gebedürftigen möglichst lange in ihrer häuslichen Umgebung bleiben können.[35] Teilstationäre und Kurzzeitpflege gehen darum der stationären Pflege vor (§ 3 SGB XI). Diesem Ziel dienen auch Leistungen zur sozialen Sicherung der Pflegepersonen durch deren Einbeziehung in die Renten-, Unfall- und Krankenversicherung (§§ 44, 44a SGB XI) sowie Schulungsmaßnahmen für Pflegepersonen (§ 45 SGB XI).

Die Pflegekassen sind zur umfassenden Beratung der Pflegebedürftigen und ih- 18
rer Angehörigen verpflichtet, die auch die einen Versorgungsplan und die Koordination von Pflegeleistungen mit anderen Leistungen umfassen soll (§§ 7, 7a SGB XI). Sie können zu diesem Zweck nach Entscheidung der jeweiligen obersten Landesbehörde gemeinsam mit den Krankenkassen sowie gegebenenfalls den Trägern der Sozialhilfe Pflegestützpunkte[36] errichten, in die auch Selbsthilfegruppen und andere Formen des bürgerschaftlichen Engagements eingebunden werden können (§ 92c SGB XI). Der Gesetzgeber hatte sich hiervon ein besseres Fallmanagement und eine Weiterentwicklung der sozialräumlichen Versorgungsstrukturen sowie einen besseren Verbraucherschutz[37] erhofft. Es ist jedoch fraglich, ob dieses Ziel erfüllt werden kann.[38]

g) Leistungen

Bei häuslicher Pflege haben die Pflegebedürftigen die Wahl zwischen der Pflege- 19
sachleistung durch einen zugelassenen Pflegedienst (§ 36 SGB XI) oder dem Pflegegeld für selbst beschaffte Pflegehilfen (§ 37 SGB XI).[39] Beide Leistungsformen können auch anteilig kombiniert werden (§ 38 SGB XI). Das Pflegegeld beträgt bei Pflegestufe I 235 €, bei Pflegestufe II 440 € und bei Pflegestufe III 700 € monatlich. Die Pflegesachleistung hat je nach Pflegestufe einen Wert von jeweils 450, 1100 oder 1550 €. In besonders schwer gelagerten Einzelfällen kann für die Pflegesachleistung ein Gesamtwert von 1918 € gewährt werden. Weiterhin übernimmt die Pflegekasse die Kosten von Pflegehilfsmitteln (§ 40 Abs. 1 SGB XI)[40] und gibt Zuschüsse zu wohnumfeldverbessernden Maßnahmen wie z.B. Wohnungsumbauten bis zu 2557 € je Pflegebedürftigem (§ 40 Abs. 4 SGB XI).[41]

Wird das Pflegegeld gewählt, ist bei Pflegestufe I und II halbjährlich einmal, bei 20
Pflegestufe III vierteljährlich einmal eine Beratung durch einen Pflegedienst in der Häuslichkeit in Anspruch zu nehmen, um die Qualität der häuslichen Pflege zu

35 Vgl. kritisch: *Schütte*, in: Bieback (Hrsg.), Die Reform der Pflegeversicherung, S. 83ff. Zur privaten Pflege vgl. ausführlich: *M. Roth* in diesem Band.
36 *Klie/Ziller*, NDV 2009, S. 173ff.
37 *Igl*, in: Igl (Hrsg.), Verbraucherschutz im Sozialrecht, S. 93ff.
38 *Welti*, in: Bieback (Hrsg.), Die Reform der Pflegeversicherung 2008, S. 115ff.
39 Vgl. *Schütte*, in: Igl/Naegele/Hamdorf (Hrsg.), Reform der Pflegeversicherung, S. 152ff.
40 Vgl. BSG Urt. v. 15.11.2007, Az. B 3 P 9/06 R; JurisPR-SozR 24/2008, Anm. 3 (*Welti*).
41 Vgl. BSG Urt. v. 13.5.2004, Az. B 3 P 5/03 R; BSG Urt. v. 28.6.2001, Az. B 3 P 3/00 R, NZS 2002, 153; BSG Urt. v. 26.4.2001, Az. B 3 P 24/00 R, Breithaupt 2001, 840.

sichern und den Pflegenden zu helfen (§ 37 Abs. 3 SGB XI).[42] Ist die Pflegeperson wegen Urlaub, Krankheit oder anderen Gründen an der Pflege gehindert, so werden bis zu vier Wochen im Kalenderjahr die Kosten einer notwendigen Ersatzpflege bis zu 1550 € übernommen (§ 39 SGB XI).

21 Weitere Leistungen zur Unterstützung der häuslichen Pflege sind die Tagespflege oder Nachtpflege in teilstationären Einrichtungen. Diese haben die gleiche Höhe wie die Kosten der häuslichen Pflegesachleistung und können mit ihr bis zum 150%igen Satz des Höchstbetrags kombiniert werden (§ 41 SGB XI). In Übergangs- und Krisensituationen kann Kurzzeitpflege für bis zu vier Wochen im Kalenderjahr im Wert bis zu 1550 € übernommen werden (§ 42 SGB XI). Zusätzliche Leistungen für ambulant betreute Wohngruppen wurden zum 1.1.2013 eingeführt (§ 38a SGB XI).

22 Für Pflegebedürftige mit erheblichem allgemeinem Betreuungsbedarf, die wegen des eingeschränkten Pflegebedürftigkeitsbegriffs nach §§ 14, 15 SGB XI keine adäquate Versorgung erhalten, werden bei durch den MDK festgestellter erheblicher Einschränkung der Alltagskompetenz (§ 45a SGB XI)[43] zusätzliche qualitätsgesicherte Betreuungsleistungen (§ 45b SGB XI) mit bis zu 200 € monatlich bezuschusst. Diese können nicht nur von Pflegediensten, sondern auch durch landesrechtlich anerkannte niedrigschwellige Betreuungsangebote erbracht werden, die mit ehrenamtlichen Strukturen sowie der Selbsthilfe kooperieren können (§§ 45c, d SGB XI). Ab 1.1.2013 erhalten Versicherte mit erheblich eingeschränkter Alltagskompetenz ohne Pflegestufe 120 € Pflegegeld oder Pflegesachleistungen im Wert von 225 €. In der Pflegestufe I erhöhen sich die Leistungen für sie um 70/215 € und in der Pflegestufe II um 85/150 € (§ 123 SGB XI). Zudem werden Leistungen der häuslichen Betreuung eingeführt (§ 124 SGB XI).

23 Ein Anspruch auf Leistungen bei vollstationärer Pflege besteht, wenn häusliche oder teilstationäre Pflege nicht möglich ist oder wegen der Umstände des Einzelfalls nicht in Betracht kommt (§ 43 Abs. 1 SGB XI). Eine Prüfung dieser Subsidiarität der vollstationären Pflege ist aber kaum möglich. Die Leistung beträgt monatlich bei Pflegestufe I 1023 €, bei Pflegestufe II 1279 € und bei Pflegestufe III 1550 €, im Härtefall 1918 €. Diese Leistungssätze sind zum Teil höher als diejenigen bei ambulanter Pflege, zugleich sind sie weiter von den tatsächlichen Kosten entfernt. Die Heimentgelte werden, aufgeschlüsselt nach Pflegekosten und Kosten der Unterkunft und Verpflegung, von den Verbänden der Pflegekassen unter Mitwirkung der Träger der Sozialhilfe mit den Einrichtungen vereinbart. Dabei werden Art und Schwere der Pflegebedürftigkeit und des allgemeinen Betreuungsbedarfs berücksichtigt (§§ 84–87b SGB XI), nur ausnahmsweise auch über die Pflegestufe hinaus.[44] Zusatzleistun-

---

42 Zur Verfassungsmäßigkeit: BSG Urt. v. 24.7.2003, Az. B 3 P 4/02 R, SGb 2004, S. 366 mit Anm. *Pilz*.

43 Vgl. *Fahlbusch*, Archiv für Wissenschaft und Praxis der sozialen Arbeit 4/2008, S. 26ff.; BSG Urt. v. 12.8.2010, Az. B 3 P 3/09 R; *Trenk-Hinterberger*, JurisPR-SozR 8/2011, Anm. 2.

44 BSG Urt. v. 10.2.2000, Az. B 3 P 12/99 R, SGb 2001, S. 32 mit Anm. *Welti*; BSG Urt. v. 1.9.2005, Az. B 3 P 4/04 R, SGb 2006, 354 mit Anm. *Neumann*.

gen dürfen individuell berechnet werden, wenn dadurch die notwendigen Leistungen nicht beeinträchtigt werden (§ 88 SGB XI). Der Vertrag der Pflegebedürftigen mit dem Heim und die ihm vorangehende Information müssen die Leistungs- und Entgeltbestandteile dem Pflegeversicherungsrecht entsprechend ausweisen (§§ 3 Abs. 3, 6 Abs. 3 WBVG).

h) Leistungserbringungsrecht

Die Pflegedienste und Pflegeheime werden öffentlicher, frei-gemeinnützig oder pri- 24
vat organisiert. Sie sind regelmäßig in Verbänden zusammengeschlossen, die Rahmenvereinbarungen mit den Pflegekassen abschließen (§ 75 SGB XI). Den Auftrag zur Sicherstellung der Versorgung haben die Pflegekassen (§§ 12, 69 SGB XI). Sie kommen ihm durch Vertragsschluss und durch Qualitätssicherung (§§ 112–120 SGB XI)[45] nach. Ist die Versorgung durch das Angebot nicht sichergestellt, können die Pflegekassen Verträge mit einzelnen Pflegekräften schließen oder sie anstellen (§ 77 SGB XI). Für die Vorhaltung einer leistungsfähigen, zahlenmäßig ausreichenden und wirtschaftlichen pflegerischen Versorgungsstruktur sind die Länder verantwortlich (§ 9 SGB XI). Insoweit setzt das Konzept der Pflegeversicherung voraus, dass die bedarfsgerechte Infrastruktur durch die Länder und Kommunen gefördert und unterstützt wird (dazu unten III.2.).

i) Statistik

Ende 2009 waren in Deutschland rund 2,34 Millionen Menschen pflegebedürftig im 25
Sinne des SGB XI. Rund 60% gehörten der Pflegestufe I, 31% der Pflegestufe II und 9% der Pflegestufe III an. Mehr als zwei Drittel davon werden zu Hause versorgt, davon erhielten 1,07 Millionen Menschen Pflegegeld. Rund 717.000 Menschen lebten in Pflegeheimen. Über 80% der Pflegebedürftigen waren über 60 Jahre alt.[46] Die Quote pflegebedürftiger Menschen in der Bevölkerung liegt zwischen 75 und 80 Jahren bei 10%, zwischen 80 und 85 Jahren bei 20%. Erst ab 90 Jahren ist die Mehrheit der älteren Menschen pflegebedürftig.[47]

4. Rehabilitation und Teilhabe

a) Behinderung

Leistungen zur Rehabilitation und Teilhabe und des Schwerbehindertenrechts rich- 26
ten sich an behinderte und von Behinderung bedrohte Menschen. Menschen sind

45 Vgl. *Igl*, SGb 2007, S. 381ff.
46 *Statistisches Bundesamt*, Pflegestatistik 2009, Wiesbaden 2010.
47 BT-Drs. 17/3815, S. 186.

behindert, wenn ihre körperliche Funktion, geistige Fähigkeit oder seelische Gesundheit mit hoher Wahrscheinlichkeit länger als sechs Monate von dem für das Lebensalter typischen Zustand abweichen und daher ihre Teilhabe am Leben in der Gesellschaft beeinträchtigt ist. Sie sind von Behinderung bedroht, wenn die Beeinträchtigung zu erwarten ist (§ 2 Abs. 1 SGB IX).[48] Das gesetzliche Merkmal der Abweichung vom für das Lebensalter typischen Zustand soll verhindern, dass allein altersbedingte Veränderungen des Gesundheitszustands schon eine Behinderung indizieren. Die Anwendung des Merkmals ist jedoch schwierig,[49] da angesichts individueller Unterschiede bei der Alterung und in jedem Lebensalter ein für das Lebensalter typischer Zustand nur schwer zu bestimmen ist und bei der Bestimmung von „typisch" das Verhältnis zwischen empirischer und normativer Betrachtungsweise unklar ist. Dazu kommt, dass jedenfalls ein Mindestmaß an Teilhabe in vielen Lebensbereichen unabhängig davon anzustreben ist, ob es – z.B. bei Hochaltrigen – als typisch erkannt werden kann. Deutlicher wäre es, den normativen Maßstab einer für das Lebensalter angemessenen Teilhabe zu wählen.

b) Schwerbehindertenrecht

27 Im Schwerbehindertenrecht wird durch das Versorgungsamt ein Grad der Behinderung festgestellt (§§ 2 Abs. 2, 69 SGB IX). Liegt der Grad der Behinderung (GdB) bei wenigstens 50, ist der behinderte Mensch als schwerbehindert anerkannt. Hieraus folgen im Arbeitsverhältnis besondere Rechte auf Schutz, Anpassung und angemessene Vorkehrungen gegen den Arbeitgeber und das Integrationsamt, die im SGB IX – Teil 2 näher geregelt sind. Weitere besondere gesundheitliche Merkmale wie „gehbehindert" (G) und „außergewöhnlich gehbehindert" (aG), „hilflos" (H), „gehörlos" (GL) und „blind" (B) werden ebenfalls festgestellt und im Schwerbehindertenausweis eingetragen.

28 Das Schwerbehindertenrecht hat aber nicht nur für Erwerbstätige Bedeutung. Mehr als die Hälfte der anerkannt schwerbehinderten Menschen sind über 60 Jahre alt. Bei Vorliegen der Merkzeichen G, H oder B besteht Anspruch auf unentgeltliche Beförderung im öffentlichen Personennahverkehr (§ 145 SGB IX). Das Merkzeichen aG berechtigt zur Inanspruchnahme von Behindertenparkplätzen (§ 45 Abs. 1b Nr. 2 StVO). Das Einkommensteuerrecht knüpft differenzierte Freibeträge an das Vorliegen eines GdB (§ 33b EStG), wobei diese, gerade im Rentenalter, vor allem besser gestellten schwerbehinderten Menschen zu Gute kommen. Schwerbehinderte Menschen können zwei Jahre früher als andere Personen abschlagsfrei eine Altersrente in Anspruch nehmen (§ 37 SGB VI). Zahlreiche Vergünstigungen des Landesrechts oder der Kommunen knüpfen an einen bestimm-

48 Vgl. *Masuch*, in: FS 50 Jahre BSG, S. 199ff.

49 Vgl. LSG Bayern Urt. v. 12.12.2002, Az. L 18 SB 22/01, Breithaupt 2003, S. 289; *Welti*, in: HK-SGB IX, Rn. 28ff.

ten GdB an. Es besteht daher immer ein Rechtsschutzbedürfnis für die Feststellung des Grades der Behinderung.[50]

c) Leistungen zur Teilhabe

Die Leistungen zur Teilhabe der Rehabilitationsträger (§§ 5, 6 SGB IX) setzen keinen GdB voraus, sondern beruhen auf einer Prüfung im Einzelfall, ob die Leistungsberechtigten behindert oder von Behinderung bedroht sind. Leistungen zur Teilhabe gliedern sich in vier Leistungsgruppen: Medizinische Rehabilitation (§ 26 SGB IX), Leistungen zur Teilhabe am Arbeitsleben (§ 33 SGB IX), Leistungen zur Teilhabe am Leben in der Gemeinschaft (§ 55 SGB IX) und unterhaltssichernde und ergänzende Leistungen (§ 44 SGB IX), für die jeweils verschiedene Rehabilitationsträger zuständig sein können. Immer vorrangig sind dabei Leistungen der Unfallversicherung oder der sozialen Entschädigung, wenn ein Arbeitsunfall, eine Berufskrankheit oder ein Entschädigungsfall die Ursache der Behinderung ist. 29

aa) Leistungen zur Teilhabe am Arbeitsleben

Leistungen zur Teilhabe am Arbeitsleben kommen zur Erhaltung und Wiederherstellung der Erwerbsfähigkeit und der Teilhabe am Arbeitsleben in Betracht. Zu ihnen gehören etwa Anpassung, Weiterbildung und Umschulung sowie technische Arbeitshilfen oder Eingliederungszuschüsse für Arbeitgeber. Sie können auch an ältere Beschäftigte geleistet werden. Praktisch halten sich die Rehabilitationsträger hier jedoch in problematischer, teils benachteiligender Weise zurück.[51] Vorrangiger Träger ist bei längerer Erwerbstätigkeit die gesetzliche Rentenversicherung (§ 11 Abs. 1 und Abs. 2a SGB VI), im Übrigen die Bundesagentur für Arbeit, bei nicht erwerbsfähigen Personen der Träger der Sozialhilfe. 30

bb) Medizinische Rehabilitation

Medizinische Rehabilitation kommt für Personen jeden Alters in Betracht. Sie umfasst medizinische, psychologische und andere gesundheitliche Leistungen zum Ausgleich, zur Behebung und zur Minderung von Behinderung sowie von Pflegebedürftigkeit. Gerade die pflegevermeidende Rehabilitation ist besonders bedeutsam für ältere Menschen. Bis zum Ende des Erwerbslebens sowie für Erwerbsminderungsrentner ist die gesetzliche Rentenversicherung vorrangig zuständiger Rehabilitationsträger.[52] 31

---

50 BSG Urt. v. 24.4.2008, Az. B 9/9a SB 8/06 R, SozR 4–3250 § 69 Nr 8.

51 Vgl. LSG Baden-Württemberg Urt. v. 26.7.2007, Az. L 10 R 5394/06, www.reha-recht.de Forum A 2/2008 (*Welti*/ *Bunge*).

52 BSG Urt. v. 2.11.2010, Az. B 1 KR 9/10 R, SozR 4–2600 § 12 Nr 3; BSG Urt. v. 22.6.2010, Az. B 1 KR 33/09 R (juris).

Danach – und damit für alle gesetzlich versicherten Altersrentnerinnen und -rentner – sind die Krankenkassen Rehabilitationsträger. Die medizinische Rehabilitation wird zumeist in und durch Einrichtungen der stationären und ambulanten Rehabilitation durchgeführt. Dabei hat im Krankenversicherungsrecht die ambulante Rehabilitation Vorrang (§ 40 Abs. 1 SGB V). Um den Zugang für ältere Menschen zu erleichtern, ist gesetzlich klargestellt worden, dass eine Rehabilitation auch „durch" Einrichtungen im Haushalt der Versicherten möglich ist (mobile Rehabilitation). Gerade für die pflegevermeidende und geriatrische Rehabilitation werden immer noch erhebliche praktische Defizite festgestellt.[53] Problematisch ist, dass die Krankenkassen kaum Anreize zur rechtmäßigen Administration der pflegevermeidenden Rehabilitation haben, da die ersparten Aufwendungen insbesondere in Pflegeheimen nicht von ihnen getragen werden, sondern aus dem dem Kassenwettbewerb entzogenen Finanzbereich der Pflegekassen kommen.

32 Leistungen zur medizinischen Rehabilitation sind im Allgemeinen auch Hilfsmittel zum Behinderungsausgleich wie Rollstühle, Prothesen, Hörgeräte oder Lesegeräte für Blinde und sehbehinderte Menschen. Hier besteht regelmäßig eine Leistungspflicht der Krankenkassen. Diese kann durch Festbeträge der Krankenkassen nur insoweit begrenzt werden als diese rechtmäßig sind und mit ihnen der Leistungsanspruch erfüllt werden kann.[54] Umstritten ist, welche Tragweite im Einzelfall die Beschränkung des Behinderungsausgleichs auf „Grundbedürfnisse des täglichen Lebens" hat.[55]

cc) Leistungen zur Teilhabe am Leben in der Gemeinschaft

33 Leistungen zur Teilhabe am Leben in der Gemeinschaft können außerhalb der Unfallversicherung und sozialen Entschädigung nur vom Träger der Sozialhilfe unter den Voraussetzungen der Bedürftigkeit und einer wesentlichen Behinderung beansprucht werden (Eingliederungshilfe, § 54 SGB XII). Solche Leistungen sind vor allem für geistig und seelisch behinderte Menschen von großer Bedeutung. Sie werden aber auch oft von möglicherweise berechtigten Personen, gerade älteren Menschen, aus Unkenntnis nicht beansprucht. Es gibt auch Hinweise darauf, dass die Leistungsvoraussetzungen von Trägern gerade zu Lasten älterer Menschen unangemessen restriktiv gehandhabt werden und insbesondere bei pflegebedürftigen Menschen keine Leistungen zur Teilhabe geleistet werden.[56]

---

53 *Fuchs*, Rechtliche Rahmenbedingungen für die geriatrische Rehabilitation, SozSich 2007, S. 169ff.

54 BSG Urt. v. 17.12.2009, Az. B 3 KR 20/08 R, BSGE 105, 170; *Trenk-Hinterberger*, jurisPR-SozR 10/2010 Anm. 1.

55 Vgl. *Welti*, Die Rehabilitation, Supplement Teilhabe und Hilfsmittelversorgung, Oktober 2010, S. 37ff.

56 Vgl. *Igl*, in: Schütte (Hrsg.), Abschied vom Fürsorgerecht, S. 99ff.

d) Koordination und Kooperation der Rehabilitationsträger

Wegen der Vielfalt möglicher Rehabilitationsträger sind im SGB IX besondere Vorkehrungen zur Koordination, Kooperation und Konvergenz bei der Rechtsanwendung getroffen worden. Jede Bedarfsfeststellung für Leistungen zur Teilhabe hat den gesamten Leistungsbedarf trägerübergreifend festzustellen (§ 10 Abs. 1 SGB IX).[57] Wird ein Antrag gestellt, hat der erstangegangene Träger diesen innerhalb von zwei Wochen weiterzuleiten, falls er sich nicht für zuständig hält, ansonsten ist er zuständig (§ 14 Abs. 1 und 2 SGB IX). In allen Kreisen und kreisfreien Städten müssen die Rehabilitationsträger gemeinsame Servicestellen zur Beratung und Unterstützung bereithalten (§ 22 SGB IX).[58] Diese sollen auch mit den Pflegekassen und Pflegestützpunkten zusammenarbeiten. Die Sozialleistungsträger und die Landesgesetzgeber wären nicht gehindert, die Pflegestützpunkte und Servicestellen zu einheitlichen Stellen zusammenzuführen. Für die bedarfsgerechte Infrastruktur sind die Rehabilitationsträger, die Bundesregierung und die Landesregierungen gemeinsam verantwortlich (§ 19 Abs. 1 SGB IX). Hierzu fehlt eine institutionelle Regelung, wie sie auf Landesebene durch Bildung von Arbeitsgemeinschaften der Rehabilitationsträger (§ 12 Abs. 2 SGB IX) möglich wäre. 34

III. Regelungen der Infrastruktur

Eine gesetzliche Gesamtverantwortung für die soziale Infrastruktur altersspezifischer Dienste und Einrichtungen und eine altersgerechte Infrastruktur, die z.B. als Altenpläne oder Altenhilfepläne ausgewiesen werden können, ist nicht klar erkennbar. Die meisten gesetzlichen Anknüpfungspunkte sind im Landesrecht und für konkrete Planung auf der Ebene der Kreise und kreisfreien Städte erkennbar. Doch sind Länder, Kreise und Kommunen auf die Kooperation mit den Sozialleistungsträgern, insbesondere mit den Krankenkassen und Pflegekassen angewiesen. 35

1. Sozialrechtliche Anknüpfungspunkte

Die Sozialleistungsträger sollen ihre Planungen miteinander abstimmen und gemeinsame örtliche und überörtliche Pläne in ihrem Aufgabenbereich über soziale Dienste und Einrichtungen, insbesondere deren Bereitstellung und Inanspruchnahme, anstreben. Die Gebietskörperschaften sowie die gemeinnützigen und freien Einrichtungen und Organisationen sollen insbesondere hinsichtlich der Bedarfsermittlung beteiligt werden (§ 95 Abs. 1 SGB X). Diese Norm ist ein guter Anknüpfungspunkt für die Kreise und kreisfreien Städte, die als Träger der Sozialhilfe selbst 36

57 *Welti*, Die Rehabilitation 2011, S. 7ff.

58 Vgl. *Shafaei*, Die gemeinsamen Servicestellen für Rehabilitation.

für die Grundsicherung im Alter, für die Altenhilfe, für die Hilfe zur Pflege und für die Eingliederungshilfe als jeweils altersrelevante Sozialleistungen zuständig sind. In einigen Bundesländern sind die Kreise und kreisfreien Städte zudem auch durch Landesrecht als Träger der Versorgungsämter und der Integrationsämter bestimmt.

37 Diese allgemeine Planungsverantwortung kann mit den Pflegestützpunkten und gemeinsamen Servicestellen der Rehabilitationsträger als Zentren der Beratung und Unterstützung pflegebedürftiger und behinderter Menschen sowie ihrer Angehörigen verpflichtet werden. Für die Pflegekassen und Pflegestützpunkte ist die Pflicht zur Kooperation mit den für die Altenhilfe zuständigen Stellen auch gesetzlich festgeschrieben (§§ 7a Abs. 6 Nr. 1, 92c Abs. 2 S. 2–6 SGB XI). Sowohl die Pflegestützpunkte als auch die Servicestellen sollen auch Organisationen der Selbsthilfe und des bürgerschaftlichen Engagements einbeziehen (§ 22 Abs. 1 S. 5 SGB IX; § 92c Abs. 2 S. 6 SGB XI).

2. Landespflegegesetze

38 Nach § 8 Abs. 2 SGB XI wirken die Länder, die Kommunen, die Pflegeeinrichtungen und die Pflegekassen unter Beteiligung des Medizinischen Dienstes der Krankenversicherung eng zusammen, um eine leistungsfähige, regional gegliederte, ortsnahe und aufeinander abgestimmte ambulante und stationäre pflegerische Versorgung der Bevölkerung zu gewährleisten. Sie sollen danach zum Ausbau und zur Weiterentwicklung der notwendigen pflegerischen Versorgungsstrukturen beitragen; das soll insbesondere für die Ergänzung des Angebots an häuslicher und stationärer Pflege durch neue Formen der teilstationären Pflege und Kurzzeitpflege sowie für die Vorhaltung eines Angebots von die Pflege ergänzenden Leistungen zur medizinischen Rehabilitation gelten. Sie sollen darüber hinaus die Bereitschaft zu einer humanen Pflege und Betreuung durch hauptberufliche und ehrenamtliche Pflegekräfte sowie durch Angehörige, Nachbarn und Selbsthilfegruppen unterstützen und fördern und so auf eine neue Kultur des Helfens und der mitmenschlichen Zuwendung hinwirken.

39 Diese allgemeine bundesrechtliche Zielvorgabe ist in den Pflegegesetzen der Länder in unterschiedlicher Weise operationalisiert worden. Überwiegend ist eine kommunale Pflegeplanung[59] ausdrücklich vorgesehen,[60] die jedoch durch das aus dem SGB XI abgeleitete Gebot der Wettbewerbsneutralität in ihrer Gestaltung eingeschränkt ist.[61] Die Länder planen und fördern Pflegeeinrichtungen (§ 9 SGB XI). Über die Mittel der Planung und Förderung entscheiden die Länder durch eigene Pflege-

59 Vgl. *Klie/Pfundstein*, Zeitschrift für Gerontologie und Geriatrie 2010, S. 91ff.

60 § 6 PfG NW; § 4 Pflege-V-AG SN; § 2 ThürAG PflegeVG; § 5 Abs. 2 LPflegeG M-V; §§ 4, 5 NPflegeG; § 2 LPflegeASG Rheinland-Pfalz; § 4 Abs. 2 HessAG PflegeVG; § 2 HmbLPG; § 4 BremAGPflegeVG; § 4 LPflgG BW; § 2 LPflegEG Berlin; § 3 LPflegeG SH; Art. 69 AGSG Bayern.

61 BSG Urt. v. 28.6.2001, Az. B 3 P 9/00 R, BSGE 88, 215.

gesetze und Haushaltsmittel, die sie vor allem zur Investitionsförderung einsetzen. Diese kann unmittelbar an die Einrichtungsträger (objektbezogen) oder mittelbar als Zuschuss für den Investitionskostenanteil im Heimentgelt (subjektbezogen; Pflegewohngeld[62]) erfolgen.

3. Landesheimgesetze

Seit der Reform der bundesstaatlichen Ordnung sind die Länder allein zuständig für das öffentlich-rechtliche Heimrecht, indem Elemente der öffentlichen Fürsorge und der Wirtschaftsaufsicht verbunden sind. Solange Länder noch keine eigene Kodifikation beschlossen haben, gilt das Heimgesetz des Bundes fort. Hier werden Heime als Einrichtungen definiert, die dem Zweck dienen ältere Menschen oder pflegebedürftige oder behinderte Volljährige aufzunehmen, ihnen Wohnraum zu überlassen sowie Betreuung und Verpflegung zur Verfügung zu stellen oder vorzuhalten und die in ihrem Bestand von Wechsel und Zahl der Bewohnerinnen und Bewohner unabhängig sind und entgeltlich betrieben werden (§ 1 Abs. 1 HeimG). Die meisten Nachfolgegesetze der Länder übernehmen diese Definition im Grundsatz. Allerdings wurde in Brandenburg und in Schleswig-Holstein darauf verzichtet, weiterhin ältere Menschen als eigene Zielgruppe zu benennen. Dies reflektiert eine Diskussion, in der gefragt wird, ob das „Altenheim" als eigenständige Kategorie neben dem „Pflegeheim" Bestand hat oder ob sich Wohnangebote für ältere Menschen zunehmend als „Betreutes Wohnen" oder „Servicewohnen" darstellen, das dem Anwendungsbereich des öffentlichen und privaten Heimrechts weit gehend entzogen ist,[63] soweit die Bewohner nicht verpflichtet sind, Verpflegung und bestimmte Betreuungsleistungen von bestimmten Anbietern anzunehmen (§ 1 Abs. 2 HeimG). In einigen Ländern sind jedoch auch für diese Wohnformen abgestufte Aufsichtsbefugnisse begründet worden. 40

Das besondere Schutzbedürfnis der Bewohnerinnen und Bewohner von Heimen begründet das Bedürfnis nach speziellen zivilrechtlichen und öffentlich-rechtlichen Regelungen. Die Heimaufsicht ist in den Ländern entweder Landesbehörden oder den Kreisen und kreisfreien Städten zugeordnet. Sie ist mit Kontroll- und Eingriffsbefugnissen ausgestattet. Geregelt ist weiterhin die Mitwirkung der Bewohnerinnen und Bewohner oder ihre Unterstützung durch advokatorische Personen (Heimfürsprecher). 41

4. Betreuungsbehörden

Für volljährige Personen wird vom Betreuungsgericht ein Betreuer bestellt, wenn diese auf Grund von Krankheit oder Behinderung ihre Angelegenheiten ganz oder 42

62 Vgl. BSG Urt. v. 24.7.2003, Az. B 3 P 1/03 R, BSGE 91, 182.
63 Vgl. *Börner*, „Betreutes Wohnen" in Abgrenzung zum Heimgesetz.

teilweise nicht besorgen können (§ 1896 Abs. 1 BGB).[64] Die rechtliche Betreuung knüpft an Behinderung und Krankheit an, betrifft aber überdurchschnittlich häufig ältere Menschen, insbesondere bei Demenz. Sie ist insoweit Teil eines Rechts der älteren Menschen. Bestellt werden natürliche Personen, die häufig Ehegatten, Lebenspartner oder Verwandte der betreuten Person sind (vgl. § 1897 Abs. 5 BGB), aber auch ehrenamtliche Betreuer aus Betreuungsvereinen (§§ 1897 Abs. 2 S. 1, 1908f. BGB, Vereinsbetreuer) oder Betreuer aus Behörden (§ 1897 Abs. 2 S. 2 BGB, Behördenbetreuer). Auch Betreuungsvereine oder Betreuungsbehörden selbst können als Betreuer bestellt werden (§ 1900 BGB).

43 Eine funktionsgerechte rechtliche Betreuung ist für die betroffenen älteren Menschen eine wesentliche Voraussetzung für Selbstbestimmung, Teilhabe und die Realisierung sozialer Rechte, für die oft eine intensive Auseinandersetzung mit den zuständigen Behörden erforderlich ist. Wichtig hierfür ist die Tätigkeit der örtlichen Betreuungsbehörden, deren Rahmen bundesrechtlich vorgegeben ist.[65] Die örtliche Betreuungsbehörde berät und unterstützt Betreuer und Bevollmächtigte auf ihren Wunsch bei der Wahrnehmung ihrer Aufgaben, sorgt dafür dass ein ausreichendes Angebot zur Einführung der Betreuer in ihre Angelegenheiten und ihre Fortbildung vorhanden ist und regt einzelne Personen und Organisationen an, zugunsten Betreuungsbedürftiger tätig zu werden (§§ 4–6 BtBG). Die Betreuungsbehörde arbeitet weiterhin mit dem Betreuungsgericht zusammen, indem sie ihm Umstände mitteilt, die die Bestellung eines Betreuers erforderlich machen (§ 7 BtBG) und unterstützt das Betreuungsgericht bei der Feststellung des Sachverhalts und der Gewinnung von Betreuern (§ 8 BtBG). Die Betreuungsbehörde wird durch Landesrecht bestimmt. Regelmäßig wird sie bei den Kreisen und kreisfreien Städten errichtet. Sie ist damit ein weiterer wesentlicher Bestandteil der kommunalen Verantwortung für Selbstbestimmung und Teilhabe der älteren Menschen. Ihre fachlich gebotene Vernetzung mit den Hilfssystemen der Altenhilfe, Pflege und Teilhabe ist im Gesetz nicht hinreichend ausgearbeitet[66] und bleibt eine Herausforderung an die örtlichen Beteiligten, namentlich die Kreise und kreisfreien Städte.

5. Wohnraumförderung, Baurecht, Mietrecht

44 Für eine alters- und alternsgerechte Gesellschaft ist es wesentlich, dass geeigneter Wohnraum zur Verfügung steht, der älteren Menschen auch bei Einschränkungen insbesondere der Mobilität ermöglicht, in einer eigenen Wohnung zu leben. Es muss

64 Vgl. dazu *Spickhoff* in diesem Band.

65 Gesetz über die Wahrnehmung behördlicher Aufgaben bei der Betreuung Volljähriger (Betreuungsbehördengesetz – BtBG) vom 12.9.1990 (BGBl. I 2002, 2025), zuletzt geändert durch G. v. 6.7.2009 (BGBl. I 1696).

66 Vgl. *Schulte*, ZFSH/SGB 2011, S. 249ff.; *Pitschas*, BtPrax 2011, S. 8ff.

möglich sein, nach Art und Lage ungeeignete Wohnungen aufzugeben und eine altersgerechte Wohnung zu beziehen und sowenig wie möglich auf Heime angewiesen zu sein.

Ältere und behinderte Menschen sind ausdrücklich als Zielgruppen der sozialen Wohnraumförderung[67] benannt (§ 1 Abs. 2 Nr. 1 WoFG). Dabei kann nicht nur der Wohnungsbau Gegenstand finanzieller Förderung, sondern auch die Modernisierung von Wohnraum, etwa durch Einbau von Fahrstühlen oder Modernisierung von Bädern. Bei der Förderung nach dem Wohnraumförderungsgesetz sind insgesamt die Anforderungen des barrierefreien Bauens für die Nutzung von Wohnraum und seines Umfelds durch Personen zu berücksichtigen, die infolge von Alter, Behinderung oder Krankheit dauerhaft oder vorübergehend in der Mobilität eingeschränkt sind (§ 6 Nr. 8 WoFG). Die soziale Wohnraumförderung ist Aufgabe der Länder, bei der sie mit den Gemeinden und Kreisen zusammenwirken (§ 3 Abs. 1 und 2 WoFG) und kommunale Wohnraumversorgungskonzepte berücksichtigen (§ 3 Abs. 3 WoFG). Die Kommunen haben dabei häufig auch Gestaltungsmöglichkeiten durch kommunale Wohnungsbausgesellschaften.[68] 45

Die Bauleitplanung durch Flächennutzungspläne und Bebauungspläne ist Aufgabe der Gemeinden. Bei der Aufstellung der Bauleitpläne sind die sozialen und kulturellen Bedürfnisse der Bevölkerung zu berücksichtigen, insbesondere die Bedürfnisse der Familien, der jungen, alten und behinderten Menschen (§ 1 Abs. 6 Nr. 3 BauGB).[69] Diese Norm ermöglicht es den Gemeinden, Flächen für alternsgerechte Wohnraumbebauung zur Verfügung zu stellen. Ältere Menschen können hier als Personengruppen mit besonderem Wohnraumbedarf in Bebauungsplänen berücksichtigt werden (§ 9 Abs. 1 Nr. 8 BauGB). 46

Nach dem Bauordnungsrecht können die durch Landesrecht bestimmten Bauordnungsbehörden, zumeist die Gemeinden und Kreise, bei der Genehmigung und Überwachung von Neubauten und wesentlichen Umbauten auf die Zugänglichkeit und Barrierefreiheit von Gebäuden achten, die öffentlich zugänglich sind. Die Bauordnungen der Länder nennen insofern meist behinderte Menschen, alte Menschen und Personen mit Kleinkindern als Zielgruppe des barrierefreien Bauens.[70] Als öffentliche Gebäude in diesem Sinne sind insbesondere – in den Bauordnungen z.T. unterschiedlich – aufgeführt Einrichtungen der Kultur, Sport- und Freizeitstätten, Einrichtungen des Gesundheitswesens, Büro-, Verwaltungs- und Gerichtsgebäude, 47

67 Gesetz über soziale Wohnraumförderung (Wohnraumförderungsgesetz – WoFG) vom 13.9.2001 (BGBl. I 2376), zuletzt geändert durch G. v. 9.12.2010 (BGBl. I 1885).

68 Vgl. *Pfützenreuter*, NDV 2006, S. 234, 241f.

69 Vgl. ausführlich: *Manssen* in diesem Band.

70 Vgl. § 55 BauONRW; § 42 Abs. 1 BWBauO; Art. 51 Abs. 1 BayBauO; § 51 Abs. 1 BerlBauO; § 45 Abs. 2 und 3 BbgBauO; § 53 Abs. 1 BremLBO; § 52 Abs. 1 HmbBauO; § 73 Abs. 1 HessBO; § 52 Abs. 1 MVLBauO; § 48 Abs. 1 NdsBauO; § 51 Abs. 1 RhPfLBauO; § 54 Abs. 1 SLBauO; § 53 Abs. 1 SächsBauO; § 57 Abs. 1 BauO LSA; § 59 Abs. 1 SHLBauO; § 53 Abs. 2 ThürBauO; dazu *Steinbrück*, Behindertenrecht 2009, S. 157ff.

Verkaufsstätten, Gaststätten, Beherbergungsstätten, Stellplätze, Garagen und Toilettenanlagen und Kreditinstitute.

48 Nach § 554a BGB kann der Mieter von Wohnraum vom Vermieter die Zustimmung zu baulichen Veränderungen oder sonstigen Einrichtungen verlangen, die für eine behindertengerechte Nutzung der Mietsache oder den Zugang erforderlich sind, wenn er ein berechtigtes Interesse daran hat.[71] Der Vermieter kann die Zustimmung nur verweigern, wenn sein Interesse an einer unveränderten Erhaltung das Interesse des Mieters überwiegt. Die Kosten des Umbaus sind vom Mieter zu tragen. Der Vermieter kann eine Sicherheitsleistung verlangen. Ein typischer Anwendungsfall für diese Norm ist der Einbau eines Treppenlifts im Treppenhaus eines vermieteten Wohngebäudes.

6. Barrierefreiheit des öffentlichen Raums

49 Das Recht der Barrierefreiheit ist im Wesentlichen im Kontext des Behindertengleichstellungsrechts geregelt worden.[72] Seine Umsetzung trägt aber auch wesentlich zu einer alters- und alternsgerechten Infrastruktur bei.[73] Im Sinne eines „Design für alle" kann Barrierefreiheit insgesamt zu einer für behinderte Menschen, für jung und alt inklusiven Gesellschaft beitragen.

a) Behindertengleichstellungsgesetze und andere Rechtsquellen

50 Wichtigste allgemeine Rechtsquelle für Pflichten zur Barrierefreiheit in der Bundesrepublik Deutschland sind die Behindertengleichstellungsgesetze (BGG). Mittlerweile bestehen im Bund sowie in allen Ländern solche Gesetze, in denen insbesondere die Begriffe Behinderung und Barrierefreiheit definiert sind, Träger der öffentlichen Verwaltung zur Barrierefreiheit verpflichtet werden und insbesondere die Bereiche der Verwaltungsdokumente, des Gebrauchs von Kommunikationshilfen und der barrierefreien Informationstechnik regeln, welche durch Verordnungen weiter konkretisiert werden.[74] Weiterhin werden die Klagerechte der Verbände behinderter

---

71 Vgl. BVerfG-Kammerbeschl. vom 28.3.2000, Az. 1 BvR 1460/99, NJW 2000, 2658.

72 Näher: *Welti*, Rechtliche Grundlagen von Barrierefreiheit, NVwZ 2012, S. 725ff.

73 *Pfützenreuter*, NDV 2006, S. 234, 237.

74 Behindertengleichstellungsgesetz v. 27.4.2002 (BGBl. I, 1468). Niedersächsisches BGG v. 25.11.2007 (Nd GVBl., 661); Gesetz über die Gleichberechtigung von Menschen mit und ohne Behinderung Berlin v. 17.5.1999 (GVBl., 179); BGG Sachsen-Anhalt v. 20.11.2001 (GVBl., 457); BGG Schleswig-Holstein v. 16.12.2002 (GVBl., 264); Landesgesetz Rheinland-Pfalz zur Herstellung gleichwertiger Lebensbedingungen für Menschen mit Behinderungen v. 16.12.2002 (GVBl., 481); BGG Brandenburg v. 20.3.2003 (GVBl., 42); Bayerisches BGG v. 9.7.2003 (GVBl., 419); Gesetz Nr. 1541 zur Gleichstellung von Menschen mit Behinderungen im Saarland v. 26.11.2003 (Abl. 2987); BGG NRW v. 16.12.2003 (GVoBl., 766); Bremisches BGG (GBl. 413); Gesetz zur Verbesserung

Menschen, der Schluss von Zielvereinbarungen sowie die Institutionalisierung von Behindertenbeauftragten geregelt.

Mit den BGG von Bund und Ländern wurde viele weitere Gesetze des öffentlichen Rechts geändert, so das Wahlrecht, das allgemeine Verwaltungsverfahrensrecht, die Gerichtsordnungen, das allgemeine Sozialrecht, die Straßen- und Wegegesetze, das Personenbeförderungs- und Nahverkehrsrecht, das Bauordnungsrecht und das Gaststättenrecht. 51

Mit dem Allgemeinen Gleichbehandlungsgesetz (AGG) ist die Benachteiligung wegen einer Behinderung im Zivilrecht verboten worden. Fraglich ist, in wie weit aus dem AGG, aus zivilrechtlichen Generalklauseln im Lichte des Verfassungsrechts und aus der Behindertenrechtskonvention der Vereinten Nationen (BRK) ein Recht auf Zugänglichkeit gegenüber Anbietern von Waren und Dienstleistungen abgeleitet werden kann. Die bisherigen Regelungen im Bauordnungsrecht – die im Wesentlichen Neubauten erfassen – sowie im Wohnraummietrecht – wo Umbauten vom Vermieter zwar ermöglicht, nicht jedoch finanziert werden müssen (§ 554a BGB) – lassen keine klare Linie des Gesetzgebers zur Lastenverteilung bei der Herstellung von Barrierefreiheit erkennen. 52

b) Barrierefreiheit

Barrierefreiheit ist in § 4 BGG definiert: 53

> *„Barrierefrei sind bauliche und sonstige Anlagen, Verkehrsmittel, technische Gebrauchsgegenstände, Systeme der Informationsverarbeitung, akustische und visuelle Informationsquellen und Kommunikationseinrichtungen sowie andere gestaltete Lebensbereiche, wenn sie für behinderte Menschen in der allgemein üblichen Weise, ohne besondere Erschwernis und grundsätzlich ohne fremde Hilfe zugänglich und nutzbar sind.“*

Diese Definition ist so oder ähnlich in den BGG der Länder enthalten.[75] Barrierefreiheit bezieht sich nicht allein auf bauliche Barrieren für mobilitätsbehinderte Menschen, sondern auf jede Art von Barrieren für behinderte Menschen, unabhängig von den zu Grunde liegenden Funktions- und Gesundheitseinschränkungen. Der Anwendungsbereich umfasst alle gestalteten Lebensbereiche. Selbst Naturräume 54

---

der Integration von Menschen mit Behinderungen im Freistaat Sachsen v. 28.5.2004 (GVoBl., 197); Hessisches BGG v. 20.12.2004 (GVBl., 492); Hamburgisches BGG v. 21.3.2005 (GVBl., 75); Baden-Württembergisches BGG v. 3.5.2005 (GBl. 2005, 327); Thüringer BGG v. 16.12.2005 (GVBl., 383); BGG Mecklenburg-Vorpommern v. 10.7.2006 (GVOBl., 539).

75 § 2 Abs. 3 LBGG SH; § 2 Abs. 3 RhPfLGGBehM; § 4 BbgBGG; Art. 4 BayBGG; § 3 SächsIntegrG; § 3 Abs. 3 SBGG; § 4 BremBGG; § 3 Abs. 1 HessBGG; § 4 HmbGGbM; § 3 LBGGBW; § 5 ThürGlG; § 6 LBGGMV; § 2 Abs. 3 NBGG; § 4a LGBG Berlin; § 4 BGG NRW; § 5 BGG LSA.

wie Nationalparks oder zugängliche Naturdenkmäler gehen in ihrer Gestaltung auf menschliche Entscheidungen zurück. Schranken findet die Barrierefreiheit in diesen Fällen eher darin, dass sie nicht weiter gehen muss als die allgemein übliche Nutzbarkeit. In Art. 9 Abs. 1 S. 2 der Behindertenrechtskonvention der Vereinten Nationen (BRK)[76] werden – nicht abschließend – hervorgehoben Gebäude, Straßen, Transportmittel sowie andere Einrichtungen in Gebäuden und im Freien, einschließlich Schulen, Wohnhäusern, medizinischer Einrichtungen und Arbeitsstätten, Informations-, Kommunikations- und andere Dienste, einschließlich elektronischer Dienste und Notdienste. Die BRK bezieht diese Pflichten ausdrücklich auch auf private Rechtsträger (Art. 9 Abs. 2 lit. b BRK).

55 Barrierefreiheit ist als strukturelle Anforderung formuliert, die eine Zugänglichkeit und Nutzbarkeit ohne fremde Hilfe ermöglichen soll. Der Rückgriff auf personale Hilfen kann zwar im Einzelfall richtig und geboten sein, entspricht aber nicht der Barrierefreiheit, sondern ist eine personenbezogene angemessene Vorkehrung.

56 Es genügt gegen die Forderung nach Barrierefreiheit nicht, geltend zu machen, dass eine öffentliche Einrichtung bislang noch nicht von behinderten Menschen betreten worden sei. Dies hat der VGH Baden-Württemberg im Fall eines Fitnessstudios entschieden.[77] Wäre es anders, ließen sich mit bisherigen Zugangsproblemen stets Neue rechtfertigen. Auch die Bereitstellung gesonderter Räume, die für behinderte Menschen zugänglich sind, kann nach einem Urteil des OVG Niedersachsen unzureichend sein.[78]

c) Bindungswirkung

57 Das BGG Bund bindet Dienststellen und sonstige Einrichtungen des Bundes einschließlich der bundesunmittelbaren Körperschaften, Anstalten und Stiftungen des öffentlichen Rechts daran, in ihrem Aufgabenbereich die Benachteiligung von behinderten Menschen zu beseitigen und zu verhindern sowie die gleichberechtigte Teilhabe am Leben in der Gemeinschaft zu ermöglichen und eine selbstbestimmte Lebensführung zu ermöglichen sowie sie nicht zu benachteiligen (§§ 7, 1 BGG) und zivile Neubauten sowie große zivile Um- oder Erweiterungsbauten entsprechend den allgemein anerkannten Regeln der Technik barrierefrei zu gestalten (§ 8 Abs. 1 BGG).

58 Die Landesgesetze binden jeweils unmittelbar die Dienststellen und sonstigen Einrichtungen des Landes. Der Grad der Bindung ist jedoch unterschiedlich bei den Trägern der mittelbaren Staatsverwaltung. So sind in Bayern und Hessen die Gemeinden und Gemeindeverbände,[79] sowie die Rundfunkanstalten und in Nieder-

76 Übereinkommen über die Rechte von Menschen mit Behinderungen (BGBl. II 2008, 1419).
77 NVwZ-RR 2005, 795.
78 BauR 2006, 1285 zu einem Gebäude mit mehreren Arztpraxen.
79 Art. 9 Abs 1 BayBGG; § 9 Abs 1 HessBGG.

sachsen die Sparkassen[80] ausgenommen. In Hessen trifft die Gemeinden und Gemeindeverbände stattdessen eine Prüfungspflicht.[81]

59 Für Sozialleistungsträger ist die Barrierefreiheit der Dienstgebäude sowie der Räume, in denen Sozialleistungen erbracht werden, auch Gebot des allgemeinen Sozialrechts (§ 17 Abs. 1 Nr. 4 SGB I). Damit sind die Träger der Sozialversicherung und die in den Ländern zu Trägern der Sozialhilfe, Kinder- und Jugendhilfe bestimmten Gemeindeverbände und Gemeinde gebunden. Somit sind die Sozialleistungsträger – anders als andere Träger der öffentlichen Verwaltung – auch zur Barrierefreiheit im Bestand verpflichtet. Sie sind weiterhin verpflichtet, in ihrem Vertragsrecht mit Leistungserbringern wie Vertragsärzten, Krankenhäusern, Diensten und Einrichtungen der Rehabilitation, Pflegeeinrichtungen oder Kindertagesstätten Barrierefreiheit zu vereinbaren und durchzusetzen.

60 Eine Verpflichtung zur Barrierefreiheit in zivilrechtlichen Rechtsverhältnissen ist nur in einigen Fällen gesetzlich angeordnet (§ 554a BGB für das Wohnraummietrecht[82] und § 3 Abs. 2 S. 2 Arbeitsstättenverordnung). Barrierefreiheit kann auch vertragliche Nebenpflicht sein, insbesondere wenn Waren und Dienste öffentlich angeboten werden oder Dauerschuldverhältnisse mit behinderten Menschen eingegangen werden. Dabei verbietet es das AGG ein Dauerschuldverhältnis mit einem alten oder behinderten Menschen zu verweigern, nur weil dieser alt oder behindert ist.

61 Eine weitere Möglichkeit der Bindung im Zivilrecht sind Zielvereinbarungen, die zwischen Verbänden behinderter Menschen und Unternehmen oder Unternehmensverbänden geschlossen werden.[83] Sie können Mindestbedingungen darüber enthalten, wie gestaltete Lebensbereiche im Sinne der Barrierefreiheit zu verändern sind, um dem Anspruch behinderter Menschen auf Zugang und Nutzung zu genügen. In den Zielvereinbarungen sind Regelungen über den Geltungsbereich zu treffen. Vertragsstrafen können vereinbart werden. Zielvereinbarungen und laufende Verhandlungen werden in einem Zielvereinbarungsregister beim Bundesministerium für Arbeit und Soziales publiziert. Bislang sind nur wenige Zielvereinbarungen geschlossen worden.

d) Untergesetzliche Regelungen

62 Um den richtigen Inhalt der Regelungen zur Barrierefreiheit erkennen zu können, können detaillierte Regelungen erforderlich sein. Die BGG ermächtigen daher die Regierungen zu Rechtsverordnungen. Hiervon wurde im Bund Gebrauch gemacht durch die Barrierefreie Informationstechnik-Verordnung (BITV),[84] die Kommunika-

80 § 2 Abs 1 S. 2 NBGG.
81 § 9 Abs 2 HessBGG.
82 Vgl. LG Hamburg v. 29.4.2004, ZMR 2004, 914.
83 § 5 BGG.
84 BITV 2.0. v. 12.9. 2011 (BGBl. I, 1843).

tionshilfenverordnung (KHV), die Verordnung über barrierefreie Dokumente in der Bundesverwaltung (VBD)[85] sowie für das gerichtliche Verfahren durch die Zugänglichmachungsverordnung (ZMV).[86] Die Länder haben für diese Bereiche zum Teil eigene Verordnungen erlassen, zum Teil nehmen sie auf die Rechtsverordnungen des Bundes Bezug.

63 Die Regelungen im BGG nehmen zum Teil ausdrücklich Bezug auf den allgemein anerkannten Stand der Technik. Auch dort, wo dieser Terminus nicht verwendet wird, können technische und fachliche Normen in der Rechtsordnung rezipiert werden, um unbestimmte Rechtsbegriffe wie Barrierefreiheit z.B. für das Ordnungsrecht oder das Haftungsrecht näher zu konkretisieren.[87] Hier sind die Regelwerke zu nennen, die vom Deutschen Institut für Normung (DIN) erarbeitet werden, so die DIN 18040 (Barrierefreies Bauen). Allerdings können technische und fachliche Normen nicht uneingeschränkt und ungeprüft als Konkretisierung rechtlicher Normen angesehen werden, sondern nur wenn sie mit diesen in Umfang und Ziel übereinstimmen. Zudem kann es erforderlich sein, im Einzelfall von ihnen abzuweichen.

7. Anknüpfungspunkte im Kommunalrecht

64 Die Selbstverwaltung der Gemeinden ist im Verfassungsrecht von Bund (Art. 28 Abs. 2 GG) und Ländern geschützt. Sie umfasst grundsätzlich die Allzuständigkeit, das heißt das Recht der Gemeinden, sich in eigener Verantwortung aller Angelegenheiten der örtlichen Gemeinschaft anzunehmen und sie im Rahmen der Gesetze durch Satzungsrecht, Planung – gerade auch Bau- und Infrastrukturplanung[88] – sowie Betrieb und Förderung von Diensten und Einrichtungen zu regeln und zu gestalten. In abgestufter Weise haben dieses Recht auch die Gemeindeverbände, insbesondere die Kreise. Dazu kommt, dass die Gemeinden und Gemeindeverbände – wie bereits gezeigt – im übertragenen Wirkungskreis viele staatliche Aufgaben ausführen und hier zum Teil über erhebliche Spielräume verfügen. Damit sind die Gemeinden und Gemeindeverbände wesentliche Träger von Plänen, Regelungen, Maßnahmen und Leistungen zu Gunsten älterer Menschen und grundsätzlich von allen Ebenen der öffentlichen Verwaltung am ehesten berufen, die Lebensverhältnisse älterer Menschen zu gestalten.[89]

---

85 VBD v. 17.7. 2002 (BGBl. I, 2652).

86 ZMV v. 26.2.2007 (BGBl I, 215).

87 Vgl. zur Bedeutung technischer Normen (DIN) in anderen Rechtsgebieten: BVerwG v. 29.7.2010, NVwZ 2010, 1567; BVerwG v. 30.9.1996, DÖV 1997, 303; BGH v. 7.7.2010, NJW 2010, 3088.

88 Vgl. dazu *Manssen* in diesem Band.

89 Vgl. zu den Möglichkeiten: *Naegele/Gerling*, Sozialpolitik für ältere Menschen in Deutschland in: Igl/Klie (Hrsg.), Das Recht der älteren Menschen, 2007, S. 49ff.

Die Gemeinden und Gemeindeverbände müssen demokratisch selbstverwaltet sein. Sie verfügen nach Maßgabe des Kommunalverfassungsrechts der Länder über gewählte Organe der Bürgerinnen und Bürger der Gemeinde, welche die kommunale Selbstverwaltung wesentlich beeinflussen. In diesen Organen ehrenamtlicher kommunaler Demokratie kommen die Belange älterer Menschen zur Sprache und werden zu einem gewissen Teil auch von älteren Menschen selbst mitgestaltet. Obwohl ältere Menschen selbst wahlberechtigt und wählbar sind, wird verbreitet ein Bedürfnis nach eigenen beratenden Organen der politischen Teilhabe älterer Menschen gesehen. Dies lässt sich dadurch begründen, dass den überwiegend jüngeren Menschen in den kommunalen Organen die eigene Erfahrung über die Lebenswelt Älterer versperrt ist, zum Teil – in größeren Gemeinden und Kreisen – auch dadurch, dass der erhebliche Aufwand von Zeit und Arbeitskraft in kommunalen Ehrenämtern für viele Ältere nicht leistbar ist. Die Kommunalverfassungen der Länder lassen die Bildung von Beiräten für besondere Personengruppen im Rahmen der Organisationshoheit zu, zum Teil explizit.[90] In vielen Gemeinden sind Seniorenbeiräte, Seniorenvertretungen oder Seniorenparlamente konstituiert worden. Diese können durch unmittelbare Wahl, Wahl durch die kommunale Vertretungskörperschaft oder durch ein Benennungsrecht für Seniorenorganisationen, Sozialverbände und freie Wohlfahrtspflege zusammengesetzt werden. Sie können verschiedene Rechte zur Mitsprache in Ausschüssen, zu Stellungnahmen, Anhörungen und Initiativen haben, die sich im Einzelnen aus dem kommunalen Satzungsrecht ergeben. Seniorenbeiräte sind geeignet, ein politisches Korrelat zu den Planungs- und Gestaltungsrechten der Gemeinden und Kreise zu schaffen und diese kommunalen Rechte unter Mitwirkung von Betroffenen auszugestalten. 65

IV. Ausblick

Der Überblick über die Regelungen und Zuständigkeiten für Altenhilfe, Pflege und altersgerechte Infrastruktur zeigt, dass keine umfassende und kohärente Kodifikation auf Bundesebene besteht, wohl aber ein Gesamtbild von Kompetenzen, die überwiegend auf der Ebene der Länder und der Gemeinden und Kreise angesiedelt sind. Mit der Reform der bundesstaatlichen Ordnung ist verdeutlicht worden, dass neue bundesrechtliche Regelungen im Bereich der öffentlichen Fürsorge nur möglich sind, wenn die Herstellung gleichwertiger Lebensverhältnisse im Bundesgebiet oder die Wahrung der Rechts- und Wirtschaftseinheit im gesamtstaatlichen Interesse eine bundesgesetzliche Regelung erforderlich macht (Art. 72 Abs. 2 GG). Das öffentliche Heimrecht ist auch davon ausdrücklich ausgenommen (Art. 74 Abs. 1 Nr. 7 GG), das Kommunalrecht steht nicht zur Verfügung des Bundesgesetzgebers. 66

90 Vgl. etwa §§ 57 d, e GO SH. Kritisch: *Henneke/Ritgen*, LKRZ 2008, S. 361ff.

67 Es erscheint daher für Rechtspraxis und Politik wenig sinnvoll sich auf eine bundesgesetzliche Regelung der Altenhilfe zu konzentrieren,[91] die schon aus kompetenziellen Gründen unvollständig bleiben müsste. Es verspricht mehr, die Gestaltungsmöglichkeiten der Länder und Kommunen konsequenter und stärker miteinander vernetzt zu nutzen,[92] um die soziale Infrastruktur zu sichern und auf den demografischen Wandel auszurichten.[93] Voraussetzung dafür sind allerdings Länder, Gemeinden und Kreise, deren finanzielle und politische Gestaltungsmöglichkeiten gewahrt sind und die von ihnen Gebrauch machen wollen und können.

91 So gefordert von *Schulte*, NDV 1999, S. 3, 7; *Ziller*, Zur Weiterentwicklung des Rechts der Altenhilfe, RsDE 18 (1992), S. 33–43.

92 Vgl. *Naegele*, Kommunale Altenpolitik angesichts des sozio-demografischen Wandels neu denken!, Theorie und Praxis der Sozialen Arbeit 2010, S. 173ff.

93 *Pfützenreuter*, NDV 2006, S. 234, 240.

§ 17 Private Pflege

Literatur: *Barthels, Luitgart,* Das Problem der fehlgegangenen Vergütungserwartung unter Berücksichtigung der sozialversicherungsrechtlichen Aspekte, 1984; *Baumbach/Hopt,* Handelsgesetzbuch, 35. Aufl. 2012; *Beuthien, Volker,* Das fehlerhafte Arbeitsverhältnis als bürgerlich-rechtliches Abwicklungsproblem, RdA 1969, S. 161ff.; *Boecken, Winfried,* Zur Frage eines Anspruchs von Pflegebedürftigen auf gleichgeschlechtliche Pflege, SGb 2008, S. 698ff.; *Bydlinski, Franz,* Arbeitsrechtskodifikation und allgemeines Zivilrecht, 1969; *Bydlinski, Franz,* Lohn- und Kondiktionsansprüche aus zweckverfehlenden Arbeitsleistungen, in: Festschrift zum 60. Geburtstag von Walter Wilburg (FS für Wilburg), 1965, S. 45ff.; *Canaris, Claus-Wilhelm,* Atypische faktische Arbeitsverhältnisse, BB 1967, S. 165ff.; *Crößmann, Gunter/Iffland, Sascha/Mangels, Rainer,* Taschenkommentar zum Heimgesetz, 2002; *Damrau, Jürgen,* Erbersatzanspruch und Erbausgleich, FamRZ 1969, S. 579ff.; *Drasdo, Michael,* Der Heimvertrag nach der Föderalismusreform, NVwZ 2008, S. 639ff.; *Drasdo, Michael,* Heimverträge unter Wohn- und Betreuungsvertragsgesetz, NJW-Spezial 2011, S. 289ff.; *Fenn, Herbert,* Die Mitarbeit in den Diensten Familienangehöriger, 1970; *Fenn, Herbert,* Die juristische Qualifikation der Mitarbeit bei Angehörigen und ihre Bedeutung für die Vergütung, FamRZ 1968, S. 291ff.; *Fleischer, Holger,* Informationsasymmetrie im Vertragsrecht : eine rechtsvergleichende und interdisziplinäre Abhandlung zu Reichweite und Grenzen vertragsschlußbezogener Aufklärungspflichten, 2000; *Fuchs, Maximilian,* Der rechtliche Status von Pflegekräften aus den neuen EU-Staaten, NZA 2010, S. 980ff.; *v. Gierke, Otto,* Die Genossenschaftstheorie und die deutsche Rechtsprechung, 1887; *Göttling, Wulfhard/Neumann, Michael,* Das neue Familienpflegezeitgesetz, NZA 2012, S. 119ff.; *Hauck, Karl/Noftz, Wolfgang/Wiesner, Siegfried,* Sozialgesetzbuch XI, Loseblatt; *Heim, Uwe,* Der „Heimvertrag" und die Genehmigungspflichten gem. § 1907 BGB, Rpfleger 2012, S. 53ff.; *Henssler, Martin/Preis, Ulrich,* Entwurf eines Arbeitsvertragsgesetzes, 2009; *Hirte, Heribert,* Berufshaftung, 1996; *Höfer, Sven,* Wohn- und Betreuungsvertragsgesetz, 2009; *Joussen, Jacob,* Streitfragen aus dem Pflegezeitgesetz, NZA 2009, S. 69ff.; *Klie, Thomas/Krahmer, Utz (Hrsg.),* Soziale Pflegeversicherung (SGB XI), 3. Aufl. 2009; *Krasney, Otto Ernst,* Empfiehlt es sich, soziale Pflege- und Betreuungsverhältnisse neu zu regeln, Referat, in: Deutscher Juristentag (Hrsg.), Verhandlungen des zweiundfünfzigsten Deutschen Juristentages Wiesbaden 1978 (52. DJT), Bd. 2 – Sitzungsberichte, N 34ff.; *Krause, Peter,* Empfiehlt es sich, soziale Pflege- und Betreuungsverhältnisse neu zu regeln, Gutachten E, in: Deutscher Juristentag (Hrsg.), Verhandlungen des zweiundfünfzigsten Deutschen Juristentages Wiesbaden 1978 (52. DJT), Bd. 1 – Gutachten, E 1ff. ; *Kroppenberg, Inge,* Ist unser Erbrecht noch zeitgemäß?, NJW 2010, S. 2609ff.; *Kues, Bernd,* Die Pflegevergütung naher Angehöriger, ZEV 2000, S. 434ff.; *Kunz, Bernd/Ruf, Franz/Wiedemann, Edgar,* Heimgesetz, 6. Aufl. 1992; *Kunz, Eduard/Butz, Manfred/Wiedemann, Edgar,* Heimgesetz 9. Aufl. 2003; *Lang, Herbert/Herkenhoff, Michael,* Persönlichkeitsrechte und Menschenwürde im Alten- und Pflegeheim, NJW 2005, S. 1905ff.; *Langenbucher, Katja/Bliesener, Dirk/Spindler, Gerald,* Bankrechts-Kommentar, im Erscheinen; *Link, Rüdiger,* Offene Fragen des Pflegezeitgesetzes, BB 2008, S. 2738ff.; *van de Loo, Oswald,* Bessere Berücksichtigung von Pflegeleistungen beim Erbausgleich, FPR 2008, S. 551ff.; *Lutter, Marcus,* Erbrecht des nichtehelichen Kindes, 2. Auflage 1972; *Micklitz, Hans W.,* Preistransparenz in den Allgemeinen Geschäftsbedingungen der Alten- und Pflegeheime, VuR 1998, S. 291ff.; *Münchener Kommentar zum Bürgerlichen Gesetzbuch (MünchkommBGB),* Band 4 Schuldrecht Besonderer Teil II, 6. Aufl. 2012, Band 5 Schuldrecht Besonderer Teil II, 5. Aufl. 2009, Band 9 Erbrecht, 3. Aufl. 1997, Band 9 Erbrecht, 5. Aufl. 2010; *Nieder, Heinrich/Kössinger, Reinhard/Kössiner, Winfried,* Handbuch der Testamentsgestaltung, 4. Auflage 2011; *Otte, Gerhardt,* Bessere Honorierung von Pflegeleistungen – Plädoyer für eine Vermächtnislösung, ZEV 2008, S. 260ff.; *Palandt,* Bürgerliches Gesetzbuch, 71. Aufl. 2012; *Petersen, Jens,* Die Beweislast bei der Ausgleichspflicht unter Miterben nach § 2057a BGB, ZEV 2000, S. 432ff.; *Reuter, Dieter/Martinek, Michael,* Ungerechtfertigte Bereicherung, 1983; *Roth, Markus,* Die Rechtsge-

Markus Roth

schäftslehre im demographischen Wandel: Stärkung der Autonomie sowie Schutzkonzepte bei Älteren und Minderjährigen, AcP 208 (2008), S. 451ff.; *Roth, Markus,* 150 Jahre Recht des Handlungsgehilfen: Vom ADHGB 1861 zum Arbeits(vertrags)gesetz(buch)?, RdA 2012, S. 1ff.; *Röthel, Anne,* Ist unser Erbrecht noch zeitgemäß?, in: Deutscher Juristentag (Hrsg.), Verhandlungen des 68. Deutschen Juristentages Berlin 2010 (68. DJT), Bd. 1 – Gutachten, A1ff.; *Schmitz-Elsen, Josef,* Empfiehlt es sich, soziale Pflege- und Betreuungsverhältnisse neu zu regeln, Referat, in: Deutscher Juristentag (Hrsg.), Verhandlungen des zweiundfünfzigsten Deutschen Juristentages Wiesbaden 1978 (52. DJT), Bd. 2 – Sitzungsberichte, N 11ff.; *Schubert, Claudia,* Der Schutz der arbeitnehmerähnlichen Personen, 2004; *Schulin, Bertram,* Die soziale Pflegeversicherung des SGB XI – Grundstrukturen und Probleme, NZS 1994, S. 433ff.; *Staudinger,* Bürgerliches Gesetzbuch; *Udsching, Peter,* SGB IX, 3. Aufl. 2010; *Verbraucherzentrale Bundesverband,* Kollektivrechtliche Unterlassungsverfahren wegen der Verwendung unzulässiger Allgemeiner Geschäftsbedingungen in ambulanten Pflegedienstverträgen, Juristischer Abschlussbericht zum Projekt „Ambulante Pflegedienstleistungen", gefördert durch das Bundesministerium für Ernährung, Landwirtschaft, Verbraucherschutz (MBELV), Juli 2010, im Internet verfügbar unter http://www.vzbv.de/cps/rde/xbcr/vzbv/ambulante_pflegedienstleistungen_abschlussbericht_projekt_bmelv_2010.pdf; *Wedemann, Frauke,* Die Rechtsfolgen der Geschäftsunfähigkeit, AcP 209 (2009), S. 668ff.; *Wedemann, Frauke,* Die Geschäftsunfähigkeit, Jura 2010, S. 587ff.; *Welker, Gerhard,* Bereicherungsausgleich wegen Zweckverfehlung, 1974; *Wellenhofer, Marina,* Familienrecht, 2. Aufl. 2011; *Welti, Felix,* Behinderung und Rehabilitation im sozialen Rechtsstaat, 2005; *Windel, Peter A.,* Wie ist die häusliche Pflege aus dem Nachlass zu honorieren? ZEV 2008, S. 305ff.

Inhaltsübersicht

I. Einleitung

Bei den privaten Pflegeverträgen ist wie bei der im SGB XI geregelten Pflegeversicherung primär zwischen stationärer Pflege und ambulanter Pflege zu unterscheiden.[1] Ambulante Pflegeeinrichtungen definiert das SGB XI als Pflegedienste, stationäre Pflegeeinrichtungen als Pflegeheime.[2] Mit § 8 Abs. 1 SGB XI ist die pflegerische Versorgung der Bevölkerung als gesamtgesellschaftliche Aufgabe anzusehen, zu der auch das Zivilrecht seinen Beitrag zu leisten hat, dies in Form adäquater Regelungsmodelle. Nach dem SGB XI zwischen Pflegekassen und Pflegeeinrichtung abzuschließende Versorgungsverträge werden durch Vergütungsvereinbarungen über vom Pflegebedürftigen zu tragenden Entgeltbestandteile ergänzt. Die vertraglichen Beziehungen zwischen dem Pflegebedürftigen und der Pflegeeinrichtung sind (jedenfalls ganz überwiegend) dem Zivilrecht zuzuordnen. 1

Aufbauend auf der Regelung im Heimgesetz werden stationäre Pflegeverträge nunmehr vom Wohn- und Betreuungsvertragsgesetz (WBVG) geregelt.[3] Praktisch fast noch bedeutsamer sind freilich ambulante Pflegeverträge, sieht das SGB XI doch den Vorrang der häuslichen Pflege vor.[4] Bislang werden die ambulanten und stationären Pflegeverträge im juristischen Schrifttum freilich nur selten an prominenter Stelle 2

1 BGHZ 190, 80 = NJW 2011, 2955.

2 § 71 SGB XI.

3 Gesetz zur Regelung von Verträgen über Wohnraum mit Pflege- und Betreuungsleistungen (Wohn- und Betreuungsvertragsgesetz – WBVG) vom 29.7.2009, BGBl I 2319, als Artikel 1 des Gesetzes zur Neuregelung der zivilrechtlichen Vorschriften des Heimgesetzes nach der Föderalismusreform.

4 Dazu unten II.1.a.

behandelt.[5] Dazu mag auch die seit der Föderalismusreform[6] gespaltene Gesetzgebungszuständigkeit beitragen.[7] Nach Art. 74 Abs. 1 Nr. 7 GG ist der Bund für die öffentliche Fürsorge nunmehr nur außerhalb des Heimrechts zuständig. Die ambulanten Pflegeverträge hat der Bundesgerichtshof als Dienste höherer Art eingeordnet.[8]

3 Das bislang geringe rechtswissenschaftliche Interesse an ambulanten und stationären Pflegeverträgen[9] wird der rechtstatsächlichen Bedeutung von Pflegeverträgen nicht gerecht. Diese ist für die Pflegebedürftigen im Sinne des Pflegeversicherungsgesetzes (SGB XI) statistisch gut belegbar. Nach § 10 SGB XI erstattet die Bundesregierung nicht nur in einem nunmehr vierjährigen Turnus Pflegeberichte.[10] Es liegen auch auf § 109 SGB XI beruhende Pflegestatistiken des Statistischen Bundesamtes vor, diese werden im zweijährigen Turnus erstattet.[11] Danach waren im Jahre 2009 von den 70–75-jährigen nur knapp 5 Prozent, bei den ab 90-jährigen hingegen 59 Prozent pflegebedürftig.[12] Von den insgesamt 2,34 Millionen Pflegebedürftigen werden 555.000 von ambulanten Pflegediensten versorgt, 717.000 werden in Heimen vollstationär versorgt, 1,07 Millionen Pflegebedürftige werden durch Angehörige zu Hause versorgt.[13]

4 In diesem Beitrag soll zunächst der sozial- und zivilrechtliche Rahmen (sogleich II.) sowie sodann die ambulante Pflege dargestellt werden (unten III.). Bei der ambulanten Pflege ist aufgrund der großen praktischen Bedeutung ein Schwerpunkt auf die Pflege durch Angehörige zu legen. Es folgen Ausführungen zur stationären Pflege (unten IV.) sowie zu den Trägern von Pflegeheimen und der Mitbestimmung der Pflegebedürftigen (unten V.). Der Beitrag schließt mit einer Zusammenfassung sowie einem Ausblick (VI.).

---

5 Vgl. aber die Kommentierung des Wohn- und Betreuungsvertragsgesetzes (WBVG) im Palandt (als zweites Nebengesetz nach BGB und EGBGB).

6 Gesetz zur Änderung des Grundgesetzes vom 28.8.2006, BGBl. I 2034.

7 Dazu *Drasdo*, NVwZ 2008, S. 639ff.

8 BGH NJW 2011, 2955, dazu noch III.2.a.

9 Vgl. allerdings die Verhandlungen des 52. DJT in Wiesbaden 1978 mit dem Gutachten von *Krause* sowie den Referaten von *Krasney* und *Schmitz-Elsen*.

10 Der Erste Pflegebericht der *Bundesregierung* datiert vom 1997 (BT-Drs 13/9528), der Fünfte Pflegebericht vom Dezember 2012, die Pflegeberichte finden sich im Internet unter www.bmg.bund.de.

11 *Statistisches Bundesamt*, Pflegestatistik 2009, 1. Bericht: Deutschlandergebnis, 2. Bericht: Ländervergleich – Pflegebedürftige, 3. Bericht: Ländervergleich – ambulante Pflegediensten, 4. Bericht: Ländervergleich – Pflegeheime, ferner: Pflege im Rahmen der Pflegeversicherung: Kreisvergleich, im Internet unter www.destatis.de erhältlich.

12 *Statistisches Bundesamt*, Pflegestatistik 2009, Pflege im Rahmen der Pflegeversicherung: Kreisvergleich, 2012, S. 6.

13 *Statistisches Bundesamt*, Pflegestatistik 2009, Pflege im Rahmen der Pflegeversicherung, Deutschlandergebnisse, 2011, S. 4, vgl. auch Pflege im Rahmen der Pflegeversicherung, 3. Bericht: Ländervergleich – ambulante Pflegedienste, 2011, S. 7.

II. Sozial- und zivilrechtliche Rahmenregelungen

1. Regelung im Sozialgesetzbuch XI – Soziale und private Pflichtversicherung

a) Allgemeine Grundsätze der (sozialen und privaten) Pflegeversicherung

Praktisch die gesamte Bevölkerung ist pflegeversichert. Gesetzlich krankenversi- 5
cherte Personen werden über ihre Krankenkasse pflegeversichert, die gesetzlichen Krankenkassen haben nach dem SGB XI als Träger der sozialen Pflegeversicherung besondere Pflegekassen zu errichten[14] und sind diesem gesetzlichen Auftrag auch nachgekommen. Die gesetzliche Krankenversicherung bzw. soziale Pflegeversicherung bietet der ganz überwiegenden Mehrheit der Bevölkerung Schutz (69,8 Millionen),[15] als privat voll versichert werden vom Bundesministerium der Gesundheit 8,86 Millionen Personen angegeben,[16] was insgesamt auf einen gewissen Anteil nicht pflegeversicherter Personen schließen lässt.[17] Für privat krankenversicherte Personen besteht die Pflicht zum Abschluss einer privaten Pflegeversicherung,[18] die private Krankenversicherung ist zum Abschluss eines privaten Pflegeversicherungsvertrags verpflichtet,[19] Rücktritts- und Kündigungsrechte der privaten Versicherungsunternehmen sind ausgeschlossen, solange für sie der Kontrahierungszwang besteht.[20]

In der Pflegeversicherung müssen nach dem SGB XI die Vergütungen für alle 6
Kostenträger einheitlich vereinbart werden,[21] es haben die Vergütungen für die gesetzlich bzw. privat pflegeversicherten Personen sowie die Selbstzahler gleich zu sein.[22] Das Altenpflegegesetz regelt nicht die Pflege älterer Menschen selbst, sondern die Ausbildung zum Altenpfleger und schützt die Berufsbezeichnung.

Sozialrechtlich wird der häuslichen Pflege der Vorzug eingeräumt. Nach § 3 SGB 7
XI soll die Pflegeversicherung mit ihren Leistungen vorrangig die häusliche Pflege und die Pflegebereitschaft der Angehörigen und Nachbarn unterstützen, damit die Pflegebedürftigen möglichst lange in ihrer häuslichen Umgebung bleiben können.

---

14 §§ 1 Abs. 3, 46 SGB XI.

15 *Bundesministerium für Gesundheit (Hrsg.),* Daten des Gesundheitswesens 2011, 8.14: Versicherte der Krankenkassen nach Versicherungsverhältnis, 3: Versicherte: 69.803.236, 7. Angaben zur Pflegekasse: Pflegeversicherte gesamt: 69.820.682.

16 *Bundesministerium für Gesundheit (Hrsg.),* Daten des Gesundheitswesens 2011, 8.15 Krankenversicherungsschutz in der PKV, Anzahl der voll- und zusatzversicherten Personen (S. 128).

17 Für 1992 wurde die Anzahl von Bürgern ohne Krankenversicherungsschutz mit 230.000 oder 0,3 Prozent von 80,438 Millionen angegeben, *Schulin* NZS 1994, S. 433, 437 unter Verweis auf Zahlen des *Bundesministers für Gesundheit (Hrsg.),* Daten des Gesundheitswesens, 1993, S. 302.

18 § 1 Abs. 2 S. 2 SGB XI.

19 § 110 Abs. 1 SGB XI.

20 § 110 Abs. 4 SGB XI.

21 §§ 84 Abs. 3, 89 Abs. 1 S. 3 SGB XI.

22 Explizit *Schmäing,* in: Klie/Krahmer (Hrsg.), SGB XI, § 89 Rn. 8a.

Leistungen der teilstationären Pflege und der Kurzzeitpflege gehen den Leistungen der vollstationären Pflege vor.

8 Nach § 37 SGB XI kann ein Pflegebedürftiger für selbst beschaffte Pflegehilfen ein Pflegegeld beantragen. Der Vorrang der häuslichen Pflege[23] greift auch dann ein, wenn diese im Einzelfall ausnahmsweise nicht kostengünstiger sein sollte als die stationäre Pflege.[24] Allerdings kann der Pflegebedürftige nicht zur häuslichen Pflege gezwungen werden,[25] die Voraussetzungen für einen bloßen Zuschuss bei nicht erforderlicher stationärer Pflege sind umstritten.[26]

9 Zutreffend kann (vorbehaltlich der Zumutbarkeit für die Pflegeeinrichtung, von der allerdings regelmäßig auszugehen sein wird) ein Anspruch auf gleichgeschlechtliche Pflege angenommen werden,[27] also auf eine Pflege durch eine Person gleichen Geschlechts. Der Pflegebedürftige ist umgekehrt verpflichtet, an Leistungen zur medizinischen Rehabilitation[28] und der aktivierenden Pflege mitzuwirken, um die Pflegebedürftigkeit zu überwinden, zu mindern oder eine Verschlimmerung zu verhindern.[29]

b) Pflege in bzw. durch eine(r) zugelassene(n) Pflegeeinrichtung

10 Das Sozialgesetzbuch XI sieht die Gewährung ambulanter und stationärer Pflegeleistungen in erster Linie durch Pflegeeinrichtungen vor, mit denen die Pflegekassen Versorgungsverträge abgeschlossen haben.[30] Im Versorgungsvertrag sind Art, Inhalt und Umfang der allgemeinen Pflegeleistungen festzulegen, die während der Dauer des Vertrages für die Versicherten zu erbringen sind (Versorgungsauftrag).[31] Bei den Pflegeeinrichtungen muss es sich jeweils um selbständig wirtschaftende Einrichtungen handeln,[32] das Gesetz bezeichnet Pflegeeinrichtungen, mit denen ein Versorgungsvertrag besteht, als zugelassene Pflegeeinrichtungen.[33]

11 Zweck der Gewährung von Pflegeleistungen durch zugelassene Pflegeeinrichtungen ist insbesondere die Sicherstellung der Qualitätsstandards in der ambulanten und stationären Pflege. Stationäre Pflegeeinrichtungen (Pflegeheime) im Sinne des SGB XI sind nur Einrichtungen, in denen Pflegebedürftige unter ständiger Verantwortung einer ausgebildeten Pflegefachkraft gepflegt werden, entsprechendes

23 § 3 SGB XI.
24 *Wagner*, in: Hauck/Noftz, SGB XI, § 3 Rn. 9.
25 *Udsching*, in: Udsching, SGB XI, § 3 Rn. 3.
26 Zu § 43 Abs. 4 SGB XI *Udsching*, in: Udsching, SGB XI, § 43 Rn. 23ff.
27 Zurückhaltend *Boecken*, SGb 2008, S. 698ff.
28 Zur Rehabilitation als Rechtsbegriff *Welti*, Behinderung und Rehabilitation, S. 117ff.
29 § 6 Abs. 2 SGB XI.
30 § 72 Abs. 1 S. 1 SGB XI.
31 § 72 Abs. 1 S. 2 SGB XI.
32 § 71 Abs. 1, 2 SGB XI.
33 Legaldefinition in § 72 Abs. 1 S. 1 SGB XI.

gilt für ambulante Pflegeeinrichtungen (Pflegedienste).[34] Nur mit solchen Einrichtungen wird ein Versorgungsvertrag geschlossen, die Pflegeeinrichtung muss ferner die Gewähr für eine leistungsfähige und wirtschaftliche pflegerische Versorgung bieten sowie eine in Pflegeeinrichtungen ortsübliche Arbeitsvergütung an die Beschäftigten zahlen, sich verpflichten nach Maßgabe der Vereinbarungen gemäß § 113 SGB XI ein Qualitätsmanagement einzuführen und weiterzuentwickeln sowie sich verpflichten, alle Expertenstandards nach § 113a SGB anzuwenden.[35]

c) Pflege durch andere Personen, insbesondere Angehörige

Die Pflegeversicherung kann nicht nur mit zugelassenen Pflegediensten, sondern in besonderen Fällen auch mit Einzelpersonen Verträge zur Sicherstellung der häuslichen Pflege und Betreuung sowie der hauswirtschaftlichen Versorgung schließen.[36] Unzulässig sind Verträge mit Verwandten und Verschwägerten des Pflegebedürftigen bis zum dritten Grad sowie mit Personen, die mit dem Pflegebedürftigen in häuslicher Gemeinschaft leben.[37] Der Abschluss eines Vertrages mit einer Einzelperson kommt in Betracht, wenn dies einem Wunsch des Pflegebedürftigen entspricht, dies dem Pflegebedürftigen in besonderem Maße hilft, ein möglichst selbständiges und selbstbestimmtes Leben zu führen, die pflegerische Versorgung durch den Einsatz von Einzelpersonen besonders wirksam und wirtschaftlich ist oder die pflegerische Versorgung sonst nicht ermöglicht werden kann.[38] 12

Insbesondere bei einer Pflege durch Angehörige ist die Rechtsbeziehung zwischen Pflegebedürftigem und Pflegeversicherung bedeutsam. Die gesetzliche Pflegeversicherung deckt auch die häusliche Pflege ab (zum Vorrang der häuslichen Pflege oben I.), dabei muss der Pflegebedürftige keinen professionellen, zertifizierten Pflegedienst in Anspruch nehmen. Der Pflegebedürftige kann nach § 37 SGB XI auch Pflegegeld für eine selbst beschaffte Pflegehilfe beantragen, typischerweise ein Angehöriger. Das für selbst beschaffte Pflegehilfen gezahlte Entgelt fällt mit 235 Euro für die erste, 440 Euro für die zweite und 700 Euro für die dritte Pflegestufe freilich deutlich geringer aus als die für professionelle Pflege in § 36 SGB XI festgelegten Sätze von 450 Euro (erste Pflegestufe), 1.100 Euro (zweite Pflegestufe) und 1.550 Euro (dritte Pflegestufe). 13

Wählt der Pflegebedürftige ein Pflegegeld, so muss er sich in festen Zeitabständen (Pflegestufe I und II: halbjährlich, Pflegestufe III: vierteljährlich) beraten lassen. Die Pflegeversicherung zahlt das Pflegegeld für selbst beschaffte Pflege an den 14

34 § 75 Abs. 1, 2 SGB XI.
35 § 72 Abs. 3 SGB XI.
36 § 77 Abs. 1 S. 1, 1. Halbsatz SGB XI.
37 § 77 Abs. 1 S. 1, 2. Halbsatz SGB XI.
38 So – in umgekehrter Reihenfolge – § 77 Abs. 1 S. 1, 1. Halbsatz Nr 1 bis 4 SGB XI, dazu auch noch § 77 Abs. 1 S. 6.

Pflegebedürftigen aus. Wird die Pflegepauschale an den bzw. die pflegenden Angehörigen ausbezahlt, so wird ein jedenfalls konkludent geschlossener Pflegevertrag naheliegen, die Zahlungen der Pflegeversicherung sind dann als zwischen Pflegebedürftigem und Angehörigem vereinbartes (Teil-?)Entgelt anzusehen.[39]

2. Zusammenwirken von SGB XI und Zivilrecht

15 Kennzeichnend für ambulante und stationäre Pflegeverträge ist das Zusammenwirken von SGB XI und Zivilrecht. Zivilrechtlich ist neben dem Bürgerlichen Gesetzbuch mit seinen Regeln zum Dienstvertrag (§§ 611ff. BGB), zur ungerechtfertigten Bereicherung (§§ 812ff. BGB), zum Unterhalt[40] sowie zum Erbrecht (§ 2057a BGB) insbesondere das Wohn- und Betreuungsvertragsgesetz (WBVG) von Belang, das bei einer Pflege in einer stationären Pflegeeinrichtung eingreift[41] und in einigen Vorschriften eine Harmonisierung mit dem SGB XI vorsieht.[42] Nach § 15 WBVG müssen Vereinbarungen auch dem SGB XI entsprechen, wenn die Verbraucher Leistungen nach SGB XI in Anspruch nehmen. Nach § 7 Abs. 2 S. 2 WBVG gelten in Verträgen mit Verbrauchern, die Leistungen nach dem SGB XI in Anspruch nehmen, die nach dem Siebten und Achten Kapitel SGB XI vereinbarte Höhe des Entgelts als vereinbart und angemessen. In Verträgen mit Verbrauchern, denen Hilfe in Einrichtungen nach dem SGB XII gewährt wird, gilt nach § 7 Abs. 2 S. 2 WBVG die nach dem Zehnten Kapital des SGB XII festgelegte Entgelthöhe als vereinbart und angemessen. Schließlich hat der Unternehmer nach § 7 Abs. 3 WBVG das Entgelt sowie die Entgeltbestandteile für die Verbraucher nach einheitlichen Grundsätzen zu bemessen. Für ausschließlich privat pflegeversicherte oder nicht pflegeversicherte Pflegebedürftige sind so dieselben Entgelte wie für die sozialversicherten Personen vorzusehen.

16 Für die ambulante Pflege fehlt es in § 611 BGB an einer dem WBVG entsprechenden Regelung. Nach dem SGB XI sind aber auch insoweit zwischen den Trägern der Pflegeeinrichtung und den besonders betroffenen Pflegekassen oder sonstigen Sozialversicherungsträgern, den Trägern der Sozialhilfe, den Arbeitsgemeinschaften von Pflegekassen bzw. Trägern der Sozialhilfe Vergütungsvereinbarungen abzuschließen.[43] Die Vergütung wird sozialrechtlich nach § 89 Abs. 1 S. 1 SGB XI für alle Pflegebedürftigen nach einheitlichen Grundsätzen vereinbart, insoweit ist auch eine

39 Zur Einordnung als Dienst- oder Arbeitsvertrag noch unten III.3.c. am Ende.

40 Zum Familienrecht die Beiträge von *Wedemann* (Unterhaltsansprüche gegen Kinder) und *Helms* (Großelternschaft) in diesem Band § 10 und § 9, zum regelmäßig fehlenden Anspruch auf eine Pflege durch den Ehegatten auch unten III.4.a.

41 Zum Anwendungsbereich näher unten IV.1.

42 Begründung des Fraktionsentwurfs (CDU/CSU und SPD), BT-Drs. 16/12409, S. 13 (§§ 7 Abs. 2, 5, § 9 Abs. 2, § 15).

43 § 89 SGB XI.

zivilrechtliche Gleichbehandlungspflicht anzunehmen. Besteht – wie praktisch jedenfalls regelmäßig – eine Vergütungsvereinbarung zwischen Pflegekassen und dem Träger der Pflegeeinrichtung, so wirkt die vereinbarte Vergütung für alle von der Pflegeeinrichtung gepflegten Personen. Keine Träger von Pflegediensten sind einzelne Pflegekräfte, mit denen die Pflegekassen Verträge abschließen, hier muss die Vergütung in den Verträgen nach § 77 SGB XI geregelt werden.[44]

Praktisch wirken insbesondere die nach § 73 Abs. 1 SGB XI schriftlich abzu- 17
schließenden Versorgungsverträge sowie die auf ihrer Grundlage abgeschlossenen Pflegesatzvereinbarungen[45] bzw. Vergütungsregelungen[46] auf das zivilrechtliche Verhältnis zwischen Pflegebedürftigen und Pflegeinrichtung ein. In den Pflegesatzvereinbarungen werden die Entgelte für von der Pflegekasse zu tragende Pflegeleistungen festgelegt; übersteigt – wie praktisch regelmäßig – der Pflegesatz den gesetzlich vorgegebenen Rahmen, hat der Pflegebedürftige den nach dem SGB XI nicht gedeckten Teil der Vergütung zu tragen.[47] Generell sind bei stationärer Pflege die Entgelte für Unterkunft und Verpflegung vom Pflegebedürftigen zu tragen, dennoch sind nach § 87 SGB XI auch hierfür zwischen betroffenen Pflegekassen und dem Träger des Pflegeheims entsprechende Entgelte zu vereinbaren.

Einige zivilrechtliche Regeln sind direkt im Sozialgesetzbuch enthalten. Die leis- 18
tungsgerechte Vergütung für die allgemeinen Pflegeleistungen (Pflegevergütung) ist von den Pflegebedürftigen bzw. den Pflegekassen oder sonstigen Kostenträgern zu tragen.[48] Insoweit sind die Pflegebedürftigen zutreffend nur zahlungspflichtig, soweit die Pflegekasse nicht für die Pflegevergütung aufkommt. Zusatzleistungen können gesondert vergütet verlangt werden. Wenn notwendige Maßnahmen nach § 88 SGB XI als gesondert zu berechnende Zusatzleistungen bezeichnet werden, sieht die sozialversicherungsrechtliche Kommentarliteratur entsprechende Vereinbarungen als nach § 134 BGB nichtig an.[49] Pflegesätze sind gemäß § 84 Abs. 3 SGB XI nach einheitlichen Grundsätzen zu bemessen, Differenzierungen nach Kostenträgern sind unzulässig.

Der Hinweis auf die Qualitätsprüfung gehört zu den vorvertraglichen Informa- 19
tionspflichten nach dem Wohn- und Betreuungsvertragsgesetz.[50] Landesrechtliche

---

44 *Schütze* in: Udsching, SGB XI, § 89 SGB XI Rn. 2. Nach *Plantholz*, in: Klie/Krahmer (Hrsg.), SGB XI, § 77 Rn. 13 findet bei diesen Verträgen das Differenzierungsverbot des § 89 Abs. 1 S. 3 keine Anwendung.

45 Stationäre Pflege, § 85 SGB XI.

46 Ambulante Pflege, § 89 SGB XI.

47 Zum regelmäßig auf Geldzahlung gerichteten Unterhaltsanspruch gegen den Ehegatten unten III.4.a, zum Unterhaltsanspruch gegen Kinder der Beitrag von *Wedemann* in diesem Band § 10.

48 § 82 Abs. 1 S. 1 Nr. 1 SGB XI.

49 *Schütze*, in: Udsching, SGB XI, § 88 SGB XI Rn. 5; *Schutzinski*, in: Klie/Krahmer (Hrsg.), SGB XI, § 88 Rn. 6.

50 § 3 Abs. 2 Nr. 3 WBVG.

Regeln betreffen über das eigentliche Heimrecht hinaus teilweise auch das Zivilrecht, die landesrechtlichen Regelungen betreffen etwa in Hamburg[51] und Hessen[52] neben der stationären auch die ambulante Pflege.[53]

3. Qualitätssicherung

20 Die Pflegekassen haben nach § 69 S. 1 SGB XI einen sogenannten Sicherstellungsauftrag, sie haben eine bedarfsgerechte und gleichmäßige, dem allgemein anerkannten Leistungsstand medizinisch-pflegerischer Erkenntnisse entsprechende pflegerische Versorgung der Versicherten zu gewährleisten. Hierfür schließen sie Versorgungsverträge sowie Vergütungsvereinbarungen mit den Trägern von Pflegeeinrichtungen und sonstigen Leistungserbringern ab, § 69 S. 2 SGB XI. Die Qualitätssicherung ist in zugelassenen Pflegeeinrichtungen vom SGB XI zwingend vorgesehen, sie spielt eine zentrale Rolle.[54] Die zwischenzeitlich aufgrund von Schiedssprüchen nach § 113b SGB XI zur ambulanten[55] und stationären[56] Pflege bekannt gemachten Standards ergänzen die gesetzlichen Regelungen.

---

51 Speziell zu Pflegediensten §§ 20–24 HmbWBG.

52 § 2 Abs. 1 Nr. 1 und 3 HGBP, Hessisches Gesetz über Betreuungs- und Pflegeleistungen (HGBP) vom 7.3.2012, GVBl S. 34.

53 Dazu noch unten III.1.c.

54 Die Träger der Pflegeeinrichtung bleiben nach § 112 Abs. 1 S. 1 SGB XI unabhängig vom Sicherstellungsauftrag der Pflegekassen für die Qualität der Leistungen ihrer Einrichtungen einschließlich der Sicherung und Weiterentwicklung der Pflegequalität verantwortlich.

55 Bekanntmachung des *GKV-Spitzenverbandes*, „Maßstäbe und Grundsätze für die Qualität und die Qualitätssicherung sowie für die Entwicklung eines einrichtungsabhängigen Qualitätsmanagements nach § 113 des Elften Buches Sozialgesetzbuch (SGB XI) in der ambulanten Pflege vom 27. Mai 2011“ sowie „Anlage nach Ziffer 5 (ambulant) bzw. 7 (stationär) der Maßstäbe und Grundsätze für die Qualität und die Qualitätssicherung sowie für die Entwicklung eines einrichtungsabhängigen Qualitätsmanagements nach § 113 SGB XI in der ambulanten und stationären Pflege in Bezug auf die Anforderungen an die Zuverlässigkeit, Unabhängigkeit und Qualifikation von Prüfinstitutionen und unabhängigen Sachverständigen nach § 114 Absatz 4 SGB XI sowie die methodische Verlässlichkeit von Zertifizierungs- und Prüfverfahren“ vom 5. Juli 2011, Bundesanzeiger Ausgabe Nr. 108 vom 21. Juli 2011, S. 2567.

56 Bekanntmachung des *GKV-Spitzenverbandes*, „Maßstäbe und Grundsätze für die Qualität und die Qualitätssicherung sowie für die Entwicklung eines einrichtungsabhängigen Qualitätsmanagements nach § 113 des Elften Buches Sozialgesetzbuch (SGB XI) in der vollstationären Pflege vom 27.5.2011“ sowie „Anlage nach Ziffer 5 (ambulant) bzw. 7 (stationär) der Maßstäbe und Grundsätze für die Qualität und die Qualitätssicherung sowie für die Entwicklung eines einrichtungsabhängigen Qualitätsmanagements nach § 113 SGB XI in der ambulanten und stationären Pflege in Bezug auf die Anforderungen an die Zuverlässigkeit, Unabhängigkeit und Qualifikation von Prüfinstitutionen und unabhängigen Sachverständigen nach § 114 Absatz 4 SGB XI sowie die methodische Verlässlichkeit von Zertifizierungs- und Prüfverfahren“ vom 5.7.2011, Bundesanzeiger Ausgabe Nr. 108 vom 21.7.2011, S. 2573.

Die zugelassenen Pflegeeinrichtungen sind nach § 112 Abs. 2 S. 1 SGB XI verpflichtet, Maßnahmen der Qualitätssicherung sowie ein Qualitätsmanagement nach Maßgabe der Vereinbarungen gemäß § 113 SGB XI durchzuführen, Expertenstandards nach § 113a SGB XI anzuwenden und bei Qualitätsprüfungen nach § 114 SGB XI mitzuwirken. 21

Nach den Maßstäben und Grundsätzen für die Qualität und Qualitätssicherung in der stationären Pflege soll etwa der Einzug mit dem Pflegebedürftigen und Angehörigen vorbereitet werden, dazu soll ein Besuch in der häuslichen Umgebung bzw. im Krankenhaus oder in der Vollzeitpflege durchgeführt werden.[57] Größtmögliche personelle Kontinuität soll durch die Bildung von Pflegeteams gewährleistet werden.[58] Das Speise- und Getränkeangebot soll altersgerecht, abwechslungsreich und vielseitig sein.[59] 22

Neben den Vereinbarungen zur Qualitätssicherung sieht § 114 SGB XI nunmehr auch Qualitätsprüfungen vor. Nach § 114 Abs. 2 S. 1 SGB XI ist seit 2011 regelmäßig im Abstand von höchstens einem Jahr eine Prüfung durch den Medizinischen Dienst der Krankenversicherung, den Prüfdienst des Verbandes der privaten Krankenversicherung e.V. oder durch von ihnen bestellte Sachverständige (Regelprüfung) durchzuführen. Die Qualitätsprüfung betrifft zugelassene Pflegeeinrichtungen,[60] also ambulante und stationäre Pflegeeinrichtungen gleichermaßen. 23

Die Landesverbände der Pflegekassen stellen nach § 115 Abs. 1a S. 1 SGB XI sicher, dass die von den Pflegeeinrichtungen erbrachten Leistungen und deren Qualität, insbesondere hinsichtlich der Erlebnis- und Lebensqualität, für die Pflegebedürftigen und ihre Angehörigen verständlich, übersichtlich und vergleichbar sowohl im Internet als auch in anderer geeigneter Form kostenfrei veröffentlicht werden.[61] 24

In einem weiteren Sinne gehört auch das so sogenannte Whistleblowing sowie allgemein der arbeitsrechtliche Status der Pflegekräfte zur Qualitätssicherung in der Pflege.[62] Das SGB XI schreibt vor, dass die Pflegekassen nur mit solchen Pflegeeinrichtungen einen Versorgungsvertrag abschließen, die zumindest die ortsübliche Vergütung zahlen.[63] Bereits den Europäischen Gerichtshof für Menschenrechte beschäftigt hat die Information der Öffentlichkeit durch Pflegekräfte über Pflegemissstände in Pflegeeinrichtungen,[64] die Information der Öffentlichkeit über Missstände beim Arbeitgeber wird international über die Pflege hinaus als Whistleblowing diskutiert. 25

---

57 3.1.2 Maßstäbe und Grundsätze in der stationären Pflege.

58 3.1.4 Maßstäbe und Grundsätze in der stationären Pflege.

59 3.2.1 Maßstäbe und Grundsätze in der stationären Pflege.

60 *Bassen*, in: Udsching, SGB XI, § 114 Rn. 2.

61 Bundeweit etwa von der AOK unter www.pflegeheim-navigator.de (stationäre Pflege) bzw. unter www.aok-pflegedienstnavigator.de (Pflegedienste).

62 Insbesondere zur häuslichen Pflege durch Personen aus Mittel- und Osteuropa *Fuchs*, NZA 2010, S. 980ff.

63 § 72 Abs. 3 S. 1 Nr. 2 SGB XI, dazu etwa *Udsching*, in: Udsching, SGB XI, § 72 Rn. 7f.

64 EuGMR NJW 2011, 3501, Leitsatz 8: Das öffentliche Interesse an Informationen über Mängel in der Altenpflege hat so viel Gewicht, dass es das Interesse des Unternehmens am Schutz seines

III. Ambulante Pflege

1. Vertragsrechtlicher Rahmen

a) Fehlen besonderer Regeln auf Bundesebene

26 Im Einklang mit den Präferenzen der meisten älteren Menschen sieht das SGB XI den bereits erwähnten Vorrang der häuslichen Pflege vor.[65] Der nicht stationäre (ambulante) Pflegevertrag wird im Bürgerlichen Gesetzbuch nicht als eigenständiger Vertragstyp geführt, anders als für stationäre Verträge mit dem Wohn- und Betreuungsvertragsgesetz (WBVG) existiert auch keine spezialgesetzliche Regelung. Einen Mindeststandard sieht nur § 120 Abs. 3 SGB XI vor: im Pflegevertrag sind Art, Inhalt und Umfang der Leistung einschließlich der dafür mit den Leistungsträgern nach § 89 SGB XI vereinbarten Vergütungen für jede Leistung oder jeden Leistungskomplex gesondert zu beschreiben. Landesrechtliche Regelungen betreffen teilweise auch die häusliche Pflege, in Hamburg das Hamburgische Wohn- und Betreuungsqualitätsgesetz,[66] in Hessen das Hessische Gesetz über Betreuungs- und Pflegeleistungen.[67]

27 Die rechtstatsächliche Bedeutung von ambulanten Pflegeverträgen ist nicht zu unterschätzen.[68] Nach der auf § 109 SGB XI beruhenden Pflegestatistik des Statistischen Bundesamtes wird die ganz überwiegende Anzahl von älteren Menschen ambulant, also im Rahmen der häuslichen Pflege gepflegt.[69] Von den Pflegebedürftigen werden etwa dreimal mehr Ältere zu Hause als in einem Pflegeheim gepflegt, von den zu Hause gepflegten werden allerdings wiederum mehr als zwei Drittel allein oder ergänzend von Angehörigen gepflegt. Der tatsächliche Anteil der häuslichen Pflege dürfte sogar noch höher liegen, setzt die Einbeziehung in die Pflegestatistik doch eine Einstufung in eine Pflegestufe nach dem SGB XI vor.

28 Problematisch ist das Fehlen besonderer gesetzlicher Regelungen insbesondere mit Blick auf die Geschäftsfähigkeit und damit die Wirksamkeit des Vertragsschlusses bei ambulanter Pflege. Das Wohn- und Betreuungsvertragsgesetz (WBVG) sieht in § 4 Abs. 2 Rechtsfolgen auch bei von Geschäftsunfähigen abgegebener Willenser-

---

guten Rufs im Geschäftsverkehr und seiner geschäftlichen Interessen überwiegt (Leitsatz 6: eine Strafanzeige wegen Missständen am Arbeitsplatz kann gerechtfertigt sein, wenn vernünftigerweise nicht erwartet werden kann, dass innerbetriebliche Beschwerden zu einer Untersuchung und Abhilfe führen).

65 § 3 SGB XI.

66 Speziell zu Pflegediensten §§ 20–24 HmbWBG.

67 § 2 Abs. 1 Nr. 1 und 3 HGBP, Hessisches Gesetz über Betreuungs- und Pflegeleistungen (HGBP) vom 7.3.2012, GVBl S. 34.

68 Höchstrichterlich dazu BGHZ 190, 80 = NJW 2011, 2955.

69 Von den insgesamt 2,34 Millionen Pflegebedürftigen werden 555.000 von ambulanten Pflegediensten versorgt, 717.000 werden in Heimen vollstationär versorgt, 1,07 Millionen Pflegebedürftige werden durch Angehörige zu Hause versorgt, oben Fn. 13.

klärungen vor,[70] was im zivilrechtlichen Schrifttum aus dogmatischer Sicht als „kleine Sensation" angesehen wurde, könne doch erstmals seit Inkrafttreten des Bürgerlichen Gesetzbuchs ein Geschäftsunfähiger eine Willenserklärung abgeben.[71] Dazu und zur Möglichkeit der entsprechenden Anwendbarkeit der Norm noch unten III.2.c.

b) Einordnung als Dienstvertrag

Ein Dienstvertrag liegt bei Erbringung menschlicher Arbeit vor und wird stets ange- 29
nommen, wenn sich das Leistungsversprechen in der Zusage von Diensten erschöpft.[72] Dies wird insbesondere bei leichter Pflegebedürftigkeit häufig der Fall sein. Umfasst der Leistungsumfang nach der Pflegevereinbarung einer ambulanten Pflege über die bloße Dienstleistung hinaus etwa auch die Verpflegung des Pflegebedürftigen, liegt ein typengemischter Vertrag mit Elementen des Dienstvertrags sowie des Kaufvertrags vor.

Eigenart eines Dienstvertrags ist nach § 613 BGB, dass die Dienste im Zweifel in 30
Person zu leisten sind. Relevant ist dies insbesondere bei kleinen, zunächst rein inhabergeführten Pflegediensten, die später expandieren. Für Ärzte wird eine besondere Aufklärungspflicht über eine vorhersehbare Verhinderung angenommen.[73] Bei einem Vertrag mit einem Mediziner ist es dem Arzt im Rahmen des medizinisch Notwendigen gestattet, dritte Medizinalpersonen, insbesondere andere Ärzte hinzuzuziehen. Klauseln in einer formularmäßigen Wahlleistungsvereinbarung, durch die die einem Wahlarzt obliegende Leistung im Fall seiner Verhinderung durch einen Vertreter erbracht werden darf, sind nur wirksam, wenn sie auf die Fälle beschränkt sind, in denen die Verhinderung im Zeitpunkt des Abschlusses der Wahlleistungsvereinbarung nicht bereits feststeht und wenn als Vertreter der namentlich benannte ärztliche Vertreter bestimmt ist.[74]

Der Pflegebedürftige kann im Zweifel widersprechen, wenn nicht mehr der ge- 31
wohnte Pfleger erscheint. Ohnehin ist er jederzeit zur fristlosen Kündigung berechtigt (dazu sogleich II.3.a), dies auch ohne wichtigen Grund.

---

70 § 4 Abs. 2 WBVG lautet: War der Verbraucher bei Abschluss des Vertrags geschäftsunfähig, so hängt die Wirksamkeit des Vertrags von der Genehmigung eines Bevollmächtigten oder Betreuers ab. § 108 Absatz 2 des Bürgerlichen Gesetzbuchs ist entsprechend anzuwenden. In Ansehung einer bereits bewirkten Leistung und deren Gegenleistung gilt der Vertrag als wirksam geschlossen. Solange der Vertrag nicht wirksam geschlossen worden ist, kann der Unternehmer das Vertragsverhältnis nur aus wichtigem Grund für gelöst erklären; die §§ 12 und 13 Absatz 2 und 4 sind entsprechend anzuwenden.

71 *Wedemann*, AcP 209 (2009), S. 668, 679.

72 Vgl. *Richardi/Fischinger*, in: Staudinger, Bearb. 2011, § 611 BGB Rn. 2.

73 *Müller-Glöge*, in: MünchKommBGB, § 613 Rn. 3.

74 BGH NJW 2008, 987 Leitsatz 1: ständiger ärztlicher Vertreter im Sinne der §§ 4 II S. 3 und 4, 5 GOÄ.

c) Die Regelungen auf Landesebene

32 Regelungen für die stationäre Pflege wurden nunmehr in fast allen Bundesländern erlassen. Über die Regelung im vormaligen Heimgesetz hinaus, das in den übrigen Bundesländern noch weitergilt, enthalten die Landesgesetze auch Regelungen zur ambulanten Pflege. So ist etwa in Hessen ein Mustervertrag bei der Behörde einzureichen.[75] In Nordrhein-Westfalen gilt das Gesetz über das Wohnen mit Assistenz und Pflege in Einrichtungen (Wohn- und Teilhabegesetz – WTG) nach § 2 Abs. 1 in Betreuungseinrichtungen, das heißt in Einrichtungen, die den Zweck haben, ältere Menschen, Volljährige mit Behinderung oder pflegebedürftige Volljährige aufzunehmen, ihnen entgeltlich Wohnraum zu überlassen und damit verbunden verpflichtend Betreuung zur Verfügung zu stellen oder vorzuhalten und die in ihrem Bestand vom Wechsel der Bewohner unabhängig sind.

2. Der ambulante Pflegevertrag mit einer qualifizierten Pflegeeinrichtung

a) Dienste höherer Art

33 Auf den ambulanten Pflegevertrag findet Dienstvertragsrecht Anwendung, konkret handelt es sich um einen Vertrag über Dienste höherer Art im Sinne von § 627 BGB.[76] Dienste höherer Art sind Dienste, die überdurchschnittliche Kenntnisse oder Fertigkeiten verlangen oder den persönlichen Lebensbereich betreffen.[77] Konkreter gefasst werden Dienste höherer Art angenommen, wenn sie ein überdurchschnittliches Maß an Fachkenntnissen, Kunstfertigkeit oder wissenschaftlicher Bildung, eine hohe geistige Phantasie oder Flexibilität voraussetzen und infolgedessen dem Dienstverpflichteten eine herausgehobene Stellung verleihen.[78] Ein solches überdurchschnittliches Maß an Fachkenntnissen, Kunstfertigkeit oder wissenschaftlicher Bildung mag im Einzelfall bezweifelt werden, ist für die Annahme eines Dienstes höherer Art aber letztlich keine notwendige Bedingung.

34 Ein Dienst höherer Art liegt nach der allgemeinen Definition vor, wenn der Dienstvertrag den persönlichen Lebensbereich betrifft. Dies gilt für Pflegeverträge bei älteren Menschen in ganz besonderem Maße, der Bundesgerichtshof fasst hierunter richtig die ambulanten Pflegeverträge.[79] Es betrifft der ambulante Pflegevertrag jedenfalls den persönlichen Lebensbereich, zutreffend stellt er auch besondere Anforderungen und erfordert gerontologische Kenntnisse. Der Bundesgerichtshof

75 § 10 Abs. 2 S. 1 Nr. 3 HGBP, Hessisches Gesetz über Betreuungs- und Pflegeleistungen (HGBP) vom 7.3.2012, GVBl. S. 34.

76 BGH NJW 2011, 2955 Leitsatz 2: Der Vertrag eines nach den Bestimmungen des SGB XI Pflegebedürftigen mit einer zugelassenen ambulanten Pflegeeinrichtung über ambulante pflegerische Leistungen ist ein Vertrag über Dienste höherer Art.

77 *Weidenkaff*, in: Palandt, BGB, § 627 Rn. 2.

78 *Henssler*, in: MünchKommBGB, § 627 Rn. 18.

79 BGH NJW 2011, 2955, 2956f.

stellt in einer zugelassene Pflegeeinrichtungen betreffenden Entscheidung zutreffend darauf ab, dass die im Rahmen der Pflege zu erbringenden und in § 14 Abs. 4 SGB XI aufgelisteten Tätigkeiten den Intimbereich der Pflegebedürftigen betreffen.[80] Dies ist freilich auch der Fall, wenn die Pflege nicht durch eine zugelassene Pflegeeinrichtung durchgeführt wird, sondern wenn sich der Pflegebedürftige selbst eine Pflegehilfe beschafft und nach § 37 SGB XI Pflegegeld beantragt. Zutreffend gilt die Einordnung als Dienst höherer Art über den vom Bundesgerichtshof entschiedenen Fall hinaus auch die Pflege durch sonstige Personen, insbesondere durch Angehörige.

Rechtsfolge der Einordnung als Dienstleistung höherer Art ist nach § 627 BGB 35
die jederzeitige Kündbarkeit des Vertrages, wenn der Pflegebedürftige das Vertrauen in den Anbieter der Pflegedienstleistung verliert. Gegebenenfalls ist an eine Auslauffrist zu denken,[81] dies allerdings vor allem bei einer nicht gewerbsmäßigen Erbringung der Pflegeleistung. Das Entgelt richtet sich im Wesentlichen nach Dienstvertragsrecht, wird aber nicht primär nach Zeitabschnitten (§ 621 BGB), sondern nach den tatsächlich in Anspruch genommenen Leistungen berechnet. Keine Anwendung findet so auch bei monatlicher Abrechnung § 621 Nr. 5 BGB.[82] Investitionskosten können den Pflegebedürftige nach § 82 Abs. 3 SGB XI gesondert in Rechnung gestellt werden.

b) Klauselkontrolle

Für ambulante Pflegeverträge gelten die allgemeinen Regeln des Bürgerlichen Ge- 36
setzbuchs. Relevant ist die fehlende (unmittelbare) Anwendbarkeit des Wohnraum- und Betreuungsvertragsgesetzes (WBVG)[83] auch für die Kontrolle allgemeiner Geschäftsbedingungen. Zur Kontrolle der Verträge ambulanter Pflegedienste hat die Verbraucherzentrale nach dem UKlaG einige Klagen eingereicht,[84] angemahnt wurden insbesondere Haftungsregeln, Verstöße gegen die Transparenz sowie in Ansatz gebrachte Investitionskosten und Preiserhöhungen.[85]

Als Bestimmung in Allgemeinen Geschäftsbedingungen ambulanter Pflege- 37
dienste vom OLG Schleswig sowie vom OLG Stuttgart gebilligt wurde eine Entgelter-

---

80 BGH NJW 2011, 2955, 2956.
81 So im Arbeitsrecht bei Ausschluss der ordentlichen Kündigung, etwa BAG NZA 2003, 856.
82 BGH NJW 2011, 2955, 2956.
83 Dazu unten IV.
84 Zur Klauselkontrolle von Heimverträgen etwa BGH NJW 1989, 1673, 1674; BGH NJW 2001, 2971.
85 *Verbraucherzentrale Bundesverband*, Kollektivrechtliche Unterlassungsverfahren, Juli 2010. Nach der Veröffentlichung erging noch die Entscheidung des Bundesgerichtshofs (BGHZ 190, 80 = NJW 2011, 2955) und des OLG Rostock vom 28.2.2011, 2 U 62/08, hier hatte der beklagte Pflegedienst allerdings die Berufung gegen die Entscheidung des LG Rostock vom 11.3.2008, 3 O 341/07 weitgehend zurückgenommen.

höhung nach zwei Wochen,[86] anders freilich mit Verweis auf die örtlichen Gegebenheiten in Mecklenburg-Vorpommern das OLG Rostock.[87] Möglich ist eine rückwirkende Erhöhung der Entgelte nach § 89 SGB XI, dies wenn die Erhöhung von einer Schiedsstelle so gebilligt wurde. Es kann die Klausel aber nicht allein auf die Entscheidung der Schiedsstelle verweisen, sondern es muss weiterhin eine ausreichende Information der Pflegebedürftigen vorgesehen werden, damit diese nicht durch eine Nachentrichtung überrascht werden.[88]

38 Hingegen wurde allein die Nennung der Leistungen entsprechend der Pflegestufe als zu unbestimmt angesehen.[89] Investitionskosten können nicht pauschal mit fünf Prozent angesetzt werden.[90] Die privat krankenversicherten Pflegebedürftigen können nicht dazu verpflichtet werden, die Rechnungsbeträge innerhalb einer Woche nach Rechnungserhalt an den Pflegedienst zu überweisen.[91] Moniert wurde auch eine Klausel zur Kostenerhöhung für sonstige Leistungsentgelte.[92] Die Kündigung durch den Pflegebedürftigen ist nicht nur mit einer Kündigungsfrist von zwei Wochen entsprechend der Regelung in § 120 Abs. 2 SGB XI möglich,[93] es findet die Vorschrift des § 627 BGB über höhere Dienste Anwendung,[94] der Pflegevertrag kann nach der Rechtsprechung des Bundesgerichtshofs fristlos gekündigt werden. Nicht vorgesehen werden kann die Kündigung durch den Pflegedienst binnen einer Woche.[95]

39 In der ambulanten Pflege stellt sich jeweils die Frage, ob nicht die Regelungen des Wohn- und Betreuungsvertragsgesetzes entsprechend angewandt werden können. Allgemein wird ein weniger strenger Maßstab richterlicher Prüfung von allgemeinen Geschäftsbedingungen angenommen, wenn Allgemeine Geschäftsbedingungen von Interessenverbänden ausgehandelt wurden.[96]

---

86 OLG Schleswig vom 1.9.2009, 2 U 4/08; OLG Stuttgart vom 31.7.2008, 2 U 17/08 (nachgehend BGHZ 190, 80 = NJW 2011, 2955

87 OLG Rostock vom 28.2.2011, 2 U 62/08.

88 OLG Schleswig vom 1.9.2009, 2 U 4/08; OLG Stuttgart vom 31.7.2008, 2 U 17/08 (nachgehend BGHZ 190, 80 = NJW 2011, 2955).

89 OLG Naumburg vom 19.12.2008, 10 U 38/09.

90 OLG Naumburg vom 19.12.2008, 10 U 38/09.

91 OLG Schleswig vom 1.9.2009, 2 U 4/08; OLG Stuttgart vom 31.7.2008, 2 U 17/08 (nachgehend BGHZ 190, 80 = NJW 2011, 2955).

92 LG Potsdam vom 20.5.2008, 12 O 475/07.

93 OLG Schleswig vom 1.9.2009, 2 U 4/08; OLG Stuttgart vom 31.7.2008, 2 U 17/08 (nachgehend BGHZ 190, 80 = NJW 2011, 2955).

94 BGH NJW 2011, 2955, 2956f.

95 LG Potsdam vom 20.5.2008, 12 O 475/07.

96 So *Hirte*, Berufshaftung, S. 452f. zur Regelung der (Berufs)Haftung in Allgemeinen Geschäftsbedingungen.

3. Pflege durch Angehörige aufgrund eines (konkludent abgeschlossenen) Pflegevertrags

a) Ausdrücklich geschlossener Pflegevertrag

Ein ausdrücklich geschlossener Pflegevertrag kommt auch zwischen Angehörigen in Betracht. Ein Pflegevertrag ist anzunehmen, wenn der Pflegebedürftige und der Pflegende sich darüber einig sind, dass der Pflegende den Pflegebedürftigen pflegt, und beide Rechtsbindungswillen haben. Im Kern handelt es sich dabei um einen Dienstvertrag, im Einzelfall kann auch ein Arbeitsvertrag vereinbart werden,[97] etwa um dem pflegenden Angehörigen einen besseren Zugang zur Sozialversicherung zu ermöglichen. Durch den Dienstvertrag wird derjenige, der Dienste zusagt, zur Leistung der versprochenen Dienste, der andere Teil zur Gewährung der vereinbarten Vergütung verpflichtet.[98] Denkbar und praktisch ist freilich auch ein unentgeltlicher Dienstvertrag: nach § 612 Abs. 1 BGB gilt eine Vergütung nur dann als stillschweigend vereinbart, wenn die Dienstleistung nach den Umständen nur gegen eine Vergütung zu erwarten ist. Gerade dies kann aber bei der häuslichen Pflege häufig zumindest nicht von Anfang an angenommen werden. Der Dienstvertrag endet mit dem Tod des Pflegebedürftigen, gegebenenfalls ist an eine Auslauffrist zu denken.[99] **40**

b) Die Rechtsprechung zur fehlgegangenen Vergütungserwartung

Nach der Kommentarliteratur und Rechtsprechung ist es bei einer Dienstleistung für Verwandte, Freunde oder im eheähnlichen Verhältnis ein Indiz für die Unentgeltlichkeit, wenn die Vergütung erst später, insbesondere nach einem Zerwürfnis verlangt wird.[100] Aus der Dienstleistung allein folgt noch kein Vergütungsanspruch.[101] Ein Sonderfall wird allerdings angenommen, wenn eine Dienstleistung länger unentgeltlich oder erheblich unterbezahlt erbracht wird und dies in Erwartung künftiger Zuwendungen erfolgt, es werde dann von der Rechtsprechung in der Regel § 612 Abs. 1 BGB bejaht.[102] Nicht notwendig ist die sichere Aussicht auf die Zuwendung,[103] angenommen wurde dies auch, wenn die Zuwendung wegen Testierverbots misslingt.[104] Erwartet der die Dienste Leistende eine Erbeinsetzung oder ein Vermächtnis, nimmt die Rechtsprechung in Abweichung zu § 614 BGB eine Stundung des **41**

97 Dazu noch unten III.3.c.
98 Zur Einordnung als Arbeitsvertrag noch unten III.3.c.
99 Dazu schon oben III.2.a.
100 *Weidenkaff,* in: Palandt, BGB, § 612 Rn. 4.
101 *Müller-Glöge,* in: MünchKommBGB, § 612 Rn. 25.
102 *Weidenkaff,* in: Palandt, BGB, § 612 Rn. 4: insbesondere Erbeinsetzung, so auch LG Heidelberg vom 3.2.2009, 1 O 148/07, ErbR 2010, 271 (im Fall wegen gesetzlicher Erbstellung einen solchen Anspruch allerdings verneinend).
103 BAG 24.6.1965, 5 AZR 443/64, AP Nr. 23 zu § 612 BGB.
104 BAG 30.9.1971, 5 AZR 177/71, AP Nr. 27 zu § 612 BGB.

Vergütungsanspruchs bis zum Tod an.[105] Das Gesetz regelt in § 2301 BGB mit der Schenkung auf den Todesfall eine andere Fallgruppe, bei der je nach Art der Schenkung entweder Erbrecht oder besonderes Schuldrecht Anwendung findet.[106]

42 Das auch in der erbrechtlichen Literatur[107] erwähnte und zutreffend über die Einführung des § 2057a BGB Ende der 1960er Jahre hinaus fortlebende[108] Rechtsinstitut der fehlgegangenen Vergütungserwartung[109] wurde vom Bundesarbeitsgericht für Lebenssachverhalte entwickelt, in denen als Gegenleistung für geleistete Dienste die Übergabe eines Vermögens oder Vermögensbestandteils in Aussicht gestellt wurde, ein rechtswirksamer Anspruch hierauf jedoch nicht begründet wird.[110] Dies kommt bei einer Schenkung, Hofübergabe oder Erbeinsetzung in Betracht, wenn es zur rechtswirksamen Verpflichtung bzw. Verfügung an der gesetzlich vorgeschriebenen Form der notariellen Beurkundung bzw. eines handschriftlichen Testamentes fehlt.[111] Trotz dieses fehlenden Rechtsanspruchs auf Gegenleistung soll der im Betrieb mitarbeitende Arbeitnehmer nicht schutzlos bleiben, sondern im Falle der Nichterfüllung seiner Vergütungserwartung ersatzweise nach § 612 Abs. 2 BGB die übliche Vergütung erhalten; das Bundesarbeitsgericht selbst sprach in den 1970er Jahren insoweit von einer ständigen Rechtsprechung.[112]

43 Eine Auszahlung von wegen fehlgegangener Vergütungserwartung vorenthaltenen Arbeitsentgelts ist nach einem Urteil des Bundesfinanzhofs aus dem Jahre 2008 nicht als Arbeitsentgelt, sondern als sonstige Einkünfte nach § 22 Nr 3 EStG zu qualifizieren.[113] Der Bundesfinanzhof begründet dies damit, dass der Arbeitsvertrag bereits bei Erbringung der Arbeitsleistung vorliegen müsse.

---

105 BAG 24.9.1960, 5 AZR 3/60 und 30.9.1971, 5 AZR 177/71, AP Nr. 15 und 27 zu § 612 BGB. Darauf verweisend *Weidenkaff*, in: Palandt, BGB, § 612 Rn. 4. Die Zusage testamentarischer Erbeinsetzung kann widerrufen werden, bei einem unmissverständlichen Widerruf beginnt mit dem Widerruf die Verjährungsfrist zu laufen, BAG, 28.9.1977, 5 AZR 303/76, AP Nr. 29 zu § 612 BGB.

106 Die Regeln über die Schenkungen unter Lebenden finden nach § 2301 Abs. 2 BGB Anwendung, wenn die Schenkung unter der Überlebensbedingung bereits vollzogen wurde, *Weidlich*, in: Palandt, BGB, § 2301 Rn. 8.

107 Vgl *Nieder/Kössinger* Handbuch der Testamentsgestaltung, Rn. 134.

108 Anders wohl *Werner*, in: Staudinger, Bearb. 2010, § 2057a, Rn. 2: „Vor Einführung des § 2057a wurde versucht, die Mitarbeit der Abkömmlinge gegenüber dem Erblasser mittels arbeits- oder gesellschaftsrechtlicher Rechtsverhältnisse zu honorieren".

109 Dazu monographisch *Barthels*, Fehlgegangenen Vergütungserwartung.

110 Daran festhaltend der Vorsitzende des 5. Senats des Bundesarbeitsgerichts, *Müller-Glöge*, in: MünchKommBGB, § 612 Rn. 13ff.

111 Zu § 812 BGB noch unten III.4.d.

112 BAG 20.9.1978, 5 AZR 365/77, AP Nr. 32 zu § 612 BGB, Rn. 15: seit AP Nr. 13 und 15 zu § 612 BGB (zu 2 c bzw. 4 der Gründe); vgl. zuletzt AP Nr. 29 zu § 612 BGB (zu 1 der Gründe); sodann etwa noch BAG, 27.10.1982, 5 AZR 599/80.

113 BFHE 221, 157.

c) Der Pflegebedürftige als Arbeitgeber des pflegenden Angehörigen?

In der arbeitsrechtlichen Literatur war auch noch nach dem Zweiten Weltkrieg streitig, ob zwischen Angehörigen überhaupt ein Arbeitsverhältnis entstehen kann.[114] Das Bundesarbeitsgericht hat die Möglichkeit arbeitsvertraglicher Beziehungen auch zwischen Angehörigen zutreffend bejaht,[115] allerdings betrafen die entschiedenen Fälle in erster Linie die Mitarbeit in einem Betrieb des Angehörigen bzw. die Mitarbeit im Haushalt ohne entsprechende familienrechtliche Verpflichtung bzw. Erwartung. 44

Da die von den Arbeitsgerichten entschiedenen Fälle – soweit ersichtlich – allenfalls am Rande die Pflege von Familienangehörigen betrafen,[116] stellt sich die Frage der Übertragbarkeit der Rechtsprechung zur fehlgegangenen Vergütungserwartung auf die Pflege von Angehörigen. Im vom Bundesarbeitsgericht entschiedenen Ausgangsfall[117] hatte eine Verlobte vollberuflich im Betrieb des Schwiegervaters in spe gearbeitet, weil nach der Heirat der Betrieb übernommen werden sollte. In dem der Folgeentscheidung zugrunde liegenden Sachverhalt lebte die Klägerin in einem eheähnlichen Verhältnis mit dem Beklagten und arbeitete in dessen landwirtschaftlichen Betrieb sowie Haushalt mit, ihr war die Heirat versprochen.[118] In einer weiteren Entscheidung hatte ein Ehepaar (Vertriebene) auf dem Hof der Cousine des Ehemanns gearbeitet, dies unentgeltlich und gegen Versprechen der Erbeinsetzung, hier hatte das Bundesarbeitsgericht eine Verjährung der bis zum Tod gestundeten Vergütungsansprüche angenommen,[119] die Stundung der Vergütung war auch Gegenstand einer weiteren Entscheidung.[120] Anlässlich der dreijährigen Leistung von Diensten im Haushalt (Kochen, umfangreiche Reinigungsarbeiten) entschied das Bundesarbeitsgericht, dass gemäß § 287 Abs. 2 ZPO bei verbleibenden Unklarheiten eine Lebensversicherung zur Hälfte auf die Vergütungserwartung (Einsetzung zur Erbin) angerechnet werden kann.[121] Anwendbar sind die Grundsätze der fehlgegangenen Vergütungserwartung bei der Mitarbeit eines Neffen, der zum Erbe des kinderlosen Onkels eingesetzt werden soll, auf einem Forst- und Sägewerksbetrieb, dies auch bei einer geringen Vergütung, die Eröffnung einer sicheren 45

114 Zur Diskussion und Rechtsprechung auch des Bundesfinanzhofs *Fenn,* Die Mitarbeit in den Diensten Familienangehöriger, S. 34ff., 239ff.

115 BAG 24.9.1960, 5 AZR 3/60, AP Nr. 15 zu § 612 BGB unter 2. der Gründe.

116 Vgl. aber BAG 19.2.1970, 5 AZR 241/69, AP Nr 26 zu § 612 BGB, wo zwar kein Tatbestand mitgeteilt wurde, unter 2c) der Gründe von einer fünfjährigen Betreuung und Versorgung eines alten Mannes die Rede ist. In BAG 30.9.1971, 5 AZR 177/71, AP Nr. 27 zu § 612 BGB hält das BAG im Tatbestand ausdrücklich fest, dass der Erblasser nach dem Ergebnis der Beweisaufnahme nicht pflegebedürftig war.

117 BAG 15.3.1960, 5 AZR 409/58, AP Nr. 13 zu § 612 BGB mit zustimmender Anmerkung *A. Hueck.*

118 BAG 24.9.1960, 5 AZR 3/60, AP Nr. 15 zu § 612 BGB mit zustimmender Anmerkung *A. Hueck.*

119 BAG 5.8.1963, 5 AZR 79/63, AP Nr. 20 zu § 612 BGB mit zustimmender Anmerkung *A. Hueck.*

120 BAG 25.1.1963, 5 AZR 178/62, AP Nr. 21 zu § 612 BGB = Nr 2 zu § 146 KO, Leitsatz 1

121 BAG 18.1.1964, 5 AZR 261/63, AP Nr. 22 zu § 612 BGB mit Anmerkung *Meyer-Maly.*

Aussicht auf einen künftigen Vermögenserwerb hat das Bundesarbeitsgericht nicht gefordert.[122] In weiteren Entscheidungen zur Mitarbeit des Sohnes bei einem Steuerbevollmächtigten[123] bzw. auf dem Hof[124] wurde das Erfordernis einer deutlich unterwertigen Bezahlung entwickelt.

46 Im Jahre 1970 nahm das Bundesarbeitsgericht freilich an, dass auch wer „über einen Zeitraum von mehr als 5 Jahren einen alten Mann betreut und versorgt"[125] allein (!) einen Arbeitsvertrag abgeschlossen haben könne.[126] Ein solches Junktim erscheint aufgrund der Übernahme der Rechtsfigur der enttäuschten Vergütungserwartung durch den Bundesgerichtshof[127] zum Schutz pflegender Angehöriger bzw. sonstiger dem Pflegebedürftigen nahestehender Personen nicht (mehr) erforderlich, um einen der Billigkeit entsprechenden Ausgleich von Pflegeleistungen zu ermöglichen. Es wird bei der Pflege von Angehörigen regelmäßig auch keine Weisungsabhängigkeit im Sinne einer Festsetzung der Arbeitszeit durch den zu pflegenden älteren Angehörigen vorliegen. Grundsätzlich stellt das Bundesarbeitsgericht für die Abgrenzung des Arbeitsvertrags auf § 84 Abs. 1 S. 2 HGB ab.[128] Selbständig ist, wer im Wesentlichen frei und seine Tätigkeit gestalten und seine Arbeitszeit bestimmen kann. Nach dem an das Bestehen eines Arbeitsvertrages anknüpfenden § 106 S. 1 Gewerbeordnung kann der Arbeitgeber Inhalt, Ort und Zeit der Arbeitsleistung nach billigem Ermessen näher bestimmen, soweit diese Arbeitsbedingungen nicht durch den Arbeitsvertrag, Bestimmungen einer Betriebsvereinbarung, einen anwendbaren Tarifvertrag oder gesetzliche Vorschriften festgelegt sind.

47 Modern grenzt das Bundesarbeitsgericht den Arbeitsvertrag nach allen Umständen des Einzelfalls typologisch ab,[129] es sieht dabei selbst eine Weisungsabhän-

---

122 BAG 24.6.1965, 5 AZR 443/64, AP Nr. 23 zu § 612 BGB mit kritischer Anmerkung *Bydlinski.*

123 BAG 14.7.1966, 5 AZR 2/66, AP Nr. 24 zu § 612 BGB mit Anmerkung *Diederichsen.*

124 BAG 14.5. 1969, 5 AZR 457/68, AP Nr. 25 zu § 612 BGB.

125 BAG 19.2.1970, 5 AZR 241/69, AP Nr. 26 zu § 612 BGB, 2b der Gründe.

126 BAG 19.2.1970, 5 AZR 241/69, AP Nr. 26 zu § 612 BGB, 1 der Gründe.

127 Darauf verweisend *Müller-Glöge,* in: MünchKommBGB, § 612 Rn. 13, in diesem Sinne etwa BGH FamRZ 1965, 317, 319: „...Anders ist es jedoch bei einem schuldrechtlichen Arbeitsverhältnis. Hier ergibt das Versprechen einer späteren Vergütung – insbesondere durch Erbeinsetzung – daß keine unentgeltliche Dienstleistung gewollt war. Deshalb greift bei Fehlgehen dieser Abrede § 612 I BGB ein; d. h. der Dienstverpflichtete hat nach Abs. II der Vorschrift Anspruch auf die taxmäßige oder übliche Vergütung. Dieser Rechtsprechung des BAG (BAG AP Nr.15 zu § 612 BGB; Nr. 2 zu § 146 KO) hat sich der erkennende Senat angeschlossen (Urteil v. 10. 3. 1964 – VI ZR 230/62 – nicht veröffentlicht). Die Ansicht des Reichsarbeitsgerichts, dass in diesen Fällen eine ungerechtfertigte Bereicherung vorliege (RAGE 22, 24 [29]), ist damit aufgegeben worden. Das entspricht der aus rechtsdogmatischen Gründen zu erhebenden Forderung, die Rückabwicklung nach Bereicherungsrecht auf die Fälle zu beschränken, in denen die Vereinbarung einer späteren Zuwendung kein schuldrechtliches Verhältnis zur Grundlage hat ..."

128 BAG NZA 1998, 364, 365.

129 BAG 23.4.1980, 5 AZR 426/79, AP Nr. 34 zu § 611 BGB Abhängigkeit, Leitsatz 2: „...Es ist deshalb aus Gründen der Praktikabilität und der Rechtssicherheit unvermeidlich, die unselbständige Arbeit typologisch abzugrenzen."

gigkeit als für ein Arbeitsverhältnis nicht immer erforderlich an.[130] Für die Einordnung als Arbeitnehmer sind insbesondere die Umstände zu beachten, unter denen die Dienstleistung zu erbringen ist, der Vertragstyp ergibt sich aus dem wirklichen Geschäftsinhalt.[131] Bei der Frage, ob ein Lastwagenfahrer Frachtführer im Sinne des Handelsgesetzbuchs (§ 425 HGB) oder Arbeitnehmer ist, stellt das Bundesarbeitsgericht entscheidend darauf ab, ob dem Dienstverpflichteten die Dauer sowie Beginn und Ende der Arbeitszeit vorgeschrieben waren,[132] ergänzend auf die Verpflichtung, „Aufträge" anzunehmen und die Möglichkeit, selbst Urlaub zu nehmen bzw. angenommene Aufträge durch Dritte ausführen zu lassen.

Pflegebedürftige werden praktisch selten als Arbeitgeber eines sie pflegenden 48
Angehörigen zu qualifizieren sein. Bei der Pflege von Angehörigen wird es regelmäßig bereits an einem Betrieb des Pflegebedürftigen fehlen, wegen der persönlichen Beziehungen zwischen dem Pflegenden und dem Pflegebedürftigen oft auch an der Vergleichbarkeit der erbrachten Tätigkeit mit den Leistungen professioneller Pflegedienste. Fehlt es an einem Betrieb, so kann keine Vermutung zugunsten eines Arbeitsverhältnisses eingreifen, vielmehr wird es regelmäßig dem Willen der Beteiligten entsprechen, dass gerade kein Arbeitsverhältnis mit an dieses anknüpfenden sozialversicherungsrechtlichen Folgen begründet wird. Die Verneinung der Arbeitnehmereigenschaft bedeutet dabei nicht die Versagung jeden (arbeitsrechtlichen) Schutzes, diese erlangen nicht nur arbeitnehmerähnliche Personen,[133] sondern in zunehmendem Maße auch Geschäftsführer einer GmbH.[134]

d) Konkludent abgeschlossener Pflegevertrag?

Ein Dienstvertrag (§ 611 BGB) muss nicht schriftlich geschlossen werden, auch die 49
Schriftform für Kündigungen (§ 623 BGB) greift nur bei Arbeitsverträgen ein. Allerdings wird ein explizit geschlossener Pflegevertrag auch im familiären Bereich häufig schriftlich geschlossen werden, dies empfiehlt sich nicht zuletzt aus Beweisgründen. Fehlt es an einem schriftlichen Vertrag, so schließt das die Annahme eines Pflegevertrages freilich noch nicht zwingend aus. Es kann ein Pflegevertrag auch mündlich, elektronisch (wohl wenig praktisch) oder auch konkludent geschlossen werden.

Bei Fehlen einer expliziten Vereinbarung stellt sich insbesondere die Frage, in- 50
wieweit die Parteien ihr Tun der Rechtsordnung unterstellen wollten. Ein solches

130 BAG 15.3.1978, 5 AZR 819/76, AP Nr. 26 zu §§ 611 BGB Abhängigkeit, II.2 der Gründe; BAG, 23.4.1980, 5 AZR 426/79, AP Nr. 34 zu § 611 BGB Abhängigkeit, I.2 der Gründe.

131 BAG 30.9.1998, 5 AZR 563/97, I. der Gründe.

132 BAG NZA 1998, 364, 355ff.; BAG NZA 2008, 878, 879f. (Moskito-Anschläger).

133 *Schubert*, Der Schutz der arbeitnehmerähnlichen Personen.

134 Zum Mutterschutz EuGH NJW 2011, 2343 („Danosa"), zur Anwendbarkeit des AGG auf Geschäftsführer BGH NJW 2012, 2346, 2347.

Unterstellen kann nach der Einordnung von Pflegeverträgen als Dienstverträge höherer Art nicht nur bei einer Pflege durch eine zugelassene Pflegeeinrichtung leichter angenommen werden, da sich der Pflegebedürftige so ohne Frist vom Pflegevertrag lösen kann.[135] Der Pflegende kann den Vertrag ebenfalls ohne übermäßige Bindung beenden, er muss lediglich dem Gepflegten die Möglichkeit geben, dass sich dieser die Dienste anderweitig beschafft.[136] Dennoch werden viele nur für den Fall vertragliche Bindungen eingehen wollen, wenn die Rechtsordnung keinen hinreichenden anderweitigen Ausgleich vorsieht.

4. Pflege durch Angehörige ohne Pflegevertrag

a) Unterhalts- und Gesellschaftsrecht

51 Für die Beantwortung der Frage, ob ein mit einem pflegenden Angehörigen konkludenter Pflegevertrag zustande kommt bzw. zustande gekommen war, ist zunächst die Unterhaltspflicht pflegender Angehöriger von Belang.[137] Neben der Unterhaltspflicht von Ehegatten besteht auch eine Unterhaltspflicht der Abkömmlinge. Dabei stellt sich stets die Frage nach den Grenzen. Zutreffend kann der Ältere zumindest bei einer erheblichen Pflegebedürftigkeit nicht verlangen, von seinem Ehegatten bzw. Lebensgefährten persönlich gepflegt zu werden.[138] Dies gilt noch stärker für die Unterhaltspflicht der Kinder, bei einer Pflege durch die Kinder liegt regelmäßig nur eine (mehr oder weniger stark empfundene) soziale Verpflichtung, nicht eine familienrechtliche Pflicht zugrunde.[139] Bedeutung hat eine finanzielle Unterhaltspflicht anderer Angehöriger insoweit, als der pflegende Angehörige gegebenenfalls im Wege des Unterhaltsregresses Rückgriff nehmen kann, dabei sind allerdings die von der Rechtsprechung entwickelten Selbstbehalte zu beachten.[140] Leistet ein Angehöriger Unterhalt, ohne dazu verpflichtet zu sein, so schließt § 685 Abs. 2 BGB einen Ersatz aus, dies gilt aber nur für Ansprüche aus Geschäftsführung ohne Auftrag.[141]

52 Neben dem Zugewinnausgleich wird bei Scheidung ein Ausgleichsanspruch nur ganz ausnahmsweise angenommen, wenn der Zugewinnausgleich zu schlechthin

135 § 627 Abs. 1 BGB, dazu oben II.3.a.

136 § 627 Abs. 2 BGB.

137 Dazu der Beitrag von *Wedemann*, in diesem Band § 10.

138 Grundsätzlich wird die Unterhaltspflicht freilich als Naturalleistung geschuldet, *Brudermüller*, in: Palandt, BGB, § 1360a Rn. 5, dazu aber BGH FamRZ 1993, 441, 442: „keinesfalls in jedem Fall" könne die persönliche Pflege verlangt werden (im Fall eines körperbehinderten Ehegatten).

139 Zur Unterhaltspflicht der Abkömmlinge *Wedemann*, in diesem Band § 10, aus der Beistandspflicht nach § 1618a BGB wird eine Pflicht zum Kontakt (*Diederichsen*, in: Palandt, BGB, § 1618a Rn. 3), nicht aber zur Pflege gefolgert.

140 Dazu der Beitrag von *Wedemann*, in diesem Band § 10: es dürften zehn Prozent der Erwerbstätigen leistungsfähig im Sinne der Rechtsprechung sein.

141 Zum Anwendungsbereich des § 685 Abs. 2 BGB *Seiler*, in: MünchKommBGB § 685 Rn. 9.

untragbaren Ergebnissen führt.[142] Der Bundesgerichtshof nimmt in seltenen Fällen, wenn der gebotene Vermögensausgleich durch die Vorschriften über den Zugewinnausgleich nicht hinreichend gesichert wird, eine Ehegatteninnengesellschaft an.[143] Voraussetzung für die Annahme einer Ehegatteninnengesellschaft ist (1) die vereinbarungsgemäße Befolgung eines gemeinsamen Zwecks im Sinne von § 705 BGB, der über die bloße Ausgestaltung der ehelichen Lebens- und Unterhaltsgemeinschaft hinausgeht,[144] (2) die gleichberechtigte Beteiligung[145] bzw. Beiträge beider Ehegatten[146] und (3) die Beendigung der Gesellschaft durch Einreichung des Scheidungsantrags.[147]

Bei einer intensiven Pflege liegen über die bloße Ausgestaltung der ehelichen Lebens- und Unterhaltsgemeinschaft weit hinausgehende Leistungen vor, dies gilt bei höchstpersönlicher Pflegeleistung durch den Ehegatten, eine Pflege durch Kinder oder deren Ehegatten geht erst recht über die von Abkömmlingen geschuldete Unterhaltspflicht hinaus. Allerdings wird es trotz Fehlens eines Über-/Unterordnungsverhältnisses regelmäßig an einer gleichberechtigten Beteiligung fehlen, Beiträge leistet der pflegende Angehörige. Schließlich muss mit der Beendigung der Pflege durch den Tod des Pflegebedürftigen von beiden Seiten gerechnet werden. 53

b) Ausgleichsabrede bei fehlendem Pflegevertrag

Bei der Pflege durch Angehörige und Fehlen eines (konkludent geschlossenen) Pflegevertrags kommt häufig eine konkludent geschlossene Ausgleichsabrede in Betracht.[148] Auch im 21. Jahrhundert legt ein großer Teil der Bevölkerung (rechtlich in Anknüpfung an die römisch-rechtliche Tradition) seinem Handeln einen familiär geprägten Vermögensbegriff zugrunde. Blendet man den Ehegatten aus, überträgt der Erblasser sein (Familien)Vermögen freilich kaum mehr dem ältesten Sohn alleine, sondern entsprechend der gesetzlichen Erbfolge regelmäßig allen Angehörigen der nächsten Generation zu gleichen Teilen. Geht man von einer solchen gleichmäßigen Verteilung aus, so stellt sich die Frage der Kompensation besonderer Leistungen. Nicht selten wird ein Ausgleich mit dem Tod des Pflegebedürftigen gewollt sein. Die Pflege stellt bei vertraglicher Grundlage ein Dauerschuldverhält- 54

142 *Wellenhofer,* Familienrecht, S. 138.
143 So BGH NJW 1986, 1870, 1871; BGH NJW 2006, 1268, 1269.
144 BGH NJW 2006, 1268, 1269.
145 Mehr oder weniger gleichrangige Stellung der Ehegatten im Betrieb, BGHZ 8, 249, 255, Beteiligung beider Ehegatten am Gewinn und Verlust, BGHZ 31, 197, 202f., von der Funktion her gleichberechtigte Mitarbeit, BGH NJW 2006, 1268, 1269.
146 Maßgeblicher Beitrag beider Seiten, BGHZ 47, 157, 164.
147 Nach *Wellenhofer,* Familienrecht, S. 132.
148 Das LG Heidelberg, 3.2.2009, 1 O 148/07, ErbR 2010, 267 verweist darauf, dass „§ 612 BGB von der Rechtsprechung vielfach herangezogen wird, um auch ohne Vorliegen eines Dienstverhältnisses einen Anspruch zu begründen".

nis mit besonderen Unwägbarkeiten sowohl hinsichtlich der Intensität als auch hinsichtlich der Dauer dar. Für die stationäre Pflege sieht das WBVG explizit ein Angebot des Unternehmers auf Vertragsanpassung vor, wenn sich der Pflege- oder Betreuungsbedarf des Verbrauchers ändert.[149] Soll gerade kein professioneller Pflegedienst die Leistungen erbringen, sondern diese gegebenenfalls auf mehrere Schultern verteilt werden, so wird eine über die allgemeine Abrede eines fairen Ausgleichs hinausgehende Regelung oft nur ex post möglich sein. Eine Abrechnung noch zu Lebzeiten ist häufig nicht gewollt, ohne dass daraus bei bedeutenderen Pflegeleistungen auf einen Verzicht geschlossen werden kann. Auch kann erst am Ende des Lebens festgestellt werden, wer letztlich überhaupt ausgleichswürdige Leistungen erbracht hat.

55 Anschlussfähig ist die Konstruktion einer konkludent geschlossenen Ausgleichsabrede an die arbeitsrechtliche Rechtsprechung zur Stundung des Vergütungsanspruchs bis zum Tode des Pflegebedürftigen bei konkludent geschlossenem Dienstvertrag in Erwartung der Erbeinsetzung. Die Höhe des Ausgleichsanspruchs kann sich dabei an die erbrechtliche Regelung des § 2057a BGB anlehnen, dies freilich über den dortigen engen Anwendungsbereich (nur Abkömmlinge, ursprünglich auch der Verzicht auf berufliches Einkommen) hinaus. Ausgleichsfähig sind danach von vornherein nur Leistungen, die andere Leistungen anderer Abkömmlingen (beim konkludenten Ausgleichsvertrag auch anderer Personen) an Wert für das Erblasservermögen durch Dauer und Intensität sichtbar übertreffen.[150] Für die Mithilfe in der Landwirtschaft bestanden Richtsätze,[151] eine ähnliche Regelung sollte im Rahmen eines neuen § 2057b BGB für die Pflege geschaffen werden.[152] Während freilich in der Landwirtschaft von freier Gewährung von Kost und Logis ausgegangen werden konnte und diese deshalb nicht in Abzug zu bringen waren,[153] muss bei der Pflegebedürftigkeit den Besonderheiten des Einzelfalls Rechnung getragen werden. Im Rahmen des § 2057a BGB wird von einem Erhalt des Vermögens des Erblassers insbesondere ausgegangen, wenn durch die Pflege Heimunterbringungskosten erspart werden. Das LG Konstanz hat die monatlichen Heimunterbringungskosten (Gesamtkosten abzüglich der Leistungen nach Pflegestufe 3)[154] auf etwa 2.000 Euro geschätzt, die Kosten für die häusliche Pflege (tatsächliche Kosten abzüglich Pflegegeld) auf 1.250 Euro und die Differenz als Vorteil des Nachlasses eingestuft.[155]

---

149 § 8 Abs. 1 WBVG.

150 OLG Oldenburg FamRZ 1999, 1466, 1467 mit Verweis auf *Dütz*, in: MünchKommBGB, 3. Auflage § 2057a BGB Rn. 16, ähnlich *Werner*, in: Staudinger, Bearb. 2010, § 2057a Rn. 19: deutlich durch längere Dauer und größeren Umfang abheben.

151 LG Ravensburg BWNotZ 1989, 145, 147 (Baden-Württemberg).

152 Dazu *Helms*, in diesem Band § 9.

153 LG Ravensburg BWNotZ 1989, 145, 147.

154 Zu entsprechenden Rückgriffsforderungen aufgrund Erbringens von Sozialhilfeleistungen VG Bremen, 23.2.2012, 5 K 518/04.

155 LG Konstanz, 18.12.2009, 5 O 249/08 E, Rn. 18, ZErb 2010, 93.

c) Erbrecht

Das Erbrecht sieht in § 2057a BGB einen gegenüber vertraglichen Regelungen subsidiär eingreifenden Ausgleich für Pflegeleistungen vor, dazu aus erbrechtlicher Perspektive ausführlich der Beitrag von Helms in diesem Band.[156] Die Ausgleichspflicht greift auch ein, wenn ein Kind nach § 1619 BGB verpflichtet ist, in einer seinen Kräften und seiner Lebensstellung entsprechenden Weise den Eltern in ihrem Hauswesen und Geschäft Dienste zu leisten.[157] Die Norm des § 2057a BGB gilt nicht für vor dem 1. Juli 1949 geborene nichteheliche Kinder,[158] ist generell auf Abkömmlinge beschränkt und greift deshalb nicht ein, wenn die Ehefrau oder Lebensgefährtin eines leiblichen Kindes Pflegeleistungen erbringt.[159] Allerdings muss die Pflegeleistung nicht in Person erbracht werden, es genügt, dass ein Abkömmling diese erbringen lässt, etwa durch seine Ehefrau.[160] Notwendig war ursprünglich der Verzicht auf ein Berufseinkommen (§ 2057a Abs. 1 S. 2 aF BGB),[161] dieses Erfordernis wurde im Zuge der Erbrechtsreform anstelle eines ursprünglich geplanten allgemeinen Ausgleichsanspruchs außer Kraft gesetzt.[162] Im Streitfall setzt das Gericht die Höhe des Ausgleichs fest.[163] Den Gerichten kommt dabei ein nicht geringer Ermessenspielraum zu,[164] es soll nur die Vergütung, die ein Dritter üblicherweise erhalten hätte, nicht überschritten werden dürfen. Für die Berücksichtigung ausgleichsfähiger Leistungen bedarf es feststellbarer Anknüpfungstatsachen, die nach Grad und Höhe eine Wertberechnung zumindest in Schätzung nach § 287 ZPO ermöglichen.[165] 56

§ 2057a BGB bewirkt eine Umschreibung der Leistungen eines Abkömmlings.[166] 57
Die Ausgleichspflicht nach § 2057a BGB strahlt über § 2316 BGB auch auf das Pflichtteilsrecht aus, es kann sich allerdings nur der tatsächlich Pflegeleistungen erbringende Abkömmling auf die Vergrößerung des Nachlasses durch die Einbeziehung

---

156 Oben § 9.

157 § 2057a Abs. 2 S. 2 BGB, BGH NJW 1993, 1197, 1198.

158 *Ann*, in: MünchKommBGB, § 2057a Rdn 2.

159 Für den Ehegatten des Pflegebedürftigen wird auf den Zugewinnausgleich verwiesen, *Ann*, in: MünchKommBGB, § 2057a Rn. 10.

160 *Lutter*, Erbrecht des nichtehelichen Kindes, S. 107; *Ann*, in: MünchKommBGB, § 2057a Rn. 20: Auch Familienangehörige und Freunde des Abkömmlings. Anders, keine Berücksichtigung der Mitarbeit des späteren Ehemanns LG Ravensburg BWNotZ 1989, 145, 147.

161 Dazu noch BGH NJW 1993, 1197, explizit OLG Düsseldorf 22.8.1997, 7 U 251/96, Rn. 6, OLGR Düsseldorf 1998, 81; LG Magdeburg vom 20.10.2010, 9 O 1070/01 (162), Rn. 61.

162 Der Regierungsentwurf (BT-Drs. 16/8954) sah noch einen neuen § 2057b vor, § 2057a Abs. 1 S. 2 sollt gestrichen werden, der Rechtsausschuss hat statt dessen eine Neufassung des § 2057a Abs. 1 S. 2 empfohlen, durch die Nichtanrechnung würden doppelt belastete Berufstätige unangemessen behandelt, BT-Drs. 16/13542, S. 12.

163 *Weidlich*, in: Palandt, BGB, § 2057a Rn. 9.

164 *Lutter*, Erbrecht des nichtehelichen Kindes, S. 108.

165 OLG Oldenburg FamRZ 1999, 1466, 1467.

166 BGH NJW 1993, 1197, 1198.

des Werts der Pflegeleistungen in den Nachlass berufen.[167] Der Pflichtteilsergänzungsanspruch aufgrund § 2057a BGB greift auch bei einer Schenkung (§ 2325 BGB) ein, nach dem Kammergericht aber nicht bei Anwendbarkeit des § 2329 BGB, wenn es an einem vorhandenen bzw. zur Befriedigung des Ergänzungsberechtigten ausreichenden Nachlass fehlt.[168] Der Erblasser kann die gesetzliche Regelung durch Erbeinsetzung ausschließen, einschränken oder sonst abändern.[169] Wird durch eine Erbeinsetzung die Ausgleichspflicht nach § 2057a BGB ausgeschlossen, so kommt ein Ergänzungsanspruch dennoch in Betracht, wenn der unter Einschluss der Pflegeleistungen berechnete Pflichtteil größer ist als der durch letztwillige Verfügung festgesetzte Erbteil.[170] Nach zutreffender Ansicht greift § 2057a BGB auch zugunsten eines Alleinerben ein, wenn ein Dritter einen Pflichtteil beansprucht.[171] Subsidiär ist der Ausgleichsanspruch nach § 2057a BGB auch gegenüber bereicherungsrechtlichen Rückabwicklungsansprüchen.[172]

d) Bereicherungsrechtliche Rückabwicklung

58 Eine bereicherungsrechtliche Rückabwicklung wurde teilweise auch beim fehlerhaften Arbeitsvertrag befürwortet.[173] Bei der Pflege von Angehörigen wurde wie bei der Mitarbeit im Familienbetrieb insbesondere § 812 Abs. 1 S. 2 2. Alternative BGB diskutiert,[174] eine Bereicherung infolge Nichteintritts des bezweckten Erfolges. Die sogenannte condictio ob rem (auch als condictio causa data causa non secuta bezeichnet) setzt freilich nach herkömmlicher Dogmatik und Rechtsprechung eine Einigung über den Zweck der Leistung zwischen den beteiligten Partnern voraus.[175] Eine Bereicherung wegen Nichteintritt des bezweckten Erfolgs wurde bereits verschiedentlich von der Rechtsprechung geprüft.[176] Kaum weniger problematisch als eine stillschweigende Vergütungsabrede ist allerdings die einvernehmliche Zweckvereinbarung. Gerade bei starker Pflegebedürftigkeit stellt sich die Frage der Geschäfts-

---

167 BGH NJW 1993, 1197.

168 KG 10.6.2010, 16 U 8/10, Rn. 31, 37, ZErb 2011, 52.

169 *Weidlich*, in: Palandt, BGB, § 2057 Rn. 1.

170 OLG Stuttgart DNotZ 1989, 184 m. Anm *Cieslar*.

171 So mit den besseren Gründen BGH NJW 1993, 1197, und vorgehend OLG Nürnberg NJW 1992, 2303, aA OLG Stuttgart DNotZ 1989, 184 mit insoweit ablehnender Anm. *Cieslar*.

172 *Weidlich*, in: Palandt, BGB, § 2057a Rn. 2.

173 So *Beuthien*, RdA 1969, S. 161, 162ff., der für den Wert der Bereicherung auf den arbeitsmarktbezogenen Lohnwert abstellt (S. 165).

174 *Fenn*, Die Mitarbeit in den Diensten Familienangehöriger, 1970, S. 228ff.; *ders.*, FamRZ 1968, S. 291, 296ff.; *Damrau* FamRZ 1969, S. 579, 581, darauf verweisend auch Kues ZEV 2000, S. 434. Auf das faktische Arbeitsverhältnis als Rechtsgrund abstellend *Canaris*, BB 1967, S. 165, 167ff. Kritisch zur Rechtsprechung auch *Bydlinski*, in: FS für Wilburg, 1965, S. 45ff., darauf verweisend *ders.*, Arbeitsrechtskodifikation und allgemeines Zivilrecht, S. 112f.

175 BGH NJW 1992, 2690; BGH NJW 2004, 512, 513.

176 OLG Oldenburg FamRZ 1999, 123, 125.

fähigkeit des Pflegebedürftigen und sind die Hemmschwellen, eine Erbeinsetzung bzw. eine Besserstellung nach Eintritt des Erbfalls zu fordern, besonders hoch, haftet einem solchen Verhalten dann doch der Ruch an, sich auf Kosten des Erblassers bzw. der anderen Erben seinerseits bereichern zu wollen.[177] Weiter werden die (anderen) Erben die Zweckabrede häufig negieren, so dass sich die Frage stellt, ob alternativ auch eine andere Kondiktion in Betracht kommt.

Besteht eine einvernehmliche Zweckabrede,[178] wird die Erbeinsetzung aber nicht verbindlich zugesagt, so darf der Pflegebedürftige die Pflegeleistungen behalten, ohne dafür zu Lebzeiten Wertersatz leisten zu müssen, der Bereicherungsanspruch wegen Zweckverfehlung richtet sich von vornherein gegen die Erben.[179] Anderes wird angenommen, wenn die Erbeinsetzung verbindlich zugesagt wurde. Da die Zusage der Erbeinsetzung nach § 2302 BGB unwirksam ist, soll das Geleistete jederzeit und sofort zurückgefordert werden können.[180] Eine solche Rückforderung zu Lebzeiten widerspricht freilich dem sozialen Comment, das Rückforderungsrecht bereits zu Lebzeiten führt insbesondere bei längerer Pflege zu verjährungsrechtlichen Problemen. Zielführender erscheint es wie beim konkludenten Abschluss eines Dienstvertrags[181] deshalb mit Rücksicht auf die Erwartung der Einsetzung als Erbe auch bei Unwirksamkeit der vereinbarten Erbeinsetzung auf das endgültige Ausbleiben der in Aussicht gestellten atypischen Gegenleistung abzustellen.[182] 59

Ein rechtlicher Grund im Rahmen einer Leistungskondiktion liegt auch vor, wenn im Rahmen eines Gefälligkeitsverhältnisses oder aufgrund einer Anstandspflicht gehandelt wird, es darf dann aber die Gefälligkeit, sittliche oder Anstandspflicht nicht nur Beweggrund (Motiv) der Leistung sein.[183] Ähnliche Erwägungen liegen freilich auch § 814 BGB zugrunde, der einen an sich bestehenden Bereicheungsanspruch ausschließt. Nach § 814 BGB kann das zum Zweck der Erfüllung einer Verbindlichkeit nicht zurückgefordert werden, wenn der Leistende gewusst hat, dass er zur Leistung nicht verpflichtet war, oder wenn die Leistung einer sittlichen Pflicht oder einer auf den Anstand zu nehmenden Rücksicht entsprach. Allerdings wird die Pflege durch Angehörige regelmäßig nicht zur Erfüllung einer Verbindlichkeit geleistet,[184] wird die Leistung in der Erwartung erbracht, dass eine wirksame 60

177 In der informatorischen Anhörung auf die familiäre Beziehung verweisend der Kläger in LG Heidelberg 3.2.2009, 1 O 148/07, ErbR 2010, 267.

178 Dazu nun auch BGH NJW 2008, 3277, 3280 und 3282, 3233; NJW-RR 2009, 1142, 1143f; NJW 2010, 998, 1000.

179 *Schwab*, in: MünchKommBGB, § 812 Rn. 385.

180 *Schwab*, in: MünchKommBGB, § 812 Rn. 385.

181 Zur Rechtsprechung des BAG oben III.3.b.

182 Welker, Bereicherungsausgleich, S. 109f.

183 Explizit so *Sprau*, in: Palandt, BGB, 67. Aufl. 2008, § 812 Rn. 70, der Sache nach aber wohl auch noch in der 71. Aufl. 2012, Rn. 21 und 89 unter Verweis auf neuere Rechtsprechung, Nachweise oben Fußnote 178.

184 Darauf ist § 814 BGB beschränkt, *Sprau*, in: Palandt, BGB, § 812 Rn. 1f.

Verpflichtung später entsteht[185] oder etwas im Bewusstsein, dass eine Verpflichtung nicht besteht trotz Fehlen des rechtlichen Grundes von Anfang an zu anderen Zwecken oder gar gegen den Willen des Empfängers geleistet,[186] so greift § 814 BGB nicht ein. Bei der Pflege wird regelmäßig einer dieser Ausschlussgründe vorliegen.

61 Fehlt es an einem ausdrücklich oder konkludent geschlossenen Dienstvertrag[187] und liegt auch keine Verabredung der Einsetzung des Pflegenden als Erbe vor, so wird eine gültige Kausalvereinbarung für die Pflege unter Angehörigen regelmäßig fehlen. Das Fehlen einer gültigen Kausalvereinbarung (condictio sine causa) wird angenommen, wenn sich die Beteiligten über die Zweckbestimmung der Leistung nicht einigen können,[188] genannt wird der Fall, dass der Leistende ein Darlehen gewähren wollte, der Empfänger aber von einer Schenkung ausging. Die condictio sine causa wird als Fall einer condictio indebiti im weiteren Sinne behandelt.[189] Aufgrund der nunmehr fast zwanzig Jahren bestehenden gesetzlichen Pflegeversicherung ist der Rechtsgrund einer sittlichen Pflicht bzw. der Anstandspflicht auch im häuslichen Bereich nurmehr anzunehmen, wenn Leistungen der Pflegeversicherung nicht in Betracht kommen.[190]

62 Keine Einigung liegt vor, wenn ein Pflege Leistender für den Fall erheblicher Pflegeleistungen jedenfalls nach dem Tod des Pflegebedürftigen einen billigen Ausgleich für die Pflegeleistung erwartete (erwarten durfte), der Empfänger der Leistung zu einem solchen Ausgleich aber nicht bereit war, mangels Rechtsgeschäfts- und Testierfähigkeit nicht mehr gewähren konnte[191] oder eine unentgeltliche Pflege annahm. Grundsätzlich spricht eine tatsächliche Vermutung dafür, dass ganz erheblich über den Beiträgen anderer gesetzlicher oder testamentarischer Erben liegende Pflegeleistungen nicht unentgeltlich zugunsten des Pflegebedürftigen erbracht werden sollten;[192] Pflege ist ein der Entlohnung wertes Gut, die Entlohnung ist seit Einführung der Pflegeversicherung tatsächlich möglich und zutreffend rechtlich als billig anzusehen.[193]

---

185 BGH NJW 1999, 2892, 2893.

186 BGH WM 1968, 1201.

187 Dazu oben III.2.

188 *Sprau*, in: Palandt, BGB, § 812 Rn. 19.

189 *Reuter/Martinek*, Ungerechtfertigte Bereicherung, § 5 I 1.

190 An sich sehen § 1360b BGB für Ehegatten und § 1620 BGB für im Hausstand lebende volljährige Kinder im Zweifel den Verzicht auf Rückforderungsansprüche vor.

191 Nach *van de Loo*, FPR 2008, S. 551, 553 werden Pflegeleistungen häufig erbracht, wenn die zu pflegende Person nicht mehr testierfähig ist.

192 Zur Rechtsgeschäftslehre im demographischen Wandel allgemein *M. Roth*, AcP 208 (2008), S. 451ff.

193 *Otte*, ZEV 2008, S. 260, 261 (mit dem Vorschlag eines gesetzlichen Vermächtnisses).

5. Vergütung/Ausgleich bei verschiedenen möglicherweise eingreifenden Anspruchsgrundlagen

Ist – wie praktisch wohl regelmäßig – nicht eindeutig feststellbar, ob ein § 2057a BGB an sich vorgehender Anspruch eingreift, so hat dies auf die Geltendmachung des erbrechtlichen Ausgleichsanspruchs keinen Einfluss.[194] Zwar schließen sich bereicherungs- und vertragsrechtliche Ansprüche sowie der erbrechtliche Ausgleich nach § 2057a BGB aus, es ist aber allgemein anerkannt, dass (dem Grunde nach) Zahlung verlangt werden kann, wenn entweder ein vertraglicher oder ein bereicherungsrechtlicher Anspruch vorliegt.[195] Ein solcher Anspruch greift allerdings regelmäßig nur ein, wenn über den geschuldeten Unterhalt hinausgehende Pflegeleistungen erbracht wurden.[196] Durch sachgerechte Anwendung des Vertrags- und Bereicherungsrechts kann der „allgemein" für notwendig erachtete stärkere Ausgleich von Pflegeleistungen[197] praktisch umgesetzt werden. 63

Die Vergütung oder der Ausgleich pflegender Angehöriger erfolgt dabei jedenfalls bei erheblichen Pflegeleistungen und eindeutig unangemessener Vergütung teilweise unabhängig vom Rechtsgrund. Sowohl bei einem (konkludent) geschlossenen Pflegevertrag als auch bei einem bereicherungsrechtlichen Anspruch kommt zunächst ein Abstellen auf die übliche Vergütung in Betracht. In der Literatur wurde vorgeschlagen, an die für professionelle Dienste gezahlte Vergütung anzuknüpfen, von den Entgelten der ambulanten Pflegedienstanbieter aber die Gemeinkosten abzuziehen, hierfür angenommen wurden fünfzig Prozent der für die Dienstleistung berechneten Entgelte.[198] Der Entwurf zur Reform des Erbrechts hat dann freilich auf das für professionelle Pflegedienste vorgesehene Entgelt ohne einen solchen Abzug von Gemeinkosten abgestellt.[199] 64

Hingegen kommt die übliche Vergütung als alleiniger Anknüpfungspunkt von vornherein nicht in Betracht, wenn der erbrechtliche Ausgleich nach § 2057a BGB eingreift, auf die übliche Vergütung wird auch nicht abzustellen sein, wenn konkludent ein Ausgleichsanspruch vereinbart wurde. Das wird gerade im familiären Kontext häufig gewollt sein, um nicht das Lebensende mit Verhandlungen über gegebenenfalls wechselnde materielle Ansprüche der pflegenden Angehörigen gegen den Pflegebedürftigen aus gegebenenfalls verschiedenen Pflegeverträgen zu belasten. Wie bei der Schenkung stellt sich das Problem, dass nicht nur die „objektiven Werte der Leistungen", sondern auch die Wertspannen bedeutsam sind, 65

194 *Petersen*, ZEV 2000, S. 432, 433.

195 Vgl. für das Deliktsrecht die ausdrückliche Regelung in § 830 Abs. 1 S. 2 BGB.

196 Auch in Erfüllung einer familienrechtlichen Pflicht geleistete Pflege als ersatzfähig ansehend der Gesetzgebungsvorschlag von *Windel*, ZEV 2008, S. 305, 308.

197 Mit Fokus auf das Erbrecht so *Kroppenberg*, NJW 2010, S. 2609, 2611.

198 *Kues*, ZEV 2000, S. 434, 435f.

199 Dazu kritisch *Otte*, ZEV 2008, S. 260.

innerhalb derer die Vertragsparteien den Wert der Leistungen auch unter Berücksichtigung der Beziehung, in der sie zueinander stehen, in einer noch vertretbaren Weise hätten annehmen können.[200] Eine Schenkung liegt dabei nicht nur vor, wenn der unentgeltliche Teil der Leistung des Pflegebedürftigen den entgeltlichen überwiegt, sondern bereits bei einer objektiven Bereicherung, wenn sich die Vertragsparteien des Überschusses bewusst sind und der überschießende Zuwendungsteil unentgeltlich zugewandt werden sollte.[201]

66 Zutreffend ist der Pflegende nicht besser zu stellen als er stünde, wenn ein begünstigendes Ereignis wie eine Erbeinsetzung eingetreten wäre.[202] Kommt eine fehlgegangene Vergütungserwartung in Betracht, so ist der Anspruch auf eine eventuelle Erbschaft beschränkt.[203] Besteht auch hierüber Streit und kommt auch ein gesetzliches Vermächtnis nach § 2057a BGB in Betracht, so ist der Anspruch weiter auf diesen Betrag begrenzt. Der erbrechtliche Ausgleich ist im Zweifel geringer als die Vergütung. Wegen der Wertspannen hinsichtlich der Vergütung im Pflegebereich verbietet sich allerdings eine allgemeine Aussage. Gerade die Pflege durch Angehörige kann besonders wertvoll und deshalb besonders zu vergüten *oder* auszugleichen sein.

67 Bei der Berechnung eines Ausgleichs stellt sich die Frage der Behandlung des oft als Familienvermögen betrachteten Vermögens des Erblassers. Eine Übertragung des gesamten (Familien)Vermögens des Erblassers auf den Pflegenden wird häufig nicht gewollt sein. Die bei einer (üblichen) Vergütung der Pflegenden drohende Überschuldung des Nachlasses wurde gegen entsprechende Reformvorschläge eingewandt und hat dazu geführt, dass dringend notwendige Reformen[204] bislang unterblieben sind. Als Faustregel mag gelten, dass bei Beteiligung aller Familienmitglieder an der Pflege (wenn auch in unterschiedlicher Intensität) jedem Familienmitglied jedenfalls der ohne Pflege berechnete Pflichtteil erhalten bleiben soll, auch ein sich nicht an der Pflege beteiligender wird regelmäßig jedenfalls die Hälfte des ohne Pflegeleistungen berechneten Erbteiles behalten können sollen.

68 Bei der Bemessung des Ausgleichsanspruchs ist schließlich zu bedenken, dass jedenfalls einzelne Erben/Nichterben durch Pflegeleistungen (finanzielle) Unterhaltsverpflichtungen ersparen können. Erspart der Pflegende einem anderen Erben

---

200 BGH NJW 2012, 605, 606 unter Verweis auf BGH NJW 1981, 2458, 2459, BGHZ 82, 274, 281f. = NJW 1982, 43, BGH WM 1990, 1790.

201 BGH NJW 2012, 605: Einigkeit beider Parteien, noch ein Überwiegen des unentgeltlichen Teils annehmend die Vorinstanz, vgl. auch OLG Brandenburg vom 22.12.2010, 3 U 61/10.

202 *Schwab*, in: MünchKommBGB, § 812 Rn. 391 (Verbot des widersprüchlichen Verhaltens); für den Fall einer Vergütung durch Kost und Logis aber nicht eingehaltener Zusage der Erbeinsetzung *Welker*, Bereicherungsausgleich, S. 113f.

203 So generell *Beuthien*, Anmerkung zu BAG AP Nr. 28 zu § 612 BGB, I.2.

204 Für eine Stärkung der zivilrechtlichen Rahmenbedingungen beim Primat familienbasierter Pflege zutreffend *Röthel*, 68. DJT, A 1, A 60f.

zu Lebzeiten des Pflegebedürftigen laufende Unterhaltsleistungen, so erscheint dessen Vermögensinteresse als (gesetzlicher) Erbe weniger schutzwürdig, gegebenenfalls greift auch ein Unterhaltsregress.[205]

6. Schutz für pflegende Angehörige im externen Arbeitsverhältnis

Besondere Regelungen für pflegende Arbeitnehmer enthalten das Pflegezeitgesetz[206] 69
sowie das Familienpflegezeitgesetz.[207] Allgemein ist das Weisungsrecht des Arbeitgebers (jedenfalls nach zutreffender Ansicht) familiengerecht auszuüben[208] und der Arbeitnehmer bei kurzfristiger Verhinderung freizustellen,[209] dies auch bei einer Pflege von nach dem SGB XI pflegebedürftigen Angehörigen.[210]

Das Pflegezeitgesetz[211] regelt die kurzfristige Arbeitsverhinderung zur Pflege na- 70
her Angehöriger (bis zu zehn Tage, § 2), den Anspruch auf Pflegezeit von bis zu sechs Monaten (§§ 3, 4, in Betrieben mit mindestens 15 Arbeitnehmern) und sieht einen besonderen, über die allgemeine Regelung im Kündigungsschutzgesetz hinausreichenden Kündigungsschutz vor (§ 5). Das Familienpflegezeitgesetz[212] regelt insbesondere die finanzielle Förderung der Pflege naher Angehöriger durch Arbeitnehmer. Es kann der pflegende Angehörige mit seinem Arbeitgeber eine freiwillige Familienpflegezeitvereinbarung mit verminderter Arbeitszeit schließen und dabei eine nur teilweise Entgeltabsenkung vorsehen, möglich ist dies im Darlehenswege und unter Förderung durch das Bundesamt für Familie und zivilrechtliche Aufgaben.[213]

Unterstützende Regelungen insbesondere mit Blick auf die Sozialversicherung 71
pflegender Angehöriger enthält weiter das SBG XI. Nach § 44a SGB XI können in der Pflegezeit zusätzliche Leistungen gewährt werden. Dies sind auf Antrag Zuschüsse zur Kranken- und Pflegeversicherung.[214] Pflegende Personen sind während der Inanspruchnahme einer Pflegezeit im Sinne des Pflegezeitgesetzes nach Maßgabe des Dritten Buches nach dem Recht der Arbeitsförderung versichert.[215]

---

205 Dazu oben III.4.a.

206 Gesetz über die Pflegezeit (Pflegezeitgesetz – PflegZG) vom 28. Mai 2008, BGBl. I 874, 896.

207 Gesetz über die Familienpflegezeit (Familienpflegezeitgesetz – FPfZG) vom 7.12. 2011, BGBl. I 2564.

208 *M. Roth*, in: Baumbach/Hopt HGB, § 59 Rn. 44, *ders.*, RdA 2012, S. 1, 13, vgl. auch *Henssler/Preis*, Diskussionsentwurf eines Arbeitsvertragsgesetzes, § 28 Abs. 1 S. 3.

209 § 616 BGB.

210 *Weidenkaff*, in: Palandt, BGB, § 616 Rn. 8 unter Verweis auf Link BB 2008, S. 2738ff.

211 Dazu *Joussen*, NZA 2009, S. 69ff.

212 Dazu *Göttling/Neumann*, NZA 2012, S. 119ff.

213 Zum Verfahren näher *Göttling/Neumann*, NZA 2012, S. 119, 121ff.

214 § 44a Abs. 1 S. 1 SGB XI.

215 §§ 44a Abs. 2 SGB XI.

IV. Das Vertragsrecht der stationären Pflege

1. Wohnraum- und Betreuungsvertragsgesetz (WBVG) und Landesrecht

72 Das Wohn- und Betreuungsvertragsgesetz (WBVG) führt aufgrund des partiellen Übergangs der Gesetzgebungskompetenz für das Heimrecht auf die Länder die zivilrechtlichen Vorschriften des Heimgesetzes als Bundesrecht fort.[216] Es ist nach § 1 Abs. 1 anwendbar auf einen Vertrag zwischen einem Unternehmer und einem volljährigen Verbraucher, in dem sich der Unternehmer zur Überlassung von Wohnraum und zur Erbringung von Pflege- oder Betreuungsleistungen verpflichtet, die der Bewältigung eines durch Alter, Pflegebedürftigkeit oder Behinderung bedingten Hilfebedarfs dienen. Einschlägig ist das Wohn- und Betreuungsvertragsgesetz bei kumulativem Vorliegen der Voraussetzungen, der Überlassung von Wohnraum *und* der Verpflichtung zu Pflege- oder Betreuungsleistungen

73 Das Wohn- und Betreuungsvertragsgesetz findet entsprechende Anwendung, wenn der Bestand des Vertrages über Wohnraum vom Bestand des Vertrages über die Erbringung von Pflege- oder Betreuungsleistungen abhängig ist.[217] Der Verbraucher kann nicht unabhängig an den Verträgen festhalten, wenn der Unternehmer die Verträge voneinander abhängig macht. Das Wohnraum- und Betreuungsvertragsgesetz greift auch ein, wenn verschiedene Unternehmer einschlägige Leistungen anbieten, es sei denn, dass der Unternehmer die gesetzliche Vermutung der wirtschaftlichen oder rechtlichen Verbindung der Unternehmen widerlegen kann, § 1 Abs. 2 S. 2 Wohn- und Betreuungsvertragsgesetz. Abweichende Vereinbarungen sind unwirksam, § 16 Wohn- und Betreuungsvertragsgesetz.

74 Der Heimvertrag wurde als gemischter Vertrag mit Elementen des Miet-, Dienst- und Kaufvertrags eingeordnet.[218] Dies gilt auch nach der Neuregelung für einen dem Wohnraum- und Betreuungsgesetz unterfallenden Pflegevertrag. Die Überlassung des Wohnraums richtet sich nach den Vorschriften über den Mietvertrag, die Pflege, Wäsche, das Servieren des Essens etc. nach den Vorschriften über den Dienstvertrag, das Überlassen von Essen und Getränken nach den Vorschriften über den Kaufvertrag.

75 Das Wohn- und Betreuungsvertragsgesetz enthält eine besondere Regelung für Verträge mit Geschäftsunfähigen. Anders als allgemein sind die Verträge nicht stets nichtig, sie gelten als wirksam, soweit eine die Leistung (Wohnraum und Pflege)

---

216 Gesetz zur Regelung von Verträgen über Wohnraum mit Pflege- und Betreuungsleistungen (Wohn- und Betreuungsvertragsgesetz – WBVG) vom 29.7.2009, BGBl. I 2319, Gesetzentwurf der Fraktionen der CDU/CSU und SPD, BT-Drs. 16/12409, nur geringfügige Änderungen durch BT-Drs. 13/13209.

217 § 1 Abs. 2 Nr. 1 WBVG.

218 BGH NJW 2002, 507, 508 unter Verweis auf BGH NJW 1982, 341, 342, BGH NJW 1989, 1673, 1674, BGH NJW 2001, 2971.

bewirkt wurden. Für das deutsche Zivilrecht ungewöhnlich ist, dass eine Prüfung auf die Angemessenheit des Entgelts vorgesehen wird, auch wenn soweit ersichtlich hierzu bislang keine Entscheidungen veröffentlicht wurden.

Im Wohn- und Betreuungsvertragsgesetz wurde eine für Pflegeverträge neue Terminologie eingeführt, statt von Trägern der Einrichtung und Bewohnern wie noch im Heimgesetz (§ 5 HeimG) wird nunmehr von Verbraucher und Unternehmer gesprochen. Der Praxis wurde geraten, weiterhin die überkommen Begriffe „Träger" und „Bewohner" zu verwenden und hierzu auf die Weiterführung der Terminologie in den landesrechtlichen Regelungen verwiesen.[219] Zutreffend erscheint die Angleichung an die allgemeine, seit der Schuldrechtsmodernisierung auch im Bürgerlichen Gesetzbuch verankerte Begrifflichkeit hilfreich, der implizite Verweis auf das (Einführungsgesetz zum) Bürgerlichen Gesetzbuch vermag insbesondere die nunmehr umfangreichen Informationspflichten der Anbieter von Pflegeleistungen zu erklären. 76

Im Nachgang der Föderalismusreform wurden (außer in Thüringen) insbesondere für die öffentliche Fürsorge in Pflegeheimen landesrechtliche Regelungen erlassen.[220] Solche Regelungen finden sich mit unterschiedlicher Bezeichnung in Baden-Württemberg,[221] Bayern,[222] Berlin,[223] Brandenburg,[224] Bremen,[225] Hamburg,[226] Hessen,[227] Mecklenburg-Vorpommern,[228] Niedersachsen,[229] Nordrhein- 77

219 Stellungnahme der *Bundesarbeitsgemeinschaft der freien Wohlfahrtspflege* zum Entwurf des WBVG, abgedruckt bei *Höfer,* Wohn- und Betreuungsvertragsgesetz, S. 127, 130.

220 Überblick bei *Gitter/Schmitt/Küfner-Schmitt*, WBVG, Heimrecht des Bundes und der Länder, Kommentar, Loseblatt.

221 Heimgesetz für Baden-Württemberg (Landesheimgesetz – LHeimG) vom 10.6.2008, GVl. 2008, S. 169.

222 Gesetz zur Regelung der Pflege-, Betreuungs- und Wohnqualität im Alter und bei Behinderung (Pflege- und Wohnqualitätsgesetz – PfleWoqG) vom 8.7.2008, GVBl. 2008, S. 346.

223 Gesetz über Selbstbestimmung und Teilhabe in betreuten gemeinschaftlichen Wohnformen (Wohnteilhabegesetz – WTG) vom 3.6.2010, GVBl. 2010, S. 285.

224 Gesetz über das Wohnen mit Pflege und Betreuung des Landes Brandenburg (Brandenburgisches Pflege- und Betreuungswohngesetz – BbgPBWoG) vom 8.7.2009, GVBl. 2009, S. 298.

225 Gesetz zur Sicherstellung der Rechte von Menschen mit Unterstützungs-, Pflege- und Betreuungsbedarf in unterstützenden Wohnformen (Bremisches Wohn- und Betreuungsgesetz – BremWoBeG) vom 5.10.2010, BremGBl. 2010, S. 509.

226 Hamburgisches Gesetz zur Förderung der Wohn- und Betreuungsqualität älterer, behinderter und auf Betreuung angewiesener Menschen (Hamburgisches Wohn- und Betreuungsqualitätsgesetz – HbgWBG) vom 15.12.2009, HmbGVBl. 2009, S. 494.

227 Hessisches Gesetz über Betreuungs- und Pflegeleistungen (HGBP) vom 7.3.2012, GVBl. S. 34.

228 Gesetz zur Förderung der Qualität in Einrichtungen für Pflegebedürftige und Menschen mit Behinderung sowie zur Stärkung ihrer Selbstbestimmung und Teilhabe (Einrichtungenqualitätsgesetz –EQG M-V) vom 17.5.2010, GVOBl. M-V 2010, S. 241.

229 Niedersächsisches Heimgesetz (NHeimG) vom 29.6.2011, GVBl. 2011, S. 196.

Westfalen,[230] Rheinland-Pfalz,[231] Saarland[232] Sachsen,[233] Sachsen-Anhalt[234] und Schleswig-Holstein.[235]

78 Das nordrhein-westfälische Wohn- und Teilhabegesetz gilt nicht, wenn die Betreuungsleistungen nur einen geringfügigen Umfang haben, was vom Gesetz angenommen wird, wenn das Entgelt für allgemeine und soziale Betreuungsleistungen 25 Prozent der vereinbarten Miete (Nettokaltmiete), mindestens jedoch den Betrag des Eckregelsatzes nach dem Zwölften Buch des Sozialgesetzbuches nicht überschreitet.[236]

2. Vorvertragliche Information und Vertragsschluss

a) Vorvertragliche Informationspflichten

79 Vorvertragliche Informationspflichten sind ausführlich in § 3 Wohn- und Betreuungsvertragsgesetz geregelt. Das Bürgerliche Gesetzbuch enthielt sich lange der Regelung vorvertraglicher Informationspflichten.[237] Die mit der Schuldrechtsmodernisierung im Verbraucherdarlehensrecht in das Bürgerliche Gesetzbuch überführten Informationspflichten wurden nach der Neufassung der Verbraucherkreditrichtlinie in das Einführungsgesetz zum Bürgerlichen Gesetzbuche (EGBGB) verschoben.[238]

80 Nach § 3 WBVG hat die vorvertragliche Information in Textform zu erfolgen, hat in einer leicht verständlichen Sprache zu erfolgen und über den allgemeinen Leistungsinhalt sowie über den wesentlichen Inhalt der für den Verbraucher in Betracht kommenden Leistungen zu informieren.[239] Zu den Informationen über das allgemeine Leistungsangebot gehört die Darstellung über die Ausstattung und die Lage des

---

230 Gesetz über das Wohnen mit Assistenz und Pflege in Einrichten (Wohn- und Teilhabegesetz – WTG), vom 18.11.2008, GV. NRW 2008, S. 738.

231 Landesgesetz über Wohnformen und Teilhabe (LWTG) vom 22.12.2009, GVBl. 2009, S. 399.

232 Saarländisches Gesetz zur Sicherung der Wohn-, Betreuungs- und Pflegequalität für ältere Menschen sowie pflegebedürftige und behinderte Volljährige (Landesheimgesetz Saarland – LHeimGS), vom 6.5.2009, Amtsbl. 2009, S. 906.

233 Gesetz zur Regelung der Betreuungs- und Wohnqualität im Alter, bei Behinderung und Pflegebedürftigkeit im Freistaat Sachsen (Sächsisches Betreuungs- und Wohnqualitätsgesetz – SächsBeWoG) vom 17.7. 2012, SächsGVBl. 2012, S. 397.

234 Gesetz über Wohnformen und Teilhabe des Landes Sachsen-Anhalt (Wohn- und Teilhabegesetz – WTG LSA) vom 17.2.2011, GVBl. LSA 2011, S. 136.

235 Gesetz zur Stärkung von Selbstbestimmung und Schutz von Menschen mit Pflegebedarf und Behinderung (Selbstbestimmungsstärkungsgesetz – SbStG), Pflegegesetzbuch Schleswig-Holstein – Zweites Buch, vom 17.7.2009, GVBl. 2009, 402.

236 § 3 Abs. 1 Wohn- und Teilhabegesetz.

237 Vgl. *Fleischer,* Informationsasymmetrie im Vertragsrecht.

238 Dazu *M. Roth,* in: Langenbucher/Bliesener/Spindler Bankrechts-Kommentar, im Erscheinen.

239 § 3 Abs. 1 WBVG.

Gebäudes, in dem sich der Wohnraum befindet, der dem gemeinschaftlichen Gebrauch dienenden Anlagen und Einrichtungen, der im allgemeinen Leistungsangebot enthaltenen Leistungen nach Art, Inhalt und Umfang sowie ein Hinweis auf die Ergebnisse der Qualitätsprüfungen, soweit sie nach § 115 Abs. 1a S. 1 SGB XI oder nach landesrechtlichen Vorschriften zu veröffentlichen sind.[240]

Zur Information über die für den Verbraucher in Betracht kommenden Leistungen gehört die Darstellung des Wohnraums, der Pflege- und Betreuungsleistungen, gegebenenfalls der Verpflegung als Teil der Betreuungsleistungen sowie der einzelnen weiteren Leistungen nach Art, Inhalt und Umfang, das den Pflege- und Betreuungsleistungen zugrunde liegende Leistungskonzept, die für die Leistungen jeweils zu zahlenden Entgelte, der nach § 82 Abs. 3 und 4 SGB XI gesondert berechenbaren Investitionskosten sowie des Gesamtentgelts, der Voraussetzungen für mögliche Leistungs- und Entgeltveränderungen sowie Umfang und Folgen eines Ausschlusses der Angebotspflicht zur Vertragsanpassung nach § 8 Abs. 4 WBVG sowie deren Folgen.[241] 81

b) Form, Inhalt und Kontrolle des Vertragsschlusses

Der Wohn- und Betreuungsvertrag ist schriftlich abzuschließen,[242] der Unternehmer 82
hat dem Verbraucher eine Ausfertigung des Vertrags auszuhändigen.[243] Wird der Vertrag nicht schriftlich geschlossen, ist er freilich nicht unwirksam, es sind aber zu Lasten des Verbrauchers von gesetzlichen Vorschriften abweichende Bestimmungen unwirksam, dies auch wenn die Abweichungen vom Wohn- und Betreuungsvertragsgesetz ausdrücklich zugelassen werden.[244]

Der Vertrag muss die Leistungen des Unternehmers nach Art, Inhalt und Um- 83
fang einzeln beschreiben, die für diese Leistungen jeweils zu zahlenden Entgelte, getrennt nach Überlassung des Wohnraums, Pflege- und Betreuungsleistungen, gegebenenfalls Verpflegung als Teil der Betreuungsleistungen sowie den einzelnen weiteren Leistungen sowie das Gesamtentgelt angeben, der Inhalt der vorvertraglichen Information ist als Vertragsgrundlage zu benennen, Abweichungen von der vorvertraglichen Information sind gesondert kenntlich zu machen.[245]

Die nunmehr in § 7 Abs 2 WBVG verankerte Entgeltkontrolle geht auf § 4 Abs. 3 84
Heimgesetz zurück, das zunächst nur eine Missbrauchskontrolle vorsah, dabei kam es darauf an, ob das Gesamtentgelt zu hoch war.[246] Angenommen wurde, dass zwar

240 § 3 Abs. 2 WBVG.
241 § 3 Abs. 3 WBVG.
242 § 6 Abs. 1 S. 1 WBVG.
243 § 6 Abs. 1 S. 3 WBVG.
244 § 6 Abs. 2 WBVG.
245 § 6 Abs. 3 WBVG.
246 *Kunz/Ruf/Wiedemann*, HeimG, § 4 Rn. 10.

eine Kostendifferenzierung zwischen Selbstzahlern und Sozialhilfeempfängern unzulässig sei, bei Selbstzahlern aber noch kein Missverhältnis anzunehmen sei, wenn das Entgelt für Leistungen des Heimträgers das Entgelt für vergleichbare Leistungen anderer Heimträger erheblich übertrifft.[247]

85 Aufbauend auf der Auslegung des Heimgesetzes durch verschiedene Obergerichte[248] sowie der Klauselkontrolle von Heimverträgen nach dem Maßstab des Heimgesetzes[249] ist die Klauselkontrolle nach §§ 305ff. BGB auf Wohn- und Betreuungsverträge nach dem WBVG anwendbar.[250] Durch die Übernahme der allgemeinen verbraucherrechtlichen Terminologie des Bürgerlichen Gesetzbuches findet sich nunmehr ein expliziter Hinweis auf die Anwendbarkeit des allgemeinen Verbraucherschutzrechts. Die Regelungen des Wohn- und Betreuungsvertragsgesetzes sind zwingend, § 16 WBVG.

c) Vertragsschluss mit Geschäftsunfähigen und Betreuten

86 Schließt ein geschäftsunfähiger Verbraucher einen Vertrag, so hängt die Wirksamkeit entsprechend allgemeinen Grundsätzen von der Genehmigung eines Bevollmächtigten oder Betreuers ab. Allerdings gilt der Vertrag nach § 4 Abs. 2 S. 2 WBVG in Ansehung einer bereits bewirkten Leistung und Gegenleistung als wirksam geschlossen. Mit dem Verzicht auf eine Begrenzung verfolgt das Wohn- und Betreuungsvertragsgesetz somit ein anderes Konzept als der nur für Alltagsgeschäfte anwendbare § 105a BGB, inkorporiert wird zudem eine Kontrolle der Angemessenheit nicht nur bei einem Vertragsschluss mit Geschäftsunfähigen,[251] sondern allgemein, § 7 Abs. 2 WBVG.

87 Der Abschluss des Heimvertrags kann der Zustimmung eines Betreuers bedürfen, einer Genehmigung des Betreuungsgerichts für Abschluss oder Kündigung des Heimvertrags nach § 1907 BGB soll es nicht bedürfen.[252] Beim Vertragsschluss mit einem Geschäftsunfähigen in der ambulanten Pflege wird eine entsprechende Anwendung der Norm wegen des strikten Charakters der Vorschriften über die Geschäftsfähigkeit nicht in Betracht kommen, es kann aber doch bei zugelassenen Pflegeeinrichtungen die Entgeltkontrolle durch die Pflegekassen im Rahmen der bereicherungsrechtlichen Rückabwicklung berücksichtigt werden.

247 *Kunz/Ruf/Wiedemann*, HeimG, § 4 Rn. 11.
248 *Crößmann et al*, HeimG, § 5 Rn. 19 mwN.
249 Nachweise oben Fn. 84, ferner etwa *Micklitz*, VuR 1998, S. 291ff.
250 *Drasdo*, NJW-Spezial 2011, S. 289f.
251 Dazu *Wedemann*, Jura 2010, S. 587ff.
252 Dazu *Heim*, Rpfleger 2012, S. 53ff.

3. Vertragsdurchführung und -änderung

Für Dienstleistungsverträge ungewöhnlich werden Nichtleistung bzw. Schlechtleistung im Wohn- und Betreuungsvertragsgesetz spezialgesetzlich geregelt. Erbringt der Unternehmer die vertraglichen Leistungen ganz oder teilweise nicht, kann der Verbraucher unbeschadet weiterer Ansprüche bis zu sechs Monate rückwirkend eine angemessene Kürzung des vereinbarten Entgelts verlangen.[253] Vorgreiflich gelten freilich die Schutzpflichten nach § 241 Abs. 2 BGB, was etwa bei Stürzen älterer Menschen in Pflegeheimen praktisch relevant geworden ist.[254] Pflegeheime müssen die Bewohner vor Schädigungen schützen, die diesen wegen Krankheit oder einer sonstigen körperlichen oder geistigen Einschränkung durch sie selbst oder durch die Einrichtung und bauliche Gestaltung des Altenheims drohen.[255] Dies geht aber zutreffend nicht so weit, dass Pflegebedürftige zur Verminderung der abstrakten Gefahr eines Sturzes in ihren Betten fixiert werden müssen.[256] 88

Bereits in der Vertragsunterlage müssen die Voraussetzungen für eine Vertragsänderung genannt werden, § 3 Abs. 3 Nr. 4 WBVG spricht von Leistungs- und Entgeltveränderungen. Grundsätzlich muss der Unternehmer eine Änderung der Leistungen anbieten, wenn sich der Pflege- und Betreuungsbedarf des Verbrauchers ändert.[257] Das Angebot zur Vertragsanpassung ist vom Unternehmer durch Gegenüberstellung der bisherigen und angebotenen Leistungen sowie der dafür jeweils zu entrichtenden Entgelte schriftlich darzustellen und zu begründen.[258] Die Leistungspflicht des Unternehmers und das vom Verbraucher zu zahlende Entgelt erhöhen oder verringern sich in dem Umfang, in dem der Verbraucher das Angebot angenommen hat.[259] Nimmt der Pflegebedürftige Leistungen nach dem SGB XI oder SGB XII in Anspruch, so kann der Unternehmer den Vertrag durch einseitige Erklärung anpassen.[260] Bei einem berechtigten Interesse kann der Unternehmer seine Pflicht, eine Anpassung des Vertrages anzubieten, bei Vertragsschluss ausschließen.[261] 89

253 § 10 Abs. 1 WBVG.
254 BGH NJW 2005, 1937, dazu *Lang/Herkenhoff*, NJW 2005, S. 1905ff.
255 BGH NJW 2005, 1937f.
256 BGH NJW 2005, 1938f.
257 § 8 Abs. 1 S. 1 WBVG.
258 § 8 Abs. 3 WBVG.
259 § 8 Abs. 1 S. 3 WBVG.
260 § 8 Abs. 2 WBVG.
261 § 8 Abs. 4 WBVG.

4. Vertragsbeendigung

90 Das Wohn- und Betreuungsvertragsgesetz sieht eine Vertragsbeendigung mit dem Tod des Verbrauchers vor,[262] vorgesehen werden können aber vertragliche Bestimmungen über die Verwahrung des Nachlasses des Verbrauchers.[263] Ein – vermindertes – Entgelt für die Überlassung von Wohnraum kann für einen Zeitraum von bis zu zwei Wochen nach dem Sterbetag vereinbart werden.[264]

91 Der Verbraucher kann den Vertrag bis zum dritten Werktag eines Monats zum Monatsende kündigen.[265] Der Unternehmer kann den Vertrag nur aus wichtigem Grund kündigen, etwa wenn er den Betrieb einstellt, die fachgerechte Pflege und Betreuung nicht mehr erbringen kann oder der Verbraucher seine vertraglichen Pflichten so gröblich verletzt, dass dem Unternehmer die Fortsetzung des Vertrages nicht mehr zugemutet werden kann bzw. für zwei aufeinanderfolgende Termine mit mindestens dem Entgelt für einen Monat in Verzug gekommen ist.[266] Vor einer Kündigung wegen Verzugs ist auf eine beabsichtigte Kündigung hinzuweisen und eine angemessene Zahlungsfrist zu setzen.[267]

92 Nach dem Hessischen Gesetz über Betreuungs- und Pflegeleistungen soll die Behörde nach der Feststellung von Mängeln dem Betreuungs- oder Pflegebedürftigen bei der Suche nach einer anderen Einrichtung helfen, wenn aufgrund der festgestellten Mängel eine Fortsetzung des Vertragsverhältnisses nicht mehr zumutbar ist.[268]

V. Träger von Wohn- und Pflegeeinrichtungen

1. Diversität der Trägerschaft von Wohn- und Pflegeeinrichtungen

93 Neben auf Gewinnerzielung abstellende Träger gibt es eine Vielzahl von non-profit Organisationen und öffentlichen Trägern. Bei Erlass des Heimgesetzes war noch fraglich, ob bei öffentlichen Trägern mit den jeweiligen öffentlich-rechtlichen Körperschaften ein privatrechtlicher Heimvertrag abgeschlossen wurde bzw. überhaupt werden konnte.[269] Dies ist nunmehr anerkannt.

---

262 § 4 Abs. 3 S. 1 WBVG.
263 § 4 Abs. 3 S. 2 WBVG.
264 § 4 Abs. 3 S. 3 und 4 WBVG.
265 § 11 Abs. 1 WBVG.
266 § 12 Abs. 1 WBVG. Zur Kündigung berechtigt auch ein Verzug über mehr als zwei Termine, dann muss der Rückstand das Entgelt von mehr als zwei Monaten betragen.
267 § 12 Abs. 3 WBVG.
268 § 19 HGBP.
269 *Kunz/Butz/Wiedemann*, HeimG, § 5 Rn. 2.

2. Die Genossenschaft im Besonderen

Die Genossenschaften sind als besondere Verbandsform im Genossenschaftsgesetz geregelt. Nach § 1 Abs. 1 GenG sind eingetragene Genossenschaften Gesellschaften von nicht geschlossener Mitgliederzahl, deren Zweck darauf gerichtet ist, den Erwerb oder die Wirtschaft ihrer Mitglieder oder deren soziale oder kulturelle Belange durch gemeinschaftlichen Geschäftsbetrieb zu fördern. Die Idee der Genossenschaften ist alt,[270] sie wurde Ende des 19. Jahrhunderts insbesondere von *Otto von Gierke* propagiert.[271] 94

Als Vorteil einer Genossenschaftslösung angesehen werden kann, dass die Wohn- und Pflegeeinrichtung typischerweise den aktuell und potentiell künftig Pflegebedürftigen als den Anteilseignern der Genossenschaft, den Genossen, gehört. Es eignet sich die Genossenschaft so auch für gehobene Angebote. Die Genossenschaft bietet die Möglichkeit der Einbindung der Bewohner in die Organisation und Leitung, insbesondere beim Übergang vom Wohnen im Alter zur tatsächlichen Pflege. 95

3. Heimbeiräte bzw. Bewohnervertreter

Heimbeiräte waren nach dem Heimgesetz vorgesehen, die konkrete Regelung fand sich in einer Verordnung. Nach dem Übergang der Gesetzgebungskompetenz auf die Länder sind nunmehr die dort ergangenen Regelungen maßgeblich, die sich unterscheiden. In Bayern sind die Mitwirkung und Teilhabe insbesondere in der Verordnung zur Ausführung des Pflege- und Wohnqualitätsgesetzes geregelt.[272] 96

VI. Zusammenfassung und Ausblick

Insbesondere die stationären Pflegeverträge sind im an die Stelle des Heimgesetzes getretenen Wohn- und Betreuungsvertragsgesetz (WBVG) detailliert geregelt, das auch etwa im Palandt prominent kommentiert wird.[273] Das WBVG baut auf dem Heimgesetz auf, betont aber auch begrifflich den Verbraucherschutz noch stärker und harmonisiert die zivilrechtlichen Regelungen für stationäre Pflegeverträge mit den Regelungen im Elften Buch des Sozialgesetzbuchs. Hervorzuheben sind die zi- 97

270 Zu den Gesellenbruderschaften zur gegenseitigen Unterstützung bereits im 14. Jahrhundert *M. Roth*, Private Altersvorsorge, 2009, S. 100.
271 Etwa *v. Gierke*, Die Genossenschaftstheorie, 1887.
272 Oben Fn. 222.
273 Kommentierung des Wohn- und Betreuungsvertragsgesetzes (WBVG) im Palandt als zweites Nebengesetz nach BGB und EGBGB.

vilrechtlichen Wirkungen der von den Pflegekassen mit den Trägern der Pflegeheime abgeschlossenen Vergütungsvereinbarungen sowie die im SGB XI vorgesehene Qualitätskontrolle, auf die nach dem WBVG hinzuweisen ist.

98 Das Recht der ambulanten Pflegeverträge ist nicht Gegenstand einer spezialgesetzlichen Regelung, nur für Pflege durch Abkömmlinge sieht § 2057a BGB einen erbrechtlichen Ausgleich vor. Insoweit nimmt die Lehre Reformbedarf an, ansonsten werden private Pflegeverträge im wissenschaftlichen Schrifttum bislang kaum behandelt. Zu verzeichnen ist eine gewisse Relevanz ambulanter Pflegeverträge in der Rechtsprechung. Der Bundesgerichtshof ordnet jedenfalls mit einer zugelassenen Pflegeeinrichtung abgeschlossene Pflegeverträge als Dienst höherer Art ein. Einige (Ober)Land(es)gerichte haben aufgrund von Verbandsklagen der Verbraucherzentrale eine Klauselkontrolle vorgenommen und dabei diverse Bestimmungen für unwirksam erklärt.

99 Bei ambulanten Pflegeverträgen praktisch problematisch ist insbesondere der Ausgleich von durch Angehörige geleistete Pflegeleistungen, die zu Lebzeiten nicht vergütet wurden. Anknüpfend an die Rechtsprechung des Bundesarbeitsgerichts zur fehlgegangenen Vergütungserwartung kommt ein konkludent geschlossener Pflegevertrag in Betracht, bei dem die Leistungen bis zum Tod gestundet werden, ferner eine (konkludent geschlossene) Ausgleichsabrede, bereicherungsrechtliche Ansprüche sowie ein erbrechtlicher Auseinandersetzungsanspruch § 2057a BGB. Abzustellen ist insoweit jeweils auf den Einzelfall, ein Wille der Beteiligten zu einer rechtsgeschäftlichen Bindung kommt freilich insbesondere in Betracht, wenn nach den erbrechtlichen Vorschriften kein Ausgleich der Pflegeleistungen verlangt werden kann.

§ 18 Das Recht der Älteren im Planungs- und Baurecht

Literatur: *Bielenberg, Walter/Runkel, Peter/Spannowsky, Willy, Reitzig, Frank, Schmitz, Holger,* Raumordnungs- und Landesplanungsrecht des Bundes und der Länder, Band 2, Stand: Mai 2012; *Breu, Christian (Hrsg.),* Demographischer Wandel und Raumentwicklung in Bayern, Arbeitsmaterial der ARL, Räumliche Konsequenzen des demographischen Wandels, Teil 12, Hannover 2010; *Bundesministerium für Verkehr, Bau und Stadtentwicklung (BMVBS) (Hrsg.),* Wohnen im Alter, Schriftenreihe Forschungen, Heft 147; *Bundesministerium für Verkehr, Bau und Stadtentwicklung (BMVBS)/ Bundesamt für Bauwesen und Raumordung (BBR) (Hrsg.),* Kompetenzen und Aufgaben der Raumordnung in der Gestaltung von Kulturlandschaften, BBR-Online-Publikation 19/2007; *Bunzel, Arno/ Löhr, Rolf-Peter,* Brauchen wir eine neue Baunutzungsverordnung?, ZfBR 2000, S. 307ff.; *Eichener, Volker,* Die Zukunft der Wohnungspolitik liegt im Bestand, WuM 1999, S. 96ff.; *Ernst, Werner/ Zinkahn, Willy/Bielenberg, Walter/Krautzberger, Michael,* BauGB Kommentar, Lfg. 95, April 2010; *v. Franckenstein, Georg,* Zur bauplanungsrechtlichen Zulässigkeit von Pflegeheimen im Lichte des Pflege-Weiterentwicklungsgesetzes, ZfBR 2008, S. 763ff.; *Janning, Heinz,* Der Ausschluss des zentrenschädigenden Einzelhandels im unbeplanten Innenbereich, BauR 2005, S. 1723ff.; *Kersten, Jens,* Daseinsvorsorge und demographischer Wandel – Wie ändert sich das Raum- und Staatsverständnis? RuR 2006, S. 245ff.; *Kersten, Jens,* Demographie als Verwaltungsaufgabe, Die Verwaltung 40 (2007), S. 309ff.; *Kersten, Jens,* in: Veränderung von Verfassung und Verwaltung durch Wissen – am Beispiel des demographischen Wandels, in: Voßkuhle, Andreas/Schuppert, Gunnar Folke (Hrsg.), Governance von und durch Wissen, 2008, S. 189ff.; *Klinge, Werner,* Bebauungspläne zur Steuerung zentraler Versorgungsbereiche nach § 9 Abs. 2a BauGB und erste Überlegungen zur Anwendung, BauR 2008, S. 770ff.; *König, Helmut/Roeser, Thomas/Stock, Jürgen,* Baunutzungsverordnung, 2. Aufl. 2003; *Manssen, Gerrit,* Öffentliches Baurecht, in: Becker, Ulrich/Heckmann, Dirk/Kempen, Bernhard/Manssen, Gerrit, Öffentliches Recht in Bayern, 5. Aufl. 2011, 4. Teil, S. 415ff.; *Mitschang, Stephan/Roeper, Katrin,* Stadtumbau auf Gewerbe- und Industriearealen – Gibt es Typologien?, ZfBR 2011, S. 10ff.; *Reichelt, Thomas,* Praxisprobleme der Neufassung des § 34 Abs. 3 BauGB: Geplante zentrale Versorgungsbereiche als Schutzgut? Kumulierte Auswirkungen mehrerer geplanter Vorhaben als Zulassungshindernis? BauR 2006, S. 38ff.; *Reidt, Olaf,* Die Sicherung zentraler Versorgungsbereiche durch aktive Bauleitplanung – § 9 Abs. 2a BauGB und andere Möglichkeiten, BauR 2007, S. 2001ff.; *Schmitz, Holger,* Die Sicherung zentraler Versorgungsbereiche und der verbrauchernahen Versorgung, ZfBR 2007, S. 532ff.; *Schröer, Thomas/Kulick, Christian,* Schritte auf dem Weg zu einem „altersgerechten“ Baurecht. NZBau 2011, S. 90ff.; *Söfker, Wilhelm,* Das Gesetz zur Neufassung des Raumordnungsgesetzes, UPR 2009, S. 161ff.; *Spannowsky, Willy/Runkel, Peter/ Goppel, Konrad,* Raumordnungsgesetz, Kommentar, 2010; *Steiner, Udo,* Raumordnungs- und Landesplanungsrecht, in: Steiner, Udo (Hrsg.), Besonderes Verwaltungsrecht, 8. Aufl. 2006, Teil V., S. 693ff.

Inhaltsübersicht

Gerrit Manssen

I. Allgemeines

1 Der demographische Wandel stellt Anforderungen auch an das Bau- und Planungsrecht.[1] Zwei Aspekte sind grundsätzlich zu unterscheiden: Zum einen ist zu fragen, wie sich die Anforderungen an das Wohnen mit steigendem Alter ändern und ob das geltende Recht hierauf vorbereitet ist. Zum zweiten besteht gegebenenfalls ein Anpassungsbedarf hinsichtlich der Bereitstellung von Daseinsvorsorgeeinrichtungen.

2 Der Wohnraumbedarf älterer Menschen weicht von dem jüngerer zwar ab, es ergeben sich aber keine prinzipiellen, sondern eher graduelle Unterschiede. Der Flächenbedarf einer Seniorenwohnung ist oft geringer, da in typischen Seniorenhaushalten keine Kinder mit aufwachsen.[2] Die Wohnung selbst darf auch nicht zu groß sein, da insbesondere mit zunehmenden körperlichen Einschränkungen die Bewirtschaftung als zu aufwendig und belastend empfunden wird.[3] Sie muss gegebenenfalls körperlichen Beeinträchtigungen, die im Alter auftreten können, angepasst werden (rollstuhlgerechte Bäder und Toiletten, barrierefreies bzw. barrierereduziertes Wohnen, barrierefreier oder -reduzierter Zugang zur Wohnung).[4] 93% der über 65-Jährigen leben im „normalen" Wohnungsbestand und wollen überwiegend auch dort bleiben; nur 7% wohnen in Sonderwohnformen (Heimen, betreutes Wohnen, Altenwohnungen). Der Anteil der Bewohner von Sonderwohnformen erhöht sich allerdings mit steigendem Lebensalter.[5] Selbst wenn ältere Menschen auf Pflege angewiesen sind, verbleiben sie überwiegend in ihrer „normalen" Wohnung. Von den ca. 1,86 Mio. Pflegebedürftigen im Alter von 65 Jahren und älter werden ca. zwei Drittel zu Hause versorgt.[6] Ein besonderes Augenmerk bei der Schaffung von altersgerechtem Wohnraum besteht deshalb darin, den bestehenden Wohnraum altersgerecht umzubauen. Hierfür sind vor allem finanzielle Förderungen nötig. Gleiches gilt für den Bau neuer altersgerechter Wohnungen möglichst in der Nähe der bisherigen Wohnungen, soweit damit das Ziel verfolgt wird, die bisher genutzten Wohnungen für jüngere Bewohner frei zu machen.[7] Auch hierfür sind vor allem finanzielle Anreizsysteme erforderlich.

1 Siehe allgemein auch *BMVBS (Hrsg.)*, Wohnen im Alter, Schriftenreihe Forschungen, Heft 147.
2 Vgl. *Eichener*, WuM 1999, S. 96, 99.
3 *BMVBS (Hrsg.)*, Wohnen im Alter, S. 31.
4 Siehe *Schröer/Kulick*, NZBau 2011, S. 90, 90.
5 *BMVBS (Hrsg.)*, Wohnen im Alter, S. 27.
6 *BMVBS (Hrsg.)*, Wohnen im Alter, S. 27.
7 *Eichener*, WuM 1999, S. 96, 99.

Ähnliches gilt für Daseinsvorsorgeeinrichtungen. Statt Kinderspielplätzen, Kindergärten, Schulen und Jugendzentren müssen die Kommunen verstärkt Treffpunkte für ältere Leute innerhalb oder außerhalb des öffentlichen Raums schaffen. Bereit stehen müssen medizinische Versorgungsangebote bis hin zu Pflegeeinrichtungen. Einkaufsgelegenheiten sollen auch bei Mobilitätseinschränkungen erreichbar sein. Dem öffentlichen Personennahverkehr kommt für ältere Menschen eine besondere Bedeutung zu. Vor allem daraus ergeben sich besondere Anforderungen an das Bau- und Planungsrecht. Während der Wohnungsumbau vor allem finanzielle Förderung verlangt, ist die Bereitstellung einer geeigneten Infrastruktur planungsrechtlich vorzubereiten. 3

Auch wenn gewisse typische Erfordernisse formulierbar sind, die sich aus dem demographischen Wandel ergeben, ist das Spektrum möglicher und sinnvoller Maßnahmen weit und nicht abschließend zu umschreiben. Denn die Änderungen in der Bevölkerungszusammensetzung treffen die verschiedenen Regionen in unterschiedlicher Weise. So finden sich in den neuen Bundesländern und im südlichen Niedersachsen besonders hohe Anteile von über 65-Jährigen in der Bevölkerung.[8] Die Zunahme des Anteils von älteren Menschen wird mittelfristig in Brandenburg, Mecklenburg-Vorpommern und nördlich von München besonders hoch sein.[9] In manchen Regionen ist mit einem starken Abnehmen der Bevölkerung insgesamt, verbunden mit einer Überalterung, zu rechnen. Hier wird geographisch ein „Dreieck Düsseldorf, Stralsund, Dresden" bezeichnet.[10] In den ländlichen Gegenden in diesem Bereich ist mit einem gewissen Wegbrechen von Daseinsvorsorgeleistungen zu rechnen. Hier ist nicht mehr das Wachstum das Paradigma der Infrastrukturpolitik, sondern die Schrumpfung.[11] Es müssen deshalb für die einzelnen Regionen von den jeweils zuständigen Planungsträgern die erforderlichen Maßnahmen vorbereitet oder getroffen werden. 4

Die Anpassung der baulichen Umwelt durch Bau- und Planungsrecht an neue gesellschaftliche Erfordernisse erfolgt aber ohnehin mehrstufig. Zunächst sind die gesetzgeberischen Rahmenbedingungen daraufhin zu hinterfragen, inwieweit sie erkannten neuen Bedürfnissen Raum geben können. Möglicherweise sind den Planungsträgern oder Verwaltungsbehörden neue gesetzgeberische Spielräume einzuräumen. Meist ist dies aber nicht nötig, weil die gesetzlichen Vorgaben ergebnisoffen sind und den Handlungsspielraum für die notwendigen Maßnahmen bereitstellen. 5

---

8 Siehe *BMVBS (Hrsg.)*, Wohnen im Alter, S. 30.

9 *BMVBS (Hrsg.)*, Wohnen im Alter, S. 30.

10 Siehe etwa *Kersten*, Die Verwaltung 40 (2007), S. 309, 332.

11 Vgl. erneut *Kersten*, Die Verwaltung 40 (2007), S. 309, 322.

II. Die Belange der Älteren im Raumordnungs- und Landesplanungsrecht

1. Allgemeines zur Raumordnung und Landesplanung

6 Neue gesellschaftliche Entwicklungen werden häufig zuerst auf der Ebene des Raumordnungs- und Landesplanungsrechts erkannt und ersten Lösungsansätzen zugeführt.[12] Raum- und Landesplanung ist die Planung der Nutzung des Raumes aus überfachlicher und überörtlicher Sicht.[13] Damit kommt es zu einer Koordination der Flächennutzung mit Wirkung für die Fachplanungsträger (Wegeplanung, Krankenhausplanung, Städteplanung).[14] Die auf dieser Ebene gemachten Vorgaben in Gestalt von Grundsätzen oder Zielen der Raumordnung sind anschließend vor allem von den Gemeinden in die kommunale Bauleitplanung umzusetzen (siehe vor allem § 1 Abs. 4 BauGB). Sie binden weiterhin sonstige öffentliche Stellen (§ 4 ROG).

7 Das Recht der Raumordnung und Landesplanung befindet sich derzeit in einem starken Umbruch.[15] Nachdem die frühere Rahmengesetzgebungskompetenz des Bundes entfallen ist,[16] ist Raumordnungsrecht heute Gegenstand der sog. konkurrierenden Gesetzgebungskompetenz des Bundes (Art. 74 Abs. 1 Nr. 31 GG) mit Abweichungsrecht der Länder nach Art. 72 Abs. 3 S. 1 Nr. 4 GG.[17] Derzeit gilt im Wesentlichen das Raumordnungsrecht des Bundes, das im Raumordnungsgesetz (ROG)[18] geregelt ist, unmittelbar auch in den Ländern, da diese vielfach noch keine abweichenden eigenen Landesplanungsgesetze erlassen haben.[19] Es ist jedoch davon auszugehen, dass die Länder in absehbarer Zeit ihr Recht zur Abweichung von der Bundesregelung entweder durch partielle Abweichungsgesetze oder durch Vollregelungen des eigenen Landesplanungsrechts ausüben werden. Die Rechtslage im Einzelnen ist dadurch sehr unübersichtlich. Es lassen sich jedoch einige allgemeine

---

12 Siehe vor allem *Breu (Hrsg.)*, Demographischer Wandel und Raumentwicklung in Bayern, Arbeitsmaterial der ARL, Räumliche Konsequenzen des demographischen Wandels, Teil 12.

13 Siehe *Steiner*, in: Steiner (Hrsg.), Besonderes Verwaltungsrecht, V, Rn. 3.

14 *Steiner*, in: Steiner (Hrsg.), Besonderes Verwaltungsrecht, a.a.O.

15 Vgl. *Runkel*, in: Spannowsky u.a., Raumordnungsgesetz, § 1 Rn. 5ff.

16 Durch Gesetz vom 1.9.2006 (BGBl. 2006 I, S. 2034ff.).

17 Wie weit dieses Abweichungsrecht reicht, ist noch in der juristischen Diskussion; eine Übersicht über den Meinungsstand gibt beispielsweise *BMVBS/BBR (Hrsg.)*, Kompetenzen und Aufgaben der Raumordnung in der Gestaltung von Kulturlandschaften, BBR-Online-Publikation 19/2007, S. 19ff.

18 Gesetz vom 22.12.2008 (BGBl. 2008 I, S. 2986ff.).

19 Nordrhein-Westfalen (NRW LplG v. 3.5.2005, GV. NRW, S. 430, zuletzt geändert durch Artikel 1 des Gesetzes vom 16.3.2010 (GV. NRW, S. 212)), Sachsen (SächsLPlG, Gesetz zur Raumordnung und Landesplanung des Freistaates Sachsen vom 11.6.2010, SächsGVBl. Nr. 8 vom 5.7.2010, S. 174), das Saarland (SLPG, Saarländisches Landesplanungsgesetz vom 18.11.2010, Amtsbl. I S. 2599) und Bayern (BayLplG, Bayerischsches Landesplanungsgesetz vom 25.6.2012, GVBl., S. 254) haben bereits Landesplanungsgesetze erlassen.

Wesensmerkmale aufzeigen, die im Hinblick auf die Belange älterer Menschen von Bedeutung sind.

Das ROG enthält die Leitvorstellung einer „nachhaltigen Raumentwicklung" in § 1 Abs. 2 ROG. Der Gesetzgeber hat diesen Begriff in Übereinstimmung mit dem international gebräuchlichen Begriff „sustainable development" bewusst gewählt.[20] Damit werden wirtschaftliche, soziale und ökologische Ansprüche an den Raum auf eine Stufe gestellt.[21] Zu den sozialen Ansprüchen an die Raumentwicklung wird man vor allem das Ziel der Generationengerechtigkeit zählen können. Raumordnerische Entscheidungen müssen so getroffen werden, dass sie die Entwicklungsmöglichkeiten künftiger Generationen nicht grundsätzlich behindern oder in Frage stellen. Diese Forderung ist heute an verschiedenen Stellen im Planungsrecht zu finden. Auch das Baugesetzbuch (BauGB) enthält für die Ortsebene die Forderung nach einer „nachhaltigen städtebaulichen Entwicklung" (§ 1 Abs. 5 S. 1 BauGB). Konkrete Ableitungen lassen sich hieraus nicht treffen, so dass die Bedeutung der Leitvorstellung der „nachhaltigen Raumentwicklung" weniger rechtlich, als vielmehr im „Ethos" der Raumordnungsplaner zu sehen ist: sie formuliert den Anspruch, mit dem der Raumplaner an die Aufgabe herangeht.[22] 8

Die allgemeine Leitvorstellung der Raumordnung wird in § 2 ROG durch „Grundsätze der Raumordnung" ergänzt. Grundsätze sind Aussagen zur Raumentwicklung als Vorgaben für nachfolgende Abwägungs- und Ermessenentscheidungen (§ 3 Abs. 1 Nr. 3 ROG). Sie sind nicht nach Wichtigkeit geordnet, sondern beginnen allgemein und behandeln dann Einzelaspekte.[23] Sie bilden kein widerspruchsfreies System, sondern eine Art Prüfliste für die Ermittlung der relevanten, bei der Planung zu berücksichtigenden Belange. Der zuständige Planungsträger hat dann im Rahmen seines Abwägungsspielraums die zu treffenden Maßnahmen zu bestimmen. Für den demographischen Wandel von Relevanz ist etwa die Forderung nach einer „nachhaltigen Daseinsvorsorge" und der Berücksichtigung „demographischer Herausforderungen" (§ 2 Abs. 2 Nr. 1 ROG). Die schon in der Leitvorstellung angelegte Vorgabe der Nachhaltigkeit wird erneut aufgenommen: Die Gestaltungsmöglichkeiten der Raumordnung sind langfristig offen zu halten (§ 2 Abs. 2 Nr. 1 S. 6 ROG). Es sollen möglichst durch die Zulassung von Raumnutzungen nicht Fakten in einer Weise geschaffen werden, die andere Möglichkeiten der Raumnutzung dauerhaft ausschließen.[24] § 2 Abs. 2 Nr. 3 ROG betrifft insbesondere die Daseinsvorsorge. Sicherzustellen ist eine Grundversorgung und die Erreichbarkeit von Daseinsvorsorgeeinrichtungen für „alle 9

---

20 *Runkel*, in: Bielenberg u.a., Raumordnungsrecht, § 1 Rn. 76; *Runkel*, in: Spannowsky u.a., Raumordnungsgesetz, § 1 Rn. 96f.

21 *Runkel*, in: Spannowsky u.a., Raumordnungsgesetz, § 1 Rn. 95.

22 *Runkel*, in: Bielenberg u.a., Raumordnungsrecht, L § 1 Rn. 73; ähnlich *Runkel*, in: Spannowsky u.a., Raumordnungsgesetz, § 1 Rn. 42.

23 *Runkel*, in: Bielenberg u.a., Raumordnungsrecht, L § 2 Rn. 24.

24 Ähnlich *Spannowsky*, in: Spannowsky u.a., Raumordnungsgesetz, § 2 Rn. 62.

Bevölkerungsgruppen". Für die Erhaltung der Innenstädte und örtlichen Zentren als zentrale Versorgungsbereiche sind die räumlichen Voraussetzungen zu schaffen. Dies knüpft an die im Baugesetzbuch mehrfach angesprochene „Sicherung und Entwicklung zentraler Versorgungsbereiche"[25] an und ist dem demographischen und sozio-ökonomischen Wandel geschuldet.[26] Die Raumordnung kann zu der primär städtebaulichen Aufgabe der Erhaltung der Innenstädte und örtlichen Zentren als zentrale Versorgungsbereiche jedoch nur insofern beitragen, als sie die räumlichen Voraussetzungen hierfür schafft, also z.B. außerhalb der zentralen Versorgungsbereiche keine großflächigen Einzelhandelsbetriebe zugelassen werden.[27]

10 Durch die Grundsätze der Raumordnung wird keine Verpflichtung aufgestellt, Anforderungen des demographischen Wandels in Raumordnungsplänen zu verankern. Erst recht gibt es keine Pflicht zur Veranlassung bestimmter Maßnahmen. Die Interessen der „Älteren" sind grundsätzlich mit allen anderen öffentlichen Interessen gleichwertig.

11 Die Grundsätze des ROG werden ergänzt durch weitere Grundsätze in den Landesplanungsgesetzen (siehe § 3 Abs. 1 Nr. 3 2. HS ROG; Wortlaut „insbesondere" in § 2 Abs. 2 ROG). Sie enthalten ähnliche weit formulierte Vorgaben wie § 2 ROG, etwas stärker spezifiziert nach den Erfordernissen der jeweiligen Länder. Schließlich können Grundsätze auch in den Plänen, die auf Landesebene aufgestellt werden, enthalten sein. Die Landesplanung in den Ländern erfolgt zweistufig. Es ist ein landesweiter Raumordnungsplan aufzustellen (§ 8 Abs. 1 S. 1 Nr. 1 ROG), weiterhin Raumordnungspläne für die Teilräume (§ 8 Abs. 1 S. 1 Nr. 2 ROG). Grundsätze finden sich vor allem auf der höheren Planungsstufe.[28] Die regionalen Teilpläne enthalten eher „Ziele", also konkrete Raumnutzungsentscheidungen (§ 3 Abs. 1 Nr. 2 ROG). Welchen Inhalt solche Ziele haben, entscheiden die dafür zuständigen Planungsträger. Hierzu lassen sich kaum allgemeine Aussagen treffen, da sich die Anforderungen an die Gestaltung einer altersgerechten baulichen Umgebung, wie bereits angesprochen, stark unterscheiden.

2. Die Umsetzung von Grundsätzen und Zielen der Raumordnung

12 In den Raumordnungsplänen kommt es zur Schaffung von „Zielen der Raumordnung" im Sinne von verbindlichen Raumnutzungsentscheidungen. Dies sind die

25 Z.B. in § 1 Abs. 6 Nr. 4 BauGB, § 2 Abs. 2 S. 2 BauGB, § 9 Abs. 2a BauGB sowie § 34 Abs. 3 BauGB; *Söfker*, UPR 2009, S. 161, 162.

26 *Spannowsky*, in: Spannowsky u.a., Raumordnungsgesetz, § 2 Rn. 91.

27 *Runkel*, in: in: Bielenberg u.a., Raumordnungsrecht, L § 2 Rn. 139.

28 Als Beispiel: Bayerisches Landesentwicklungsprogramm v. 1.9.2006, B VI 2.2: „Die Belange alter Menschen und Menschen mit Behinderung sind im Städtebau und bei der Schaffung von Wohnraum zu berücksichtigen." Dies ist mit „(G)" für „Grundsatz" gekennzeichnet.

maßgeblichen Vorgaben für die weitere Ordnung des Planungsgeschehens entsprechend den Vorstellungen der überörtlichen Planungsebene. „Ziele" haben jedoch keinen einer Rechtsnorm vergleichbaren allgemeinen Geltungsanspruch. Ihre Bindungswirkung ist nach § 4 ROG von verschiedenen Faktoren abhängig. Im Grundsatz sind nur öffentliche Stellen an die Ziele gebunden. Private sind – vereinfacht gesprochen – nur dann von den Zielen betroffen, wenn die Verwaltungsbehörden im Rahmen von Verwaltungsentscheidungen Entscheidungsspielräume haben (Ermessens- oder Abwägungsentscheidungen). Grundsätze der Raumordnung sind im Rahmen solcher Entscheidungen ebenfalls als „Abwägungsmaterial" zu beachten.

Vor allem trifft die Bindung durch Ziele der Raumordnung die Gemeinden bei **13**
ihrer Bauleitplanung (§ 1 Abs. 4 BauGB). Sie müssen vorhandene Bauleitpläne (also Bebauungspläne und Flächennutzungspläne) anpassen bzw. beim Neuerlass solcher Pläne die Ziele der Raumordnung beachten. Konfliktträchtig sind vor allem Fälle, in denen den Gemeinden die Ansiedlung großflächiger Einzelhandelsbetriebe durch Festlegungen in der Raumordnung untersagt werden soll. Insoweit besteht ein gewisser Bezug zum „Recht der Älteren". Solche Festsetzungen dienen in der Regel dem Schutz von anderen Versorgungsbereichen, die möglicherweise gerade für ältere Menschen besser erreichbar sind (Schutz einer verbrauchernahen Versorgung).

III. Belange der Älteren im Städtebaurecht

1. Die Belange der Älteren in der Bauleitplanung

Das Recht der Bauleitplanung ist von ähnlichen Prinzipien geprägt wie das Raum- **14**
ordnungsrecht. Das Baugesetzbuch nennt zunächst allgemeine Leitvorstellungen, die bei der Aufstellung von Bauleitplänen zu verfolgen sind (§ 1 Abs. 5 BauGB). Auch das BauGB verlangt in § 1 Abs. 5 S. 1 BauGB in sehr allgemeiner Weise die Beachtung „sozialer Anforderungen" (neben wirtschaftlichen und ökologischen Belangen), ebenso die „Verantwortung gegenüber künftigen Generationen". Diese Leitvorstellungen werden in § 1 Abs. 6 BauGB um eine lange Liste von abwägungserheblichen Gesichtspunkten ergänzt, u.a. die Berücksichtigung von Wohnbedürfnissen der Bevölkerung (§ 1 Abs. 6 Nr. 1 BauGB), die Beachtung der sozialen und kulturellen Bedürfnisse, auch der „alten und behinderten Menschen" (§ 1 Abs. 6 Nr. 3 BauGB), sowie die Erhaltung und Entwicklung zentraler Versorgungsbereiche (§ 1 Abs. 6 Nr. 4 BauGB). Die Belange einer älter werdenden Bevölkerung sind im Rahmen der Abwägung bei der Aufstellung der Bauleitpläne zu berücksichtigen (§ 1 Abs. 7 BauGB). Sie erhalten keinen stärkeren, aber auch keinen geringeren Rang als andere öffentliche Interessen auch.

Der Umweltschutz hat in den letzten Jahrzehnten als Belang im Rahmen der **15**
Bauleitplanung besondere Bedeutung erlangt. Insoweit sind für die Abwägung be-

sondere Vorschriften getroffen worden (§ 1a BauGB). Der Belang Umweltschutz wird zudem prozedural besonders hervorgehoben. Es ist eine eigene Umweltprüfung durchzuführen, die Ergebnisse sind in einem Umweltbericht zusammenzufassen (§ 2 Abs. 4 BauGB). Dadurch ist die Bauleitplanung derzeit stark umweltzentriert, eine Reaktion auf die Vernachlässigung der Umweltbelange in den 1960er und 1970er-Jahren. Für eine tendenziell stärkere Berücksichtigung der Interessen älterer Menschen könnten diese Vorschriften Vorbildfunktion haben, wenn sich das Bedürfnis ergeben sollte, vergleichbar der Berücksichtigung von Umweltbelangen, auch die Belange älterer Menschen besonders abzusichern. Die hervorgehobene Nennung von Belangen im Rahmen des § 1 Abs. 6 BauGB führt erfahrungsgemäß, wenn überhaupt, nur zu geringen Effekten für die Planung. Erfolgreicher ist die Prozeduralisierung, die die Planer ausdrücklich dazu zwingt, sich mit den Folgen für einen speziellen Belang in besonderer Weise auseinanderzusetzen. Dies sind jedoch rein rechtspolitische Überlegungen. Die Interessen der Älteren sind derzeit gleichwertig zu allen anderen Interessen. Da, anders als die Umwelt, ältere Menschen über demokratische Mitwirkungsrechte verfügen, ist eine Übertragung von Instrumenten aus dem Umweltschutzrecht möglicherweise auch entbehrlich.

2. Die Belange älterer Menschen im sonstigen allgemeinen Städtebaurecht

16 Die Interessen älterer Menschen an geeigneten Infrastruktureinrichtungen sind vielfach deckungsgleich mit den Bedürfnissen anderer Bevölkerungsgruppen. Auch Familien mit Kindern benötigen einen funktionierenden öffentlichen Personennahverkehr, medizinische Versorgung und in der Nähe gelegene Einkaufsmöglichkeiten.[29] Deshalb sind die Normen des Städtebaurechts, die beispielsweise dem Schutz von zentralen Versorgungseinrichtungen dienen, auch, aber nicht nur für ältere Menschen von Bedeutung. So hat der Gesetzgeber in den letzten Jahren erhebliche Anstrengungen unternommen, um eine verbrauchernahe Versorgung der Bevölkerung sicherzustellen. Vor allem § 9 Abs. 2a BauGB bietet die Möglichkeit, im sog. Innenbereich Festsetzungen zu treffen, die beispielsweise den unkontrollierten Aufbau von Einzelhandelsangeboten regulieren.[30] Damit soll erreicht werden, dass funktionierende Versorgungsbereiche gegen eine möglicherweise ruinöse Konkurrenz an anderer Stelle abgeschirmt werden.

17 § 34 Abs. 3 BauGB beschränkt ebenfalls die Zulässigkeit von baulichen Anlagen in den Fällen, in denen schädliche Auswirkungen auf zentrale Versorgungsbereiche und damit auf die verbrauchernahe Versorgung befürchtet werden.[31] Eine ähnliche

29 Siehe dazu allgemein *Schmitz*, ZfBR 2007, S. 532ff.

30 Näher zu § 9 Abs. 2a BauGB: *Klinge*, BauR 2008, S. 770ff.; *Reidt*, BauR 2007, S. 2001ff.

31 Vgl. dazu *Janning*, BauR 2005, S. 1723ff.; *Reichelt*, BauR 2006, S. 38ff.; *Söfker*, in: Ernst/Zinkahn/Bielenberg/Krautzberger, BauGB, § 34 Rn. 83ff.

Funktion haben § 1 Abs. 5 und 9 sowie § 11 Abs. 3 BauNVO für den überplanten Bereich. Die Kommunen als zuständige Träger der Bauleitplanung haben die sehr weitreichende Möglichkeit, Verkaufsbeschränkungen etwa für Gewerbe- und Industriegebiete festzusetzen, um die vorhandenen Geschäfte abzusichern. Einkaufszentren und großflächige Einzelhandelsbetriebe[32] werden von § 11 Abs. 3 BauNVO im Grundsatz nur noch in Kerngebieten und von der Gemeinde extra geplanten Sondergebieten zugelassen. Der insbesondere für ältere Menschen ungünstigen Tendenz, auf der grünen Wiese Einkaufsmöglichkeiten bereitzustellen, die zu einem Sterben kleinerer Geschäfte in den Innenstädten führt, soll damit entgegengewirkt werden.

Das Bauplanungsrecht ist bisher an kaum einer Stelle wegen des demographi- 18
schen Wandels ausdrücklich geändert worden. Eine Ausnahme findet sich in § 3 Abs. 4 BauNVO. In einer Novelle von 1990 wurde festgelegt, dass zu den Wohngebäuden auch solche gehören, die ganz oder teilweise der Betreuung und Pflege ihrer Bewohner dienen.[33] Damit wird der Begriff des Wohnens teilweise erweitert, zu Lasten der „Wohnruhe" in den sog. reinen Wohngebieten, denn ein höheres Störungspotential (vermehrter Zu- und Abfahrtsverkehr) ist offensichtlich. Reine Betreuungs- oder Pflegeeinrichtungen sind allerdings in reinen Wohngebieten nach wie vor nicht zulässig. [34] Es muss ein Mindestmaß an „selbstbestimmtem Wohnen" vorliegen,[35] ein gewisser „Kernbestand an Häuslichkeit" gegeben sein.[36] Dann kann ein Gebäude selbst bei vollständiger Betreuung und Pflege als Wohngebäude zu werten sein (z.B. für Demenzkranke).[37] Rehabilitationseinrichtungen hingegen, bei denen der gesundheitliche Zweck im Vordergrund steht, wird man nicht als Wohngebäude ansehen können. Hierbei handelt es sich um Anlagen für gesundheitliche und soziale Zwecke, die in reinen Wohngebieten weder zulässig noch ausnahmsweise zulässig sind.[38] Die Abgrenzung zwischen „Wohnen" und „Einrichtungen für gesundheitliche und soziale Zwecke" kann schwierig sein.[39] Von „Wohnen" kann nicht mehr die Rede sein, wenn die Anlage mit ihren durch die Funktionsfähigkeit bedingten Ansprüchen die Lebensführung des Bewohners bestimmt.[40]

---

32 Von einem großflächigen Einzelhandelsbetrieb geht man aus, wenn die Verkaufsfläche mehr als 700 qm beträgt.

33 Ausführlicher dazu *Bunzel/Löhr*, ZfBR 2000, S. 307, 311.

34 Siehe auch *Stock*, in: König/Roeser/Stock, BauNVO, § 3 Rn. 30 m.w. Nachw.

35 *Stock*, in: König/Roeser/Stock, BauNVO, § 3 Rn. 30.

36 *Stock*, in: König/Roeser/Stock, BauNVO, § 3 Rn. 30.

37 Vgl. BVerwG, NVwZ 1996, 893, 894; *v. Franckenstein*, ZfBR 2008, S. 763, 767.

38 Siehe *v. Franckenstein*, ZfBR 2008, S. 763, 767.

39 Zur Frage, wann sich eine Nutzung noch als „Altenwohnheim" darstellt, siehe BayVGH, BayVBl. 2012, 86ff.

40 *v. Franckenstein*, ZfBR 2008, S. 763, 767.

3. Demographischer Wandel und besonderes Städtebaurecht

19 Der demographische Wandel und der steigende Altersdurchschnitt können zu städtebaulichen Problemen führen, deren Lösung ein abgestimmtes Instrumentarium von planerischen und finanziellen Maßnahmen erfordert. Ansätze dafür finden sich im sog. besonderen Städtebaurecht. Zu nennen sind insbesondere die Vorschriften über den Stadtumbau (§§ 171a–171d BauGB).[41] Mit Stadtumbaumaßnahmen soll auf einen städtebaulichen Funktionsverlust reagiert werden (§ 171a Abs. 2 BauGB). Ein vom Gesetzgeber hervorgehobenes Problemfeld ist ein dauerhaftes Überangebot an baulichen Anlagen insbesondere für Wohnzwecke (§ 171a Abs. 2 S. 2 BauGB). Maßnahmen, die in solchen Fällen in Betracht kommen, bestehen unter anderem darin, dass die vorhandenen Anlagen neuen Nutzungen zugeführt (§ 171a Abs. 3 Nr. 4 BauGB) oder zurückgebaut werden (§ 171a Abs. 3 Nr. 5 BauGB). Ein Gebiet für den Stadtumbau kann durch Satzung der Gemeinden festgelegt werden (§ 171d BauGB). Vorrangig sollen allerdings Maßnahmen mit den Eigentümern auf vertraglicher Grundlage erfolgen (§ 171c BauGB).

20 Hinzuweisen ist aber darauf, dass das Problem des Stadtumbaus nicht nur vor dem Hintergrund des demographischen Wandels gesehen werden kann. Der Rückbau etwa von Plattenbausiedlungen in den neuen Bundesländern ist in den letzten Jahren auch deshalb erforderlich geworden, weil die Bevölkerung wegen Wegzugs abnimmt.[42]

21 Eine weitere Regelung mit Bezug zum demographischen Wandel ist die Regelung über die soziale Stadt nach § 171e BauGB. Allgemein geht es bei dieser Bestimmung um das Problem der Segregation.[43] Mit Hilfe eines von der Gemeinde initiierten Entwicklungskonzepts sollen soziale, wirtschaftliche und politische Potentiale formuliert und gefördert werden (§ 171e Abs. 4 BauGB). Die Beteiligten sollen in geeigneter Weise einbezogen werden (§ 171e Abs. 5 BauGB). Probleme der Segregation können durch den demographischen Wandel entstehen, etwa wenn sich Stadtquartiere bilden, in denen überwiegend ältere Leute wohnen. Typisch für das gesamte Planungsrecht ist aber erneut der Befund, dass die Alterung der Bevölkerung nur eine mögliche Ursache für Fehlentwicklungen ist. Auch andere Gründe können eine Segregation zur Folge haben. So können auch Migrationsbewegungen zu städtebaulichen Fehlentwicklungen führen, etwa wenn bestimmte Quartiere nur noch von Migranten oder einer bestimmten Gruppe von Migranten bewohnt werden.

---

41 Hierzu und zum weiteren siehe *Kersten*, Die Verwaltung 40 (2007), S. 309, 327ff.; *ders.*, in: Voßkuhle/Schuppert (Hrsg.), Governance von und durch Wissen, S. 190, 196ff.; *ders.*, RuR 2006, S. 245ff.

42 Siehe *Mitschang/Roeper*, ZfBR 2011, S. 10ff.

43 Siehe auch dazu *Kersten*, Die Verwaltung 40 (2007), S. 309, 327ff.

IV. Belange der Älteren im Bauordnungsrecht

Die Anforderungen an einzelne Gebäude unabhängig von ihrer planungsrechtlichen Einordnung sind Gegenstand des Bauordnungsrechts.[44] Es ist in den Bauordnungen der Länder geregelt, die sich inhaltlich in den Grundzügen weitgehend entsprechen.[45] Eine spezifische Ausrichtung auf altersgerechtes Bauen ist allerdings im Bauordnungsrecht nicht zu finden. Auch in diesem Bereich gibt es nur vereinzelte Bestimmungen, die einen speziellen Bezug zum Recht der Älteren haben.[46] 22

Besonders erwähnenswert ist die Regelung über barrierefreies Bauen (Art. 48 BayBO). Bei Gebäuden mit mehr als zwei Wohnungen müssen die Wohnungen eines Geschosses barrierefrei erreichbar sein, gegebenenfalls müssen die Wohn- und Schlafräume, eine Toilette, ein Bad, die Küche sowie ein Raum mit Anschlussmöglichkeit für eine Waschmaschine mit einem Rollstuhl erreichbar und barrierefrei nutzbar sein (Art. 48 Abs. 1 S. 2 BayBO). Weitere Anforderungen gelten für bauliche Anlagen, die öffentlich zugänglich sind (Art. 48 Abs. 2 BayBO). Sie müssen barrierefrei zugänglich und ohne fremde Hilfe in der allgemein üblichen Weise zweckentsprechend nutzbar sein. 23

Diese Anforderungen gelten allerdings – wie überwiegend alle neu geschaffenen baurechtlichen Regelungen – nur für Neubauten bzw. im Falle der Änderung oder Nutzungsänderung von baulichen Anlagen. Sie betreffen also nicht den Altbestand. 24

V. Fazit

Der demographische Wandel ist auch für das Bau- und Planungsrecht eine Herausforderung. Dieses Rechtsgebiet ist aber ohnehin so angelegt, dass divergierende Interessen einem Ausgleich zugeführt werden, insbesondere über das bei der Aufstellung von Plänen dominierende Abwägungsgebot. Es ist deshalb sowieso möglich, dass die Planungsträger aufgrund von neuen gesellschaftlichen Entwicklungen entsprechende Entscheidungen auf planungsrechtlicher Ebene treffen. Es gibt deshalb vor allem im Planungsrecht keinen signifikanten gesetzgeberischen Anpassungsbedarf im Hinblick auf das „Recht der Älteren". Im Bauordnungsrecht ist das Ziel eines altersgerechten Wohnens insbesondere durch die Bestimmung über barrierefreies Bauen im Wesentlichen erreicht. 25

44 Zur Unterscheidung von Bauplanungs- und Bauordnungsrecht allgemein *Manssen*, in: Becker/Heckmann/Kempen/Manssen, Öffentliches Recht in Bayern, 4. Teil Rn. 3ff.

45 Im Folgenden werden Gesetzeszitate nach der Bayerischen Bauordnung vorgenommen, die bundesweit stets eine Art Vorreiterrolle für neue Entwicklungen spielt.

46 *Schröer/Kulick*, NZBau 2011, S. 90ff.

Stichwortverzeichnis

Halbfette Zahlen verweisen auf den Paragraphen, magere Zahlen auf Randnummern